Dr. S. Fritz Forkel
د. سليمان فريتس فوركل
ד״ר שלמה פריץ פורקל
Skén:nen Rón:nis

Jacques de Bruyne
Spanische Grammatik

Jacques de Bruyne

SPANISCHE GRAMMATIK

Übersetzt von Dirko-J. Gütschow

2., ergänzte Auflage

Max Niemeyer Verlag Tübingen 2002

Übersetzt aus dem Niederländischen.
Titel der Originalausgabe: *Spaanse Spraakkunst*
© Uitgeverij De Sikkel n.v., Malle 1985 / Uitgeverij De Boeck n.v., Antwerpen

Die Deutsche Bibliothek – CIP-Einheitsaufnahme

Bruyne, Jacques /de:
Spanische Grammatik / Jacques de Bruyne. Übers. von Dirko-J. Gütschow. – 2., erg. Aufl. Tübingen :
Niemeyer, 2002
Einheitssacht.: Spaanse spraakkunst <dt.>

ISBN 3-484-50294-0 (kart.)   ISBN 3-484-50296-7 (geb.)

© für die deutsche Übersetzung Max Niemeyer Verlag GmbH, Tübingen 2002
Das Werk einschließlich aller seiner Teile ist urheberrechtlich geschützt. Jede Verwertung außerhalb
der engen Grenzen des Urheberrechtsgesetzes ist ohne Zustimmung des Verlages unzulässig und
strafbar. Das gilt insbesondere für Vervielfältigungen, Übersetzungen, Mikroverfilmungen und die
Einspeicherung und Verarbeitung in elektronischen Systemen. Printed in Germany.
Gedruckt auf alterungsbeständigem Papier.
Satz: epline, Kirchheim unter Teck
Druck: Gulde-Druck GmbH, Tübingen

INHALT

VERWENDETE ABKÜRZUNGEN	XIX
VORWORTE	XXI
KAPITEL I: ALLGEMEINE EINLEITUNG	1
KAPITEL II: DER ARTIKEL	31

Abschnitt I: Der bestimmte Artikel 31
    § 1. Formen 31
    § 2. Gebrauch 32
        A. Gebrauch von *el* anstelle von *la* 32
        B. Bestimmter Artikel im Spanischen, kein Artikel im Deutschen 34

> Substantive in allgemeiner Bedeutung 34 – Substantive, die Körperteile oder eine körperliche Verfassung bezeichnen 34 – Titel und dergleichen 35 – Gebrauch des Artikels bei der Angabe des Alters, der Uhrzeit und in einigen Zeitbestimmungen 37 – (*Nosotros, vosotros* +) bestimmter Artikel + Substantiv 39 – *Yo, el infrascrito, el abajo firmante* ... 40 – Übersetzung von „spielen" 40 – Der bestimmte Artikel bei Eigennamen (Kontinente, Länder, Regionen, Personen) 40 – Hispanismen 46

        C. Bestimmter Artikel im Deutschen, kein Artikel im Spanischen 47

> *Misa* u. ä. 47 – *Casa* u. ä. 49 – Namen von Heiligen und Monarchen 51 – *A principios* u. ä. 51 – *Más* und *menos* in der Funktion eines Superlativs 51 – *Mejor* und *peor* in der Funktion eines Superlativs 52 – Fakultativer Gebrauch des bestimmten Artikels 52

        D. Der Gebrauch des sächlichen Artikels *lo* 52

> Substantivierung durch *lo* 53 – Emphatischer Gebrauch von *lo* (→ *lo ... que*) 55 – *Lo + de* + Substantiv 57 – *A + lo* + Adjektiv 58 – *Lo que, lo cual* 59 – Feste Wendungen 59

Abschnitt II: Der unbestimmte Artikel 60
    § 1. Formen 60
    § 2. Gebrauch 60
        A. Gebrauch von *un* anstelle von *una* 60
        B. Auslassung des unbestimmten Artikels 61

> Kein unbestimmter Artikel vor gewissen Adjektiven 62 – Kein unbestimmter Artikel vor gewissen Substantiven 64 – Kein unbestimmter Artikel nach gewissen Verben 64 – Hispanismus 65 – Gebrauch der Pluralform 65

KAPITEL III: DAS SUBSTANTIV	69

Abschnitt I: Das grammatische Geschlecht 69
    § 1. Regeln zur Bestimmung des Genus 69

A. Substantive, die aufgrund ihrer Bedeutung männlich sind 69
Substantive, die Personen oder Tiere männlichen Geschlechts bzw. Berufe oder Titel bezeichnen, die typischerweise im Zusammenhang mit Männern benutzt werden 69 – Die Namen der meisten Flüsse und Berge 70 – Die Namen der Wochentage, der Monate und der Himmelsrichtungen 70 – Die Namen der Farben und Musiknoten 70 – Andere Wortarten, die substantiviert werden 70

B. Substantive, die aufgrund ihrer Bedeutung weiblich sind 71
Substantive, die Personen oder Tiere weiblichen Geschlechts bzw. Berufe oder Titel bezeichnen, die typischerweise im Zusammenhang mit Frauen benutzt werden 71 – Die Buchstaben des Alphabets 71

C. Substantive, die aufgrund ihrer Endung männlich sind 73
Substantive, die auf -o enden 73 – Zahlreiche Substantive, die auf -e, -i oder -u enden 73 – Andere Endungen 73

D. Substantive, die aufgrund ihrer Endung weiblich sind 74
Substantive, die auf -a enden 74 – Substantive, die auf -d, -z, -ción, -sión und -zón enden 75 – Zwei Genera → eine Bedeutung 76 – Verschiedene Genera → verschiedene Bedeutungen 79

§ 2. Bildung des Femininums 80

Abschnitt II: Der Numerus – Bildung des Plurals 85
§ 1. Allgemeine Regeln 85
§ 2. Ausnahmen 86
§ 3. Sonderfälle 87
Der Plural der Komposita 87 – Der Plural von Eigennamen (Familien- und Vornamen) 89 – Fremdwörter 90 – Änderung der Bedeutung im Plural 91 – Substantive, die nur im Plural gebraucht werden 92 – Singular anstelle von Plural 93 – *Gente* 94

Abschnitt III: Besonderheiten 95
§ 1. Familiennamen 95
§ 2. Akronyme 96
§ 3. Substantivierung 96

KAPITEL IV: DAS ADJEKTIV 99

Abschnitt I: Bildung des Femininums 99
§ 1. Erste Möglichkeit: → -a 99
Adjektive auf -o 99 – Anfügen von -a an Adjektive, die auf Konsonant auslauten 100 – Gentilicios 101

§ 2. Zweite Möglichkeit: die Adjektive bleiben unverändert 101

Abschnitt II: Bildung des Plurals 102

Abschnitt III: Kongruenz – Sonderfälle 103

Abschnitt IV: Stellung des Adjektivs und die Auswirkungen 104
§ 1. Allgemeine Regel 104
§ 2. Voranstellung des Adjektivs 105
Besondere Eigenschaften 105 – Kurze Adjektive 105 – *mucho, poco, mero* 105 – Stilistische Wirkung 106

§ 3. Stellung des Adjektivs → verschiedene Bedeutung 109
§ 4. Apócope 112
Grande 113 – *Santo* 114

Inhalt

Abschnitt V: Die Steigerungsstufen 114
   § 1. Der Komparativ 114
           Unregelmäßige Komparative 115 – *Inferior, superior* 116 – Übersetzung von „mehr ... als", „weniger ... als" 116 – „Mehr" + Substantiv + „als" + Verbform; „weniger" + Substantiv + „als" + Verbform 117 – „Viel mehr", „wenig mehr" 118 – *Más de lo* + Adjektiv 119 – „Je mehr (weniger) ... desto mehr (weniger)" 119 – *Cada vez más (menos), cada día más (menos), más y más, menos y menos* 120 – *A cuál más* 120 – Ausdruck der Gleichheit 120 – *El que más* und *el que menos (la que más* und *la que menos)* 121
   § 2. Der Superlativ 122
        A. Der relative Superlativ 122
        B. Der absolute Superlativ 123
        C. Sonderformen bei Superlativen 126
        D. Andere Arten der Superlativbildung 128
           Superlativische Bedeutung einiger Präfixe 128 – Superlativische Bedeutung durch Wiederholung 129 – *Es más malo ...* 130
Abschnitt VI: Adverbialer Gebrauch des Adjektivs 131

KAPITEL V: DIE ZAHLWÖRTER   135

Abschnitt I: Kardinalzahlen 135
   § 1. Formen 135
   § 2. Besonderheiten 137
        A. Gebrauch der Konjunktion *y* 137
        B. Gebrauch von *uno* 138
        C. Gebrauch von *ciento, cien* 139
        D. Kongruenz der Kardinalzahlen 140
        E. Substantivierung der Kardinalzahlen 141
        F. Zeit- und Datumsangaben 142
Abschnitt II: Ordnungszahlen 143
   § 1. Formen 143
   § 2. Gebrauch der Ordnungszahlen 144
   § 3. Apócope 146
   § 4. Kongruenz 146
   § 5. Ausfall des Substantivs bei einigen Ordnungszahlen 146
   § 6. Brüche 147
Abschnitt III: Vervielfältigungszahlwörter 148

KAPITEL VI: DIE PRONOMEN   151

Abschnitt I: Die Personalpronomen 151
   § 1. Formen 151
   § 2. Bedeutung und Gebrauch 152
        A. Formen des Nominativs (Subjekt) 152
           1) Fakultativer und obligatorischer Gebrauch 152
           2) Gebrauch von *usted, ustedes* (~ *tú*), *don, doña* 156
           3) *Voseo* 162
           4) Gebrauch von *ello* 163
           5) Formen, die Personalpronomen ersetzen können 164

        B. Als Akkusativ- oder Dativobjekt gebrauchte Personalpronomen
           – Enklitische Pronomen 166
          1) *Leísmo, laísmo, loísmo* 166
          2) Stellung mehrerer unbetonter Pronomen, die als Objekt fungieren . . 168
          3) Enklitische Pronomen 169
          4) Gebrauch von *se* anstelle von *le* oder *les* 172
          5) Pronombres expletivos 172
          6) Feststehender Gebrauch von Pronomen bei bestimmten Verben 176
          7) *Me, te, le, nos, os, les* = „von mir", „von dir", „von ihm", („von ihr"),
             „von uns", „von euch", „von ihnen" 176
        C. Personalpronomen nach einer Präposition 177
        D. Besonderheiten beim Gebrauch der Reflexiv- und Reziprokpronomen 179
        E. Unterschiedlicher Gebrauch von Pronomen im Spanischen und Deutschen . . 181
          1) Im Spanischen Pronomen, im Deutschen Adverb 181
          2) Deutsches „es" als formales Subjekt, im Spanischen ohne Entsprechung 181
          3) Keine Übersetzung 182

Abschnitt II: Die Demonstrativpronomen 182
    § 1. Formen 182
    § 2. Bedeutung und Gebrauch 183
        1) Allgemeine Bedeutung 183
        2) Besonderheiten im Gebrauch und in der Bedeutung 185
        Stellung der Demonstrativpronomen 185 – Demonstrativpronomen in Zeitbestimmungen 185 – Mögliche pejorative Bedeutung von *ese* 186 – *Esto, eso, aquello* + *de* + nähere Bestimmung 187 – Kongruenz 187 – Demonstrativ- und Possessivpronomen 188 – Ein Demonstrativpronomen anstelle eines Personalpronomens 188 – Besondere Verwendung von *este, ese* 189 – Stereotyper Gebrauch von *eso* 190 – *Aquel* als Substantiv 190 – *Aquí* und *acá* anstelle von *este* 191

Abschnitt III: Die Possessivpronomen 192
    § 1. Formen 192
        A. Adjektivisch gebraucht 192
        B. Substantivisch gebraucht 193
    § 2. Gebrauch 193
        A. Die Formen der Reihe I 193
        B. Die Formen der Reihe II 196

Abschnitt IV: Die Relativpronomen 201
    § 1. *Que* 201
    § 2. *Quien* (*quienes*) 204
    § 3. *El cual* (*la cual, los cuales, las cuales*) 208
    § 4. *Cuyo* (*cuya, cuyos, cuyas*) 209
    § 5. Gebrauch von Adverbien anstelle von Relativpronomen 211

Abschnitt V: Die Frage- (und Ausrufe-)Pronomen 212
    § 1. *¿Qué?, ¡Qué!* 212
    § 2. *¿Quién?, ¡Quién!* 214
    § 3. *¿Cuál?, ¡Cuál!* 215
    § 4. *¿Cúyo?* 215
    § 5. *¿Cuánto?, ¡Cuánto!* 216

Abschnitt VI: Die Indefinitpronomen 216
    § 1. *Uno* 216

§ 2.	*Alguno, ninguno, alguien, algo, nadie, nada*		219
	A. *Alguno*		220
	B. *Ninguno*		222
		1) Konstruktion	222
		2) Substantivischer Gebrauch von *ninguno*	223
		3) Adjektivischer Gebrauch von *ninguno*	223
		4) Affirmative Übersetzung von *ninguno*	224
	C. *Alguien*		226
	D. *Algo*		226
		1) Substantivischer Gebrauch von *algo*	226
		2) Adverbialer Gebrauch von *algo*	228
		3) *Algo* als Substantiv	228
	E. *Nadie*		228
	F. *Nada*		231
		1) Substantivischer Gebrauch von *nada*	231
		2) Adverbialer Gebrauch von *nada*	233
		3) *Nada* als Substantiv	235
§ 3.	*Cualquiera*		236
§ 4.	*Todo*		238
	A. Adjektivischer Gebrauch		238
		1) *Todo* → „alle", „ganz"	238
		2) *Todo* → „jeder"	239
		3) *Todo(-a)* + *un(a)* + Substantiv	239
	B. Substantivischer Gebrauch		239
	C. Adverbialer Gebrauch		240
	D. *Todo* als Substantiv		241
§ 5.	*Más* und *menos*		242
§ 6.	*Mucho* und *poco*		242
§ 7.	*Otro*		245
§ 8.	*Demás*		249
§ 9.	*Cada*		250
§ 10.	*Bastante, demasiado, tanto, varios*		251
	A. *Bastante*		251
	B. *Demasiado*		252
	C. *Tanto*		253
	D. *Varios*		255
§ 11.	*Mismo*		256
	A. Adjektivischer Gebrauch		256
	B. Adverbialer Gebrauch		258
	C. Substantivischer Gebrauch		260
§ 12.	*Tal*		261
	A. Adjektivischer Gebrauch		261
	B. Substantivischer Gebrauch		262
	C. Adverbialer Gebrauch		263
§ 13.	*Fulano*		264
§ 14.	*Sendos*		265
§ 15.	Übersetzung des deutschen „man" und anderer Konstruktionen mit unpersönlicher Bedeutung		266
	A. Gebrauch des Reflexivpronomens *se*		267

    B. Gebrauch der dritten Person Plural 268
    C. Gebrauch der zweiten Person Singular 269
    D. Gebrauch der ersten Person Plural 270
    E. Gebrauch von *uno* 270
    F. *El personal* 272

KAPITEL VII: DAS ADVERB   273

Abschnitt I: Von einem Adjektiv abgeleitete Adverbien 273
    Mayormente usw. 275 – Adjektiv + *-ísimo* + *-mente* 276 – Apócope von *reciente* und *recién* 276 – *Buenamente* und *malamente* 277

Abschnitt II: Ursprüngliche Adverbien 278
  § 1. Modaladverbien 279
    A. Formen 279
    B. Besonderheiten beim Gebrauch einiger Modaladverbien 279
      Así 279 – *Bien* 280 – *Cómo* 280 – *Despacio* 281 – *Mal* 282

  § 2. Grad-, Quantitäts- und Komparativadverbien 282
    A. Formen 282
    B. Besonderheiten beim Gebrauch einiger dieser Adverbien 283
      Apenas 283 – *Bastante* 283 – *Casi* 283 – *Cuanto, (cuánto), tanto* 284 – *Demasiado* 285 – *Más* 287 – *Mucho, muy* 288

  § 3. Temporaladverbien 291
    A. Formen 291
    B. Besonderheiten beim Gebrauch einiger Temporaladverbien 291
      Aún 291 – *Cuando* 292 – *Hoy ~ ahora* 293 – *Jamás, nunca* 293 – *Según (que)* 295 – *Siempre* 295 – *Ya* 295

  § 4. Lokaladverbien 296
    A. Formen 296
    B. Besonderheiten beim Gebrauch einiger Lokaladverbien 297
      Abajo, arriba 297 – *Aquí, ahí, allí* 297 – *Donde* 298

  § 5. Adverbien der Bejahung und Verneinung 299
    A. Formen 299
    B. Besonderheiten beim Gebrauch einiger dieser Adverbien 300
      No 300 – *Sí* 300 – *Tampoco* 300 – *Ya* 301

  § 6. Adverbien des Zweifels 301
  § 7. Adverbiale Ausdrücke 302

Abschnitt III: Steigerungsstufen 303

Abschnitt IV: Hispanismen 304
  § 1. Gebrauch eines Adverbs anstelle von *que* 304
  § 2. Adverb im Deutschen, Verbalkonstruktion im Spanischen 305

KAPITEL VIII: DIE PRÄPOSITIONEN   307

Abschnitt I: Die Präposition *a* 307
  § 1. Gebrauch von *a* im „präpositionalen Akkusativ" 307
  § 2. Andere durch *a* ausgedrückte Nuancen 312
    A. Bewegung 312

Inhalt XI

B.	Zeit	313
C.	Ort	314
D.	Art und Weise	315
E.	*A* nach Verben der Sinneswahrnehmung	316
F.	*A* mit der Bedeutung von „wenn"	316
G.	*A* + Substantiv = deutscher Dativ	316
H.	*A* bei Verben wie *aceptar, creer, exigir* ...	316
I.	Adverbiale Ausdrücke	317

Abschnitt II: Die Präposition *ante* 317
    § 1. Ort 318
    § 2. *Ante* = „in Gegenwart von", „im Beisein von", „gegenüber" 318
    § 3. Zeit; Präferenz 318
    § 4. Ursache 319

Abschnitt III: Die Präposition *bajo* 319

Abschnitt IV: Die Präposition *con* 320
    § 1. *Con* = „mit" 320
    § 2. *Con* = „obwohl" 320
    § 3. *Con* = „durch", „wegen" 320
    § 4. *Con* = „gegen" 321
    § 5. *Con* → *a*; *con* ≈ „bei" 321

Abschnitt V: Die Präposition *de* 322
    § 1. Besitz 322
    § 2. Ursprung, Herkunft, Ausgangspunkt, Ursache 322
    § 3. Der Stoff, aus dem etwas hergestellt ist 323
    § 4. Bedingung 323
    § 5. *De* = „wie", „als" 323
    § 6. *De* = „mit" 323
    § 7. Art und Weise sowie Funktion 324
    § 8. Zeit 325
    § 9. *De* mit emphatischer Bedeutung 325
    § 10. *De* in Mengenangaben 327
    § 11. *De* in Datumsangaben 327
    § 12. *De* in Ortsangaben 327
    § 13. *De* („partitiver Artikel") → Bezeichnung einer unbestimmten Menge 329
    § 14. *De* + Familiennamen 329
    § 15. Überflüssiges *de* – fehlendes *de* 330

Abschnitt VI: Die Präposition *en* 331
    § 1. *En* = „in" 331
    § 2. Ort 332
            En in elliptischen Ausdrücken 332 – *En* bei Verben der Bewegung 332 – Gebrauch von *a* anstelle von *en* 333
    § 3. Art und Weise 334
    § 4. Preis 335
    § 5. Ein Hispanismus 335

Abschnitt VII: Die Präposition *entre* 336
    § 1. Entsprechung der deutschen Präpositionen „zwischen" und „bei" 336

§ 2.	Ausdruck des Mitwirkens	336
§ 3.	*Entre semana*	337
§ 4.	*Entre* + Substantiv + *y* + Wiederholung des ersten Substantivs	337

Abschnitt VIII: Die Präposition *hacia* 337
| § 1. | Richtung, Bewegung, Ort | 337 |
| § 2. | Zeit | 338 |

Abschnitt IX: Die Präposition *para* 338
§ 1.	Ziel, Bestimmung	339
§ 2.	Bewegung, Ortswechsel	339
§ 3.	Zeit	340
§ 4.	Bezug, Eignung, Vergleich	340
§ 5.	Eine unmittelbar bevorstehende Handlung	341

Abschnitt X: Die Präposition *por* 342
§ 1.	*Por* beim Agens in Passivsätzen	342
§ 2.	Zweck	342
§ 3.	Dauer, Zeit	343
§ 4.	Ort	344
§ 5.	Grund, Ursache	345
§ 6.	Mittel, Art und Weise	347
§ 7.	Preis, Menge	348
§ 8.	*Por* = „anstelle von"; „zugunsten"	349
§ 9.	Gleichwertigkeit	349
§ 10.	*Por* ≈ *sin*	350
§ 11.	*Por* in Konzessivsätzen	351
§ 12.	Beteuerungsformeln	352
§ 13.	Anmerkungen	352

Abschnitt XI: Die Präposition *sin* 354

Abschnitt XII: Die Präposition *so* 355

Abschnitt XIII: Die Präposition *sobre* 355

Abschnitt XIV: Die Präposition *tras* 356

Abschnitt XV: Anmerkungen 357
| § 1. | Aufeinanderfolgende Präpositionen | 357 |
| § 2. | Zum Gebrauch der Präpositionen | 358 |

KAPITEL IX: DIE KONJUNKTIONEN 359

Abschnitt I: Formen 359

Abschnitt II: Besonderheiten beim Gebrauch einiger Konjunktionen 359
§ 1.	*Ni - ni ... ni*	359
§ 2.	*O*	362
§ 3.	*Pero* [*mas*]; *sino*	363
§ 4.	*Pues*	366
§ 5.	*Que*	367
§ 6.	*Si*	370

Inhalt XIII

§ 7. Y 371

KAPITEL X: DAS VERB 373

Abschnitt I: Regelmäßige Verben 373
    § 1.   Einfache Zeiten des Indikativs 373
        A. Indikativ Präsens 373
        B. Indikativ Imperfekt 374
        C. Pretérito perfecto simple 374
        D. Indikativ Futur I 375
        E. Konditional 376
    § 2.   Einfache Zeiten des Konjunktivs 376
        A. Konjunktiv Präsens 376
        B. Konjunktiv Imperfekt 377
        C. Konjunktiv Futur 378
    § 3.   Zusammengesetzte Zeiten 378
        A. Perfekt 378
        B. Plusquamperfekt 379
        C. Futur II 379
        D. Konditional II 380
        E. Perfekttempora des subjuntivo 380
        F. Zusammengesetzter Infinitiv 381
    § 4.   Der Imperativ 381
    § 5.   Gerundio und Perfektpartizip 386

Abschnitt II: Unregelmäßige Verben 386
    § 1.   Die Übersetzung von „haben" und „sein" 386
        HABER 387 – TENER 389 – SER 390 – ESTAR 391
    § 2.   Gruppen unregelmäßiger Verben 392
        A. Verben, deren Stammvokal -e- in bestimmten Fällen diphthongiert: $e \rightarrow ie$. 392
        B. Verben, deren Stammvokal -o- in bestimmten Fällen diphthongiert: $o \rightarrow ue$ 396
        C. Verben, deren Stammvokal -e- in bestimmten Fällen zu -i- wird 399
        D. Verben, die sowohl Diphthongierung ($e \rightarrow ie, o \rightarrow ue$) als auch debilitación vocálica aufweisen 401
        E. Verben auf *-iar* und *-uar* 403
    § 3.   Unregelmäßige Formen 406
        A. Indikativ Präsens 406
        B. Indikativ Imperfekt 409
        C. Pretérito perfecto simple 410
        D. Indikativ Futur I und Konditional 412
        E. Zeiten des subjuntivo 412
        F. Imperativ 414
        G. Gerundio 415
        H. Perfektpartizip 415
    § 4.   Defektive Verben 416

Abschnitt III: Änderungen in der Schreibweise 417
    § 1.   Verben der ersten Konjugation 417
    § 2.   Verben der zweiten und dritten Konjugation 419

Abschnitt IV: Bildung des Passivs 422

KAPITEL XI: TEMPORA UND MODI DES VERBS 425

Abschnitt I: Gebrauch der Tempora 425
    § 1.   Indikativ Präsens 425
    § 2.   Imperfecto de indicativo, pretérito perfecto simple 426
    § 3.   Pretérito perfecto compuesto ~ pretérito perfecto simple 430
    § 4.   Pretérito pluscuamperfecto 435
    § 5.   Futuro de indicativo 436
    § 6.   Condicional 437
    § 7.   Presente de subjuntivo; pretérito perfecto de subjuntivo 440
    § 8.   Imperfecto de subjuntivo; pluscuamperfecto de subjuntivo 441
    § 9.   Futuro de subjuntivo 444
    § 10. Das Passiv 445

Abschnitt II: Gebrauch der Modi 447
    § 1.   Allgemeines 447
    § 2.   Gebrauch des subjuntivo 447
        A. Der subjuntivo in unabhängigen Sätzen oder Hauptsätzen 447
        B. Der subjuntivo in Nebensätzen 450
            1) Subjektsätze 450
            2) Objektsätze 453
                Nach Verben, die eine Emotion ausdrücken 453 – Nach Verben mit der Bedeutung „erreichen, daß", „dafür sorgen, daß" usw. 458 – Nach Verben des Sagens, Denkens und der sinnlichen Wahrnehmung 458
            3) Relativsätze 460
            4) Adverbiale Nebensätze 463
                Temporalsätze 463 – Finalsätze 465 – Konditionalsätze 466 – Konzessivsätze 470 – Restriktive Adverbialsätze 474 – Kausalsätze 475
    § 3.   Imperativ und Infinitiv 477

KAPITEL XII: DIE UNPERSÖNLICHEN FORMEN DES VERBS 479

Abschnitt I: Der Infinitiv 479
    § 1.   Definition 479
        A. Der Infinitiv als Substantiv 480
            1) Das Vorhandensein eines Artikels (männlich, bestimmt oder unbestimmt) 480
            2) Infinitiv + Adjektiv 481
            3) *Esto, eso, aquello* + *de* + substantivierter Infinitiv 481
            4) Permanente Substantivierung 481
            5) Funktionen des Infinitivs 483
            6) Besonderheiten 483
                Die reflexive Form des Infinitivs 483 – Infinitive mit enklitischen Pronomen 483 – Verneinte Infinitive 484 – Verneinter Infinitiv + enklitische(s) Pronomen 484 – Infinitivos perfectos 484 – Passivische Konstruktionen 484 – Frases verbales 484
        B. Der Infinitiv als Verb 484
            1) Substantivierter Infinitiv mit eigenem Subjekt 485
            2) Substantivierter Infinitiv mit einem Dativ- und/oder Akkusativobjekt 485
            3) Substantivierter Infinitiv mit einer adverbialen Bestimmung 486
            4) Infinitiv + Adverb 486
    § 2.   Besondere Konstruktionen 488

Inhalt XV

        A. Konstruktionen mit dem Wert eines Nebensatzes 488
            1) Gleichwertigkeit mit einem Adverbialsatz 488
            Al + Infinitiv 488 – *Con* + Infinitiv 489 – *A* oder *de* + Infinitiv 491 – *En* + Infinitiv 492 – *Nada más* (Variante: *sólo, no más*) + Infinitiv 492 – *Por* + Infinitiv 493 – Präpositionale und adverbiale temporale Ausdrücke + Infinitiv 493 – Präpositionale und adverbiale Ausdrücke mit *además de, aparte* oder *sobre* + Infinitiv 494

            2) Gleichwertigkeit mit einem Attributsatz, einem Adjektiv
               oder einem Perfektpartizip 495
            A medio + Infinitiv 495 – *Sin* + Infinitiv 495 – *Por* + Infinitiv 497

        B. Infinitive mit dem Wert eines nichtabhängigen oder nebengeordneten Satzes . 498
            1) Ein besonderer Gebrauch des infinitivo perfecto 498
            2) Infinitiv + konjugierte Form desselben Verbs 498
            3) *Ni* + Infinitiv → *¡Ni hablar!* 499
            4) Infinitivo histórico 499
        C. Gebrauch des Infinitivs als Imperativ 500
            1) Infinitiv als Imperativ (zweite Person Singular) 501
            2) Infinitiv als Imperativ (zweite Person Plural) 501
            3) Infinitiv als Imperativ (Höflichkeitsform) 501
            4) Infinitiv als Imperativ (erste Person?) 501
            5) Infinitiv in verneinten Imperativsätzen 502
            6) Infinitiv mit enklitischen Pronomen 503
            7) Infinitiv in frase verbal mit gerundio 503

Abschnitt II: Das Gerundium 505
  § 1. Allgemeines 505
  § 2. Gebrauch und Bedeutung des Gerundiums 506
        A. Gerundium in adverbialer Funktion bei einem Verb 506
        B. Gerundium in der Funktion eines Adjektivs 507
        C. Gerundium beim Subjekt des Hauptsatzes 510
        D. Gerundium, das sich auf das Akkusativobjekt des Hauptsatzes bezieht 511
        E. Gerundium, das sich auf einen anderen Satzteil bezieht 512
        F. Gerundium in „absoluten Konstruktionen" 513
        G. Gerundium als Imperativ 516
        H. Gerundium als Substantiv 517
  § 3. Besondere Konstruktionen 518
        A. *En* + Gerundium 518
        B. *Como* + Gerundium 519
        C. Gerundium + *como* + konjugierte Form desselben Verbs 520
        D. Wiederholung des Gerundiums 520
        E. Verneintes Gerundium; Gerundium mit enklitischen Pronomen 521
        F. Gerundios de frase 521
        G. An das Gerundium angefügte Suffixe 522
        H. Satzbau: Stellung des Gerundiums in bezug auf sein Subjekt 523
        I. Das Gerundium in elliptischen Konstruktionen 524
  § 4. Das Gerundium in frases verbales 525
  § 5. Schlußbemerkungen 529

Abschnitt III: Das Partizip Perfekt 530
  § 1. Terminologie, Formen, Doppelbedeutung mancher Perfektpartizipien 530
  § 2. Participio absoluto 533

	A.	Temporale Bedeutung	534
	B.	Modale Bedeutung	534
	C.	Konzessive Bedeutung	535
	D.	Konditionale Bedeutung	535
	E.	Kausale Bedeutung	535
	F.	Lokale Bedeutung → Participio preposicional	536
§ 3.		Andere Konstruktionen mit Partizip	536
	A.	Perfektpartizip in Verbindung mit *haber*	536
		1) Kongruenz	536
		2) Trennung des participio von *haber*	537
		3) Wiederholung von *haber*	538
		4) Weglassen von *haber*	539
		5) Participio + enklitisches Pronomen	539
	B.	*Ser* als Hilfsverb	540
	C.	(Semi-)auxiliar + participio (→ frase verbal)	540
		1) *Tener*	540

Ergebnis einer Handlung 541 – Zeit 541 – Intensivierende Bedeutung 542 – *Tener* ≈ *haber* (?) 543 – Trennung *tener ... participio* 544

		2) Andere (semi-)auxiliares	544
		3) Stellung des Partizips Perfekt	545
	D.	*Estar* + *siendo* + Partizip	545
	E.	Partizip + *que* + (semi-)auxiliar	546
	F.	Wiederholung des Verbs → *lo lavó bien lavado*	548
	G.	Ohne Hilfsverb gebrauchte Perfektpartizipien	548
		1) Allgemeine Regel	548
		2) Besondere Fälle	549

Excepto, incluso, salvo 549 – *Debido a* 550 – *Juntos* (*juntas*) 551 – *Hecho* 551 – *Dado a* 552 – *Acabado de* + Infinitiv 552 – Substantivierung mit Hilfe von *lo* 553

	H.	(*Limpiado*), (*llenado*), (*hartado*) → *limpio, lleno, harto*	554
	I.	*Pedir prestado* → *tomar prestado*	555
§ 4.		An Partizipien angefügte Suffixe	556

KAPITEL XIII: BESONDERE PROBLEME IM ZUSAMMENHANG MIT DEM SPANISCHEN VERB   557

Abschnitt I: *Ser* und *estar*		557
§ 1.	Gebrauch von *ser*	557
	A. *Ser* → wesentliche Eigenschaften	557
	B. *Ser* als Hilfsverb	559
	C. *Ser* bei der Bildung des Passivs	559
§ 2.	Gebrauch von *estar*	559
	A. *Estar* → nichtwesentliche Eigenschaften	559
	B. Scheinbar unlogischer Gebrauch von *estar*	560
	C. *Estar* in passivischen Sätzen	561
	D. *Estar* + Gerundium	562
	E. *Estar* + *que* + Verb	563
§ 3.	Gebrauch von *ser* oder *estar*	563
§ 4.	Übersichtstabelle	569
§ 5.	Verbos dinámicos anstelle von *ser* und *estar*	570

Inhalt

§ 6.	Schlußbemerkung	571

Abschnitt II: *Haber* und *tener* 572

Abschnitt III: Die Übersetzung des deutschen „müssen" 575

Abschnitt IV: Die Übersetzung des deutschen „werden" 578

Abschnitt V: Die Übersetzung des deutschen „lassen" 584

Abschnitt VI: Die Zeitenfolge 585

Abschnitt VII: Kongruenz von Verb und Subjekt 588
   § 1. Allgemeine Regel 588
   § 2. Sonderfälle 588
      A. Zusammengesetztes Subjekt (→ Substantive oder Pronomen im Singular, die durch *con*, *y* oder *o* verbunden sind) 588
      B. Kollektiva und verwandte Fälle 590
      C. Kongruenz mit dem nominalen Bestandteil des Prädikats 592
      D. Kongruenz mit *nadie*, *ninguno* u. dgl. 593
      E. *Soy yo el que ...* (oder: *soy yo quien ...*) 594
      F. Unpersönliche Verben 594
      G. *Voseo* 594

KAPITEL XIV: WORTBILDUNG MIT HILFE VON SUFFIXEN   595

Abschnitt I: Allgemeines 595

Abschnitt II: Formen 596

Abschnitt III: Bedeutung 603

Abschnitt IV: Gebrauch 606
   § 1. Im Zusammenhang mit oder gegenüber Kindern 606
   § 2. Kindersprache 606
   § 3. Sprache der Frauen 607
   § 4. Regionaler Charakter einiger Suffixe 607

Abschnitt V: Schlußbemerkung 608

KAPITEL XV: DIE WORTSTELLUNG IM SATZ   609

Abschnitt I: Aussagesätze 609

Abschnitt II: Fragesätze 614

Abschnitt III: Verneinte Sätze 617

Abschnitt IV: Befehlssätze 617

Abschnitt V: Feststehende Wendungen 618

ZUM ABSCHLUSS   619

BIBLIOGRAPHIE   623

REGISTER   639

Verwendete Abkürzungen

BRAE	*Boletín de la Real Academia Española*
Cf.	Vergleiche
Diccionario de dudas	*Diccionario de dudas y dificultades de la lengua española* (M. SECO, 9 ed. renovada, Madrid, Espasa Calpe, 1986).
Diccionario normativo	*Diccionario normativo y guía práctica de la lengua española* (F. MARSÁ, Barcelona, Ed. Ariel, 1986)
DRAE	*Diccionario de la lengua española* (REAL ACADEMIA ESPAÑOLA, Madrid, 1984, XX[a] ed.)
DUE	*Diccionario de uso del español* (María MOLINER, Madrid, 1966–1967, 2 Bände)
Esbozo	*Esbozo de una nueva gramática de la lengua española*, (REAL ACADEMIA ESPAÑOLA, Comisión de gramática, Espasa Calpe, Madrid, 1973)
o. c.	*opere citato* (im angegebenen Werk)
O. C.	*Obras completas* (gesammelte Werke)
op. et loc. cit.	*opere et loco citatis* (im angegebenen Werk und am angegebenen Ort)
VOX	*Diccionario general ilustrado de la lengua española* (Neubearbeitung unter der Leitung von Manuel ALVAR EZQUERRA, 1 ed., 1987, Barcelona, Bibliograf)
*	ungrammatische Form

Informanten

ALV	=	Manuel ALVAR † (*Real Academia Española*)
BAR	=	Alberto BARRERA VIDAL (Universität Lüttich, Belgien)[1]
BOS	=	Ignacio BOSQUE (*Universidad Complutense* – Madrid)
BUS	=	Eugenio de BUSTOS TOVAR † (Universität Salamanca)
HER	=	César HERNÁNDEZ (Universität Valladolid)
LAP	=	Rafael LAPESA † (*Real Academia Española*)
LAZ	=	Fernando LÁZARO CARRETER (*Real Academia Española*)
LOP	=	Juan LOPE BLANCH (*Universidad Autónoma de México*)[2]
LLO	=	Antonio LLORENTE MALDONADO DE GUEVARA † (Universität Salamanca)
MAR	=	Francisco MARSÁ † (*Reial Acadèmia de bones Lletres de Barcelona*)
MON	=	Félix MONGE (Universität Zaragoza)
MOR	=	Humberto LÓPEZ MORALES (*Universidad de Puerto Rico*)[3]
RAB	=	Ambrosio RABANALES (Universität Chile)
ROD	=	José RODRÍGUEZ RICHART (Universität Saarbrücken)[4]
SEN	=	Ricardo SENABRE (Universität Salamanca)
VAQ	=	María VAQUERO (*Universidad de Puerto Rico*)[5]
VAR	=	Beatriz VARELA (Universität New Orleans, USA)[6]
ZOR	=	María Antonia MARTÍN ZORRAQUINO (Universität Zaragoza)

---

[1] A. BARRERA VIDAL wurde in Spanien geboren.
[2] J. LOPE BLANCH wurde in Spanien geboren, lehrt aber seit 1951 in Mexiko.
[3] H. LÓPEZ MORALES wurde in Kuba geboren. Seit 1971 ist er Professor an der *Universidad de Puerto Rico*.
[4] J. RODRÍGUEZ RICHART wurde in Spanien geboren.
[5] M. VAQUERO ist aus Spanien gebürtig. Seit 1963 lebt sie in San Juan de Puerto Rico und lehrt spanische Sprachwissenschaft an der *Universidad de Puerto Rico*.
[6] B. VARELA wurde in Kuba geboren.

VORWORT ZUR 2. AUFLAGE

Die Ergänzungen, um die die vorliegende zweite Auflage erweitert wurde und deren Umfang sich in der Zahl der hinzugekommenen Seiten widerspiegelt, betreffen sowohl das didaktische Material als auch die Bibliographie und das Register.

So wurden bestimmte sprachliche Phänomene berücksichtigt, die typisch dafür sind, wie sich das Spanische seit der Erstellung der ersten Version dieser Grammatik weiterentwickelt hat. Als Beispiel seien hier die Anmerkungen zum jetzt immer häufigeren Gebrauch der Präposition *en* mit temporaler Bedeutung als Variante von *dentro de* (siehe Nummer 770) genannt.

Die Bibliographie wurde beträchtlich erweitert. Selbstverständlich wird auf ein in diesem Zusammenhang so grundlegendes Nachschlagewerk wie die *Gramática Descriptiva de la Lengua Española* von I. BOSQUE und V. DEMONTE verwiesen, freilich ohne einem derart monumentalen Werk (5351 Seiten) in der vorliegenden Grammatik gerecht werden zu können.

Die erste Auflage der *Spanische Grammatik* von 1993 verwies fast durchgängig auf die damals neuesten Ausgaben wichtiger Nachschlagewerke wie das *Diccionario de la lengua española* der *Real Academia Española* (1984), das *Diccionario de uso del español* von María MOLINER (1966–1967) und das *Diccionario de dudas y dificultades de la lengua española* von M. SECO (1986).
In der zweiten Auflage werden nur dann andere, spätere Ausgaben (von 1992, 1998 und 1998*) angeführt, wenn diese wesentliche Änderungen beinhalten.

In lexikographischer Hinsicht wurde auch das neue *Diccionario del español actual* von M. SECO, O. ANDRÉS und G. RAMOS (1999) hinzugezogen, wann immer es sich um wichtiges ergänzendes Material handelte.

In diesem Zusammenhang sei darauf hingewiesen, daß auch die Beiträge der neuen *Ortografía de la Langua Española* der *Real Academia Española* (1999) berücksichtigt wurden.

Antwerpen, Gent, 2002

---

* Nicht berücksichtigt werden konnte die 22. Auflage, die Ende 2001 erschienen ist.

VORWORT ZUR 1. AUFLAGE

Wer die einzelnen Kapitel dieser *Spanischen Grammatik* vergleicht, wird feststellen, daß sie sich in ihrem Umfang bisweilen stark voneinander unterscheiden. Die Begründung dafür liegt teilweise in der mehr oder weniger großen Bedeutung der jeweils behandelten Themen. Doch haben beim Aufbau der Grammatik auch andere Überlegungen eine Rolle gespielt. Einerseits wird Details und Aspekten, die nur geringe oder keine Probleme aufwerfen, weniger Aufmerksamkeit gewidmet. So werden die Interjektionen beispielsweise nicht systematisch behandelt[1], und bei der Behandlung des Alphabets wurde von einem detaillierten Kommentar zu möglichen Varianten hinsichtlich der Aussprache der spanischen Vokale abgesehen. Auch die Listen unregelmäßiger und defektiver Verben wurden so knapp wie möglich gehalten, wird es doch dem Leser kaum Probleme bereiten, daß *encovar* („in einem Keller lagern"), *despavorir* („entsetzen", „erschrecken") und *embaír* („betrügen", „hinters Licht führen") nicht aufgeführt sind.

Andererseits wird bestimmten Fragen größere Aufmerksamkeit gewidmet, als dies bisher in den meisten Grammatiken geschehen ist. Das ist vor allem dort der Fall, wo ein bestimmter Trend im heutigen Spanisch kommentiert wird, und bei bestimmten Formen oder Konstruktionen, deren praktische Bedeutung (in der modernen Sprache) besonders augenfällig erschien. Dies gilt zum Beispiel für das *gerundio*, den Infinitiv und das Partizip Perfekt, deren zahlreiche und vielfältige Verwendungsmöglichkeiten in vielen Grammatiken auf fragmentarische und häufig wenig systematische Weise beleuchtet werden, und für das im Spanischen so reichhaltige und typische System der Wortbildung mit Hilfe von affektiven Suffixen, mit dem sich der deutsche Muttersprachler vertraut machen muß, wenn er ein umfassendes Verständnis von Texten und Gesprächen erreichen will. Dagegen wurde beispielsweise das Kapitel über den Gebrauch des *indicativo* und *subjuntivo* absichtlich relativ knapp gehalten. Es wäre ein vergebliches Unterfangen, in einem Handbuch wie diesem auf Probleme näher einzugehen, die sogar unter spanischen Sprachwissenschaftlern kontrovers diskutiert werden[2].

Fast immer werden die angeführten Regeln und der zugehörige Kommentar durch Beispiele illustriert, die bei modernen Autoren und in Zeitungsartikeln gefunden wurden[3].

Hierzu sind die folgenden Anmerkungen zu machen:

1. Die meisten literarischen Beispiele stammen aus Texten, die nach 1960 veröffentlicht wurden. Für die allgemeine Theorie wurden sehr häufig der von der REAL ACADEMIA ESPAÑOLA herausgegebene *Esbozo de una nueva gramática de la lengua española* (1973), die Werke des bekannten (1983 verstorbenen) Grammatikers S. FERNÁNDEZ, die 1975 veröffentlichte *Gramática española* von J. ALCINA FRANCH und J. M. BLECUA und – für das amerikanische Spanisch – die *Sintaxis hispanoamericana* von C. KANY herangezogen[4]. Zum anderen wurde im praktischen

---

[1] Abgesehen davon, daß sie strenggenommen keine eigentliche Wortklasse bilden (→ sie haben keine syntaktische Funktion), werfen die meisten dieser Ausdrücke hinsichtlich ihrer Bedeutung, über die das Wörterbuch Aufschluß gibt, kaum Schwierigkeiten auf.
[2] Gelegentlich wird aber bei bestimmten Problemen, die eine gewisse praktische Bedeutung haben, auf eine oder mehrere speziellere Untersuchungen verwiesen.
[3] Bei sehr einfachen und völlig problemlosen Fällen wird kein derartiges Beispiel angeführt. Um zu zeigen, daß *un* ein unbestimmter Artikel ist, ist eine Fügung wie *un hombre* („ein Mann") ohne weiteren Kontext ausreichend.
[4] Hinzu kommt eine Reihe für häufigeres Nachschlagen gedachter (und allgemein anerkannter) Werke wie das *Diccionario de uso del español* von María MOLINER, das *Diccionario de dudas y dificultades de la lengua española* von M. SECO und das *Diccionario normativo y guía práctica de la lengua española* von F. MARSÁ.

Bereich, wann immer dies nützlich und sinnvoll war, das Sprachniveau angegeben, auf dem eine bestimmte Konstruktion oder Wendung gebräuchlich ist[5].

2. Die zitierten Autoren und Autorinnen wurden so ausgewählt, daß alle Regionen Spaniens und auch die verschiedenen Modalitäten des amerikanischen Spanisch[6] vertreten sind: C. J. CELA ist *gallego*, J. A. DE ZUNZUNEGUI ist Baske, Carmen RIERA und M. VÁZQUEZ MONTALBÁN sind Katalanen, R. J. SENDER ist Aragonese, M. DELIBES und Rosa CHACEL stammen aus *Castilla la Vieja*, F. GARCÍA PAVÓN ist *manchego*, F. QUIÑONES und J. M. PEMÁN sind Andalusier usw.; zu den in der Bibliographie angeführten spanischsprachigen Autoren aus Amerika zählen u. a. G. CABRERA INFANTE und A. CARPENTIER (Kuba), C. FUENTES und J. RULFO (Mexiko), G. GARCÍA MÁRQUEZ (Kolumbien), J. CORTÁZAR und M. PUIG (Argentinien), J. C. ONETTI (Uruguay), I. ALLENDE und P. NERUDA (Chile), J. ICAZA (Ecuador), M. VARGAS LLOSA und A. BRYCE ECHENIQUE (Peru), A. ROA BASTOS (Paraguay) ...

Nicht unwichtig ist vielleicht auch die Tatsache, daß diese Autoren verschiedene ideologische Richtungen repräsentieren. Es versteht sich von selbst, daß das Weltbild von E. „Che" GUEVARA (des bekannten lateinamerikanischen *guerrillero*) und das von J. M. ESCRIVÁ DE BALAGUER (Priester und Gründer des *Opus Dei*) sich völlig voneinander unterscheiden und daß Autoren wie ARRABAL und M. AUB, die jahrelang im Exil gelebt haben, nicht genau in derselben Weise schreiben wie J. M. PEMÁN, der, zumindest einige Zeit lang, in Spanien als eine Art offizielles enfant chéri betrachtet wurde.

Beim Nachschlagen in der Bibliographie wird man schließlich auch feststellen, daß die angeführten Werke verschiedenen Literaturgattungen im weitesten Sinne angehören. Sie umfassen Romane[7] und kurze Erzählungen, Essays, Theaterliteratur und Poesie, Lieder, Sprichwörter und Redewendungen, aber auch religiöse Texte und Beispiele aus Geschichtsbüchern sind vertreten.

3. Die aus der Presse entnommenen Beispiele stammen aus ihrer Auflage und/oder Repräsentativität nach wichtigen (allerdings ausschließlich in Spanien erscheinenden) Tageszeitungen und Zeitschriften der Gegenwart[8]. Auch hier wurde eine gewisse geographische (und ideologische) Vielfalt berücksichtigt. So dienten u. a. als Quellen *La Vanguardia Española* und *El Periódico* (Barcelona), *Heraldo de Aragón* (Zaragoza), *El Norte de Castilla* (Valladolid), *Diario 16, El Imparcial, ABC, El País, Informaciones, El Mundo, El Independiente* (Madrid) ...

4. Im Zusammenhang mit den Zitaten noch folgende Bemerkung: Die aus den Texten übernommenen Beispiele wurden manchmal verkürzt, um das Verständnis zu erleichtern und – nebenbei – auch Platz zu sparen.

---

[5] Der Leser muß dabei berücksichtigen, daß es in manchen Fällen nicht möglich ist, eine eindeutige und auf absoluten Grundsätzen beruhende Abgrenzung zwischen Kategorien wie „(familiäre) Umgangssprache" und „Volkssprache" oder auch nur „gesprochene Sprache" und „Schriftsprache" vorzunehmen.
Wo in diesem Handbuch die genannte katalogisierende Terminologie verwendet wird, da handelt es sich zumeist um die Übersetzung einer Bewertung, die von Sprachwissenschaftlern mit Spanisch als Muttersprache abgegeben wurde. Es ist jedoch klar, daß diese Fachleute – bedingt durch ihr eigenes Temperament und Empfinden, ihr Alter, ihre Herkunft (amerikanische oder europäische *hispanohablantes*), ihre Ausbildung und ihren linguistischen Standpunkt – häufig unterschiedliche Kriterien anführen, wenn es um den *standardsprachlichen* oder *nichtstandardsprachlichen* Charakter bestimmter Konstruktionen, Ausdrücke, Wörter oder Formen geht.

[6] Nach der allgemein üblichen Einteilung in fünf große Gebiete: der karibische Raum, die mexikanische und kolumbianische Variante, das sogenannte *español platense* (Buenos Aires und Montevideo) und das „südamerikanische" Spanisch (Ecuador, Peru, Bolivien, Chile, Paraguay und das argentinische Inland).

[7] Manche dieser (nach 1975) erschienenen Werke geben die sehr familiäre, bisweilen sogar jargonartige Umgangssprache wieder. Das gilt z. B. für Schriftsteller wie Ernesto PARRA, José Luis ALONSO DE SANTOS und Carlos PÉREZ MERINERO.

[8] Mit Ausnahme einzelner Zitate aus einigen humoristischen und manchmal sogar frivolen Presseerzeugnissen.

Ein Satz wie *La gente sonríe, sin meditar en lo deprisa que envejecemos*, der in Nr. 58 c angeführt wird, lautet in der vollständigen Version:
La gente, frente a ellas, sonríe de lo atrasados que estaban nuestros abuelos e incluso nuestros padres, sin meditar en lo viejos que somos, y sobre todo, en lo deprisa que envejecemos (F. UMBRAL, *Amar en Madrid*, 92).
In anderen Fällen wird mit derselben Absicht ein Satz leicht abgeändert, wie z. B. in Nr. 821 b, wo die Konstruktion *Se da el caso de que reciba cartas de sujetos ...*, die sich in der ursprünglichen Version findet (M. DE UNAMUNO, *Visiones y comentarios*, 29), ersetzt wurde durch: *Recibo cartas de sujetos ...*

Es wurde angestrebt, möglichst viele Aspekte kontrastiv zu behandeln. Dabei wird nicht nur auf die Unterschiede zwischen dem Deutschen und dem Spanischen hingewiesen, sondern es wird gegebenenfalls auch darauf aufmerksam gemacht, daß – wie nützlich die Kenntnis des Französischen für das Erlernen der spanischen Sprache auch sein mag – bestimmte Strukturen in den beiden Sprachen bisweilen (sehr) verschieden sein können.

Immer wieder wird in der Grammatik auf vorangehende oder an späterer Stelle folgende Kommentare verwiesen. Damit wird die Absicht verfolgt, das Verständnis für bestimmte strukturelle Beziehungen zu wecken oder einfach die Bedeutung eines bestimmten Punktes hervorzuheben. Bisweilen wird man auch auf Wiederholungen stoßen, die jedoch bewußt eingefügt wurden, um ein zusätzliches Mal auf Eigenarten hinzuweisen, die ein besonderes Interesse verdienen.

Die Kapitel dieser Grammatik bauen nicht aufeinander auf. Vom ersten Kapitel an werden bei Schriftstellern und in der Presse gefundene (zuweilen komplizierte) Beispiele angeführt. Es ist sehr wohl möglich, daß darin grammatikalische Schwierigkeiten auftreten, die zuvor noch nicht behandelt wurden. Je nachdem, wie fortgeschritten die Kenntnisse der Schüler oder Studenten sind, kann der Unterrichtende diese Randprobleme übergehen oder auf sie hinweisen und sie gegebenenfalls knapp kommentieren[9].

Hier soll hervorgehoben werden, daß diese *Spanische Grammatik*, die in der Hauptsache die Lektüre von modernen Texten, daneben (und in geringerem Maße) auch mündliche Zeugnisse zur Grundlage hat, vor allem *beschreibend* sein will[10]. Es soll ein Überblick über die im modernen Spanisch mehr oder weniger gebräuchlichen Formen und Konstruktionen gegeben werden. Nur in Ausnahmefällen – und dann stets mit großer Zurückhaltung – wird der eine oder andere persönliche bewertende Kommentar abgegeben. Freilich mit der gebotenen Bereitschaft zur Relativierung und im Bewußtsein der Vergänglichkeit, Flüchtigkeit und Inkonsistenz des Begriffes der „(absoluten) Norm", selbst wenn er auf den synchronen Aspekt begrenzt wird, glaubte der Autor, der auf eine dreißigjährige Erfahrung im Unterrichten von Spanisch als Fremdsprache zurückblickt, sich diese Freiheit nehmen zu dürfen[11].

---

[9] Zu einer Reihe von Detailfragen wird in Fußnoten auf wissenschaftliche Werke verwiesen. Somit kann diese *Spanische Grammatik*, die in der Hauptsache als Arbeitsmittel und grundlegendes Nachschlagewerk für Studenten und all diejenigen gedacht ist, die eine mehr als elementare Kenntnis von der Struktur und bestimmten typologischen Merkmalen des *castellano* anstreben, hoffentlich auch eine Anregung und Ermunterung zur weiteren und gründlicheren Beschäftigung mit der Sprache Cervantes' sein.

[10] Der Verfasser dieser Grammatik findet für diesen vielleicht etwas unpersönlichen methodologischen Ansatz Rechtfertigung und Trost in den Worten H.-M. GAUGERS: „Übrigens gibt es keinen Anlaß, eine Disziplin gering zu schätzen, wenn sie sich beschränkt auf die Beschreibung dessen, was ist" (*Sprach-Störungen. Beiträge zur Sprachkritik*, 23).

[11] Wobei er sich der Ansicht eines anderen deutschen Sprachwissenschaftlers anschließt: „Den Inbegriff eines beweglichen Sprachbewußtseins, das kritisch und selbstkritisch ist, das die geltenden Sprachnormen, ohne ihnen hörig zu sein, beachtet und sich in allen Zweifelsfragen des guten Sprachgebrauchs *zuerst* an der Literatur orientiert, wollen wir Sprachkultur nennen" (H. WEINRICH, *Wege der Sprachkultur*, 17).

Zum Abschluß ein herzliches Dankeschön:

a. An eine Reihe bekannter Hispanisten und Sprachwissenschaftler, deren Namen auf Seite XVIII aufgeführt werden und die eine Vielzahl von Fragen im Zusammenhang mit heiklen, bisweilen umstrittenen Aspekten der modernen spanischen Sprache beantwortet haben. Sie werden im Text als „meine Informanten" angesprochen. Ihre Erläuterungen wurden stets berücksichtigt. Diese entsprachen häufig den allgemein akzeptierten und als solche in diesem Buch dargestellten Normen und Betrachtungsweisen. In anderen Fällen gaben die befragten Personen (oder einige von ihnen) einen interessanten zusätzlichen Kommentar ab, oder sie vertraten unterschiedliche Standpunkte. Diese zusätzlichen Bemerkungen und abweichenden Ansichten wurden jedesmal in Fußnoten wiedergegeben.

b. An die folgenden Kollegen, die auf die eine oder andere Weise zum Entstehen der deutschen Version dieser Grammatik beigetragen haben: A. BARRERA VIDAL (Lüttich)[12], H.-M. GAUGER (Freiburg im Breisgau), J. RODRÍGUEZ RICHART (Saarbrücken) und – selbstverständlich – an den Übersetzer, D.-J. GÜTSCHOW, der mit großem Geschick und viel Geduld die deutsche Version eines umfangreichen und nicht immer eben angenehm zu lesenden und unterhaltsamen Textes erstellt hat.

Antwerpen, Gent, 1993

---

[12] Der das vollständige deutschsprachige Manuskript kritisch gelesen hat.

La lengua es una universidad en la que uno jamás se gradúa. (C. J. CELA – Literaturnobelpreisträger –, *El asesinato del perdedor*, 68)

I si en algun lugar tropeçamos (…) a de considerar el lector amigo a la dificultad de la cosa… (Antonio DE NEBRIJA, *Diccionario latino-español, Prólogo*)

… toute grammaire est en même temps un éloge de la langue décrite… (J.-C. MILNER, *L'amour de la langue, Ed. du Seuil*, 40)

[ein solcher Leidensweg ist das Erlernen einer Sprache] adeo ut vel una grammatica abunde satis sit ad perpetuam vitae carnificinam. (ERASMUS, *Stultitiae Laus*, caput XXXII)

… los que gobiernan ínsulas, por lo menos, han de saber gramática. (CERVANTES, *Quijote*, II, 3)

Ni los antiguos ni los modernos han podido ponerse de acuerdo en muchos puntos (de la gramática), ni en el método de escribirla. (…) Se trata de ilustrar y enseñar, no de ofuscar ni confundir a la Juventud. [REAL ACADEMIA ESPAÑOLA, *Gramática de la lengua castellana* (1771), *Prólogo*]

… entre las primeras de (las) artes está „aquella que nos enseña la lengua, la cual nos aparta de todos los animales".
¡Admirable clasificación de la gramática! (G. SALVADOR, *Un mundo con libros*, 55 – der Satz in Anführungszeichen stammt von Antonio de Nebrija)

La gramática es un río anónimo en que vierten sus aguas tantos afluentes. (E. ALARCOS LLORACH, *Gramática de la lengua española*, 20)

KAPITEL I
ALLGEMEINE EINLEITUNG

1. Das Alphabet

Wie die folgende Liste zeigt, umfaßt das spanische Alphabet einen Buchstaben mehr als das deutsche. Er wird durch → kenntlich gemacht. Ebenfalls mit →, allerdings in eckigen Klammern, werden hier das *ch* und das *ll* gekennzeichnet, die früher offiziell als eigenständige Buchstaben des spanischen Alphabets galten, bis der Verband der Akademien der spanischen Sprache im April 1994 auf einer Sitzung in Madrid beschloß, den eigenständigen Charakter dieser Buchstaben aufzugeben. (Der Grund war, daß man die Sprache vereinfachen und mit der Computertechnik kompatibler machen wollte.) Es scheint jedoch sinnvoll, im weiteren einige Hinweise bezüglich des *ch* und des *ll*, die noch für vor dem genannten Datum erschienene Texte und Wörterbücher sowie für eine zweifellos unvermeidbare Übergangs- und Anpassungszeit gelten, beizubehalten.

	Großbuchstaben	Kleinbuchstaben	Name[1]
	A	a	*a*
	B	b	*be*
	C	c	*ce*
[→	Ch	ch	*che*]
	D	d	*de*
	E	e	*e*
	F	f	*efe*
	G	g	*ge*
	H	h	*hache*
	I	i	*i*
	J	j	*jota*
	K	k	*ka*
	L	l	*ele*
[→	Ll	ll	*elle*]
	M	m	*eme*
	N	n	*ene*
→	Ñ	ñ	*eñe*
	O	o	*o*
	P	p	*pe*
	Q	q	*cu*
	R	r	*ere* (oder: *erre*[2])
	S	s	*ese*

---

[1] Hierbei sind die in Nr. 2 zur Aussprache gegebenen Erläuterungen zu beachten. Die Buchstabennamen wurden aus der entsprechenden Liste im *Esbozo de una nueva gramática de la lengua española* (S. 133) übernommen.

[2] In einigen (vor allem älteren) Grammatiken wird das doppelte *r* (→ *rr*) als eigenständiger Buchstabe angeführt. Der *Esbozo* tut dies nicht mehr. Man beachte jedoch die Hinweise zum Unterschied zwischen *[r]* und *[rr]* in Nr. 2.

T	t	*te*
U	u	*u*
V	v	*ve* (oder: *uve*)
W	w	*ve doble* (oder: *uve doble*)
X	x	*equis*
Y	y	*i griega*
Z	z	*zeda* (oder: *zeta*)

2. Aussprache

Allgemeine Bemerkungen

a. Den neunundzwanzig[3] Phonogrammen oder Buchstaben des spanischen Alphabets entsprechen vierundzwanzig Phoneme, deren Zahl damit um einiges geringer ist als in anderen romanischen Sprachen wie z. B. im Französischen (34 Phoneme) oder im Italienischen (28 Phoneme)[4].

b. Wie in anderen Sprachen auch kann die Aussprache eines Buchstabens durch die ihn umgebenden Buchstaben oder Laute beeinflußt werden. Siehe z. B. im folgenden die Hinweise zu *c* und *g*.

c. Hier werden nur die wichtigsten (da allgemeingültigen) Ausspracheunterschiede[5] zwischen dem europäischen Spanisch und dem sog. amerikanischen Spanisch[6] angeführt. Da dieses Buch in Europa erscheint, führen wir immer an erster Stelle die europäische Variante an. Man beachte jedoch den Hinweis am Ende von Fußnote 6.

---

[3] Bzw. dreißig, wenn man das *-rr-* mitzählt. (Dieser Buchstabe wurde nicht in die Liste des Alphabets aufgenommen, da er nie am Anfang eines Wortes zu finden ist.)

[4] In einer Studie aus dem Jahr 1986 bemerkt R. J. PENNY, Professor an der Universität von London:
„the large majority of Spanish-speakers have only 22" (*Patterns of Language-Change in Spain*, 9 – „die große Mehrheit der spanischen Muttersprachler hat nur 22").
Schon 1910 stellte Miguel de UNAMUNO fest:
„(...) el castellano es uno de los idiomas modernos de fonética más pobre, de menor cantidad de sonidos y esto facilita su elocución" (*El castellano, idioma universal*, in O. C., VI, 517 – das Spanische gehört unter den modernen Sprachen zu den phonetisch ärmsten mit der geringsten Anzahl von Lauten, und dies erleichtert seine Aussprache).

[5] Letztlich sind sie nicht allzu zahlreich, wobei der „seseo" und der „yeísmo" die größte Bedeutung haben. Aufschlußreich ist in diesem Zusammenhang der folgende Text der *Modern Language Association*, die im Vorwort zu ihrem Lehrbuch (1. Auflage, 1960) schreibt:
„*What kind of Spanish?* (...) There is no 'general Spanish' any more than there is not a general English. Some differences between ways of speaking a language need not concern you as a student seeking to learn an acceptable variety. The way – that is, the dialect – adopted for this book is American Spanish. It is different from Castilian, the dialect most widely accepted as a standard in Spain, but the differences are slight. Mostly they affect a sound or two and here and there a word. The grammars are virtually the same" (zitiert von N. CARTAGENA, *La fonética del español americano*, 267 – es war mir nicht möglich, den Bezug zu überprüfen).
Welche Art von Spanisch? (...) Es gibt kein 'Gemeinspanisch', ebensowenig wie es ein Gemeinenglisch gibt. Einige Unterschiede in der Art zu sprechen brauchen Sie als Schüler, der eine akzeptable Variante lernen möchte, nicht zu kümmern. Der Typ – d. h. der Dialekt –, den wir für dieses Buch gewählt haben, ist amerikanisches Spanisch. Es unterscheidet sich vom Kastilischen, dem Dialekt, der in Spanien weitgehend als Standard akzeptiert ist, aber die Unterschiede sind gering. Im wesentlichen betreffen sie ein oder zwei Laute und hier und da ein Wort. Die Grammatiken sind praktisch identisch.

[6] Zu Recht bezeichnet N. CARTAGENA den Begriff „amerikanisches Spanisch" als phantasmagorisch („lo fantasmagórico del concepto *español americano*", o. c., 263). Es ist unübersehbar, daß es – abgesehen von einigen allgemeingültigen Merkmalen [denken wir z. B. an den „seseo", der für alle lateinamerikanischen Länder (aber auch für große Teile Andalusiens) typisch ist] – bei den spanischen Muttersprachlern auf dem amerikanischen Kontinent mindestens ebensoviele regionale Varianten und Unterschiede (u. a. semantischer, stilistischer und syntaktischer Art) gibt wie im europäischen Spanisch. Für ausführlichere Hinweise zur Aussprache der genannten Varianten des Spanischen empfehlen wir:

d.   Zahlreiche Untersuchungen haben in jüngster Zeit auf eine zunehmende Nachlässigkeit in der Aussprache hingewiesen[7].

Aussprache der Buchstaben oder Phonogramme

A   Wie alle spanischen Vokale ist das *a* halblang, d. h. kürzer als in *„Abend"* und länger als in *„Matte"*.

Salamanca	Salamanca
pagar	bezahlen

B   In der Praxis ist im modernen Spanisch kein Unterschied bei der Aussprache der Buchstaben *b* und *v* festzustellen (eine Ausnahme bilden einige Gebiete in Lateinamerika – z. B. Paraguay – und die spanische Ostküste – siehe z. B. weiter unten in Fußnote 34 den Kommentar von Unamuno).
Im absoluten Anlaut sowie nach *n* oder *m* werden beide Buchstaben ungefähr so wie der deutsche Verschlußlaut [b] ausgesprochen; in allen anderen Stellungen als bilabialer Reibelaut [ƀ] (im Gegensatz zum deutschen labio*dentalen* Reibelaut im Wort *„Wasser"*).

basta [b]	es reicht
vida [b]	Leben
Aber: *la vida* [ƀ]	
envidiar [b]	beneiden
Hamburgo [b]	Hamburg
beber [b ~ ƀ]	trinken
vivir [b ~ ƀ]	leben

Infolge der unterschiedslosen Aussprache der Buchstaben *b* und *v* werden ihrer Bedeutung nach so verschiedenartige Wörter wie *revelarse* („sich enthüllen") und *rebelarse* („sich auflehnen"), *bello* („schön") und *vello* („Flaum"), *barón* („Baron") und *varón* („Mann", „Junge") gleich ausgesprochen. Als Beispiel für die umgekehrt auftretenden Probleme in der Rechtschreibung sei die Speisekarte angeführt, die das Hotel „Montico" (Tordesillas, Spanien) in der Silvesternacht (31.12.1987) an seine Gäste austeilte und in der ein „sorvete vodka-limón" angekündigt wurde (gemeint war *sorbete*, „Sorbet").

C   Das *c* wird auf zwei ganz verschiedene Weisen ausgesprochen, je nachdem, was für ein Buchstabe folgt:

1.   Folgt auf das *c* ein *e* oder *i*, dann wird es ungefähr so wie das stimmlose englische *th*[8] ausgesprochen.

- T. Navarro Tomás, *Manual de pronunciación española*, Madrid, 1971.
- L. D. Canfield, *La pronunciación del español en América. Ensayo histórico-descriptivo*, Bogotá, 1962.
- M. Resnick, *Phonological Variants and Dialect Identification in Latin American Spanish*, The Hague, 1975. Im Zusammenhang mit den beiden nebeneinander bestehenden Lautsystemen sollte man nicht vergessen, daß die große Mehrheit der spanischen Muttersprachler (fast 88%) auf dem amerikanischen Kontinent lebt: nach Angaben der Vereinten Nationen (für das Jahr 1986) wird das Spanische in Spanien von 38 Millionen, in Lateinamerika dagegen von 270 Millionen Menschen gesprochen (cf. J. M. De Areilza, *Una reflexión sobre el porvenir de nuestra lengua*, 22).

[7]   Siehe z. B. F. Marsá, *Diccionario normativo y guía práctica de la lengua española*, 26, und A. de Miguel, *La perversión del lenguaje*, 185–186. Den Feststellungen dieser Fachleute lassen sich Kommentare aus der Feder von „Laien" hinzufügen. Siehe z. B. in *El Norte de Castilla* vom 5. August 1989 (S. 4), in der Rubrik „Correo espontáneo", einen Leserbrief mit der Überschrift „Bastardeos del idioma" (etwa: „Degenerationserscheinungen *oder* Entartungen der Sprache").

[8]   In Wörtern wie *thing, thirsty, thirteen* ...

	la celda	die Zelle
	la cima	der Gipfel

Siehe auch im weiteren die Ausführungen zum *seseo* (Nr. 3 d).

2. In allen anderen Fällen wird *c* wie *k* ausgesprochen.

	la cama	das Bett
	clemente	gnädig
	comer	essen
	cruel	grausam
	curar	heilen

Achtung!

a. In ein und demselben Wort kann das *c* auf unterschiedliche Weise ausgesprochen werden.

	la acción	die Aktion
	Cáceres	Cáceres

b. Bei nachlässiger Aussprache fällt das Schluß-*c* in einem Wort wie *coñac* („Kognak") meist aus; dies kann sich auch in der Orthographie widerspiegeln: das DRAE läßt ab der 20. Auflage die Schreibweise *coñá* neben *coñac* gelten[9].

> *Me siento en el diván a tomar café y un coñá* (F. UMBRAL, *Mis queridos monstruos*, 172).
> Ich setze mich auf den Diwan, um Kaffee und einen Kognak zu trinken.

Ch Die Buchstabenkombination *ch* ist zwar auch im Deutschen bekannt, wird aber nicht als eigenständiger Buchstabe betrachtet. Anders im Spanischen, und dies hat in der Praxis zur Folge, daß man Wörter, die mit *ch* beginnen, in vielen Wörterbüchern nach dem Buchstaben *c* und vor *d* suchen muß. Das gilt analog auch für ein *ch* in der Mitte eines Wortes[10]. Die Aussprache ist ähnlich der des englischen *ch* in Wörtern wie *church, child* usw.

---

[9] I, 375. In der vorangegangenen Auflage (von 1970) findet sich die Schreibweise ohne Schluß-*c* bei diesem Wort nicht. Ebensowenig verzeichnet sie das DUE als mögliche Variante von *coñac*. Angeführt wird sie von F. MARSÁ (ohne Kommentar – *Diccionario normativo y guía práctica de la lengua española*), und M. SECO schreibt dazu:
„(...) La pronunciación normal cuidada es /koñák/ (...); pero es muy común /koñá/ (...), y la misma Academia acoge hoy la forma *coñá* junto a *coñac*" (*Diccionario de dudas*, 119 – Die normale, sorgfältige Aussprache lautet [koˈɲak] (...); aber sehr häufig findet sich [koˈɲa] (...), und selbst die Akademie verzeichnet heute die Form *coñá* neben *coñac*).
Das *Manual de español urgente* bevorzugt die Form *coñac*, es weist jedoch darauf hin, daß *coñá* auch von der Akademie akzeptiert wird (S. 111).

[10] Die gegenwärtige Entwicklung geht eindeutig dahin, diesen Grundsatz aufzugeben und das *ch* in der alphabetischen Einordnung lediglich als Kombination von *c* + *h* zu betrachten. So z. B. in María MOLINERS *Diccionario de uso del español* (Madrid, 1966–1967) sowie im o. g. *Diccionario de dudas* von M. SECO (mit einigen theoretischen Überlegungen zu dieser Frage, cf. S. 92–93). Demgegenüber berücksichtigen das DRAE (21. Auflage, 1992), das *Diccionario general ilustrado de la lengua española* VOX (1987) und das *Diccionario normativo y guía práctica de la lengua española* (1986) von F. MARSÁ diese Tendenz zur Vereinfachung nicht. Zur Buchstabenkombination *ch* cf. J. DE BRUYNE, *¿Un grafema/fonema portador de mensaje erótico?* (in *Eutrapelias del alfabeto español*, 39–44).

I. Allgemeine Einleitung

charlar	plaudern
muchacho	Junge

Am Wortanfang wird nur das *C* großgeschrieben: *China* (nicht: *CHina*).

D Im absoluten Anlaut sowie nach *n* und *l* wird *d* wie im Deutschen als stimmhafter dentaler Verschlußlaut [d] ausgesprochen.

diciembre	Dezember
la falda	der Rock
la tienda	der Laden

In allen anderen Fällen ist es ein stimmhafter Reibelaut [đ], vergleichbar dem englischen *th* in Wörtern wie *the, there, they* usw.[11]

cada	jeder

Im Wortauslaut wird dieser Buchstabe nur sehr schwach oder gar nicht ausgesprochen, mit Ausnahme der 2. Person Plural des Imperativs.

la bondad	die Güte
la pared	die Wand
Madrid[12]	Madrid

Aber:

¡Trabajad!	Arbeitet!

In der Umgangssprache besteht die Tendenz, auch das intervokalische *d* in der Buchstabengruppe *-ado* (meist in Substantiven, Adjektiven und Partizipien von Verben auf *-ar*) nicht auszusprechen. In gepflegter Aussprache findet sich diese Erscheinung dagegen nicht.

el soldado (der Soldat)		(→ *el soldao*)
morado (dunkelviolett)		(→ *morao*)
demasiado (zu viel)		(→ *demasiao*)
trabajar (arbeiten)	→ *trabajado*	(→ *trabajao*)
silbar (pfeifen)	→ *silbado*	(→ *silbao*)[13]

---

11 Im Spanischen jedoch etwas kürzer und schwächer.
12 In Madrid und in einigen Teilen Kastiliens wird dieses auslautende *-d* oft wie *-z* ausgesprochen. *Zum Beispiel: bondad* [bon'daθ], *Madrid* [ma'ðriθ].
13 Diese Erscheinung findet sich auch in anderen Buchstabenkombinationen. So kann man im Roman *La chanca* von J. GOYTISOLO, in dem die volkstümliche Sprache in einem Armenviertel von Almería wiedergegeben wird, Formen wie *Estaos Uníos* (für *Estados Unidos* – „Vereinigte Staaten"), *toavía* [für *todavía* – „noch" (S. 34 und 59)] finden, den häufig gebrauchten vulgären Ausdruck *¡joder!* [wörtlich „vögeln", als Ausruf hat das Wort jedoch in etwa die Bedeutung „Verdammt (noch mal)!"] hört man immer häufiger als *¡joer!* [mit dieser Schreibung findet sich das Wort in der satirischen Zeitschrift *El Jueves* (Nr. 785, 10.–16. 6. 1992, S. 17 und 63)], und das *-d-* verschwindet ebenso in der Buchstabengruppe *-ido*, wie z. B. in *vestío* (für *vestido* – „angezogen"), *dormío* (für *dormido* – „geschlafen") ...
  R. LAPESA macht eine Reihe von historischen Angaben zum Verschwinden des intervokalischen *d*: seit Ende des 14. Jahrhunderts geschieht dies in den Verbindungen *-ades < -áis, -ás; -edes < -és, -éis, -ides < -ís* findet sich zunehmend an anderen Stellen in Texten des 16. Jahrhunderts, und im Jahr 1701 weist ein französischer

Aufschlußreich ist in diesem Zusammenhang eine Textstelle bei F. UMBRAL: *Suárez hablaba con la correcta pronunciación castellana, pero cayendo en los populares y democráticos 'aos'* (*A la sombra de las muchachas rojas*, 154 – „Suárez hatte eine korrekte kastilische Aussprache, verfiel aber in die volkstümlichen und demokratischen *aos*").

In vielen lateinamerikanischen Ländern wird diese Aussprache als besonders vulgär empfunden. So beispielsweise in Mexiko und Argentinien, wo das *-d-* sogar mit besonderem Nachdruck ausgesprochen wird. Gleiches gilt für Wörter wie *bondad* und *pared*[14].

E Auch dieser Vokal ist meist halblang und entweder offen wie in „Bett" oder etwas geschlossener, aber nicht so sehr wie in „Beet".

eliminar	beseitigen
fenomenal	großartig

Offen wird das *e* in geschlossener Silbe ausgesprochen.

comer	essen
la embajada	die Botschaft

Achtung!

a. Im Spanischen gibt es kein stummes *e*.
b. Typisch für das Spanische ist das prothetische *e* am Wortanfang vor den Konsonantengruppen *-sb-, -sc-, -sp-, -st-* ... [→ *espíritu* („Geist")< lat. *spiritus*. Siehe auch Wörter wie *esbirro* („Scherge", „Büttel", „Sbirre"), *escandinavo* („skandinavisch"), *esporádico* („sporadisch")...] Dieses prothetische *e* findet sich auch in Wörtern, die aus anderen Sprachen entlehnt wurden: *stress* → *estrés*, *slogan* → *eslogan*[15] ...

> *Una sustancia que calma el estrés* (*ABC*, 4.3.1987, 58).
> Eine Substanz zur Streßverringerung.

Häufig übertragen spanische Muttersprachler (besonders auf der iberischen Halbinsel) geradezu systematisch dieses *e* auf Fremdsprachen, was zu schwerwiegenden Verständigungsproblemen führen kann. So wird das englische *Spain* („Spanien") zu [espaĩn], und jemand, der nicht mit dem Spanischen vertraut ist, mag einige Schwierigkeiten haben, in [es'tiƀen es'pilberg] den Namen einer bekannten Persönlichkeit aus der Welt des Films wiederzuerkennen. Die Verwirrung wird noch gesteigert, wenn solche Namen der spanischen Orthographie angepaßt werden, wie in *Brus Esprinstin* (*Cambio 16*, 5.2.1990, 130 – gemeint ist der amerikanische Sänger Bruce SPRINGSTEEN). Interessant ist in diesem Zusammenhang auch, daß der Fußballclub von Zaragoza in der Saison 2000–2001 einen argentinischen Spieler namens ESNÁIDER unter Vertrag hatte; hierbei handelt es sich offensichtlich um die an das Lautbild angepaßte Schreibung des deutschen Nachnamens SCHNEIDER).

Grammatiker darauf hin, daß das *-d-* in der Endung *-ado* bei dreisilbigen Partizipien häufig nicht ausgesprochen werde (cf. – mit weiteren Einzelheiten und Erläuterungen – *Historia de la lengua española*, 389).

[14] In Argentinien findet sich sogar die Aussprache [bon'dat], [pa'ret] (cf. R. LAPESA, *Historia de la lengua española*, 598).

[15] M. SECO weist darauf hin, daß der Begriff nicht synonym zu *consigna* („Parole") oder *lema* („Motto") gebraucht werden dürfe. Dagegen sei er nützlich in der Bedeutung „Werbespruch" (*Diccionario de dudas*, 184).

F Wie im Deutschen.

faltar	fehlen
fofo	schwammig, weich

G Ebenso wie das *c* wird es je nachdem, was für ein Buchstabe folgt, auf unterschiedliche Weise ausgesprochen.

1. Das *g* wird wie deutsches *ch* in *lachen* ausgesprochen, wenn ihm ein *e* oder *i* folgt.

gemir	stöhnen
Ginebra	Genf

2. Ansonsten wird unterschieden zwischen

a. einem stimmhaften Verschlußlaut [g] im absoluten Anlaut oder nach vorangehendem Nasal, der wie das deutsche *g* in „*G*ans" ausgesprochen wird.

gamba	Garnele
Aber: *la gamba* [g] (siehe unter b)	
gloria	Ruhm
goma	Gummi
la manga	der Ärmel
tengo	ich habe

b. einem stimmhaften Reibelaut [g] wie norddeutsches *g* in „zutage" (d. h. mit unvollkommenem Verschluß zwischen Hinterzunge und Gaumen), wenn es zwischen Vokalen (außer vor *e* und *i*) bzw. vor oder nach Konsonanten (außer *n*) steht.

la gamba	die Garnele
el agua	das Wasser
el lago	der See
digno	würdig

Achtung! → Man beachte, daß in den Buchstabengruppen *gue, gui* das *u* nicht ausgesprochen wird.

la guerra	der Krieg
guiar	führen
la ceguera	die Blindheit
seguir	folgen
Se levanta medio grogui el policía (J. L. ALONSO DE SANTOS, *La estanquera de Vallecas*, 35 – *grogui* < englisch *groggy*: die ursprüngliche Orthographie mußte im Spanischen abgeändert werden, um die Aussprache des Wortes zu bewahren).	
Halb benommen steht der Polizist auf.	

H Im Standardspanischen wird das *h* nicht ausgesprochen[16], es hat fast ausschließlich etymologische oder historische Bedeutung.

---

16 Dadurch, daß das *h* keine lautunterscheidende Funktion hat, kommt es zu einer Reihe von Homophonen: *hierro* („Eisen") ~ *yerro* („ich irre"), *hola* („hallo") ~ *ola* („Welle") …

Nur in Ausnahmefällen wird das *h* doch ausgesprochen [z. B. in *holgorio* („lärmendes Vergnügen", „Rummel"), *Hegel, hegeliano* („hegelianisch")]. Das DRAE macht auf diese Ausnahmen zum Teil ausdrücklich aufmerksam.

Darüber hinaus kann man feststellen, daß das *h* auch in einigen Teilen des spanischen Sprachraums aspiriert wird (z. B. in Andalusien[17], auf den Kanarischen Inseln und in einigen Ländern Lateinamerikas, und zwar jeweils zumeist in der Volkssprache). Ein aspiriertes *h* kann man auch regelmäßig (z. B. im spanischen Fernsehen) bei einer Reihe von Fremdwörtern hören: *Hawai, Honda* (japanischer Autohersteller), *Hollywood* sowie im Wort *high-life* (das dann [xaĭlaĭf] ausgesprochen wird).

Mit dem stummen *h* steht in einigen Fällen der Gebrauch des Akzents in Zusammenhang (vgl. weiter unten, Nr. 7)[18].

I Das spanische *i* ist seiner Länge und seinem Lautwert nach als Mittelding zwischen „b*i*tte" und „b*ie*te" auszusprechen.

el vino	der Wein
dimitir	zurücktreten

J Wie *ch* im deutschen Wort *lachen*.

empujar	stoßen
el jefe	der Chef
el ojo	das Auge
jugar	spielen

Man beachte, daß die Aussprache des *j* durch den auf es folgenden Buchstaben nicht beeinflußt wird (im Gegensatz zum *g*, das in bestimmten Fällen genauso ausgesprochen wird wie das *j*[19]).

Im Wortauslaut kann das *j* verstummen. Das bekannteste Beispiel hierfür ist das Wort *reloj* [rre'lo] („Uhr"). Häufig findet man für dieses Wort die Schreibweise *reló* (z. B. in dem in Fußnote 13 angeführten Roman *La chanca* von J. GOYTISOLO, S. 17), die seit der 20. Auflage (1984) vom DRAE akzeptiert wird, wobei allerdings der Hinweis erfolgt, daß die Pluralform immer *relojes*[20] sei [II, 1167 – Interessanterweise wurde die Schreibung *reló* in der folgenden Ausgabe des DRAE von 1992 (cf. S. 1250) nicht mehr aufgenommen].

Ein in fremdsprachlichen Eigennamen auftretender *ach*-Laut, im Deutschen durch *kh* oder *ch* wiedergegeben, wird im Spanischen häufig mit *j* transkribiert, wie z. B. in *Jomeini* („Khomeini"), *jemeres rojos* („Rote Khmer"), *Jruschov* („Chruschtschow") usw.

---

[17] Wie durch die phonetische Transkription in einem Buch wie *Las mil noches de Hortensia Romero* von F. QUIÑONES deutlich wird (das *h* wird als *j* geschrieben. Zum Beispiel S. 53 und passim).

[18] Zur Problematik des *h*, die von größerer Komplexität ist als hier angedeutet wird, cf. J. DE BRUYNE: *¿Una desheredada del alfabeto español?* (in *Eutrapelias del alfabeto español*, 13-37). Schon bei Juan de VALDÉS, einem Autor des 16. Jahrhunderts, findet sich eine Reihe von teilweise unterhaltsamen Bemerkungen über das *h* (*Diálogo de la lengua*, S. 51, 52, 69, 70, 74, 75). Vgl. auch die spöttischen Kommentare von A. de MIGUEL in einem Kapitel mit der Überschrift *Hortografía* (*La perversión del lenguaje*, S. 71 und ff.).

[19] Tatsächlich ersetzt beispielsweise Juan Ramón JIMÉNEZ (der 1956 den Nobelpreis für Literatur erhielt) im Bestreben, die spanische Orthographie zu vereinfachen, systematisch das *g* durch ein *j*, wann immer diese beiden Buchstaben gleich ausgesprochen werden. Zu weiteren Einzelheiten siehe J. MARTÍNEZ DE SOUSA, *Reforma de la ortografía española*, 123.

[20] M. SECO schreibt, daß die übliche Aussprache dieses Wortes [rre'lo] sei und daß man nur in affektierter Aussprache [rre'lox] höre. Den Plural *relós* bezeichnet er als „vulgar" (*Diccionario de dudas*, 326).

K Dieser Buchstabe wird im Gegensatz zum Deutschen unbehaucht ausgesprochen (also nicht wie in „*K*affee", sondern wie in französisch *café*). Er ist im modernen Spanisch selten[21] und findet sich vor allem in Fremdwörtern[22].

el kilo	das Kilo
kaki	khaki

Wörter wie *kilo(gramo)*, *kilómetro* und andere, in denen das *k* vor einem *-i* steht, werden zuweilen auch mit *qu-* geschrieben: *quilogramo*, *quilómetro*[23]. Tatsächlich können beide Schreibweisen als gleichwertig betrachtet werden. Der schwankende Gebrauch wird beispielsweise darin deutlich, daß ein Mitglied der *Real Academia Española* in einem Buch aus dem Jahr 1982 einmal *quilómetros* und an anderer Stelle *kilómetros* schreibt (vgl. M. ALVAR, *El envés de la hoja*, S. 112 und 123).
Siehe auch folgendes Beispiel: *Soy mucho más que plumas y biquini* („Ich bin viel mehr als Federn und Bikini"), Worte von Norma DUVAL, einer ehemaligen Tänzerin der „Folies Bergères" in Paris, während man an einer späteren Stelle im selben Text *bikini* lesen kann (*Blanco y Negro*, 26.8.90, 66).

L Aussprache wie im Deutschen.

Lima	Lima
loco	verrückt

LL Wird ungefähr wie *l* + *j* und damit ähnlich wie in „Fami*lie*" ausgesprochen, aber nicht an zwei verschiedenen Artikulationsstellen, sondern als einheitlicher Laut gebildet.

llamar	rufen
Sevilla	Sevilla
lleno	voll
bullir	kochen

Beim Nachschlagen im Wörterbuch ist zu beachten, daß das *ll* als eigenständiger Buchstabe gilt (siehe Erläuterungen zu *ch*). Der in Fußnote 10 gegebene Hinweis gilt auch für das *ll*. In einer Reihe moderner Wörterbücher wird das *ll* nicht länger als eigenständiger Buchstabe betrachtet.
Am Wortanfang wird nur das erste L großgeschrieben: *Lloró toda la noche* („er weinte die ganze Nacht" – nicht: *LLoró*). *Antonio Llorente no ha venido* („Antonio Llorente ist nicht gekommen").

---

21 Siehe jedoch zum zunehmenden Gebrauch des *k*: J. DE BRUYNE, *La 'k': ¿hija natural o 'enfant terrible' del alfabeto español?* in *Eutrapelias del alfabeto español*, 45-72.
22 In diesen Fällen scheint die Tendenz dahin zu gehen, das *k* durch ein *c* zu ersetzen (wobei allerdings die obigen Hinweise zur Aussprache des *c* zu beachten sind). So findet sich seit der vorletzten Ausgabe des DRAE (von 1984) das Wort *folclore* [(Variante: *folclor*) – I, 650 – diese Schreibung wird in der Ausgabe von 1992 (S. 692) bestätigt], während es in der vorherigen Ausgabe von 1970 noch mit *k* geschrieben wurde (S. 627). Man beachte dazu den Kommentar des *Manual de español urgente*, demzufolge die Form *folklore* vorzuziehen sei, „wenngleich die Akademie auch *folclore* akzeptiert" (S. 126). Dazu ist zu bemerken, daß
   1) das *Manual* die angegebene Präferenz mit keinerlei Argumenten stützt,
   2) die Akademie nur *folclore* anführt (so daß die Formulierung „die Akademie akzeptiert auch ..." fragwürdig erscheint).
Siehe auch den recht ausführlichen Kommentar von M. SECO (*Diccionario de dudas*, 199).
23 Siehe hierzu: *Esbozo*, 124. Gewisse Autoren setzen sich für den bevorzugten Gebrauch von *qu* ein, wie z. B. der Sprachwissenschaftler F. MARSÁ, der meint: „(La letra *k*) Puede utilizarse en algunas pocas palabras, aunque todas ellas es preferible escribirlas con *qu*" (*Diccionario normativo*, 37 – Der Buchstabe *k* kann in einigen wenigen Wörtern verwendet werden, obwohl die Schreibweise mit *qu* in all diesen Wörtern vorzuziehen ist).

In vielen Gegenden des spanischen Sprachraums wird das *ll* ungefähr wie das deutsche *j* (in *ja, Jakke* ...) ausgesprochen, in anderen wiederum wie das französische *j* oder *g* (in Wörtern wie *jamais, gentil* ...). Ein Wort wie *calle* („Straße") kann daher wie [ˈkaje] oder [ˈkaʒe] klingen[24]. Diese Aussprachevariante wird als *yeísmo* ([jeˈizmo] oder [ʒeˈizmo]) bezeichnet. Auf dem 4. Kongreß der Akademien der spanischen Sprache (Buenos Aires, 30.11.–10.12.1964) wurde der *yeísmo* für zulässig erklärt, dabei wurde jedoch die Empfehlung ausgesprochen, in der Lehre die Unterscheidung zwischen dem Laut *ll* und dem Laut *y* möglichst beizubehalten[25]. Auch wenn in einigen (wenigen) Fällen [wie z. B. *pollo* („Huhn") ~ *poyo* („Mauersockel", „Steinbank"), *olla* („Topf") ~ *boya* („Grube") ...] die identische Aussprache die Gefahr der Doppeldeutigkeit zu bergen scheint, läßt sich der jeweilige Sinn in aller Regel aus dem Kontext erschließen.

M   Wie im Deutschen.

la mancha	der Fleck
el camello	das Kamel

N   Wie im Deutschen.

nacer	geboren werden
el enano	der Zwerg

Ñ   Wird ungefähr wie *n* + *j* ausgesprochen, wobei der für das *ll* gegebene Hinweis hier ebenfalls gilt (d. h. es handelt sich um einen einheitlichen Laut). Die Aussprache des *ñ* kommt der des französischen *gn* in den Wörtern *montagne, digne* ... sehr nahe[26].

la montaña	der Berg
España	Spanien
ñoño	kindisch, einfältig

In letzter Zeit sind Stimmen laut geworden, die die Abschaffung des *ñ* fordern. Das Hauptargument sind dabei die Probleme, die das Graphem in der „Sprache" der Computer mit sich bringe. Es hat jedoch den Anschein, daß der Bewegung kein Erfolg beschieden sein wird. Siehe den Kommentar zu diesem „durch und durch spanischen" Buchstaben in dem Beispiel von C. Fuentes, das weiter unten in Fußnote 39 zitiert wird.

O   Meist halblang und entweder offen wie in „S*o*nne" oder etwas geschlossener, aber nicht so sehr wie in „S*oh*n".

Barcelona	Barcelona
vanidoso	eitel

---

[24] Weitere Angaben bei R. Lapesa, *Historia de la lengua española*, 569–571. Siehe auch weiter unten die Hinweise zum Y.
[25] Cf. F. Marsá, *Diccionario normativo*, 31. Ein etwas wehmütiges Plädoyer für die „authentische" Aussprache des *ll* hielt J. Marías in seiner Antrittsrede in der *Real Academia Española* (*La realidad histórica y social del uso lingüístico*, 56–57).
[26] Und nicht [esˈpan-i-a]. Siehe hierzu eine Passage aus dem Buch von R. Sánchez Ferlosio, *El Jarama* (S. 60), über einen Deutschen, der diese und andere Aussprachefehler macht.

I. Allgemeine Einleitung

Offen wird das *o* in geschlossener Silbe ausgesprochen.

correr	laufen
donde	wo

Anmerkung

Verschiedene fremdsprachliche Varianten des *o* können an die spanische Phonetik angepaßt werden. So wird beispielsweise der französische Laut *-au-* im Spanischen kürzer und offener ausgesprochen (was manchmal auch orthographisch sichtbar wird)[27].

P Das *p* wird im Gegensatz zum Deutschen unbehaucht ausgesprochen (also nicht wie in „*P*aar", sondern wie in französisch *père*).

el apartamento	das Apartment
la pipa	die Pfeife

Q Dieser Buchstabe steht im Spanischen nie allein. Ihm folgt stets ein *u*, das allerdings stumm bleibt. Die Buchstabengruppe *qu* wird als *k* ausgesprochen.

Don Quijote	Don Quijote
quedar	bleiben
equipar	ausrüsten[28]

R Das *r* wird (im Gegensatz zum deutschen uvularen *r*) im Spanischen vorne im Mund ausgesprochen, und zwar mit doppeltem Zungenschlag, wenn dem *r* (am Silbenanfang) ein *b, l, n* oder *s* vorausgeht, und am Wortanfang sogar mit dreifachem Zungenschlag.

subrayar	unterstreichen
alrededor	ringsherum
honrado	ehrlich
israelí	israelisch
la rata	die Ratte
romper	brechen

Einen drei- oder sogar vierfachen Zungenschlag hört man bei der Aussprache des *-rr-*. In manchen Grammatiken wird es als eigenständiger Buchstabe angeführt[29], doch ist dies in Wörterbüchern nicht möglich, da kein einziges spanisches Wort mit *rr* beginnt. Man beachte, daß das *rr* immer zur selben Silbe gehört (siehe auch Fußnote 30).

---

[27] Wie z. B. in *los gochistas hostiles* (J. Goytisolo, *En los reinos de Taifa*, 151 – „die feindlichen Gauchisten"). Dagegen hört man in der Fernsehwerbung für die Automarke *Renault* die Aussprache [rre'nol]. Zum verstummten *-t* im Wortauslaut siehe auch den Hinweis unter T.

[28] In diesem Zusammenhang sei erwähnt, daß G. Salvador seine interessante Antrittsrede in der *Real Academia Española* diesem Buchstaben widmete: *Sobre la letra 'q'* (Madrid, 1987). Wenn ein zeitgenössischer spanischer Maler und Zeichner sich Cipriano Qujano nennt, so läßt das [abgesehen von einer wahrscheinlichen Anspielung an Cervantes' bekannte Romangestalt: *(don) Quijote* < *(Alonso) Quijano*] die Absicht erkennen, durch den bewußten Bruch mit der Rechtschreibnorm auf spielerische Weise einen Publicity-Effekt zu erzielen.

[29] So z. B. A. Bello, *Gramática de la lengua castellana*, 16. Außerdem: F. Marsá, *Diccionario normativo*, 14.

el perro	der Hund
serrar[30]	sägen

Viel schwächer wird dagegen das einfache intervokalische -*r*- und das *r*, das unmittelbar auf einen zur selben Silbe gehörigen anderen Konsonanten folgt, ausgesprochen:

pero	aber
para	für
práctico	praktisch

Anmerkungen

1. Bei Komposita wird das *r* am Wortanfang des zweiten Bestandteils durch *rr* ersetzt. So spiegelt sich die Aussprache mit dreifachem Zungenschlag auch im Schriftbild wider.
Beispiele dafür sind *vicerrector* (oder: *vice-rector*) („Prorektor", „Konrektor"), *retorromano* („rätoromanisch"), *infrarrojo* („Infrarot"), *contrarrevolución* („Konterrevolution"), und der kolumbianische Schriftsteller G. GARCÍA MÁRQUEZ schreibt *pavorreal* – statt der üblichen Schreibweise *pavo real* („Pfau") – (vgl. *El amor en los tiempos del cólera*, 40).

2. Die Aussprache des *r* und des *rr* bereitet vielen nichtspanischen Muttersprachlern besondere Schwierigkeiten. Dies zeigt der folgende Text der chilenischen Schriftstellerin I. ALLENDE:

> *Y luego (el francés) procedió a explicar, en su relamido español desprovisto de erres, que no tenía ninguna inclinación especial por el matrimonio (La casa de los espíritus, 220).*
> Und dann begann (der Franzose) in seinem affektierten Spanisch, in dem es kein Zungen-r gab, zu erklären, daß er der Ehe nicht sonderlich zugeneigt sei.

3. Überraschen mag der Kommentar eines spanischen Sprachwissenschaftlers zu möglichen phonosymbolischen Implikationen dieses Lautes:

> *En un gran número de terminaciones entra, pues, la -rr- como agrio despertador de la sensibilidad* ... (E. NÁÑEZ, *La lengua que hablamos*, 84).
> In einer Vielzahl von Endungen wirkt das „rr" daher wie ein scharfer Reiz auf das Empfinden ...

Und schon um 1535 sprach der Erasmist Juan DE VALDÉS von

> *aquel sonido espeso que hacen las dos eres juntas* (*Diálogo de la lengua*, 80 – die Schreibung wurde in diesem Beispiel modernisiert), also von
> jenem dichten Klang, den die beiden aufeinanderfolgenden „r" ergeben.

S Das *s* ist im absoluten Anlaut, zwischen Vokalen und vor stimmlosen Konsonanten immer stimmlos, hat allerdings durch das Annähern der Zungenspitze an den Übergang zwischen oberen Schneidezähnen und hartem Gaumen und die fehlende Lippenspannung eine gewisse Ähnlichkeit mit einem *sch*.

la casa	das Haus
sesenta	sechzig

---

[30] Die Silbentrennung erfolgt vor dem -rr-: *pe-rro* und *se-rrar*.

I. Allgemeine Einleitung 13

Im Gegensatz zum Französischen (z. B. in Wörtern wie *maison, réaliser*) wird das *s* zwischen Vokalen also nie stimmhaft ausgesprochen. Dagegen wird es bei vielen spanischen Muttersprachlern vor stimmhaften Konsonanten ebenfalls stimmhaft.

| *el asno* ['azno] | der Esel |
| *mismo* ['mizmo] | selbst |

Siehe auch im weiteren die Hinweise zum *ceceo* (Nr. 3 d).
Interessant ist der folgende Kommentar M. de Unamunos:

> *Me acuerdo del efecto que produjo a un amigo mío el descubrir, por indicación mía, que nadie pronuncia la 's' antes de 'r' fuerte; que no decimos, hablando corrientemente, 'las rosas', sino 'la rosas'* (O. C., VI, 439).
> Ich erinnere mich, wie überrascht einer meiner Freunde war, als er auf meinen Hinweis hin feststellte, daß das *s* vor einem gerollten *r* von niemandem ausgesprochen wird; daß wir also üblicherweise nicht *las rosas*, sondern *la rosas* sagen.

Somit wird der Titel eines bekannten Romans des spanischen Autors M. Delibes, *Las ratas* (aus dem Jahr 1962), wie [la'rratas] ausgesprochen. In einigen Gegenden (Andalusien, gewisse Länder Lateinamerikas) wird das *s* am Silben- bzw. Wortende aspiriert, so daß man für *las mujeres* die Aussprache [lah mu'xereh] hören kann.

T Dieser Buchstabe wird im Gegensatz zum Deutschen unbehaucht ausgesprochen (also nicht wie in „*T*ante", sondern wie in französisch *tante*).

| *el tomate* | die Tomate |
| *setenta* | siebzig |

Man beachte, daß im Spanischen das *t* des Präfixes *post-* in Wörtern wie *pos(t)guerra* („Nachkriegszeit"), *pos(t)romántico* („spätromantisch") nicht (oder fast nicht) artikuliert wird. Geschrieben finden sich beide Formen: ein Buch von F. Vizcaíno Casas trägt den Titel *La España de la posguerra*, aber bei F. Umbral kann man *la postguerra* lesen (*Mis queridos monstruos*, 220). Das DRAE führt in seiner letzten Auflage nur *posguerra* an (II, 1090)[31].

Die phonetischen Gegebenheiten des Spanischen können bei einigen fremdsprachlichen Wörtern, die auf *-t* auslauten, zu einer Änderung der Schreibweise führen: so wird der Name der niederländischen Stadt *Utrecht* bisweilen *Utrech* geschrieben[32].

---

[31] Siehe dazu M. Seco (ausführlichen) Kommentar, der der Form *pos-* den Vorzug gibt (*Diccionario de dudas*, 295). Das *Manual de español urgente* schreibt in diesem Zusammenhang folgendes: „El prefijo *pos* se usa cuando precede a una palabra que comienza por consonante. *Post* cuando la palabra empieza por vocal" („Das Präfix *pos* wird gebraucht, wenn es vor einem Wort steht, das mit Konsonant beginnt. *Post* dagegen, wenn das Wort mit Vokal beginnt"). Als Beispiele werden *posguerra* („Nachkriegszeit") und *postoperatorio* („postoperativ") genannt (S. 143).
[32] Cf. J. J. Arreola, *Confabulario definitivo*, 117 (in einer Anmerkung von C. de Mora). Bedauerlicherweise führt das *Diccionario general ilustrado de la lengua española* VOX das Wort in seiner Liste von *Nombres geográficos y gentilicios* nicht auf (S. 1156–1162). Der Kommentar auf Seite 1156 legt jedoch als korrekte Schreibweise im Spanischen die Form *Utrecht* nahe: „Se incluyen los nombres propios geográficos que revisten <u>diferente</u> forma en los idiomas más corrientes" („Aufgenommen sind die geographischen Eigennamen, die in den geläufigsten Sprachen eine <u>abweichende</u> Form aufweisen" – Unterstreichung vom Autor).

U Nach Länge und Lautwert zwischen deutsch P*u*ter und B*u*tter.

el usurero	der Wucherer
Cuba	Kuba

Es wurde bereits darauf hingewiesen, daß das *u* in den Buchstabengruppen *gue-, gui-* nicht ausgesprochen wird. Gleiches gilt für die Kombinationen *que-, qui-*. Soll das *u* in *gue-, gui-* doch hörbar sein, so setzt man ein Trema über diesen Buchstaben.

la vergüenza	die Schande
la cigüeña	der Storch
el pingüino	der Pinguin[33]

Keinesfalls darf das spanische Graphem *ü* mit dem deutschen *ü* verwechselt werden, das für einen Laut steht (wie in G*ü*te oder H*ü*tte), der im Spanischen nicht existiert.

V Siehe bei *b*[34].

W Einige Grammatiken führen diesen Buchstaben im spanischen Alphabet nicht auf[35]. Dagegen findet er sich im *Esbozo de una nueva gramática de la lengua española* (S. 122 und 133). Der Buchstabe findet sich nur in Entlehnungen (häufig Eigennamen). Bisweilen wird er wie *v* ausgesprochen und auch so geschrieben[36].

el water	das WC
el whisky	der Whisky
Waterloo	Waterloo

Die Aussprache von *whisky* ist ['wiski] oder sogar ['guiski].

---

[33] Unsinnig ist daher das Trema in der folgenden Anzeige, die der in Valladolid erscheinenden Zeitung *El Norte de Castilla* (5.8.1987, S. 7) entnommen wurde:
Horno de asar	Bratofen
Restaurante – Grill	Restaurant – Grill
EL ZAGÜAN	EL ZAGÜAN
Es wurde wohl entweder in Unkenntnis der Rechtschreibregel oder zu Werbezwecken gesetzt (→ um durch die ungewöhnliche Orthographie auf das Restaurant aufmerksam machen, möglicherweise mit der semiologischen Information: „*dieses* Restaurant ist anders").

[34] Dazu der folgende scherzhafte Kommentar UNAMUNOS:
„A mí me hacen daño esas uves de *vivir* cada vez que las oigo en escena a un cómico a quien enseñaron en el Conservatorio, que debe de ser muy heruditó" (in einem ironischen Artikel mit dem Titel *Eruditos, heruditos, hheruditos*, in O.C., VI, 561).
„Mir tun diese *v* in *vivir* immer weh, wenn ich sie auf der Bühne bei einem Schauspieler höre, dem man in der Schauspielschule beigebracht hat, er müsse überaus gelehrrrttt sein."
Im weiteren Text kritisiert er noch einmal die ungerechtfertigte bzw. übertriebene Aussprache des Konsonanten:
„Lo de pronunciar *vivir* con *ves* a la francesa o catalana (y valenciana) no es más que una pedantería ociosa" (O.C., 861).
„*Vivir* mit französischem oder katalanischem (und valencianischem) *v* auszusprechen, ist lediglich unnütze Pedanterie".

[35] Zum Beispiel die *Gramática de la lengua española* de la *Real Academia Española* von 1931 [(also die letzte normative Darstellung der spanischen Grammatik durch die Akademie) – S. 9] oder die *Gramática de la lengua castellana* von A. BELLO (S. 16). Zur Problematik des *w* vgl. die vor kurzem veröffentlichte Untersuchung von R. SANTIAGO: *Hacia la reconstrucción histórica de un problema de adaptación gráfica y fonética: La normativa sobre la W* (im BRAE, Januar-April 1989, S. 41 ff.). Siehe hierzu auch J. MARTÍNEZ DE SOUSA, der die Abschaffung des Buchstabens vorschlägt (*Reforma de la Ortografía española*, 189).

[36] Beispielsweise in *vals* (< deutsch *Walzer*). Siehe jedoch den Hinweis am Ende der folgenden Fußnote.

I. Allgemeine Einleitung 15

Die Entlehnungen *wagón* (< engl. *waggon* „Wagon") und *walón* (< frz. *Wallon* bzw. *wallon* „Wallone, wallonisch") werden meist mit *v* geschrieben: *vagón, valón*[37].

X Manchmal wird folgende Unterscheidung getroffen:

1. Zwischen Vokalen wird *x* als *ks* ausgesprochen.

el examen	die Prüfung
exacto	genau

2. Vor Konsonanten oder am Wortende wird *x* wie *s* ausgesprochen.

el texto	der Text
extraño	seltsam
Félix	Felix

Im Prinzip müßte, zumindest in sorgfältiger Aussprache, das *x* in allen Fällen als *k* + *s* ausgesprochen werden[38]. Ein gewisses Problem stellt die Schreibweise (und Aussprache) des Wortes *México* („Mexiko") dar[39].

---

37 So führt das DRAE *valón* als vorzuziehende Schreibweise an (II, 1401 und 1365), schlägt aber ausschließlich die Form *vagón* mit *v* vor (II, 1363). M. SECO (in seinem *Diccionario de dudas*) und das *Manual de español urgente* machen zu keinem der beiden Wörter Angaben. Bei F. MARSÁ findet sich *vagón* (nur mit *v* – *Diccionario normativo*, 456) sowie – hier ohne Präferenz – *walón* und *valón* (S. 36 und 462). Manchmal findet sich auch die umgekehrte Tendenz. In Band LXVI (Mai – Dezember 1986, S. 171) des BRAE wird *darwinismo* als „Verbesserung" für *darvinismo* („Darwinismus") vorgeschlagen [*darvinismo* findet sich noch in der vorletzten Ausgabe des DRAE (I, 441); in der Ausgabe von 1992 wird die Form mit -*w*- als vorzuziehende Schreibweise angeführt].
38 Jedenfalls nimmt der *Esbozo* die genannte Unterscheidung nicht mehr vor, allerdings wird darauf hingewiesen, daß das *x* am Wortende häufig als *s* ausgesprochen werde (S. 133). M. SECO führt in bezug auf das *x* folgendes aus: „Su pronunciación normal entre vocales o en final de palabras es /ks/: *examen* /eksámen/; *taxi* /táksi/; (...) *relax* /reláks/. Es coloquial, y muchas veces vulgar, reducirla en estos casos a simple /s/: /esámen, tási, (...) relás/" (*Diccionario de dudas*, 381 – Seine normale Aussprache zwischen Vokalen oder am Wortende ist [ks]: *examen* [ek'samen]; *taxi* ['taksi]; (...) *relax* [re'laks]. Umgangssprachlich und vielfach für ein niedriges Sprachniveau charakteristisch ist seine Reduktion in diesen Fällen zu einem einfachen [s]: [e'samen], ['tasi], (...) [re'las]).
In der Praxis konnte ich feststellen, daß sogar viele gebildete spanische Muttersprachler dazu neigen, das *x* durchgängig wie *s* auszusprechen.
39 Nach dem *Manual de español urgente* ist die Schreibung für Land und Volksnamen immer *México* und *mexicano* (S. 22), wobei weiter unten angemerkt wird, daß das *x* hierbei immer als *j* ausgesprochen werde (S. 136). Mit dieser kategorischen Feststellung unterscheidet sich das *Manual* vom DRAE, welches beide Schreibweisen zuläßt (II, 893 und 905). M. SECO empfiehlt das *j* in der Schreibweise *Méjico* und bei allen Ableitungen dieses Eigennamens und begründet seine Auffassung mit folgendem pragmatischen Argument: „La grafía con *x* puede dar lugar, como ocurre con cierta frecuencia, a que locutores ignorantes digan /méksiko/ y /meksicáno/" (*Diccionario de dudas*, 258 – „Die Schreibung mit *x* kann dazu führen – was auch nicht selten geschieht –, daß unwissende Sprecher ['meksiko] und [meksi'kano] sagen"). F. MARSÁ führt nur die Schreibweise mit *j* an: *mejicano, Méjico* (*Diccionario normativo*, 412). Die Mexikaner selbst schreiben jedenfalls den Namen ihres Landes (sowie die Ableitungen davon) *immer* mit *x*, als ob es sich dabei um ein symbolisches, sichtbares Element ihrer nationalen Identität handelte. Interessant sind in diesem Zusammenhang die Überlegungen, die sich in dem Roman des angesehenen (mexikanischen) Autors C. FUENTES (mit einem mutatis mutandis ähnlichen Kommentar zum *ñ*) finden:
– *México es una equis – le dijo Félix cuando eran muy jóvenes –, España es una eñe, no se entiende a esos dos países sin esas letras que les pertenecen a ellos* (*La cabeza de la hidra*, 46).
„México ist ein x", sagte Félix zu ihm, als sie noch ganz jung waren, „España ist ein ñ. Man kann diese beiden Länder ohne diese beiden Buchstaben, die zu ihnen gehören, nicht verstehen."

Y Das *y* wird traditionell wie deutsches *j* ausgesprochen. Im Wortauslaut bildet das *y* mit dem unmittelbar vorangehenden Vokal einen Diphthong.

yo	ich
el rayo	der Blitz
la ley	das Gesetz

In einigen Ländern Lateinamerikas (vor allem in Chile und Argentinien) wird das *y* im Wortanlaut und zwischen Vokalen wie das französische *j* oder *g* (in *jamais, gentil*) ausgesprochen[40].

yo [ʒo]	ich
ayer [a'ʒer]	gestern[41]

Diese Variante, die in Buenos Aires in der gepflegten Aussprache die Norm darstellt, wäre in Spanien eher einem einfachen Sprachniveau zuzuordnen.

Z Wie englisches stimmloses *th* (in Wörtern wie *thing, thirsty* ...).

Zaragoza	Saragossa
la cruz	das Kreuz

Siehe auch weiter unten (Nr. 3, d) die Bemerkungen zum *ceceo*.
Das *z* wird also immer wie *c* vor *e* und *i* ausgesprochen. Diese gleiche Lautung erklärt und ermöglicht bisweilen orthographische Dubletten: so schreibt beispielsweise J. GOYTISOLO in *Coto vedado* durchweg *naci* (statt *nazi*) [S. 118, 124 und passim (im Falle dieses – sehr gebildeten – katalanischen Autors haben wir es offensichtlich nicht mit mangelnder sprachlicher Kompetenz zu tun, sondern mit einer persönlichen Präferenz in der Absicht, eine besondere Wirkung zu erzielen)].

3. *Anmerkungen*

a. Es sei daran erinnert, daß bei der Silbentrennung die Untrennbarkeit der eigenständigen Buchstaben *ch* und *ll* zu beachten ist. Gleiches gilt für das doppelte *r (rr)*.

muchacha („Mädchen")	→	mu – cha – cha
Valladolid	→	Va – lla – do – lid
terraza („Terrasse")	→	te – rra – za.

Eine vollständige Übersicht zu den Regeln der Silbentrennung findet sich im *Esbozo* (S. 44–47).

b. Im Vergleich zu anderen bedeutenden Sprachen wie Englisch, Französisch und Deutsch weist das Spanische eine besonders einfache Orthographie auf[42].

---

[40] Vgl. die Hinweise zum *yeísmo* bei dem Doppelbuchstaben *ll*.
[41] Weitere Einzelheiten bei R. LAPESA, *Historia de la lengua española*, 570–571.
[42] Probleme könnten lediglich (und zwar besonders für spanische Muttersprachler) die Schreibregeln für *j* oder *g*, *c* oder *z*, *b* oder *v* und – im Falle der Gebiete, in denen *seseo, ceceo* oder *yeísmo* vorherrschen – die Verwendung der Grapheme *c, s, z* und *ll, y* aufwerfen. Schwierigkeiten für den deutschen Muttersprachler beruhen im wesentlichen darauf, daß die Orthographie im Deutschen etymologisch begründet ist.

I. Allgemeine Einleitung

Grundsätzlich kann man sagen, daß die spanische Orthographie phonetisch ist, woraus sich folgende Grundsätze ergeben:
- geschrieben werden nur Buchstaben, die auch ausgesprochen werden
- ausgesprochen werden nur Buchstaben, die auch geschrieben werden[43].

Daraus ergibt sich, daß Buchstabengruppen wie *ch, ph, th* ..., die im Deutschen, Französischen und Englischen recht häufig sind[44], vereinfacht werden.

dt.	*Psychologie*	
frz.	*psychologie*	→ span. *psicología*
engl.	*psychology*	Das DRAE läßt auch die Schreibung *sicología* zu (II, 1242).

dt.	*Philosophie*	
frz.	*philosophie*	→ span. *filosofía*
engl.	*philosophy*	

dt.	*Theater*	
frz.	*théâtre*	→ span. *teatro*
engl.	*theatre*	

Wie oben bereits angemerkt, ist das *u* in den Buchstabengruppen *gue-, gui-, que-, qui-* stumm. Siehe auch die Hinweise zur Aussprache des *d* im Wortauslaut.
In bestimmten Wörtern, die zwei Schreibweisen zulassen, wird das *b* in der Regel nicht ausgesprochen.

obscuro ~ oscuro	→ [os'kuro]
substantivo ~ sustantivo	→ [sustan'tiðo].

M. SECO merkt an, daß die Schreibweisen *septiembre* und *setiembre* gleichberechtigt seien und daß man in der gepflegten Aussprache unterschiedslos [sep'tjembre] und [se'tjembre] höre. Eine ähnliche Bemerkung findet sich zu den Formen *séptimo* und *sétimo* (*Diccionario de dudas*, 338).

c. Im Spanischen werden Konsonanten grundsätzlich nicht verdoppelt. Allerdings gibt es drei Ausnahmen: die Buchstaben *c, n* und *r* können als Doppelkonsonanten vorkommen [wobei anzumerken ist, daß es sich nur im Falle des *n* um eine echte Verdoppelung handelt (d. h. zwei Buchstaben für denselben Laut), denn bei *cc* stehen die beiden Buchstaben für zwei verschiedene Laute und bei *rr* für einen Laut, der sich oft von dem des einfachen *r* unterscheidet – zu weiteren Einzelheiten siehe oben unter Nr. 2 R].

dt.	*Effekt*	
frz.	*effet*	→ span. *efecto*
engl.	*effect*	

dt.	*Ammoniak*	
frz.	*ammoniaque*	→ span. *amoniaco*
engl.	*ammonia*	

---

[43] „Grundsätzlich" deshalb, weil es zahlreiche Ausnahmen von beiden genannten „Regeln" gibt. So wird beispielsweise das *h* im Standardspanischen nicht ausgesprochen und das Graphem *x* kann die Aussprache /k + s/ oder /s/ repräsentieren.

[44] Und die bis weit ins 18. Jahrhundert auch im Spanischen zu finden waren. Noch 1741 veröffentlichte die *Real Academia Española* eine Abhandlung mit dem Titel *Orthographía* (weitere Einzelheiten zu diesem Thema bei R. LAPESA, *Historia de la lengua española*, 423).

dt. *illegal*	
frz. *illégal*	→ span. *ilegal*
engl. *illegal*	

dt. *attackieren*	
frz. *attaquer*	→ span. *atacar*[45]
engl. *attack*	

[Ein bezeichnendes Beispiel für die Abneigung gegen die Verdoppelung von Konsonanten ist das folgende Zitat, in dem die Schriftstellerin (und erfahrene Feinschmeckerin) Carmen RIERA in Kursiv den Markennamen eines berühmten französischen Champagners schreibt:

No quiero que falte un 'Pomery' para cuando llegue el momento
(*Cuestión de amor propio*, 76)
Ich möchte nicht, daß im richtigen Augenblick ein 'Pommery' fehlt.

Ebenso konnte ich am 12.8.1991 in *El Norte de Castilla* (S. 38) in der Ankündigung eines Fernsehprogramms die Schreibweise *Thriler* (für das englische *Thriller*) finden. Es fällt auf, daß das der spanischen Orthographie fremde *h* beibehalten wird, das zweite *l* dagegen wegfällt (allerdings hätte dieses *l* natürlich eine veränderte Aussprache zur Folge).
Ein weiterer sehr aufschlußreicher – wenngleich indirekter – Hinweis darauf, wie atypisch dem spanischen Muttersprachler das Phänomen der Konsonantenverdoppelung in *seiner* Sprache vorkommt, ist das folgende Kuriosum: Der bekannte spanische Schriftsteller Miguel DELIBES (geb. 1920) schreibt den Namen von Professor H. J. NEUSCHÄFER (der anläßlich der Verleihung der Ehrendoktorwürde der Universität des Saarlandes an M. DELIBES am 7. Mai 1990 die Laudatio hielt) systematisch als *Neuschäffer* (*Pegar la hebra*, 193, 194, 195, 202).]

Aber:

la acción	die Aktion
ennoblecer	adeln
el perro	der Hund

---

[45] Weitere (seltene) Fälle für Konsonantenverdoppelung sind:
a) In der Interjektion *¡hummm...!* (cf. DUE, II, 74 – man beachte auch die drei Punkte) gibt das dreifache *m* den tatsächlichen Lautwert wieder und verstärkt gleichzeitig graphisch das Gefühl des Unbehagens, des Zweifels, der Ungläubigkeit usw., das durch diese Interjektion ausgedrückt wird.
b) Vielerorts finden sich heute in Spanien Geschäfte mit dem Ladenschild „croissantería". In diesem und anderen Fällen hat das mehr oder weniger exotische Fremdwort eine zusätzliche Werbewirkung. (Zum Problem der Verdoppelung oder Nichtverdoppelung des *s* siehe auch Nummer 920.)
c) Nicht selten findet man auf Speisekarten ein doppeltes *t* (noch dazu am Wortende) im Wort *entrecott* (< frz. *entrecôte* „Entrecote", Rippenstück vom Rind) sowie ein doppeltes *f* in *cheff* („Küchenchef"), doch handelt es sich dabei offensichtlich um mangelnde sprachliche Kompetenz, möglicherweise auch verbunden mit einer gewissen Werbeabsicht (→ Fremdartigkeit, die durch den im Spanischen gänzlich unüblichen Gebrauch von *tt* oder *ff* erzeugt wird). Als Kuriosum seien hier noch die *creppes suzzette* angeführt, die ich am 23. Februar 1994 auf der Speisekarte des Restaurants *Botafumeiro* (Barcelona, calle Gran de Gracia, 81) gefunden habe.
Der (unzulässige) Gebrauch von Doppelkonsonanten ist ein Beispiel für etwas, das man „grafía hipercaracterizada" genannt hat. Einen Hinweis auf das „Prestige" der Doppelkonsonanten gibt auch der folgende Text:
Los Stauffen eran algo románticos y fabulosamente orgullosos; se subían para contemplar el mundo a la doble efe de su hermoso apellido (A. Cunqueiro, *La cocina cristiana de occidente*, 17).
Die Stauffens waren etwas romantisch und unglaublich stolz; zur Betrachtung der Welt stiegen sie auf das Doppel-f ihres schönen Namens hinauf.

I. Allgemeine Einleitung

Eine Vokalverdopplung findet sich in unbetonten Silben nur in Ausnahmefällen (z. B. im Nachnamen *Saavedra*[46]). Sonst ist bei doppelt auftretenden Vokalen einer von ihnen betont: entweder der erste wie in *creen* („sie glauben") und *loo* („ich preise") oder der zweite wie in *leer* („lesen") und *friísimo* („eiskalt"). Ausnahme sind Wortbildungen wie *cooperación* („Zusammenarbeit"), *cooperar* („zusammenarbeiten"), bei denen einem mit *o-* beginnenden Wort das Präfix *co-* vorangestellt ist.

d.   Unter *ceceo* versteht man die Eigenart, das *s* wie ein *c* (vor *e* und *i*) auszusprechen, und umgekehrt bezeichnet *seseo* die Aussprache des *c* (vor *e* und *i*) und des *z* als *s*.

la iglesia [i'gleθĭa]	die Kirche
decir [de'sir]	sagen
la caza ['kasa]	die Jagd[47]

Die Erscheinung des *ceceo* ist besonders typisch für Andalusien[48]; der *seseo* ist fast überall in Lateinamerika sowie in Teilen Andalusiens zu finden[49].

e.   Es ist wichtig zu wissen, daß zwei Vokale (am Wortende und Wortanfang zweier aufeinanderfolgender Wörter) häufig ausgesprochen werden, als ob sie einen einzigen Laut bildeten. Diese Erscheinung wird als *sinalefa* bezeichnet.

veinte años [beĭn'taɲos]	zwanzig Jahre
el oro de el Perú [(đe el →) đel]	das peruanische Gold

Zahlreiche Fälle werden im *Esbozo* (S. 89–98) ausführlich besprochen. In einigen Fällen kann diese Vokalverschmelzung zur Zweideutigkeit führen, wie in

Santa Ana (die heilige Anna) ~ *Santana* (spanischer Familienname)
está hablando (er spricht gerade) ~ *está blando* (es ist weich)

[Man beachte in diesem Zusammenhang auch die inkorrekte *sinalefa* mit den Pronomen *me, le, se, que*:

m' han dicho	haben mir gesagt
s' ha decidido	er hat sich entschlossen
q' ha tenido lugar	der stattgefunden hat

(A. De Miguel, *La perversión del lenguaje*, 185).]

---

[46] Die Wiederholung von Vokalen kann als phono-stilistisches Mittel eingesetzt werden, so z. B. in
  ¡Ya me he despertaooooo! (M. Delibes, *El príncipe destronado*, 10 – zum Gebrach von *despertao* anstelle von *despertado* siehe oben Nr. 2, D).
  Ich bin schon waaaaach!
[47] Umgekehrt findet sich der *ceceo* ['kaθa] für ['kasa] (*casa*).
[48] Mit möglichen Auswirkungen auf die Orthographie, sei es bei der spaßhaften Wiedergabe der andalusischen Sprechweise oder aufgrund sprachlicher Inkompetenz [so konnte der Verfasser im bekannten Restaurant „La ruta del Veleta" in Granada am 8. März 1987 auf der (handgeschriebenen) Weinkarte lesen: „Campo viejo – cocecha 1964" (für *cosecha* „Jahrgang")].
[49] Auf dem 2. Kongreß der Akademien der spanischen Sprache (Madrid, 22.4.–2. 5. 1956) wurde die Empfehlung verabschiedet, den *seseo* als korrekt zuzulassen.

4. Starke und schwache Vokale

„Starke" Vokale sind im Spanischen *a, e, o*. Das *i* (oder *y*) und das *u* sind „schwache" Vokale. Die Unterscheidung ist nicht nur theoretischer Art. Sie ist von großer praktischer Bedeutung für die korrekte Anwendung der im folgenden dargelegten Betonungsregeln.

5. Diphthonge

Im Spanischen entsteht in folgenden Kombinationen aufeinanderfolgender Vokale ein Diphthong:

– ein starker + ein schwacher Vokal

el aire	die Luft
la deuda	die Schuld(en)
oigo	ich höre

– ein schwacher + ein starker Vokal

el labio	die Lippe
pues	weil, also
la gloria	der Ruhm

– ein schwacher + ein schwacher Vokal

el viudo	der Witwer
el ruido	der Lärm

Folglich liegt kein Diphthong vor in Wörtern wie *oasis* („Oase"), *chimenea* („Schornstein", „Kamin") *traer* („bringen"), *roer* („nagen") ... Vielmehr handelt es sich um zwei *starke* Vokale, die *einzeln* ausgesprochen werden. R. Seco bemerkt dazu, daß es bei einer Reihe von Wörtern „aus etymologischer Tradition" nicht zur Bildung eines Diphthongs kommt, so z. B. bei *suave* („sanft"), *santuario* („Heiligtum"), *cruel* („grausam"), *hiato* („Hiatus", „Unterbrechung"), *maniobra* („Manöver"), *dieciocho* („achtzehn") ... sowie bei den Adjektiven auf *-uoso*, wie *conceptuoso* („geistreich"), *fastuoso* („prunkvoll")[50].

Der Diphthong gilt als eine Silbe. Dieser Grundsatz ist wichtig für die Anwendung der Betonungsregeln.

6. Betonung

Im Spanischen werden die Wörter auf der letzten *(palabras agudas)*, vorletzten *(palabras llanas oder graves)* oder auf der drittletzten *(palabras esdrújulas)* Silbe betont. Beispiele dafür sind: *mujer* („Frau"), *muchacho* („Junge"), *escándalo* („Skandal"). Als *sobreesdrújulas* werden Formen bezeichnet, bei denen die Betonung auf die viertletzte Silbe fällt, wie in *mán-da-me-lo* („schick es mir").

Für die Betonung im Spanischen gelten die folgenden einfachen Regeln:

a. Wörter, die auf Vokal, Diphthong, *-n* oder *-s* enden, werden auf der vorletzten Silbe betont. Dies trifft auf die Mehrzahl der spanischen Wörter zu[51].

---

[50] *Manual de gramática española*, 251–252.
[51] Cf. *Esbozo*, S. 67, Fußnote 8. H. Berschin u. a. merken in diesem Zusammenhang folgendes an: „Im Spanischen überwiegt im Gegensatz zum Deutschen, wo die Betonung stark zum Wortanfang tendiert, unabhängig von der Silbenzahl die Betonung auf der vorletzten Silbe". Dazu legen die Autoren das folgende (aus einer Studie von P. Delattre aus dem Jahre 1965 übernommene) Zahlenmaterial vor:

I. Allgemeine Einleitung

el muchacho ↑	der Junge
la industria ↑	die Industrie
joven ↑	jung
la crisis ↑	die Krise

b. Wörter, die auf Konsonant (mit Ausnahme von *-n*, *-s* oder *-y*) enden, werden auf der letzten Silbe betont

la mujer ↑	die Frau
el albañil ↑	der Maurer
la voluntad ↑	der Wille
el jersey ↑	der Pullover
(el Premio) Nobel ↑	der Nobelpreis

[Allerdings betonen viele spanische Muttersprachler diesen Namen auf der ersten Silbe. Siehe dazu die Ausführungen bei M. SECO (*Diccionario de dudas*, 270)].

Fällt die Betonung nach den vorgenannten Regeln auf eine Silbe mit Diphthong, so wird der starke Vokal betont. Wenn der Diphthong aus zwei schwachen Vokalen besteht, liegt der Ton auf dem letzten Vokal. Gleiches gilt für einsilbige Wörter[52].

el miedo ↑	die Furcht
el aire ↑	die Luft
luego ↑	dann
el pie ↑	der Fuß
dio ↑	er gab

	Spanisch			Deutsch		
Akzent auf der	zweisilbig	dreisilbig	viersilbig	zweisilbig	dreisilbig	viersilbig
letzten Silbe	22 %	20 %	9 %	11 %	1 %	0 %
vorletzten Silbe	78 %	74 %	80 %	89 %	51 %	12 %
drittletzten Silbe	–	6 %	11 %	–	48 %	39 %
viertletzten Silbe	–	–	0 %	–	–	49 %

(Die spanische Sprache, 147).

[52] Eine von diesen Regeln abweichende Betonung wird durch ein Betonungszeichen gekennzeichnet, näheres siehe unten in Nr. 7.

fui
↑
ich war (oder: ich ging)

triunfo
↑
Triumph

7. Bei Abweichung von diesen Regeln weist ein Akzentzeichen auf die betonte Silbe hin. Dieser Akzent wird wie der französische *accent aigu*(´) geschrieben.

el kilómetro
↑
der Kilometer

la psicología
↑
die Psychologie

los jóvenes
↑
die Jugendlichen

el régimen
↑
das Regime

difícil
↑
schwierig

Man beachte auch den Akzent im folgenden Beispiel; normalerweise würde in dem Familiennamen der zweite starke Vokal betont:

Manuela Sáenz era una mujer que por esos días apenas pasaba la treintena
(D. ROMERO, *La esposa del Dr. Thorne*, 29).
Manuela Sáenz war eine Frau, die in jenen Tagen kaum älter als dreißig war.

Aufgrund der oben zum stummen *h* gegebenen Erläuterungen erklärt sich auch das Setzen des Akzents in Fällen, in denen er auf den ersten Blick überflüssig erscheint:

Se prohíbe cazar búhos (zitiert von A. RABANALES, *¿Qué es hablar correctamente?*, 56).
Es ist verboten, Eulen zu jagen.

8. *Anmerkungen*

a. In einigen Wörtern findet sich ein Akzent, der im Grunde genommen überflüssig ist (z. B. in einsilbigen Wörtern, die grundsätzlich keines Akzentzeichens bedürfen).
Er hat die Funktion, verschiedene Bedeutungen zu bezeichnen (d. h. Homonyme zu unterscheiden) und heißt daher im Spanischen *tilde diacrítica*. Wie das Trema ¨ ist er ein wichtiges diakritisches Zeichen.

mí (mir, mich)	~	*mi* (mein)
tú (du)	~	*tu* (dein)
él (er)	~	*el* (der)
sí (ja)	~	*si* (wenn)
más (mehr)	~	*mas* (aber)
sé [ich weiß (oder: sei!)]	~	*se* (sich)
cómo (wie[53])	~	*como* (wie[54])
aún (noch)	~	*aun* (sogar)

(Zu *solo* und *sólo* siehe den Kommentar in Nr. 634, Fußnote 22.)

---

[53] In einer Frage oder einem Ausruf.
[54] Als Adverb in einem Vergleich.

I. Allgemeine Einleitung 23

In der Regel findet sich der Akzent auf *o* („oder"), wenn dieses Wort zwischen Zahlen steht, um eine Verwechslung mit 0 (= Null) zu vermeiden.

    5 ó 6   5 oder 6

Hier sei auch darauf hingewiesen, daß *ti* („dich", „dir")[55] nie einen Akzent trägt.
Obwohl diese Art von Akzent oben als „im Grunde genommen überflüssig" bezeichnet wurde, wird deutlich, daß er eine sekundäre Funktion hat und den Unterschied zwischen *betont* und *unbetont* graphisch sichtbar macht. Es ist daher kein Zufall, daß *tú sueñas* („du träumst") und *él trabaja* („er arbeitet") mit Akzent, *tu sueño* („dein Traum") und *el trabajo* („die Arbeit") dagegen ohne Akzent geschrieben werden.

b.   Bei der Pluralbildung kann der Fall eintreten, daß ein Akzent gesetzt oder weggelassen werden muß, wenn sich die Zahl der Silben im Wort ändert. Dem liegt die Tatsache zugrunde, daß die Betonung praktisch immer[56] auf derselben Silbe verbleibt.

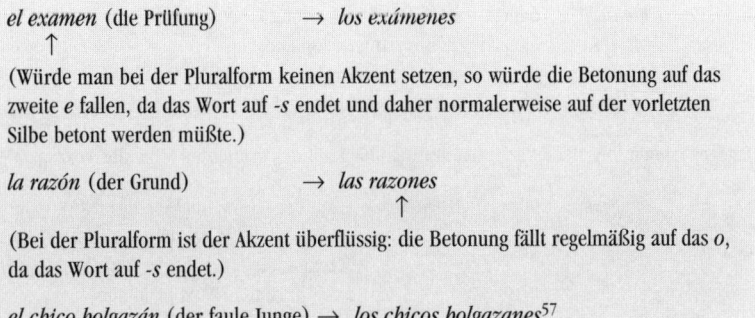

el examen (die Prüfung)   → *los exámenes*
          ↑

(Würde man bei der Pluralform keinen Akzent setzen, so würde die Betonung auf das zweite *e* fallen, da das Wort auf *-s* endet und daher normalerweise auf der vorletzten Silbe betont werden müßte.)

la razón (der Grund)   → *las razones*
          ↑

(Bei der Pluralform ist der Akzent überflüssig: die Betonung fällt regelmäßig auf das *o*, da das Wort auf *-s* endet.)

el chico holgazán (der faule Junge) → *los chicos holgazanes*[57]

(Siehe auch obige Hinweise zum Akzent in Wörtern wie *búho* und *prohíbe* – am Ende von Nr. 7).

c.   Die folgenden Beispiele zeigen, wie wichtig es ist, das Akzentzeichen richtig zu verwenden, da es vollkommen verschiedene Formen voneinander unterscheidet:

{	*la calle* (Substantiv)	die Straße
	callé (Verbform)	ich schwieg
{	*el revólver* (Substantiv)	der Revolver
	revolver (Infinitiv)	umwenden
{	*el cálculo* (Substantiv)	die Berechnung
	calculo (Verbform)	ich rechne
	calculó (Verbform)	er rechnete[58]

---

55 Siehe Nr. 279.
56 Siehe jedoch den Hinweis auf die Wörter *carácter*, *régimen* und *espécimen* in Nr. 123.
57 Siehe hierzu auch in Nr. 316 die Hinweise zum Gebrauch des Akzents in Verbformen mit enklitischem Pronomen.
58 Eine lange Liste derartiger Beispiele findet sich bei F. MARSÁ, *Diccionario normativo*, 69.

Vergleiche auch einen Satz wie

> *En esta película está guapa* (F. Umbral, *Los helechos arborescentes*, 57).
> In diesem Film ist sie hübsch.
> *Esta* ist Demonstrativpronomen, *está* dagegen eine Form des Verbs *estar*.

d. Bei einer begrenzten Anzahl von Wörtern finden sich Formen mit und ohne Akzent. In den folgenden Fällen ist die Betonung auf der vorletzten Silbe immer vorzuziehen[59].

amoniaco	oder	*amoníaco*	Ammoniak
austriaco	oder	*austríaco*	Österreicher
cardiaco	oder	*cardíaco*	Herz-
conclave	oder	*cónclave*	Konklave
chófer	oder	*chofer*	Chauffeur, Fahrer
dinamo	oder	*dínamo*	Dynamo
fútbol	oder	*futbol*	Fußball
medula	oder	*médula*	(das) Mark
olimpiada	oder	*olimpíada*	Olympiade
orgía	oder	*orgia*	Orgie
policiaco	oder	*policíaco*	polizeilich

Dagegen ist den folgenden Varianten mit Betonung auf der drittletzten Silbe der Vorzug zu geben:

exégesis	oder	*exegesis*	[Laut der letzten Ausgabe des DRAE (von 1992, 658) wird dieses Wort vorzugsweise auf der vorletzten Silbe betont – die Liste im *Manual de español urgente*, 24, führt dieses Wort nicht auf.]
período	oder	*periodo*	(vgl. DRAE, II, 1045 und *Manual de español urgente, loc.cit.*)
Rumanía	oder	*Rumania*	(wobei die erste Form häufiger ist)

In diesem Zusammenhang ist auch darauf hinzuweisen, daß der Neologismus *vídeo* im europäischen Spanisch auf der ersten Silbe betont (und mit Akzent geschrieben) wird, während man in Lateinamerika im allgemeinen das *-e-* betont (weshalb auch kein Akzent gesetzt wird).

---

[59] Nach dem *Manual de español urgente* (S. 24 – mit einer längeren als der hier angegebenen Liste). Man beachte jedoch, daß das DRAE der Form *policíaco* den Vorzug gibt (II, 1081). Aufgrund meiner Reisen und persönlichen Kontakte habe ich den Eindruck, daß *chofer*, *policíaco* und *austríaco* im spanischsprachigen Amerika häufig zu hören und zu lesen sind.
Ein Sonderfall ist das Wort *cartel* („Plakat", „Kartell"), bei dem sich auch die Variante *cártel* (dies nur in der Bedeutung „Kartell") findet. Dazu schreibt F. Lázaro Carreter (Übersetzung des Autors): „(...) Manchmal erfolgt nur eine Änderung der Form. So bei dem Anglizismus *cartel*, in seiner wirtschaftssprachlichen Bedeutung ('Abmachung zwischen mehreren gleichartigen Unternehmen, um einen gegenseitigen Wettbewerb zu vermeiden und die Produktion, den Verkauf und die Preise auf einem bestimmten wirtschaftlichen Gebiet zu regulieren'). Nachdem der Gebrauch anfänglich zwischen Endbetonung und der Betonung auf der ersten Silbe schwankte und trotz des gemeinsamen etymologischen Ursprungs von *cartel* und *cártel*, hat sich letztere Aussprache durchgesetzt; dies wird entsprechend berücksichtigt werden" (*Real Academia*, in *ABC*, 1.3.1987, *ABC literario*, III). In der letzten Ausgabe des DRAE (von 1992) finden sich die beiden Formen *cartel* und *cártel* mit der Bedeutung „Kartell", wobei die Variante mit Betonung auf der ersten Silbe zuerst aufgeführt ist (301). Das Wort *homilía* wird richtig auf dem zweiten *i* betont. Somit ist die Aussprache als [o'milĭa] falsch (cf. M. Seco, *Diccionario de dudas*, 223).

I. Allgemeine Einleitung

e.   Zum Gebrauch des Akzents in zusammengesetzten Wörtern bemerkt das *Manual de español urgente* (Übersetzung des Zitats und der Beispiele vom Autor):
„In solchen Wörtern trägt nur das letzte Wort einen Akzent, wenn dies durch die allgemeinen Akzentregeln begründet ist: *puntapié* („Fußtritt"), *vaivén* („Hin und Her") (...) *decimoséptimo* („siebzehnter") (...).
Das erste Wort des Kompositums verliert den Akzent, wenn es als selbständiges Wort einen solchen trägt: *tiovivo* („Karussell"), *asimismo* („ebenso") (...).

– Diese letzte Regel gilt jedoch nicht, wenn die beiden Wörter durch einen Bindestrich verbunden werden: *físico-químico* („chemisch-physikalisch"), *crítico-biográfico* („kritischbiographisch") (...).
– Der Akzent wird, soweit vorhanden, auch bei Adjektiven beibehalten, wenn sie durch die Endung -*mente* zu Adverbien geworden sind: *cortésmente* („höflich"), *ágilmente* („flink"), *rápidamente* („schnell").
– Auch Verbformen, zu denen Pronomen hinzutreten, behalten ihren Akzent: *miróle* („er betrachtete ihn"), *perdíme* („ich verlor mich"), *dénos* („geben Sie uns") usw.; jedoch nicht im Falle von *fuese* [„er ging (weg)"], *diole* („er gab ihm"), *dame* („gib mir") usw.

Wenn aus zwei oder mehr Wörtern, die keinen Akzent tragen, eine auf der drittletzten Silbe betonte Form entsteht, muß der Akzent gesetzt werden:

canta + le	*cántale*	(„sing für ihn")
sepa + lo	*sépalo*	(„daß Sie es wissen")
da + me + lo	*dámelo*	(„gib es mir")
admiraba + se + le	*admirábasele*	(„man bewunderte an ihm")"

(*o. c.*, 25–26).

f.   R. LAPESA (Mitglied der *Real Academia Española*) weist darauf hin, daß der *accent aigu* im französischen Lehnwort *élite* die Aussprache nicht beeinflußt: die Betonung liegt auf der vorletzten Silbe (→ *élite*)[60]. In Lateinamerika ist dagegen die Aussprache *élite* üblich[61].
    ↑   ↑

g.   Angesichts des „funktionalen" Werts des graphischen Akzents (→ Kennzeichnung der betonten Silbe), sollte er auch bei Großbuchstaben gesetzt werden[62]. Auch die Tilde (~) darf nie weggelassen werden.

---

[60] *Historia de la lengua española*, 456. Der Autor merkt jedoch an, daß selbst einige „sehr gebildete Spanier" das Wort auf der drittletzten Silbe betonen (und tatsächlich wählte diese Betonung der bekannte Linguist César HERNÁNDEZ – einer meiner Informanten – in einem Seminar, das er am 11.3.1989 im *Instituto de Estudios Hispánicos* in Antwerpen durchführte; hingegen betonte derselbe Sprecher das Wort am 19.3.1994 in einer Unterrichtsveranstaltung am selben Ort auf der vorletzten Silbe). Die *Real Academia Española* hat die von Professor LAPESA vertretene Form für „offiziell" erklärt: in der letzten Ausgabe des DRAE (von 1992) findet sich das Wort in „hispanisierter" Schreibung: *elite* (564).
[61] Cf. G. HAENSCH, *Neues Wörterbuch des Amerikanischen Spanisch und neues Wörterbuch des Kolumbianischen Spanisch*, 172.
[62] Das *Diccionario general ilustrado de la lengua española* VOX besteht in seiner nützlichen Übersicht zum Gebrauch der Großbuchstaben sogar auf dem Setzen des Akzents und unterstreicht dies durch Kursivschrift (S. 703, Nr. 13). In diesem Zusammenhang sei angemerkt, daß eine zwar junge, aber bereits angesehene Zeitschrift der Universität von Valladolid die Akzente in ihrem Namenszug nicht setzt. Dies ist besonders interessant bei dem Wort *lingüística*, bei dem das *u* mit Trema, das *i* jedoch ohne Akzent geschrieben wird: ANUARIO DE LINGUISTICA HISPANICA (wir beziehen uns auf Band IV, 1990). Vorzuziehen wäre (wenigstens, wenn man der in Nr. 8 g angeführten Überlegung folgt): ANUARIO DE LINGÜÍSTICA HISPÁNICA. Ab Band VIII (von 1992) wird dann auch die Schreibung mit Akzent gewählt. In der jüngst erschienenen *Ortografía de la lengua española* der *Real*

h. Die Anwendung der Akzentregeln erscheint einfach. Dennoch kann man häufig feststellen, daß viele (selbst gebildete) spanische Muttersprachler sich bei der Akzentsetzung irren[63].
Ich teile nicht die Ansicht des Nobelpreisträgers G. GARCÍA MÁRQUEZ, wenn er für die Abschaffung der Akzentzeichen im Spanischen eintritt und nur jene Akzente belassen will, „die dazu dienen, ein Wort von einem anderen zu unterscheiden". Weiter schreibt er: „Alle Gesetze, die die Welt der Akzente regeln, sind sehr kompliziert..." (*La Vanguardia*, 5.10.1984). Ich meine, daß eine korrekte Akzentsetzung Zweifelsfälle klärt und sich beim Erlernen des Spanischen als Fremdsprache als überaus nützlich erweist. Die Bemerkung des großen kolumbianischen Autors zur angeblichen Kompliziertheit der Regeln ist schwerlich ernstzunehmen.

i. Ein unzulässiger Gebrauch des Akzentzeichens findet sich im folgenden Satz, in dem der Autor eine nachdrückliche (allerdings nicht der Regel entsprechende) Aussprache sichtbar machen will:

> *Se parece a usted fijesé* (J. EDWARDS, *El peso de la noche*, 40)
> Er sieht aus wie Sie, stellen Sie sich nur vor!

Die richtige Schreibung wäre *fíjese* (< *fije* + *se*).

j. Nur kurz genannt werden können hier die sogenannten „suprasegmentalen Ausdrucksmittel" wie der (dynamische und musikalische) Akzent, die Differenzierung lang/kurz sowie die Intonation (ein kraftvolles Mittel für den Transport von Gefühlen) ...

9. Satzzeichen

Im Spanischen finden dieselben Satzzeichen Verwendung wie im Deutschen. Eine Eigenart besteht jedoch darin, Frage- und Ausrufezeichen sowohl an den Satzanfang als auch an das Satzende zu setzen, wobei sie am Satzanfang auf dem Kopf stehen[64]. Wichtig ist, daß sie dorthin gesetzt werden, wo die eigentliche Frage bzw. der eigentliche Ausruf beginnt, oder auch vor den hervorzuhebenden Satzteil bzw. das hervorzuhebende Wort.

> a *¿Quién es este hombre?*
> Wer ist dieser Mann?
> b. *¡Cuánto me alegro!*
> Ich bin ja so froh!
> c. *Argentina ¡campeón!*[65]
> Argentinien Weltmeister!

Academia Española wurde die Frage „offiziell" entschieden: „Las mayúsculas llevan tilde si les corresponde según las reglas dadas" (53) („Großbuchstaben tragen einen Akzent, wenn dies den angegebenen Regeln entspricht").

63 Mir liegt ein Rundschreiben einer Sprachschule in Barcelona mit dem Namen „International House" vor (vom Februar 1988), dessen Text wie folgt beginnt:
„Sabiéndo que Ud. ..." (richtig ist: *Sabiendo* ohne Akzent).
Schon um das Jahr 1535 verwies Juan de VALDÉS in seinem *Diálogo de la lengua* auf die Bedeutung der Akzentzeichen und auf gewisse Probleme, die möglicherweise für einige Sprachbenutzer mit ihrer Setzung verbunden seien (S. 45–46, 47, 82).

64 Unüblich ist der einfache Gebrauch von ! und ? wie in den übrigen europäischen Sprachen (d.h. nur am Ende des Satzes), wie wir ihn z.B. in einem neueren Buch von J. GOYTISOLO (*En los reinos de Taifa*, 302) finden. Dabei ist jedoch zu bedenken, daß der katalanische Autor schon seit längerem die traditionellen Satzzeichen in einer sehr individuellen Weise verwendet, wobei sie zuweilen fast ganz verschwinden.

65 Text, der auf der elektronischen Anzeigetafel des Stadions von Buenos Aires zu lesen war, nachdem Argentinien die Fußballweltmeisterschaft 1978 gewonnen hatte.

I. Allgemeine Einleitung

d. *Sin haber leído el periódico, ¿cómo podría saberlo?*
   Woher sollte ich das wissen, ohne die Zeitung gelesen zu haben?
e. *Tengo que decirle ¡muchas felicidades! otra vez.*
   Ich muß Ihnen noch einmal herzlich gratulieren.
f. *Idos, y dejadme en paz, ¡so cretinos!* (A. Roa Bastos, *El trueno entre las hojas*, 213).
   Geht weg, und laßt mich in Frieden, ihr Idioten!
g. *En una corrida de la feria de Valencia, cortó dos orejas, rabo y ¡dos! patas* (F. Vizcaíno Casas, *La España de la posguerra*, 145).
   Bei einem Stierkampf auf dem Volksfest von Valencia errang er als Trophäen zwei Ohren, einen Schwanz und zwei (!) Pfoten.
h. *Camilo J. Cela y la joven Marina, un romance con ¡¡cuarenta!! años de diferencia* (*Diez Minutos*, 18. 8. 1989, Titelblatt – C. J. Cela erhielt 1989 den Literatur-Nobelpreis).
   Camilo J. Cela und die junge Marina, eine Romanze mit einem Altersunterschied von vierzig (!!) Jahren.

Ein Satz kann sowohl als Frage- wie auch als Ausrufesatz gemeint sein. In diesem Fall können Frage- und Ausrufezeichen kombiniert werden:

i. *¿Qué persecución es esta, Dios mío!* (*Esbozo*, 149 – Im DUE wird dazu angemerkt, daß die Verwendung der Satzzeichen hier nicht den Regeln entspreche und auf eine individuelle Entscheidung des Sprechers zurückgehe – II, 892).
   Meine Güte, was ist das für eine Verfolgung?!

Auch der mehrfache Gebrauch von Frage- und Ausrufezeichen ist möglich, [die obendrein „asymmetrisch" gesetzt werden können (Beispiele m und n)]:

j.

«¡¡¡Martínez!!...»

(*Antología del humor*, 304)
k. *¡¡¡Basta!!!* (J. A. De Zunzunegui, *Una ricahembra*, 674).
   Es reicht!!!
l. *¡¡¡¿Qué os habéis creído los psiquiatras que es el ministro de la Gobernación?!!!*
   (J. A. Vallejo-Nágera, *Concierto para instrumentos desafinados*, 81).
   Was habt ihr Psychiater eigentlich gedacht, was der Innenminister ist?!!!
m. *¡Usted, ¿quién es?!* (A. Berlanga, *La gaznápira*, 170).
   Und Sie! Wer sind Sie?

n. *¡Tú? ... ¡Oh, tú? ... ¿Tú aquí!!! ¡Antonia!* (F. Trigo, *En la carrera*, 221 – die ungewöhnliche und asymmetrische Zeichensetzung spiegelt zweifellos die Spannung einer außerordentlich dramatischen Situation wider).
Du!? ... Oh, du!? ... Du hier?!!! Antonia!

In der Briefanrede und in ähnlichen Fällen[66] wird häufig[67] ein Doppelpunkt gesetzt.

o. *Muy Señor mío:*
Sehr geehrter Herr ...,
p. *Querido amigo Juan:*
Mein lieber Freund Juan,
q. *Madrileños:*
(so begannen zumeist die in Fußnote 66 erwähnten „Bandos")
Bürger von Madrid,

(Wie im Deutschen sollte man auch im Spanischen den mehrfachen Gebrauch von Doppelpunkten im selben Satz vermeiden, da sie den Satzzusammenhang stören und zu Verständnisschwierigkeiten führen können.)

Hinsichtlich der Kommasetzung kann angemerkt werden, daß sie im Spanischen freier ist (und weniger Kommata gesetzt werden) als im Deutschen. So stehen keine Kommata vor Infinitivsätzen, Objektsätzen oder determinierenden Relativsätzen:

r. *Se fue a casa para buscar las llaves.*
Er ging heim, um die Schlüssel zu holen.
s. *Sé que vendrá.*
Ich weiß, daß er kommen wird.
t. *¿Te gusta el libro que te regalé?*
Gefällt Dir das Buch, das ich Dir geschenkt habe? (Der Kommentar und die Beispiele wurde aus H. Berschin u. a., *Die spanische Sprache,* 157 übernommen.)

[Zur allgemeinen Problematik der Interpunktion im Spanischen siehe *Esbozo,* 146–153 sowie – neueren Datums – die *Ortografía de la lengua española,* 55–91.]

10. Großbuchstaben

Eine Aufzählung der Regeln zur Verwendung von Großbuchstaben im Spanischen findet sich im *Esbozo* (S. 144–145)[68]. Im Gegensatz zum Deutschen werden Adjektive *und* Substantive, die die Bewohner von Kontinenten, Ländern, Regionen, Städten usw. bezeichnen, im Spanischen kleingeschrieben.

---

[66] Zum Beispiel in den berühmten *Bandos del Alcalde* („Verlautbarungen des Bürgermeisters"), die E. Tierno Galván als Bürgermeister von Madrid an seine Mitbürger zu richten pflegte.
[67] F. Marsá weist darauf hin, daß dies bis vor kurzem zwingend vorgeschrieben war, heute dagegen bestehe die Tendenz, im Brief ein einfaches Komma zu setzen (*Diccionario normativo,* 281).
[68] Ebenso (und jüngeren Datums): *Manual de español urgente,* 26 (mit weniger Angaben), *Diccionario general ilustrado de la lengua española,* VOX, 703 (die Angaben sind mit denen im *Esbozo* fast identisch) und *Ortografía de la lengua española* (der Real Academia Española, 31–40).

I. Allgemeine Einleitung

a.	*los americanos*	die Amerikaner
b.	*un español*	ein Spanier
c.	*una andaluza*	eine Andalusierin
d.	*un madrileño*	ein Madrider
e.	*la industria alemana*	die deutsche Industrie

Die Adjektive werden großgeschrieben, wenn sie Teil lexikalischer Einheiten sind, die den Charakter von Eigennamen haben, z. B. *(los) Países Escandinavos* („die skandinavischen Länder"), *(la) Real Academia Española* („die königliche spanische Akademie"), *Instituto de Filología Románica* („Romanistisches Institut") usw.
Siehe auch die weiter unten gegebenen Hinweise zu Akronymen wie EEUU, CCOO, FFCC usw. (Nr. 147).
Für die Leser spanischer Zeitungen ist der Hinweis von praktischem Interesse, daß seit einiger Zeit bei Datumsangaben (im Zusammenhang mit Ereignissen, die den Menschen im Land z. B. aufgrund ihrer politischen, wirtschaftlichen oder sozialen Bedeutung bekannt sind) anstelle der Monatsnamen Großbuchstaben verwendet werden.

    f. *el 23-F* (Anspielung auf den Putschversuch von Oberstleutnant Tejero am 23. Februar 1981)
    g. *El BBV y el Banco de Comercio inauguran una nueva devaluación después del 6-J* (*Ya*, 18.5.1993, 1 – 6-J = 6. Juni)
        Die Banken BBV und Banco de Comercio leiten eine neuerliche Abwertung nach dem 6. Juni ein.

N. B.: Kurz bevor diese zweite Auflage in Druck ging, konnte ich einen Blick auf eine Neuerscheinung werfen, in der die Mitglieder der *Real Academia Española* Texte veröffentlichen, welche in direktem Zusammenhang zu dem Buchstaben des von ihnen in der „Docta Corporación" eingenommenen Sitzes stehen. Dieses Buch ist nicht nur ein wahres bibliographisches Kunstwerk, sondern es enthält auch eine Reihe interessanter, lehrreicher, bisweilen kurioser und spielerischer Angaben:
    Al pie de la letra
mit dem vielversprechenden Untertitel
    Geografía fantástica del alfabeto español
    2001, 254 Seiten
(die übrigen Daten finden sich in der Bibliographie).

KAPITEL II

DER ARTIKEL
EL ARTÍCULO

11. Wie im Deutschen unterscheidet man im Spanischen zwischen bestimmten und unbestimmten Artikeln.

ABSCHNITT I

DER BESTIMMTE ARTIKEL
EL ARTÍCULO DEFINIDO

§ 1. FORMEN

12.

EL	(maskulin Singular)	LOS	(maskulin Plural)
LA	(feminin Singular)	LAS	(feminin Plural)
LO	(Form des Neutrums)	–	

(Das Neutrum *lo* hat keine Pluralform.)

Anmerkungen

13. Im Gegensatz zum Deutschen gibt es im Spanischen keine Substantive im Neutrum. Alle Substantive sind also entweder männlich oder weiblich.

a.	das Mädchen	→	*la muchacha*
b.	das Kind	→	*el niño* (oder: *la niña*)
c.	das Haus	→	*la casa*
d.	das Pferd	→	*el caballo*

Der Gebrauch des Neutrums *lo* wird weiter unten in den Nrn. 52–63 behandelt.

14. Verbundene Formen.

Ebenso wie beispielsweise im Französischen gibt es im Spanischen verbundene Formen, die aus einer Präposition und einem bestimmten Artikel bestehen[1], jedoch mit dem Unterschied, daß die spanische Sprache nur zwei mögliche Kombinationen kennt:

A + EL	→	AL
DE + EL	→	DEL

---

[1] Oder aus einer Präposition + *el*, welches als Pronomen betrachtet werden kann (siehe Beispiel d).

    a. *Mañana iremos al museo.*
       Morgen werden wir ins Museum gehen.
    b. *Hemos hablado del caso.*
       Wir haben über den Fall gesprochen.
    c. *El año pasado fuimos al Brasil.*
       Letztes Jahr sind wir nach Brasilien gereist[2].
    d. *El trabajo de esta tienda no se diferenciaba del de la otra*
       (E. LÍSTER, *Memorias de un luchador*, I, 16).
       Die Arbeit in diesem Laden unterschied sich nicht von der im anderen.

Der *Esbozo* merkt dazu an, daß in der geschriebenen Sprache die Tendenz bestehe, zwei aufeinanderfolgende verbundene Formen zu vermeiden.

    e. *Los sublevados se apoderaron de el*[3] *del duque de Ascoli* (*Esbozo*, 216).
       Die Aufständischen eroberten den des Herzogs von Ascoli.

Vor Eigennamen[4] mit Artikel werden die verbundenen Formen in der Schriftsprache[5] meist[6] nicht gebraucht.

    f. *Voy a El Ferrol.*
       Ich gehe nach El Ferrol.
    g. *Te enseño los mejores cuadros de El Greco.*
       Ich zeige dir die besten Bilder El Grecos.
    h. *Al padre de El Cordobés le llamaban „El Renco"* (F. DÍAZ-PLAJA, *El español y los siete pecados capitales*, 172).
       Der Vater von El Cordobés wurde „der Lahme" genannt.
    i. *Los caminos de El Señor*
       Die Wege des Herrn. (Dies ist der Titel eines Romans von J. A. DE ZUNZUNEGUI.)
    k. *Murió Ramón Araces, presidente de „El Corte Inglés"* (*El Norte de Castilla*, 31.7.1989, 1).
       Ramón Araces, der Präsident der Kaufhauskette „El Corte Inglés", ist gestorben.

§ 2. GEBRAUCH

A. Gebrauch von „el" anstelle von „la"

15.   Man benutzt die Form *el* anstelle von *la*, wenn *gleichzeitig* folgende Bedingungen erfüllt sind:

---

[2] Über den (nicht sehr häufigen Gebrauch) des bestimmten Artikels in geographischen Namen vgl. Nr. 30.
[3] *de el* (*palacio*) („den Palast").
[4] Bestimmte geographische Namen, Namen von Personen, Spitznamen, Buchtitel usw.
[5] Nach M. RABANAL (*El lenguaje y su duende*, 309–310) ist ein schwankender Gebrauch bei den Ortnamen mit Artikel festzustellen: seinen Untersuchungen zufolge wechseln in der spanischen Presse Formen wie *del Escorial* mit solchen wie *de El Escorial* („aus El Escorial") ab.
[6] Vergleiche jedoch Konstruktionen wie *la llegada al Ferrol* („die Ankunft in El Ferrol"), *los alrededores del Ferrol* („die Umgebung von El Ferrol") ... in F. FRANCO SALGADO-ARAUJO, *Mi vida junto a Franco*, 14, 15 und passim.

a. der Artikel steht *unmittelbar* vor einem *Substantiv*
b. dieses Substantiv ist *weiblich* und steht im *Singular* und
c. beginnt mit *betontem a* oder *ha*.

[Diese Regel gilt nicht für Frauennamen (Vor- oder Nachnamen), für die Buchstaben des Alphabets *(la a, la hache)* und für Substantive, die Personen oder Tiere bezeichnen, wenn das Geschlecht zum Ausdruck gebracht werden soll. Man muß auch mit der *Möglichkeit* rechnen, vor Substantiven des genannten Typs, bei denen diesen Kriterien zufolge normalerweise ein männlicher Artikel zu erwarten wäre, neben *el* auch *la* anzutreffen[7]].

a.	*el agua*	das Wasser
b.	*el arma*	die Waffe
c.	*el habla*	die Sprache
d.	*el hacha*	das Beil
e.	*el hambre*	der Hunger
f.	*el haz* } *de la tierra*	die Erdoberfläche (vgl. S. FERNÁNDEZ,
	la haz	*Gramática española*, 270, Fußnote 1)[8]

Dieser Grundsatz gilt auch für Komposita, deren erster Bestandteil für sich allein auf der ersten Silbe betont würde:

g.	*el avemaría*	das Avemaria [*saber como el avemaría alguna cosa* (DRAE, I, 156), „etwas gründlich kennen"]
h.	*el aguamarina*	der Aquamarin

In den hier genannten Fällen werden auch die verbundenen Formen *al* und *del* verwendet:

i.	*¡Al agua!*	Ins Wasser!
j.	*El propietario del arma*	Der Eigentümer der Waffe

Analog zu den oben erwähnten Frauennamen findet sich der Artikel *la* im Widerspruch zu dem hier behandelten Grundsatz auch im Namen der niederländischen Stadt *La Haya* („Den Haag").

16. Infolge der unter Nr. 15 genannten Bedingungen ist es daher durchaus möglich, Zusammenstellungen zu finden, die unter rein grammatikalischen Gesichtspunkten unlogisch anmuten und aus

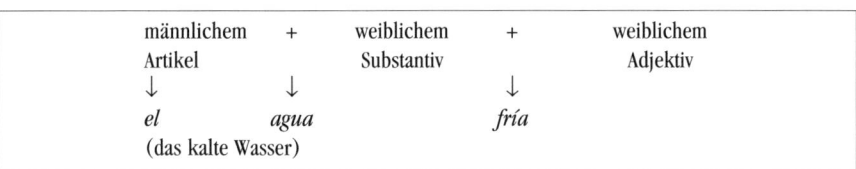

bestehen.

---

[7] Siehe dazu: S. FERNÁNDEZ, *Gramática española*, 270, Fußnote 1. – Der Autor gibt nur ein Beispiel, das im folgenden unter f. aufgeführt wird.
[8] Siehe auch die Hinweise zu Verbindungen wie *otro aula* (Nr. 159), *este agua* (Nr. 356).

17. Achtung!

→ a. *la pequeña hacha*   das kleine Beil
        (der Artikel steht nicht *unmittelbar* vor dem Substantiv)
→ b. *las armas*   die Waffen
        (das weibliche Substantiv steht im Plural)
→ c. *la abeja*   die Biene
        (dieses Substantiv wird auf der *zweiten* Silbe betont)
→ d. *la alta traición*   der Hochverrat
        (*alta* ist ein *Adjektiv*; die oben genannte Regel gilt hier nicht, da die in Nr. 15a genannte Bedingung nicht erfüllt ist.)
→ e. *¿Ha venido la Ángela?*   Ist Angela gekommen?[9]
→ f. *el árabe*   der Araber   ~   *la árabe*   die Araberin
→ g. *el ánade*   der Erpel   ~   *la ánade*   die Ente

B. Bestimmter Artikel im Spanischen, kein Artikel im Deutschen

18.   In einer Reihe von Fällen wird im Spanischen im Gegensatz zum Deutschen ein bestimmter Artikel gebraucht.

19.   Substantive in allgemeiner Bedeutung

Der bestimmte Artikel steht vor Substantiven, die in einem *allgemeinen* Sinne gebraucht werden.

a. *La nicotina perjudica la salud.*
   Nikotin ist schädlich für die Gesundheit.
b. *A veces los animales son más fieles que los hombres.*
   Tiere sind manchmal treuer als Menschen.
c. *La sinceridad es importante en la vida.*
   Aufrichtigkeit ist wichtig im Leben.
d. *Los niños tienen que acostarse pronto.*
   Kinder müssen früh ins Bett.

20.   Substantive, die Körperteile oder eine körperliche Verfassung bezeichnen

Man gebraucht den bestimmten Artikel bei der Beschreibung von Körperteilen nach dem Verb *tener* und der Präposition *con*. Im Deutschen findet man in solchen Fällen in der Regel einen *unbestimmten Artikel* vor einem Substantiv im Singular und *keinen Artikel* vor einem Substantiv, das im Plural steht oder das die Bedeutung eines Sammelbegriffs hat (wie *Haar* in Beispiel d).

a. *Tenía la cara ancha; la cabeza, pesada; los ojos, bovinos*
   (A. M. DE LERA, *Las últimas banderas*, 33).
   Er hatte ein breites Gesicht, einen plumpen Kopf und Froschaugen.
b. *Tenía las manos pálidas* (G. GARCÍA MÁRQUEZ, *Cien años de soledad*, 335).
   Er hatte bleiche Hände.

---

[9] Zum Gebrauch des bestimmten Artikels vor Eigennamen siehe die Nrn. 33–34.

c. *Lola, bella a la manera asturiana, con los ojos, la boca y la nariz grandes, vigilaba el nivel etílico de su marido* (F. Umbral, *A la sombra de las muchachas rojas*, 25).
Lola, eine typische asturianische Schönheit mit ihren großen Augen, ihrem großen Mund und ihrer großen Nase, wachte über den Alkoholspiegel ihres Mannes.
d. *Asunción tenía el pelo oscurísimo* (F. Fernández Santos, *Los bravos*, 109).
Asunción hatte sehr dunkles Haar.

Man beachte folgenden Satz, bei dem im ersten Teil kein Artikel gebraucht wird. Es handelt sich hier nämlich nicht um einen Körperteil im eigentlichen Sinne:

e. *Tenía trenzas grises, los ojos brillantes y burlones, la piel sucia...*
(J. C. Onetti, *Dejemos hablar al viento*, 151).
Sie hatte graue Zöpfe, glänzende und spöttisch dreinblickende Augen, eine schmutzige Haut.
(Man könnte jedoch sagen: *unas trenzas grises*. Siehe dazu Nr. 79.)

21. Titel und dergleichen

Ein bestimmter Artikel steht vor Titeln und Wörtern, die in Höflichkeitsformeln gebraucht werden (wie *capitán, general, doctor, rey, reina, padre*[10], *presidente, señor, señora, señorita...*), wenn ihnen ein Eigenname folgt.
Diese Regel gilt nicht, wenn die genannten Ausdrücke im Vokativ stehen.

a. *El general Sharon presentó ayer su dimisión* (*El País*, 12.2.1983, 1).
General Sharon hat gestern seinen Rücktritt eingereicht.
b. *Por la mañana llegó el doctor Pozuelo* (R. Garriga, *La Señora de El Pardo*, 350).
Am Morgen traf Doktor Pozuelo ein.
c. *Estaba presente la reina Sofía.*
Königin Sofía war anwesend.
d. *El profesor De Bruyne no pretende molestar a nadie*
(*Aragón Expres*, 21.5.1981, 14).
Professor De Bruyne will niemanden verärgern.
e. *Mañana jugaré al tenis con el señor Muñoz.*
Morgen werde ich mit Herrn Muñoz Tennis spielen.
f. *Me envía el Padre Rivero* (M. Delibes, *377A, Madera de héroe*, 219).
Mich schickt Pater Rivero.

Aber:

g. *¿Le gusta este libro? – Sí, señor García.*
Gefällt Ihnen dieses Buch? – Ja, Herr García.
h. *Señor Martínez, el señor Climent le llama* (E. Parra, *Soy un extranjero para ti*, 60).
Herr Martínez, Herr Climent ruft Sie.
i. *¡Oh, disculpe usted, Padre!* (M. Delibes, *377A, Madera de héroe*, 218).
Oh, entschuldigen Sie, Pater!

---

10 Zur Bezeichnung eines Geistlichen.

Anmerkungen

22. Vor *don* und *doña*[11] wird gewöhnlich kein bestimmter Artikel gebraucht (siehe jedoch weiter unten, Nr. 33).

> a. *El rey recibió ayer a don Felipe González* (*El Alcázar*, 16.2.1983, 17).
> Der König empfing gestern Felipe González.
> b. *Doña Ester empezó a padecer de artritis desde muy joven*
> (I. ALLENDE, *La casa de los espíritus*, 47).
> Doña Ester begann schon in sehr jungen Jahren an Arthritis zu leiden.

23. Vor *tío, tía* („Onkel", „Tante") kann ein bestimmter Artikel stehen. Im heutigen Spanisch, besonders in der gesprochenen Sprache, besteht jedoch die Tendenz, ihn auszulassen.

> a. *La tía María me lo ha dicho* (oder: *tía María me lo ha dicho*).
> Tante Maria hat es mir gesagt.
> b. *En aquella sala, tía Matilde recibió a sus amigas* (J. GARCÍA HORTELANO, *Nuevas amistades*, 39).
> In jenem Raum empfing Tante Matilde ihre Freundinnen.
> c. *Ni tía Elisa, ni los muchachos, ni mucho menos tío Pedro, dejaban de presentarse en la mesa* (D. MEDIO, *Nosotros, los Rivero*, 26).
> Weder Tante Elise noch die Jungen versäumten es, bei Tisch zu erscheinen, und Onkel Peter schon gar nicht.

In der Anredeform steht kein Artikel:

> d. *Sí, tía María.*
> Ja, Tante Maria.

24. In der Regel wird vor den in Nr. 21 genannten Begriffen (*capitán, doctor...*) kein bestimmter Artikel gebraucht, wenn sie in Apposition stehen.

> a. *Ha venido el mejor médico de la ciudad, doctor García.*
> Der beste Arzt der Stadt, Doktor García, ist gekommen.
> b. *El coronel de mi regimiento, señor Castro, reunió a toda la oficialidad*
> (F. FRANCO SALGADO-ARAUJO, *Mi vida junto a Franco*, 32).
> Der Oberst meines Regiments, Herr Castro, rief alle Offiziere zusammen.

Es ist allerdings nicht ausgeschlossen, in solchen Fällen doch einen bestimmten Artikel anzutreffen; im unter b genannten Werk schreibt der Autor (auf S. 128):

> c. *Mi compañero de ayudantía, el comandante Bastard*[12].
> Mein Mitadjutant, Major Bastard.

---

11 Über den Gebrauch der Formen *don* und *doña* vgl. die Nrn. 292–295.
12 In diesem Zusammenhang werden unterschiedliche Erklärungen gegeben: Nach ALV und BUS hat der Artikel hauptsächlich demonstrative Funktion und weist nachdrücklich auf ein zuvor genanntes Element zurück. MON und LAP betrachten die Konstruktion ohne Artikel eher als für die Schriftsprache typisch. Für BAR ist die Konstruktion ohne Artikel dagegen „informeller". CAR meint, der Gebrauch von *el* deute an, daß der Leser oder Hörer die besagte Person kennt. RAB bevorzugt die Version ohne Artikel, BOS dagegen würde den Artikel immer

Der bestimmte Artikel / El artículo definido

25. Gebrauch des Artikels bei der Angabe des Alters, der Uhrzeit und in einigen Zeitbestimmungen

Im Spanischen wird bei der Angabe des Alters, der Uhrzeit und in Zeitbestimmungen, in denen Wochentage oder Wörter wie *semana* („Woche"), *mes* („Monat"), *año* („Jahr") vorkommen, der bestimmte Artikel gebraucht. Das Wort *años* kann auch entfallen (wie in den Beispielen b und c)[13].

a. *Él me enseñó a leer a los veintisiete años*
(A. M. Matute, *Los soldados lloran de noche*, 165).
Er brachte mir das Lesen bei, als ich siebenundzwanzig Jahre alt war.

b. *Encuentra la postal de Eugenia cuando a los quince se fue a veranear a Cartagena* (R. H. Moreno-Durán, *El toque de Diana*, 48).
Er findet die Ansichtskarte von Eugenia aus der Zeit, als sie im Alter von fünfzehn Jahren die Sommerferien in Cartagena verbrachte.

c. *Yo ya tengo casi un siglo, pero me gusta mirar a las mujeres como a los veinte* (F. Umbral, *Memorias de un hijo del siglo*, 49).
Ich bin schon fast ein Jahrhundert alt, aber ich schaue den Frauen noch genauso gerne nach wie als Zwanzigjähriger.

Achtung! → *Kein Artikel* wird zur Angabe des Alters nach dem Verb *tener* gebraucht:

d. *Mi hermano tiene veinte años*[14].
Mein Bruder ist zwanzig Jahre alt.

e. *Es la una.*
Es ist ein Uhr.

f. *Dan las cinco* (A. Bello, *Gramática*, 224).
Es schlägt fünf Uhr.

g. *¡Ya son cerca de las seis!*[15] (M. Mihura, *Tres sombreros de copa*, 132).
Es ist schon fast sechs Uhr!

h. *Te lo diré a las once y veinte.*
Ich werde es dir um zwanzig nach elf sagen.

[In Fällen wie e, f, g und h wird das Wort *hora(s)* normalerweise nicht gebraucht. Konstruktionen wie *El tren sale a las once horas* („Der Zug fährt um 11 Uhr ab") sind zwar in der Verwaltungssprache nicht unüblich, gelten jedoch als Gallizismen.]

Der bestimmte Artikel wird in der heutigen Sprache häufig in Wendungen weggelassen, in denen zwei verschiedene Zeitpunkte durch Präpositionen wie *de ... a* und *entre* miteinander verbunden sind. Aber auch in anderen Fällen wird der Artikel zuweilen nicht gebraucht (siehe die Beispiele l und m, wobei ersteres eine eindeutige stilistische Absicht zeigt, wohingegen im zweiten Beispiel der für Anzeigen typische Hang zur Verkürzung deutlich wird):

---

gebrauchen, „außer in Anredeformen" (ebenso Var, die jedoch anmerkt, daß „spanische Sprecher in den USA ihn oft auslassen"). Andere Antworten auf diese Frage sind unklar oder wenig hilfreich. Siehe dazu auch den differenzierten Kommentar von A. Bello in *Gramática*, 251.

[13] Obwohl dies nichts mit dem Gebrauch des Artikels zu tun hat, ist erwähnenswert, daß im Spanischen (wenn man von einem geringen Alter spricht) manchmal das Wort *tiempo* (anstelle von *semanas, meses, años*) verwendet wird. Zum Beispiel:
¿Qué tiempo tienes tú? – *Trece años* (M. Delibes, *377A, Madera de héroe*, 194).
Wie alt bist du? – Dreizehn Jahre.

[14] Es ist zu beachten, daß (ebenso wie im Französischen) in diesen Fällen das Verb „sein" durch die Entsprechung von „haben" wiedergegeben wird (im Französischen *avoir* → *mon frère a vingt ans*).

[15] Das Verb steht hier im Spanischen in der Mehrzahl. Siehe auch Fußnote 16 in Nr. 261 über *horas*.

i. *De siete de la mañana a tres de la tarde* (J. Izcaray, *La hondonada*, 139).
   Von sieben Uhr morgens bis drei Uhr nachmittags.
j. *– ¿A qué hora son las clases?*
   – De seis a ocho. (M. Puig, *Maldición eterna a quien lea estas páginas*, 216).
   „Um wieviel Uhr ist der Unterricht?" „Von sechs bis acht."
k. *Entre dos y media de la tarde y tres y media, el marqués de Villaverde estuvo en Presidencia* (*Heraldo de Aragón*, 24.10.1975, 1).
   Nachmittags zwischen halb drei und halb vier war der Marquis von Villaverde im Amtssitz des Premierministers.
l. *Y ya suena el timbre. Seis y cuarto. No puede ser* (A. Carpentier, *El recurso del método*, 11).
   Und schon läutet es. Viertel nach sechs. Unmöglich.
m. *TRAVESTI 18 a., única en Barna, de 11 mañ. a 10 noche. Visa* (*La Vanguardia*, 15.2.1989, 66 – *a.* = *años*, *Barna* = Barcelona, *mañ.* = *mañana*, *Visa* = die Visa-Kreditkarte wird akzeptiert).
   Transvestit, 18, einzigartig in Barcelona, 11–22 Uhr. Visa.
n. Die Frage nach der Uhrzeit lautet umgangssprachlich häufig:
   ¿Tiene hora?

Wie bereits gesagt, wird der bestimmte Artikel auch in Zeitbestimmungen gebraucht, in denen die Wochentage oder Wörter wie *semana, mes, año* vorkommen, allerdings nicht, wenn sie in Apposition stehen (vgl. Beispiel r):

o. *El martes subirá la gasolina* (*El País*, 5.1.1980, 9)
   Am Dienstag wird der Benzinpreis steigen.
p. *Los miércoles voy al mercado.*
   Mittwochs gehe ich zum Markt.
q. *El año próximo mi hermano tiene que hacer el servicio militar.*
   Nächstens Jahr muß mein Bruder zur Armee[16].

Aber:

r. *El Rey recibirá mañana, lunes, la Orden de la Jarretera* (*El País*, 18.6.1989, 15).
   Der König erhält am morgigen Montag den Hosenbandorden.

In vielen spanischsprachigen Ländern Amerikas gibt es die Variante *(el) día lunes, (el) día martes ...* (wahlweise mit oder ohne Artikel) anstelle von *el lunes, el martes ...*:

s. *Mal hecho que trabajes día domingo* (angeführt von C. Kany, *Sintaxis hispanoamericana*, 44).
   Es ist nicht gut, daß du am Sonntag arbeitest.
   Man könnte auch sagen: *... el día domingo.*

Vor den Bezeichnungen der Jahreszeiten kann der Artikel stehen, er kann aber auch wegfallen. Vielleicht sollte er stehen, wenn der Bezeichnung eine Ergänzung folgt:

---

[16] Zu Zeitbestimmungen, die durch die Präposition *a* (evtl. gefolgt von einem bestimmten Artikel) eingeleitet werden, siehe die Nrn. 720–721.

Der bestimmte Artikel / El artículo definido

    t. *Las hojas caen en otoño.*
        Die Blätter fallen im Herbst.
        (Ebenso könnte man sagen: ... *en el otoño*).
    u. *En otoño de 1965* (J. Goytisolo, *En los reinos de Taifa*, 52)
        Im Herbst 1965.
        (Aus Analogie mit einem Fall wie *misa* – vgl. Nr. 42 – wäre hier der Gebrauch des Artikels möglicherweise vorzuziehen: *En el otoño de 1965*.)

Der Artikel muß stehen, wenn die Bezeichnungen der Jahreszeiten im übertragenen Sinn gebraucht werden:

    v. *En la primavera de su amor* (DUE, I, 841).
        Im Frühling seiner Liebe.

26. („Nosotros", „vosotros" +) bestimmter Artikel + Substantiv

Der bestimmte Artikel wird nach den Personalpronomen *nosotros, vosotros, (ustedes)* gebraucht, wenn ein (determiniertes) Substantiv im Plural folgt, das in Apposition zum Pronomen steht.

    a. *Nosotros los aragoneses somos muy testarudos.*
        Wir Aragonesen sind sehr starrköpfig.
    b. *Vosotros los estudiantes queréis un mundo mejor.*
        Ihr Studenten wollt eine bessere Welt.
        (In der Höflichkeitsform: *Ustedes los estudiantes quieren un mundo mejor.*)

Aber:

    c. *Vosotros mendigos, charlatanes, saltimbanquis ... vosotros, vagabundos, caminantes... decidme: ¿no es verdad lo que aseguro?* (P. Baroja, angeführt – ohne Bezug – von J. Coste und A. Redondo, *Syntaxe de l'espagnol moderne*, 127).
        Ihr Bettler, Scharlatane, Gaukler ... ihr Vagabunden, fahrendes Volk ... sagt mir: Habe ich nicht recht mit dem, was ich sage? Die Substantive sind hier nicht determiniert.

Anmerkung

27. In den zuvor angeführten Fällen kann das Personalpronomen auch wegfallen. Der Satz bleibt genauso verständlich, da der Sinn eindeutig aus der Verbform hervorgeht. Für deutsche Muttersprachler mag diese Konstruktion jedoch zunächst ungewöhnlich erscheinen.

    a. *Los hombres dominamos mejor nuestras alegrías*
        (J. A. De Zunzunegui, *Los caminos de El Señor*, 209).
        Wir Männer haben unsere Freude besser unter Kontrolle.
    b. *Los españoles en América cometemos a veces pifias sociales*
        (D. Alonso, *El español, lengua de centenares de millones de hablantes*, 424)[17].
        Im gesellschaftlichen Leben treten wir Spanier in (Latein)Amerika zuweilen ins Fettnäpfchen.

---

[17] Zu weiteren derartigen Beispielen siehe die Nrn. 287 und 1344.

28. „Yo", „el infrascrito", „el abajo firmante" ...

Formeln wie „der Unterzeichnete", „ich Unterzeichneter" werden im Spanischen durch *yo, el infrascrito, el abajo firmante, el que suscribe* wiedergegeben (die femininen Formen lauten: *yo, la infrascrita, la abajo firmante, la que suscribe*).

> *Señor director: En la parada de los autobuses número 13 el que suscribe se ha caído en dos ocasiones* (*ABC*, 29.6.91, 14 – aus einem Leserbrief).
> An der Haltestelle der Buslinie Nr. 13 bin ich zweimal gestürzt.

29. Übersetzung von „spielen"

Das Verb „spielen" wird im Spanischen mit *jugar* (wenn von einem Spiel die Rede ist) oder *tocar* (wenn es um ein Musikinstrument geht) wiedergegeben. Im europäischen Spanisch geht in beiden Fällen dem folgenden Substantiv der bestimmte Artikel voraus. Im lateinamerikanischen Spanisch steht das Objekt zu „spielen" häufig ohne Artikel (obwohl der Gebrauch schwankt, wie in den Beispielen b und d deutlich wird, die demselben Werk entnommen wurden).

a. *Mi amigo Juan juega bien al fútbol.*
   Mein Freund Juan spielt gut Fußball.
b. *Jugaban a las cartas*
   (G. García Márquez, *El amor en los tiempos del cólera*, 497)[18].
   Sie spielten Karten.
c. *La dueña de la casa tocaba el piano* (I. Allende, *La casa de los espíritus*, 17).
   Die Dame des Hauses spielte Klavier.

Aber:

d. *Jugaba dominó con el capitán*
   (G. García Márquez, *El amor en los tiempos del cólera*, 481).
   Er spielte mit dem Kapitän Domino.
e. *Jueguen fútbol, que es buen ejercicio para las piernas*
   (M. Vargas Llosa, *La ciudad y los perros*, 216).
   Laß sie Fußball spielen, das trainiert die Beine.
f. *Comían manzanas, jugaban ajedrez, tocaban acordeón*
   (P. Neruda, *Confieso que he vivido*, 360).
   Sie aßen Äpfel, spielten Schach, machten Musik auf dem Akkordeon.

30. Der bestimmte Artikel bei Eigennamen (Kontinente, Länder, Regionen, Personen)

Normalerweise steht vor den Namen von Kontinenten, Ländern oder Regionen kein Artikel.

a. *Vamos a hablar de África.*
   Wir werden jetzt über Afrika sprechen.
b. *España es un país rico en tesoros artísticos.*
   Spanien ist ein Land, das an Kunstschätzen reich ist.

---

[18] Dagegen fehlt im folgenden Text der lateinamerikanischen Autorin I. Allende in einer entsprechenden Konstruktion der bestimmte Artikel:
A veces cantaban, jugaban a cartas, oían música por la radio como personas normales (*Eva Luna*, 216).
Manchmal sangen sie, spielten Karten, hörten Musik im Radio wie normale Menschen.

    c. *Bélgica es una monarquía constitucional.*
       Belgien ist eine konstitutionelle Monarchie.
    d. *¿Usted peleó en Vietnam?*
       (M. PUIG, *Maldición eterna a quien lea estas páginas*, 26)[19]
       Haben Sie in Vietnam gekämpft?
    e. *La asistencia médica en Cataluña* (*El País*, 16.2.1983, 12).
       Die Gesundheitsversorgung in Katalonien.

Nur ausnahmsweise wird in solchen Fällen der bestimmte Artikel gesetzt. Als traditionelle Beispiele galten früher: *la Argentina* (Argentinien), *el Brasil* (Brasilien), *la China* (China), *el Canadá* (Kanada), *los Estados Unidos* (die Vereinigten Staaten), *la India* (Indien), *el Japón* (Japan), *el Perú* (Peru) ...

    f. *La Argentina está compuesta principalmente por inmigrantes*
       (M. PUIG, *Maldición eterna a quien lea estas páginas*, 31).
       Argentinien besteht hauptsächlich aus Einwanderern.
    g. – *¿Qué hora será en la China?, ¿eh, Leandro?*
       – *¿En la China?, y yo qué sé, ¿por qué?* (J. L. ALONSO DE SANTOS, *La Estanquera de Vallecas*, 59 – es sprechen hier zwei junge, ungebildete Kriminelle).
       „Wie spät ist es wohl in China, was meinst du, Leandro?"
       „In China? Was weiß ich, wieso?"

Im heutigen Spanisch ist jedoch eindeutig die Tendenz erkennbar, den Artikel in solchen Fällen wegzulassen[20]. Dies scheint vor allem für die Printmedien zu gelten, die hier wie auch in anderen Bereichen eine Neigung zur grammatikalischen Vereinfachung zeigen.

    h. *El rey visitará India y Japón* (*Informaciones*, 6.2.1978, 10).
       Der König wird Indien und Japan besuchen.
    i. *Se estrella un avión en Canadá y otro en Uruguay*
       (*La Vanguardia*, 14.2.1978, 31).
       Zwei Flugzeuge abgestürzt, eins in Kanada und eins in Uruguay.
    j. *Esas chinches han reaparecido en Zaire* (*El Norte de Castilla*, 3.8.1988, 3).
       Diese Wanzen sind in Zaire wiederaufgetaucht.

---

[19] Im Gegensatz dazu im Französischen: Afrika → *l'Afrique*, Spanien → *l'Espagne*, Belgien → *la Belgique*, Vietnam → *le Vietnam* ...
[20] Siehe dazu: J. ALCINA FRANCH und J. M. BLECUA, *Gramática española*, 563.
Der Artikel steht vor den Bezeichnungen spanischer Regionen wie *La Mancha, la Rioja* ... [man spricht jedoch immer von *los vinos de Rioja* (die Rioja-Weine)]. Auch in altertümlicher und feierlicher Sprache findet sich zuweilen noch der bestimmte Artikel (→ *la Francia, la Inglaterra* ...) sowie vor den Namen von weit entfernten (exotischen) Ländern. Zum Beispiel:
  a. *Ha corrido la Francia* [A. BELLO, *Gramática*, 248 – interessant ist der Kommentar des Verfassers: „... es elegante el artículo cuando se alude a la extensión, poder u otras circunstancias de las que pertenecen al todo („... elegant ist der Gebrauch des Artikels, wenn auf die Ausdehnung, Macht oder andere Bedingungen, die das Ganze kennzeichnen, abgehoben wird" – BELLOS Grammatik ist von 1847)].
    Er hat Frankreich bereist.
  b. *Sabemos que nunca llegó a la Polinesia* (M. VÁZQUEZ MONTALBÁN, *Los mares del Sur*, 22).
    Wir wissen, daß er nie nach Polynesien gekommen ist.
    Es handelt sich um ein weit entferntes, als exotisch geltendes Land. Siehe jedoch *Zaire* (ohne Artikel) in Beispiel j.
  c. KANY macht eine Reihe von interessanten zusätzlichen Angaben zum Gebrauch des bestimmten Artikels vor geographischen Bezeichnungen in Lateinamerika (*Sintaxis hispanoamericana*, 39).

Hin und wieder ist der Gebrauch jedoch noch schwankend, wie die folgenden Sätze zeigen:

k. *Quieres conquistar para Cristo un imperio. – ¿El Japón, China, la India, Rusia ...?* (J. M. Escrivá, *Camino*, Nr. 315).
   Du willst ein Reich für Christus erobern. – Japan, China, Indien, Rußland ...?
l. *Queremos que vengas a Brasil* (...) *Se fue al Brasil* (M. Alvar, *El envés de la hoja*, 137).
   Wir wollen, daß du nach Brasilien kommst (...) Er ging nach Brasilien.
m. In seinem Buch *Nicaragua tan violentamente dulce* schreibt J. Cortázar *la Argentina* mit Artikel (auf den Seiten 21 und 111), wohingegen dieser auf Seite 50 fehlt ...

[Dem Namen eines bekannten Londoner Stadtviertels wird zumeist der Artikel vorangestellt:

n. *En el Soho hay que meterse de noche* (F. Umbral, *Memorias de un hijo del siglo*, 197). Nach Soho muß man nachts gehen.]

31. Im Prinzip muß der bestimmte Artikel immer gesetzt werden, wenn dem Namen des Kontinents, des Landes oder der Region eine nähere Bestimmung folgt.

a. *La Francia del Sur.*
   Südfrankreich.
b. *El Flandes de Erasmo* (G. Díaz-Plaja, *Figuras con un paisaje al fondo*, 136).
   Das Flandern des Erasmus.
c. *Le voy a contar una biografía: la de un hombre que sólo ha conocido la España gobernada por Vd.* (F. Arrabal, *Carta al general Franco*, 111).
   Ich werde Ihnen eine Lebensgeschichte erzählen: die eines Mannes, der nur das von Ihnen regierte Spanien kennengelernt hat.

Aber auch diese Regel ist nicht länger als allgemeingültig zu betrachten, wie die folgenden Beispiele zeigen, die Werken hervorragender Schriftsteller sowie der Presse entnommen wurden:

d. *Un pueblo de Castilla del Norte* (I. Aldecoa, *El fulgor y la sangre*, 310).
   Ein Dorf im Norden von Kastilien.
e. *Te conocí cogiendo margaritas en las praderas de Carolina del Sur* (C. J. Cela, *Garito de hospicianos*, 355).
   Als ich dich kennenlernte, hast du gerade auf den Wiesen von South Carolina Gänseblümchen gepflückt.
f. *China Popular abrirá sus puertas* (*Informaciones*, 6.2.1978, 15).
   Die Volksrepublik China wird sich öffnen.

Man sagt sowohl *Estados Unidos* als auch *los Estados Unidos* („die Vereinigten Staaten")[21], und bei *la Unión Soviética* („die Sowjetunion") wurde der Artikel stets gesetzt. Dies gilt auch für die Akronyme USA[22] und URSS.

---

[21] Bevorzugt wird gegenwärtig wohl die erste Form.
[22] Andere Form: EEUU (siehe dazu auch Nr. 147). Derselbe schwankende Gebrauch des Artikels findet sich auch bei anderen Akronymen ohne geographische Bedeutung wie z. B. ETA (Name einer baskischen Separatistenbewegung). Dies zeigt sich in einigen Artikeln in *El Alcázar* (16.2.1983, 40) und *El País* (16.2.83, 1, 13 und 14), in denen unterschiedslos *ETA* und *la ETA* gebraucht werden.

> g. *Pérez de Cuéllar confía en USA y en la URSS* (*El Alcázar*, 16. 2. 1983, 15).
> Pérez de Cuéllar hat Vertrauen in die USA und in die UdSSR.
> h. *La Comunidad pedirá a EE.UU. y a la URSS mayor protagonismo en el proceso de paz en Oriente Medio* (*La Vanguardia*, 15. 2. 1989, 7).
> Die Gemeinschaft wird die USA und die UdSSR auffordern, im Nahost-Friedensprozeß eine aktivere Rolle zu spielen.

Gegenwärtig beobachtet man allgemein eine Tendenz zur Vereinfachung, die darin besteht, den bestimmten Artikel in geographischen Bezeichnungen nicht mehr zu verwenden [23].

Anmerkung

32. *Sierra Bermeja, Sierra Morena* und *Sierra Nevada* (Namen von Gebirgszügen) stehen im allgemeinen ohne Artikel.

> a. *Lanjarón*
> *Agua*
> *Mineral de*
> *Sierra Nevada*
> Lanjarón – Mineralwasser aus der Sierra Nevada. (Dieser Text steht auf den Flaschenetiketten des genannten Mineralwassers – so gelesen im März 1990.)

Folgt dagegen dem Wort *Sierra* eine Ergänzung, die mit der Präposition *de* angeschlossen wird, so steht der bestimmte Artikel:

> b. *Al fondo, la nieve de la Sierra de Béjar sonríe como una rara doncella*
> (C. J. Cela, zitiert – ohne Bezug – von J. Coste und A. Redondo, *Syntaxe de l'espagnol moderne*, 153).
> Im Hintergrund lächelt der Schnee der Sierra de Béjar wie eine außergewöhnliche Schönheit.

33. In der Umgangssprache hört man gelegentlich einen bestimmten Artikel vor Personennamen (vor allem bei Vornamen und dabei vielleicht häufiger vor weiblichen als vor männlichen – siehe hierzu Beispiel c), besonders dann, wenn von Personen die Rede ist, die einer anderen (d. h. niedrigeren) Schicht angehören, oder wenn von jemandem in verächtlichem Ton gesprochen wird [24].

> a. *El Pepe* ~ (der) Sepp
> b. *La Consuelita y su sargento, tuvieron siete nenes – el Eduardín, el Pepito, la Consuelín, la Piedrita, la Conchita, el Paquito y la Merceditas ...* (C. J. Cela, *El tacatá oxidado*, 97).
> Consuelito und ihr Sergeant hatten sieben Kinder: den kleinen Eduard, den kleinen Sepp ...

---

[23] In diesem Sinne auch: S. Fernández, *Gramática española*, 295.
[24] Nach C. Hernández findet sich der Gebrauch des bestimmten Artikels vor Personennamen häufig in der Sprache des einfachen Volkes, besonders auf dem Land (*Sintaxis española*, 295). Siehe dazu Beispiel c.

> c. *Pensó que la Cristinita y Perico estaban muy ausentes, a pesar de la fiesta magnífica que ella les había regalado* (J. Edwards, *La mujer imaginaria*, 107).
> Die kleine Cristina und der kleine Pedro machten einen sehr abwesenden Eindruck auf sie, trotz des prächtigen Festes, das sie ihnen geschenkt hatte.
> d. Im Buch *Las ratas* von M. Delibes (aus dem Jahr 1962), in dem der Autor das Leben der einfachen Landbevölkerung beschreibt und auch ihre Sprache wiedergibt, werden fast alle Personen auf diese Weise angesprochen: *el José Luis, la Simeona, el Justito, el Antoliano, el Pruden, el Rosalino, la Sabina* ...
> (Dies ist auch für andere Werke des aus Valladolid stammenden Autors typisch.)
> Auch im Theaterstück *La estanquera de Vallecas* von J. L. Alonso de Santos (aus dem Jahr 1985) wird der Artikel regelmäßig gesetzt: *la Ángeles, el Tocho, el Leandro, el Jerónimo* ...

Auf dem genannten Sprachniveau kann man den Artikel auch vor der Verbindung Vorname + Nachname finden:

> e. *El Anselmo Llorente* (M. Delibes, *377A, Madera de héroe*, 44 und passim).

Auch *don* und *doña* (+ Vorname) stehen manchmal mit bestimmtem Artikel. Dieser Gebrauch hat im heutigen Spanisch immer eine pejorative oder zumindest ironische Bedeutung[25]:

> f. *El tras de la doña Nati era otra cosa* (F. Umbral, *Los helechos arborescentes*, 64).
> Das Hinterteil der Doña Nati war schon etwas besonderes.
> Durch den Gebrauch des Artikels verliert *doña* die ursprüngliche Bedeutung einer respektvollen Anrede.

In eindeutig verächtlichem Ton sprach man Anfang des 17. Jahrhunderts in Valladolid (mit dem bestimmten Artikel vor dem alleinstehenden Nachnamen) von *las Cervantas* mit Bezug auf das Verhalten der (mit Cervantes verwandten) Frauen, die mit dem berühmten spanischen Schriftsteller in seinem Haus in Valladolid wohnten[26].

34. Man kann den bestimmten Artikel auch vor den Nachnamen [ausnahmsweise auch vor den Vornamen (oder beiden zusammen)] von Frauen finden, die in der Welt der Kunst oder der Literatur Berühmtheit erlangt haben[27].

> a. *Se dice que la Gardner solía acabar enamorándose locamente de un guitarrista* (F. Umbral, *Amar en Madrid*, 184).
> Wie es heißt, war das Ende vom Lied gewöhnlich, daß die Gardner sich bis über beide Ohren in einen Gitarrenspieler verliebte.
> b. *Guiles llega a afirmar que la Monroe, después de Chaplin y la Garbo, ha sido la figura más famosa del séptimo arte* (M. Delibes, *Un año de mi vida*, 122).
> Guiles behauptet sogar, daß die Monroe nach Chaplin und der Garbo die berühmteste Vertreterin der Filmkunst gewesen sei.

---

[25] In diesen Fällen kann der Gebrauch des Artikels vor *don* und *doña* auch archaisierend wirken. Früher wurden die beiden Wörter nämlich üblicherweise *mit* Artikel gebraucht.
[26] Zum (sehr alten) Gebrauch der femininen Form (→ *Cervantas*, statt *Cervantes*) cf. A. Bello, *Gramática*, 415.
[27] Insbesondere, wenn sie **nicht** Spanierinnen sind. Cf. S. Fernández, *Gramática española*, 299 – mit der Bemerkung, der Gebrauch des Artikels sei vielleicht dadurch zu erklären, daß „die fremde Phonetik und Morphologie das Erkennen des Schauspielernamens erschweren".

c. *Sostenía su determinación de permanecer juntos, sin ataduras y sin promesas para el futuro, como Sartre y la Beauvoir* (I. ALLENDE, *La casa de los espíritus*, 206)[28].
Sie bekräftigte ihre Entschlossenheit, mit ihm ohne Fesseln und Versprechen für die Zukunft zusammenzubleiben, so wie Sartre und die Beauvoir.
d. Die spanische Schriftstellerin Emilia PARDO BAZÁN (1851–1921) wird häufig als *la Pardo Bazán* bezeichnet.
e. *La Greta Garbo, la Marlene Dietrich, la Greer Garson* (S. FERNÁNDEZ, *Gramática española*, 299).
f. *(Gabriel García Márquez) Aunque enamorado del paciente trabajo de la Moliner, le reprochaba algunas infidelidades al espíritu de los tiempos* (A. DE MIGUEL, *La perversión del lenguaje*, 167–168)[29].
Er war zwar begeistert von der geduldigen Arbeit Maria Moliners, warf ihr aber vor, in einigen Fällen nicht dem Zeitgeist gerecht geworden zu sein.

Dieser Gebrauch kann auch auf andere Persönlichkeiten des öffentlichen Lebens, die nicht der Welt der Kunst oder der Literatur angehören, ausgedehnt werden, obwohl im folgenden Beispiel offenbar auch ein spöttischer Unterton in der Analogie mitschwingt:

g. *¿Considera conveniente para España que el Guerra permanezca fecundando becarias?* (*El Cocodrilo*, 6. 2. 1986, 1 – mit *el Guerra* ist Alfonso GUERRA, der damalige stellvertretende Ministerpräsident, gemeint).
Glauben Sie, daß es dem Namen Spaniens dienlich ist, wenn der Guerra weiterhin Stipendiatinnen schwängert?

Der *männliche* bestimmte Artikel steht immer, wenn stellvertretend für ein Buch der Name seines Verfassers genannt wird, z. B. im folgenden Satz, in dem zwei bekannte Wörterbücher der spanischen Sprache erwähnt werden:

h. *Lo consulté en el Casares y en el Moliner* (F. MARSÁ, *Diccionario normativo*, 128 – *el Casares* = *Diccionario ideológico de la lengua española*, de Julio CASARES; *el Moliner* = *Diccionario de uso del español*, de María MOLINER).
Ich habe es im Casares und im Moliner nachgeschlagen.

Anmerkung

35. Zuweilen wird der bestimmte Artikel vor den Eigennamen von Tieren gebraucht.

---

[28] Die Beispiele b und c scheinen zu bestätigen, daß der bestimmte Artikel in diesen Fällen hauptsächlich vor Frauennamen zu finden ist: *la Monroe, Chaplin, la Garbo ..., Sartre, la Beauvoir ...*, obwohl Beispiel g zeigt, daß dies auch für Männernamen nicht auszuschließen ist.
[29] Man kann hier nicht von festen Regeln sprechen. Der Beiname der berühmten Kommunistin Dolores IBÁRRURI findet sich sowohl mit als auch ohne Artikel (bevorzugt wird wohl letzteres). Zum Beispiel:
a. *El 25 se dio por radio el llamamiento de 'La Pasionaria'* (M. VÁZQUEZ und J. VALERO, *La guerra civil en Madrid*, 82 y passim).
Am 25. erfolgte über den Rundfunk der Aufruf von Dolores Ibárruri.
b. *Quería que le presentasen a Pasionaria* (J. GOYTISOLO, *En los reinos de Taifa*, 11).
Er wollte, daß man ihm Dolores Ibárruri vorstellte.

> *Actualmente tengo dos perros (la „Dina", ya hecha, y el „Choc II", todavía cachorro ...)* (M. Delibes, *Un año de mi vida*, 169)[30].
> Im Augenblick habe ich zwei Hunde („Dina", die bereits ausgewachsen ist, und „Choc II", noch ein Welpe).

36. Hispanismen

In gewissen elliptischen Konstruktionen wird das *Substantiv* weggelassen, der bestimmte Artikel[31] steht dann allein. Zu beachten ist, daß es sich dabei immer um ein weibliches Substantiv handelt und weiterhin, daß die Konnotation einer „(großen) Menge" vermittelt wird.

> a. *¿Dónde vas con la que cae?* (M. Delibes, *Las ratas*, 59).
> Wohin gehst du bei diesem Schneeschauer?
> ... *la que cae*
> ↓
> *la cantidad (de nieve) que cae*[32]
> b. *Paco tiene el cuerpo como una criba, la de metrallazos, no puedes hacerte idea* (M. Delibes, *Cinco horas con Mario*, 276).
> Pacos Körper ist ganz durchsiebt. Du kannst dir nicht vorstellen, wieviel Blei er abbekommen hat.
> c. *Siempre había creído que su hijo era un botarate. ¡Con la de mujeres que hay en Madrid, ir a escoger a esa espingarda!* (M. Aub, *Las buenas intenciones*, 134).
> Er hatte seinen Sohn schon immer für unbesonnen gehalten. Wie konnte er nur eine solche Bohnenstange auswählen, wo es doch so viele Frauen in Madrid gibt!

37. Manchmal wird das Substantiv *año* weggelassen. Der bestimmte Artikel steht dann unmittelbar vor einem Zahlwort.

> a. *La guerra del catorce* (S. Lorén, *V. I. P.*, 70).
> Der Krieg von 1914.
> b. *La generación del 98.*
> [Als „Generation von 1898" wird in der spanischen Geschichte und Literatur eine Gruppe bedeutender Autoren bezeichnet, die um das Jahr 1898 mit ihrer schriftstellerischen Tätigkeit begannen, so z. B. Miguel De Unamuno, Pío Baroja, „Azorín" (Pseudonym von José Martínez Ruiz), Antonio Machado und andere.]

38. Unterschiedliche Bedeutung haben *estar en cama* und *estar en la cama*. Ersteres bedeutet „das Bett hüten", letzteres dagegen „im Bett liegen". Siehe auch Fälle wie:

---

[30] Zu weiteren Angaben zum Gebrauch des bestimmten Artikels mit Eigennamen cf. J. Alcina Franch und J. M. Blecua, *Gramática española*, 560–564.
[31] Er hat hier syntaktisch die Funktion eines Pronomens und ist semantisch sogar einem Substantiv gleichwertig.
[32] Eine ähnliche Bedeutung findet sich in dem Satz *¿Dónde vas con lo que cae?* (F. García Pavón, *Una semana de lluvia*, 108 – Wohin gehst du bei diesem Regen?). Es ist aber klar, daß es sich hier genaugenommen nicht um ein ausgefallenes Substantiv handeln kann, da es im Spanischen keine sächlichen Substantive gibt.

a. *Mujer, me quieres ver en cama para toda la vida*
   (J. Fernández Santos, *Los bravos*, 65).
   Mensch, du willst mich für den Rest meines Lebens ans Bett gefesselt sehen.
b. *Estaban en la cama él y la cuñada* (J. Goytisolo, *La chanca*, 64).
   Er lag mit seiner Schwägerin im Bett.

Dazu, wenn auch ohne das Verb *estar*:

c. *Y dentro de un rato, a la cama* (J. Cortázar, *Rayuela*, 633).
   Und dann gleich ins Bett.

Der Gebrauch des Artikels ist fakultativ – ohne Bedeutungsänderung – in Ausdrücken wie *guardar (la) cama* („das Bett hüten"), *caer en (la) cama* („krank werden", vgl. DRAE, I, 246).

39. Der bestimmte Artikel steht in zahlreichen idiomatischen Ausdrücken.

a.	*dar los buenos días a alguien*	jemandem guten Tag sagen
b.	*dar las gracias a alguien*	jemandem danken
c.	*dar la enhorabuena a alguien*	jemanden beglückwünschen
d.	*dar el pésame a alguien*	jemandem sein Beileid aussprechen
e.	*dar la bienvenida a alguien*	jemanden willkommen heißen
f.	*dar la razón a alguien*	jemandem recht geben
g.	*ir a la cama*	zu/ins Bett gehen[33]
h.	*ir a la escuela*	zur Schule gehen
i.	*a la derecha*	rechts (oder: nach rechts)
j.	*a la izquierda*	links (oder: nach links)
k.	*por las buenas o por las malas*	gutwillig oder mit Gewalt

40. Zum Gebrauch des bestimmten Artikels mit possessiver Bedeutung siehe Nr. 381.

C. Bestimmter Artikel im Deutschen, kein Artikel im Spanischen

41. Im Spanischen steht in einer Reihe von Fällen kein bestimmter Artikel, wo dies im Deutschen erforderlich wäre[34].

42. „Misa" u. ä.

Im allgemeinen steht kein Artikel vor dem Wort *misa* in den Wendungen *celebrar misa* („die Messe lesen"), *decir misa* (idem), *cantar misa* („das Hochamt zelebrieren"), *oir misa* („die Messe hören") oder wenn dem Wort eine der Präpositionen *a, de, en* vorausgeht, ohne daß ihm eine attributive Ergänzung folgt. Man findet jedoch auch den Gebrauch mit Artikel, besonders bei lateinamerikanischen Autoren (s. Beispiel d).

---

33 Siehe auch das in Nr. 38c angeführte Beispiel.
34 Die Tendenz, im Spanischen immer weniger Artikel zu gebrauchen, wird aus dem Titel eines im *Heraldo de Aragón* (29. V. 1976, 4) erschienenen Beitrags deutlich: *La muerte del artículo* („Der Tod des Artikels").

a. *Hoy no vamos a misa* (R. Chacel, *Barrio de maravillas*, 31)
   Heute gehen wir nicht in die Messe.
b. *Mientras su madre estaba en misa, Quintín se largaba tranquilamente*
   (P. Baroja, *La feria de los discretos*, O. C., I, 663).
   Während seine Mutter die Messe hörte, machte Quintín sich still davon.
c. *Buscó la oportunidad de saludarnos a la salida de misa* (I. Allende, *La casa de los espíritus*, 28).
   Sie suchte die Gelegenheit, uns nach der Messe zu begrüßen.
d. *Fermina debió cambiarse a las volandas para no llegar tarde a la misa*
   (G. García Márquez, *El amor en los tiempos del cólera*, 136).
   Fermina mußte sich in höchster Eile umziehen, um nicht zu spät zur Messe zu kommen.

Aber:

e. *Iremos a la misa del gallo.*
   Wir werden in die Christmette gehen.
f. *No pudimos asistir a la misa que celebró ayer nuestro amigo Carlos.*
   Wir konnten an der Messe, die unser Freund Karl gestern zelebriert hat, nicht teilnehmen.
g. *Asistía a la misa mayor* (G. García Márquez, *El amor en los tiempos del cólera*, 25).
   Er nahm am Hochamt teil.

In den Beispielen e, f und g wird das Wort *misa* näher bestimmt.

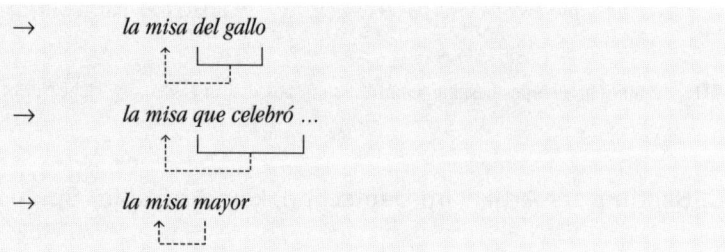

43. Es ist jedoch nicht ungewöhnlich, das Wort *misa* im heutigen Spanisch ohne Artikel zu finden, selbst wenn ihm eine attributive Ergänzung folgt. Allerdings ist zu beachten, daß in Sätzen wie den folgenden *misa* mit seiner Ergänzung infolge der Regelmäßigkeit des Gottesdienstes (täglich, wöchentlich ...) wie *ein* Begriff empfunden wird, der sich nur schwerlich aufspalten läßt:

a. *Mañana iré a misa de doce a la Magdalena* (J. A. De Zunzunegui, *El camión justiciero*, 220).
   Morgen gehe ich in die Zwölf-Uhr-Messe in die St. Magdalena-Kirche.
b. *Los liberales van a misa de cinco y los conservadores van a misa de ocho*
   (G. García Márquez, *Cien años de soledad*, 224).
   Die Liberalen gehen in die Fünf-Uhr-Messe, und die Konservativen gehen in die Acht-Uhr-Messe.

44. Es ist schwer, eine allgemeingültige Regel für den Gebrauch des Artikels vor den Namen der kirchlichen Feiertage aufzustellen. Vor *Semana Santa* („Karwoche"), *Navidad* („Weihnachten"), *Nochebuena* („Heiligabend")[35] gilt die (in Nr. 42) für *misa* genannte Regel. „Allerheiligen" wird im Spanischen meist mit Artikel wiedergegeben (→ *Todos los Santos*), man findet aber auch *Todos Santos*[36].

45. „Casa" u. ä.

Die für *misa* angeführte Regel gilt analog auch für das Wort *casa* („Haus")[37] sowie für eine Reihe von Substantiven, die eine Präzisierung oder Spezialisierung des Begriffs *casa* darstellen, wie *Palacio* („Königspalast"), *presidio* („Zuchthaus"), *Presidencia* („Amtssitz des Premierministers"), *Estado Mayor* („Generalstab"), *Capitanía General* (manchmal zu *Capitanía* verkürzt, „Sitz des Oberbefehlshabers eines Wehrbereichs") … Vor diesen Begriffen pflegt der Artikel nur zu stehen, wenn ihnen eine attributive Ergänzung folgt.

> a. *Al salir de casa, tropezó con don Rufino* (J. A. DE ZUNZUNEGUI, *El barco de la muerte*, 177).
> Als er das Haus verließ, stieß er mit Don Rufino zusammen.
> b. *Estas gentes van a asaltar Palacio – temió Ramón* (J. A. DE ZUNZUNEGUI, *Beatriz o la vida apasionada*, 238).
> Diese Leute werden den Königspalast angreifen, dachte Ramón erschreckt.
> c. *Hace un par de meses asistí a una reunión en Palacio* (C. FUENTES, *La cabeza de la hidra*, 12).
> Vor ein paar Monaten nahm ich an einer Versammlung im Königspalast teil.
> d. *Acabaremos todos en presidio* (A. GROSSO, *Los invitados*, 179).
> Wir werden noch alle im Zuchthaus landen.
> e. *Pero, ¿de qué se trata?*
> *Vete a Estado Mayor y te enterarás* (J. L. CASTILLO PUCHE, *El vengador*, 302.)
> Aber worum geht es denn?
> Geh zum Generalstab, dann wirst du es schon sehen.
> f. *Han tomado Capitanía* (M. DELIBES, *377A, Madera de héroe*, 226).
> Sie haben den Sitz des Oberbefehlshabers eingenommen.

Aber:

> g. *Murió en el presidio de Ceuta*.
> Er ist im Zuchthaus von Ceuta gestorben.

Im folgenden Beispiel steht *Palacio* mit Artikel, hier scheint jedoch eher das *Gebäude* (und weniger die Institution oder funktionale Aspekte) gemeint zu sein:

> h. *Fuimos los primeros en dejar el Palacio* (F. FRANCO SALGADO-ARAUJO, *Mi vida junto a Franco*, 127).
> Wir waren die ersten, die den Palast verließen.

---

[35] Sowie *Año Nuevo* („Neujahr") und *Nochevieja* [„Silvester(abend)"]
[36] Zu weiteren Angaben zu diesem Thema cf. S. FERNÁNDEZ, *Gramática española*, 305–306.
[37] Siehe jedoch weiter unten Nr. 46.

Interessant ist in diesem Zusammenhang folgendes Beispiel, in dem das Wort *Palacio* – von verschiedenen Personen und möglicherweise aus einem unterschiedlichen Blickwinkel[38] gebraucht – im ersten Satz mit Artikel steht, während dieser in der Erwiderung (zweimal) fehlt:

    i. – *Tendrías que mudarte al Palacio – afirmó S. E.*
       – *¿A Palacio? ¿Estás loco?*
       (...)
       – *¿Una puta en Palacio?* (D. ROMERO, *La esposa del Dr. Thorne*, 211).
       „Du müßtest in den Palast umziehen", sagte Seine Exzellenz.
       „In den Palast? Bist du verrückt?" (...) „Eine Dirne im Palast?"

Man beachte, daß im lateinamerikanischen Spanisch vor *casa* in der Regel der bestimmte Artikel steht[39].

    j. *Volvimos a la casa* (J. C. ONETTI, *Dejemos hablar al viento*, 62;
       siehe auch C. KANY, *Sintaxis hispanoamericana*, 39).
       Wir kehrten nach Hause zurück.

Anmerkung

46.   Kein Artikel steht in den Wendungen *a casa de* („zu"), *en casa de* („bei"), *de casa de* („von"), obwohl dem Wort *casa* eine Ergänzung folgt [sie bezeichnet die Person(en), die gewöhnlich an dem angegebenen Ort wohnen][40].

    a. *Aureliano había dejado a su novia en casa de sus padres*
       (G. GARCÍA MÁRQUEZ, *Cien años de soledad*, 221)
       Aureliano hatte seine Verlobte bei seinen Eltern gelassen.

E. LORENZO bemerkt dazu: „A mi modo de ver entre *ir a escuela* e *ir a la escuela* hay una clara diferencia (el primero sería habitual, el segundo más puntual)"[41] – „Meiner Ansicht nach besteht ein klarer Unterschied zwischen *ir a escuela* und *ir a la escuela* (ersteres gäbe eine Gewohnheit wieder, letzteres eher ein einmaliges Ereignis)".

Hauptsächlich in Zeitungstexten finden sich ohne Artikel und in eindeutig elliptischer Form Substantive, die sich auf Ministerien oder andere Verwaltungseinheiten beziehen, wie in

    b. *Interior informará a los partidos de nuevo sobre los contactos con ETA* (*Diario 16*, 10. 2. 1989, 5).
       Das Innenministerium wird die Parteien erneut über die Kontakte mit der ETA informieren.
    c. *Tráfico grabará en vídeo las infracciones de los conductores* (*ABC*, 10. 2. 1989, 13).
       Die Verkehrspolizei wird die Verstöße der Autofahrer auf Video aufzeichnen.
    d. *Con esta evolución – explica Trabajo – el descenso del paro es del 10.84 por ciento* (*El Norte de Castilla*, 13. 8. 1989, 1).
       Mit dieser Entwicklung liegt, so das Arbeitsministerium, der Rückgang der Arbeitslosenzahl bei 10,84 Prozent.

---

[38] Im ersten Satz als Ort, an dem man wohnt (wo „S. E." seine Geliebte aufnehmen will), in der Erwiderung dagegen als Symbol für die höchste Autorität des Landes.
[39] Der Artikel wird auch in einigen Regionen Spaniens gebraucht, z. B. in Andalusien.
[40] Es handelt sich um Varianten des Gebrauchs von *donde*, der in Nr. 688 behandelt wird.
[41] *El español y otras lenguas*, 55.

Der bestimmte Artikel / El artículo definido 51

47. Namen von Heiligen und Monarchen

Vor den Namen von Heiligen [42] oder vor der Ordnungszahl, die dem Namen eines Fürsten oder Monarchen folgt, wird kein bestimmter Artikel gebraucht.

> a. *Ha leído la obra completa de San Pablo.*
>   Er hat das gesamte Werk des Paulus gelesen.
> b. *Santa Teresa nació en Ávila.*
>   Die heilige Teresia wurde in Avila geboren.
> c. *Carlos V* (lies: *Carlos Quinto*)
>   Karl V. ~ Karl der Fünfte.
> d. *Felipe II* (lies: *Felipe Segundo*)
>   Philipp II. ~ Philipp der Zweite.

48. „A principios" u.ä.

Kein bestimmter Artikel steht in Ausdrücken wie *a principios de* („Anfang"), *a mediados de* („Mitte"), *a fines de* („Ende") ...

> a. *A principios de noviembre* (DUE, II, 844).
>   Anfang November.

Dagegen heißt es *al principio de, al comienzo de* (das Substantiv steht hier im Singular):

> b. *Al principio de la guerra* (DUE, II, 844).
>   Zu Beginn des Krieges.

49. „Más" und „menos" in der Funktion eines Superlativs

Vor *más* und *menos* steht kein bestimmter Artikel, wenn diese Wörter die Funktion eines Superlativs haben[43].

> a. *Nos abandonó cuando más lo necesitábamos.*
>   Er ließ uns im Stich, als wir ihn am meisten brauchten.
> b. *Esto es lo que menos nos ha divertido en la película.*
>   Das ist es, was uns am Film am wenigsten gefallen hat.

Dieselbe Regel gilt, wenn auf *más* oder *menos* ein Adverb folgt.

> c. *Creía que en Filipinas era donde se podía hacer un capital más fácilmente*
>   (P. BAROJA, *La estrella del capitán Chimista*, 94).
>   Er hielt die Philippinen für den Ort, an dem man am leichtesten zu Geld kommen konnte.

---

[42] Das Wort *Cristo* („Christus") steht wie im Deutschen, aber im Gegensatz zum Französischen (→ *le Christ*), meist ohne bestimmten Artikel. Doch findet sich bisweilen auch *el Cristo* (s. dazu: S. FERNÁNDEZ, *Gramática española*, 294).

[43] Zu *más* und *menos* bei der Bildung des Komparativs vgl. Nr. 192 und folgende.

50. „Mejor" und „peor" in der Funktion eines Superlativs

Es steht kein bestimmter Artikel vor *mejor* und *peor*, wenn diese Wörter als Superlative und mit adverbieller Bedeutung gebraucht werden[44].

> a. *Este es el producto que mejor se ha vendido.*
> Dies ist das Produkt, das sich am besten verkauft hat.

Aber:

> b. *Este producto me parece el peor.*
> Dieses Produkt halte ich für das schlechteste.

In diesem Beispiel steht der bestimmte Artikel vor *peor*, da das Wort hier nicht als Adverb, sondern als Adjektiv gebraucht wird.

51. Fakultativer Gebrauch des bestimmten Artikels

Der Gebrauch des bestimmten Artikels ist fakultativ in Ausdrücken wie *con (el) pretexto de* („unter dem Vorwand von"), *con (la) intención de* („mit der Absicht, zu"), *con (el) deseo de* („mit dem Wunsch, zu") ...[45].

Zum Gebrauch des Artikels vor dem Ausdruck *por cien* („Prozent") bzw. dem Zeichen % siehe Nr. 1342.

Der bestimmte Artikel wird vor Substantiven wie den folgenden häufig weggelassen, wenn sie ohne Adjektiv, Genitivattribut oder andere Ergänzungen verwendet werden: *la caza* („die Jagd"), *la cubierta* („das Deck"), *la proa* („der Bug") ..., *El capitán subió a cubierta* („Der Kapitän ging auf Deck").

D. Der Gebrauch des sächlichen Artikels „lo"

52. Wie oben bereits angesprochen (Nrn. 12 und 13), gelten zwei wichtige Grundsätze:

> a. im Spanischen gibt es keine sächlichen Substantive,
> b. als sächliche Form des Artikels hat *lo* keinen Plural.

Anmerkung

53. Bei einigen der im folgenden angeführten Beispiele ist es schwierig, die grammatikalische Funktion von *lo* genau zu bestimmen: es gibt nicht immer eine klare Abgrenzung zwischen der Funktion als bestimmter Artikel und der als Pronomen[46]. Der bedeutende spanische Schriftsteller M. De Unamuno betrachtete *lo* sogar als Substantiv![47] Eine genauere Erörterung dieses Problems würde jedoch den Rahmen dieser Grammatik sprengen.

---

[44] *Mejor* und *peor* können auch als Komparative gebraucht werden (siehe Nr. 193).
[45] Cf. S. Fernández, *Gramática española*, 287.
[46] Im diesem Sinne: J. Alcina Franch und J. M. Blecua, *Gramática española*, 568. Siehe auch: C. Hernández: *'Lo', ¿artículo o pronombre?* (in *Anuario de Lingüística Hispánica*, Bd. I, 1985, 115–127).
[47] Siehe dazu: S. Fernández, *Gramática española*, 109.

54. Substantivierung durch „lo"

Mit *lo* lassen sich Adjektive (einschließlich Superlative – vgl. Beispiele c und e), Possessiv- und Indefinitpronomen, einige Ordnungszahlen [vor allem *primero* („erster")], Partizipien und sogar Adverbien substantivieren, wenn diese Wortarten in allgemeiner oder abstrakter Bedeutung gebraucht werden. Manchmal kann auch eine gewisse kollektive Bedeutung vorliegen, vgl. Beispiel d. In einem Fall wie dem in Beispiel l angeführten geht die allgemeine und abstrakte Bedeutung größtenteils verloren: das Partizip mit *lo* bezeichnet hier ein Lebewesen.

a. *Lo perfecto es inalcanzable* (J. ALCINA FRANCH und J. M. BLECUA, *Gramática española*, 570).
Das Vollkommene ist unerreichbar.
Die Autoren weisen darauf hin, daß im vorliegenden Fall *lo perfecto* durch das Substantiv *la perfección* ersetzt werden könnte. Die Übersetzung würde dann lauten: „Vollkommenheit ist unerreichbar".
Auch der *Esbozo* merkt an, daß *lo bueno, lo bello, lo útil, lo rápido, lo oscuro* ... synonym zu *la bondad* („die Güte"), *la belleza* („die Schönheit"), *la utilidad* („die Nützlichkeit"), *la rapidez* („die Schnelligkeit"), *la oscuridad* („die Dunkelheit") ... sind, wenn diese Substantive „in ihrer abstraktesten und allgemeinsten Bedeutung" verwendet werden (S. 408), und für S. FERNÁNDEZ gibt es im heutigen Spanisch praktisch keinen Unterschied zwischen *el contrario* y *lo contrario* („der Gegensatz")[48].

b. *Amanda representaba la esencia de todo lo femenino y, por ser la compañera de Nicolás, de todo lo prohibido* (I. ALLENDE, *La casa de los espíritus*, 198).
Amanda stand für das Wesen alles Weiblichen und, da sie die Lebensgefährtin Nicolás' war, alles Verbotenen.

c. *Alonso Fariñas pertenecía a lo mejor de Vigo* (R. GARRIGA, *Nicolás Franco, el hermano brujo*, 314).
Alonso Fariñas gehörte zum Besten, was Vigo zu bieten hatte.

d. *A veces, después de pasearme por ahí por lo verde, con el perro, vuelvo a casa y me pongo a escribir* (F. UMBRAL, *Mis queridos monstruos*, 202).
Manchmal kehre ich, nachdem ich dort mit dem Hund im Grünen spazierengegangen bin, nach Hause zurück und beginne zu schreiben.

e. *Esto de tener rollo con un cura les parecía lo máximo a los novelistas laicos de la época* (F. UMBRAL, *Memorias de un hijo del siglo*, 11).
Mit einem Pfarrer im Streit zu liegen erschien den weltlichen Romanciers jener Zeit als das Höchste.

f. *¿Qué es lo argentino?* (E. SÁBATO, *El escritor y sus fantasmas*, 65).
Was ist typisch argentinisch?

g. *Lo mío, mío y lo tuyo de entrambos.*
Was mein ist, ist mein, und was dein ist, gehört uns beiden.

---

[48] *Gramática española*, 103. Auch der Unterschied zwischen *el absurdo* und *lo absurdo* scheint geringfügig, falls überhaupt vorhanden. Ein entsprechendes Beispiel findet sich bei J. CORTÁZAR (*Rayuela*, S. 195 und 197). Siehe auch: *Esbozo*, 409. In anderen Fällen kann die Bedeutung jedoch recht unterschiedlich sein (was sich auch auf die Übersetzung auswirkt). So bedeutet *lo pasado* beispielsweise „das Geschehene", *el pasado* dagegen „die Vergangenheit". Manchmal scheint es um stilistische Nuancen zu gehen. In den folgenden Zeilen wird durch *lo eterno* möglicherweise eine größere Vagheit konnotiert als durch *la eternidad*, vielleicht auch aufgrund der Negation im Satz: *Tú que no crees en lo eterno // ni tampoco en lo fugitivo // ¿qué podrás ofrecerte?* (F. AGUIRRE, *La otra música*, 40 – „Du, der du nicht an das Ewige glaubst, und auch nicht an das Flüchtige, was wirst du dir bieten können?").

    h. *Lo seguro es lo primero* (F. U<small>MBRAL</small>, *Si hubiéramos sabido que el amor era eso*, 79).
       Sicherheit kommt zuerst.
    i. *Felisberto Hernández y la escritura de 'lo otro'* ist der Titel eines Buches von F. L<small>ASARTE</small> (erwähnt in *Ínsula*, Nr. 425, 19).
       Felisberto Hernández und die Verbalisierung des 'Anderen'.
       Lo otro ist hier mehr oder weniger synonym zu *el misterio* („das Geheimnis").
       Siehe auch das Beispiel in Nr. 534.
    j. *Lo más que haremos es darnos unos besos. Te lo prometo* (G. C<small>ABRERA</small> I<small>NFANTE</small>, *La Habana para un infante difunto*, 453).
       Wir werden uns höchstens ein paar Küsse geben. Das verspreche ich dir.
    k. *Ese poeta ya nos conocía en lo lejos del tiempo*
       (J. C<small>ORTÁZAR</small>, *Libro de Manuel*, 140).
       Jener Dichter kannte uns schon ewig.
    l. „*Nosotras parimos, nosotras decidimos*". *La exigencia sería razonable si lo parido fuese algo inanimado* (M. D<small>ELIBES</small>, *Pegar la hebra*, 21).
       „Wir gebären, wir entscheiden". Die Forderung wäre vernünftig, wenn das Geborene etwas Lebloses wäre.
       Das Beispiel stammt aus einem Essay mit dem Titel „Aborto y progresismo" („Abtreibung und Fortschrittlichkeit"), und bei *Nosotras parimos, nosotras decidimos* handelt es sich um eine Parole von Frauen, die für die freie Abtreibung demonstrieren (im Deutschen etwa vergleichbar mit dem Satz: „Mein Bauch gehört mir").

Ein eigenartiger Gebrauch von *lo* findet sich in der Rechts- und Verwaltungssprache in Ausdrücken wie *sala de lo civil* („Zivilkammer"), *sala de lo penal* („Strafkammer"), *sala de lo social* („Sozialkammer"), wo Zivil-, Straf- und Sozialsachen gemeint sind.

Der Gebrauch von *lo* kann stilistische Bedeutung haben, wie in der Verbindung *lo gris*, („das Grau") in der der sächliche Artikel das „Farblose" des Adjektivs bzw. das „Traurige" oder „Düstere", das es konnotiert, zu betonen scheint.

    m. *Solo en verano el mundo parecía asequible,*
       durante tres o cuatro meses saltar, correr, era la vida.
       Lo gris volvía siempre muy pronto (F. A<small>GUIRRE</small>, *Ítaca*, 37).
       Nur im Sommer erschien die Welt angenehm,
       drei oder vier Monate lang zu springen, zu laufen, das war Leben.
       Das Grau kehrte immer sehr bald zurück.

55. Regelmäßig findet sich die Kombination / *lo* + Adjektiv / in der Bedeutung von / Adjektiv + „Gebiet, Bereich, Aspekt, …" /

    a. *El canario normal cree que la Península le ha abandonado en lo económico* (*El Imparcial*, 5. 2. 1978, 17).
       Der Durchschnittsbürger auf den Kanarischen Inseln glaubt, daß die Halbinsel (d. h. Spanien) ihn auf wirtschaftlichem Gebiet im Stich gelassen hat.
    b. *Javier es inseguro. Inseguro con sus ideas, inseguro también en lo profesional* (R. M<small>ONTERO</small>, *Crónica del desamor*, 109).
       Javier ist sich seiner nicht sicher. Nicht sicher, was seine Ideen angeht, und auch beruflich (= in beruflicher Hinsicht) nicht.

56. Manchmal steht das mit *lo* substantivierte Neutrum bei einem „echten" (maskulinen oder femininen) Substantiv, oder es befindet sich mit diesem in einem „syntaktischen Gleichgewicht" (vgl. die Beispiele d, e und f). In anderen Fällen wird es sogar durch ein Adjektiv näher bestimmt (wie in Beispiel c). Beide Konstruktionen sind syntaktische Hinweise auf ein fortgeschrittenes Stadium der Substantivierung.

a. *En ambas poetisas cuenta la ternura, lo apasionado, lo religioso* (C. CONDE, *Poesía ante el tiempo y la inmortalidad*, 21).
Bei beiden Dichterinnen spielen Zärtlichkeit, das Leidenschaftliche, das Religiöse eine große Rolle.

b. *La Nada y lo Absoluto* (E. SÁBATO, *El escritor y sus fantasmas*, 135).
Das Nichts und das Absolute.

c. *Resulta evidente la dependencia cervantina de lo italiano renacentista* (C. BLANCO AGUINAGA u. a., *Historia social de la literatura española*, I, 330).
Es ist deutlich, daß Cervantes stark vom italienischen Geistesleben der Renaissance geprägt wurde.

d. *Las palabras y lo indecible* („Die Wörter und das Unaussprechliche") ist der Titel eines Essays von R. GÓMEZ DE LA SERNA.

e. *Lo francés era entonces un espíritu absorbente y unificador, el espíritu de Europa* (F. LÁZARO CARRETER, *Las ideas lingüísticas en España durante el siglo XVIII*, 292).
Der französische Einfluß hatte damals eine allumfassende und einigende Geisteshaltung, den europäischen Geist, hervorgebracht.

f. *Un comerciante turco hincha del Athletic y admirador de lo vasco* (J. GOYTISOLO, *Coto vedado*, 24).
Ein türkischer Kaufmann, Athletic-Fan und Bewunderer alles Baskischen.

57. Emphatischer Gebrauch von „lo" (→ „lo ... que")

Lo hat eine emphatische Funktion, wenn es vor einem Adjektiv oder vor einem Partizip der Vergangenheit steht, welches ein Substantiv oder Pronomen näher bestimmt. In solchen Fällen stimmt das Adjektiv oder Partizip (fast immer) in Genus und Numerus mit dem Wort überein, auf das es sich bezieht[49]. Man beachte, daß dem Adjektiv oder Partizip immer das Relativpronomen *que* folgt. In den folgenden Sätzen entspricht das Syntagma *lo (que)* im Deutschen einem Gradadverb vom Typ „wie", „so" ...

a. *Sabido es lo sobrios que son los españoles* (P. BAROJA, *Los últimos románticos*, 159).
Es ist bekannt, wie nüchtern die Spanier sind.
Nach Fußnote 49 könnte man auch – wenigstens theoretisch – die unveränderliche Form des Adjektivs wählen: → *lo sobrio que son* ..., aber ich konnte kein derartiges Beispiel finden.

b. *¿No ves lo solas que estamos?* (J. M. GIRONELLA, *Ha estallado la paz*, 641).
Siehst du nicht, wie einsam wir sind?
In diesem Beispiel bestimmt das Adjektiv *solas* das nicht ausgedrückte *nosotras* näher, welches Subjekt von *estamos* ist:

---

[49] S. FERNÁNDEZ führt jedoch einige Beispiele an, in denen das Adjektiv oder Partizip unverändert bleibt (*Gramática española*, 323). A. BELLO meint dagegen, die Kongruenz sei in diesen Fällen zwingend notwendig (*Gramática*, 280).

>   *... lo solas que (nosotras) estamos.*
>   ↑ .... ↑
> c. *Da pena ver lo abandonado que está eso* (J. ICAZA, *Huasipungo*, 7).
>   Es ist traurig zu sehen, wie verlassen das alles ist.

Lo ... que kann in seiner emphatischen Funktion auch vor einer Gruppe von Adjektiven stehen:

> d. *Su hermano se escandalizaba recordando lo desdeñoso y cruel que Carlos Marx había sido con su hijo ilegítimo* (R. J. SENDER, *La mirada inmóvil*, 54).
>   Sein Bruder wurde ganz zornig, wenn er daran zurückdachte, wie verächtlich und grausam Karl Marx sich seinem unehelichen Sohn gegenüber verhalten hatte.

58. Eine emphatische Funktion (manchmal sogar die eines Superlativs) hat *lo* auch in bestimmten Adverbialkonstruktionen.

Es gibt verschiedene Möglichkeiten: *lo* kann einfach einem Adjektiv vorangestellt sein, mit dem es dann einen adverbiellen Ausdruck bildet, der auch durch eine Form mit *-mente* ersetzt werden könnte (vgl. Beispiele und b); eine andere Möglichkeit besteht in der Kombination von / *lo* + Adverb (oder Adverbien oder adverbieller Ausdruck) + *que* / (vgl. Beispiele c, d, e, f – ohne *que* in Beispiel e); in wieder anderen Fällen handelt es sich schließlich um eine elliptische Konstruktion, in der *que* unmittelbar auf *lo* folgt (vgl. Beispiele g, h, i)[50].

> a. *Carmen Elgazu se emocionó lo indecible* (J. M. GIRONELLA, *Los cipreses creen en Dios*, 163).
>   Carmen Elgazu war unbeschreiblich gerührt.
>   Man könnte auch sagen: ... *se emocionó indeciblemente.*
> b. *Podemos casarnos, Amanda ...*
>   *– ¡No! – replicó ella sin vacilar –. No te quiero lo suficiente para eso, Nicolás* (I. ALLENDE, *La casa de los espíritus*, 207).
>   „Wir können heiraten, Amanda ..."
>   „Nein!" erwiderte sie ohne zu zögern. „Dazu liebe ich dich nicht genug, Nicolás."
> c. *La gente sonríe, sin meditar en lo deprisa que envejecemos* (F. UMBRAL, *Amar en Madrid*, 92).
>   Die Menschen lächeln, ohne daran zu denken, wie schnell wir alt werden.
> d. *Al verla hoy, débil, encorvada, nadie podría adivinar lo formidablemente bien que incendiaba las granjas en otros tiempos* (*La Codorniz*, 47).
>   Niemand, der sie heute so sieht, schwach, gebeugt, könnte sich vorstellen, wie großartig sie einstmals die Bauernhöfe in Brand steckte.
> e. *Abandone lo antes posible esta posición* (F. FRANCO SALGADO-ARAUJO, *Mi vida junto a Franco*, 52).
>   Verlassen Sie diese Position so bald wie möglich.
> f. *Ella se confundió en elogios sobre lo 'en condiciones' que había llegado el señor de París* (A. CARPENTIER, *El recurso del método*, 49).
>   Sie erging sich in überschwenglichen Lobeshymnen darüber, wie topfit der Herr aus Paris angekommen sei.

---

[50] Man könnte ein Adverb oder Adjektiv zwischen *lo* und *que* einfügen. Zum Beispiel: *Ya sé lo que trabaja* = *Ya sé lo mucho* (oder: *lo bien*) *que trabaja*: „Ich weiß wohl, wie hart (oder: wie gut) er arbeitet".

g. *Estas mujeres ya sabes lo que son* (J. A. De Zunzunegui, *Beatriz o la vida apasionada*, 21).
   Du weißt schon, wie diese Frauen sind.
h. *Apreté el paso lo que pude* (E. Parra, *Soy un extraño para ti*, 72).
   Ich beschleunigte meinen Gang, so sehr ich konnte.
i. *Llora lo que quieras* (C. Martín Gaite, *Fragmentos de interior*, 126).
   Heul, soviel du willst.

59. Man findet sogar von einem formalen Standpunkt aus betrachtet eigenartige Kombinationen[51], in denen *lo* in emphatischer Funktion vor einem Substantiv steht. Allerdings ist deutlich, daß in einem Beispiel wie dem folgenden das Substantiv *mujer* im ersten Fall in der Funktion eines Adjektivs gebraucht wird:

> *Hoy – pensaba –, hoy seré todo lo mujer que puede llegar a ser una mujer*
> (I. Agustí, *Mariona Rebull*, 136).
> „Heute", dachte sie, „heute werde ich so fraulich sein, wie eine Frau überhaupt nur sein kann."

60. „Lo" + „de" + Substantiv

In Konstruktionen, die aus *lo* + einer durch *de* eingeleiteten attributiven Bestimmung gebildet sind, verweist der Artikel mehr oder weniger vage auf Tatsachen, Ereignisse, Zustände usw., wobei davon ausgegangen wird, daß der Gesprächspartner oder Leser weiß, wovon die Rede ist[52]. In der Übersetzung wird immer eine Umschreibung (z. T. mit Präzisierung) notwendig.

> a. *Recordé lo de Encarna* (J. García Hortelano, *Nuevas amistades*, 32).
>   Ich erinnerte mich an den Fall Encarna.
>   In diesem elliptisch-euphemistischen Satz wird auf eine Abtreibung Bezug genommen.
> b. *Venía por lo de la ginebra* (F. Umbral, *Travesía de Madrid*, 80).
>   Er kam, um das mit dem Gin zu regeln.
>   Dem Sprecher war eine Flasche Gin versprochen worden.
> c. *Lo del cerdo fue un martes* (I. Allende, *La casa de los espíritus*, 29).
>   Der Vorfall mit dem Schwein ereignete sich an einem Dienstag.
>   Während des Wahlkampfes hatten einige Wähler ihrem Kandidaten ein riesiges gebratenes Schwein geschickt.

Auch in den folgenden Fällen, in denen auf *lo* unmittelbar ein Possessivpronomen folgt, wird auf eine als bekannt vorausgesetzte Situation angespielt. Auch hier scheint eine wörtliche Übersetzung nicht möglich:

---

[51] Von einem formalen Standpunkt aus betrachtet eigenartig, da es im Spanischen keine sächlichen Substantive gibt.
[52] In solchen Konstruktionen kann man anstelle von *lo* auch die sächliche Form eines Demonstrativpronomens finden (cf. Nr. 364). In einigen Fällen (z. B. den in a, b und c angeführten) kann man in *lo* Merkmale eines Pronomens finden (so in *lo de Encarna* = *la historia de Encarna, el problema de Encarna* ...)

d. – *Lo tuyo se sabe en todo el barrio.*
– *¿Y cuál es lo mío?*
– *Lo tuyo con María Antonieta* (F. UMBRAL, *Las ninfas*, 122).
„Die ganze Nachbarschaft weiß von deinen Geschichten."
„Was für Geschichten?"
„Dein Flirt mit María Antonieta."
e. *Dorotea le había dicho que „aquello" se movía ya.*
– *¿Aquello?*
– *Sí, tonto, „lo nuestro"* (S. LORÉN *El baile de pan*, 79).
Dorotea hatte ihm gesagt, daß es sich schon bewege.
„Es?"
„Ja, Dummkopf, unser 'Kleines'."

Siehe dazu auch die in den Nrn. 391 und 689 angeführten Beispiele.

61. „A" + „lo" + Adjektiv

Konstruktionen, die aus *a* + *lo* + Adjektiv (oder als Adjektiv gebrauchtes Substantiv) bestehen, sind synonym zu *a la manera de* (+ Ergänzung). Dabei kann *lo* auch vor einem Eigennamen (eventuell eingeleitet durch Wörter wie *don, Infanta* ...) stehen.

a. *Saludar a lo militar.*
Militärisch grüßen.
b. – *Tú, con tu novio ¿qué harías con él?*
– *Quererle mucho.*
– *Pero ¿a lo alegre o a lo funeral?*
– *A lo serio* (J. GARCÍA HORTELANO, *Cuentos completos*, 177).
„Was würdest du mit deinem Verlobten tun?"
„Ihn sehr lieben."
„Aber würdest du das fröhlich oder tieftraurig tun?"
„Mit dem nötigen Ernst."
c. *La mujer llegó a lo hombre y con traje de amazona* (A. ROA BASTOS, *El trueno entre las hojas*, 230).
Die Frau kam wie ein Mann dahergeritten und trug einen Amazonenanzug.
d. *Esperará en un coche muy a lo señorona* (J. A. DE ZUNZUNEGUI, *La vida como es*, 67).
Sie wird in einem Auto warten, ganz so wie eine große Dame.
Man beachte in diesem Beispiel das Adverb *muy* vor der Konstruktion mit *lo*.
e. *Este hombre llevaba grandes bigotes a lo Napoleón III* (P. BAROJA, *Los últimos románticos*, 42).
Dieser Mann trug einen großen Schnurrbart nach Art Napoleons III.
f. *La batalla del Ebro se prolongó durante varios meses en una tremenda carnicería a lo Verdun* (J. L. COMELLAS, *Historia de España moderna y contemporánea*, 634).
Die Schlacht am Ebro dauerte mehrere Monate lang und entwickelte sich zu einem Gemetzel wie in Verdun.
g. *Sus hijas Elisa y Blanca traían el pelo cortado «a lo Infanta Cristina»* (D. MEDIO, *Nosotros, los Rivero*, 80).
Ihre Töchter Elisa und Blanca hatten einen Haarschnitt wie Prinzessin Christina.

h. *Ahora le sale la burla de los ricos, a lo don José Gutiérrez* (F. Umbral, *Mis queridos monstruos*, 15)[53].
Jetzt macht er auf Verspottung der Reichen, à la José Gutiérrez.

Diese Konstruktion hat dieselbe Bedeutung wie /*a* + *la* + weibliche Form des Adjektivs/. Siehe dazu Nr. 723. Manchmal finden sich beide Konstruktionen im selben Satz:

i. *Guillerma era una escritora a la francesa, a lo parisino, una escritora de verdad* (F. Umbral, *A la sombra de las muchachas rojas*, 52).
Guillerma war eine Schriftstellerin französischen Stils, Pariser Stils, eine wahrhafte Schriftstellerin.

62.   „Lo que", „lo cual"

Zu diesen sächlichen Formen von Relativpronomen, durch die ein deutsches „was" wiedergegeben werden kann, siehe die Nrn. 398 und 411.

63.   Feste Wendungen

Lo findet sich in einer Reihe fester Wendungen (adverbialen Typs), die durch die Präpositionen *a*, *de* oder *por* eingeleitet werden, z. B. *a lo largo* („entlang", „längs"), *a lo mejor* („vielleicht"), *a lo primero* („zuerst"), *a lo sumo* („höchstens"), *a lo vivo* („heftig", „kräftig"), *de lo lindo* („tüchtig", „prächtig"), *por lo contrario* („im Gegenteil"), *por lo general* („im allgemeinen"), *por lo regular* („gewöhnlich") usw. Umgangssprachlich hört man bisweilen *en lo que* oder auch nur *lo que* mit der Bedeutung von *mientras* „während").

a. *En lo que tú te arreglas, yo tomo el café* (R. Lapesa, *Historia de la lengua española*, 473).
Während du dich fertigmachst, trinke ich den Kaffee.

En lo que mit temporaler Bedeutung findet sich auch in festen Wendungen wie *en lo que va de mes (- año, - siglo)*:

b. *En lo que va de año, 3.665 personas han perdido la vida en las carreteras*, (*ABC*, 17.8.1989, 40).
Seit Jahresbeginn sind 3665 Menschen auf den Straßen ums Leben gekommen.

---

53   Gemeint ist der Schriftsteller und Maler José Gutiérrez Solana (cf. Nr. 146)

ABSCHNITT II

DER UNBESTIMMTE ARTIKEL
EL ARTÍCULO INDEFINIDO

§ 1. FORMEN

64.

| UN (maskulin Singular) | UNOS (maskulin Plural) |
| UNA (feminin Singular) | UNAS (feminin Plural) |

Anmerkung

65. Die Verwendung der Formen *unos, unas* als unbestimmter Artikel ist relativ begrenzt (siehe dazu weiter unten, Nr. 78).

§ 2. GEBRAUCH

A. Gebrauch von „un" anstelle von „una"

66. In der Regel steht die männliche Form *un* vor einem weiblichen Substantiv im Singular, das mit einem betonten *a* oder *ha* beginnt[54].

    a. *un hacha*   ein Beil
    b. *A menudo un teléfono resulta un arma asesina* (E. PARRA, *Soy un extraño para ti*, 102).
       Oft erweist sich ein Telefon als Mordwaffe.
    c. *un avemaría*   ein Ave-Maria[55]

Aber:

    d. *una abeja*   eine Biene
       (die Betonung fällt auf die zweite Silbe)
    e. *una sola arma*   eine einzige Waffe
       (zwischen Artikel und *arma* steht ein Adjektiv)

---

[54] Dies entspricht dem, was oben in Nr. 15 gesagt wurde, allerdings mit dem Unterschied, daß der Gebrauch von *la* in den dort angeführten Fällen zwingend notwendig ist.
[55] Siehe dazu die dem Beispiel 15g vorangestellte Erläuterung.

B. Auslassung des unbestimmten Artikels

67. Zwar stehen mir keine statistischen Daten zur Verfügung, es scheint jedoch allgemein so zu sein, daß der unbestimmte Artikel im Spanischen seltener gebraucht wird als im Deutschen. Bekannte spanische Sprachwissenschaftler warnen vor einem übertriebenen Gebrauch des unbestimmten Artikels. Sie sehen darin einen Einfluß des Französischen und vor allem des Englischen. S. GILI Y GAYA merkt an, daß der unbestimmte Artikel in den folgenden Anzeigen überflüssig sei:

a. *„Fortia", Un específico contra la anemia.*
„Fortia", ein Mittel gegen Blutarmut.
b. *„Vidas errantes", Una película de emoción, una intriga interesante, una realización espléndida.*
„Vidas errantes", ein bewegender, ein fesselnder, ein hervorragend gemachter Film.
Beide Beispiele werden von S. GILI Y GAYA angeführt (*Curso superior de sintaxis española*, 243)[56].

Die Anmerkung von GILI Y GAYA wird durch Sätze wie die folgenden bekräftigt[57]:

c. Als Hinweis bei einem Parkverbotsschild vor einer Garage oder Ausfahrt liest man in Spanien oft:
　　LLAMAMOS GRÚA
Wir rufen einen Abschleppwagen.
d. *La infracción será sancionada con multa de 1.000 pesetas.*
Der Verstoß wird mit einer Geldbuße von 1000 Peseten bestraft.
Warnung an die Fahrgäste in Madrider Bussen, nicht ohne Fahrschein zu fahren (so gefunden auf Hinweisschildern im Februar 1989).
e. *Según se ha visto en capítulo anterior* (J. CARO BAROJA, *Ensayo sobre la literatura de cordel*, 148).
Wie wir in einem früheren Kapitel gesehen haben.
f. *Yo soy hermano de Isabel* (C. MARTÍN GAITE, *Fragmentos de interior*, 124).
Ich bin ein Bruder von Isabel.
g. *Esta noche va a ser la primera que Antonio pasará con mujer nueva* (F. GARCÍA PAVÓN, *El último sábado*, 156).
Diese Nacht wird die erste sein, die Antonio mit einer neuen Frau verbringt.
h. *Quédate tranquila, que estás joven y bella cual estrella de Hollywood*
(F. VÍZCAÍNO Casas, *De camisa vieja a chaqueta nueva*, 161).
Mach dir keine Sorgen, du bist jung und schön wie ein Hollywood-Star.
Zum Gebrauch von *cual* für *como* siehe Nr. 630.

68. Es erscheint kaum möglich, die Normen, die für den Wegfall des unbestimmten Artikels gelten, in einer genauen und umfassenden Liste darzustellen. Nicht immer ist seine Auslassung notwendig, und sie kann, wie bereits gesagt, mit stilistischen Erwägungen verbunden sein[58]. Darüber hinaus kann der Gebrauch oder Nichtgebrauch des unbestimmten Artikels zu Bedeutungsunterschieden führen. Die folgenden Fälle sind von praktischer Bedeutung für deutsche Muttersprachler.

---

[56] Weitere Beispiele und ausführlichere Erläuterungen in: *Manual de español urgente*, 154.
[57] Oft hat der Gebrauch oder Wegfall des Artikels stilistische Bedeutung. Siehe dazu: S. FERNÁNDEZ (*Gramática española*, 278–279) und A. ALONSO (*Estilística y gramática del artículo en español*, 152–153).
[58] Cf. A. ALONSO, *Estilística y gramática del artículo en español*, S. 36 und folgende.

69. Kein unbestimmter Artikel vor gewissen Adjektiven

Im modernen Spanisch steht kein unbestimmter Artikel vor *otro* („anderer"), *cualquier* („irgendein"), *igual* („gleichartig"), *medio* („halb"), *semejante* („derartig"), *tal* („derartig")[59], *tamaño* („so groß"), wenn diese Adjektive vor einem Substantiv stehen.

    a. *He comprado medio kilo de patatas.*
       Ich habe ein halbes Kilo Kartoffeln gekauft.
    b. *Me serví otro té* (E. PARRA, *Soy un extraño para ti*, 109).
       Ich schenkte mir noch eine Tasse Tee ein.
    c. *Semejante explicación no me satisface.*
       Mit einer derartigen Erklärung bin ich nicht zufrieden.
    d. *Esta historia no caerá en tamaña omisión* (R. DE LA CIERVA, *Historia del franquismo*, 19).
       In dieser geschichtlichen Darstellung wird es keine derart große Auslassung geben.

Aber:

    e. *No me satisface una explicación semejante.*
       Mit einer derartigen Erklärung bin ich nicht zufrieden.
    → Das Adjektiv *semejante* steht *nach* dem Substantiv.

70. Vor *cierto* („gewisser") kann der unbestimmte Artikel stehen, er kann aber auch wegfallen[60]. Möglicherweise ist die Konstruktion mit Artikel ausdrucksvoller, wie Beispiel c deutlich zu machen scheint.

    a. Der Roman der französischen Autorin Françoise SAGAN, *Un certain sourire*, wurde ins Spanische übersetzt unter dem Titel *Una cierta sonrisa* („Ein gewisses Lächeln").
    b. *No abandona uno sin cierta melancolía a estos buenos gallegos* (F. UMBRAL, *Travesía de Madrid*, 183).
       Man verläßt diese braven Galicier nicht ohne eine gewisse Wehmut.
    c. – *Le tenía usted cierto cariño.*
       – *Ríase si quiere. Un cierto cariño* (M. VÁZQUEZ MONTALBÁN, *Los mares del Sur*, 2).
       „Sie empfanden für ihn doch eine gewisse Zuneigung."
       „Lachen Sie nur. Ein gewisses Gefühl der Zuneigung."

---

[59] Siehe jedoch die Nr. 580.
[60] Zu streng scheint heutzutage der Kommentar María MOLINERS, demzufolge der Ausdruck *un cierto*, wie in *tiene un cierto parecido* („er hat eine gewisse Ähnlichkeit"), eine Redundanz darstelle und daher unkorrekt sei (DUE, II, 1420). Im gleichen Sinne: R. CARNICER, *Sobre el lenguaje de hoy*, 241, – allerdings mit der Anmerkung, daß der Gebrauch des unbestimmten Artikels entgegen den grammatikalischen Empfehlungen häufig bei sehr bekannten Autoren zu finden sei.
Eine gute Darstellung der Problematik gibt F. SERRALTA, *Sobre la legitimidad de la construcción 'un cierto'* („Über die Zulässigkeit der Konstruktion 'un cierto'", BRAE, Mai–August 1989, 203–210). Zu Beginn seiner Erörterung schreibt der Autor: „El empleo del artículo indefinido *un* antes del adjetivo *cierto* (...) es hoy tan frecuente que tal vez pueda extrañarse algún lector al ver plantear el problema de su legitimidad" [S. 203 – „Der Gebrauch des unbestimmten Artikels *un* vor dem Adjektiv *cierto* (...) ist heute so häufig, daß der eine oder andere Leser sich darüber wundern mag, daß seine Zulässigkeit in Frage gestellt wird"].

Anmerkungen

71. Man beachte Ausdrücke wie *centímetro y medio* („anderthalb Zentimeter"), *kilo y medio* („anderthalb Kilo"), *minuto y medio* („eineinhalb Minuten") usw., die ohne oder mit unbestimmtem Artikel stehen können, wobei ersteres wohl häufiger vorkommt[61].

    a. *He comprado kilo y medio de patatas.*
       Ich habe anderthalb Kilo Kartoffeln gekauft.
    b. *El proceso duró más de un año y medio* (VOX, XL).
       Der Prozeß dauerte über eineinhalb Jahre.

72. Der Gebrauch des unbestimmten Artikels kann die Bedeutung von *medio* leicht modifizieren. So gibt es einen Unterschied zwischen

    a. *Beber media botella de vino.*
       Eine halbe Flasche Wein trinken
       und
    b. *Pedir una media botella de vino.*
       Eine halbe Flasche Wein bestellen.

Der erste Satz bringt zum Ausdruck, daß eine Menge Wein getrunken wird, die der Hälfte einer Flasche entspricht. Im Vordergrund steht hier der Gedanke an die Bruchzahl: 1/2. Im zweiten Beispiel geht es um eine Einheit: nämlich um eine Flasche, deren Inhalt gerade halb so groß ist wie der einer normalen Flasche, wie folgende Abbildung zeigt:

73. *Medio* mit unbestimmtem Artikel kann auch ein „ungefähr" konnotieren[62], besonders wenn die Konstruktion / *medio* + Substantiv / von einem Adjektiv begleitet wird, das seiner Bedeutung nach eine präzise Angabe ausschließt (vgl. Beispiel b).

    a. – *¿Cuánto tarda el tranvía?*
       – *No sé; supongo que una media hora* (R. CHACEL, *Barrio de Maravillas*, 76).
       „Wie lange dauert es noch, bis die Straßenbahn kommt?"
       „Ich weiß nicht; etwa eine halbe Stunde, denke ich."
    b. *Podían pasar una buena media hora dándole de comer yerbas propias de su especie* (I. ALLENDE, *La casa de los espíritus*, 240).
       Sie konnten eine gute halbe Stunde damit zubringen, ihn mit Grünzeug zu füttern, das Tiere seiner Art mögen.
       ... *una buena media hora* bedeutet „mindestens eine halbe Stunde, wenn nicht noch mehr".

---

[61] Es wäre interessant festzustellen, ob der Gebrauch des Artikels möglicherweise eine analoge Bildung zu Ausdrücken wie *dos (tres ...) minutos y medio ...* ist bzw. ob die Konstruktion mit Artikel vielleicht für einige Sprecher eine *exakte* Mengenangabe impliziert.
[62] Vielleicht in Analogie zur entsprechenden Bedeutung des Plurals *unos (unas)*. Cf. Nr. 432.

74. Kein unbestimmter Artikel steht in der Konstruktion / *tan* + Adjektiv + Substantiv /. Diese emphatische Form gehört der (vielleicht sogar etwas archaisierenden) Schriftsprache an.

> *En tan difícil situación se acuerda de su compañero* (F. Franco Salgado-Araujo, *Mi vida junto a Franco*, 119).
> In solch einer schwierigen Lage erinnert er sich an seinen Gefährten.

75. Kein unbestimmter Artikel vor gewissen Substantiven

Zwar läßt sich hierüber keine allgemeingültige Regel aufstellen, es ist aber festzustellen, daß oft kein unbestimmter Artikel steht vor Substantiven wie *cantidad* („Menge"), *número* („Anzahl"), *parte* („Teil"), *porción* („Anteil") usw., die eine Menge bezeichnen, wobei ihnen ein Adjektiv vorangestellt sein kann oder auch nicht.

> a. *Parte del público se levantaba* (P. Baroja, *Las noches del Buen Retiro*, 14).
> Ein Teil des Publikums erhob sich.
> Man könnte auch (mit einem Adjektiv) sagen: *Buena parte del público se levantaba.*
> b. *Había caído gran cantidad de nieve.*
> Es war viel Schnee gefallen.
> c. *Sobre este modelo se escribieron sinfín de relatos* (J. Caro Baroja, *Género biográfico y conocimiento antropológico*, 34).
> Über dieses Modell ist unzählige Male berichtet worden.

Allerdings ist der Gebrauch des unbestimmten Artikels in diesen Fällen nicht ausgeschlossen:

> d. *Aún le quedaba por velar una buena parte de la noche* (J. Fernández Santos, *Los bravos*, 28).
> Er mußte noch einen Großteil der Nacht wach bleiben.

76. Kein unbestimmter Artikel nach gewissen Verben

Oft steht kein unbestimmter Artikel bei Prädikatsnomen und in Konstruktionen mit der Form *hay* („es gibt") oder dem Verb *tener* („haben"), wenn es um Dinge geht, die man gewöhnlich nur *einmal* besitzt bzw. benötigt.
Allerdings steht der unbestimmte Artikel meist vor einem Substantiv, das auf *tener* folgt, jedoch näher bestimmt ist (siehe aber Beispiel e).

> a. *La oración del cristiano nunca es monólogo* (J. M. Escrivá, *Camino*, Nr. 114).
> Das Gebet des Christen ist niemals ein Monolog.
> b. *Para ti hay cama – me advirtieron* (M. Delibes, *S. O. S.*, 102).
> „Für dich gibt es ein Bett", erklärten sie mir.
> c. *¿Tienes revólver?* (R. J. Sender, *Crónica del alba*, II, 404).
> Hast du einen Revolver?
> d. *Tener coche sería el sueño del pueblo español durante las décadas siguientes* (R. De La Cierva, *Historia del franquismo*, 84).
> Ein Auto zu haben, das würde in den kommenden Jahrzehnten der Traum des spanischen Volkes sein.

Der unbestimmte Artikel / El artículo indefinido 65

    e. *Tenía casa grande, esposa y cuatro hijos* (J. IBARGÜENGOITIA, *Los conspiradores*, 71).
    Er hatte eine großes Haus, eine Frau und vier Kinder.

Aber:

    f. *Tiene un coche carísimo* (N. CARTAGENA und H. M. GAUGER, *Vergleichende Grammatik Spanisch-Deutsch*, II, 338).
    Er hat ein sündhaft teures Auto.
    g. *Tiene un cochazo* [N. CARTAGENA und H. M. GAUGER, *o. c.*, II, 338 – mit der Bemerkung, daß das Suffix *-azo* hier adjektivische Bedeutung habe (*coch/azo = coche grande, coche impresionante*)].
    Er hat ein Wahnsinnsauto.

Man beachte den Unterschied zwischen Sätzen wie *¿Tienes suegro?* („Hast du einen Schwiegervater") und *¿Tienes una cuñada?* („Hast du eine Schwägerin?"). Er besteht darin, daß man normalerweise nur einen Schwiegervater hat, wohingegen mehrere Schwägerinnen möglich sind [63].

77. Hispanismus

Bisweilen fällt das *Substantiv* aus, und wir finden einen alleinstehenden unbestimmten Artikel. Dies ist mit den oben (in Nr. 36) angeführten Beispielen vergleichbar, wobei offensichtlich ein Wort wie *cantidad* („Menge") impliziert wird.

    a. *Arlequín contaba una de mentiras tremendas de lo que había visto en el mar* (P. BAROJA, *El laberinto de las sirenas*, 238).
    Arlequín erzählte jede Menge faustdicker Lügen darüber, was er auf dem Meer gesehen habe.

Im folgenden (recht außergewöhnlichen) Fall wird das betreffende Substantiv zuvor genannt, dann aber nicht *wiederholt* und *una* steht merkwürdig isoliert am Ende des Satzes:

    b. *Tantas veces me habían dicho que era una desgracia nacer mujer, que tuve alguna dificultad en comprender el esfuerzo de Melecio por convertirse en una* (I. ALLENDE, *Eva Luna*, 195)[64].
    Man hatte mir so oft gesagt, daß es ein Unglück sei, als Frau geboren zu werden, daß es mir nicht leicht fiel, Melecios Bemühungen zu verstehen, eine zu werden.

78. Gebrauch der Pluralform

Als mögliche Pluralform des unbestimmten Artikels (für die es im Deutschen kein Äquivalent gibt) steht *unos* (feminin: *unas*) hauptsächlich vor Substantiven, die immer im Plural stehen, wie *unas gafas* („eine Brille", vgl. französisch: *des lunettes*), *unas tijeras* („eine Schere", vgl. französisch: *des ciseaux*) usw., insbesondere wenn diese Wörter näher bestimmt werden [65].

---

[63] Beispiele und Kommentar von J. FELIXBERGER (*Untersuchungen zur Sprache des spanischen Sprichwortes*, 120).
[64] Je nach Sichtweise könnte man *una* hier auch als Indefinitpronomen auffassen.
[65] Siehe jedoch am Ende von Nr. 79, wo *unos* syntaktisch die Funktion eines unbestimmten Artikels hat. *Unos* (*unas*) kann auch noch eine andere Bedeutung haben (cf. Nr. 432).

a. *Se venden muchas tijeras; no quedan sino unas* [A. BELLO, *Gramática*, 420 (es handelt sich um eine Anmerkung von R. J. CUERVO)].
Die Scheren verkaufen sich gut; es ist nur noch eine übrig.
b. Vergleiche:
Mi tío lleva gafas („Mein Onkel trägt eine Brille") ~ *Tienes unas gafas elegantes* („Du hast eine elegante Brille").

Ein Satz wie „dieser Mann hat interessante Bücher" stellt daher für deutsche Muttersprachler kein Problem dar: *este hombre tiene libros interesantes* (im Gegensatz zum Französischen: *cet homme a DES livres intéressants*)[66]. Das schließt die Möglichkeit nicht aus, Sätze des Typs *este hombre tiene unos libros interesantes* zu finden, doch haben diese eine andere Bedeutung: „dieser Mann hat einige interessante Bücher".

79. Man kann *unos (unas)* auch vor Substantiven finden, die im Plural stehen, wobei häufig ein paarweises Vorhandensein impliziert ist. *Unos* hat dann häufig emphatische Funktion.

a. *Gloria tenía los labios gruesos y unos ojos grandes y claros* (C. MARTÍN GAITE, *Fragmentos de interior*, 70).
Gloria hatte breite Lippen und große, helle Augen.
b. *Un cuello que se deslizaba hacia unos senos oprimidos por esa camiseta blanca* (A. SKÁRMETA, *Ardiente paciencia*, 46).
Ein Hals, dessen Konturen sich in einem in der Enge dieses weißen T-Shirts eingezwängten Busen fortsetzten.
c. 1981 konnte man überall in Spanien ein von der *Banco español de ojos* („Spanische Augenbank") verbreitetes Plakat mit dem folgenden Text finden:
¿CUÁNTO PUEDEN VALER UNOS OJOS?
(Wieviel können zwei Augen wert sein?)
d. *¡Ha venido con unos pantalones!* (N. CARTAGENA und H. M. GAUGER, *Vergleichende Grammatik Spanisch-Deutsch*, II, 338 – mit der Bemerkung, es handele sich hier um „eine affektivisch steigernde Bedeutung").
Mögliche Übersetzung: Er hatte eine tolle Hose an.

Im folgenden Beispiel wird trotz der Pluralform auf eine einzige Person verwiesen:

e. *Los generales no veían la necesidad de acumular las funciones militares y civiles en unas solas manos* (R. GARRIGA, *Nicolás Franco, el hermano brujo*, 89).
Die Generale sahen keine Notwendigkeit, alle militärischen und zivilen Aufgaben in die Hände eines Mannes zu legen.

Eine emphatische Bedeutung liegt auch in Konstruktionen vor, in denen ein Adjektiv durch *un (una, unos, unas)* substantiviert wird. In Sätzen wie *eres un tonto* („du bist ein Dummkopf"), *son unos tontos* („sie sind Dummköpfe") bezeichnet *tonto* eher einen *Menschentyp* und wird dadurch stärker betont als in einer Konstruktion ohne den Artikel[67]. Interessant ist auch das folgende Beispiel, das zeigt, daß in verneinten Sätzen das Wort *ninguno* die für *uno* genannte Funktion übernimmt:

---

[66] Das Spanische kennt keinen partitiven Artikel. Französische Sätze wie *il boit DE la bière, il mange DU fromage* usw. werden im Spanischen durch *bebe cerveza* („er trinkt Bier"), *come queso* („er ißt Käse") usw. wiedergegeben. Siehe jedoch, was in Nr. 765 zur Präposition *de* gesagt wird.
[67] I. BOSQUE bemerkt dazu, daß der genannte emphatische Gebrauch des unbestimmten Artikels sich ausschließlich vor Adjektiven finde, die negative Eigenschaften von Personen bezeichnen, wie z. B. *incapaz* („unfähig"),

f. – *Eres un tonto* – *gritó don Cosme.* – *Tendrás que hacer dos viajes.*
– *No soy ningún tonto, jefe. Veré al poeta dos veces* (A. Skármeta, *Ardiente paciencia*, 36).
„Du bist ein Dummkopf", rief Don Cosme. „Du wirst zweimal reisen müssen."
„Ich bin kein Dummkopf, Chef. Ich werde den Dichter zweimal sehen."
Zu diesem Gebrauch von *ninguno* siehe auch Nr. 451.

---

indecente („unanständig"), *anormal* („unnormal"), *infeliz* („unglücklich"), *inconsciente* („leichtfertig"), *antipático* („unsympatisch") usw. (*Las categorías gramaticales*, 110). Siehe dazu auch A. Bello, *Gramática*, 244.

KAPITEL III

DAS SUBSTANTIV
EL SUBSTANTIVO

ABSCHNITT I

DAS GRAMMATISCHE GESCHLECHT
EL GÉNERO

80. Es wurde bereits darauf hingewiesen, daß es im Spanischen grundsätzlich nur männliche und weibliche Substantive gibt (siehe Nr. 13). Im Gegensatz zum Deutschen gibt es also keine Substantive sächlichen Geschlechts:

a.	das Kind	→	*el niño*	
	(sächlich)		(männlich)	
b.	das Haus	→	*la casa*	
	(sächlich)		(weiblich)	

Allerdings können bestimmte Formen durch den sächlichen Artikel *lo* substantiviert werden. Dies wurde oben in den Nrn. 53–55 behandelt.

81. Die meisten Grammatiken unterscheiden zwei Kriterien zur Bestimmung des Genus: Bedeutung und Endung[1].

§ 1. REGELN ZUR BESTIMMUNG DES GENUS

A. Substantive, die aufgrund ihrer Bedeutung männlich sind

82. Substantive, die Personen oder Tiere männlichen Geschlechts bzw. Berufe oder Titel bezeichnen, die typischerweise im Zusammenhang mit Männern benutzt werden

a.	*el hombre*	der Mann
b.	*el elefante*	der Elefant
c.	*el sastre*	der Schneider
d.	*el general*	der General
e.	*el rey*	der König[2]

---

[1] Vor allem das erste Kriterium erscheint oft zweifelhaft (siehe dazu u. a. *Esbozo*, S. 175 und Fußnote 1). Wir wollen hier jedoch daran festhalten, denn dies ermöglicht es uns, das recht umfassende Gebiet einigermaßen überschaubar darzustellen. Dabei sind die einschlägigen Angaben in der Grammatik der *Real Academia Española* berücksichtigt worden (*Gramática de la lengua española*, 13).

[2] Vgl. auch im weiteren die Hinweise zu Wörtern wie *granuja, mierda* ... (Nr. 97).

sowie in zusammengesetzten Substantiven:

    f. *Fulano es un mala leche* (E. BUSTOS GISBERT, *La composición nominal en español*, 125)
    (Herr) Soundso ist ein mieser Kerl.

Anmerkungen und Einwendungen sind in diesem Zusammenhang legitim. Es gibt schließlich auch Elefantenkühe, Schneiderinnen und weibliche Offiziere. Diesbezügliche Fragen werden teilweise in den Hinweisen zur Bildung der weiblichen Formen und des sogenannten *género epiceno* beantwortet (siehe die Nrn. 116–118).

83. Die Namen der meisten Meere, Flüsse und Berge

Teilweise ist dies damit zu erklären, daß der Sprecher an Wörter wie *(el) mar, (el) río, (el) monte* denkt [3].

    a. *el Sena*   die Seine
    b. *el Mosela*   die Mosel
    c. *el Ebro*   der Ebro
    d. *el Pirineo*   die Pyrenäen
       (oder: *los Pirineos*)
    e. *el Etna*   der Ätna
    f. *el Mediterráneo*   das Mittelmeer

Selbstverständlich ist eine Wortgruppe, deren Kern das weibliche Substantiv *sierra* („Bergkette", „Gebirgszug") bildet, als ganze ebenfalls weiblich.

    g. *la Sierra Nevada*
    die Sierra Nevada (Gebirgszug in Südspanien nahe der Stadt Granada)

84. Die Namen der Wochentage, der Monate und der Himmelsrichtungen

    a. *un martes del mes pasado*   ein Dienstag im vorigen Monat
    b. *un septiembre muy lluvioso*   ein sehr regnerischer September
    c. *el norte de España*   der Norden Spaniens

85. Die Namen der Farben und Musiknoten

    a. *el rojo*   das Rot
    b. *el do*   das C

86. Andere Wortarten, die substantiviert werden

    a. *ahora*   jetzt   →   *el ahora*   das Jetzt, das Heute
    b. *cinco*   fünf   →   *el cinco*   die Fünf (Zahlwort)

---

[3] Siehe dazu auch *Esbozo*, 174.

c.	*sí*	ja	→	*el sí*	das Ja(wort)
d.	*pero*	aber	→	*un pero*	ein Einwand, ein Aber
e.	*deber*	müssen	→	*el deber*	die Pflicht

f. Ein Werk von C. SÁNCHEZ-ALBORNOZ trägt den Titel: *Del ayer y del hoy de España* („Das Gestern und Heute Spaniens")[4].

87. Eine wichtige Ausnahme ist *la nada* („das Nichts"):

> *Pues, partiendo de la nada, había hecho millones* (D. FERNÁNDEZ FLÓREZ, *Nuevos lances y picardías de Lola, espejo oscuro*, 86).
> Obwohl er mit nichts begonnen hatte, hatte er Millionen verdient.

B. Substantive, die aufgrund ihrer Bedeutung weiblich sind

88. Substantive, die Personen oder Tiere weiblichen Geschlechts bzw. Berufe oder Titel bezeichnen, die typischerweise im Zusammenhang mit Frauen benutzt werden.

a.	*la mujer*	die Frau
b.	*la vaca*	die Kuh
c.	*la costurera*	die Näherin
d.	*la reina*	die Königin
e.	*la modelo*	das Modell (eine Frau, die Modell steht)

> → *Va usted a ser mi modelo preferida*
> (F. UMBRAL, *Los helechos arborescentes*, 174)
> Sie werden mein bevorzugtes Modell sein.

Eine (infolge seiner Bedeutung verständliche) Ausnahme ist das Wort *marimacho* [„Mannweib" (oder neuerdings auch: „Lesbierin")], das meist als Maskulinum gebraucht wird (vgl. DRAE, II, 878, und DUE, II, 352). Doch findet sich der Begriff auch als Femininum, vor allem in der zweiten genannten Bedeutung (siehe z. B.: M. VARGAS LLOSA, *La Chunga*, 40).

89. Die Buchstaben des Alphabets

> *la a, la be ...*   das A, das B ...

Man beachte jedoch, daß z. B. in Flugzeugen bei der Bezeichnung der Sitzplätze für die Passagiere die Formen *el a, el b, el c ...* benutzt werden (*el a = el sitio a*).

Anmerkungen

90. In manchen Grammatiken findet man noch andere allgemeine Angaben, denen zufolge bestimmte Substantive männlich oder weiblich sein sollen. Diese Hinweise können jedoch nicht immer überzeugen. Für C. F. A. VAN DAM beispielsweise sind die Bezeichnungen von Bäumen männlich. Die angeführten Ausnahmen erweisen sich jedoch als zahlreicher als die Beispiele, die diese Regel belegen sollen[5].

---

[4] Vgl. auch die weiter unten in Nr. 148 gegebenen Hinweise zur Substantivierung.
[5] C. F. A. VAN DAM, *Spaanse spraakkunst*, 219.

91. In anderen Fällen ist der Gebrauch zu uneinheitlich, als daß allgemeingültige Regeln abgeleitet werden könnten. Dies gilt für Städtenamen, die manchmal aufgrund ihrer Bedeutung als weiblich betrachtet werden, nach VAN DAM besonders dann, wenn sie auf -a enden [6].
Diese Schlußfolgerung wird allerdings durch einen Textauszug wie den folgenden, in dem Pisa zweimal männlich und zweimal weiblich ist, nicht eben gestützt (wobei man – in diesem Text – feststellen kann, daß die männlichen Adjektivformen vor, die weiblichen dagegen nach dem Eigennamen stehen):

   a. *Todo Pisa estaba en las calles.*
      Y no quedó un tejado en todo Pisa en donde no se viera un grupo de
      ciudadanos (E. JARDIEL PONCELA, *La tournée de Dios*, 535).
      Pisa entera se puso de rodillas (o. c., 539).
      Y Pisa quedó desierta ... (o. c., 541).
      Ganz Pisa war auf den Beinen. Es gab kein Dach in ganz Pisa, auf dem nicht eine Gruppe von Bürgern zu sehen war. Ganz Pisa kniete nieder. Und Pisa lag verlassen da.

Während eines Telefongesprächs am 25. Oktober 1984 sagte der bekannte peruanische Schriftsteller M. VARGAS LLOSA zu mir:

   b. *Nos veremos pues en la bella Amberes.*
      Wir sehen uns dann also im schönen Antwerpen.

[Dagegen findet sich in einem Gedicht von R. NAVAS RUIZ zweimal das Syntagma *viejo Amberes* („altes Antwerpen") – vgl. *Ínsula*, Nr. 469, Dezember 1985, 2.]

Andererseits werden auch auf -o endende Ortsnamen als Feminina gebraucht.

   c. *¡Es la Nueva Bizancio!* (S. LORÉN, *V. I. P.*, 110).
      Das ist das neue Byzanz!

92. Die Namen von Schiffen [auch wenn diese einen Frauennamen tragen, was zu offensichtlich paradoxen Kombinationen führen kann (wie in den Beispielen a und b)] sollen männlich sein[7]. Auch diese Regel gilt nicht uneingeschränkt, wie u. a. die folgenden bei P. BAROJA gefundenen Beispiele (d und f) zeigen, in denen sogar vor einem männlichen Substantiv [*zafiro* („Saphir")], das als Name eines Schiffes dient, ein weiblicher Artikel steht.

   a. *El „virgen de África"* (A. GROSSO, *Los invitados*, 133).
      Die Jungfrau von Afrika.
   b. *Nos encontrábamos felices en la cubierta del Paulina* (F. FRANCO SALGADO-ARAUJO,
      Mi vida junto a Franco, 26).
      Wir fühlten uns glücklich auf dem Deck der Paulina.
   c. *El „Nueva Felicidad"* (G. GARCÍA MÁRQUEZ, *El amor en los tiempos del cólera*, 471).
      Die „Neues Glück".

---

[6] C. F. A. VAN DAM, *o. c.*, 221. Vgl. jedoch auch den (teilweise) abweichenden Kommentar von S. FERNÁNDEZ (*Gramática española*, 153).
[7] C. F. A. VAN DAM, *o. c.*, 219.

d. *La „Zafiro"* (P. BAROJA, *La estrella del capitán Chimista*, 108 – allerdings handelt es sich hier um eine Abkürzung von *la fragata Zafiro*).
   Die „Saphir".
e. *Somos los náufragos del „Bella Elena"* (*La Codorniz*, 112).
   Wir sind die Schiffbrüchigen von der Schönen Helene.
f. *La „Hope"* (P. BAROJA, *Los pilotos de altura*, 65)[8].
   Die „Hope".

Ähnliches gilt beispielsweise in Fällen, im denen ein Theater einen Frauennamen trägt, wie in *el María Guerrero* (F. UMBRAL, *Mis queridos monstruos*, 35. Ebenso: *el Bellas Artes, op. et loc. cit.*).

C. Substantive, die aufgrund ihrer Endung männlich sind

93. Substantive, die auf „-o" enden

a.	*el libro*	das Buch
b.	*el armario*	der Schrank
c.	*el matrimonio*	die Ehe

Ausnahmen sind *la mano* („die Hand"), *la modelo* („das Model", „das Fotomodell") und Abkürzungen von Wörtern, die meist in der Langform die Endung -a haben, wie *la foto* [< *la fotografía* („das Foto")], *la moto* [< *la motocicleta* („das Motorrad")], *la polio* [< *la poliomielitis* („die Kinderlähmung")], *la radio* [< *la radiotelefonía* („der Rundfunk")][9] ...
Einige spanische *Mädchennamen* enden ebenfalls auf -o. Es handelt sich dabei um Begriffe mit eindeutig religiösem Bezug wie *Consuelo, Rosario, Patrocinio* ..., die ursprünglich Substantive bezeichnen (*consuelo* = „Trost", *rosario* = „Rosenkranz", *patrocinio* = „Beistand" ...).
Zum Wort *marimacho* vgl. oben, Nr. 88.

94. Zahlreiche Substantive, die auf „-e", „-i" oder „-u" enden

a.	*el pie*	der Fuß
b.	*el tomate*	die Tomate
c.	*el jabalí*	das Wildschwein
d.	*el espíritu*	der Geist

Ausnahmen sind häufig. Es empfiehlt sich daher, ein Wörterbuch zu konsultieren.

95. Andere Endungen

Nach Angaben der *Real Academia Española* sind Substantive, die auf *-j, -l, -n, -r, -s, -t, -x* enden, ebenfalls Maskulina.
Aufgrund der zahlreichen Ausnahmen kann diese Regel kaum als allgemeingültig gelten. Auch hier sollte man ein Wörterbuch zu Rate ziehen.

---

[8] Vielleicht läßt sich der Gebrauch des weiblichen Artikels ähnlich erklären wie im Falle des Wortes *mar* [„Meer", „(die) See"] (siehe Nr. 103).
[9] Siehe jedoch weiter unten in Nr. 101 den Hinweis zu *radio*.

D. Substantive, die aufgrund ihrer Endung weiblich sind

96. Substantive, die auf „-a" enden

    a. *la cabeza*   der Kopf
    b. *la casa*   das Haus
    c. *la maleta*   der Koffer

Es gibt eine Reihe von Ausnahmen, u. a. häufige Wörter wie

    d. *el clima*   das Klima
    e. *el día*   der Tag
    f. *el enigma*   das Rätsel
    g. *el mapa*   die Landkarte
    h. *el problema*   das Problem
    i. *el programa*   das Programm
    j. *el tranvía*   die Straßenbahn
    k. *el planeta rojo*   der rote Planet (Mars)
    l. *los antípodas*   die Antipoden[10]

Diadema („Diadem", „Stirnreif") ist jedoch (zumindest im heutigen Spanisch) weiblich (→ *la diadema*). Man beachte, daß *el eccema* („das Ekzem"), *el fantasma* („das Gespenst") und *el reuma* [bisweilen auch *el reúma* („das Rheuma")] in der Volkssprache manchmal als Feminina gebraucht werden.

97. Maskulina sind selbstverständlich auch die Substantive, die zwar auf *-a* enden, aber männliche Personen bezeichnen, wie

    a. *el cura*   der Pfarrer
    b. *el dentista*   der Zahnarzt
    c. *el poeta*   der Dichter
    d. *el recluta*   der Rekrut
    e. *¿Iba yo a dejarte hacer de él un marica?* (R. CHACEL, *Barrio de maravillas*, 98).
       Sollte ich zulassen, daß du aus ihm einen Schwulen machst?

Man beachte jedoch, daß es – einer gewissen Logik folgend – nicht gänzlich ausgeschlossen ist, das Wort mit dem „kongruierenden" femininen Artikel zu finden:

    f. *Tú, David, eres la marica más puta que conozco* (C. J. Cela, *Cristo versus Arizona*, 209).
       David, du bist der widerlichste Schwule, den ich kenne.
    g. *El fiscal pide una pena de 45 años para el brigada acusado de violación* (*El Mundo*, 8. 3. 1990, 1).
       Der Staatsanwalt fordert 45 Jahre Gefängnis für den Feldwebel, der der Vergewaltigung angeklagt ist.

---

[10] Eine umfangreichere Liste nebst Kommentar findet sich im *Esbozo*, 178. Man beachte, daß viele dieser Wörter griechisch-lateinischen Ursprungs sind.

Auch Wörter wie die folgenden (alle mit pejorativer Bedeutung) können ungeachtet ihrer Endung als Maskulina gebraucht werden: *bestia* [„Bestie" (fig.); „Dummkopf"], *canalla*, *granuja* („Schuft", „Halunke"), *mierda* („Mistkerl"[11]), *sinvergüenza* („unverschämter Kerl")[12]. Im selben Zusammenhang kann auch eine Reihe von (relativ) jungen Wörtern angeführt werden, bei denen es sich eigentlich um Kurzformen längerer Wörter handelt, z. B. *sudaca* [< *sudamericano* („Südamerikaner"), *proleta* [< *proletario* („Prolet")], *forasta* [< *forastero* („Ausländer")] usw.

h. *Además, ella y su hijo son unos mierdas*
(R. H. MORENO-DURÁN, *El toque de Diana*, 109).
Außerdem sind sie und ihr Sohn richtige Miststücke.

Dazu kommen Wörter (oder Komposita), die im übertragenen Sinne gebraucht werden, wie *el cámara* („der Kameramann"), *el piel roja* („die Rothaut"), *el camisa vieja* (Bezeichnung für die Mitglieder der ehemaligen spanischen Staatspartei, der *Falange española*), *los Panteras Negras* (die „Schwarzen Panther", Gruppe militanter Farbiger in den USA) ...

98. Weibliche Substantive auf *-a* werden als Maskulina gebraucht, wenn sie eine Farbe oder einen Wein bezeichnen.

a. [*(la) rosa* – die Rose] → *El rosa es su color preferido.*
Rosa ist seine Lieblingsfarbe.
El rosa no me gusta en este cuadro.
Das Rosa gefällt mir nicht in diesem Bild.

b. [*(la) Rioja*[13]] → *Hemos comprado un rioja muy bueno.*
Wir haben einen sehr guten Rioja(wein) gekauft.

c. [*(la) Borgoña* – Burgund] → *El borgoña de 1989 es excelente.*
Der 89er Burgunder(wein) ist ausgezeichnet.

d. [*(la) Champaña* – die Champagne] → *Y el champaña es hermoso*
(M. MIHURA, *Tres sombreros de copa*, 128).
Und der Champagner ist hervorragend[14].

99. Substantive, die auf „-d", „-z", „-ción", „-sión" und „-zón" enden

a. *la bondad*   die Güte
b. *la paz*   der Frieden
c. *la nación*   die Nation
d. *la profesión*   der Beruf
e. *la razón*   der Grund, die Vernunft

Ausnahmen:

f. *el césped*   der Rasen
g. *el pez*   der Fisch
h. *el corazón*   das Herz

---

11 Dagegen bedeutet *la mierda* „Kot", „Scheiße".
12 Siehe auch *Esbozo*, 175, Fußnote 14, mit weiteren Beispielen.
13 *La Rioja*, eine der siebzehn autonomen Regionen in Spanien (Hauptstadt Logroño), ist ein bedeutendes Weinbaugebiet.
14 Als Variante von *el champaña* findet sich auch *el champán* (cf. DRAE, I, 423).

Anmerkungen:

100. Bestimmte Substantive sind mal männlich, mal weiblich. Dabei sind jedoch Substantive, bei denen sich die Bedeutung nicht ändert, von denen zu unterscheiden, die je nach grammatischem Geschlecht eine unterschiedliche Bedeutung haben.

101. Erste Möglichkeit: zwei Genera → eine Bedeutung

Man bezeichnet dies als *género ambiguo*[15]. Dazu gehören Wörter wie

a.	*(el) análisis*	die Analyse
	(la) análisis	
b.	*(el) azúcar*	der Zucker
	(la) azúcar	
c.	*(el) calor*	die Wärme
	(la) calor	
d.	*(el) centinela*	der Wachposten
	(la) centinela	
e.	*(el) color*	die Farbe
	(la) color	
f.	*(el) dote*	die Mitgift
	(la) dote	
g.	*(el) énfasis*	die Eindringlichkeit, der Nachdruck
	(la) énfasis	
h.	*(el) puente*	die Brücke
	(la) puente	
i.	*(el) tilde*	die Tilde (Zeichen, das über den Buchstaben n gesetzt werden kann → ñ)
	(la) tilde	
j.	*(el) visa*	das Visum [man beachte, daß in Spanien normalerweise das Wort *(el) visado* verwendet wird]
	(la) visa	

In der Regel ist im heutigen Spanisch jedoch eine klare Präferenz für ein bestimmtes Genus (meistens das Maskulinum) festzustellen[16]. Häufig ist die Verwendung dieser Wörter als Maskulina oder Feminina durch das Sprachniveau bedingt[17].
Allerdings wird das Wort *tilde* im *Esbozo* durchgängig als Femininum gebraucht: *la tilde*[18]. Auch *dote* findet man heute meist mit weiblichem Artikel: *la dote*[19].

---

[15] *Ambiguo* heißt wörtlich: „zweideutig", „doppelsinnig".
[16] Vgl. dazu R. Seco, *Manual de gramática española*, 19–20, und S. Fernández, *Gramática española*, 163. Bemerkenswert ist in diesem Zusammenhang auch, daß z. B. das Wort *análisis* in der bisher letzten Ausgabe des DRAE (von 1984) nur als Maskulinum angeführt wird, während es in der Ausgabe davor (von 1970) noch als „ambiguo" verzeichnet wurde.
[17] So gelten *la calor* und *la color* als typisch für die Volkssprache und bisweilen auch – in bestimmten Regionen – als typisch für die Sprache der ländlichen Bevölkerung (ohne weitere Erläuterung im *Esbozo*, 179). So ist z. B. festzustellen, daß im 1983 von C. J. Cela veröffentlichten Buch *Mazurca para dos muertos* (in dem die Volkssprache von Galizien wiedergegeben wird) *calor* und *color* durchgängig als Feminina gebraucht werden (S. 13, 65, 67, 208 ...).
[18] Siehe z. B. auf den Seiten 81, 83 Fußnote 46, 100 Fußnote 38, 134 Fußnote 34, 140 Fußnote 43. Im selben Sinne: *Ortografía de la lengua española* der *Real Academia Española*, 47, 49 und passim.
[19] Cf. M. Seco, *Diccionario de dudas*, 156.

Man beachte, daß einige in Spanien als Feminina gebrauchte Substantive in Lateinamerika männlich sind: *el llamado* („der Aufruf"), *el radio* („der Rundfunk"), *el sartén* („die Pfanne")[20], *el vuelto* („das Wechselgeld")[21] ... In Spanien: *la llamada, la radio, la sartén, la vuelta* ... Umgekehrt findet man das Wort *pijama* („Schlafanzug"; in Spanien immer männlich) in Lateinamerika (vor allem in Kolumbien) manchmal als Femininum (überdies mit abweichender Orthographie: → *piyama*):

    k. *La piyama debajo de la almohada*
       (G. GARCÍA MÁRQUEZ, *El amor en los tiempos del cólera*, 83).
       Der Schlafanzug unter dem Kissen.

102. Sonderfälle sind die Wörter *arte* („Kunst") und *mar* [„Meer", „(die) See"]. Im Singular kann *arte* sowohl männlich als auch weiblich sein (wobei ersteres häufiger ist), aber im Plural wird das Wort praktisch **ausschließlich** mit weiblichen Artikeln und Adjektiven gebraucht[22].

    a. *el arte romántico*   die romantische Kunst
    b. *el arte poética*[23]   die Dichtkunst
    c. *las bellas artes*   die schönen Künste
    d. *Las artes de los llamados primitivos no son las más antiguas*
       (O. PAZ, *Corriente alterna*, 25).
       Die künstlerischen Ausdrucksformen der sogenannten Primitiven sind
       nicht die ältesten.

103. Bei dem Wort *mar* ist die Frage nach dem Genus nicht so einfach zu beantworten. Für C. F. A. VAN DAM ist das Wort in der konkreten Bedeutung von *Meer* ein Maskulinum. Menschen, die am Meer wohnen, würden es dagegen vorwiegend als Femininum gebrauchen[24]. Dem ist noch eine wichtige Kategorie von Personen hinzuzufügen: die Seeleute.
Diese Ansicht stimmt weitgehend mit den tatsächlichen Gegebenheiten überein: das weiter unten in Nr. 104 unter Buchstabe a angeführte Beispiel bekräftigt dies. Eine Erklärung für den unterschiedlichen Gebrauch könnte darin zu suchen sein, daß Menschen, die an der Küste wohnen und/oder einen großen Teil ihres Lebens auf einem Schiff verbringen, das Meer als weibliches Wesen betrachten (Mutterfigur, Braut ...[25]). Folgerichtig wird *mar* beispielsweise in dem Buch *Gran sol*, in dem I. ALDECOA das Leben von Fischern beschreibt, fast ausschließlich als Femininum gebraucht (Ausnahmen finden sich auf den Seiten 84 und 187). In diesem Zusammenhang ist auch der Titel eines kürzlich erschienenen Buches interessant: *La mar es mala mujer* (von Raúl GUERRA GARRIDO – angekündigt in der Zeitschrift *Ínsula*, Nr. 538, Oktober 1991, 32).

104. Vielleicht wird die Regel von VAN DAM aber doch etwas zu absolut gesehen. Bei vielen Schriftstellern der Gegenwart findet man sowohl *el* als auch *la mar* (letzteres auch in der „konkreten Bedeutung" von *Meer*[26]). Manchmal findet man auch beide Formen im selben Kontext.

---

[20] Cf. G. HAENSCH u. a., *La lexicografía*, 410.
[21] Cf. C. KANY, *Sintaxis hispanoamericana*, 25 – mit weiteren Beispielen.
[22] Siehe jedoch ein davon abweichendes Beispiel in M. SECO, *Diccionario de dudas*, 51.
[23] Zur Erklärung des männlichen Artikels siehe oben Nr. 15–16.
[24] *Spaanse spraakkunst*, 223–224.
[25] *Todos suponemos al mar mujer* („Wir betrachten das Meer alle als Frau"), schreibt P. BAROJA in einem dem Leben eines Seemanns gewidmeten Roman (*Las inquietudes de Shanti Andía*, 13).
[26] Dies trifft u. a. zu für C. J. CELA, M. DELIBES, J. IZCARAY, E. QUIROGA, R. J. SENDER, J. A. DE ZUNZUNEGUI usw.

a. *Admiré en el señor Guillén su fidelidad al mar – o a la mar como él prefería y solemos decir quienes en ella hemos vivido* (M. Delibes, *S. O. S.*, 14 – Guillén war Admiral bei der spanischen Marine).
Ich bewunderte Herrn Guilléns Haltung zum Meer, seine Treue zu ihm, oder zu ihr, wie er lieber sagte, so wie wir, die wir ein Leben lang mit der See zu tun gehabt haben, dies gewöhnlich tun.
b. *Guipúzcoa en la mar* und *La influencia del mar en la Historia de España* lauten die Titel zweier Bücher desselben Autors (eines Admirals!) – angeführt von C. J. Cela: *La obra literaria del pintor Solana*, 85.
c. Interessant sind in diesem Zusammenhang auch Texte, in denen die Verfasser bewußt mit den beiden Genera spielen, z. B. ein Artikel von G. Torrente Ballester [*El mar, la mar, o mare* (= Galicisch und Portugiesisch) in *ABC, Sábado cultural*, 16. 2. 1985, S. III] und ein bekanntes Gedicht von R. Alberti (in der Sammlung *Marinero en tierra*), das folgendermaßen beginnt: *El mar. La mar // El mar. ¡Sólo la mar!* Vermutlich ist der Gebrauch der männlichen oder weiblichen Form in der jeweiligen Sichtweise begründet: das Meer von Madrid oder von El Puerto de Santa María aus „gesehen" …
All diese Beispiele bestätigen den Kommentar von N. Cartagena und H. M. Gauger: „*La mar* ist affektiver als *el mar*. In E. Hemingways *The old man and the sea*, das ja in spanisch-sprachigem Milieu spielt, wird ausdrücklich darauf hingewiesen, daß der Alte *la mar* sagt". (*Vergleichende Grammatik Spanisch-Deutsch*, II, 345).

105. In Komposita und Ausdrücken wie den folgenden ist *mar* fast immer weiblich:

a. *la bajamar*   die Ebbe
b. *la pleamar*   die Flut
   (oder: *la plenamar*)
c. *en alta mar*   auf hoher See
d. *las mares gruesas*   der starke Seegang
e. *hacerse a la mar*   in See stechen
f. *mar llana, mar picada* ruhige See, stürmische See

Bemerkenswert ist auch, daß *mar* im Wetterbericht von TVE immer als Femininum gebraucht wird:

g. *En la mar soplarán vientos flojos.*
   Auf See schwachwindig.

106. Auch in dem adverbiellen Ausdruck (mit superlativischer Bedeutung) *la mar* – „sehr", „überaus", ist *mar* stets weiblich.

a. *los pies me duelen la mar*
   meine Füße tun mir sehr weh
b. *divertirse la mar*
   sich köstlich amüsieren
c. *nuestro vecino sabe la mar de cosas*
   unser Nachbar weiß jede Menge

Eine emphatische Variante dieses Ausdrucks findet sich in

    d. *Otros son la mar y concha de ignorantes* [M. A. CARRERA, *Costumbres de Guatemala*, 183 (CARRERA ist ein guatemaltekischer Autor)].
       Andere sind komplette Ignoranten. (*concha* = „Muschel")

Ein Wortspiel mit *mar* finden wir im folgenden Werbeslogan, den ich am 6. 11. 1991 auf dem Flughafen von Sevilla las:

    e. *CÁDIZ*
       la mar de cerca

Die Bedeutung ist gleichzeitig „Cadiz – ganz nah" und „Cadiz – das Meer aus nächster Nähe".

107. Trotz alledem sollte man nicht vergessen, daß *mar* gewöhnlich ein männliches Substantiv ist: *el mar mediterráneo* („das Mittelmeer"), *se cayó al mar* („er fiel ins Meer")[27]. Im Plural ist *mar* fast ausschließlich Maskulinum → *los mares*[28].

108. Zweite Möglichkeit: verschiedene Genera → verschiedene Bedeutungen

Eine zum Teil sehr unterschiedliche Bedeutung haben folgende Wörter, je nachdem, ob sie als Maskulinum oder als Femininum gebraucht werden:

a.		*el capital*	das Kapital
		la capital	die Hauptstadt
b.		*el cura*	der Pfarrer
		la cura	die Kur, die Heilung
c.		*el coma*	das Koma
		la coma	das Komma
d.		*el corte*	die Schärfe eines Messers, der Schnitt
		la corte	der Hof(staat)
e.		*el editorial*	der Leitartikel in der Zeitung
		la editorial	der Verlag
f.		*el frente*	die Front
		la frente	die Stirn
g.		*el orden*	die Ordnung, die Reihenfolge (*el orden del día* = die Tagesordnung)
		la orden	der Befehl, der Auftrag, der Orden [29]
h.		*el parte*	der Bericht
		la parte	der Teil
i.		*el policía*	der Polizist
		la policía	die Polizei (oder die Polizistin)
j.		*el rosa*	das Rosa
		la rosa	die Rose [30]

---

[27] M. SECO, *Diccionario de dudas*, 253.
[28] S. FERNÁNDEZ, *Gramática española*, 159. Siehe jedoch ein abweichendes Beispiel mit Kommentar auf Seite 160.
[29] Gemeint ist der Klosterorden, z. B. *la orden de los jesuitas* („der Jesuitenorden").
[30] Beim Erlernen spanischer Wörter kann die Kenntnis des Französischen sehr nützlich sein. Dabei ist jedoch auf solche Wörter zu achten, die sich ähnlich sind, aber in beiden Sprachen ein unterschiedliches grammatisches Geschlecht haben. Zum Beispiel: *el diente* („der Zahn") ~ *la dent, la sidra* („der Apfelwein") ~ *le cidre, el fin*

Siehe auch *el Génesis* und *la génesis*. Beim Maskulinum (mit großem Anfangsbuchstaben) handelt es sich um den Namen des ersten Buches Moses („Genesis"). Als Femininum bedeutet das Wort „Werden", „Entstehen", „Ursprung".

109. In Wörtern wie den folgenden bezeichnen die männlichen Formen jeweils einen Baum, die weiblichen dagegen seine Frucht:

a.	*el cerezo* ~ *la cereza*	→	der Kirschbaum	~ die Kirsche
b.	*el ciruelo* ~ *la ciruela*	→	der Pflaumenbaum	~ die Pflaume
c.	*el manzano* ~ *la manzana*	→	der Apfelbaum	~ der Apfel
d.	*el naranjo* ~ *la naranja*	→	der Apfelsinenbaum	~ die Apfelsine

[Man beachte, daß in der Volkssprache manchmal Mittel für eine stärkere Differenzierung verwandt werden, z. B. in *manzanero, naranjero* ... (anstelle von *manzano, naranjo* ...).]

110. In anderen Fällen gibt es keinen grundsätzlichen Bedeutungsunterschied, aber man kann feststellen, daß die weibliche Form den größeren oder umfassenderen Begriff bezeichnet.

a.	*la banca* ~ *el banco*	→	das Bankwesen	~ die Bank
b.	*la bolsa* ~ *el bolso*	→	die (Reise-)Tasche, die Einkaufstasche ~ der (Geld-)Beutel, die Handtasche	
c.	*la cuba* ~ *el cubo*	→	die Tonne	~ der Eimer
d.	*la huerta* ~ *el huerto*	→	der Gemüsegarten[31]	

Man beachte jedoch, daß die semantische Verteilung in einigen (wenigen) Fällen gerade umgekehrt ist, so z. B. bei *barco* („Schiff", „Boot") / *barca* („Barke", „Boot", „Kahn") und *huevo* [„(Vogel-)Ei"] / *hueva* („Fischei", „Insektenei"), wo die weibliche Form den kleineren Gegenstand bezeichnet. Ebenso ist der Definition des DRAE zufolge ein *cesto* („Korb") als größer zu betrachten als eine *cesta* (DRAE, I, 311).

§ 2. BILDUNG DES FEMININUMS

111. In einigen, nicht sehr häufigen Fällen wird das Femininum mit einem Wort bezeichnet, das sich gänzlich vom Maskulinum unterscheidet.

a.	*el hombre*	~ der Mann	→	*la mujer*	~ die Frau
b.	*el yerno*	~ der Schwiegersohn	→	*la nuera*	~ die Schwiegertochter
c.	*el toro*	~ der Stier	→	*la vaca*	~ die Kuh
d.	*el padre*	~ der Vater	→	*la madre*	~ die Mutter

[Hier sei angemerkt, daß in Lateinamerika in der Regel *mamá* für „Mutter" benutzt wird. Das Wort *madre* ist tabuisiert und hat eine negative Konnotation, was auch in Ausdrücken wie *mentarle a uno la madre* (wörtlich: „jemandem gegenüber die Mutter erwähnen") und – indirekt – *hijo de puta* („Hurensohn") deutlich wird. In Spanien würde es die Leute hingegen amüsieren, wenn ein Erwachse-

---

(„das Ende", „das Ziel") ~ *la fin, el labio* („die Lippe") ~ *la lèvre, la leche* („die Milch") ~ *le lait, el límite* („die Grenze") ~ *la limite, el método* („die Methode") ~ *la méthode, la nariz* („die Nase") ~ *le nez, la sal* („das Salz") ~ *le sel, la sangre* („das Blut") ~ *le sang, el valor* („der Wert") ~ *la valeur* usw.

31 Nach dem im DRAE gegebenen Definitionen ist die *huerta* größer als der *huerto* (DRAE, II, 749).

ner von seiner *mamá* spräche, oder gar den Verdacht erwecken, der Betreffende könnte homosexuell sein.]

112. Meist wird das Femininum aber durch eine Veränderung der Endung gebildet. Allgemein kann man sagen, daß das *-a* auf ein weibliches Substantiv hinweist. Dieses *-a* tritt an die Stelle eines anderen Vokals oder wird an das männliche Substantiv angefügt.

113. So wird das *-o* oder *-e* am Ende eines männlichen Substantivs meist zur Endung *-a*.

    a. *el muchacho* ~ der Junge → *la muchacha* ~ das Mädchen
    b. *el viudo* ~ der Witwer → *la viuda* ~ die Witwe
    c. *el presidente* ~ der Vorsitzende → *la presidenta* ~ die Vorsitzende
    d. *Yo soy la jefa* ~ *respondió la peluquera* (I. ALDECOA, *El fulgor y la sangre*, 203).
       „Ich bin die Chefin", antwortete die Friseuse.
    e. *He traído a una clienta* (F. UMBRAL, *Travesía de Madrid*, 216).
       Ich habe eine Kundin mitgebracht [32].

114. An Substantive, die auf einen Konsonanten auslauten, wird ein *-a* angefügt.

    a. *el español* ~ der Spanier → *la española* ~ die Spanierin
    b. *el alemán* ~ der Deutsche → *la alemana* ~ die Deutsche
    c. *el lector* ~ der Leser → *la lectora* ~ die Leserin
    d. *el burgués* ~ der Bürger → *la burguesa* ~ die Bürgerin

Man beachte, daß in den Beispielen b und d der Akzent im Femininum entfällt. Die Erklärung dafür ist, daß die Betonung bei der Bildung der weiblichen Form (ebenso wie übrigens bei der Pluralbildung) in der Regel auf derselben Silbe verbleibt [33].

115. Bei einer begrenzten Anzahl von Wörtern gelten die in Nr. 113 und 114 angeführten Regeln nicht, und die Endung der weiblichen Form unterscheidet sich mehr oder weniger stark von ihrem männlichen Gegenstück.

    a. *el actor* ~ der Schauspieler → *la actriz* ~ die Schauspielerin [34]
    b. *el alcalde* ~ der Bürgermeister → *la alcaldesa* ~ die Bürgermeisterin
       (oder: die Frau des Bürgermeisters) [35]
    c. *el conde* ~ der Graf → *la condesa* ~ die Gräfin
    d. *el gallo* ~ der Hahn → *la gallina* ~ das Huhn, die Henne
    e. *el héroe* ~ der Held → *la heroína* ~ die Heldin
    f. *el rey* ~ der König → *la reina* ~ die Königin
    g. *el poeta* ~ der Dichter → *la poetisa* ~ die Dichterin

---

[32] Das Wort *amante* ist allerdings sowohl die männliche als auch die weibliche Form: *el (la) amante* („der Liebhaber", „die Liebhaberin"). Im Standardspanischen ist auch *estudiante* im Genus unveränderlich. In der familiären Umgangssprache ist die weibliche Form *(la) estudianta* jedoch nicht ungebräuchlich. Zum Beispiel: *Las estudiantas francesas* („Die französischen Studentinnen") – J. GOYTISOLO, *Coto vedado*, 165. Siehe auch: M. SECO, *Diccionario de dudas*, 190.
[33] Vgl. dazu Nr. 8 b.
[34] Es gibt zwar auch die Form *actora*, sie hat jedoch eine andere Bedeutung. Das Wort gehört der Rechtssprache an und ist mit „Klägerin" zu übersetzen.
[35] Siehe auch weiter unten, Nr. 120.

[Man beachte, daß gegenwärtig (besonders bei Frauen) eine gewisse Abneigung gegen den Gebrauch der Form *poetisa* besteht, die daher häufig durch *poeta* ersetzt wird (vgl. M. SECO, *Diccionario de dudas*, 292).]

116. Bisweilen wird das grammatische Geschlecht eines Substantivs nur durch den jeweiligen Artikel deutlich. Eine Reihe von Substantiven hat nämlich nur eine Form für beide Geschlechter. Diese Anmerkung gilt auch für substantivierte Adjektive (siehe Beispiel f). Man bezeichnet diese Erscheinung als *género común*.

a.	*el artista, la artista*	der Künstler, die Künstlerin
b.	*el guía, la guía*	der (Fremden)Führer, die Führerin
c.	*el joven, la joven*	der junge Mann, die junge Frau
d.	*el mártir, la mártir*	der Märtyrer, die Märtyrerin
e.	*el pianista, la pianista*	der Klavierspieler, die Klavierspielerin
f.	*el testigo, la testigo*	der Zeuge, die Zeugin
g.	*el imbécil, la imbécil*	der Dummkopf (Mann und Frau)

Hierzu gehören auch Wörter wie *abogado* („Anwalt"), *catedrático* („Universitätsprofessor"), *crítico* („Kritiker"), *médico* („Arzt"), *ministro* („Minister") ... Es handelt sich dabei um die Bezeichnung von Berufen, zu denen Frauen lange Zeit keinen Zugang hatten. Beziehen sich diese Wörter auf Frauen, so kann ein eventuell dabeistehendes Adjektiv sowohl in der männlichen als auch in der weiblichen Form erscheinen.

h. *Tú serás mi mejor crítico* (C. RIERA, *Cuestión de amor propio*, 68 – gemeint ist eine Frau).
Du wirst meine beste Kritikerin sein.
i. *Entrevista con la ministro francesa, que llega hoy a Madrid* (*Diario 16*, 11.2.1978, 1).
Interview mit der französischen Ministerin, die heute nach Madrid kommt.
j. *Hoy llega a Madrid la ministro francés de Sanidad* (*Diario 16*, 11.2.1978, 15).
Heute kommt die französische Gesundheitsministerin nach Madrid[36].

J. ALCINA FRANCH und J. M. BLECUA weisen darauf hin, daß Neubildungen wie *la abogada, la médica* ... allmählich Eingang in die spanische Sprache finden, da immer mehr Frauen diese Berufe ausüben (*Gramática española*, 520–521).

---

[36] Formen wie *la ministro francesa* und *la ministro francés* klingen – infolge der Inkongruenz zwischen Adjektiv und Substantiv – etwas eigenartig oder sogar richtiggehend falsch. M. SECO bezeichnet solche Zusammenstellungen als *absurd* und spricht sich in diesen Fällen für den Gebrauch der weiblichen Form des Substantivs aus → *la catedrática*, usw. – *Diccionario de dudas*, 5. Auflage, 77). Im folgenden Beispiel finden sich – in bezug auf dieselbe Person – drei weibliche und eine männliche Form. Eine solche Konstruktion zeigt, daß der *systematische* Gebrauch der weiblichen Formen im heutigen Spanisch noch nicht als allgemeine Regel gelten kann: *A Unga la ensimismaba su decisión de llegar a ser simultáneamente una pintora famosa, una novelista famosa, una actriz famosa y un arquitecto famoso* (J. GARCÍA HORTELANO, *Cuentos completos*, 434 – der Text stammt von 1978 – „Unga zog sich ganz auf sich selbst zurück, nachdem sie beschlossen hatte, gleichzeitig eine berühmte Malerin, eine berühmte Schriftstellerin, eine berühmte Schauspielerin und eine berühmte Architektin zu werden").
Ebenso: *Unas nacen para ser médicos y ejercen, otras para abogadas, muchas para modelos* (C. TELLADO, *Necesito aprovechar la vida*, 80).
Einige sind dazu geboren, Ärztinnen zu werden und sie praktizieren, andere werden Rechtsanwältinnen, viele arbeiten als Models.

k. *La primera ministra, Margaret Thatcher* (*El País*, 5.8.1982, 40)
Premierministerin Margaret Thatcher.
l. *La señora Cardosa, catedrática de latín* (R. MONTERO, *Crónica del desamor*, 155).
Frau Cardosa, Professorin für Latein.
m. In *El País* finden sich auch bereits die Formen *diputada* [(12.8.1981, 36) < *diputado* („Abgeordneter")] und *secretaria de Estado* [(7.12.1982, 1) < *secretario de Estado* („Staatssekretär")].
Jedoch wären die unveränderten männlichen Formen, wie bereits gesagt, durchaus auch möglich[37].

Diese für manchen etwas verwirrende Situation wird in der folgenden Witzzeichnung (mit der humoristischen Wortbildung *congresa*) thematisiert:

n.

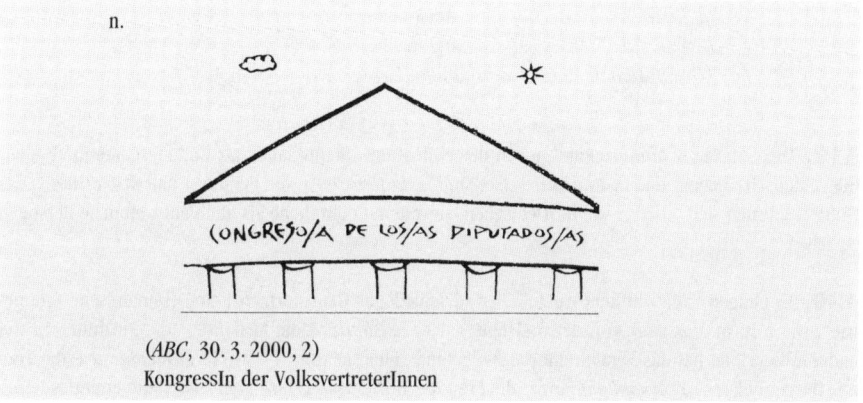

(*ABC*, 30.3.2000, 2)
KongressIn der VolksvertreterInnen

117. In den spanischsprachigen Ländern Lateinamerikas ist die deutliche Tendenz zu erkennen, das grammatische Geschlecht eindeutig zu bezeichnen. Vor allem in der Volkssprache sind die Formen auf -*a* viel häufiger als in Spanien, und man findet regelmäßig Wörter wie *una criminala* [für *una criminal* („eine Verbrecherin")], *una individua* und *una tipa* [als weibliche Variante von *un individuo* („ein Individuum") und *un tipo* („ein Typ")] ...[38].

---

[37] Der *Esbozo* verzeichnet Wörter wie *abogada, ministra* ... implizit als eingebürgerte Formen, indem er sie zusammen mit Begriffen anführt, die bereits seit langem üblich sind, wie *licenciada, secretaria, tabernera* [„(Gast)Wirtin"] ... (S. 176). Dem können noch die Wörter *médica* und *académica* („Mitglied der Akademie") hinzugefügt werden. Siehe z. B.: *la médica Carmen Guirado* (*El País*, 9.2.1978, 48 – interessant ist in diesem Zusammenhang eine Aussage von V. GARCÍA DE LA CONCHA, jetzt Direktor der *Real Academia Española*, der mich darauf hinwies, daß auch Frauen das Wort *doctora* dem Wort *médica* vorzögen), *Carmen Conde* ... *académica* (*El País*, 9.2.1978, 48), *la primera académica de la lengua* (*Ya*, 9.2.1978, 36) usw. Eine Reihe interessanter Angaben machen zu diesem Thema K.J. HAMPARES, *Sexism in Spanish lexicography?* (in *Hispania*, 59, 1976, S. 100–109) und B. VARELA, *Cuerpo de tentación, pero cara de arrepentimiento* (in *Diálogos*, El Colegio de México, Nr. 109, 1983, S. 23–28). Das Femininum von *torero* („Stierkämpfer") lautet *torera*. Von den Formen *mujer torero* oder einfach *torero* ist abzuraten (vgl. M. SECO, *Diccionario de dudas*, 361).

[38] Wörter wie *(la) individua* und *(la) tipa* finden sich heutzutage auch in Spanien nicht selten. Siehe z. B. zwei jüngere Werke, in denen die Volkssprache – auch in ihrer primitiveren Form – wiedergegeben wird (*la individua* bei C. PÉREZ MERINERO, *Las reglas del juego*, 168, *la tipa* bei E. PARRA, *Soy un extraño para ti*, 111 und bei C. PÉREZ MERINERO, o. c., 168). Im folgenden Beispiel werden die männliche und die weibliche Form nebeneinander gebraucht: *Telefoneaba a una serie interminable de tipos y tipas* (J. CORTAZAR, *Libro de Manuel*, 37 – „Er führte eine unendliche Anzahl von Telefongesprächen mit allen möglichen Typen und Tussis").

Gleichzeitig findet man auch die umgekehrte Vorgehensweise: die Endung *-a* einiger Wörter wird zu *-o*, wenn eindeutig eine männliche Person bezeichnet werden soll, wie in *el cuentisto* (< *el cuentista*, „der Erzähler"), *el maquinisto* (< *el maquinista*, „der Lokführer"), *el pianisto* (< *el pianista*, „der Pianist")[39].
In einem Buch des spanisch-kubanischen Autors L. RICARDO ALONSO liest man die Form *un prostituto* („ein Strichjunge") als Gegenstück zur weiblichen *prostituta* (*El supremísimo*, 138) und F. UMBRALS Kommentar zeigt, daß man mit derselben Bedeutung auch *puto* (< *puta*) antreffen kann (*Diccionario cheli*, 66).

118. Die Grammatik der *Real Academia Española* spricht auch von einem *género epiceno*[40]. Damit sind die Bezeichnungen von Tieren gemeint, die entweder nur in der männlichen oder nur in der weiblichen Form vorkommen.

a. *el águila*[41]   der Adler
b. *la llama*   das Lama
c. *la rata*   die Ratte
(*Gramática de la lengua española*, 14)

119. Das Substantiv *hombre* kann neben der Bedeutung „Mann" auch als Gattungsname die Bedeutung „Mensch" haben, und *la criatura* („das Kind"), *la persona* („die Person") und *la víctima* („das Opfer") können sich, ebenso wie im Deutschen, sowohl auf männliche als auch auf weibliche Personen beziehen.

120. In einigen Fällen besteht trotz zweier verschiedener Genusformen keine „semantische Symmetrie", wie z. B. in *el asistente* („der Assistent") ~ *la asistenta* („die Aushilfe", „die Putzfrau")[42]. Bei anderen Begriffen hat das Femininum die Bedeutung „Ehefrau von ...", wie in *la alcaldesa* („die Frau des Bürgermeisters"), *la embajadora* („die Frau des Botschafters"), *la generala* („die Frau des Generals"), *la gobernadora* („die Frau des Gouverneurs") ...[43].

---

[39] Cf. C. KANY, *Sintaxis hispanoamericana*, 24–25. Siehe auch F. MARCOS MARÍN, *Lengua española*, 263, und F. MARSÁ, *Diccionario normativo*, 116 [in dem als „vielleicht bestes Beispiel" das Wort *modisto* („Modeschöpfer") angeführt wird]. Man beachte, daß die männliche Variante *modisto* zum ersten Mal in der Ausgabe des DRAE von 1994 erscheint (II, 918).
[40] *Epiceno* bedeutet wörtlich: *beiderlei Geschlechts*.
[41] Trotz der Form *el águila* ein Femininum – siehe dazu Nr. 15.
[42] Cf. *Esbozo*, 176.
[43] Siehe jedoch die andere mögliche Übersetzung in Nr. 115 b. *La embajadora, la generala* und *la gobernadora* können natürlich auch die Frau bezeichnen, die die jeweilige Funktion ausübt. In einer Liste mit Wörtern, die in der Ausgabe des DRAE (von 1992) mit einer neuen oder veränderten Bedeutung verzeichnet werden, findet man *jueza* (855), womit sowohl die Frau eines Richters bezeichnet werden kann als auch die (weibliche) Person, die das Richteramt ausübt.

ABSCHNITT II

DER NUMERUS – BILDUNG DES PLURALS
EL NÚMERO – FORMACIÓN DEL PLURAL

§ 1. ALLGEMEINE REGELN

121. Der Plural der Substantive wird im Spanischen auf folgende Weise gebildet:

1. Durch Hinzufügen eines *-s*, wenn das Substantiv auf einen unbetonten Vokal endet.

a.	*la casa*	– das Haus	→ *las casas*
b.	*el hombre*	– der Mann, der Mensch	→ *los hombres*
c.	*el libro*	– das Buch	→ *los libros*

2. Durch Hinzufügen von *-es*, wenn das Substantiv auf einen Konsonanten, auf *-y* [44] oder auf einen betonten Vokal endet.

d.	*el árbol*	– der Baum	→ *los árboles*
e.	*el israelí*	– der Israeli	→ *los israelíes*
f.	*la ley*	– das Gesetz	→ *las leyes*
g.	*el maniquí*	– die Gliederpuppe (siehe hierzu jedoch Fußnote 47)	→ *los maniquíes*
h.	*el pan*	– das Brot	→ *los panes*

Anmerkungen

122. Im Wortauslaut wird *-z* durch hinzutretendes *-es* zu *-c-*.

a.	*la nuez*	– die Nuß	→ *las nueces*
b.	*el lápiz*	– der Bleistift	→ *los lápices*

123. Bei der Pluralbildung bleibt die Betonung in der Regel unverändert. Infolgedessen muß in einigen Fällen ein Akzentzeichen gesetzt werden bzw. entfallen, in Übereinstimmung mit den oben in Nr. 8 b dargelegten Regeln.

a.	*el joven*	– der junge Mann	→ *los jóvenes*
b.	*el interés*	– das Interesse, der Zins	→ *los intereses*

Zwei wichtige Ausnahmen sind:

c.	*el carácter*	– der Charakter	→ *los caracteres*
d.	*el régimen*	– das Regime, die Diät	→ *los regímenes* [45]

---

[44] Dieser Buchstabe wird meist als Konsonant betrachtet.
[45] Ebenso: *el espécimen* („das Muster", „das Exemplar") → *los especímenes*. Dem *Esbozo* zufolge ist die Pluralform dieses Wortes wenig gebräuchlich (S. 182).

Man beachte, daß der Akzent in der Pluralform von *carácter* entfällt. Beim zweiten Beispiel rückt er von der ersten auf die zweite Silbe.

§ 2. AUSNAHMEN

124. Substantive, die auf betontes *-e* enden, sowie einige Wörter, die auf einen anderen betonten Vokal ausgehen, weichen von der in Nr. 121, 2 angeführten Regel ab. Im Plural wird bei ihnen lediglich ein *-s* (anstelle von *-es*) angefügt.

a.	*el café*	– der Kaffee	→	*los cafés* [46]
b.	*el esquí*	– der Ski	→	*los esquís* [47]
c.	*la mamá*	– die Mama	→	*las mamás*
d.	*el menú*	– das Menü	→	*los menús*
e.	*el pie*	– der Fuß	→	*los pies*

125. Auf *-s* auslautende Substantive bleiben im Plural unverändert, es sei denn, die Betonung liegt auf der letzten Silbe. In diesem Fall gilt dann die allgemeine Regel, und als Endung tritt *-es* hinzu.

a.	*la crisis*	– die Krise	→	*las crisis*
b.	*el lunes*	– der Montag	→	*los lunes*
c.	*el virus*	– das Virus	→	*los virus*

Aber:

d.	*el autobús*	– der Autobus	→	*los autobuses*
e.	*el mes*	– der Monat	→	*los meses*
f.	*el país*	– das Land	→	*los países*

Anmerkung

126. Die in den Nrn. 121–125 dargelegten Regeln gelten auch bei der Substantivierung anderer Wortarten.

    a. *Un 10 por ciento de „noes"* (F. Vizcaíno Casas, *Hijos de papá*, 244 – es geht um das Ergebnis eines Referendums).
    Zehn Prozent Neinstimmen.

---

[46] In der Volkssprache bekommen einige Substantive eine doppelte Pluralendung (*café* → *cafés* → *cafeses*, *pie* → *pies* → *pieses*, ...). Siehe dazu *Esbozo*, 185 und J. Alcina Franch & J. M. Blecua, *Gramática española*, 538.
[47] Man liest allerdings bisweilen, selbst bei hervorragenden Autoren: *esquíes*. Zum Beispiel: *Con grandes facilidades de pago puedes obtener unos esquíes* (F. Umbral, *Carta abierta a una chica progre*, 94 – „Skier kannst du zu sehr günstigen Zahlungsbedingungen kaufen"). Der *Esbozo* weist darauf hin, daß es auch bei anderen Substantiven Doppelformen gibt. Zum Beispiel: *bigudís* ~ *bigudíes* („Lockenwickler"), *bantús* ~ *bantúes* („Bantus"), *tabús* ~ *tabúes* („Tabus") usw. Zu den Substantiven auf *-ú* heißt es, daß gegenwärtig, besonders bei den am häufigsten gebrauchten Wörtern, fast ausschließlich der Plural auf *-s* vorkomme. Zum Beispiel: *ambigú* („kaltes Büfett") → *ambigús*, *tisú* („Stoff", „Gewebe") → *tisús* ... (S. 184 und 185). Der Plural von *travestí* („Transvestit") lautet immer *travestís*. Zum Beispiel: *Inolvidables travestís* („Unvergeßliche Transvestiten"), *3 travestís únicas en belleza* („3 einzigartig schöne Transvestiten"); beides in *La Vanguardia*, 15. 2. 1989, 66). Hierbei ist jedoch zu beachten, daß gewöhnlich *travestido* (mask.) und nicht *travestí* als korrekte Form gilt (cf. *Manual de español urgente*, 154, und DRAE, II, 1337).

mamut → *mamuts* (selten *mamutes*)

b. *Hablaban de tiempos diferentes, de ayeres y de anteayeres* (J. Asenjo Sedano, *Conversación sobre la guerra*, 145).
Sie sprachen von anderen Zeiten, über das Gestern und das Vorgestern.
c. *¿Estamos de acuerdo? Los síes no se hicieron de rogar* (M. Aub, *Las buenas intenciones*, 209).
Sind wir uns da einig? Die Antwort kam sofort: Ja!
d. *Por aquellos entonces ...* (M. Delibes, *Cinco horas con Mario*, 176 und 177).
In jenen Tagen.

§ 3. SONDERFÄLLE

127. Der Plural der Komposita
Gewöhnlich erhalt nur der letzte Bestandteil eines Kompositums eine Pluralendung.

a.	*el ferrocarril*	– die Eisenbahn →	*los ferrocarriles*
b.	*la bocacalle*	– die Querstraße →	*las bocacalles*
c.	*el librepensador*	– der Freidenker →	*llos librepensadores*
d.	*el sordomudo*	– der Taubstumme →	*los sordomudos*

128. Natürlich bleibt das Wort unverändert, wenn der zweite Bestandteil bereits im Plural steht.

a.	*el mondadientes*	– der Zahnstocher →	*los mondadientes*
b.	*el paraguas*	– der Regenschirm →	*los paraguas*
c.	*el sacacorchos*	– der Korkenzieher →	*los sacacorchos*

129. Bei einigen wenigen Komposita erhalten beide Bestandteile eine Pluralendung. Aufgrund ihres relativ seltenen Gebrauchs sind diese Substantive von geringer praktischer Bedeutung.

el gentilhombre	– der Edelmann →	*los gentileshombres*[48]

130. Anders verhält es sich bei Neologismen, bei denen die beiden Bestandteile (Substantive) im Gegensatz zu den vorangegangenen Beispielen nicht zu einem Wort zusammengefügt werden. Der allgemeinen Theorie zufolge wird bei solchen Neubildungen nur das erste Substantiv in den Plural gesetzt[49]. Das zweite, das eigentlich die Funktion eines Adjektivs hat, bliebe demnach unverändert.

a.	*el hombre masa*	– der Massenmensch →	*los hombres masa*
b.	*el hombre rana*	– der Froschmann →	*los hombres rana*
c.	*un caso límite*	– ein Grenzfall →	*unos casos límite*
d.	*la hora punta*	– die Spitzenzeit →	*las horas punta*[50]

---

[48] Vgl. auch im Französischen: *un gentilhomme* → *des gentilshommes*. Bei *guardia civil* („Angehöriger der Guardia Civil", eine Art „Gendarm") sind zwei Pluralbildungen möglich: *guardias civiles* oder *guardiaciviles* (cf. E. Bustos Gisbert, *La composición nominal en español*, 137).

[49] Cf. *Esbozo*, 190. In den meisten Grammatiken wird dieses Problem allerdings kaum kommentiert. J. Alcina Franch & J. M. Blecua und S. Fernández erörtern die Frage nicht.

[50] Weitere derartige Fälle (und ein Kommentar) finden sich bei: E. Lorenzo, *El español de hoy, lengua en ebullición*, 35–36.

In der Praxis ist der Gebrauch nicht so eindeutig. Der *Esbozo* schreibt *casos-límite*[51], aber in seinem *Spaans Handwoordenboek* führt C. F. A. VAN DAM als Plural von *caso límite* die Form *casos límites* an[52]. In der *Historia social de la literatura española* (bei der freilich drei verschiedene Autoren mitgearbeitet haben[53]), findet man mal *puntos clave* (III, 11 – „Kernpunkte, Schlüsselthemen"), mal *puntos claves* (II, 222)[54], G. TORRENTE BALLESTER, Mitglied der *Real Academia Española*, spricht von *palabras-clave*[55] („Schlüsselwörter"), aber der Professor und Sprachwissenschaftler F. MARCOS MARÍN schreibt *palabras-claves*[56] (auch mit Bindestrich). Angesichts dieses schwankenden Gebrauchs erscheint der Versuch wenig sinnvoll, in jedem einzelnen Fall nachweisen zu wollen, ob das zweite Substantiv die Funktion einer Apposition erfüllt. In der Praxis kann man feststellen, daß sowohl die Pluralform beim zweiten Substantiv als auch der Bindestrich zwischen den beiden Bestandteilen eines Kompositums fakultativ sind. [Eine Ausnahme ist vielleicht ein Fall wie *hombre masa* („Massenmensch"), dessen Pluralform aus einsichtigen Gründen nur *hombres masa* lauten kann. Auch in den folgenden Fällen ist die Pluralform des zweiten Bestandteils offensichtlich nicht möglich: *cheques gasolina* („Benzingutscheine", nicht **cheques gasolinas*), *comités anticorrupción* („Antikorruptionskomitees", nicht **comités anticorrupciones*) – neben weiteren Beispielen angeführt von M. F. LANG, *Spanish Word Formation*, 84.]

131. Einige zusammengesetzte Substantive bleiben im Plural unverändert. Dabei handelt es sich stets um Verbindungen mit Verben oder (im gegebenen Zusammenhang) unveränderlichen Wörtern. Der *Esbozo* spricht hier von „syntaktischen" (und damit uneigentlichen) Komposita.

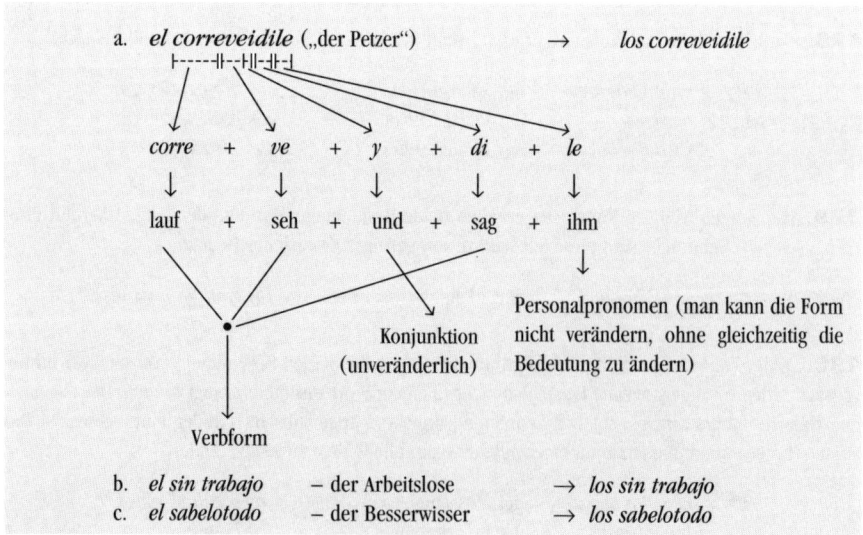

---

[51] Mit Bindestrich; S. 455.
[52] C. F. A. VAN DAM, *Spaans Handwoordenboek*, II, 336.
[53] C. BLANCO AGUINAGA, J. RODRÍGUEZ PUÉRTOLAS & I. ZAVALA.
[54] Ebenso: *los años clave* („die entscheidenden Jahre" – III, 234) ~ *novelas claves* („die bedeutendsten Romane" – II, 236).
[55] *El Quijote como juego*, 33.
[56] *Lengua española*, 191.

132. Einige auf diese Weise gebildete Komposita sind heute so gebräuchlich, daß sie offensichtlich gar nicht mehr als Zusammensetzungen betrachtet werden. Sie bilden den Plural daher nach der allgemeinen Regel.

  a. *el pésame*   – die Beileidsbezeugung   → *los pésames*
  b. *el vaivén*   – das Hin und Her   → *los vaivenes*
  c. *el cargareme*   – die Empfangsbestätigung   → *los cargaremes*

133. Der Plural von Eigennamen (Familien- und Vornamen)

Der *Esbozo* gibt zu dieser Frage eine recht nuancierte Auskunft. Im Prinzip kann man davon ausgehen, daß die Regeln zur Pluralbildung bei Substantiven auch hier gelten. Dieser Grundsatz ist jedoch keineswegs allgemeingültig[57].

  a. *Mendoza*   → *los Mendozas*
  b. *Osorio*   → *los Osorios*
  c. *Aquellos Lénines o Marxes* (J. Asendo Sedano, *Conversación sobre la guerra*, 44).
    Jene Lenins oder Marxens.

Die allgemeinen Regeln gelten jedoch nicht für eine Reihe von Familiennamen, die unverändert bleiben.

Das betrifft Namen, die
1. auf *-z* enden
2. auf *-s* enden, wobei die letzte Silbe betont ist
3. nicht spanischer Herkunft sind.

  a. *Sánchez*   → *los Sánchez*
  b. *Muñoz*   → *los Muñoz*
  c. *Valdés*   → *los Valdés*
  d. *Solís*   → *los Solís*
  e. *Thompson*   → *los Thompson*
  f. *Schmidt*   → *los Schmidt*

134. In der Praxis werden diese Regeln nicht immer eingehalten, und einige Schriftsteller folgen offensichtlich einem eigenen (bisweilen ziemlich chaotischen) System[58].

135. Vornamen erhalten fast immer die Endung -s (oder -es), auch wenn sie näher bestimmt werden.

  a. *Los que creen ser Don Juanes* (J. Ortega y Gasset, *Estudios sobre el amor*, 34).
    Diejenigen, die sich für Don Juans halten.

---

[57] *Esbozo*, 188–189. Siehe auch M. Seco, *Diccionario de dudas*, 43, und S. Fernández, demzufolge der Gebrauch des Plurals eher der familiären Umgangssprache angehört, während gegenwärtig die Tendenz in der Literatursprache dahin gehe, Eigennamen unverändert zu lassen (*Gramática española*, 179, Fußnote 1), was übrigens der Titel eines Buches von D. Medio zeigt, aus dem wir häufig zitieren: *Nosotros, los Rivero*. Im *Manual de español urgente* heißt es hierzu, daß Familiennamen immer unverändert bleiben, mit Ausnahme der Namen von Dynastien [→ *los Austrias* („die Habsburger"), *los Borbones* („die Bourbonen") – S. 35].

[58] So schreibt P. Baroja (in *Las inquietudes de Shanti Andía*) auf Seite 19 *los Aguirres*, aber auf den Seiten 20 und 21 *los Aguirre*. In *El mayorazgo de Labraz* von demselben Autor liest man *los Beamontes* auf Seite 92, aber *los Beamonte* auf Seite 109, usw.

b. *Dejaba a los Sanchos Panzas de la ciencia el mandil y el laboratorio*
   (M. DE UNAMUNO, *El espejo de la muerte*, 58).
   Er überließ den Sancho Panzas der Wissenschaft die Schürze und das Labor.
c. *Las Erikas, Hildas, Bertas y Elfriedas reían en bandadas* (T. SALVADOR, *División 250*, 69).
   Die Erikas, Hildas, Bertas und Elfriedas lachten im Chor.
d. *Ya no había Mecenas, ni Luises catorce* (A. CARPENTIER, *El recurso del método*, 29).
   Es gab keine Mäzene mehr, und auch keine Ludwigs die Vierzehnten.

136. Fremdwörter

Fremdwörter (vor allem englischer Herkunft) finden sich im heutigen Spanisch in großer Zahl[59]. Einen Überblick über die vielen Möglichkeiten und Varianten bei der Pluralbildung findet man bei J. ALCINA FRANCH & J. M. BLECUA (*Gramática española*, 541–545). Jedenfalls ist die Situation recht uneinheitlich[60]. Offensichtlich widersprüchliche Formen der Pluralbildung lassen sich vielleicht durch die Art und Weise erklären, in der ein spanischer Muttersprachler mit den Fremdwörtern umgeht. Wer Englisch spricht, kann ohne weiteres *ticket ~ tickets* übernehmen. In anderen Fällen wird das Lehnwort sowohl in der Aussprache als auch in der Schreibweise hispanisiert, so daß es nicht verwundert, als Plural eine Form wie *tiquetes* zu finden (siehe z. B. M. AUB, *La calle de Valverde*, 25)[61].
So schreibt L. CARANDELL *films* (*Celtiberia Show*, S. 127), aber eine für spanischsprachige Länder bestimmte Broschüre des belgischen Außenministeriums trägt den Titel: *filmes belgas*[62]. F. UMBRAL spricht von *pósters* (*Carta abierta a una chica progre*, 27), aber M. AUB verwendet als Plural von *girl* die Form *girles* (*La calle de Valverde*, 24). F. MARCOS MARÍN merkt an, daß *club* in Spanien den Plural *clubs* bilde, in den spanischsprachigen Ländern Lateinamerikas dagegen *clubes*[63]. Nach Angaben dieses Sprachwissenschaftlers findet man in der spanischen Presse mindestens vier verschiedene Arten der Pluralbildung bei dem englischen Wort *recordman*:

- *recordmen*   (gutes Englisch, aber schlechtes Spanisch, meint MARCOS MARÍN)
- *recordman*   (unveränderlich)

---

[59] Zu den Fremdwörtern im heutigen Spanisch gibt es eine Untersuchung von M. SECO: *El léxico de hoy* (in R. LAPESA, *Comunicación y lenguaje*, 181–201).
[60] Siehe auch den *Esbozo*, 183–184, und S. FERNÁNDEZ, *Gramática española*, 168.
[61] Zu welcher Verwirrung solche hispanisierten Formen führen können, zeigt ein Artikel von S. DE MADARIAGA, *¿Vamos a Kahlahtahyood?* (in *Revista de Occidente*, März, 1966, 365–373), in dem sich der Autor für die systematische Hispanisierung von Fremdwörtern ausspricht.
[62] Spanische Version von P. SORIANO – ohne Datum. Auch J. ALCINA FRANCH & J. M. BLECUA führen *filmes* an (obwohl sie darauf hinweisen, daß der Singular *filme* weit seltener gebraucht werde als die Form *film* – *Gramática española*, 545). In einem 1984 erschienenen Buch verwendet J. URRUTIA (Hochschulprofessor in Sevilla) ausschließlich *filmes* (*Imago litterae*, 9, 12, 18, 24 und passim) und im Singular *filme* (o. c., 10, 28, 31, 33, 39 und passim), und in der letzten Ausgabe des DRAE (1984) wird lediglich *filme* angeführt (I, 643). Bedeutsam erscheint in jedem Fall die Bemerkung M. SECOS, daß sowohl *film* als auch *filme* eigentlich dem Vokabular von Fachleuten angehören. In der gewöhnlichen Umgangssprache höre man immer *película* (*Diccionario de dudas*, 198).
[63] F. MARCOS MARÍN, *Aproximación a la gramática española*, 103. Der *Esbozo* bezeichnet übrigens *clubes* als die korrekte Form, aber V. GARCÍA DE LA CONCHA, Direktor der *Real Academia Española* und Hochschulprofessor in Salamanca, meinte mir gegenüber, *clubes* klänge gespreizt. Siehe auch weitere Kommentare zu diesem nicht ganz unproblematischen Wort bei M. SECO, *El léxico de hoy*, 197–198, und im *Diccionario de dudas*, 100. Wie dem auch sei, in der Presse – zumindest im Sportteil – findet sich überwiegend die Form *clubes*.

	– recordmans	(wer das schreibt, kann weder Englisch noch Spanisch, schreibt der Autor)
	– recordmanes	(gutes Spanisch, schlechtes Englisch)[64]

Merkwürdig ist auch die Form *whiskyes*, die auf einer Fensterscheibe der „Bar Woody" (Madrid, *Corredera Alta de San Pablo*, Ecke *Calle de la Palma*) zu lesen war[65]. In Analogie zum F. MARCOS MARÍNS Kommentar müßte man auch hier verschiedene Möglichkeiten unterscheiden können:

	– *whiskyes*	(ist schlechtes Englisch und widerspricht auch der in Nr. 121,1 angeführten Regel)
	– *whiskys*	(entspricht der spanischen Regel, ist aber schlechtes Englisch)
	– *whiskies*	(korrektes Englisch, aber die Änderung von *y* → *i* ist im spanischen System nicht vorgesehen)[66]

137. Zum Plural der aus dem Lateinischen und Griechischen entlehnten Wörter (meist der Wissenschaftssprache zugehörig) vergleiche *Esbozo*, 182–183. Praktische Bedeutung haben vielleicht: *el médium* [„das Medium" (Spiritismus)] → *los médium, el memorándum* („das Memorandum") → *los memorándum*[67], *el álbum* („das Album") → *los álbumes*.
Auch das Wort *valium* [für *pastilla de valium* („Valiumtablette")] bleibt im Plural unverändert.

> *Me tomé dos valium y me quedé dormido* (M. DELIBES, *Señora de rojo sobre fondo gris*, 91).
> Ich nahm zwei Valium und schlief ein.

138. Änderung der Bedeutung im Plural

Einige Substantive bekommen im Plural eine zweite (umfassendere) Bedeutung. So bedeutet *hijos* (< *hijo*) sowohl „Söhne" als auch „Kinder". S. FERNÁNDEZ weist darauf hin, daß dies stets Wörter betrifft, die ein Verwandtschaftsverhältnis oder den Titel eines Würdenträgers bezeichnen, und nennt diese Erscheinung *plural elíptico* („elliptischer Plural")[68].

a. *el duque*	→ *los duques*	=	die Herzöge / der Herzog und die Herzogin
b. *el esposo*	→ *los esposos*	=	die Ehemänner / das Ehepaar
c. *el hermano*	→ *los hermanos*	=	die Brüder / die Geschwister

---

[64] F. MARCOS MARÍN, *Aproximación a la gramática española*, 103. Daß mit Lehnwörtern alles mögliche passieren kann, zeigt sich u. a. auch am folgenden, von demselben Autor angeführten Beispiel: Als weibliche Form von *recordman* findet man *recordwoman*, aber auch *recordmana*, und letzteres dann mit dem Plural *recordmanas*! (*o. c.*, 103). Grundsätzlich unlogisch ist auch die Form *spaghettis*. *Spaghetti* ist im Italienischen eine Pluralform. Dennoch findet man das Wort regelmäßig mit *-s* (→ *spaghettis*, Variante: *espaguetis*). Siehe z. B.: A. BRYCE ECHENIQUE, *Tantas veces Pedro*, 134 und passim).
[65] Gesehen im Februar 1983.
[66] Davon abgesehen führt M. SECO die orthographische Variante *güisqui* an (*Diccionario de dudas*, 213).
[67] Laut *Esbozo*, 182–183, sind beide Wörter gewöhnlich unveränderlich. Doch finden sich auch die Formen *médiums* und *memorándums*, cf. F. UMBRAL, *La guapa gente de derechas*, 123, bzw. L. RICARDO ALONSO, *El supremísimo*, 50. Siehe dazu auch R. LAPESA, *Contestación a ...*, 95. Das *Manual de español urgente* empfiehlt die hispanisierte Form *memorando* mit dem Plural *memorandos* (S. 136).
[68] *Gramática española*, 151.

d. *el padre* → *los padros* = { die Väter / die Eltern
e. *el rey* → *los reyes* = { die Könige / das Königspaar
f. *el suegro* → *los suegros* = { die Schwiegerväter / die Schwiegereltern
g. *Nuestros hijos puede que sean distintos* (C. Martín Gaite, *El cuarto de atrás*, 136–137).
Möglicherweise sind unsere Kinder anders.
h. *Los Reyes de España serán invitados a visitar oficialmente la Unión Soviética* (*La Vanguardia*, 14.2.1978, 11).
Das spanische Königspaar wird zu einem offiziellen Besuch in die Sowjetunion eingeladen werden.
i. *Los marqueses de Villaverde pasean por las calles de la Coruña* (*Diez Minutos*, 18.8.1989, 84).
Der Marquis und die Marquise von Villaverde spazieren durch die Straßen La Coruñas.

Interessant ist auch das folgende Beispiel, in dem der Ausdruck *hermanos* im weiteren Verlauf des Satzes präzisiert wird:

j. *Los padres de sus cuatro hermanos, dos chicos y dos chicas, habían muerto* (F. Umbral, *El fulgor de África*, 31).
Die Eltern seiner vier Geschwister, zwei Jungen und zwei Mädchen, waren gestorben.

Siehe auch den Hinweis in Nr. 766 zu *los señores*.

139. Substantive, die nur im Plural gebraucht werden

Wie im Französischen gibt es auch im Spanischen eine Anzahl von Substantiven, die nur im Plural gebraucht werden[69]. Einige der hierzu gehörenden Wörter kommen zwar auch im Singular vor, haben dann aber eine ganz andere Bedeutung[70].

a. *las afueras* — die Umgebung
b. *los celos* — die Eifersucht
c. *las esposas* — die Handschellen
d. *las gafas* — die Brille
(Gegenwärtig ist in Spanien allerdings eine gewisse Tendenz zum Gebrauch des Singulars zu verzeichnen: *la gafa, una gafa.*)
e. *los prismáticos* — der Feldstecher
f. *las tenazas* — die Zange
g. *las tijeras* — die Schere
h. *las tinieblas* — die Finsternis
i. *las vacaciones* — die Ferien, der Urlaub[71]

---

[69] Sie werden als Pluraliatantum bezeichnet (aus dem Lateinischen: *tantum* → „nur" + *pluralia* → „Pluralformen").
[70] So bedeutet z. B. *el celo* „der Eifer", *la esposa* „die Ehefrau", *la vacación* „die vakante Stelle".
[71] Umgekehrt gibt es auch Fälle, in denen ein deutscher Plural im Spanischen durch einen Singular wiedergegeben werden muß. Zum Beispiel:

140. Eine Pluralform findet sich auch bei vielen präpositionalen Ausdrücken.

a.	*a duras penas*	mit Mühe und Not
b.	*a espaldas (de)*	hinter dem Rücken (von)
c.	*a horcajadas*	rittlings
d.	*(estar) a sus anchas*	(sich) wohl (fühlen)
e.	*a tientas*	blindlings
f.	*de bruces*	vornüber[72]
g.	*de espaldas (a)*	mit dem Rücken zu

In Lateinamerika werden häufig Pluralformen bei Substantiven benutzt (besonders, wenn sie eine abstrakte Bedeutung haben), die in Spanien eher im Singular geläufig sind. C. KANY führt als Beispiele an: *mis entusiasmos* („meine Begeisterung"), *no me eches las culpas* („gib mir nicht die Schuld"), *sin miedos* („ohne Furcht") ...[73], und das Wort *hora* trifft man regelmäßig im Plural an, z. B. in Ausdrücken wie *¿Qué horas son?* („Wie spät ist es?"), *¿A qué horas llegó?* („um wieviel Uhr ist er angekommen?"). In Spanien würde man sagen: *¿Qué hora es? ¿A qué hora llegó?*[74]

141. Die Wörter *día, tarde, noche* stehen in Begrüßungsformeln fast immer im Plural. Die Übersetzung der deutschen Ausdrücke „guten Morgen", „guten Tag", „guten Abend" und „gute Nacht" lautet im Spanischen (wobei sich die Tageszeiten, zu denen sie gebraucht werden, nur teilweise decken): *¡buenos días!, ¡buenas tardes!, ¡buenas noches!* In Lateinamerika kann man hin und wieder die Singularformen *buen día* und (selten) *buena noche* hören[75].

142. In einigen Fällen hat die Pluralform dieselbe Bedeutung wie der Singular. So kann man als Übersetzung von „Bart", „Hose", „Nase", „Schnurrbart", „Treppe" ... *barba* oder *barbas*, *pantalón* oder *pantalones*, *nariz* oder *narices*, *bigote* oder *bigotes*, *escalera* oder *escaleras* ... finden[76].

143. Singular anstelle von Plural

Eine Eigenart des Spanischen besteht darin, daß häufig ein Substantiv im Singular gebraucht wird, das im gegebenen Kontext eindeutig die Bedeutung eines Plurals hat oder aber ein Kollektivum impliziert (vgl. Beispiel b). Solche Konstruktionen finden sich besonders in der Umgangssprache.
Man beachte, daß in den meisten der folgenden Beispiele dem Substantiv ein Wort vorausgeht, daß den Pluralgedanken impliziert (*mucho, tanto, cuanto* ...).

---

a. die Masern → *(el) sarampión* [dieses männliche Substantiv wird im Spanischen (ebenso wie im Deutschen) oft ohne Artikel gebraucht → *mi hermano tiene sarampión* („mein Bruder hat (die) Masern")]
b. die Menschen, die Leute → *la gente* (vgl. jedoch den Hinweis in Nr. 145).
Man beachte, daß (wie auch in anderen Sprachen) bestimmte (vor allem abstrakte) Substantive nicht im Plural gebraucht werden, z. B. *salud* („Gesundheit"), *oeste* („Westen"), *hambre* („Hunger") ... Doch bietet das Spanische hier bisweilen mehr Möglichkeiten als das Deutsche; so kann man von *odio* die Pluralform *(los) odios* finden, während *(der) Haß* normalerweise keinen Plural bilden kann. Siehe in diesem Zusammenhang auch das Beispiel in Nr. 1114 b.

72 Zum Beispiel in dem Ausdruck *caer de bruces* („auf die Nase fallen").
73 *Sintaxis hispanoamericana*, mit weiteren Beispielen, 28–29.
74 Siehe dazu C. KANY, *o. c.*, 29–30.
75 Cf. C. KANY, *o. c.*, 31. In Lateinamerika sind auch die Pluralformen *los altos* und *los bajos* mit der Bedeutung „der erste Stock" bzw. „das Erdgeschoß" sehr gebräuchlich. Manchmal hört man auch *las casas* in der Bedeutung von *la casa* („das Haus"). Siehe C. KANY, *o. c.*, 32–33. Der Autor führt noch weitere derartige Fälle an.
76 Cf. S. FERNÁNDEZ, *Gramática española*, 176–178 (dort werden noch andere Fälle angeführt). Vergleiche auch das in Nr. 61 e angeführte Beispiel.

a. *¿Hay mucha trucha en este río?* (J. Fernández Santos, *Los bravos*, 44).
   Gibt es viele Forellen in diesem Fluß?
b. *Siempre me ha gustado el hombre-objeto, con mucho músculo y poco cerebro*
   (ein Zitat, das Amanda Lear zugeschrieben wird, in *Diez Minutos*, 18.8.1989, 14).
   Mir hat immer der Mann als Objekt gefallen, mit viel Muskeln und wenig Hirn.
c. *¡Qué hermoso! ¡Cuánto coche!* (P. Baroja, *Los últimos románticos*, 168).
   Wie schön! Und was für eine Menge Autos!
d. *El profesor de Química lo sigue; parece asustado entre tanto uniforme*
   (M. Vargas Llosa, *La ciudad y los perros*, 48).
   Der Chemielehrer folgt ihm; er scheint etwas verängstigt unter so viel Uniformen.
e. *Cuando escaseaba mujer, hubo alguna que tuvo que soportar todo el tendal de machos* (A. Roa Bastos, *El trueno entre las hojas*, 240).
   Wenn es wenig Frauen gab, mußte sich eine immer mit der ganzen Meute lüsterner Männer herumschlagen.
f. *Hubo aspirante que abandonó la sala con lágrimas en los ojos* (F. Franco Salgado-Araujo, *Mi vida junto a Franco*, 81).
   Es gab Bewerber, die den Saal mit Tränen in den Augen verließen.

144. In den folgenden Beispielen findet man übrigens neben dem Substantiv im Singular, das aber Pluralbedeutung hat, eine echte Pluralform, was eine grammatisch merkwürdige Zusammenstellung zur Folge hat.

a. *¡Cuánta estrella! – dijo Manuel.*
   ¿Qué serán?
   Son mundos y mundos sin fin (P. Baroja, *Mala hierba*, in O. C., I, 507).
   „Was für eine Menge Sterne!" sagte Manuel.
   „Was sie wohl sein mögen?"
   „Das sind Welten, endlose Welten."
   Die Verbform *serán* (Plural) zeigt deutlich, daß für den Zuhörer das vorangegangene *(cuánta) estrella* wenn auch nicht grammatisch, so doch logisch ein Plural ist.
b. *Hay mucha mujer guapa, y una de ellas, rubia, baila con un negro* (P. Baroja, *El hotel del cisne*, in O. C., VIII, 314).
   Es sind viele hübsche Frauen da, und eine von ihnen, eine Blondine, tanzt mit einem Schwarzen.
   Auch hier weist die Form *ellas* darauf hin, daß für den Verfasser *mujer (guapa)* einen Plural impliziert.

145. „Gente"

Das weibliche Substantiv *gente* wird meist mit der Bedeutung eines Plurals gebraucht: *la gente* → „die Leute", „die Menschen". Doch findet man das Wort mit ungefähr derselben Funktion auch im Plural[77].

a. *También veía el futuro y conocía la intención de la gente* (I. Allende, *La casa de los espíritus*, 74).
   Sie konnte auch in die Zukunft sehen und kannte die Absichten der Leute.

---

[77] Vielleicht mit einem kleinen Bedeutungsunterschied. Siehe dazu S. Fernández, *Gramática española*, 174.

In anderen Fällen ist *gente* synonym zu *persona*. In dieser Funktion kann es sowohl im Singular als auch im Plural vorkommen. Diese Bedeutung findet sich vor allem im spanischsprachigen Amerika[78].

    b. *Algunas gentes – pocas – prefieren el inglés* (M. ALVAR, *Español e inglés...*, 23).
       Einige – wenige – Leute ziehen das Englische vor.
    c. *Soy la única gente que tiene para hacerle sus necesidades* (J. RULFO, *Pedro Páramo*, 67).
       Ich bin der einzige, den er hat, um ihm bei seiner Notdurft zu helfen.
    d. *Cien gentes* (*Esbozo*, 187).
       Hundert Personen.

ABSCHNITT III
BESONDERHEITEN

§ 1. FAMILIENNAMEN

146. Der Gebrauch doppelter Familiennamen ist in spanischsprachigen Ländern häufig[79]: der Nachname des Vaters und der der Mutter werden oft hintereinandergestellt.

    a. Federico GARCÍA LORCA (spanischer Schriftsteller, 1898–1936)
    b. José GUTIÉRREZ SOLANA (spanischer Maler und Schriftsteller, 1886–1945)
    c. Gabriel GARCÍA MÁRQUEZ (kolumbianischer Schriftsteller, 1928–, Literaturnobelpreisträger von 1982)
    d. Mario VARGAS LLOSA (peruanischer Schriftsteller, 1936–)

Dabei ist folgendes anzumerken:
– Das Nennen des Nachnamens der Mutter ist fakultativ[80].
– Manchmal wird *nur* der Name der Mutter genannt (besonders wenn der Betreffende den Namen seines Vaters als zu alltäglich oder gewöhnlich betrachtet); so wird häufig von LORCA und SOLANA gesprochen und geschrieben.
– In anderen Fällen dient die Nennung des Nachnamens der Mutter dazu, eine Verwechslung auszuschließen. Der spanische Sprachwissenschaftler und Hochschulprofessor Manuel ALVAR hat einen gleichnamigen Sohn, der noch dazu denselben Beruf ausübt. Der Sohn veröffentlicht seine Werke als Manuel ALVAR EZQUERRA[81].
– Man spricht wohl zuweilen von Mario VARGAS, aber nie von Mario LLOSA, während im Falle von GARCÍA MÁRQUEZ meist der Doppelname gebraucht wird (oder manchmal informell die Kurzform „Gabo" und ab und zu: MÁRQUEZ).

---

[78] Siehe *Esbozo*, 187.
[79] Dies zeigt sich z. B., wenn man ein spanisches Telefonbuch aufschlägt.
[80] Zur möglichen Bedeutung, die die Nennung des zweiten Familiennamens haben kann, vgl. den humoristischen Kommentar von A. DE LAIGLESIA (in *Te quiero, bestia*, 5).
[81] Ähnlich ist der Fall zweier anderer Kollegen, ebenfalls Vater und Sohn, die beide ihre Werke meist unter doppeltem Nachnamen veröffentlichen: Fernando LÁZARO CARRETER bzw. Fernando LÁSZARO MORA.

§ 2. AKRONYME

147. Im Spanischen sind Akronyme viel häufiger als im Deutschen[82]. Eine Eigenart besteht darin, daß häufig durch die Verdopplung der einzelnen Buchstaben ein Plural bezeichnet wird.

> a. In Spanien sieht man oft Schilder wie das folgende:
>
> | FC Burgos – Madrid |
>
> FC ist hier die Abkürzung von *Ferrocarril* („Eisenbahn"), aber zur Bezeichnung der spanischen Eisenbahngesellschaft kann man FF.CC. schreiben.
> b. EEUU ist die Abkürzung von *Estados Unidos* („Vereinigte Staaten").
> c. FF.JJ.FF. bedeutet *Falanges juveniles de Franco* (vgl. J. L. ALCOCER, *Radiografía de un fraude*, 60 – es handelt sich um eine Jugendbewegung aus der Franco-Zeit).
> d. CCOO ist die Abkürzung von *Comisiones Obreras* (kommunistische Gewerkschaft in Spanien).
> e. *Toda la población no pudo ser más cariñosa con SS.MM. y AA.RR.* (F. FRANCO SALGADO-ARAUJO, *Mi vida junto a Franco*, 14 – SS.MM. y AA.RR. ist der Plural von *Su Majestad y Alteza Real*).
> Die gesamte Bevölkerung brachte Ihren Königlichen Hoheiten allergrößte Herzlichkeit entgegen.

In einigen Fällen wird von einem Akronym selbst ein neues Substantiv oder Adjektiv abgeleitet, und es entstehen Formen wie *cegetista*, von CGT [*Confederación general del trabajo* (spanische Gewerkschaft)], *jonsistas*, von JONS [*Juntas de ofensiva nacional sindicalista* (rechtsextreme politische Gruppierung aus der Franco-Zeit)], *pecero* [Mitglied der PCE (*Partido Comunista Español*)], *penene*, von PNN [*personal no numerario* (d. h. nichtfestangestelltes Personal im öffentlichen Dienst, besonders in der Lehre)] …

Der Gebrauch (Mißbrauch?) von Akronymen wird z. T. kritisiert, bisweilen sogar lächerlich gemacht[83], doch sind diese Formen manchmal nur schwer zu vermeiden: es ist kaum vorstellbar, daß ein Sprecher im Rundfunk oder Fernsehen fortwährend von „Red Nacional de los Ferrocarriles Españoles" sprechen oder daß man diesen Namen immer ausschreiben sollte, anstatt die Abkürzung RENFE zu benutzen.

§ 3. SUBSTANTIVIERUNG

148. Wie im Deutschen können viele Wortarten und Komposita substantiviert werden. Dabei bietet das Spanische allerdings zahlreichere, vielfältigere und phantasievollere Möglichkeiten, vor allem bei der Pluralbildung.

---

[82] M. SECO stellt über diese Formen in seiner Untersuchung *El léxico de hoy* (S. 193 ff. – in R. LAPESA, *Comunicación y lenguaje*) interessante Betrachtungen an. Eine Liste häufig vorkommender Akronyme (und anderer gebräuchlicher Abkürzungen) findet man im *Manual de español urgente*, 87–93.
[83] Siehe z. B. die humoristischen Betrachtungen von A. DE MIGUEL (*La perversión del lenguaje*, 120–121) und F. MARSÁ (*Diccionario normativo*, 105 – darin u. a. auch sein witziger Kommentar zu dem Akronym A. P.). M. F. LANG führt ein ironisches Gedicht von D. ALONSO mit dem Titel *La invasión de las siglas* („Die Invasion der Akronyme") an, in dem sich der Autor über die o. g. Mode lustig macht (*Spanish Word Formation*, 212).

a. Die Form *yo* („ich") findet man substantiviert (und im Plural) bei Miguel De Unamuno [→ *yos* (vgl. S. Fernández, *Gramática española*, 170)] und bei F. Umbral [→ *yoes* (*Los amores diurnos*, 116)].

b. M. Delibes schreibt mit Bezug auf die Vergangenheit *aquellos entonces* (→ „jene Zeiten", *Los santos inocentes*, 40), siehe dazu auch Nr. 361, und J. R. Jiménez substantiviert das Adverb *después* in *Luis Cernuda, después de sus despueses* (→ „Luis Cernuda, nach all seinen Nachdems", *Españoles de tres mundos,* 222).

c. *Los adioses* ... (→ „die Abschiedsgrüße") ist der Titel einer Gedichtsammlung von G. Díaz-Plaja (Barcelona, 1962).

d. *Qué cuerpo y qué abajo más bravío tenía el Antonio* (F. Quiñones, *Las mil noches de Hortensia Romero*, 135).
Was für einen Körper dieser Antonio hatte, und was für ungestüme Lenden.

e. Häufig findet sich auch die Substantivierung von Interjektionen, wie in ¡*Ahs!* y ¡*ohs!* (C. J. Cela, *El gallego y su cuadrilla*, 85), *ayes* (R. Del Valle-Inclán, *Sonata de otoño*, 87), *los vivas, mueras* usw. (F. Franco Salgado-Araujo, *Mi vida junto a Franco*, 145 und 172).

f. Bei C. Fuentes liest man: *es mi peoresnada* (→ „mein Besseralsnichts" – *La cabeza de la hidra*, 115).

g. *Agustín es un vivalavirgen* (C. J. Cela, *San Camilo, 1936*, 78).
Agustín ist ein Lebemann.

KAPITEL IV
DAS ADJEKTIV
EL ADJETIVO CALIFICATIVO

149. Ebenso wie im Deutschen (aber im Gegensatz zum Englischen) kongruiert das Adjektiv im Spanischen prinzipiell[1] in Genus und Numerus mit dem Substantiv, auf das es sich bezieht.

  a. *un hombre sano* — ein gesunder Mann
  b. *una mujer sana* — eine gesunde Frau
  c. *los hombres sanos* — die gesunden Männer
  d. *las mujeres sanas* — die gesunden Frauen
  e. *un cura simpático* — ein sympathischer Pfarrer
  f. *Carmelo, el único marica del burdel* (I. ALLENDE, *La casa de los espíritus*, 66).
  Carmelo, der einzige Schwule im Bordell[2].

ABSCHNITT I
BILDUNG DES FEMININUMS
FORMACIÓN DEL FEMENINO

150. Bei den weiblichen Formen der Adjektive sind zwei Möglichkeiten zu unterscheiden: entweder erhält das Adjektiv die Endung *-a*, oder es gibt nur eine gemeinsame Form für Maskulinum und Femininum. Dies gilt auch für Adjektive, die substantiviert werden.

§ 1. ERSTE MÖGLICHKEIT: → „-a"

151. Adjektive auf „-o"

Die weibliche Form der auf *-o* auslautenden Adjektive wird dadurch gebildet, daß dieses *-o* zu *-a* wird.

  a. *un plato apetitoso* ~ *una paella apetitosa*
  ein schmackhaftes Gericht ~ eine schmackhafte Paella[3]
  b. *un vestido blanco* ~ *una blusa blanca*
  ein weißes Kleid ~ eine weiße Bluse

---

[1] Das Wort „prinzipiell" weist auf eine Einschränkung hin: bei einer Reihe von spanischen Adjektiven haben nämlich Maskulinum und Femininum dieselbe Form (siehe dazu Nr. 158 f.). Eine mangelnde Kongruenz läßt sich „logisch" erklären in einem Fall wie *Su Santidad está enfermo* („Seine Heiligkeit ist krank"), da sich das Adjektiv in diesem Beispiel auf eine männliche Person bezieht. Man spricht hier von einer *concordancia ad sensum* („Kongruenz nach dem Sinn" – siehe zu diesem Begriff auch Nr. 1340).

[2] Daß die (männlichen) Substantive *cura* und *marica* auf *-a* ausgehen, hat keinen Einfluß auf die Endung des Adjektivs.

[3] Die *paella* ist ein typisch spanisches Gericht, ursprünglich aus der Gegend von Valencia, das mit Reis, Gemüse, Fisch und Fleisch zubereitet wird.

152. Anfügen von „-a" an Adjektive, die auf Konsonant auslauten

Die Endung -*a* wird an Adjektive angefügt, die auf *-án, -ín, -ón, -or* oder auf *-ete* und *-ote* auslauten[4]. Man beachte, daß der Akzent im Femininum entfällt.

a.	*mi hermano es muy charlatán* mein Bruder ist sehr geschwätzig	~	*su amiga es muy charlatana* seine Freundin ist sehr geschwätzig[5]
b.	*un gato chiquitín* ein ganz kleines Kätzchen	~	*una casa chiquitina* ein ganz kleines Häuschen
c.	*este perro es muy comilón* dieser Hund ist sehr gefräßig	~	*esta muchacha es muy comilona* dieses Mädchen ist sehr gefräßig
d.	*un hombre trabajador* ein fleißiger Mann	~	*una mujer trabajadora* eine fleißige Frau
e.	*el profesor era regordete* der Lehrer war klein und untersetzt	~	*una persona regordeta* eine kleine und untersetzte Person
f.	*un joven grandote* ein großer junger Mann	~	*una joven grandota* eine große junge Frau[6]

153. Eine wichtige Ausnahme von der in Nr. 152 genannten Regel stellen die **Komparative** auf *-or* dar. Sie bleiben in der weiblichen Form unverändert. Das betrifft *mayor* („größer" oder „älter"), *menor* („kleiner" oder „jünger"), *peor* („schlechter") und einige andere alte lateinische Komparative, die allerdings im heutigen Spanisch manchmal eine neue Bedeutung (die nicht immer die eines Komparativs ist) bekommen, z. B. *superior* („höher" oder „sehr gut"), *exterior* („äußerlich", „ausländisch"), *inferior* („niedriger" oder „minderwertig"), *anterior* („vorausgehend", „vorherig"), *interior* („innerlich"), *posterior* („folgend", „später", „hinter") usw.

    a. *Nuestro comercio con España adquiere cada año mayor importancia.*
       Unser Handel mit Spanien gewinnt von Jahr zu Jahr größere Bedeutung.
    b. *La rueda anterior era mucho más grande que la posterior* (G. GARCÍA MÁRQUEZ, *Cien años de soledad*, 350).
       Das Vorderrad war viel größer als das Hinterrad.

154. Eine Ausnahme ist die Form *superiora* (eventuell in der Zusammenstellung *madre superiora*). Die Bedeutung ist dann „Oberin" (eines Klosters).

155. Das Adjektiv *gandul* („faul") müßte nach der weiter unten in Nr. 158 dargelegten Regel eigentlich unverändert bleiben. In der Praxis zeigt sich aber, daß dieses Wort, welches arabischen Ursprungs

---

[4] Formen auf *-ín, -ete ~ -ón, -ote* sind zumeist Diminutiva bzw. Augmentativa. Siehe hierzu weitere Einzelheiten in Nr. 1352.
[5] Bei einer Substantivierung gilt dieselbe Regel: *un charlatán* („ein Schwätzer" oder „ein Quacksalber") ~ *una charlatana*.
[6] Beim Gebrauch von *grandote* (und allgemein bei Wörtern mit der Endung *-ote*) ist folgendes zu beachten: *grandote* hat meist pejorative Bedeutung, da das Suffix *-ote* dem Ausgangswort *grande* die Nebenbedeutung von „zu sehr", „übertrieben" … verleiht. Ein interessanter Kommentar über die negative Bedeutung von Wörtern auf *-ote* findet sich bei W. BEINHAUER, *El humorismo en el español hablado*, 205.

Bildung des Femininums / Formación del femenino

ist, eine weibliche Form auf *-a* kennt. Nach W. BEINHAUER hört man diese Form vor allem in den vom einfachen Volk bewohnten Stadtvierteln Madrids[7]. Das folgende, neuere Textbeispiel weist auf eine größere Verbreitung hin:

> *Estamos hablando de una burguesía incluso más gandula que la actual*
> (M. VÁZQUEZ MONTALBÁN, *Cocina catalana*, 38)[8].
> Wir sprechen hier von einer Bourgeoisie, die sogar noch fauler war als die gegenwärtige.

156. Gentilicios

Die meisten *gentilicios* erhalten im Femininum die Endung *-a*.

> a. *un coche español* ~ *una máquina española*
>   ein spanisches Auto   eine spanische Maschine
> b. *un libro inglés* ~ *una firma inglesa*
>   ein englisches Buch   eine englische Firma
> c. *un pueblo andaluz* ~ *una ciudad andaluza*
>   ein andalusisches Dorf   eine andalusische Stadt[9]

Und mit substantivierten Formen:

> d. *En el centro de Palma, discurren suecas, alemanas, inglesas, noruegas, danesas y francesas* (M. TUDELA, *Cela*, 94).
> Im Zentrum von Palma sieht man überall Schwedinnen, Deutsche, Engländerinnen, Norwegerinnen, Däninnen und Französinnen herumlaufen.

157. Einige *gentilicios* haben jedoch dieselbe Form für beide Geschlechter: *belga* („belgisch"), *israelí* („israelisch"), *marroquí* („marokkanisch") usw.

> *Banisadr asegura que Irán ha frustrado la invasión iraquí* (El País, 4.12.1980, 4).
> Banisadr versichert, der Iran habe den irakischen Einmarsch vereitelt.

§ 2. ZWEITE MÖGLICHKEIT: DIE ADJEKTIVE BLEIBEN UNVERÄNDERT

158. Die Adjektive, die zu keiner der obengenannten Gruppen gehören, haben nur eine gemeinsame Endung für beide grammatische Geschlechter.

> a. *un espectáculo brillante* ~ *una función brillante*
>   ein hervorragendes Schauspiel   eine hervorragende Vorstellung
> b. *un artículo optimista* ~ *una nota optimista*
>   ein optimistischer Artikel   eine optimistische Anmerkung

---

7 W. BEINHAUER, *El humorismo en el español hablado*, 157.
8 Auch das DRAE führt als weibliche Form *gandula* an (I, 677).
9 Anders als im Englischen werden die *gentilicios* im Spanischen immer klein geschrieben, auch (und im Gegensatz zum Deutschen) wenn sie Personen bezeichnen: *el español* → „der Spanier".

c. *un ejemplo fácil* ein einfaches Beispiel	~ *una tarea fácil* eine einfache Aufgabe
d. *un camarero cortés* ein höflicher Kellner	~ *una azafata cortés* eine höfliche Stewardess
e. *un niño feliz* ein glückliches Kind	~ *una mujer feliz* eine glückliche Frau

Anmerkung

159. Man muß heute in Spanien damit rechnen, in sprachschöpferisch tätigen Kreisen (in der Presse, im Funk- und Fernsehjournalismus, an den Universitäten) immer wieder (selbstverständlich falsche) Formen zu hören bzw. zu lesen, bei denen ein männliches Adjektiv neben einem weiblichen Substantiv verwendet wird, z. B. *otro aula* („ein anderer Hörsaal"), *mucho hambre* („großer Hunger"), *tanto agua* („soviel Wasser"), *un aula pequeño* („ein kleiner Hörsaal"), *un hambre tremendo* („ein schrecklicher Hunger"...[10].

ABSCHNITT II
BILDUNG DES PLURALS
FORMACIÓN DEL PLURAL

160. Hier gelten dieselben Regeln wie bei der Pluralbildung der Substantive (siehe Nr. 121–123).

a. *la casa blanca* das weiße Haus	→ *las casas blancas*
b. *el pan duro* das harte Brot	→ *los panes duros*
c. *una región agradable* eine angenehme Gegend	→ *unas regiones agradables*
d. *la falda azul* der blaue Rock	→ *las faldas azules*
e. *el camarero cortés* der höfliche Kellner	→ *los camareros corteses*
f. *el niño feliz* das glückliche Kind	→ *los niños felices*[11]

161. Die wenig zahlreichen Adjektive, die auf betontes *-í* ausgehen, bekommen ebenso wie Substantive dieser Art im Plural die Endung *-es*.

---

[10] Cf. R. Lapesa, *Contestación...*, 96. Dieser Autor merkt an, daß es sich dabei [vorläufig noch (?)] immer um Substantive im Singular handelt. Gleichzeitig schlägt er eine Erklärung für diese Erscheinung vor [→ Analogie zu Formen wie *este alma, ese agua* usw. (siehe dazu Nr. 356)].

[11] Wie bei den Substantiven wird das *-z* am Wortende vor *-es* zu *-c-*: *feliz* → *felices*.

a.	*un detalle baladí* ein unwesentliches Detail	→ *unos detalles baladíes*
b.	*la fruta marroquí* die marokkanische Frucht	→ *las frutas marroquíes*

ABSCHNITT III
KONGRUENZ (CONCORDANCIA) – SONDERFÄLLE

162. Substantive, die als Adjektive verwendet werden und dann eine Farbe bezeichnen (eventuell auch in übertragener Bedeutung wie in Beispiel b), bleiben sowohl im Singular als auch im Plural unverändert. Das betrifft Wörter wie *la rosa* („die Rose") → *rosa* („rosa"), *la violeta* („das Veilchen") → *violeta* („violett", „veilchenblau"), *la naranja* („die Apfelsine") → *naranja* („orange") usw.

> a. *La niña se desmayó en el sofá malva de la sala rosa* (M. MIHURA, *Tres sombreros de copa*, 136).
> Das Mädchen fiel auf dem malvenfarbenen Sofa im rosafarbenen Salon in Ohnmacht.
> b. *Cuánto me gustaban las novelas rosa* (C. MARTÍN GAITE, *El cuarto de atrás*, 39).
> Wie sehr mir Liebesromane gefielen!

Dies läßt sich dadurch erklären, daß es sich hier eigentlich um elliptische Konstruktionen handelt:

> *naranja*   <   *de color naranja*
> *rosa*   <   *de color rosa*
> *violeta*   <   *de color de violeta*[12]

163. Allerdings ist es nicht ganz ausgeschlossen, solche Wörter doch im Plural anzutreffen[13].

> a. *Las ropas grises, marrones, negras* (F. UMBRAL, *Los helechos arborescentes*, 131).
> Die grauen, braunen, schwarzen Kleidungsstücke.
> b. *Paisajes malvas* (S. FERNÁNDEZ, *Gramática española*, 120).
> Malvenfarbene Landschaften.
> c. *Esos ojos cafés* (A. SKÁRMETA, *Ardiente paciencia*, 46).
> Diese kaffeebraunen Augen.

164. Bei zusammengesetzten Adjektiven, die eine Farbe bezeichnen, sind in der Regel beide Bestandteile unveränderlich [→ *ojos azul claro* („hellblaue Augen")][14].

---

12 Ein differenzierterer Kommentar findet sich bei M. SECO, *Diccionario de dudas*, 103, und bei J. COSTE & A. REDONDO, *Syntaxe de l'espagnol moderne*, 354–355.
13 Aber auch in diesem Fall sind sie im *Genus* unveränderlich (siehe dazu: S. FERNÁNDEZ, *Gramática española*, 120–121).
14 Cf. S. FERNÁNDEZ, *Gramática española*, 121. Dort sind auch von dieser Regel abweichende Beispiele angeführt.

165. Es gibt Fälle, in denen sich ein Adjektiv auf zwei oder mehr Substantive bezieht. Die verschiedenen Möglichkeiten lassen sich dabei weitgehend mit denen vergleichen, die das Französische in diesen Fällen bereithält:

1. Die Substantive haben dasselbe grammatische Geschlecht: → das Adjektiv steht im Plural und kongruiert im Genus mit den Substantiven.

> a. *Gastón era un hombre de una constancia, una habilidad y una paciencia infinitas* (G. GARCÍA MÁRQUEZ, *Cien años de soledad*, 361).
> Gaston war jemand, dessen Beharrlichkeit, Geschicklichkeit und Geduld keine Grenzen kannten.

2. Die Substantive haben unterschiedliches Geschlecht: → das Adjektiv steht meist[15] in der männlichen Pluralform, und aus Gründen des Wohlklangs wird vermieden, daß ein weibliches Substantiv neben die männliche Adjektivform zu stehen kommt.

> b. *He comprado una camisa y un sombrero blancos*
>   ↓   ↓   ↓
>   f.sg.;   m.sg.   m.pl.
>
> Ich habe ein weißes Hemd und einen weißen Hut gekauft.
> (Dagegen sollte man die folgende Wortfolge vermeiden: *He comprado un sombrero y una camisa blancos.*)

Eben aus Gründen des Wohlklangs wird in der folgenden Satzkonstruktion von der allgemeinen Regel abgewichen, da das männliche Substantiv erst an dritter Stelle steht:

> c. *Frente a otras cosas, personas, grupos...* (*Esbozo*, 226).
> Gegenüber anderen Sachen, Personen, Gruppen...[16]

ABSCHNITT IV

STELLUNG DES ADJEKTIVS UND DIE AUSWIRKUNGEN
POSICIÓN DEL ADJETIVO E IMPLICACIONES

§ 1. ALLGEMEINE REGEL

166. Im Gegensatz zum Deutschen steht das Adjektiv im Spanischen meist nach dem Substantiv.

> a. *una reunión breve*   ein kurzes Treffen
> b. *una chica guapa*   ein hübsches Mädchen

---

[15] Siehe jedoch Beispiel c.
[16] Weitere Besonderheiten und andere Möglichkeiten finden sich bei M. SECO, *Diccionario de dudas*, 110–112.

c.	*unos libros interesantes*	einige interessante Bücher
d.	*dos edificios blancos*	zwei weiße Gebäude
e.	*un periódico alemán*	eine deutsche Zeitung

§ 2. VORANSTELLUNG DES ADJEKTIVS

167. Der in Nr. 166 angeführte Grundsatz ist nicht uneingeschränkt gültig. In bestimmten Fällen wird das Adjektiv vor das Substantiv gestellt. Die Stellung des Adjektivs erweist sich im Spanischen als ein besonders komplexes Problem. In einem Buch wie diesem können lediglich die allgemeinen Aspekte auf schematische und damit natürlich unvollständige Weise behandelt werden[17].

168. Besondere Eigenschaften

Wenn das Adjektiv eine besondere und als inhärent betrachtete Eigenschaft bezeichnet, steht es vor dem Substantiv.

a.	*la dulce miel*	der süße Honig
b.	*la blanca nieve*	der weiße Schnee
c.	*las mansas ovejas*	die sanftmütigen Schafe

Der *Esbozo* weist darauf hin, daß in diesen Fällen das Nachstellen des Adjektivs sonderbar erscheinen würde: man könne sich kaum vorstellen, daß Honig nicht süß und Schafe nicht zahm wären[18].

169. Kurze Adjektive

Einige (meist kurze) Adjektive stehen gewöhnlich vor dem Substantiv.

a.	*un buen amigo de mi padre*	ein guter Freund meines Vaters
b.	*hoy hace mal tiempo*[19]	heute ist schlechtes Wetter

170. Mitunter ist es gleichgültig, ob das Adjektiv vor oder nach dem Substantiv steht. Man kann sowohl *una reunión breve* (siehe Nr. 166) als auch *una breve reunión* sagen. Eine allgemeingültige Regel gibt es dazu nicht, was auch aus dem einschlägigen Kommentar des *Esbozo* (S. 409, Nr. 3.9.3) deutlich wird[20]. Man beachte aber die Hinweise in den Nrn. 178–184.

171. „Mucho", „poco", „mero"

Mucho („viel") und *poco* („wenig") werden im Spanischen häufig adjektivisch gebraucht. Sie stehen dann ebenso wie *mero* („nur", „lediglich") vor dem Substantiv.

---

[17] Eine Reihe interessanter Betrachtungen zu diesem Thema sowie eine umfangreiche Bibliographie finden sich in dem Artikel von V. DEMONTE, *El falso problema de la posición del adjetivo: dos análisis semánticos* (in *Boletín de la RAE*, Tomo LXII, Cuaderno CCXXVII, S. 453–485). Siehe auch I. BOSQUE, *Más allá de la lexicalización* (*Boletín de la RAE*, Tomo LXII, Cuaderno CCXXV, vor allem die Seiten 110–111 und 128–129).

[18] Cf. *Esbozo*, 410.

[19] Man beachte, daß die Formen *buen, mal* (nicht *bueno, malo*) benutzt werden. Dazu weitere Einzelheiten in Nr. 186.

[20] Siehe auch weiter unten, Nr. 184.

a. *tengo muchos libros*   ich habe viele Bücher
b. *había poca gente*   es waren wenig Leute da
c. *una mera casualidad*   ein reiner Zufall

172. Stilistische Wirkung

Das Voranstellen des Adjektivs kann im Spanischen auch eine stilistische Funktion erfüllen. Nach Pedro SALINAS[21] ist die Erklärung für die Stellung des Adjektivs hauptsächlich in der *Intentionalität* und *persönlichen Betrachtungsweise* des Sprechers zu suchen[22].

Zusammengefaßt:

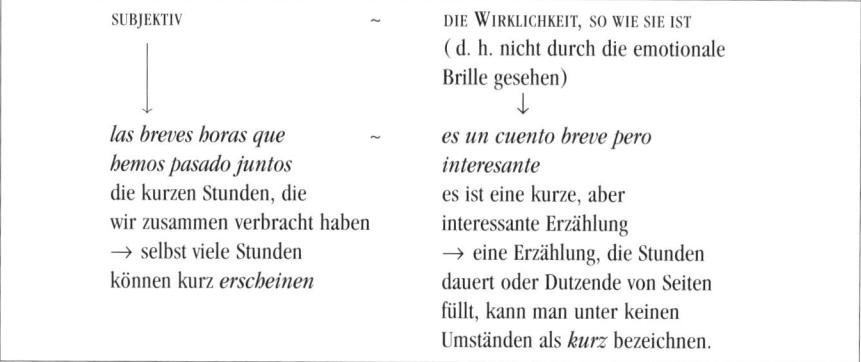

SUBJEKTIV	~	DIE WIRKLICHKEIT, SO WIE SIE IST
↓		(d. h. nicht durch die emotionale Brille gesehen)
		↓
las breves horas que hemos pasado juntos	~	*es un cuento breve pero interesante*
die kurzen Stunden, die wir zusammen verbracht haben		es ist eine kurze, aber interessante Erzählung
→ selbst viele Stunden können kurz *erscheinen*		→ eine Erzählung, die Stunden dauert oder Dutzende von Seiten füllt, kann man unter keinen Umständen als *kurz* bezeichnen.

[Ähnliche Überlegungen findet man im *Esbozo*[23], der das Voranstellen des Adjektivs vor allem persönlich motiviert sieht (Werturteil, Gefühlsäußerung …).]

Siehe auch Beispiele wie:

a. *Manolo el Pollero se fue a morir a su asturiana tierra* (*Estafeta literaria*, Nr. 613, 1. 6. 1977, 14).
Zum Sterben kehrte Manolo el Pollero in seine asturische Heimat zurück (durch das Voranstellen des Adjektivs wird eine emotionelle Bindung im Sinne von „geliebte Heimat" impliziert).

---

[21] Pedro SALINAS (1891–1951) war ein bekannter Essayist und Dichter. Er gehörte zur sogenannten „Generation von 1927", der auch Vicente ALEIXANDRE (Literaturnobelpreisträger von 1977) und Federico GARCÍA LORCA angehören.

[22] Siehe in diesem Zusammenhang folgenden interessanten Text von SALINAS: *La diferencia entre el adjetivo antepuesto y el adjetivo pospuesto es la siguiente: el primero encierra un atributo afectivo; el segundo, una distinción lógica.* Und weiter: *Estamos, pues, plenamente autorizados a decir que el adjetivo antepuesto representa la intervención del elemento humano, del sentimiento, en el mundo de valores objetivos representado por los sustantivos (...) Los adjetivos antepuestos representan nuestra manera de sentir las realidades del mundo* (*Ensayos de literatura hispánica*, 189 und 190).
Zusammengefaßt: Der Unterschied zwischen Voranstellung und Nachstellung des Adjektivs liegt in ihrem subjektiven bzw. objektiven Charakter, sie bringt eine persönliche, affektive Betrachtungsweise ~ Realität, Logik zum Ausdruck. Wie komplex dieses Thema ist, wird aus folgender Feststellung deutlich: Adjektive wie *bueno* und *malo* stehen häufig vor dem Substantiv und bilden dann mitunter stereotype Wortverbindungen, z. B. in *un buen amigo, un mal amigo …* (cf. DUE, I, 424). Wird diese „feste" Wortfolge umgekehrt, so ist die Wirkung genau dieselbe wie in anderen Fällen bei der Voranstellung des Adjektivs: *un buen amigo* („ein guter Freund") → *un amigo bueno* [(hier wäre auch die Verdoppelung des Adjektivs möglich → *un amigo bueno bueno*) = *un amigo de verdad* („ein *echter* Freund")].

[23] Seite 410.

b. *Me senté en una terraza a tomar una carísima cerveza fresca* (F. UMBRAL, *La noche que llegué al café Gijón*, 98).
Ich setzte mich auf eine Terrasse, um ein äußerst teures kühles Bier zu trinken.
Der Autor war viel mehr vom (übertriebenen) Preis des Bieres als von der Kühle des Getränks beeindruckt.

c. *Sólo el loro 'Mambrú' se desazonó, revolviendo sus crueles ojos* (A. M. MATUTE, *Los soldados lloran de noche*, 48).
Nur der Papagei 'Mambrú' fühlte sich gestört und rollte mit seinen grausamen Augen.

Mehrere vorangestellte Adjektive finden sich in:

d. *Rechaza el gris departamento de un gris profesor que vive en la calle Charcas* (E. SÁBATO, *El escritor y sus fantasmas*, 63).
Das graue Appartement eines farblosen Lehrers, der in der Charcasstraße wohnt, weist er zurück.

e. *Es una sabrosa bella durmiente blanca ciudad* (G. CABRERA INFANTE, *Tres tristes tigres*, 354).
Es ist eine herrliche, schöne, schlafende, weiße Stadt.
Der stilistische Effekt wird hier noch dadurch verstärkt, daß der Autor die vorangestellten Adjektive nicht durch Kommata trennt.

Ein eigentlich unerwartetes Voranstellen von Adjektiven kann man auch in der Poesie und in der Werbesprache antreffen. In den folgenden beiden Fällen soll eine besondere Wirkung erzielt werden:

f. *(sus) rubios cabellos* („seine blonden Haare") kann als dichterische Variante von *(sus) cabellos rubios* gelten.

g. *Un espléndido brindis*
   con brandy espléndido
(„Ein herrliches Prost mit einem herrlichen Brandy") lautet ein Werbespruch für einen bekannten spanischen Kognak (man beachte darüber hinaus die chiastische Position des Adjektivs).

Auch in der offensichtlich kitschigen Sprache der Regenbogenpresse findet sich die Voranstellung des Adjektivs:

h. *Inés Sastre en las azules aguas de Mallorca* (Bildunterschrift in *¡Hola!*, Nr. 2455, 29.8.1991, 91).
Inés Sastre im blauen Wasser Mallorcas.

i. *Arriba, Inés Sastre, como una sirena en las azules y cálidas aguas de Mallorca* (Quelle siehe Beispiel h).
Oben: Inés Sastre wie eine Nixe im blauen und warmen Wasser Mallorcas.

173. Die folgenden Beispiele zeigen, daß die *anteposición* für den, der sie gebraucht, mitunter eine superlativische Funktion hat[24]. Dies gilt es in der Übersetzung zu berücksichtigen, da im Deutschen das Adjektiv *in jedem Fall* vorangestellt wird. Die Wortfolge einfach nur beizubehalten würde zu einer unzureichenden Übersetzung führen. Ein ironischer Unterton ist in solchen Fällen nicht auszuschließen [in

---

[24] Eigentlich eine Variante und logische Umsetzung des in Nr. 172 Gesagten.

Beispiel c wird angedeutet, daß eine nicht mehr ganz so junge Frau sich kindisch aufführt, und in Beispiel d ist *madrileña barriada* möglicherweise eine (ironische) Anspielung auf ein in der spanischen Presse häufiges Klischee].

    a. *La inteligente y fuerte mujer así gana su propia batalla* (C. BLANCO AGUINAGA u. a., *Historia social de la literatura española*, I, 308).
So gewinnt diese intelligente und starke Frau ihre eigene Schlacht.
(Es geht um Santa Teresa de Avila – in einem Fall wie diesem wird die „superlativierende Funktion" durch die vorangestellte Adjektivgruppe noch verstärkt).

    b. *Don Jeremías era un señor ya mayor, de pelo blanco, cejas pobladísimas y cara de arrugada piel* (E. ACEVEDO, *El caso del analfabeto sexual*, 118).
Don Jeremías war schon ein älterer Herr, mit weißen Haaren, überaus buschigen Augenbrauen und ziemlich runzligem Gesicht (eigentlich lautet die Übersetzung von *arrugado* schlicht „runzlig").

    c. *La cincuentona Rosa adopta un misterioso tono para decir la cosa más sencilla* (S. LORÉN, *Cuerpos, almas y todo eso*, 385).
Rosa, eine Frau in den Fünfzigern, spricht mit geheimnisvoller Stimme, um die einfachsten Dinge zu sagen.

    d. *Ellas y sus dos acompañantes eran de la madrileña barriada de Palomeras* (F. UMBRAL, *Amar en Madrid*, 65).
Die beiden Mädchen und ihre zwei Begleiter kamen aus dem typischen Madrider Viertel Palomeras.
[Es stellt sich allerdings die Frage, ob in Fällen wie diesem (von Städtenamen abgeleitete Adjektive) nicht eine Grammatikalisierung begonnen hat: Die Voranstellung findet sich immer häufiger, z. B. in der Sprache der Medien, ohne daß eine Bedeutungsänderung gegenüber der Nachstellung des Adjektivs erkennbar wäre.]

174. Sogar „echte" auf *-ísimo* gebildete Superlative können vor dem Substantiv stehen. In einigen Fällen hat das Voranstellen dieser *langen* Adjektive[25] eindeutig ironische Bedeutung.

    a. *Recordarán toda su vida el originalísimo viaje* (L. CARANDELL, *Celtiberia Show*, 53).
Ihr ganzes Leben lang werden sie sich an die besonders originelle Reise erinnern.

    b. *Tomó la precaución de decirle a la monísima criada que se quedara en el pasillo* (F. VIZCAÍNO CASAS, *Hijos de papá*, 35).
Vorsichtshalber wies er das bildhübsche Dienstmädchen an, im Flur zu bleiben.

    c. *El infante don Juan Manuel era un cristianísimo caballero* (J. A. GÓMEZ MARÍN, *Bandolerismo, santidad y otros temas españoles*, 46).
Der Infant[26] Don Juan Manuel war ein überaus christlicher Edelmann.

175. Bei allen in den Nrn. 173 und 174 angeführten Beispielen fühlt sich der Sprecher durch die Eigenschaft oder den Charakterzug, die im Adjektiv zum Ausdruck kommen, in besonderer Weise berührt und/oder will sie besonders hervorheben. In all diesen Fällen wird daher die Stellung des Adjektivs durch das bestimmt, was SALINAS „das Wirksamsein des menschlichen Elements" (*la intervención del elemento humano*) nennt.

---

[25] Siehe dazu Nr. 177.
[26] *Infante* → Titel für einige Blutsverwandte des Königs.

176. In den folgenden Beispielen bezeichnet das Adjektiv zwar tatsächliche, wahrnehmbare (und damit objektive) Eigenschaften, aber die Voranstellung läßt sich dadurch erklären, daß ein eigentlich keine Nuancen zulassender Umstand (in einem bestimmten Umfeld oder von einer bestimmten Personengruppe) als merkwürdig oder außergewöhnlich betrachtet wird und somit besondere Beachtung verdient.

    a. *Heidi enredaba sus morenos dedos entre sus cabellos foscos* (D. Medio, *Nosotros, los Rivero*, 64).
       Heidi wühlte mit ihren braunen Fingern in ihren dunklen Haaren.
       (Heidi ist ein Mischlingsmädchen, das in Oviedo lebt.)
    b. *Era frecuente ver en Brasil rubios negros aunque parezca un contrasentido* (R. J. Sender, *Relatos fronterizos*, 194).
       In Brasilien konnte man häufig blonde Schwarze sehen, obwohl das wie ein Widerspruch klingt.

177. Aufschlußreich ist vielleicht der Hinweis, daß der Eindruck, der durch das Voranstellen des Adjektivs hervorgerufen wird, mit der Länge dieses Wortes im Zusammenhang steht: je „gewichtiger" das Adjektiv ist, desto ungewohnter bzw. effektvoller wirkt die *anteposición*. Der „gewichtige" Charakter kann sich aus der Struktur des Wortes oder aus seiner besonderen Bedeutung ergeben: lange Adjektive, Adjektive mit Suffixen, mehrere vorangestellte Adjektive (→ Adjektivgruppe), oder auch ungewöhnliche, unerwartete Formen[27].

§ 3. STELLUNG DES ADJEKTIVS
→ VERSCHIEDENE BEDEUTUNG

178. Einige Adjektive haben verschiedene Bedeutung (jeweils eine übertragene und eine wörtliche), je nachdem, ob sie vor oder nach dem Substantiv stehen. Auch hier ist letztlich die bereits angesprochene Unterscheidung objektiv ~ subjektiv[28] bzw. konkret ~ abstrakt ausschlaggebend.

    a. *¡La pobre mujer!*   Die arme Frau!
       Es una mujer muy pobre.   Sie ist eine sehr arme Frau.

    b. *Ha venido un antiguo alumno mío.*
       Einer meiner ehemaligen Schüler ist gekommen.
       Hemos comprado una casa antigua en Andalucía.
       Wir haben ein altes Haus in Andalusien gekauft.

    c. *Es un gran director de orquesta.*
       Er ist ein großer (d. h. sehr guter) Dirigent.
       Dirige una orquesta muy grande.
       Er dirigiert ein großes Orchester (d. h. mit vielen Musikern).

---

[27] Wie z. B.: a. *Los rubenianos cisnes* (F. Umbral, *Amar en Madrid*, 65).
       Die Schwäne, von denen Rubén Darío spricht.
    b. *En la yanqui Florida* (C. J. Cela, *Garito de hospicianos*, 17 und 19).
       Im Florida der Yankees.
[28] Vergleiche Nr. 172.

J. Alcina Franch & J. M. Blecua weisen darauf hin, daß die Zahl der Adjektive mit einer solchen doppelten Bedeutung begrenzt ist. Neben den bereits angeführten Beispielen seien noch genannt:

d.	*cierto hecho*	(eine) gewisse Tatsache
	hecho cierto	(eine) sichere Tatsache
e.	*buena mujer*	(eine) gutmütige Frau
	mujer buena	(eine) gute Frau
f.	*bonita escena*	(eine) schöne Szene (ironisch gemeint)
	escena bonita	(eine) schöne Szene (wörtlich)
g.	*simple camarada*	(ein) einfacher Kamerad (d. h. nichts anderes als ein Kamerad)
	camarada simple	(ein) einfältiger Kamerad
h.	*nuevo libro*	(ein) neues Buch (d. h. neuartig, mit neuem Inhalt)
	libro nuevo	(ein) neues Buch (d. h. gerade erschienen oder gerade gekauft)

Auch diese Autoren führen aus, daß das vorangestellte Adjektiv eher eine vage, nichtmaterielle Eigenschaft bezeichnet, wohingegen das nach dem Substantiv stehende Adjektiv eine konkretere und präzisere Bedeutung hat [29].

Die Liste von J. Alcina Franch & J. M. Blecua kann noch um die Adjektive *negro* („schwarz", „düster") und *puro* [„sauber", „rein" (im Sinne von „lediglich" wie in „ein reiner Zufall" → *pura coincidencia*)] erweitert werden. In der figürlichen Bedeutung („düster", „unheilvoll" und „rein"[30]) stehen sie vor dem Substantiv. Hierher gehört auch die Bedeutungsänderung bei dem Adjektiv *solo* in Ausdrücken wie *un café solo, un whisky solo ... → un solo café, un solo whisky ...* („ein Kaffee ohne Milch", „ein Whisky ohne Wasser" ~ „nur ein Kaffee", „nur ein Whisky").

179. Man kann beide Konstruktionen in ein und demselben Satz finden, wenn der Autor, wie in den folgenden Beispielen, durch geschickte Wortspiele eine stilistische Wirkung in Form einer Antithese erreichen will. Manchmal kann man solche Wortspiele im Deutschen wörtlich wiedergeben.

a. *Es que me gusta ver a los viejos amigos, pero no a los amigos viejos* (S. Lorén, *V. I. P.*, 226).
Ich treffe gerne alte Freunde, aber keine Freunde, die alt sind.

b. *Yo soy católico, como Dollfuss, sólo que él es un gran hombre pequeño y yo un pequeño hombre grande* (R. J. Sender, *La luna de los perros*, 162–163).
Ich bin Katholik wie Dollfuss, nur daß er, wenngleich von kleinem Wuchs, ein großer Mann ist, während ich trotz meiner Körpergröße ein kleiner Mann bin.

c. *De Girald era un alto funcionario de la Magistratura. Era también un funcionario alto* (D. Medio, *Nosotros, los Rivero*, 38).
De Girald war ein hoher Beamter am Gericht. Er war auch ein hochgewachsener Beamter.

d. Im Jahr 1981 wurde in Madrid ein Theaterstück mit folgendem Titel angekündigt:
Hombre rico ...
¡pobre hombre!
(„reicher Mann ... armer Mann!").

---

[29] *Gramática española*, 509. Siehe dazu auch: F. Marsá, *Diccionario normativo*, 131–132.
[30] *Puro* ist dann ein Synonym zu dem in Nr. 171 angeführten *mero* [was nicht bedeutet, daß ein vorangestelltes *puro* nicht auch im eigentlichen Sinne angetroffen werden kann, z. B. in *es de puro oro* (oder *de oro puro*) = „es ist aus reinem Gold"].

180. Die Formen *mayor, menor, mejor, peor* stehen grundsätzlich vor dem Substantiv, zumindest wenn sie als Superlative verwendet werden.

    a. *la mayor parte de mis libros*   die Mehrzahl meiner Bücher
    b. *es el peor libro de los cuatro*   dies ist von den vieren das schlechteste Buch

181. Man kann *mayor* und *menor* auch nach dem Substantiv finden. Diese beiden Wörter bekommen dann allerdings eine Sonderbedeutung in festen und nicht sehr zahlreichen Ausdrücken wie

    a. *mi hermana menor*   meine jüngste Schwester
    b. *mi hermano mayor*   mein ältester Bruder
    c. *la calle mayor*   die Hauptstraße

In derselben Bedeutung, aber alleinstehend:

    d. *La (hermana) mayor era más divertida, pero también lo seducía la suave coquetería de la menor* (I. ALLENDE, *Eva Luna*, 91).
       Die Ältere (Schwester) war die unterhaltsamere, aber auch die unaufdringliche kokette Art der Jüngeren bezauberte ihn.

Mayor und *menor* können auch als Komparative gebraucht werden, mit der Bedeutung „älter" bzw. „jünger":

    e. *un hermano menor*   ein jüngerer Bruder
    f. *Ella pareció más joven que él, a pesar de que era tres años mayor* (A. M. MATUTE, *Los soldados lloran de noche*, 88).
       Sie wirkte jünger als er, obgleich sie drei Jahre älter war.

Mayor und *menor* verlieren ihren Charakter als Komparative oder Superlative in der Bedeutung „volljährig" und „minderjährig" (unter Umständen verbunden mit der näheren Bestimmung *de edad*):

    g. *Antonio es mayor de edad* (*Esbozo*, 418).
       Antonio ist volljährig.
    h. *Entrada prohibida a los menores.*
       Eintritt für Minderjährige verboten.

Un hombre mayor bedeutet „ein alter Mann".

182. Als Komparative (und in ihrer eigentlichen Bedeutung) stehen *mayor, menor, mejor, peor* meist nach dem Substantiv, besonders wenn sie durch *alguno* („irgendein"), *ninguno* („kein"), *otro* („ein anderer") oder *uno* („ein") näher bestimmt werden.

    a. *¡Hay cosas peores!*   Es gibt Schlimmeres!
    b. *No conozco ningún libro mejor.*   Ich kenne kein besseres Buch.
    c. *No existe otra empresa mayor.*
       Es gibt kein anderes Unternehmen, das größer wäre.

183. In der Bedeutung „wirklich", „echt" steht *real* nach dem Substantiv. Dagegen wird es häufig dem Substantiv vorangestellt, wenn es die Bedeutung „königlich" hat oder Bestandteil einer festen Wendung ist.

a. *la explicación real*   die wirkliche Erklärung
b. *un real decreto*   eine königliche Verordnung
c. *una real moza*   ein schmuckes Mädchen

Man findet aber auch Formen wie *cédula real* („königliche Order"), *licencias reales* („königliche Genehmigungen")...
Die spanische königliche Familie wurde früher stets mit nachgestelltem Adjektiv als *la Familia Real española* bezeichnet. Durch eine Internet-Suche im Mai 2001 konnte der Übersetzer dieser Grammatik, D.-J. GÜTSCHOW, jedoch neben 4558 Fundstellen mit dieser Wortstellung auch immerhin 78 Nachweise für *la Real Familia* finden, darunter sogar in einem Gesetzestext (Real Decreto 496/1987 vom 18. März 1987). Daraufhin fragte ich telefonisch in „La Zarzuela" (der Residenz des spanischen Königs Don Juan Carlos I.) nach. Der Generalsekretär des königlichen Palastes, Herr Rafael SPOTTORNO, äußerte sich in dem Gespräch vom 4. Juni 2001 wie folgt (wobei er mich auch autorisierte, ihn namentlich zu erwähnen): „Man sagt jetzt beides: *la Familia Real* und *la Real Familia*. Die zweite Möglichkeit halte ich für eine geschraubte Ausdrucksweise, zweifellos der Versuch, durch Analogie eine sprachliche Struktur der Vergangenheit wiederzubeleben [als es beispielsweise üblich war, vom *intendente de la Real Casa* („Verwalter des Königspalastes") zu sprechen]."

184. In seltenen Fällen kann das Adjektiv ohne Bedeutungsänderung beliebig vor oder nach dem Substantiv stehen.

a. *las buenas obras*
   oder   die guten Werke
   las obras buenas
b. *el común denominador*
   oder   der gemeinsame Nenner
   el denominador común

Manchmal ist die Stellung des Adjektivs durch das Sprachniveau bedingt. So gehört *la primera vez* („das erste Mal") der gesprochenen Sprache, *la vez primera* dagegen eher der geschriebenen Sprache an, doch bei *primer piso* und *piso primero* („erster Stock") trifft diese Unterscheidung dann wieder nicht zu[31].

185. Die Stellung des Adjektivs in Ausrufesätzen wie z. B. *¡Qué animal más feo!* („Was für ein häßliches Tier!") wird in Nr. 420 behandelt.

§ 4. APÓCOPE

186. Beim unbestimmten Artikel *uno* (auch als Zahlwort gebraucht) und bei einigen Adjektiven und adjektivisch gebrauchten Indefinitpronomen kann der letzte Vokal oder die letzte Silbe entfallen. Diese Erscheinung wird als *apócope* („Endverkürzung") bezeichnet.
Bei folgenden Wörtern findet sich eine Apokope, wenn sie unmittelbar vor einem männlichen Substantiv im Singular stehen: *uno* („ein"), *alguno* („irgendein", „ein gewisser"), *bueno* („gut"), *malo* („schlecht"), *ninguno* („kein"), *primero* („erster"), *postrero* („letzter"), *postrimero* („letzter"), *tercero* („dritter").

---

[31] Siehe dazu, mit weiteren Hinweisen und Beispielen, S. FERNÁNDEZ, *Gramática española*, 148.

Dazu zwei Anmerkungen:
1. Zuweilen werden diese Wörter auch vor einem weiblichen Substantiv apokopiert, wenn dieses Substantiv mit einem betonten *a* (oder *ha*) beginnt[32]. Die Apokope ist dann allerdings fakultativ.
2. Auch wenn dem männlichen Substantiv ein Adjektiv vorausgeht, kommt es zur Apokope (wie im ersten Beispiel: *un buen amigo*).

    a. *Tengo un buen amigo en Zaragoza.*   Ich habe einen guten Freund in Saragossa.
    b. *Es el primer ejemplar de mi libro.*   Das ist das erste Exemplar meines Buches.
    c. *Ya me lo explicará algún amigo.*   Irgendein Freund wird es mir schon erklären.

Aber:

    d. *El primero y el último capítulo.*   Das erste und das letzte Kapitel.
    (*Primero* steht nicht unmittelbar vor dem Substantiv.)
    e. *Te lo digo por tercera vez.*   Ich sage es dir zum dritten Mal.
    (*Vez* ist ein weibliches Substantiv – vergleiche jedoch Fußnote 32.)

Sonderfälle

187. „Grande"

Vor einem Substantiv im Singular steht meistens die apokopierte Form von *grande* → *gran*, unabhängig davon, ob dieses Substantiv männlich oder weiblich ist.

    a. *el gran pintor*   der große Maler
    b. *la gran reina*   die große Königin

188. Allerdings ist die Apokope von *grande* nicht zwingend, und so kann man beispielsweise in einem Buch von G. MARAÑÓN, *Raíz y decoro de España*, *grande* mal apokopiert, mal in Langform finden: *el grande hombre* (S. 153, 155, 158 – „der große Mann") ~ *el gran sabio* (S. 160 – „der große Gelehrte") ~ *el gran inventor* (S. 162 – „der große Erfinder").
Diese Beispiele bestätigen die Anmerkung von S. FERNÁNDEZ, daß die Langform von *grande* in der Zusammenstellung *grande hombre* häufig erhalten bleibe[33].

189. Man kann sogar beide Formen in ein und demselben Satz antreffen, ohne daß der willkürliche Gebrauch von *grande* bzw. *gran* zu erklären wäre:

Estaba sola en aquel grande piso, en aquella gran ciudad (I. AGUSTÍ, *Desiderio*, 290).
Sie war allein in jener großen Wohnung, in jener großen Stadt[34].

---

[32] Diese Einschränkung gilt nicht für die weiblichen Formen *primera, tercera* und *postrera*. Hier kann man in allen Fällen *apócope* antreffen, besonders in Lateinamerika (und unabhängig vom Sprachniveau). Siehe dazu *Esbozo*, 244, und C. KANY, *Sintaxis hispanoamericana*, 50–51. Nach S. FERNÁNDEZ (*Gramática española*, 97) läßt sich dies vielleicht als Analogiebildung zu *cualquiera* [→ *cualquier* (zu dieser Apokope siehe Nr. 494)] erklären.
[33] *Gramática española*, 98. Der Verfasser weist gleichzeitig darauf hin, daß in Superlativen immer die Langform *grande* steht: *el más grande saqueo* („die größte Plünderung"). Ebenso: *Esbozo*, 194.
[34] Der *Esbozo* merkt an, daß man gegenwärtig die nichtapokopierte Form *grande* fast ausschließlich in der literarischen Sprache antreffe (S. 194). Dem kann man hinzufügen: und dann mit emphatischer Funktion.
Zum Beispiel: *El 'Quijote' es un grande libro* (M. ALVAR & B. POTTIER, *Morfología histórica del español*, 38).
Der „Don Quijote" ist ein bedeutendes Buch.

190. „Santo"

Vor dem Namen eines männlichen Heiligen wird *Santo* → *San*[35].

    a. *San Francisco*   der heilige Franziskus
    b. *San Juan*   der heilige Johannes

Aber:

    c. *Santa Teresa*   die heilige Theresia
        (es handelt sich um eine weibliche Heilige)
    d. *el Santo Padre*[36]   der Heilige Vater
        (*Padre* ist nicht der Name eines Heiligen)
    e. *el Santo Espíritu*   der Heilige Geist

Man beachte, daß vor *Santiago* das Adjektiv *san(to)* nicht verwendet wird, da es bereits Bestandteil dieses Namens ist (*Santiago* < lateinisch *Sanctus Jacobus*).

191. Aus lautlichen Gründen erfolgt keine Apokope vor den Namen der Heiligen *Domingo*, *Tomás* (oder: *Tomé*), *Toribio*:

    a. *Santo Domingo*   der heilige Dominikus
    b. *Santo Tomás*   ⎫
        Santo Tomé   ⎬ der heilige Thomas
    c. *Santo Toribio*   der heilige Toribius

Siehe auch folgendes Beispiel, in dem der Name des Heiligen als Gattungsname gebraucht wird:

    d. *Las pruebas están a la disposición de cualquier santotomás que quiera verlas*
        (J. Cortázar, *Libro de Manuel*, 48).
        Die Beweise stehen jedem ungläubigen Thomas zur Verfügung, der sie sehen will.

ABSCHNITT V

DIE STEIGERUNGSSTUFEN
LOS GRADOS DE COMPARACIÓN

§ 1. DER KOMPARATIV (EL COMPARATIVO)

192. Der spanische Komparativ wird mit *más* (bzw. *menos*) vor dem Adjektiv und *que* nach dem Adjektiv gebildet.

---

[35] Ein Kommentar zu dieser Erscheinung findet sich im *Esbozo*, 194–195.
[36] Man kann auch sagen: *el Padre Santo*.

Die Steigerungsstufen / Los grados de comparación

a. *Este muchacho es más fuerte que su hermano.*
   Dieser Junge ist stärker als sein Bruder.
b. *La última edición de este libro es menos cara que la anterior.*
   Die letzte Ausgabe dieses Buches ist weniger teuer als die vorherige.
c. *Las lágrimas de una mujer son más poderosas que los ríos* (F. Marcos Marín, *Lengua española*, 214).
   Die Tränen einer Frau sind mächtiger als Flüsse.

Der fakultative und unnötige Gebrauch des verneinenden *no* wird in Nr. 691 behandelt.

Sonderfälle

193. Unregelmäßige Komparative

Nur wenige Adjektive haben im Spanischen eine eigene Komparativform. Die wichtigsten sind:

a. *bueno* („gut")   →   *mejor*
b. *grande* („groß")   →   *mayor* (manchmal auch: *más grande*)
c. *malo* („schlecht")   →   *peor*
d. *mucho* („viel")   →   *más*
e. *pequeño* („klein")   →   *menor* (manchmal auch: *más pequeño*)[37]
f. *poco* („wenig")   →   *menos*[38]

Bei diesen Formen fällt das vorangestellte *más* weg, und anstelle der Struktur */ más* + Adjektiv + *que /* erhält man

$$\left.\begin{array}{l}\text{MEJOR}\\\text{MAYOR}\\\text{PEOR}\\\ldots\end{array}\right\} + \text{QUE}$$

g. *La segunda explicación es mejor que la primera.*
   Die zweite Erklärung ist besser als die erste.
h. *Este verano es aún peor que el del año pasado.*
   Dieser Sommer ist noch schlechter als der im letzten Jahr.
i. *Un caballo es mayor que un perro* (R. Chacel, *Barrio de maravillas*, 88).
   Ein Pferd ist größer als ein Hund.

---

[37] Im Gegensatz zu den Ausführungen in Fußnote 38 kommen beide Formen sowohl in der Schrift- als auch in der Umgangssprache vor, mit Präferenz für *menor* in verneinten Sätzen (siehe dazu: S. Fernández, *Gramática española*, 125–126).

[38] Neben *mejor* und *peor* kann man (vor allem in der Volkssprache) auch *más bueno* und (seltener) *más malo* antreffen, wenn auch mit Bedeutungsunterschied. M. Moliner bemerkt dazu, daß *mejor* gebraucht werden muß, wenn die Rede von Dingen ist. Geht es um Personen, so kann man auch *más bueno* verwenden, aber dann nur in moralischem Sinne (DUE, I, 432). Diese Autorin führt auch (mit dem Kommentar *rara vez* – „selten") die Variante *más malo* an, allerdings ohne nähere Erläuterung. C. F. A. Van Dam übersetzt *más bueno* mit „braver", „artiger" und führt weiterhin aus, daß man in einem Satz wie *Hoy tiene una cara más mala que nunca* („er sieht heute schlechter denn je aus") auf keinen Fall *peor* sagen könnte. Weitere Beispiele finden sich bei S. Fernández, *Gramática española*, 125. Formen wie *más mayor, más mejor* ... gelten als „vulgarismos" (cf. M. Seco, *Diccionario de dudas*, 75, 211). Eine weitere, besondere Bedeutung von *mayor* und *menor* wurde oben in Nr. 181 behandelt.

194. „Inferior", „superior"

Auch die Komparativformen *inferior* („niedriger", „minderwertig") und *superior* („höher", „besser") werden ohne *más* gebraucht. Auf sie folgt die Präposition *a*[39]. Zur gleichen Gruppe gehören *anterior* („vorhergehend", „vorherig") und *posterior* („darauffolgend", „später"), aber diese Wörter gehören einem anderen (höheren) Sprachniveau an[40].

> *Esta lana es superior a la que me enseñaste la semana pasada.*
> Diese Wolle ist qualitativ besser als die, die du mir vorige Woche gezeigt hast.

195. Übersetzung von „mehr ... als", „weniger ... als"

Gewöhnlich lautet die Übersetzung von „mehr ... als", „weniger ... als": *más ... que, menos ... que.*

> *Tengo más (menos) libros que tú.*
> Ich habe mehr (weniger) Bücher als du.

196. Wenn auf „mehr" bzw. „weniger" eine Kardinalzahl folgt, oder ein Begriff, der eine Quantität impliziert [wie *la mitad* („die Hälfte"), *el doble* („das Doppelte")], dann wird „als" meist mit *de* wiedergegeben.

> a. *Tengo más de doscientos libros.*
>   Ich habe mehr als zweihundert Bücher.
> b. *Estoy convencido de que tiene menos de treinta años.*
>   Ich bin davon überzeugt, daß er noch nicht dreißig ist.
> c. *Gastaron en dos meses más de la mitad del presupuesto anual* (*Esbozo*, 418).
>   Sie haben in zwei Monaten mehr als die Hälfte des Jahresbudgets ausgegeben.

Der (umgangssprachliche) Ausdruck *más de la cuenta* bedeutet „zu viel":

> d. *Haber bebido más de la cuenta* („einen über den Durst getrunken haben"),
>   *hablar más de la cuenta* („zu viel reden"), *castigar más de la cuenta* („zu hart bestrafen") ...

Doch ist auch der Gebrauch von *más que* vor einem Zahlwort möglich. Allerdings gibt es einen Bedeutungsunterschied zwischen

> e. *Hemos perdido más de dos años*
>   und
>   *Hemos perdido más que dos años*
>   (Wir haben mehr als zwei Jahre verloren).
>   Der zweite Satz impliziert etwas Zusätzliches, eigentlich Dominierendes: daß man nämlich auch zwei Jahre seines Glücks, seiner Karriere, für die Verwirklichung eines bestimmten Vorhabens ... verloren hat.

---

[39] S. Fernández führt ein Beispiel an, in dem auf *superior* die Präposition *de* folgt (*Gramática española*, 135).
[40] Siehe dazu: S. Fernández, der weitere (und dann ausschließlich bildungssprachliche) Komparative dieser Art anführt (*Gramática española*, 123).

Die Steigerungsstufen / Los grados de comparación

197. Die Verbindung *no (...) más que* ist synonym zu *sólo, solamente* und ist mit „nur" zu übersetzen. In dieser Bedeutung steht *no (...) más que* auch vor einer Kardinalzahl.

    a. *Manolita no se vestía más que de verde* (F. QUIÑONES, *Las mil noches de Hortensia Romero*, 185).
       Manolita kleidete sich ausschließlich grün.

    b. *No he estado mareado más que dos veces en mi vida* (V. POZUELO ESCUDERO, *Los últimos 476 días de Franco*, 198).
       Ich bin nur zweimal in meinem Leben seekrank gewesen.

Es gibt daher einen wichtigen Bedeutungsunterschied zwischen

    c. *No gastamos más de doscientos pesos*
       („Wir haben nicht mehr als zweihundert Pesos ausgegeben")
                 und
       No gastamos más que doscientos pesos
       („Wir haben nur zweihundert Pesos ausgegeben").
       Im ersten Fall wird zum Ausdruck gebracht, daß die ausgegebene Summe nicht über (vielleicht sogar etwas unter) zweihundert Pesos betrug. Im zweiten Satz wird ein restriktives Element hervorgehoben: es handelt sich um einen Betrag, der als GERING betrachtet wird [41].

198. „Mehr" + Substantiv + „als" + Verbform
       „Weniger" + Substantiv + „als" + Verbform

In solchen Konstruktionen wird „mehr" („weniger") ... als"[42] mit

MÁS	+	DEL QUE (< DE + EL)
MENOS		DE LA QUE
		DE LOS QUE
		DE LAS QUE

übersetzt, je nach Genus und Numerus des Substantivs, das unmittelbar auf „mehr" (bzw. „weniger") folgt[43].

    a. *Tenía más dinero del que le hacía falta* (S. FERNÁNDEZ, *Gramática española*, 138).
                         de + el
                         m. sg.
       Er hatte mehr Geld als er brauchte.

---

[41] Beide Beispiele und der Kommentar sind dem *Esbozo* (S. 418) entnommen.
[42] Bzw. der Komparativ (in nichtwörtlicher Übersetzung), wie in den Beispielen b und c.
[43] Doch kann man in solchen Konstruktionen manchmal *que* allein oder *de lo que* anstelle von *del que, de la que* ... antreffen. Siehe dazu: *Esbozo*, 419, und S. FERNÁNDEZ, *Gramática española*, 138.

b. *Se veía obligado a expresarse con más rapidez de la que tenía costumbre*
   (P. BAROJA, *El mayorazgo de Labraz*, 23).
   ... *(la) rapidez de la que ...*
   ↓ ↙
   f. sg.
   Er sah sich gezwungen, schneller zu sprechen als er gewohnt war.
c. *Oyéndote, todo el mundo diría que tienes veinte años más de los que aparentas*
   (J. GOYTISOLO, *Duelo en el Paraíso*, 203).
   Wenn man dich so hört, könnte man meinen, daß du zwanzig Jahre älter bist als du aussiehst.
d. *Ha hecho menos fotografías de las que el director había pedido.*
   Er hat weniger Fotos gemacht als der Direktor in Auftrag gegeben hatte.

199. „Viel mehr", „wenig mehr"

Weiter unten (Nr. 517–522) wird darauf hingewiesen, daß die Formen *mucho* und *poco* (teilweise im Gegensatz zu „viel", „weniger" im Deutschen) in Genus und Numerus veränderlich sind. Dies kann u. a. bei Komparativen bei der Übersetzung von / *viel* (oder: *wenig*) *mehr* (oder: *weniger*) + Substantiv + *als* / Kongruenzen zur Folge haben, die deutschen Muttersprachlern ungewöhnlich erscheinen mögen.

Die Beispiele aus Nr. 198 könnten in der folgenden Weise verändert werden:

a. *Tenía mucho más dinero del que ...*
   Mucho bleibt unverändert, da *dinero* ein Maskulinum im Singular ist.
b. *Se veía obligado a expresarse con mucha más rapidez ...*
   Mucha kongruiert mit *rapidez*.
c. *Tienes pocos años más de los que aparentas.*

Dies gilt ebenso für die Superlative *muchísimo* und *poquísimo*:

d. *Ha hecho muchísimas menos fotografías de las que ...*

200. In Fällen wie den folgenden, bei denen, anders als in den in Nr. 198 angeführten Beispielen, auf „mehr" bzw. „weniger" kein Substantiv folgt, wird das deutsche „als" durch

die Präposition *de* + das sächliche *lo* + die Konjunktion *que*

in den Konstruktionen

MÁS (...) DE LO QUE // MENOS (...) DE LO QUE

wiedergegeben.

a. *Yo parezco mayor de lo que soy* (J. CORTÁZAR, *Rayuela*, 137).
   Ich sehe älter aus als ich bin.

Die Steigerungsstufen / Los grados de comparación

b. *No temamos, pues, este escollo del egoísmo – evitable y menos peligroso de lo que se cree* (G. Marañón, *Raíz y decoro de España*, 60.)
Fürchten wir also nicht diese Klippe des Egoismus – die vermeidbar ist und weniger gefährlich, als man denkt.

c. *Somos mucho peores de lo que suponíamos* (J. Goytisolo, *En los reinos de Taifa*, 216).
Wir sind viel schlimmer, als wir annahmen.

201. „Más de lo" + Adjektiv

Eine Variante der in Nr. 200 behandelten Fälle ist eine Konstruktion mit einem durch das sächliche *lo* substantivierten Adjektiv.

Se aprovechaban de su ignorancia cobrándole más de lo justo
(P. De Ayala, angeführt von S. Fernández, *Gramática española*, 138).
Sie nutzten seine Unwissenheit aus und berechneten ihm mehr als den angemessenen Preis.
... *más de lo justo* → *más de lo que era justo.*

202. „Je mehr (weniger) ... desto mehr (weniger)"

Die Übersetzung solcher Wendungen lautet cuanto más (menos) ... tanto más (menos)[44].
Häufig wird *tanto* in diesen Konstruktionen allerdings weggelassen.

a. *Cuanto más se tiene, más se quiere* (F. Arrabal, *El triciclo*, 21).
Je mehr man hat, desto mehr will man haben.
Man könnte auch sagen: ... *tanto más se quiere.*

b. *Y cuanto más la miraba, menos había cambiado*
(A. Bryce Echenique, *Tantas veces Pedro*, 211).
Und je mehr er sie betrachtete, desto weniger schien sie sich verändert zu haben.

c. *Cuanto más viejo más amigo*, so lautete in Saragossa (im Jahr 1980) ein Werbeslogan für Nietenhosen [„je älter (die Hose), desto größer die Freundschaft"].

Tanto más (menos) (oder: *más, menos* – ohne *tanto*) und *cuanto más (menos)* können auch in umgekehrter Reihenfolge vorkommen:

d. *La imagen vale tanto más cuanto más absurda es* (E. Sábato, *El escritor y sus fantasmas*, 119).
Die Metapher ist umso besser, je absurder sie ist.

e. *La gente parece más feliz cuanto más primitiva e ignorante* (P. Baroja, *Los pilotos de altura*, 210).
Die Leute scheinen umso glücklicher zu sein, je primitiver und unwissender sie sind.

---

[44] *Cuanto* und *tanto* sind hier veränderlich. Zum Beispiel: *Cuantos más juguetes este niño tiene, (tantos) más querría tener* („Je mehr Spielzeug dieses Kind hat, desto mehr würde es gerne haben").

Auch *cuanto* kann in solchen Konstruktionen weggelassen werden:

    f. *Nada nuevo: a más muertos, más peticiones de negociación* (*El Alcázar*, 16.2.1983, 40).
    Nichts neues: je mehr Tote, desto mehr Verhandlungsgesuche.

Die Konstruktion *tanto más ... cuanto que* („umso mehr ... je") gehört ausschließlich der literarischen Sprache an[45].

203. „Cada vez más (menos)", „cada día más (menos)", „más y más", „menos y menos" (mit oder ohne folgendem Adjektiv oder Adverb)

Diese Konstruktionen, von denen die ersten beiden (mit den spezifischen Varianten *cada vez mejor, cada vez peor*) häufig vorkommen, verleihen dem Komparativ eine progressive Bedeutung.

    a. *A pesar de las campañas, los españoles fuman cada día más* (*El diario vasco*, 6.8.1989, 14).
    Trotz der Kampagnen rauchen die Spanier von Tag zu Tag mehr.
    b. *Cada vez lo entiendo menos* (DUE, II, 1518).
    Ich verstehe es immer weniger.
    c. *El corazón me marcha cada vez peor* (E. Jardiel Poncela, *Un marido de ida y vuelta*, 169).
    Mein Herz arbeitet immer schlechter.
    d. *A medida que se aproximaba la fiesta, Mariona se iba sintiendo más y más importante* (I. Agustí, *Mariona Rebull*, 61).
    Je näher das Fest rückte, desto wichtiger fühlte sich Mariona.

204. „A cuál más" (oder: „a cual más")

Die vergleichende und verstärkende Wendung *a cual más* – oder, mit Akzent, *a cuál más* –(+ Adjektiv oder Adverb) bedeutet in etwa: „einer mehr als der andere". Im Prinzip muß das darauf folgende Adjektiv im Singular stehen, aber M. Seco stellt fest, daß der Gebrauch in dieser Hinsicht sehr uneinheitlich sei (*Diccionario de dudas*, 124). Siehe in diesem Zusammenhang auch das in b angeführte Beispiel.

    a. *Aminta Dechamps y sus siete hijas a cuál más diligente, lo habían previsto* (G. García Márquez, *El amor en los tiempos del cólera*, 57).
    Aminta Dechamps und ihre sieben Töchter, eine intelligenter als die andere, hatten es vorausgesehen.
    b. *Las muchachas, a cual más feas, se dedicaban a hacer encaje* (P. Baroja, *Aurora roja*, in O. C., I, 531).
    Die Mädchen, von denen eine häßlicher als die andere war, waren damit beschäftigt, Spitzen zu knüpfen.

205. Ausdruck der Gleichheit

Soll ein gleicher Grad einer Eigenschaft ausgedrückt werden, so steht das Adjektiv zwischen *tan* und *como*. In den Ausdrücken „(eben)soviel(e) (+ Substantiv) wie" ist *tanto* veränderlich.

---

[45] Siehe dazu, mit Beispielen, *Esbozo*, 546.

Die Steigerungsstufen / Los grados de comparación

> a. *Su proyecto es tan interesante como el tuyo.*
>   Sein Plan ist genauso interessant wie deiner.
> b. *No tengo tantos libros como tú.*
>   Ich habe nicht so viele Bücher wie du.

Manchmal wird das Adjektiv weggelassen (in Erwiderungen, oder wenn der Sprecher Wiederholungen vermeiden will):

> c. *– Estoy borracho.*
>   *– No tanto como crees* (A. BRYCE ECHENIQUE, *Tantas veces Pedro*, 214).
>   „Ich bin betrunken."
>   „Nicht so betrunken wie du glaubst."

Tanto ... como als Übersetzung von „sowohl ... als auch" wird in Nr. 706 behandelt.

206. Wenn im zweiten Element des Vergleichs eine Verbform vorkommt, kann auf *tanto* (anstelle von *como*) *cuanto* folgen. Ebenso wie *tanto* ist *cuanto* dann eine veränderliche Form. Diese (fakultative) Konstruktion ist auf die Schriftsprache beschränkt.

> *Dios cuenta tantos adoradores cuantos son los hombres que piensan* (J. BALMES, *Cartas a un escéptico en materia de religión*, 125).
> Die Zahl derer, die Gott verehren, ist so groß wie die Zahl derer, die nachdenken.

207. Es ist möglich, daß in ein und demselben Satz Gleichheit und Komparativ nebeneinander stehen (die eigentlich jeweils eigene Konstruktionen bezüglich des zweiten Elements des Vergleichs erfordern). Die Konjunktion richtet sich dann – wie im Deutschen – nach der zuletzt stehenden Vergleichsform.

> *El gato estaba tan feliz, más feliz, que sus dueños* (G. CABRERA INFANTE, *O*, 113).
> Die Katze fühlte sich ebenso glücklich, ja sogar glücklicher als ihre Besitzer.
> Der Satz könnte folgendermaßen verändert werden:
> *El gato estaba más feliz o al menos tan feliz como sus dueños.*

208. „El que más" und „el que menos" („la que más" und „la que menos")

Die häufig gebrauchte Wendung *el que más y el que menos* dient eigentlich dazu, den Begriff „jeder", „alle" auszudrücken, allerdings mit der Konnotation, daß es sich doch nicht um eine völlige Übereinstimmung handelt: „der eine etwas mehr als der andere". Diese Form kann auch mit dem weiblichen und sogar mit dem sächlichen Artikel gebraucht werden, und als Variante findet sich, besonders in der Schriftsprache, *quien más, quien menos*.

> a. *El que más y el que menos pasó cariciadera la mano por la cabeza del animal* (J. A. DE ZUNZUNEGUI, *El barco de la muerte*, 290).
>   Jeder streichelte das Tier einmal liebevoll am Kopf.
> b. *Hoy día, la que más y la que menos hace lo que puede* (C. J. CELA, *La colmena*, 248).
>   Heutzutage tut jede Frau eben, was sie kann.
> c. *Lo que más y lo que menos todo está ya en orden, señor, me había respondido* (M. DELIBES, *La sombra del ciprés es alargada*, 268).
>   Eigentlich ist alles in Ordnung, mein Herr, hatte er mir geantwortet.

> d. *En Sacedón no es como en otros pueblos; aquí, quien más, quien menos, todos se van a dormir con la panza llena* (C. J. CELA, *Viaje a la Alcarria*, 134).
> In Sacedón ist es nicht so wie in anderen Dörfern; hier geht jeder mehr oder weniger wohlgenährt zu Bett.

Quien ... quien hat dieselbe Bedeutung, kommt aber nahezu ausschließlich in der Schriftsprache vor [46].

209. Bisweilen wird nur der erste Teil von *el que más ...* gebraucht, was dann aber eine besondere Bedeutung bekommt. Diese Konstruktion drückt nicht mehr das o. g. „jeder" oder „alle" aus. Vielmehr impliziert sie eine bestimmte Auswahl und kommt einem Superlativ nahe.

> *A él, como el que más, se le podía condenar por ser culpable de „ayuda a la rebelión"* (R. GARRIGA, *Nicolás Franco, el hermano brujo*, 115).
> Wenn man jemanden wegen „Unterstützung des Aufstandes" verurteilen konnte, dann ihn.

§ 2. DER SUPERLATIV (EL SUPERLATIVO)

Wie im Deutschen gibt es auch im Spanischen relative und absolute Superlative.

A. Der relative Superlativ

210. Der relative Superlativ setzt einen Vergleich voraus [47]. Wie im Französischen, aber im Gegensatz zu den germanischen Sprachen hat er im Spanischen keine eigene Endung [48], sondern wird mit einem vor den Komparativ zu setzenden bestimmten Artikel oder Possessivpronomen gebildet. Dem Artikel oder Pronomen kann ein Substantiv folgen.

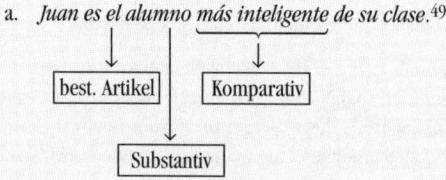

a. *Juan es el alumno más inteligente de su clase.*[49]

Hans ist der intelligenteste Schüler seiner Klasse.

---

[46] Cf. S. FERNÁNDEZ, *Gramática española*, 452. Siehe auch Nr. 408.
[47] Dem *Esbozo* zufolge könnte man diese Form auch als *comparativo de excelencia* (wörtlich „Komparativ der Vortrefflichkeit") bezeichnen (S. 419).
[48] Wie dies z. B. im Deutschen der Fall ist: *mutig → mutig/st/(e)*.
[49] Ein wichtiger Unterschied zum Französischen besteht darin, daß der Artikel nicht wiederholt wird:
l'élève   le   plus intelligent
  ↓   ↓   ↓
el alumno (-) más inteligente.

b. *El profesor dice: – Juan es mi alumno menos aplicado.*

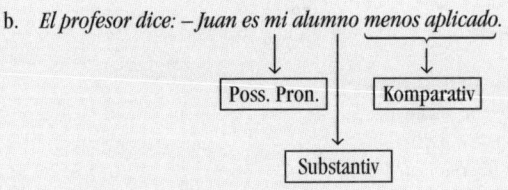

Der Lehrer sagt: „Hans ist mein am wenigsten fleißiger Schüler.
c. *Juan es el más* (oder: *menos*) *inteligente.*
Hans ist der intelligenteste (oder: der am wenigsten intelligente).

Im Gegensatz zum Französischen kann man den Superlativ, dem ein bestimmter Artikel vorausgeht[50], auch vor dem Substantiv finden:

d. *Nos enfrentamos ahora con la más grave pregunta* (J. L. ALCOCER, *Radiografía de un fraude*, 115).
Wir kommen nun zur wichtigsten Frage.

211. Einige Adjektive, die noch dazu häufig gebraucht werden, haben besondere (aus dem Lateinischen übernommene) Formen. Die wichtigsten sind *grande, pequeño, bueno, malo.* Die unregelmäßigen Komparative dieser Wörter – dann aber mit vorangestelltem Artikel oder Possessivpronomen – dienen auch als Superlative:

grande	→	*mayor*	→	*el* (oder: *mi, tu* ...) *mayor*
pequeño	→	*menor*	→	*el* (oder: *mi, tu* ...) *menor*
bueno	→	*mejor*	→	*el* (oder: *mi, tu* ...) *mejor*
malo	→	*peor*	→	*el* (oder: *mi, tu* ...) *peor*

Vor allem bei den beiden ersten Adjektiven wird der Superlativ häufig nach der allgemeinen Regel gebildet:

→ *el más grande (la más grande, los más grandes, las más grandes)*
→ *el más pequeño (la más pequeña, los más pequeños, las más pequeñas)*[51]

B. Der absolute Superlativ

212. Der absolute Superlativ, der Eigenschaften bezeichnet, die in sehr hohem Maße gegeben sind, kann im Spanischen auf zweierlei Art gebildet werden:

---

[50] Eine solche Konstruktion wäre allerdings in Beispiel b (mit Possessivpronomen) nicht gebräuchlich.
[51] Manche Grammatiken sehen einen Bedeutungsunterschied zwischen den aus dem Lateinischen entlehnten Formen (vor allem) *mayor, menor* (als Komparativ oder Superlativ gebraucht) und *(el) más grande, (el) más pequeño*: erstere hätten eher abstrakte, letztere vor allem materielle Bedeutung. In der Praxis ist dieser Unterschied nicht so eindeutig zu erkennen.

1. mit dem Adverb *muy* („sehr") vor dem Adjektiv[52]
2. mit dem Suffix *-ísimo*, das an das Adjektiv angefügt wird[53].

   a. *Juan es muy inteligente.*
      Hans ist sehr intelligent.
   b. *Juan es inteligentísimo.*
      Hans ist überaus intelligent.

Man beachte, daß das Anfügen von *-ísimo* nicht nur die ursprüngliche Akzentsetzung, sondern eventuell auch die Schreibweise des Grundwortes verändert:

   c. *fácil* → *facilísimo*
   d. *rápido* → *rapidísimo*

Siehe auch weiter unten, Nr. 222.

213. Man kann sagen, daß das zweite Verfahren den Superlativ noch stärker unterstreicht als das erste[54]. Im heutigen Spanisch werden die Formen auf *-ísimo* immer zahlreicher, sowohl in der geschriebenen als auch in der gesprochenen Sprache[55].
In einigen Ländern Lateinamerikas wird das Suffix *-azo* häufig als Variante für *-ísimo* verwendet [*cansado* („müde") → *cansadazo* = *cansadísimo*; *feo* („häßlich") → *feazo* = *feísimo*][56]. In Spanien hat das Suffix *-azo* diese Funktion nicht.

214. Allerdings führt die Grammatik der *Real Academia Española* eine Reihe von Einschränkungen beim Gebrauch dieses Suffixes an[57]:

   a. Einer Form auf *-ísimo* darf kein *muy* oder *tan* vorausgehen.
      Ausdrücke wie (**un hombre muy inteligentísimo*) und (**este chico es tan inteligentísimo como su padre*) sind daher im Standardspanischen nicht korrekt.
   b. Das Suffix *-ísimo* kann grundsätzlich nicht an *gentilicios* und an Adjektive, die eine umfassende und absolute Idee[58] ausdrücken, angefügt werden. Beispiele dafür sind: *eterno* („ewig"), *diario* („täglich"), *infinito* („unendlich"), *inmortal* („unsterblich"), *primero* („erster"), *principal* („hauptsächlich") usw.

---

[52] In der Umgangssprache und in der Presse wird gegenwärtig häufig das Adverb *francamente* („offen", „unumwunden" ...) als eine Art Variante von *muy* verwendet (und vielleicht mit der Absicht, den Nachdruck auf eine persönliche Einschätzung zu legen): *Una edición francamente interesante* (*Cinco días*, 7.5.1983, 21)→ „Eine wirklich interessante Ausgabe". Die (eventuell emphatische) superlativische Bedeutung des Wortes wird im folgenden Beispiel deutlich:
¡Bravo! ¡Bien, muy bien, francamente bien! (C. J. Cela, *Desde el palomar de Hita*, 165).
Bravo! Gut, sehr gut, ganz hervorragend!
[53] Zu weiteren Möglichkeiten, Superlative zu bilden, cf. die Nrn. 226–236.
[54] Was im übrigen auch aus der Übersetzung der Beispiele in Nr. 212 deutlich wird.
[55] Es besteht eine deutliche Tendenz, den analytischen Superlativ / *muy* + Adjektiv / beinahe systematisch durch eine Form auf *-ísimo* zu ersetzen. In diesem Sinne auch: E. Lorenzo, *El español de hoy, lengua en ebullición*, 200.
[56] Siehe dazu C. Kany, *Sintaxis hispanoamericana*, 73.
[57] *Gramática de la lengua española*, 32.
[58] Die Akademie spricht von *una idea cabal y absoluta* (S. 32).

215. In der Praxis werden diese und andere Einschränkungen, die die Akademie vornimmt, nicht immer beachtet[59]. Die Zusammenstellung / *muy* + *-ísimo* / findet sich in der Umgangssprache häufig[60], und *primerísimo* ist ein recht geläufiges Wort in Ausdrücken wie

> *este dato es de primerísima importancia*
> diese Tatsache ist von allergrößter Bedeutung[61].

Bei dem großen Philologen Ramón MENÉNDEZ PIDAL findet man die Form *principalísimo*[62] („äußerst wichtig"), und *gentilicios* wie *españolísimo* („typisch spanisch"), *italianísimo, portuguesísimo, madrileñísimo* ... sind gegenwärtig recht geläufig.

216. Obwohl Superlative auf *-ísimo* im Spanischen sehr häufig sind, sollte der Nichtmuttersprachler beim Gebrauch dieses Suffixes vorsichtig sein und dabei auch beachten, daß es in bestimmten Fällen nicht ohne weiteres an die Grundform angefügt werden kann[63].

217. Das Suffix *-ísimo* ist auch in der religiösen Terminologie und in bestimmten Titeln und Anredeformen sehr gebräuchlich.

a.	*la Santísima Trinidad*	die Heilige Dreifaltigkeit
		(wörtlich: die „Allerheiligste Dreifaltigkeit")
b.	*el Santísimo Sacramento*	das heilige Sakrament
c.	*el Altísimo*	der Allerhöchste (d. h. Gott)
d.	*la Purísima*	die Heilige Jungfrau
		(wörtlich: „die Allerreinste")
e.	*el corazón sacratísimo de Jesús*	das heilige Herz Jesu

218. Vor allem in der Schriftsprache ist *Excelentísimo* im Umgang mit Würdenträgern eine noch häufig gebrauchte Anredeform.

		(je nachdem:)
a.	*Excelentísimo Señor:*	Herr Minister,
		Herr Gouverneur usw.[64]

Dabei wird dieser Ausdruck nicht nur bei Personen, sondern auch bei Institutionen verwendet. So kann man – z. B. in offiziellen Bekanntmachungen oder Anzeigen – noch regelmäßig Formen wie in den folgenden Beispielen finden:

---

[59] Im übrigen fällt auf, daß diese Einschränkungen in den Betrachtungen, die der *Esbozo* zum Gebrauch von *-ísimo* anstellt (hauptsächlich S. 195–198), nicht mehr vorkommen. Wer nicht spanischer Muttersprachler ist, sollte vielleicht vorsichtshalber im aktiven Sprachgebrauch die genannten Einschränkungen berücksichtigen.
[60] Cf. S. FERNÁNDEZ, *Gramática española*, 125, und M. SECO, *Diccionario de dudas*, 265. Siehe auch das in Nr. 521 unter b angeführte Beispiel.
[61] Auch in anderen Sprachen findet man äquivalente Formen (Deutsch: „der Allererste"; Englisch: „the very first one"; Französisch: „le tout premier" ...).
[62] R. MENÉNDEZ PIDAL, *Los españoles en la literatura*, 74.
[63] Zum Beispiel: a. *agradable* + *ísimo* → *agradab/i/l/ísimo* („überaus angenehm")
      (nicht: *agradablísimo*)
   b. *joven* + *ísimo* → *joven/c/ísimo* („ganz jung").
Die in diesen Fällen geltenden und recht komplizierten Regeln finden sich im *Esbozo* auf den Seiten 196–197.
[64] Im heutigen – postfranquistischen – Spanien besteht besonders unter den Jüngeren eine Tendenz zur Vereinfachung: *Señor Ministro* ...

b. *el Excelentísimo Ayuntamiento de Madrid* ~ die Stadtverwaltung von Madrid
c. *la Excelentísima Diputación Provincial de Alicante* ~ die Provinzverwaltung von Alicante

219. Ein Bischof wird mit *Ilustrísimo* und *Reverendísimo* (von *reverendo* „ehrwürdig") angeredet. Der *generalísimo* ist eine Art Obergeneral[65].

220. Das Suffix *-ísimo* wird heutzutage so häufig gebraucht, daß es nicht nur an Adjektive angefügt wird, sondern auch an Partizipien der Vergangenheit, an Substantive (sogar Eigennamen), Adverbien, adverbiale Bestimmungen, Possessiv-, Interrogativ- und Indefinitpronomen[66].

221. Der spanische Sprachwissenschaftler E. LORENZO (Mitglied der *Real Academia Española*) gibt eine interessante Erklärung für die stets zunehmende Verbreitung dieses Suffixes: Die Erscheinung sei vor dem Hintergrund einer deutlichen Vorliebe für *esdrújulos* (d. h. Wörter, die auf der drittletzten Silbe betont werden) bei spanischen Muttersprachlern zu sehen. Der Gebrauch solcher Formen solle (besonders in der gesprochenen Sprache) eine emphatische Wirkung erzielen[67].

222. Man beachte, daß durch das angefügte *-ísimo* eine orthographische Änderung notwendig werden kann.

a. *blanco* („weiß")   →   *blanquísimo*
   notwendig, um die Aussprache des *c* als /k/ zu erhalten
b. *feliz* („glücklich")   →   *felicísimo*
   vor *i* oder *e* wird $z \rightarrow c$[68]
c. *frío* („kalt")   →   *friísimo*
   das End-*o* fällt aus, die Betonung fällt auf das zweite *i* (d. h. auf das erste *i* des Suffixes).

C. Sonderformen bei Superlativen

223. Eine begrenzte Anzahl von Adjektiven hat im absoluten Superlativ aus dem Lateinischen entlehnte Formen. Bei wichtigen Adjektiven wie *bueno, malo, pequeño, grande*[69] kann der Superlativ auch mit dem vorangestellten *muy* oder mit dem angehängten Suffix *-ísimo* gebildet werden:

---

[65] General Franco, spanisches Staatsoberhaupt von 1939 bis 1975, ließ sich *Generalísimo* nennen.
[66] Für weitere Beispiele und eine Reihe theoretischer Erörterungen sei verwiesen auf: J. DE BRUYNE, *Over het gebruik van het Spaanse suffix '-ísimo'* (in *Linguistica Antverpiensia*, VIII, 1974, 7–16). Speziell zu den Problemen, die sich bei der Übersetzung dieses Suffixes stellen können, siehe J. DE BRUYNE, *Acerca de la traducción de '-ísimo'* (in *Lingüística española actual*, II, 1 – 1980, 27–37).
[67] E. LORENZO, *El español de hoy, lengua en ebullición*, 177, 195–200. Argumente für seine Hypothese finden sich u. a. in einem bemerkenswerten Artikel von J. CARABIAS mit dem beziehungsreichen Titel *Esdrújulo* (in *Heraldo de Aragón*, 1.9.1978, 22), und die emphatische Wirkung der Verwendung von *esdrújulos* erörtert auch der Romanautor F. UMBRAL in einigen seiner jüngeren Werke (*Las ninfas*, 83; *La noche que llegué al café Gijón*, 133; *Los amores diurnos*, 112 ...). Weitere Angaben und Betrachtungen zu dieser Frage finden sich bei: J. DE BRUYNE, *Antología esdrújula* (in *Linguistica Antverpiensia*, XVIII–XIX, 1984–1985, 15–28).
[68] Siehe auch weiter oben in Nr. 122.
[69] Die unregelmäßigen Formen des *relativen* Superlativs wurden bereits weiter oben in Nr. 211 behandelt.

a.	bueno	→	óptimo muy bueno bonísimo (oder: buenísimo)[70]
b.	malo	→	pésimo muy malo malísimo
c.	grande	→	máximo muy grande grandísimo
d.	pequeño	→	mínimo[71] muy pequeño pequeñísimo

224. Von den unmittelbar aus dem Lateinischen entlehnten Superlativen *óptimo, máximo, pésimo* und *mínimo* kommen die beiden ersten ausschließlich in der Schriftsprache vor. Manchmal wird mit der Verwendung dieser bildungssprachlichen Wörter ein stilistischer Effekt angestrebt (wie in Beispiel d).

a. *El juicio general del libro es óptimo* (A. GARCÍA BERRIO, *La lingüística moderna*, 22).
Allgemein wird das Buch sehr positiv beurteilt.
b. *Pedro despertó sintiéndose pésimo por la borrachera de anoche*
(A. BRYCE ECHENIQUE, *Tantas veces Pedro*, 15).
Als Pedro aufwachte, war ihm vom Alkohol der vergangenen Nacht hundeübel.
c. Recht gebräuchlich – auch in der Umgangssprache – ist die Form *mínimo* in einem Satz wie *No tengo la más mínima idea* (M. SECO, *Diccionario de dudas*, 287 – „Ich habe nicht die blasseste Ahnung"). In diesem Beispiel wird die Expressivität von *mínimo* durch das vorangestellte *más* noch verstärkt.
d. *El mínimo y el máximo Dámaso Alonso* (F. UMBRAL, in *Interviú*, Nr. 227, 18–24, September 1980, 13).
Der ganz und gar unauffällige, doch unübertreffliche Dámaso Alonso.
Die gegensätzlichen Superlative verweisen auf physische (→ *klein, alt, schwach* ...) bzw. intellektuelle Merkmale des großen spanischen Schriftstellers und Sprachwissenschaftlers (1990) hin.
e. Der kubanische Präsident Fidel Castro läßt sich *el Líder Máximo* nennen.

---

[70] *Buenísimo* ist die in der Volkssprache übliche Form; *bonísimo* ist eine sogenannte „bildungssprachliche Form" (in der der Diphthong *ue* wieder zu *o* geworden ist, da die Betonung auf eine andere Silbe fällt). Siehe zu dieser Erscheinung auch die Nrn. 941 und 948. Zu dieser und weiteren Doppelformen wie *certísimo ~ ciertísimo* (< *cierto*, „sicher"), *fortísimo ~ fuertísimo* (< *fuerte*, „stark"), *novísimo ~ nuevísimo* (< *nuevo*, „neu") und einem möglichen Bedeutungsunterschied siehe J. DE BRUYNE, *Over het gebruik van het Spaanse suffix '-ísimo'* (in *Linguistica Antverpiensia*, VIII, 1974, S. 8, Fußnote 5) sowie (vom selben Autor) *¿'Bonísimo' o 'buenísimo'? Complemento IV a 'Esbozo de una nueva gramática de la lengua española'* (in *Linguistica Antverpiensia*, XXVI, 1992, 19–32) und *Acerca de sombreros novísimos y nuevísimos* (in *Iberoromania*, Nr. 37, 1993, 91–95).
[71] Früher wurden *óptimo, pésimo, máximo* und *mínimo* auch als relative Superlative verwendet. Im modernen Spanisch finden sich nur selten Spuren dieses Gebrauchs.

225. Formen wie *acérrimo* [< *acre* („scharf")], *celebérrimo* [< *célebre* („berühmt")], *paupérrimo* [< *pobre* („arm")] und andere[72] sind im heutigen Spanisch (vor allem in der gesprochenen Sprache) wenig gebräuchlich. Der Superlativ der angeführten Adjektive kann im übrigen auch immer mit *muy* (manchmal mit *-ísimo*) gebildet werden.

D. Andere Arten der Superlativbildung

226. Im Spanischen gibt es eine Reihe von Möglichkeiten, die Vorstellung von einem Superlativ auszudrücken, die allerdings im Deutschen kaum wörtlich wiedergegeben werden können. Als Nichtmuttersprachler tut man gut daran, sie mit Vorsicht zu benutzen. Vor allem in der geschriebenen Sprache sollte man sie besser meiden.

227. Superlativische Bedeutung einiger Präfixe

Recht häufig findet sich in der Umgangssprache in der Funktion eines absoluten Superlativs die folgende Wortbildung:

> RE + Adjektiv

> *Robertito está relimpio, repeinado, casi elegante* (C. J. CELA, *El gallego y su cuadrilla*, 149).
> Der kleine Robert ist frisch gewaschen, ordentlich gekämmt, fast schon elegant.
>
> *relimpio = re + limpio*
> ↓
> verstärkendes
> Präfix
> → Adjektiv

In Bildungen wie *relimpio, repeinado* und anderen im folgenden (in den Nrn. 228–231) angeführten Beispielen wird vor allem ein qualitativer Aspekt hervorgehoben.

228. *Re-* kann seinerseits durch Hinzufügung von *-te-* oder, häufiger, *-quete-* verstärkt werden. Die Formen lauten dann: *bueno → rebueno → retebueno → requetebueno*. (Die Bildungen mit *rete-* sind vor allem im mexikanischen Spanisch häufig.)

> a. *Fueron retemuchas* (J. RULFO, *Pedro Páramo*, 109 – *retemuchas* bezieht sich auf *muchachas*).
> Sie waren sehr viele.
> b. *¡Qué requetefinas son las brasileñas!* (J. A. DE ZUNZUNEGUI, *El barco de la muerte*, 217).
> Wie außergewöhnlich fein die Brasilianerinnen doch sind!

229. Selbst solche Bildungen sind für manche Sprachbenutzer noch nicht expressiv genug. Bisweilen findet man in ein und demselben Wort:

---

[72] Weitere derartige Formen finden sich in der *Gramática de la lengua española (Real Academia Española)*, Seite 31, f.

Präfix + Adjektiv + *-ísimo*
2 oder 3 Präfixe + Adjektiv + *-ísimo*
2 oder 3 Präfixe + Adjektiv + verdoppeltes Suffix *-ísimo*.

So führt der deutsche Sprachwissenschaftler W. BEINHAUER folgende von *mono, mona* („nett", „hübsch") abgeleitete Formen an:

> *retemonísima*
> *requetemonísima*
> *requetemonisísima*[73]

230. Eine weitere redundante Konstruktion findet sich in der Fügung MUY + REQUETE + Adjektiv.

> *Ellas siempre lo llamaban así.*
> *¿Pero en broma?*
> *No, señor; muy requeteserias* (F. GARCÍA PAVÓN, *Las hermanas coloradas*, 38).
> „Sie nannten ihn immer so." „Aber wohl zum Spaß?" „Nein, mein Herr, sie meinten es bitterernst."

231. Anstelle von *re-* kann man in Bildungen, die auf *-ísimo* enden, auch andere Präfixe antreffen.

a. ... *época de realidades gigantescas, superavanzadísimas en tantos aspectos*
   (L. CARANDELL, *Celtiberia Show*, 189).
   Ein Zeitalter, dessen Realität durch gewaltige und auf so vielen Gebieten äußerst fortschrittliche Entwicklungen gekennzeichnet ist.
b. Schon bei CERVANTES findet sich die Form *archidignísimo* (ohne Bezug angeführt bei M. ALVAR & B. POTTIER, *Morfología histórica del español*, S. 159, Fußnote 35).

232. Superlativische Bedeutung durch Wiederholung

Häufig (in der Umgangssprache) ist folgendes einfaches Verfahren, um einem Adjektiv superlativische Bedeutung zu verleihen:

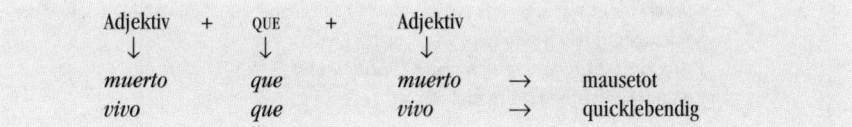

Manchmal kann man (meist in Ausrufesätzen) zwischen dem Adjektiv und *que* auch noch das Adverb *más* finden. Das Adjektiv hat in derartigen Konstruktionen zumeist eine negative Bedeutung: *¡tonto que tonto! ~ ¡tonto, más que tonto!* („strohdumm", „großer Dummkopf").

233. In anderen Fällen wird *que* nicht verwendet, sondern man wiederholt einfach das Adjektiv (ohne ein Komma dazwischen zu setzen).

---

[73] W. BEINHAUER, *El español coloquial*, 238. Weitere derartige Formen finden sich z. B. ein einem Roman von J. M. GIRONELLA (*Condenados a vivir*, I, 101 und 124).

> *Eran unos versos rarísimos, unos cortos cortos y otros largos largos* (M. DELIBES, *Cinco horas con Mario*, 272).
> Es waren sehr merkwürdige Verse, einige ganz ganz kurz, andere ganz ganz lang.

234. Analoge Bildungen sind auch bei Substantiven möglich. Die Betonung liegt dann auf der *Spezifität* einer Person oder Sache, obwohl diese Ausdrucksweise wohl auch in gewisser Weise einen Superlativ konnotiert. Wenn F. UMBRAL von der *española-española* spricht, meint er damit „die echte, typische Spanierin" (F. UMBRAL, *Memorias de un niño de derechas*, 44)[74]. *Hombres hombres* (hier ohne Bindestrich) läßt sich am besten mit „echte Männer" wiedergeben (D. FERNÁNDEZ FLÓREZ, *Lola, espejo oscuro* 38–39).

Interessant ist folgendes Bespiel aufgrund der vom Sprecher mitgelieferten Erläuterung:

> a. *El cazador-cazador, es decir, el hombre que gasta sus pulmones y sus piernas persiguiendo a las perdices* ... (C. ALONSO DE LOS RÍOS, *Conversaciones con Miguel Delibes*, 213).
> Der echte Jäger, das heißt der Mann, der seine Lunge und Beine damit strapaziert, Rebhühner zu jagen.

In bestimmten Fällen wird das Wort sogar zweimal wiederholt.

> b. *Había un Madrid-Madrid-Madrid* (F. UMBRAL, *Memorias de un niño de derechas*, 175).
> Damals war Madrid noch wirklich Madrid.

235. Das in Nr. 232 behandelte emphatische *que* kann auch bei Verben vorkommen. Dabei kann es eventuell noch durch *te* verstärkt werden. Die Betonung liegt dann auf der Intensität, der Dauer oder der Wiederholung der Handlung. Das Verb steht meist in der dritten Person Singular Präsens. Es handelt sich hier um feste Wendungen, die sich auch nicht verändern, wenn das (Haupt)Verb des Satzes in einer anderen Zeit und/oder sein Subjekt im Plural steht.

> a. *La hermana se alegró mucho de hablar con un paisano y estuvieron charla que te charla un rato* (S. LORÉN, *Una casa con goteras*, 50).
> Die Schwester war sehr erfreut, mit einem Landsmann sprechen zu können, und die beiden unterhielten sich eine Weile sehr lebhaft.
> b. *Y Eva León trabaja que te trabaja* (*El Imparcial*, 5.2.1978, 20).
> Und Eva León arbeitet Tag und Nacht.

236. „Es más malo" ... usw.

Konstruktionen wie die folgenden, die eigentlich wie Komparative aussehen, haben die Funktion eines Superlativs. Es handelt sich hierbei zumeist um (elliptische) Ausrufesätze, in denen der zweite Teil des Vergleichs weggelassen wird, z. B. *¡Es más malo!* („Er taugt überhaupt nichts!"), *Era más bonita* („sie war außergewöhnlich schön"), *¡Es usted más antipático!* („Sie sind furchtbar unsympathisch!"). Diese Wendungen finden sich nur in der gesprochenen Sprache[75].

---

[74] Der Grundgedanke ist: „die in *höchstem* Maße die Eigenschaften einer spanischen Frau besitzt".
[75] Weitere Beispiele und ein Kommentar bei: W. BEINHAUER, *El español coloquial*, 256–257.

Superlativische Bedeutung hat auch die Konstruktion / *de + lo + más* + Adjektiv /.
Zu beachten ist dabei, daß das Adjektiv in diesen Sätzen unveränderlich ist.

> *Son unas chicas de lo más tonto* (N. CARTAGENA & H. M. GAUGER, *Vergleichende Grammatik Spanisch-Deutsch*, II, 34).
> Das sind unglaublich dumme Mädchen.

Zu den Konstruktionen mit *la mar (de)* siehe oben, Nr. 106.

ABSCHNITT VI
ADVERBIALER GEBRAUCH DES ADJEKTIVS
USO ADVERBIAL DEL ADJETIVO

237. Im Spanischen findet man zuweilen ein Adjektiv, wo ein deutscher Muttersprachler ein Adverb oder eine adverbiale Bestimmung erwarten würde. In der Regel kongruiert das Adjektiv dann in Genus und Numerus mit dem Subjekt des Verbs. Der *Esbozo* weist darauf hin, daß das Adjektiv in solchen Konstruktionen eine Eigenschaft oder ein Merkmal des Subjekts bezeichnet, *gleichzeitig* aber auch wie ein Adverb die Bedeutung des Verbs beeinflußt[76]. Auch ein Adjektiv in dieser Funktion kann ein Suffix erhalten (siehe Beispiel d).

> a. *El Cádiz jugó durante todo el encuentro muy nervioso* (*La Vanguardia*, 14.2.1978, 43).
> Cádiz hat während der ganzen Begegnung sehr nervös gespielt.
> b. *Virginia siempre caminó rápida* (G. CABRERA INFANTE, *La Habana para un infante difunto*, 287).
> Virginia ging immer zügig.
> c. *En general las avefrías volaban altas* (M. DELIBES, *Un año de mi vida*, 108).
> Gewöhnlich flogen die Kiebitze hoch[77].
> d. *Su vida transcurrió suavona* (F. GARCÍA PAVÓN, *El último sábado*, 29).
> Sein Leben verlief ganz glatt.

238. Es ist eine deutliche Tendenz feststellbar, das Adjektiv (wie ein echtes Adverb) unverändert zu lassen. Selbst bei hervorragenden Autoren der Gegenwart findet man wenig elegante (und eigentlich falsche) Konstruktionen wie die folgenden:

> a. *Hablaron muy largo y lamentoso* (F. GARCÍA PAVÓN, *Las hermanas coloradas*, 233).
> Es war ein langes Gespräch voller Klagen.
> b. *(En un tapiz) Aparecen unos señores vestidos muy raro* (C. MARTÍN GAITE, *El balneario*, 86–87).
> Wir sehen da (auf einem Wandteppich) einige sehr merkwürdig gekleidete Herren.

---

[76] *Esbozo*, 369.
[77] Eine eigenartige Zusammenstellung ergibt sich z. B. in folgendem Satz, in dem die männliche Form des Adjektivs unmittelbar neben einem weiblichen Substantiv steht:
He pasado una semana intranquilo (T. SALVADOR, *Diálogos en la oscuridad*, 177 – „Ich bin die ganze Woche unruhig gewesen").

c. *Podemos pasárnoslo soberbio* (R. Sánchez Ferlosio, *El Jarama*, 134 – dieses Beispiel unterscheidet sich insofern von den vorangehenden, als der Autor die Rede einer seiner Romangestalten wiedergibt).
Wir können eine schöne Zeit haben.

d. *Varios hombres lo miran indiferente, apoyados en la pared externa de los urinarios* (F. Aínsa, *Con acento extranjero*, 61).
Mehrere Männer betrachten ihn teilnahmslos, gegen die Außenwand der Pissoirs gelehnt.[78]

239. Es ist auch möglich, ein echtes Adverb (auf *-mente*) und ein Adjektiv nebeneinander anzutreffen. Man erhält dann eine asymmetrische, nachlässige und selbstverständlich fehlerhafte Konstruktion wie in folgendem Beispiel:

Vestía pobremente y desarrapado (M. Delibes, *La sombra del ciprés es alargada*, 156).
Er war ärmlich und schäbig gekleidet.

240. Sogar Substantive werden in der Funktion eines Adverbs gebraucht in (umgangssprachlichen) Ausdrücken wie *pasarlo bomba* (Varianten: *pasarlo jamón, pasarlo fenómeno*), *estar fenómeno, divertirse horrores* und dergleichen, die die Bedeutung von „eine prima Zeit verbringen" haben[79].

a. *Todo ha salido „fenómeno"* (*El Imparcial*, 5.2.1978)[80].
Alles ist ausgezeichnet verlaufen.

b. *Me cuido cantidad* (F. Umbral, *A la sombra de las muchachas rojas*, 13).
Ich pflege mich sehr.

Im folgenden Beispiel kann *bárbaro* als Adjektiv oder als Substantiv aufgefaßt werden, bemerkenswert ist jedenfalls seine Verwendung als unveränderliche Form:

c. *Lo pasamos bárbaro juntos* (*La voz de Almería*, 27.7.1993, 24 – Worte des Freundes von Model Claudia Schiffer)
Wir hatten eine phantastische Zeit zusammen.

241. Manchmal haben Adjektiv und Adverb dieselbe Form.

a. *un producto barato* ~ *comprar barato*
   ein billiges Produkt   billig kaufen
b. *un libro caro* ~ *vender caro*
   ein teures Buch   teuer verkaufen
c. *derecho como un pino* ~ *caminar derecho*[81]
   kerzengerade   aufrecht gehen

---

[78] Zum Adjektiv, das als Adverb gebraucht wird, siehe auch: R. Lapesa, *Tendencias y problemas actuales de la lengua española*, in *Comunicación y lenguaje*, 220–223.
[79] Siehe dazu E. Lorenzo, *El español de hoy, lengua en ebullición*, 46–47 und 165.
[80] Es handelt sich um eine Erklärung, die ein Fußballspieler bezüglich einer Operation, der er sich unterzogen hatte, einem Reporter gegenüber abgibt. Dabei fällt auf, daß das Substantiv *fenómeno* in Anführungszeichen steht, als ob der Journalist darauf hinweisen wollte, daß eine solche Konstruktion in der gepflegten (geschriebenen) Sprache eigentlich nicht üblich ist und daß er die Verantwortung dafür dem Sprecher gibt.
[81] Als Adverb kann *derecho* auch „geradewegs" bedeuten: *ir derecho al cielo* = „geradewegs in den Himmel gelangen".

d. pan duro   ~   trabajar duro
    hartes Brot   hart arbeiten

Auch Wörter wie *bestial, fatal, fenomenal, igual, distinto, genial* und *rápido* werden in der Umgangssprache systematisch als Adverb (und damit unveränderlich) gebraucht:

e. In der *Residencia del Consejo Superior de Investigaciones Científicas* (Madrid, Calle del Pinar 21) hatte der Hausmeister im Februar 1983 einen Zettel angebracht, auf dem zu lesen stand:
   LA CENTRALITA FUNCIONA FATAL
   Die Telefonzentrale funktioniert miserabel.
f. *Saberse algo fenomenal* (angeführt von I. Bosque in *Las categorías gramaticales*, 131).
   Etwas aus dem Effeff wissen.
g. *En Puebla las mujeres hablan distinto* (M. Alvar, *El envés de la hoja*, 69).
   In Puebla sprechen die Frauen anders.
h. *Lo hizo bestial* (angeführt von C. Hernández in einem am 11. März 1989 im *Instituto de Estudios Hispánicos* in Antwerpen gehaltenen Vortrag über *El español de Castilla*, mit der Erläuterung, daß *bestial* hier soviel wie *extraordinario* bedeutet).
   Er hat es hervorragend gemacht.

Diese Tendenz ist möglicherweise im amerikanischen Spanisch noch stärker, wo u. a. auch ein Wort wie *diario* („täglich") regelmäßig anstelle von *diariamente* gebraucht wird[82].

242. In anderen Fällen haben Adverb und Adjektiv dieselbe Form, aber verschiedene Bedeutung, während gleichzeitig auch noch ein zweites Adverb [auf *-mente* (mit einer Bedeutung, die von der der ersten Adverbform abweicht oder auch nicht)] existiert.

a. *alto* („hoch")   ~ *alto* („laut")   – *altamente* („in hohem Maße")
                    ↓
                    hablar alto
                    („laut sprechen")
b. *bajo* („tief")   ~ *bajo* („leise")   – *bajamente* („niederträchtig", „gemein")
c. *claro* („hell") ~ *claro* („deutlich") – *claramente* („eindeutig", „offensichtlich")
d. *limpio* („sauber") ~ *limpio* („ehrlich") – *limpiamente* („sauber", „ehrlich")
                    ↓
                    jugar limpio
                    („fair spielen"
                    allerdings auch:
                    jugar limpiamente)

---

[82] Siehe dazu C. Kany, *Sintaxis hispanoamericana*, 53 und 325.

Dabei ist allerdings anzumerken, daß die Wörter *alto, bajo* usw., wenn sie als Adverbien gebraucht werden, eine „weniger flexible Syntax" aufweisen als die Formen auf *-mente*: Sie werden grundsätzlich nicht vom Verb getrennt. So kann man sagen: *María habló claro* (oder: *claramente*) *de la cuestión* („Maria hat deutlich zu der Frage Stellung genommen") oder *María habló de la cuestión claramente*, aber nicht **María habló de la cuestión claro*. Auch die Wendung *jugar limpio* ist untrennbar (nicht: **jugar a las cartas limpio*)[83].

243. Die in den Nrn. 237–241 aufgezeigten sprachlichen Erscheinungen können meines Erachtens als Anzeichen einer allgemeinen Tendenz im modernen Spanisch betrachtet werden, die nach Vereinfachung sowohl von Wortformen als auch von Satzstrukturen strebt[84]. Die genannten Beispiele zeigen das Bestreben, verschiedene Funktionen mit einer einzigen Form zu erfüllen:

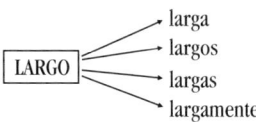

---

[83] Kommentar und Beispiele übernommen von I. Bosque (*Las categorías gramaticales*, 133).
[84] Die Überschrift eines Abschnitts der in Fußnote 78 genannten Untersuchung von R. Lapesa ist in diesem Zusammenhang aufschlußreich: *Metábasis simplificadoras* (*o. c.*, 220).

KAPITEL V

DIE ZAHLWÖRTER
LOS NUMERALES

ABSCHNITT I

DIE KARDINALZAHLEN
LOS NUMEROS CARDINALES

§1. FORMEN

244.

0	*cero*		29	*veintinueve*
1	*uno*		30	*treinta*
2	*dos*		31	*treinta y uno*
3	*tres*		40	*cuarenta*
4	*cuatro*		50	*cincuenta*
5	*cinco*		60	*sesenta*
6	*seis*		70	*setenta*
7	*siete*		80	*ochenta*
8	*ocho*		42	*cuarenta y dos*
9	*nueve*		90	*noventa*
10	*diez*		100	*ciento, cien*[1]
11	*once*		101	*ciento uno*
12	*doce*		102	*ciento dos*
13	*trece*		200	*doscientos (-as)*[2]
14	*catorce*		300	*trescientos (-as)*
15	*quince*		400	*cuatrocientos (-as)*
16	*dieciséis*		500	*quinientos (-as)*
17	*diecisiete*		600	*seiscientos (-as)*
18	*dieciocho*		700	*setecientos (-as)*
19	*diecinueve*		800	*ochocientos (-as)*
20	*veinte*		900	*novecientos (-as)*
21	*veintiuno*		1 000	*mil*
22	*veintidós*		10 000	*diez mil*
23	*veintitrés*		25 000	*veinticinco mil*
24	*veinticuatro*		100 000	*cien mil*
25	*veinticinco*		200 000	*doscientos mil*
26	*veintiséis*		1 000 000	*un millón*
27	*veintisiete*		1 000 000 000 000	*un billón*
28	*veintiocho*			

---

[1] Siehe dazu weiter unten die Nrn. 251–252.
[2] Siehe Nr. 255.

245. *Anmerkungen*

1. Die Zahlwörter von 16 bis 19 kennen zwei Formen:

> 16 *dieciséis*   oder   *diez y seis*
> 17 *diecisiete* oder   *diez y siete*
> 18 *dieciocho*   oder   *diez y ocho*
> 19 *diecinueve* oder   *diez y nueve*[3].

Bisweilen finden sich solche Doppelformen auch bei den Zahlwörtern von 21 bis 29.

> a. 21 *veintiuno*   oder   *veinte y uno*
> b. 28 *veintiocho* oder   *veinte y ocho*.

Ab der Zahl 31 ist die Schreibweise in zwei (durch die Konjunktion *y* verbundenen) Wörtern verbindlich.

> c. 33 *treinta y tres*
> d. 69 *sesenta y nueve*
> e. 85 *ochenta y cinco*.

Die Schreibung *treintaisiete* und *sesentaicinco*, die sich in einem neueren Buch von A. Berlanga findet (1984), ist (jedenfalls in Spanien) als eher ungewöhnlich einzustufen (*La gaznápira*, 122 und 129).

2. Man beachte das Zahlwort 500: *quinientos* (*cinco* kommt in dem Wort nicht vor).

3. Die vor allem in der gesprochenen Sprache häufig gebrauchte Form *nuevecientos* (= 900) ist für viele Grammatiker nicht akzeptabel. Nur *novecientos* ist korrekt[4].

4. „Eine Milliarde" = *mil millones* [NICHT *un millar*. *Un millar* bedeutet nämlich „Tausend" wie in *millares de manifestantes* („Tausende von Demonstranten")].

5. *Un billón* bedeutet – wie im Deutschen – *un millón de millones* (im Gegensatz beispielsweise zum Gebrauch in den Vereinigten Staaten, wo *one billion* eine Milliarde bezeichnet).

6. Manchmal wird dem Zahlwort ein Element hinzugefügt, um eine Menge näherungsweise anzugeben (siehe dazu weitere Einzelheiten in Nr. 555).
Analoge Funktion hat die Konstruktion / Zahlwort + *y* + *pico* (+ *de*) + Substantiv /, wobei die Präposition *de* fakultativ ist.

> f. *Ciento y pico pesetas* (R. Montero, *Crónica del desamor*, 20).
>   Etwas über hundert Peseten.
> g. *Ahora tiene noventa y pico años* (J. L. Vilallonga, *La nostalgia es un error*, 39).
>   Er ist jetzt über neunzig Jahre alt.

---

[3] Vorzugsweise werden die in einem Wort geschriebenen Formen gebraucht (cf. S. Fernández, *Gramática española*, 458).

[4] Cf. *Esbozo*, 242, und M. Seco, *Diccionario de dudas*, 272. Obwohl der *Esbozo* hierzu keine Angaben macht, liegt es auf der Hand, daß nur *setecientos* (nicht: *sietecientos*, mit Diphthong) korrekt ist. Dies ist im übrigen die einzige Form, die in der von J. Alcina Franch & J. M. Blecua angeführten Liste enthalten ist (*Gramática española*, 665).

7. Die 5-Peseten-Münze wird in Spanien *un duro* genannt. Bei der Angabe von Geldbeträgen kann dieses Wort auch als eine Art Münzeinheit verwendet werden und bedeutet dann ein Vielfaches von „fünf" (Peseten) → *veinte duros* = 100 Peseten, *mil duros* = 5000 Peseten.
In diesem Zusammenhang sei auch darauf hingewiesen, daß man in der Umgangssprache eine Million Peseten als *un kilo* bezeichnet.

8. Die Ausdrücke *más de dos* und *más de cuatro* bedeuten „manche" bzw. „viele" in einem Satz wie

> h. *Más de dos y más de cuatro personas se batieron sañudamente*
> (C. F. A. VAN DAM, *Spaanse Spraakkunst*, 183).
> Manche, ja sogar viele Menschen kämpften erbittert gegeneinander.

Diese Konstruktionen können auch einzeln gebraucht werden (siehe z. B. C. J. CELA, *Los sueños vanos, los ángeles curiosos*, 116; M. TUDELA, *Cela*, 40).

9. Das bildungssprachliche (aus dem Lateinischen stammende) Präfix *sesqui-*, das „anderthalb" bedeutet, findet sich vor allem im Zusammenhang mit *centenario* („hundertster Jahrestag"). So bezeichnet z. B. *sesquicentenario* den hundertfünfzigsten Jahrestag bzw. eine Hundertfünfzigjahrfeier.

10. Das Wort *quinceañero (-a)* wird gegenwärtig recht häufig mit der Bedeutung „Teenager", „Jugendliche(r)" verwendet:

> i. *Una maravillosa quinceañera vestida solamente con un breve slip venía corriendo* (A. POSSE, *La reina de plata*, 155).
> Ein toll aussehendes junges Mädchen kam, nur mit einem knappen Slip bekleidet, herbeigelaufen.

11. Man beachte den Gebrauch von Adjektiven wie *escaso* (wörtlich: „wenig", „gering") und *largo* („lang"), die einen (meist geringfügigen) Mangel bzw. Überschuß implizieren:

> j. *Tres metros escasos de tela* (DUE, I, 1177).
> Kaum drei Meter Stoff.
> k. *(El escritor) tiene más de sesenta, sesenta „largos", pero conserva algo inefablemente juvenil* (A. POSSE, *La reina de Plata*, 82).
> Der Schriftsteller ist über sechzig, einiges über sechzig, aber er hat sich etwas unbeschreiblich Jugendliches bewahrt.

§ 2. BESONDERHEITEN

A. Gebrauch der Konjunktion „y"

246. Die Konjunktion *y* steht in einer mehrstelligen Zahl fast ausschließlich zwischen Zehnern und Einern[5]. Im Gegensatz zum Deutschen – aber ebenso wie im Französischen – werden die Zehner zuerst gesprochen (wobei das romanische System hier eigentlich praktischer erscheint: so kann beim Notieren einer Zahl wie *cuarenta y uno* die 4 unmittelbar geschrieben werden).

---

[5] Siehe jedoch Nr. 247.

a.	43	*cuarenta y tres*

(Kreuzung / Streichung)

dreiundvierzig

b.	78	*setenta y ocho*
		achtundsiebzig
c.	89	*ochenta y nueve*
		neunundachtzig

Aber:

d.	101	*ciento uno*
		hundert(und)eins
e.	570	*quinientos setenta*
		fünfhundertsiebzig

Auch bei größeren Zahlen wird die Konjunktion *y* im obigen Sinne gebraucht:

f.	154.538	*ciento cincuenta y cuatro mil quinientos treinta y ocho*
		hundertfünfundvierzigtausendvierhundertachtunddreißig

247. Eine Abweichung von der Regel findet sich in

las mil y una noches (*Esbozo*, 242)
Tausendundeine Nacht

Eine Form wie *ochocientos y un días* („801 Tage") ist als ungewöhnlich zu betrachten (*Esbozo*, 242).

B. Gebrauch von „uno"

248. *Uno* wird vor einem männlichen Substantiv im Singular (mit oder ohne vorangehendem Adjektiv) zu *un*. Diese Apokope erfolgt auch in zusammengesetzten Formen (denen dann ein Substantiv im Plural folgt). In manchen Fällen gibt es kaum einen oder gar keinen Unterschied zwischen dem Zahlwort und dem unbestimmten Artikel.

a.	*un país*	ein Land (unbestimmter Artikel oder Zahlwort)
b.	*un solo país*	nur ein Land
c.	*Un hombre de cincuenta y un años fue detenido en Madrid* (*ABC*, 17.8.1989, 52).
	Ein Mann (51) wurde in Madrid festgenommen.
d.	*Dos mil cincuenta y un pesos* (J. C. ONETTI, *Dejemos hablar al viento*, 157).
	2051 Pesos

249. *Uno* wird vor einem weiblichen Substantiv (Singular oder Plural, mit oder ohne vorangehendem Adjektiv) zu *una*, auch in zusammengesetzten Formen.

a.	*una casa*	ein Haus (unbestimmter Artikel oder Zahlwort)
b.	*una sola muchacha*	nur ein Mädchen
c.	*ciento una casas*	hundert(und)ein Haus *bzw.* hundertein Häuser

Wenn das erste von zwei zum Substantiv gehörigen Zahlwörtern *uno* (oder *una*) ist und beide Zahlwörter durch *o* oder *y* miteinander verbunden sind, steht das zweite Zahlwort *nach* dem Substantiv.

d.	*Esto durará un año o dos.*
	Das wird ein oder zwei Jahre dauern.
e.	*Puedes quedarte un día, o dos, si prefieres.*
	Du kannst einen Tag bleiben, oder zwei, wenn dir das lieber ist.

250. Wenn auf Formen wie *veintiuno, treinta y uno* u.ä. unmittelbar ein Substantiv folgt, dann kongruiert *uno* im Genus mit diesem Substantiv: *veintiún kilos* („21 Kilo"), *treinta y una toneladas* („31 Tonnen"). In anderen Fällen ist die Kongruenz von *uno* fakultativ. Man findet heute sowohl *treinta y un mil toneladas* als auch *treinta y una mil toneladas*[6].
In diesen Fällen steht das Substantiv im modernen Spanisch immer im Plural[7]: *veintiún días* („21 Tage" – NICHT: *veintiún día*).

C. Gebrauch von „ciento", „cien"

251. *Ciento* wird vor einem Substantiv (mit oder ohne vorangehendem Adjektiv) und vor einem anderen Zahlwort, mit dem es multipliziert wird, zu *cien* verkürzt.

a.	*cien marcos*	hundert Mark
b.	*cien casas*	hundert Häuser
c.	*las cien mejores poesías* (*Esbozo*, S. 239)	die hundert besten Gedichte
d.	*cien mil pesetas*	hunderttausend Peseten

Aber:

e.	*ciento cincuenta libros*	hundertfünfzig Bücher (zwischen *ciento* und dem Substantiv steht ein anderes Zahlwort)

252. In der Praxis werden diese Regeln nicht immer eingehalten. S. FERNÁNDEZ führt die Form *cien quince* („hundertfünfzehn") an[8], und die Kurzform wird jetzt immer häufiger in Ausdrücken wie *cien por cien* („Hundert Prozent")[9] und *cien y cien veces* („unzählige Male")[10] verwendet. Bei F. UMBRAL lesen wir *cien o doscientos años* („hundert oder zweihundert Jahre" – *Los helechos arborescentes*, 237).

---

[6] Cf. *Esbozo*, 241 – mit näheren Erläuterungen.
[7] Früher war dem nicht immer so. Siehe dazu: *Esbozo*, 240.
[8] *Gramática española*, 459.
[9] Neben *ciento por ciento* und sogar *cien por ciento* (siehe z. B. A. BRYCE ECHENIQUE, *Tantas veces Pedro*, 202).
[10] Vgl. J. ALCINA FRANCH & J. M. BLECUA, *Gramática española*, 666. Siehe zu dieser Frage auch: M. SECO, *Diccionario de dudas*, 96 (mit weiteren Beispielen), und DUE, I, 625.

Vor allem in Lateinamerika ist der Gebrauch von *cien* häufig in Fällen, in denen man in Spanien zumeist *ciento* hören würde[11].

253. Im Gegensatz zum Deutschen muß das Wort *mil* bei der Aussprache von Zahlen zwischen 1100 und 1999 gebraucht werden.

>   a. *Este libro tiene más de 1.200 páginas.*
>   Dieses Buch hat über 1200 Seiten.
>   *1.200 → mil doscientas.*
>   Im Deutschen: „zwölfhundert" oder „eintausendzweihundert".
>   b. *El Emperador Carlos murió en 1558.*
>   Kaiser Karl starb im Jahre 1558.
>   *1558 → mil quinientos cincuenta y ocho.*
>   Im Deutschen: „fünfzehnhundertachtundfünfzig"; wörtlich: „tausendfünfhundertachtundfünfzig".

D. Kongruenz der Kardinalzahlen

254. Die Kardinalzahlen sind unveränderlich, mit Ausnahme von *uno* und den Hundertern. Zu *mil* und *millón* siehe weiter unten die Nrn. 256–257. *Uno* hat, wie bereits gesagt, eine weibliche Form: *una*.

255. Die Hunderter (von 200 bis 900) kongruieren im Genus mit dem Substantiv, zu dem sie gehören, auch wenn sie, wie in Beispiel b, mit einem anderen Zahlwort multipliziert werden.

>   a. *doscientas páginas*   zweihundert Seiten
>   b. *cuatrocientas mil pesetas* vierhunderttausend Peseten
>   c. *mil doscientos árboles*   tausendzweihundert Bäume

256. *Millón* und *billón* haben eine Pluralform (*millones* bzw. *billones*), was nicht überrascht, da diese Wörter (ebenso wie im Deutschen und Französischen) Substantive sind. Zwischen *millón* bzw. *billón* und dem Substantiv muß die Konjunktion *de* stehen.

>   *dos millones de soldados*   zwei Millionen Soldaten.

257. Auch *ciento* und *mil* können substantiviert werden. Sie finden sich dann hauptsächlich im Plural[12]. Auch hier muß die Konjunktion *de* stehen, wenn ein Substantiv folgt. Selbstverständlich bleibt das substantivisch gebrauchte *cientos* unverändert, auch wenn es sich auf ein weibliches Substantiv bezieht (siehe Beispiele b und c).

---

11 Cf. *Esbozo*, 239–240, und C. Kany, *Sintaxis hispanoamericana*, 51–52.
12 Gleichwohl kann man auch eine Konstruktion wie *un ciento de huevos* („eine Menge von hundert Eiern") antreffen (cf. DRAE, I, 314).

> a. *Cientos y cientos de bachilleres* (C. J. CELA, *La colmena*, 218).
>   Hunderte und Aberhunderte von Abiturienten[13].
> b. *Cientos de aventuras* (A. GROSSO, *Los invitados*, 102).
>   Hunderte von Abenteuern.
>   nicht: *cientas de aventuras.*
> c. *Historias de este tipo se publicaban a cientos* (A. MINGOTE, *Dos momentos del humor español*, 33).
>   Geschichten dieser Art wurden zu Hunderten veröffentlicht.
> d. *Miles de alumnos canadienses usan a diario el periódico en la escuela* (*Ya*, 9. 2. 1978, Beilage unter dem Titel *Prensa didáctica*, S. 1)[14].
>   Tausende von kanadischen Schülern benutzen täglich die Zeitung in der Schule.

Als unkorrekt ist folgende Konstruktion zu betrachten:

> e. *Y aquel libro contenía las miles lecciones amorosas de las cuales se podía sacar todo el provecho del mundo* (C. TELLADO, *Necesito aprovechar la vida*, 65).
>   Und jenes Buch enthielt die Tausende von Liebeslektionen, aus denen man den allergrößten Nutzen ziehen konnte.
>   Korrekt: ... *las miles de lecciones* ... (ein weiteres regelwidriges Beispiel dieser Art findet sich bei M. SECO, *Diccionario de dudas*, 261).

M. MOLINER führt eine überraschende Sonderbedeutung der substantivierten (und apokopierten) Form *cien* an: in informeller Sprache wird *el cien* in der Bedeutung von „Toilette" benutzt (DUE, I, 625 – mit der erklärenden Anmerkung, daß der genannte Ort früher in Hotels die Nummer 100 hatte).

E. Substantivierung der Kardinalzahlen

258. Abgesehen von den oben in den Nrn. 255 und 256 bereits dargelegten Möglichkeiten können Kardinalzahlen als Substantive gebraucht werden und haben dann eine Pluralform. Die Regeln zur Pluralbildung bei Substantiven gelten auch hier.

> a. *Con el dos delante.*
>   Mit der Zwei vorne.
> b. *Añada todos los ceros que usted quiera.*
>   Fügen Sie so viele Nullen an, wie Sie wollen.
> c. *Cuatro cuatros seguidos.*
>   Vier aufeinanderfolgende Vieren.
>   Diese drei Beispiele sind aus dem *Esbozo* (S. 238) übernommen.
> d. *Tengo tres doses.* (DRAE, I, 516).
>   Ich habe drei Zweien.

Die Ausdrücke *a la una, a las dos, a las tres* (immer als Femininum) kommen beispielsweise in Kinderspielen zur Anwendung, um den Beginn von etwas anzukündigen:

---

[13] Anstelle von *ciento(s)* könnte man auch das „echte" Substantiv *centenar(es)* [oder *centena(s)* oder *centenal(es)*] gebrauchen. Hin und wieder findet man auch *cienes*, und zwar in Gebieten, in denen *cien* gegenüber *ciento* bevorzugt wird.
[14] Anstelle von *miles de* ... könnte man auch sagen: *millares de* ...

e.

(*Diario de Valladolid*, 23.7.2000, 3)
Eins, zwei ...

F. Zeit- und Datumsangaben

259. Bei der Angabe eines Datums ist immer die Kardinalzahl zu verwenden. Einzige Ausnahme ist der Erste eines Monats: hier kann auch die Ordnungszahl gebraucht werden.

    a. *Nos veremos en Madrid el 8 de marzo.*
       Wir werden uns am 8. März in Madrid sehen.
    b. *Amberes, 21 de noviembre de 1969* (lies: *Amberes veintiuno* ...).
       Antwerpen, den 21. November 1969.
    c. *Me marcharé a España el 1 de mayo*
       oder
       Me marcharé a España el primero de mayo.
       Ich werde am 1. Mai nach Spanien reisen.

Für Zeitangaben sei auf die Hinweise in Nr. 25 verwiesen. Zum Gebrauch der Präposition *de* (→ *de 1969, de mayo*) vgl. Nr. 759.

260. Die Übersetzung von „vierzehn Tage" lautet: *quince días*. Zur Angabe dieses Zeitraums kann auch das Substantiv *(una) quincena* gebraucht werden[15].

261. Ungeachtet der daran geübten Kritik werden die Jahrzehnte im modernen Spanisch mit *los treinta* [„die dreißiger (Jahre)"], *los sesenta* [„die sechziger (Jahre)"] usw. bezeichnet. Auch in Lateinamerika sind diese und andere Pluralformen nicht ungebräuchlich[16]: *los treintas, los sesentas*.

    a. *No consta quién fue el crítico que llama „tremendismo" lo que hacía Cela en los primeros cuarenta.* (F. UMBRAL, *Memorias de un hijo del siglo*, 151).
       Es steht nicht fest, wer der Kritiker war, der das Werk Celas zu Beginn der vierziger Jahre als „tremendismo" bezeichnete.
    b. *Los terroristas judíos de los cuarentas* (C. FUENTES, *La cabeza de la hidra*, 127).
       Die jüdischen Terroristen der vierziger Jahre.

---

[15] Vergleiche mit dem Französischen: *quinze jours, une quinzaine*.
[16] Cf. C. KANY, *Sintaxis hispanoamericana*, 29–30. Der Autor führt auch eigenartige Pluralformen in Wendungen wie *¿Qué horas son?* („Wie spät ist es?"), *A las doces* [„um zwölf (Uhr)"] u. a. an. Zur Kritik an Konstruktionen wie *los treinta(s)* usw. cf. *Esbozo*, 239, und (im selben Wortlaut) *Manual de español urgente*, 37.

ABSCHNITT II
DIE ORDNUNGSZAHLEN
LOS NUMEROS ORDINALES

§ 1. FORMEN

262.

1.	*primero*[17]		30.	*trigésimo*
2.	*segundo*		31.	*trigesimoprimero*
3.	*tercero*		40.	*cuadragésimo*
4.	*cuarto*		50.	*quincuagésimo*
5.	*quinto*		60.	*sexagésimo*
6.	*sexto*		70.	*septuagésimo*
7.	*séptimo* (oder: *sétimo*)		80.	*octogésimo*
8.	*octavo*		90.	*nonagésimo*
9.	*noveno* (oder: *nono*)[18]		100.	*centésimo*
10.	*décimo*		101.	*centésimo primero*
11.	*undécimo*		102.	*centésimo segundo*
12.	*duodécimo*		200.	*ducentésimo*
13.	*decimotercero*[19]		300.	*tricentésimo*
14.	*decimocuarto*		400.	*cuadringentésimo*
15.	*decimoquinto*		500.	*quingentésimo*
16.	*decimosexto*		600.	*sexcentésimo*
17.	*decimoséptimo* (oder: *decimosétimo*)		700.	*septingentésimo*
			800.	*octingentésimo*
18.	*decimoctavo*		900.	*noningentésimo*
19.	*decimonoveno*[20]		1000.	*milésimo*
20.	*vigésimo*		2000.	*dosmilésimo*
21.	*vigesimoprimero*		3000.	*tresmilésimo*
22.	*vigesimosegundo*		1 000 000.	*millonésimo*
23.	*vigesimotercero*			usw.

Es ist zu berücksichtigen, daß man bisweilen auch von diesen abweichende Formen finden kann (siehe z. B. die Hinweise in den Fußnoten 17, 19 und 20).

---

[17] In besonderen Fällen und ausschließlich in der geschriebenen Sprache und festen Wendungen auch manchmal *primo* (cf. S. Fernández, *Gramática española*, 460, und *Esbozo*, 244).

[18] Dem *Esbozo* zufolge (S. 244) kommt *nono* nur in zusammengesetzten Ordnungszahlen (z. B. *decimonono*) oder besonderen Verbindungen [z. B. *Pío nono* („Pius der Neunte")] vor.

[19] Oder (im heutigen Spanisch jedoch selten): *decimotercio* (cf. M. Seco, *Diccionario de dudas*, 137).

[20] Oder (im heutigen Spanisch allerdings selten): *decimonono* (cf. M. Seco, *Diccionario de dudas*, 137). Die Formen von *decimotercero* bis *decimonoveno* können auch in zwei Wörtern geschrieben werden: *décimo tercero* ... In diesem Fall erhält *décimo* ein Akzentzeichen. Gleiches gilt für *vigésimo primero*, *vigésimo segundo*, *trigésimo primero* und ähnliche Formen.

§ 2. GEBRAUCH DER ORDNUNGSZAHLEN

263. Viele der in Nr. 262 angeführten Formen haben nur wenig praktische Bedeutung. Die meisten Ordnungszahlen werden im Spanischen viel seltener gebraucht als im Deutschen. Lediglich die Formen *primero* bis einschließlich *décimo* sowie *centésimo* und *milésimo* sind mehr oder weniger gebräuchlich und bekannt. Die übrigen sind komplizierte Formen, die man nur hin und wieder in Fachtexten findet[21]. Viele Spanier kennen sie nicht oder verwechseln sie miteinander[22].

264. Meist gibt sich der spanische Muttersprachler mit einer sehr simplen Konstruktion zufrieden: er ersetzt einfach die Ordnungszahl durch die Kardinalzahl, die vor das Substantiv gesetzt wird. Für den deutschen Muttersprachler ist dieses Vorgehen, das man auch bei den besten Autoren findet, recht gewöhnungsbedürftig. Manchmal wird im Text sogar die Kardinalzahl (die eigentlich die Funktion einer Ordnungszahl hat) in Ziffern wiedergegeben (siehe Beispiel c).

    a. *La cien representación* (M. DELIBES, *La sombra del ciprés es alargada*, 21).
       Die hundertste Vorstellung.
    b. *La diecisiete prueba de la existencia de Dios* (P. BAROJA, *El gran torbellino del mundo*, in O. C., I, 1132).
       Der siebzehnte Beweis für die Existenz Gottes.
    c. *El Rey don Juan Carlos celebró su 39 cumpleaños* (*Heraldo de Aragón*, 6.1.1977, S. 1).
       König Juan Carlos hat seinen neununddreißigsten Geburtstag gefeiert.
    d. *No era la primera vez, sino la dos millones ciento cuarenta y seis mil veintiocho* (E. PARRA, *Soy un extraño para ti*, 101–102).
       Es war nicht das erste, sondern das 2 146 028. Mal.

Vor allem in Titeln, Überschriften u. dgl. werden zunehmend römische Ziffern verwendet, die als Ordnungszahlen auszusprechen sind:

    f. *¡Prepárese para la III guerra mundial!* (dieser Satz war auf dem Titelblatt der humoristischen Zeitschrift *Muy señor mío* vom 24. Januar 1980 zu lesen).
       Bereiten Sie sich auf den Dritten Weltkrieg vor!
       Zu lesen als: ... *la tercera guerra* ...

---

[21] Cf. J. ALCINA FRANCH & J. M. BLECUA, *Gramática española*, 667. Siehe auch *Esbozo*, 245, und – mit mehr Details – *Manual de español urgente*, 36–37.

[22] Oder gebrauchen (fälschlicherweise) eine Form auf -*avo*, die eigentlich eine Bruchzahl bezeichnet (siehe dazu Nr. 272). J. ALCINA FRANCH & J. M. BLECUA weisen darauf hin, daß man diesen Fehler im heutigen Spanisch immer häufiger antreffe (*Gramática española*, 667).Tatsächlich ist zu beobachten, daß dieser Gebrauch trotz der Mißbilligung nicht weniger Grammatiker immer größere Verbreitung findet. Häufig hört und liest man gegenwärtig auch *veinteavo* (für *vigésimo*).
Beim Lesen von Texten (oder im Gespräch mit spanischen Muttersprachlern) ist daher zu berücksichtigen, daß Formen wie *onzavo* (oder: *onceavo*), *dozavo* (oder: *doceavo*), die sich eigentlich auf Ausdrücke wie 1/11 (*un onzavo*), 1/12 (*un dozavo*) beziehen und den deutschen Formen „ein Elftel", „ein Zwölftel" entsprechen, möglicherweise vom Schreiber (bzw. Sprecher) in der Bedeutung „elfter", „zwölfter" verwendet werden. Siehe z. B.: J. L. de VILALLONGA, *La nostalgia es un error*, 219; C. FUENTES, *La cabeza de la hidra*, 152 ...
Selbst beim spanischen Bildungsminister Javier SOLANA konnte der falsche Gebrauch einer solchen Form auf -*avo* im Fernsehen beobachtet werden: *Soy el catorceavo ministro* ... („Ich bin der vierzehnte Minister ..." – angeführt am 7. März 1984 von Ricardo SENABRE, damals Professor an der *Universidad de Extremadura* in Cáceres). Richtig wäre gewesen: *Soy el decimocuarto* ...
Tatsächlich ist zu beobachten, daß dieser Gebrauch trotz der Mißbilligung nicht weniger Grammatiker immer größere Verbreitung findet. Häufig hört und liest man gegenwärtig auch *veinteavo* (für *vigésimo*).

Die Ordnungszahlen / Los números ordinales

> g. *I Jornadas de Solidaridad con Centro América* (gefunden am 1. März 1984 in Granada auf einem Plakat).
> Erster Solidaritätskongreß mit Zentralamerika.
> Gelesen wird *I Jornadas* als *Primeras Jornadas*. *I* wird also als Pluralform ausgesprochen.

Nur in gehobenem Stil und/oder bei feierlichen Anlässen findet sich hin und wieder eine „bildungssprachliche" Form der Ordnungszahl:

> h. *A Fernando Lázaro Carreter maestro y amigo en su sexagésimo aniversario.*
> Dem Lehrer und Freund Fernando Lázaro Carreter zu seinem sechzigsten Geburtstag [Dedikation eines Buches (*La norma castellana del español*), das der Universitätsprofessor S. DE LOS MOZOS einem bekannten Kollegen und Mitglied der *Real Academia Española* gewidmet hat. Man beachte in diesem Zusammenhang auch den Gebrauch des Wortes *aniversario* (anstelle des üblicheren *cumpleaños*)].

265. *Anmerkung*

Bei dem Substantiv *siglo* („Jahrhundert") kann man bis einschließlich 10 sowohl Ordinal- als auch Kardinalzahlen finden (mit einer Präferenz für Ordinalzahlen), wohingegen ab 11 nur Kardinalzahlen gebraucht werden (das Deutsche läßt bei *Jahrhundert* nur Ordinalzahlen zu). Wörter wie *artículo* („Artikel"), *capítulo* („Kapitel") u. dgl. können mit Kardinal- oder Ordinalzahlen gebraucht werden, wobei jedoch ab 11 den Kardinalzahlen der Vorzug gegeben wird (vgl. den Hinweis in Nr. 263).

> a. *Los árabes invadieron la Península Ibérica a principios del siglo octavo* (oder: *ocho*).
> Die Araber eroberten die Iberische Halbinsel zu Beginn des achten Jahrhunderts.
> b. *Vivimos en el siglo XX.*
> Wir leben im zwanzigsten Jahrhundert.
> c. *Esto se puede leer en el capítulo quince* (oder: *... en el capítulo décimoquinto*).
> Das kann man in Kapitel fünfzehn lesen (oder: ... im fünfzehnten Kapitel ...).

266. Bei den Namen von Fürsten und Päpsten gebraucht man bis X Ordnungszahlen, ab XI dagegen Kardinalzahlen. Im Gegensatz zum Deutschen wird dabei kein bestimmter Artikel gesetzt.

> a. *Guillermo I* (lies: *Guillermo Primero*).
> Wilhelm der Erste.
> b. *Carlos V* (lies: *Carlos Quinto*).
> Karl der Fünfte.

Aber:

> c. *Juan XXIII* (lies: *Juan Veintitrés*).
> Johannes der Dreiundzwanzigste.

Bei „(der) zehnte" ist der Gebrauch schwankend: man liest und hört sowohl *el siglo décimo* („das zehnte Jahrhundert") und *Alfonso Décimo* („Alfons der Zehnte") als auch *el siglo diez* und *Alfonso Diez*[23].

---

[23] Cf. *Esbozo*, 245.

§ 3. APÓCOPE

267. In den Formen *primero* und *tercero* entfällt das *-o*, wenn ihnen ein männliches Substantiv im Singular (mit oder ohne vorangehendem Adjektiv) folgt. Siehe dazu auch oben, Nr. 186.

    a. *en el primer momento*   im ersten Augenblick
    b. *el tercer hombre*   der dritte Mann
    c. *el primer buen comentario*   der erste gute Kommentar

Aber:

    d. *el primero de mis hijos*   der älteste meiner Söhne
    e. *el tercero desapareció*   der Dritte verschwand

§ 4. KONGRUENZ

268. Ordnungszahlen kongruieren im Genus und Numerus mit dem Substantiv, zu dem sie gehören.

    a. *la tercera observación*   die dritte Bemerkung
    b. *los primeros comentarios*   die ersten Kommentare

In den (zusammengesetzten) Ordnungszahlen von 13. bis 19. ist die Kongruenz des ersten Teils fakultativ:

    c. *Se ha olvidado usted de la Décimo Octava Enmienda de la Constitución*
       (A. Carpentier, *El recurso del método*, 283).
       Sie haben den achtzehnten Zusatzartikel zur Verfassung vergessen.
       Man könnte auch sagen: ... *la décima octava* ...[24].
    d. *Mollie fue la decimocuarta víctima* (C. J. Cela, *Cristo versus Arizona*, 85).
       Mollie war das vierzehnte Opfer.

§ 5. AUSFALL DES SUBSTANTIVS BEI EINIGEN ORDNUNGSZAHLEN

269. In einigen Ausdrücken fällt das Substantiv weg.

    a. *Una actriz de tercera* (C. Martín Gaite, *Fragmentos de interior*, 67).
       Eine drittklassige Schauspielerin.
       ... *de tercera* = *de tercera clase* (oder: *categoría*), dies im Gegensatz z. B. zu
       una actriz de primera.

---

[24] Cf. *Esbozo*, 245. M. Seco nimmt hier eine genauere Unterscheidung vor: Wenn die genannten Ordnungszahlen in einem Wort geschrieben werden, ändere sich nur der letzte Teil; werden sie getrennt geschrieben – was diesem Autor zufolge gegenwärtig selten sein soll (siehe jedoch Beispiel c !) – kongruierten sie grundsätzlich beide mit dem Wort, auf das sie sich beziehen (*Diccionario de dudas*, 137).

Die Ordnungszahlen / Los numeros ordinales

Ein bekannter Fall von Substantivierung findet sich in dem Ausdruck

> b. *las terceras* (*de ABC*)
> die Dritten

womit Artikel gemeint sind, die von bekannten Persönlichkeiten des politischen und kulturellen Lebens in Spanien geschrieben und auf der dritten Seite der angesehenen Tageszeitung *ABC* abgedruckt sind.

§ 6. BRÜCHE [NÚMEROS QUEBRADOS (ODER: FRACCIONARIOS)]

270. Sonderformen sind

> 1/2   *una mitad* (oder: *un medio*)[25]
> 1/3   *un tercio*

271. Von 1/4 bis 1/10 werden die Formen der Ordnungszahlen benutzt.

> a. 1/4   *un cuarto*
> b. 1/5   *un quinto*
> c. 2/8   *dos octavos*
> d. 4/10   *cuatro décimos*

272. Von 1/11 bis 1/199 werden die Brüche gebildet, indem an die Kardinalzahl das Suffix *-avo* angefügt wird[26].

> a. 1/11   *un onzavo* (oder: *un onceavo*)[27]
> b. 4/12   *cuatro dozavos* (oder: *cuatro doceavos*)
> c. 5/30   *cinco treintavos*
> d. 8/100   *ocho centavos*

273. Ab 1/200 kann man die Form der entsprechenden Ordnungszahl verwenden (oder aber auch *-avo* an die Kardinalzahl anfügen). 1/1000 und 1/1 000 000 (und die mit ihnen gebildeten zusammengesetzten Formen) lauten allerdings *un milésimo* und *un millonésimo*.

> a. 1/200   *un ducentésimo* (oder: *un doscientosavo*)
> b. 1/10 000   *un diezmilésimo*
> c. *A cada cienmillonésimo de segundo* (E. Sábato, *El escritor y sus fantasmas*, 41).
> Jede hundertmillionstel Sekunde.

---

[25] *Medio* steht nahezu ausschließlich vor Substantiven und hat die Bedeutung „ein(e) halbe(r/s) ...". Zum Beispiel: *medio kilo* („ein halbes Kilo"). *Mitad* ist die Übersetzung von „die Hälfte" und wird meist näher bestimmt. Zum Beispiel: *la mitad de sus bienes* („die Hälfte seines Vermögens"). Die adverbialen Ausdrücke *en mitad de* und *en medio de* sind synonym. Sie bedeuten: „inmitten von" (cf. *Esbozo*, 246).

[26] Diese Formen finden sich vor allem in der Sprache der Technik und Wissenschaft (cf. J. Alcina Franch & J. M. Blecua, *Gramática española*, 668). Als Variante von *centavo* kann man auch *centésimo* finden.

[27] In Ausnahmefällen auch *un undécimo* und für 1/12 *un duodécimo* (cf. *Esbozo*, 246).

274. *Anmerkung*

Brüche können auch durch die Konstruktion / Ordnungszahl (oder eine Form auf *-avo*) + *parte* / wiedergegeben werden.

    a. *una sexta parte* (oder: *un sexto*)   ein Sechstel
    b. *la décima parte de su fortuna*   der zehnte Teil seines Vermögens
       (J. ALCINA FRANCH & J. M. BLECUA, *Gramática española*, 668).
    c. *una dozava parte*   ein Zwölftel
    d. *cuatro quintas partes*   vier Fünftel
       (R. GARRIGA, *Nicolás Franco, el hermano brujo*, 221)

So kann man neben den in den Nrn. 270–271 angeführten Formen *tercio, cuarto, quinto* usw. auch finden: *la* (oder: *una*) *tercera parte, la/una cuarta parte, la/una quinta parte* usw. Für nichtspanische Muttersprachler ist es bei vielen der in diesem Kapitel aufgeführten Formen ausreichend, sie passiv zu kennen. In Zweifelsfällen sei auf den *Esbozo* (S. 243–246) verwiesen.

ABSCHNITT III
DIE VERVIELFÄLTIGUNSZAHLWÖRTER
LOS MULTIPLICATIVOS

275. Bei den Zahlwörtern führen sowohl der *Esbozo* (S. 247) als auch J. ALCINA FRANCH & J. M. BLECUA (*Gramática española*, 668) eine Reihe von Formen mit der Endung *-ble* oder *-ple*[28] an. Die gebräuchlichsten sind:

    a. *simple*   einfach
    b. *doble*   doppelt, zweifach
    c. *triple*   dreifach
    d. *cuádruple*   vierfach
    e. *quíntuple*   fünffach
    f. *múltiple*   mehrfach[29]

276. Die Übersetzung von „Zwillinge" lautet *mellizos* (oder: *gemelos*).

Weitere Formen:

    a. *trillizos*   Drillinge
    b. *cuatrillizos*   Vierlinge
    c. *quintillizos*   Fünflinge
    d. *sextillizos*   Sechslinge[30]

---

[28] In Ausnahmefällen und nur in der Schriftsprache kann man auch Formen mit der Endung *-o* antreffen (→ *duplo, triplo, cuádruplo* …). Siehe dazu, mit weiteren Erläuterungen und Beispielen, *Esbozo*, 247.
[29] Weitere derartige Formen finden sich bei J. ALCINA FRANCH & J. M. BLECUA, *Gramática española*, 668.
[30] M. SECO führt sogar *septillizos* („Siebenlinge") und *octillizos* („Achtlinge" – siehe auch Beispiel e.) an – *El léxico de hoy*, in R. LAPESA, *Comunicación y lenguaje*, 190.

e. *Una embarazada de octillizos decide jugarse la vida y rechazar el aborto selectivo* (*El País*, 18.8.1996, Beilage *Domingo*, 13).
Eine Frau, die Achtlinge erwartet, entscheidet sich dafür, ihr Leben aufs Spiel zu setzen und eine selektive Abtreibung abzulehnen.

KAPITEL VI

DIE PRONOMEN
LOS PRONOMBRES

ABSCHNITT I

DIE PERSONALPRONOMEN
LOS PRONOMBRES PERSONALES

§ 1. FORMEN

277. Wie in anderen Sprachen auch nehmen die Personalpronomen im Spanischen bestimmte Formen an, je nachdem, welche Funktion sie im Satz erfüllen bzw. in welchen Wortverbindungen sie auftreten.

Personen		Pronomen als Subjekt[1]		Pronomen als Akkusativ oder Dativobjekt (ohne Präposition)[2]		Pronomen nach einer Präposition	
Sg.	1.	YO	– ich	ME	– mich, mir	MÍ	– mich, mir
	2.	TÚ	– du	TE	– dich, dir	TI	– dich, dir
	3.	ÉL	– er	LE	– ihn (Akk.) ihm, ihr (Dativ)	ÉL	– ihn, ihm
				LO	– ihn, es (Akk.)		
		ELLA	– sie	LA	– sie, es (Akk.)	ELLA	– sie, ihr
		ELLO[3]	–	ELLO[3]		ELLO[3]	
		USTED	– Sie	SE vor LE in Dativen[4]		USTED	Sie, Ihnen
Pl.	1.	NOSOTROS (-AS)	– wir	NOS	– uns	NOSOTROS (-AS) –	uns
	2.	VOSOTROS (-AS)[5]	– ihr	OS	– euch	VOSOTROS (-AS) –	euch
	3.	ELLOS	– sie	LOS	– sie (Akk.)	ELLOS	– sie, ihnen
		ELLAS	– sie (f.)	LAS	– sie (Akk.)	ELLAS	– sie, ihnen (f.)
				LES	– ihnen (Dat. m. und f.)		
		USTEDES	– Sie			USTEDES	– Sie, ihnen
Reflexive Form				SE	– sich	SÍ	– sich

---

[1] Diese Formen, ebenso wie diejenigen, die nach einer Präposition stehen, werden als „betonte Formen" bezeichnet [→ *formas acentuadas* (cf. *Esbozo*, 421) oder *formas tónicas*].

[2] Hier spricht man von „unbetonten" Personalpronomen [→ *formas inacentuadas* oder *átonas* (cf. *Esbozo*, 424 und 427)].

[3] Es ist schwer, für diese Form eine allgemeingültige Übersetzung anzugeben. Zu ihrem Gebrauch siehe weiter unten, Nr. 303. Dem *Esbozo* zufolge kann *ello* zwar als pronominales Dativobjekt, nicht jedoch als Akkusativobjekt fungieren (S. 207. Siehe jedoch, was weiter unten in Nr. 303 zu *todo ello* gesagt wird). Von allen in dieser Liste aufgeführten Formen ist *ello* die einzige, die sich nicht auf Personen beziehen kann.

[4] Siehe dazu Nr. 324.

[5] *Vosotros* (*vosotras*) ist in den spanischsprachigen Ländern Lateinamerikas praktisch völlig ungebräuchlich (cf. *Esbozo*, 424 – siehe auch weiter unten, Nr. 291).

278. *Anmerkungen*

Einige Formen erhalten einen Akzent, um eine Verwechslung mit gleichlautenden Wörtern zu vermeiden:

tú (~ *tu* : attributiv gebrauchtes Possessivpronomen: „dein")
él (~ *el* : bestimmter Artikel: „der", „die", „das")
mí (~ *mi* : attributiv gebrauchtes Possessivpronomen: „mein")

279. Bei einer Form wie *ti* ist keine Verwechslung möglich. Sie erhält daher keinen Akzent[6].

280. Nach der Präposition *con* („mit") kann nicht einfach *mí, ti* und *sí* (dieses als Reflexivpronomen) stehen, sondern es müssen zusammengesetzte (und in einem Wort geschriebene) Formen gebraucht werden: *conmigo, contigo, consigo*.

    a. *¿Eres feliz conmigo?* (*La codorniz*, 23).
       Bist du glücklich mit mir?
    b. *Contigo pan y cebolla* (DUE, II, 620 – mit dem Kommentar, daß es sich hier um eine humoristische Redensart über Verliebte handele, die heiraten wollen, ohne über die notwendigen Mittel für ein Leben zu zweit zu verfügen).
       (wörtlich:) Mit dir Brot und Zwiebel.
    c. *Estaban decididos a llevarme consigo, de grado o por fuerza* (R. J. SENDER, *Crónica del alba*, II, 322).
       Sie waren entschlossen, mich mitzunehmen, ob ich nun wollte oder nicht.

Aber:

    d. *Ni contigo ni sin ti* (aus einem spanischen Volkslied, angeführt von F. UMBRAL in *Mis queridos monstruos*, 134).
       Weder mit dir noch ohne dich.

Die Präposition *sin* bildet keine zusammengesetzten Formen. Somit handelt es sich in der Phrase *Ni conmigo ni sinmigo* („Weder mit noch ohne mir") bei der letzten Wortform um eine humoristische Wortschöpfung [die zurückgeht auf F. De Quevedo (1580–1645) – angeführt (ohne Bezug) im BRAE, Band LXXII, Heft CCLVI, Mai-August 1992, 357].

§ 2. BEDEUTUNG UND GEBRAUCH

A. Formen des Nominativs (Subjekt)

1. Fakultativer und obligatorischer Gebrauch

281. Die spezifischen Endungen der Verbformen schließen im Spanischen eine Verwechslung in bezug auf die grammatische Person meist aus. Strenggenommen ist daher der Gebrauch eines Personalpronomens in vielen Fällen überflüssig.
Im Deutschen ist eine Form wie „sprechen" für sich allein nicht eindeutig. Sie kann Infinitiv sein, aber auch erste, zweite (in der Höflichkeitsform) und dritte Person Plural. Ein präzisierendes Element ist daher erforderlich: „*wir* sprechen", „*Sie* sprechen", „*sie* sprechen".

---

[6] Viele, sogar gebildete Spanier schreiben *ti* fälschlicherweise mit Akzent.

Die Personalpronomen / Los pronombres personales 153

Diese Mehrdeutigkeit ist in der spanischen Übersetzung der genannten Formen stark reduziert: *hablamos* („wir sprechen"), *hablan* [„sie sprechen" oder „Sie sprechen" (pl.)], *habla* [„Sie sprechen" (sg.)]. Zweifel bezüglich der Person des Subjekts ist daher sehr selten[7].

282. In bestimmten Fällen werden die Personalpronomen doch in der Funktion eines Subjekts gebraucht[8].

283. Wenn es zur Verdeutlichung notwendig ist.

Formen wie *hablaba, hablaría, hablara, hablase* ... sind für sich allein nicht eindeutig: steht das Subjekt in der ersten oder dritten Person Singular? Und falls es in der dritten Person steht, ist es dann männlich, weiblich oder eine Höflichkeitsform (→ *él, ella, usted*)? Hier kann eine Verdeutlichung notwendig sein, wenn der Kontext diesbezügliche Zweifel nicht (vollständig) ausräumt[9].

> a. *Yo me figuraba que ella querría cambiar de vida* (P. Baroja, *El gran torbellino del mundo*, in O. C., I, 1092).
> Ich dachte mir, daß sie ein anderes Leben führen wollte.
> Der Gebrauch des Pronomens *ella* hat in diesem Satz eine doppelte Funktion:
> 1. zeigt es deutlich, daß das Subjekt eine dritte Person ist (ohne dieses Pronomen könnte man meinen, daß das Subjekt von *querría* dasselbe sei wie das von *me figuraba*);
> 2. weist es darauf hin, daß das Subjekt weiblich ist; in solch einem Fall muß immer ein Pronomen als Subjekt stehen (auch wenn die Endung des Verbs die Person eindeutig bezeichnet), es sei denn, der Kontext oder ein grammatikalisches Element (wie in dem Satz von J. C. Onetti) schließt jeden Zweifel aus:
>   – er ißt gerade → *está comiendo*
>   – sie ißt gerade → *ella está comiendo*
>   – *Comía lenta los restos que encontraba* (J. C. Onetti, *Dejemos hablar al viento*, 45.)
>   Langsam aß sie die Reste, die sie fand.
>   Die Form *lenta* weist darauf hin, daß das Subjekt weiblich ist.
> b. *Cuando iba a casa, ella me esperaba a la puerta* (A. M. Matute, *Los soldados lloran de noche*, 20).
> Als ich nach Hause ging, erwartete sie mich an der Tür.
> Der Kontext weist den Leser darauf hin, daß das Subjekt zu *iba* eine erste Person ist. In solch einem Satz ist daher ein Pronomen (→ *ella*) ausreichend, um Zweifel auszuschließen.

284. Um das Subjekt hervorzuheben oder um einen Kontrast auszudrücken.

Im Spanischen hat der Gebrauch eines Pronomens oft *stilistische* Funktion, was in Sprachen (wie dem Deutschen), in denen das pronominale Subjekt stehen *muß*, nicht der Fall ist. Der emphatische Charak-

---

[7] Siehe jedoch die Hinweise in Nr. 283 zu Formen wie *hablaría, hablara* ...
[8] Statistische Daten (nebst Kommentar) finden sich bei J. Schmidely, *La personne grammaticale et son expression en langue espagnole*, 233–242.
[9] Cf. *Esbozo*, 422. Es wird darauf hingewiesen, daß es im Spanischen zwölf Fälle gibt, in denen die erste und die dritte Person die gleiche Form haben.

ter der Konstruktion kann in solchen Fällen noch gesteigert werden, wenn das Pronomen wiederholt oder hinter das Verb gesetzt wird.

In der geschriebenen Sprache verfügt man darüber hinaus über typographische Hilfsmittel, beispielsweise Kursivschrift ('*yo*' in Beispiel a) und Großbuchstaben[10], aber diese Verfahren sind nicht typisch für das Spanische. Man beachte auch den vom Autor hinzugefügten Kommentar in Beispiel e[11] und den deiktisch in anschuldigender Gestik ausgestreckten Finger in der Zeichnung in Beispiel h.

a. *No sé si será verdad pero 'yo' estoy segura* (J. CORTÁZAR, *Libro de Manuel*, 49 – wie bereits gesagt, setzt der Autor das Pronomen *yo* zusätzlich kursiv).
Ich weiß nicht, ob es stimmt, aber i c h bin mir dessen sicher.

b. *¿Ve usted que yo tenía razón?* (J. ICAZA, *Huasipungo*, 80).
Sehen Sie, daß i c h recht hatte?

c. *Él mismo me ponía el azúcar en la taza para que no cogiera yo demasiado* (P. BAROJA, *Galería de tipos de la época*, in O. C., VII, 901).
Er tat mir den Zucker selbst in die Tasse, damit ich ja nicht zuviel nehmen würde.

d. *Yo creo que no hay otra solución.*
Ich glaube, daß es keine andere Lösung gibt.
In einem Satz wie diesem kann der Gebrauch des *yo* ganz verschiedene psychologische Gründe haben. Es kann sowohl eine kontrastive Funktion haben und dann Überlegenheit implizieren (→ „*meine* Meinung ist besser") als auch ein Ausdruck der Bescheidenheit sein (→ „ich gebe nur meine persönliche Meinung wieder, die für niemanden verbindlich ist").
Der spanische Soziologe und Sprachwissenschaftler A. DE MIGUEL macht auf einen zunehmenden und übertriebenen Gebrauch des Pronomens *yo* im heutigen Spanisch aufmerksam. Dies zeige sich besonders im Politjargon, was DE MIGUEL so kommentiert: „Da al discurso político un aire patrimonialista que rima poco con las esencias democráticas" [*La perversión del lenguaje*, 216 – „Es verleiht der politischen Rede einen Hauch von alter Gloria, der nicht so recht zum Wesen der Demokratie passen will"; der Autor verwendet auch (allerdings in einem weiteren Sinne) den Begriff *yoísmo* (S. 215)].

e. *„Vas a ver" (...) Tú vas a ver"*, *añadiendo el pronombre para individualizarme* (G. CABRERA INFANTE, *La Habana para un infante difunto*, 299).
„Du wirst sehen" (...) „Das wirst du schon sehen", mit besonderem Nachdruck auf dem Pronomen, um deutlich zu machen, daß er mich ganz persönlich meinte.

f. *Yo las maté y le prendí fuego a la casa. Yo.* (R. J. SENDER, *Crónica del alba*, II, 252).
Ich bin derjenige, der sie getötet und das Haus angezündet hat. Ich.

g. *¡Qué pena que no sea yo la novia!* (M. MIHURA, *Tres sombreros de copa*, 151).
Wie schade, daß i c h nicht die Braut bin!

---

10 Wie z. B. in *El Supremísimo* von L. RICARDO ALONSO (S. 224): ... *pero Yo continuaré* ... („aber i c h werde weitermachen").

11 Siehe auch die Ausführungen von S. FERNÁNDEZ (*Gramática española*, 219–221). Da das Deutsche in diesen Fällen mit anderen Mitteln arbeitet als das Spanische, muß bei der Übersetzung der Beispiele in Nr. 284 e (hier muß das Personalpronomen im Deutschen ohnehin gesetzt werden) und 286 a (hier läßt der deutsche Sprachgebrauch kein Personalpronomen zu) eine eigene DEUTSCHE Konstruktion gefunden werden, wobei es aber gilt, das Wesentliche des spanischen Ausgangstextes zu bewahren. Eine wörtliche Wiedergabe der spanischen Konstruktion würde eine Übersetzung liefern, die, ohne Kenntnis des Originals gelesen, unsinnig erschiene.

Die Personalpronomen / Los pronombres personales 155

h.

(*El Norte de Castilla*, 7.8.1989, 4)
„Du hast mein Leben zerstört." „Ja, aber es war Notwehr."

285. Die in Nr. 284 behandelte Emphase findet sich auch in der Werbesprache und in politischen Slogans. Das Personalpronomen, das eigentlich nicht zur Verdeutlichung der Botschaft notwendig ist, hebt einen möglichen persönlichen Vorteil oder ein persönliches Interesse hervor oder/und appelliert an die Eitelkeit des Rezipienten.

    a. *La España que tú quieres conocer* (*Ronda Iberia*[12], 62–63).
       Das Spanien, das du kennenlernen willst.
    b.   *Trabajador*
         EN MARCHA
     Hacia la consolidación del sindicalismo que tú necesitas[13].
        Arbeiter
        MACH MIT
     Für die Stärkung der Gewerkschaftsbewegung, die DU brauchst.

286. Andererseits kann man in der gesprochenen Sprache manchmal ein *tú* antreffen, das der Bedeutung nach zwar überflüssig ist, jedoch eine affektive Funktion erfüllt. Solch ein Personalpronomen wird an das Satzende gesetzt. Diese Ausdrucksweise ist weniger auf bestimmte Regionen beschränkt, als dies der Kommentar des Autors im ersten Beispiel vermuten läßt.

    a. *No hay duda, tú – dijo ella empleando esa forma familiar habanera de colocar el pronombre al final de la oración* (G. CABRERA INFANTE, *La Habana para un infante difunto*, 270).
     „Daran besteht kein Zweifel, Mann", sagte sie mit dem für die Umgangssprache in Havanna so typischen Nachdruck am Satzende.
    b. *¿Qué hora es, tú?* (C. MARTÍN GAITE, *Fragmentos de interior*, 181).
     Du, sag mal, wie spät ist es?

---

[12] *Ronda Iberia* ist eine Reklamezeitung, die in den Flugzeugen der spanischen Luftfahrtgesellschaft *Iberia* ausliegt. Das angeführte Beispiel stammt aus einer Ausgabe (ohne Datum), die für die Fluggäste im Februar 1978 bereitgehalten wurde.
[13] Slogan, der im Februar 1978 in Spanien auf Plakaten zu lesen war.

287. *Anmerkung*

Es wurde bereits darauf hingewiesen, daß die Pronomen der ersten und zweiten Person Plural *nosotros* und *vosotros* vor einem Substantiv häufig weggelassen werden (siehe Nr. 27). Dies hat jedoch keine Unsicherheit hinsichtlich der Bedeutung zur Konsequenz, wie die beiden folgenden Beispiele zeigen, in denen der Gebrauch eines der beiden genannten Pronomen emphatische Wirkung hätte:

> a. *Por otra parte, los médicos ya sabes que estamos de vuelta de muchas cosas* (S. LORÉN, *Las cuatro vidas del doctor Cucalón*, 75).
> Andererseits sehen wir Ärzte, wie du weißt, viele Dinge nüchterner.
> b. *Los hombres creéis todo lo malo que se dice de las mujeres* (R. DEL VALLE-INCLÁN, *Sonata de otoño*, 78).
> Ihr Männer glaubt all das Schlechte, das uns Frauen nachgesagt wird.

2. Gebrauch von „usted", „ustedes" (~ „tú"), „don", „doña"

288. *Usted* (Plural *ustedes*) ist die Höflichkeitsform, die dem deutschen *Sie* und dem französischen *vous* entspricht. *Usted, ustedes* können mit den Buchstaben *Ud., Uds.* (auch *U., Us., V., Vd., Vds., Vs.* oder *VV.*) abgekürzt werden. Die ausgeschriebene Form wird gewöhnlich nicht großgeschrieben[14]. Das Verb, dessen Subjekt *Ud.* (*Uds.*) ist, steht immer in der dritten Person[15]. Zugehörige Pronomen stehen natürlich auch in der Form der dritten Person.

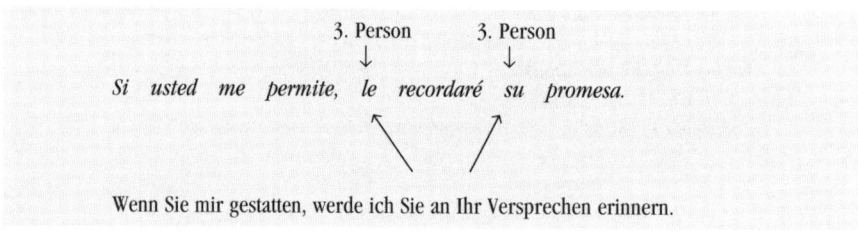

Wenn Sie mir gestatten, werde ich Sie an Ihr Versprechen erinnern.

289. *Usted(es)* wird in der Funktion eines Subjekts seltener weggelassen als die übrigen Personalpronomen. Im *Esbozo* wird beiläufig erwähnt, daß auf 50 Seiten des um Wiedergabe der Umgangssprache bemühten Romans *Los últimos románticos* von Pío BAROJA[16], die Form in 72 Fällen als Subjekt vorkomme. Nur in einem Fall sei sie weggelassen worden[17]. Dagegen wird eine Wiederholung von *usted(es)* in ein und demselben Satz in der Regel vermieden, obwohl manchmal, vor allem von einfachen Leuten, gegen diesen Grundsatz verstoßen wird (siehe Beispiel b).

---

[14] Cf. *Esbozo*, 145. In Texten, die die Volkssprache wiedergeben, kann man die Form *usté* antreffen [siehe z. B. *La Chanca* von J. GOYTISOLO (S. 19 und passim), *Crónica del desamor* von R. MONTERO (S. 165) und *La fascinación* von der argentinischen Schriftstellerin I. MALINOW (S. 32 und passim). I. MALINOW, die in der Botschaft ihres Landes in Brüssel beschäftigt war, erklärte mir am 6. September 1988 in einem Telefongespräch, daß man die Form *usté* gebrauche, „porque es fonético" („weil sie phonetisch ist"), und fügte nach kurzer Pause hinzu: „es más bien coloquial" („sie ist eher umgangssprachlich")]. In Lateinamerika hört man zuweilen *vusté* (cf. *Esbozo*, 342).

[15] Der Grund dafür ist, daß das Wort *usted* aus der in früheren Zeiten üblichen Anrede *Vuestra Merced* („Euer Gnaden") entstanden ist. Siehe dazu: R. LAPESA, *Historia de la lengua española*, 392.

[16] Was den Hinweis zur „Umgangssprache" angeht, muß man jedoch bedenken, daß das Buch 1906 herausgegeben wurde.

[17] Cf. *Esbozo*, 342, Fußnote 16. In Lateinamerika werde *usted* häufiger weggelassen (cf. *Esbozo*, *loc.cit.*, und C. KANY, *Sintaxis hispanoamericana*, 128–129 – mit Kommentar).

> a. *Ud. puede acompañarme, si [ø] quiere.*
>   ↑   ↑
>   Sie können mich begleiten, wenn Sie wollen.
> b. *Cuando usted se case con la niña, usted no podrá ser tan desordenado en el vivir* (M. MIHURA, *Tres sombreros de copa*, 136).
>   Wenn Sie das Mädchen heiraten, werden Sie nicht länger ein so unordentliches Leben führen können.
>   Ein anderes Beispiel zur Wiederholung von *usted* auf dem genannten Sprachniveau findet sich in der satirischen Zeitschrift *La Codorniz* (S. 165).

290. Spanische Muttersprachler benutzen im allgemeinen häufiger und schneller die vertrauliche Anrede (*tú, vosotros, vosotras*) als deutsche oder französische Muttersprachler, vor allem unter Gleichaltrigen und bei gleicher gesellschaftlicher Position[18]. Frauen neigen mehr zum *tú* als Männer[19], und unter (und gegenüber) Kindern ist praktisch nur die vertrauliche Anrede üblich (siehe die Beispiele c und d). Welche Bedeutung einem Faktor wie dem Altersunterschied in bezug auf den Gebrauch der Höflichkeitsform zukommt, wird beispielsweise in den Sätzen a und b deutlich, in denen dieser Gebrauch besonders betont wird, ausdrücklich im ersten und indirekt im zweiten Beispiel.

> a. *A usted le tiene sin cuidado quien gane, don Fidel. Vicente le habla de usted por la edad* (M. AUB, *Campo del moro*, 18).
>   Es kümmert Sie wenig, wer gewinnt, Don Fidel. Vicente siezt ihn aufgrund seines Alters (die Personen sind 60 bzw. 23 Jahre alt).
> b. *Al volver de Francia me chocó que ahora todo el mundo tutee incluso a las personas de noventa años* (J. CARABIAS, *Vestimenta y tuteo*, in Heraldo de Aragón, 1.2.1978, 36).
>   Als ich aus Frankreich zurückkehrte, war ich höchst erstaunt, daß heute alle Welt „du" und „ihr" sagt, selbst Neunzigjährigen gegenüber.
>   (Die Autorin hatte lange Zeit in Frankreich gelebt, ohne ihre Heimat zu besuchen.)
> c. *Resulta raro tratarse de usted; es cosa de viejos* (M. VARGAS LLOSA, *La ciudad y los perros*, 106).
>   Das Siezen klingt merkwürdig; es ist etwas für alte Menschen.
> d. *Nos daba risa que nos hubieran llamado de usted* (C. MARTÍN GAITE, *El cuarto de atrás*, 112).
>   Wir mußten darüber lachen, daß sie uns mit Sie angesprochen hatten.
>   (Es geht um zwölfjährige Mädchen.)
>   Siehe auch die Dialoge zwischen zwei jungen Frauen in ungefähr demselben Alter, von denen eine aber das Dienstmädchen des Hauses ist, bei C. MARTÍN GAITE, *Fragmentos de interior* (S. 174 und passim) und das weiter unten in Nr. 364 d angeführte Beispiel.

In den letzten Jahren ist wohl eine deutliche Präferenz für den Gebrauch des *tú* festzustellen. Bezeichnend ist in diesem Zusammenhang die Selbstkorrektur des Schriftstellers Max AUB, der 1972 auf einem internationalen Kongreß bemerkte:

---

[18] Zum Gebrauch von *tú ~ usted* im heutigen Spanisch siehe: *Esbozo* (S. 343–344), die Artikel von J. BORREGO NIETO u. a., *Sobre el tú y el usted* (in Studia Philologica Salmanticensia, Nr. 2, 1978, 53–69 – mit Bibliographie), J. CARABIAS, *Vestimenta y tuteo* (in Heraldo de Aragón, 1.11.1978, 26), A. BURGOS, *El compadreo del tuteo*, (in ABC, 15.8.1985, 17), ebenso die Ausführungen bei M. AUB, *La casa de Valverde* (S. 196), C. MARTÍN GAITE, *Fragmentos de interior* (S. 131), J. CORTÁZAR, *Rayuela* (S. 209) ...

[19] Cf. *Esbozo*, 344.

e. *No se les escapará o no se os escapará, para hablar como se habla ahora aquí ...*
    (J. F. BOTREL & S. SALAÜN, *Creación y público en la literatura española*, 249)[20].
    Es wird Ihnen nicht entgangen sein bzw. es wird euch nicht entgangen sein, um so zu sprechen, wie dies heute hier üblich ist ...
f. In einem Laden konnte ich hören:
    Buenas tardes, señora, ¿qué quieres?
    Guten Tag, meine Dame, was kann ich für dich tun?
    Die Verbindung der Anrede *señora* mit der Du-Form erscheint paradox, erklärt sich aber zum Teil durch die allgemeine Mode und möglicherweise auch durch das Bemühen, ein Klima des Vertrauens zu schaffen. Es zeigt auch, daß manchen Jugendlichen die Sie-Form heute vielleicht kaum noch geläufig ist.

291. In Andalusien, auf den Kanarischen Inseln und vor allem in Lateinamerika wird fast immer *ustedes* anstelle von *vosotros* (*vosotras*) gebraucht. Dabei ist zu beachten, daß *in dieser Funktion* die Form *ustedes* in den entsprechenden spanischen Regionen meist mit dem Verb in der zweiten Person Plural konstruiert wird [→ *ustedes tenéis* („ihr habt"), *ustedes os sentáis*[21] („ihr setzt euch")], in Lateinamerika dagegen stets mit der „normalen" dritten Person [→ *ustedes tienen* („ihr habt")][22].
Es sei auch darauf hingewiesen, daß *usted* in Lateinamerika vielfach in der doppelten Funktion als Pronomen der vertraulichen und der höflichen Anrede verwendet wird (*tú/usted*), in etwa wie das englische *you*.

292. Man beachte in Beispiel 290 a, daß *don* und *usted* zusammen gebraucht werden. Als Anrede ist / *don*[23] (oder: *doña*) + Vorname / eine Variante von / *señor* + Familienname /, wobei die erste Form als höflicher gilt[24].
Die Hierarchie wird aus folgendem Satz deutlich, in dem die Formen in absteigender Reihenfolge nebeneinander stehen:

---

[20] Im Mai 1983 stieß mich ein Mann mittleren Alters auf der Straße an. Reaktion: *¡Perdona!* („Entschuldige" – also *tuteo*). Sicher hat mit dieser Erscheinung auch die politische Entwicklung in Spanien zu tun, und es liegt nahe, daß in „linken" Kreisen häufiger geduzt wird. Daß andererseits *usted* (mit seiner gesellschaftlichen Konnotation) für spanische Muttersprachler sicher noch nicht als tote Form gelten kann, zeigt sich u. a. in einem Leserbrief in der Zeitung *El País* (16. 11. 1983, S. 12) unter dem Titel *Contra el tuteo médico* („Gegen das Duzen in Arztpraxen") und in dem folgenden Satz aus einem 1982 erschienenen Buch: *El tuteo le jodió como esperaba* (C. PÉREZ MERINERO, *Las reglas del juego*, 125 – „das Duzen ärgerte ihn, wie ich erwartet hatte"). Bezeichnend ist auch ein Satz wie: *El tuteo agresivo le molesta* („Das aggressive Geduze ärgert ihn"; J. GOYTISOLO, *En los reinos de Taifa*, 144 – das Buch erschien 1986). Zur Entwicklung *usted* → *tú* siehe auch: F. LÁZARO CARRETER, *¿Te encuentras bien, cariño?* (in *ABC*, 16. 9. 1984).
[21] Normal: *Ustedes SE sientan* („Sie setzen sich").
[22] Siehe dazu C. KANY, *Sintaxis hispanoamericana*, 77, und R. LAPESA, *Historia de la lengua española*, 510–511 und 580–581. Daß *ustedes* im amerikanischen Spanisch (das übrigens keine explizite Höflichkeitsform im Plural kennt) mit dem Wert von *vosotros* gebraucht wird, zeigt sich deutlich darin, daß man beispielsweise Hunden gegenüber sagt: *¡Quítense!* („Weg mit euch!") und nicht *¡Quitaos!* (H. BERSCHIN u. a., *Die spanische Sprache*, 192).
[23] Meist kleingeschrieben, obgleich sich auch *Don* findet (cf. *Esbozo*, 145).
[24] Man beachte die Formulierung: „als Anrede". Wenn man jemanden vorstellt oder respektvoll über jemanden spricht oder schreibt, wird man meist den (oder die) Nachnamen hinzufügen. Zum Beispiel:
a. *Como ya lo dijo don Dámaso Alonso*
    Wie Don Dámaso Alonso bereits gesagt hat.
b. *El gran maestro, Don Pedro Henríquez Ureña* (A. ROSENBLAT, *El castellano de España y el castellano de América*, 32).
    Der große Lehrer, Don Pedro Henríquez Ureña.

> Don Antonio, el señor Antonio, el tío Antonio ... (P. Laín Entralgo, A qué llamamos España, 86).
> Don Antonio, Herr Antonio, Onkel Antonio ...

Der (eine Ausnahme darstellende) Gebrauch des bestimmten Artikels vor *don, doña* wurde oben in Nr. 32 behandelt. In Lateinamerika kann man *don* manchmal vor einem Familiennamen antreffen[25].

293. Es ist schwierig, genaue Regeln zum Gebrauch von *don* (*doña*) anzugeben. Faktoren wie Alter, Reichtum und gesellschaftlicher Status, Prestige, Bildung usw. können eine Rolle spielen, man kann die Form aber auch mit der Nebenabsicht der Schmeichelei u. ä. benutzen[26]. Die folgenden Beispiele mögen zur Illustrierung dieser Betrachtungen dienen:

a. *„Buenas tardes, señor Castro". ¿Señor Castro o don Paulino? Con dos motoras el tratamiento. Don Paulino. Paulino Castro era don Paulino* (I. Aldecoa, *Gran sol*, 88).
„Guten Tag, Herr Castro." Herr Castro oder „Don Paulino"? Bei jemandem mit zwei Motorbooten besser die Höflichkeitsform. „Don Paulino". Paulino Castro war Don Paulino.

b. *Dudaba si visitar primero a don Salvador Pérez del Molino o a Luis Rodríguez Malo, este último sin el don, por socialista* (M. Aub, *La calle de Valverde*, 163).
Er war sich nicht sicher, ob er erst Don Salvador Pérez del Molino besuchen sollte oder Luis Rodríguez Malo; letzterer ohne „Don", da er Sozialist war.

c. In einem teilweise autobiographischen Werk schreibt R. J. Sender, daß man jemanden, der seine Schulausbildung abgeschlossen hat, mit *don* anspreche: *don José Garcés* (*Crónica del alba*, II, 434)[27].
Siehe in diesem Zusammenhang auch das in Nr. 434 c angeführte Beispiel.

d. *Julián la llamó „doña Aurora" y ella se esponjó* (J. M. Gironella, *Condenados a vivir*, I, 30).
Julián sprach sie als „Doña Aurora" an, was sie mit Stolz erfüllte (Julián ist ein junger Mann aus gutem Hause, Aurora führt die bescheidene Pension *Paraíso*)[28].

294. Durch den Gebrauch oder Nichtgebrauch dieses Wortes kann man seine Meinung von einer Person zum Ausdruck bringen. Während viele Zeitungen abschätzig über den Protagonisten des mißglückten Staatsstreichs vom 23. Februar 1981 schrieben, sprach die rechtsgerichtete Tageszeitung *El Alcázar* von ihm als *don Antonio Tejero* (16. 2. 1983, 3). Bisweilen steht dieses respektvolle *don* einem *señor* gegenüber: *el señor Travolta → don Elvis Presley* (F. Vizcaíno Casas, *Hijos de papá*, 145)[29].

---

[25] Cf. C. Kany, *Sintaxis hispanoamericana*, 496.
[26] Siehe auch den Kommentar von J. A. Vallejo-Nágera (*Concierto para instrumentos desafinados*, 138) und L. Martín Santos (*Tiempo de silencio*, 183).
[27] Ursprünglich war *don* ein Adelstitel. Die abgeschlossene Schulausbildung galt allerdings schon im Goldenen Zeitalter Spaniens als Maßstab: der *bachiller* („Bakkalaureus", „Abiturient") hatte Anspruch auf den Titel *don*. Siehe auch F. Vizcaíno Casas, *Niñas ... al salón*, 67.
[28] *Don* und *doña* haben im Deutschen keine Entsprechung. Dies zeigt sich u. a. an den *Umschreibungen*, die man oft für das Wort *don* in zweisprachigen Wörterbüchern findet.
[29] Manuel Alvar hat mir gegenüber die Tatsache, daß sowohl er als auch F. Lázaro und F. Monge, alle schon über sechzig, Professoren und Mitglieder der *Real Academia Española*, ihren Lehrer Prof. Francisco Yndurain als *don Paco* ansprechen, wie folgt kommentiert: *don* als Form der bleibenden Achtung und *Paco* (familiäre Kurzform des Namens *Francisco*) als Ausdruck der freundschaftlichen Verbundenheit.

295. Die obige Anmerkung zum zurückgehenden Gebrauch von *usted* und der zugehörige Kommentar (Nr. 290) gelten auch für *don*: im spanischen Fernsehen sprechen die Reporter einen Minister heute oft als *Señor Ministro* und sogar als *Ministro* an[30]. Andererseits findet man *don* auch vor gewöhnlichen Substantiven, die personalisiert werden (in der Werbesprache, mit pejorativer Bedeutung usw.).

    a. In Jaca (Provinz Huesca) trägt eine Bar an der *Plaza de Calvo Sotelo* den Namen „Doña Taberna" und auf der *avenida de la Jacetania* kann man seinen Hunger in einem Lokal stillen, das „Don Bocadillo" heißt[31].
    b. Der Name einer Fußballzeitschrift lautet Don Balón (vergleiche „König Fußball", „King Soccer" ...).
    c. Spöttische bis beleidigende Formen sind *don Nadie* („Niemand") und das noch stärkere *don Mierda* („Dreckskerl", „Scheißkerl")[32].

In Lateinamerika hört man bisweilen die Form *don*, ohne daß ihr ein Eigenname folgt [→ *¡Don Pedro!* oder nur *¡Don!*[33] (≈ „mein Herr")], vor allem, wenn der Sprecher sich nicht allzu höflich an jemand Unbekannten wendet, oder in humoristischem Tonfall. Im Deutschen steht hier meist die Anredeform „mein Herr":

    d. *¿Qué huele don?* (A. Roa Bastos, *El trueno entre las hojas*, 225).
    Was riechen Sie, mein Herr?

Anmerkungen

296. Wie in anderen Sprachen auch wird die Höflichkeitsform zuweilen gegenüber jemandem gebraucht, den man gewöhnlich duzt. Auf diese Weise kann man zu erkennen geben, daß man sich aus irgendeinem Grund von der angesprochenen Person distanzieren will. Dem können Gefühle wie Verärgerung, Empörung u. dergl. zugrunde liegen, z. B. wenn eine Mutter ihr Kind plötzlich mit *usted* anspricht (um es auszuschelten), oder wenn jemand die Höflichkeitsform einem Freund gegenüber benutzt, von dem er sich hintergangen fühlt[34] ...
So ist z. B. im Zusammenhang mit dem Gebrauch einer zurechtweisenden *usted*-Form gegenüber Kindern die folgende Redensart aufschlußreich:

    Cuando en mi casa me hablan de usted, cerca anda el palo.
    Wenn man mich zuhause mit Sie anredet, ist der Stock nicht weit (Beispiel und Übersetzung aus H. Berschin u. a., *Die spanische Sprache*, 200).

297. Wenn man eine Gruppe von Personen anspricht, die man z. T. zu duzen und z. T. zu siezen pflegt, wird man *ustedes* als Anredeform wählen, wie folgender Kontext zeigt. Ein kleiner Junge ist stolz, weil jemand ihm und einem Erwachsenen die Frage gestellt hatte:

    ¿Por quién preguntan ustedes?
    Nach wem fragen Sie?

---

30 Siehe in diesem Zusammenhang auch den etwas nostalgischen Kommentar von A. Llorente (*Consideraciones sobre el español actual*, 60–61).
31 So gesehen im August 1989.
32 Zum Ausdruck / *don* + Vorname / mit erotischem Unterton siehe A. Iglesias, *Eponimia...*, in *Boletín de la Real Academia Española*, Cuaderno CCXXIII, S. 297–348, besonders die Seiten 333 und 336.
33 Cf. *Esbozo*, 73.
34 Siehe auch: C. Kany, *Sintaxis hispanoamericana*, 123. Im weiteren führt dieser Autor allerdings auch einen Gebrauch von *usted* gegenüber Kindern (als Ausdruck der Zuneigung) als *americanismo* an (S. 124).

Und der Kommentar des Erzählers (in der Ich-Form) lautet:

> *Entonces no advertía yo lo raro que hubiese sido que la mujer dijera: ¿Por quién preguntan usted y el niño?* (M. DELIBES, *La sombra del ciprés es alargada*, 15).
> Damals erkannte ich nicht, wie merkwürdig es geklungen hätte, wenn die Frau gesagt hätte: „Nach wem fragen Sie und das Kind?".

298. Manchmal findet man die Form *usía(s)*[35] als Variante von *usted(es)*, vor allem in der Verwaltungssprache, wenn hohe Beamte, Mitglieder der *Cortes*[36] usw. angesprochen werden, aber die Form wird bisweilen auch noch von älteren, einfachen Leuten gebraucht[37].

    a. *¿Da usía su permiso? – preguntó un escribiente* (P. BAROJA, *Mala hierba*, in O. C., I, 498).
       „Geben Sie Ihre Zustimmung, Euer Ehren?" fragte ein Gerichtsschreiber (der Mann wendet sich an einen Richter).
    b. *Yo quisiera que usías – dijo la vieja – la metieran a esta chica en un asilo* (P. BAROJA, *Mala hierba*, in O. C., I, 437).
       „Ich möchte", sagte die alte Frau, „daß Sie dieses Mädchen in ein Heim stecken."

299. *Vos* ist eine alte Höflichkeitsform, die von *usted* verdrängt wurde. In Spanien wird es nicht mehr gebraucht, es sei denn in altertümlicher Sprache und in alten Gebetstexten. In verschiedenen spanischsprachigen Ländern Amerikas ist *vos*, hier allerdings als Synonym zu *tú*, noch sehr lebendig. Siehe dazu weiter unten, Nr. 302.

300. Der Form *vos* entspricht eine andere archaische Form (der ersten Person): *nos*. Dieses Pronomen findet sich heutzutage nur noch in Texten, die vom König, dem Papst, dem Gouverneur einer Provinz, einem Erzbischof usw. verfaßt werden[38]. *Nos* kann als Subjekt, als nominaler Bestandteil des Prädikats und in einem Präpositionalgefüge gebraucht werden[39].

    a. *Nos pensamos que los hombres ...* (in der päpstlichen Enzyklika *Humanae Vitae*, spanische Version, S. 31).
       Wir denken, daß die Menschen ...
    b. *Nos, Emperador del Japón, hacemos saber a vosotros ...* (J. M. GIRONELLA, *Los hombres lloran solos*, 9).
       Wir, Kaiser von Japan, lassen Euch wissen ...

In anderen Fällen wird als *pluralis majestatis* die Form *nosotros (nosotras)* verwendet (von Schriftstellern, Wissenschaftlern usw.).

---

35 Zusammengezogene Form aus *Vuestra Señoría* (*Señoría*: „Herrschaft").
36 Das spanische Parlament (Senat und Abgeordnetenhaus).
37 Dem *Esbozo* zufolge verschwindet die Form allmählich aus der gesprochenen Sprache (S. 342).
38 Cf. J. ALCINA FRANCH & J. M. BLECUA, *Gramática española*, 609. Siehe auch *Esbozo*, 203, mit der Anmerkung, daß sich die Form auch noch im Gebiet von León findet.
39 Cf. M. SECO, *Diccionario de dudas*, 271 (ohne Beispiele für die beiden letztgenannten Konstruktionen). Der Autor macht folgende wichtige Anmerkungen: *Nos* wird mit einer Verbform im Plural konstruiert, aber das zugehörige Adjektiv steht im Singular [→ *Nos os bendecimos* („Wir segnen euch"), *Nos somos consciente* („Wir sind uns bewußt")].

301. Obwohl kein Pronomen, kann an dieser Stelle auch die (unveränderliche) Form *so* (von *señor*) angesprochen werden, die syntaktisch wie *don* gebraucht wird. Man findet sie – immer in pejorativer Bedeutung – vor Substantiven oder Adjektiven in Ausdrücken wie *so gandul*[40] [„(du/Sie) fauler Kerl"], *so idiota*[41] („Idiot"), *so boba*[42] („dumme Gans"), *so cretinos*[43] („Dummköpfe") ... Zu *so* als Präposition siehe die Nrn. 835–836.

3. „Voseo"

302. In verschiedenen spanischsprachigen Ländern Amerikas wird in der Umgangssprache *vos* anstelle von *tú* („du") gebraucht[44]. Diese Erscheinung wird als *voseo* bezeichnet. Das auf das Pronomen *vos* (etymologisch eine Pluralform: < lateinisch *vos*) folgende Verb steht im Singular oder in einer altertümlichen Form der zweiten Person Plural (in seltenen Fällen auch in der dritten Person Plural, aber diese Konstruktion gilt als inkorrekt – cf. DUE, II, 1551).

    a. *vos tienes*   ~   *vos tenés*   du hast
    b. *vos mataste*   ~   *vos mataste*   du hast getötet
    c. *vos sabrás*   ~   *vos sabrés*   du wirst wissen[45]
    d. *Ahora nos tuteamos. Vos lo provocaste* (J. CORTÁZAR, *Rayuela*, 209).
        Jetzt duzen wir uns. Du hast den Anlaß dazu gegeben.
    e. *Sos un puto* (I. MALINOW, *La fascinación*, 44).
        Du bist ein Mistkerl.

Im Zusammenhang mit *vos* im selben Kontext gebrauchte Pronomen sind jedoch meist Formen der zweiten Person Singular:

    f. *¿Vos no sentís a veces como si adentro tuyo tuvieras un inquilino que te dice cosas?* (angeführt von M. SECO, *Diccionario de dudas*, 378).
       Hast du nicht manchmal so ein Gefühl, als ob in deinem Inneren jemand wohnte, der zu dir spricht?
    g. *Vos también te regeneraste, trabajás, y te va bien* (R. ARLT, *El juguete rabioso*, 199).
       Du hast dich auch erholt, du arbeitest, und es geht dir gut[46].

Das hybride Paradigma des *voseo* zeigt sich deutlich im folgenden Beispiel:

---

[40] R. LAPESA, *Historia de la lengua española*, 393.
[41] E. JARDIEL PONCELA, *La tournée de Dios*, 557.
[42] J. L. CASTILLO PUCHE, *Con la muerte al hombro*, 152.
[43] A. ROA BASTOS, *El trueno entre las hojas*, 213.
[44] In manchen Ländern finden sich *beide* Formen (cf. R. LAPESA, *Historia de la lengua española*, 578). Der *voseo* ist vor allem gebräuchlich in den La-Plata-Staaten (Argentinien, Paraguay und Uruguay); in Peru, Mexiko und im karibischen Raum hört man praktisch ausschließlich *tú*, während in den übrigen Ländern *vos* und *tú* nebeneinander gebraucht werden. Wenn man die Form *vos* gelegentlich in Spanien hört, ist das humoristisch zu verstehen.
[45] Die drei Beispiele sind bei R. LAPESA, *Historia de la lengua española*, S. 579 entlehnt.
[46] Zu dieser komplexen Frage mit häufig widersprüchlichen und je nach Land verschiedenen Aspekten, die hier nur sehr unvollständig behandelt werden können, siehe C. KANY, *Sintaxis hispanoamericana*, 77–121 (mit bibliographischen Angaben), J. SCHMIDELY, *La personne grammaticale et son expression en langue espagnole*, 337–356, A. ZAMORA VICENTE, *Dialectología española*, 400–410, und DUE, II, 1551.

f. *No hablemos de mí, hablemos de vos, de tus trabajos, de tus preocupaciones. Pensé constantemente en tu pintura, en lo que me dijiste ... Quiero saber qué hacés ahora, qué pensás, si has pintado o no* (E. Sábato, *El túnel* – das Beispiel stammt von H. Berschin u. a., *Die spanische Sprache*, 193).
Sprechen wir nicht von mir, sprechen wir von dir, von deinen Arbeiten, von deinen Sorgen. Ich habe ständig an deine Malerei gedacht, an das, was du mir gesagt hast ... Ich möchte wissen, was du jetzt machst, was du denkst, ob du gemalt hast oder nicht.

4. Gebrauch von „ello"

303. *Ello* ist eine sächliche Form, die sich auf eine nicht näher bestimmte Sache oder Gegebenheit bezieht. Dieses Pronomen verweist auf etwas, das zuvor gesagt worden ist, und hat in bestimmten Fällen ungefähr die Funktion eines Kollektivums. In der Bedeutung unterscheidet es sich nicht sehr von einem Demonstrativpronomen, und häufig kann man anstelle von *ello* auch *esto* gebrauchen. Verschiedenen Sprachwissenschaftlern zufolge kommt die Form heute in der gesprochenen Sprache immer seltener vor [47].
Ello wird nicht nur im Nominativ gebraucht. Man kann es auch als Dativobjekt und nach einer Präposition finden, ja sogar als Akkusativobjekt, dies aber nur in dem Ausdruck *todo ello* („dies alles", „das alles").

    a. *Ello es delito* (M. Vargas Llosa, *Contra viento y marea*, 385).
       Das ist kriminell.
    b. *En México, y no es ello excepción, se disipa la vida de Pedro Garfias* (C. Blanco Aguinaga u. a., *Historia social ...*, III, 136).
       In Mexiko, und der Fall ist keine Ausnahme, löst sich Pedro Garfias' Leben im Nichts auf.
    c. *Veía que con ello hacía feliz a Carmen Elgazu* (J. M. Gironella, *Los cipreses creen en Dios*, 546).
       Er sah, daß er Carmen Elgazu auf diese Weise glücklich machte.
    d. *Entregaba todo ello a la admiración del extranjero* (A. Palacio Valdés, angeführt von S. Fernández, *Gramática española*, 213–214).
       Dies alles überließ sie den bewundernden Blicken des Fremden.
    e. *Las cosas y el ello* („Die Dinge und das Es") lautet der Titel eines Essays von R. Gómez de la Serna. Zwar konnte ich den genannten Text nicht einsehen, aber wenn man das wohlbekannte Interesse dieses spanischen Schriftstellers für die Theorien der Psychoanalyse bedenkt, so erscheint eine Äquivalenz zwischen *ello* und dem Freudschen Begriff „Es" nicht unwahrscheinlich.

In einem Vortrag, den Professor L. López Molina (Genf) am 5.12.1992 im *Instituto de Estudios Hispánicos* in Antwerpen hielt, bemerkte er, daß „en los años 20 y 30 *ello* (como sustantivo) equivalía a lo que ahora se llamaría *sex appeal* (e. d. un atractivo de difícil precisión)" [„*ello* (als Substantiv) in den 20er und 30er Jahren dem entsprach, was man heute Sex-Appeal nennen würde (d. h. eine schwer zu definierende Attraktivität)"].

---

[47] Siehe z. B.: M. Seco, *Diccionario de dudas*, 167, C. Hernández, *Sintaxis española*, 297, S. Fernández, *Gramática española*, 213. Beim letztgenannten Autor findet sich ein differenzierterer Kommentar. R. Lapesa weist auf die verschiedenen Funktionen hin, in denen *ello* gegenwärtig in Santo Domingo und Puerto Rico auch gebraucht werden kann (*Historia de la lengua española*, 585).

f. *No es muy guapa pero tiene (mucho) ello.*
   Sie ist nicht sehr hübsch, aber sie hat das gewisse Etwas.

5. Formen, die Personalpronomen ersetzen können

304. Es ist nicht ungebräuchlich, daß ein Personalpronomen (besonders der ersten Person Singular) vermieden wird, indem man eine andere Form oder Wendung benutzt.

305. So kann *yo* durch das Substantiv *un servidor* (Varianten: *su servidor, este servidor* oder auch ohne Artikel oder Pronomen wie in Beispiel d [→ „ihr Diener" – weiblich: *(una) servidora*[48]] ersetzt werden, und zwar aus Bescheidenheit, aus Höflichkeit oder um dem Gesagten einen humoristischen Ton zu geben. Auf *un servidor* kann noch eine nähere Bestimmung folgen (vgl. Beispiel b). Bei all diesen Formen steht das Verb in der dritten Person.

a. *Le juro a usted que un servidor no tiene nada que ver con todo esto* (C. J. CELA, San Camilo, 1936, 253).
   Ich schwöre Ihnen, daß ich mit all dem nichts zu tun habe.
b. *Y por eso un servidor de ustedes se revuelve ahora contra su suerte* (S. LORÉN, Las cuatro vidas del doctor Cucalón, 67).
   Und darum begehre ich jetzt gegen mein Schicksal auf.
c. *Bueno, este servidor se echa a dormir* (J. GARCÍA HORTELANO, Cuentos completos, 318).
   Nun, ich gehe jetzt schlafen.
d. *Descuide señorito: servidora es muy considerada* (C. J. CELA, Los sueños vanos, los ángeles curiosos, 345).
   Seien Sie unbesorgt, gnädiger Herr: ich bin sehr diskret.
e. *Una servidora es muy disciplinada, usted manda* (C. J. CELA, Cachondeos, escarceos y otros meneos, 115).
   Ich bin sehr diszipliniert, ich tue, was Sie sagen.

Die Form findet sich auch im Akkusativ, Dativ oder nach einer Präposition:

f. *Un día invitaron a un servidor de ustedes en una casa* (M. DELIBES, Castilla, lo castellano y los castellanos, 237).
   Einmal war ich bei jemandem eingeladen.

306. Zwar geht die Tendenz gegenwärtig dahin, gewisse umständliche und sehr formale Floskeln in der Korrespondenz zu vereinfachen, doch kann man durchaus am Ende eines spanischen Briefes noch Wendungen wie die folgende finden:

Saluda(n) a Ud(s). S. S. S.

S. S. S. ist die Abkürzung für *su(s) seguro(s) servidor(es)*[49].

---

[48] Man kann die Form auch mit einem Diminutivsuffix finden: *servidorcito* (cf. R. LAPESA, *Personas gramaticales y tratamientos en español*, 143).
[49] *Servidor* („Diener"); *seguro* („sicher") bedeutet so etwas wie „auf den Sie rechnen können".

Eine weitere mögliche Wiedergabe des deutschen „mit vorzüglicher Hochachtung" ist das rätselhafte

S. S. Q. E. S. M.,

das wie folgt zu entziffern ist:

S. = *Seguro(s)*
S. = *servidor(es)*
Q. = *que*
E. = *estrecha(n)*
S. = *sus*
M. = *manos*.

Der Floskel können Ausdrücke wie *Quedamos de Ud(s)*. („Wir verbleiben ..."), *Nos repetimos de Ud(s)*. („Wir wiederholen, daß wir ...") u. ä. vorausgehen[50].

307. Eine andere – in der Volkssprache gegenwärtig recht verbreitete – Möglichkeit, *yo* zu vermeiden, ist die Verwendung des aus der Zigeunersprache entlehnten *menda* (dem ein Verb in der dritten Person folgt). Varianten: *menda lerenda* und *menguis*[51]. *Menda* kann auch mit dem bestimmten Artikel, einem Possessiv- oder Demonstrativpronomen und nach einer Präposition gebraucht werden.

a. *¡Amigo Vega! Está demostrado que menda hubiera podido servir en infantería* (J. M. GIRONELLA, *Condenados a vivir*, I, 89).
Mein Freund Vega! Es ist bewiesen, daß ich in der Infanterie hätte dienen können.
b. *¡Pues, si vas de machista, te has equivocado con mi menda!* (E. PARRA, *Soy un extraño para ti*, 111 – hier spricht eine Frau).
Also wenn du hier den Macho raushängen lassen willst, bist du bei mir an der falschen Adresse![52]

Man findet die Form *menda* gegenwärtig häufig in der Funktion einer dritten Person Singular oder als Synonym zu *individuo*. In dieser Bedeutung geht *menda* ein Artikel oder ein Zahlwort voraus, und es kann auch im Plural auftreten: *dos mendas* (siehe z. B.: C. PÉREZ MERINERO, *Las reglas del juego*, 20, 36 und passim). Auch mit *la menda lerenda* (mit bestimmtem Artikel) wird eine dritte Person bezeichnet (*o. c.*, S. 186).

308. Ebenfalls nicht ungewöhnlich zur Ersetzung des Pronomens *yo* ist der Ausdruck *el hijo* (oder: *la hija*) *de su madre* [wörtlich: „der Sohn" (oder: „die Tochter") seiner (ihrer) Mutter"].

Ya es hora que el hijo de su madre vuelva a hacer algo (J. IZCARAY, *La bondonada*, 144).
Es ist Zeit, daß ich wieder an die Arbeit gehe.

Der (häufige) Gebrauch von *uno* in der Funktion der ersten Person Singular wird weiter unten (Nr. 430 und ff.) behandelt.

---

[50] Wie gesagt geht die Tendenz heute eindeutig zur Vereinfachung dieser Floskeln. In Nachahmung kürzerer, in den germanischen Sprachen üblicher Schlußformeln schreibt man jetzt *De Ud. con toda consideración; con un saludo cordial* u.dgl. („Hochachtungsvoll"; „Mit freundlichen Grüßen").
[51] Siehe z. B.: J. GOYTISOLO, *La chanca*, 17 (*menda lerenda*); J. M. GIRONELLA, *Los hombres lloran solos*, 358 (*menguis*).
[52] Siehe auch: *este menda* – F. GARCÍA PAVÓN, angeführt von J. SCHMIDELY (*La personne grammaticale et son expression en langue espagnole*, 45).

309. Für das Pronomen der dritten Person (Singular oder Plural) kann man – ausschließlich in der Umgangssprache – *el andova* (mit Artikel), Plural *los andovas* finden[53].

    a. *Pero el andova no se quería marchar* (T. SALVADOR, *División 250*, 200).
       Aber er (oder: der Typ) wollte nicht gehen.
    b. *Los andovas se me acercan y se atreven a decirme lo que piensan sobre vosotros* (R. J. SENDER, *La llave*, 74).
       Die Typen kommen auf mich zu und erdreisten sich, mir zu sagen, was sie von euch denken.

B. Als Akkusativ- oder Dativobjekt gebrauchte Personalpronomen – Enklitische Pronomen

310. Im Gegensatz zum Deutschen stehen als Dativ- oder Akkusativobjekt gebrauchte Pronomen immer vor dem Verb (es sei denn, es handelt sich um sogenannte enklitische Formen).

    a. Ich verstehe es
       lo comprendo
    b. Wir schenken ihm ein Buch
       le regalamos un libro

1. „Leísmo", „laísmo", „loísmo"

311. Als *leísmo* bezeichnet man den Gebrauch von *le* (oder, seltener, *les*) anstelle von *lo, la* (*los* oder *las*). Beispiele: siehe Nr. 314 a, b, c, d. Von *laísmo* spricht man, wenn *le* (manchmal *les*) (Dativ, feminin Singular und Plural) durch *la* (oder: *las*) ersetzt wird. Beispiele: siehe Nr. 314 e, f. Beim *loísmo* wird anstelle von *le* oder (seltener) *les* (Dativ, maskulin Singular und Plural) *lo, los* gebraucht. Beispiele: siehe Nr. 314 g, h.

312. In allen drei Fällen wird dieselbe Absicht verfolgt: man will *präzisieren, einen Unterschied machen*, sei es zwischen Personen und Gegenständen (oder Tieren), oder zwischen Maskulinum und Femininum.

313. Das angestrebte Ziel, nämlich die Vermeidung von Mehrdeutigkeiten, wird dabei jedoch nicht immer erreicht. So will man z. B. in einem (inkorrekten) Satz wie *la doy un libro* („ich gebe ihr ein Buch") den Gebrauch von *le* vermeiden, um deutlich zu machen, daß das Buch einer weiblichen Person gegeben wird, aber andererseits kann *le conozco* je nach Kontext „ich kenne ihn" oder „ich kenne sie" bedeuten[54]. Hier wählen manche Sprecher *le*, weil von einem Menschen die Rede ist und nicht von einem Tier oder einem Gegenstand. Durch die Verwendung von *le* versucht man, ein Mißverständnis auszuschließen (Mensch / Gegenstand, Tier?), aber dadurch entsteht eine anderere Unsicherheit: ist *le* männlich oder weiblich?

---

[53] *Andova* ist aus der Zigeunersprache entlehnt. Eine mögliche Wiedergabe im Deutschen ist „Typ".
[54] Nur in der ersten Bedeutung (maskulin Singular) ist der Satz korrekt. Vgl. die Hinweise zum *leísmo* in Nr. 314.

314. Wie auch in anderen Bereichen der spanischen Grammatik ist der Unterschied zwischen Theorie und Praxis hier sehr groß. Der *Esbozo* verweist auf den in dieser Hinsicht eindeutigen Standpunkt der Akademie: was den *leísmo* angeht, ist nur der Gebrauch von *le* im Akkusativ zu akzeptieren, als Ersatz für *lo* und wenn von einem Menschen die Rede ist[55]. *Laísmo* und *loísmo* sind stets falsch[56].
In der Praxis findet man jedoch häufig Beispiele für die von der *Real Academia* kritisierten oder als unzulässig bezeichneten Formen. Allerdings handelt es sich dabei oft um die Wiedergabe gesprochener Sprache.
Im modernen Spanisch steht *le* im Akkusativ selten für einen Gegenstand[57]. Die Pluralform kommt in solchen Fällen noch seltener vor[58]. Im allgemeinen treten *leísmo* und *laísmo* häufiger im Singular auf[59].

a. | LE anstelle von LA |

– *Vamos a llamarle.*
– *¿A la camarera? Eso está hecho* (C. PÉREZ MERINERO, *Las reglas del juego*, 122).
„Wir werden sie rufen." „Die Bedienung? Schon geschehen."

b. | LE anstelle von LA oder LO (Gegenstände oder Abstrakta)[60] |

Y se le llama del carbonero (M. DE Unamuno, angeführt von J. DE KOCK & C. GÓMEZ MOLINA, *Concordancia e índices* ..., 116).
le = la fe („der Glaube").
Und das nennt man Köhlersglaube.

c. | LES anstelle von LOS |

Vaya, les dejo ... (J. A. DE ZUNZUNEGUI, *El camión justiciero*, 133).
Nun gut, ich gehe dann ...

d. | LES anstelle von LAS |

El tiempo se les va comiendo [R. GÓMEZ DE LA SERNA, angeführt von S. FERNÁNDEZ, *Gramática española*, 203 – *les = las tejas* („die Dachpfannen")].
Das Wetter nagt an ihnen.

---

55 *Esbozo*, 424. Es wird allerdings darauf hingewiesen, daß die Akademie selbst in solchen Fällen dem Gebrauch von *lo* den Vorzug gibt. Zum Beispiel: *No le conozco* oder *no lo conozco* („ich kenne ihn nicht"). Der *leísmo* ist also nie OBLIGATORISCH.
56 Von den drei *-ismos* ist der *leísmo* am häufigsten. Er ist vor allem in Madrid und in den umliegenden Provinzen gebräuchlich (J. ALCINA FRANCH & J. M. BLECUA, *Gramática española*, 607. Siehe dazu auch: *Esbozo*, 204, S. FERNÁNDEZ, *Gramática española*, 202, und F. MONGE, *Notas a una hipótesis sobre el leísmo*, 447). Der *leísmo* kann auch gewisse soziolinguistische Aspekte in sich bergen: In Gegenden, in denen eigentlich die Formen *lo* und *los* üblich sind, kann der Gebrauch von *le* oder *les* das Streben nach einer besonders feinen und eleganten Ausdrucksweise implizieren. In Lateinamerika findet sich der *leísmo* – mit Ausnahme von Ecuador und Paraguay – nur selten [cf. *Esbozo*, 204, C. KANY, *Sintaxis hispanoamericana*, 133–139 (mit genaueren Angaben und Kommentar), und R. LAPESA, *Historia de la lengua española*, 577 und 585–586].
57 Cf. J. ALCINA FRANCH & J. M. BLECUA, *Gramática española*, 607, M. SECO, *Diccionario de dudas*, 164, und A. BELLO, *Gramática*, 262. S. FERNÁNDEZ führt 60 von ihm gefundene Fälle an (gegenüber 558, in denen für Gegenstände *lo* gebraucht wurde – *Gramática española*, 198. Siehe auch den Kommentar auf S. 199). Statistische Angaben zum *leísmo* finden sich bei J. DE KOCK & C. GÓMEZ MOLINA, *Concordancia e índices automáticos* ..., in *Lingüística española actual*, 47–82. Diese Autoren sprechen auch eine mögliche psychologische und/oder emotionale Motivation für den Gebrauch des *leísmo* an (o. c., 51).
58 Cf. C. HERNÁNDEZ, *Sintaxis española*, 303. Zum häufigeren oder selteneren Gebrauch des *leísmo* bei bestimmten Verben siehe S. FERNÁNDEZ, *Gramática española*, 199–200.
59 M. SECO, *Diccionario de dudas*, 164.
60 *Le* findet sich allerdings nicht für das sächliche *lo* („es") – cf. S. FERNÁNDEZ, *Gramática española*, 198.

e. | LA anstelle von LE

Él la sonreía, la tomaba una mano y la decía: ... (M. Delibes, *377 A, Madera de héroe*, 206).
Er lächelte ihr zu, nahm sie bei der Hand und sagte zu ihr: ...

f. | LAS anstelle von LES

Si se encontrase la manera de abordarlas sin darlas miedo (R. Gómez De La Serna, *La mujer de ámbar*, 26 – *las* wird in der Form *darlas* anstelle von *les* verwendet; in *abordarlas* steht das Pronomen im Akkusativ).
Wenn man nur eine Art fände, sie anzusprechen, ohne sie zu verschrecken.

g. | LO anstelle von LE

Lo pegaron una bofetada (S. Gili y Gaya, *Curso superior de sintaxis española*, 235).
Sie gaben ihm eine Ohrfeige.

h. | LOS anstelle von LES

Llaman y no los hacen caso (F. Marsá, *Diccionario normativo*, 140).
Sie rufen, und man beachtet sie nicht[61].

2. Stellung mehrerer unbetonter Personalpronomen, die als Objekt fungieren

315. Wenn *mehrere* unbetonte Pronomen (meist zwei, manchmal drei) aufeinander folgen, gelten folgende Regeln:

1. das reflexive *se* muß vor allen anderen Personalpronomen stehen [62];
2. Pronomen der zweiten Person stehen gewöhnlich vor denen der ersten Person[63];
3. Pronomen der ersten oder zweiten Person stehen vor denen der dritten Person.

a. *Ya no se la ve por aquí.* Man sieht sie hier nicht mehr.
↓ ↓
1 2

b. *Te me recomendaron* (A. Bello, *Gramática*, 265).
↓ ↓
1 2
Man hat dich mir empfohlen (oder: man hat mich dir empfohlen).
Bello bemerkt dazu, daß man derartige Konstruktionen in der Regel vermeide und daß allein der Kontext die Funktion des jeweiligen Pronomens als Dativ oder Akkusativ deutlich mache. (Siehe auch weiter unten, Nr. 327, Beispiel a.)

c. *Ruego que se me lo busque* (*Esbozo*, 427)[64].
Ich bitte Sie, es für mich zu suchen.

---

[61] Gili y Gaya merkt an, daß der *loísmo* in jedem Fall einem sehr niedrigen Sprachniveau angehöre. Vgl. in diesem Sinne auch *Esbozo*, 205, und A. Llorente, *Consideraciones sobre el español actual*, 25.

[62] In der Praxis wird diese Regel nicht immer eingehalten. Solche Konstruktionen kommen allerdings nur in der Volkssprache vor oder in Fällen, in denen diese wiedergegeben wird. Siehe dazu den Kommentar von M. A. Martín Zorraquino in *Las construcciones pronominales en español*, 347 ff.

[63] Siehe jedoch den Kommentar [über (seltene) abweichende Konstruktionen] von E. Martínez Amador (*Diccionario gramatical*, 1229).

[64] Solche Konstruktionen (mit drei unbetonten Pronomen) sind nicht sehr häufig (cf. *Esbozo*, 168). Manchmal kann man sie vermeiden, indem man eine andere Formulierung wählt (→ *Ruego que Ud. me lo busque, Ruego*

Aber:

d. *¿Te se ofrece algo?* (M. DELIBES, *Viejas historias de Castilla la Vieja*, 11 – die Frage wird von einem einfachen Mann gestellt).
Kann ich dir etwas anbieten?
Die normale Konstruktion würde lauten: *¿Se te ofrece algo?* Siehe hierzu Fußnote 62[65].

3. Enklitische Pronomen (pronombres enclíticos)

316. *Pronombres enclíticos* sind Pronomen, die an ein Verb angefügt werden und mit ihm ein Wort bilden. Dabei bleibt in der neuen Zusammenstellung die Betonung der **alleinstehenden** Verbform erhalten. Infolgedessen muß in bestimmten Fällen ein Akzent hinzugefügt werden (siehe Nr. 317, Beispiele a, b, c, d, e). Die in Nr. 315 zur Reihenfolge von mehreren Pronomen angeführten Regeln gelten auch für die enklitischen Pronomen.
In bestimmten Fällen ist die Enklise obligatorisch, in anderen fakultativ.

317. Enklitische Pronomen müssen angefügt werden an

– einen Infinitiv
– ein *gerundio*
– einen bejahenden Imperativ (auch bei einer Form des *subjuntivo*, die als Befehlsform gebraucht wird).
(Man beachte jedoch die Hinweise in Nr. 320.)

a. *Hay que encontrarla y decirle que quiero verla* (F. MARSÁ, *Diccionario normativo*, 81).
Man muß sie finden und ihr sagen, daß ich sie sehen will.
b. *Casi todos los indianos venís de allí, echándooslas de espíritus fuertes* (J. A. DE ZUNZUNEGUI, *La úlcera*, 61)[66].
Wenn ihr „Indianer" von dort zurückkommt, gebt ihr euch fast alle als Freidenker aus.
c. *Metámonos en la cama, hace mucho frío* (R. MONTERO, *Crónica del desamor*, 53).
Gehen wir ins Bett, es ist sehr kalt.
d. *Búsquesemelo* (*Esbozo*, 427).
Suchen Sie es für mich.
e. *¡Soltadlo, dejádnoslo! ¡Asesino!* (F. GARCÍA PAVÓN, *Una semana de lluvia*, 148).
Laßt ihn los! Überlaßt ihn uns! Mörder!
f. *Póntelo, pónselo* (Ein Werbeslogan aus dem Jahre 1990 für die Benutzung von Kondomen im Rahmen der Anti-Aids-Kampagne in Spanien).
Zieh'n dir über, zieh'n ihm über.

---

que alguien me lo busque ...). Auch in Beispiel b könnte man das Aufeinanderfolgen der Pronomen vermeiden, indem man beispielsweise eine präpositionale Form verwendet (z. B.: *Me han recomendado a ti* ...).

[65] Die Konstruktion *me se* (oder: *te se*) findet sich systematisch bei der Hauptperson – einer Prostituierten – von *Las mil noches de Hortensia Romero* von F. QUIÑONES (S. 68 und passim), und in *¡Espérame en Siberia, vida mía!* von E. JARDIEL PONCELA beruht ein humoristisches Wortspiel auf dieser so häufigen Verwechslung (S. 141).

[66] Als *indianos* werden Spanier bezeichnet, die nach Amerika ausgewandert und später reich in ihre Heimat zurückgekehrt sind. Die Bezeichnung ist vor allem im Baskenland gebräuchlich.

Aber:

    g. *¡No se lo expliques!*   Erklär es ihm nicht!
        { *¡No se lo explique!*   Erklären Sie es ihm nicht!
          Hier findet keine Enklise statt, da der Imperativ verneint ist.

Anmerkung

318. In der Sprache des einfachen Volkes finden sich häufig Formen wie *siéntesen* [für *siéntense* („setzen Sie sich")], *dígamen* [für *díganme* („sagen Sie mir")] ..., bei denen das *-n* der dritten Person Plural an das enklitische *se* oder *me* angehängt wird[67].

319. In anderen Fällen ist die Enklise fakultativ. Sie ist häufig eine Frage der persönlichen Präferenz, des Strebens nach einer rhetorischen, emphatischen, humoristischen oder archaisierenden Wirkung, manchmal auch typisch für eine bestimmte Region[68].

    a. *Pero, renuévanse los tiempos* [E. Tierno Galván, *Bandos del Alcalde*, S. 41 (ohne Seitenzahl) und passim. Es handelt sich hier um ein Beispiel für den gewollt archaisierenden Stil des bekannten Madrider Bürgermeisters (1986)].
        Aber mögen neue Zeiten anbrechen.
    b. *¿Hay naranjas? – Haylas* (anstelle von: *las hay*) (W. Beinhauer, *El español coloquial*, 338, Fußnote 30).
        „Gibt es Orangen?" „Ja, gibt es."
        (Zum eindeutig ironischen Gebrauch von *hayla* vgl. A. De Miguel, *La perversión del lenguaje*, 171.)
    c. *Le dije que sí y hame respondido ...* (T. Salvador, *División 250*, 36).
        Ich sagte ja zu ihm, und er antwortete mir ...

Mit Ausnahme der in Nr. 317 angeführten Fälle, in denen die Enklise obligatorisch ist, sollten nichtspanische Muttersprachler den Gebrauch von enklitischen Pronomen besser vermeiden.

320. Wenn ein Infinitiv oder *gerundio* von einem Hilfsverb oder einem *semi-auxiliar*[69] abhängt, ist der Gebrauch von enklitischen Pronomen **fakultativ**. Man kann die Pronomen auch vor das erste Verb stellen[70].

    a. *Pronto me voy a casar – dijo* (I. Allende, *La casa de los espíritus*, 79).
        „Bald werde ich heiraten", sagte sie.
        Man könnte auch sagen: *... voy a casarme.*

---

[67] Siehe dazu R. Lapesa, *Historia de la lengua española*, 472, und C. Kany, *Sintaxis hispanoamericana*, 143–146.
[68] Wenn man Texte aus dem Goldenen Zeitalter liest, stellt man fest, daß die Autoren jener Zeit mehr enklitische Pronomen verwenden als die Schriftsteller der Gegenwart. Der systematische Gebrauch von enklitischen Pronomen in C. Rojas' Buch *El sueño de Sarajevo* soll der Sprache einen altertümlichen Anstrich geben. Weitere Einzelheiten finden sich im *Esbozo*, 425–427 und 466. C. Kany merkt an, daß viele lateinamerikanische Autoren eine ausgesprochene Vorliebe für solche Konstruktionen an den Tag legen und daß man diese *enclíticos* in einigen Gebieten auch in der gesprochenen Sprache hören kann, vor allem wenn etwas erzählt wird (*Sintaxis hispanoamericana*, 155 – mit Beispielen und weiterer Kommentierung).
[69] Zu den *semi-auxiliares* siehe die Nrn. 1220 und 1251, Fußnote 144.
[70] Siehe dazu *Esbozo*, 426. Nach C. Kany findet man im Standardspanischen die Konstruktion mit dem Pronomen vor dem Hilfsverb eher in der gesprochenen Sprache, während enklitische Pronomen eher für die Schriftsprache typisch seien (*Sintaxis hispanoamericana*, 160).

b. *Sus amigos lo tuvieron que traer en taxi, por la noche* (C. J. CELA, *La colmena*, 320).
Seine Freunde mußten ihn nachts mit dem Taxi bringen.
Man könnte auch sagen: *Sus amigos tuvieron que traerlo en taxi ...*
c. *¿Qué haces tú en la vida, me lo quieres decir?* (R. J. SENDER, *La llave*, 73).
Wie verdienst du deinen Lebensunterhalt? Willst du mir das erzählen?
Man könnte auch sagen: *¿Quieres decírmelo?*
d. *Me voy poniendo viejo – pensó* (A. CARPENTIER, *El recurso del método*, 123).
„Ich werde langsam alt", dachte er.
Man könnte auch sagen: *Voy poniéndome viejo ...*

[Überraschend – angesichts der großen Häufigkeit der genannten Konstruktion – ist die Bemerkung des Hochschulprofessors und Sprachwissenschaftlers F. MARSÁ, demzufolge nur der Gebrauch der enklitischen Formen in Beispielen wie den obengenannten korrekt sei (*Diccionario normativo*, 135–136; siehe auch S. 211). Dieser Kommentar kann als zu strikt betrachtet werden, aber es wäre durchaus interessant zu untersuchen, ob es nicht – abgesehen von der von C. KANY bereits angestellten Überlegung (siehe oben, Fußnote 70) – möglicherweise stilistische Nuancen gibt zwischen dem Gebrauch und Nichtgebrauch von enklitischen Pronomen und ob beispielsweise das Voranstellen der Pronomen nicht vielleicht mit dem Streben nach einer emphatischeren Ausdrucksweise im Zusammenhang steht.]

Anmerkungen

321. Das End-*s* der ersten Person Plural des als Imperativ gebrauchten *presente de subjuntivo* fällt vor einem enklitischen *nos* aus.

(*Unamos + nos*) → *unámonos*.   Vereinigen wir uns.

Dieses -*s* entfällt auch in anderen Zeiten des Verbs (bei denen die Enklise fakultativ ist).

(*Íbamos + nos*) → *íbamonos*[71].   Wir gingen weg.

322. Wenn auf eine Form der ersten oder zweiten Person Plural ein *se* folgt, schreibt man nur ein *s*.

a. (*Hagamos + se + lo*) → *hagámoselo*.   Laßt es uns für ihn tun.
b. (*¿Disteis + se + la?*) → *¿dísteisela?*   Habt ihr es ihm gegeben?
(Beide Formen sind aus dem *Esbozo*, S. 127, entnommen.)

[Merkwürdig erscheint allerdings eine Form wie *háganos* (< *hagan + nos*) in einem Satz wie

c. *¡Háganos callar, si pueden, cabrones, a ver si se atreven!* (I. ALLENDE, *La casa de los espíritus*, 375).
Bringt uns doch zum Schweigen, wenn ihr könnt, ihr Mistkerle, mal sehen, ob ihr es wagt!

Abgesehen von der Zweideutigkeit (Singular ~ Plural) der Form *háganos*, ist auch anzumerken, daß die spanische Orthographie die Schreibweise -*nn*- durchaus zuläßt, vgl. dazu oben Nr. 3 e.] ⚹

---

71 Man beachte, daß die Form *unámonos* einen Akzent erhält. In *íbamonos* wird der Akzent auf dem *i* selbstverständlich beibehalten (siehe dazu: *Esbozo*, 142, H. 3°).

⚹ Dígannos la verdad!!! Digan quien ha sido! Dígannoslo antes del domingo!
Háganse y hágannos un favor: voten y échenlo
Gelegentlich auch háganos *statt* hágannos *etc. für Plural* Internet Oktober 2005

323. Das End-*d* der zweiten Person Plural des Imperativs wird vor dem enklitischen -*os* weggelassen.

(*¡Sentad!* + *os*) → *¡sentaos!*   Setzt euch!

4. Gebrauch von „se" anstelle von „le" oder „les"

324. Wenn zwei Pronomen der dritten Person aufeinander folgen, verwendet man für das Dativobjekt *se* anstelle von *le* oder *les*. *Se* bezeichnet daher die männliche und die weibliche Form, im Singular und im Plural. In bestimmten Fällen ist der Deutlichkeit halber ein disambiguierendes Element (meist ein anderes Pronomen) hinzuzufügen.

a. *Los demás se lo agradecen* (M. Aub, *Campo del moro*, 44).
   Die anderen sind ihm dafür dankbar.
   Falsch wäre: *los demás le lo agradecen*. Aus dem Kontext des Buches wird deutlich, daß *se* hier einen männlichen Singular bezeichnet.

b. Ein Satz wie
   Se lo entregué ist für sich allein nicht eindeutig. Wenn es keine kontextuellen Elemente gibt, die die Form *se* näher bezeichnen, wird man sie am besten in einer der folgenden Weisen präzisieren:

Se lo entregué a él	ich habe es ihm gegeben
se lo entregué a ella	ich habe es ihr gegeben
se lo entregué a ellos	ich habe es ihnen gegeben
se lo entregué a ellas	ich habe es ihnen gegeben (f.)
se lo entregué a usted	ich habe es Ihnen gegeben
se lo entregué a ustedes	ich habe es Ihnen gegeben (pl.)
se lo entregué a Juan	ich habe es Hans gegeben

   (alle Beispiele: siehe *Esbozo*, 423).

5. Pronombres expletivos

325. *Pronombres expletivos* sind Pronomen, die der Bedeutung eines Satzes wenig oder nichts hinzufügen. Ihr Gebrauch führt oft zu eigentlich pleonastischen Ausdrucksweisen. Im allgemeinen werden solche Pronomen im Deutschen nicht übersetzt.

Reflexivpronomen können als *expletivos* gebraucht werden, u. a. um die durch das Verb ausgedrückte Handlung in emphatischer Weise hervorzuheben oder um anzudeuten, daß das Subjekt für die Handlung von besonderer Bedeutung ist oder aus ihr einen Nutzen zieht.

a. *Nadie se sabía la lección* (I. Agustí, *Mariona Rebull*, 38).
   Niemand hatte seine Lektion gelernt.
   In solch einem Satz ersetzt *se* in gewisser Weise ein Possessivpronomen[72].

b. *No estoy loca; sé muy bien lo que me digo* (J. A. De Zunzunegui, *Los caminos de El Señor*, 69).
   Ich bin nicht verrückt; ich weiß sehr wohl, was ich sage.

c. *A los tres años, Nilo, el joven, aún no se andaba* (M. Delibes, *Siestas con viento sur*, 122).
   Im Alter von drei Jahren konnte der junge Nilo noch nicht laufen.

---

[72] Siehe dazu mehr in Nr. 381.

- d. *Ramón, ¡córrete! (...) Ramón, ¡larga eso y vente!* (F. Aínsa, *Con acento extranjero*, 45).
  Ramón, beeil dich (...) Ramon, laß das und komm her!
- e. Siehe auch den in Nr. 392 unter f angeführten Satz.

326. Auch Verben wie *beber* („trinken"), *caer* („fallen"), *comer* („essen"), *dormir* („schlafen"), *llevar* („mitnehmen"), *reír* („lachen"), *salir* („weggehen", „abreisen") und viele andere [sogar *morir* („sterben")] werden häufig mit einem pleonastischen Reflexivpronomen gebraucht[73]. Diese Konstruktionen finden sich vor allem in der gesprochenen Sprache und sind besonders häufig in Lateinamerika[74].

- a. *Y también lo has pasado bien, ¿verdad? ¡Hay que ver cómo te reías!* (J. M. Gironella, *Ha estallado la paz*, 79).
  Und du hast dich auch gut amüsiert, nicht wahr? Du hättest mal sehen sollen, wie du gelacht hast!
- b. *Se durmió, y de repente soñó que había dado con la isla* (J. A. De Zunzunegui, *Ramón o la vida baldía*, 217).
  Er schlief ein, und plötzlich träumte er, daß er die Insel gefunden hatte.
- c. *¡Muérete, cabrón! – dijo* (A. Carpentier, *El recurso del método*, 137).
  „Stirb, Elender!" sagte er [= wörtlich (bei Tötungsabsicht) oder: „Geh zum Teufel, blöder Kerl ..." (figurativ, aus Wut)].

Bei allen in den Nrn. 325 und 326 angeführten Beispielen könnte man das *expletivo* auch weglassen, ohne die Bedeutung *wesentlich* zu ändern (möglicherweise mit einer leichten Einschränkung im Falle von *se durmió*, wo die reflexive Form einen inchoativen Aspekt impliziert). In einigen Fällen führt der Gebrauch des Reflexivpronomens zu einer deutlichen semantischen Änderung:

- d. *El hombre va a venirse* (C. J. Cela, *Cristo versus Arizona*, 112–112).
  Der Mann wird gleich kommen (= einen Orgasmus haben).

Ohne *se* hätte dieser Satz eine ganz andere Bedeutung: → *venir* „kommen" im Sinne von „ankommen". Mit derselben erotischen Bedeutung wird auch *correrse* gebraucht:

- e. *¿Por qué mueves la mano tan deprisa? Si sigues así, me voy a correr* (A. Grandes, *Las edades de Lulú*, 32).
  Warum bewegst du die Hand so schnell? Wenn du so weiter machst, komme ich.

Man beachte jedoch, daß *correrse* eine ganz andere Bedeutung haben kann wie im folgenden Satz:

- f. *Le importaría correrse un poco?* (Dieses oder ähnliches kann man häufig im Kino, im Theater, an einer Bar usw. hören).
  Würde es Ihnen etwas ausmachen, ein wenig zu rücken.

---

[73] Allerdings zuweilen mit einer besonderen Nuance. Zum Beispiel: *dormirse* → „einschlafen"; *morirse* kann auf die Dauer der Handlung hinweisen usw. Man spricht in diesem Zusammenhang von einem „Pseudo-Reflexivpronomen" (cf. *Esbozo*, 368).

[74] Zu dieser komplexen Problematik cf. *Esbozo*, 381 und Fußnote 2, und vor allem M. A. Martín Zorraquino, *Las construcciones pronominales en español*, 280 ff., 297 ff. und 320 ff.; N. Cartagena, *Sentido y estructura de las construcciones pronominales en español*, 148 ff., und S. Fernández, *Gramática española 4. El verbo y la oración*, 402 ff.

327. Auch im sogenannten „ethischen Dativ" (der vor allem in der gesprochenen Sprache häufig ist) weist ein nichtreflexives Pronomen, das als *expletivo* gebraucht wird, auf die besondere Bedeutung des Subjekts für die Handlung hin. So können Gefühle wie Trauer, Freude, Spott u. dergl. intensiviert werden.

    a. *Ten cuidado, y no te me cortes un dedo* (angeführt von F. MONGE in einem am 11. März 1983 in der Universität von Antwerpen gehaltenen Vortrag).
Paß auf, und schneid dir bitte nicht in den Finger.
Durch die Verwendung von *me* gibt der Sprecher zu erkennen, daß es ihm leid täte, wenn es doch passierte.

    b. *La semana pasada se nos suicidó un parroquiano* (E. MENDOZA, *La verdad sobre el caso Savolta*, 44).
In der vergangenen Woche hat eines unserer Gemeindemitglieder Selbstmord begangen.

    c. *Y quiero transcribir aquí lo que escribí no hace mucho, al morírseme la hermana mayor* (M. DE UNAMUNO, *Visiones y comentarios*, 9).
Und ich möchte hier wiedergeben, was ich vor nicht langer Zeit aufgeschrieben habe, als meine älteste Schwester von mir gegangen ist.

    d. *¿Y si soy un monstruo? ¿Y si me la violo?* (A. BRYCE ECHENIQUE, *Tantas veces Pedro*, 85).
Und wenn ich nun ein Unmensch bin? Und wenn ich sie nun vergewaltige?

328. Häufig wird ein *pronombre expletivo* auch gebraucht, um dieselbe Person wie das Dativ- oder Akkusativobjekt zu bezeichnen. Der *Esbozo* weist darauf hin, daß das Pronomen (dessen Gebrauch eigentlich überflüssig ist) vage ein folgendes (präzisiertes) Dativ- oder Akkusativobjekt ankündigt[75]. In dieser Funktion kann man *le, la, lo, les, las, los* und die oben (in Nr. 324) angeführte Form *se* (als Variante von *le, les*) finden. Dieser Gebrauch ist vielleicht noch häufiger im spanischsprachigen Amerika[76].

    a. *Dígale usted al señor Yarza que ...* (P. BAROJA, *Los últimos románticos*, 142).
Sagen Sie Herrn Yarza, daß ...
In diesem Satz kündigt *le* das Dativobjekt *al señor Yarza* an.

    b. *La invité a Martina* (I. MALINOW, *La fascinación*, 40).
Ich lud Martina ein.

    c. *Escribo para avisarles a los amigos que no me esperen* (*Esbozo*, 423).
Ich schreibe, um meinen Freunden zu sagen, daß sie nicht auf mich warten sollen.

    d. *No se lo dijo a nadie* (G. GARCÍA MÁRQUEZ, *Cien años de soledad*, 228).
Er hat es niemandem gesagt.

Manchmal steht in solchen Konstruktionen die Dativform *le* im Singular anstelle von *les*[77]:

---

[75] *Esbozo*, 423.
[76] Cf. C. KANY, *Sintaxis hispanoamericana*, 139.
[77] Der *Esbozo* betrachtet diese Ausdrucksweise (die sich sowohl in Spanien als auch in Lateinamerika findet) als nicht korrekt (S. 423). Siehe auch *Manual de español urgente*, 46, S. FERNÁNDEZ, *Gramática española*, 203, und J. MONTES, *'Le' por 'les' ¿un caso de economía morfológica?* (in *Thesaurus*, XX, 1965). Zu dieser Erscheinung in Lateinamerika cf. C. KANY, *Sintaxis hispanoamericana*, 139, und R. LAPESA, *Historia de la lengua española*, 586.

Die Personalpronomen / Los pronombres personales

    e. *Tengo que comprarle un poco turrón a mis mujeres* (F. GARCÍA PAVÓN, *Una semana de lluvia*, 138).
    Ich muß meinen Frauen etwas Nougat kaufen [78].
    Le bezieht sich auf *mis mujeres*; korrekt wäre: ... *comprarles* ...

329. Wie häufig der Gebrauch von *pronombres expletivos* ist, wird aus folgendem Satz deutlich, in dem sich nicht weniger als drei solcher Pronomen finden:

    ¡Cuánto le agradecería, Irene, si consigue que „el noruego" SE dé una vuelta por mi casa a echarLE un vistazo al fogón que no ME tira! (J. A. DE ZUNZUNEGUI, *El camión justiciero*, 19)[79].
    Ich wäre Ihnen sehr dankbar, Irene, wenn Sie dafür sorgen könnten, daß „der Norweger" einmal bei mir vorbeischaut, um nach meinem Herd zu sehen, denn der will nicht ziehen.

Anmerkungen

330. Zum Gebrauch von *lo* bei *todo* siehe weiter unten, Nr. 508.

331. Der Gebrauch eines im Deutschen nicht zu übersetzenden „expletiven" Pronomens ist *obligatorisch*, wenn das Dativ- oder Akkusativobjekt eines Satzes vor dem Verb steht, und zwar in einer Wortgruppe, die aus der Präposition *a* + Pronomen oder Substantiv besteht. Der *Esbozo* weist darauf hin, daß in solchen Fällen die Wiederholung des Pronomens nicht einfach als pleonastisch gelten kann. Die Konstruktion wird mit einer eindeutigen stilistischen Absicht verwendet und impliziert häufig die Vorstellung von einem Kontrast, einer Unterscheidung, einem Gegensatz usw.[80].

    a. *A su familia la mataron* (M. PUIG, *Maldición eterna a quién lea estas páginas*, 87).
    Seine Familie haben sie umgebracht.
    Das Akkusativobjekt (*a su familia*) steht vor dem Verb.
    b. *A José Hierro lo había leído* (F. UMBRAL, *La noche que llegué al café Gijón*, 9).
    (Das Werk von) José Hierro hatte ich gelesen.
    c. *¿A ella le gustaban mucho los hombres?* (F. GARCÍA PAVÓN, *Una semana de lluvia*, 33).
    Stand sie sehr auf Männer?
    Das Dativobjekt (*a ella*) steht vor dem Verb.

---

[78] Gewöhnlich würde man sagen: *un poco* DE *turrón* (siehe dazu Nr. 522).
[79] Die Kapitälchen sind von mir.
[80] Cf. *Esbozo*, 422–423. Es ist schwierig, feste Regeln zu formulieren für die Fälle, in denen dem Dativ- oder Akkusativobjekt nicht die Präposition *a* vorausgeht. Das Pronomen ist obligatorisch in einem Satz wie *Este libro lo has leído ya* [„Dieses Buch hast du schon gelesen" (nicht korrekt wäre: **Este libro has leído ya*)], aber andererseits würde man nicht sagen *leche no la quiero* [sondern *leche no quiero* („ich will keine Milch")]. Offensichtlich steht der Gebrauch des expletiven Pronomens im Zusammenhang mit der Tatsache, daß das Objekt eine bestimmte Sache GENAU bezeichnet (z. B. durch einen bestimmten Artikel oder ein Demonstrativpronomen). Siehe in diesem Zusammenhang auch das unter d angeführte Beispiel.

Aber:

> d. *Algún pedazo de hielo tengo* (J. C. ONETTI, *Dejemos hablar al viento*, 150).
> Ein Stück Eis habe ich.
> Vor dem Akkusativobjekt (*algún pedazo de hielo*) steht nicht die Präposition *a*.

6. Feststehender Gebrauch von Pronomen bei bestimmten Verben

332. Einige Verben bilden mit einem Personalpronomen feste (stets familiäre) Wendungen, in denen nicht immer klar ist, für welches Substantiv die Pronomen genau stehen. Auffällig ist, daß (mit Ausnahme des ersten Beispiels) in allen Fällen eine weibliche Form gebraucht wird.

> a. *pasarlo bien* (oder: *- mal*)   es sich gut gehen lassen, sich amüsieren (bzw. jemandem schlecht gehen, Schwierigkeiten haben)
> b. *arreglárselas para*   es schaffen, daß
> c. *dárselas de, echárselas de*   *dárselas de valiente* oder *echárselas de valiente* } den Tapferen spielen
> d. *diñarla, entregarla*[81]   das Zeitliche segnen
> e. *no tenerlas todas consigo*   besorgt sein, unruhig sein, Angst haben
> f. *pasarlas muy mal*[82]   jemandem sehr schlecht gehen
> g. *pintarla*   sich wichtig tun
> h. *prometérselas muy felices*   sich allzuviel von etwas versprechen
> i. *me la pagarás, vas a pagármelas*   das wirst du mir büßen
> j. *así las gasta él*   so ist er nun einmal ...

(Diese Liste ist keineswegs vollständig.)

> k. *Se las dan de graciosos mi teniente* (M. VARGAS LLOSA, *La ciudad y los perros*, 48).
> Sie wollen geistreich erscheinen, Herr Leutnant.
> l. *Sabían lo bruto que era Agapito y cómo las gastaba* (J. A. DE ZUNZUNEGUI, *La vida como es*, 577).
> Sie wußten, wie dumm Agapito war und wie er sich gewöhnlich aufführte.
> m. *El autor del referido artículo se las promete muy felices* (M. DELIBES, *Vivir al día*, 78).
> Der Verfasser des genannten Artikels blickt allzu optimistisch in die Zukunft.

7. Me, te, le, nos, os, les = „von mir", „von dir", „von ihm", („von ihr"), „von uns", „von euch", „von ihnen"

333. In den folgenden Sätzen sind *me* und *le* natürlich nicht Akkusativobjekt. Die Übersetzung der betreffenden Formen lautet (oder impliziert) „von mir", „von ihm":

---

[81] In diesen Wendungen steht *la* offensichtlich für *la vida* („das Leben").
[82] Eine vulgäre Variante lautet *pasarlas putas* (cf. *puta*: „Nutte").
Zum Beispiel: *En el buque-escuela te enseñan a pasarlas putas* (M. DELIBES, *377A, Madera de héroe*, 313).
Auf dem Schulschiff lehrt man dich ein Hundeleben.

a. *¿Me acepta usted una copita?* (C. J. Cela, *El gallego y su cuadrilla*, 68).
   Darf ich Sie zu einem Gläschen einladen?
b. *Le aceptó incluso dinero* (J. M. Gironella, *Ha estallado la paz*, 707).
   Er nahm sogar Geld von ihm an.

334. In manchen Fällen können solche Konstruktionen zweideutig sein. Um einen Satz wie *nos han comprado un cuadro viejo* korrekt zu übersetzen, muß man den Kontext kennen. Es gibt nämlich zwei Möglichkeiten: „sie haben ein altes Bild *für* uns gekauft" oder „sie haben ein altes Bild *von* uns gekauft"[83].

C. Personalpronomen nach einer Präposition

335. Nach einer Präposition gebraucht man die in Nr. 277 in der vierten Spalte angeführten Formen der Personalpronomen. Die Formen *conmigo, contigo, consigo* (< con + *mí*, con + *ti*, con + *sí*) wurden bereits weiter oben besprochen (Nr. 280). In Lateinamerika (und auch in einigen spanischen Dialekten) wird nach einer Präposition häufig die Form *yo* (anstelle von *mí*) gebraucht[84]. Man beachte, daß sich die betonten Formen der dritten Person, *él, ella, ellos, ellas*, nach einer Präposition sowohl auf Personen als auch auf Gegenstände beziehen können. Wenn diese Formen als Subjekt fungieren, beziehen sie sich praktisch immer auf Personen[85].

a. *Sin ti no hay sol que valga* (A. Bryce Echenique, *Tantas veces Pedro*, 139).
   Ohne dich hat es keinen Sinn, daß die Sonne scheint.
b. *– Hablemos del divorcio.*
   – Soy totalmente partidaria de él (F. Vizcaíno Casas, *Café y copa con los famosos*, 80).
   „Laß uns über die Scheidung reden." „Ich bin ganz und gar dafür."

Anmerkungen

336. Nach einer Präposition gebraucht man meist[86] *sí* zur Übersetzung von „sich (selbst)" oder „einander", wenn sich das Pronomen auf die durch das Subjekt (manchmal auch durch einen anderen Satzteil[87]) bezeichnete Person bezieht.

---

83 Siehe dazu *Esbozo*, 206.
84 Siehe dazu (und auch zum möglichen – jedoch selteneren – Gebrauch von *tú* anstelle von *ti*) C. Kany, *Sintaxis hispanoamericana*, 129–130 – mit Beispielen und Kommentar. Zur Situation in einigen spanischen Dialekten cf. A. Zamora Vicente, *Dialectología española*, 253, und R. Lapesa, *Historia de la lengua española*, 493.
85 Cf. *Esbozo*, 173 (Fußnote 8) und (differenzierter und mit Beispielen) R. Lapesa, *Historia de la lengua española*, 584–585.
86 S. Fernández führt jedoch (vor allem der gesprochenen Sprache entnommene) abweichende Fälle an. Zum Beispiel: *Azorín de cuando en cuando piensa en él mismo* (*Gramática española*, 221 und 222 – „Ab und zu denkt Azorín an sich selbst"). Ein analoges Beispiel findet sich bei dem Nobelpreisträger G. García Márquez: *El doctor tomó un café, oyéndola hablar de ella misma* (*El amor en los tiempos del cólera*, 352 – „Der Doktor trank eine Tasse Kaffee, wobei er hörte, wie sie von sich selber sprach").
87 Besonders in festen Wendungen, wie z. B. *dar de sí* („hergeben"; „sich weiten"), *fuera de sí* („außer sich"), *volver en sí* („zu sich kommen") usw. [Man beachte: in der ersten oder zweiten Person *mí, ti: estaba fuera de mí* („ich war außer mir"), *vuelve en ti* („komm zu dir"). Der Gebrauch von *sí* wäre hier nicht korrekt (siehe dazu: M. Seco, *Diccionario de dudas*, 343).]

a. *José Luis había rodeado con sus brazos el cuello de María Victoria, y la apretaba contra sí* (J. M. Gironella, *Un millón de muertos*, 396).
José Luis hatte seine Arme um María Victorias Hals geschlungen und drückte sie an sich.
b. *Los mellizos eran tan diferentes entre sí que no parecían hermanos* (I. Allende, *La casa de los espíritus*, 167).
Die Zwillinge unterschieden sich so sehr voneinander, daß sie nicht einmal Geschwister zu sein schienen.
c. *Conozco espíritus consecuentes consigo mismos* (M. De Unamuno, angeführt von S. Fernández, *Gramática española*, 221).
Ich kenne Leute, die in ihrer Gesinnung konsequent mit sich selbst sind.

337. Es ist deutlich, daß Sätze wie

a. *habla siempre de sí*
und
b. *habla siempre de él*

grundsätzlich[88] ganz verschiedene Bedeutung haben. Die Übersetzung des ersten lautet „er spricht immer von sich selbst", die des zweiten „er spricht immer von ihm" (d. h. von einer anderen Person).

338. Nach der Präposition *según* („nach", „gemäß") steht eine Form des Nominativs.

¿Según tú, una mujer, si no puede casarse, no tiene más remedio que entrar en el convento? (C. Laforet, *Nada*, 101).
Dir zufolge bleibt einer Frau, die nicht heiraten kann, also nichts anderes übrig als ins Kloster zu gehen?

339. Für den Gebrauch der Personalpronomen nach *entre* („zwischen") gelten folgende Regeln: wenn auf diese Präposition *zwei* Pronomen oder ein Substantiv und ein Pronomen folgen, so steht der Nominativ; folgt aber nur ein Personalpronomen, so gebraucht man dieselben Formen, die auch nach anderen Präpositionen stehen (also *mí, ti* ...).

a. *Usted sabe muy bien que nunca hubo nada entre ella y yo* (C. Fuentes, *La cabeza de la hidra*, 14).
Sie wissen sehr wohl, daß zwischen ihr und mir niemals etwas gewesen ist.
b. *Entre el muchacho y yo lo devoramos hasta los huesos* (P. Baroja, *La estrella del capitán Chimista*, in O. C., VI, 192).
Gemeinsam verschlangen der Junge und ich es bis auf die Knochen (gemeint ist ein Huhn).

Dagegen stehen die Formen *mí, ti, si* ... in Sätzen wie

c. *Dije entre mí.*   Ich sagte mir.
d. *Pensar entre sí* (DUE, II, 695).   Bei sich denken.

---

[88] Siehe jedoch den Hinweis in Fußnote 86.

e. *Tres nombres que tienen poco que ver entre sí* (J. L. ALCOCER, *Radiografía de un fraude*, 123).
Drei Namen, die wenig miteinander zu tun haben.

In der Umgangssprache kann man Konstruktionen finden, die von der angegebenen Regel abweichen:

f. **Entre ti y mí siempre ha habido grandes diferencias* (A. M. VIGARA TAUSTE, *Morfosintaxis del español coloquial*, 194).
Zwischen dir und mir gab es schon immer große Unterschiede.

340. Die Erklärung für den Gebrauch von *tú* in dem folgenden Beispiel ist offensichtlich:

... *en una conversación de tú a tú* (*Conversaciones con Monseñor Escrivá de Balaguer*, 152).
... in einem Gespräch von Mann zu Mann.

Es soll betont werden, daß sich die Personen in einem solchen Gespräch (mit vertraulichem Charakter) duzen.

341. Zu Pronomen, die der emphatisch gebrauchten Präposition *de* folgen, siehe Nr. 754.

342. Zwar sind *excepto* („außer"), *hasta* (in der Bedeutung „sogar"), *incluso* („sogar"), *menos* („außer"), *salvo* („außer") keine Präpositionen, aber es ist dennoch darauf hinzuweisen, daß nach diesen Wörtern die Form des Pronomens durch seine Funktion im Satz bedingt ist. Man kann hier also auch Nominativformen finden.

a. *Todos estaban presentes* { *excepto yo* / *menos yo* / *salvo yo* }
Alle waren anwesend, außer mir.

b. *Todos habían venido* { *¡incluso tú!* / *¡hasta tú!* }
Alle waren gekommen, sogar du!

In den Beispielen a und b gehören *yo* und *tú* zum Subjekt.

Aber:

c. *Os debo mucho a todos vosotros, menos a ti.*
Ich schulde euch allen viel, außer dir.
Die Wortgruppe *a ti* ist Dativ.

D. Besonderheiten beim Gebrauch der Reflexiv- und Reziprokpronomen

343. Die Konstruktion des Deutschen „lassen", gefolgt von einem Infinitiv, die einen Auftrag zum Ausdruck bringt, wird im Spanischen oft durch eine reflexive Form des Verbs wiedergegeben, das im Deutschen im Infinitiv steht.

In solchen, für deutsche Muttersprachler etwas merkwürdigen Konstruktionen *vollzieht* das Subjekt die durch das Verb ausgedrückte Handlung scheinbar *an sich selbst*. Dem Sinn nach handelt es sich um Passivsätze, wie auch die Übersetzung deutlich macht.

 a. *Acudimos al dentista para extraernos una muela* (M. Delibes, *La sombra del ciprés es alargada*, 111).
  Wir gingen zum Zahnarzt, um uns einen Zahn ziehen zu lassen.
 b. *Mi madre siempre fue enemiga de retratarse* (J. Rulfo, *Pedro Páramo*, 11).
  Meine Mutter war immer dagegen gewesen, daß man von ihr Fotos machte.
 c. *Su único acto democrático consistía en ir a afeitarse de tarde en tarde en la barbería de Raimundo* (J. M. Gironella, *Los cipreses creen en Dios*, 195).
  Seine einzige demokratische Maßnahme bestand darin, sich von Zeit zu Zeit in Raimundos Friseurgeschäft rasieren zu lassen.
 d. *Fui a Madrid a operarme* (C. J. Cela, *Viaje a la Alcarria*, 115).
  Ich fuhr nach Madrid, um mich operieren zu lassen.

In diesen Beispielen könnte natürlich auch eine dem Deutschen im Wortlaut verwandtere Konstruktion mit *hacer* verwendet werden: *... para hacernos extraer ..., ... para hacerse afeitar ...*

344. Einen eigenartigen Gebrauch von *se* findet man auch in Konstruktionen, in denen auf eine reflexive Form die Präposition *con* folgt. Diese Verwendung von *se* bringt u. a. das besondere Interesse und das Vergnügen der durch das Subjekt zum Verb bezeichneten Person zum Ausdruck (siehe dazu Nr. 325), wobei in Beispielen wie den folgenden eine Fehlinterpretation ausgeschlossen ist, da man sich nicht selbst küßt oder sich selbst Briefe schreibt. *Sich küssen* und *sich schreiben* sind „biaktantielle" Handlungen, die die Mitwirkung und/oder Anwesenheit einer zweiten Person voraussetzen.

 a. *Yo tenía una novia y la he encontrado a las dos de la madrugada besándose con otro* (M. Delibes, *Siestas con viento sur*, 191).
  Ich hatte eine Freundin, und um zwei Uhr nachts habe ich sie gesehen, wie sie sich mit einem anderen küßte.
 b. *Don José se escribía con Espronceda* (F. Umbral, *Los helechos arborescentes*, 219).
  Don José schrieb sich mit Espronceda[89].

345. Eine Reihe von Verben wird im Spanischen immer mit *se* konstruiert, z. B. *atreverse a* („wagen"), *confesarse con* („jemandem beichten"), *negarse a* („sich weigern"), *sentarse* („sich setzen") ..., was zur Folge hat, daß man in einem Satz zwei reflexive (oder pseudoreflexive) Pronomen antreffen kann.

 No me atrevo a asomarme (C. Martín Gaite, *El cuarto de atrás*, 168).
 Ich wage es nicht, mich blicken zu lassen.

Aufgrund der größeren Anzahl reflexiver Verben im Spanischen sind solche Konstruktionen in dieser Sprache häufiger als im Deutschen. Hinzu kommt, daß der Gebrauch zweier reflexiver Formen im Deutschen aus Gründen des Wohlklangs eher vermieden wird: Ein Satz wie „er weigert sich, sich zu ergeben", wirkt durch die Verdoppelung von „sich" kakophonisch.

---

[89] Hierzu gehören auch *encontrarse con* [„(sich) treffen (mit)"], *hablarse con* („sprechen mit") u. a. Siehe in diesem Zusammenhang die Ausführungen von N. Cartagena in *Sentido y estructura de las construcciones pronominales en español*, 107–109.

Die Personalpronomen / Los pronombres personales

346. Etwas unerwartet mag auch der Gebrauch eines pseudoreflexiven Pronomens bei den Verben *ser* und (häufiger) *estar* erscheinen (beide bedeuten „sein")[90].

347. Der Gebrauch von *se* als mögliche Übersetzung des deutschen „man" wird in Nr. 602 ff. behandelt.

E. Unterschiedlicher Gebrauch von Pronomen im Spanischen und Deutschen

348. Nicht immer entspricht einer spanischen Konstruktion mit Pronomen eine solche auch im Deutschen und umgekehrt.

1. Im Spanischen Pronomen, im Deutschen Adverb

349. Den deutschen Pronominaladverbien „darüber", „davon" entspricht im Spanischen die Konstruktion / *de* + sächliches Personal- oder Demonstrativpronomen /.

   a. *No hablemos de esto.*
      Sprechen wir nicht darüber.
   b. *Se había hablado de ello con frecuencia* (J. M. GIRONELLA, *Los cipreses creen en Dios*, 70).
      Man hatte häufig davon gesprochen.

Siehe auch das in Nr. 335 b angeführte Beispiel.

2. Deutsches „es" als formales Subjekt, im Spanischen ohne Entsprechung

350. Das deutsche „es gibt" („es gab" usw.) wird durch die entsprechenden Formen des spanischen Verbs *haber* (mit der Sonderform *hay* im Präsens Indikativ) wiedergegeben. In dieser spanischen Konstruktion können auch die Personalpronomen *lo, la, los* und *las* vorkommen.

   a. *¿Hay flores? – preguntó.*
      – No hay (J. C. ONETTI, *Dejemos hablar al viento*, 74).
      „Gibt es Blumen?" fragte sie.
      „Nein (, gibt es nicht)."
   b. *– ¿Ahí hay un detective privado?*
      – Lo hay (M. VÁZQUEZ MONTALBÁN, *Los mares del sur*, 181).
      „Gibt es da einen Privatdetektiv?"
      „Ja, es gibt einen."
   c. *Las hay con suerte – dice una mujerona fea* (J. A. DE ZUNZUNEGUI, *La vida como es*, 465).
      „Manche (gemeint sind Frauen) haben eben Glück", sagt eine derbe, häßliche Frau.

---

[90] Siehe dazu *Esbozo*, 368.

3. Keine Übersetzung

351. Auch in Ausdrücken wie „es ist mir egal" (→ *no me importa*), „es ist unmöglich" (→ *es imposible*) ... wird das deutsche „es" im Spanischen nicht übersetzt. Nur wenn besonderer Nachdruck auf das Subjekt (also auf das, was einen freut, einem egal ist oder was unmöglich ist) gelegt werden soll, steht das Personalpronomen *ello* (oder auch das Demonstrativpronomen *esto*).

    a. *No me importa si viene o no.*
       Es ist mir egal, ob er kommt oder nicht.
    b. *No puedo hacerlo. Es imposible.*
       Ich kann es nicht tun. Es ist unmöglich.

Aber:

    c. *Lo siento, pero ello* (oder: *esto*) *es imposible.*
       Das ist leider nicht möglich.

352. Witterungsverben erfordern im Deutschen ebenfalls ein formales Subjekt, das im Spanischen unübersetzt bleibt.

    a. *Llueve.*   Es regnet.
    b. *Nieva.*   Es schneit.
    c. *Hay niebla.* Es ist neblig.
    d. *Hace frío.*   Es ist kalt.

353. N. CARTAGENA und H. M. GAUGER merken an: „das sehr schlecht so genannte, unpersönliche Passiv des Deutschen – *Es wird getanzt* – ist spanisch ausgeschlossen *(ello) es bailado*" (*Vergleichende Grammatik Spanisch-Deutsch*, II, 380). Im Spanischen könnte man hier ein Reflexivpronomen (oder auch einfach eine dritte Person Plural) verwenden: → *se baila* (oder: *bailan*).

ABSCHNITT II
DIE DEMONSTRATIVPRONOMEN
LOS PRONOMBRES DEMOSTRATIVOS

§ 1. FORMEN

354.

	Maskulinum	Femininum	Neutrum
sg.	ESTE	ESTA	ESTO
pl.	ESTOS	ESTAS	
sg.	ESE	ESA	ESO
pl.	ESOS	ESAS	
sg.	AQUEL	AQUELLA	AQUELLO[91]
pl.	AQUELLOS	AQUELLAS	

Diese Formen gelten sowohl für adjektivisch als auch für substantivisch gebrauchte Demonstrativpronomen. Bei den substantivisch gebrauchten Demonstrativpronomen ist das Setzen eines Akzentzeichens *fakultativ*. Dagegen ist es *obligatorisch* in solchen Fällen, in denen eine Verwechslung mit einer adjektivischen Form möglich wäre: *éste, ése, aquél*. Die sächlichen Formen *esto, eso, aquello* erhalten nie einen Akzent.

355. Eine Übersetzung wurde für die oben (ohne Kontext) angeführten Formen absichtlich nicht angegeben. Die Bedeutung von *este, ese, aquel* ... wird aus den weiteren Ausführungen deutlich werden.

Hier sei jedoch angemerkt, daß dieses dreigliedrige System ein interessantes typologisches Merkmal des Spanischen ist. Andere moderne Sprachen, z. B. Deutsch, Englisch und Französisch, verfügen hier nur über zwei Möglichkeiten.

356. Manchmal finden sich die männlichen Formen *este, ese* und *aquel* vor einem weiblichen Substantiv, das mit betontem *-a* beginnt [→ *este ave* („dieser Vogel"), *ese agua* („dieses Wasser"), *aquel alma* („jene Seele") ...][92].
Dem *Esbozo* zufolge sollte man die Verbindung eines männlichen Demonstrativpronomens mit einem weiblichen Substantiv vermeiden (S. 216).

§ 2. BEDEUTUNG UND GEBRAUCH

1. Allgemeine Bedeutung

357. Die allgemeinste Bedeutung der genannten Formen kann man wie folgt zusammenfassen. *Este, ese, aquel* sind Pronomen, die jeweils auf die erste, zweite und dritte Person verweisen:

este libro (cerca de mí)	dieses Buch (hier bei mir)
ese libro (cerca de ti)	das Buch da (bei dir)
aquel libro (cerca de él)	das/jenes Buch dort (bei ihm)

[Da der Gebrauch der deutschen Demonstrativpronomen „dieser" und „jener" anderen Kriterien unterliegt (so ist „jener" praktisch nur in der Schriftsprache und in gehobener Sprechweise zu finden), ist die hier angegebene Zuordnung im Deutschen nur eine Möglichkeit.]

a. *Lo he tocado con estas manos* (W. BEINHAUER, *El español coloquial*, 177 – *con estas manos*, d. h. *con mis propias manos*).
   Ich habe es mit diesen Händen (d. h. „mit meinen eigenen Händen") berührt.
b. *Y tu clarinete, papá, ¿cómo va ese clarinete?* (J. A. DE ZUNZUNEGUI, *La vida como es*, 50 – Man beachte das gemeinsame Auftreten von *tu* und *ese*).
   Und deine Klarinette, Papa, wie sieht es mit der (oder: deiner) Klarinette aus?
c. *Aquel alumno del fondo debe guardar silencio.*
   Der Schüler dort ganz hinten soll ruhig sein (Beispiel und Übersetzung von H. BERSCHIN u. a., *Die spanische Sprache*, 187).

---

91 S. FERNÁNDEZ weist darauf hin, daß *eso* viel häufiger vorkomme als *esto* und daß *aquello*, vor allem in der gesprochenen Sprache, seltener als die beiden anderen Formen sei (*Gramática española*, 253).
92 Cf. S. FERNÁNDEZ, *Gramática española*, 237. Siehe auch R. LAPESA, *Contestación* ..., 96, und vor allem J. MARTÍNEZ MARÍN, „*Este agua*" *y construcciones afines en español actual* (in *Lingüística española actual*, IV/1, 39–46).

Die Form *ese* wird darüber hinaus bevorzugt in zahlreichen Konstruktionen benutzt, in denen eine (bei einem echten oder fiktiven Zuhörer) bekannte Tatsache oder Gegebenheit angesprochen wird (Beispiel d) und in Fällen, in denen ein bereits genanntes Substantiv wiederaufgenommen wird (wörtlich oder durch einen anderen Begriff – siehe Beispiel e)[93]:

    d. *Al ver una gallina desplumada, nos acordamos de esas brujas que vuelan en una escoba* (R. GÓMEZ DE LA SERNA, angeführt von J. COSTE & A. REDONDO, *Syntaxe de l'espagnol moderne*, 225).
Wenn wir ein gerupftes Huhn sehen, müssen wir an jene Hexen denken, die auf einem Besenstil herumfliegen.

    e. *Me convendría perfeccionar mi inglés. Papá dice que dominando ese idioma tengo bastante para ganarme la vida* (A. M. DE LERA, angeführt von J. COSTE & A. REDONDO, *Syntaxe de l'espagnol moderne*, 224).
Es wäre gut für mich, mein Englisch aufzubessern. Papa sagt, wenn ich diese Sprache beherrsche, habe ich für meinen Lebensunterhalt ausgesorgt.

C. KANY merkt an, daß im amerikanischen Spanisch die Tendenz bestehe, *aquel* systematisch durch *ese* zu ersetzen und daß – in der gesprochenen Sprache – *este* oft als Füllwort[94] oder auch als Vokativ diene, um sich an eine unbekannte Person zu wenden (*¡Esta chica!* = „Hör mal, Mädchen!")[95].

358. Die genannte allgemeine Bedeutung der Demonstrativpronomen erklärt ebenfalls den Gebrauch von *ésta, ésa, aquélla* in der Korrespondenz. Die Formen stehen im Femininum, da sie das Wort *ciudad* („Stadt") implizieren.
Ésta bezeichnet die Stadt, in der sich der Schreiber eines Briefes befindet, *ésa* diejenige, in der sich der Adressat aufhält, *aquélla* verweist auf den Ort, an dem sich eine dritte Person (über die im Brief gesprochen wird) aufhält.

    a. *Permaneceré en ésta dos semanas* (angeführt von M. ALVAR EZQUERRA, *Diccionario y gramática*, in *Lingüística española actual*, V/2, 199).
Ich werde hier (d. h. „in dieser Stadt") drei Wochen bleiben.

    b. *¿Pasa algo en ésa?*   Geschieht da etwas?

    c. *E/E* (Abkürzung von *en ésta*) ist die Entsprechung zum deutschen „hier am Ort".

Seit einiger Zeit findet sich in Spanien häufig (oft mit pejorativer oder zumindest ironischer Bedeutung) der Ausdruck *este país*. Dieser Gebrauch läßt sich vielleicht durch den Einfluß des Englischen erklären:

    d. *En este país lo que peor funciona es la justicia* (*Cambio 16*, 5.2.1990, 5 – der Satz steht übrigens in einer Rubrik mit dem Titel „Este país").
Was in diesem Land am schlechtesten funktioniert, ist die Justiz.

Über diesen und andere Gemeinplätze, Phrasen und inkorrekte Wendungen spöttelt C. J. CELA in *Desde el palomar de Hita* (Seite 17). [Vgl. in diesem Zusammenhang auch von demselben Autor *Cachondeos, escarceos y otros meneos*, 154 und 160.]

---

[93] Kommentar von J. COSTE & A. REDONDO, *Syntaxe de l'espagnol moderne*, 224–225.
[94] Vergleichbar mit *pues* (cf. Nr. 867), dem englischen *well* u.ä. (C. KANY, *Sintaxis hispanoamericana*, 171).
[95] *Sintaxis hispanoamericana*, 170–171, mit ausführlicherem Kommentar und Beispielen sowie, zur Illustrierung dessen, wie *ese* und *aquel* durcheinandergebracht werden, einer netten Anekdote. H. BERSCHIN u. a. weisen auf folgendes hin: „Die Übersetzung *aquel* = *jener* stimmt idiomatisch in vielen Fällen nicht. *Jener* ist schriftsprachlich und kommt überwiegend in einem gehobenen, feierlichen Kontext (*in jener Zeit*) vor; quantitativ ist das Verhältnis *dieser : jener* im geschriebenen Deutsch (Pressesprache) 16:1. *Aquel* ist hingegen eine varietätenneutrale, normalsprachliche Form ..." (*Die spanische Sprache*, 187).

2. Besonderheiten im Gebrauch und in der Bedeutung

359. Stellung der Demonstrativpronomen

Este, ese, aquel stehen gewöhnlich vor dem Substantiv, auf das sie sich beziehen. Von dieser Regel wird häufig abgewichen, besonders in der gesprochenen Sprache. Dem Substantiv geht dann ein anderes bestimmendes Element (meist ein bestimmter Artikel) voraus[96].

- a. *Este muchacho*   dieser Junge
- b. *En aquella época*   in dieser Zeit
- c. *¿Qué le habrá hecho a mi niña el mariconazo este?* (J. L. Alonso de Santos, *La estanquera de Vallecas*, 35).
  Was wird dieser verdammte Schuft mit meiner Tochter angestellt haben?
- d. *El doctor ese del perrito* (J. M. Gironella, *Ha estallado la paz*, 520).
  Dieser Doktor mit seinem Hund.
- e. *¿Cómo estaba la mar la tarde aquella?* (C. J. Cela, *Garito de hospicianos*, 229).
  Wie war die See an jenem Nachmittag?

Nichtspanische Muttersprachler sollten das Demonstrativpronomen besser vor das Substantiv plazieren. Dieser Hinweis gilt vor allem für *este* und *ese*. Hinter das Substantiv gestellt, haben diese Demonstrativpronomen für einen *hispanohablante* häufig eine pejorative Bedeutung[97].

360. Wenn auf zwei Substantive rückverwiesen wird, bezieht sich *este* auf das zuletzt genannte, *aquel* auf das im Satz am weitesten zurückliegende Substantiv, also auf das zuerst genannte.

Teníamos un coche y una moto: ésta estropeada y aquél sin gasolina (DUE, I, 227).

Wir hatten ein Auto und ein Motorrad, letzteres kaputt und ersteres ohne Benzin.

361. Demonstrativpronomen in Zeitbestimmungen

Este kommt vor allem in Temporalbestimmungen vor, die sich auf die Gegenwart beziehen[98]. Um einen Zeitpunkt in der Vergangenheit oder Zukunft zu bezeichnen, der nicht weit von der Gegenwart entfernt ist oder den man sich als nicht weit entfernt vorstellen möchte[99], können *este* oder *ese* gebraucht werden[100]. *Aquel* bezeichnet vor allem eine ferne Vergangenheit (bisweilen auch Zukunft – vgl. Beispiel f).

- a. *Este año* (*Esbozo*, 214)   Dieses Jahr.
- b. *El nivel de la enseñanza, en estos años era bajo* (V. Pozuelo Escudero, *Los últimos 476 días de Franco*, 88).
  Das Bildungsniveau war in diesen Jahren niedrig.

---

[96] Genauere Erläuterungen finden sich bei S. Fernández, der auf den „evokativen" Charakter und den „expressiven Wert" der Konstruktion hinweist (*Gramática española*, 253 und 316).

[97] Siehe dazu J. Alcina Franch & J. M. Blecua, *Gramática española*, 626, und das unter c angeführte Beispiel, in dem die Nachstellung von *este* die dem Wort *mariconazo* inhärente pejorative Bedeutung noch verstärkt. Vergleiche hingegen den nuancierten Kommentar in A. M. Vigara Tauste, *Morfosintaxis del español coloquial*, 96–97.

[98] *Esbozo*, 214.

[99] Zum Beispiel in einer psychologischen Perspektive oder in einem Kontext, in dem eine Annäherung an die Gegenwart angestrebt wird (siehe die Beispiele b und c).

[100] Einige Autoren differenzieren stärker: ihnen zufolge verweisen *este* und *ese* auf Zeitpunkte, die weniger bzw. mehr von der Gegenwart entfernt sind.

c. *Ese día murieron heroicamente el teniente y los soldados* (E. Líster, *Memorias*, I, 181).
An dem Tag starben der Leutnant und die Soldaten den Heldentod.

d. *Ese día, el indiano no tendrá más remedio que cederte la plaza*
(J. A. De Zunzunegui, *La úlcera*, 94).
An dem Tag wird dem „Indianer" nicht anderes übrigbleiben als dir seinen Platz zu überlassen[101].

e. *Una canción me recuerda aquel ayer*, singt J. Iglesias (in seiner spanischen Version des bekannten Liedes *La Paloma*).
Ein Lied erinnert mich an jenes ferne Gestern.

f. *En aquellos tiempos, las reservas de petróleo se han agotado* (*El Norte de Castilla*, 12. 8. 1989, 48 – es geht um eine nicht näher bestimmte, jedoch ferne Zukunft).
Zu dieser Zeit werden die Erdölreserven erschöpft sein.

Der Ausdruck *a eso de* bedeutet: „gegen", „ungefähr um" u.ä.:

g. *Voy por ahí a eso de las nueve* (F. García Pavón, *Una semana de lluvia*, 77).
Ich werde gegen neun Uhr dorthin gehen.

362. Mögliche pejorative Bedeutung von „ese"

Ese[102] kann mit pejorativer Bedeutung gebraucht werden. Es kann dann sowohl vor als auch hinter dem Substantiv stehen[103].

a. *No quiero leer ese libro.*
Ich will dieses Buch (d. h. solch ein Machwerk) nicht lesen.

b. *El mejicano ese* (*Esbozo*, 432).
Dieser Mexikaner.

c. *Y también me mortificaba que dijeran despectivamente: „Ése no, ése es de pueblo"* (M. Delibes, *Castilla, lo castellano y los castellanos*, 114).
Und außerdem kränkte es mich, daß sie abschätzig sagten: „Der nicht, der ist vom Lande".
Man beachte die kontextuelle Bedeutung des Adverbs *despectivamente*.

363. Ein anderes Wort mit despektiver Bedeutung kann diesen semantischen Wert von *ese* noch verstärken.

¿Habrán abandonado el bote esos granujas? (P. Baroja, *Paradox Rey*, 74).
Sollten diese Schufte das Boot verlassen haben?

---

[101] Zur Bedeutung von „Indianer" (*indiano*) siehe Fußnote 66 in Nr. 317.
[102] Und (seltener) auch *este* (siehe was weiter oben am Ende von Nr. 359 gesagt wurde. Dazu auch: H. Keniston, *Spanish syntax list*, 103).
[103] Wobei sich im zweiten Fall das Demonstrativpronomen meist auf Personen bezieht (*Esbozo*, 432).

364. „Esto", „eso", „aquello" + „de" + nähere Bestimmung

Diese vor allem in der Umgangssprache gebräuchliche Konstruktion mit einem sächlichen Demonstrativpronomen entspricht im Deutschen ungefähr der Wendung „das mit ...", „die Sache mit ...", „(die Tatsache,) daß ..." usw. Manchmal verweisen diese Konstruktionen auf eine bereits angesprochene Tatsache oder Situation und/oder implizieren ein Gefühl des Zweifels, der Entrüstung oder Mißbilligung ...[104]

a.

(*ABC*, 15.8.1985, 18)
Mann, das mit der Abtreibung war ja schon schlimm genug, als sie noch verboten war, aber jetzt, wo sie zugelassen ist, kommen wir auch noch in die Zeitung.

b. *No sé cómo está ahora eso de los inquilinos* (J. A. DE ZUNZUNEGUI, *El barco de la muerte*, 314).
Ich weiß nicht, wie die Sache mit den Mietern im Augenblick steht.

c. *Aquello de pasarme cuatro a cinco años seguidos en el mar me parecía muy duro* (P. BAROJA, *Las inquietudes de Shanti Andía*, 131).
Daß ich vier bis fünf Jahre ununterbrochen auf See verbringen sollte, erschien mir sehr hart.

d. *Esto de que delante de todo el mundo te tutee tu criado ...* (S. J. A. QUINTERO, angeführt von S. FERNÁNDEZ, *Gramática española*, 255).
Die Tatsache, daß du vor aller Welt von deinem Diener geduzt wirst ...
[Die Erklärung für den Gebrauch des *subjuntivo* (→ *tutee*) ist im nicht ausgesprochenen Hauptsatz zu suchen.]

365. In Sätzen wie den in Nr. 364 angeführten könnte man anstelle des Demonstrativpronomens auch die sächliche Form des Artikels gebrauchen [→ *lo del aborto*, → *lo de los inquilinos*, → *lo de pasarme*, → *lo (de) que* ...].

366. Kongruenz

Meist kongruiert das adjektivische Demonstrativpronomen mit dem Wort, auf das es sich bezieht, aber in der gesprochenen Sprache ist der Gebrauch einer sächlichen Form nicht unüblich, vor allem wenn das Demonstrativpronomen als Subjekt (oder, seltener, als nominaler Bestandteil des Prädikats) fungiert[105].

---

[104] S. FERNÁNDEZ, *Gramática española*, 254–255.
[105] Cf. S. FERNÁNDEZ, *o. c.*, 262.

> *Esa es la taberna ... esto es un chaleco* (S. J. A. Quintero, angeführt von
> S. Fernández, *Gramática española*, 262).
> Das ist die Taverne ... und dies hier ist eine Weste.

367. Demonstrativ- und Possessivpronomen

Im Spanischen kann man auch ein Demonstrativpronomen und ein Possessivpronomen nacheinander finden[106]. Diese Ausdrucksweise kommt gegenwärtig ausschließlich in der Schriftsprache vor[107], mit Ausnahme des besonders affektiven Gebrauchs der sächlichen Form (Beispiel e).

a. *De esta su manera de „ir tirando" se contaban sucedidos graciosos*
   (J. A. De Zunzunegui, *La úlcera*, 46).
   Darüber, wie er sich von einem Tag zum anderen durchschlug, erzählte man sich lustige Episoden.
b. *El título de estos mis artículos ...* (J. Casares, *Cosas del lenguaje*, 207).
   Der Titel dieser Artikel von mir
c. *Intentaba recordar aquella su otra cara* (F. García Pavón, *Una semana de lluvia*, 85).
   Er versuchte, sich an jenes andere Gesicht von ihm zu erinnern.
   Man beachte, daß in diesem Satz auf / *aquella* + *su* / noch ein drittes Adjektiv folgt.
d. *Esta su casa* ... ist eine feste Wendung, mit der der *hispanohablante* zum Ausdruck bringt, daß ein Besucher sich in seiner Wohnung wie zuhause fühlen soll.
e. Siehe auch das Beispiel in Nr. 370 c.

368. *Anmerkung*

Eine andere Kombination zweier verschiedener Pronomen findet man in der (heute altertümlich klingenden) Wortverbindung *estotro* (*este* + *otro*, d. h. Demonstrativpronomen + Indefinitpronomen).

> *Dispusieron dónde habría de ir esta lámpara y estotro mueble* (J. A. De Zunzunegui, *El camión justiciero*, 143).
> Sie beschlossen, wohin diese Lampe und dieses andere Möbelstück gestellt werden sollten.

369. Ein Demonstrativpronomen anstelle eines Personalpronomens

Im Spanischen findet man gelegentlich ein Demonstrativpronomen, wo man im Deutschen eher ein Personalpronomen gebrauchen würde. Mit derlei Konstruktionen sollte man vorsichtig sein, denn das Demonstrativpronomen kann in solchen Fällen pejorative Bedeutung haben, oder sein Gebrauch kann zumindest respektlos wirken, besonders wenn es sich auf Anwesende bezieht[108].

---

[106] Auch im älteren Deutsch oder in archaisierender oder gewollt feierlicher Sprache kommen derartige Kombinationen vor. Besonders durch die Häufigkeit, mit der der ehemalige Bundeskanzler Helmut Kohl den Ausdruck „in diesem unserem Lande" gebrauchte, hat diese Konstruktion in einigen Kreisen eine gewisse Popularität erlangt (wohingegen sie in anderen gerade aus diesem Grunde eher vermieden wird).
[107] Cf. *Esbozo*, 430. Die relative Häufigkeit der von mir gefundenen Beispiele läßt den Kommentar des *Esbozo* (→ *no con gran frecuencia*) vielleicht als etwas zu strikt erscheinen.
[108] Siehe dazu: *Esbozo*, 431–432.

a. *Dale también un paquete de rubio a ésta* (C. J. Cela, *La colmena*, 183).
      Gib ihr auch ein Päckchen hellen Tabak.
   b. *¿No le has visto a ése por ahí?* (J. A. De Zunzunegui, *El barco de la muerte*, 265).
      Hast du ihn da nicht irgendwo gesehen?

Auch die umgekehrte Erscheinung findet sich, d. h. der Gebrauch eines Personalpronomens anstelle eines Demonstrativpronomens:

   c. *Y le contaron su historia con todo lujo de detalles: la mayoría de ellos imaginarios y exagerados* (A. Vázquez Figueroa, *Viaje al fin del mundo: Galápagos*, 164).
      Und sie erzählten ihm ihre Geschichte in allen Einzelheiten, die meisten davon frei erfunden oder übertrieben.

370. Die sächlichen Formen *esto, eso* und vor allem *aquello* werden manchmal in verhüllender Absicht gebraucht in Fällen, in denen man es aus Gründen der Diskretion, des Anstands, der Rücksicht u. dergl. vorzieht, nicht zu deutlich zu werden. Diese affektiv besetzten Formen, die ein eher vages *lo* ersetzen können, implizieren häufig eine Nuance wie „du weißt schon, was ich meine …".

   a. *Para pintar a dos personas en 'eso' hacía falta un dominio del dibujo* (A. Carpentier, *El recurso del método*, 300 – der erotische Bezug ergibt sich aus dem Zusammenhang).
      Um zwei Personen bei, na Sie wissen schon, zu malen, war die Beherrschung der Zeichenkunst Voraussetzung.
   b. *Es necesario que vuelvas a tu casa y que busques un poco de aquello* (I. Agustí, *Desiderio*, 399).
      Du mußt unbedingt nach Hause zurück, um etwas von dem Zeug zu holen.
      (Mit *aquello* sind hier Drogen gemeint.)
   c. *Después de todo, esto vuestro se arreglará en cuanto su madre se mejore* (J. A. De Zunzunegui, *Ramón o la vida baldía*, 190).
      Letzten Endes wird sich eure Sache regeln, sobald es seiner Mutter besser geht.
      (*Esto vuestro* bezieht sich hier auf ein problematisches Liebesverhältnis.)
   d. *¿Se le arregló aquello? ¿Cuál? Lo de … No, salió mal* (C. J. Cela, *La colmena*, 32).
      „Hat sich seine Sache geklärt?" „Was?" „Nun, …" „Nein, es ist schlecht ausgegangen."

371. Besondere Verwendung von „este", „ese"

Man findet die weibliche Form von *este* oder *ese*, zumeist im Plural, in Ausdrücken wie *ésas tenemos, en éstas andamos, ni por ésas* …, in denen nicht ganz klar ist, auf was für ein Substantiv sich diese Demonstrativpronomen beziehen.

   a. *¡Vaya, vaya, muchacha! … ¿Ésas tenemos?* (D. Medio, *Nosotros, los Rivero*, 193).
      He, Mädchen! … Was soll das?
   b. *El padre le dijo: ¿Conque en éstas andamos?* (I. Aldecoa, *Gran sol*, 89).
      Der Vater sagte zu ihm: „Darum geht es also?"
   c. *Ni por ésas* kann mit „keinesfalls", „unter keinen Umständen" wiedergegeben werden.

372. Stereotyper Gebrauch von „eso"

J. Alcina Franch & J. M. Blecua weisen darauf hin, daß die sächliche Form *eso* häufig in Ausdrücken vorkommt, die man als feststehende Wendungen betrachten kann, z. B. *eso sí, eso no* (ein verstärktes „ja" bzw. „nein"), *eso sí que no* („das sicher nicht"), *por eso* („deshalb", oder „gerade deshalb")[109].

373. Allein gebraucht kann *eso* eine affirmative Bedeutung haben und ist dann ungefähr synonym mit *sí* („ja"). Es kann eventuell zur Intensivierung verdoppelt werden.

    a. *Eso es.*   Genau. (oder: „Stimmt.").
    b. *– Los adelantos técnicos son la llave del progreso. – Eso, eso.* (C. J. Cela, *El molino de viento*, 163).
       „Entwicklungen in der Technik sind der Schlüssel für den Fortschritt." „Ganz richtig."

Siehe auch einen Satz wie den folgenden, in dem der konzessive Ausdruck *y eso que* [mit einer Bedeutung, die mit der von *aunque* („obwohl") verwandt ist] so etwas wie ein Paradox impliziert:

    c. *Y eso que las portuguesas tienen fama de feas* (C. Martín Gaite, *Fragmentos de interior*, 38).
       Und das, wo portugiesische Frauen angeblich häßlich sind!
    d. *La Caulerpa, tan dañina, y eso que tiene „primas" que son terapéuticas o nutritivas* (Bildunterschrift in *El Norte de Castilla*, 9.8.1991, 56).
       Die Caulerpa, eine sehr schädliche Algenart, und das, obwohl sie Verwandte hat, die therapeutisch wertvoll oder nahrhaft sind.
       (Es handelt sich hierbei um eine Algenpest, verursacht durch die Alge „Caulerpa Taxifolia".)

374. „Aquel" als Substantiv

Hin und wieder wird das Wort *aquel* auch als Substantiv gebraucht. Es bedeutet dann „Reiz", „Anmut", „Grazie", oder man findet es in dem kausalen Ausdruck *por el aquel de* (Synonym für *por lo de, a causa de* → „aufgrund von")[110].

    a. *Era esbelto y de buen ver, y con el aquel de la leyenda más de un corazón quedó prendido en sus encantos* (J. A. De Zunzunegui, *La úlcera*, 40).
       Er war schlank und gutaussehend, und durch den Reiz der Legende verfiel mehr als ein Herz seinem Charme.
    b. *Eso sí, con doña Carmen tiene mucha confianza y mucho aquél* (J. A. De Zunzunegui, *El camión justiciero*, 71).
       Es stimmt schon, gegenüber Doña Carmen ist er sehr vertraulich und charmant.

---

[109] J. Alcina Franch & J. M. Blecua, *Gramática española*, 623. Ein Beispiel, in dem *eso sí* vorkommt, findet sich in Nr. 374 b.
[110] In beiden Bedeutungen gehört dieses substantivisch gebrauchte *aquel* der gesprochenen Sprache an (cf. DUE, I, 227, und M. Seco, *Diccionario de dudas*, 47). In der Wendung *por el aquel de* wird *aquel* stets ohne Akzent geschrieben (cf. M. Seco, *op. et loc. cit.*); in den übrigen Fällen kann man die Form sowohl mit als auch ohne Akzent antreffen (siehe Beispiel a ~ b).

c. *Piden dos coca-colas por el aquel de la higiene* (R. Montero, *Crónica del desamor*, 89).
Sie bestellen zwei Coca-Cola wegen der Hygiene.

375. Im folgenden sonderbar anmutenden Beispiel kommt die Form *aquel* zweimal vor (in verschiedener Bedeutung):

Daba gusto mirar al señorito manejar el dinero con aquel aquél (T. Salvador, *Los atracadores*, 150).
Es war ein Vergnügen zu sehen, mit welcher Eleganz der junge Herr mit dem Geld umging.

376. „Aquí" und „acá" anstelle von „este"

In der Volkssprache hört man zuweilen die Ortsadverbien *aquí* und *acá* (wörtlich: „hier") zur Bezeichnung einer Person oder Sache, die sich unmittelbar in der Nähe des Sprechers befindet. *Aquí* oder *acá* ersetzt dann ein adjektivisch gebrauchtes *este*[111]. Dieser Gebrauch illustriert zum Teil, was später (in Nr. 682) zur Verwandtschaft von Demonstrativpronomen und bestimmten Ortsadverbien gesagt wird.

a. *Sí, es la madre de aquí, de mi marido* (F. García Pavón, *Vendimiario de Plinio*, 183).
Ja, es ist die Mutter von ihm hier, von meinem Mann.
b. *Cuando acá y yo nos casamos ...* (C. Kany, *Sintaxis hispanoamericana*, 319).
Als sie hier und ich heirateten ...

---

[111] *Acá* kommt in der genannten Bedeutung vor allem in Lateinamerika vor [C. Kany, *Sintaxis hispanoamericana*, 319 – J. Alcina Franch & J. M. Blecua führen ebenfalls beide Formen an, aber diese Autoren nennen keinen diatopischen Unterschied und geben kein Beispiel mit *acá* (*Gramática española*, 634)].

ABSCHNITT III
DIE POSSESSIVPRONOMEN
LOS PRONOMBRES POSESIVOS

§1. FORMEN

A. Adjektivisch gebraucht

377. In dieser Funktion unterscheidet man zwei Reihen von Possessivpronomen.

		REIHE I			REIHE II		
Singular	1.	Singular (m. und f.)	MI – mein(e)	m. sg.	MÍO	–	von mir
				f. sg.	MÍA	–	von mir
		Plural (m. und f.)	MIS – meine	m. pl.	MÍOS	–	von mir
				f. pl.	MÍAS	–	von mir
	2.	Singular (m. und f.)	TU – dein(e)	m. sg.	TUYO	–	von dir
				f. sg.	TUYA	–	von dir
		Plural (m. und f.)	TUS – deine	m. pl.	TUYOS	–	von dir
				f. pl.	TUYAS	–	von dir
	3.	Singular (m. und f.)	SU – sein(e)	m. sg.	SUYO	–	von ihm
			ihr(e)				von ihr
			Ihr(e)				von Ihnen
				f. sg.	SUYA	–	von ihm
							von ihr
							von Ihnen
		Plural (m. und f.)	SUS – seine	m. pl.	SUYOS	–	von Ihm
			ihre				von ihr
			Ihre				von Ihnen
				f. pl.	SUYAS	–	von ihm
							von ihr
							von Ihnen
Plural	1.	m. sg.	NUESTRO – unser	m. sg.	NUESTRO	–	von uns
		f. sg.	NUESTRA – unsere	f. sg.	NUESTRA	–	von uns
		m. pl.	NUESTROS – unsere	m. pl.	NUESTROS	–	von uns
		f. pl.	NUESTRAS – unsere	f. pl.	NUESTRAS	–	von uns
	2.	m. sg.	VUESTRO – euer	m. sg.	VUESTRO	–	von euch
		f. sg.	VUESTRA – eure	f. sg.	VUESTRA	–	von euch
		m. pl.	VUESTROS – eure	m. pl.	VUESTROS	–	von euch
		f. pl.	VUESTRAS – eure	f. pl.	VUESTRAS	–	von euch
	3.	sg. (m. und f.)	– ihr(e)	m. sg.	SUYO	–	von ihnen
			Ihr(e)				von Ihnen
				f. sg.	SUYA	–	von ihnen
							von Ihnen
				m. pl.	SUYOS	–	von ihnen
							von Ihnen
		pl. (m. und f.)	– ihre	f. pl.	SUYAS	–	von ihnen
			Ihre				von Ihnen

B. Substantivisch gebraucht

378. Die Formen entsprechen denen in Reihe II der Tabelle von Nr. 377, jedoch mit vorangestelltem Artikel:

EL MÍO, LA MÍA, LOS MÍAS, LAS MÍAS	– der meine, die meine, die meinen
EL TUYO, LA TUYA, LOS TUYOS, LAS TUYAS	– der deine, die deine, die deinen
LA SUYO, LA SUYA, LOS SUYOS, LAS SUYAS	– der seine, der ihre, der Ihre
EL NUESTRO, LA NUESTRA, LOS NUESTROS, LAS NUESTRAS	– der unsere
EL VUESTRO, LA VUESTRA, LOS VUESTROS, LAS VUESTRAS	– der eure
EL SUYO, LA SUYA, LOS SUYOS, LAS SUYAS	– der ihre, der Ihre
LO MÍO, LO TUYO	– das meine, das deine

§ 2. GEBRAUCH

A. Die Formen der Reihe I

379. Diese Formen stehen immer vor dem Substantiv. *Mi(s), tu(s), su(s)* können männlich oder weiblich sein.

a.	*mi coche*	mein Auto
b.	*mi abuela*	meine Großmutter
c.	*tus amigos*	deine Freunde
d.	*tus cartas*	deine Briefe
e.	*nuestra casa*	unser Haus

Wie im Deutschen kann ein Adjektiv zwischen Possessivpronomen und Substantiv stehen.

f.	*Mi mejor amigo*	mein bester Freund
g.	*Tu querida amiga María*	deine geliebte Freundin Maria

Ein Kongruenzproblem stellt sich im Spanischen, wenn *mehrere* Personen etwas besitzen, das seinem Charakter nach nur im *Singular* besessen werden kann, so daß eine Pluralform „logisch" eigentlich ausgeschlossen scheint.

  h. *Era una de esas mujeres que con cada hombre que pasa por sus vidas tienen un hijo* (I. ALLENDE, *La casa de los espíritus*, 377).
   Sie war eine von jenen Frauen, die von jedem Mann, der in ihrem Leben auftaucht, ein Kind haben.
   [Möglich (und vielleicht „logischer") wäre auch: ... *por su vida* ...]

Im Grunde handelt es sich hier um eine Frage der Perspektive: zwar hat man nur *ein* Leben, doch läßt sich die Pluralform damit rechtfertigen, daß von mehreren Personen die Rede ist und jede ihr *eigenes* Leben hat. (Im Deutschen ist dagegen in diesem Fall nur die Singularform möglich: → „ihr Leben".)

380. Die Form *su (sus)* kann verschiedene Bedeutungen haben: sie steht nämlich sowohl für das Maskulinum als auch für das Femininum, für den Singular wie für den Plural. Somit kann sie verschiedene deutsche Possessivpronomen wiedergeben (siehe Beispiel a). Meist ist aus dem Kontext ersichtlich, welche Deutung die richtige ist. In Beispiel a ist zur Verdeutlichung ein disambiguierendes Element hinzugefügt[112].

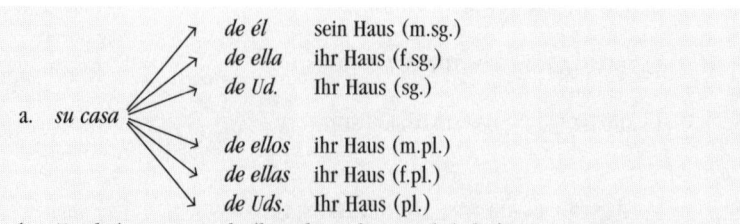

b. *También su mano de él estaba sudorosa y helada* (G. García Márquez, *Cien años de soledad*, 262).
Auch seine Hand war feucht und eiskalt.

381. Im Spanischen werden Possessivpronomen seltener benutzt als im Deutschen. Oft findet man einen bestimmten Artikel (manchmal in Kombination mit einem Personalpronomen), wo man in der deutschen Übersetzung ein Possessivpronomen setzen würde. Diese Ausdrucksweise ist besonders häufig bei Verben, die mit einem Reflexivpronomen konstruiert werden. Letzteres drückt dann die Vorstellung von Besitz aus[113].

a. *He dejado el gabán en casa* (*Esbozo*, 428).
Ich habe meinen Mantel zu Hause gelassen.
Für den spanischen Muttersprachler ist es offensichtlich, daß der Sprecher nicht den Mantel von jemand *anderem* zu Hause läßt.

b. *Nunca le vi la cara* (J. Cortázar, *Libro de Manuel*, 101).
Sein Gesicht habe ich nie gesehen.

c. *Los ojos se le llenaron de lágrimas* (*Esbozo*, 428).
Seine (oder: ihre) Augen füllten sich mit Tränen.
Der *Esbozo* bemerkt dazu, daß man nur bei Anfängern eine Übersetzung wie *Sus ojos se llenaron de lágrimas* finde.

d. *Mi cuñado se gana bien la vida*.
Mein Schwager hat sein gutes Auskommen.

382. Wie im Französischen wird das Possessivpronomen *mi* (→ „mon") in der Anrede vor dem Dienstgrad eines Offiziers benutzt (wobei dieser Dienstgrad höher ist als der des Soldaten, der den Offizier anspricht[114]).

---

[112] Der *Esbozo* weist darauf hin, daß *su* und *sus* ohne weitere Präzisierung gegenwärtig sowohl in Spanien als auch in Lateinamerika meist auf eine DRITTE Person verweisen (S. 428–429 und 211). Weitere Beispiele und Kommentierung finden sich bei R. Lapesa (*Historia de la lengua española*, 581). Siehe auch: E. Lorenzo, *Utrum lenguae ...*, 54

[113] Siehe dazu *Esbozo*, 428, und vor allem S. Fernández, mit ausführlichem Kommentar (*Gramática española*, 291–293).

[114] Dagegen steht kein Possessivpronomen, wenn der Sprecher den höheren Dienstgrad hat (z. B. ein Oberst gegenüber einem Leutnant) und meist auch nicht, wenn ein Zivilist einen Soldaten anspricht.

a. *Venimos a cargar la pieza, mi teniente* (J. IBARGÜENGOITIA, *Los conspiradores*, 37).
   Wir kommen, um das Geschütz zu laden, Herr Leutnant.
b. *Sí, mi coronel* (T. SALVADOR, *División 250*, 191).
   Jawohl, Herr Oberst.

Weniger gebräuchlich ist das Possessivpronomen vor niedrigeren Dienstgraden. Doch findet sich ein solches Beispiel [→ *mi cabo* („Herr Gefreiter")] bei M. DELIBES: *377A, Madera de héroe*, 293.

383. Dieses vorangestellte *mi* findet sich ebenfalls – dann aber fakultativ – in der Anrede vor anderen Wörtern, die eine hierarchische Beziehung implizieren, manchmal auch in einem ironischen Kontext, wo *mi* vor einem Eigennamen steht. Die Bedeutung ist eher affektiv als possessiv.

a. *¡No va a cenar nada, mi ama!* (A. CASONA, *La dama del alba*, 58).
   Werden Sie denn nichts essen, gnädige Frau?
b. *Yo le ayudaré, mi señor* (M. ALVAR, *El envés de la hoja*, 47 – hier werden die Worte eines alten Mannes aus einem abgelegenen Dorf in der Provinz Santander wiedergegeben).
   Ich werde Ihnen helfen, mein Herr.
c. *A sus órdenes, mi Ortega* (C. PÉREZ MERINERO, *Las reglas del juego*, 117 – sagt das junge Mitglied einer Bande zu seinem Chef).
   Zu Befehl, Chef.

Abgesehen von dem in Beispiel c angeführten Satz wird man diesen Gebrauch von *mi* in Spanien hauptsächlich in ländlichen Gebieten und in altertümlicher Sprache antreffen. In Lateinamerika ist diese Konstruktion in der gesprochenen Sprache dagegen sehr gebräuchlich, und man findet sogar (als Vokativ gebrauchte) zusammengezogene Formen wie *mija* [< *mi hija* („meine Tochter", „mein Kind")], *mijo* [< *mi hijo* („mein Sohn")] ..., wo man in Spanien gegenwärtig ausschließlich *hija mía, hijo mío* hören würde[115]:

d. *Lo felicito, mi amigo* (A. ROA BASTOS, *El trueno entre las hojas*, 83).
   Ich gratuliere Ihnen, mein Freund.

Und mit Diminutiv:

e. *No mijita* (A. SKARMETA, *Ardiente paciencia*, 61).
   Nein, mein Töchterchen.

384. Im Prinzip wird das Possessivpronomen in Aufzählungen vor jedem Substantiv wiederholt. Dies ist jedoch nicht der Fall, wenn die Substantive vom Sprecher als *ein* Begriff betrachtet werden, oder wenn sie sich auf dieselbe Person, dasselbe Tier oder denselben Gegenstand beziehen.

a. Anstelle von *mis padres* (die übliche Übersetzung von „meine Eltern") könnte man auch – mit deutlichem Nachdruck – sagen: *mi padre y mi madre*.

---

[115] Cf. C. KANY, *Sintaxis hispanoamericana*, 63–64. Ebenso die in einem Wort geschriebene und kursiv gedruckte Form *miamigo* („mein Freund"), angeführt von F. UMBRAL (*Mis queridos monstruos*, 229 und 234 – in einem Interview mit dem uruguayischen Autor J. C. ONETTI).

> b. *Todos mis actos y mis pensamientos los mueves tú* (I. Agustí, *Mariona Rebull*, 91).
> Du bist die treibende Kraft hinter all meinem Tun und Denken.
> Man könnte auch sagen: *Todos mis actos y pensamientos*.
> Der Ausdruck *actos y pensamientos* würde dann vom Sprecher als eine Handlung aufgefaßt.

Aber:

> c. *Mis oficiales, suboficiales y soldados.*
> Meine Offiziere, Unteroffiziere und Mannschaften.
> Gemeint ist: „Alle meine Soldaten".
> d. *Mi colega y amigo.*
> Mein Kollege und Freund.
> Hier wird von einer Person gesprochen.

385. Ausschließlich in älterer oder archaisierender Sprache kann man Konstruktionen finden, in denen dem adjektivisch gebrauchten Possessivpronomen ein (bestimmter oder unbestimmter) Artikel vorausgeht[116].

> a. *Santificado sea el tu nombre.*
> Geheiligt werde dein Name.
> b. *Aquel sobrino de quien he hablado era hijo de una mi hermana* (Larra, *Artículos de costumbres*, 16 – der zitierte Text ist von 1832).
> Der Neffe, von dem ich gesprochen habe, war der Sohn einer meiner Schwestern.
> In solch einem Satz würde man vorzugsweise ein Pronomen aus Reihe II benutzen: ... *era hijo de una hermana mía*.

B. Die Formen der Reihe II

386. Diese adjektivisch gebrauchten Possessivpronomen können *allein* vorkommen oder bei einem Substantiv stehen. Im letzteren Falle stehen sie fast immer[117] nach dem Substantiv. Im Deutschen werden sie je nach Zusammenhang verschieden übersetzt.

> a. *¿De quién es esta casa? Es nuestra.*
> Wem gehört dieses Haus. Es gehört uns.
> b. *Una hermana mía.*
> Eine meiner Schwestern (oder: „eine Schwester von mir")[118].
> c. *Ninguno de los dos era amigo mío* (G. Cabrera Infante, *La Habana para un infante difunto*, 656).
> Keiner der beiden war ein Freund von mir.

---

[116] Im mittelalterlichen Spanisch waren derartige Konstruktionen häufig (cf. *Esbozo*, 429). Man hört sie gegenwärtig auch noch in manchen Dialekten (cf. R. Lapesa, *Historia de la lengua española*, 481, und *Esbozo*, 430 und Fußnote 2).
[117] Siehe jedoch Beispiel d.
[118] Diese Bedeutung könnte man auch wörtlich wiedergeben: *una de mis hermanas*. Doch sind solche Konstruktionen weniger gebräuchlich.

d. *Larry, no es mía la culpa* (M. Puig, *Maldición eterna a quien lea estas páginas*, 171).
Larry, das ist nicht meine Schuld.

Es wäre unzutreffend, hier von einer Voranstellung des Possessivpronomens zu sprechen. Eher hat *la culpa* (Subjekt des Satzes) eine veränderte Stellung im Satz (→ *la culpa no es mía*). Solch eine Konstruktion – möglich nach dem Verb *ser* (oder in Sätzen, in denen dieses Verb hinzugedacht werden kann[119]) – hat stilistische Bedeutung. Der Sprecher will *mit Nachdruck* deutlich machen, daß es nicht *seine* Schuld ist.

In Sätzen mit einem Possessivum der dritten Person Singular tritt im Spanischen formal eine andere Kongruenz in den Vordergrund als im Deutschen: die Differenzierung „sein(e)", „ihr(e)" findet sich im Spanischen nicht, und die Formen werden unterschiedslos mit *suyo (suya, suyos, suyas)* wiedergegeben. Während also im Deutschen ein deutlicherer Bezug auf den Besitzer gegeben ist, ist bei der Übersetzung ins Spanische besonders auf die Kongruenz / Possessivum x Substantiv, das den Besitz bezeichnet / zu achten. Der Satz

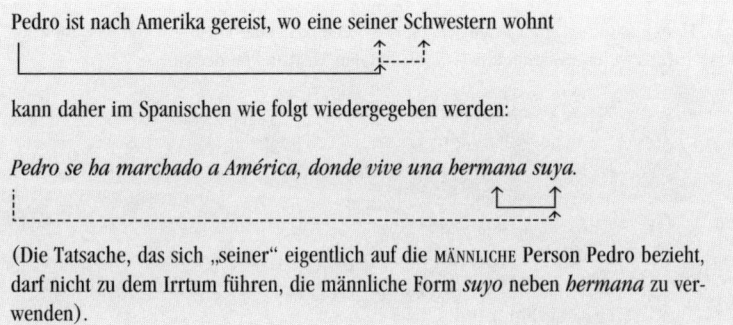

kann daher im Spanischen wie folgt wiedergegeben werden:

Pedro se ha marchado a América, donde vive una hermana suya.

(Die Tatsache, das sich „seiner" eigentlich auf die MÄNNLICHE Person Pedro bezieht, darf nicht zu dem Irrtum führen, die männliche Form *suyo* neben *hermana* zu verwenden).

Ebenso im folgenden Beispiel, in dem der Besitzer weiblich, der Besitz dagegen männlich ist (und zusätzlich im Plural steht):

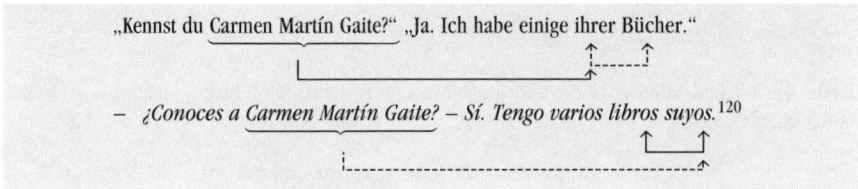

387. Ein adjektivisches Possessivpronomen aus Reihe II kann durch einen bestimmten Artikel + die Präposition *de* + ein Personalpronomen ersetzt werden.

---

[119] Zum Beispiel: ... *¿Mía la culpa?* (d. h.: *¿La culpa sería mía?* – „... Es soll meine Schuld sein?").
[120] Es handelt sich dabei selbstverständlich nur um einen Unterschied in der Oberflächenstruktur: Sätze mit Possessiva in der ersten Person zeigen, daß auch im Spanischen der Bezug /Possessivum x Substantiv, das den Besitz bezeichnet/ gegeben ist (→ ME *voy a marchar a América, donde vive una hermana* MÍA – „Ich werde nach Amerika reisen, wo eine meiner Schwestern lebt"). Im Deutschen dagegen wird aufgrund der andersartigen Struktur (*eine seiner Schwestern, einige ihrer Bücher* → immer Genitiv Plural) die Kongruenz /Possessivum x Besitzer/ nicht ohne weiteres deutlich.

Posó su cabeza contra la de él, fatigada de tanta emoción (J. A. DE ZUNZUNEGUI, *La vida como es*, 304).
Von der ganzen Aufregung erschöpft, lehnte sie ihren Kopf gegen den seinen.

Solche Konstruktionen finden sich hauptsächlich in der Schriftsprache, und sie sind vor allem mit Personalpronomen der dritten Person gebräuchlich[121].

388. Die Formen der Reihe II haben bestimmte morphosyntaktische Eigenschaften mit Adjektiven gemein. So ist es möglich, sie als Komparative oder Superlative zu gebrauchen.

    a. *La ciudad parece más suya* (C. J. CELA, *La colmena*, 202).
       Die Stadt scheint ihm vertrauter zu sein.
    b. *Ese hombre es mío, muy mío y sólo mío* (J. A. DE ZUNZUNEGUI, *La vida como es*, 98).
       Dieser Mann gehört mir, ganz und gar mir und nur mir.

389. Manchmal kann man praktisch ohne Unterschied eine Form aus Reihe I oder aus Reihe II antreffen[122]. Dies ist hauptsächlich in präpositionalen Ausdrücken der Fall.

    a. *por su cuenta ~ por cuenta suya*
       auf seine (oder: „ihre"/„Ihre") Rechnung
    b. *en mi presencia ~ en presencia mía*
       in meiner Anwesenheit
    c. *de su parte ~ de parte suya*
       seinerseits, ihrerseits, Ihrerseits
    d. *en su lugar ~ en lugar suyo*
       an seiner/ihrer/Ihrer Stelle
    e. *Un desequilibrio a su favor* (*El Alcázar*, 16. 2. 1983, 15).
       Ein Ungleichgewicht zu seinen Gunsten.
       Estamos a favor suyo (*El País*, 16. 2. 1983, 15).
       Wir sind für ihn.

390. Wie Adjektive können die Possessivpronomen (der Reihe II) mit Hilfe des sächlichen Artikels *lo* substantiviert werden.

    a. *Lo mío mío y lo tuyo de entrambos* (spanisches Sprichwort).
       Was mir gehört, gehört mir, und was dir gehört, gehört uns beiden.
       (Das Beispiel wurde bereits in Nr. 54 g angeführt.)

391. Formen wie *lo mío, lo tuyo, lo nuestro* ... können allerdings auch noch eine ganz andere, figürliche Bedeutung haben. Sie können auf ein bestimmtes Verhalten oder auf einen Zustand anspielen, wobei man davon ausgeht, daß der Gesprächspartner Bescheid weiß. Diese sächlichen (und damit eher vagen, allgemeinen) Ausdrücke werden häufig auch in euphemistischer Absicht gebraucht: man will

---

[121] Cf. S. FERNÁNDEZ, *Gramática española*, 228–229. Siehe auch J. ALCINA FRANCH & J. M. BLECUA, *Gramática española*, 615.
[122] Cf. S. FERNÁNDEZ, *Gramática española*, 232.

Die Possessivpronomen / Los pronombres posesivos

dann einen anderen (präzisen) Ausdruck vermeiden, der z. B. unangenehme Erinnerungen wachruft oder Schwierigkeiten andeutet.

    b. *Lo mío debió de hacerla sufrir mucho, ¿no?* (J. A. DE ZUNZUNEGUI, *El barco de la muerte*, 302).
       Mein Verhalten muß sie sehr getroffen haben, nicht wahr? (Ein Mädchen, das vor Jahren von zu Hause fortgelaufen ist, trifft seinen Bruder und spricht mit ihm über ihre Mutter.)
    c. *Te quiero con toda mi alma y nadie ni nada podrá oponerse a lo nuestro* (J. M. GIRONELLA, *Ha estallado la paz*, 538).
       Ich liebe dich von ganzem Herzen, und nichts und niemand wird sich unserem Glück in den Weg stellen können.

In solchen Konstruktionen kann der Gebrauch der sächlichen Form eine quantitative Nuance beinhalten [→ („zu" viel", „(zu) lange"] oder sich auf einen typischen oder eigenartigen Aspekt in jemandes Verhalten oder Wesen beziehen:

    c. *Anda hija, ya has tardado lo tuyo* (J. GARCÍA HORTELANO, *Cuentos completos*, 77).
       Nun mach schon, Kind, das hat nun lange genug gedauert.
    d. *He leído lo mío, de religiones orientales sobre todo* (J. GARCÍA HORTELANO, *Cuentos completos*, 89).
       Ich habe viel gelesen, vor allem über östliche Religionen.
    e. *Tras la fiesta, el escritor se retira a trabajar. Es lo suyo* (M. TUDELA, *Cela*, 90).
       Nach dem Fest zieht sich der Schriftsteller zurück, um zu arbeiten. So ist er nun einmal.

392. Die Formen der dritten Person *suyo* finden sich in einer Reihe fester Ausdrücke, z. B.

    a. *ir a lo suyo*   auf seinen eigenen Vorteil aussein
    b. *hacer de las suyas*   seine üblichen Mätzchen machen,
       (oder: *hacer una de las suyas*,   einen seiner Späße machen
       salir con una de las suyas)
    c. *salir(se) con la suya*   seinen Kopf durchsetzen
    d. *de suyo*   an sich, von Natur aus
       (diese Form ist unveränderlich)
    e. *(La madre de Marta) había llegado a interesarse sinceramente por los pobres, aunque era de suyo poco cariñosa* (J. M. GIRONELLA, *Los hombres lloran solos*, 237)[123].
       Martas Mutter hatte aufrichtiges Interesse für die Armen entwickelt, obgleich sie von Natur aus wenig liebevoll war.

Eine analoge Form, jedoch in der ersten Person, findet man in dem Satz

    f. *Yo de mío me soy tranquilo y pacífico* (J. GOYTISOLO, *La chanca*, 44).
       Ich bin an sich ruhig und friedliebend.

---

[123] Hier sei noch einmal die Unveränderlichkeit von *de suyo* betont (in diesem Satz bezieht es sich auf eine weibliche Form → *la madre de Marta*).

393. Man beachte auch die Bedeutung des Possessivpronomens (→ Starrsinn, Ichbezogenheit, Egoismus) in Sätzen wie

    a. *No seas tuya, mujer* (J. García Hortelano, *Cuentos completos*, 159).
       Mensch, sei nicht so eigensinnig.
    b. *Ella era muy simpática, pero muy suya* (F. García Pavón, *Una semana de lluvia*, 143).
       Sie war sehr sympathisch, aber auch sehr ichbezogen.

394. Die Possessivpronomen der zweiten Reihe können in Kombination mit Ortsadverbien vorkommen, z. B. *delante mío, delante tuyo, delante suyo* ... [„vor mir", „vor dir", „vor ihm" (bzw. „vor ihr") ...], *en torno mío, en torno tuyo* ... („um mich herum", „um dich herum" ...), *detrás mío, detrás tuyo* ... („hinter mir", „hinter dir" ...), *encima mío* ... („über mir", „auf mich") u. dergl.[124]. Dem *Esbozo* zufolge sind diese Konstruktionen in Lateinamerika häufig; in Spanien dagegen findet man sie ab und zu in der regional gebundenen Umgangssprache, aber nur ausnahmsweise in der Literatur[125]. Zahlreiche bei Autoren der Gegenwart gefundene Beispiele widersprechen allerdings dem zweiten Teil dieser Aussage[126].

    a. *Sentí una presencia, detrás mío* (M. Puig, *Maldición eterna a quien lea estas páginas*, 71–72).
       Ich spürte, daß hinter mir jemand war.
    b. *„Guárdame dentro tuyo", balbucea con voz rota* (R. Montero, *Crónica del desamor*, 116).
       „Halt mich in dir geborgen", stammelt er mit gebrochener Stimme.
    c. *Estaba justamente detrás suyo* (J. Goytisolo, *Duelo en el paraíso*, 77).
       Er stand unmittelbar hinter ihm.
       Je nach Kontext könnte die Übersetzung von *detrás suyo* auch lauten: „hinter ihr", „hinter ihnen", „hinter Ihnen".
    d. *María sólo había sentido repugnancia por esas bestias que temblaban encima suyo como atacados del mal de San Vito* (M. Vargas Llosa, *La guerra del fin del mundo*, 50).
       Maria hatte nur Abscheu empfunden für diese Bestien, die auf ihr lagen und zitterten, als ob sie vom Veitstanz heimgesucht wären.

C. Kany merkt an, daß in solchen Konstruktionen gelegentlich auch eine weibliche Form des Possessivpronomens vorkommt [nach einem Wort, das auf *-a* ausgeht, oder wenn sich das Possessivpronomen auf eine weibliche Person bezieht (→ *encima mía, delante suya* ...)] und daß man in einigen lateinamerikanischen Ländern als (häufigere) Variante von *delante suyo* findet: *en* (oder: *por*) *su delante* („vor ihm", „vor ihr", „vor Ihnen")[127].

---

[124] Diese Ausdrucksweise wird von vielen Grammatikern als inkorrekt betrachtet (siehe dazu J. Alcina Franch & J. M. Blecua, *Gramática española*, 619–620, und C. Kany, *Sintaxis hispanoamericana*, 66).
[125] *Esbozo*, 430–431. Siehe in diesem Sinne auch C. Kany, *Sintaxis hispanoamericana*, 65–66.
[126] Siehe auch S. Fernández, *Gramática española*, 234.
[127] C. Kany, *Sintaxis hispanoamericana*, 66 und 67 – mit Hinweisen zum Sprachniveau, dem diese Formen angehören.

ABSCHNITT IV
DIE RELATIVPRONOMEN
LOS PRONOMBRES RELATIVOS

395. Im Spanischen gibt es fünf Relativpronomen:

> QUE
> QUIEN (QUIENES)
> EL CUAL (LA CUAL, LOS CUALES, LAS CUALES)
> CUYO (CUYA, CUYOS, CUYAS)
> CUANTO (CUANTA, CUANTOS, CUANTAS)

§ 1. QUE

396. *Que* wird von allen Relativpronomen zweifellos am häufigsten gebraucht. Es ist unveränderlich und steht für Personen, Tiere und Gegenstände. *Que* kann Subjekt, Dativ- oder Akkusativobjekt sein, und es kann in attributiven und adverbialen Bestimmungen vorkommen. Dem Relativpronomen *que* kann auch eine (meist einsilbige) Präposition vorausgehen[128].

    a. *La muchacha que canta.*
       Das Mädchen, das singt.
    b. *El niño que veo.*
       Das Kind, das ich sehe.

Nach einer Präposition und vor allem, wenn das Bezugswort eine PERSON bezeichnet, gebraucht man in der gepflegten Sprache meist ein (mit einem Artikel gebildetes) „zusammengesetztes Relativum"[129] (→ *el que, la que, los que, las que*[130] oder die Form *quien*[131]):

---

[128] Cf. S. FERNÁNDEZ, *Gramática española*, 347, wobei auch einige Beispiele mit den Präpositionen *sobre* und *ante* angeführt werden. Siehe auch die Hinweise weiter unten in Nr. 397. Zur großen Häufigkeit von *que* vgl. das von R. VERDONK vorgelegte Zahlenmaterial. Der Autor stellt fest, daß *que* über die Hälfte aller in dem von ihm untersuchten Textkorpus vorkommenden Relativpronomen ausmacht [*Relatieve frequentie en grammaticaonderwijs: de Spaanse 'pronombres relativos'*, 257–258. – R. VERDONK macht deutlich, daß er seine Zahlen als „lediglich vorläufig" betrachtet, bis ein umfangreicheres Korpus untersucht wird (S. 257)].
[129] Diesen Ausdruck benutzt der *Esbozo* (S. 528).
[130] Konstruktionen wie die folgenden sind daher als wenig gebräuchlich anzusehen:
    a. *La persona a que enviaste recado* (E. ALARCOS LLORACH, *Estudios de gramática funcional*, 264 → ... *a LA que ...*).
       Derjenige, an den du eine Nachricht geschickt hast.
    b. *Aquella chica de que tú me hablaste* (S. J. A. QUINTERO, angeführt von S. FERNÁNDEZ, *Gramática española*, 374 → ... *de LA que ...*).
       Das Mädchen, von dem du mir erzählt hast.
Im Akkusativ ist der Gebrauch des „zusammengesetzten Relativums" nach der Präposition *a* OBLIGATORISCH. Man würde daher nicht sagen: *El niño a que veo* (sondern: *el niño al que veo*, oder, ohne Präposition, *el niño que veo*). Siehe auch das unter c angeführte Beispiel.
[131] Siehe dazu weiter unten Nr. 401.

c. *¿Quién era el tipo al que miraste todo el tiempo?* (A. Bryce Echenique, *Tantas veces Pedro*, 156 – ... *al que < / a + el + que /*).
Wer war der Typ, den du die ganze Zeit angeschaut hast?
(Möglich wäre auch: ... *el tipo a quien miraste*, aber nicht ... **el tipo a que miraste.*)

d. *¿Era el primer hombre con el que te acostabas?* (C. Martín Gaite, *Fragmentos de interior*, 166).
War das der erste Mann, mit dem du ins Bett gegangen bist?
(Möglich wäre auch: ... *con quien* ...)

e. *España es uno de los países de los que estoy más orgulloso* (O. Caballero, *Titulares de España*, 11).
Spanien ist eines der Länder, auf die ich am meisten stolz bin.
(Weniger förmlich wäre: ... *de que estoy* ...)

Aber:

f. *Fíjese en el modo tímido con que se le acerca* (M. Puig, *Maldición eterna a quien lea estas páginas*, 166–167).
Sehen Sie nur, wie zaghaft er sich ihm nähert.
Hier folgt auf die Präposition *con* kein zusammengesetztes Relativum; das Bezugswort (... *el modo tímido* ...) bezeichnet keine Person. Möglich wäre natürlich auch: ... *con el que* ...

397. Der *Esbozo* weist darauf hin, daß dem Relativpronomen *que* in Adverbialbestimmungen eine Präposition vorausgehen muß, die der Art dieser Bestimmung entspricht (der Zeit, des Ortes usw.)[132].

a. *Se pasaron quince días en que no la vimos* (Cervantes, angeführt vom *Esbozo*, S. 529).
Es vergingen zwei Wochen, ohne daß wir sie sahen.
Im Prinzip wäre es daher nicht korrekt zu sagen: *Se pasaron quince días que no la vimos.*

Im weiteren wird jedoch angemerkt, daß diese Regel in der Praxis, sowohl in geschriebener als auch in gesprochener Sprache, häufig nicht beachtet wird, vor allem bei adverbiellen Bestimmungen der Zeit und des Ortes[133]. Ein typisches Beispiel ist der Titel eines Buches von F. Umbral:

b. *La noche que llegué al café Gijón* (Der Abend, an dem ich in das Café Gijón kam").
Dem besagten Kommentar des *Esbozo* zufolge müßte die korrekte Version lauten: *La noche EN (la) que* ...[134], doch sind für das Akademiemitglied M. Seco beide Varianten möglich (*Diccionario de dudas*, 313–314 – mit Erläuterung).

---

[132] *Esbozo*, 529. Siehe auch: *Manual de español urgente*, 45.
[133] *Esbozo*, 529. Siehe auch den Kommentar von F. Lázaro Carreter, der diese Art von Konstruktionen mit den (vereinfachenden) Strukturen der Kindersprache in Zusammenhang bringt (*Estudios de lingüística*, 240–241).
[134] In einem Vortrag, den der Autor im *Instituto de Estudios Hispánicos* (Antwerpen, 15. März 1980) hielt, erklärte er, daß ihm dieses Problem eine schlaflose Nacht bereitet habe. Er habe sich aber schließlich für die ungrammatische Lösung entschieden, da ihm das Setzen der Präposition *en* als „Mißklang" (*cacofónico*) erschienen sei. Siehe auch im gleichen Zusammenhang Umbrals Kommentar in seinem Artikel *Spleen de Madrid* (in *El País*, 29.10.1981).

Auch die Präposition *a* wird in Dativen oder in präpositionalen Akkusativen[135] häufig weggelassen, vor allem in der gesprochenen Sprache[136]:

    c. *Para mi una mujer que no le gustan los niños es como un árbol sin hojas*
       (C. MARTÍN GAITE, *Fragmentos de interior*, 146).
       Für mich ist eine Frau, die keine Kinder mag, wie ein Baum ohne Blätter.
    d. *Uno que le llaman el Chato* (*Esbozo*, 530).
       Jemand, den sie „el Chato" nennen[137].

398. *Lo que* (mögliche Variante: *lo cual*[138]) wird im Deutschen als „was" wiedergegeben (im Französischen: *ce qui* oder *ce que*). Es kann sich auch auf einen vorangegangenen SATZ beziehen (vgl. Beispiel b).

    a. *Recuerda lo que te dije ayer.*
       Denk daran, was ich dir gestern gesagt habe.
    b. *Sostenía que el hombre es pariente del mono, lo que regocijaba a doña Bernarda*
       (V. BLASCO IBÁÑEZ, angeführt von S. FERNÁNDEZ, *Gramática española*, 358).
       Er behauptete, der Mensch sei mit dem Affen verwandt, was Doña Bernarda sehr lustig fand.

399. Bisweilen (meist nach einer Präposition) kann man das Relativpronomen *que* antreffen, ohne daß ein Bezugswort genannt wird. *Que* erhält in solchen Fällen oft einen Akzent (→ *qué*)[139].

    a. *Si el maíz este año se da bien, tendré con qué pagarte* [J. RULFO, *Pedro Páramo*,
       65 – gemeint ist: *dinero* („Geld")].
       Wenn wir dieses Jahr eine gute Maisernte haben, werde ich dich bezahlen können.
    b. *Gracias – dijo.*
       – ¡Oh! no hay de qué (E. PARRA, *Soy un extraño para ti*, 66).
       „Danke", sagte er.
       „Oh, gern geschehen."

400. Das Deutsche „alle, die" kann durch eine entsprechende Pluralform (→ *todos los que, todas las que*) wiedergegeben werden, aber auch mit einer Konstruktion, in der das Relativpronomen *que* (und damit auch das Verb) im Singular steht, entsprechend dem Deutschen „jeder, der".

    „El niño" proponía a todo el que pasaba por el mostrador hacerse de la peña (J. A.
    DE ZUNZUNEGUI, *La vida como es*, 76).
    „El niño" schlug jedem, der an der Theke vorbeikam, vor, sich der Runde anzuschließen.

---

[135] Zum „präpositionalen Akkusativ" siehe Nr. 710.
[136] Cf. *Esbozo*, 529–530. In diesen Fällen tritt im Satz auch ein unbetontes Personalpronomen auf (in den Beispielen c und d ist das die Form *le*). Nach M. SECO ist dieser Gebrauch in gepflegter gesprochener Sprache und in der Schriftsprache nicht üblich.
[137] Ohne Kontext ist die Bedeutung von *chato* nicht eindeutig. Dieses Wort läßt sich als „plattnasig" übersetzen, es kann aber auch darauf hindeuten, daß die betreffende Person gerne Wein trinkt (< *chato* = „Weingläschen").
[138] Siehe dazu weiter unten Nr. 411.
[139] Siehe dazu: *Esbozo*, 225.

Weitere Übersetzungsmöglichkeiten für „alle, die" sind *todos cuantos (todas cuantas)* oder *cuantos (cuantas)* allein. Auch der Singular *cuanto (cuanta)* in attributiver Stellung ist möglich[140]. *Todo cuanto* oder *cuanto* allein fungiert als sächliche Form[141] (→ „alles, was").
Achtung: In keiner dieser Formen tritt das Relativpronomen *que* auf, und alle diese Kontruktionen kommen hauptsächlich in der Schriftsprache vor[142].

    a. *Se enamora de todas cuantas ve* (DUE, I, 818).
       Er verliebt sich in alle Frauen, die er sieht.
    b. *Atendió a cuantos caprichos le pasaron por la mente* (M. AUB, *Las buenas intenciones*, 101).
       Er ging auf alle Launen ein, die ihr in den Sinn kamen.
    c. *Estaba suscrita a cuanta revista de modas se publicaba en Europa* (G. GARCÍA MÁRQUEZ, *Cien años de soledad*, 348).
       Sie hatte alle Modezeitschriften, die in Europa erschienen, abonniert.
    d. *Vendieron cuanto tenían* (C. ROJAS, *El sueño de Sarajevo*, 53).
       Sie verkauften alles, was sie hatten.
    e. Siehe auch das weiter unten in Nr. 415 c angeführte Beispiel.

§ 2. QUIEN (QUIENES)

401. *Quien* wird nur für Personen oder personifizierte Tiere oder Gegenstände (siehe Beispiel f) gebraucht[143]. Das Wort ist im grammatischen Geschlecht unveränderlich. Dagegen hat es (seit dem 16. Jahrhundert) eine Pluralform (*quienes*, vgl. Beispiel c), doch ist ihr Gebrauch fakultativ. Vor allem in der gesprochenen Sprache kommt *quienes* nicht allzu häufig vor[144].
Wenn das Bezugswort genannt wird, kann *quien* alle Funktionen im Satz erfüllen: Subjekt, nominaler Teil des Prädikats, Dativ- oder Akkusativobjekt, attributive oder adverbiale Bestimmung. Es kann auch nach einer Präposition stehen. Sein Gebrauch ist nur in einer Hinsicht eingeschränkt: *quien* kann nicht Subjekt eines determinierenden (oder restriktiven) Nebensatzes (*oración especificativa*) sein[145].

---

[140] Der Gebrauch einer Singularform mit der Bedeutung eines Plurals wurde bereits weiter oben in den Nrn. 143–144 behandelt.

[141] Die Art, wie der *Esbozo* diese Formen einordnet, ist recht verwirrend. *Cuanto, cuantos* werden mit *que, quien, el cual, cuyo* bei den „Relativpronomen" angeführt (S. 218), aber dort, wo die Relativpronomen im einzelnen behandelt werden (S. 528–533), werden diese Formen nicht erwähnt. Ein Kommentar findet sich dann aber unter der Überschrift *adverbios relativos* (S. 533–534 – siehe dazu auch weiter unten, Nr. 415).

[142] Cf. *Esbozo*, 223, und DUE, I, 818. Siehe auch den Kommentar von R. VERDONK und das von diesem Autor vorgelegte Zahlenmaterial (*Relatieve frequentie en grammaticaonderwijs: de Spaanse 'pronombres relativos'*, 260).

[143] Nach M. SECO wird *quien* im heutigen Spanisch nur noch in Verbindung mit Personen verwendet (*Diccionario de dudas*, 316). Im gleichen Sinne: *Manual de español urgente*, mit dem Hinweis, daß der Gebrauch von *quien* sogar vor Sammelbezeichnungen, die sich auf Personen beziehen, falsch sei [S. 44 – mit dem (nicht zur Nachahmung empfohlenen) Beispiel: *Compareció ante el Senado, a quien informó* („Er sprach vor dem Senat, den er informierte")].

[144] Cf. *Esbozo*, 220 und 531. Nach M. SECO ist der Gebrauch von *quien* als Pluralform allerdings zu vermeiden (*Diccionario de dudas*, 316). S. FERNÁNDEZ äußert sich in dieser Hinsicht weniger streng (*Gramática española*, 334).

[145] Man muß daher sagen *los jóvenes que llegan* („die jungen Leute, die ankommen"). Die Verwendung von *quien(es)* wäre hier falsch. In diesem Zusammenhang ist zu bemerken, daß der Gebrauch von *que* oder *quien* die Bedeutung eines Satzes verändern kann.
   Zum Beispiel: a. *Los obreros que estaban cansados no quisieron trabajar más.*
                   Die Arbeiter, die müde waren, wollten nicht mehr arbeiten.
               b. *Los obreros, quienes* (oder: *que*) *estaban cansados, no quisieron trabajar más.*

Wenn *que* Akkusativobjekt ist, muß ihm die Präposition *a* vorausgehen.

a. *Fue Fernanda quien impuso el rigor de aquel duelo* (G. GARCÍA MÁRQUEZ, *Cien años de soledad*, 247).
   Es war Fernanda, die diese strenge Trauer angeordnet hatte.
b. *Fue ella quien le empezó a besar* (C. MARTÍN GAITE, *Fragmentos de interior*, 70).
   Sie war es, die ihn zu küssen begann.
c. *Las maricones más provocativas y audaces con quienes tropezó (Genet) fueron siempre españolas* (J. GOYTISOLO, *En los reinos de Taifa*, 209).
   Die provokativsten und freimütigsten Schwuchteln, denen Genet begegnete, waren immer Spanier.
   [Neueren Angaben meiner Informanten zufolge kann das Wort *maricona* je nach Absicht des Sprechers zwei Werte haben: es ist entweder eine Steigerung des abwertenden *maricón* („Homosexueller", „Schwuler"), oder es dient ausnahmsweise zur Bezeichnung einer lesbischen Frau.]
d. *El hombre interesante es el hombre de quien las mujeres se enamoran* (J. ORTEGA Y Gasset, *Estudios sobre el amor*, 32).
   Ein interessanter Mann ist ein Mann, in den Frauen sich verlieben.
e. *Sostenía que es mejor ser varón, porque hasta el más mísero tiene su propia mujer a quien mandar* (I. ALLENDE, *Eva Luna*, 46).
   Sie behauptete, es sei besser, ein Mann zu sein, denn selbst der armseligste habe seine eigene Frau, die er herumkommandieren könne.
f. *El cuerpo es quien nos individualiza* (E. SÁBATO, *El escritor y sus fantasmas*, 145).
   Der Körper ist es, der uns Individualität verleiht.

In all diesen Fällen könnte man auch einen / Artikel + *que* / oder (aber nur nach einer Präposition und dann mit Ausnahme von *a* im präpositionalen Akkusativ) *que* allein[146] benutzen[147]: *Fue Fernanda la que ...*, *Fue ella la que ...*; *Ella era la mujer con (la) que ...* Aber: *A mí es al que ...* (*a* steht hier vor dem Akkusativobjekt).

402. Man kann *quien(es)* auch in Sätzen verwenden, in denen kein Bezugswort genannt wird. Dieses ist dann im Relativpronomen enthalten und die Bedeutung ist: „der(jenige), der ..." bzw. „die(jenige), die ...". In den folgenden Konstruktionen könnte man *quien(es)* durch ein zusammengesetztes Relativum ersetzen (→ *el que, las que ...*).

a. *Entregaré este objeto a quien me lo pida* (J. ALCINA FRANCH & J. M. BLECUA, *Gramática española*, 1083).
   Ich werde diesen Gegenstand dem geben, der mich darum bittet.
   Man könnte auch sagen: ... *al que me lo pida*.

Der erste Satz ist determinierend (oder: restriktiv): es wird genau gesagt, WELCHE Arbeiter nicht mehr arbeiten wollten (diejenigen, die müde waren). Hier ist nur *que* korrekt. Der zweite Satz ist explizierend ([oder: weiterführend (*oración explicativa*)]. Hier kann man (in einem in Kommata eingeschlossenen Nebensatz) *quien* gebrauchen. Es wird gesagt, WARUM die (= alle) Arbeiter nicht mehr arbeiten wollten (WEIL sie müde waren). Man kann hier zwischen *que* und *quien* wählen.

[146] Dabei sind die Hinweise in Nr. 396 zu beachten.
[147] E. ALARCOS betrachtet *quien* einfach als Variante des „zusammengesetzten Relativums"; es gebe keinen grammatikalischen (wohl aber einen stilistischen) Unterschied zwischen den beiden Formen – ohne nähere Erklärung (*Estudios de gramática funcional*, 268). Siehe auch den Hinweis weiter unten in Fußnote 149.

b. *Quienes no quisieron escribir le dieron recados verbales* (G. GARCÍA MÁRQUEZ, *Cien años de soledad*, 257 – aus dem Kontext geht hervor, daß *le* weiblich ist).
Wer nicht schreiben wollte, überbrachte ihr die Nachricht mündlich.
c. *Quien fue a Sevilla perdió la silla* (Sprichwort).
Variante: *El que se fue a Sevilla perdió la silla* (cf. DUE, II, 1156).
Weggegangen, Platz vergangen.
d. *Siento asco por quienes manejan la necesidad ajena* (M. ALVAR, *El envés de la hoja*, 110).
Ich verabscheue Leute, die die Not anderer ausnutzen.

403. Durch *quien(es)* kann das Bezugswort hervorgehoben werden in Sätzen, in denen man im Deutschen die Konstruktion „ich bin es, der ...", „du bist es, der ..." usw. finden würde: *Yo soy quien, tú eres quien* ... Anstelle von *quien(es)* kann man auch hier wieder ein zusammengesetztes Relativum benutzen: *yo soy el que, tú eres el que* ... Das folgende Verb kann mit dem Subjekt (erste, zweite oder dritte Person) oder mit dem Relativpronomen (immer dritte Person) kongruieren. Nach M. MOLINER gibt es bei Verbformen im Plural eine eindeutige Präferenz für die erste Konstruktion[148].

a. *¡Nosotros somos los que* [oder: *quien(es)*] *vencimos!*
oder
¡Nosotros somos los que [oder: *quien(es)*] *vencieron!*
Wir sind es, die gesiegt haben.
Der ersten Konstruktion ist die Präferenz zu geben.
b. *Eres tú el que me gustas* (R. MONTERO, *Crónica del desamor*, 53).
Du bist es, der mir gefällt.

404. *Anmerkung*

J. ALCINA FRANCH & J. M. BLECUA weisen darauf hin, daß sich *quien* im heutigen Spanisch (vor allem in der gesprochenen Sprache) zugunsten der zusammengesetzten Formen von *que* auf dem Rückzug befinde. Darüber hinaus werde *quien* vom Sprachbenutzer als unbestimmter und allgemeiner begriffen als eine zusammengesetzte Form von *que*[149].

405. Das häufig benutzte *hay quien* bedeutet: „es gibt Leute, die". Trotz der Pluralbedeutung steht das auf *quien* folgende Verb im Singular. Als (weniger gebräuchliche) Variante kann man *hay quienes* finden, dann jedoch steht die Verbform im Plural[150].

---

[148] DUE, II, 985 (unter Nr. 8). Der *Esbozo* macht diesen Unterschied nicht und hält die zweite Konstruktion sogar für die häufigere (S. 534–535).
[149] *Gramática española*, 1083–1084. Siehe dazu auch, mit ausführlicherem Kommentar: S. FERNÁNDEZ, *Gramática española*, 338, 362 und 364–368. Von meinen achtzehn Informanten erklärten dreizehn, daß *el que* ... eher der gesprochenen Sprache und *quien* eher der Schriftsprache angehöre (BAR, BOS, BUS, CAR, HER, LLO, MAR, MON, ROD, SEN, VAQ, VAR, ZOR). Weitere Hinweise: *el que* ... „präzisiere" mehr als *quien* (ALV); *quien* sei – auch in der gesprochenen Sprache – in vielen lateinamerikanischen Ländern ebenso gebräuchlich wie *el que* ... (LOP); man könne beide Formen unterschiedslos in der gesprochenen und in der geschriebenen Sprache benutzen (MOR); in der gesprochenen Sprache klinge *quien* affektiert (ZOR).
[150] In derselben Bedeutung kann man *quien* bei *no faltar* auch als Subjekt antreffen. Zum Beispiel: *No falta quien supone que deshacemos sus bodas* („Es gibt Leute, die meinen, wir machten ihre Hochzeit kaputt" –S. FERNÁNDEZ, *Gramática española*, 363).

a. *Hay quien cree en los fantasmas, hay quien duda y hay quien los niega*
   (P. BAROJA, *Pequeños ensayos*, in O. C., V, 1054).
   Es gibt Leute, die an Geister glauben, andere haben ihre Zweifel, und wiederum andere sagen, es gebe keine.
b. *Hay quien opina que los ingleses no son extraordinariamente inteligentes*
   (J. CAMBA, *Aventuras de una peseta*, 56).
   Manche sind der Ansicht, die Engländer seien nicht außergewöhnlich intelligent.
c. *Hay quienes afirman que el publicitario nace y no se hace* (*El País*, 27. 5. 1980, 34).
   Manche Leute sagen, man müsse zum Werbefachmann geboren sein, das könne man nicht lernen.

406. *No hay quien* bedeutet „niemand" (diesem Ausdruck folgt ein Verb im *subjuntivo* – siehe dazu auch Nr. 1080).

a. *Y aquí no hay quien se permita el más ligero derroche* (in *Estafeta literaria*, Nr. 620, 15. 9. 1977, S. 35).
   Und hier gibt es niemanden, der sich auch nur die geringste Verschwendung erlaubt.
b. *¿No habrá quien haga justicia en este pueblo?* (J. A. DE ZUNZUNEGUI, *La úlcera*, 204).
   Gibt es in diesem Dorf denn niemanden, der für Gerechtigkeit sorgt?

Für die Pluralform (→ *no hay quienes*) habe ich kein Beispiel gefunden, doch ist diese Möglichkeit aufgrund eines impliziten Kommentars im DRAE (II, 1131) nicht von vornherein auszuschließen.

407. Verneinte Konstruktionen, die aus / einer Form des Verbs *ser* + *quien*[151] + *para* / bestehen, drücken ein Ungeeignetsein aus.

a. *No soy quien para ella* (C. F. A. VAN DAM, *Spaanse spraakkunst*, 141).
   Ich bin nicht der richtige Mann für sie.
b. *Tú no eres quien para decirme lo que tengo que hacer* (DUE, II, 1146).
   Es kommt dir nicht zu, mir zu sagen, was ich zu tun habe.
c. *Nosotros creemos que el padre no es quién para educar a su hijo* (P. BAROJA, in O. C., V, 1131).
   Wir halten einen Vater nicht für die geeignete Person, seinen Sohn zu erziehen.

408. *Quien ... quien* kann auch distributiv gebraucht werden, mit der Bedeutung „die einen ... die anderen". Diese Konstruktion kommt, wie oben (in Nr. 208) bereits angemerkt, vor allem in der Schriftsprache vor[152].
Etwa dieselbe Bedeutung hat *quien más, quien menos*, zuweilen vielleicht mit einer Nuance von „der eine etwas mehr als der andere"[153].

---

[151] Dann manchmal mit Akzent geschrieben: *quién*.
[152] Cf. S. FERNÁNDEZ, *Gramática española*, 452. Als noch seltener gebrauchte Variante wird *cual ... cual* angeführt.
[153] Sowohl in *quien ... quien* als auch in *quien más, quien menos* kann *quien* manchmal mit Akzent geschrieben werden (→ *quién*).

> a. *Quién aconseja la retirada, quién morir peleando* (DUE, II, 1131).
> Die einen empfehlen den Rückzug, die anderen, im Kampf zu sterben.
> b. *Los vecinos de la casa del crimen, que eran todos españoles, pronunciaron quién más, quién menos, su frase lapidaria* (C. J. CELA, *La colmena*, 113).
> Die Bewohner des Hauses, in dem sich das Verbrechen ereignet hatte, – alles Spanier – äußerten sich allesamt mehr oder weniger lapidar.

409. In derselben distributiven Bedeutung, jedoch hauptsächlich in der gesprochenen Sprache, kann man *el que más y el que menos* finden. Siehe dazu weiter oben Nr. 208, mit Beispielen.

§ 3. EL CUAL (LA CUAL, LOS CUALES, LAS CUALES)

410. Diese Formen können für Personen, Tiere und Gegenstände gebraucht werden, und zwar als Subjekt, Dativ- oder Akkusativobjekt und in attributiven oder adverbialen Bestimmungen. Sie gehören in erster Linie der Schriftsprache an.
Als Relativpronomen geht *cual* stets ein Artikel voraus. Man unterscheidet Singular und Plural (*cual ~ cuales*), jedoch – abgesehen von der Änderung des Artikels – nicht männliche und weibliche Formen (*el cual ~ la cual; los cuales ~ las cuales*[154]).
In explizierenden (oder: weiterführenden) Sätzen (*oraciones explicativas*)[155] kann *que* immer durch *el cual (la cual, los cuales, las cuales)* ersetzt werden. Man wird *cual* sogar den Vorzug geben, wenn das Relativpronomen von seinem Bezugswort weit entfernt steht oder wenn der Gebrauch des unveränderlichen *que* einen unklaren Bezug zur Folge hätte. Besonders nach einer Präposition wird *cual* manchmal gegenüber *que* bevorzugt[156].

> a. *Se aproximó al boquete de la obstruida escalera de la torre, el cual los sitiados había tapado con cascote y maderas* (B. PÉREZ GALDÓS, *Zumalacárregui*, 308.
> Angeführt von J. ALCINA FRANCH & J. M. BLECUA, *Gramática española*, 1093).
> Er näherte sich dem schmalen Zugang zur versperrten Turmtreppe, den die Belagerten mit Schutt und Holzstücken verbarrikadiert hatten.
> b. *La madre y su hijo, el cual había nacido en Roma, pensaban pasar sus vacaciones en Italia.*
> Die Mutter und ihr Sohn, der in Rom geboren wurde, hatten vor, ihren Urlaub in Italien zu verbringen.

---

[154] Es ist nicht ausgeschlossen, in der Volkssprache Formen wie *cuála, cuálas* (f.sg. bzw. pl.) und *cuálo* (m.sg. oder n.), *cuálos* (m.pl.) zu finden. Allerdings handelt es sich hierbei um INTERROGATIVpronomen (cf. *Esbozo*, 224, und S. FERNÁNDEZ, *Gramática española*, 336, Fußnote 1). Einige Beispiele sind weiter unten in Nr. 426, Fußnote 171, angeführt. Ich habe kein Beispiel mit *la cuala, las cualas* ... (als Relativpronomen) gefunden. Dies läßt sich möglicherweise damit erklären, daß *el cual, la cual* ... als Relativpronomen ausschließlich in der Schriftsprache vorkommen.
[155] Zu *oraciones explicativas* siehe Fußnote 145 in Nr. 401.
[156] Cf. *Esbozo*, 530–531. Siehe auch: S. FERNÁNDEZ, *Gramática española*, 344.

411. Die sächliche Form *lo cual* fungiert zuweilen als Variante von *lo que* (vgl. oben, Nr. 398). Man kann sie nach einer Präposition finden; meistens verweist sie auf den Inhalt eines vorangegangenen Satzes[157].

    a. *Es algo a lo cual no está acostumbrado* (J. CASALDUERO, angeführt von S. FERNÁNDEZ, *Gramática española*, 357).
       Das ist etwas, an das er nicht gewöhnt ist.

    b. *El guarda le reiteró que sería enviado a prisión, ante lo cual el joven cobró miedo* (ABC, 10.2.1980, 46).
       Der Wachmann versicherte ihm nochmals, er würde ins Gefängnis kommen, woraufhin der junge Mann Angst bekam.

§ 4. CUYO (CUYA, CUYOS, CUYAS)

412. *Cuyo* entspricht dem deutschen „dessen", „deren". Es hat daher auch teilweise possessive Bedeutung[158]. Es ist veränderlich und kongruiert wie ein Adjektiv nach Genus und Numerus mit dem Wort, das *folgt* (also *nicht* mit dem Bezugswort, wie dies im Deutschen bei „dessen", „deren" der Fall ist).

    a. *El árbol a cuya sombra estábamos sentados* (A. BELLO, *Gramática*, 108).
       Der Baum, in dessen Schatten wir saßen.

    b. *El árbol cuyas flores perfumaban el aire* (A. BELLO, *Gramática*, 108).
       Der Baum, dessen Blüten der Luft ihren Duft verliehen.

Wenn auf *cuyo* mehrere Substantive folgen, kongruiert es nur mit dem ersten:

    c. *Ha iniciado sus conversaciones con el Gobierno, con cuyo presidente y vicepresidente se ha entrevistado hoy* (*Manual de español urgente*, 44–45 – nicht *con cuyos*).
       Er hat seine Gespräche mit der Regierung aufgenommen, mit deren Premier und Vizepremier er heute zusammengekommen ist.

413. *Cuyo* wird im heutigen Spanisch (vor allem in der gesprochenen Sprache) immer seltener gebraucht[159]. Vor allem in der Volkssprache, bisweilen aber auch auf einem höheren Sprachniveau, wird es oft durch / *que* + *su* / ersetzt. *Que* und *su* können auch getrennt werden (Beispiel c).

---

[157] In diesem Fall kann man (in der gesprochenen Sprache) mitunter auch *cosa que* antreffen (S. FERNÁNDEZ, *Gramática española*, 359). *Cosa que* wird dann aber ausschließlich als Subjekt gebraucht (also NICHT nach einer Präposition).

[158] Der *Esbozo* weist darauf hin, daß *cuyo* die Bedeutung der Präposition *de* („von") beinhaltet (S. 222).

[159] J. ALCINA FRANCH & J. M. BLECUA, *Gramática española*, 1034 und 1086. Die Autoren weisen darauf hin, daß andere Konstruktionen gesucht werden, um *cuyo* zu vermeiden. Zum Beispiel:
Roma, sujeta a una tiranía de que nadie podía prever el término (anstelle von *... cuyo término nadie podía prever*) (*Gramática española*, 1035).
Rom, das Opfer einer Tyrannei war, deren Ende niemand vorhersagen konnte.

a. *Una vecina que su marido está empleado en el gas* (W. BEINHAUER, *El español coloquial*, 344).
   Anstelle von: *Una vecina cuyo marido ...*
   Eine Nachbarin, deren Mann beim Gaswerk arbeitet.
b. *Ese niño que su padre es carpintero* (R. SECO, *Manual de gramática española*, 217).
   Anstelle von: *Ese niño cuyo padre ...*
   Das Kind, dessen Vater Zimmermann ist.
c. *En el hotel Eden cenaban las mujeres más bellas pero que no se conocían sus medios de vida* (R. GARRIGA, *Nicolás Franco, el hermano brujo*, 157).
   Im Hotel Eden aßen die schönsten Frauen zu Abend, bei denen man aber nicht wußte, wovon sie lebten.

Solche Konstruktionen gehören nicht der gepflegten Sprache an[160].

414. Man findet *cuyo* auch in Kontexten, in denen die possessive Bedeutung zugunsten eines eher demonstrativen Wertes verloren geht. Obwohl die *Real Academia* diesen Gebrauch kritisiert[161], kann man selbst bei den besten Autoren der Gegenwart Beispiele dafür finden[162].

a. *Disponía de cincuenta destructores que el presidente Roosevelt le había vendido, con cuyo acto los Estados Unidos habían dejado prácticamente de ser neutrales* (J. M. GIRONELLA, *Ha estallado la paz*, 431).
   Er verfügte über fünfzig Zerstörer, die Präsident Roosevelt ihm verkauft hatte, eine Maßnahme, mit der die Vereinigten Staaten ihre Neutralität praktisch aufgegeben hatten.
b. *Podría no aparecer su verdadero amo, en cuyo caso ...* (J. A. DE ZUNZUNEGUI, *El hijo hecho a contrata*, 26).
   Möglicherweise taucht sein wirklicher Eigentümer nicht auf; in diesem Falle ...
c. J. ALCINA FRANCH & J. M. BLECUA erwähnen, daß es eine Reihe von festen Wendungen gibt, in denen CUYO mit der genannten demonstrativen Bedeutung vorkommt, so z. B.

   con cuyo fin   zu diesem Zweck
   en cuyo caso   in diesem Fall (s. Beispiel b)
   por cuya razón   aus diesem Grund[163]

Eine wörtliche Wiedergabe dieser Konstruktionen (→ ..., mit welcher Maßnahme die Vereinigten Staaten ihre Neutralität praktisch aufgegeben hatten → ..., in welchem Falle ... usw.) gilt im Deutschen als schwerfällig, lediglich in der schönen Literatur finden sie sich häufiger.

Zu weiteren Beispielen und anderen Ausdrucksweisen zur Vermeidung von *cuyo* siehe E. LORENZO, *El español de hoy, lengua en ebullición*, 206–207, und S. FERNÁNDEZ, *Gramática española*, 351–352. Die von R. VERDONK angeführte Frequenzanalyse bekräftigt, daß das Einüben dieses Relativums nur im Erlernen der geschriebenen spanischen Sprache sinnvoll sei (*Relatieve frequentie en grammaticaonderwijs: de Spaanse 'pronombres relativos'*, 260).
[160] Cf. *Esbozo*, 530, und R. SECO, *Manual de gramática española*, 217.
[161] Cf. *Esbozo*, 533.
[162] Nach A. LLORENTE ist *cuyo* in dieser Bedeutung in Spanien „auf allen soziokulturellen Ebenen" sehr häufig (*Consideraciones sobre el español actual*, 21). C. KANY erwähnt in seiner *Sintaxis hispanoamericana* einen möglichen Gebrauch von *cuyo* mit diesem Wert in Lateinamerika hin.
[163] J. ALCINA FRANCH & J. M. BLECUA, *Gramática española*, 1088. Die Kritik des *Manual de español urgente* an dieser Art von festen Wendungen (S. 44) erscheint heute außerordentlich streng.

Die Relativpronomen / Los pronombres relativos

In Beispiel a wurde daher eine gängige Ersatzkonstruktion gewählt, während der Satz in Beispiel b (durch ein Semikolon) geteilt wurde; möglich wäre hier auch ein Anschluß mit „und" (→ Möglicherweise taucht sein wirklicher Eigentümer nicht auf, und in diesem Falle ...).

§ 5. GEBRAUCH VON ADVERBIEN ANSTELLE VON RELATIVPRONOMEN

415. Die sogenannten *adverbios relativos*[164], *donde*[165], *como, cuanto* (und manchmal *cuando*) können anstelle der Relativpronomen *que* und *el cual (la cual, los cuales, las cuales)* gebraucht werden, um einen Attributsatz einzuleiten, der sich auf ein Substantiv im Hauptsatz bezieht.

    a. *La casa donde pasé mi niñez no existe ya ... (Esbozo, 533).*
       Das Haus, in dem ich meine Kindheit verbrachte, steht nicht mehr.
       Man könnte auch sagen: *la casa en (la) que ...*[166] (oder: *la casa en donde ...*).
    b. *Estaban de acuerdo sobre la manera como había de entablarse la demanda (Esbozo, 534).*
       Sie waren sich einig über die Art und Weise, wie das Gesuch gestellt werden mußte.
       Man könnte auch sagen: *... la manera según (la) que ...*
    c. *Que coman y beban cuanto quieran (Esbozo, 534).*
       Sie sollen essen und trinken, soviel sie wollen.
       Man könnte auch sagen: *... todo lo que quieran.*

In der Bedeutung von „alles, was" kann dem Adverb *cuanto* auch *todo* vorausgehen (siehe auch den Hinweis in Nr. 400):

    d. *Todo cuanto decía le parecía gracioso (Esbozo, 534).*
       Alles, was er sagte, erschien ihm lustig.
       Man könnte auch sagen: *Todo lo que decía ...*
    e. *Recordábamos los años cuando íbamos juntos a la escuela (Esbozo, 534).*
       Wir erinnerten uns an die Jahre, als wir zusammen in die Schule gingen.
       Man könnte auch sagen: *... los años en que ...*
       Der Gebrauch von *cuando* mit relativischer Bedeutung ist nicht sehr häufig (siehe *Esbozo*, 534).

Bisweilen wird ein *adverbio relativo* auch gebraucht, ohne daß im Hauptsatz ein Bezugswort genannt wird:

    f. *Aquí no hay donde acostarse* (J. RULFO, *Pedro Páramo*, 17).
       Hier ist kein Platz zum Schlafen.

---

[164] Wörtlich: „Relativadverbien".
[165] (Weniger gebräuchliche) Variante: *en donde*. Eventuell auch mit anderen Präpositionen, wie *a donde* (nach Verben der Bewegung), *por donde ...* (cf. S. FERNÁNDEZ, *Gramática española*, 355).
[166] Siehe dazu weiter oben, Nr. 396.

ABSCHNITT V

DIE FRAGE- (UND AUSRUFE-)PRONOMEN
LOS PRONOMBRES INTERROGATIVOS (Y EXCLAMATIVOS)

416. Die Formen der Interrogativpronomen stimmen mit denen der Relativpronomen überein. Man beachte jedoch folgende Besonderheiten:

> a. Die Interrogativpronomen tragen immer einen Akzent:
> *¿Qué?*
> *¿Cuál?*
> *¿Quién?*
> *¿Cúyo?*
> *¿Cuánto?*
> b. Als Interrogativpronomen wird *¿cuál?* ohne Artikel gebraucht.
> c. *¿Cúyo?* kommt nur als adjektivisches Interrogativpronomen vor.
> d. Vor allem *qué, quién* und *cuánto* werden auch in Ausrufesätzen gebraucht.

§ 1. ¿QUÉ?, ¡QUÉ!

417. *¿Qué?* kann adjektivisch und substantivisch bzw. alleinstehend gebraucht werden. In der Umgangssprache wird *qué* manchmal anstelle von *cuántos* verwendet (Beispiel c).

> a. *¿En qué ciudad vives?*   In welcher Stadt lebst du?
> b. *¿Qué ideas son las de usted?* (AZORÍN, angeführt von S. FERNÁNDEZ, *Gramática española*, 369)
>   Welche Ansichten haben Sie?
> c. *¿Qué años tienes tú, Azarías?* (M. DELIBES, *Los santos inocentes*, 166).
>   Wie alt bist du, Azarías?
>   (Wörtlich: „Wieviele Jahre ...?)
> d. *¿Qué quieres?*   Was willst du?
> e. *Es una calle en que pasea mucho el que no tiene nada que hacer, el que busca algo, no sabe bien qué* (F. UMBRAL, *La noche que llegué al café Gijón*, 96).
>   Es ist eine Straße, in der viel spazieren geht, wer nichts zu tun hat, wer etwas sucht, ohne recht zu wissen, was.

Ein alleinstehendes *¿qué?* fungiert als Interjektion in einem Satz wie

> f. *¿Qué, mala la comida, no?* (G. CABRERA INFANTE, *O*, 89).
>   Und? Schlechtes Essen, oder?

418. *Qué* wird auch in Ausrufesätzen gebraucht. Zur Verstärkung der emphatisch-affektiven Bedeutung kann noch ein Demonstrativpronomen hinzugefügt werden.

a. *¡Qué tío!*
   Was für ein Kerl!
b. *¡Qué coche!*
   Was für ein Auto!
c. *¡Qué Elenita ésta!* (J. A. DE ZUNZUNEGUI, *El hijo hecho a contrata*, 242).
   Das ist ja ein Lenchen!

In Lateinamerika findet sich *¡qué!* in elliptischen Konstruktionen, in denen *ha* oder *hace* (temporale Bedeutung: „vor", „es ist ... her" – siehe dazu weiter unten Nr. 970, Fußnote 104) weggelassen wird:

d. *¡Qué años!* (C. KANY, *Sintaxis hispanoamericana*, 268).
   Wieviele Jahre ist das her!
   ¡Qué años! bedeutet hier: *¡Qué años ha* (oder: *hace*)!

419. *¡Qué!* hat ebenfalls oft den Wert eines Gradadverbs, auch in indirekten Ausrufesätzen.

a.

«*¡Qué divertido resulta cuando tienes hipo!*»

(*Antología del humor*, 244)
Wie lustig es ist, wenn du Schluckauf hast!
b. *Mira qué fea estoy* (M. VÁZQUEZ MONTALBÁN, *Los mares del sur*, 202).
   Schau, wie häßlich ich aussehe!
c. *Ya verás qué a gusto duermes* (J. IBARGÜENGOITIA, *Los conspiradores*, 48).
   Du wirst sehen, wie angenehm du schläfst.

Als Variante dieses *¡qué!* findet sich zuweilen – aber ausschließlich in der Schriftsprache – *¡cuán!*:

d. *¡Cuán felices son!* (*Esbozo*, 358).
   Wie glücklich sie sind!

Cuán kann auch als stilistisches Mittel eingesetzt werden, um eine künstlich feierliche oder archaisierende Sprache wiederzugeben.

420. Wenn dieses *¡qué!* (mit dem Wert eines Gradadverbs) vor einem Substantiv steht, dem ein Adjektiv (oder ein attributiver Ausdruck, wie in Beispiel c) folgt, fügt man zwischen diesen beiden Elementen häufig ein *más* oder *tan* ein. Das ist jedoch nicht unbedingt notwendig[167].

---

[167] Cf. A. BELLO, *Gramática*, 328.

a. *¡Qué país tan desierto, qué hombres tan solitarios, qué pesadilla tan larga!*
   (Arrabal, *Carta abierta al general Franco*, 116).
   Was für ein verödetes Land, was für einsame Menschen, was für ein langer Alptraum.
b. *Un poco brusca ..., pero es una mujer guapísima. ¡Qué cintura tan ideal!*
   (F. García Lorca, *La zapatera prodigiosa*, 928).
   Ein wenig barsch ..., aber sie ist eine unheimlich hübsche Frau. Was für eine Taille!
c. *¡Qué vida más sin sentido esta nuestra!* (J. A. De Zunzunegui, *Ramón o la vida baldía*, 180).
   Wie sinnlos unser Leben doch ist!
d. *¡Qué noche triste, Señor, qué noche triste!* (I. Agustí, *El viudo Rius*, 138).
   Was für eine traurige Nacht, o Herr, was für eine traurige Nacht!

421. Steht das Adjektiv vor dem Substantiv, so ist der Gebrauch von *más* oder *tan* nicht möglich.

a. *¡Ah, qué bello país Francia!* (J. M. Gironella, *Ha estallado la paz*, 131).
   Was ist Frankreich doch für ein schönes Land!
b. *¡Qué precioso vestido!* (J. Donoso, *La misteriosa desaparición de la marquesita de Loria*, 87).
   Was für ein wunderschönes Kleid!

422. Eine etwas expressivere Variante[168] dieses *¡qué!* ist die Konstruktion / *¡Qué + de +* Substantiv*!* / (besonders in der Umgangssprache), die so etwas wie „Vielzahl" oder „Intensität" zum Ausdruck bringt.

¡Qué de tonterías dices! (M. Delibes, *La sombra del ciprés es alargada*, 77).
Was für einen Unsinn redest du da!

423. Auch *lo que* (ohne Akzent) kann in Ausrufesätzen vorkommen[169].

¡Lo que le habrá enseñado! (M. De Unamuno, angeführt im *Esbozo*, 225).
Was er ihn nicht alles gelehrt haben mag!

§ 2. ¿QUIÉN?, ¡QUIÉN!

424. Der Gebrauch des Interrogativpronomens *¿quién?* ist unproblematisch. Es entspricht dem deutschen „wer?". Allerdings ist daran zu erinnern, daß vor *¿quién?*, wenn es Akkusativobjekt ist, die Präposition *a* stehen muß. Auch hier gibt es, ebenso wie beim Relativpronomen, eine (fakultative) Pluralform (→ *¿quiénes?*)[170].

a. *¿Quién me ha llamado?*   Wer hat mich gerufen?
b. *¿A quién has llamado?*   Wen hast du gerufen?

---

[168] Cf. *Esbozo*, 116.
[169] Zum grammatischen Wert dieses *lo que* siehe S. Fernández (*Gramática española*, 321).
[170] Nach M. Seco sollte man allerdings den Gebrauch von *¿quién?* mit dem Wert eines Plurals vermeiden (*Diccionario de dudas*, 316–317). Siehe jedoch Beispiel c.

c. *¿Quién serán aquellas tres?* (F. GARCÍA LORCA, angeführt von S. FERNÁNDEZ, *Gramática española*, 336).
Wer sind wohl die drei Frauen dort?
Üblicher wäre: *¿Quiénes ...?*

d. *¿Quiénes son tus padres?* (I. ALLENDE, *Eva Luna*, 11).
Wer sind deine Eltern?

425. Ein besonderer Gebrauch von *¡quién!* in Ausrufesätzen, die einen Wunsch ausdrücken, wird weiter unten behandelt (vgl. Nr. 1058).

§ 3. ¿CUÁL?, ¡CUÁL!

426. *¿Cuál?* (Plural *¿cuáles?*[171]) kann ein adjektivisch gebrauchtes *¿qué?* ersetzen, obgleich letzteres gegenwärtig in Spanien gebräuchlicher ist[172]. Im Gegensatz zum Relativpronomen (*el cual*) geht dem Interrogativpronomen *¿cuál?* kein bestimmter Artikel voraus. *¿Cuál?* kann auch substantivisch gebraucht werden.

a. *¿En cuál ciudad vives?*   In welcher Stadt lebst du?
Gebräuchlicher wäre (in Spanien): *¿En qué ciudad vives?*

b. *¿Y las leyes? – ¿Cuáles leyes, Fulgor?* (J. RULFO, *Pedro Páramo*, 60).
„Und die Gesetze?" „Welche Gesetze, Fulgor?"

c. *¿Cuál es el más loco de los dos?* (M. SECO, *Diccionario de dudas*, 124).
Welcher ist der verrücktere von den beiden?

§ 4. ¿CÚYO?

427. *¿Cúyo?* wird im modernen Spanisch meist durch *¿de quién?* ersetzt. Man würde daher eher sagen: *¿De quién es esta casa?, ¿De quién son estos coches?* anstelle von *¿Cúya es esta casa?, ¿Cúyos son estos coches?*[173].

---

171 In Nr. 410, Fußnote 154 wurde bereits darauf hingewiesen, daß in der Volkssprache Formen wie *cuála, cuálas, cuálo, cuálos* vorkommen. Zum Beispiel:
a. *Bueno, ponme un blanco en aquella mesa.*
– *¿En cuála?* (C. J. CELA, *El molino de viento*, 170).
„Nun, stell mir ein Glas Weißwein auf den Tisch dort drüben."
„Auf welchen?"
b. Weitere derartige Formen (*cuála* und *lo cualo*) finden sich bei A. BERLANGA, *La gaznápira* (S. 115 und 123 – das Werk stammt aus dem Jahr 1984).

172 In Lateinamerika ist *¿cuál?* häufiger (cf. C. KANY, *Sintaxis hispanoamericana*, 70).

173 Nach S. FERNÁNDEZ wird das Interrogativpronomen *¿cúyo?* heute auch in der Schriftsprache nur noch selten gebraucht (*Gramática española*, 336), und C. HERNÁNDEZ sagt sogar, daß dieses Wort im modernen Spanisch nicht mehr vorkomme (*Sintaxis española*, 313 und 315).

§ 5. ¿CUÁNTO?, ¡CUÁNTO!

428. *¿Cuánto? (¡cuánto!)* kann adjektivisch und alleinstehend gebraucht werden. Es kongruiert in Genus und Numerus mit dem Substantiv, auf das es sich bezieht bzw. das es ersetzt. *Cuánto* kann auch Adverb sein (es ist dann unveränderlich, vgl. Beispiele c und d).

    a. *He comprado muchos libros. – ¿Cuántos?*
      „Ich habe viele Bücher gekauft." „Wieviele?"
    b. *¿Cuánta gente había en el teatro?*
      Wieviele Leute waren im Theater?
      oder: *¡Cuánta gente había en el teatro!*
      Wieviele Menschen im Theater waren!
    c. *¿Cuánto has dormido?* (M. Seco, *Diccionario de dudas*, 127).
      Wie lange hast du geschlafen?
    d. Siehe auch Beispiel d in Nr. 419.

ABSCHNITT VI
DIE INDEFINITPRONOMEN
LOS PRONOMBRES INDEFINIDOS

429. In der folgenden Übersicht werden in den Paragraphen 1–10 die *pronombres indefinidos* in derselben Reihenfolge besprochen wie im *Esbozo de una nueva gramática de la lengua española*[174]. Bestimmte Indefinitpronomen, auf die der *Esbozo* nicht im einzelnen eingeht, werden dort behandelt, wo sie ihrer Bedeutung und ihrem Gebrauch nach hingehören[175]. Andere Indefinitpronomen werden in den Paragraphen 11–15 extra kommentiert.
Die weiteren Darlegungen werden zeigen, daß die *adjetivos* und *pronombres indefinidos* hinsichtlich der grammatischen Kategorien Genus und Numerus keine identischen Strukturen aufweisen: manche sind unveränderlich, andere ändern sich entweder nur in bezug auf das Genus oder nur in bezug auf den Numerus, während eine dritte Gruppe im Genus und im Numerus verschiedene Formen annimmt.

§ 1. UNO

430. Der *Esbozo* führt *uno* als eine in Genus und Numerus veränderliche Form an (*uno, una, unos, unas*), die sowohl adjektivisch als auch substantivisch gebraucht werden kann[176].

---

[174] S. 226 ff.
[175] Zum Beispiel *algo* („etwas"), *alguien* („jemand") und *nadie* („niemand") im Paragraph, der *alguno* („irgendein", „jemand") und *ninguno* („kein", „niemand") gewidmet ist, *tanto* („soviel") im Abschnitt über *pronombres indefinidos cuantitativos* (Indefinitpronomen, die eine Menge ausdrücken) wie *bastante* („genug"), *demasiado* („zu sehr"), *mucho* („viel") …
[176] S. 229. Der *Esbozo* führt auch eine sächliche Form *uno* an und bemerkt dazu, sie werde nur selten gebraucht (S. 229). Weiterhin wird darauf hingewiesen, daß die adjektivischen Formen von *uno* eigentlich „unbestimmte Artikel" seien (S. 230).

Die Indefinitpronomen / Los pronombres indefinidos 217

431. *Uno* als unbestimmter Artikel und als Zahlwort wurde weiter oben bereits behandelt (siehe z. B. die Nrn. 63–77 und 248–250).
Uno in Kombination mit *otro* und *uno* als mögliche Übersetzung des deutschen „man" wird weiter unten behandelt (siehe die Nrn. 526–527 bzw. 608–610). Eine weitere mögliche Wortverbindung ist *uno que otro* (vgl. unten, Nr. 443).

432. Die Pluralform *unos (unas)* kann „einige", „eine Reihe von", „ein paar" bedeuten. Häufig folgt ihr dann *pocos* oder *cuantos*; diese Ausdrücke können adjektivisch oder substantivisch gebraucht werden.

    a. *Unas mujeres ayudaron a la señorita Teresa* (A. ROA BASTOS, *El trueno entre las hojas*, 154).
       Einige Frauen halfen Fräulein Teresa.
    b. *En unas pocas semanas habían conquistado un verdadero imperio* (R. GARRIGA, *Nicolás Franco, el hermano brujo*, 224).
       In einigen wenigen Wochen hatten sie ein richtiges Reich erobert.
    c. *Tenía unas cuantas cajas* (S. FERNÁNDEZ, *Gramática española*, 412).
       Er hatte ein paar Kisten.

Eine unbestimmte Bedeutung hat die Pluralform *unos (unas)* auch in Ausdrücken, in denen sie mit dem deutschen „ungefähr" synonym ist. Sie steht dann vor einem Zahlwort.

    d. *En los hogares españoles hay instalados unos 2,5 millones de teléfonos pirata* (*El Periódico*, 17.2.1989, 1).
       In spanischen Haushalten sind etwa 2,5 Millionen nichtzugelassener Telefone angeschlossen.
    e. *Las tres parecían tener la misma edad – unos veinte años* (J. IBARGÜENGOITIA, *Los conspiradores*, 93).
       Die drei schienen gleichaltrig zu sein – so um die zwanzig.

Im folgenden Beispiel wird *unos* in beiden Bedeutungen verwendet:

    f. *Al cabo de unos instantes bajó Pilar. Le echó unos cincuenta años* (J. FERNÁNDEZ SANTOS, *Los bravos*, 80).
       Einige Augenblicke später kam Pilar herunter. Er schätzte sie auf ungefähr fünfzig Jahre.

433. In der Umgangssprache besteht die Tendenz, das substantivisch gebrauchte Indefinit- (und Personal)pronomen *uno* (f. *una*) zu „personalisieren". Es wird dann besonders zur Bezeichnung der ersten Person Singular gebraucht[177]. Bei einigen Autoren der Gegenwart wie M. DELIBES und R. J. SENDER findet sich diese Form besonders häufig, und C. KANY weist darauf hin, daß sie in Lateinamerika vielleicht noch gebräuchlicher sei als in Spanien[178].

434. In einigen Fällen ergibt sich die Entsprechung *uno* ~ *yo* aus dem Kontext, in anderen wird sie durch ein im Satz vorkommendes GRAMMATIKALISCHES Element deutlich, wie im zweiten Beispiel, in dem

---

[177] Für M. SECO liegt die Bedeutung dieses *uno* zwischen der einer unpersönlichen Form (*se* → „man") und der des Personalpronomens *yo* („ich") – *Diccionario de dudas*, 369. C. KANY betrachtet dieses *uno* einfach als Ersatz (*sucedáneo*) für *yo* (*Sintaxis hispanoamericana*, 177).
[178] *Sintaxis hispanoamericana*, 177.

die Form IN DER NÄHE[179] eines Verbs in der ersten Person (*quiero*) steht, oder im dritten Beispiel, wo *uno* zusammen mit zwei Pronomen der ersten Person (*me, mí*) auftritt. Im Deutschen kann dieses *uno* „ich" meist auch mit „man" wiedergegeben werden.

    a. *¿La música? ... ¡La adoro! – grita uno* (J. Camba, *Aventuras de una peseta*, 64).
            ↓   ↑
        1. Person Singular

        „Musik? ... Finde ich toll!" ruft man dann (oder: rufe ich dann – daß sich *uno* auf die 1. Person Sg. bezieht, geht aus dem hier nicht zitierten Kontext zweifelsfrei hervor).

    b. *¿Por qué no se arregla con don Pablo?*
       Porque no quiero. Una también tiene su orgullo, doña Rosa (C. J. Cela, *La colmena*, 32).
       „Warum versöhnen Sie sich nicht mit Don Pablo?"
       „Weil ich nicht will. Ich habe auch meinen Stolz, Doña Rosa."
       Die weibliche Form *una* ist gebräuchlich, wenn eine Frau oder ein Mädchen über sich selbst spricht, doch kann man in derartigen Fällen auch die männliche Form *uno* antreffen, jedenfalls, wenn dadurch keine Zweideutigkeit entstehen kann[180].

    c. *Porque uno tiene su bachillerato completo, para que nadie me tutee ni se dirija a mí de esa manera* (R. Sánchez Ferlosio, *El Jarama*, 67).
       Denn dafür hat man schließlich die Oberschule absolviert, daß einen niemand duzt oder in diesem Ton anspricht.

Der folgende bei J. Cortázar entnommene Kontext zeigt, auf welch subtile Weise *uno* mit der ersten Person Singular gleichgestellt wird:

    d. *Te quería preguntar si te gusta que las mujeres te lo digan.*
       – Bueno, claro que a uno le gusta – dijo Felipe, empleando el 'uno' después de vacilar imperceptiblemente (*Los premios*, 304).
       „Ich wollte dich fragen, ob es dir gefällt, wenn Frauen dir das sagen." „Nun, natürlich gefällt einem das", sagte Felipe, wobei dem Wort 'einem' ein unmerkliches Zögern vorausging.

In den folgenden Sätzen schließlich wird *uno* mit dem Wert einer ersten Person Plural gebraucht (man beachte in Beispiel f das gemeinsame Auftreten von *una* und *nos*):

    e. *Pietro Crespi pidió que se casara con él.*
       – Por supuesto, Crespi –dijo –, pero cuando uno se conozca mejor (G. García Márquez, *Cien años de soledad*, 90).
       Pietro Crespi bat sie um ihre Hand.
       „Natürlich, Crespi", sagte sie, „aber erst müssen wir uns etwas besser kennenlernen."

---

[179] In der Nähe wird besonders hervorgehoben, denn da *uno* Subjekt des Satzes ist, steht das Verb in der dritten Person.
[180] M. Seco betrachtet diese Konstruktion (mit *uno*) als *popular* [„volkssprachlich" (*Diccionario de dudas*, 369) – mit der Anmerkung, daß dieser Gebrauch der männlichen Form häufiger in Lateinamerika zu finden sei]. Siehe auch C. Kany (*Sintaxis hispanoamericana*, 178–179, mit Beispielen).

f. *Los hombres hacen todo lo posible por acostarse con una y cuando lo consiguen nos desprecian* (I. ALLENDE, *Eva Luna*, 210).
Die Männer stellen alles mögliche an, um uns ins Bett zu kriegen, und wenn es ihnen gelingt, verachten sie uns.

435. Wenn *uno* die erste Person Singular bezeichnet, kann es eine Nuance von Bescheidenheit ausdrücken, die man nicht mit *yo* wiedergeben könnte. Eigentlich handelt es sich hierbei um dieselbe Variante, die auch für die erste Person Plural in solchen Fällen benutzt werden kann (der sogenannte *pluralis modestiae*), z. B. von Autoren, die die ich-Form vermeiden wollen:

Uno no tiene competencia ni talla para hacer la gran historia de la División Azul (T. SALVADOR, *División 250*, 26).
Eigentlich habe ich weder die Kompetenz noch das Format, um die großartige Geschichte der *División Azul* zu schreiben[181].

436. Das Pronomen *yo* wird aus Gründen der Bescheidenheit auch im folgenden Satz bewußt vermieden. Durch den gleichzeitigen Gebrauch des unpersönlichen *uno* und des Personalpronomens der dritten Person (*él*) entsteht eine besondere stilistische Wirkung:

Una es una señora y él es un tipo impresentable (J. A. DE ZUNZUNEGUI, *Ramón o la vida baldía*, 168).
Man selbst ist eine Dame, und er ist ein Typ, mit dem man sich nicht sehen lassen kann.

437. Zusammen mit der Präposition *de* kann das unpersönliche *uno* auch ein Possessivpronomen ersetzen (→ *de uno*).

a. *La historia de las culturas que no son de uno tiene, inevitablemente, mucho de silueta y de esquema abstracto* (A. CASTRO, *Aspectos del vivir histórico*, 96).
Die Geschichte einer Kultur, die nicht die eigene ist, bleibt notwendig recht vage und abstrakt.
b. *El hogar de uno es sagrado* (S. LORÉN, *El pantano*, 58).
Das eigene Heim ist (einem) heilig[182].

§ 2. ALGUNO, NINGUNO, ALGUIEN, ALGO, NADIE, NADA

438. *Alguno* und *ninguno*, die entgegengesetzte Bedeutung haben („jemand" ~ „niemand", „irgendein" ~ „kein"), sind zusammengesetzte Formen von *uno*. Ebenso wie *uno* können sie sowohl adjektivisch als auch substantivisch gebraucht werden und sind veränderlich:

ALGUNO, ALGUNA, ALGUNOS, ALGUNAS
NINGUNO, NINGUNA, NINGUNOS, NINGUNAS

---

[181] Die *División Azul* war eine Gruppe von spanischen Freiwilligen, die im Zweiten Weltkrieg an der Seite der Deutschen an der Ostfront kämpften.
[182] Siehe auch die Hinweise zu *uno* in den Nrn. 608–610.

A. „Alguno"

439. Substantivisch gebraucht bedeutet *alguno (alguna)* „jemand" oder, im Plural, „manche", „einige". In der Bedeutung „jemand" wird *alguno* im modernen Spanisch jedoch von *alguien* zurückgedrängt[183].

 a. *Dale la carta a alguno que vaya para allá* (DUE, I, 132).
  Gib den Brief jemandem, der dorthin geht.
 b. *Algunos no quieren creérselo* (DUE, I, 132).
  Manche wollen es nicht glauben.

Siehe auch, was weiter unten in Nr. 460 zur Übersetzung von „jemand" gesagt wird.

440. Adjektivisch gebraucht ist *alguno (alguna)* im Singular lediglich eine Variante von *uno*, bisweilen mit der Nuance „ein oder anderer".
Ebenso wie *uno* wird *alguno* (Singular) vor einem männlichen Substantiv (dem auch ein Adjektiv vorausgehen kann) und manchmal auch vor einem weiblichen Substantiv, das auf betontes *a* oder *ha* anlautet, apokopiert. Die verkürzte Form erhält einen Akzent: *algún*.
Im Plural bedeutet das Wort (*algunos, algunas*) „einige", „manche". Es ist dann dem in Nr. 432 a behandelten *unos, unas* gleichwertig.

 a. *En casi todas las familias hay algún tonto* (I. ALLENDE, *La casa de los espíritus*, 249).
  Fast in jeder Familie gibt es einen Dummen.
 b. *Tengo algunos libros* (*Esbozo*, 412).
  Ich habe einige Bücher.

Der Gebrauch von *algunos* vor einem Zahlwort gilt als nicht korrekt (DUE, I, 132). Dennoch kann man derartige Beispiele finden, u. a. bei dem Nobelpreisträger C. J. CELA:

 c. *Una jovencita como de algunos quince años* (*Cristo versus Arizona*, 140).
  Ein junges Mädchen von etwa fünfzehn Jahren.
  Korrekt wäre hier: ... *de unos quince años* (siehe dazu oben, Nr. 432).

441. *Alguno* kann auch partitive Bedeutung haben. Die Übersetzung lautet dann „etwas".

 Podría amasar algún dinero para la vejez (S. FERNÁNDEZ, *Gramática española*, 401).
 Ich könnte etwas Geld für die alten Tage ansparen.

442. Ebenso wie auf *unos (unas)* kann auch auf *algunos (algunas)* das Wort *pocos (pocas)* folgen.

 Lezama Lima, Nicanor Parra y algunos pocos más (O. PAZ, *Corriente alterna*, 38).
 Lezama Lima, Nicanor Parra und noch einige andere.

---

[183] Cf. S. FERNÁNDEZ, *Gramática española*, 419. Doch benutzt man immer *alguno* anstelle von *alguien*, wenn das Genus näher bestimmt werden soll: *Que venga alguna que sepa dibujar* (Kommentar und Beispiel aus dem DUE, I, 132 – „Es soll eine Frau kommen, die zeichnen kann").

443. Die Wortverbindung *alguno que otro* (Femininum *alguna que otra*) wird nur im Singular gebraucht. Sie hat jedoch die Bedeutung eines Plurals und ist ungefähr synonym mit *unos, algunos* („einige", „manche"). Vor einem männlichen Substantiv kann *alguno* apokopiert werden (→ *algún que otro*)[184].

    a. *Hasta entonces apenas si conocía algún que otro detalle sobre su vida y sus actividades* [R. Fernández De La Reguera – angeführt (ohne Bezug) von J. Coste & A. Redondo, *Syntaxe de l'espagnol moderne*, 86].
       Bis dahin kannte er gerade mal einige Details aus seinem Leben und von seinen Tätigkeiten.

    b. *Alguno que otro curioso se veía en lo alto de una azotea o en un balcón abierto pero pocos* (P. Baroja, *Los pilotos de altura*, in O. C., II, 1339).
       Den einen oder anderen Neugierigen konnte man oben auf einer Dachterrasse oder auf einem offenen Balkon sehen, aber wenige.
       Die Pluralbedeutung von *alguno que otro* wird am Ende des Satzes durch *pocos* verdeutlicht, das im Plural steht und sich auf dieselben Personen [nämlich *curioso(s)*] bezieht. Eine solche Konstruktion ist nicht unbedingt zur Nachahmung empfohlen.

Die Form *alguno que otro* kann eine gewisse Ausbreitung in Raum und Zeit implizieren. Es schwingt dann die Bedeutung „hier und da" oder „ab und zu" mit. Als Variante von *alguno que otro* findet man *uno que otro*.

    c. *Hemos hecho uno que otro viaje* (A. Bryce Echenique, *Tantas veces Pedro*, 139).
       Wir sind schon ab und zu verreist.

444. In dem Ausdruck *alguno que otro* (und in der Variante *uno que otro*) kann das Substantiv auch unmittelbar auf *alguno* (bzw. *uno*) folgen. Vor einem männlichen Substantiv ist die Apokope von *alguno* (bzw. *uno*) dann obligatorisch (→ *algún, un*). Meist werden die einzelnen Elemente jedoch NICHT voneinander getrennt[185].

    a. *Me como algún bomboncillo que otro* (F. García Pavón, *El último sábado*, 15).
       Ich esse schon mal ab und zu eine kleine Praline.

    b. *Un alfiler que otro* (F. García Lorca, angeführt von S. Fernández, *Gramática española*, 403).
       Die eine oder andere Stecknadel.

445. In verneinten Sätzen hat *alguno* denselben Wert wie *ninguno* („kein", „keinerlei"). Das Wort steht dann immer NACH dem Substantiv, auf das es sich bezieht. Mit diesem Wert steht *alguno* praktisch immer im Singular[186].

    a. *Nicolás no formuló comentario alguno* (R. Garriga, *Nicolás Franco, el hermano brujo*, 266).
       Nicolás gab keinerlei Kommentar ab.

---

[184] Siehe dazu S. Fernández, *Gramática española*, 402, wo auch auf abweichende Fälle verwiesen wird.
[185] Cf. S. Fernández, *Gramática española*, 402.
[186] Siehe jedoch S. Fernández, *Gramática española*, 417. Auch bei J. Goytisolo findet sich eine Pluralform (*Disidencias*, 160). Laut S. Fernández geht der Gebrauch von *alguno* mit verneinender Bedeutung, zumindest in bestimmten Fällen, im modernen Spanisch zugunsten von *ninguno* zurück (S. 417).

b. *No creemos que 'El País' haya desatado campaña alguna contra el Gobierno socialista* (aus einem Leserbrief in *El País*, 12.2.1983, 10).
Wir glauben nicht, daß 'El País' irgendeine Kampagne gegen die sozialistische Regierung begonnen hat.

Man könnte auch sagen: ... *no formuló ningún comentario;* ... *haya desatado ninguna campaña* ...
Für einige Autoren dient das nachgestellte *alguno* zur Verstärkung der Verneinung[187].

446. *Alguno* kann auch in Ausdrücken oder Sätzen verneinende Bedeutung haben, in denen kein Negationswort vorausgeht, z. B. in *en parte alguna* („nirgends"), *en modo alguno* („auf keinen Fall") ...[188]. Man könnte auch sagen: *en ninguna parte, de ningún modo*.

Puedo sentarme allí perfectamente.
En modo alguno – dijo Elósegui (J. GOYTISOLO, *Duelo en el paraíso*, 48).
„Ich kann mich dort ohne weiteres hinsetzen."
„Auf keinen Fall", sagte Elósegui.

B. „Ninguno"

1. Konstruktion

447. Mit *ninguno* läßt sich ein verneinter Satz auf zweierlei Weise bilden: man kann *no* (oder eine andere Negation) vor und *ninguno* hinter das Verb stellen, oder aber *ninguno* steht vor dem Verb, und dann fällt *no* (oder die andere Negation) weg[189].

a. *No vendrá ninguno de nuestros amigos*[190]
oder
Ninguno de nuestros amigos vendrá.
Keiner unserer Freunde wird kommen.
b. *No he leído ningún periódico*
oder auch manchmal
No he leído periódico ninguno (beide Beispiele sind aus dem *Esbozo* entnommen, S. 477).
Ich habe keine Zeitung gelesen.

Die zweite Konstruktion (mit einem *ninguno*, das dem Substantiv nachgestellt ist) findet sich selten und ist nur möglich, wenn der Satz mit *no* (oder einer anderen Negation) eingeleitet wird (siehe auch weiter unten, Nr. 450).

---

[187] Siehe z. B. R. SECO, *Manual de gramática española*, 194.
[188] Dem *Esbozo* zufolge finden sich diese Ausdrücke vor allem in der literarischen Sprache (S. 230).
[189] Möglicherweise verstärkt die zweite Konstruktion den verneinenden Wert des Satzes. Siehe dazu weiter unten, Nr. 477.
[190] Oder mit einer anderen Negation: *Nunca vendrá ninguno de nuestros amigos.*

Die Indefinitpronomen / Los pronombres indefinidos

2. Substantivischer Gebrauch von „ninguno"

448. Substantivisch gebraucht bedeutet *ninguno* „niemand", „keiner". Es hat dann keine Pluralform. Mit dieser Bedeutung findet man gegenwärtig häufiger das Wort *nadie*[191].

    a. *Ninguno lo sabía.* } Niemand wußte es
       No lo sabía ninguno.
    b. *No me gusta ninguna de estas casas.* } Mir gefällt keines
       Ninguna de estas casas me gusta. dieser Häuser

Siehe auch weiter unten in Nr. 468 die Hinweise zur Übersetzung von „niemand".

449. Nach *ninguno* (substantivisch gebraucht) werden in der Umgangssprache Wörter zur Bezeichnung der Personen wie *de nosotros* und *de vosotros* manchmal auch weggelassen. Die Verbindung macht ja deutlich, ob es sich um eine erste oder um eine zweite Person handelt.

    a. *Todo el mundo tiene sus defectos. Ninguno somos una obra de arte*
       (C. J. CELA, *El molino de viento*, 178–179).
       Jeder hat seine Fehler. Niemand von uns ist ein Kunstwerk.
    b. *Ninguno salís a tu padre* (M. DELIBES, *Los santos inocentes*, 146).
       Keiner von euch schlägt nach dem Vater.

3. Adjektivischer Gebrauch von „ninguno"

450. Adjektivisch gebraucht bedeutet *ninguno* „kein", „keinerlei". Oft ist sein Gebrauch eigentlich überflüssig und verstärkt nur die Bedeutung von *no* (Beispiele a, c, d).
Ebenso wie *alguno* wird *ninguno* vor einem männlichen Substantiv im Singular (dem auch ein Adjektiv vorausgehen kann) und manchmal auch vor einem weiblichen Substantiv im Singular, das auf betontes *a* oder *ha* anlautet, apokopiert. Die verkürzte Form erhält einen Akzent (→ *ningún*).
Steht eine Negation (*no, sin ...*) vor dem Verb, so kann *ninguno* sowohl vor als auch hinter das Substantiv, auf das es sich bezieht, gestellt werden. Die erste Konstruktion ist häufiger[192].

    a. *No puede haber ninguna duda al respecto.*
       Daran kann es keinen Zweifel geben.
    b. *Ningún buen escritor usaría esta expresión.*
       Kein guter Schriftsteller würde diesen Ausdruck verwenden.
    c. *Probablemente – me decía con humor – ella no tiene alma ninguna*
       (R. J. SENDER, *La luna de los perros*, 121).
       „Wahrscheinlich", dachte ich im Scherz bei mir, „hat sie überhaupt keine Seele."

451. Vor dem nominalen Teil des Prädikats wirkt ein anstelle von *uno* gebrauchtes *ninguno* verstärkend.

    a. *Ya no era ninguna niña* (C. J. CELA, *La colmena*, 270).
       Sie war ganz und gar kein Kind mehr.

---

[191] Cf. S. FERNÁNDEZ, *Gramática española*, 419, und C. KANY, *Sintaxis hispanoamericana*, 179.
[192] Siehe jedoch, mit einem differenzierteren Kommentar, S. FERNÁNDEZ, *Gramática española*, 418.

b. *Casilda, por lo visto, no era ninguna tonta* (J. Donoso, *La misteriosa desaparición de la marquesita de Loria*, 50).
Casilda war offensichtlich keineswegs dumm.

452. Eine andere Möglichkeit, die verneinende Bedeutung zu verstärken, ist der Gebrauch eines bestimmten Artikels oder eines Possessivpronomens vor *ninguno*.

a. *Iba a decir algo referente a la ninguna vergüenza de su padre, pero se contuvo* (J. A. De Zunzunegui, *La vida como es*, 283).
Er war drauf und dran, etwas dazu zu sagen, daß es seinem Vater an jeglichem Schamgefühl mangelte, aber er beherrschte sich.
b. *Fleming y su ninguna esquivez ante el retrato* (E. d'Ors, angeführt von S. Fernández, *Gramática española*, 414).
Fleming und seine totale Unbefangenheit gegenüber dem Porträt.

In der Umgangssprache kann man den Superlativ *ningunísimo (-a)* antreffen:

c. *No me hacía ningunísima gracia* (A. M. Vigara Tauste, *Morfosintaxis del español coloquial*, 155).
Das fand ich überhaupt nicht lustig.

453. Ein adjektivisch gebrauchtes *ninguno* kann auch im Plural vorkommen[193]. Manchmal steht es nach dem Substantiv, wenn im Satz eine andere Negation enthalten ist.

a. *No podía hundirse en las pupilas negras del pintor ni en ningunas otras* (J. Donoso, *La misteriosa desaparición de la marquesita de Loria*, 166).
Sie konnte sich nicht in die schwarzen Pupillen des Malers versenken, noch in die irgend jemand anderes.
b. *Victorita no sentía deseos ningunos de golfear* (C. J. Cela, *La colmena*, 188).
Victorita verspürte überhaupt keine Lust, ein Lotterleben zu führen.

4. Affirmative Übersetzung von „ninguno"

454. Sowohl das substantivisch als auch das adjektivisch gebrauchte *ninguno* wird man im Deutschen nicht immer durch eine Negation (wie „kein", „keinerlei") wiedergeben. Manchmal lautet die Übersetzung „ein"[194]. Dies ist der Fall in den Konstruktionen, die in den Nrn. 455–457 behandelt werden.

455. Vorhandensein einer zweiten Negation im Satz

Ninguno wird mit „ein" wiedergegeben, wenn ein anderes Wort im Satz eine Verneinung zum Ausdruck bringt. Meist wird dies ein Wort sein, das *gewöhnlich* zur Bildung negierter Sätze oder Konstruktionen dient (wie *nadie, nada, nunca, sin* ...), aber unbedingt notwendig ist das nicht, wie Beispiel d zeigt.

---

[193] Nach S. Fernández ist diese Pluralform im modernen Spanisch praktisch verschwunden. Man treffe sie ausschließlich vor Pluraliatantum an (*Gramática española*, 413). Verschiedene von mir bei Autoren der Gegenwart gefundene Beispiele lassen diese Einschätzung von S. Fernández als möglicherweise zu strikt erscheinen.
[194] Auch ein anderer nichtverneinender Ausdruck ist möglich. Siehe z. B. Nr. 456: „jeder (andere)".

a. *Nadie podía recomendarme ningún libro interesante.*
   Niemand konnte mir ein interessantes Buch empfehlen.
b. *Nunca había visto ningún espectáculo parecido.*
   Noch nie hatte ich ein derartiges Schauspiel gesehen.
c. *Me fui a España sin que ninguno de mis amigos lo supiera.*
   Ich reiste nach Spanien, ohne daß einer meiner Freunde es wußte.
d. *A Cecilio Rubes le costaba eliminar ninguna frase* (M. Delibes, *Mi idolatrado hijo Sisí*, 176).
   Cecilio Rubes fiel es schwer, auch nur einen Satz zu streichen.
   Der Gedanke der Negation ist hier im Verb *costar* enthalten. *Costar* = „schwer fallen" = etwas fällt schwer, wenn es NICHT angenehm ist oder wenn man es NICHT tun möchte.

456. Nach einem Komparativ

Auch nach einem Komparativ wird *ninguno* meist affirmativ übersetzt, wobei anzumerken ist, daß die scheinbar bejahende Struktur des deutschen Satzes den Gedanken der Verneinung impliziert.

a. *Usted ha viajado más que ninguno de nosotros.*
   Sie sind mehr gereist als jeder (andere) von uns.
   (D. h. NIEMAND von uns ist soviel gereist.)
b. *La obra de Quevedo muestra mejor que ninguna otra la gravedad del conflicto* (J. Goytisolo, *Disidencias*, 122).
   Das Werk Quevedos zeigt besser als jedes andere die Schwere des Konflikts.
   (D. h. KEIN anderes Werk zeigt die Schwere des Konflikts so gut.)

457. In manchen Fragesätzen

Ninguno wird man auch in Fragesätzen mit „ein" wiedergeben, in denen eine negative Antwort als SELBSTVERSTÄNDLICH betrachtet wird. Wir haben es hier eigentlich mit einer Variante der in Nr. 455 behandelten Fälle zu tun, da im Satz ein zweites Negationswort stehen müßte, wenn er nicht die Form einer Frage hätte. In solchen Konstruktionen fällt *no* (im Gegensatz zur Regel aus Nr. 447) weg.

¿Conoces tú ningún libro tan instructivo como el 'Quijote'?
Kennst du ein derart lehrreiches Buch wie den 'Don Quijote'?
Als Antwort wird erwartet: „Nein, ich kenne kein Buch, das so lehrreich ist wie der 'Don Quijote'" → *No, no conozco ningún libro ...*

Anmerkung

458. Man liest gegenwärtig auch in Spanien den (aus Mexiko stammenden) Neologismus *ningunear*[195] mit der Bedeutung „verneinen", „geringschätzen".

---

[195] Und sogar das davon abgeleitete Substantiv *ninguneo* (siehe z. B. J. Goytisolo, *Disidencias*, 138 und M. A. Carrera, *Costumbres de Guatemala*, 144). Man beachte, daß das DRAE das Verb *ningunear* zum ersten Mal in der Ausgabe von 1992 aufführt und wie folgt definiert: „No hacer caso a alguien, no tomarlo en consideración. || 2.

a. *Mis obras eran 'ninguneadas' en España* (J. GOYTISOLO, *Libertad, libertad, libertad*, 32).
   In Spanien wurde mein Werk totgeschwiegen.
b. Siehe auch Beispiele bei R. J. SENDER (*La tesis de Nancy*, 212, und *Epitalamio del prieto Trinidad*, 47), E. LORENZO (*Utrum lingua* ..., 46), A. ROSENBLAT (*El castellano de España y el castellano de América*, 38), sowie den interessanten psycholinguistischen Kommentar von G. DÍAZ-PLAJA (*Retrato de un escritor*, 316).

C. „Alguien"

459. *Alguien* ist unveränderlich und wird ausschließlich substantivisch gebraucht. Wie seine deutsche Übersetzung „jemand" kann es sich auf alle Personen beziehen.

a. *Alguien ha preguntado por usted.*
   Jemand hat nach Ihnen gefragt.
b. *¿Ha llamado alguien?*
   Hat jemand angerufen?

460. Einigen Grammatikern zufolge darf in der Wortfolge / „jemand" (oder: „einer") + „von" + Pronomen oder Substantiv / „jemand" nicht mit *alguien* übersetzt werden. In solchen Fällen sei vielmehr der Gebrauch von *alguno* obligatorisch[196].

Hay alguno de ustedes que se atreve a gritar ... (R. DEL VALLE-INCLÁN, *Luces de bohemia*, 69).
Es gibt jemanden unter Ihnen, der es wagt zu rufen ...

D. „Algo"

461. *Algo* ist unveränderlich[197]. Es bezeichnet nahezu ausschließlich Gegenstände und kann in verschiedenen Funktionen gebraucht werden.

1. Substantivischer Gebrauch von „algo"

462. Das substantivisch gebrauchte *algo* kann als sächliche Form von *alguno* betrachtet werden und entspricht dem deutschen „etwas". *Algo* kann unmittelbar vor einem Adjektiv stehen.

Menospreciar a una persona" – S. 1020 („Jemanden nicht beachten, ihn links liegen lassen. || 2. Jemanden verachten"). *Ninguneo* findet sich in dem genannten Wörterbuch dagegen nicht.

[196] Siehe dazu F. MARTÍNEZ AMADOR, *Diccionario gramatical*, 124, und A. BELLO, *Gramática*, 293. M. SECO kommentiert diese Frage differenzierter, macht allerdings auch teilweise entgegengesetzte Aussagen (*Diccionario de dudas*, 29), und bei S. FERNÁNDEZ (*Gramática española*, 420) und C. KANY (*Sintaxis hispanoamericana*, 179) finden sich verschiedene von dem genannten Prinzip abweichende Beispiele.

[197] Siehe jedoch das in Nr. 466 c angeführte Beispiel.

a. *Voy a ver si encuentro algo que comer*[198] (P. Baroja, *Mala hierba*, in O. C., I, 450).
   Ich werde einmal nachsehen, ob ich etwas zu essen finde.
b. *Nunca antes había visto algo igual* (C. Fuentes, *La cabeza de la hidra*, 55).
   Nie zuvor hatte ich etwas derartiges gesehen.

Eine mögliche Variante von *algo* ist *alguna cosa*:

c. *Le habrá dicho alguna cosa ofensiva* (R. Pérez De Ayala, angeführt von S. Fernández, *Gramática española*, 387).
   Er wird etwas Verletzendes zu ihm gesagt haben.

Die Übersetzung der festen Wendungen „das ist immerhin etwas", „das ist doch wenigstens etwas", „das ist doch besser als nichts" lautet

d. *Algo es algo* (DUE, I, 130 – als Variante wird angeführt: *Más vale algo que nada*).

463. Die Wortfolge / *algo* + *de* + Adjektiv / hat partitive Bedeutung.

a. *Ese pobre viejo podía haber cenado algo de caliente en el pueblo* (S. Lorén, *La rebotica*, 245).
   Dieser arme alte Mann hätte im Dorf etwas Warmes essen können.
b. *¿Hay algo de malo en eso?* (R. J. Sender, *La llave*, 161).
   Ist daran etwas Schlechtes?

Der Gebrauch der Präposition *de* ist in dieser Konstruktion fakultativ[199]. Man könnte also auch sagen: *algo caliente, algo malo*[200].

464. Eine Variante der in Nr. 463 behandelten Konstruktion mit partitivem Wert ist die Wortfolge / *algo* + *de* + Substantiv /, in der *algo de* das deutsche „ein bißchen", „etwas" wiedergibt.

a. *Deseó, por un instante, tener algo de vino para ofrecerlo a las mujeres, cantar con ellas una canción alegre* (J. Goytisolo, *Duelo en el paraíso*, 183).
   Einen Augenblick lang wünschte er sich, etwas Wein zu haben, um ihn den Frauen anzubieten und mit ihnen ein fröhliches Lied zu singen.
b. *Su marido le enviaba algo de dinero* (A. Bryce Echenique, *Tantas veces Pedro*, 206).
   Ihr Mann schickte ihr etwas Geld.

---

[198] Man könnte auch sagen: *algo de comer*.
[199] *Algo de* werde vorzugsweise als Objekt zu den Verben *haber* (→ *hay*) und *tener* gebraucht. Siehe dazu: S. Fernández, *Gramática española*, 396.
[200] Einigen Sprachwissenschaftlern zufolge ist die Konstruktion *algo de* ein Gallizismus (siehe dazu E. Martínez Amador, *Diccionario gramatical*, 123). *Algo de* ist heute so gebräuchlich – auch bei den besten Autoren –, daß man es als völlig korrekt betrachten kann. Siehe auch den Kommentar im *Esbozo*, der die Konstruktion nicht mehr als inkorrekt ansieht, sondern lediglich darauf hinweist, daß sie nicht so häufig sei wie ihre französische Entsprechung (S. 415), und S. Fernández, *Gramática española*, 104–105 und 396.

2. Adverbialer Gebrauch von „algo"

465. Wenn es zu einem Verb oder Adjektiv[201] gehört, hat *algo* adverbialen Wert. Es ist dann synonym mit *un poco* oder *un tanto* und kann mit „ein bißchen", „etwas" übersetzt werden.

    a. *¿Conoces la potentación?*
       Algo, señor (M. DELIBES, *La sombra del ciprés es alargada*, 31).
       „Kennst du die Potenzrechnung?"
       „Ein wenig, mein Herr."
       Algo bestimmt hier ein Verb näher → *conozco algo*.
    b. *La señora se encuentra algo indispuesta* (A. BRYCE ECHENIQUE, *Tantas veces Pedro*, 207).
       Meine Frau fühlt sich etwas unwohl.
       Algo bestimmt hier ein Adjektiv näher → *algo indispuesta*.
    c. *Paco Fernández encontraba un Desiderio algo muy cambiado* (I. AGUSTÍ, *Desiderio*, 14).
       Paco Fernández fand einen irgendwie sehr veränderten Desiderio vor.
       Algo dient zur näheren Bestimmung von *(muy) cambiado*.

3. „Algo" als Substantiv

466. *Algo* kann auch als Substantiv vorkommen (dann eventuell durch ein Adjektiv näher bestimmt, wie in Beispiel b). Bisweilen findet sich sogar die Pluralform *algos*.

    a. *Un algo como la nostalgia de una infancia bruscamente rota se removía en mi interior* (M. DELIBES, *Siestas con viento sur*, 85).
       So etwas wie Sehnsucht nach einer jäh abgebrochenen Kindheit machte sich in mir bemerkbar.
    b. *Tenían en su aspecto un algo interesante* (C. LAFORET, *Nada*, 32).
       In ihrem Äußeren war irgend etwas Interessantes.
    c. *Los historiadores sabemos algo y aun algos de las dificultades ...* (C. SÁNCHEZ ALBORNOZ, *Mi testamento histórico-político*, 72).
       Wir Historiker wissen etwas, ja sogar einiges, von den Schwierigkeiten ...

E. „Nadie"

467. *Nadie* ist unveränderlich. Es bezeichnet ausschließlich Personen und wird nur substantivisch gebraucht. In bezug auf die Konstruktion mit oder ohne die Negation *no* gelten die im Zusammenhang mit *ninguno* gegebenen Hinweise (siehe Nr. 447 und Fußnote 190).

    a. *Nadie ha protestado.* } Niemand hat protestiert
       No ha protestado nadie.

---

[201] Wobei letzterem eventuell ein Adverb vorausgehen kann, wie in Beispiel c.

468. In der Wortfolge / „niemand" (oder: „keiner") + „von" + Pronomen oder Substantiv / ist „niemand" vorzugsweise mit *ninguno* (und nicht mit *nadie*) zu übersetzen[202].

    a. *Ninguno de Uds. ha protestado.*
       Niemand von Ihnen hat protestiert.
    b. *Ninguno de los oyentes ha protestado.*
       Keiner der Zuhörer hat protestiert.
    c. *Ninguna de mis hijas es fea* (M. DELIBES, *Señora de rojo sobre fondo gris*, 34).
       Keine meiner Töchter ist häßlich.

469. Ebenso wie *ninguno* wird *nadie* in bestimmten Konstruktionen im Deutschen durch einen affirmativen Ausdruck übersetzt[203].

470. Vorhandensein einer zweiten Negation im Satz

Nadie wird mit „(irgend) jemand", „wer auch immer" oder einem ähnlichen Ausdruck wiedergegeben, wenn ein anderes Wort im Satz eine Verneinung zum Ausdruck bringt. Meist wird dies ein Wort sein, das gewöhnlich zur Bildung negierter Sätze oder Konstruktionen dient (wie *ninguno, nada, nunca, sin* ...), aber unbedingt notwendig ist das nicht (wie das zweite und dritte Beispiel zeigen).

    a. *Entramos y salimos sin que nadie tuviera sospechas* (J. C. ONETTI, *Dejemos hablar al viento*, 139).
       Wir gingen hinein und wieder hinaus, ohne daß jemand Verdacht schöpfte.
    b. *Oficialmente don Felipe ignora que su hija tenga relaciones con nadie* (C. J. CELA, *San Camilo 1936*, 323).
       Offiziell weiß Don Felipe nicht, daß seine Tochter zu irgend jemandem Beziehungen unterhält.
       In diesem Satz ist die Verneinung in dem Verb *ignorar* enthalten. *Ignorar = no saber* („nicht wissen").
    c. *En una palabra me molesta atar mi vida a la de nadie* (M. DELIBES, *Mi idolatrado hijo Sisí*, 101).
       Mit einem Wort, ich habe keine Lust, mich an wen auch immer zu binden.
       Die Verneinung wird durch das Verb *molestar* („belästigen", „stören") angedeutet → etwas ist lästig oder stört, wenn es als *un*-angenehm oder als *nicht* erwünscht betrachtet wird.

471. Nach einem Komparativ

Auch nach einem Komparativ wird *nadie* meist affirmativ übersetzt, wobei anzumerken ist, daß die scheinbar bejahende Struktur des deutschen Satzes den Gedanken der Verneinung impliziert.

---

[202] Siehe in diesem Zusammenhang den Hinweis zu *alguien* → *alguno* in Nr. 460. Auch hier finden sich anderslautende Beispiele bei S. FERNÁNDEZ (*Gramática española*, 420) und bei C. KANY (*Sintaxis hispanoamericana*, 179).
[203] Die Fälle, die in den Nrn. 470–472 behandelt werden, entsprechen den Konstruktionen, die in diesem Zusammenhang für *ninguno* angeführt wurden (Nrn. 454–457).

a. ¿*Me quieres mucho?*
Mucho.
¿Más que a nadie?
Más que a nadie (C. J. Cela, *La colmena*, 82).
„Liebst du mich sehr?" „Ja, sehr." „Mehr als irgend jemand anderen?" „Mehr als irgend jemand anderen."
Die Person, die auf die Fragen antwortet, meint eigentlich: „es gibt NIEMANDEN, den ich so sehr liebe wie dich".
b. *Usted lo sabe mejor que nadie* (C. Fuentes, *La cabeza de la hidra*, 14).
Sie wissen es besser als irgend jemand sonst.

472. In manchen Fragesätzen

Nadie wird auch in Fragesätzen affirmativ übersetzt, in denen eine negative Antwort als SELBSTVERSTÄNDLICH betrachtet wird. Wir haben es hier eigentlich mit einer Variante der in Nr. 470 behandelten Fälle zu tun, da im Satz ein zweites Negationswort stehen müßte, wenn er nicht die Form einer Frage hätte. Obwohl *nadie* nach dem Verb steht, fällt *no* (im Gegensatz zur Regel aus Nr. 447) weg.

a. *¿Qué necesidad tenía de las bendiciones de nadie?* (R. J. Sender, *La llave*, 88).
Brauchte er etwa irgend jemandes Segen?
d. h.: *NO necesitaba la bendición de nadie* → er brauchte NIEMANDES Segen.
b. *¿Qué daño hacíamos a nadie?* (A. M. De Lera, *Las últimas banderas*, 138).
Wem haben wir denn geschadet?
d. h.: *NO hacíamos daño a nadie* → wir haben NIEMANDEM geschadet.

Anmerkungen

473. Was in Nr. 449 zu *ninguno* gesagt wurde, gilt auch für *nadie*: man kann (in der gesprochenen Sprache) nach *nadie* ein Verb in der ersten oder zweiten Person Plural finden, und die Übersetzung lautet dann: „niemand von uns", „niemand von euch".

Comenzó a funcionar una consigna que no la sentíamos nadie como novedad
(J. L. Alcocer, *Radiografía de un fraude*, 105).
Es trat eine Losung in Kraft, die keiner von uns als etwas Neues empfand.

474. Eine humoristische, hyperbolische Variante von *nadie* ist *ni Dios* (wörtlich: „nicht einmal Gott").

Plantaba el brazo en la mesa, y no se le doblaba ni Dios (J. Goytisolo, *La chanca*, 59).
Er stützte seinen Arm auf den Tisch, und kein Mensch konnte ihn herunterdrücken.

475. Mit der ironischen Kombination *don* und *nadie* wird eine unbedeutende Person bezeichnet: → *don Nadie*[204] (vgl. auch schon oben, Nr. 295).

---

[204] Manchmal *don nadie* (kleingeschrieben), wie im angeführten Beispiel.

Die Indefinitpronomen / Los pronombres indefinidos

> *Quico no es nadie; un don nadie, un pobre diablo sin nombre* (M. DELIBES, *El príncipe destronado*, 73).
> Quico ist niemand, ein Nichts, ein namenloser armer Teufel.

476. Hin und wieder kann man, sowohl in der gesprochenen als auch in der geschriebenen Sprache, die Pluralform *nadies* antreffen.

> *No tenemos que pedir favor a nadies. A nadies* (J. ICAZA, *Huasipungo*, 81).
> Wir brauchen niemanden um einen Gefallen zu bitten. Niemanden.

Andere Beispiele finden sich bei J. CORTÁZAR (*Rayuela*, 11) und J. ORTEGA Y GASSET [angeführt von M. SECO in der 5. Auflage des *Diccionario de dudas*, 240 – in der (9.) Auflage, aus der sonst in dieser Grammatik zitiert wird, kommt die Form nicht mehr vor].

F. „Nada"

477. *Nada* ist unveränderlich[205]. Was den Gebrauch oder Nichtgebrauch der Negation *no* bei *nada* betrifft, so gilt die einschlägige Regel für *ninguno* und *nadie* auch hier (siehe die Nrn. 447 und 467).

> a. *Nada le gusta aquí.*
> b. *No le gusta nada aquí.* } Nichts gefällt ihm hier

Man kann vielleicht sagen, daß ein vorangestelltes *nada* (ebenso wie *nadie*, *ninguno* und die Adverbien *nunca* und *jamás*) die Verneinung (auch psychologisch) stärker zum Ausdruck bringt. Wenn ein Satz mit *no* eingeleitet wird, weiß der Zuhörer nicht, welches Negationswort folgt, aber der Gebrauch eines präziseren Ausdrucks schließt Zweifel aus und macht unmittelbar deutlich, worauf sich die Verneinung bezieht.
In Formulierungen ohne Verb steht (auch nach *nadie, ninguno, nunca, jamás*) kein *no*:

> c. *¿Qué le pasa?*
> *Que yo sepa lo de siempre: nada* (J. FERNÁNDEZ SANTOS, *Jaque a la dama*, 70).
> „Was ist mit ihm los?" „Soviel ich weiß, dasselbe wie immer: nichts."

Nada kann in verschiedenen Funktionen und mit verschiedener Bedeutung gebraucht werden.

1. Substantivischer Gebrauch von „nada"

478. Substantivisch gebraucht entspricht *nada* dem deutschen „nichts". Auf *nada* kann dann ein Adjektiv (mit der vorangestellten Präposition *de* oder ohne) folgen.

> a. *No ocurrió nada de particular* (P. BAROJA, *Los pilotos de altura*, 176).
> Es passierte nichts Besonderes.
> Man könnte auch sagen: *No ocurrió nada particular*[206].

---

[205] Siehe jedoch die (selten vorkommende) Pluralform *nadas* in Nr. 492 d.
[206] Was weiter oben in Nr. 463, Fußnote 200 gesagt wurde, gilt auch für die Konstruktion *nada de*.

In der Volkssprache wird *nada* manchmal zu *na* verkürzt.

    b. *Pues no sabía na* (J. GOYTISOLO, *La chanca*, 57 und passim).
       Also ich wußte von nichts.

In der Umgangssprache werden – zur Verstärkung der Verneinung – anstelle von *nada* (sowohl in negierten als auch in affirmativen Sätzen) bisweilen Substantive wie *pepino* („Gurke"), *pelo* oder *cabello* („Haar") und dergl. (die stets ein Objekt von geringem Wert bezeichnen) gebraucht[207].

    c. *Me importa un bledo.*
       No se me da un bledo (DUE, I, 385).   } Das ist mir schnuppe

479. Ebenso wie *ninguno* und *nadie* ist *nada* in bestimmten Formulierungen nicht mit einem Negationswort, sondern mit einem affirmativen Wort zu übersetzen[208].

480. Vorhandensein einer zweiten Negation im Satz

Nada wird mit „etwas" wiedergegeben, wenn ein anderes Wort im Satz eine Verneinung zum Ausdruck bringt. Meist wird dies ein Wort sein, das gewöhnlich zur Bildung negierter Sätze oder Konstruktionen dient (wie *no, ninguno, nadie, nunca, sin* ...), aber unbedingt notwendig ist das nicht (siehe die Beispiele b und c).

    a. *Los indios casi nunca decían nada* (R. J. SENDER, *La aventura equinoccial de Lope de Aguirre*, 264).
       Die Indianer sagten fast nie etwas.
    b. *Los españoles apenas han hecho nada para aclarar su futuro* (J. MARÍAS, *La España real*, 101).
       Die Spanier haben kaum etwas getan, um sich über ihre Zukunft klarzuwerden.
       Das Wort *apenas* („kaum") impliziert hier die Verneinung → „Die Spanier haben fast NICHTS getan, um sich über ihre Zukunft klarzuwerden".
    c. *Parecen incapacitados para entender nada* (*Conversaciones con Monseñor Escrivá de Balaguer*, 100).
       Sie scheinen unfähig zu sein, irgend etwas zu verstehen.
       incapacitados = NO capacitados.

Anmerkung

481. Im Zusammenhang mit diesem Gebrauch von *nada* (und auch von *ninguno, nadie, nunca* und *jamás*) ist auf den wichtigen Unterschied zum Deutschen hinzuweisen, das doppelte Verneinungen grundsätzlich vermeidet. Im Spanischen sind diese keineswegs ungebräuchlich, wie viele der angeführten Beispiele zeigen. Man kann auch drei, in Konstruktionen mit *no* sogar vier oder fünf Negationswörter in ein und demselben (noch dazu sehr kurzen) Satz finden. Bis auf eines werden sie freilich in der Übersetzung mit positiver Bedeutung wiedergegeben.

---

[207] Cf. *Esbozo*, 356, und – mit weiteren derartigen Wörtern – W. BEINHAUER, *El español coloquial*, 207. Eine vergleichbare Wendung im Deutschen ist z. B. „das ist keinen Pfifferling wert".
[208] Die Fälle, die in den Nrn. 480–483 behandelt werden, entsprechen den Konstruktionen, die in diesem Zusammenhang für *ninguno* und *nadie* angeführt wurden.

Die Indefinitpronomen / Los pronombres indefinidos

a. *Nadie hace nada por nadie* (A. BUERO VALLEJO, *Historia de una escalera*, 15).
   Niemand tut etwas für jemand anderen.
b. *No regaló jamás nada a nadie* (*Esbozo*, 355).
   Er hat nie jemandem etwas geschenkt.
c. *No escribe nunca nada a nadie desde ningún lugar.*
   Er schreibt nie jemandem etwas von irgendwoher (Beispiel und Übersetzung aus H. BERSCHIN u. a., *Die spanische Sprache*, 271).

482. Nach einem Komparativ

Auch nach einem Komparativ wird *nadie* meist affirmativ übersetzt, wobei anzumerken ist, daß die scheinbar bejahende Struktur des deutschen Satzes eine Verneinung impliziert.

Al pianista le gustaba más que nada la música religiosa (P. BAROJA, *Las noches del Buen Retiro*, 63).
Dem Klavierspieler gefiel vor allem geistliche Musik.

Die Bedeutung des Satzes ist: „es gab KEINE andere Art von Musik, die dem Klavierspieler so sehr gefiel".

483. In manchen Fragesätzen

Nada wird auch in Fragesätzen affirmativ übersetzt, in denen eine negative Antwort als SELBSTVERSTÄNDLICH betrachtet wird. Wir haben es hier eigentlich mit einer Variante der in Nr. 480 behandelten Fälle zu tun, da im Satz ein zweites Negationswort stehen müßte, wenn er nicht die Form einer Frage hätte.

Pero a la edad de su hija, ¿quién le decía nada? (J. IZCARAY, *La hondonada*, 89).
Aber wer könnte seiner Tochter in ihrem Alter etwas sagen?
Die Bedeutung ist: „NIEMAND könnte ihr etwas sagen" → *NADIE podría decirle nada*.

2. Adverbialer Gebrauch von „nada"

484. Wenn es zu einem Verb, Adverb oder Adjektiv[209] gehört, hat *nada* adverbialen Wert. Es unterstreicht eine Verneinung und kann auch eine subjektive Sichtweise zum Ausdruck bringen, die im neutralen *no* nicht enthalten ist.

a. *Silvestre abría descomunalmente su nada pequeña boca* (S. LORÉN, *Cuerpos, almas y todo eso*, 282).
   Silvestre riß seinen nicht eben kleinen Mund sperrangelweit auf.
b. *Eliacim, ya nada me importa absolutamente nada* (C. J. CELA, *Mrs. Caldwell habla con su hijo*, 209).
   Eliacim, mir ist schon alles völlig egal.

Anmerkung: In diesem Beispiel wird nur das zweite *nada* adverbial gebraucht. Die erste Form ist Indefinitpronomen und bedeutet „nichts"[210].

---

[209] Auf das eventuell ein Substantiv folgt, wie in Beispiel a.
[210] Die Konstruktion / adverbial gebrauchtes *nada* + *de* (+ Adverb oder Adjektiv) / gilt als nicht korrekt. Sie gehört der Volkssprache an (siehe dazu: M. SECO, *Diccionario de dudas*, 267 – mit Beispiel).

c. *En ese terreno no ha cambiado nada* (C. BARRAL in *Semana de autor*, 11).
Auf diesem Gebiet hat er sich gar nicht geändert.

485. *Nada* wird in der gesprochenen Sprache häufig isoliert gebraucht, und zwar in Fällen, in denen ein Verb, ein Adjektiv oder ein ganzer Satz gedanklich ergänzt werden kann.

a. *¿No te es simpático el capitalismo?*
Nada (J. A. DE ZUNZUNEGUI, *El hijo hecho a contrata*, 162).
„Ist dir der Kapitalismus nicht sympathisch?" „Nicht im geringsten."
b. *De embarazo, nada* (F. GARCÍA PAVÓN, *Una semana de lluvia*, 110).
Von Schwangerschaft kann keine Rede sein.

486. Ein solches *nada* wird bisweilen wiederholt, um die Verneinung stärker zu bekräftigen.

¿Para qué vamos a hablar con ellos?
¡Nada! ¡Nada! No hay que hacerles caso (M. AUB, *Campo del moro*, 144).
Wozu sollen wir mit ihnen sprechen?
Nichts dergleichen! Man darf sie gar nicht beachten.

487. Sehr gebräuchlich sind die Ausdrücke *pues nada* und *y nada*, die man mit „nun gut", „also gut" wiedergeben kann.

Pues nada, me voy.   Also (gut), ich gehe dann.

488. *Nada de nada* (gesprochene Sprache) bedeutet: „ganz und gar nichts". Es findet sich häufig am Satzende zur Verstärkung einer vorangegangenen verneinten Aussage. Eine volkssprachliche Variante ist *na de na*[211].

a. *Toda su vida había andado buscando un poco de atención literaria sin conseguirla ... Nada, nada de nada* (R. J. SENDER, *Relatos fronterizos*, 162).
Sein ganzes Leben lang hatte er versucht, etwas literarischen Erfolg zu habe, ohne das je zu erreichen ... Nichts, absolut nichts.
b. *El dialectólogo ya no encuentra ni cíclopes, ni sirenas ni nada de nada* (M. ALVAR, *El envés de la hoja*, 71).
Der Dialektforscher findet keine Zyklopen mehr, auch keine Sirenen noch sonst irgend etwas.

489. *De nada* wird als Antwort auf *¡gracias!* („Danke!") gebraucht und läßt sich mit „bitte", „keine Ursache", „gern geschehen" übersetzen (vgl. das französische *de rien*).

490. Mit *nada* werden die adverbialen Bestimmungen der Zeit *dentro de nada* und *(a) cada nada* gebildet.

---

[211] Die verkürzte Form *na* wurde bereits weiter oben in Nr. 478 angesprochen.

a. *Al fin y al cabo esto se ha acabado*[212] *y dentro de nada habrá de todo* (M. AUB, *Las buenas intenciones*, 239).
Schließlich ist das (= der Krieg) nun vorbei, und in kürzester Zeit wird es wieder alles geben.
b. *Cada nada hacían nuevas obras* (F. GARCÍA PAVÓN, *Las hermanas coloradas*, 161).
Alle naselang produzierten sie neue Werke.

491. Zu *nada más* + Infinitiv siehe Nr. 1142.

3. „Nada" als Substantiv

492. *Nada* wird recht häufig als Substantiv gebraucht. Es ist dann (jedenfalls im modernen Spanisch) weiblich, kann durch ein Adjektiv näher bestimmt werden und kommt sogar gelegentlich im Plural vor (*nadas*).
Die Bedeutung kann unterschiedlich sein, je nachdem, ob *nada* mit bestimmtem oder unbestimmtem Artikel gebraucht wird: *la nada* [oder: *la Nada*] = „das Nichts", *una nada* = „etwas von geringem Wert, eine Kleinigkeit".

a. *Nicolás montó su academia de iluminados. La llamó Instituto de Unión con la Nada, IDUN* (I. ALLENDE, *La casa de los espíritus*, 264–265).
Nicolás gründete seine Akademie der Erleuchteten. Er nannte sie Institut zur Vereinigung mit dem Nichts.
b. *La vida tal como la presenta Kafka es la nada activa y burbujeante* (M. PEÑUELAS, *Conversaciones con R. J. Sender*, 133).
Das Leben, wie Kafka es darstellt, ist das emsige, brodelnde Nichts.
c. *No tenía ni un marco, ni un kopec, ni una nada* (T. SALVADOR, *División 250*, 365).
Er hatte nicht eine Mark, nicht eine Kopeke, überhaupt nichts.
d. *La vida para él era un paréntesis entre dos nadas* (A. CASTRO, *La realidad histórica de España*, 147).
Das Leben war für ihn eine kurze Unterbrechung des Nichts.

493. Von *nada* abgeleitet ist das Substantiv *nadería* (→ „bedeutungslose Sache", „Kleinigkeit", „Bagatelle").

Papa Telmo le preguntó otras tres o cuatro naderías (M. DELIBES, *377A, Madera de héroe*, 142).
Papa Telmo fragte ihn nach weiteren drei oder vier bedeutungslosen Dingen.

---

[212] Die korrekte Form wäre: *acabado*. Siehe in diesem Zusammenhang in Nr. 2 den Hinweis zur Aussprache des Buchstaben *d* in manchen Partizipien der Vergangenheit.

§ 3. CUALQUIERA

494. *Cualquiera* kann adjektivisch und substantivisch gebraucht werden und bezeichnet sowohl Menschen als auch Tiere und Gegenstände. Es ändert sich nicht im grammatischen Geschlecht, hat aber eine Pluralform, *cualesquiera*, die jedoch fakultativ ist und nahezu ausschließlich in der Schriftsprache vorkommt[213]. Man muß damit rechnen, in Lateinamerika (und in Spanien, aber nur in der Volkssprache) *cualesquiera* auch als Singularform zu finden[214].
Wenn es adjektivisch gebraucht wird, verliert *cualquiera* meist das *-a* am Wortende vor einem Substantiv im Singular (männlich oder weiblich), dem auch ein Adjektiv vorausgehen kann: → *cualquier*[215] (siehe jedoch, ohne Apokope, Beispiel b).

495. Die Bedeutung von *cualquiera*, sowohl adjektivisch als auch substantivisch gebraucht, geht häufig in Richtung „alle", „jeder".

    a. – *¿Qué deseas comer?*
    – *Cualquier cosa* (A. BRYCE ECHENIQUE, *Tantas veces Pedro*, 205).
    „Was willst du essen?" „Irgend etwas."

    b. *De cualquiera manera, no son independientes* (C. FUENTES, *La cabeza de la hidra*, 129).
    Auf jeden Fall sind sie nicht unabhängig.

    c. *Cualquier otro hombre* (M. SECO, *Diccionario de dudas*, 125).
    Irgendein anderer Mann.

    d. *A golpes cualquiera entiende – agregó mi Madrina* (I. ALLENDE, *Eva Luna*, 66).
    „Mit Gewalt kann man jeden zur Einsicht bewegen", fügte meine Patentante hinzu.

    e. *Nosotros, quizá más que cualesquiera hombres en el mundo, nos sentimos identificados con nuestras respectivas naciones* (S. LORÉN, *V. I. P.*, 250).
    Wir identifizieren uns, vielleicht mehr als irgendwelche anderen Menschen auf dieser Welt, mit unseren jeweiligen Nationen.

496. *Cualquiera* kann auch *hinter* einem Substantiv stehen. In diesem Fall geht dem Substantiv immer ein unbestimmter Artikel voraus und *cualquiera* wird nie apokopiert.

    a. *Un libro cualquiera* (DUE, I, 816).
    Ein beliebiges Buch.

    b. *Ese es el problema como diría un Hamlet cualquiera* (I. MALINOW, *La fascinación*, 13).
    Das ist das Problem, wie jeder Hamlet sagen würde.

497. Vor allem in Ausrufesätzen hat ein (ironisch gebrauchtes) *cualquiera* zuweilen eine negative Bedeutung: „niemand", „keiner".

---

[213] Siehe *Esbozo*, 231. S. FERNÁNDEZ betrachtet den Gebrauch dieser Form darüber hinaus zuweilen als affektiert (*Gramática española*, 426). Man beachte, daß das *-es* des Plurals nicht am Wortende, sondern in der Wortmitte steht! → cual-es-quiera. Zur Form *cualquieras* vgl. Nr. 498.
[214] Siehe dazu C. KANY (*Sintaxis hispanoamericana*, 182–183, mit zahlreichen Beispielen) und *Esbozo*, 231.
[215] Siehe auch – differenzierter – *Esbozo*, 231, und S. FERNÁNDEZ, *Gramática española*, 425.

> a. *Si mi mujer viera aquello, ¡cualquiera la hacía regresar!* (J. M. Gironella, *Los cipreses creen en Dios*, 174).
> Wenn meine Frau das sähe, könnte sie niemand dazu bringen zurückzukehren.
> b. *¡Cualquiera entiende a las mujeres!* (E. Jardiel Poncela, *Un marido de ida y vuelta*, 68).
> Niemand begreift die Frauen!

498. Man kann *cualquiera* auch als Substantiv verwenden (→ *un* oder *una cualquiera*). Das Wort hat dann pejorative Bedeutung, und ihm geht immer ein unbestimmter Artikel voraus. In diesem Fall lautet der Plural *cualquieras*[216].

> a. *Y ahora un cualquiera, lo que se llama de veras cualquiera, se atrevía a quererse llevar a su hija mayor* (M. Aub, *La calle de Valverde*, 53).
> Und dann erdreistete sich so ein Dahergelaufener – anders konnte man ihn wirklich nicht nennen –, seine älteste Tochter mitnehmen zu wollen.
> b. *No es un cualquiera* (C. J. Cela, *La colmena*, 42).
> Er ist nicht irgend jemand.
> c. *Son dos cualquieras* (M. Seco, *Diccionario de dudas*, 125)
> Es sind zwei dahergelaufene Typen.

Die weibliche Form *una cualquiera* kann man auch als Euphemismus für *prostituta* antreffen[217].

499. *Anmerkung*

In konzessiven Nebensätzen (siehe dazu die Nrn. 1098–1101) steht nach *cualquiera que* ein *subjuntivo*.

> *Cualquiera que sea tu idea, tendrás que obedecer* (M. Seco, *Diccionario de dudas*, 125).
> Was auch immer du meinst, du wirst gehorchen müssen.

500. *Quienquiera*, das als Maskulinum und als Femininum, als Singular und als Plural gebraucht wird, ist als Variante von *cualquiera* zu betrachten, jedoch mit der Einschränkung, daß es nur Personen bezeichnet[218]. Es kommt hauptsächlich in der literarischen Sprache vor.
Es existiert auch eine (heute wenig gebräuchliche) apokopierte Form: *quienquier*. Das End-*a* kann in den gleichen Fällen wie bei *cualquiera* wegfallen. In Konzessivsätzen folgt auf *quienquiera* ein Verb im *subjuntivo*.

> *Quienquiera que sea, es un miserable* (M. Seco, *Diccionario de dudas*, 317 – mit der Anmerkung, daß es falsch wäre, das Relativpronomen *que* wegzulassen
> → **quienquiera sea*).
> Wer auch immer er ist, er ist ein Schuft.

---

[216] *Esbozo*, 232.
[217] Siehe dazu W. Beinhauer, *El español coloquial*, 150.
[218] Die Pluralform *quienesquiera* ist nicht sehr gebräuchlich (siehe *Esbozo*, 232).

§ 4. TODO

501. *Todo* ist in Genus und Numerus veränderlich (*todo, toda, todos, todas*). Es kann zahlreiche Funktionen erfüllen. (In der Volkssprache kann man die verkürzte Form *to* antreffen.)

A. Adjektivischer Gebrauch

1. „Todo" → „alle", „ganz"

502. In der Bedeutung „alle" oder „ganz" folgt auf *todo* ein Artikel oder ein attributives Pronomen. Im Unterschied zum Deutschen muß der Artikel bzw. das Pronomen IMMER unmittelbar vor dem Substantiv oder der Wortgruppe / Adjektiv + Substantiv / (siehe Beispiel d) stehen.

    a. *¡Tráeme toda la información!*
       Bring mir alle Informationen!
    b. *La niña ha comido todo un pan.*
       Das Mädchen hat ein ganzes Brot aufgegessen.
    c. *Todos estos libros son míos.*
       Alle diese Bücher gehören mir.
    d. *Ha trabajado todo el santo día.*
       Er hat den lieben langen Tag gearbeitet.

Prädikative Funktion hat *todo* in den folgenden Beispielen:

    e. *Mi vida ha sido toda corazón* [Worte des bekannten Dichters und Essayisten Dámaso ALONSO (1898–1990), in *Cambio 16*, 5.2.1990, 88].
       Ich bin mein Leben lang meinem Herzen gefolgt.
    f. *Soy toda oídos – dijo Inma.*
       „Ich bin ganz Ohr", sagte Inma.

Todo el mundo bedeutet „alle", „jeder". In manchen lateinamerikanischen Ländern existiert auch eine Variante ohne Artikel: *todo mundo* [219].

Anmerkungen

503. *Todo* kann besonders betont werden, indem man es auf das Substantiv, auf das es sich bezieht, folgen läßt. Diese Konstruktion findet sich nur in der geschriebenen Sprache.

    a. *Lo exigía su hombría y la historia toda de España* (F. DÍAZ-PLAJA, *El español y los siete pecados capitales*, 186).
       Das erforderte sein Ehrgefühl und die ganze Geschichte Spaniens.
    b. *El vicario había recomendado particularmente esta oración porque juzgaba que en su estructura estaban contenidos los elementos todos de la vida humana* (J. M. GIRONELLA, *Los cipreses creen en Dios*, 579).
       Der Vikar hatte dieses Gebet besonders empfohlen, weil es seiner Ansicht nach alle Elemente des menschlichen Lebens umfaßte.

---

[219] Cf. C. KANY, *Sintaxis hispanoamericana*, 40.

504. Ausdrücke, in denen auf *todo* der Name einer Stadt folgt, wie *el todo París, el todo Londres, el todo Madrid* ..., bezeichnen die führenden Köpfe, die prominentesten Vertreter einer Stadt.

> *Entre el auditorio abundan también los rostros, bien conocidos, del „todo Madrid" de las letras, la economía y la política* (L. CARANDELL, *Celtiberia Show*, 132).
> Im Publikum finden sich auch zahlreiche wohlbekannte Gesichter der Madrider Prominenz aus Literatur, Wirtschaft und Politik.
> Möglicherweise erklärt sich der Gebrauch solcher Ausdrücke im Spanischen durch den Einfluß des Französischen: *le Tout-Paris* ...

2. „Todo" → „jeder"

505. Wenn *todo* unmittelbar vor einem Substantiv oder vor der Fügung / Substantiv + Adjektiv / steht, bedeutet es „jeder"[220].
Häufig hat ein im Singular gebrauchtes *todo* den Wert eines Kollektivums und kann im Deutschen auch mit „alle" wiedergegeben werden.

> a. *Todo buen ciudadano debe ayudar a la justicia* (DUE, II, 1330).
>   Jeder gute Bürger muß der Justiz helfen.
> b. *Casi toda mujer tiene un sentido más que el hombre* (F. UMBRAL, *A la sombra de las muchachas rojas*, 145).
>   Fast jede Frau hat ein Sinnesorgan mehr als der Mann (oder: „Fast alle Frauen haben ...").

3. „Todo(-a)" + „un(a)" + Substantiv

506. Die recht häufige Wortfolge / *todo (-a) un(a)* + Substantiv / hat einen superlativierenden Wert.

> a. *Era todo un economista* (J. CAMBA, *Aventuras de una peseta*, 75).
>   Er war ein hervorragender Volkswirt.
> b. *No cabía duda de que (su madre) era toda una mujer* (J. M. GIRONELLA, *Los cipreses creen en Dios*, 156).
>   Es gab keinen Zweifel daran, daß seine Mutter eine besonders tüchtige Frau war.
> c. Der Titel eines Werkes von M. DE UNAMUNO lautet: *Nada menos que todo un hombre*, wobei sich die Bedeutung von *todo un hombre* ungefährt mit „ein ganzer Mann" wiedergeben läßt.

B. Substantivischer Gebrauch

507. Substantivisch gebraucht hat *todo* im Singular sächliche Bedeutung und wird mit „alles" übersetzt; im Plural (männlich und weiblich: *todos, todas*) bedeutet es „alle" (Personen, Tiere und Gegenstände).

---

[220] Es handelt sich dabei fast immer um ein Substantiv im SINGULAR, mit Ausnahme von festen Wendungen wie *de todos modos* („auf jeden Fall"), *en todas partes* („überall") u. ä. (cf. S. FERNÁNDEZ, *Gramática española*, 436).

a. *Todo se vuelve contra mí* (DUE, II, 1330).
   Alles hat sich gegen mich verschworen.
b. *Todos están contra mí* (DUE, II, 1330).
   Alle sind gegen mich.

Anmerkungen

508. Wenn „alles" als nominaler Bestandteil eines Prädikats oder Akkusativobjekts gebraucht wird, lautet die Übersetzung zumeist *lo ... todo*[221]. Man beachte, daß *lo* in diesen Fällen vor der Verbform steht, es sei denn, daß es als *pronombre enclítico* verwendet wird (Beispiel d).

a. *Todo era materia y la materia lo era todo* (R. J. Sender, *Epitalamio del prieto Trinidad*, 179).
   Alles war Materie, und die Materie war alles.
   Man würde also NICHT sagen: *... la materia era lo todo.
   Dagegen kann man finden: ... *la materia era todo* (ohne *lo*).
b. *Lo sé todo* (M. Vargas Llosa, *La ciudad y los perros*, 257).
   Ich weiß alles.
   Man würde NICHT sagen: *Sé lo todo.
c. *De Vicente Aleixandre lo había leído todo, lo sabía todo* (F. Umbral, *La noche que llegué al café Gijón*, 109).
   Von Vicente Aleixandre hatte ich alles gelesen, wußte ich alles.
   NICHT: *... había leído lo todo, sabía lo todo.
d. *Discutiéndolo y criticándolo todo soltaban a veces datos que se referían a hechos verdaderos* (E. Líster, *Memorias de un luchador*, I, 143).
   Während sie alles diskutierten und kritisierten, nannten sie manchmal Einzelheiten, die sich auf wirkliche Ereignisse bezogen.

509. Die Übersetzung von „alle, die" wurde bereits oben in Nr. 400 behandelt.

C. Adverbialer Gebrauch

510. *Todo* kann adverbialen Wert haben. Es ist dann grundsätzlich unveränderlich.

> *Y se paseaban por delante de mis ojos hombres con las caras alargadas y serias, y otros de caras muy anchas; unos todo boca y otros todo orejas* (P. Baroja, *Vidas sombrías*, in O. C., VI, 1035).
> Und vor meinen Augen spazierten Männer mit länglichen und ernsten Gesichtern sowie andere mit sehr breiten Gesichtern; einige schienen nur aus Mund zu bestehen, andere nur aus Ohren.

---

[221] Cf. DUE, II, 1330. Im heutigen Spanisch wird allerdings das zu *todo* gehörige *lo* häufig weggelassen. Daß derartige Formulierungen jedoch nicht als ganz korrekt betrachtet werden, zeigt vielleicht der uneinheitliche Gebrauch im folgenden Satz, in dem der Autor vor dem zweiten und dritten Verb doch ein *lo* setzt, so als wollte er sich verbessern: *Husmeó todo, lo miró todo, lo curioseó todo* (J. A. De Zunzunegui, *El hijo hecho a contrata*, 308. „Er schnupperte an allem herum, beäugte alles, lief neugierig überall herum"). In emphatischer Ausdrucksweise kann man die zwei Wörter *todo lo* (nacheinander, vor dem Verb und in umgekehrter Reihenfolge) antreffen: *Aquí todo lo manda el dinero* (R. Del Valle-Inclán, *Luces de bohemia*, 54 – „Hier wird alles vom Geld regiert").

511. Vor Adjektiven findet man jedoch stets eine veränderliche Form von *todo*, obwohl es offensichtlich eine adverbiale Funktion erfüllt[222].

> *Y Esther, toda roja, empezó a chillarme* (M. DELIBES, *Cinco horas con Mario*, 268).
> Und Esther, ganz rot im Gesicht, begann mich anzuschreien.

512. Der adverbiale Ausdruck *(no) ... del todo* bedeutet „(nicht) ganz".

> a. *Y me casaré con Chelo en cuanto esté restablecido del todo* (J. M. GIRONELLA, *Ha estallado la paz*, 546).
> Und ich werde Chelo heiraten, sobald ich wieder ganz gesund bin.
> b. *Cuando uno no se ha despertado del todo* (M. PUIG, *Maldición eterna a quien lea estas páginas*, 36).
> Wenn man noch nicht ganz wach ist.

513. Eine superlativierende Bedeutung haben die adverbialen Konstruktionen */ todo + lo +* Adverb (oder adverbialer Ausdruck) *+ que /* und */ a + todo +* Infinitiv */.*

> a. *La mujer comenzó a vestirse todo lo de prisa que su corpulencia le permitía* (J. FERNÁNDEZ SANTOS, *Los bravos*, 72).
> Die Frau begann sich, so schnell es ihre Körperfülle zuließ, anzukleiden.
> b. *A todo meter bajó las escaleras* (C. PÉREZ MERINERO, *Las reglas del juego*, 115).
> In größter Eile kam er die Treppe herunter.

Todo lo más ist synonym zu *a lo sumo, como máximo* („höchstens", „maximal"):

> c. *Estaré allí una semana todo lo más* (DUE, II, 1331).
> Ich werde höchstens eine Woche dort sein.

D. „Todo" als Substantiv

514. *El todo, un todo* bedeuten „das Ganze", „ein Ganzes". Als Substantiv kann *todo* auch im Plural gebraucht werden.

> a. *El todo es mayor que cualquiera de las partes que lo componen* (A. BELLO, *Gramática*, 115).
> Das Ganze ist größer als jedes seiner Einzelteile.
> b. *La imaginación construye todos de cada una de sus partes* (M. MENÉNDEZ PELAYO, *Ideas estéticas*, angeführt in *Esbozo*, 232).
> Die Vorstellungskraft schafft Ganzheiten aus jedem einzelnen ihrer Teile.

---

[222] Siehe auch S. FERNÁNDEZ, der anmerkt, er habe in derlei Fällen kein einziges Beispiel mit unveränderlichem *todo* gefunden (*Gramática española*, 440–441), und *Esbozo*, 232.

§ 5. MÁS und MENOS

515. Der Gebrauch von *más* und *menos* als Indefinitpronomen wirft kaum besondere Probleme auf. Diese Wörter sind unveränderlich und entsprechen dem deutschen „mehr" und „weniger".

    a. *En tu jardín hay más árboles que en el mío.*
       In deinem Garten stehen mehr Bäume als in meinem.
    b. *En Andalucía hay menos lluvia que en el País Vasco.*
       In Andalusien fällt weniger Regen als im Baskenland.

516. *Los más de* (weiblich: *las más de*) bedeutet: „die meisten". Manchmal wird die Präposition *de* weggelassen.

    a. *Las más de las familias pagan los primeros meses* (R. DEL VALLE-INCLÁN, *Luces de bohemia*, 132).
       Die meisten Familien bezahlen die ersten Monate.
    b. *Las más veces* (S. FERNÁNDEZ, *Gramática española*, 445).
       Meistens.
       Variante: *las más de las veces.*

Los (oder: *las*) *más* kann auch substantivisch gebraucht werden:

    c. *Había mucha gente que gritaba sin parar; otros lloraban. Los más cantaban* (V. POZUELO ESCUDERO, *Los últimos 476 días de Franco*, 40).
       Da waren viele Menschen, die unaufhörlich schrien; andere weinten. Die meisten sangen.

§ 6. MUCHO und POCO

517. Im Unterschied zu *más* und *menos* sind *mucho* und *poco* veränderlich: *mucho, mucha, muchos, muchas; poco, poca, pocos, pocas.* Sie können adjektivisch oder substantivisch gebraucht werden, und ihre Übersetzung muß nicht immer „viel" bzw. „wenig" lauten. In bestimmten Fällen weisen *mucho* und *poco* deutliche Merkmale von Adjektiven auf [223].

    a. *A causa de su mucha edad (Bernardo) había sido enviado a veranear ...* (I. AGUSTÍ, *Mariona Rebull*, 94).
       Aufgrund seines hohen Alters war Bernardo in den Sommerurlaub geschickt worden.
    b. *Perdió la poca sangre que le quedaba* (*Esbozo*, 234).
       Er verlor das wenige Blut, das ihm noch geblieben war.
    c. *Tus muchas ocupaciones no te permiten atenderme* (J. A. DE ZUNZUNEGUI, *Ramón o la vida baldía*, 105).
       Deine vielen Beschäftigungen gestatten es dir nicht, dich um mich zu kümmern.

---

[223] Siehe *Esbozo*, 234. Mit Recht wird darauf hingewiesen, daß es nicht immer ohne weiteres möglich ist, festzustellen, ob Wörter wie *mucho, poco* ... als Pronomen oder als Adverbien gebraucht werden (S. 227). Diese und andere *cuantitativos* werden im übrigen auch weiter unten im Kapitel über Adverbien behandelt.

d. *Son ustedes muchos* (I. Agustí, *Mariona Rebull*, 102).
   Sie sind viele.
e. *Mucho se espera de su prudencia* (A. Bello, *Gramática*, S. 144, Nr. 355).
   Man setzt große Erwartungen in seine Besonnenheit.

Anmerkungen

518. Neben dem recht häufigen / *un poco* + Adjektiv / („ein bißchen ...") findet sich auch die Konstruktion / *un mucho* + Adjektiv /, in der *un mucho* eine Bedeutung hat, die je nach Kontext dem deutschen „recht", „ziemlich" entspricht oder als „mehr als das, was normal oder gebräuchlich ist" interpretiert werden kann.

a. *Empolló a Encarna con una mirada un mucho cínica*, (J. A. De Zunzunegui, *La vida como es*, 61).
   Er musterte Encarna mit einem ziemlich zynischen Blick.
b. *Bea piensa en este hombre, un poco irónico, un mucho reservón* (J. A. De Zunzunegui, *Ramón o la vida baldía*, 48).
   Bea denkt an diesen ein wenig ironischen und ausgesprochen zurückhaltenden Mann.

519. *Mucho* und *poco* können eine extensive oder sogar – in Fällen, in denen der quantitative Aspekt durch eine qualitative Interpretation zurückgedrängt wird – superlativierende Bedeutung haben. Das Substantiv, das auf *mucho* bzw. *poco* folgt, steht dann immer im Singular.

a. *Mucho cuello* und *poca nariz* können einen „langen Hals" bzw. eine „(sehr) kleine Nase" bezeichnen (beide Beispiele stammen von S. Fernández, *Gramática española*, 387, Fußnote 1).
b. *Mire, don Pedro, que está usted equivocado. Que esa mujer es mucha mujer* (S. Lorén, *Clase única*, 79).
   Sehen Sie, Don Pedro, Sie irren sich. Denn diese Frau ist eine starke Frau.
c. *Hay mucha España todavía por delante* (Worte aus einer Rede des spanischen Königs, die er am 25.7.1983 in Santiago de Compostela hielt – zitiert nach *Ya*, 26.7.1983, 1).
   In Spanien gibt es noch viel zu tun[224].

G. Cabrera Infante spielt mit den verschiedenen Bedeutungen von *mucho* in

d. *Mucha Margarita. Mucha mujer. Muchas mujeres* (*La Habana para un infante difunto*, 645).
   Margarita, eine Frau mit Persönlichkeit. Viel Persönlichkeit. Viele Persönlichkeiten.
   Die Form *muchas* bringt zum Ausdruck, wie vielseitig Margaritas Persönlichkeit ist [→ viele (verschiedene) Frauen in einer Person].

520. Durch ein gleichermaßen adjektivisch gebrauchtes *poco* kann auch eine unzureichende Menge oder der *Mangel* an Qualität hervorgehoben werden.

---

[224] Diese Übersetzung gibt die Interpretation von 11 meiner Informanten wieder (Bar, Bus, Car, Her, Lop, Mor, Mon, Rab, Ser, Vaq, Zor). Nach Meinung der übrigen geht es weniger darum, daß noch viel zu tun bleibe; *mucha España* bringe eher zum Ausdruck, daß Spanien eine großartige Zukunft vor sich hat (Alv, Lap, Llo, Mar, Rod, Var).

> *El Opel-4 es poco coche para mí* (M. Delibes, *Mi idolatrado hijo Sisí*, 162).
> Ein Opel-4, das ist kein Auto für mich (d. h. es ist nicht gut genug für mich, es entspricht nicht meinem Status).

521. *Mucho* und *poco* bilden keinen relativen Superlativ. Dagegen finden sich häufig die absoluten Superlative *muchísimo* und *poquísimo*[225]. Diese Formen sind veränderlich, sie werden adjektivisch, adverbial oder substantivisch gebraucht, sie können vor *más* und *menos* stehen und bedeuten „sehr viel", „sehr wenig". *Poquísimo* und *muchísimo* werden manchmal durch den sächlichen Artikel *lo* substantiviert: *lo poquísimo, lo muchísimo*.

    a. *Me pesan terriblemente los años, mis muchísimos años* (C. Sánchez Albornoz, *Siete ensayos*, 23).
Mein Alter, mein sehr hohes Alter lastet furchtbar auf mir.
    b. *Diga usted que me quiere un poco.*
Pero muy poco, muy poquísimo (F. Arrabal, *El triciclo*, 59).
„Sagen Sie, daß Sie mich etwas lieben."
„Aber nur ein klein wenig, ein ganz klein wenig."
    c. *Con decirte que Australia es mayor que Europa y tenía entonces muchísimos menos habitantes que España* (J. A. De Zunzunegui, *El barco de la muerte*, 204).
Wobei man bedenken muß, daß Australien größer ist als Europa und damals sehr viel weniger Einwohner hatte als Spanien.
    d. *Lo poquísimo que yo he presenciado aquí esta tarde* (R. Sánchez Ferlosio, *El Jarama*, 325).
Die ganz wenigen Dinge, die ich heute nachmittag hier miterlebt habe.

522. Neben */ un poco de* + Substantiv / findet man als Entsprechung für das deutsche „ein wenig" (+ Substantiv) auch */ una poca de* + (weibliches) Substantiv / und sogar */ un poco* + Substantiv /, */ una poca* + (weibliches) Substantiv / (wobei die Präposition *de* weggelassen wird). Zu diesen Konstruktionen sagt der *Esbozo*, daß sie der Volkssprache angehören[226].

    a. *Sólo tomó a mediodía una poca de leche* (J. A. De Zunzunegui, *Los caminos de El Señor*, 53).
Mittags trank er nur ein wenig Milch.
    b. *Que una poca de tinto levanta (un hombre)* (E. Quiroga, *Viento del Norte*, 202).
Denn ein bißchen Rotwein macht einen Mann munter.
Eigenartig ist hier der Gebrauch der weiblichen Form (*poca*) vor einem männlichen Substantiv (→ *tinto*). Der *Esbozo* nennt diese Möglichkeit nicht: *una poca* wird nur in Konstruktionen angeführt, in denen ein *weibliches* Substantiv folgt[227].

---

[225] *Muy poco* entspricht wörtlich dem deutschen „sehr wenig" (siehe Beispiel b). *Muy mucho* findet sich vor allem in der gesprochenen Sprache (cf. DUE, II, 468), bisweilen auch in der geschriebenen Sprache (siehe dazu auch: C. Kany, *Sintaxis hispanoamericana*, 366). Man kann *muy mucho* in einem Text in *El Año Literario 1974–1979*, S. 714 (geschrieben von einem Autor mit Universitätsdiplom) finden, und es kommt sogar in M. Secos Antrittsrede (1980) in der *Real Academia Española* vor.
[226] *Esbozo*, 234. Der *Esbozo* betrachtet die Konstruktion *un poco tiempo* (mit einem männlichen Substantiv – „ein bißchen Zeit") als Fehler (richtige Form: *un poco DE tiempo*). In einem neueren Werk von F. García Pavón findet man aber eine solche Formulierung: *un poco turrón* („ein wenig Nougat"), sie wurde oben in Nr. 328 e angeführt. Siehe auch S. Fernández, *Gramática española*, 448, mit weiteren Beispielen.
[227] *Esbozo*, 234.

Vielleicht läßt sich die Formulierung *una poca de tinto* dadurch erklären, daß sie unbewußt mit einem weiblichen Substantiv, wie z. B. *cantidad* („Menge"), in Verbindung gebracht wird.

c. *He hecho ebullir en un tubo una poca orina* (S. LORÉN, *Cuerpos, almas y todo eso,* 370).
Ich habe eine kleine Menge Urin in einem Röhrchen zum Kochen gebraucht.

In derlei Kombinationen kann *poco* auch ein Diminutivsuffix erhalten:

d. *Con una poquilla leche* (F. GARCÍA PAVÓN, *Una semana de lluvia,* 47).
Mit ein bißchen Milch.
poquilla < poco + illo[228].

In Analogie zu *un poco de* wird *un mucho de* gebildet (ist jedoch selten):

e. *Hay un mucho de magia en el lenguaje* (A. DE MIGUEL, *La perversión del lenguaje,* 132).
In der Sprache steckt eine ganze Menge Magie.

§ 7. OTRO

523. *Otro* ist in Genus und Numerus veränderlich (*otro, otra, otros, otras*). Es kann sowohl adjektivisch als auch substantivisch gebraucht werden, und es hat eine sächliche Form: *lo otro*[229]. In der Übersetzung entspricht es dem deutschen „ander(e/r)".
Es sei daran erinnert, daß vor *otro* kein unbestimmter Artikel steht (siehe oben, Nr. 69).

a. *Me lo ha dicho otro amigo.*
Ein anderer Freund hat es mir gesagt.
b. *No veo otras posibilidades.*
Ich sehe keine anderen Möglichkeiten.
c. *Si Adelita se fuera con otro* („wenn Adelita mit einem anderen wegginge") ist ein Satz aus einem Lied des amerikanischen Sängers Nat KING COLE.

524. Die Indefinitpronomen *otro* und *tanto* können – in dieser Reihenfolge – nebeneinander vorkommen. Im Plural (sowohl adjektivisch als auch substantivisch gebraucht) ist die Bedeutung dann „ebensoviel". Die substantivisch gebrauchte Singularform *otro tanto* bedeutet „dasselbe", „so etwas".

a. *Carlos Murciano, en quince años de vida literaria, ha lanzado otros tantos libros* (*Estafeta literaria,* Nr. 620, 15.9.1977, 16).
In den fünfzehn Jahren seines literarischen Lebens hat Carlos Murciano ebensoviele Bücher herausgegeben.
b. *No puedes tú decir otro tanto de tu hijo* (R.J. SENDER, *La llave,* 28).
So etwas kannst du von deinem Sohn nicht sagen.

---

[228] Zur Wortbildung durch Suffixe siehe die Nrn. 1348–1364.
[229] Siehe das oben in Nr. 54 i angeführte Beispiel.

525. *Otro* und *tanto* können auch in umgekehrter Reihenfolge vorkommen, die Bedeutung ist dann aber „so viele andere" (und entspricht somit wörtlich der deutschen Übersetzung).

> *Era también la hora de los odiadores, cuando venían el anti-Buero y el anti-Cela, y tantos otros antis* (F. Umbral, *La noche que llegué al café Gijón*, 123).
> Das war auch die Stunde der Hasser, als der Anti-Buero und der Anti-Cela und so viele andere „Antis" auf den Plan traten[230].

526. *Uno(s) ... otro(s)* – mit oder ohne Artikel[231] – hat distributive Bedeutung und entspricht dem deutschen „der eine ... der andere", bzw. im Plural: „die einen ... die anderen", „manche ... andere". Die Wörter (oder eins von ihnen – siehe Beispiel e) können gleichermaßen im Femininum vorkommen, und man kann auch die sächlichen Formen *lo uno ... lo otro* finden.

> a. *Unos cantaban, otros bailaban* (A. Bello, *Gramática*, 331).
>   Die einen sangen, die anderen tanzten.
> b. *De sus hijos el uno se dedicó a las armas y el otro a las letras* (A. Bello, *Gramática*, 333).
>   Von seinen beiden Söhnen schlug der eine die militärische und der andere die literarische Laufbahn ein.
> c. *Me ha sorprendido más lo uno que lo otro* (D. Ridruejo, *Casi unas memorias*, 21).
>   Mich hat das eine mehr überrascht als das andere.

Unos ... otros – mit oder ohne Artikel – ist manchmal auch durch „einander" zu übersetzen:

> d. *Amaos los unos a los otros* (*El Imparcial*, 19.8.1979, 5).
>   Liebt einander.

(El) uno y (el) otro bedeutet „beide" oder „zusammen":

> e. *La una y el otro habían transformado rápidamente a la muchacha*
>   (D. Ridruejo, *Casi unas memorias*, 46).
>   Zusammen hatten sie und er das Mädchen schnell verwandelt.
> f. *El peligro ronda siempre a uno y otro interesados* (F. Umbral, *Los amores diurnos*, 117).
>   Die Gefahr droht immer beiden Betroffenen.

Andere Möglichkeiten der Übersetzung von „beide" sind *los dos* und (jedoch hauptsächlich in der Schriftsprache) *ambos* [f. *ambas* – (mit den weniger gebräuchlichen Varianten *ambos a dos, entrambos, entrambos a dos*)].

527. Der Ausdruck *una y otra vez* [mit der (selteneren) Variante *una vez y otra*] bedeutet: „mehrmals", „wiederholt" u.ä.

---

[230] A. Buero Vallejo und C. J. Cela sind zwei der bedeutendsten spanischen Schriftsteller der Gegenwart. Beide sind Mitglieder der *Real Academia Española*. In dieser Grammatik finden sich übrigens zahlreiche Beispiele, die aus ihren Werken entnommen sind. Das Café *Gijón* ist ein bekanntes Künstlercafé in Madrid.

[231] In der Praxis wird der Bedeutungsunterschied, der zwischen *el uno ... el otro* (oder: *los unos ... los otros*) und *uno ... otro* (oder: *unos ... otros*) bestehen soll, immer weniger berücksichtigt. Siehe dazu: *Esbozo*, 235, und S. Fernández (*Gramática española*, 409–410 – mit zahlreichen Beispielen).

> *Llegan a la conclusión de que teléfono es una palabra muy hermosa y la repiten una y otra vez* (F. Umbral, *La noche que llegué al café Gijón*, 133–134).
> Sie kommen zu dem Schluß, daß „Telefon" ein sehr schönes Wort sei, und wiederholen es mehrere Male.

528. Ausdrücke wie *el otro día* („neulich"), *la otra noche* („neulich abends") bezeichnen eine nahe Vergangenheit, die jedoch weiter als gestern zurückliegt[232]. In manchen lateinamerikanischen Ländern bezieht sich *otro* auf die Zukunft und bedeutet „(der) kommende": *el otro domingo* (→ „am kommenden Sonntag")[233].

> *Veremos, pase la otra semana* (R. Arlt, *El juguete rabioso*, 207).
> Wir werden sehen, kommen Sie nächste Woche vorbei.

529. Der *Esbozo* weist darauf hin, daß *otro* in manchen Fällen beinahe den Wert einer Ordnungszahl hat. Es ist dann synonym mit *segundo* („zweiter"). So bedeutet *otra vez* („noch einmal", „erneut") eigentlich: *una segunda vez*. In solchen Konstruktionen kann *otro* ohne Bedeutungsänderung durch *más* ersetzt werden: *otra vez = una vez más*; *sin otra preocupación = sin más preocupación* („ohne eine andere Besorgnis als ...")[234].

530. Im Unterschied zum deutschen „andere(r)" steht *otro* (mit oder ohne Artikel) gewöhnlich vor dem Zahlwort, zu dem es gehört.

> a. *Los otros dos* (S. Fernández, *Gramática española*, 463).
> Die beiden anderen.
>
> b. *Otras dos mujeres brillantes del café eran María Antonia Dans y Eugenia Serrano* (F. Umbral, *La noche que llegué al café Gijón*, 126).
> Zwei andere aufsehenerregende Frauen im Café waren María Antonia Dans und Eugenia Serrano.
>
> c. *El español ha resistido a la autoridad en otras mil cosas* (F. Díaz-Plaja, *El español y los siete pecados capitales*, 260).
> Der Spanier hat sich schon in zig anderen Fällen der Autorität widersetzt.

531. Eine Konstruktion mit vorangestelltem *otro* ist auch möglich, wenn *otro* neben *cualquiera* steht oder neben Wörtern, die eine (unbestimmte) Menge bezeichnen, z. B. *poco, mucho* u.ä.

> a. *Fue día de trabajo como otro cualquiera* (F. Franco Araujo-Salgado, *Mi vida junto a Franco*, 96).
> Es war ein Arbeitstag wie jeder andere auch.
> Man könnte auch sagen: *... como cualquier otro.*
>
> b. *¿No quieres otro poco?* (J. Goytisolo, *Duelo en el paraíso*, 200).
> Möchtest du nicht noch etwas?
> Hier ist die Umstellung nicht möglich: *... poco otro.*

---

[232] Siehe dazu S. Fernández, *Gramática española*, 310, Fußnote 1.
[233] Cf. C. Kany, *Sintaxis hispanoamericana*, 174.
[234] Siehe *Esbozo*, 235.

c. *Las golondrinas y otras muchas aves inmigran en bandadas desde regiones más cálidas* (J. VALERA, ohne Bezug angeführt von J. COSTE & A. REDONDO, *Syntaxe de l'espagnol moderne*, 271).
Schwalben und viele andere Vögel ziehen in Schwärmen aus wärmeren Regionen hierher.

Die Übersetzung von „viele andere" („wenige andere", „einige andere" ...) kann sowohl *otros muchos* als auch *muchos otros* (*otros pocos* ~ *pocos otros, otros algunos* ~ *algunos otros* ...) lauten[235]. *Otro(s)* steht immer NACH *alguno* und *ninguno*, es sei denn, *alguno* wird mit negativer Bedeutung verwendet (siehe dazu weiter oben, Nr. 445).

532. *Otro* verliert seine eigentliche Bedeutung [nämlich „andere(r)"] in etwas pleonastischen Konstruktionen, in denen es, augenscheinlich mit emphatischer Absicht, neben einem Demonstrativpronomen steht, sowie manchmal vor einem Zahlwort (in Fällen, in denen *otro* ungefähr als Synonym von *más* verwendet wird).

a. *La señorita Elvira devolvió los dos tritones al cerillero: Y este otro para ti* (C. J. CELA, *La colmena*, 55).
Fräulein Elvira gab die beiden „Tritones" (= Zigarren) dem Zigarettenverkäufer zurück: „Und hier noch eine für dich."
b. *Los precios del petróleo bajarán otros cinco dólares* (*Cinco días*, 7.5.1983, 25).
Die Preise für Erdöl werden erneut um fünf Dollar sinken.
otros cinco dólares = *cinco dólares más* (was die Nuance „NOCH einmal fünf Dollar" einschließt).

533. In Vergleichen oder in Sätzen, in denen ein Unterschied ausgedrückt wird, kann das auf „andere(r)" folgende „als" mit *que* oder mit *de* übersetzt werden (→ *otro que, otro de*)[236].

534. Eine mögliche Variante von *de (los) otros* ist *ajeno* [vor allem in der Schriftsprache (→ „fremd", „von jemand anderem")][237].

a. *El miedo ajeno ayuda a superar el propio* (C. MARTÍN GAITE, *El cuarto de atrás*, 209).
Die Angst der anderen hilft, die eigene Angst zu überwinden.
b. *Estábamos en manos ajenas* (C. PÉREZ MERINERO, *Las reglas del juego*, 147).
Unser Schicksal lag in fremden Händen.

Hier sei auch auf das Syntagma *lo otro* hingewiesen, das etwas Unbekanntes, Geheimnisvolles ... impliziert:

---

[235] Siehe *Esbozo*, 235. Die erste Konstruktion ist jedoch häufiger (cf. S. FERNÁNDEZ, *Gramática española*, 447).
[236] Siehe dazu ausführlicher: S. FERNÁNDEZ, *Gramática española*, 450.
[237] *Ajeno* kann auch bedeuten: „nicht entsprechend", „nicht im Zusammenhang stehend mit". Ihm folgt dann die Präposition *a* (→ *por razones ajenas a mi voluntad* = „aus Gründen, die ich nicht zu verantworten habe").

c. *Y desde allí, desde lo otro,*
    (esa música) deviene como una evidencia
    [Verse von F. Aguirre, *La otra música*, 16 – in einem Brief vom 28. März 1990 schrieb mir die Dichterin bezüglich des Gebrauchs von *lo otro* in diesem Beispiel: „he tratado de significar lo desconocido, el misterio, tanto espiritual como natural" („ich habe versucht, das Unbekannte, das Geheimnis, sowohl des Spirituellen als auch der Natur, zum Ausdruck zu bringen")].
    Und von dort, vom Anderen her, wird diese Musik ganz verständlich.

§ 8. DEMÁS

535. *Demás* ist synonym mit *otros*, wenn dieses „andere", „übrige" bedeutet. Es kann sowohl adjektivisch (dann nur vor Substantiven im Plural oder vor Kollektiva) als auch substantivisch gebraucht werden und ist in Genus und Numerus unveränderlich.

a. *Lo malo de la primera cana es que los demás pelos se contagian* (R. Gómez De La Serna, *Greguerías*, 252).
    Das schlimme am ersten grauen Haar ist, daß es die übrigen Haare ansteckt.
b. *Un buen hombre es un hombre bueno para los demás* (M. De Unamuno, *Ensayos*, angeführt in *Esbozo*, 235).
    Ein guter Mann ist jemand, der für andere gut ist.
c. *Toda la demás gente lo vio* (M. Puig, *Maldición eterna a quien lea estas páginas*, 11).
    Alle anderen Leute sahen es.

536. *Demás* kann, ebenso wie *otros*, auch ohne Artikel stehen, aber nur am Ende eine Aufzählung in der zusammenfassenden Formel *y demás*[238].

... y demás camelos estúpidos (A. D. Cañabate, angeführt in *Esbozo*, 235).
... und andere dumme Gerüchte.

537. *Lo demás* bedeutet: „der Rest", „alles andere".

No me importa lo demás (DUE, I, 884).
Der Rest ist mir egal.

538. *Demás* darf nicht mit *de más* verwechselt werden (siehe dazu Nr. 651).

---

[238] Siehe dazu: S. Fernández, *Gramática española*, 451.

§ 9. CADA

539. *Cada* ist unveränderlich. Es wird nur adjektivisch gebraucht[239] und entspricht dem deutschen „jede(r)".

    a. *Cada niño recibió su juguete* (DUE, I, 449).
       Jedes Kind erhielt sein Spielzeug.
    b. *Cada oveja con su pareja* (DUE, II, 595).
       Gleich und gleich gesellt sich gern.
    c. *Cada nuevo amigo nos perfecciona* (angeführt von M. Seco, *Diccionario de dudas*, 80).
       Jeder neue Freund macht uns vollkommener.

540. Wenn auf *cada* ein Zahlwort (mit Ausnahme von *uno*) folgt oder ein Wort wie *cierto, mucho, poco* ..., das eine (unbestimmte) Menge bezeichnet, bedeutet es „alle".

    a. *Sólo llega una vez cada cien años* (G. García Márquez, *Cien años de soledad*, 323).
       Das passiert alle hundert Jahre einmal.
    b. *Subieron despacio, parándose cada pocos pasos, pues el compañero se encontraba aún flojo* (J. A. De Zunzunegui, *El barco de la muerte*, 125).
       Sie gingen langsam hinauf, wobei sie alle paar Schritte anhielten, denn ihr Kamerad fühlte sich noch schwach.
    c. *Se subía cada poco las gafas con su dedo grueso* (F. Umbral, *La noche que llegué al café Gijón*, 118).
       Alle naselang schob er mit seinem Daumen die Brille nach oben.
    d. *Me metía el botón del cuello de la camisa cada cierto tiempo, para que (yo) no lo advirtiera* (M. Delibes, *Señora de rojo sobre fondo gris*, 55).
       Sie versetzte mir in bestimmten zeitlichen Abständen den Knopf am Hemdkragen, damit ich es nicht merkte.
       (Es geht um eine Frau, die den Knopf am Hemd ihres Mannes versetzt, damit dieser nicht merkt, daß er immer dünner wird.)

541. *Cada uno (cada una), cada cual* und (im amerikanischen Spanisch) *cada quien* sind zusammengesetzte Pronomen und bedeuten: „jedermann", „(ein) jeder"[240]. Humoristische Varianten sind: *cada* (oder *todo*) *quisque, cada hijo de vecino*.

    a. *Ya desde el segundo domingo que se hizo baile cada uno tenía echado el ojo a su cada cual* (S. Lorén, *La rebotica*, 314).
       Schon ab dem zweiten Sonntag, an dem getanzt wurde, hatte sich jedermann seinen Partner ausgeguckt.

---

[239] In der gesprochenen Sprache wird das Substantiv, das einen zum Verkauf angebotenen Gegenstand bezeichnet, in Sätzen wie *Cien pesetas cada* [(„hundert Peseten das Stück") z. B. anstelle von: *Cien pesetas cada corbata* (*corbata* = Krawatte)] manchmal weggelassen – cf. S. Fernández (*Gramática española*, 443, Fußnote) und *Esbozo*, 236.

[240] Zu einem möglichen Bedeutungsunterschied siehe: *Esbozo*, 236, und S. Fernández (*Gramática española*, 444).

b. *Cada quien tenía una explicación* (G. García Márquez, *El amor en los tiempos del cólera*, 458).
Jeder hatte eine Erklärung.

Anmerkungen

542. *Cada* hat zuweilen eine verstärkende Bedeutung, die vor allem häufig einen quantitativen Aspekt hervorhebt.

Que Dios te oiga, porque hay por el mundo cada granuja suelto (J. A. De Zunzunegui, *El hijo hecho a contrata*, 112).
Dein Wort in Gottes Ohr. Schließlich ist die Welt voller Gauner.

543. In der Volkssprache (und in Texten, die sie wiedergeben) wird *cada* manchmal zu *ca* verkürzt.

En estos pueblos hay a lo mejor ca veterinario [W. Beinhauer, *El español coloquial*, 107 – mit der Bemerkung, daß *veterinario* hier *médico malo* („schlechter Arzt") bedeute].
In diesen Dörfen findet man womöglich nur einen Viehdoktor.

§ 10. BASTANTE, DEMASIADO, TANTO, VARIOS

A. „Bastante"

544. *Bastante* ist im Genus unveränderlich. Dagegen hat es – im Unterschied zum deutschen Adverb „genug" – eine Pluralform: *bastantes*. Je nach Kontext lautet die Übersetzung: „ausreichend", „genug" oder „ziemlich (viel)", „recht (viel)".

a. *No tiene bastante inteligencia para comprenderlo* (DUE, I, 355).
Er ist nicht intelligent genug, um es zu verstehen.
b. *Había leído bastantes cosas mías* (P. Baroja, *Final del siglo XIX y principios del XX*, in O. C., VII, 800).
Er hatte recht viel von mir gelesen.
c. *– ¿Dispones de muchos datos?*
– Tengo bastantes.
„Verfügst du über viele Angaben?" „Ich habe genug." (oder: „Ich habe recht viele.")

Als absolute Ausnahme ist folgendes Beispiel zu betrachten, in dem ein adjektivisch gebrauchtes *bastante* HINTER dem Substantiv steht:

d. *Hay mujeres para las que no hay saliva bastante* (C. J. Cela, *Cristo versus Arizona*, 118).
Es gibt Frauen, für die man nicht genug Speichel hat.

Es ist wohl wenig wahrscheinlich, eine derartige emphatisierende Formulierung in der gesprochenen Sprache anzutreffen.

Bastante kann auch als Adverb gebraucht werden. Siehe dazu die Nrn. 636–637.

B. „Demasiado"

545. *Demasiado* ist eine veränderliche Form (*demasiado, demasiada, demasiados, demasiadas*). Es kann adjektivisch und substantivisch gebraucht werden. Die Übersetzung lautet: „(all)zuviel", „zu groß".

> a. *Respiró profundamente y siguió diciendo: Hay ya demasiadas ruinas, demasiados muertos, demasiada hambre, demasiados sufrimientos* (A. M. DE LERA, *Las últimas banderas*, 192).
> Er holte tief Luft und fuhr fort: „Es gibt bereits zu viele Ruinen, zu viele Tote, zuviel Hunger, zuviel Leid."
> b. *Los manifestantes son muchos, son demasiados* (C. J. CELA, *San Camilo 1936*, 207).
> Es sind viele Demonstranten, zu viele.

Demasiado kann auch als Adverb gebraucht werden. Siehe dazu die Nrn. 642–650.

Anmerkungen

546. Ebenso wie beim deutschen „allzu" wird die Bedeutung von *demasiado* manchmal abgeschwächt und die Vorstellung von „übermäßig", „übertrieben", „in zu hohem Grade" geht offensichtlich verloren. *Demasiado* ist dann oft nicht viel mehr als eine Variante von *mucho* („viel").

> a. *Es curioso; no tenía demasiada sed, pero el agua me sabe buena* (S. LORÉN, *La rebotica*, 184).
> Es ist eigenartig; ich hatte nicht viel Durst, aber das Wasser schmeckt mir gut.
> b. *Pío García no es muchacho de demasiada salud* (C. J. CELA, *San Camilo 1936*, 314).
> Pío García ist kein allzu gesunder Junge.

In Lateinamerika wird *demasiado* regelmäßig als Synonym für *mucho* gebraucht[241].

547. In manchen Fällen steht vor *demasiado* ein bestimmter Artikel. Es hat dann den Wert eines Adjektivs mit intensiver Bedeutung.

> a. *Si he sido dura contigo fue a causa de la demasiada tirantez de mis nervios* (C. LAFORET, *Nada*, 262).
> Wenn ich dir gegenüber hart gewesen bin, dann wegen meiner allzu gereizten Nerven.
> b. *Los demasiados cigarrillos ...* (R. MONTERO, *Crónica del desamor*, 130).
> Die übermäßig vielen Zigaretten ...

548. Einen intensivierenden Wert hat *demasiado* auch in folgendem Satz (der übrigens mit der weiter oben in Nr. 519 angeführten Wendung verglichen werden kann):

> „*Demasiada mujer para un solo hombre*", *había dicho de ella el capitán Jáuregui* (D. MEDIO, *Nosotros, los Rivero*, 38).
> „Diese Frau ist zuviel für einen Mann", hatte Kapitän Jáuregui von ihr gesagt.

---

[241] Siehe dazu C. KANY (*Sintaxis hispanoamericana*, 349) und auch DUE, I, 885.

549. Als Ausnahme (und der Schriftsprache zugehörig) ist im heutigen Spanisch die Nachstellung des adjektivisch gebrauchten *demasiado* zu betrachten.

> *En sus ojeras hay algo de cristal y en ellas sufre ella la transparentación de los amores demasiados* (R. GÓMEZ DE LA SERNA, *Greguerías*, 220).
> Die dunklen Ringe verleihen ihren Augen etwas Glasiges und lassen ihre Übertreibung in Sachen Liebe erkennen.

Die normale Konstruktion wäre: *los demasiados amores*. Mit der Umstellung der gebräuchlichen Wortfolge bezweckt der Autor einen besonderen stilistischen Effekt: er will deutlich machen, daß *demasiados* sowohl quantitativ als auch qualitativ zu interpretieren ist [→ *(amores) demasiados en número y en intensidad* – „zu viele und zu intensive Liebesbeziehungen"].

550. Einen eigenartigen (vorübergehenden?) Gebrauch von *demasiado* als „Modewort" findet man gegenwärtig im spanischen Argot.

> – *Eres demasiado, oye* (F. UMBRAL, *A la sombra de las muchachas rojas*, 13).
> „Jetzt übertreibst du aber etwas."

In seinem *Diccionario de argot* (von 1985 – S. 101) gibt J. M. OLIVER zu dieser besonderen Bedeutung u. a. folgenden Kommentar: „(demasiado) indica que la situación de que se habla se halla al límite máximo posible" (*demasiado* bezeichnet die Situation, von der die Rede ist, als absolute Extremsituation). Als Variante führt OLIVER [das in den traditionellen Wörterbüchern (DRAE, DUE, VOX ...) nicht aufgenommene] *demasié* an[242].

C. „Tanto"

551. *Tanto* ist in Genus und Numerus veränderlich (*tanto, tanta, tantos, tantas*). Es kann sowohl adjektivisch als auch substantivisch gebraucht werden und bedeutet „soviel" [oder: „ebensoviel ... wie", in der Konstruktion *tanto(s) ... como*].

> a. *No podíamos prever que iba a venir tanta gente.*
>   Wir konnten nicht vorhersehen, daß so viele Leute kommen würden.
> b. *Hay tanto para mirar* (J. CORTÁZAR, *Nicaragua tan violentamente dulce*, 32).
>   Es gibt so viel zu sehen.
> c. *No tengo tanta suerte como él.*
>   Ich habe nicht so viel Glück wie er.

552. Der Gebrauch von / *otro* + *tanto* / wurde weiter oben in den Nrn. 524–525 behandelt.

553. *Tanto* kann ebenfalls als Adverb gebraucht werden. Siehe dazu die Nrn. 639–641.

---

[242] *Demasié* findet sich mit dem genannten Wert auch bei V. LEÓN, *Diccionario de 'argot' español*, S. 65 [als Synonym für *demasiado*, *increíble* („unglaublich"), *inaudito* („unerhört", „noch nicht dagewesen")] und bei F. UMBRAL, *Diccionario cheli*, S. 85 und 243. Die Werke stammen aus dem Jahre 1981 bzw. 1983.

Anmerkungen

554. In bestimmten Fällen hat *tanto* eine Bedeutung, die mit der von *mucho* vergleichbar ist[243]. Es soll dann ein quantitatives Element hervorheben.

    a. *Adiós, tantas cosas a Pepe* (LARRA, *Artículos de costumbres*, 56).
       Tschüs, viele Grüße an Pepe.
    b. *Cada noche estudia hasta las tantas* (J. M. GIRONELLA, *Ha estallado la paz*, 222).
       Er studiert immer bis spät in die Nacht.
       Es handelt sich hier um eine elliptische Konstruktion, bei der *horas* („Stunden") wegfällt.

555. Nach einem Zahlwort, das ein Vielfaches von Zehn ausdrückt, bezeichnet ein auf die Konjunktion *y* folgendes *tantos* eine nicht näher bestimmte größere Menge. Das Zahlwort und eine mit ihm durch *y* verbundene Form von *tantos* können auch in einem Wort geschrieben werden.

    a. *El regente tenía unos treinta y tantos años* (P. BAROJA, *Aurora roja*, O. C., I, 568).
       Der Faktor[244] war zwischen dreißig und vierzig Jahre alt.
    b. *Todos los años se van a veranear a Lequeitio hacia el veintitantos de junio* (C. J. CELA, *San Camilo 1936*, 327).
       Jedes Jahr fahren sie so in der vierten Juniwoche nach Lequeitio in den Urlaub[245].

In derlei Fällen kann man anstelle von *tantos* auch *muchos, pocos* oder *y más* finden, vor allem, wenn ein Lebensalter bezeichnet werden soll:

    c. *Con sus cuarenta y muchos años* (F. GARCÍA PAVÓN, *El último sábado*, 21).
       Mit seinen weit über vierzig Jahren.
    d. *Un señor de unos cuarenta y más años* (C. TELLADO, *Necesito aprovechar la vida*, 76).
       Ein Herr in den Vierzigern.

Tantos ersetzt auch ein nicht näher bestimmtes Zahlwort in Ausdrücken wie

    e. *Página tantas* (S. FERNÁNDEZ, *Gramática española*, 454).
       Seite soundsoviel.

556. Von *tantos* kann durch Hinzufügen des Suffixes *-ísimo* ein Superlativ gebildet werden[246].

    a. *Hacía tantísimo tiempo que no se hablaba de aquello que hasta se había olvidado* (S. LORÉN, *La rebotica*, 12).
       Darüber war dermaßen lange nicht mehr gesprochen worden, daß sie es sogar vergessen hatte.

---

[243] Siehe J. ALCINA FRANCH & J. M. BLECUA, *Gramática española*, 66.
[244] Es geht um den Faktor in einer Druckerei.
[245] Es ist schwierig, diese eigenartige spanische Konstruktion genau wiederzugeben, in der ja präzise und unbestimmte Elemente nebeneinander stehen:
hacia („um") + *el* („den") + *tantos*
    ↓   ↓   ↓
unbestimmt   best. Artikel   unbestimmt

b. *Además, no hay derecho a pagar tantísimo por un interior* (A. Buero Vallejo, *Historia de una escalera*, 48).
Außerdem ist es doch unerhört, soviel für eine Wohnung zahlen zu müssen, die nach dem Hof geht.

557. *Un tanto* hat den Wert eines adverbialen Ausdrucks und bedeutet „etwas", „ein wenig". Es ist synonym mit *algo* oder *un poco*.

Es un tanto gandul (DUE, II, 1261 – mit dem Kommentar, daß *un tanto* bei einem pejorativen Adjektiv euphemistisch gebraucht werde).
Er ist ein bißchen faul.

D. „Varios"

558. Als Indefinitpronomen kommt *varios* nur im Plural vor[247]. Es ist im Genus veränderlich: *varios, varias*. Es kann adjektivisch und substantivisch gebraucht werden und hat die Bedeutung „mehrere", „manche".

a. *Hay varias versiones de lo sucedido* (DUE, II, 1442).
Es gibt mehrere Versionen von den Ereignissen.
b. *Varios se marcharon antes del final de la función.*
Einige gingen vor Ende der Aufführung.

559. Als adjektivisch gebrauchtes Indefinitpronomen kann *varios (varias)* durch *diversos (diversas), distintos (distintas)* oder *diferentes* (= Maskulinum und Femininum) ersetzt werden. Mit der Bedeutung „manche", „mehrere" stehen diese Wörter immer vor dem Substantiv. Steht es nach dem Substantiv, so impliziert *varios (varias)* eine Nuance von Verschiedenheit. Letztgenannte Konstruktion findet sich nur in der Schriftsprache.

a. *Hay diferentes soluciones.*
Es gibt mehrere Lösungen.
b. *Gentes muy varias* (C. J. Cela, *El gallego y su cuadrilla*, 283).
Leute aller Art.

560. Achtung! → Nach einem Substantiv bedeuten *diferentes, distintos* und *diversos*: „unterschiedliche".

Son dos soluciones diferentes [oder: *distintas* (manchmal: *diversas*)][248].
Es sind zwei verschiedene Lösungen.

---

[246] Nach M. Seco kommt der auf *-ísimo* gebildete Superlativ von *tanto* vor allem in der Umgangssprache vor (*Diccionario de dudas*, 355).
[247] Die Singularform *vario (varia)* ist stets ein Adjektiv (siehe *Esbozo*, 236) und bedeutet „verschieden", „veränderlich", „unstet".
[248] Die meisten meiner Informanten (ausgenommen Bar, Bos, Mar und Vaq) betrachten dieses nachgestellte *diversos* (selten im Singular → *es un problema diverso* – „das ist ein anderes Problem") als ungebräuchlich oder

§ 11. MISMO

561. *Mismo* ist in Genus und Numerus veränderlich (*mismo, misma, mismos, mismas*). Es kann in verschiedenen Funktionen und mit verschiedenen Bedeutungen gebraucht werden[249].

A. Adjektivischer Gebrauch

562. *Mismo* (mit vorangestelltem Artikel)[250] kann die Entsprechung des deutschen „derselbe" sein.

    a. *Este cuadro es del mismo pintor* (*Esbozo*, 412).
       Dieses Bild ist von demselben Maler.
    b. *Eran mozos de una misma edad* (*Esbozo*, 412–413).
       Die Jungen waren gleichaltrig.

563. *Mismo* kann ebenfalls „eigen" bedeuten. Es ist dann synonym mit *propio* (das in dieser Bedeutung jedoch vor allem in der Schriftsprache vorkommt[251]).

    Sería muy triste, tan triste como su misma historia (C. J.Cela, *Garito de hospicianos*, 238).
    Es wäre sehr traurig, so traurig wie seine eigene Geschichte.
    Man könnte auch sagen: ... *como su propia historia*.

564. Das Adjektiv *mismo* kann durch das sächliche *lo* substantiviert werden: *lo mismo* („dasselbe"). Auch hier könnte man *propio* (aber nur in der Schriftsprache[252]) anstelle von *mismo* verwenden.

    a. *Todos han dicho lo mismo.* ⎱ Alle haben dasselbe gesagt.
       Todos han dicho lo propio. ⎰

565. *Mismo* kann, ebenso wie das deutsche „selbst", nach Personalpronomen (auch reflexiven), nach Demonstrativpronomen und nach Substantiven gebraucht werden, um sie besonders hervorzuheben. Auch hier ist der Gebrauch von *propio* anstelle von *mismo* der geschriebenen (ja sogar affektierten) Sprache zuzuordnen[253].

---

    gespreizt. Laut Sen hört man es vor allem in Politikerreden. Bos hält den Gebrauch von *diverso* anstelle von *diferente* für einen Italianismus. Für Bar, Mar und Vaq ist es *in keinem Fall* akzeptabel.

[249] Man kann sich die Frage stellen, ob *mismo* strenggenommen in das Kapitel über die Indefinitpronomen gehört (siehe auch den Kommentar im *Esbozo*, 211). Aus praktischen Gründen schien es besser, die verschiedenen Möglichkeiten des Gebrauchs an einer Stelle zu behandeln, als sie über eine Vielzahl von Kapiteln zu verteilen. Es ist im übrigen schwierig, *mismo* nach präzisen Kriterien einzuordnen: so kann man beispielsweise feststellen, daß das deutsche „sogar" sich sowohl durch ein adjektivisches als auch durch ein adverbiales *mismo* übersetzen läßt (siehe Nr. 568), daß *lo mismo* eine substantivierte Form sein kann (mit der Bedeutung „dasselbe"), aber auch in einem adverbialen Ausdruck vorkommen kann (siehe Nr. 572) ...

[250] Gegenwärtig mit Präferenz für den bestimmten Artikel (cf. S. Fernández, *Gramática española*, 408).

[251] Cf. S. Fernández, *Gramática española*, 226.

[252] Cf. S. Fernández, *Gramática española*, 226.

[253] Cf. S. Fernández, *Gramática española*, 226.

a. *Él mismo me lo dio esta mañana* (R. H. Moreno-Durán, *El toque de Diana*, 251).
   Er selbst hat es mir heute morgen gegeben.
b. *Los solteros somos hombres que nos hemos casado con nosotros mismos*
   (M. Mihura, in F. Vizcaíno Casas, *Café y copa con los famosos*, 208).
   Wir Junggesellen sind Männer, die mit sich selbst verheiratet sind.
c. *En Roma, la mujer inicia la lenta reconquista de sí misma* (O. Paz, *Corriente alterna*, 14).
   In Rom beginnt die Frau die langsame Rückeroberung ihrer selbst.
d. *¿Sabe quién le digo, verdad? – ¡Pues claro!, la morenita de gafas. – Esa misma*
   (E. Parra, *Soy un extraño para ti*, 118).
   „Sie wissen, wen ich meine, nicht wahr?" „Ja, natürlich! Die kleine Brünette mit der Brille." „Genau die."
e. *Conviene tener presente lo que la RAE misma dice en su „Advertencia" en el 'Esbozo'* (A. Rabanales, *¿Qué es hablar correctamente?*, 51).
   Man sollte sich vor Augen führen, was die Real Academia selbst in ihrer „Advertencia" im *Esbozo* sagt.

566. *Anmerkungen*

Das adjektivisch gebrauchte *mismo* bildet einen (häufig vorkommenden) Superlativ auf *-ísimo*: *mismísimo*. Diese Form dient zur emphatischen Bezeichnung der Identität oder des Wesens einer Person oder Sache. Wenn *mismísimo* sich (wie meist der Fall) auf Personen bezieht, entspricht es dem deutschen „höchstpersönlich".

a. *¿Pero si ha sido el mismísimo don Ventura el que me lo ha mandado?*
   (S. Lorén, *La rebotica*, 164).
   Aber wenn es mir Don Ventura doch höchstpersönlich zugeschickt hat?
b. *¡Este destino es el mismísimo demonio!* (C. J. Cela, *El gallego y su cuadrilla*, 118).
   Dieses Schicksal ist der leibhaftige Teufel!
c. *De esa manera Pilar podría visitar el piso en que vivió Mateo y tal vez pudiera trabajar en su mismísimo despacho* (J. M. Gironella, *Un millón de muertos*, 468).
   Auf diese Weise könnte Pilar die Wohnung besuchen, in der Mateo gelebt hatte, und vielleicht könnte sie sogar in seinem Studierzimmer selbst arbeiten.
d. *Este „desvelar", como habrán advertido mis lectores, es el mismísimo „dévoiler" francés* (J. Casares, *Cosas del lenguaje*, 149).
   Dieses *desvelar* ist, wie meine Leser sicher bemerkt haben, nichts anderes als das französische *dévoiler*.

567. In Vergleichssätzen wird man zumeist *(el) mismo (...) que* („derselbe wie") finden. Das deutsche „wie" wird jedoch manchmal auch mit *de* wiedergegeben[254].

---

[254] Siehe dazu differenzierter: S. Fernández, *Gramática española*, 137. In Ausnahmefällen findet man *mismo ... como* (z. B.: F. Franco Salgado-Araujo, *Mi vida junto a Franco*, 159). Möglicherweise erklärt sich diese Konstruktion als analoge Bildung zu *tanto ... como*.

B. Adverbialer Gebrauch

568. *Mismo* ist eine mögliche Übersetzung des deutschen „sogar", „selbst". Es steht dann meist vor dem Substantiv und kongruiert mit ihm wie ein Adjektiv. Auch hier ist *propio* (in der Schriftsprache) eine mögliche Variante.
Manchmal folgt *mismo* dem Substantiv. In der Regel ist es dann unveränderlich[255]. In solch einer Konstruktion kann *mismo* nicht durch *propio* ersetzt werden.

a. *En la misma Valencia no hay melón mejor que este* (*Esbozo*, 412).
Selbst in Valencia findet man keine besseren Melonen als diese.
Man könnte auch sagen: *En la propia Valencia ...*

b. *En Valencia mismo no hay melón mejor que este* (*Esbozo*, 412).
Selbst in Valencia findet man keine besseren Melonen als diese.

c. *En los propios Estados Unidos, en todas partes, se integran las familias judías* (C. Fuentes, *La cabeza de la hidra*, 131).
Sogar in den Vereinigten Staaten werden die jüdischen Familien überall integriert.

d. *Cuando un amor es verdadero ni la misma muerte puede nada contra él* (A. Casona, *La dama del alba*, 100).
Gegen wirkliche Liebe ist sogar der Tod machtlos.

Wenn *mismo* zu einem Substantiv gehört, das Personen bezeichnet, wird es vorzugsweise vor das Substantiv gestellt:

e. *Los mismos Reyes presenciaron la función.*
Sogar das Königspaar wohnte der Aufführung bei.
Möglich ist aber auch: *Los Reyes mismos ...*[256].

Im folgenden Beispiel bezieht sich das nachgestellte *mismos* auf ein Substantiv, das keine Personen bezeichnet:

f. *Pero en nuestros días mismos, un eminente lingüista ha escrito ...* (F. Lázaro Carreter, *Estudios de lingüística*, 208).
Doch selbst in unseren Tagen hat ein hervorragender Sprachwissenschaftler geschrieben ...

Anmerkungen

569. In dieser Bedeutung erhält *mismo* manchmal das Suffix *-ito*, das emphatische Funktion hat.

---

[255] M. Seco führt jedoch Fälle an, in denen das nachgestellte *mismo* veränderlich ist [→ *en España mismo* oder (vorzugsweise: *en España misma* („sogar in Spanien") – *Diccionario de dudas*, 262]. Siehe im übrigen das unter f angeführte Beispiel (übernommen von einem Mitglied der *Real Academia Española*).

[256] Alle meine Informanten akzeptieren ein nachgestelltes (und veränderliches) *mismo(s)*. Für einige von ihnen (Bos, Lap, Lop, Llo, Mor, Rab, Vaq) hat diese Konstruktion den Vorteil, daß sie Zweifel ausschließt (→ kontextfrei kann *los mismos Reyes* ja auch bedeuten: „dasselbe Königspaar"). Nach Aussage eines Informanten ist die Nachstellung von *mismo* als „einem ausgesprochen niedrigen Sprachniveau zugehörig" (*muy vulgar*) zu betrachten (Bus), wohingegen ein anderer diese Formulierung „vorzugsweise" benutzen würde (Mor). Für Mon und Zor – aber im Gegensatz zu allen anderen Informanten – ist ein nachgestelltes und unveränderliches *mismo* nicht undenkbar (→ *los Reyes mismo*). Ersterer erklärte, derartige Konstruktionen bereits gehört zu haben. Mar würde in jedem Fall die Formulierung *los propios Reyes* vorziehen.

> *Va todas las semanas una y dos veces hasta la mismita Francia con el tren* (J. A. DE ZUNZUNEGUI, *La vida como es*, 497).
> Jede Woche fährt er mehrmals mit dem Zug die ganze Strecke bis nach Frankreich.

570. Eine tautologische Konstruktion, in der das „sogar" zweimal ausgedrückt wird (durch *hasta* und durch *mismo*) findet sich in

> *Hasta el mismo jefe de ellos, Trujillo, pide algo de comer* (A. M. DE LERA, *Las últimas banderas*, 167).
> Sogar ihr eigener Chef, Trujillo, bestellt etwas zum Essen.

571. In der Volkssprache findet sich auch die Form *mismamente*, die mit „regelrecht", „richtig" wiedergegeben werden kann und eigentlich einen Vergleich konnotiert.

> *Tú, una mujer casada con el hombre más bueno y honrado del barrio, porque el señor Benito es mismamente un ángel ...* (J. A. DE ZUNZUNEGUI, *La vida como es*, 158).
> Du, eine Frau, die mit dem anständigsten und ehrlichsten Mann des Viertels verheiratet ist, denn Herr Benito ist ein regelrechter Engel ...

572. *Lo mismo que* (oder: *lo mismo ... que*) bedeutet: „sowohl ... als auch"[257].

> a. *Después del verbo esperar se puede encontrar el indicativo lo mismo que el subjuntivo.*
> Nach dem Verb *esperar* kann man sowohl den *indicativo* als auch den *subjuntivo* finden.
> Man könnte ebenfalls sagen: *... se puede encontrar lo mismo el indicativo que el subjuntivo.*

Der adverbiale Ausdruck *lo mismo que* bedeutet „auf dieselbe Weise" in einem Satz wie

> b. *El plural del adjetivo se forma lo mismo que el del substantivo* (*Esbozo*, 180, Fußnote 1).
> Der Plural des Adjektivs wird auf dieselbe Weise gebildet wie der des Substantivs.

573. *Mismo* kann auch die Bedeutung von Adverbien der Zeit, des Ortes oder der Art und Weise intensivieren oder präzisieren. Es ist dann unveränderlich und steht hinter dem Adverb[258].

> a. *¿Por qué no lo dijiste ayer mismo?* (A. CASONA, *La dama del alba*, 106).
> Warum hast du das nicht schon gestern gesagt?
> b. *Aquí mismo os espero* (*Esbozo*, 412).
> Genau hier warte ich auf euch.

---

[257] Als Variante könnte man *tanto (...) como* gebrauchen (siehe dazu Nr. 706).
[258] Vorangestellt bedeutet *mismo*: „sogar".

574. *Lo mismo* wird in der Volkssprache auch in der Bedeutung „vielleicht" gebraucht.

> *Lo mismo me toca el gordo* (R. LAPESA, *Historia de la lengua española*, 473).
> Vielleicht gewinne ich den Hauptpreis.

575. C. KANY weist auf den „übermäßig freien" Gebrauch des adverbialen *mismo* in manchen lateinamerikanischen Ländern hin. Man kann das Wort u. a. als Äquivalent zu *precisamente* („genau") und *es cierto* („es ist sicher") antreffen. Ein Satz wie *¿Ella mismo se va mañana?* bedeutet: „Ist es sicher, daß sie morgen abreist?"[259].

C. Substantivischer Gebrauch

576. *El mismo, la misma, los mismos, las mismas* sind die Entsprechungen für die deutschen Wörter „derselbe", „dieselbe" usw.

> *No siempre pueden ganar los mismos.*
> Es können nicht immer dieselben gewinnen.

577. *Mismo* wird im heutigen Spanisch immer häufiger in Formulierungen benutzt, in denen es eigentlich ein Demonstrativ-, Possessiv-, Relativ- oder Personalpronomen ersetzt. Zwar wird im *Esbozo* und im (neueren) *Manual de español urgente* von der Verwendung dieser Konstruktion abgeraten[260], doch findet man auch in der Presse und bei guten zeitgenössischen Schriftstellern Beispiele dafür.

> a. *En Madrid ha pronunciado una conferencia el embajador inglés. Al final de la misma el embajador afirmó que ...* (J. M. GIRONELLA, *Ha estallado la paz*, 591).
> In Madrid hat der englische Botschafter einen Vortrag gehalten. Zum Abschluß (dieses Vortrags) erklärte er ...
> In Anwendung des im *Esbozo* Gesagten könnte die korrekte Version lauten: *Al final de la cual afirmó*, oder auch *Al final de ella ...*
> b. *Le dije que tenía en mi poder las críticas, pero que, dado su poco interés y el carácter negativo de las mismas, no había considerado oportuno enviárselas* (F. DÍAZ-PLAJA, *El español y los siete pecados capitales*, 231).
> Ich sagte ihm, daß ich die Kritiken besäße, daß ich es aber angesichts ihres geringen Wertes und ihres negativen Charakters nicht für angebracht gehalten hätte, sie ihm zu schicken.
> Dem *Esbozo* zufolge sollte man besser sagen: *... y su carácter negativo ...*
> c. *Respecto a la ley de Peligrosidad Social recordó que la homosexualidad ha desaparecido de la misma* (*El País*, 12. 2. 1983, 22).
> In bezug auf das Gesetz zur „Verhinderung von Gefahren für die Gesellschaft" erinnerte er daran, daß die Homosexualität darin nicht mehr vorkomme.

---

[259] *Sintaxis hispanoamericana*, 365.
[260] Seite 212 bzw. 45. Siehe in diesem Zusammenhang auch: S. FERNÁNDEZ, *Gramática española*, 265, und M. SECO, *Diccionario de dudas*, 262 (mit der „neutralen" Bemerkung, dieser Gebrauch sei – vor allem in der Verwaltungssprache – häufig anzutreffen).

§ 12. TAL

578. *Tal* ist im Genus unveränderlich, im Numerus dagegen veränderlich (die Pluralform lautet *tales*).

A. Adjektivischer Gebrauch

579. In dieser Funktion kann *tal* synonym mit *semejante* („derartig") sein. Es hat dann eine gewisse demonstrative Bedeutung. Ein Unterschied zur entsprechenden Struktur im Deutschen – zumindest vor einem Substantiv im Singular – besteht darin, daß *tal* meist ohne unbestimmten Artikel gebraucht wird. Das Wort kann in diesem Fall eine (aus dem Kontext ersichtliche) intensivierende oder pejorative Bedeutung haben (vgl. Beispiel a).

    a. *No quiero nada con tal individuo* (DUE, II, 1252).
       Mit so einem will ich nichts zu tun haben.
    b. *¿Qué vendrá a hacer esta tropa a tales horas?* (J. ALCINA FRANCH & J. M. BLECUA, *Gramática española*, 680).
       Was wollen die Leute hier zu dieser Stunde? (oder: ... zu einer solchen Stunde?)

580. Dagegen steht ein unbestimmter Artikel, wenn auf *tal* ein Personenname folgt (die Übersetzung lautet dann: „ein gewisser ...") und wenn *tal* hinter dem Substantiv steht.

    a. *Los indios mataron a un tal Molina* (R. J. SENDER *La aventura equinoccial de Lope de Aguirre*, 178).
       Die Indianer haben einen gewissen Molina umgebracht.
    b. *Con una fuerza tal (que ...)* [M. SECO, *Diccionario de dudas*, 321 (5. Aufl.)].
       Mit einer derartigen Kraft (, daß ...).

581. Nach einem bestimmten Artikel bedeutet *tal* „betreffend", „bewußt".

    El tal león es mayor que una montaña (M. DE CERVANTES, *Quijote*, 430).
    Der bewußte Löwe ist größer als ein Berg.

582. In Kombination mit *cual* hat *tal* korrelativen Wert in Sätzen wie

    Cual la madre, tal la hija (*Esbozo*, 530).
    Wie die Mutter, so die Tochter.
    Man könnte gleichfalls sagen: *tal la hija cual la madre*.

583. Die Wortfolge *tal cual* kann jedoch auch dieselbe Bedeutung haben wie *alguno que otro*[261]. Mit diesem Wert trifft man *tal cual* vor allem in der literarischen Sprache an[262].

---

[261] *Alguno que otro* wird im Singular gebraucht, hat aber Pluralbedeutung: „einige", „manche". Siehe dazu Nr. 443.
[262] J. COSTE & A. REDONDO, *Syntaxe de l'espagnol moderne*, 273. Siehe auch M. SECO, der hervorhebt, daß *tal cual* mit dieser Bedeutung nur vor Substantiven im Singular vorkommen könne (*Diccionario de dudas*, 322).

> *Valleruela es pueblo pobre, con algún que otro prado y tal cual viñedo* (C. J. Cela, ohne Bezug angeführt von J. Coste & A. Redondo, *Syntaxe de l'espagnol moderne*, 271).
> Valleruela ist ein armes Dorf, mit ein paar Weiden und hier und da einem Weinberg.

584. Nach einem Substantiv hat *tal cual* den Wert eines Adjektivs und ist synonym mit *pasadero, mediano ...* („mittelmäßig").

> *Es un muchacho tal cual* [M. Seco, *Diccionario de dudas*, 322 (5. Aufl.)].
> Der Junge ist nur mittelmäßig.

B. Substantivischer Gebrauch

585. *Tal* kommt manchmal als Synonym für *tal cosa, esto, eso* (mit der Bedeutung „so etwas", „das") vor. Dieser Gebrauch gilt heute als ausschließlich literarisch und sogar als archaisierend[263].

> a. *No haré tal* (E. Martínez Amador, *Diccionario gramatical*, 1392).
>   So etwas werde ich nicht tun.
> b. *No digo yo tal* (R. Pérez De Ayala, angeführt von S. Fernández, *Gramática española*, 266 – dasselbe Beispiel im *Esbozo*, 217).
>   Das sage ich nicht.

586. Nach einem bestimmten Artikel und nach *otro* kann (ein substantivisch gebrauchtes) *tal* bedeuten: „der Betreffende".

> *El tal no volvió más por aquí* (DUE, II, 1252).
> Der Betreffende ist hier nicht mehr aufgetaucht[264].

Una tal kann bedeuten: *una prostituta* („Prostituierte" – DUE, II, 1253).

587. *Tal ... tal* (ohne Artikel) hat einen distributiven Wert: „der eine ... der andere". Diese Konstruktion ist veraltet, und im modernen Spanisch würde man eher *(el) uno ... (el) otro* oder (in der Schriftsprache) *quien ... quien* finden.

588. Eine indefinite Bedeutung hat *tal ... cual* in einem Satz wie

> *Habían clasificado al mundo. Tal era admirable; cual detestable* (P. Baroja, *Mala hierba*, in O. C., I, 381).
> Sie hatten die Menschen in Kategorien eingeteilt. Die einen verdienten Bewunderung, die anderen waren zu verabscheuen.

589. *Y tal* hat dieselbe vage Bedeutung wie das deutsche „und so", „usw.". Varianten für *y tal* sind *y tal y tal, y tal y cual* sowie *y todo*. Besonders die drei erstgenannten Ausdrücke scheinen immer grö-

---

[263] Cf. S. Fernández, *Gramática española*, 266.
[264] Weitere Beispiele, auch mit *otro*, finden sich bei S. Fernández, *Gramática española*, 267–268.

ßere Verbreitung zu finden und werden bei einigen Sprechern zu einer regelrechten Marotte. Alle diese Ausdrücke gehören der Umgangssprache an.

> *Es un chico alegre. ¡Vamos! Quiero decir amable y tal* (J. M. GIRONELLA, *Los cipreses creen en Dios*, 123).
> Er ist ein fröhlicher Junge. Also, ich meine freundlich und so.
> Man könnte auch sagen: ... *Quiero decir amable y todo.*

C. Adverbialer Gebrauch

590. Häufig findet man (vor allem in der gesprochenen Sprache) den fragenden adverbialen Ausdruck *¿Qué tal?*, der in der Bedeutung des deutschen „Wie geht's" oder „Was meinst du dazu?" u.ä. gebraucht wird, um sich nach einem Zustand oder einer Einschätzung zu erkundigen[265].

> a. *No te había visto. ¿Qué tal?* (J. GARCÍA HORTELANO, *Nuevas amistades*, 106).
> Ich hatte dich nicht gesehen. Wie geht's?
> b. *¿Qué tal tolera usted la leche?* (J. A. DE ZUNZUNEGUI, *La úlcera*, 162).
> Wie bekommt Ihnen Milch?
> c. *¿Qué tal ese libro?* (W. BEINHAUER, *El español coloquial*, 139, Fußnote 27).
> Was hältst du von dem Buch?

591. / *Tal* + *de* + Adjektiv / hat denselben Wert wie / *tan* + Adjektiv / und ist ein mögliches Äquivalent für das deutsche „so". In dieser Konstruktion fällt *tal* auch manchmal weg. Das Adjektiv kongruiert mit dem Pronomen oder Substantiv, auf das es sich bezieht.

> *Tal estaba de nerviosa que no supo contestar.*
> Sie war so nervös, daß sie nicht antworten konnte.
> Man könnte auch sagen: *Estaba de nerviosa que ...* oder auch *Estaba tan nerviosa que ...*

592. *Tal como* oder (die neuere Form) *tal y como* verstärken die Bedeutung von *como* („wie")[266].

> *El viaje iba saliendo tal y como lo imaginó* (J. M. GIRONELLA, *Ha estallado la paz*, 188).
> Die Reise verlief genauso, wie er es sich vorgestellt hatte.

593. Die umgangssprachliche Wendung *como si tal cosa* (Variante: *como si nada*) bedeutet: „als ob nichts geschehen wäre". Die adverbialen Ausdrücke *con tal (de) que* („sofern", „vorausgesetzt") und *tal vez* („vielleicht") werden weiter unten behandelt[267].

---

[265] NICHT nach der Art und Weise oder einem Mittel im Zusammenhang mit der Ausführung oder dem Verlauf einer Handlung. Man würde also nicht sagen: *¿Qué tal ha muerto?* (als Übersetzung von „Wie ist er gestorben?"), sondern → *¿Cómo ha muerto?* Dagegen kann man heute in informeller Sprache ein adjektivisch gebrauchtes *¿qué tal?* antreffen, das soviel bedeutet wie *¿qué tipo de?* („was für ein?"). Zum Beispiel: *¿Y tú qué tal persona eres, Adolfo?* (F. UMBRAL, *Mis queridos monstruos*, 126 – „Und was für ein Mensch bist du, Adolfo?").
[266] In *tal y como* kann *tal* auch adjektivisch (und daher veränderlich) gebraucht werden. Siehe dazu, mit Beispielen: S. FERNÁNDEZ, *Gramática española*, 381.
[267] Siehe Nr. 1102 bzw. Nr. 1057.

594. *Anmerkung*

Das Adverb *talmente* findet sich nur in der Volkssprache. Es ist synonym mit *como*.

> *Tienen ya un niño que es talmente un sol* (C. J. Cela, *El gallego y su cuadrilla*, 159).
> Sie haben schon ein Kind, das ein wahrer Sonnenschein ist.

§ 13. FULANO

595. *Fulano*, ebenso wie *Mengano*, *Zutano* und *Perengano* (weibliche Formen: *Fulana, Mengana, Zutana, Perengana*) ersetzen den Namen einer Person, den man nicht kennt oder den man nicht genauer angeben will. Diese Formen werden nur substantivisch gebraucht. Gewöhnlich treten sie in der angegebenen Reihenfolge auf[268], aber das ist keine unumstößliche Regel (siehe das abweichende Beispiel c). (Manche Sprachwissenschaftler betrachten diese Wörter als *Substantive*. Auf dieses rein theoretische Problem soll hier nicht weiter eingegangen werden.)

> a. *Fulano, dicen, aparenta creer, pero es hipocresía* (J. Balmes, *Cartas a un escéptico en materia de religión*, 63).
> Herr Soundso gebe vor, gläubig zu sein, sagen sie, aber das sei Heuchelei.
> b. *Debían haberle dado el premio a Fulana y no a Mengana* (J. A. De Zunzunegui, *La úlcera*, 30).
> Sie hätten den Preis der einen geben sollen und nicht der anderen.
> c. *¿Cuáles son los escritores favoritos de usted?*
> *Zutano, Mengano y Perengano* (W. Fernández Flórez, *Las gafas del diablo*, 44).
> „Welches sind ihre Lieblingsautoren?" „X, Y und Z."

Es ist zu beachten, daß von den angeführten Formen nur *Fulano* allein gebraucht wird (also nicht: *Mengano dice ...* – vgl. *VOX*, 712, 837 und 1155).

596. Anstelle von *Fulano* (*Fulana*) wird manchmal auch *Fulano de Tal* (*Fulana de Tal*) gebraucht. Man kann diese zusammengesetzte Form mit anderen (weniger gebräuchlichen) Varianten kombinieren, wie in Beispiel b.

> a. *Fulano de Tal os conseguirá una colocación* (J. M. Gironella, *Los cipreses creen en Dios*, 511).
> Herr Soundso wird euch eine Anstellung besorgen.
> b. *Desde tal día no sabemos nada de Fulano de Tal. Quisiéramos saber el paradero de Zutano de Cual* (J. L. Castillo Puche, *El vengador*, 234).
> Seit jenem Tag haben wir von dem gewissen Herrn nichts mehr gehört. Wir möchten wissen, wo Herr Soundso sich aufhält.
> [Die Variante *Fulano de Tal* (...) *Mengano de Cual* findet sich bei C. J. Cela (*Mazurca para dos muertos*, 144).]

---

[268] Siehe z. B. in C. J. Cela, *Los sueños vanos, los ángeles curiosos*, 310 (mit einem zu dieser Reihe gehörigen erklärenden Satz).

Die Indefinitpronomen / Los pronombres indefinidos

597. *Fulano* wird manchmal auch als Substantiv gebraucht[269]. Zu ihm kann dann ein bestimmter oder unbestimmter Artikel und/oder ein Adjektiv treten, und es bildet eine Pluralform. Seine Bedeutung ist meist pejorativ[270] oder zumindest ironisch. Es wird kleingeschrieben.

   a. *Sebastián tardó un par de minutos en comprender que le había insultado el fulano del volante* (S. LORÉN, *Una casa con goteras*, 152).
   Sebastian brauchte ein paar Minuten, bis er begriff, daß ihn der Typ am Steuer beleidigt hatte.

   b. *No es novia, eso; es una fulana* (M. DELIBES, *Siestas con viento sur*, 191).
   Das ist keine Verlobte, so was; das ist ein Strichmädchen.

   c. *Una casa de fulanas* ist eine euphemistische Variante für *burdel*[271] („Bordell"). Siehe z. B.: F. GARCÍA PAVÓN, *El último sábado*, 53.

   d. *Es indudable que estos fulanos tan conocidos se equivocaban* (S. LORÉN, *Cuerpos, almas y todo eso*, 117).
   Es steht außer Zweifel, daß diese allseits bekannten Herren sich irrten.

598. *Anmerkung*

An die oben angeführten Wörter kann ein Diminutivsuffix angefügt werden. Meist wird dies *-ito* sein.

   a. *¡Qué guapetona está usted, Fulanita!* (C. J. CELA, *La colmena*, 26).
   Wie hübsch Sie aussehen, Fräulein!

   b. *Me había conocido cuando la Fulanita y la Zutanita llamaban la atención en Madrid por su elegancia y por sus joyas* (P. BAROJA, *Las noches del Buen Retiro*, 7-8).
   Er hatte mich kennengelernt, als alle möglichen Frauen in Madrid mit ihrer Eleganz und ihrem Schmuck auf sich aufmerksam machten.

   c. Mit *Fulanito* wurde der Titel eines Werkes des französischen Schriftstellers A. DAUDET, *Le petit chose* (deutsch: *Der kleine Dingsda*), übersetzt[272].

§ 14. SENDOS

599. *Sendos*[273] (weibliche Form: *sendas*) ist immer ein Adjektiv, kommt nur im Plural vor und hat distributive Bedeutung (→ „jeder"). Es findet sich recht häufig, jedoch hauptsächlich in der literarischen Sprache[274]. Es kann durch *cada uno* (oder *cada cual*) ersetzt werden.

---

[269] Es sei übrigens darauf hingewiesen, daß das DRAE *fulano* als Substantiv anführt (II, 665).
[270] V. LEÓN führt *fulano* und *fulana* in seinem *Diccionario de argot español* (S. 75) als Synonyme für *individuo* („Kerl") bzw. *puta* („Hure") an. Das Wort wird auch in der Bedeutung *amante* („Liebhaber") gebraucht (*op. et loc. cit.*).
[271] Ebenso wie *fulana* eine Möglichkeit ist, das harte Wort *puta* zu vermeiden.
[272] Die spanische Übersetzung ist in der *Colección Austral* erschienen.
[273] Der *Esbozo* behandelt das Wort im Kapitel zu den Zahlwörtern (S. 248). Für sich allein bezeichnet *sendos* keine genaue Zahl. Dies geschieht im Zusammenhang mit einer anderen Angabe oder einem Zahlwort im Satz. Darum scheint es gerechtfertigt, *sendos* als *indefinido* zu betrachten. In jedem Fall ist diese Frage nicht von praktischer Bedeutung.
[274] Der *Esbozo* bezeichnet *sendos* als „bildungssprachlich" [(*palabra culta*) S. 248]. Siehe auch: S. FERNÁNDEZ, *Gramática española*, 461. Ein ausführlicher Kommentar findet sich bei: J. DE BRUYNE, *Nota sobre „sendos"* (in *Romanische Forschungen*, 1989, 273–280).

  a. *Don Antonio y Álvaro, en el despacho, beben sendos vasos de vino* (E. QUIROGA, *Viento del norte*, 224).
   Don Antonio und Alvaro trinken im Arbeitszimmer jeder ein Glas Wein.
   Man könnte auch sagen: ... *cada uno bebe un vaso de vino.*
  b. *Rogelio se pegó sendos palmadas en las rodillas* (J. M. GIRONELLA, *Condenados a vivir*, I, 288).
   Rogelio schlug sich mit beiden Händen auf die Knie.
  c. *Pasó un sacerdote y luego tres monjas con sendas carteras de mano* (J. A. DE ZUNZUNEGUI, *Los caminos de El Señor*, 166).
   Ein Priester kam vorbei, und dann drei Nonnen, alle mit einer Aktentasche.

600. *Anmerkung*

Dem *Esbozo* zufolge kann man gegenwärtig *sendos* auch zuweilen als Synonym für *repetidos* („wiederholte") oder *descomunales* („enorme", „kolossale") finden. Dieser Gebrauch wird als inkorrekt bezeichnet[275]. Der *Esbozo* führt kein Beispiel an, in dem das Wort die genannte falsche Bedeutung hätte. J. ALCINA FRANCH & J. M. BLECUA führen folgendes Beispiel an:

  a. *Le dio sendas bofetadas* (*Gramática española*, 669).
   Er gab ihm ein paar kräftige Ohrfeigen.
   Den Autoren zufolge erhält *sendos* in diesem Satz fälschlicherweise die Bedeutung *fuerte* („stark", „kräftig").

Der kritisierte Wert von *descomunales* findet sich auch in

  b. *Le acaricié sus sendos senos* (G. CABRERA INFANTE, *La Habana para un infante difunto*, 472).
   Ich streichelte ihre enormen Brüste.
   Über die Interpretation von *sendos* kann es keinen Zweifel geben: an anderer Stelle ist im Text die Rede von *enormes ubres* („enorme Euter"), und der Autor hat persönlich (bei einem Besuch, den er dem *Instituto de Estudios Hispánicos* in Antwerpen am 19. November 1983 abstattete) bestätigt, daß er das Wort mit der genannten Bedeutung verwendet habe.

§ 15. ÜBERSETZUNG DES DEUTSCHEN „MAN" UND ANDERER KONSTRUKTIONEN MIT UNPERSÖNLICHER BEDEUTUNG

601. Im Spanischen gibt es keine wörtliche Übersetzung des deutschen „man". Doch kann dieses Indefinitpronomen (manche bezeichnen es auch als Personalpronomen) auf verschiedene Weise wiedergegeben werden. Im weiteren sollen nur die gebräuchlichsten Möglichkeiten behandelt werden.

---

[275] *Esbozo*, 248. Siehe auch: M. SECO, *Diccionario de dudas*, 338.

A. Gebrauch des Reflexivpronomens „se"

602. Das deutsche „man" wird im Spanischen häufig mit dem Reflexivpronomen *se* wiedergegeben, dem ein Verb in der dritten Person Singular folgt. Was weiter oben in Nr. 315 zur Stellung von *se* gesagt wurde, gilt auch in diesem Zusammenhang: *se* muß stets vor allen anderen Personalpronomen stehen (siehe Beispiel d).

a. *Se quiere colgar una escultura de Chillida en la Universidad* (ABC, 16.5.1978, 34).
Man will eine Skulptur von Chillida in der Universität aufhängen.

b. *Cuando se sueña se está completamente solo* (M. PUIG, *Maldición eterna a quien lea estas páginas*, 11).
Wenn man träumt, ist man ganz allein.

c. *Siempre se es responsable de sí mismo* (M. AUB, *La calle de Valverde*, 285).
Man ist immer für sich selbst verantwortlich.

d. *No se os puede dejar solos* (F. VIZCAÍNO CASAS, ... *y al tercer año resucitó*, Titelblatt).
Man kann (oder: man darf) euch nicht allein lassen.

e. *Se ve a las alumnas desde el despacho* (J. ALCINA FRANCH & J. M. BLECUA, *Gramática española*, 918).
Man kann die Schülerinnen vom Arbeitszimmer aus sehen.

603. *Se* kommt auch oft in Sätzen vor, die (für deutsche Muttersprachler sicher) syntaktisch wie aktive Konstruktionen aussehen, die häufig aber eigentlich eine passive Bedeutung haben[276]. Obgleich es sich auch hier um eine Wiedergabe des deutschen „man" (= 3. Person Singular) handelt, kann das Verb im Plural stehen (siehe Beispiel b mit zugehörigem Kommentar).

a. *Son sitios donde se bebe, se charla, y siempre se encuentra algo que celebrar* (*Cambio 16*, 21.5.1978, 83).
Das sind Örtlichkeiten, wo man trinkt, ein Schwätzchen hält und immer etwas zum Feiern findet.
Oder: Das sind Örtlichkeiten, wo getrunken und geplaudert wird, und wo sich immer ein Grund zum Feiern findet.

b. *Se edifican muchas casas en este barrio* (J. ALCINA FRANCH & J. M. BLECUA, *Gramática española*, 918).
Man baut viele Häuser in diesem Viertel.
Oder: Es werden viele Häuser in diesem Viertel gebaut.

Edifican kongruiert mit *casas*, daß als LOGISCHES Akkusativobjekt des Satzes zu betrachten ist:
JEMAND muß ja die Häuser bauen
↓   ↓
Subjekt   Akkusativobjekt

---

[276] Eventuell mit einer Form von „werden" in der deutschen Entsprechung. Im Zusammenhang mit derlei Konstruktionen von *pasiva refleja* siehe auch die Nrn. 1051–1052.

Es ist nicht ausgeschlossen, in solchen Sätzen ein Verb im Singular anzutreffen: → *se edifica casas*. In diesem Zusammenhang stellen sich zwei Fragen:

1. Gibt es einen Bedeutungsunterschied zwischen dem Gebrauch der Singular- und der Pluralform des Verbs?
2. Ist eine Konstruktion wie *se edifica casas* korrekt?

Das Problem ist von zahlreichen Sprachwissenschaftlern untersucht worden. Aus dem Kommentar im *Esbozo* geht hervor, daß Sätze wie „man verkauft Flaschen", „man vermietet Autos"[277] usw. auf zweierlei Art und Weise übersetzt werden können:

    c. *Se venden botellas* // *Se alquilan coches*
                    oder
    d. *Se vende botellas* // *Se alquila coches.*

Der Unterschied besteht darin, daß der Satz mit dem Verb im Plural als Passiv betrachtet wird, wohingegen der Singular zum Ausdruck bringt, daß das Subjekt eher eine unbestimmte Person bezeichnet (→ „man"). Darüber hinaus gibt es einen Unterschied, der mit dem Sprachniveau zusammenhängt: die unter c angeführten Konstruktionen sind zweifellos korrekt und in der literarischen Sprache vorherrschend[278], die unter d genannten wurden von vielen Sprachwissenschaftlern lange Zeit als inkorrekt betrachtet, aber sie sind jetzt (vor allem in der gesprochenen Sprache und in der Werbung) so häufig geworden, daß man sie endgültig als mit der anderen Konstruktion gleichwertig betrachten muß[279]. Der *Esbozo* empfiehlt nach wie vor den Gebrauch der ersten Konstruktion[280].

    e. *En muchos países se conocen mis filmes* (F. Arrabal, in *El País*, 4.12.1980, 56).
       In vielen Ländern kennt man meine Filme.
    f. *En el Ejército no se puede cometer errores* (M. Vargas Llosa, *La ciudad y los perros*, 264).
       In der Armee kann man keine Fehler machen.

Die Präferenz für den Gebrauch der Singularform des Verbs zeigt sich besonders deutlich in Lateinamerika, wo der Einfluß der Schriftsprache möglicherweise geringer ist als in Spanien.

B. Gebrauch der dritten Person Plural

604. „Man" kann ebenfalls durch die dritte Person Plural wiedergegeben werden.

Dabei ist zu beachten,
1. daß *se* in diesen Konstruktionen nicht auftaucht;
2. daß das Verb ohne pronominales Subjekt gebraucht wird;

---

[277] Im Deutschen eher: „Flaschen zu verkaufen", „Autos zu vermieten".
[278] Siehe die von J. De Kock & C. Gómez Molina vorgelegten statistischen Daten (in *Concordancias e índices ...*, 61), die eine deutliche Präferenz für die Pluralform ausweisen. Dabei ist allerdings zu beachten, daß sich die Untersuchung vor allem auf die Schriftsprache stützt und daß sich die statistischen Daten u. a. auf die Werke von Autoren vom Ende des 19. und Anfang des 20. Jahrhunderts beziehen.
[279] Siehe zu dieser gesamten Problematik: *Esbozo*, 382–383.
[280] S. 383. Für eine umfassende Übersicht zu dieser Problematik sei verwiesen auf: N. Cartagena, *Sentido y estructura de las construcciones pronominales en español*, 133 ff., und M. A. Martín Zorraquino, *Las construcciones pronominales en español*, 150 ff. Siehe auch: J. Schroten, *Concerning the deep structures of Spanish reflexive sentences*, 75–76.

Die Indefinitpronomen / Los pronombres indefinidos

3. daß in solchen Fällen häufig ein kollektives Subjekt angenommen wird[281];
4. daß auch im Deutschen in der Umgangssprache die dritte Person Plural (→ „sie") als Variante von „man" möglich ist.

    a. *Anuncian la caída del Ministerio* (A. BELLO, *Gramática*, 226).
       Man meldet den Sturz der Regierung.
    b. *Dicen que a todas las suegras las van a tirar al mar* [*Canciones populares españolas*, Seite 35 (ohne Numerierung)].
       Man sagt, man werde alle Schwiegermütter ins Meer werfen.

605. Das Verb kann jedoch auch im Plural stehen, obgleich bekannt ist, daß es sich beim Subjekt um eine Einzelperson handelt.

    a. *Dispararon un tiro* (*Esbozo*, 382).
       Man gab einen Schuß ab.
       Oder: Es wurde ein Schuß abgegeben.
    b. *Llamaron al teléfono y Gloria lo cogió con presteza* (C. MARTÍN GAITE, *Fragmentos de interior*, 116).
       Das Telefon klingelte, und Gloria nahm eilig den Hörer ab.
    c.

«Gustavo, despierta; quieren hablarte...»

(*Antología del humor*, 208).
„Gustav, wach auf; man will was von dir ..."

C. Gebrauch der zweiten Person Singular

606. Im Deutschen kann das Pronomen „du" als Subjekt von eigentlich unpersönlichen Sätzen denselben Wert haben wie „man". Auch im Spanischen kann die zweite Person Singular in dieser Funktion gebraucht werden, wobei *tú* dann gewöhnlich nicht ausgedrückt wird. Diese Ausdrucksweise gehört der Umgangssprache an.

---

[281] Siehe dazu J. COSTE & A. REDONDO, *Syntaxe de l'espagnol moderne*, 208. N. CARTAGENA & H. M. GAUGER weisen auf „die relativ hohe Frequenz eines subjektlosen Verbs in der 3. Person Plural als Entsprechung für die *man*-Konstruktion ..." hin (cf. *Vergleichende Grammatik Spanisch-Deutsch*, I, 473).

>   a. *No te das cuenta. Y de pronto te encuentras con que te han engañado. Luego te convences de que es inútil* (W. BEINHAUER, *El español coloquial*, 142, Fußnote 31a).
>   Du merkst nichts. Und plötzlich stellst du fest, daß man dich betrogen hat. Dann merkst du, daß es keinen Sinn hat [282].

Im folgenden Satz kommt das pronominale Subjekt *tú* doch vor. Es steht hier im Wechsel mit *yo*, und obgleich es auf eine PERSÖNLICHE Erfahrung verweist, hat es eine deutlich verallgemeinernde Bedeutung (→ das genannte Verfahren galt für ALLE Interessenten):

>   b. *Yo en Málaga frecuentaba una casa de menores. Tú ibas allí, la patrona te enseñaba sus fotos y elegías la que querías* (J. GOYTISOLO, *La chanca*, 17).
>   In Malaga war ich häufig in einem Haus mit Minderjährigen. Du gingst dorthin, die Bordellwirtin zeigte dir ihre Fotos, und du wähltest das Mädchen aus, das dir gefiel.

H. BERSCHIN u. a. merken an: „Im amerikanischen Spanisch ist diese Konstruktion unüblich und wird als Duzen aufgefaßt" (*Die spanische Sprache*, 200).

D. Gebrauch der ersten Person Plural

607. Wie manchmal auch im Deutschen kann (in der gesprochenen Sprache) die erste Person Plural ebenfalls anstelle eines Pronomens mit unbestimmter Bedeutung gebraucht werden. Das Pronomen (*nosotros*) steht dabei im Spanischen nicht.

>   a. *Vemos vagamente la catedral a través de una cortina de agua* (AZORÍN, angeführt von R. LAPESA, *Personas gramaticales* ..., 142).
>   Wir sehen die Kathedrale schemenhaft durch einen Wasserschleier.

Die Äquivalenz „man" ~ „wir" wird auch im folgenden Satz deutlich, in dem *se* und die erste Person Plural nebeneinander gebraucht werden:

>   b. *Se cantaba y se gritaba. Otras veces, se iba en silencio, como si todos cantásemos por lo bajo* (J. GARCÍA HORTELANO, *Cuentos completos*, 15).
>   Es wurde gesungen und laut gesprochen. An anderen Tagen zogen wir still dahin, als ob ein jeder leise vor sich hinsänge.

E. Gebrauch von „uno"

608. *Uno* wird häufig als Äquivalent für das deutsche „man" benutzt, wenn dieses Wort Subjekt zu einem reflexiven Verb ist.

>   *Con esos cordones no puede ahorcarse uno* (R. J. SENDER, *Siete domingos rojos*, 240).
>   Mit diesen Schnüren kann man sich nicht aufhängen.
>   [In diesem Beispiel wäre es nicht möglich, „man" mit *se* zu übersetzen, denn dadurch würde das Reflexivpronomen wiederholt (→ **no se puede ahorcarse*)].

---

[282] Die einschränkende Anmerkung von J. COSTE & A. REDONDO, diese Konstruktion finde man nur in Kontexten, in denen noch ein anderes unpersönliches Wort vorkomme (z. B. *uno*) erscheint allzu strikt (*Syntaxe de l'espagnol moderne*, 213).

Die Indefinitpronomen / Los pronombres indefinidos

609. In vielen Fällen, in denen *uno* vorkommt, hat man den Eindruck, es mit einer Art „personalisiertem" MAN zu tun zu haben, daß nämlich die Person, die die Form benutzt, an die Situation denkt, die sie selbst (und/oder den Gesprächspartner) betrifft[283]. Es ist dann manchmal eine Entsprechung des deutschen „du" in unpersönlichen Sätzen.
Uno hat nicht nur eine weniger un-persönliche Bedeutung, sondern es kann auch etwas flexibler gebraucht werden als das deutsche „man". So gibt es eine weibliche Variante von „man" (→ *una*[284]), man kann *uno* als zweites Element in einem Vergleich finden, es kann attributive Bestimmung, Akkusativ-[285] oder Dativobjekt sein, und es kann (ausnahmsweise) hinter dem Verb stehen (Beispiel h).

a. *La vida es más corta de lo que uno cree* (G. GARCÍA MÁRQUEZ, *Cien años de soledad*, 323).
Das Leben ist kürzer, als man denkt.

b. *Una nunca sabe en primavera ..., en realidad una jamás sabe nada* (J. DONOSO, *La misteriosa desaparición de la marquesita de Loria*, 185).
Im Frühling weiß man nie ..., eigentlich weiß man nie etwas.
(Es spricht eine Frau.)

c. *Siempre se cree que los demás soportan las enfermedades y las desgracias con más facilidad que uno* (P. BAROJA, *Los amores tardíos*, in O. C., I, 1368).
Man glaubt immer, die anderen ertrügen Krankheiten und Unglück leichter (als man selbst).
Es erscheint nicht notwendig, *que uno* im Deutschen zu übersetzen. Auch hier wird eine allgemeine Wahrheit von einer persönlichen Warte aus gesehen, und *uno* entspricht eigentlich einem verallgemeinerten „ich" oder „wir".

d. *El hogar de uno es sagrado* (S. LORÉN, *El pantano*, 58).
Das eigene Heim ist (einem) heilig.
(*de uno* hat hier ungefähr die Bedeutung eines Possessivpronomens: *nuestro hogar ...*)[286].

e. *Así, en la vida, muchas veces no se sabe si es uno que empuja los acontecimientos, o si son los acontecimientos los que le arrastran a uno* (P. BAROJA, *Aurora roja*, in O. C., I, 552).
So weiß man im Leben oft nicht, ob wir es sind, die die Ereignisse in Gang setzen, oder ob es die Ereignisse sind, die uns mitreißen.

f. *A uno nunca se le hubiera ocurrido pensar que ...* (M. DELIBES, *Vivir al día*, 187).
Es wäre einem nie in den Sinn gekommen, zu denken, daß ...

g. *El orden familiar, el respeto a uno mismo, y a los demás, quedaba a salvo* (G. GARCÍA BADELL, *De las Armas a Montemolín*, 227).
Die Ordnung in der Familie, die Achtung vor einem selbst und vor den anderen blieben unversehrt.

h. *Dichoso pueblo este, donde ni dormir puede una* (J. FERNÁNDEZ SANTOS, *Los bravos*, 37).
Verflixtes Dorf, wo man nicht einmal schlafen kann.
(Es spricht eine Frau.)

---

[283] Siehe in diesem Zusammenhang auch die Hinweise in den Nrn. 433–437 zum Gebrauch von *uno* anstelle von *yo*.
[284] Deren Gebrauch allerdings fakultativ ist. Siehe dazu oben, Nr. 434. Man beachte auch den neudeutschen Gebrauch von *frau* als weibliches Pendant zu *man*. So könnte Beispiel b auch folgendermaßen (dann jedoch nicht standardsprachlich) übersetzt werden: „Im Frühling weiß frau nie ..., eigentlich weiß frau nie etwas."
[285] Dem dann die Präposition *a* vorausgeht (siehe Beispiel e).
[286] Dieses Beispiel wurde bereits in Nr. 437 angeführt.

610. Zuweilen findet man eigenartige und im Deutschen nur schwer wörtlich wiederzugebene Wortspiele und stilistische Effekte:

> *Uno va a besar a una. Los dos guapos y bien peinados* (R. J. Sender, *Siete domingos rojos*, 140).
> „Er" will „sie" küssen. Beide geschniegelt und gestriegelt.

F. „El personal"

611. Man trifft heute manchmal im Jargon das Modewort *el personal* als mögliche Wiedergabe von „man" oder einem anderen unpersönlichen Ausdruck an[287]. *El personal* kann (ebenso wie *uno*) in verschiedenen Funktionen vorkommen.

> a. *En una época donde el personal no respeta nada ...* (*Cambio 16*, Nr. 592, 4.4.1983, 121).
> In einer Zeit, in der nichts respektiert wird ...
> b. *El candidato de AP machaca al personal* (*Cambio 16*, Nr. 597, 9.5.1983, 162).
> Der Kandidat der *Alianza Popular*[288] redet die Leute an die Wand.
> c. Ein weiteres derartiges Beispiel findet sich in *El País* (*Panorama semanal*) vom 23.1.1984, S. 32 [der Begriff bezieht sich im angegebenen Text auf *el público* („das Publikum")]; ebenso trifft man *el personal* an zahlreichen Stellen in dem 1983 erschienenen Buch *Mazurca para dos muertos* von C. J. Cela (Mitglied der *Real Academia Española* – siehe z. B. die Seiten 24, 53 und 224) an. Das Wort kommt sogar in einer Rede des bekannten Humoristen A. Mingote vor, die er 1988 bei seiner Aufnahme in die *Real Academia Española* hielt (*Dos momentos del humor español*, 11).

F. Umbral merkt an, daß *el personal* auch im sogenannten *cheli* vorkomme, und zwar mit der Bedeutung *amigos íntimos* („enge Freunde")[289]:

> d. *Saca el whisky para el personal* (F. Umbral, *Diccionario cheli*, 81 und 235).
> Hol den Whisky für die Freunde raus.

Man kann das Substantiv *personal* natürlich auch als Wiedergabe des deutschen „Personal" gebrauchen [→ *el personal docente* („das Lehrpersonal"), *personal subalterno* („untergebenes Personal") ...].

---

[287] In seinem *Diccionario de argot español* führt V. León den Begriff als Äquivalent für *la gente* („die Leute") an. Siehe auch: DUE, II, 717 [mit dem Hinweis „popular" („volkssprachlich")]. In der bislang letzten Ausgabe des DRAE (von 1992) wird diese Bedeutung nicht aufgeführt, wohl aber im jüngst erschienenen *Diccionario del español actual* von M. Seco (II, 3499).

[288] Politische Partei in Spanien, 1989 in *Partido Popular* umbenannt.

[289] Der Autor selbst definiert *cheli* als *dialecto juvenil español e individuo que lo usa*, d. h. daß der Begriff sowohl einen „Dialekt" der spanischen Jugend als auch die Person, die ihn spricht, bezeichnen kann.

KAPITEL VII

DAS ADVERB
EL ADVERBIO

612. In bezug auf ihre Bildung unterscheidet man im Spanischen zwei Arten von Adverbien:
1. Adverbien, die von Adjektiven abgeleitet sind,
2. ursprüngliche Adverbien.

Ebenso wie im Deutschen sind Adverbien auch im Spanischen unveränderlich[1].

ABSCHNITT I

VON EINEM ADJEKTIV ABGELEITETE ADVERBIEN
ADVERBIOS DERIVADOS DE UN ADJETIVO

613. Von den meisten Adjektiven kann im Spanischen ein Adverb abgeleitet werden, indem an die Form des Femininum Singular die Endung *-mente* angefügt wird. Dabei ist zu beachten, daß viele Adjektive im Spanischen für das Maskulinum und Femininum Singular dieselbe Form haben.

a. *claro* (deutlich)	→	*clara*	→ *claramente*
b. *rápido* (schnell)	→	*rápida*	→ *rápidamente*
c. *fácil* (einfach)	→	*fácil*	→ *fácilmente*
d. *inteligente* (intelligent)	→	*inteligente*	→ *inteligentemente*

Es sei auch darauf hingewiesen, daß sich bei der Bildung dieser Adverbformen die ursprüngliche Schreibweise nicht ändert: der *acento gráfico* bleibt erhalten (*fácil → fácilmente*). Dabei ist zu beachten, daß bei Adverbien, die von Superlativen auf *-ísimo* abgeleitet sind, nur ein Akzent (nämlich der zweite) erhalten bleibt: *rapidísimamente*

Es ist klar, daß von einigen Adjektiven aufgrund ihrer Bedeutung keine Formen auf *-mente* abgeleitet werden können (es sei denn vielleicht in Ausnahmefällen, wo eine besondere stilistische Wirkung erzielt werden soll): höchst ungebräuchlich klingen Formen wie **lunarmente* [< *lunar* < *luna* („Mond")] oder **rojamente* [< *rojo* („rot")]. Eine Form wie *viceversamente* [< *viceversa* („umgekehrt")] ist als spontane Bildung des betreffenden Autors zu werten. Dieses Adverb – grammatisch redundant, da *-mente* an einen Stamm angefügt wird, der bereits ein Adverb bezeichnet – findet sich in einem jüngst erschienenen burlesk-humoristischen Werk (J. L. COLL, *El eroticoll*, 34). Es versteht sich, daß die einschlägigen lexikographischen Werke (DRAE, DUE, VOX) diese Spontanbildung nicht verzeichnen.

614. In der Regel vermeidet man – vor allem in der Schriftsprache[2] – das Aufeinanderfolgen von auf *-mente* gebildeten Adverbien in einem Satz: nur das Adverb, das an letzter Stelle steht, behält die vollständige Form; bei den anderen wird *-mente* weggelassen, und es bleibt nur die weibliche Singularform

---

[1] Was allerdings nicht die Möglichkeit ausschließt, daß Diminutiv- oder Augmentativsuffixe an ein Adverb angefügt werden.
[2] Cf. *Esbozo*, 200.

des Adjektivs übrig[3]. Die Adverbformen können durch ein Komma oder ein kurzes Wort [wie *o, y, pero, como* ... („oder", „und", „aber", „wie" ...)] voneinander getrennt werden.

- a. *Lo vio avanzar en la sombra, ridícula, minuciosamente vestido de blanco* (J. C. ONETTI, *Dejemos hablar al viento*, 149).
  Er sah ihn im Schatten näherkommen, in einem lächerlichen, piekfeinen weißen Anzug.
  Man würde also im Prinzip[4] nicht sagen: ... *rídiculamente, minuciosamente vestido.*
- b. *Impensada pero providencialmente, recibió una carta de Manuel* (C. ROJAS, *El sueño de Sarajevo*, 81–82).
  Unerwartet, doch wie von der Vorsehung geschickt, erhielt er einen Brief von Manuel.
- c. *Por todo ello, la manifestación era, inevitable, lógica, fatalmente, una convocatoria destinada a despertar cada año menos entusiasmos* (F. VIZCAÍNO CASAS, *... y al tercer año resucitó*, 198).
  Aus all diesen Gründen war der Aufruf zur Demonstration unvermeidlich, logischerweise und unwiderruflich dazu verurteilt, immer weniger Begeisterung auszulösen.
- d. *España entera se descomponía política, social, moral y territorialmente* (J. L. COMELLAS, *Historia de España moderna y contemporánea*, 567).
  Ganz Spanien fiel politisch, gesellschaftlich, moralisch und gebietsmäßig auseinander.

Anmerkung

615. In Nr. 242 wurde darauf hingewiesen, daß einige Adjektive auch als Adverbien gebraucht werden (*hablar alto* → „laut sprechen", *hablar claro* → „deutlich sprechen" ...). Das erklärt eine Konstruktion wie die folgende, in der sich vor einem Adverb auf *-mente* eine männliche Form findet:

- a. *Hablemos claro y fraternalmente* (*El Imparcial*, 10. 5. 1980, I).
  Lassen Sie uns deutlich und wie unter Brüdern sprechen.
  Man könnte natürlich auch sagen: *Hablemos clara y fraternalmente*.

Eine andere Möglichkeit besteht darin, daß eine Form auf *-mente* nach einem „ursprünglichen" Adverb steht:

- b. *Camilo entra despacio y solemnemente* (M. TUDELA, *Cela*, 42).
  Langsam und feierlich tritt Camilo ein.

[In beiden Beispielen handelt es sich um Syntagmen, die aus *zwei* Adverbien bestehen. In derlei Konstruktionen wären zwei unmittelbar aufeinanderfolgende Formen auf *-mente* nicht akzeptabel. Man

---

[3] Wobei diese Form dieselbe sein kann wie die männliche Singularform – sie endet also nicht unbedingt auf *-a* – (siehe *social* und *moral* in Beispiel d).
Die Erklärung für den Wegfall der Adverbendung liegt darin begründet, daß die Formen auf *-mente* auf lateinische Ablativ-Syntagmen vom Typ *bona mente* („in gutem Geiste"), *obstinata mente* („mit hartnäckigem Geiste") zurückgehen. Interessant ist in diesem Zusammenhang, daß der bekannte Grammatiker Antonio DE NEBRIJA (1444–1522) in seinen auf Spanisch geschriebenen Werken die beiden Elemente des auf *-mente* endenden Adverbs trennt: *antigua mente* („ehemals"), *igual mente* („gleichermaßen"), *nueva mente* („erneut") ...

[4] Siehe dagegen die in Nr. 616 angeführten Beispiele, doch hier werden die Adverbien auch eher aneinandergereiht als einander beigeordnet.

würde daher nicht sagen *Lo hiciste extraordinariamente hábilmente („Du hast es außerordentlich geschickt angestellt"). Dagegen könnte man sagen: *Lo hiciste muy hábilmente.*]

616. In der Praxis stellt man fest, daß durchaus auch einmal von der in Nr. 614 genannten Regel abgewichen wird. Es fällt schwer, eine *allgemeingültige* Erklärung zu geben. Vielleicht ist die Erscheinung in der gesprochenen Sprache häufiger, und vielleicht ist in manchen Fällen eine teilweise Begründung auch in dem Bemühen um emphatische Wirkung zu sehen (wie beispielsweise u. a. in Satz a, in dem dasselbe Adverb wiederholt wird). Eine Reihung zu vieler (notwendigerweise mehr oder weniger langer) Formen auf *-mente* kann einen schwerfälligen Stil und eine (wahrscheinlich vom Autor gewollte) akustische Monotonie zur Folge haben, wie Beispiel c zeigt.

    a. – *Lo siento, estaba medio dormido.*
       – *Yo estaba enteramente, enteramente dormido* (M. Vázquez Montalbán, *Galíndez*, 350).
       „Es tut mir leid, ich war halb eingeschlafen."
       „Ich war ganz, ganz eingeschlafen."
    b. *Todo se decía a gritos, impacientemente, nerviosamente, coléricamente* (J. L. Castillo Puche, *El vengador*, 93).
       Alles wurde laut schreiend, ungeduldig, nervös und jähzornig gesagt.
    c. *La vida nos da la mejor oportunidad de transformarla humanamente, estéticamente, socialmente, literariamente* (F. Umbral, *Amar en Madrid*, 12).
       Das Leben selbst bietet uns die beste Möglichkeit, es auf menschlichem, ästhetischem, sozialem und literarischem Gebiet zu verändern.
       Die Formulierung ist typisch für den Stil dieses Autors. In seinem Buch *A la sombra de las muchachas rojas* (S. 21), finden wir fünf aufeinanderfolgende Adverbien auf *-mente*, und in einem weiteren Werk wird die stilistische Absicht, die hinter dem Gebrauch der Adverbien auf *-mente* steht, aus einem erklärenden und beinahe „rechtfertigenden" Element (→ *miles de veces*) deutlich:
    d. *Los niños habían escuchado aquellos párrafos miles de veces rutinariamente, aburridamente, cotidianamente* (*Los helechos arborescentes*, 144).
       Zigmal hatten die Kinder jenen Abschnitten schon gedankenlos, gelangweilt, jeden Tag aufs neue zugehört.

617. Eine besondere stilistische Wirkung ist in dem folgenden Satz beabsichtigt, in dem sowohl die Bedeutung des Wortes als auch seine Wiederholung das Allmähliche der Handlung betonen:

    La torre se inclinaba progresivamente, progresivamente, progresivamente ...
    (E. Jardiel Poncela, *La tournée de Dios*, 537).
    Der Turm neigte sich ganz ganz ganz allmählich.

Anmerkungen

618. „Mayormente" usw.

Auch von Formen, die eigentlich als Komparative zu betrachten sind, können Adverbien auf *-mente* abgeleitet werden.

    a. *mayor*   →   *mayormente* („vornehmlich", „vor allem")
    b. *superior*   →   *superiormente* („ausgezeichnet", „hervorragend").

619. Adjektiv + „-ísimo" + „-mente"

Die Endung *-mente* kann auch an auf *-ísimo* gebildete Superlative angehängt werden. Man erhält dann meist sehr lange Wörter, die für deutsche Muttersprachler nicht immer ganz einfach auszusprechen sind. Bei der Verwendung derartiger Formen ist Vorsicht geboten, obgleich man sie bei den besten spanischen Autoren antreffen kann. So liest man bei M. Aub *firmísimamente* [(„äußerst fest") in *Las buenas intenciones*, 101], G. Diego spricht von einem *amigo buenísimamente intencionado* [(„ein Freund mit den allerbesten Absichten") in *El soneto de ochenta, Estafeta literaria*, Nr. 620, 15. 9. 1977, S. 7], und bei D. Alonso findet sich das Adverb *matizadísimamente* (*Poema de mío Cid*, Einleitung, S. 20). Es ist acht Silben lang!

620. Apócope von „reciente" → „recién"

Die verkürzte Form *recién* wird vor manchen Perfektpartizipien und Adjektiven in adverbialer Funktion mit der Bedeutung von *recientemente* gebraucht.

> a. *recién afeitado*   frisch rasiert
> b. *recién casado*   frisch verheiratet
> c. *recién libre*   gerade entlassen
> d. *recién llegado*   gerade angekommen
> e. *recién muerto*   unlängst verstorben
> f. *recién nacido*   neugeboren
> g. *recién limpio*   frisch gereinigt
> (*Limpio* ist ein Adjektiv, kein Partizip Perfekt. Doch hat es hier den Wert eines *participio*. Zum Gebrauch von *limpio* anstelle von *limpiado* vgl. die Nrn. 1282–1283).
> h. *¿Qué cosa no estaba recién limpia, recién doblada, recién guardada en su sitio?* (C. Martín Gaite, *El cuarto de atrás*, 87).
> Gab es etwas, das nicht frisch gereinigt, frisch zusammengelegt und soeben erst an seinen Platz gelegt worden wäre?

In Lateinamerika findet sich häufig ein alleinstehend (d. h. ohne Perfektpartizip oder Adjektiv) gebrauchtes *recién* in Sätzen, in denen von der jüngsten Vergangenheit oder nahen Zukunft die Rede ist. Es bedeutet dann „vor kurzem", „unlängst", „erst", „gleich" ...[5]
Bisweilen trifft man auch, mit demselben Wert, die Form *recientito* (mit Diminutivsuffix) an. In manchen pleonastischen Konstruktionen wird es zusammen mit einem anderen (der Bedeutung nach ungefähr gleichwertigen) Ausdruck verwendet.

> i. *Recién salía Prestes en libertad* (P. Neruda, *Confieso que he vivido*, 427).
> Prestes war gerade aus dem Gefängnis entlassen worden.
> j. *Recuerdo que se lo trajeron recién, apenas ayer* (J. Rulfo, *Pedro Páramo*, 95).
> Ich erinnere mich, daß sie es ihm vor kurzem, gestern erst, gebracht haben.
> k. *Beatriz recién me va a llamar dentro de dos horas* (A. Bryce Echenique, *Tantas veces Pedro*, 156).
> Beatriz wird mich gleich, in zwei Stunden, anrufen.

---

[5] M. Seco merkt an, daß sich dieser Gebrauch sowohl in der gesprochenen als auch in der geschriebenen Sprache finde (*Diccionario de dudas*, 323).

Zahlreiche Beispiele für diesen Gebrauch von *recién* finden sich bei C. KANY *(Sintaxis hispanoamericana*, 378–381). Ein ohne Perfektpartizip oder Adjektiv gebrauchtes *recién* findet man auch in einem Werk des SPANISCHEN Autors J. GARCÍA HORTELANO von 1982 (*Gramática parda*, 97).

621. Man kann die apokopierte Form *recién* auch vor Substantiven finden, die einen Zustand bezeichnen, der erst seit kurzem besteht.

> *La recién viuda no está en casa, no ha vuelto* (M. AUB, *La calle de Valverde*, 89).
> Die junge Witwe ist nicht zuhause, sie ist noch nicht zurückgekommen.

622. „Buenamente" und „malamente"

Von den zwei häufigen Adjektiven *bueno* und *malo* werden zwar Formen auf *-mente* abgeleitet, doch haben diese meist eine Sonderbedeutung. Sie sind nicht sehr häufig, und die übliche Übersetzung der deutschen Adverbien „gut" und „schlecht" lautet: *bien, mal*.
Buenamente und *malamente* implizieren eher Nuancen wie „bequem" (oder: „ohne große Mühe", „freiwillig") bzw. „fälschlich" (oder: „dürftig"; „mühsam"). Im Unterschied zu den anderen Adverbien stehen *buenamente* und *malamente* fast immer vor dem Verb.

> a. *Anselmo estiró las piernas por donde buenamente pudo* (T. SALVADOR, *División 250*, 34).
> Anselmo streckte seine Beine soweit aus, wie es ihm ungehindert möglich war.
> b. *Has estado acostumbrado a recibir lo que buenamente te mandan tus administradores* (J. ICAZA, *Huasipungo*, 9).
> Du hast dich daran gewöhnt, das zu erhalten, was dir deine Geschäftsführer freiwillig schicken.
> c. *Un cuadro malamente atribuido a Velázquez* (C. F. A. VAN DAM, *Spaanse spraakkunst*, 311).
> Ein Bild, das fälschlicherweise Velázquez zugeschrieben wird.
> d. *Recordó lo malamente que había sacado dinero* (J. MARSÉ, *Ultimas tardes con Teresa*, 191).
> Er erinnerte sich, wieviel Mühe es ihn gekostet hatte, Geld lockerzumachen.
> e. *Una comedia de Lope malamente traducida al francés* (R. J. SENDER, *Relatos fronterizos*, 159).
> Ein mangelhaft ins Französische übersetztes Theaterstück von Lope.
> Es stellt sich die Frage, ob ein Beispiel wie dieses möglicherweise eine Tendenz erkennen läßt, die Form *malamente* als Äquivalent für *mal* zu betrachten.

Tatsächlich kann man *malamente* in Sätzen finden, in denen es offensichtlich nicht viel mehr als eine Variante von *mal* darstellt[6]:

> f. *Y acabó malamente* (F. QUIÑONES, *Las mil noches de Hortensia Romero*, 202).
> Und es ging schlecht aus.
> (Es geht um eine Frau, die nach einer Operation stirbt.)

623. Mit der Endung *-mente* werden im Spanischen manchmal von Personennamen (Vor- oder Familiennamen) abgeleitete Adverbien gebildet, z. B. *joseantonianamente* (F. UMBRAL, *Los helechos arbo-*

---

[6] Diese mögliche Bedeutung wird im übrigen im DRAE (II, 859) und im DUE (II, 317) angeführt.

rescentes, 70 − < José Antonio[7]), *d'orsianamente* (G. Díaz-Plaja, *Figuras* ..., 135 − < E. D'Ors[8]), *verlenianamente* (F. Umbral, *La noche que llegué al café Gijón*, 121 − < Verlaine[9], *dostoievskianamente* (J. Cortázar, *Rayuela*, 208 − < Dostojewskij[10] ...).
Diese Adverbien haben in erster Linie einen modalen Wert (→ „wie −", „nach Art von −") und ihre Bedeutung ist mit der des in Nr. 60 behandelten Syntagmas / *a* + *lo* + Eigenname / vergleichbar.
All diese Formen, ebenso wie die von geographischen Namen oder mit ihnen verwandten Wörtern abgeleiteten Adverbien, z. B. *madrileñamente* (F. Umbral, *A la sombra de las muchachas rojas*, 21 − < *Madrid*), *británicamente* (A. Grosso, *Los invitados*, 189 − < *británico*) ..., werden kleingeschrieben.

624. Es sei noch einmal darauf hingewiesen, daß manche Wörter als Adjektiv und als Adverb dieselbe Form haben: *alto, claro, hondo* usw.

    a. *un árbol alto* („ein hoher Baum") ~ *hablar alto* („laut sprechen"),
       pensar alto („laut denken")

Ein besonderer Fall ist *medio*, das als Adverb (und daher unveränderlich) vor Adjektiven, Substantiven, Perfektpartizipien und *gerundios* stehen kann:

    b. *Frieda estaba medio desnuda en el diván* (J. C. Onetti, *Dejemos hablar al viento*, 109).
       Frieda lag halbnackt auf dem Diwan.
    c. *Mi mujer está medio convencida* (J. Fernández Santos, *Los bravos*, 61).
       Meine Frau ist halb überzeugt.
    d. *Habrán sido medio novios* (C. Martín Gaite, *El cuarto de atrás*, 144).
       Sie werden mehr oder weniger miteinander gegangen sein.

Vor allem in Lateinamerika (und hauptsächlich in der Volkssprache) trifft man in solchen Fällen häufig ein veränderliches *medio* an [→ *media muerta* („halbtot"[11])].

ABSCHNITT II
URSPRÜNGLICHE ADVERBIEN
ADVERBIOS PRIMITIVOS

625. Nicht alle Adverbien werden mit Hilfe der Endung -*mente* von einem Adjektiv abgeleitet. Einige haben eine eigene Form und sind z. T. mit einem Adjektiv verwandt, z. T. aber auch nicht.
So sind *bueno* und *bien* durchaus gemeinsamen Ursprungs, aber für Adverbien wie *aquí* („hier"), *donde* („wo"), *entonces* („dann") und viele andere würde man vergebens ein entsprechendes Adjektiv suchen. Zwar hat diese Feststellung nur wenig praktische Bedeutung, doch kann man in diesem Zusam-

---

7 José Antonio Primo de Rivera (1903–1936), Gründer der *Falange* (1933), einer faschistisch ausgerichteten politischen Gruppierung in Spanien.
8 Eugenio d'Ors, spanischer Autor, der auch in katalanischer Sprache geschrieben hat (1882–1954).
9 Paul Verlaine, französischer Dichter (1844–1896). Man beachte die Schreibweise: *Verlaine* → *verlenianamente*. Sie soll die Aussprache des französischen Lautes -*ai*- so genau wie möglich wiedergeben.
10 Fjodor Dostojewskij, russischer Schriftsteller (1821–1881).
11 Cf. C. Kany, *Sintaxis hispanoamericana*, 55–56. Beispiele dieser Art im (umgangssprachlichen) europäischen Spanisch finden sich bei A. M. Vigara Tauste, *Morfosintaxis del español coloquial*, 233–234.

Ursprüngliche Adverbien / Adverbios primitivos

menhang anmerken, daß Formen auf -*mente* zumeist eine modale Nuance (*auf … Art und Weise*) ausdrücken, während die möglichen Bedeutungen der anderen Adverbien vielfältiger sind, wie der folgende Überblick zeigt.

Der Leser wird feststellen, daß im weiteren manche Adverbien unter verschiedenen Überschriften angeführt werden: *según* kann sowohl Modal- als auch Temporaladverb sein, *ya* wird bei den Temporaladverbien und bei den Adverbien der Bejahung aufgeführt usw.

Neuere Studien haben die traditionelle Einteilung der Adverbien in Kategorien in Frage gestellt. Trotz der interessanten und oft fundierten Argumente halte ich mich in dieser Grammatik vor allem aus praktischpädagogischen Gründen an die bei den Adverbien meist üblichen Kriterien.

§ 1. MODALADVERBIEN

A. Formen

626. Abgesehen von den Formen auf -*mente*, die sich von den meisten spanischen Adjektiven ableiten lassen, zählen zu den häufig vorkommenden Adverbien der Art und Weise:

así	also, so
bien	gut
como	wie
¿cómo?	wie?
despacio	langsam
mal	schlecht
pronto	schnell
según	wie[12]

B. Besonderheiten beim Gebrauch einiger Modaladverbien

627. „Así"

Das Adverb *así* wird sowohl in der gesprochenen als auch in der geschriebenen Sprache manchmal mit dem Wert eines Adjektivs gebraucht. Es steht dann immer hinter dem Substantiv und bleibt stets unveränderlich, unabhängig von Genus und Numerus des Substantivs:

    a. *Con un hombre así dentro de la casa, ¿qué va a ser de mí?* (J. A. DE ZUNZUNEGUI, *Los caminos de El Señor*, 130).
       Bei solch einem Mann im Haus, was soll da aus mir werden?
    b. *La cuadratura del círculo y cosas así* (M. DE UNAMUNO, *Visiones y comentarios*, 30).
       Die Quadratur des Kreises und derlei Dinge.

---

[12] Diese Liste ist, ebenso wie die in den Nrn. 634, 664, 679, 690, 698 und 699 angeführten Listen, keineswegs vollständig. Es werden nur die wirklich sehr häufigen Adverbien und diejenigen, bei deren Verwendung sich besondere Probleme stellen, angeführt. Für die anderen Adverbien genügt es, ein zweisprachiges Wörterbuch zu konsultieren.

In der Volkssprache kann man auch bisweilen *asín* als Variante von *así* hören[13]. *Ansí* ist eine veraltete Form[14], die man hin und wieder auch noch in ländlichen Gebieten und in der Volkssprache antreffen kann[15].

628. Man beachte, daß „so" als Gradadverb nicht mit *así*, sondern mit *tan* oder *tanto* zu übersetzen ist (siehe die Nrn. 639–640).

629. „Bien" („gut")

Bien kann nach einem Substantiv (gesprochene Sprache) oder nach dem Verb *estar* auch adjektivisch gebraucht werden. Es bleibt stets unveränderlich.

a.	*Con su risa de señora bien.*	Mit ihrem Lachen einer feinen Dame.
b.	*Muchachos bien.*	Wohlerzogene, feine junge Leute[16]
c.	*Estos coches están muy bien.*	Diese Autos sind sehr gut.
d.	*Mi padre está bien.*	Meinem Vater geht es gut.

Die Funktion eines Gradadverbs hat *bien* in einer Konstruktion wie

    e. *Ha cazado unas perdices bien hermosas* (M. Seco, *Diccionario de dudas*, 71).
       Er hat sehr schöne Rebhühner gejagt.

630. „Cómo"

Cómo, mit Akzent, kann auch in Ausrufesätzen gebraucht werden.

    a. *¡Cómo nos hemos divertido!*
       Wie haben wir uns vergnügt!
       Man könnte ebenfalls sagen: *¡Cuánto nos hemos divertido!*

Man kann *cómo* in Sätzen antreffen, in denen nach einem Grund oder einer Ursache gefragt wird. Es ist dann synonym mit *por qué* („warum"). In anderen Fällen hat *como* (ohne Akzent) einen approximativen Wert (→ „ungefähr", siehe Beispiel c):

    b. *No sé cómo madrugamos tanto* (J. Fernández Santos, *Los bravos*, 37).
       Ich weiß nicht, warum wir so früh aufstehen.
    c. *Paso a cambiarme como a las ocho* (C. Fuentes, *La cabeza de la hidra*, 22).
       Ich komme gegen acht, um mich umzuziehen.

Besonders häufig findet sich gegenwärtig der (von Sprachwissenschaftlern kritisierte) redundante Ausdruck *como muy* (*como* ohne Akzent):

---

[13] *Asín* findet sich häufig in *La chanca* von J. Goytisolo (S. 56 und passim).
[14] *El mundo es ansí* („So ist die Welt nun einmal") lautet der Titel eines Romans von Pío Baroja.
[15] Siehe dazu auch: DRAE (I, 98) und DUE (I, 190).
[16] Dieses Beispiel ist bei C. F. A. Van Dam entlehnt, der ihm folgenden Kommentar hinzufügt: „Dieser Gebrauch des Adverbs ist am wenigsten zur Nachahmung empfohlen. In solchen Fällen sollte man besser von *muchachos distinguidos* („feine junge Leute") sprechen – *Spaanse spraakkunst*, 322.

d. *Este señor había sido como muy antifranquista* (F. Umbral, *Memorias de un hijo del siglo*, 149).
Dieser Herr war sehr gegen das Franco-Regime gewesen.
Korrekt wäre: ... *había sido muy antifranquista.*

Man beachte auch den analogen Gebrauch von *como un poco* in der folgenden umständlichen Konstruktion:

e. *La madre encontraba a aquel brigada como un poco demasiado mayor para novio de su niña* (F. Umbral, *El fulgor de África*, 87).
Die Mutter fand jenen Feldwebel als Freund ihrer Tochter ein wenig zu alt.

Hier sei ebenfalls darauf hingewiesen, daß man als Variante von *como* (mit der Bedeutung „nach Art", „in der Weise, wie") das Wort *cual* finden kann.

f. *Quédate tranquila, que estás joven y bella cual una estrella de Hollywood* (F. Vizcaíno Casas, *De camisa vieja a chaqueta nueva*, 161).
Mach dir keine Sorgen, du bist jung und schön wie ein Hollywood-Star.
(Das Beispiel wurde bereits in Nr. 67 h angeführt.)
g. *Sus ojos pendían cual dos tristes uvas en la grisura de la niebla* (A. Skármeta, *Ardiente paciencia*, 151).
Seine Augen hingen wie zwei traurige Trauben inmitten des grauen Nebels.

Das DRAE bemerkt dazu, daß der Gebrauch von *cual* für *como* heute als literarisch zu gelten habe (I, 403).

631. *Cómo no* ist ein in der gesprochenen Sprache häufig verwendeter adverbialer Ausdruck, der vor allem in Lateinamerika, aber seit einigen Jahren auch in Spanien, oftmals als eine Art Variante von *sí, naturalmente* ... [→ „(aber) natürlich", „selbstverständlich"] gebraucht wird. *Cómo no* kann mit oder ohne Frage- und Ausrufezeichen vorkommen[17].

a. *¿Puedo mirarlo? – Cómo no* (C. Kany, *Sintaxis hispanoamericana*, 479).
„Darf ich mal sehen?" „Ja, sicher."
b. *El periódico publicaba, cómo no, la carta del presi* (C. Pérez Merinero, *Las reglas del juego*, 138 – *presi* für *presidente*).
Die Zeitung hat den Brief des Präsidenten natürlich veröffentlicht.

632. „Despacio"

Despacio ist synonym mit *lentamente*: „langsam", „gemächlich". Vor allem in Lateinamerika[18] wird – in der Volkssprache – *despacio* allerdings meist in der Bedeutung „leise" verwendet, z. B. in Sätzen wie *hablar despacio* („leise sprechen" – in Spanien gewöhnlich: *hablar en voz baja*). Die Form *despaciosamente* dient dann dazu, eine Doppeldeutigkeit zu vermeiden und bezeichnet das Denotat „langsam"[19].

---

17 Zu *cómo no* mit anderen Bedeutungen und Varianten siehe C. Kany, *Sintaxis hispanoamericana*, 478–484.
18 Manchmal auch in Spanien (cf. M. Seco, *Diccionario de dudas*, 145).
19 Cf. C. Kany, *Sintaxis hispanoamericana*, 355–357.

633. „Mal"

Ebenso wie *bien* kann auch *mal* nach dem Verb *estar* gebraucht werden.

> a. *Estas casas no están mal.*
> Diese Häuser sehen nicht schlecht aus.

Mal kommt in einer Reihe von Verbalkomposita vor (alle mit negativer Bedeutung), z. B. *malcriar* („falsch erziehen", „verziehen"), *maldecir* [„verfluchen", schlecht sprechen" (*de* „von")], *malherir* („schwer verwunden"), *malquerer* („hassen", „übelwollen") u. a.:

> b. *Algunos jóvenes malvendían el patrimonio de sus abuelos* (J. M. GIRONELLA, *Los hombres lloran solos*, 23).
> Einige junge Leute verschleuderten das Erbe ihrer Großeltern.

§ 2. GRAD-, QUANTITÄTS- UND KOMPARATIVADVERBIEN

A. Formen

634.

algo	etwas[20]
apenas	kaum; sobald
bastante	ziemlich, genug
casi	beinahe
cuanto	wie (in Korrelation mit *tanto*)
¿cuánto? (¿cuán?)	wieviel? wie sehr?
¡cuánto! (¡cuán!)	wieviel, wie sehr
demasiado	zu, zuviel, zu sehr
más	mehr
menos	weniger
mucho, muy	viel, sehr
nada	gar nicht[21]
poco	wenig
sólo	nur[22]
también	auch
tanto (tan)	so, soviel, so sehr

---

[20] *Algo* als Adverb wurde bereits in Nr. 465 behandelt.
[21] *Nada* als Adverb wurde bereits in den Nrn. 484–490 behandelt.
[22] *Sólo* erhält einen Akzent, um eine Verwechslung mit *solo* („allein" – adjektivisch gebraucht) auszuschließen. Dieser Akzent kann weggelassen werden, wenn keine Verwechslungsgefahr besteht (cf. *Esbozo*, 140 und Fußnote 43) sowie – neueren Datums – REAL ACADEMIA ESPAÑOLA, *Ortografía de la lengua española*, 50–51). Siehe z. B. einen Satz: *tomo café solo sólo los domingos* („ich trinke nur sonntags schwarzen Kaffee").

B. Besonderheiten beim Gebrauch einiger dieser Adverbien

635. „Apenas"

Apenas bedeutet „kaum". In verneinten Konstruktionen steht es nach dem Verb, in affirmativen Sätzen davor.

    a. *No le he visto apenas* (DUE, I, 211).
       Ich habe ihn kaum gesehen.
    b. *Apenas llega a la mesa* (DUE, I, 221).
       Er kommt kaum an den Tisch.

Im modernen Spanisch folgt auf *apenas* – besonders in der Umgangssprache – häufig *si*[23]. *Apenas si* steht immer vor dem Verb:

    c. *El coronel Buendía apenas si comprendió que el secreto de una buena vejez no es otra cosa que un pacto honrado con la soledad* (G. García Márquez, *Cien años de soledad*, 185).
       Oberst Buendía hatte nur ansatzweise begriffen, daß das Geheimnis eines guten Lebens im Alter nichts anderes ist als ein ehrlicher Pakt mit der Einsamkeit.
    d. *Apenas si quedan un par de días* (J. M. Pemán, angeführt von M. Seco, *Diccionario de dudas*, 44).
       Es bleiben kaum mehr als ein paar Tage.

636. „Bastante"

Das deutsche „genug" ist immer Adverb und daher unveränderlich. Im Spanischen kann *bastante* auch als Adjektiv gebraucht werden. Es ist dann natürlich flektierbar[24].

637.

Es ist nicht ausgeschlossen, die Form *bastantemente* anzutreffen, doch ist sie um einiges seltener als *bastante* mit adverbialem Wert[25].

638. „Casi"

Im Spanischen kann – vor allem in der gesprochenen Sprache und in der nichtfeierlichen Schriftsprache – die Nuance „beinahe" durch die Wiederholung von *casi* verstärkt werden. Zwischen den beiden Wörtern kann ein Komma stehen, muß aber nicht.

    a. *Se levanta casi casi cuando yo me acuesto* (J. A. De Zunzunegui, *Los caminos de El Señor*, 156).
       Er steht praktisch auf, wenn ich zu Bett gehe.

---

[23] Manche Sprachwissenschaftler verurteilen *apenas si* als Gallizismus [cf. M. Seco, *Diccionario de dudas*, 5. Aufl., 40 – es fällt auf, daß diese kritische Anmerkung in der normalerweise in dieser Grammatik angeführten 9. Auflage nicht mehr enthalten ist (S. 44)]. Dasselbe gilt auch für das Wörterbuch von María Moliner: in der ersten Auflage wurde der Ausdruck als „vulgarismo" bezeichnet (I, 211), aber in der (kürzlich erschienenen) zweiten Auflage ist diese Bewertung weggefallen (I, 211).

[24] Siehe dazu Nr. 544.

[25] C. F. A. Van Dam führt einige Beispiele an, doch bemerkt er dazu, daß der Gebrauch der Form *bastantemente* von manchen als nicht korrekt betrachtet werde (*Spaanse spraakkunst*, 323). Das DRAE (S. 170) und M. Moliner (DUE, I, 355) führen *bastantemente* ohne einen derartigen Kommentar an.

b. *Se enfurecía contra sí mismo por lo que estimaba una flaqueza y casi, casi, una deserción* (M. Delibes, *Mi idolatrado hijo Sisí*, 102).
Er war wütend über sich selbst wegen dieser, wie er meinte, Schwäche, ja fast schon Treulosigkeit.

In der gesprochenen Sprache wird *casi* zuweilen in der Bedeutung „besser" verwendet. In einem Vortrag im „Instituto de Estudios Hispánicos" in Antwerpen[26] sagte der spanische Sprachwissenschaftler A. Quilis:

c. *Casi lo escribo* → „Ich schreibe es besser auf", und schrieb dann die betreffende Form tatsächlich an die Tafel.

C. Kany führt auch die Form *casimente* an und spricht – ohne weitere Erläuterungen – von einem möglichen Bedeutungsunterschied zwischen dieser Form und *casi*[27].

639. „Cuanto", („cuánto"[28]), „tanto"

Cuanto und *tanto* werden in Verbindung mit Verben gebraucht.

a. *No tendrías que trabajar tanto.*   Du müßtest nicht soviel arbeiten.

b. *Dime cuánto quieres.*   Sag mir, wieviel du willst.

640. Man gebraucht die apokopierten Formen *cuan (cuán)* und *tan* vor einem Adjektiv, einem Perfektpartizip, einem Adverb oder einem adverbialen Ausdruck.

a. *¡Cuán felices son!* (*Esbozo*, 358 – Der Satz wurde bereits oben in Nr. 419 d mit der Anmerkung „Schriftsprache" angeführt).
Wie glücklich sie sind!
b. *Nunca le había visto tan agradecido.*
Noch nie hatte ich ihn so dankbar gesehen.
c. *¡No articules tan mal!*
Artikulier nicht so schlecht!
d. *(...) detalles tan sin importancia como los caprichos del azar* (S. Lorén, *La rebotica*, 175).
Einzelheiten, die ebensowenig von Bedeutung sind wie die Launen des Zufalls.
e. *El Oriente no es tan otra cosa como pretenden los orientalistas* (J. Cortázar, *Rayuela*, 189).
Der Osten ist nicht so andersartig, wie die Orientalisten behaupten.

---

[26] Am 6. Dezember 1980.
[27] *Sintaxis hispanoamericana*, 317. Mit Ausnahme von Var sind sich meine Informanten einig: Keiner von ihnen hat das Wort *casimente* jemals gehört. Doch konnte ich (im September 1983) feststellen, daß in Santo Domingo *casimente* – in der gesprochenen Sprache – systematisch anstelle von *casi* gebraucht wird. Und Var erklärte mir dazu: „En el habla de los hispanos estadounidenses es frecuente" („die spanischsprachige Bevölkerung in den USA verwendet es häufig"). Bar meint, das Wort könne eventuell als Gallizismus betrachtet werden: < frz. *quasiment.*
In einem Werk von 1946 sagt A. Rosenblat, daß die Form in Santo Domingo vorkomme, aber auch im leonesischen Dialekt in Spanien (*Notas de morfología dialectal*, in *Biblioteca de dialectología hispanoamericana*, II, 180). A. Zamora Vicente führt *casimente* allerdings in seiner *Dialectología española* nicht an.
[28] *Cuánto* wird in Frage- und Ausrufesätzen mit Akzent geschrieben.

Ursprüngliche Adverbien / Adverbios primitivos

641. Vor Komparativen erfolgt keine Apokope (es sei denn, sie drücken eine Gleichheit aus).

    a. *El es tanto más tranquilo que tú.*   Er ist soviel ruhiger als du.
    b. *¡Tanto mejor!*   Umso besser!
    c. *¡Tanto peor!*   Umso schlimmer!

Aber:

    d. *El es tan tranquilo como tú.*   Er ist so ruhig wie du.

Vor *mejor* und *peor* kann *tanto* (in Formulierungen wie in den Beispielen b und c) auch weggelassen werden. Siehe auch:

    e. *Si podemos coger al rey vivo, mejor* (P. Baroja, *Aurora roja*, in O. C., I, 637).
       Wenn wir den König lebend fassen können, umso besser.
    f. *Marta exclamó: „¡Peor para él!"* (J. M. Gironella, *Ha estallado la paz*, 111).
       Marta rief aus: „Umso schlimmer für ihn!"

Die unverkürzte Form wird auch gebraucht, wenn das Adjektiv nicht genannt wird:

    g. *Estoy borracho.*
       No tanto como crees (A. Bryce Echenique, *Tantas veces Pedro*, 214 – das Beispiel wurde bereits in Nr. 205 angeführt).
       „Ich bin betrunken."
       „Nicht so betrunken wie du glaubst."

642. „Demasiado"

Demasiado kann ebenfalls als Adjektiv gebraucht werden (siehe dazu Nr. 545), und zwar auch in Fällen, in denen das Wort dem deutschen Adverb *zuviel* (also einer unveränderlichen Form) entspricht.

643. Als Adverb wird *demasiado* deutlich seltener gebraucht als das deutsche „zu". Wenn Zweifel bezüglich der Bedeutung ausgeschlossen sind, wird „zu" in vielen Fällen gar nicht übersetzt.

    a. *„Tarde... Es tarde para ti". Creía escuchar carcajadas burlonas: „es tarde amigo, es tarde..."* (E. Quiroga, *Viento del norte*, 115).
       „Zu spät... Es ist zu spät für dich". Er meinte ein lautes, spöttisches Lachen zu hören: „Es ist zu spät, mein Freund, es ist zu spät".
    b. *Se marchó hace ya rato y todavía es pronto para que vuelva* (C. J. Cela, *La colmena*, 219).
       Er ist schon vor einer Weile weggegangen, und es ist noch zu früh für seine Rückkehr.
    c. *Nunca es tarde* (J. A. Vallejo-Nágera, *Concierto para instrumentos desafinados*, 149).
       Es ist nie zu spät.

Andererseits finden sich umgangssprachlich Kombinationen von *demasiado* und Wörtern wie *mucho* („viel") oder *menos* („weniger"):

d. *Bueno hijo, que trabajes no demasiado mucho* (A. M. Vigara Tauste, *Morfosintaxis del español coloquial*, 155).
Junge, arbeite nicht zu viel.
Man beachte hier auch die Konstruktion ... *trabajes no demasiado* (Standardspanisch: *no trabajes demasiado*).

644. Um bestimmte Sätze richtig zu interpretieren, ist es gut zu wissen, daß die Verwendung von *demasiado*, selbst bei der Übersetzung von „viel zu", nicht notwendig ist.

a. *La junta decide acudir en su ayuda; tal vez muy tarde: su muerte sobrevino en seguida* (F. Lázaro, *Discurso* ..., 94).
Die 'Junta' beschließt, ihm zu Hilfe zu kommen. Vielleicht viel zu spät: kurz darauf war er tot.

b. *Estimaba mucho lo que él llamaba su hombría para volverse atrás* (M. Delibes, *Mi idolatrado hijo Sisí*, 194).
Er maß dem, was er seine Männerehre nannte, zuviel Bedeutung zu, als daß er wortbrüchig geworden wäre.

In beiden Fällen wird die Vorstellung von einem „zuviel" durch eine Form von *mucho* wiedergegeben.

645. Die Bedeutungsnuance „(viel) zu" kann auch in einem Augmentativsuffix zum Ausdruck kommen.

a. *¿Para qué nacemos, Dios mío, si nuestra vida es brevísima para explicárnoslo?* (C. J. Cela, *Pabellón de reposo*, 187).
Wozu werden wir geboren, mein Gott, wenn unser Leben viel zu kurz ist, um es uns zu erklären?

b. *Ya estoy grandullona para andar saltando* (C. Martín Gaite, *El balneario*, 143).
Ich bin schon viel zu groß, um so herumzuhüpfen.

Schließlich ist auch der Gebrauch eines Diminutivs mit der genannten Nuance möglich:

c. *(Tú) eres jovencito para esto.*
Du bist noch zu jung dafür.

646. *Demasiado* kann nicht weggelassen werden, wenn dies zu Mehrdeutigkeiten führen würde, oder in Konstruktionen, die dann keine Bedeutung mehr hätten.

a. *¿Es que no bebo, o es que bebo demasiado?* (I. Agustí, *El viudo Rius*, 101).
Trinke ich nun nicht, oder trinke ich zuviel?

b. *Me encuentro muy mal, demasiado mal* (C. J. Cela, *Pabellón de reposo*, 156).
Ich fühle mich elend, zu elend.

647. *Demasiado* kann auch gebraucht werden, um einen bestimmten Satzteil hervorzuheben. Stilistische Effekte wie Steigerung und redundante Betonung (auch durch das Spielen mit Wörtern) zeigen die folgenden Sätze:

a. *Ahora ya es tarde.*
...
Demasiado tarde (A. Casona, *La dama del alba*, 148–149).
„Jetzt ist es zu spät." „Viel zu spät."
b. *No había cesado de repetirse, demasiado tarde, trop tard, troppo tardi, too late, zu spät* ... (A. Bryce Echenique, *Tantas veces Pedro*, 238–239).
Er hatte es immer wieder und wieder gesagt: zu spät, trop tard, troppo tardi, demasiado tarde, too late ...

648. Vor allem in Lateinamerika wird *demasiado* häufig als Synonym für die Adverbien *mucho* oder *muy* benutzt[29]. Siehe in diesem Zusammenhang auch Nr. 546.

Su conversación me era demasiado agradable (C. Kany, *Sintaxis hispanoamericana*, 349).
Das Gespräch mit ihm war mir sehr angenehm.

649. In der Volkssprache hört man bisweilen ein veränderliches als Adverb gebrauchtes *demasiado*, das dann (fälschlicherweise) dieselbe Endung annimmt wie das darauffolgende Adjektiv[30]. Ebenfalls in der Volkssprache wird manchmal die Präposition *de* zwischen dem Adverb *demasiado* und dem Adjektiv, auf das es sich bezieht, eingefügt.

Es usted demasiado de bueno para estos tiempos (M. Delibes, angeführt von M. Seco, *Diccionario de dudas*, 139–140 – mit der Bemerkung, die Konstruktion gehöre einem niedrigen Sprachniveau an, sei jedoch im klassischen Spanisch durchaus gebräuchlich gewesen).
Sie sind zu gut für diese Zeiten.

650. Es ist nicht ausgeschlossen, das Wort *demasiadamente* anzutreffen, doch ist diese Form nicht sehr gebräuchlich.

Sus dientes eran pequeños, oscuros y el enseñarlos demasiadamente era su Waterloo (J. A. De Zunzunegui, *Ramón o la vida baldía*, 124).
Ihre Zähne waren klein und dunkelgefärbt, und das Schlimmste war, daß sie sie zu häufig zeigte.

651. „Más"

De más bedeutet „zuviel" oder „überflüssig"[31].

a. *Anoche Pedro bebió de más.*
Gestern abend hat Peter zuviel getrunken.

---

[29] Cf. C. Kany (*Sintaxis hispanoamericana*, 349). M. Seco betrachtete diesen Gebrauch in der 5. Auflage seines *Diccionario de dudas* (S. 121) noch als inkorrekt, doch in der 9. Auflage findet sich dieser Kommentar nicht mehr (S. 139–140).
[30] Siehe dazu, mit weiteren Bemerkungen und einem Beispiel, C. Kany (*Sintaxis hispanoamericana*, 350).
[31] Das in zwei Wörtern geschriebene *de más* darf nicht mit der Form *demás* verwechselt werden, die weiter oben in den Nrn. 535–538 behandelt wurde.

b. *De más está decir ...* (G. Cabrera Infante, *O*, 112).
Es erübrigt sich zu sagen ...

652. Vor allem in Lateinamerika (aber auch in einigen Gegenden Spaniens) wird *más* den Wörtern *nada*, *nadie* und *nunca* vorangestellt. Anstelle der üblichen Kombinationen *nada más, nadie más, nunca más* ergeben sich dann die Ausdrücke *más nada, más nadie, más nunca*[32].

    a. *¿No se le ofrece más nada, mamá?* (C. Kany, *Sintaxis hispanoamericana*, 363).
       Kann ich noch etwas für Sie tun, Mutter?
       Die übliche Konstruktion lautet: *¿No se le ofrece nada más, mamá?*
    b. *Se metió (en la isla) para no salir más nunca* (A. Uslar Pietri, *La isla de Róbinson*, 13).
       Er ließ sich auf der Insel nieder, um sie nie wieder zu verlassen.

653. Sehr gebräuchlich ist im amerikanischen Spanisch *no más* (oder: *nomás*), das verschiedene Bedeutungen hat.
No más kann ein Synonym für *sólo* („nur") oder für *nada más* [mit temporalem Wert → „sobald", „kaum", „unmittelbar nach(dem)"] sein, es kann als intensivierendes Element nach Verbformen (besonders Imperativen) stehen usw.[33]

    a. *Voy a mironear un poco nomás* (A. Roa Bastos, *El trueno entre las hojas*, 59).
       Ich werde mich nur mal ein bißchen umschauen.
    b. *No más que llegue, lo haré* (C. Kany, *Sintaxis hispanoamericana*, 371).
       Sobald ich ankomme, werde ich es tun.
    c. *Una invitación del Señor Presidente nomás no se rechaza* (C. Fuentes, *La cabeza de la hidra*, 12).
       Eine Einladung des Herrn Präsidenten schlägt man nicht so einfach aus.
    d. *Llámame Chunga, nomás* (M. Vargas Llosa, *La Chunga*, 26).
       Nenn mich einfach Chunga.

654. „Mucho", „muy"

Mucho steht bei Verben.

    Este hombre trabaja mucho.   Dieser Mann arbeitet viel (oder: „hart").

655. Man gebraucht die Form *muy* vor einem Adjektiv, einem Perfektpartizip, einem Adverb oder einem adverbialen Ausdruck.

    a. *Una muchacha muy inteligente.*
       Ein sehr intelligentes Mädchen.
    b. *Lo hizo muy rápidamente.*
       Er hat es sehr schnell getan.

---

[32] Siehe dazu C. Kany (*Sintaxis hispanoamericana*, 363–364 – mit zahlreichen Beispielen). Siehe auch: M. Seco [*Diccionario de dudas*, 255. In einer früheren Auflage seines Buches hatte Seco erklärt, diese invertierten Formen kämen in gepflegter Sprache nicht vor (5. Aufl., 226–227)].
[33] Siehe dazu: C. Kany, *Sintaxis hispanoamericana*, 367–372.

> c. *El director viene muy de tarde en tarde.*
>   Der Direktor kommt nur hin und wieder.
> d. *Saldremos muy de mañana.*
>   Wir werden sehr früh am Morgen abfahren.

Derzeit ist es (grundsätzlich in der Umgangssprache) Mode, *muy* seiner eigenen Variante *mucho* voranzustellen: *muy mucho* wird als superlativischer Ausdruck verwendet, den ich sogar in zwei Vorträgen im *Instituto de Estudios Hispánicos* von Antwerpen hören konnte [gehalten von A. Alvar (Professor in Alcalá de Henares, am 9.12.2000) und von María Teresa Cacho (aus Zaragoza, am 16.12.2000)].

656. Vor Komparativen und vor den Adverbien *antes* („eher", „früher") und *después* („später") steht *mucho*.

> a. *Tienes que dar una explicación mucho más clara.*
>   Du mußt eine viel deutlichere Erklärung geben.
> b. *Este trabajo es mucho mejor que el anterior.*
>   Diese Arbeit ist viel besser als die vorherige.
> c. *Esto ocurrió mucho antes.*
>   Das ist viel früher geschehen.

657. Im folgenden Beispiel steht die Form *muy* vor *mayor*, da dieses Wort hier „alt" bedeutet. Es wird daher nicht als Komparativ betrachtet:

> *Tu padre murió muy mayor* (C. Alonso de los Ríos, *Conversaciones con M. Delibes*, 85).
> Dein Vater ist sehr alt gestorben[34].

658. Die Wörter *inferior* („geringer", „minderwertig", „unterlegen") und *superior* („besser", „höher", „überlegen") werden nicht mehr wie echte Komparative gebraucht. Daher sagt man: *un producto muy superior* (oder: *inferior*).

659. Man kann die Form *muy* ebenfalls vor einem Substantiv finden. Es wird allerdings deutlich, daß in den folgenden Beispielen die Substantive *mujer* und *hombre* den Wert eines Adjektivs haben und daß daher eigentlich der in Nr. 655 genannte Grundsatz gilt.

> a. *Pilar era una muchacha hermosa, muy mujer* (J. M. Gironella, *Ha estallado la paz*, 49).
>   Pilar war ein sehr schönes Mädchen, ganz Frau.
> b. *Aquello es para los muy hombres* (R. J. Sender, *Epitalamio del prieto Trinidad*, 16).
>   Das ist für richtige Männer.

---

[34] Gleiches kann man vielleicht auch zum Gebrauch von *muy* vor *menor* sagen, wenn letzteres „jung", „klein" bedeutet. Doch ist der Ausdruck mit dieser Bedeutung noch nicht allgemein üblich oder gilt als inkorrekt, wie der Kursivdruck von *muy menor* im folgenden Beispiel implizit erkennen läßt: – *Y la verdad es que Valentina era 'muy menor', como me dijo un día Isabelita* (R. J. Sender, *Crónica del alba*, II, 413 – Und es stimmt, daß Valentina noch sehr jung war, wie Isabelita mir einmal sagte)

660. Man beachte auch Beispiele wie die folgenden, in denen die Präposition *de* zusammen mit einem Substantiv einen attributiven Ausdruck bildet. Auch hier steht *muy*.

    a. *El ron es una bebida muy de hombres* (C. J. CELA, *Mrs. Caldwell habla con su hijo*, 28).
       Rum ist ein echtes Männergetränk.
    b. *María llevaba una vida muy de sociedad* (P. BAROJA, *El caballero de Erláiz*, in O. C., VII, 383).
       Maria führte ein sehr mondänes Leben.

661. Die Ausdrücke „es ist sehr kalt", „es ist sehr warm" werden mit *hace mucho frío, hace mucho calor* wiedergegeben. *Frío* und *calor* sind dabei Substantive. Deshalb geht ihnen das Adjektiv *mucho* voraus[35].

662. In einem Ausdruck wie *conocer mucho* („gut kennen" – mit Bezug auf Personen) hat *mucho* eher qualitative als quantitative Bedeutung.

    Hablábamos de los poetas de postguerra que el duque había conocido mucho
    (F. UMBRAL, *A la sombra de las muchachas rojas*, 114).
    Wir sprachen von den Dichtern der Nachkriegszeit, die der Herzog gut gekannt hatte.

663. Zum Abschluß sei hier noch auf den Gebrauch von *mucho* in Konstruktionen hingewiesen, in denen dieses Wort nach einem Adjektiv, Perfektpartizip oder Adverb steht, von diesen jedoch durch *y* („und"), *pero* („aber") oder durch eine mit Hilfe eines Kommas angedeutete Zäsur getrennt ist, sowie auf die Verwendung von *mucho* in Antworten oder Fragesätzen, in denen das Adjektiv, Perfektpartizip oder Adverb nicht wiederholt wird (wie in den Beispielen d und e).

    a. *Estoy cansado y mucho.*
       Ich bin müde, und zwar sehr.
    b. *Ha llegado tarde pero no mucho.*
       Er hat sich verspätet, jedoch nicht allzusehr.
    c. *Es muy bella Jara, mucho* (R. MONTERO, *Crónica del desamor*, 220).
       Jara ist sehr hübsch, äußerst hübsch.
    d. *¿Estás contento? – Mucho.*
       „Bist du zufrieden?" „Sehr."
    e. *¿Saldrás temprano? – Mucho.*
       „Wirst du früh aufbrechen?" „Ja, sehr früh."

---

35 Die unpersönliche Form *hace* kommt auch in anderen Ausdrücken vor, die Witterungsbedingungen bezeichnen. Zum Beispiel: *Hace mucho aire* (C. MARTÍN GAITE, *El cuarto de atrás*, 120 – „Es ist sehr windig"). Siehe auch Nr. 352 d. In derlei Konstruktionen ist im Standardspanischen die Singularform gebräuchlich (cf. M. SECO, *Diccionario de dudas*, 217, und – mit näheren Erläuterungen – *Esbozo*, 384–385). Man würde daher sagen: *Hace frío y viento* („Es ist kalt und windig"), aber NICHT *Hacen frío y viento* (C. KANY, *Sintaxis hispanoamericana*, 261).

§ 3. TEMPORALADVERBIEN

A. Formen

664.

ahora	jetzt
anoche	gestern abend, vergangene Nacht
anteayer	vorgestern
antes	früher, vorher
aún	noch (oder: „sogar", dann jedoch ohne Akzent → *aun*)
ayer	gestern
¿cuándo?	wann?
después	danach
entonces	dann, damals
hoy	heute
jamás	nie
luego	dann, danach
mañana	morgen
nunca	nie
pronto	bald, früh
según	in dem Maße wie, je
siempre	immer
tarde	spät
temprano	früh
todavía	noch
ya	schon

B. Besonderheiten beim Gebrauch einiger Temporaladverbien

665. „Aún"

Aún hat nicht nur den Wert eines Temporaladverbs (mit der Bedeutung „noch" und als Synonym für *todavía*). Es kann auch „sogar" bedeuten und ist dann synonym mit *hasta, incluso* oder *también*. In diesem Fall wird es jedoch ohne Akzent geschrieben[36].

---

36 Doch kann man *aun* ohne Akzent auch als Temporaladverb antreffen (siehe dazu *Esbozo*, 72). Zu einer möglichen Unterscheidung bei der Aussprache siehe M. SECO (*Diccionario de dudas*, 58).

a

«Ten aún un poco de paciencia. Todavía no se han secado.»

(*Antología del humor*, 152)
Hab noch ein bißchen Geduld. Sie sind noch nicht trocken.
b. *Aun en la indigencia conservaba toda su dignidad* (A. BELLO, *Gramática*, 342, Nr. 1216).
Selbst in der Armut verlor er nichts von seiner Würde.
Man könnte ebenfalls sagen: *Hasta en la indigencia* ... oder *Incluso en la indigencia* ... oder *También en la indigencia* ...

666. „Cuando"

Im heutigen Spanisch wird *cuando* häufig in elliptischen Konstruktionen gebraucht, in denen ein Verb oder ein anderer Satzteil weggelassen wurde. *Cuando* steht dann unmittelbar vor einem Substantiv (manchmal sogar vor einem Eigennamen, wie in Beispiel d oder Adjektiv und hat eigentlich eher den Wert einer Präposition[37] als den eines Adverbs.

    a. *Cuando la guerra* (anstelle von: *en el tiempo de la guerra*)
       (A. BELLO, *Gramática*, 336).
       Während des Krieges.
    b. *Púsose a fumar, sentado frente a la chimenea, como cuando soltero*
       (E. QUIROGA, *Viento del norte*, 179).
       Vor dem Kamin sitzend, begann er zu rauchen, wie zu der Zeit, als er noch Junggeselle war.
       cuando soltero bedeutet: *cuando era soltero*.
    c. *Era una marcha alemana de cuando los nazis* (R. SÁNCHEZ FERLOSIO, *El Jarama*, 227).
       Es war ein deutscher Marsch aus der Nazizeit.
       Gemeint ist: *de la época de los nazis*.
    d. *Hacía tanto frío como cuando Possad y Otensky* (T. SALVADOR, *División 250*, 321).
       Es war genauso kalt wie während der Kämpfe bei Possad und Otensky.
       Die Bedeutung ist: *como cuando combatían en Possad y Otensky*.

---

[37] Siehe dazu J. ALCINA FRANCH & J. M. BLECUA, *Gramática española*, 1111–1112.

Ursprüngliche Adverbien / Adverbios primitivos 293

    e. *Cuando joven me quise casar con ella* (J. EDWARDS, *El peso de la noche*, 195).
       Als ich jung war, wollte ich sie heiraten.

667. In vielen Ländern Lateinamerikas wird (ein mit Ausrufezeichen und Akzent geschriebenes) *¡cuándo!* mit derselben Bedeutung wie *¡imposible!* (→ „unmöglich!") oder *¡nunca!* (→ „niemals!") verwendet. *¡Cuándo!* hat hier den Wert einer Interjektion[38].

    Me dicen, Elvira, que te casas, con él. – ¿Yo? ¡Cuándo! (C. KANY, *Sintaxis hispanoamericana*, 481).
    „Elvira, ich habe gehört, daß du ihn heiraten willst." „Ich? Niemals!"

668. „Hoy" ~ „ahora"

In Lateinamerika werden in der Volkssprache die Adverbien *ahora* („jetzt") und *hoy* („heute") manchmal miteinander verwechselt. *Hoy son las once* kann daher bedeuten: „Es ist jetzt elf Uhr". Anstelle von *hoy* finden sich auch redundante Ausdrücke wie z. B. *hoy día*[39]: *Hoy día estamos a siete de mayo* [für: *Hoy estamos a siete de mayo* („Heute ist der siebte Mai")][40].

669. „Jamás", „nunca"

Bei der Konstruktion von Sätzen, in denen ein Wort vorkommt, das eine Verneinung zum Ausdruck bringt, gilt es – wie bereits an anderer Stelle angemerkt (siehe z. B. Nr. 447) – folgendes zu beachten: Steht ein solches Wort hinter dem Verb, so muß diesem Verb die Negation *no* vorausgehen. Dagegen steht kein *no*, wenn das betreffende Wort vor der Verbform steht.

    a.

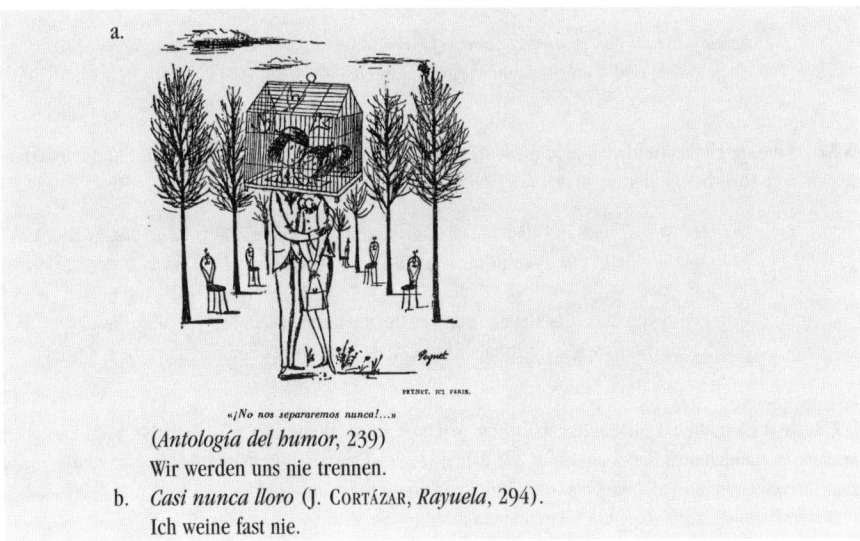

    «*¡No nos separaremos nunca!...*»
    (*Antología del humor*, 239)
    Wir werden uns nie trennen.
    b. *Casi nunca lloro* (J. CORTÁZAR, *Rayuela*, 294).
       Ich weine fast nie.

---

[38] Cf. C. KANY, *Sintaxis hispanoamericana*, 481.
[39] Gewöhnlich bedeutet *hoy día*: „heutzutage", „gegenwärtig".
[40] Siehe zu dieser Problematik, mit weiteren Besonderheiten und Beispielen: C. KANY, *Sintaxis hispanoamericana*, 327–329.

    c. *No te cases nunca* (M. Mihura, *Tres sombreros de copa*, 130).
       Heirate nie.
    d. *Jamás se volvió a saber de ella* (G. García Márquez, *Cien años de soledad*, 33).
       Man hat nie wieder etwas von ihr gehört.

670. *Jamás* drückt bisweilen eine etwas stärkere Verneinung aus als *nunca*, wie folgendes Beispiel zeigt:

    a. *¿No te cansas?*
       (...)
       ¡Nunca!
       ¿No?
       ¡Jamás! (E. Jardiel Poncela, *Amor se escribe sin hache*, 1255).
       „Wirst du nicht müde? (...)" „Nie!" „Wirklich nicht?" „Nie und nimmer!"
       (Siehe auch das in Nr. 671 angeführte Beispiel).

Eine andere mögliche Übersetzung von „nie" lautet *en mi vida* (siehe dazu Nr.782).
Nunca más bedeutet: „nie mehr".

    b. In seinem Lied *Momentos* singt J. Iglesias von *momentos que no vuelven nunca más* („Augenblicke, die nie mehr zurückkehren").

671. *Nunca* und *jamás* können auch hintereinander stehen (wobei nur diese Reihenfolge möglich ist), um das Denotat „niemals" besonders hervorzuheben.

    Se va para no volver nunca jamás (J. García Hortelano, *Cuentos completos*, 88).
    Er geht weg und wird nie mehr zurückkommen.

672. Eine mögliche (und vielleicht noch stärkere) Variante von *nunca jamás* (mit Substantivierung des zweiten Adverbs) ist der Ausdruck *(en) jamás de los jamases*.

    Don Pedro hizo unos visajes tan pronunciados que Régula pensó que jamás de los jamases se le volvería a poner derecha la cara (M. Delibes, *Los santos inocentes*, 157).
    Don Pedro zog derartige Grimassen, daß Régula daran zweifelte, daß sein Gesicht überhaupt jemals wieder normale Züge annehmen würde.

673. In bestimmten Fällen müssen *nunca* und *jamás* im Deutschen mit „jemals" wiedergegeben werden. Es handelt sich dabei um Sätze, die denen vergleichbar sind, in denen Wörter wie *nadie, nada* usw. ihre eigentliche Bedeutung als Negationen verlieren (siehe dazu die Nrn. 469–472 und 479–483). Dies sind hauptsächlich folgende Konstruktionen:

1. Wenn ein anderes Wort im Satz eine Verneinung zum Ausdruck bringt.

    a. *Ninguna novela ha probado nunca nada* (F. Umbral, *A la sombra de las muchachas rojas*, 47).
       Kein Roman hat jemals irgend etwas bewiesen.

2. Nach einem Komparativ.

    b. *No me gusta mentir y en este momento menos que nunca* (J. Cortázar, *Libro de Manuel*, 148).
       Ich mag nicht lügen, und im Augenblick weniger denn je.

3. In manchen Fragesätzen, in denen eine negative Antwort als selbstverständlich betrachtet wird.

    c. *¿Quién jamás se puso en armas contra Dios?* (A. Bello, *Gramática*, 324).
       Wer hat je die Waffen gegen Gott ergriffen?

674. *Jamás* hat auch eine affirmative Bedeutung in den Ausdrücken *por siempre jamás*, *para siempre jamás*, die bedeuten: „(für) immer", „ewig".

    a. *Por siempre jamás* (oder: *para siempre jamás*) *me acordaré* (*Esbozo*, 356).
       Ich werde ewig daran denken.
    b. *Quiero que me ames para siempre.*
       Siempre es un tiempo algo largo.
       Para siempre jamás y eternamente (G. Cabrera Infante, *La Habana para un infante difunto*, 611).
       „Ich will, daß du mich immer liebst." „Immer ist eine reichlich lange Zeit."
       „Für immer und ewig."

675. „Según (que)"

Als Temporaladverb bringt *según* zum Ausdruck, daß die Handlungen, die die Verben im Haupt- und Nebensatz bezeichnen, parallel und progressiv verlaufen.

    Según que avanza la estación, aprieta más el calor (M. Seco, *Diccionario de dudas*, 337).
    Je weiter die Jahreszeit fortschreitet, umso drückender wird die Hitze.

676. „Siempre"

Neben der allgemein üblichen Bedeutung „immer" kann *siempre* auch den Wert von *en todo caso* („auf jeden Fall") haben. In vielen lateinamerikanischen Ländern wird *siempre* auch als Äquivalent für *todavía* („noch")[41], *decididamente* („entschieden", „unbedingt") und *al fin* („schließlich"), manchmal auch für *sí* („ja")[42] verwendet.

677. „Ya"

Außer in seiner üblichen Bedeutung „schon", „bereits" wird *ya* auch in den Ausdrücken *ya no* (oder *no ya*) verwendet, die dem deutschen „nicht mehr" entsprechen. Man beachte, daß im zweiten Fall die Wörter *no* und *ya* voneinander getrennt werden.

---

[41] M. Seco verurteilt diesen Gebrauch (der auch in Spanien vorkommt) als Gallizismus (*Diccionario de dudas*, 344).
[42] Cf. C. Kany, *Sintaxis hispanoamericana*, 382 (mit Beispielen), und R. Lapesa, *Historia de la lengua española*, 591.

a. *Ya no llevas el vendaje – dijo* (J. MARSÉ, *Últimas tardes con Teresa*, 216).
   „Du trägst den Verband nicht mehr", sagte er.
b. *No estoy segura ya de nada* (F. UMBRAL, *A la sombra de las muchachas rojas*, 78).
   Für mich ist gar nichts mehr sicher.

„Nicht mehr" kann auch durch *ya no (...) más* (oder: *no ... más*) übersetzt werden, eventuell mit der Bedeutungsnuance „nicht länger":

c. *Ya no llora más* (J. CORTÁZAR, *Rayuela*, 100).
   Sie weint nicht mehr.
d. *No quiero verte más* (J. RULFO, *Pedro Páramo*, 68).
   Ich will dich nicht mehr sehen.
e. *No la aburro más, gracias por todo* (C. MARTÍN GAITE, *El cuarto de atrás*, 172).
   Ich will Sie nicht länger langweilen; vielen Dank für alles.
f. *Tengo una guitarra*
   que no quiere más reír
   basta que mi pueblo sea feliz [aus einem bekannten lateinamerikanischen Protestlied (*canción de denuncia*) mit dem Titel *Guitarra nueva*].
   Ich habe eine Gitarre, die nicht länger lachen will, bis mein Volk glücklich ist.

678. Der Ausdruck *ya mismo* ist vor allem in Lateinamerika (in der Umgangssprache) gebräuchlich und bedeutet: „sogleich"[43].

No hay nadie. Acaban de salir. Comencemos ya mismo (M. VARGAS LLOSA, *La ciudad y los perros*, 369).
Es ist niemand da. Sie sind gerade gegangen. Fangen wir gleich an.
(Es geht um Einbrecher.)

§ 4. LOKALADVERBIEN

A. Formen

679.

abajo	unten
acá	hier
ahí	da
allá	dort
allí	dort
aquí	hier
arriba	oben
cerca	in der Nähe
delante	davor
detrás	dahinter

---

[43] Zu diesen und anderen adverbialen Ausdrücken mit *ya* siehe: C. KANY, *Sintaxis hispanoamericana*, 387–389.

dentro	drinnen
donde	wo
encima	obendrauf
fuera	draußen

[Man beachte, daß viele dieser Adverbien den Ortsbegriff sowohl statisch als auch dynamisch (→ Bewegung, Richtung) ausdrücken können. So kann *abajo* „unten" und „nach unten", *acá* „hier" und „hierher" bedeuten.]

B. Besonderheiten beim Gebrauch einiger Lokaladverbien

680. „Abajo", „arriba"

Diese Adverbien können im Spanischen unmittelbar nach einem Substantiv stehen und bilden dann mit ihm eine adverbiale Konstruktion, die in knapper Form ausdrückt: in Richtung auf einen Ort, der sich unterhalb bzw. oberhalb des durch das Substantiv bezeichneten Gegenstandes befindet.

> *Marchó escaleras abajo* (DUE, I, 3).
> Er ging die Treppe hinunter.

681. Wenn *abajo* und *arriba* nach einem Wort wie *calle* stehen, weisen diese Adverbien darauf hin, daß die betreffende Straße ein Gefälle hat. *Río abajo* bedeutet „stromabwärts", *río arriba* „stromaufwärts". In einer gleichartigen Konstruktion kann man *adentro* finden: *ir tierra adentro* (= „landeinwärts gehen").

682. „Aquí", „ahí", „allí"

Die Verwendung dieser drei Adverbien richtet sich nach dem Abstand zwischen dem Sprecher und den bezeichneten Personen, Tieren oder Gegenständen. Dabei kann man feststellen, daß die oben zum Gebrauch der Demonstrativpronomen *este, ese, aquel* gegebenen Hinweise (siehe Nr. 357) auch für *aquí, ahí* und *allí* gelten. Ihre Übersetzung ins Deutsche lautet „hier", „da" und „dort".

683. Mit mehr oder weniger derselben Bedeutung wie *aquí* und *allí* finden sich manchmal *acá* und *allá*[44]. In J. CORTÁZARS Buch *Rayuela* haben zwei der drei Teile die Titel *Del lado de allá* (S. 13) bzw. *Del lado de acá* (S. 257). Durch den Gebrauch von *allá* verweist der argentinische Autor auf Ereignisse in Paris, in *Del lado de acá* befinden sich die handelnden Personen in CORTÁZARS Heimatland.
Allá bildet zusammen mit einem unmittelbar folgenden Personalpronomen der zweiten oder dritten Person (Singular oder Plural)[45] oder einem Substantiv Ausdrücke, in denen der Sprecher eine gewisse Gleichgültigkeit gegenüber dem, was andere tun oder denken, zum Ausdruck bringt.

---

[44] Nach J. COSTE & A. REDONDO haben *aquí* und *allí* eine präzisere Bedeutung als *acá* und *allá* (*Syntaxe de l'espagnol moderne*, 226). Diese Interpretation scheint recht logisch die Tatsache zu erklären, daß es keine der Form *ahí* entsprechende Variante auf *-á* gibt: die durch *ahí* bezeichnete Entfernung wird ja teilweise durch *acá* und *allá* abgedeckt. Siehe dazu auch: M. SECO, *Diccionario de dudas*, 10. In einigen lateinamerikanischen Ländern werden *acá* und *allá* SYSTEMATISCH anstelle von *aquí* und *allí* verwendet. Zu Recht merken H. BERSCHIN u. a. an: „Nach *más* steht im allgemeinen nur *acá*: *un poquito más acá* [ein bißchen weiter (hier)her" (*Die spanische Sprache*, 187)].

[45] Die Mehrheit meiner Informanten (nämlich vierzehn) halten Formen wie *allá yo* (als hypothetische Übersetzung von „das ist meine Sache") oder *allá nosotros* (mit einem Personalpronomen der ersten Person) für gänzlich ungebräuchlich. Drei Informanten sind da weniger kategorisch. HER erklärte, *allá yo* durchaus schon gehört zu

a. *¡Allá tú! Cada uno hace con lo suyo lo que quiere* (L. OLMO, ohne Bezug angeführt von J. COSTE & A. REDONDO, *Syntaxe de l'espagnol moderne*, 232).
Das mußt *du* wissen! Jeder macht mit seinen Sachen, was er will.
Würden mehrere Personen angesprochen, so würde man sagen: *¡Allá vosotros (vosotras)! ...*
b. *Había unas monjas que no llevaban hábito. Allá ellas* (M. ALVAR, *El envés de la baja*, 34).
Einige Nonnen trugen keine Ordenskleidung. Das war deren Sache.

684. Ein besonderer Gebrauch von *aquí* (mit dem Wert eines Demonstrativpronomens) wurde in Nr. 376 behandelt.

685. „Donde"

In (direkten oder indirekten) Fragesätzen erhält *donde* einen Akzent: *¿dónde?*

a. *¿Dónde está mi bolígrafo?*
Wo ist mein Kugelschreiber?
b. *Dime dónde está mi bolígrafo.*
Sag mir, wo mein Kugelschreiber ist.

686. Sowohl in Spanien als auch in Lateinamerika wird *(en) donde* bisweilen mit temporalem Wert gebraucht. Es ist dann synonym mit *cuando*[46].

Luego vino la época romántica, en donde la mujer prefería presentar un aspecto lánguido (A. LLORENTE, *Consideraciones ...*, 35).
Dann kam die Zeit der Romantik, in der die Frau ein schwächliches Erscheinungsbild vorzog.

687. Bei Verben der Bewegung kann *adonde* [oder in zwei Wörtern: *a donde* (beide Formen in Fragesätzen mit Akzent)] stehen. Die Verwendung der Präposition *a* ist hier jedoch fakultativ.

a. *Aquella es la casa adonde vamos* (*Esbozo*, 538, Fußnote 1).
Das da ist das Haus, wohin wir gehen.
Man könnte auch sagen: *Aquella es la casa donde vamos.*
b. *¿Dónde vamos, Manuel?* (F. GARCÍA PAVÓN, *Una semana de lluvia*, 69).
Wohin gehen wir, Manuel?

---

haben, nach Aussage von BUS sind *allá yo* und *allá nosotros* auf jeden Fall viel seltener als Kombinationen mit der zweiten oder dritten Person, und MAR meint, man könne die Formen in dialektischen Gegenüberstellungen vom Typ – *¡Allá vosotros! – De acuerdo, allá nosotros.* („Das ist eure Sache." – „Einverstanden, es ist unsere Sache.") antreffen. Interessant ist der Kommentar von LAP: der Gebrauch dieser Konstruktion sei nicht akzeptabel, da *allá* impliziere, daß sich der Sprecher vom Verhalten oder den Entscheidungen einer anderen Person distanziert. Als einziger hielt BAR die genannten Ausdrücke für akzeptabel (ohne nähere Erläuterungen zu geben).

[46] Cf. C. KANY (*Sintaxis hispanoamericana*, 452) und A. LLORENTE [*Consideraciones ...*, 34–35. Nach LLORENTE ist der Gebrauch von *donde* mit der genannten Bedeutung in jedem Fall weniger korrekt als ein Satz mit *cuando* oder / *en* + zusammengesetztes Relativpronomen / (→ ... *la época romántica cuando* ..., oder: ... *la época romántica en la cual* ...)].

Man kann die Form *adonde* – vor allem in Fragesätzen – auch nach Verben finden, die eigentlich[47] keine Bewegung bezeichnen.

    c. *¿Adónde estaba Beatrice?* (A. BRYCE ECHENIQUE, *Tantas veces Pedro*, 169).
       Wo war Beatrice?

Weitere derartige Konstruktionen findet man auch bei F. UMBRAL (z. B. in *Travesía de Madrid*, 150; *A la sombra de las muchachas rojas*, 153).

688. Man findet *donde* (in der gesprochenen Sprache) ebenfalls in elliptischen Wendungen als Entsprechung für das deutsche „bei". In den folgenden Sätzen fehlt eigentlich eine Form des Verbs *estar* („sein", „sich befinden") oder *vivir* („leben", „wohnen"):

    a. *¿Hay mucha gente donde Paulina? – preguntó Alberto* (M. VARGAS LLOSA, *La ciudad y los perros*, 129).
       „Sind viele Leute bei Paulina?" fragte Alberto.
    b. *Se tiró de la cama y fue donde ella* (J. A. DE ZUNZUNEGUI, *La vida como es*, 424).
       Er sprang aus dem Bett und ging zu ihr.

689. In Lateinamerika kommt (in der gesprochenen Sprache) auch die Konstruktion / *lo* + *de* + Substantiv / als Variante von *donde* (mit der Bedeutung „bei") vor.

    a. *En lo de Habeb compraron dos litros de tinto* (J. CORTÁZAR, *Rayuela*, 245).
       Bei Habeb kauften sie zwei Liter Rotwein.
    b. *Ir a lo del médico* bedeutet: „Zum Arzt gehen" (C. KANY, *Sintaxis hispanoamericana*, 164, mit weiteren Beispielen und einem Kommentar. Siehe auch, o. c., S. 423).

§ 5. ADVERBIEN DER BEJAHUNG UND VERNEINUNG

A. Formen

690.

no	nein; nicht; kein; nicht wahr
sí	ja
también	auch
tampoco	auch nicht
ya	durchaus; ja

---

[47] „Eigentlich" deshalb, weil der Sprecher in solchen Sätzen sicherlich eine Bewegung VOR AUGEN hatte: *¿Adónde estaba Beatrice?* ~ *¿Adónde se habría metido Beatrice?* (→ „Wohin konnte Beatrice wohl sein?").

B. Besonderheiten beim Gebrauch einiger dieser Adverbien

691. „No"

Man findet manchmal ein strenggenommen überflüssiges *no* in vergleichenden Sätzen, in denen zwei Dinge einander gegenübergestellt werden[48].

> *Más vale ayunar que NO enfermar* (DRAE, II, 955).
> Es ist besser zu fasten, als krank zu werden.

692. Die Stellung des *no* kann die Bedeutung des Satzes beinflussen: *Puede no ser verdad* bedeutet „Möglicherweise ist es nicht wahr", *No puede ser verdad* dagegen „Es kann nicht wahr sein" (beide Beispiele sind dem *Esbozo*, S. 357, entnommen).

693. In Lateinamerika wird *¿no?* am Ende eines Satzes häufig mit dem Wert einer Interjektion wie *¿eh?, ¿verdad?* gebraucht (vgl. das deutsche „nicht wahr?")[49].

> *Hasta mañana, ¿no?* (C. KANY, *Sintaxis hispanoamericana*, 469 – mit zahlreichen weiteren Beispielen).
> Bis morgen dann, ne?

In Spanien wird man hier vorzugsweise Ausdrücke wie *¿no es verdad?, ¿verdad?, ¿no es cierto?* benutzen.

694. „Sí"

Sí ist nicht nur die Übersetzung des deutschen „ja". Es kann auch dazu dienen, etwas besonders hervorzuheben. In derlei Konstruktionen kann *sí* im Gegensatz zu einer Verneinung im vorangegangenen Satz stehen, es kann einem „doch" entsprechen, und es findet sich sogar recht häufig in dem scheinbar paradoxen Ausdruck *eso sí que no*.

> a. *Yo no sé si el progreso es útil o no – dijo Antonio –. Lo que sí sé es que el pueblo tiene derecho a vivir mejor* (P. BAROJA, *El mayorazgo de Labraz*, 102).
> „Ich weiß nicht, ob der Fortschritt nützlich ist oder nicht", sagte Antonio. „Was ich aber weiß, ist, daß das Volk ein Recht auf ein besseres Leben hat."
> b. *Ahora, sí que voy a San Francisco* (J. CORTÁZAR, *Libro de Manuel*, 51).
> Jetzt gehe ich doch nach San Francisco.
> c. *¿Rindiéndonos? Eso sí que no – y Federico dio un puñetazo en la mesa* (A. M. DE LERA, *Las últimas banderas*, 28).
> „Indem wir uns ergeben? Das ganz sicher nicht", und Federico schlug mit der Faust auf den Tisch.

695. „Tampoco"

Ebenso wie andere Wörter, die eine Verneinung ausdrücken (siehe z. B. die Hinweise zu *jamás* und *nunca* in Nr. 669), kann *tampoco* vor oder hinter dem Prädikat stehen. Im zweiten Fall muß vor dem Verb ein *no* bzw. ein anderes Negationswort stehen.

---

[48] Siehe dazu auch: M. SECO, *Diccionario de dudas*, 269. Diese überflüssige Form wird als *no expletivo* bezeichnet. Ein weiterer redundanter Gebrauch von *no* und sein Wegfall werden weiter unten in Nr. 701 behandelt.

[49] Doch kann man ein solches *no* auch in Spanien finden (siehe z. B.: C. MARTÍN GAITE, *El cuarto de atrás*, 103). Dieser Gebrauch des *no* als Aufforderung zur Zustimmung scheint sich sogar immer mehr auszubreiten und kann bei einigen Sprechern bereits als regelrechte Marotte bezeichnet werden.

>   a. Yo tampoco quiero morir como una rata (M. VARGAS LLOSA, La guerra del fin del mundo, 419).
>   Ich will auch nicht wie eine Ratte sterben.
>   Man könnte ebenfalls sagen: Yo no quiero morir como una rata tampoco (allerdings wäre diese Konstruktion weniger emphatisch).

Der Bezug auf ein Wort, das eine Negation ausdrückt (oder impliziert) ist bei *tampoco* nicht möglich (ebensowenig wie beim französischen *non plus*):

>   b. – *Yo soy incapaz de reproducir ninguno.
>   – Yo tampoco (A. M. VIGARA TAUSTE, Morfosintaxis del español coloquial, 111)
>   „Ich kann keinen wiedergeben."
>   „Ich auch nicht."
>   Im Standardspanischen: Yo también soy incapaz oder Yo tampoco soy capaz ...

696. Für deutsche Muttersprachler ist es wichtig zu wissen, daß die Konstruktion / *también no* / [als eventuelle (wörtliche) Übersetzung von „auch nicht"] nicht korrekt ist, obgleich sie im spanischsprachigen Amerika durchaus vorkommt[50].

697. „Ya"

Abgesehen von der Bedeutung, die weiter oben in den Nrn. 677–678 behandelt wurde, kann *ya* auch als Wiedergabe des deutschen „ja", „so ist es" verwendet werden.

>   a. Ya sabes que mi tío vive en Barcelona.
>   Du weißt ja, daß mein Onkel in Barcelona wohnt.
>   b. ¿Sabes que no te admiten? – Ya (M. SECO, Diccionario de dudas, 5ª ed., 350).
>   „Weißt du, daß man dich nicht zuläßt?" „Ja."
>   (Gemeint ist: Ya lo sé.)
>   c. „La vida, chico", fue la respuesta del murciano.
>   „Ya", hizo el otro (J. MARSÉ, Últimas tardes con Teresa, 214).
>   „Das Leben, mein Junge", antwortete der Mann aus Murcia. „Ja", nickte der andere.

§ 6. ADVERBIEN DES ZWEIFELS

698.

acaso quizá quizás tal vez	vielleicht

Manchmal stellt der Gebrauch des *indicativo* oder *subjuntivo* nach diesen Wörtern ein Problem dar. Dies wird in Nr. 1057 behandelt.

---

[50] Cf. M. SECO [Diccionario de dudas, 5. Aufl., 322 (merkwürdigerweise kommt diese Anmerkung in der hier sonst angeführten 9. Auflage nicht mehr vor)] und C. KANY (Sintaxis hispanoamericana, 383–384).

§ 7. ADVERBIALE AUSDRÜCKE

699. Wichtige adverbiale Ausdrücke sind

a gusto	gerne; nach Belieben
a medias	halb
a menudo	oft
a tiempo	rechtzeitig
a veces	manchmal
de repente	plötzlich
de vez en cuando	von Zeit zu Zeit
en general	im allgemeinen
en seguida	sofort
muchas veces	oft
no ... hasta	erst[51]
por cierto	gewiß, bestimmt, natürlich
por poco	fast, beinahe

Anmerkungen

700. In der gesprochenen Sprache wird der Ausdruck *cosa de* mit der Bedeutung „ungefähr" gebraucht.

- a. *He recorrido cosa de dos kilómetros y medio* (L. RICARDO ALONSO, *El Supremísimo*, 177).
  Ich habe ungefähr zweieinhalb Kilometer zurückgelegt.
- b. *Quedó en venir aquí en cosa de hora y media* (E. PARRA, *Soy un extraño para ti*, 187).
  Er hat zugesagt, in etwa anderthalb Stunden hierherzukommen.

701. Besonders in Lateinamerika wird *no* bei *hasta* häufig weggelassen, wenn auf letzteres eine Zeitbestimmung folgt und vor allem dann, wenn die Fügung / *hasta* + Zeitbestimmung / vor dem Verb steht. In anderen Fällen findet man – paradoxerweise – bei *hasta* ein zweites (und redundantes) *no* (Beispiele b und e).

- a. *Hasta las tres iré.*
  Ich werde erst um drei Uhr hingehen.
  In Spanien würde man normalerweise sagen: *No iré hasta las tres* (oder: *Hasta las tres no iré*).
- b. *No saldré hasta que él no llegue.*
  Ich werde erst abreisen, wenn er kommt.

Ebenso das folgende Beispiel, das bei einem spanischen Autor gefunden wurde:

---

[51] Die umgekehrte Reihenfolge ist auch möglich: *hasta ... no.*
Zum Beispiel: *No nos volveremos a ver hasta el verano*
                       oder
              Hasta el verano no nos volveremos a ver
              Wir werden uns erst im Sommer wiedersehen.

c. *Yo pido que no se publiquen estos papeles hasta que no hayan muerto todos*
(C. J. CELA, *Cristo versus Arizona*, 238).
Ich bitte darum, diese Papiere erst zu veröffentlichen, wenn alle gestorben sind.

Der Gebrauch des redundanten *no* wie in den Beispielen b und c kommt so häufig vor, daß er sich sogar in bejahenden Sätzen nach *hasta* findet:

d. *A tu lado me tendrás hasta que no nos muramos*[52].
Ich werde an deiner Seite bleiben, bis wir sterben.

ABSCHNITT III
STEIGERUNGSSTUFEN
LOS GRADOS DE COMPARACIÓN

702. Von manchen Adverbien können nach den für die Adjektive geltenden Regeln Steigerungsformen gebildet werden[53].

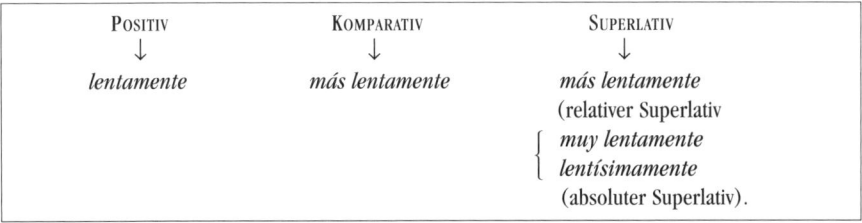

POSITIV	KOMPARATIV	SUPERLATIV
↓	↓	↓
lentamente	*más lentamente*	*más lentamente* (relativer Superlativ)
		{ *muy lentamente* / *lentísimamente* } (absoluter Superlativ)

703. Die folgenden häufig vorkommenden Adverbien haben unregelmäßige Steigerungsformen:

POSITIV	KOMPARATIV	SUPERLATIV
bien (gut)	*mejor* (besser)	*mejor* (am besten)
mal (schlecht)	*peor* (schlechter)	*peor* (am schlechtesten)
poco (wenig)	*menos* (weniger)	*menos* (am wenigsten)
{ *muy* (sehr) / *mucho* (viel) }	*más* (mehr)	*más* (am meisten)

Zuweilen begegnet man den Formen *óptimamente* (als Superlativ von *bien*) und *pésimamente* (als Superlativ von *mal*). Sie bedeuten „sehr gut" bzw. „sehr schlecht" und werden ausschließlich als absolute Superlative gebraucht.

---

52 Die Beispiele a, b und d sind bei C. KANY entlehnt (*Sintaxis hispanoamericana*, 428–429 – mit ausführlichem Kommentar und weiteren Beispielen).
53 Ob dies möglich ist oder nicht, hängt mit der Bedeutung der Adverbien zusammen. Es versteht sich von selbst, daß Wörter wie *cuando* („wann"), *como* („wie"), *donde* („wo") keine Komparative und Superlative bilden.

Anmerkungen

704. Ob *mejor, peor, menos, más* Komparative oder Superlative sind, muß aus dem Kontext deutlich werden.

705. Tritt im zweiten Teil eines Vergleichs eine finite Verbform auf, so muß anstelle von *que* (für das deutsche „als") *de lo que* stehen.

> *Nos hemos encontrado más tarde de lo que habíamos pensado.*
> Wir haben uns später getroffen, als wir gedacht hatten.
> (Zu analogen Konstruktionen mit Adjektiven siehe Nr. 200.)

706. *Tanto ... como* ist eine mögliche Wiedergabe des deutschen „sowohl ... als auch" (Variante: *lo mismo ... que*[54]).

> *Tanto en éste como en el tercero hay pasajes ...* (L. CERNUDA, in einem Briefwechsel mit E. WILSON, in *Ínsula*, Nr. 432, November 1982, 1)[55].
> Sowohl in diesem als auch im dritten finden sich Passagen ...

707. Siehe auch die Hinweise in Nr. 48 zum Ausfall des bestimmten Artikels bei den Superlativen von Adverbien.

ABSCHNITT IV
HISPANISMEN

§ 1. GEBRAUCH EINES ADVERBS ANSTELLE VON „QUE"

708. Man kann Modal-, Temporal- und Lokaladverbien, ebenso wie entsprechende Adverbialbestimmungen, besonders hervorheben, indem man sie in eine Konstruktion einfügt, die eine Form von *ser* enthält und den französischen Ausdrücken *c'était alors que, c'est ici que, c'est ainsi que* usw. (wörtlich: „es war damals, daß", „es ist hier, daß", „es ist so, daß") vergleichbar ist[56].
Bei der Übersetzung dieser Konstruktionen zeigt sich ein wesentlicher Unterschied zwischen dem Spanisch der Halbinsel und dem Lateinamerikas. In Spanien wird, jedenfalls in der Standardsprache, das französische *que* nicht mit *que* wiedergegeben, sondern mit dem Adverb, das den Satz einleiten würde, wenn dieser eine Frage wäre.

---

[54] Siehe dazu weiter oben, Nr. 572.
[55] *Tanto (...) que* hat konsekutive Bedeutung. Zum Beispiel:
   Posee tanto dinero que no tiene tiempo para contarlo (F. MARCOS MARÍN, *Lengua española*, 102).
   Er besitzt soviel Geld, daß er keine Zeit hat, es zu zählen.
[56] Auch im Deutschen sind ähnliche Konstruktionen z. T. möglich: „hier war es, wo ...", „so kommt es, daß ...".

a. *Fue por entonces cuando don Miguel de Unamuno dio una conferencia en el Ateneo* (J. A. DE ZUNZUNEGUI, *El camión justiciero*, 188).
Zu jenem Zeitpunkt hielt Don Miguel de Unamuno einen Vortrag im *Ateneo*.
Würde es sich um einen Fragesatz handeln, so würde er wie folgt beginnen:
¿*CUÁNDO dio una conferencia* ...?
Die Übersetzung des französischen *que* lautet hier also *cuando*.
b. *Aquí es donde suelo yo comer* (P. BAROJA, *Los últimos románticos*, 86).
Hier ist es, wo ich gewöhnlich esse.
Ein Fragesatz könnte so lauten: ¿*DÓNDE suelo yo comer?*
Deshalb steht hier das Adverb *donde*.
c. *Y así es como he visto a Leticia* (F. UMBRAL, *Los amores diurnos*, 112).
Und so kommt es, daß ich Leticia gesehen habe.
Ein Fragesatz würde durch ¿*CÓMO* ...? eingeleitet werden.

Diese Erläuterungen machen auch den folgenden Satz (der im übrigen nicht unbedingt sehr gut konstruiert und für deutsche Muttersprachler vielleicht auch nicht ganz klar ist) verständlich:

d. *No me decía dónde era donde podía caer y si la caída sería mortal* (M. DELIBES, *La sombra del ciprés es alargada*, 134).
Er sagte mir nicht, wo ich fallen konnte und ob der Fall tödlich wäre.

Im spanischsprachigen Amerika entspricht dem französischen *que* in solchen Konstruktionen sehr häufig[57] ebenfalls ein *que*:

e. *Tal vez fue entonces que cerró los ojos* (M. PUIG, *Maldición eterna a quien lea estas páginas*, 95).
Vielleicht war das der Augenblick, als er die Augen schloß.
f. *No recuerdo si fue en París o en Praga que me sobrevino una pequeña duda* (P. NERUDA, *Confieso que he vivido*, 237).
Ich weiß nicht, ob es in Paris oder in Prag war, wo mich ein leiser Zweifel beschlich.

§ 2. ADVERB IM DEUTSCHEN, VERBALKONSTRUKTION IM SPANISCHEN

709. Eine Reihe sehr gebräuchlicher spanischer Verben muß im Deutschen zumeist durch ein Adverb wiedergegeben werden.

---

57 Bei bekannten Autoren wie G. GARCÍA MÁRQUEZ, J. CORTÁZAR und M. VARGAS LLOSA alternieren jedoch die Formen *que* und *cuando* [siehe z. B.: *Cien años de soledad*, S. 224 (*que*) ~ S. 232 und 256 (*cuando*); auf S. 250 findet sich *como* (und nicht *que*) ...]. Die chilenische Schriftstellerin I. ALLENDE hingegen verwendet in den genannten Konstruktionen durchgängig ein Adverb (zumindest in den drei von mir gelesenen Werken – cf. Bibliographie). Doch kann man der Konstruktion mit *que* auch in Spanien begegnen (vor allem in Galizien und Katalonien). Siehe dazu: R. LAPESA (*Historia de la lengua española*, 590–591) und M. SECO (*Diccionario de dudas*, 314). Auffällig ist, wie scharf und undifferenziert C. HERNÁNDEZ in seiner *Gramática funcional del español* (aus dem Jahre 1984) die Formulierung mit *que* [als zwar häufig anzutreffenden, jedoch „schlecht klingenden Gallizismus" (*malsonante galicismo* – S. 121)] kritisiert. Siehe auch *o. c.*, S. 480. Andererseits erklärte derselbe Sprachwissenschaftler in einem Vortrag (mit dem Titel *El español de Castilla*), den er am 11.3.1989 am *Instituto de Estudios Hispánicos* in Antwerpen hielt, man könne die Form *que* gegenwärtig durchaus in Rundfunk und Fernsehen wie auch in der Volkssprache hören.

a. *acabar de*	→	gerade, soeben
acaba de llegar		er ist gerade angekommen
b. *acabar por*	→	schließlich, letztendlich
acabará por confesar		letztendlich wird er gestehen
c. *gustar*	→	gerne
le gusta la cerveza		er trinkt gerne Bier[58]
d. *soler*	→	gewöhnlich
solemos comer aquí		gewöhnlich essen wir hier (oder: „wir pflegen hier zu essen")
e. *tardar en*	→	(so/zu) spät [oder, in verneinten Sätzen: gleich]
hoy tarda mucho en venir		er läßt heute lange auf sich warten
nuestro amigo no tardará en venir		unser Freund wird gleich kommen
f. *volver a*	→	wieder, noch einmal [in verneinten Sätzen: nicht(s) mehr, nicht noch einmal]
¡Vuelve a escribirle!		Schreib ihm noch einmal!
¡Vuelve a leer esta frase!		Lies diesen Satz noch einmal!

No he vuelto a saber de él (A. M. MATUTE, *Los soldados lloran de noche*, 54).
Ich habe nichts mehr von ihm gehört.

---

[58] Man beachte die besondere Struktur von Sätzen mit dem Verb *gustar*. In der spanischen Übersetzung von „er trinkt gerne Bier" wird das Subjekt („er") zu einem Dativobjekt und das Akkusativobjekt („Bier") zum Subjekt des Satzes.   Er trinkt gerne Bier
(Subj.)   (Akk.Obj.)

Le gusta la cerveza
(Dat.Obj.)   (Subj.)   [wörtlich: "ihm gefällt/schmeckt (das) Bier".]

Daneben findet sich auch die Konstruktion *gustar de* (+ Infinitiv). In diesem Fall ist das Subjekt im spanischen und im deutschen Satz dasselbe. Zum Beispiel:
a. *Las señoras gustan de retratarse los días de fiesta* (C. J. CELA, *El gallego y su cuadrilla*, 24).
An Festtagen lassen sich die Damen gerne fotografieren.
M. SECO weist darauf hin, daß in Lateinamerika auch die Konstruktion / *gustar + infinitivo* / (ohne die Präposition *de*) vorkommt (*Diccionario de dudas*, 213 – mit drei Beispielen). Kürzlich konnte ich auch in der spanischen Presse ein Beispiel für diesen Gebrauch finden:
b. *Los más intrépidos gustan pedalear hasta perderse* (*ABC, Suplemento semanal*, 23.6.1991, 41).
Ganz Unerschrockene radeln so lange, bis sie die Orientierung verloren haben.

KAPITEL VIII
DIE PRÄPOSITIONEN
LAS PREPOSICIONES

ABSCHNITT I
DIE PRÄPOSITION „A"
LA PREPOSICIÓN „A"

§ 1. GEBRAUCH VON „A" IM „PRÄPOSITIONALEN AKKUSATIV"

710. Im Spanischen findet man häufig die Präposition *a* vor dem Akkusativobjekt. Man bezeichnet dies als „präpositionalen Akkusativ". Es fällt schwer, allgemeingültige Regeln für den Gebrauch von *a* bei Akkusativen zu geben[1]. Faktoren wie Sprachniveau[2] und sogar persönliche Präferenzen spielen hier offensichtlich eine wichtige Rolle.

711. Als mehr oder weniger allgemeingültig können folgende Grundsätze gelten. Die Präposition *a* steht vor dem Akkusativobjekt, wenn seine Funktion von einer der folgenden Substantivklassen erfüllt wird:

Eigennamen von Personen oder Tieren

> a. *Parece que Dios quiera poner a los romanos otra vez a prueba* (*El País*, 19.6.90, 3).
> Es scheint, daß Gott die Rumänen erneut auf die Probe stellen will.
> (Zum Gebrauch des *subjuntivo* nach *parece que* siehe Nr. 1061.)
> b. *He leído a Virgilio* (A. Bello, *Gramática*, S. 253, Nr. 890).
> Ich habe Vergil gelesen.
> c. *Don Quijote cabalgaba a Rocinante* (*Esbozo*, 372).
> Don Quijote ritt auf Rosinante.

Andere Eigennamen, wenn sie ohne Artikel gebraucht werden

> d. *¿Conoce usted a España?* (Text auf Werbeplakaten, die das Tourismusministerium in den Jahren 1977 und 1978 in ganz Spanien verbreitete).
> Kennen Sie Spanien?

---

[1] J. Alcina Franch & J. M. Blecua widmen diesem Problem in ihrem doch recht umfangreichen Buch auffallend wenig Raum. Sie ziehen sich aus der Affäre, indem sie darauf verweisen, daß die Problematik bisher noch nicht eingehend untersucht worden sei (*Gramática española*, 860). Wer sich mehr im Detail mit dem Gebrauch der Präposition *a* bei Akkusativen beschäftigen möchte, findet dazu interessante Überlegungen bei J. Coste & A. Redondo (*Syntaxe de l'espagnol moderne*, 320–330).

[2] So merkt der *Esbozo* an, daß die Präposition *a* in der Umgangssprache häufig in Fällen weggelassen werde, in denen sie theoretisch stehen müßte (S. 373).

Aber:

 e. *César pasó el Rubicón* (*Esbozo*, 372).
  Cäsar überschritt den Rubikon.
  (Vor Rubikon steht ein Artikel.)
 f. 1978 machte die spanische Fluggesellschaft *IBERIA* mit dem folgenden Slogan
  Werbung:
  ¡Conozca la Europa rubia!
  Lernen Sie das blonde Europa kennen! (Gemeint war: die skandinavischen Länder,
  Deutschland und die Niederlande.)[3]

Substantive (auch Kollektiva) oder Pronomen[4], die Personen bezeichnen

 g. *Abandonas a tu marido y huyes conmigo* (A. Bryce Echenique, *Tantas veces Pedro*, 221).
  Du verläßt deinen Mann und fliehst mit mir.
 h. *Se fusiló a treinta de sus miembros* (R. Garriga, *Nicolás Franco, el hermano brujo*, 122).
  Dreißig ihrer Mitglieder wurden erschossen.
  (Es geht um eine Freimaurerloge.)
 i. *Empezábamos a conocer al pueblo de España* (J. L. Alcocer, *Radiografía de un fraude*, 171).
  Wir begannen, das spanische Volk kennenzulernen.
 j. *Nancy escandalizó a Londres escapándose con un negro* (P. Neruda, *Confieso que he vivido*, 66).
  Nancy sorgte in London für einen Skandal, als sie mit einem Schwarzen durchbrannte.
 k. *Te dejé a ti para seguirlo a él* (C. Fuentes, *La cabeza de la hidra*, 281).
  Dich habe ich verlassen, um ihm zu folgen.
 l. *No conozco a nadie* (*Esbozo*, 373).
  Ich kenne niemanden.
 m. *Ese a quien tú has visto* (*Esbozo*, 373).
  Der Mann, den du gesehen hast.

Die Präposition *a* steht häufig auch vor Substantiven, die Tiere bezeichnen, vor allem nach Verben wie denen, die in Fußnote 5 genannt werden:

---

3 Siehe jedoch den folgenden Satz (kein Artikel und dennoch kein *a*):
 ¿Conoces Windsor? (A. Bryce Echenique, *Tantas veces Pedro*, 223).
 Kennst du Windsor? (Gemeint ist die Stadt Windsor in Ontario, Kanada.)
 Dieses Beispiel scheint den Kommentar von J. Alcina Franch & J. M. Blecua zu bestätigen, demzufolge der Gebrauch von *a* vor geographischen Eigennamen gegenwärtig sehr stark abnehme. (Die Autoren sprechen von einem *retroceso total* – *Gramática española*, 861.) Siehe auch: *Esbozo*, 373, M. Seco, *Diccionario de dudas*, 5, und C. Kany, *Sintaxis hispanoamericana*, 20, sowie die Überlegungen, die J. Marías hierzu anstellt (*La realidad histórica y social del uso lingüístico*, 58 – Text von 1965). Zu abweichenden Beispielen mit dem Gebrauch von *a* im amerikanischen Spanisch cf. *Manual de español urgente*, 67.

4 Der *Esbozo* führt hier auf: *él, ella, ellos, ellas, este, ese, aquel, alguien, nadie, quien, uno, todo, ninguno, cualquiera* (S. 372, c), doch heißt es gleich danach, daß *a* in bestimmten Fällen vor *quien* nicht stehen dürfe (dazu wird ein Beispiel angeführt, aber ohne Erläuterung) und daß die Präposition vor *nadie* und *alguien* häufig wegfalle (ebenfalls ohne Erläuterung).

n. Im Sommer 1982 konnte man in Jaca (Nordspanien) Plakate einer Vereinigung von Naturschützern sehen, auf denen stand:
¡Salvemos al quebrantahuesos!
Retten wir den Bartgeier!

Personifizierte Konkreta und Abstrakta[5]

o. *Queremos comprender al mar* (P. BAROJA, *Las inquietudes de Shanti Andía*, 12).
Wir wollen das Meer begreifen.
p. *Los griegos mataron entonces a la poesía* (M. ALVAR, *El envés de la hoja*, 71).
Dann haben die Griechen die Poesie getötet.
q. *Llamar a la Muerte* (*Esbozo*, 373).
Den Tod rufen.
r. *Yo bendigo a la técnica* (G. MARAÑÓN, *Raíz y decoro de España*, 28).
Ich segne die Technik.
s. *Tienes a todo Galerías en el bolsillo* lautete ein Werbeslogan, den man im Frühjahr 1990 in den Kaufhäusern der Warenhauskette *Galerías Preciados* lesen konnte.
Du hast ganz „Galerías" in der Tasche.

C. KANY merkt an, daß *a* in verschiedenen lateinamerikanischen Ländern auch vor nichtpersonifizierten Konkreta und Abstrakta gebraucht wird (vor allem in der gesprochenen, manchmal auch in der geschriebenen Sprache):

t. *Esos cambios mejoran al habla* (C. KANY, *Sintaxis hispanoamericana*, 20).
Diese Veränderungen verbessern die Sprache.
u. *Vio a las sierras* (C. KANY, *Sintaxis hispanoamericana*, 21).
Er sah die Berge.

712. Der Gebrauch der Präposition *a* erklärt sich in manchen Fällen auch aus stilistischen Überlegungen. So läßt das folgende Beispiel u. a. die Absicht erkennen, das syntaktische Gleichgewicht im Satz nicht zu stören:

a. *Corazón, corazón mío – balbució –, tu madre te quiere más que a nadie y a nada* (J. GOYTISOLO, *Duelo en el paraíso*, 145).
„Liebling, mein Liebling", stammelte sie, „deine Mutter liebt dich mehr als irgend jemanden oder irgend etwas sonst."

In anderen Fällen werden die Regeln für den Gebrauch des *a* strikt angewandt und die Präposition steht nur vor einem der Bestandteile des Akkusativobjekts. Hier kann auch die Wortfolge eine Rolle spielen:

b. *Cruzaba por el salón como buscando algo o a alguien* (C. MARTÍN GAITE, *El cuarto de atrás*, 51).
Er lief durch das Zimmer, als suchte er etwas oder jemanden.
Im Unterschied zu Beispiel a bezeichnet hier der erste Teil des Akkusativobjekts (*algo* → „etwas") keine Person.

---

[5] In diesem Fall häufig nach einem Verb, das als Akkusativobjekt gewöhnlich ein Substantiv hat, welches eine Person bezeichnet. Dies wird in Beispiel q deutlich: *Llamar a la Muerte* – meist ruft man *jemanden*.

Darüber hinaus kann hierzu folgendes gesagt werden:

1. Das Akkusativobjekt zu *querer* („lieben") bezeichnet meistens ein Lebewesen; *buscar* („suchen") kann sich sowohl auf Personen oder Tiere als auch auf Gegenstände beziehen.
2. Im ersten Beispiel ist der Gebrauch des *a* vor *nada* auch durch eine Art Affinität (die von der Präposition vor *nadie* ausgeht) zu erklären.

Ebenso:

c. *Tzará llegó a París muy dispuesto a devorar a Bretón y el surrealismo* (F. UMBRAL, *Memorias de un hijo del siglo*, 70).
Tzará kam nach Paris in der festen Absicht, Breton und den Surrealismus (in der Luft) zu zerreißen.

713. Dagegen steht die Präposition *a* nicht:

Vor einem Akkusativobjekt, auf das ein mit der Präposition „a" eingeleitetes Dativobjekt folgt.

Auf diese Weise soll eine Mehrdeutigkeit verhindert werden[6].

a. *Prefiero el discreto al valiente* (A. BELLO, *Gramática*, S. 255, Nr. 900).
Ich ziehe den zurückhaltenden Typ dem kühnen vor.
b. *Prefiero Barcelona a Madrid* (*Esbozo*, 374).
Ich ziehe Barcelona gegenüber Madrid vor.
c. *Prefiere el militar al civil y el guerrero al militar de Academia* (F. UMBRAL, *El fulgor de África*, 46).
Sie zieht den Soldaten einem Zivilisten vor und den Kampfsoldaten dem Absolventen einer Militärakademie.

Wenn das Substantiv keine bestimmte(n) Person(en) bezeichnet

d. *Busco una secretaria* (M. SECO, *Diccionario de dudas*, 5).
Ich suche eine Sekretärin (d. h., ich will jemanden als Sekretärin einstellen, weiß aber noch nicht, wer das sein wird: → UNBESTIMMT).
Hingegen wird die Präposition *a* in einem Satz wie *busco a mi secretaria* durchaus gebraucht, da hier eine BESTIMMTE Person gemeint ist.
e. *El niño requiere un maestro severo* (A. BELLO, *Gramática*, 253).
Das Kind braucht einen strengen Lehrer.

Nach einer unpersönlichen Form von „haber" (→ „hay", „había", „habrá" ...)

f. *No hay nadie* (M. SECO, *Diccionario de dudas*, 5).
Es ist niemand da.

(In diesem Handbuch kann nicht auf die Kontroverse eingegangen werden, ob der auf die Form *hay* folgende Satzteil Akkusativobjekt oder – wie einige Sprachwissenschaftler meinen – Subjekt ist.)

---

[6] Ein Beispiel für die Mehrdeutigkeit, die der doppelte Gebrauch von *a* zur Folge haben kann, findet sich in Nr. 716.

714. In manchen Fällen ist der Gebrauch von *a* – vor allem für nichtspanische Muttersprachler – unter Umständen nicht ganz einfach nachzuvollziehen. So in Beispiel a, in dem die syntaktisch unausgeglichene Konstruktion mit den beiden fast nebeneinander stehenden Präpositionen (*de* und *a*) recht seltsam anmutet, während in Beispiel b ein deutscher Muttersprachler wohl eher eine einfachere Wendung wählen würde (d. h. ohne die Präposition *a*).

    a. *Lo único que quiero de usted es a su hija* (J. RULFO, *Pedro Páramo*, 49).
       Das einzige, was ich von Ihnen will, ist Ihre Tochter, die ich liebe.

Man könnte die Präposition *a* weglassen, doch würde dies die Bedeutung verändern: das Verb hätte dann die allgemeinere Bedeutung von *desear* („wünschen", „wollen"), wohingegen es mit *a* einmal für *desear* und dann wieder für *amar* („lieben") steht → „lo único que *deseo* de usted" – „*amo* a su hija".

    b. *Y el historiador, que a lo que más teme siempre es a perder la atención del curioso invisible* (S. LORÉN, *El pantano*, 11).
       Und der Historiker, der immer am meisten fürchtet, die Aufmerksamkeit des wißbegierigen Unbekannten zu verlieren.
       Nichtspanische Muttersprachler würden den Satz wohl eher so formulieren: *Y el historiador, que lo que más teme es perder la atención ...*

Besonders hingewiesen sei auch auf den folgenden Kommentar, der dem *Manual de español urgente* entnommen ist (S. 67): „En el español de América se advierte una tendencia a emplear la preposición en muchos casos en que no se usaría en España" (Im amerikanischen Spanisch ist die Tendenz auszumachen, die Präposition in vielen Fällen zu benutzen, in denen sie in Spanien nicht gebraucht würde). Von den dort angeführten (sieben) Beispielen seien hier zwei wiedergegeben:

    c. *Resoluciones que amparan 'a' cien mil hectáreas.*
       Beschlüsse, die einhunderttausend Hektar schützen.
    d. *Una locomotora chocó y partió por la mitad 'a' un convoy de pasajeros.*
       Eine Lokomotive stieß mit einem Personenzug zusammen und spaltete ihn in zwei Hälften.

[Siehe in diesem Zusammenhang auch den Kommentar von C. KANY (mit Beispielen), auf den bereits weiter oben, am Ende von Nr. 711, verwiesen wurde.]

715. Einige Verben haben unterschiedliche Bedeutung, je nachdem, ob sie mit der Präposition *a* gebraucht werden oder nicht.

a.	*dejar a*	im Stich lassen	*dejar*	(zurück)lassen
b.	*perder a*	ins Verderben stürzen, zugrunde richten, verlieren (in fig. Bedeutung)[7]	*perder*	verlieren
c.	*querer a*	lieben	*querer*	wollen

---

[7] Zum Beispiel:
Perdió a su mujer a los dos años de boda (I. AGUSTÍ, *Mariona Rebull*, 24).
Er verlor seine Frau zwei Jahre nach ihrer Hochzeit.

d.	*robar a*	bestehlen	*robar*	stehlen
e.	*tener a*	(fest)halten, halten für	*tener*	haben[8]

Allgemein kann man feststellen, daß der Gebrauch der Präposition *a* in derlei Fällen häufig ein affektives Element impliziert.

716. Steht *a* sowohl vor einem Akkusativ- als auch vor einem Dativobjekt, so kann das eine Mehrdeutigkeit zur Folge haben, wie folgender Satz zeigt:

> *Soledad presentó a Pepita y a Larrañaga a Silvia* (P. BAROJA, *Las veleidades de la Fortuna*, 136).
> Soledad stellte Silvia Pepita und Larrañaga vor.
> Wie hier übrigens auch im Deutschen wird aus dieser Konstruktion im Prinzip nicht deutlich, wer wem vorgestellt wird. Der *Esbozo* sagt dazu, in solchen Fällen müsse eine andere Formulierung gewählt werden, ohne jedoch ein Beispiel für eine derartige Lösung anzuführen[9].

§ 2. ANDERE DURCH „A" AUSGEDRÜCKTE NUANCEN

A. Bewegung

717. Die Präposition *a* steht fast[10] immer nach Verben, die eine Bewegung ausdrücken, oder in Konstruktionen, in denen ein solches Verb hinzugedacht werden kann. Bisweilen impliziert der Gebrauch von *a* eine finale Nuance (vgl. die Beispiele e, f, g).

> a. *¡A casa!*
> Nach Haus!
> b. *La atrajo de nuevo a sí* (J. IZCARAY, *La bondonada*, 147).
> Er zog sie erneut an sich heran.
> c. *Ahora, ven a mis brazos* (W. FERNÁNDEZ FLÓREZ, *Las gafas del diablo*, 114).
> Komm jetzt in meine Arme.
> d. *Llegué a Madrid el martes* (DUE, II, 273).
> Ich bin am Dienstag in Madrid angekommen[11].

---

8 Zum Beispiel:
  a. *María tiene tres hijos.*
     Maria hat drei Kinder.
  b. *María tenía a su hijo mayor en brazos.*
     Maria hielt ihren ältesten Sohn im Arm.
  c *El verano pasado María tenía a su suegro en casa.*
     Im vergangenen Sommer hatte Maria ihren Schwiegervater zu Hause.
  d. *Tengo al presidente por un hombre honrado.*
     Ich halte den Präsidenten für einen ehrlichen Menschen.
9 *Esbozo*, S. 374, c.
10 Zum Gebrauch der Präposition *en* nach Verben der Bewegung siehe weiter unten die Nrn. 774–776.
11 Hier sei besonders darauf hingewiesen, daß das Verb *llegar* immer mit der Präposition *a* (und nicht mit *en*) gebraucht wird. Das gilt genauso für das Substantiv *llegada*: *A mi llegada a Alemania* = bei meiner Ankunft in Deutschland.

Die Präposition „a" / La preposición „a"

e. *– ¿Usted quiere casarse conmigo? – preguntó Clara.*
   (...)
   – Sí, Clara, a eso he venido (I. Allende, *La casa de los espíritus*, 84–85).
   „Sie wollen mich heiraten?" fragte Clara. (...) „Ja, Clara, deshalb bin ich gekommen."
f. *Tenía don Fausto que ir a la frontera a reunirse con su hija* (P. Baroja, *Los últimos románticos*, 116).
   Don Fausto mußte zur Grenze gehen, um sich mit seiner Tochter zu treffen.
   Man beachte in diesem Satz den zweifachen Gebrauch von *a* nach dem Verb *ir*: *ir a la frontera* – zur Grenze gehen, *ir (a la frontera) a reunirse con su hija* – zur Grenze gehen, um sich mit seiner Tochter zu treffen.
g. *¿A qué vienes tú?* (C. Fuentes, *La cabeza de la hidra*, 112).
   Weshalb kommst du?
h. Siehe auch das in Nr. 604 b angeführte Beispiel.

718. Die folgenden Verben, die (zumindest in figürlicher Bedeutung) die Vorstellung von einer Bewegung implizieren, werden ebenfalls mit der Präposition *a* konstruiert:

a. *comenzar a*   beginnen (zu)
b. *disponerse a*   sich bereitmachen (um zu)
c. *empezar a*   beginnen (zu)
d. *enseñar a*   lehren (zu)
e. *invitar a*   einladen (zu)[12]
f. *obligar a*   zwingen (zu)
g. *romper a*   beginnen (zu)
(Dieses Verb impliziert eine sehr unvermittelt einsetzende Handlung wie z. B. in *romper a llorar*: zu weinen beginnen, losheulen, in Tränen ausbrechen.)

Zu Sätzen wie *total a pagar ~ total por pagar* siehe Nr. 1160. Die Konstruktion *a + por* wird in den Nrn. 828–830 behandelt.

719. Man beachte, wie in dem folgenden (kurzen) Satz die Präposition *a* dreimal vorkommt und jedesmal in einer anderen Funktion (→ Richtung, Absicht, präpositionaler Akkusativ):

¿Puedo ir a la estación a esperar a la tía María? (I. Malinow, *La fascinación*, 24).
Kann ich zum Bahnhof gehen, um dort Tante Maria zu erwarten?

B. Zeit

720. Temporale Bedeutung hat *a* in Ausdrücken wie

a. *a las cinco*   um fünf Uhr
b. *al día siguiente*   am folgenden Tag
c. *a los veinte años* im Alter von zwanzig Jahren

---

[12] In verschiedenen Ländern Lateinamerikas wird *a* in der Volkssprache hier (und auch bei anderen Verben) häufig weggelassen: *te invito a otra copa* → *te invito otra copa* („ich lade dich zu einem weiteren Glas ein") – cf. C. Kany, *Sintaxis hispanoamericana*, 391 und 410. Siehe auch weiter unten (Nr. 752) die Hinweise zu Verben, auf die im amerikanischen Spanisch die Präposition *de* folgt.

d. *Manolo pensó que llovería a la noche* (J. Fernández Santos, *Los bravos*, 66–67).
Manolo dachte, in der Nacht würde es regnen.

In den Ausdrücken *a la noche* („nachts"), *a la mañana* („morgens") ... kann man, mit derselben Bedeutung, die Präposition *por* verwenden: *por la noche, por la mañana*[13].

721. Die Präposition kann auch eine Bedeutung wie „nach", „später" haben. Ihr folgt dann ein bestimmter Artikel + Substantiv oder ein Adverb.

    a. *Murió a los tres meses y seis días de haber llegado a Italia* (A. Bryce Echenique, *Tantas veces Pedro*, 181).
       Er starb drei Monate und sechs Tage nach seiner Ankunft in Italien.
    b. *A poco mi tío estrechó la mano de aquel hombre* (M. Delibes, *La sombra del ciprés es alargada*, 16).
       Kurz darauf drückte mein Onkel diesem Mann die Hand.

Eine mögliche Variante von *a poco* ist *al poco*:

    c. *Al poco llegó el alcalde* (F. García Pavón, *Una semana de lluvia*, 160).
       Kurz darauf traf der Bürgermeister ein.

Man beachte auch den Ausdruck *al momento*, der mit *en seguida* („sofort", „gleich") synonym ist:

    d. – *Sírvame un vermú.* – *Al momento, señorita* (C. J. Cela, *Desde el palomar de Hita*, 173).
       „Bringen Sie mir einen Wermut." „Sofort, gnädige Frau."

C. Ort

722. Ein lokales *a* kann den deutschen Präpositionen „an", „in" entsprechen. In anderen Fällen wird es gar nicht übersetzt (siehe die Beispiele g und h).

    a. *Nos sentamos a la mesa* (C. Pérez Merinero, *Las reglas del juego*, 44).
       Wir setzen uns an den Tisch.
    b. *Está hablando con su novia al pie de la reja* (A. M. De Lera, angeführt von E. Roe-Giest, *Les prépositions 'a' et 'de' en espagnol contemporain*, 79).
       Er spricht mit seiner Verlobten am Fuße des Gitters.
    c. *A la sombra de un árbol*   Im Schatten eines Baumes.
    d. *A la entrada de la casa*   Am Eingang des Hauses.
    e. *A la orilla del río*   Am Flußufer.
    f. *A bordo*   An Bord.
    g. *A la izquierda*   Links.
    h. *A la derecha*   Rechts.

---

[13] Cf. S. Fernández, *Gramática española*, 311.

D. Art und Weise

723. Weiter oben wurden bereits Konstruktionen angeführt wie / *a + lo* + Adjektiv (oder Substantiv) /

    a lo inglés = „auf englische Art"

Zu weiteren Beispielen siehe Nr. 61.
Gegenwärtig tritt vor Adjektiven in derlei Konstruktionen anstelle des sächlichen *lo* häufig *la* auf[14]. Das Adjektiv nimmt dann die weibliche Form an. Statt *a lo inglés* könnte man also auch sagen: *a la inglesa*. Manche sind der Ansicht, daß *a lo* abstrakter und einem höheren Sprachniveau zuzurechnen sei als *a la* (R. E. Batchelor & C. J. Pountain, *Using Spanish*, 179 – ohne weitere Erläuterung oder Begründung).
Bei *a la inglesa* handelt es sich um eine elliptische Konstruktion für: *a la manera inglesa*.
/ *A + la* + Adjektiv / findet sich häufig in der kulinarischen Terminologie: *a la andorrana, a la gerundense, a la jardinera ...*[15] bedeuten: „auf andorranische Art zubereitet", „nach Art von Gerona zubereitet", „mit verschiedenerlei Gemüse zubereitet".
Auf *a la* kann auch ein (sogar männlicher) Eigenname folgen.

    Una melena a la Paul Mac Cartney (A. Skármeta, *Ardiente paciencia*, 132).
    Eine Mähne à la Paul McCartney.

724. Auch in den folgenden Beispielen drückt *a* eine Art und Weise aus:

    a. *Hecho a mano.*   Handgefertigt.
    b. *Carmen Elgazu tenía su cara entre las manos y le comía a besos*
       (J. M. Gironella, *Los cipreses creen en Dios*, 688).
       Carmen Elgazu hielt sein Gesicht in ihren Händen und küßte ihn wie wild.

725. Man beachte, daß vor einem Substantiv, das ein Fortbewegungsmittel bezeichnet, gewöhnlich die Präposition *en* verwendet wird. Ausnahmen sind *pie* und *caballo*.

    a. *ir en avión*   mit dem Flugzeug fliegen
       ir en coche   mit dem Auto fahren
       ir en taxi   mit dem Taxi fahren
       ir en tren   mit dem Zug fahren

Aber:

    b. *ir a pie*   zu Fuß gehen
    c. *Iremos a caballo.*   Wir werden dorthin reiten.

726. Als Varianten der Bedeutungsnuance „Art und Weise" können Ausdrücke betrachtet werden, die einen Preis oder Wert bezeichnen, sowie Ausdrücke mit distributiver Bedeutung.

    a. *Compré este vino a cien pesetas el litro.*
       Ich habe diesen Wein für hundert Peseten den Liter gekauft.

---

[14] Cf. S. Fernández, *Gramática española*, 117.
[15] Die Beispiele sind bei M. Vázquez Montalbán (*La cocina catalana*, 30, 34, 37 und passim) entlehnt.

b. *al cinco por ciento*   zu fünf Prozent
  c. *dos a dos*   zu zweit
  d. *El santo más santo peca siete veces al día* (A. M. Matute, *Los soldados lloran de noche*, 23).
  (Selbst) der allergrößte Heilige sündigt sieben Mal am Tag.
  e. *Historias de este tipo se publicaron a cientos* (A. Mingote, *Dos momentos del humor español*, 33).
  Geschichten dieser Art wurden zu Hunderten veröffentlicht.

E. „A" nach Verben der Sinneswahrnehmung

727. Die Präposition *a* steht auch nach Verben der Sinneswahrnehmung wie *oler* („riechen"), *saber* („schmecken"), *sonar* („klingen") usw.

  a. *Aquí huele a algo sofocante, que no es perfume* (P. Baroja, *Las veleidades de la fortuna*, in O. C., I, 1218).
  Es riecht hier sehr stark nach etwas, was kein Parfüm ist.
  b. *Esta medicina sabe a naranja* (DUE, II, 1074).
  Diese Arznei schmeckt nach Apfelsine.
  c. *Suena a falso, ¿verdad?* (J. M. Gironella, *Ha estallado la paz*, 286).
  Es klingt falsch, nicht wahr?

F. „A" mit der Bedeutung von „wenn"

728. Vor einem Infinitiv ist *a* synonym mit *si* („wenn"). Diese Konstruktionen werden in den Nrn. 1138 und 1139 behandelt.

G. „A" + Substantiv = deutscher Dativ

729. Neben dem präpositionalen Akkusativ kennzeichnet *a* noch einen weiteren Kasus, nämlich den Dativ.

  a. *Pedro da el libro a su hermana.*
  Peter gibt das Buch seiner Schwester.
  b. *A mí se confió el secreto* (A. Bello, *Gramática*, S. 94, Nr. 289).
  Mir wurde das Geheimnis anvertraut.

H. „A" bei Verben wie „aceptar", „creer", „exigir" ...

730. Manchmal ist ein spanisches *a* im Deutschen auch mit „von" wiederzugeben. So sagt man im Spanischen *aceptar a una persona alguna cosa*, im Deutschen „etwas von jemandem annehmen", und *Le he comprado a mi primo un libro* kann sowohl „Ich habe von meinem Neffen ein Buch gekauft" als auch „Ich habe für meinen Neffen ein Buch gekauft" bedeuten. Der Sinn muß aus dem Kontext deutlich werden[16].

Im folgenden Beispiel ist eindeutig „für" gemeint, was im Deutschen auch einfach mit dem Dativ wiedergegeben werden kann:

    a. *Tengo que comprarle un poco turrón a mis mujeres* (F. GARCÍA PAVÓN, *Una semana de lluvia*, 138).
    Ich muß meinen Frauen (oder: „für meine Frauen") etwas Nougat kaufen.
    Siehe zu diesem Beispiel auch die beiden Anmerkungen in Nr. 328 e.
    Man könnte auch sagen: ... *PARA mis mujeres*.

Anstelle einer Formulierung mit „von" kann / *a* + Substantiv / auch dem deutschen Genitiv entsprechen, wie folgendes Beispiel zeigt:

    b. *Era para ver las piernas a la moza que traía las cartas* (M. ALVAR, *El envés de la hoja*, 32).
    Es ging darum, die Beine des Mädchens zu sehen, das die Briefe brachte.
    Man könnte ebenfalls sagen: ... *las piernas DE la moza* ...

I. Adverbiale Ausdrücke

731. Die Präposition *a* tritt in einer Reihe adverbialer Ausdrücke auf. Der *Esbozo* führt als Beispiele an:

a.	*a tientas*	blindlings, aufs Geratewohl
b.	*a bulto*	oberflächlich; auf gut Glück
c.	*a oscuras*	im Dunkeln
d.	*a todo correr*	in aller Eile
e.	*a regañadientes*	widerwillig, zähneknirschend[17]

Selbstverständlich gibt es noch viel mehr derartige Wendungen. Sie sind jedoch alle in zweisprachigen Wörterbüchern aufgeführt und stellen daher kein besonderes Problem dar.

ABSCHNITT II

DIE PRÄPOSITION „ANTE"
LA PREPOSICIÓN „ANTE"

Zwar lautet die Übersetzung von *ante* meist „vor", doch kann diese Präposition verschiedene Bedeutungen haben.

---

[16] Beide Beispiele sind bei C. F. A. VAN DAM, *Spaanse spraakkunst*, 336 entlehnt.
[17] *Esbozo*, 439.

§ 1. ORT

732. *Ante* kann als Synonym für *delante de* gebraucht werden.

    a. *Se detuvo Martina ante un portal de miserable aspecto* (M. Delibes, *La sombra del ciprés es alargada*, 206).
    Martina blieb vor einem schäbigen Hauseingang stehen.
    b. *Decenas de polacos hacen cola ante una lechería* (*El País*, 4.12.1980, 3).
    Dutzende von Polen stehen vor einem Milchgeschäft Schlange.

§ 2. „ANTE" = „IN GEGENWART VON", „IM BEISEIN VON", „GEGENÜBER"

733.

    a. *Compareció ante el juez* (*Esbozo*, 439).
    Er erschien vor dem Richter.
    b. *Firmar ante dos notarios.*
    Im Beisein von zwei Notaren unterschreiben.
    c. *Pedro era el hombre con quien soñó ante sus compañeras de colegio*
    (A. Bryce Echenique, *Tantas veces Pedro*, 137).
    Pedro war der Mann, von dem sie ihren Schulfreundinnen vorschwärmte.

Man kann *ante* auch in Sätzen antreffen, in denen deutsche Muttersprachler wohl eher eine Präposition wie *contra* („gegen") erwarten würden:

    d. *España perdió ante Checoslovaquia su pase a la final* (*El Norte de Castilla*, 12.8.1989, 33).
    Spanien verlor gegen die Tschechoslowakei und verpaßte damit den Einzug ins Finale.

(Siehe in diesem Zusammenhang auch weiter unten in Nr. 743 die Hinweise zu *con*.)

§ 3. ZEIT; PRÄFERENZ

734. Mit beiden Bedeutungen kann *ante* in Ausdrücken wie den folgenden gebraucht werden:

    a. *ante todas cosas*
    b. *ante todo* (*Esbozo*, 439)

735. Mit temporaler oder lokaler Bedeutung kommt *ante* auch als Präfix in Komposita vor, z. B.

a.	*anteayer*	vorgestern
b.	*anteanoche*	vorletzte Nacht
c.	*los antepasados*	die Vorfahren
d.	*la antesala*	das Vorzimmer
e.	*el antebrazo*	der Unterarm

§ 4. URSACHE

736. In den folgenden Beispielen hat *ante* kausale Bedeutung [→ „für", „wegen", „angesichts"]. Mit diesem Wert trifft man die Präposition gegenwärtig in der Presse häufig an.

> a. *Ante esta grosera impertinencia, el alcalde le puso una multa de 100 pesetas* (J. A. De Zunzunegui, *La úlcera*, 184).
> Für diese grobe Unverschämtheit verurteilte ihn der Bürgermeister zu einer Geldstrafe von 100 Peseten.
> b. *El guardia le reiteró que sería enviado a prisión, ante lo cual el joven cobró miedo* (*ABC*, 10.2.1980, 46).
> Der Wachmann versicherte ihm nochmals, er würde ins Gefängnis kommen, woraufhin der junge Mann Angst bekam.
> (Das Beispiel wurde bereits in Nr. 411 b angeführt.)

ABSCHNITT III
DIE PRÄPOSITION „BAJO"
LA PREPOSICIÓN „BAJO"

737. Als Synonym für *debajo* kann *bajo* bedeuten: „unter".

> a. *Tres grados bajo cero* (*Esbozo*, 439).
> Drei Grad unter Null.
> b. *Bajo un montón de arena* (F. Marsá, *Diccionario normativo*, 160).
> Unter einem Haufen Sand.

Als literarische Variante (und nur als Ortsbestimmung) findet sich auch *bajo de*:

> c. *Y he venido a vivir mis días / aquí, bajo de tus pies blancos* (M. Seco, *Diccionario de dudas*, 67).
> Ich bin gekommen, um meine Tage hier, unter deinen weißen Füßen, zu verleben.

738. Ein figürlich gebrauchtes *bajo* findet sich in Sätzen des folgenden Typs (in denen es übrigens nicht durch *debajo de* ersetzt werden könnte):

> a. *Lena vivió algunos días bajo el temor de que iban a internarla en un Reformatorio* (D. Medio, *Nosotros, los Rivero*, 102).
> Lena lebte einige Tage in der Angst, man könne sie in eine Besserungsanstalt schicken.
> b. *Se prohíbe jugar a la pelota, bajo la multa de dos pesetas* (P. Baroja, *La estrella del capitán Chimista*, in O. C., VI, 249).
> Ballspielen ist verboten und wird mit zwei Peseten bestraft.
> c. *Estar bajo tutela* (*Esbozo*, 439).
> Unter Vormundschaft stehen.

ABSCHNITT IV

DIE PRÄPOSITION „CON"
LA PREPOSICIÓN „CON"

§ 1. „CON" = „MIT"

739. *Con* ist fast immer die wörtliche Entsprechung des deutschen „mit". Es wird dann u. a. in der Bedeutung „in Gesellschaft von" verwendet. Es kann ebenfalls ein Mittel bezeichnen, oder die Art und Weise, in der etwas geschieht.

    a. *Vino con mi padre* (*Esbozo*, 439).
       Er kam mit meinem Vater.
    b. *Le hirió con la espada* (*Esbozo*, 439).
       Er verletzte ihn mit dem Schwert.
    c. *Le recibió con los brazos abiertos.*
       Er empfing ihn mit offenen Armen.
    d. *Café con leche* (*Esbozo*, 439).
       Kaffee mit Milch.

§ 2. „CON" = „OBWOHL"

740. *Con* kann auch konzessive Bedeutung haben und „obwohl" bedeuten. Es ist dann synonym mit *aunque*[18].

    Con ser Álvaro tan sagaz, no evitó que le engañasen (*Esbozo*, 440).
    Obwohl Álvaro so schlau ist, konnte er nicht verhindern, daß man ihn betrog.
    Ebenso könnte man sagen: *Aunque Álvaro es tan sagaz* (*Esbozo*, 440).

741. Zu dieser Bedeutung, die *con* gewöhnlich vor einem Infinitiv hat, siehe auch Nr. 1136. Daneben kann die Konstruktion *con + infinitivo* auch einen modalen oder einen restriktiven Wert haben (siehe Nr. 1137).

§ 3. „CON" = „DURCH", „WEGEN"

742. Kausale Bedeutung hat *con* in einem Satz wie

    a. *Se desgasta con el roce* (DUE, I, 704).
       Er wird durch die Reibung abgenutzt.

---

[18] Im Unterschied zu *aunque* folgt jedoch auf *con* nie der *subjuntivo*. Vielmehr steht *con* mit der genannten Bedeutung immer vor einem Infinitiv.

Die Präposition „con" / La preposición „con"

Der deutsche Sprachwissenschaftler K.-H. KÖRNER geht ausführlich auf eine mögliche Äquivalenz *con* → *por* als Präposition vor dem Agens in Passivsätzen ein und führt u. a. folgendes Beispiel an:

> b. *El Presidente del Real Madrid, ante la delicada situación creada con las declaraciones de Gil, reunió el pasado martes a su junta directiva* [*El País*, 4.2.1988, 38, in K.-H. KÖRNER, *Der Agensausdruck beim Reflexivpassiv im Spanischen aus syntaxtypologischer Perspektive*, 160 (mit weiteren Beispielen und Erläuterungen)].
> Angesichts der durch Gils Äußerungen verursachten schwierigen Lage berief der Vorsitzende des Real Madrid am vergangenen Dienstag eine Vorstandssitzung ein.
> Man könnte auch sagen: *... creada POR las declaraciones ...*

Auch in Beispiel a könnte *por* anstelle von *con* stehen.

§ 4. „CON" = „GEGEN"

743. In einem Satz wie dem folgenden ist *con* im Deutschen mit „gegen" wiederzugeben:

> *Y el día que perdamos con Portugal aquí habrá que matar a alguien* (E. ROMERO, *La paz empieza nunca*, 310).
> Und an dem Tag, an dem wir gegen Portugal verlieren, wird hier jemand umzubringen sein.
> (Es geht um ein Fußballänderspiel.)

Möglicherweise wird in derlei Fällen *con* gebraucht, weil unbewußt eine Assoziation mit Ausdrücken wie *jugar con* („spielen mit"), *un partido con* („ein Spiel mit") hergestellt wird.

§ 5. „CON" → „A"; „CON" ≈ „BEI"

744. In Lateinamerika kann man die Präposition *con* mit der Bedeutung *en casa de* („bei") oder *a casa de* („zu") antreffen, ebenso wie in Sätzen, in denen ein Spanier *a* verwenden würde[19].

> a. *Pedro jamás regresó con ella* (J. RULFO, *Pedro Páramo*, 23).
> Pedro kam nie mehr zu ihr zurück.
> Diese Verwendung von *con* könnte – sofern ein erklärender Kontext fehlt – für deutsche Muttersprachler zu einer Fehlinterpretation führen: übersetzt man nämlich *con* mit „mit", erhält der Satz einen anderen Sinn.
> b. *¿Me puedes presentar con él?* (C. KANY, *Sintaxis hispanoamericana*, 405).
> Kannst du mich ihm vorstellen?

---

[19] Weitere Hinweise zum Gebrauch (und Wegfall) der Präposition *con* in Lateinamerika finden sich bei C. KANY, *Sintaxis hispanoamericana*, 404–407.

ABSCHNITT V
DIE PRÄPOSITION „DE"
LA PREPOSICIÓN „DE"

§ 1. BESITZ

745. Die Präposition *de* bezeichnet ein Besitzverhältnis und dient damit insbesondere zur Bildung des Genitivs.

    a. *La casa de mi padre* (*Esbozo*, 440).
       Das Haus meines Vaters.
    b. *El agua del río.*
       Das Wasser des Flusses.

§ 2. URSPRUNG, HERKUNFT, AUSGANGSPUNKT, URSACHE

746. *De* wird hier im Deutschen meist mit „aus" übersetzt, bisweilen jedoch auch mit anderen Präpositionen (siehe die Beispiele c und e).

    a. *Todos nosotros somos oriundos de la Alcarria* (F. Marsá, *Diccionario normativo*, 162).
       Wir stammen alle aus La Alcarria.
    b. *Procede de buena familia* (M. Seco, *Diccionario de dudas*, 133).
       Er kommt aus einer guten Familie.
    c. *Se casó o amancebó con una mujer de la que tuvo una hija* (J. Goytisolo, *Coto vedado*, 223).
       Er heiratete oder lebte in wilder Ehe mit einer Frau, mit der er eine Tochter hatte.
    d. *Lo hice de miedo* (*Esbozo*, 441).
       Ich habe es aus Angst getan.
    e. *Un hombre muere de risa* (O. Caballero, *Titulares de España*, 113).
       Ein Mann stirbt vor Lachen (oder: „Ein Mann lacht sich tot").

Wenn auf *de* ein Infinitiv folgt, kann diese Konstruktion an die Stelle eines kausalen Nebensatzes treten (siehe dazu Nr. 1139). Als mit der kausalen Bedeutung verwandt kann man das in passiven Sätzen (anstelle von *por*) gebrauchte *de* betrachten:

    f. *El rey se veía odiado de sus súbditos y perseguido de los extraños* (angeführt von E. Roegiest, *Les prépositions 'a' et 'de' en espagnol contemporain*, 191).
       Der König sah sich von seinen Untertanen gehaßt und von den Fremden verfolgt.
       Man könnte auch sagen: ... *por sus súbditos* ... *por los extraños*.

§ 3. DER STOFF, AUS DEM ETWAS HERGESTELLT IST

747. *De* bezeichnet den Stoff, aus dem etwas besteht, sowohl in wörtlicher als auch in figürlicher Bedeutung.

    a. *La estatua de mármol* (*Esbozo*, 440).
       Die Marmorstatue.
    b. *Parece adusto, pero tiene un corazón de oro* (F. Marsá, *Diccionario normativo*, 162).
       Er macht einen barschen Eindruck, aber er hat ein goldenes Herz.
    c. *Una lección de historia* (M. Seco, *Diccionario de dudas*, 133).
       Eine Geschichtsstunde.

§ 4. BEDINGUNG

748. Ebenso wie *a* kann auch die Präposition *de* vor einem Infinitiv mit der Bedeutung von *si* („wenn") gebraucht werden. Siehe dazu Nr. 1138.

§ 5. „DE" = „WIE", „ALS"

749. In bestimmten Fällen entspricht *de* einem deutschen „wie" oder „als".

    a. *Vístete de peregrino* (C. Rojas, *El sueño de Sarajevo*, 34).
       Kleide dich wie ein Pilger.
    b. *De joven soñó con la jubilación, y ahora, de jubilado, soñaba con la juventud* (M. Delibes, ohne Bezug angeführt von J. Coste & A. Redondo, *Syntaxe de l'espagnol moderne*, 346).
       Als junger Mann hatte er von seiner Pensionierung geträumt, und jetzt, da er pensioniert war, träumte er von seiner Jugend.
    c. *Chimista hacía de médico en el país* (P. Baroja, *Los pilotos de altura*, 204).
       Chimista arbeitete in dem Land als Arzt[20].

§ 6. „DE" = „MIT"

750. Vor allem in beschreibenden Sätzen entspricht *de* häufig einem deutschen „mit". Die Präposition bezeichnet hier ein besonderes Merkmal.

    a. *Un hombre de dinero* (J. A. De Zunzunegui, *Ramón o la vida baldía*, 68).
       Ein Mann mit Geld.

---

[20] Die Präposition *de* bildet mit dem Verb *hacer* den sehr gebräuchlichen Ausdruck *hacer de*. Er bedeutet „fungieren als", „auftreten als" oder auch „arbeiten als", jedoch nicht in einem erlernten Beruf (→ *trabajar de*), sondern aushilfsweise. Im angeführten Beispiel „fungiert" Chimista also nur als Arzt, ohne dafür ausgebildet zu sein; tatsächlich ist er Schiffskapitän.

b. *Un chiquillo de ojos azules* (P. BAROJA, *Los pilotos de altura*, 36).
Ein kleiner Junge mit blauen Augen.
c. *Los turistas pueden retratarse con indiecitas de pechos desnudos* (M. ALVAR, *El envés de la hoja*, 121).
Die Touristen können sich mit kleinen Indianerinnen mit nacktem Busen fotografieren lassen.

§ 7. ART UND WEISE SOWIE FUNKTION

751. *De* kann die Art und Weise bezeichnen, wie etwas geschieht oder gebraucht wird.

a. *Almuerza de pie* (*Esbozo*, 440).
Er ißt im Stehen zu Mittag.
b. *Me ha mirado de dar miedo* (J. A. DE ZUNZUNEGUI, *Beatriz o la vida apasionada*, 228).
Er hat mich in einer Weise angeguckt, daß ich es mit der Angst bekam.
c. *Lo hizo de mala gana* (*Esbozo*, 441).
Er tat es unwillig.
d. *¿Quieres que nos hablemos de tú?* (M. MIHURA, *Tres sombreros de copa*, 128).
Willst du, daß wir uns duzen?

Eine Variante des zweiten Beispiels stellt folgender Satz dar, in dem das Verb *dar* weggelassen ist:

e. *Pero los precios son de miedo* (J. A. DE ZUNZUNEGUI, *Beatriz o la vida apasionada*, 149).
Aber die Preise sind entsetzlich hoch.

Der *Esbozo* weist darauf hin, daß durch den Gebrauch des Zahlwortes *uno (una)* die schnelle Ausführung einer Handlung ausgedrückt wird.

f. *De un trago se bebió la tisana* (*Esbozo*, 441).
Er trank den Kräutertee in einem Zug.
g. *Acabemos de una vez* (*Esbozo*, 441).
Machen wir ein für allemal Schluß.

Eine funktionelle Beziehung wird in Zusammensetzungen wie *una sala de espera* („ein Wartezimmer"), *un coche de alquiler* („ein Mietwagen"), *el cuarto de jugar* [wörtlich: „das Spielzimmer", (gemeint ist: „das Kinderzimmer")] usw. zum Ausdruck gebracht.

752. Hier ist auch zu erwähnen, daß einige (häufige) spanische Verben zusammen mit der Präposition *de* Ausdrücke mit modaler Bedeutung bilden.

a. *coger de*   packen an
→ *coger a alguien del brazo*   jemanden am Arm packen
b. *colgar de*   hängen an
→ *colgar su sombrero de la percha*   seinen Hut an den Kleiderhaken hängen
c. *tirar de*   ziehen an
→ *¡no me tires del pelo!*   Zieh mich nicht an den Haaren!

d. *ir(se) de* (je nach Kontext, siehe die Beispiele:)
  → *irse de copeo* eine Kneipentour machen
  → *irse de putas* herumhuren
  → *Por la noche Boris Karloff se va de cementerios* (*La Codorniz*, 272).
  Nachts streicht Boris Karloff über Friedhöfe.

In Lateinamerika kann die Präposition *de* bei Verben stehen, die in Spanien mit *a* oder ohne Präposition konstruiert werden. C. KANY führt u. a. auf: *atreverse de* („wagen"; in Spanien → *atreverse a*), *comenzar de* und *empezar de* („beginnen"; in Spanien → *comenzar a* und *empezar a*[21]), *olvidar de* („vergessen"; in Spanien → *olvidar*[22]) usw.[23]
Die unterschiedliche Bedeutung von *deber* („müssen") und *deber de* wird in Nr. 1317 behandelt.

§ 8. ZEIT

753. Die Präposition *de* kann auch temporale Bedeutung haben.

  a. *Viajaremos de noche y descansaremos de día.*
     Wir werden nachts reisen und bei Tag ausruhen.
  b. *Pronto se hará de noche* (S. LORÉN, *V. I. P.*, 261).
     Es wird bald Nacht.
  c. *Las galerías de arte no abren de mañana* (M. PUIG, *Maldición eterna a quien lea estas páginas*, 30).
     Die Kunstgalerien sind vormittags nicht geöffnet.
  d. *De momento, tengo bastante con esto* (DUE, II, 441 – mit dem Hinweis, daß man dasselbe auch mit *POR el momento* ausdrücken könne).
     Im Augenblick reicht mir das.
  e. Der Ausdruck *de inmediato* ist synonym zu *inmediatamente* („sofort").

§ 9. „DE" MIT EMPHATISCHER BEDEUTUNG

754. Die Präposition *de* hat einen emphatischen Wert in Konstruktionen, die ein subjektives Element wie Mitleid, Ironie, Verachtung, Drohung usw. zum Ausdruck bringen. Es handelt sich dabei immer um Gefühle oder Einstellungen, die etwas Negatives oder Unangenehmes implizieren. In diesen Fällen hebt *de* das vorangehende Wort (ein Substantiv oder Adjektiv oder eine Interjektion, die einen Schmerz oder eine Drohung ausdrückt) hervor. Wie übrigens auch die Übersetzung zeigt, ist das auf *de* folgende Wort das eigentliche Subjekt des Satzes[24].

---

[21] Cf. M. SECO, *Diccionario de dudas*, 104 und 169. Auf *comenzar* und *empezar* kann auch die Präposition *por* folgen, doch ist die Bedeutung dann eine andere: *comencé a escribir una carta* bedeutet „ich begann, einen Brief zu schreiben", wohingegen die Übersetzung von *comencé por escribir una carta* lautet: „ZUERST schrieb ich einen Brief".
[22] *Olvidar*, ohne Präposition, oder: *olvidarSE de*.
[23] Cf. C. KANY, *Sintaxis hispanoamericana*, 409–410, und zu *de ~ en*, 417–418.
[24] Siehe dazu auch: E. ALARCOS LLORACH, *Estudios de gramática funcional del español*, 257–259.

a. *Las pobrecitas de las mujeres se quedan abandonadas* (P. BAROJA, *Camino de perfección*, in O. C., VI, 20).
   Die armen Frauen bleiben ihrem Schicksal überlassen.
b. *¡Tontos de nosotros!* (J. A. DE ZUNZUNEGUI, *La úlcera*, 182).
   Wir Dummköpfe!
c. *Hasta la imbécil de tu mujer se burla ya de ti* (C. LAFORET, *Nada*, 34).
   Selbst deine dumme Frau macht sich schon über dich lustig.
d. *¡Ay de ellos si pierden!* (J. IZCARAY, *La hondonada*, 100).
   Wehe ihnen, wenn sie verlieren.

Aber:

e. *¡Feliz tú!* Du Glücklicher!
   Das erste Wort in der Konstruktion drückt hier ein positives affektives Element aus.

755. Steht die Präposition *de* doch einmal nach Wörtern, die eigentlich eine POSITIVE Bedeutung haben, so verleiht sie dem Satz einen ironischen Unterton[25]. Man achte auf den Unterschied zwischen

a. *Feliz él, que cree que no morirá nunca* (L. RICARDO ALONSO, *El Supremísimo*, 224).
   Glücklich, wer glaubt, er werde nie sterben.

und

b. *Feliz de ella que podía creer sin ver* (J. CORTÁZAR, *Rayuela*, 35).
   Sie hatte das Glück, glauben zu können, ohne zu sehen.

Ebenso: *¡Benditas ellas!* ~*¡Benditas de ellas!* (E. ALARCOS LLORACH, *Estudios de gramática funcional del español*, 258, Fußnote 11). Im Deutschen könnte man diese Ausdrücke mit „Was für ein Glück sie haben!" und „Wie naiv sie sind!" wiedergeben.

756. Eine emphatische, beinahe superlativierende Funktion hat *de* (in der gesprochenen Sprache) auch vor einem Adjektiv in Kausal- oder Konsekutivsätzen. Das Adjektiv kongruiert mit dem Substantiv oder Pronomen (welches nicht explizit ausgedrückt sein muß), auf das es sich bezieht.
Manchmal steht zur weiteren Verstärkung zwischen der Präposition und dem Adjektiv noch das adverbial gebrauchte (und damit unveränderliche) *puro*.

a. *Ahora de puro impaciente me he puesto a escribir este cuento* (A. BRYCE ECHENIQUE, *Tantas veces Pedro*, 247).
   Jetzt habe ich aus lauter Ungeduld begonnen, diese Erzählung zu schreiben.
b. *Estoy de nervioso que no sé cómo no he degollado a este hombre* (C. ARNICHES, angeführt von S. FERNÁNDEZ, *Gramática española*, 106).
   Ich bin derart nervös, daß ich nicht verstehe, wieso ich diesem Mann nicht die Kehle durchgeschnitten habe.
   (Im Falle eines weiblichen Subjekts stünde die Form *nerviosa*.)

---

[25] Cf. *Esbozo*, 414–415, und E. ALARCOS LLORACH, *o. c.*, 258.

Die Präposition „de" / La preposición „de"

§ 10. „DE" IN MENGENANGABEN

757. Mit *de* können Mengen ausgedrückt werden, wobei diese Konstruktionen mit entsprechenden französischen Sätzen vergleichbar sind.

a.	ein Glas Wein	→	*un vaso de vino (un verre de vin)*
b.	ein halbes Kilo Käse	→	*medio kilo de queso (un demi-kilo de fromage)*
c.	etwas Fleisch	→	*un poco de carne (un peu de viande)*
d.	acht Liter Öl	→	*ocho litros de aceite (huit litres d'huile)*

758. In diesen Konstruktionen wird die Präposition *de* in der gesprochenen Sprache hin und wieder weggelassen.

a. *Ahora nos traen un poco vino* (R. Sánchez Ferlosio, *El Jarama*, 209).
Jetzt bringen sie uns etwas Wein.
b. *Tengo yo aquí un cachito queso* (R. Sánchez Ferlosio, *El Jarama*, 217).
Ich habe hier ein Stückchen Käse.
c. *Por Dios, Sergio, un poquito caldo de gallina para entonar el estómago* (J. A. De Zunzunegui, *El hijo hecho a contrata*, 207).
Ich bitte dich, Sergio, etwas Hühnerbrühe zur Stärkung.

Siehe in diesem Zusammenhang auch die in Nr. 522 angeführten Beispiele.

§ 11. „DE" IN DATUMSANGABEN

759. In der spanischen Übersetzung von Datumsangaben wie „(am) 21. November 1990", tritt die Präposition *de* zweimal auf: *(el) 21 de noviembre de 1990*.
Man sagt auch *el mes de mayo* („der Monat Mai"), und in Briefen kann das Datum folgendermaßen angegeben werden: *Madrid, 17 de abril de 1990* („Madrid, 17. April 1990")[26], bisweilen auch ohne das zweite *de* [→ *Jaca, 25 de julio, 1987* (in einem von R. Lapesa, damals Direktor der *Real Academia Española*, an mich gerichteten Brief)]. Heute wird das Datum meist auf eine einfachere Art angegeben, z. B.: 17–IV–1990[27].

§ 12. „DE" IN ORTSANGABEN

760. Die Präposition *de* steht in geographischen Namen mit dem Eigennamen in Apposition wie

a.	*La provincia de Málaga.*	Die Provinz Malaga.
b.	*La isla de Tenerife.*	Die Insel Teneriffa.
c.	*La ciudad de Nueva York.*	Die Stadt New York.

---

[26] Diese Form der Datumsangabe wird heute vor allem von älteren Menschen benutzt.
[27] Bei C. Martín Gaite findet sich: *Madrid, 27, agosto, 75* (in *Fragmentos de interior*, 101).

761. Früher wurde die Präposition *de* in gepflegter Sprache auch nach Wörtern wie *avenida* („Allee"), *plaza* („Platz"), *calle* („Straße"), *Banco* („Bank"), *teatro* („Theater") u.ä. gebraucht.

    a. *La avenida de José Antonio.*   Die José-Antonio-Allee.
    b. *La plaza de Colón.*   Der Kolumbusplatz.
    c. *La calle de Génova.*   Die Genuastraße.
    d. *El Banco de Bilbao.*   Die Bank von Bilbao.
    e. *El teatro de Calderón.*   Das Calderón-Theater.

762. Heute wird *de* häufig weggelassen, bei Straßennamen sogar zusammen mit dem vorangehenden Substantiv mit der Bedeutung „Allee", „Platz", „Straße" usw. (einschließlich Artikel)[28].

    a. *Calle Toledo, plaza Santa Cruz* (M. SECO, *Diccionario de dudas*, 45).
        Toledostraße, Santa-Cruz-Platz.
    b. *Este autobús va a Colón.*
        Dieser Bus fährt zum Kolumbusplatz.
    c. *¡A Pinar 21!*
        Zur Pinarstraße 21! (So könnte man z. B. einem Taxifahrer sein Ziel mitteilen).
    d. *El teatro Lope de Vega* (M. SECO, *Diccionario de dudas*, 45).
        Das Lope-de-Vega-Theater.

Ein Kuriosum in diesem Zusammenhang konnte ich im August 1983 in der Stadt Valladolid feststellen. An der einen Seite der „Tudelastraße" war ein Schild mit der Aufschrift *calle de Tudela* angebracht, während auf dem Schild auf der gegenüberliegenden Seite *calle Tudela* zu lesen stand.

763. Nichtspanische Muttersprachler müssen sich an derartige elliptische Bezeichnungen erst gewöhnen, da sie, vor allem wenn in ihnen Personennamen vorkommen, doch recht seltsam anmuten.

    a. *Era la una y media y la plaza bullía de gentes que venían de Sol por Romanones, que subían de Atocha por Magdalena y del Rastro por Duque de Alba* (J. A. DE ZUNZUNEGUI, *La vida como es*, 130).
        Es war halb zwei, und auf dem Platz wimmelte es von Menschen, die von der Puerta del Sol durch die Romanonesstraße kamen, oder die von Atocha die Magdalenastraße oder vom Trödelmarkt die Herzog-von-Alba-Straße hinaufkamen.
        Siehe auch das Beispiel in Nr. 1259 a.

Daß es sogar für spanische Muttersprachler zu Mehrdeutigkeiten kommen kann, macht folgendes Beispiel deutlich:

    b. *Otra vez entró un señor de aspecto sólido a comprarse una capa. Dijo que la enviasen al general Perón. Como general Perón es una calle madrileña, insistieron en preguntarle su nombre propio. Era el general Perón* (F. UMBRAL, *Amar en Madrid*, 95).
        Ein andermal betrat ein gediegen aussehender Herr den Laden, um sich einen Umhang zu kaufen. Man solle ihn an General Perón schicken. Da „General Perón" der Name einer Madrider Straße ist, fragte man ihn noch einmal nach *seinem* Namen. Der Herr war General Perón.

Spanische Autoren verwenden die hier behandelten elliptischen Konstruktionen manchmal als humoristisches Element.

c. *Y Mario apenas tuvo tiempo ya de saltar a un taxi rugiendo:*
   – ¡Don Ramón de la Cruz!
   A lo que contestó el chófer:
   – Encantado de conocerle, caballero (E. JARDIEL PONCELA, *¡Espérame en Siberia, vida mía!*, 92).
   Mario hatte kaum noch Zeit, in ein Taxi zu springen und zu brüllen:
   „(In die) Don Ramón de la Cruz (-Straße)!"
   Woraufhin der Fahrer antwortete:
   „Freut mich, Sie kennenzulernen, mein Herr."
   (Begreiflicherweise ist es nicht möglich, die Beispiele b und c wörtlich so zu übersetzen, daß das Wortspiel nicht verloren geht.)

Anmerkung

764. Das Wort *Banco* wird normalerweise nicht weggelassen. Doch fällt manchmal die Präposition *de* aus, die eigentlich auf *Banco* folgen müßte (wie bereits in Nr. 761 d gesehen):

Estaba empleado en el Banco Bilbao (J. A. DE ZUNZUNEGUI, *El hijo hecho a contrata*, 76).
Er arbeitete in der Bank von Bilbao.

§ 13. „DE" („PARTITIVER ARTIKEL") → BEZEICHNUNG EINER UNBESTIMMTEN MENGE

765. *De* kommt in einer Reihe von Ausdrücken vor, in denen eine unbestimmte Menge bezeichnet wird[29]. In Spanien findet man dieses *de* zumeist bei einer Form des Verbs *dar* („geben")[30].

a. *Dar de bofetadas (cuchilladas, palos, puñaladas ...) a una persona.*
   Jemandem Ohrfeigen (Messerstiche, Stockschläge, Dolchstöße) versetzen.
b. *Oímos que alguien daba de cabezazos contra nuestra pared* (J. RULFO, *Pedro Páramo*, 70).
   Wir hörten, daß jemand mit dem Kopf gegen unsere Wand hämmerte.

§ 14. „DE" + FAMILIENNAMEN

766. Die Präposition *de* steht bei verheirateten Frauen vor dem Familiennamen des Mannes: *La señora de Sánchez* = „Frau Sánchez". *Los señores de Sánchez* bedeutet: „Herr und Frau Sánchez".

767. Ist die Partikel Teil eines Personennamens, so fällt sie (sowohl in gesprochener als auch in geschriebener Sprache) weg, wenn nur der Familienname genannt wird. Spricht man z. B. von *Miguel de*

---

[28] Siehe dazu: *Esbozo*, 402, R. LAPESA, *Historia de la lengua española*, 469, Fußnote 7, F. LÁZARO MORA, *Algunas notas sobre la preposición*, 379–383, sowie – zu Erklärungen für und Kritik an dieser Erscheinung – M. SECO, *Diccionario de dudas*, 45 und 82.
[29] Manchmal wird dieser Gebrauch von *de* als Überbleibsel eines früheren *artículo partitivo* („Teilungsartikel") betrachtet.
[30] In Lateinamerika mit der Variante *pegar* (cf. C. KANY, *Sintaxis hispanoamericana*, 414).

Unamuno, so würde man sagen (und schreiben): *Unamuno murió en 1936* („Unamuno starb 1936")[31]. Sowohl lautlich als auch visuell unschön ist das folgende Beispiel [das sich auf den bekannten spanischen Schriftsteller Ramón Gómez de la Serna (1888–1963) bezieht]:

> *(El editor) va a publicar dibujos enigmáticos míos para acompañar los textos literarios de de la Serna* (S. DALÍ, *Diario de un genio*, 49).
> Der Herausgeber wird die literarischen Texte von De la Serna mit rätselhaften Zeichnungen von mir illustrieren.

S. DALÍ hat einen Teil des Nachnamens des Autors abgetrennt. Normalerweise hätte es heißen müssen: ... *los textos de Gómez de la Serna*.
[Für viele spanische Muttersprachler und Literaturkenner wäre auch die Formulierung *los textos de Ramón* nicht ungebräuchlich, da dieser (sehr bekannte) Schriftsteller manchmal nur mit seinem Vornamen genannt wird (ebenso wie dies bei Federico García Lorca der Fall ist: → *Federico*).]

768. Ebenso wie das französische *de* und das deutsche *von* deutet auch das spanische *de* manchmal auf eine adlige Herkunft hin[32].

§ 15. ÜBERFLÜSSIGES „DE" – FEHLENDES „DE"

769. Sowohl im europäischen als auch im amerikanischen Spanisch trifft man heute – auch bei gebildeten Sprechern – sehr häufig ein überflüssiges (und von Sprachwissenschaftlern abgelehntes) *de* an, vor allem (wenn auch nicht ausschließlich) in Objektsätzen, die durch *que* eingeleitet werden[33]. Diese Erscheinung wird als *dequeísmo* bezeichnet.

> a. *Me dijeron de que volviese* (M. SECO, *Diccionario de dudas*, 134).
> Sie sagten mir, ich solle zurückkommen.
> Korrekt wäre: *Me dijeron que volviese*.
> b. *No creo de que vaya a dimitir nadie* (F. MARSÁ, *Diccionario normativo*, 154).
> Ich glaube nicht, daß jemand zurücktreten wird.
> c. *Se queja el escritor de que muchos periodistas dicen „es preciso de que"*
> (A. MINGOTE, *Dos momentos del humor español*, 16).
> Der Schriftsteller beklagt, daß viele Journalisten „es preciso de que" (anstatt *es preciso que* – „es ist nötig, daß") sagen.

In anderen Fällen wird *de* fälschlicherweise ausgelassen. Dieses Phänomen findet sich vor allem in Lateinamerika häufig[34]. [Nebenbei bemerkt ist *de* (den Frequenzlisten von E. CHANG-RODRÍGUEZ &

---

31 Dies gilt in spanischsprachigen Ländern auch für fremdsprachliche Namen. Wer beispielsweise einen aus dem Französischen, Niederländischen oder Italienischen stammenden Namen hat, der mit der Partikel *de* beginnt, z. B. DE MAIZIÈRE, DE BRUYNE oder DE ANGELIS, muß damit rechnen, daß dieser Name in einer alphabetischen Liste meistens unter A, B, bzw. M eingeordnet wird und daß man ihn in Hotels und bei anderen öffentlichen Gelegenheiten als MAIZIÈRE, BRUYNE, ANGELIS aufrufen wird.
32 Siehe in diesem Zusammenhang eine humoristische Passage in C. ROJAS, *El sueño de Sarajevo*, 110.
33 Siehe dazu: *Esbozo*, 522, M. SECO, *Diccionario de dudas*, 134, F. MARSÁ, *Diccionario normativo*, 154, A. DE MIGUEL, *La perversión del lenguaje*, 111, ... und – mit besonderen Hinweisen zu dieser Erscheinung in Lateinamerika – C. KANY, *Sintaxis hispanoamericana*, 411–413. In einem Interview mit J. GOYTISOLO (TVE 1, Andalucía, 4.3.1990) fiel mir der systematische *dequeísmo* dieses bekannten spanischen Schriftstellers auf.
34 C. FUENTES spricht von *zapatos tenis* [anstelle von *zapatos de tenis* („Tennisschuhe") – *La cabeza de la hidra*, 17 (wobei der Autor jedoch entgegen dem üblichen Gebrauch *tennis* mit Doppel-*n* schreibt)], und bei J. CORTÁZAR liest man *agua colonia* [anstelle von *agua de Colonia* („Kölnisch Wasser") – *Rayuela*, 202] ...

Die Präposition „en" / La preposición „en"

ABSCHNITT VI
DIE PRÄPOSITION „EN"
LA PREPOSICIÓN „EN"

§ 1. „EN" = „IN"

770. *En* ist häufig die Übersetzung des deutschen „in", wenn es sich um Orts- und Zeitangaben handelt.

    a. *Mi amigo Juan está en España.*
        Mein Freund Hans ist in Spanien.
    b. *Esto ocurrió en invierno.*
        Dies passierte im Winter.

Als nicht nachahmenswert gilt der (gegenwärtig recht häufig anzutreffende) Gebrauch der Präposition *en* anstelle von *dentro de* [→ *En cinco minutos serán ya las cinco* („In fünf Minuten ist es schon fünf Uhr"), angeführt von M. Seco, *Diccionario de dudas*, 170 – korrekt wäre: *Dentro de cinco* ...]. Dagegen kann man in einem Werk des ständigen Sekretärs der *Academia Guatemalteca de la Lengua* lesen:

    c. *Mi clase de literatura que en breves minutos comenzaría* (M. A. Carrera,
        Costumbres de Guatemala, 165).
        Mein Literaturunterricht, der in wenigen Minuten beginnen sollte.

In der Presse ist dieser Gebrauch der Präposition *en* gegenwärtig weit verbreitet. Und in einem Brief vom 6. 6. 2001 schrieb mir J. A. Escudero, Professor in Madrid (UNED) und Mitglied der *Real Academia de la Historia*:

    d. *El otro artículo se publicará en tres o cuatro meses.*
        Der andere Artikel wird in drei oder vier Monaten veröffentlicht.

Es ist sicher keine gewagte Behauptung, daß wir es hier mit einem Phänomen zu tun haben, das sich nicht mehr aufhalten läßt und schließlich zur „Legitimierung" der Äquivalenz / *dentro de* = *en* / führen wird. Ein schönes Beispiel für die alte Definition des Begriffs der „Norm": *norma = quod usus volet* (Norm ist, was der Gebrauch vorzieht).

Anmerkung

771. In vielen lateinamerikanischen Ländern wird *en* in der Volkssprache bei Wörtern wie *ocasión* [wenn dieses Wort synonym mit *vez* („Mal") ist], *instante* („Augenblick") und *momento* („Augenblick") häufig weggelassen. So bedeutet z. B. *aquel momento: en aquel momento* („in diesem Augenblick")[35].

---

[35] C. Kany, *Sintaxis hispanoamericana*, 426, und M. Seco, *Diccionario de dudas*, 171.

§ 2. ORT

772. Abgesehen von dem in Nr. 770 angeführten Fall kann die Präposition *en* (mit anderen deutschen Entsprechungen als „in") in Ortsangaben vorkommen, es sei denn, es handelt sich um eine BEWEGUNG zu einem Ort. In solchen Fällen wird nämlich meist[36] die Präposition *a* gebraucht.

    a. *El libro está en la mesa.*
       Das Buch liegt auf dem Tisch.
    b. *Mañana no estaremos en casa.*
       Morgen werden wir nicht zu Hause sein.
    c. *Jugar en la calle.*
       Auf der Straße spielen.

Anmerkungen

773. „En" in elliptischen Ausdrücken

En kommt auch in adverbialen Bestimmungen des Ortes vor, die offensichtlich elliptischen Charakter haben und in denen die Präposition mit „bei" übersetzt werden muß.

    a. *Estaba medio pensionista en las monjas del Sagrado Corazón* (J. A. DE ZUNZUNEGUI, *Ramón o la vida baldía*, 100).
       Sie war halbinterne Schülerin bei den Schwestern vom Heiligen Herzen.
    b. *¿Cómo dices? ... ¿Que estuviste en la modista? También yo* (*La Codorniz*, 168).
       Was sagt du da? ... Du warst bei der Schneiderin? Ich auch.
       en la modista bedeutet: *en la tienda* (oder: *el taller*) *de la modista*.
    c. *Cenamos con los hermanos Peña y sus mujeres en Juanito Kojúa* (M. DELIBES, *Un año de mi vida*, 165).
       Wir aßen mit den Gebrüdern Peña und ihren Frauen bei Juanito Kojúa.
       en Juanito Kojúa bedeutet: *en el restaurante de Juanito Kojúa.*

Ein analoger Fall ist folgendes Beispiel, bei dem die Übersetzung von *en* mit „bei" allein jedoch nicht ausreicht:

    d. *Estuve en los toros* (M. DELIBES, *Un año de mi vida*, 52).
       Ich war bei einem Stierkampf[37].

774. „En" bei Verben der Bewegung

Trotz der Anmerkung in Nr. 772 ist es nicht ausgeschlossen, *en* bei bestimmten Verben der Bewegung zu finden. Es handelt sich dann allerdings stets um Verben, die eine Vorstellung von „IN etwas hineingehen" implizieren, wie *entrar, penetrar* usw.

    a. *Entró en la iglesia* (*Esbozo*, 441).
       Er betrat die Kirche.
    b. *Penetrar en la casa* (M. SECO, *Diccionario de dudas*, 286).
       In das Haus eindringen.

---

[36] Man beachte jedoch die Hinweise in den Nrn. 774–776.
[37] Ebenso: *fui a los toros* („ich bin zu einem Stierkampf gegangen") → *a* nach einer Form von *ir* (Verb der Bewegung).

Andererseits kann auf ein Verb wie *entrar* doch auch die Präposition *a* folgen, vor allem, wenn der BEGINN der Handlung im Vordergrund steht[38].

    c. *El reconocimiento médico es al viejo estilo: tocar timbre, entrar a una sala de espera y someterse a cinco horas de exámenes médicos* (*Cambio 16*, 21.5.1978, 109).
       Die ärztliche Untersuchung erfolgt im alten Stil: läuten, in das Wartezimmer eintreten und sich einer fünfstündigen Untersuchung unterziehen.

775. In Lateinamerika steht nach diesen Verben nahezu immer die Präposition *a*[39].

    Cuando los nazis entraron a París (P. NERUDA, *Confieso que he vivido*, 66).
    Als die Nazis in Paris einmarschierten.
    (Siehe auch Nr. 1211 b).

776. *En* wird auch bei Verben verwendet, die zwar eine Bewegung bezeichnen, jedoch nur einen BEGRENZTEN Ortswechsel.

    a. *Me sentaré en un banco.*
       Ich werde mich auf eine Bank setzen.
    b. *El niño se acostará en la cama de sus padres.*
       Das Kind wird sich im Bett seiner Eltern schlafen legen.
    c. *Tumbarse en un sofá.*
       Sich auf ein Sofa legen.

777. Gebrauch von „a" anstelle von „en"

In manchen Fällen findet man ein *a*, wo eigentlich ein *en* zu erwarten wäre.

    a. *La fui a despedir al aeropuerto* (J. GOYTISOLO, *En los reinos de Taifa*, 42).
       Ich fuhr mit ihr zum Flughafen, um sie zu verabschieden.
    b. *¿Qué vienes a buscar a esta casa?* (A. CASONA, *La dama del alba*, 146).
       Was willst du in diesem Haus suchen?
    c. *Velasco convenció a Sacha de que debían ir a concluir el verano a Biarritz* (P. BAROJA, *El mundo es ansí*, 99).
       Velasco überzeugte Sacha davon, daß sie das Ende des Sommers in Biarritz verbringen sollten.
    d. *Quiero invitarte a dormir a mi casa* (J. RULFO, *Pedro Páramo*, 49).
       Ich möchte dich einladen, bei mir zu Hause zu schlafen.

Der Verwendung der Präposition *a* bei Verben oder Ausdrücken, die keine Bewegung bezeichnen und daher normalerweise mit *en* konstruiert werden (→ *despedirse* EN *un aeropuerto, buscar algo* EN *una casa, concluir el verano* EN *Biarritz, dormir* EN *la casa de alguien*), erklärt sich durch eine Art Affinität, die von einem an früherer Stelle im Satz stehenden Verb der Bewegung ausgeht [*fui* (< *ir*), *vienes* (< *venir*), *ir*; Beispiel d enthält die Vorstellung von einer Bewegung implizit]. Jedoch ist der Ge-

---

38 Cf. M. SECO, *Diccionario de dudas*, 177.
39 Doch ist auch dies keine absolute Regel.

brauch von *a* anstelle von *en* in derlei Fällen nicht obligatorisch, wie die folgenden Beispiele deutlich machen:

 e. *Mira, vamos a terminar de discutir esto en mi cuarto* (C. LAFORET, *Nada*, 207).
  Hör mal, laß uns das in meinem Zimmer zu Ende diskutieren.
 f. *Casilda se marchó a vivir definitivamente en París* (J. DONOSO, *La misteriosa desaparición de la marquesita de Loria*, 196).
  Casilda ging weg, um für immer in Paris zu leben.

778. Der Gebrauch von *a* kann im Zusammenhang mit der Satzkonstruktion stehen (oder mit der Art und Weise, wie der Sprecher den Satz in seiner Vorstellung unterteilt). So wäre beispielsweise in Beispiel 777 e die Verwendung der Präposition *a* obligatorisch, wenn die Ortsangabe unmittelbar nach dem Verb der Bewegung stünde: → *Mira, vamos a mi cuarto a terminar de discutir esto* (→ „Hör mal, laß uns auf mein Zimmer gehen, um das zu Ende zu diskutieren") ...

§ 3. ART UND WEISE

779. Einem deutschen „in" entspricht die Präposition *en* in Ausdrücken wie

 a. *Estar en huelga.*   Im Streik sein.
 b. *En mangas de camisa.*   In Hemdsärmeln.

Modale Bedeutung hat die Präposition *en* auch in

 c. *Viajar en avión, en tren,*   Mit dem Flugzeug, dem Zug,
   en autobús, en barco...   dem Bus, dem Schiff... reisen.
 d. *Permanecer en pie.*   (Aufrecht) stehen bleiben.
 e. *Ponerse en pie.*   Aufstehen[40].
 f. *Lo dijo en broma* (*Esbozo*, 441).   Er sagte es zum Spaß.
 g. *Es maravillosa la facilidad y la hondura con que reacciona una mujer en madre, pensó* (J. A. DE ZUNZUNEGUI, *El hijo hecho a contrata*, 292).
  Es ist bewundernswert, wie ungezwungen und mit welch tiefen Gefühlen eine Frau als Mutter reagiert, dachte er.

Hacer bien en bedeutet: „gut daran tun, zu":

 h. *Qué bien hizo Baudelaire en morirse joven* (F. UMBRAL, *Los amores diurnos*, 67).
  Wie gut tat Baudelaire daran, jung zu sterben.

Das Gegenteil drückt *hacer mal en* aus („in bezug auf etwas falsch handeln", „unrecht daran tun, zu").

Für deutsche Muttersprachler eher unerwartet ist der Gebrauch von *en* in dem Ausdruck *tener un hijo en* [„ein Kind haben mit" (anstelle von *en* könnten auch die Präpositionen *de* und *con* stehen)]:

 i. *Hernán Cortés tuvo un hijo en la india Malinche.*
  Hernán Cortés hatte ein Kind mit der Indianerin Malinche.

---

[40] In den unter d und e angeführten Ausdrücken könnte man auch die Präposition *de* benutzen: *permanecer de pie, ponerse de pie.*

Die Präposition „en" / La preposición „en"

780. Einen elliptischen Gebrauch von *en* findet man in Filmankündigungen wie

> *Lucía Bosé en George Sand // Christopher Sandhorst en Frédéric Chopin.*
> Lucía Bosé als George Sand // Christopher Sandhorst als Frédéric Chopin.
> Ergänze: *en el papel de* („in der Rolle von").

§ 4. PREIS

781. Die Präposition *en* wird zur Wiedergabe des deutschen „für" bei Preisangaben synonym mit *por* gebraucht.

> a. *Déjemelo en cinco mil pesetas y me lo llevo* (J. A. De Zunzunegui, *Ramón o la vida baldía*, 240).
> Geben Sie es mir für fünftausend Peseten, und ich nehme es mit.
> b. *Le vendí mi cronómetro en ciento noventa pesos* (P. Baroja, *Los pilotos de altura*, 171).
> Ich habe ihm meine Stoppuhr für hundertneunzig Pesos verkauft.

§ 5. EIN HISPANISMUS

782. Man achte auf die folgenden Konstruktionen, die einen Zeitraum bezeichnen und in denen auf die Präposition *en* das Wort *todo* + ein Substantiv wie *mañana* („Morgen"), *día* („Tag"), *noche* („Nacht"), *año* („Jahr") usw. folgen. Diese Konstruktionen drücken immer eine Verneinung aus und werden, ebenso wie *nunca, ninguno, nadie* und *nada*, ohne das Negationswort *no* gebraucht, sofern sie vor dem Verb stehen.

> a. *En toda mi vida tuve otra idea de mis padres* (M. Delibes, *La sombra del ciprés es alargada*, 14).
> Mein ganzes Leben lang habe ich noch nie anders über meine Eltern gedacht.
> Man könnte *toda* auch weglassen (→ *En mi vida* ...) oder den Satz wie folgt konstruieren: *No tuve otra idea de mis padres en toda la vida*.
> b. *En tu vida has trabajado, Pedro* (A. Bryce Echenique, *Tantas veces Pedro*, 134).
> Du hast noch nie im Leben gearbeitet, Pedro.
> c. *En toda la tarde agarró una rata* (M. Delibes, *Las ratas*, 73).
> Den ganzen Nachmittag fing er nicht eine Ratte.

783. Dieselbe Konstruktion kann man auch bei einigen Ortsbestimmungen finden.

> a. *En parte alguna se le pudo encontrar* (A. Bello, *Gramática*, S. 322, Nr. 1134).
> Er war nirgends zu finden.
> Man könnte auch sagen: *No se le pudo encontrar en parte alguna*.
> b. *En el mundo se ha visto una criatura más perversa* (A. Bello, *Gramática*, 322).
> Man hat in der ganzen Welt noch keine perversere Kreatur gesehen.
> Eine andere mögliche Konstruktion wäre: *No se ha visto una criatura más perversa en el mundo*.

784. Auch der adverbiale Ausdruck *en absoluto* (mit der lateinamerikanischen Variante *absolutamente*) und – jedoch nur in der gesprochenen Sprache – *todavía* werden häufig als Negation gebraucht. Sie bedeuten dann: „auf keinen Fall", „bestimmt nicht" bzw. „noch nicht".

    a. *Dices, por ejemplo, que soy perezoso. En absoluto* (L. BUÑUEL, *Mi último suspiro*, 75).
       Du sagst beispielsweise, ich sei faul. Das stimmt überhaupt nicht.
    b. *¿Tienes veinte pesos que prestarme? – Absolutamente* (C. KANY, *Sintaxis hispanoamericana*, 518).
       „Kannst du mir zwanzig Pesos leihen?" „Auf keinen Fall."
    c. *¿Ya vino tu padre? – Todavía* (C. KANY, *Sintaxis hispanoamericana*, 319).
       „Ist dein Vater schon gekommen?" „Noch nicht."

ABSCHNITT VII
DIE PRÄPOSITION „ENTRE"
LA PREPOSICIÓN „ENTRE"

§ 1. ENTSPRECHUNG DER DEUTSCHEN PRÄPOSITIONEN „ZWISCHEN" UND „BEI"

785. *Entre* kann der deutschen Präposition „zwischen" entsprechen. In anderen Fällen ist es mit „bei" wiederzugeben.

    a. *Vivo entre Aquisgrán y Colonia.*   Ich wohne zwischen Aachen und Köln.
    b. *Estoy entre dos fuegos.*   Ich bin zwischen zwei Feuer geraten.
    c. *Ésta era la costumbre entre los romanos.*   So war es Sitte bei den Römern.

§ 2. AUSDRUCK DES MITWIRKENS

Entre wird auch in Formulierungen gebraucht, die ein GEMEINSAMES Handeln mehrerer Personen zum Ausdruck bringen. Manchmal kann es bei diesen Konstruktionen zu einem Kongruenzproblem zwischen Verb und Subjekt kommen (siehe Beispiel c).

    a. *Entre Dagobert y don Fausto le tranquilizaron* (P. BAROJA, *Los últimos románticos*, 138).
       Gemeinsam beruhigten Dagobert und Don Fausto ihn.
    b. *Entre todos me arrastraron hacia el molino de trigo* (J. GOYTISOLO, *Duelo en el paraíso*, 136).
       Gemeinsam zerrten sie mich zur Getreidemühle.

c. *Entre ella, tú y Juana haríais el trabajo* (A. GROSSO, *Los invitados*, 153).
Sie, du und Juana: zu dritt könntet ihr die Arbeit ohne weiteres erledigen.
Im Zusammenhang mit dem Gebrauch der zweiten Person Plural (→ *haríais*) siehe Nr. 1336.

§ 3. „ENTRE SEMANA"

787. Die Zeitbestimmung *entre semana* entspricht dem deutschen „während der Woche".

> *Entre semana podría ir todas las tardes, una vez terminadas las clases*
> (J. M. GIRONELLA, *Ha estallado la paz*, 279).
> Während der Woche könnte er jeden Nachmittag nach dem Unterricht dorthin gehen.

§ 4. „ENTRE" + SUBSTANTIV + „Y" + WIEDERHOLUNG DES ERSTEN SUBSTANTIVS

788. Wenn auf *entre* ein Substantiv folgt, das wiederholt wird, wobei die beiden Substantive durch die Konjunktion *y* verbunden sind, so läßt sich diese Konstruktion im Deutschen mit dem Zahlwort „zwei" wiedergeben.

> a. *La suegra suspiraba profundamente entre sorbo y sorbo de Vichy* (C. J. CELA, *El gallego y su cuadrilla*, 41).
> Zwischen zwei Schlucken Vichy seufzte die Schwiegermutter immer wieder tief.
> b. *Casi siempre entre amor y amor, comían desnudos en la cama* (G. GARCÍA MÁRQUEZ, *Cien años de soledad*, 356).
> Fast immer aßen sie zwischen zwei Liebesakten nackt im Bett.

ABSCHNITT VIII

DIE PRÄPOSITION „HACIA"
LA PRECPOSICIÓN „HACIA"

§ 1. RICHTUNG, BEWEGUNG, ORT

789. *Hacia* dient sowohl im wörtlichen als auch im übertragenen Sinne zum Ausdruck einer Richtung, einer Bewegung oder eines Ortes, wobei diese Präposition eine solche Angabe häufig eher vage erscheinen läßt.

a. *Tomó en sus manos la barbilla de Marta y, atrayendo a la muchacha hacia sí, le dio un beso* (J. M. GIRONELLA, *Ha estallado la paz*, 61).
Er nahm Martas Kinn in seine Hände, zog das Mädchen zu sich heran und gab ihm einen Kuß.
b. *El camino de España hacia Europa pasa por Iberoamérica* (*Cambio 16*, 21.5.1978, 117).
Der Weg von Spanien zur Europäischen Gemeinschaft führt über Lateinamerika.
c. *La muchacha siente hacia Pablo un agradecimiento profundo* (C. J. CELA, *La colmena*, 206).
Das Mädchen empfindet Pablo gegenüber ein tiefes Gefühl der Dankbarkeit.
d. *Yo creo que vive hacia Antón Martín, pero no sé más* (C. J. CELA, *San Camilo 1936*, 341).
Ich glaube, er wohnt irgendwo in der Nähe der Antón-Martín-Straße, aber mehr weiß ich nicht.
Zur Übersetzung von *Antón Martín* siehe die Hinweise in den Nrn. 762 und 763.

§ 2. ZEIT

790. *Hacia* kann auch zur ungefähren Angabe eines Zeitpunkts (oder eines Alters) dienen.

a. *La explosión se produjo hacia las dos de la madrugada* (F. MARSÁ, *Diccionario normativo*, 165).
Die Explosion erfolgte gegen zwei Uhr morgens.
b. *Hacia San Segundo caían todos los años por el pueblo los extremeños* (M. DELIBES, *Las ratas*, 77).
Um das Fest des hl. Segundo herum fielen Jahr für Jahr die Leute aus Estremadura im Dorf ein.
c. *Hacia los treinta años se marchó a América*.
Mit etwa dreißig Jahren ging er nach Amerika.

ABSCHNITT IX
DIE PRÄPOSITION „PARA"
LA PREPOSICIÓN „PARA"

791. Der korrekte Gebrauch der Präpositionen *para* und *por* gehört zu den schwierigeren Kapiteln der spanischen Grammatik. Besonders dem nichtspanischen Muttersprachler mag es in gewissen Fällen so vorkommen, als könnten beide Wörter ohne sonderlichen Bedeutungsunterschied wahlweise benutzt werden[41]. Dieser Eindruck wird möglicherweise noch durch die Tatsache verstärkt, daß die beiden Präpositionen im Deutschen manchmal durch dasselbe Wort wiedergegeben werden: „für".

---

[41] So können z. B. sowohl *para* als auch *por* lokale und temporale Bedeutung haben; ebenso können beide Präpositionen final verwendet werden.

Tatsächlich aber sind *para* und *por* fast nie echte Synonyme und somit auch nicht austauschbar. Bei der Behandlung dieser Präpositionen werden in dieser Grammatik im wesentlichen die vom *Esbozo* aufgeführten Bedeutungen (auch in derselben Reihenfolge[42]) übernommen.

§ 1. ZIEL, BESTIMMUNG

792. *Para* drückt häufig ein Ziel oder eine Bestimmung aus. Es ist dann ein mögliches Äquivalent für das deutsche „für", „(um) zu".

> a. *Tela buena para camisas* (*Esbozo*, 442).
> Guter Stoff für Hemden.
> b. *El gobierno ha realizado gastos enormes para la construcción de sus bases* (*La Vanguardia*, 20.1.1963, 5).
> Die Regierung hat gewaltige Beträge für den Bau ihrer Stützpunkte aufgewandt.
> c. *Pues eso era, me dije para mí* (E. ROMERO, *La paz empieza nunca*, 56).
> Das also war es, dachte ich bei mir (eigentlich: „sagte ich zu mir", d. h. „was ich sagte, war nur für mich bestimmt").
> d. *En las calles madrileñas cada vez hay menos sitio para aparcar* (*ABC*, 16.5.1978, 3).
> In den Straßen von Madrid gibt es immer weniger Platz zum Parken.

793. Als Entsprechung des deutschen „um zu" findet man bisweilen *como para* (+ Infinitiv).

> *No fueron lo bastante discretos y misteriosos como para impedir una ampliación de la sociedad* (C. J. CELA, *Garito de hospicianos*, 105).
> Sie waren nicht diskret und geheimnisvoll genug, um eine Vergrößerung der Gesellschaft zu verhindern.

794. An dieser Stelle sei daran erinnert, daß das Ziel nach einem Verb der Bewegung meist durch *a* ausgedrückt wird. Siehe in diesem Zusammenhang die Beispiele f und g in Nr. 717.

795. Zusammen mit einem nachfolgenden *que* leitet *para* einen Finalsatz ein. Auf *para que* folgt dann stets ein Verb im *subjuntivo*.

> *Repito mi mandato para que no lo olvides* (*Esbozo*, 442).
> Ich wiederhole meinen Auftrag, damit du ihn nicht vergißt.

§ 2. BEWEGUNG, ORTSWECHSEL

796. Die Präposition *para* kann zur Angabe des Ziels einer Bewegung dienen und bedeutet dann: „in Richtung", „nach", „zu".

---

[42] Wobei es allerdings sinnvoll erschien, manche Bedeutungen, die sich nur wenig voneinander unterscheiden, in einer Rubrik zu behandeln.

a. *Yo vivía entonces en China y él se fue para allá conmigo* (F. Marsá, *Diccionario normativo*, 166).
Ich lebte damals in China, und er reiste mit mir dorthin.
b. *– ¡Pero siéntense y tomen algo!*
– No, no, que es tardísimo, vamos para casa (J. A. De Zunzunegui, *La vida como es*, 540).
„Setzen Sie sich doch und trinken sie etwas." „Nein, nein, es ist schon sehr spät, wir gehen nach Hause."
c. *El hombre del puro mira para el viajero* (C. J. Cela, *Viaje a la Alcarria*, 29).
Der Mann mit der Zigarre schaut zum Reisenden hin.

Zu Recht treffen H. Berschin u. a. hinsichtlich des Bedeutungsunterschieds zwischen *para* und *a* in der hier behandelten Bedeutung die folgende Feststellung: „Im Unterschied zu *a* ist die Zielrichtung bei *para* weniger direkt und konkret: *Este tren va para el Norte* 'Dieser Zug fährt Richtung Norden' gibt die Streckenrichtung weniger genau an als *Este tren va al Norte* 'Dieser Zug fährt die Nordstrecke' ..." (*Die spanische Sprache*, 253).

§ 3. ZEIT

797. *Para* kann – ebenso wie *por* – temporale Bedeutung haben. Durch den Gebrauch von *para* wird ein Zeitpunkt jedoch genauer bezeichnet als durch *por*. Siehe in diesem Zusammenhang auch die Nr. 807.

a. *Lo dejaremos para mañana* (*Esbozo*, 442).
Wir werden es für morgen aufheben.
b. *Miraba también los árboles y pensaba: „Para setiembre se les caerán las hojas y yo no lo veré"* (R. J. Sender, *Siete domingos rojos*, 230).
Er betrachtete auch die Bäume und dachte: „Ungefähr im September werden die Blätter abfallen, und ich werde es nicht sehen".
c. *¿Cuántos años tienes tú?*
– Voy para dieciocho (J. A. De Zunzunegui, *Beatriz o la vida apasionada*, 198).
„Wie alt bist du?" „Ich werde achtzehn."

§ 4. BEZUG, EIGNUNG, VERGLEICH

798. *Para* stellt einen wechselseitigen Bezug zwischen Personen und/oder Sachen oder Zuständen her.

a. *Para principiante no lo ha hecho mal* (*Esbozo*, 442).
Für einen Anfänger hat er es nicht schlecht gemacht[43].
b. *Este no es clima para su salud* (F. Marsá, *Diccionario normativo*, 166).
Das ist kein Klima für seinen Gesundheitszustand.

799. In diesem Zusammenhang ist auch die Kombination / *para con* / zu erwähnen, die eine mögliche Entsprechung für das deutsche „gegenüber" (manchmal auch „für") ist.

---

[43] Dieses Beispiel zeigt ein weiteres Mal, daß der unbestimmte Artikel im Spanischen seltener gebraucht wird als im Deutschen (siehe dazu Nr. 67 und ff.).

a. *Pido al lector cierta indulgencia para conmigo* (C. J. CELA, *Mrs. Caldwell habla con su hijo*, 14).
Ich bitte den Leser um eine gewisse Nachsicht mir gegenüber.
b. *Hace unos años una reunión de solidaridad para con el pueblo de Chile se celebró en Polonia* (J. CORTÁZAR, *Nicaragua tan violentamente dulce*, 83).
Vor einigen Jahren fand in Polen ein Solidaritätstreffen für das chilenische Volk statt.

800. *Para con* kann ebenfalls bedeuten: „im Vergleich zu".

Para con mi padre soy bastante alto (C. F. A. VAN DAM, *Spaanse spraakkunst*, 341).
Verglichen mit meinem Vater bin ich ziemlich groß.

§ 5. EINE UNMITTELBAR BEVORSTEHENDE HANDLUNG

801. Vor allem nach dem Verb *estar* bezeichnet *para* eine Handlung, die unmittelbar bevorsteht.

a. *Llegué a la estación cuando el tren estaba para salir* (F. MARSÁ, *Diccionario normativo*, 166).
Kurz vor der Abfahrt des Zuges traf ich am Bahnhof ein.
b. *Estás para ascender a capitán* (*Esbozo*, 442).
Du stehst kurz vor der Beförderung zum Hauptmann.

802. *Estar para* kann jedoch auch bedeuten: „Lust haben zu", „aufgelegt sein zu" usw.

a. *Pensábamos hacerlo en seguida porque ni yo ni ella estamos para perder el tiempo* (J. A. DE ZUNZUNEGUI, *El hijo hecho a contrata*, 108).
Wir gedachten es sofort zu tun, da weder sie noch ich Zeit verlieren wollen.
b. *Hay años en que no está uno para nada* (F. DÍAZ-PLAJA, *El español y los siete pecados capitales*, 249).
Es gibt Jahre, da hat man zu nichts Lust.
c. *Estoy para pocas fiestas* (DUE, I, 1221).
Mir ist nicht sehr zum Feiern zumute.

Mit einer Bedeutung, die eher in Richtung (geringe) Eignung geht, kann *para* auch nach dem Verb *ser* vorkommen (stets in verneinten Sätzen).

d. *No soy para eso* (VOX, 1001).
Dafür bin ich nicht geeignet (oder: „dafür gebe ich mich nicht her").
e. Siehe auch die Beispiele in Nr. 407.

Anmerkung

803. In der Volkssprache wird die Präposition *para* häufig zu *pa* verkürzt (oder sogar zu *p'*, wenn das darauffolgende Wort mit *a-* anlautet).

a. *El agua, 'pa' las ranas – interrumpió Chomín* (J. A. DE ZUNZUNEGUI, *Beatriz o la vida apasionada*, 34).
   „Das Wasser, für die Frösche", unterbrach Chomín.
b. *¡Voto 'pa' los dieciséis!* (F. VIZCAÍNO CASAS, *... y al tercer año resucitó*, 115).
   Ich stimme für die Volljährigkeit mit sechzehn.
c. *Tu hijo ya me han dicho que va p'alante*[44] (J. A. DE ZUNZUNEGUI, *La vida como es*, 595).
   Wie ich gehört habe, macht dein Sohn jetzt Fortschritte.

ABSCHNITT X
DIE PRÄPOSITION „POR"
LA PREPOSICIÓN „POR"

§ 1. „POR" BEIM AGENS IN PASSIVSÄTZEN

804. Dem *Esbozo* zufolge dient *por* vor allem zur Einleitung des Agens in Passivsätzen[45]. In dieser Funktion entspricht es dem deutschen „von" oder „durch".

a. *¿Por qué dejarse dominar por los caprichos meteorológicos?* (*ABC*, 16.5.1978, letzte Seite, ohne Seitenzahl).
   Warum sich durch die Launen des Wetters beherrschen lassen?
b. *El presidente Adolfo Suárez se vio de repente increpado por una moza* (*Cambio 16*, 21.5.1978, 124).
   Präsident Adolfo Suárez wurde plötzlich von einem jungen Mädchen beschimpft.
c. Ausdrücke wie *es doctor por la universidad de Madrid* („er hat einen Doktortitel von der Universität Madrid"), *es diputado por Barcelona* („er ist Abgeordneter aus dem Wahlkreis Barcelona") bedeuten eigentlich: „er hat einen Doktortitel, der VON der Universität Madrid verliehen wurde", „er wurde VON den Wählern in Barcelona zum Abgeordneten bestimmt".

§ 2. ZWECK

805. Der *Esbozo* merkt an, daß *por* in solchen Fällen eine Bedeutung habe, die sehr dicht bei der von *para* liege[46]. Tatsächlich könnte man in den folgenden Sätzen ohne Bedeutungsunterschied sowohl die eine als auch die andere Präposition verwenden.

---

[44] *-alante* ist einer Verkürzung von *adelante*.
[45] *Esbozo*, 442. Vor allem in älteren Texten kann man hier anstelle von *por* auch die Präposition *de* antreffen, doch findet sich dieser Gebrauch im modernen Spanisch nicht sehr häufig (cf. M. SECO, *Diccionario de dudas*, 133). Weitere Einzelheiten dazu in Nr. 1011. Siehe auch: E. ROEGIEST, *Les prépositions 'a' et 'de' en espagnol contemporain*, 191–193.
[46] *Esbozo*, 442.

a. *Hay veces que una ríe por no llorar* (M. Delibes, *Cinco horas con Mario*, 262).
   Manchmal lache ich, um nicht zu weinen.
   (Es spricht eine Frau, wie die weibliche Form *una* zeigt.)
b. *Es necesario un esfuerzo por desarrollar la organización del Partido en Madrid* (J. Izcaray, *La hondonada*, 84).
   Wir müssen uns energisch daranmachen, die Parteiorganisation in Madrid aufzubauen.

Ir por bedeutet „holen (gehen)":

c. *Espere, voy por la llave* (J. Fernández Santos, *Los bravos*, 109)[47].
   Warten Sie, ich hole den Schlüssel.

Daß im übrigen selbst spanische Muttersprachler manchmal zwischen den beiden Präpositionen schwanken, zeigt folgendes Beispiel, in dem *por* und *para* offensichtlich gleichwertig gebraucht werden.

d. – *Se han formado ya las comisiones.*
   – *¿Quiénes son?*
   – *Presiden Rius, por los tejidos; Marín para las sedas, y Moixó, para el yute y derivados* (I. Agustí, *El viudo Rius*, 90).
   „Die Ausschüsse sind bereits gebildet." „Wer ist es?" „Die Vorsitzenden sind Rius für gewebte Stoffe, Marín für Seidenstoffe und Moixó für Jute und Nebenprodukte.

§ 3. DAUER, ZEIT

806. Mit der Präposition *por* können adverbiale Ausdrücke gebildet werden, die eine Dauer oder Zeitangabe bezeichnen.

a. *Un amor pleno va inserto por siempre en el alma sensible* (J. Ortega y Gasset, *Estudios sobre el amor*, 76).
   Eine vollkommene Liebe hat für immer einen festen Platz in einer empfindsamen Seele.
   [Hier ist jedoch anzumerken, daß *por siempre* der gehobenen Sprache angehört (cf. DUE, II, 1161). Gebräuchlicher ist: *para siempre*.]
b. *(Era una) zarzuela que invadió por entonces toda España* (M. Aub, *Campo del moro*, 45).
   Es handelte sich um eine Zarzuela[48], die damals ganz Spanien eroberte.
c. *Por primera vez tuve una visión directa, rica, importante y variada de la gloria literaria* (F. Umbral, *La noche que llegué al café Gijón*, 47).
   Zum ersten Mal erhielt ich einen direkten, reichen, wesentlichen und vielfältigen Einblick in den literarischen Ruhm.

---

47 Siehe auch weiter unten die Kombination *a por* (in den Nrn. 828–830).
48 Volkstümliches spanisches Singspiel.

807. Weiter oben wurde darauf hingewiesen, daß auch die Präposition *para* temporale Funktion haben kann (siehe Nr. 797). Der Unterschied besteht darin, daß *por* diese Bedeutung vager zum Ausdruck bringt (der *Esbozo* spricht von „angenähert"[49]).

Das folgende Beispiel soll dies grafisch verdeutlichen:

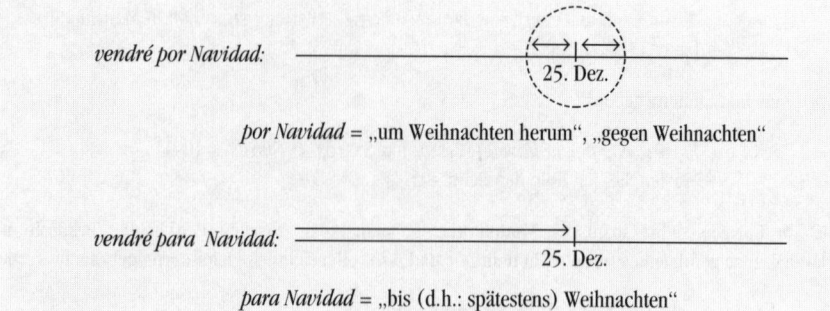

por Navidad = „um Weihnachten herum", „gegen Weihnachten"

para Navidad = „bis (d.h.: spätestens) Weihnachten"

Por Navidad umfaßt einen Zeitraum, der vor Weihnachten beginnt und sich nach dem 25. Dezember fortsetzt. *Por Navidad* könnte daher z. B. den 22., 23. und 24. Dezember, aber auch den 26., 27. oder 28. Dezember meinen.
Vendré para Navidad bedeutet dagegen, daß man zu Weihnachten auf jeden Fall da sein wird (doch kann die Ankunft auch früher erfolgen). Eine ganze Reihe von Fällen, in denen *para* und *por* temporal gebraucht werden, findet sich in *Las ratas* von M. DELIBES.

> a. *Por San Severo se fue la cellisca y bajaron las nieblas (...) Para San Andrés Corsino el tiempo despejó* (M. DELIBES, *Las ratas*, 61).
> Um das Fest des hl. Severus herum ließen die Schneegestöber und der Schneeregen nach, und es kam Nebel auf (...) Bis zum Fest des hl. Andreas Corsino hatte es sich aufgeklärt.
> b. *El Centenario le dijo por el Santo Ángel que la nieve estaba próxima y para San Victoriano, o sea, cinco días más tarde, los copos empezaron a descolgarse* (M. DELIBES, *Las ratas*, 71).
> Um das Fest des Erzengels Gabriel herum sagte der Hundertjährige zu ihm, es werde bald schneien, und pünktlich zum Fest des hl. Viktorian, also fünf Tage später, fielen die ersten Schneeflocken.

§ 4. ORT

808. *Por* kann auch Ortsangaben einleiten. Ihm entsprechen dann im Deutschen verschiedene Präpositionen. In einigen Fällen bezeichnet *por* einen Ort auf recht vage Art.

> a. *Quiero decir que la política no consiste en dar gritos por las calles* (F. VIZCAÍNO CASAS, *... y al tercer año resucitó*, 195).
> Ich meine, Politik besteht nicht darin, auf der Straße herumzuschreien.

---

[49] *POR indica duración o tiempo aproximado* (*Esbozo*, 442). In demselben Sinne: M. SECO, *Diccionario de dudas*, 293–294.

b. *Le veo a usted poco por clase* (S. Lorén, *Cuerpos, almas y todo eso*, 139).
Ich sehe Sie wenig im Unterricht.
c. *Busqué por otro sitio* (F. Umbral, *La noche que llegué al café Gijón*, 41).
Ich suchte woanders.
d. *A Román no se le veía por casa* (C. Laforet, *Nada*, 63).
Román ließ sich zu Hause nicht blicken.
Im Unterschied zu dem Beispiel in Nr. 796 b (*vamos para casa*) dient *por* hier nicht zum Ausdruck eines Ortswechsels oder einer Bewegung.

§ 5. GRUND, URSACHE

809. Häufig hat die Präposition *por* kausale Bedeutung. Sie kann dann zahlreiche und vielfältige Bedeutungsnuancen zum Ausdruck bringen und entspricht einem deutschen „wegen", „aufgrund", „aus" usw.

a. *Se cerró el aeródromo por la nevada* (*Esbozo*, 442).
Der Flugplatz wurde wegen des starken Schneefalls geschlossen.
b. *Había entrado de institutriz por orgullo* (P. Baroja, *Los últimos románticos*, 18).
Sie war aus Hochmut Lehrerin geworden.
c. *El Rey no ha sido nunca fumador empedernido, en parte por el Protocolo y, sobre todo, por su afición a los deportes* (*Cambio 16*, 21.5.1978, 125).
Der König war nie ein leidenschaftlicher Raucher, teils aufgrund des Protokolls und vor allem wegen seiner Sportbegeisterung[50].
d. *Cerrado por vacaciones* = Wegen Ferien geschlossen.
e.
| 55 | Por su seguridad |
| M. P. H. | No exceda esta velocidad |

lautet der Text auf puertorikanischen Verkehrsschildern, die dem Autofahrer empfehlen, „um seiner Sicherheit willen" die angegebene Geschwindigkeit von 55 Meilen in der Stunde nicht zu überschreiten (so gesehen im Oktober 1988).

Die hier behandelte kausale Bedeutung erklärt auch den Gebrauch von *por* in *porque* („weil"), *¿por qué?* („warum?"), *(el) porqué* [„(der) Grund"], *por ello* und *por esto* („deswegen", „darum"), in einem Ausdruck wie *preguntar por* („fragen nach", „sich informieren über") und bei der Formulierung von Trinksprüchen (Beispiel g).

f. *Lo primero que haré al llegar será preguntar por él* (G. García Márquez, *Cien años de soledad*, 257).
Bei meiner Ankunft werde ich als erstes nach ihm fragen.

---

50 Wiederum ein Beispiel dafür, daß der unbestimmte Artikel im Spanischen seltener gebraucht wird als im Deutschen (siehe auch Beispiel a in Nr. 798).

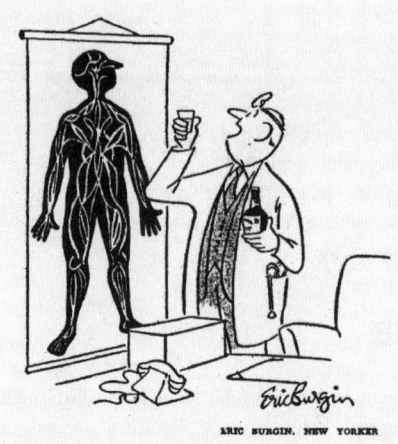

«¡*Por ti y por mí!*»

(*Antología del humor*, 352)
Auf dich und auf mich!

810. Ein kausales *por* kommt häufig in elliptischen Sätzen vor, in denen eine Form der Verben *ser* oder *estar* ausgefallen ist.

    a. *Claro es que Kafka estaba enfermo, tuberculoso, había sido perseguido por judío* (M. Peñuelas, *Conversaciones con R. J. Sender*, 133).
       Es ist klar, daß Kafka krank war, Tuberkulose hatte und wegen seiner jüdischen Abstammung verfolgt wurde.
       Gemeint ist: *por ser judío* (oder: *porque era judío*).

    b. *Ella lo miraba sin comprender:*
       – Me gustas por romántico (R. J. Sender, *Epitalamio del prieto Trinidad*, 103).
       Sie schaute ihn verständnislos an: „Du gefällst mir, weil du romantisch bist."

    c. *Todos le querían por servicial, por atento y cumplidor de sus deberes*
       (J. A. De Zunzunegui, *Ramón o la vida baldía*, 161).
       Jeder mochte ihn, weil er hilfsbereit und rücksichtsvoll war und seine Pflicht erfüllte.

In Fragesätzen kann man mit *¿por?* nach dem Grund oder der Ursache fragen. Dieser Gebrauch gehört der gesprochenen Sprache an.

    d. *– Hoy no salgo.*
       – ¿Por?
       – Porque está enfermo mi hermano (W. Beinhauer, *El español coloquial*, 338, Fußnote 29)[51].
       „Ich gehe heute nicht aus." „Wieso?" „Weil mein Bruder krank ist."

---

[51] Dem Autor zufolge wird dieses fragende *por* im modernen Spanisch häufig anstelle von *¿pues?* gebraucht (*op. et loc. cit.*). Das DUE führt dieses *¿por?* (in familiärer Umgangssprache) als Synonym für *¿por qué?* („warum" – II, 805) an.

811. Auf die Bedeutung „Ursache", „Grund" ist auch zurückzuführen, daß fast immer *por* in Wendungen gebraucht wird, die ein Gefühl (Sympathie, Liebe, Bewunderung, Zerstrittenheit, Interesse, Abneigung usw.) zum Ausdruck bringen oder implizieren.

    a. *Está loca por usted a su manera* (R. J. SENDER, *La luna de los perros*, 127).
       Sie ist auf ihre Weise wahnsinnig verliebt in Sie.

    b. *Mira, no quiero que sufras por ella* (A. BUERO VALLEJO, *Historia de una escalera*, 42).
       Sieh mal, ich möchte nicht, daß du ihretwegen leidest.

    c. *¡Qué cosas no haré por ti!* (M. AUB, *Campo del moro*, 67).
       Was würde ich nicht alles für dich tun!
       Gemeint ist: „aus Sympathie (oder: Liebe) für dich".

    d. *Nunca has tenido la menor consideración por mí* (M. DELIBES, *Cinco horas con Mario*, 81).
       Du hast nie auch nur die geringste Rücksicht auf mich genommen.

    e. *Apelo al horror que sentís por las ratas, la pobreza, los virus, la miseria* (F. GRANDE, *Agenda flamenca*, 59).
       Ich appelliere an das Entsetzen, das Ratten, Armut, Viren und Elend bei euch auslösen.

812. Sehr wichtig ist – aufgrund der großen Häufigkeit – die Kombination eines kausalen *por* + Infinitiv. Diese Konstruktionen werden in den Nrn. 1143–1159 behandelt.

§ 6. MITTEL, ART UND WEISE

813. *Por* kann auch ein Mittel bezeichnen oder die Art und Weise, wie etwas geschieht.

    a. *Llamar por teléfono* (*Esbozo*, 442).
       Anrufen (wörtlich: jemanden mit Hilfe des Telefons anrufen).

    b. *Se casaron en Zürich por lo civil en 1907* (C. J. CELA, *San Camilo 1936*, 69).
       1907 heirateten sie in Zürich standesamtlich.

    c. *Tenía que casarse por la iglesia* (C. J. CELA, *San Camilo 1936*, 125).
       Sie mußte kirchlich heiraten.

    d. *Vende por mayor* (*Esbozo*, 442).
       Er ist im Großhandel tätig.
       Man könnte auch sagen: *vende al por mayor*.

    e. Mehr oder weniger modale Bedeutung haben auch mit *por* gebildete feste Ausdrücke wie *de por sí* („per se", „an sich")[52], *por igual* (oder: *por un igual* „auf gleiche Weise"), *por lo general* („im allgemeinen") ...

814. In diesem Zusammenhang ist auch der elliptische Ausdruck *conocido por* zu nennen. Gemeint ist: *conocido por el nombre de* („bekannt unter dem Namen ...").

---

[52] Wie z. B. in folgendem Kontext: *el lugar es agradable de por sí* („der Ort an sich ist angenehm").

a. *En toda Villachica, las tres solteronas – Rosario, Purificación y Dolorcitas – son conocidas generalmente, por „las niñas", a secas* (J. M. PEMAN, *Ensayos andaluces*, 70).
In ganz Villachica sind die drei alten Jungfern – Rosario, Purificación und Dolorcitas – allgemein kurz als „die Mädchen" bekannt.

b. In der *taberna La torre del oro*, an der *Plaza Mayor* in Madrid, konnte ich unter der gezeichneten Darstellung eines Stierkämpfers lesen: *José Gómez Ortega, conocido por Joselito* → „José Gómez Ortega, bekannt als Joselito".

§ 7. PREIS, MENGE

815. Wenn man es recht betrachtet, handelt es sich in Fällen wie den folgenden häufig eigentlich um eine Variante der kausalen Bedeutung, die in § 5 behandelt wurde.

a. *Venderá la casa por dinero* (*Esbozo*, 442).
Der Verkauf des Hauses wird ihm viel Geld einbringen[53].

b. *El cuadro „La bañista" de Renoir, vendido por 86 millones de pesetas* (*El País*, 4.12.1980, 30).
Das Bild „Die Badende" von Renoir für 86 Millionen Peseten verkauft.

c. *¡¡¡Y la vida entera por un abrigo de piel!!!* (M. MIHURA, *Tres sombreros de copa*, 115).
Und das ganze Leben für einen Pelzmantel!!!

d. *Estornudó Paulina por dos veces* (R. SÁNCHEZ FERLOSIO, *El Jarama*, 295).
Paulina nieste zweimal.
In einem Satz wie diesem ist der Gebrauch von *por* fakultativ. Man könnte genauso sagen: *Paulina estornudó dos veces*. Vielleicht soll durch die Präposition *por* das Element der Wiederholung hervorgehoben werden.

816. Die zuvor angeführte Bedeutung erklärt auch die Verwendung von *por* in Sätzen, in denen von einem TAUSCH gesprochen wird.

Doy mi gabán por el tuyo (*Esbozo*, 442).
Ich tausche meinen Mantel gegen deinen.

817. *Por* entspricht dem deutschen „pro" in einem Satz wie

a. *Pocos españoles podían gastarse las trescientas pesetas por barba que costaba el cine* (F. VIZCAÍNO CASAS, *... y al tercer año resucitó*, 59).
Wenige Spanier konnten sich die dreihundert Peseten pro Kopf, die der Kinobesuch kostete, leisten.

---

[53] Wörtlich „für Geld verkaufen", was banal klingt. Hier ist jedoch die Bedeutung zu beachten, die *dinero* in Sätzen wie *esto es dinero* oder *esto no es dinero* hat, nämlich „das ist viel Geld", „das ist kein Geld".

Siehe auch in der Terminologie der Mathematik Ausdrücke wie

b. *Tres por cuatro, doce* (F. MARSÁ, *Diccionario normativo*, 169).
Drei mal vier ist zwölf.
c. *Tiene un diez por ciento de comisión* (F. MARSÁ, *Diccionario normativo*, 169).
Es kostet zehn Prozent Provision.

§8. „POR" = „ANSTELLE VON"; „ZUGUNSTEN"

818. Manchmal bedeutet *por* „anstelle von".

a. *Si no paga, yo pagaré por él* (*Esbozo*, 442).
Wenn er nicht bezahlt, werde ich für ihn zahlen.
b. *Ha venido por su hermano* (DUE, II, 804).
Er ist anstelle seines Bruders gekommen.

819. Mit der in Nr. 818 behandelten Bedeutung verwandt ist der Wert, den *por* in Sätzen hat, die ein „zugunsten von" oder ein „eintreten für" zum Ausdruck bringen.

a. *Hay que tomar partido por los Cadillacs, o por la gente sin zapatos* (P. NERUDA, *Confieso que he vivido*, 236).
Man muß sich entscheiden: entweder man ergreift die Partei der Cadillac-Fahrer oder man setzt sich für Menschen ein, die barfuß laufen.
b. *Tenemos que trabajar por la lengua* (D. ALONSO, in *El español ...*, 426).
Wir müssen uns für die Sprache einsetzen.
c. *– ¿Por quién votó el señor Stuart en las elecciones de junio?*
– ¿Y usted?
– Voté a Esquerra Republicana de Catalunya ... (M. VÁZQUEZ MONTALBÁN, *Los mares del sur*, 56)[54].
„Für wen hat Herr Stuart bei den Wahlen im Juni gestimmt?" „Und Sie?" „Ich habe für Esquerra Republicana de Catalunya gestimmt."
d. *La gente nueva está por la píldora, el aborto, el amor libre y punto* (M. DELIBES, *El disputado voto del señor Cayo*, 69).
Der moderne Mensch ist für die Pille, die Abtreibung und die freie Liebe, Punkt.

§9. GLEICHWERTIGKEIT

820. Die Präposition *por* kann eine Gleichwertigkeit zum Ausdruck bringen. (Der *Esbozo* spricht von *equivalencia*[55].)

a. *Pocos soldados buenos valen por un ejército* (*Esbozo*, 442).
Einige wenige gute Soldaten sind soviel wert wie eine ganze Armee.

---

[54] Wie dieses Beispiel zeigt, kann nach dem Verb *votar* sowohl *por* als auch *a* stehen.
[55] *Esbozo*, 442.

b. *Pasa por rico* (*Esbozo*, 442)[56].
   Er gilt als reich.

821. Eine in etwa analoge Bedeutung hat *por* in den Ausdrücken *dar(se) por, tener por*, die mit „(sich) betrachten als" übersetzt werden können.

a. *Parece haber dado por zanjada la cuestión* (C. Martín Gaite, *El cuarto de atrás*, 101).
   Er scheint die Sache als erledigt zu betrachten.
b. *Recibo cartas de sujetos a quienes no conozco, dándose por aludidos personalmente en algo de lo que escribo* (M. De Unamuno, *Visiones y comentarios*, 29).
   Ich erhalte Briefe von Leuten, die ich nicht kenne, die sich aber durch etwas, was ich geschrieben habe, persönlich angesprochen fühlen.
c. *Le tengo por una persona inteligente* (F. Marsá, *Diccionario normativo*, 169).
   Ich halte ihn für einen intelligenten Menschen.

822. Der *Esbozo* führt auch die Verwendung der Präposition *por* mit der Bedeutung *en calidad de* (wörtlich: „in der Eigenschaft von") an[57].

a. *Le tomé por criado* (*Esbozo*, 443).
   Ich stellte ihn als Diener ein (oder: Ich hielt ihn für einen Diener).
b. *Me adoptó por hijo* (*Esbozo*, 443).
   Er nahm mich an Sohnes Statt an.

823. Folgt auf *por* ein Personalpronomen oder ein Substantiv, so kann es so etwas wie „was ... angeht" oder „bezogen auf" bedeuten.

a. *– Si le molesta hablar de eso, no he dicho nada.*
   – ¿Por qué? Por mí, encantado (J. M. Gironella, *Los cipreses creen en Dios*, 136).
   „Wenn es Ihnen etwas ausmacht, darüber zu sprechen, vergessen Sie es einfach."
   „Warum? Was mich betrifft, ich bin gern dazu bereit."
b. *Esto, ¿lo dices por mi hermano Pedro?*
   Meinst du damit meinen Bruder Peter?

§ 10. „POR" ≈ „SIN"

824. *Por* kann vor einem Infinitiv mit ungefähr derselben Bedeutung wie *sin* („ohne") gebraucht werden. In beiden Fällen wird zum Ausdruck gebracht, daß eine Handlung (noch) nicht stattgefunden hat. Diese zwei Infinitivkonstruktionen werden in den Nrn. 1152–1160 behandelt.

---

[56] Der *Esbozo* führt dieses Beispiel eigentlich in einer anderen Rubrik an, die die Überschrift „nach Meinung von" (*en opinión de*) trägt. M. Criado De Val nennt dagegen den Satz *pasa por listo* („er gilt als klug") als Beispiel für *equivalencia* (*Fisonomía del español y de las lenguas modernas*, 217).

[57] Allerdings auch in einer eigenen Rubrik.

Die Präposition „por" / La preposición „por"

825. Zwei Bedeutungen der Konstruktion / *estar por* + Infinitiv / sind besonders zu erwähnen. So kann / *estar por* + Infinitiv / zum Ausdruck bringen, daß ein Zögern oder ein Zweifel besteht, ob eine Handlung ausgeführt werden sollte, wobei jedoch eine gewisse Geneigtheit besteht, diese Handlung auszuführen[58]. In anderen Fällen (siehe Beispiel b) scheint *estar por* ungefähr dieselbe Bedeutung zu haben wie *estar para* (siehe dazu Nr. 801).
Vor allem bei lateinamerikanischen Autoren findet sich die Konstruktion / *estar por* + Infinitiv / häufig.

    a. *Cuando oí esto estuve por pegarle* (F. Marsá, *Diccionario normativo*, 169).
       Als ich das hörte, hätte ich ihm am liebsten eine gelangt.
    b. *Estuvo por no ir pensando que Gálvez le recibiría con Contreras* (J. R. Sender, *Mr. Witt en el cantón*, 96).
       Er wollte erst nicht hingehen, weil er dachte, Gálvez würde ihn zusammen mit Contreras empfangen.
       Man beachte, daß *estar por* hier seiner Bedeutung nach nicht weit von *estar para* entfernt ist, welches eine unmittelbar bevorstehende Handlung zum Ausdruck bringt (siehe Nr. 801).
    c.

       (Summers, *Politikk*, 182)
       Ich würde es am liebsten beiseite tun.
       (Anspielung auf die gewaltige Kapitalflucht in den Jahren vor und nach Francos Tod.)
    d. *Ella estaba por morirse* (J. Rulfo, *Pedro Páramo*, 7).
       Sie lag im Sterben.
       Die Anmerkung zu Beispiel b trifft auch hier zu.

§ 11. „POR" IN KONZESSIVSÄTZEN

826. *Por* tritt auch in konzessiven Adverbialsätzen auf. Auf die Präposition folgt dann ein Adjektiv, ein Adverb oder ein adverbialer Ausdruck + *que*. Die Verwendung des *subjuntivo* oder *indicativo* nach derlei Konstruktionen wird weiter unten behandelt (siehe Nr. 1098).

    a. *Señores; por doloroso que nos resulte a todos, reconozcamos que el Real Madrid siempre llena los estadios* (F. Vizcaíno Casas, *... y al tercer año resucitó*, 50).
       Meine Herren, sosehr wir es auch alle bedauern mögen, wir müssen zugeben, daß es Real Madrid immer gelingt, die Stadien zu füllen.

---

[58] Cf. F. Marsá, *Diccionario normativo*, 169.

b. *Por más que traté de hacer ver al hijo cuáles eran sus obligaciones, nada conseguí* (J. A. DE ZUNZUNEGUI, *El barco de la muerte*, 311).
Sosehr ich auch versuchte, meinem Sohn seine Pflichten deutlich zu machen, es gelang mir nicht.

§ 12. BETEUERUNGSFORMELN

827. *Por* kommt auch in Beteuerungsformeln vor[59].

a. *Es lo que acostumbra a hacer siempre con las cosas importantes, y ésta sí que lo es, ¡por Cristo!* (S. LORÉN, *El pantano*, 11).
Das pflegt er bei wichtigen Sachen immer zu tun, und dies ist eine wichtige Sache, bei Gott!
Anstelle von *¡por Cristo!* könnte man auch *¡por Dios!* sagen.
b. *¡Por mi madre que lo vi, padre!* (F. VIZCAÍNO CASAS, *... y al tercer año resucitó*, 211).
Ich schwöre Ihnen bei meiner Mutter, daß ich ihn gesehen habe, Pater!
c. *¡Por los clavos de Cristo!* (DUE, I, 645).
In Gottes Namen!

§ 13. ANMERKUNGEN

828. „A por"

In der letzten Ausgabe ihrer *Gramática de la lengua española* verurteilte die Spanische Akademie den Gebrauch der Kombination *a por* (der sich nach Verben der Bewegung findet) noch als groben Verstoß gegen die Sprachnorm[60]. Der neuere *Esbozo* differenziert hier mehr. Er behandelt das Problem an zwei Stellen: so heißt es einmal – ohne Kommentar –, daß *a por* als „zusammengesetzte Präposition" (*preposición compuesta*) zu betrachten sei[61]; an anderer Stelle wird festgestellt, daß der Ausdruck *a por* bei Verben der Bewegung besonders in Mittelamerika in der Umgangssprache häufig sei, daß er jedoch in gebildeten Kreisen als volkssprachlich betrachtet und vermieden werde[62].
Im Zusammenhang mit der Präposition *por* führt der *Esbozo* Fälle wie die folgenden an:

a. *Va por leña* (*Esbozo*, 442).
Er geht Holz holen.
b. *Va por pan* (*Esbozo*, 442).
Er geht Brot holen.

In beiden Fällen kann man jedoch auch die Kombination mit *a* finden: *va a por leña, va a por pan*.

---

[59] Der *Esbozo* führt diese Möglichkeit nicht an.
[60] REAL ACADEMIA ESPAÑOLA, *Gramática de la lengua española*, 441.
[61] *Esbozo*, 70.
[62] *Esbozo*, 436. Gleichzeitig wird darauf hingewiesen, daß man *a por* bisweilen auch in literarischen Texten finden könne. Siehe auch den weiter unten in Fußnote 64 angeführten Kommentar von M. SECO. M. MOLINER stellt fest, daß bekannte Autoren (wie z. B. AZORÍN und M. DE UNAMUNO) die Verurteilung von *a por* für unberechtigt halten bzw. daß sie diesen Ausdruck selbst verwenden. Allerdings sagt M. MOLINER am Ende ihres einschlägigen Kommentars, daß gebildete Leute (*personas instruidas*) den Ausdruck vermeiden, selbst wenn sie sich nicht des Vetos der *Real Academia Española* bewußt sind (DUE, II, 805).

Die Präposition „por" / La preposición „por"

829. Die Kombination *a por* findet sich sowohl in der Presse und in Werbeslogans als auch bei den besten Autoren der Gegenwart häufig, vor allem, wenn die gesprochene Sprache wiedergegeben werden soll.

    a.   – *¿Qué, ya está usted por aquí?*
          – *Vengo a por unas truchas* (M. DELIBES, *Vivir al día*, 122).
          „Was, Sie sind schon hier?" „Ich will ein paar Forellen holen."
          In *Vengo a por unas truchas* gibt M. DELIBES seine eigenen Worte wieder.
    b.   *Doña Consuelo iba a la barra a por su tacita de café* (F. UMBRAL, *La noche que llegué al café Gijón*, 127).
          Doña Consuelo ging an die Theke, um ihre Tasse Kaffee zu holen.
    c.   *¡A por los trescientos diputados!* (E. ROMERO, *La paz empieza nunca*, 56).
          Jetzt sind die dreihundert Abgeordneten dran! Auf sie!
    d.   *Me voy a por el abrigo* (R. H. MORENO-DURÁN, *El toque de Diana*, 65).
          Ich hole den Mantel.
          Der Satz steht allerdings in einem ironischen Kontext, in dem zu verstehen gegeben wird, daß *a por* ein *solecismo* („grober sprachlicher Fehler") sei.
    e.   *Cuenta única hasta el 13%*
          Déjelo todo y entre a por ella
          (Werbeslogan des Bankenkonsortiums BANESTO – so gesehen in Spanien im März 1990).
          Einheitskonto bis zu 13 Prozent. Lassen Sie alles andere, und greifen Sie zu.

830. Es deutet einiges darauf hin, daß der Ausdruck *a por* auch auf einem höheren Sprachniveau nicht länger abzulehnen ist und daß selbst der differenzierte Kommentar des *Esbozo* heute vielleicht schon als (zu strikt und) überholt zu gelten hat.
Eine Reihe maßgebender Sprachwissenschaftler verteidigt den Gebrauch von *a por*, wobei sie darauf hinweisen, daß diese Kombination häufig eine Mehrdeutigkeit vermeiden helfe. So merkt E. LORENZO an, daß ein Satz wie *vine por ti* mehrdeutig sei[63], daß dieser Zweifel aber beseitigt werde, wenn man eine andere Konstruktion verwende wie

    a.   *Vine a causa de ti.*   Ich bin deinetwegen gekommen.
          oder, mit *a por*
    b.   *Vine a por ti.*   Ich bin gekommen, um dich abzuholen[64].

831. „Por" → „para"

Es ist durchaus nicht außergewöhnlich, *por* und *para* in ein und demselben Satz, ja sogar unmittelbar nebeneinander anzutreffen. In bestimmten Fällen wird auch hier deutlich, daß die zwei Präpositionen manchmal sehr ähnliche Bedeutung haben. *Por* und *para* bieten sich aber auch für Wortspiele an, und die dadurch erzielte Wirkung[65] läßt sich im Deutschen häufig nur schwer wiedergeben.

---

[63] Je nach Kontext kann *vine por ti* bedeuten: „Ich komme deinetwegen", „ich komme, weil du mich darum gebeten hast" oder „ich komme, um dich abzuholen" ...
[64] E. LORENZO, *El español de hoy, lengua en ebullición*, 50–51. Auch auf Seite 151 seines Werkes behandelt der Autor dieses Problem. M. SECO weist mit Recht darauf hin, daß *a por* expressiver sei als *por* und meint, es gebe keinen Grund, dieses Syntagma abzulehnen (*Diccionario de dudas*, 6–7). Beachtenswert ist auch, daß ein puristischer Sprachwissenschaftler wie F. MARSÁ keine Kritik an dem Ausdruck *a por* äußert (*Diccionario normativo*, 169). Siehe auch: R. LAPESA, *Historia de la lengua española*, 472, und L. MIRANDA PODADERA, *Sobre el uso de las preposiciones 'a' y 'por' en una misma frase* (in *Cuestiones gramaticales*, 155–156).
[65] Eine bewußt angestrebte Wirkung, was beispielsweise durch den Kursivdruck von *por* und *para* in den Beispielen b und c deutlich wird.

a. *Pero él sí estaba dispuesto a seguirla a donde fuera, a vivir por ella y para ella* (P. Baroja, *Locuras de carnaval*, in O. C., VI, 958).
Aber er war durchaus bereit, ihr wohin auch immer zu folgen, sie als Quelle und Zweck seines Lebens zu betrachten.
b. *En él había un cierto conocimiento tanto del „por qué" como del „para qué" de la ceremonia* (L. Martín Santos, *Tiempo de silencio*, 194).
Er wußte in gewissem Maße sowohl um das „warum" als auch um das „wozu" der Zeremonie.
c. *Vivir „para" las mujeres era morir „por" las mujeres* (E. Jardiel Poncela, *Pero ... ¿hubo alguna vez once mil vírgenes?*, 867).
Für Frauen zu leben hieß, an der Sehnsucht nach Frauen zu sterben.
d. *A Nietzsche lo deja para por el día* (C. J. Cela, *La colmena*, 184).
Nietzsche hebt er für tagsüber auf.
e. In Spanien kann man in Geschäften und Cafés Schilder mit einem stereotypen Text finden, der ein kausales *por* enthält, um auf den wöchentlichen Ruhetag hinzuweisen:

CERRADO POR DESCANSO DEL PERSONAL

Im *Chikito*, einer Bar im Zentrum von Granada (*Plaza del Campillo*), hat man sich die folgende originelle Umformulierung – mit finalem *para* – einfallen lassen:

CERRAMOS LOS MIÉRCOLES PARA DESCANSO DE LOS CLIENTES[66]

(d. h. „mittwochs geschlossen, um den Gästen Ruhe zu gönnen").

832. Schlußbemerkung

Die Vielzahl der angeführten Beispiele und genannten Bedeutungen legt den Schluß nahe, daß *por* häufiger vorkommt als *para* und daß es eine größere inhaltliche Vielfalt aufweist. Die größere Häufigkeit von *por* scheint durch statistische Daten bestätigt zu werden, die A. Juilland & E. Chang-Rodríguez (*Frequency Dictionary of Spanish Words*, 262 und 280) und N. Cartagena & H. M. Gauger (*Vergleichende Grammatik Spanisch-Deutsch*, I, 534) vorgelegt haben.

ABSCHNITT XI
DIE PRÄPOSITION „SIN"
LA PREPOSICIÓN „SIN"

833. Diese Präposition entspricht dem deutschen „ohne".

a. *Estoy sin empleo* (*Esbozo*, 443).
Ich bin ohne Arbeit (oder: arbeitslos).
b. *Trabaja sin cesar* (*Esbozo*, 443).
Er arbeitet, ohne aufzuhören (oder: unaufhörlich).

834. Ein besonderer Gebrauch von *sin* + Infinitiv wird in den Nrn. 1152–1158 behandelt.

---

[66] So gesehen im März 1990.

ABSCHNITT XII
DIE PRÄPOSITION „SO"
LA PREPOSICIÓN „SO"

835. *So* hat dieselbe Bedeutung wie *bajo (de)*, kommt aber im modernen Spanisch fast ausschließlich in festen Wendungen vor wie *so capa de* („unter dem Deckmantel", „unter dem Vorwand"), *so pena de* („bei Strafe"), *so pretexto de* („unter dem Vorwand") ...[67].

836. Diese Präposition darf nicht mit der Form *so* (von *señor*) verwechselt werden, die weiter oben in Nr. 301 behandelt wurde.

ABSCHNITT XIII
DIE PRÄPOSITION „SOBRE"
LA PREPOSICIÓN „SOBRE"

837. Die Präposition *sobre* kann lokale Bedeutung haben und ist dann eine mögliche Wiedergabe des deutschen „auf". In figürlicher Bedeutung entspricht sie einem „über" oder „über ... hinaus".

    a. *Dejé el libro sobre la mesa* (*Esbozo*, 443).
       Ich habe das Buch auf den Tisch gelegt.
       Man könnte auch sagen: *Dejé el libro en la mesa*.
    b. *El bien común está sobre los intereses particulares* (*Esbozo*, 443).
       Das Gemeinwohl steht über den Interessen des Einzelnen.
    c. *Las hermanastras, sobre estar gordas, tenían más barbas que un melocotón maduro* (C. J. CELA, *Garito de hospicianos*, 30).
       Die Stiefschwestern waren nicht nur dick, sondern sie hatten auch mehr Haare im Gesicht als ein reifer Pfirsich.
    (Zur Konstruktion */ sobre* + Infinitiv / vgl. Nr. 1150.)

838. *Sobre* kann auch ein behandeltes Thema bezeichnen und wird dann im Deutschen ebenfalls mit „über" übersetzt.

    a. *Gabriel de Herrera escribió sobre Agricultura* (*Esbozo*, 443).
       Gabriel de Herrera hat über die Landwirtschaft geschrieben.
    b. *Hablamos sobre las noticias del día* (*Esbozo*, 443).
       Wir sprachen über die Nachrichten des Tages.

839. *Sobre* hat auch eine approximative Bedeutung (→ „ungefähr").

---

[67] Cf. *Esbozo*, 443, und M. SECO (*Diccionario de dudas*, 346).

a. *Francisco tendrá sobre cincuenta años* (*Esbozo*, 443).
   Franz wird etwa fünfzig Jahre alt sein.
   Man könnte auch sagen: *Francisco tendrá unos cincuenta años* (siehe dazu Nr. 432).
b. *Se presentaba los domingos sobre las once* (M. DELIBES, *Las ratas*, 83).
   Er kam sonntags gegen elf Uhr.

840. *Sobre* kommt schließlich auch in einigen festen Wendungen vor, in denen es im Deutschen manchmal wörtlich mit „auf" übersetzt wird.

a. *Tomar sobre sí* (*Esbozo*, 443).
   Auf sich nehmen.
b. *Estar sobre sí* (*Esbozo*, 443).
   Auf der Hut sein, sich unter Kontrolle haben (oder: hochmütig, aufgeblasen sein).

ABSCHNITT XIV
DIE PRÄPOSITION „TRAS"
LA PREPOSICIÓN „TRAS"

841. Dem *Esbozo* zufolge bezeichnet *tras* eine Reihenfolge (sowohl in lokaler als auch in temporaler Bedeutung). M. SECO merkt an, daß häufig dem Präpositionalausdruck *tras de* der Vorzug gegeben werde, doch kämen beide Formen ausschließlich in der literarischen Sprache vor. In der gesprochenen Sprache gebrauche man eher *detrás de* (lokal) und *después de* (mit temporaler Bedeutung)[68].

a. *Voy tras ti* (*Esbozo*, 443).
   Ich laufe dir nach.
   Man könnte auch sagen: *Voy detrás de ti*.
b. *¡Con el tiempo que hacía que andaba tras ellas!* (J. M. GIRONELLA, *Ha estallado la paz*, 516).
   Ich war ja so lange hinter ihnen hergewesen!
   (Es geht um die Werke von Freud.)
c. *Tras dar secamente las buenas noches iba la muchacha a entrar en la cueva pero Pascual la detuvo* (J. IZCARAY, *La hondonada*, 47).
   Nachdem das Mädchen schroff „Gute Nacht" gesagt hatte, wollte es in die Höhle gehen, doch Pascual hielt es zurück.
   Man könnte auch sagen: *Después de dar secamente ...*
d. *He estado tras de ti más de dos años* (M. VARGAS LLOSA, *La ciudad y los perros*, 242).
   Ich bin seit über zwei Jahren hinter dir her.

---

[68] *Esbozo*, 443; *Diccionario de dudas*, 363.

842. *Tras (de)* kann auch in der Bedeutung „außer" (~ „obendrein") gebraucht werden:

> *Tras de venir tarde, molesta a los demás.*
> Erst kommt er zu spät, und dann belästigt er auch noch die übrigen (Beispiel und Übersetzung aus R. J. SLABY & R. GROSSMANN, *Wörterbuch der spanischen und deutschen Sprache in zwei Bänden*, Bd. 1, 1071).
> Statt *tras de* (oder auch nur *tras*) könnte hier auch *además de* stehen: *Además de venir tarde* ...

ABSCHNITT XV
ANMERKUNGEN[69]

§ 1. AUFEINANDERFOLGENDE PRÄPOSITIONEN

843. Im Spanischen ist es nicht ungewöhnlich, daß zwei oder sogar drei Präpositionen nacheinander stehen (wenn auch nicht unbedingt *direkt nebeneinander*). Weiter oben wurde beispielsweise schon auf die mögliche Kombination von *para* und *con* (Nrn. 799–800), *a* und *por* sowie *por* und *para* (Nrn. 828–831) hingewiesen, doch finden sich auch noch andere Zusammenstellungen. Ein und dieselbe Präposition kann in einem Satz auch mit verschiedenen Bedeutungen gebraucht werden (siehe Beispiel d).

a. – *¿Es usted de por aquí?*
– *Más bien de un poco más allá* – *dije finamente* (W. FERNÁNDEZ FLÓREZ, *Las gafas del diablo*, 109).
„Sind Sie von hier?" „Eigentlich von etwas weiter weg", sagte ich höflich.

b. *Tuvimos que dejar la calle a unos soldados de a caballo* (R. DEL VALLE-INCLÁN, *Sonata de invierno*, 100).
Wir mußten die Straße einigen berittenen Soldaten überlassen.

c. *Desde por entre la espesura nos acechaban sin ser vistos* (angeführt bei N. CARTAGENA & H. M. GAUGER, *Vergleichende Grammatik Spanisch-Deutsch*, I, 532).
Im Dickicht lauerten sie uns auf, ohne daß man sie sehen konnte.

---

[69] In der Liste der hier behandelten Präpositionen fehlen die im *Esbozo* aufgeführten Präpositionen *contra* („gegen"), *desde* [„seit", „von ... aus" (sowohl in Zeit- als auch in Ortsbestimmungen)], *hasta* („bis"), *pro* („für") und *según* („gemäß"). Diese Wörter stellen normalerweise kein Problem dar oder sind (wie *pro*) nicht sehr häufig. Im Zusammenhang mit *desde* sind allerdings einige Hinweise angebracht:
a. Auf diese Präposition folgt das Wort *hace* in Sätzen, in denen nicht nur der Beginn eines Zeitraums zum Ausdruck gebraucht wird, sondern auch eine DAUER: *La conozco desde el año pasado* („ich kenne sie seit dem letzten Jahr") ~ *la conozco desde hace quince años* („ich kenne sie seit 15 Jahren"). Siehe auch die Fußnote 104 in Nr. 970.
b. In verschiedenen Ländern Lateinamerikas kann *desde* in Temporalsätzen ohne die übliche Bedeutung „seit", „ab" vorkommen. In derlei Fällen wird die Präposition im Deutschen nicht übersetzt. Zum Beispiel: *Desde el lunes llegó* = *el lunes llegó* → „er ist am Montag angekommen"). Der Kommentar und das Beispiel wurden von R. LAPESA (*Historia de la lengua española*, 592) übernommen. [Ähnliches gilt für *hasta* (→ *Hasta las doce almorcé* kann bedeuten: „Um zwölf Uhr habe ich zu Mittag gegessen" – cf. R. LAPESA, *op. et loc. cit.*).]

d. *Te daré dos decilitros por el mismo precio y por ser para ti* (J. RULFO, *Pedro Páramo*, 174).
Ich gebe dir zwei Deziliter (Alkohol) für denselben Preis, weil du es bist.

Eine Liste mit den möglichen Kombinationen von Präpositionen findet sich im *Esbozo* auf den Seiten 435–436.

§ 2. ZUM GEBRAUCH DER PRÄPOSITIONEN

844. Die Hinweise ab Nr. 710 vermitteln lediglich eine allgemeine Vorstellung von der Bedeutung der spanischen Präpositionen. In der Praxis kann der Gebrauch dieser Wörter einige Schwierigkeiten bereiten. In der Grammatik der Spanischen Akademie findet man eine 27 Seiten lange „Liste von Wörtern, die mit einer bestimmten Präposition gebraucht werden"[70]!
Die wenigen folgenden Beispiele sollen deutlich machen, daß in dieser Frage stets Vorsicht geboten ist und daß im Zweifelsfall ein Wörterbuch zu Rate gezogen werden sollte:

a.	*olvidarse de una cosa*	de	~ ø	etwas vergessen
b.	*acordarse de una cosa*	de	~ an	sich an etwas erinnern
c.	*pensar en algo*	en	~ an	an etwas denken
d.	*soñar con alguien*[71]	con	~ von	von jemandem träumen[72]
e.	*el amor a la patria*[73]	a	~ zu	die Liebe zum Vaterland
f.	*el miedo a la muerte*[74]	a	~ vor	die Angst vor dem Tod
g.	*la vuelta a España*	a	~ Kompositum	die Spanien-Rundfahrt
h.	*el avión a reacción*			das Düsenflugzeug[75]

---

[70] REAL ACADEMIA ESPAÑOLA, *Gramática de la lengua española, Lista de palabras que se construyen con preposición*, 219–245. Siehe auch das neuere *Manual de español urgente*, 56–64.
[71] Manchmal auch *soñar en* (cf. M. SECO, *Diccionario de dudas*, 349).
[72] Man könnte jedoch auch sagen: *el amor por la patria*.
[73] Oder: *el miedo por la muerte*.
[74] Darüber hinaus werden in einigen lateinamerikanischen Ländern (in der gesprochenen Sprache) *acordarse, pensar* und *soñar* manchmal transitiv gebraucht: → *acordarse algo* (anstelle von *acordarse DE algo* – „sich an etwas erinnern"), *te pienso mucho* (anstelle von *pienso mucho en ti* – „ich denke viel an dich"), *me soñaste* (anstelle von *soñaste conmigo* – „du hast von mir geträumt") ... cf. C. KANY, *Sintaxis hispanoamericana*, 410, 23 und 407).
[75] In der *Gramática* von I. BOSQUE & V. DEMONTE, die oben im „Vorwort zur 2. Auflage" (Seite XIX) erwähnt wird, finden sich in dem von mir verfaßten Kapitel 10 zum Thema Präpositionen Anmerkungen zu einigen Partikeln, die nicht in diese *Spanische Grammatik* aufgenommen wurden: *cabe, contra, desde, hasta* sowie Formen wie *pro, vía, versus* ... [die dort in einem Abschnitt mit dem Titel „Preposiciones dudosas" („Zweifelhafte Präpositionen") zusammengefaßt sind].

KAPITEL IX

DIE KONJUNKTIONEN
LAS CONJUNCIONES

ABSCHNITT I

FORMEN

845. Die meistgebrauchten Konjunktionen im Spanischen sind

ni	(und) auch nicht; noch
ni ... ni	weder ... noch
o	oder
pero	aber
porque	weil
pues	denn; weil
que	daß; denn
si	wenn; ob
sino	sondern
y	und

846. Andere, darunter auch zusammengesetzte Konjunktionen, werden weiter unten im Zusammenhang mit dem Gebrauch der Modi des Verbs behandelt (siehe die Nrn. 1082–1106).

ABSCHNITT II

BESONDERHEITEN BEIM GEBRAUCH EINIGER KONJUNKTIONEN

§ 1. „NI" – „NI ..." „NI"

847. *Ni* kann im Deutschen auf verschiedene Weise übersetzt werden: „und nicht", „auch nicht", „nicht einmal"[1]. *Ni* kann allein stehen, es kann aber auch wiederholt werden. Für diese Konjunktion gilt dieselbe Regel wie für andere Negationswörter (wie *nada, nadie, nunca* usw.): wenn *ni* (oder *ni ... ni*) nach dem Prädikat steht, so muß dem Verb ein *no* (oder eine andere Negation) vorausgehen.

---

[1] Nach einem verneinten Verb ist es dagegen häufig mit „oder" oder „und" wiederzugeben.

a. *¡Pero ella no huía de nada ni de nadie!* (J. Donoso, *La misteriosa desaparición de la marquesita de Loria*, 59).
   Aber sie floh vor nichts und niemandem!
b. *Nunca piensa, ordena, dispone ni manda cosa contraria al bien público* (*Esbozo*, 506)[2].
   Nie denkt, bestimmt, verfügt oder befiehlt er etwas, das dem Allgemeinwohl zuwiderliefe.
c. *Gracias, Dios mío, por no haberme hecho mujer, ni judío, ni negro, ni perro* (J. C. Onetti, *Dejemos hablar al viento*, 63).
   Ich danke dir, lieber Gott, daß du mich weder als Frau noch als Jude, Neger oder Hund erschaffen hast.

Aber:

d. *Ni ha venido ni ha llamado por teléfono* (DUE, II, 507).
   Er ist weder gekommen, noch hat er angerufen
e. *Ni teníamos descanso, ni nos daban educación* (F. Vizcaíno Casas, ... *y al tercer año, resucitó*, 129).
   Weder konnten wir uns ausruhen, noch gaben sie uns Unterricht.

848. *Ni* kann eine verstärkte Verneinung zum Ausdruck bringen und mit „nicht ein(mal)" übersetzt werden.

a. *– ¿Entiende usted el vasco?*
   – Ni palabra (P. Baroja, *Los enigmáticos*, in O. C., VIII, 385).
   „Verstehen Sie Baskisch?" „Kein Wort."
b. *Cuando a los pocos días le adjudicaron la obra ya ni se acordaba de ella* (J. A. De Zunzunegui, *El hijo hecho a contrata*, 142).
   Als man ihm die Arbeit wenige Tage später zuschlug, erinnerte er sich nicht einmal mehr daran.

Einen emphatischen Wert hat die Wendung *ni que decir tiene*:

c. *El viaje era largo, ni que decir tiene* (R. J. Sender, *Relatos fronterizos*, 9).
   Es versteht sich von selbst, daß die Reise lange dauerte.

849. *Ni siquiera* bedeutet „nicht einmal" und hat (in der Volkssprache) die verstärkende Variante *ni tan siquiera*.

---

[2] Zu diesem Beispiel kommentiert der *Esbozo*, daß in derlei Aufzählungen, die mit einem Negationswort beginnen, *ni* im Prinzip nur vor dem letzten Glied gebraucht wird. Doch heißt es direkt im Anschluß daran, daß eine Tendenz bestehe, *ni* vor jedes Element der Aufzählung zu setzen, um auf diese Weise den verneinenden Charakter des Satzes zu betonen (siehe auch Beispiel c). Nach M. Moliner wird *ni* in Fällen wie diesem im allgemeinen (*generalmente*) vor jedem Satz oder Satzteil wiederholt (DUE, II, 507).

a. *A ninguno de ellos le creía capaz de estrangular ni tan siquiera a un canario*
(E. Parra, *Soy un extraño para ti*, 55).
Niemanden von ihnen hielt er für fähig, auch nur einem Kanarienvogel den Hals umzudrehen.
In gepflegterer Sprache würde man sagen: ... *le creía capaz de estrangular ni siquiera a un canario*.

Mit derselben Bedeutung wie *ni siquiera* wird bisweilen (hauptsächlich vor einem *gerundio*) der Ausdruck *ni aun* (ohne Akzent!) gebraucht:

b. *Ni aun pagándolo a peso de oro se consigue* (DUE, I, 303).
Nicht einmal für Gold ist es erhältlich.

850. Wie in den in Nr. 848 behandelten Fällen drückt *ni* eine verstärkte Negation in kurzen Sätzen (häufig Ausrufesätzen) des Typs / *ni* + Infinitiv / aus. Es handelt sich dabei um elliptische Konstruktionen, die ein stark affektives Element (Entrüstung, Enttäuschung) beinhalten und in denen manchmal der utopische Charakter einer Situation hervorgehoben wird. Sehr gebräuchlich ist die Kombination mit *hablar*.

a. *¿Queréis que se las entreguemos al enemigo así, por las buenas? ¡Ni hablar!*
(A. M. De Lera, *Las últimas banderas*, 189).
Wollt ihr, daß wir sie dem Feind einfach so übergeben? Ausgeschlossen!
[Es geht um Waffen (*armas*).]
b. *Macario Martín se quejó a gritos: Ni comer. Ni comer* (I. Aldecoa, *Gran sol*, 100).
Macario Martín beschwerte sich lautstark: Nicht einmal essen kann man. Nicht einmal essen.
c. *¡Pero con esa zarabanda de millones – pensó –, ni intentarlo!*
(J. A. De Zunzunegui, *Ramón o la vida baldía*, 201).
„Aber in diesem Gewimmel von Millionen", dachte er, „braucht man es gar nicht erst zu versuchen."
d. *– ¿No permitirán todavía tocar sardanas?*
– ¡Qué pregunta! Ni soñarlo ... (J. M. Gironella, *Ha estallado la paz*, 254).
„Sie werden wohl noch nicht wieder erlauben, Sardanas[3] zu spielen?" „Was für eine Frage! Daran ist gar nicht zu denken."

851. *Ni* kann auch in elliptischen Sätzen vorkommen, in denen das Verb ausgefallen ist und die eine hypothetische Situation beschreiben, welche noch dazu als praktisch unlösbar begriffen wird. In solchen Fällen wird das Wissen um gewisse Gegebenheiten oder um bestimmte metalinguistische Elemente unterstellt.
Um einen stark affektiven Satz wie den folgenden verstehen zu können, muß man wissen, daß Ricardo Zamora ein berühmter spanischer Torwart war. Außerdem wird die Mehrdeutigkeit des Substantivs *delantera* [→ „Sturm" (im Fußball) oder „Vorderteil", „Vorderseite" und im übertragenen Sinne „Busen"] geschickt ausgenutzt. Der Kommentar drückt Bewunderung aus und richtet sich an eine Frau mit auffallendem Busen:

---

[3] Die *sardana* ist ein traditioneller katalanischer Reigentanz.

a. *¡Guapa, con esa delantera, ni Ricardo Zamora!* (M. Delibes, *Cinco horas con Mario*, 217).
Schatz, dieser Busen/Sturm ist sogar für Ricardo Zamora zuviel (dies ist die wörtliche Übersetzung; das Wortspiel läßt sich so im Deutschen nicht wiedergeben).

Ähnlich:

b. *Rodeados de unas medidas de seguridad que ni la cárcel de Spandau, los muy mamelucos permanecían en Valencia* (C. Pérez Merinero, *Las reglas del juego*, 144).
Umgeben von Sicherheitsmaßnahmen, gegen die das Gefängnis von Spandau gar nichts ist, blieben diese Vollidioten in Valencia.

§ 2. „O"

852. *O* ist die spanische Entsprechung der deutschen Konjunktion „oder" (hauptsächlich zur Verbindung zweier Sätze oder Satzteile, die einander ausschließen, oder um eine mögliche Auswahl zu bezeichnen).

a. *¿Buscas a mi padre o a mí?*
Suchst du meinen Vater oder mich?
b. *Vendrá él o su hermano* (DUE, II, 537).
Entweder kommt er oder sein Bruder.

853. Vor einem Wort, das mit *o* oder *ho* beginnt, steht jedoch anstelle von *o* die Form *u*.

a. *Uno u otro lo dirá* (*Esbozo*, 509).
Einer von beiden wird es schon sagen (oder: irgendwer wird es schon sagen).
b. *¡Alto, u os quedáis fritos!* (M. Vázquez Montalbán, *Los mares del sur*, 12).
Halt, oder ihr seid verloren!
c. *No sé si es alemana u holandesa.*
Ich weiß nicht, ob sie Deutsche oder Holländerin ist.

854. Der Auswahlcharakter von *o* wird durch die Wiederholung der Konjunktion vor jeder der in Frage kommenden Möglichkeiten noch verstärkt.

O te callas o me marcho (DUE, II, 537).
Entweder bist du jetzt still, oder ich gehe.

855. Wenn *o* auf eine Zahl folgt oder zwischen zwei Zahlen steht, bekommt es einen Akzent, um eine Verwechslung mit der Ziffer Null zu verhindern.

a. *Faltan 2 ó más palabras.*   Es fehlen zwei oder mehr Wörter.
b. *Todavía tengo 8 ó 9 dólares.*   Ich habe noch 8 oder 9 Dollar.

Besonderheiten beim Gebrauch einiger Konjunktionen

In Übereinstimmung mit der Regel aus Nr. 853 steht jedoch *u* zwischen zwei Zahlen, wenn die zweite mit *o* beginnt, selbst wenn sie in Ziffern geschrieben ist.

    c. *El setenta u ochenta por ciento*
        oder
      El 70 u 80 por ciento (M. Delibes, *Aventuras, venturas y desventuras de un cazador a rabo*, 79).
      70 oder 80 Prozent.

§ 3. „PERO" [„MAS"]; „SINO"

856. Mögliche Übersetzungen des deutschen „aber" sind *pero* und *mas*.

    a. *Eres pobre, pero decente* (*Esbozo*, 510).
      Du bist arm, aber anständig.
    b. *Mas el zorro era muy listo y no se dejó engañar fácilmente.*
      Aber der Fuchs war sehr schlau und ließ sich nicht so einfach täuschen.

857. *Mas* ist viel weniger gebräuchlich als *pero*. Es gehört vor allem der literarischen Sprache an[4]. Im Unterschied zu *más*, welches „mehr" bedeutet, trägt dieses Wort keinen Akzent.

858. *Sino* ist die spanische Entsprechung des deutschen „sondern", wird also als adversative Konjunktion nach einer Verneinung gebraucht. Auch *sino* kann in der literarischen Sprache durch *mas* ersetzt werden, obwohl letzteres, wie M. Seco anmerkt, fast immer als Synonym für *pero* gebraucht wird (*Diccionario de dudas*, 254 – ohne Beispiel).

    a. *No lo hizo él, sino ella* (M. Seco, *Diccionario de dudas*, 345).
      Nicht er, sondern sie hat es getan.
    b. *El diminutivo, en la mujer, no es ternura, sino desprecio* (F. Umbral, *Memorias de un hijo del siglo*, 185).
      Die Verkleinerungsform bedeutet bei der Frau nicht Zärtlichkeit, sondern Geringschätzung.

859. Anstelle von *sino* muß fast immer *sino que* gebraucht werden, wenn es einen Satz oder Satzteil einleitet, der eine finite Verbform enthält. *Que* wird dann nicht übersetzt. In der Regel steht vor *sino que* ein Komma.

    a. *No sólo se piensa, sino que se siente con palabras* (M. De Unamuno, *Visiones y comentarios*, 25).
      Man denkt nicht nur, sondern man fühlt auch mit Worten.

---

[4] *Esbozo*, 510–511. In diesem Sinne auch: J. Alcina Franch & J. M. Blecua, die außerdem darauf hinweisen, daß *mas* hauptsächlich gebraucht werde, um eine Wiederholung von *pero* zu vermeiden (*Gramática española*, 1173). *Mas* ist damit in gewisser Weise mit dem deutschen *jedoch* vergleichbar, das hauptsächlich in der geschriebenen Sprache vorkommt [hier jedoch (!) häufiger als im Spanischen].

b. *Me han despedido de la imprenta – dijo al entrar. – Habrás ido tarde – saltó la Salvadora. – No, sino que Ortiz me dijo ayer que esta tarde tenía que ir con él* (P. Baroja, *Mala hierba*, in O. C., I, 503).
„Sie haben mich in der Druckerei entlassen", sagte er beim Eintreten. „Du wirst wohl zu spät gekommen sein", platzte Salvadora heraus. „Nein, vielmehr hatte Ortiz mir gestern gesagt, ich müsse heute nachmittag mit ihm mitkommen."

Ausnahmsweise kann in solchen Fällen *que* auch weggelassen werden (vgl. M. Seco, *Diccionario de dudas*, 345, mit einem Beispiel).

860. *No ... sino* bedeutet „nur".

a. *No se hablaba sino de él* (A. Uslar Pietri, *La isla de Róbinson*, 78).
Es wurde nur von ihm gesprochen.
b. *Yo no digo mi canción*
Sino a quien conmigo va (= Zeilen von F. Aguirre, *La otra música*, 22).
Ich singe mein Lied nur dem, der mit mir geht.

861. In Erweiterung des in Nr. 858 Gesagten ist darauf hinzuweisen, daß nach einer Negation nicht nur „sondern" (spanisch *sino*) als adversative Konjunktion möglich ist, sondern durchaus auch „aber" (spanisch *pero*), nämlich dann, wenn kein eigentlicher Gegensatz ausgedrückt wird.

a. *No era bella, pero en cambio era simpática* (G. García Márquez, *Cien años de soledad*, 250).
Sie war nicht schön, aber dafür war sie sympathisch.
„Schön" und „sympathisch" stellen ja keinen Gegensatz dar, daher würde ein Satz wie „Sie war nicht schön, sondern sie war sympathisch" (*No era bella, sino que era simpática*) merkwürdig anmuten.
b.

(*ABC*, 3.8.1985, 18)
Verzeihen Sie, Exzellenz. Nicht, daß ich Sie für neureich hielte, aber beim Angeln können Sie die Krawatte abnehmen.

862. Man kann *pero* und *sino* selbstverständlich auch in ein und demselben Satz antreffen.

a. *Era como si estuviera el mar a la vuelta de la esquina, pero no un mar grande sino pequeño y privado* (R. J. Sender, *La luna de los perros*, 94).
Er war, als läge das Meer gerade um die Ecke, aber nicht ein großes Meer, sondern ein kleines, privates.

b. *Los impertinentes de doña Virtudes no eran de oro sino de plata, pero de una plata muy limpia* (C. J. Cela, *El molina de viento*, 58).
Doña Virtudes' Stielbrille war nicht aus Gold, sondern aus Silber, aber aus einem sehr reinen Silber.

863. Das hier behandelte *sino* darf nicht mit dem in zwei Wörtern geschriebenen *si no* verwechselt werden, welches „wenn nicht" bedeutet.

Llegarás tarde si no te apresuras (F. Marsá, *Diccionario normativo*, 88).
Du wirst zu spät kommen, wenn du dich nicht beeilst.

864. Im Gegensatz zum Deutschen können im Spanischen zwei Konjunktionen wie *pero* und *y* aufeinanderfolgen. Gewöhnlich wird auf diese Weise eine Frage, in der eine gewisse Verwunderung, Besorgnis oder Vorhaltung mitschwingt, eingeleitet. Mit emphatischer Bedeutung kann *pero* (ohne *y*) auch am Satzanfang stehen.

a. *Pero ¿y Cristo-Teodorito?* (F. Umbral, *Las ninfas*, 141).
Ja, und Cristo-Teodorito?
b. *Pero ¿la Medicina? argüirán los optimistas* (M. Delibes, *Un mundo que agoniza*, 34).
Ja, und was ist mit der Medizin? werden die Optimisten argumentieren.
c. *Pero ¡qué maravilla!* (*Esbozo*, 511).
Das ist ja wundervoll!

Pero si („aber doch") ist ein häufiger emphatischer Ausdruck:

d. *– ¿Te acuerdas de tu abuelo?*
– Mamá, pero si yo no me había casado cuando murió papá – dijo Lila
(J. Jiménez Lozano, *La boda de Ángela*, 132).
„Erinnerst du dich an deinen Großvater?"
„Aber Mama, ich war doch noch gar nicht verheiratet, als Papa starb", sagte Lila.

865. In der gesprochenen Sprache findet sich eine Konstruktion, in der *pero* durch ein emphatisches *que* verstärkt wird. Dadurch wird der Wert des darauf folgenden (gewöhnlich schon superlativisch gebrauchten) Adjektivs oder Adverbs intensiviert.

a. *Estás pero que mucho más guapa cuando te sonríes* (J. A. De Zunzunegui, *La vida como es*, 18).
Du siehst unvergleichlich viel hübscher aus, wenn du lächelst[5].
b. *Ignacio, eso está pero que muy mal* (J. M. Gironella, *Ha estallado la paz*, 714).
Ignacio, das ist außerordentlich schlecht.

866. *Pero* kann auch substantiviert werden und bedeutet dann „Widerrede", „Aber".

---

[5] Zur Erklärung des unübersetzbaren *te* bei *sonríes* siehe die Hinweise zu den *pronombres expletivos* in den Nrn. 325–326.

a. – *Tú mandas. Pero ...*
– *No hay peros.* (M. AUB, *La calle de Valverde*, 95).
„Du bist der Boß. Aber ..." „Kein Aber."
b. – *Es verdad. Pero ...*
– *No hay pero que valga* (J. ICAZA, *Huasipungo*, 107).
„Das stimmt. Aber ..." „Es gibt kein Aber."

§ 4. „PUES"

867. Das Wort *pues* wird vor allem in der gesprochenen Sprache häufig gebraucht. Oft ist es ein Füllwort, das dem Sprecher dazu dient, seine Gedanken zu ordnen oder eine Pause zu überbrücken (zum Beispiel im Falle eines Zögerns).

a. *Nos veremos, pues, a las siete.*
Wir sehen uns also um sieben.
b. – *¿Quién te lo ha dicho?*
– *Pues, ... la verdad es que no me acuerdo.*
„Wer hat es dir gesagt?" „Also, ... ehrlich gesagt, kann ich mich nicht erinnern."

Am 20.8.1988 hörte ich in Jaca folgendes Gespräch zwischen zwei Studenten:

c. *¿Qué tal el examen? – Pues ...*
„Wie war die Prüfung?" „Naja ..."
(Später zeigte sich, daß der Betroffene durchgefallen war.)

Mit *pues nada* kann ein Satz eingeleitet werden, mit dem man sich von jemandem verabschiedet.

d. *Bueno, pues nada, Mariano, hasta luego y gracias por todo* (W. BEINHAUER, *El español coloquial*, 102).
Okay, also Mariano, bis dann und Danke für alles[6].

868. *Pues* kann kausale Bedeutung haben und läßt sich dann im Deutschen mit „denn" wiedergeben. In dieser Bedeutung wird heute in der gesprochenen Sprache an seiner Stelle *porque* oder *que* gebraucht[7].

No puedo decirlo yo, pues yo mismo no lo sabía, (DUE, II, 881).
Ich kann es nicht sagen, denn ich wußte es selbst nicht.

869. Einen kausalen, vor allem aber konsekutiven Wert hat *pues* in einem Satz wie:

Parece un símbolo, pues, la muerte de Joy Adamson (*El País*, 5.1.1980).
Joy Adamsons Tod erscheint daher wie ein Symbol.

870. Als regionale oder volkstümliche Variante von *pues* hört man oft *pos*[8].

---

[6] W. BEINHAUER gibt weitere Erläuterungen (und Beispiele) für den Gebrauch von *pues* auf den Seiten 333–336.
[7] Cf. M. SECO, *Diccionario de dudas*, 5. Aufl., 281. In der 9. Auflage, die in dieser Grammatik sonst zitiert wird, findet sich dieser Kommentar (als heute zu selbstverständlich?) nicht mehr.
[8] Oder, in Lateinamerika: *pus, pes, pis, pu* usw. (cf. C. KANY, *Sintaxis hispanoamericana*, 456).

§ 5. „QUE"

871. *Que* ist die Konjunktion mit den meisten unterschiedlichen Bedeutungen. Am gebräuchlichsten sind die folgenden[9]:

a. que = „daß" (zur Einleitung eines Nebensatzes)

Se puede demostrar que Dios existe o no existe (C. J. CELA, *El País*, edición internacional, 6.6.1983, 10).
Man kann beweisen, daß Gott existiert oder nicht existiert.
In der Schriftsprache steht *que* meist nur vor dem ersten Nebensatz (wie dieses Beispiel zeigt). Eine Wiederholung der Konjunktion vor JEDEM Nebensatz findet sich vor allem in der Umgangssprache[10].

b. que = „damit"

Dio voces a los criados, que le ensillasen el caballo (F. MARSÁ, *Diccionario normativo*, 153.)
Er rief nach den Dienern, damit sie ihm das Pferd sattelten.
que = para que.

c. que = „an ... Stelle"

Yo que tú, me casaba (F. UMBRAL, *Carta abierta a una chica progre*, 96).
Ich würde an deiner Stelle heiraten.

d. que = „denn", „da" (= kausal)

Dale limosna mujer que no hay en la vida nada como la pena de ser ciego en Granada (Text, den man häufig auf Andenken aus Granada lesen kann).
Gib ihm ein Almosen, Frau, denn es gibt im Leben nichts Schlimmeres als in Granada blind zu sein.

e. que = „als" (in Komparativen)

Está más alto que yo (DUE, II, 901).
Er ist größer als ich.

f. que = „soweit" (das auf *que* folgende Verb steht im *subjuntivo*)

Que yo sepa, todavía no ha llegado [*que yo sepa* bedeutet soviel wie *al menos que yo sepa* (DUE, II, 1076)].
Soweit ich weiß, ist er noch nicht angekommen.

g. que = „ob" (in der konzessiven Bedeutung von „ganz gleich, ob"; auch hier steht das Verb im *subjuntivo*)

Que ría o que llore, se lo tengo que decir (DUE, II, 901 – mit Erläuterungen zum möglichen Wegfall eines *que* in Sätzen, in denen diese Konjunktion zweimal vorkommt).
Ob er nun lacht oder weint, ich muß es ihm sagen.

---

9 Eine vollständigere Übersicht und systematischere Einteilung findet sich bei: J. DE BRUYNE, *Algunos aspectos de la polivalencia de la conjunción 'que'* (in *Linguistica Antverpiensia*, XVI-XVII, 1982–1983, 61–77).
10 Siehe dazu *Esbozo*, 517.

h. | *que* = „doch" |

Anda, Conchi. Que estamos todos reunidos. Que todos te queremos
(J. M. GIRONELLA, *Ha estallado la paz*, 236).
Nun komm schon, Conchi. Wir sind doch alle hier versammelt. Wir lieben dich doch alle.

i. | *que* = „und" |

Que anstelle von *y* wird verwendet, um einen affirmativen und einen negativen Satz zu verbinden, die dasselbe Verb gebrauchen und einen Gegensatz bilden:
Necesito dinero, que no consejos (Kommentar und Beispiel in DUE, II, 901).
Ich brauche Geld und keine Ratschläge.

872. Zwischen zwei identischen Verbformen oder Adjektiven hat *que* eine intensivierende Bedeutung. Derlei Konstruktionen finden sich ausschließlich in der Umgangssprache (siehe auch Nr. 235).

a. *Allí permanecía, lava que te lava, de la mañana a la noche la pobre viuda* (J. A. DE ZUNZUNEGUI, *La úlcera*, 35).
Dort blieb die arme Witwe und wusch und wusch von morgens bis abends.

b. *Muerto que muerto* und *vivo que vivo* bedeuten „mausetot" bzw. „springlebendig".

Einen emphatischen Wert hat *que* auch in einem Satz wie

c. *Bea, por Dios, que son las tres* (J. A. DE ZUNZUNEGUI, *Ramón o la vida baldía*, 58).
Bea, um Gottes willen, es ist schon drei Uhr.

Zu *estar que* + Verbform siehe Nr. 1303.
Que kann auch die Bedeutung von *pero* hervorheben. Dies wird in Nr. 865 behandelt.

873. Manchmal kann *que* mit der Bedeutung „daß" auch weggelassen werden. Dem *Esbozo* zufolge geschieht dies vor allem in der geschriebenen Sprache und besonders bei Verben, die einen WILLEN, einen WUNSCH oder eine FURCHT zum Ausdruck bringen [wie z. B. *rogar* („bitten"), *temer* („fürchten")] ...[11].

a. *Temieron se perdiese la ocasión* (*Esbozo*, 517 – ein Beispiel mit *rogar* findet der Leser in Nr. 1068).
Sie fürchteten, man könne die Gelegenheit verpassen.

M. SECO führt auch andere Verben an, vor denen *que* zuweilen weggelassen werde, und erklärt diese Erscheinung mit einem Streben nach „Eleganz"[12].
Der Schriftsteller J. A. DE ZUNZUNEGUI beispielsweise läßt *que* regelmäßig weg:

b. *Supo vivía en casa de una amiga* (J. A. DE ZUNZUNEGUI, *El hijo hecho a contrata*, 104).
Er erfuhr, daß sie bei einer Freundin wohnte.

---

[11] Cf. *Esbozo*, 517.
[12] *Diccionario de dudas*, 314 – mit der Anmerkung, daß diese Konstruktion nicht falsch sei, daß es aber vorzuziehen sei, *que* nicht wegfallen zu lassen.

c. *¿Te parece comamos juntos?* (J. A. De Zunzunegui, *El hijo hecho a contrata*, 266).
Was meinst du, wollen wir zusammen essen?
Te parece wird häufig mit der Bedeutung *te parece bien* gebraucht.

Andererseits kann man (in der Umgangssprache) *que* oder *que si* in elliptischen Konstruktionen antreffen, in denen dieses Wort, das im Prinzip kaum einen eigenen semantischen Wert hat, eine spezifische Bedeutung impliziert. Im folgenden Beispiel kommt diese Ellipse dreimal vor, wobei nach jedem *que* ein anderes Verb zu ergänzen ist:

d. *Y en estas, el Bisa se cabreó, la puso la punta del machete en la barriga y que una habitación para el general, y ella entonces, que bien, que la segunda puerta a la derecha* (M. Delibes, *Las guerras de nuestros antepasados*, 22)[13].
Da wurde Bisa wütend und setzte ihr das Seitengewehr auf den Bauch, von wegen: „ein Zimmer für den General", worauf sie: „natürlich, die zweite Tür rechts."
... *y que una habitación* → *y que* hacía falta („man brauche") *una habitación*
... *ella entonces, que bien* → *ella entonces* decía („sagte") *que* estaba („es sei") *bien*
... *que la segunda puerta* → *que* podían entrar („sie könnten eintreten").

874. In anderen Fällen, vor allem auf einem niedrigeren Niveau der gesprochenen Sprache, kann man dagegen ein überflüssiges (und nicht zu übersetzendes) *que* finden.

a. *El primer día de curso me había preguntado que si yo era pariente de un violinista célebre* (C. Laforet, *Nada*, 60).
Am ersten Unterrichtstag hatte er mich gefragt, ob ich mit einem berühmten Violinisten verwandt sei.

b. *– ¿Me da tres cuartos de tomates?*
– ¿Eh?
La verdulera es sorda como una tapia.
– ¡Que si me da tres cuartos de tomates! (C. J. Cela, *Viaje a la Alcarria*, 34).
„Geben Sie mir anderthalb Pfund Tomaten?" „Was?" Die Gemüsefrau ist stocktaub. „Ob sie mir anderthalb Pfund Tomaten geben können!"

Eine andere strenggenommen überflüssige Wiederholung von *que* findet sich gegenwärtig (in der gesprochenen Sprache) häufig, wenn zwischen der Konjunktion und dem durch sie eingeleiteten Satz ein anderer (meist längerer) Nebensatz eingefügt ist:

c. *Dijo que como era ya muy tarde para ir a clase, que no le esperaran* [M. Seco, *Diccionario de dudas*, (5. Aufl. von 1970), 284][14].
Er sagte, daß sie, da es für den Unterricht schon sehr spät sei, nicht auf ihn warten sollten.

---

[13] Die Form *la* (in ... *la puso* ...) ist hier natürlich ein *laísmo*. Korrekt wäre: ... *le puso* ... Siehe dazu die Nrn. 311–314.
[14] Zum Gebrauch eines redundanten *que* und einigen hauptsächlich regionalen Bedeutungen dieses Wortes in Lateinamerika siehe C. Kany, *Sintaxis hispanoamericana*, 458–461.

875. Eigenartig[15] wirken manche indirekte Fragesätze, in denen auf die (überflüssige) Konjunktion *que* das Interrogativpronomen *qué* folgt. Diese lautliche Verdoppelung von *que* gehört der Umgangssprache an.

    a. *Sé lo que piensa ... que qué va a decir la gente* (J. A. DE ZUNZUNEGUI, *El camión justiciero*, 13).
       Ich weiß, was Sie denken: „Was werden die Leute sagen?"
    b. *Ella decía que era así y que qué le haremos, añadía*. So lautet der Titel einer Erzählung von J. VILALLONGA (in *Ínsula*, Nr. 422, Januar 1982, 16).
       So ist es, sagte sie, und was kann man machen, fügte sie hinzu.
    c. *Le pregunté que qué hora era* (DUE, II, 901).
       Ich fragte ihn, wie spät es sei.

§ 6. „SI"

876. Meist hat *si* die Bedeutung von „ob" oder von „wenn", „falls" (zur Einleitung eines Konditionalsatzes).

    a. *No sé si vendrá.*
       Ich weiß nicht, ob er kommen wird.

In Sätzen dieses Typs ist die (einleitende) Funktion von *si* mit der von *que* in bejahenden Sätzen vergleichbar (→ *sé que vendrá*).

    b. *Si vienes mañana te daré el libro.*
       Wenn du morgen kommst, werde ich dir das Buch geben.

877. Nach Verben des Sagens und Denkens kann man bisweilen ein *si* finden, wo eigentlich ein *que* zu erwarten wäre. Dies läßt sich vielleicht dadurch erklären, daß in derlei Fällen immer ein gewisser Zweifel vorhanden ist und das jeweilige Verb eigentlich die Bedeutung von *preguntar(se)* [„(sich) fragen"] hat.

    a. *Don Nicolás se marchó de España el año 39, porque decían si era masón* (C. J. CELA, *La colmena*, 270).
       Don Nicolás verließ Spanien 1939, weil man sagte, er sei möglicherweise Freimaurer.
    b. *Murmuraban si la chica tendría hecho algún pacto con el Malo* (V. BLASCO IBÁÑEZ, *Cuentos valencianos*, 28).
       Man munkelte, das Mädchen könne einen Pakt mit dem Bösen geschlossen haben.

878. Durch die Verwendung von *si* kann auch ein gewisser Protest oder eine Begründung zum Ausdruck gebraucht werden[16].

---

15 Und nach C. HERNÁNDEZ „kakophonisch" (*Sintaxis española*, 334).
16 Siehe dazu mit weiteren Erläuterungen und Beispielen: M. SECO, *Diccionario de dudas*, 342.

a. *Si está descalzoncillado* (F. GARCÍA PAVÓN, *El último sábado*, 37).
   Er hat ja gar keine Unterhose an!
b. *– ¿No estás ya con el marqués?*
   – Pero hombre, si se arruinó (angeführt von A. MINGOTE, *Dos momentos del humor español*, 19).
   „Bist du nicht mehr beim Marquis?" „Na hör mal, der ist doch bankrott?"

In diesen Fällen hat *si* offensichtlich eher einen adverbialen Wert.

§ 7. „Y"

879. *Y* entspricht dem deutschen „und". Ebenso wie im Deutschen wird es in einer Reihung gewöhnlich nur vor dem letzten Element gebraucht, es sei denn, zwei oder mehrere Begriffe sollen besonders als einem Verband zugehörig hervorgehoben werden.

a. *El padre, la madre y los niños* (M. SECO, *Manual de gramática española*, 200).
   Der Vater, die Mutter und die Kinder.
b. *Eran todos jóvenes y estaban bebiendo y comiendo y riendo y discutiendo* (J. DONOSO, *La misteriosa desaparición de la marquesita de Loria*, 125).
   Es waren alles junge Leute, und sie tranken und aßen und lachten und diskutierten.

Vor der Konjunktion *y* kann ein Komma gesetzt werden, wenn sie Sätze verbindet, die eine gewisse Länge und unterschiedliche Subjekte haben:

c. *La Guardia Civil patrulla por los pueblos, y la Policía Nacional, por las ciudades* (Kommentar und Beispiel aus dem *Manual de español urgente*, 29).
   Die Guardia Civil geht in den Dörfern Streife und die Nationalpolizei in den Städten.

Ein zwischen (identischen) Verbformen wiederholtes *y* unterstreicht den durativen und/oder intensiven Charakter der Handlung:

d. *Peleamos y peleamos y peleamos* (M. PUIG, *Maldición eterna a quien lea estas páginas*, 101).
   Wir stritten und stritten und stritten uns.

880. Vor einem Wort, das mit *i* oder *hi* beginnt, steht anstelle von *y* die Form *e* (selbst wenn die beiden Wörter durch ein Komma getrennt werden – siehe Beispiel c), außer wenn das *i* Bestandteil eines Diphthongs ist.

a. *– Lástima, porque es simpático.*
   – E inteligente (M. AUB, *La calle de Valverde*, 117).
   „Schade, denn er ist sympathisch." „Und intelligent."
b. *Enamoramiento, éxtasis e hipnotismo* [J. ORTEGA Y GASSET, *Estudios sobre el amor*, 101 (= Titel eines Kapitels)].
   Verliebtheit, Extase und Hypnose.
c. *¡E, inopinadamente, reaparece el espectro de la bohemia!* (R. DEL VALLE-INCLÁN, *Luces de bohemia*, 81).
   Und unvermutet taucht das Gespenst der Bohème wieder auf.

Aber:

> d. *Matan y hieren sin piedad* (*Esbozo*, 506).
> Sie töten und verwunden schonungslos.
> *Hieren* beginnt mit einem Diphthong.

Die Regel ist nicht ohne Ausnahme: vor Eigennamen kann man sowohl *e* als auch *y* gebrauchen.

> e. *Sisí se esforzó en mostrarse amable.*
> *– ¿Y Hipolitín? dijo* (M. Delibes, *Mi idolatrado hijo Sisí*, 296).
> Sisí bemühte sich, freundlich zu sein. „Und der kleine Hipólito?" sagte er.
> f. *E Ignacio le había contestado: „sí"* (J. M. Gironella, *Los cipreses creen en Dios*, 776).
> Und Ignacio hatte ihm geantwortet: „Ja."

881. In verschiedenen lateinamerikanischen Ländern wird – hauptsächlich mit fragender Bedeutung – ein alleinstehendes *¿y?* mit emphatischem Wert gebraucht. Diese Form kann Ausdrücke wie *¿de qué se trata?* („worum geht es?"), *¿qué pasó?* („was ist passiert"), *¿y qué?* („na und?") u. dgl. ersetzen[17].

---

17 Weitere Erläuterungen und Beispiele finden sich bei: C. Kany, *Sintaxis hispanoamericana*, 464–465.

KAPITEL X

DAS VERB – DIE KONJUGATION
EL VERBO – LA CONJUGACIÓN

ABSCHNITT I

REGELMÄSSIGE VERBEN
LOS VERBOS REGULARES

882. Im Spanischen gibt es drei Gruppen regelmäßiger Verben. Im Infinitiv enden sie auf -AR, -ER und -IR. Weitaus die meisten Verben gehören der ersten Gruppe an, und fast alle Neubildungen erhalten die Infinitivendung -AR[1]. Im folgenden wird die Konjugation dieser Verben behandelt.

§ 1. EINFACHE ZEITEN DES INDIKATIVS

A. Indikativ Präsens (presente de indicativo)

883.

	CANTAR („singen")	COMER („essen")	VIVIR („leben")
1. P.sg.	*cant/o*	*com/o*	*viv/o*
2. P.sg.	*cant/as*	*com/es*	*viv/es*
3. P.sg.	*cant/a*	*com/e*	*viv/e*
1. P.pl.	*cant/amos*	*com/emos*	*viv/imos*
2. P.pl.	*cant/áis*	*com/éis*	*viv/ís*
3. P.pl.	*cant/an*	*com/en*	*viv/en*

---

[1] Siehe dazu: *Esbozo*, 268. Neologismen haben häufig die Endung -EAR [mit der Variante (in der gesprochenen Sprache Lateinamerikas) -IAR]. In diesem Zusammenhang ist die Tatsache bezeichnend, daß in Kreisen spanischer Arbeitnehmer in deutsch- und französischsprachigen Ländern (manchmal in humoristischer Absicht) Verben gebildet werden wie *wartear* (< „warten"), *kuchenear* [(< „Kuchen essen"], *ratear* (- *el tren*) [frz. *rater* („verpassen; „den Zug - ") u.ä. Man beachte auch im folgenden Beispiel die Verbbildung *doctorzhivaguear* (nach der Hauptperson eines Romans des russischen Schriftstellers B. Pasternak):
Trenes de deportados doctorzhivagueando por la Patagonia (A. Posse, *La reina del Plata,* 118 – das Wortspiel mit dem Verb *vagar* („umherziehen", „umherirren") liegt hier auf der Hand, ist aber im Deutschen kaum wiederzugeben].
Züge mit Deportierten, die in Patagonien ziellos hin- und herfahren.

884. Dabei ist folgendes zu beachten:

a. Die Endung der ersten Person Singular lautet stets -o[2].
b. Die Verben der zweiten und dritten Konjugation unterscheiden sich ihrer Endung nach nur in der ersten und zweiten Person Plural.
c. Die Formen der zweiten Person Plural müssen (wegen der Aussprache) einen Akzent tragen.
d. Es sei daran erinnert, daß der Gebrauch von *vos* (in Lateinamerika) nicht nur bestimmte Konkordanzprobleme aufwirft, sondern auch veränderte Verbformen zur Folge haben kann[3].

B. Indikativ Imperfekt (imperfecto de indicativo)

885.

	CANTAR	COMER	VIVIR
1. P.sg.	*cant/aba*	*com/ía*	*viv/ía*
2. P.sg.	*cant/abas*	*com/ías*	*viv/ías*
3. P.sg.	*cant/aba*	*com/ía*	*viv/ía*
1. P.pl.	*cant/ábamos*	*com/íamos*	*viv/íamos*
2. P.pl.	*cant/abais*	*com/íais*	*viv/íais*
3. P.pl.	*cant/aban*	*com/ían*	*viv/ían*

886. Das *imperfecto de indicativo* der Verben auf -ER und -IR wird auf dieselbe Weise gebildet. Es gibt im Spanischen nur zwei Verben, die bei der Bildung des Imperfekts vom obigen Schema abweichen: *ir* („gehen") → *iba* und *ser* („sein") → *era*[4]. Man beachte den Akzent in der Form *cantábamos*.

C. Pretérito perfecto simple

887. Es ist nicht ohne weiteres möglich, eine genaue Übersetzung für *pretérito perfecto simple* anzugeben. Mal wird dieses Tempus im Deutschen durch das Imperfekt wiederzugeben sein, in anderen Fällen durch das Perfekt (siehe in diesem Zusammenhang auch im weiteren die Hinweise zum Gebrauch der Tempora, vor allem in den Nrn. 1015–1022).
Formal kann das *pretérito perfecto simple* mit dem französischen *passé simple* verglichen werden.
Bei der Bezeichnung dieses Tempus herrscht eine gewisse Uneinheitlichkeit[5]. Hier wurde dem Terminus *pretérito perfecto simple* der Vorzug gegeben, da dies der Ausdruck ist, den der *Esbozo* verwendet[6],

---

[2] Wie übrigens auch bei allen anderen spanischen Verben (also auch den unregelmäßigen), mit Ausnahme von sechs: *estar* („sein") → *estoy*; *dar* („geben") → *doy*; *haber* („haben" – Hilfsverb)→ *he*; *ir* („gehen") → *voy*; *saber* („wissen") → *sé*; *ser* („sein")→ *soy*. Siehe auch weiter unten, Nr. 970.
[3] Cf. Nr. 302, wo Formen (wie *tenés, sabrés* ...) angeführt sind, die in der hier angegebenen Liste nicht vorkommen.
[4] Siehe jedoch auch die Hinweise zum Verb *ver* („sehen") in Nr. 975.
[5] Das gilt auch für andere Tempora.
[6] *Esbozo*, 260. Jedoch ist diese Bezeichnung möglicherweise nicht die gebräuchlichste. Sie findet sich im übrigen nicht im *Diccionario de términos filológicos* von F. LÁZARO CARRETER (das allerdings früher als der *Esbozo* er-

aber es finden sich auch andere Termini (wie z. B. *pretérito definido, pretérito indefinido, pretérito perfecto absoluto, perfecto simple*, oder einfach *pretérito*).

888. Bildung des *pretérito perfecto simple*:

	CANTAR	COMER	VIVIR
1. P.sg.	cant/é	com/í	viv/í
2. P.sg.	cant/aste	com/iste	viv/iste
3. P.sg.	cant/ó	com/ió	viv/ió
1. P.pl.	cant/amos	com/imos	viv/imos
2. P.pl.	cant/asteis	com/isteis	viv/isteis
3. P.pl.	cant/aron	com/ieron	viv/ieron

889. Auch hier gilt (ebenso wie beim *imperfecto de indicativo*), daß die zweite und dritte Konjugation dieselben Endungen aufweisen.
In diesem Zusammenhang soll noch einmal auf die große Bedeutung des Akzentzeichens im Spanischen hingewiesen werden: Formen wie *canté* und *cantó* gibt es auch ohne Akzent (→ *cante, canto*), sie haben dann aber einen ganz anderen Wert (nämlich 1. oder 3. Person Singular des *presente de subjuntivo* bzw. erste Person Singular des *presente de indicativo*).

890. Bei der Übersetzung können Formen wie *cantamos* und *vivimos* manchmal problematisch sein: es kann sich dabei ja sowohl um ein *pretérito perfecto simple* als auch um ein *presente de indicativo* handeln[7]. Ob sie eine Zeit der Gegenwart oder der Vergangenheit bezeichnen, muß aus dem Kontext hervorgehen.

D. Indikativ Futur I (futuro de indicativo)

891.

	CANTAR	COMER	VIVIR
1. P.sg.	cantar/é	comer/é	vivir/é
2. P.sg.	cantar/ás	comer/ás	vivir/ás
3. P.sg.	cantar/á	comer/á	vivir/á
1. P.pl.	cantar/emos	comer/emos	vivir/emos
2. P.pl.	cantar/éis	comer/éis	vivir/éis
3. P.pl.	cantar/án	comer/án	vivir/án

892. Das *futuro de indicativo* hat einfach zu bildende Formen, die bei allen regelmäßigen Verben (aller drei Konjugationen!) dieselben Endungen haben. Ebenso wie im Französischen werden diese Endungen einfach an den Infinitiv angefügt.

---

schienen ist). In der letzten Ausgabe der *Gramática de la lengua española* der Real Academia Española wird dieses Tempus als *pretérito indefinido* bezeichnet.

7 Dieser Hinweis gilt nur für die regelmäßigen Verben. Im weiteren wird sich zeigen, daß die meisten unregelmäßigen Verben in diesen Fällen unterschiedliche Formen haben.

E. Konditional (condicional[8] oder potencial)

893.

	CANTAR	COMER	VIVIR
1. P.sg.	cantar/ía	comer/ía	vivir/ía
2. P.sg.	cantar/ías	comer/ías	vivir/ías
3. P.sg.	cantar/ía	comer/ía	vivir/ía
1. P.pl.	cantar/íamos	comer/íamos	vivir/íamos
2. P.pl.	cantar/íais	comer/íais	vivir/íais
3. P.pl.	cantar/ían	comer/ían	vivir/ían

894. Ebenso wie beim *futuro de indicativo* ist die Bildung des *condicional* besonders einfach: in allen drei Konjugationen der regelmäßigen Verben werden an den Infinitiv dieselben (übrigens bereits bekannten) Endungen angefügt. Bei diesen Endungen handelt es sich um die, die zur Bildung des *imperfecto de indicativo* der Verben auf -ER und -IR dienen.

§ 2. EINFACHE ZEITEN DES KONJUNKTIVS

A. Konjunktiv Präsens (presente de subjuntivo)

895.

	CANTAR	COMER	VIVIR
1. P.sg.	cant/e	com/a	viv/a
2. P.sg.	cant/es	com/as	viv/as
3. P.sg.	cant/e	com/a	viv/a
1. P.pl.	cant/emos	com/amos	viv/amos
2. P.pl.	cant/éis	com/áis	viv/áis
3. P.pl.	cant/en	com/an	viv/an

896. Auffällig ist, daß bei der Bildung dieser Formen eine Art „Vokalaustausch" stattfindet: die Verben auf -AR bekommen in allen Personen ein -*e* (ein für die zweite Konjugation typischer Vokal); bei den Verben der zweiten und dritten Konjugation findet sich in allen Formen ein -*a* (typischer Vokal der ersten Konjugation).

897. Das *presente de subjuntivo* fast aller Verben – auch der meisten unregelmäßigen – wird von der ersten Person Singular des *presente de indicativo* abgeleitet. Dazu wird einfach die Endung -*o* die-

---

[8] Ob das *condicional* (oder *potencial*) als Tempus oder als eigenständiger Modus zu betrachten sei, ist auch in der spanischen Grammatik umstritten. Doch ist diese Frage nicht von allzu großer praktischer Bedeutung, und der Einfachheit halber werden die fraglichen Formen in dieser Grammatik als ein Tempus des Indikativs aufgeführt. Man kann jedoch feststellen, daß die wichtigste *Funktion* des *condicional* nicht temporal, sondern modal ist (und somit Nuancen wie Möglichkeit, Wahrscheinlichkeit, Zweifel ... ausdrückt).

ser Form durch die Endungen des *subjuntivo* ersetzt[9]. Diese Regel ist sehr wichtig, denn selbst wenn nur die erste Person Singular des Indikativs eines Verbs unregelmäßig ist, so findet man diese Abweichung in ALLEN Personen des *presente de subjuntivo* dieses Verbs[10]. Man beachte den Akzent in den Formen der zweiten Person Plural: *cantéis, comáis, viváis*.

B. Konjunktiv Imperfekt (imperfecto de subjuntivo)

898. Im Gegensatz zum französischen *subjonctif imparfait*, der kaum noch benutzt wird, ist das *imperfecto de subjuntivo* im Spanischen – auch in der gesprochenen Sprache – noch sehr lebendig. Wie die folgende Übersicht zeigt, haben die Formen bei den Verben auf -ER und -IR (einmal mehr!) dieselben Endungen. Eine Schwierigkeit besteht allerdings darin, daß es zwei Reihen von Endungen gibt, wie das folgende Schema zeigt.

899.

	CANTAR	COMER	VIVIR
1. P.sg.	cant/ara	com/iera	viv/iera
2. P.sg.	cant/aras	com/ieras	viv/ieras
3. P.sg.	cant/ara	com/iera	viv/iera
1. P.pl.	cant/áramos	com/iéramos	viv/iéramos
2. P.pl.	cant/arais	com/ierais	viv/ierais
3. P.pl.	cant/aran	com/ieran	viv/ieran
1. P.sg.	cant/ase	com/iese	viv/iese
2. P.sg.	cant/ases	com/ieses	viv/ieses
3. P.sg.	cant/ase	com/iese	viv/iese
1. P.pl.	cant/ásemos	com/iésemos	viv/iésemos
2. P.pl.	cant/aseis	com/ieseis	viv/ieseis
3. P.pl.	cant/asen	com/iesen	viv/iesen

900. Die Formen des *imperfecto de subjuntivo* können auf folgende Weise von der 3. Person Plural des *pretérito perfecto simple* abgeleitet werden:

   a. Ausgangsform = 3. Person Plural des *pretérito perfecto simple*
   → *cantaron comieron vivieron*
   b. Die Endungen { -ra, -ras, -ra, -ramos, -rais, -ran
                    { -se, -ses, -se, -semos, -seis, -sen
   treten an die Stelle von *-ron*
   canta-~~ron~~ → *canta-ra, canta-ras ...*
   comie-~~ron~~ → *comie-ra, comie-ras ...*
   vivie-~~ron~~ → *vivie-ra, vivie-ras ...*

---

[9] Wichtige Ausnahmen sind: *dar* („geben") → *dé*; *estar* („sein") → *esté*; *haber* („haben" – Hilfsverb) → *haya*; *ir* („gehen") → *vaya*; *saber* („wissen") → *sepa*; *ser* („sein") → *sea*. Siehe auch weiter unten, Nr. 984.
[10] Siehe z. B. ein Verb wie *caber* („hineinpassen"). Im *presente de indicativo* sind alle Formen regelmäßig, mit Ausnahme der ersten Person Singular: *quepo, cabes, cabe, cabemos, cabéis, caben*. In Anwendung der genannten Regel lauten die Formen des *presente de subjuntivo* wie folgt: (*quepo* →) *quepa, quepas, quepa, quepamos, quepáis, quepan* (alle Formen sind unregelmäßig!).

Dieses Verfahren gilt für alle Verben, auch die unregelmäßigen.
Man beachte den Akzent in den Formen der ersten Person Plural: *cantáramos, cantásemos* ...

901. Mögliche Bedeutungsunterschiede zwischen den Formen auf *-ra* und *-se* werden weiter unten behandelt (siehe die Nrn. 1047–1048).

C. Konjunktiv Futur (futuro de subjuntivo)

902. Dieses Tempus ist von geringer praktischer Bedeutung. Im heutigen Spanisch wird es wenig oder gar nicht gebraucht (siehe dazu Nr. 1049). Bei der Bildung dieses Tempus zeigt sich eine große Ähnlichkeit mit den Formen des *imperfecto de subjuntivo*: es tritt lediglich ein *-re* an die Stelle von *-ra* (oder *-se*).

903

	CANTAR	COMER	VIVIR
1. P.sg.	cant/*are*	com/*iere*	viv/*iere*
2. P.sg.	cant/*ares*	com/*ieres*	viv/*ieres*
3. P.sg.	cant/*are*	com/*iere*	viv/*iere*
1. P.pl.	cant/*áremos*	com/*iéremos*	viv/*iéremos*
2. P.pl.	cant/*areis*	com/*iereis*	viv/*iereis*
3. P.pl.	cant/*aren*	com/*ieren*	viv/*ieren*

Man beachte den Akzent in den Formen der ersten Person Plural: *cantáremos, comiéremos, viviéremos*[11].

§ 3. ZUSAMMENGESETZTE ZEITEN

904. Die zusammengesetzten Zeiten – sowohl im *indicativo* als auch im *subjuntivo* – werden, ebenso wie im Deutschen (und Französischen), mit einem Hilfsverb und einem Perfektpartizip gebildet, wobei zu beachten ist, daß für diese Formen im Spanischen AUSSCHLIESSLICH das Hilfsverb *haber* verwendet wird.

A. Perfekt (pretérito perfecto compuesto)

Dieses Tempus wird mit dem Präsens von *haber* + dem Perfektpartizip des Hauptverbs gebildet[12]. Auch hier herrscht bei der Bezeichnung eine gewisse Uneinheitlichkeit. Neben dem hier verwendeten Ausdruck *pretérito perfecto compuesto* kann man auch finden: *antepresente, pretérito compuesto, pretérito perfecto* ...

---

[11] Alle im weiteren gegebenen Hinweise zu Unregelmäßigkeiten bei der Bildung des *imperfecto de subjuntivo* gelten auch für das *futuro de subjuntivo*, ohne daß dies ausdrücklich erwähnt wird.
[12] Zur Konjugation von *haber* und zur Bildung des Perfektpartizips siehe die Nrn. 932 bzw. 928–930.

Regelmäßige Verben / Los verbos regulares

	CANTAR	COMER	VIVIR
1. P.sg.	*he cantado*	*he comido*	*he vivido*
2. P.sg.	*has cantado*	*has comido*	*has vivido*
3. P.sg.	*ha cantado*	*ha comido*	*ha vivido*
1. P.pl.	*hemos cantado*	*hemos comido*	*hemos vivido*
2. P.pl.	*habéis cantado*	*habéis comido*	*habéis vivido*
3. P.pl.	*han cantado*	*han comido*	*han vivido*

B. Plusquamperfekt (pretérito pluscuamperfecto und pretérito anterior)

906. Diese Tempora werden mit dem *imperfecto de indicativo* bzw. dem *pretérito perfecto simple* des Hilfsverbs *haber* + dem Perfektpartizip des Hauptverbs gebildet.

907. Pretérito pluscuamperfecto

	CANTAR	COMER	VIVIR
1. P.sg.	*había cantado*	*había comido*	*había vivido*
2. P.sg.	*habías cantado*	*habías comido*	*habías vivido*
3. P.sg.	*había cantado*	*había comido*	*había vivido*
1. P.pl.	*habíamos cantado*	*habíamos comido*	*habíamos vivido*
2. P.pl.	*habíais cantado*	*habíais comido*	*habíais vivido*
3. P.pl.	*habían cantado*	*habían comido*	*habían vivido*

908. Pretérito anterior

	CANTAR	COMER	VIVIR
1. P.sg.	*hube cantado*	*hube comido*	*hube vivido*
2. P.sg.	*hubiste cantado*	*hubiste comido*	*hubiste vivido*
3. P.sg.	*hubo cantado*	*hubo comido*	*hubo vivido*
1. P.pl.	*hubimos cantado*	*hubimos comido*	*hubimos vivido*
2. P.pl.	*hubisteis cantado*	*hubisteis comido*	*hubisteis vivido*
3. P.pl.	*hubieron cantado*	*hubieron comido*	*hubieron vivido*

Anmerkung

Im Deutschen gibt es kein Tempus, das von seiner Bildung her dem *pretérito anterior* entspräche. Dies ist eine logische Folge der Tatsache, daß es den Formen nach auch keine deutsche Entsprechung für das *pretérito perfecto simple* gibt.

C. Futur II (futuro perfecto)

909. Dieses Tempus wird mit dem Futur I von *haber* + dem Perfektpartizip des Hauptverbs gebildet.

	CANTAR	COMER	VIVIR
1. P.sg.	*habré cantado*	*habré comido*	*habré vivido*
2. P.sg.	*habrás cantado*	*habrás comido*	*habrás vivido*
3. P.sg.	*habrá cantado*	*habrá comido*	*habrá vivido*
1. P.pl.	*habremos cantado*	*habremos comido*	*habremos vivido*
2. P.pl.	*habréis cantado*	*habréis comido*	*habréis vivido*
3. P.pl.	*habrán cantado*	*habrán comido*	*habrán vivido*

D. Konditional II (condicional compuesto)

910. Dieses Tempus wird gebildet, indem das *condicional* von *haber* mit dem Perfektpartizip des Hauptverbs verbunden wird.

	CANTAR	COMER	VIVIR
1. P.sg.	*habría cantado*	*habría comido*	*habría vivido*
2. P.sg.	*habrías cantado*	*habrías comido*	*habrías vivido*
3. P.sg.	*habría cantado*	*habría comido*	*habría vivido*
1. P.pl.	*habríamos cantado*	*habríamos comido*	*habríamos vivido*
2. P.pl.	*habríais cantado*	*habríais comido*	*habríais vivido*
3. P.pl.	*habrían cantado*	*habrían comido*	*habrían vivido*

E. Perfekttempora des subjuntivo

911. Pretérito perfecto de subjuntivo
Dieses Tempus wird gebildet, indem das *presente de subjuntivo* von *haber* mit dem Perfektpartizip des Hauptverbs verbunden wird.

	CANTAR	COMER	VIVIR
1. P.sg.	*haya cantado*	*haya comido*	*haya vivido*
2. P.sg.	*hayas cantado*	*hayas comido*	*hayas vivido*
3. P.sg.	*haya cantado*	*haya comido*	*haya vivido*
1. P.pl.	*hayamos cantado*	*hayamos comido*	*hayamos vivido*
2. P.pl.	*hayáis cantado*	*hayáis comido*	*hayáis vivido*
3. P.pl.	*hayan cantado*	*hayan comido*	*hayan vivido*

912. Pretérito pluscuamperfecto de subjuntivo
Dieses Tempus wird mit dem *imperfecto de subjuntivo* von *haber* + dem Perfektpartizip des Hauptverbs gebildet.

	CANTAR	COMER	VIVIR
1. P.sg.	*hubiera cantado*	*hubiera comido*	*hubiera vivido*
	hubiese cantado	*hubiese comido*	*hubiese vivido*
2. P.sg.	*hubieras cantado*	*hubieras comido*	*hubieras vivido*
	hubieses cantado	*hubieses comido*	*hubieses vivido*

Regelmäßige Verben / Los verbos regulares

3. P.sg.	hubiera cantado	hubiera comido	hubiera vivido
	hubiese cantado	hubiese comido	hubiese vivido
1. P.pl.	hubiéramos cantado	hubiéramos comido	hubiéramos vivido
	hubiésemos cantado	hubiésemos comido	hubiésemos vivido
2. P.pl.	hubierais cantado	hubierais comido	hubierais vivido
	hubieseis cantado	hubieseis comido	hubieseis vivido
3. P.pl.	hubieran cantado	hubieran comido	hubieran vivido
	hubiesen cantado	hubiesen comido	hubiesen vivido

913. Der *Esbozo* führt auch ein *futuro perfecto de subjuntivo* an (S. 263). Dieses Tempus wird gebildet, indem das *futuro de subjuntivo* von *haber* mit dem Perfektpartizip des Hauptverbs verbunden wird. Zum Beispiel: *hubiere cantado, hubiere comido, hubiere vivido*. Im heutigen Spanisch kommen derlei Formen fast nie vor[13].

F. Zusammengesetzter Infinitiv (infinitivo perfecto)

914. Die zusammengesetzten Formen des Infinitivs (→ *haber cantado, haber comido, haber vivido*), deren Verwendung im Spanischen vielfältiger ist als im Deutschen, werden in den Nrn. 1121 und 1162 behandelt.

§ 4. DER IMPERATIV (EL IMPERATIVO)

915. Strenggenommen hat der Imperativ im Spanischen nur zwei Formen: die zweite Person Singular und Plural[14].

	CANTAR	COMER	VIVIR
2. P.sg.	¡canta!	¡come!	¡vive![15]
2. P.pl.	¡cantad!	¡comed!	¡vivid!

Anmerkungen

916. Beim Imperativ der reflexiven Verben wird das Personalpronomen an die Verbform angehängt[16].

---

[13] In den Statuten der *Real Academia Española* kann man solche Formen finden (z. B. in den Artikeln XXVII und XXVIII). Zwar scheint dies nicht allzusehr zu überraschen, wenn man bedenkt, daß der ursprüngliche Text aus dem Jahr 1859 stammt, doch erwartet man sie andererseits nicht unbedingt, nachdem die Statuten 1977 offiziell „überarbeitet" und „aktualisiert" (*reformados y actualizados*) wurden.

[14] „Strenggenommen", weil im Spanischen u. a. auch Formen des *subjuntivo*, des *presente* und *futuro de indicativo* sowie der Infinitiv und das *gerundio* mit imperativem Wert gebraucht werden können (siehe dazu die Nrn. 919, 1013, 1036, 1169–1180 und 1201–1203). Wie auch in anderen Sprachen stehen dem Sprecher darüber hinaus eine Reihe paralinguistischer Hilfsmittel zur Verfügung, um einen imperativen Ausdruck zu bekräftigen, z. B. ein strenger Blick oder Gesichtsausdruck, ein drohender Finger oder eine geballte Faust usw.

[15] Man beachte, daß bei den regelmäßigen Verben die zweite Person Singular des Imperativs dieselbe Form hat wie die dritte Person Singular des *presente de indicativo*.

[16] Das Ergebnis ist also ein Wort! Weiter oben wurde erläutert, daß ein an das Verb angefügtes Pronomen als *pronombre enclítico* bezeichnet wird (siehe die Nrn. 316–324).

    a. *¡Lávate!*[17] Wasch dich!
    b. *¡Lavaos!*   Wascht euch! (siehe die Hinweise zu dieser Form in Nr. 917).

917. In der zweiten Person Plural fällt die Imperativendung *-d* vor dem Reflexivpronomen *-os* aus.

    a. [*lavad + os*] → *¡lavaos!*
        Wascht euch!
    b. [*acercad + os*] → *¡acercaos!*
        Kommt heran!
    c. *Ahora, disolveos pacíficamente y que nadie se preocupe* (F. Vizcaíno Casas, ... *y al tercer año, resucitó*, 202).
        Geht jetzt friedlich auseinander; es braucht sich niemand Sorgen zu machen.
    d. *¡Proletarios de todos los países, uníos!* (A. Carpentier, *El recurso del método*, 225).
        Proletarier aller Länder, vereinigt euch!

Die einzige – aber wichtige – Ausnahme ist *¡idos!*, von *irse* („weggehen").

    e. *Idos y dejadme en paz, ¡so cretinos!* (A. Roa Bastos, *El trueno entre las hojas*, 213).
        Geht weg, und laßt mich in Frieden, ihr Idioten!
        (In *dejadme* fällt das *-d* natürlich nicht aus, da ihm kein *-os* folgt.)

918. Wenn im Imperativ ein Ausrufezeichen gesetzt wird (was meist der Fall ist), gilt selbstverständlich der Hinweis aus Nr. 9: je ein Ausrufezeichen steht vor und hinter der Imperativform bzw. dem Imperativsatz.

919. In folgenden Fällen wird eine Form des *presente de subjuntivo* als Imperativ benutzt:

1. Bei der Höflichkeitsform mit *usted, ustedes*

	CANTAR	COMER	VIVIR
2. P.sg. (Höflichkeitsform)	*¡cante Ud.!*	*¡coma Ud.!*	*¡viva Ud.!*
2. P.pl. (Höflichkeitsform)	*¡canten Uds.!*	*¡coman Uds.!*	*¡vivan Uds.!*

Wenn jede Mehrdeutigkeit ausgeschlossen ist, kann *Ud.* (*Uds.*) auch wegfallen: *¡cante! ¡coman!* ...

    a. In der Metro von Madrid wird den Fahrgästen die folgende Empfehlung gegeben:

        EN BENEFICIO DE TODOS:
        ENTREN Y SALGAN RAPIDAMENTE
        NO OBSTRUYAN LAS PUERTAS[18].

        IM INTERESSE ALLER FAHRGÄSTE:
        SCHNELL EIN- UND AUSSTEIGEN
        DIE TÜREN NICHT VERSPERREN.

---

[17] Das erste *a* erhält einen Akzent, damit die Aussprache der Form ohne Pronomen (*¡lava!*) erhalten bleibt.
[18] So gesehen im Februar 1985.

Regelmäßige Verben / Los verbos regulares 383

2. In der ersten Person Plural

	CANTAR	COMER	VIVIR
	¡cantemos!	¡comamos!	¡vivamos!

Achtung! → Bei reflexiven Verben fällt das -s der Endung vor dem Personalpronomen aus.

b.

«¡¡Veamos la lengua!!»

(*Antología del humor*, 84)
Sehen wir uns mal die Zunge an!!

c. [lavemos + nos] → ¡lavémonos! (man beachte den Akzent).
d. *Abracémonos, hermanos* (R. Del Valle-Inclán, *Luces de bohemia*, 58).
Laßt uns einander in die Arme fallen, Brüder.

Aber:

e. *Ejemplifiquémoslo* (E. Alarcos Llorach, *Estudios de gramática funcional del español*, 261).
Geben wir einige Beispiele dafür an.
(Das Verb *ejemplificar* ist nicht reflexiv.)

3. Beim verneinten Imperativ

	CANTAR	COMER	VIVIR
2. P.sg.	¡no cantes!	¡no comas!	¡no vivas!
2. P.pl.	¡no cantéis!	¡no comáis!	¡no viváis!

f. *No te cases con Leticia* (E. Jardiel Poncela, *Un marido de ida y vuelta*, 170).
Heirate nicht Leticia.

Achtung! → Beim verneinten Imperativ eines reflexiven Verbs wird kein *pronombre enclítico* gebraucht.

	levantarse („aufstehen")	→	¡levántate!
	aber	→	¡no te levantes!

Anmerkungen

920. Man vermeidet im Spanischen das Aufeinanderfolgen zweier *-s-* in geschriebenen Formen wie *digámoselo* („sagen wir es ihm") – < *digamos + se + lo*[19]. Zu einer Form wie *háganos* (< *hagan + nos*) vgl. Nr. 322.

921. In der Volkssprache wird (vor allem in reflexiven Konstruktionen) manchmal die Endung der 3. Person Plural von der Verbform abgetrennt und an das enklitische Pronomen angefügt.

    a. *¡Márchense Uds.!* → *¡Márchesen Uds.!*
       Gehen Sie weg!

Ebenso kann man das *-n-* zweimal antreffen:

    b. *¡Márchensen Uds.!*[20]

Andere mögliche *vulgarismos* sind Formen wie *se siente(n)* [anstelle von *siénte(n)se usted(es)* – „setzen Sie sich"].

922. Darüber hinaus wird in der Volkssprache und in Texten, die diese wiedergeben, die in Nr. 919,3) angeführte Regel nicht immer eingehalten. Auch in verneinten Konstruktionen kann man ECHTE Imperativformen finden, vor allem in der zweiten Person Plural.

    a. *No hacedla caso* (J. GARCÍA HORTELANO, *Cuentos completos*, 100 – siehe auch *o. c.*, S. 93, 95, 101).
       Beachtet Sie nicht.
       hacedla ist ein Beispiel für den weiter oben in den Nrn. 311–314 behandelten *laísmo* (= Gebrauch von *la* anstelle von *le*).
    b. *¡No abrid a desconocidos!* (*Heraldo de Aragón*, 13.8.1982, 13).
       Öffnet Unbekannten nicht die Tür!

Im folgenden Beispiel findet sich im selben Satz eine „korrekte" und eine nichtstandardsprachliche Form:

    c. *No aceptéis la mano tendida, no caed en la trampa* (J. GOYTISOLO, *En los reinos de Taifa*, 143).
       Nehmt die ausgestreckte Hand nicht an, fallt nicht darauf herein.

Ebenso folgendes Sprichwort (mit Imperativen in der zweiten Person Singular):

    d. *Ni fía ni porfía, ni entres en cofradía* (*Esbozo*, 363, Fußnote 3).
       Traue keinem, streite um nichts, und laß dich mit niemandem ein.
       (Man beachte, daß neben *fía* und *porfía* die korrekte Form *entres* steht.)

Auf dem genannten Sprachniveau finden sich schließlich auch die Formen *sepas* und *sepáis* (2. Person Sg. und Pl. des *presente de subjuntivo* von *saber*) und (weniger häufig) *digas* und *digáis* (von *decir*) mit dem Wert eines Imperativs:

---

[19] Cf. *Esbozo*, 252. Siehe dazu auch bereits Nr. 322.
[20] Siehe dazu: *Esbozo*, 252 (mit weiteren Beispielen).

    e. *Sepáis que no os necesito para nada.*
       Daß ihr's nur wißt: ich brauche euch für nichts.
    f. *Digas que no quieres hacerlo*[21].
       Sag, daß du es nicht tun willst.

Korrekt wäre in diesen Beispielen: *Sabed que no* ... und *Di que* ...

923. Infolge der Regeln aus den Nrn. 915–916 und 919,3) kann man in ein und demselben Satz VERSCHIEDENE Imperativformen antreffen, die sich auf DIESELBE Person beziehen.

    Hijos, manteneos unidos y no os ocupéis de cuestiones de política (L. RICARDO ALONSO, *El Supremísimo*, 74).
    Kinder, haltet zusammen, und laßt euch nicht mit der Politik ein.

924. Eine Art „unpersönlichen" Imperativ (→ 3. Person, daher eine Form des *subjuntivo*, eventuell mit vorangestelltem *que*) findet man in Formeln wie

    a. *Utilícese como recipiente en caso de mareo.*
       Bei Luftkrankheit diese Tüte benutzen.
       (Text auf den Plastiktüten der spanischen Fluggesellschaft *Iberia*.)

Im Wartesaal eines Arztes kann man folgenden Satz hören:

    b. *Que pase el siguiente.*
       Der nächste bitte.

925. Wie im Deutschen kann auch bei spanischen Imperativformen ein Subjekt explizit genannt werden.

    a. *Bebe tú primero.*
       Trink du zuerst.
    b. *Entrad vosotros antes.*
       Geht ihr zuerst hinein.
    c. *Deja en paz a tu tío Jairo y tú da gracias a Dios por haber nacido cristiano*
       (M. DELIBES, *377A, Madera de Héroe*, 131).
       Laß deinen Onkel Jairo in Frieden, und du danke Gott, daß du als Christ geboren wurdest.

Ebenso wie in anderen Sprachen kann im Spanischen ein imperativischer Ausdruck in einem geschriebenen Text verstärkt werden, indem zwei oder mehr Ausrufezeichen gesetzt werden (Achtung: auch am Anfang eines Satzes – siehe dazu Nr. 9).

---

[21] Der Kommentar und die beiden Vorbilder sind von DUE, II, 1474 übernommen.

§ 5. GERUNDIO[22] UND PERFEKTPARTIZIP (PARTICIPIO PASADO)

926. Das *gerundio* der Verben auf -AR endet auf -*ando*, das der Verben auf -ER und -IR auf -*iendo*:

CANTAR	COMER	VIVIR
cantando	*comiendo*	*viviendo*

927. Das *gerundio* ist immer unveränderlich. Die zahlreichen und vielfältigen Verwendungsmöglichkeiten dieser Form werden weiter unten ausführlich behandelt (siehe die Nrn. 1181–1225).

928. Das Partizip Perfekt der Verben auf -AR endet auf -*ado*, das der Verben auf -ER und -IR auf -*ido*:

CANTAR	COMER	VIVIR
cantado	*comido*	*vivido*

929. Das mit dem Hilfszeitwort *haber* verbundene Perfektpartizip ist unveränderlich[23]. In anderen Fällen (z. B. im Passiv, bei dem das Partizip Perfekt mit einer Form von *ser* verbunden wird) kongruiert das *participio pasado* in Genus und Numerus mit dem Subjekt des Verbs[24]. Den Problemen, die die Kongruenz und der Gebrauch des Perfektpartizips im allgemeinen aufwerfen können, ist weiter unten ein ausführlicherer Kommentar gewidmet (siehe die Nrn. 1226–1287).

930. Unregelmäßige Formen des *gerundio* und des Perfektpartizips werden in den Nrn. 989 und 990 behandelt.

ABSCHNITT II
UNREGELMÄSSIGE VERBEN
LOS VERBOS IRREGULARES

§ 1. DIE ÜBERSETZUNG VON „HABEN" UND „SEIN"

931. Die Verben „haben" und „sein" haben im Spanischen jeweils zwei Entsprechungen:

---

[22] Für das spanische *gerundio* gibt es im Deutschen keine Entsprechung. Daher sollte das Wort besser unübersetzt bleiben.
[23] Im Unterschied zum Französischen, wo die Stellung des Akkusativobjekts in dieser Frage eine Rolle spielt.
[24] Manchmal auch mit dem Akkusativobjekt, wenn das Partizip mit einer Form von *tener, dejar, llevar* oder *traer* verbunden wird. Siehe dazu weitere Einzelheiten in Nr. 1251.

Unregelmäßige Verben / Los verbos irregulares

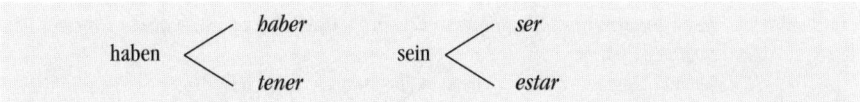

Der Bedeutungsunterschied wird weiter unten behandelt (siehe die Nrn. 1288–1316). Die Konjugation dieser Verben sieht wie folgt aus. [Hier sind nur die einfachen Tempora angeführt. Die Bildung der zusammengesetzten Zeiten bereitet ja keine Schwierigkeiten (siehe die Nrn. 904–914).]

932. HABER

	Zeiten des Indikativs		
	Presente	Imperfecto	Pretérito perfecto simple
1. P.sg.	*he*	*había*	*hube*[25]
2. P.sg.	*has*	*habías*	*hubiste*
3. P.sg.	*ha (hay)*	*había*	*hubo*
1. P.pl.	*hemos*[26]	*habíamos*	*hubimos*
2. P.pl.	*habéis*	*habíais*	*hubisteis*
3. P.pl.	*han*	*habían*	*hubieron*

	Futuro	Condicional
1. P.sg.	*habré*[27]	*habría*
2. P.sg.	*habrás*	*habrías*
3. P.sg.	*habrá*	*habría*
1. P.pl.	*habremos*	*habríamos*
2. P.pl.	*habréis*	*habríais*
3. P.pl.	*habrán*	*habrían*

Anmerkungen

933. *Hay* läßt sich mit „es gibt" übersetzten und entspricht in dieser Bedeutung dem französischen *il y a*[28].

    a. *A veces hay alguna choza* (M. ALVAR, *El envés de la hoja*, 110).
       Hin und wieder findet sich eine Hütte.
    b. *No hay malentendidos entre Europa y España* (*El País*, 16.2.1983, 15).
       Es gibt keine Mißverständnisse zwischen Europa und Spanien.

In den übrigen Tempora werden die normalen Formen von *haber* verwendet: *había* („es gab"), *habrá* („es wird geben"), *ha habido* („es hat gegeben") usw.[29]:

---

[25] Im Unterschied zu den regelmäßigen Verben liegt die Betonung in der 1. und 3. Person Singular hier auf dem Verbstamm. Die Formen tragen also keinen Akzent. Dies gilt ebenso für viele andere unregelmäßige Verben.
[26] Hin und wieder kann man auch die (regelmäßige) Form *habemos* finden. Siehe dazu Nr. 1314 D.
[27] Das -e- der Infinitivendung ist ausgefallen (*haber* → *habré*).
[28] *Il y a* kann auch „vor" bedeuten, z. B. *il y a trois jours* („vor drei Tagen"). In diesem Fall lautet die Übersetzung im Spanischen gewöhnlich *hace* (vom Verb *hacer* → *hace tres días*). Siehe dazu Nr. 970, Fußnote 104.
[29] Lediglich das *pretérito anterior* kommt praktisch nie vor (cf. *Esbozo*, 291).

c. *Hubo un error, es todo lo que sé* (M. Puig, *Maldición eterna a quien lea estas páginas*, 70).
Jemand hatte einen Fehler gemacht, das ist alles, was ich weiß.
d. *Para Róbinson no había habido mujeres* (A. Uslar Pietri, *La isla de Róbinson*, 27).
Für Robinson hatte es keine Frauen gegeben.

Im Prinzip gilt der Gebrauch einer Pluralform von *haber* hier als inkorrekt[30]. Doch findet man gegenwärtig oft Konstruktionen wie *hubieron fiestas* [anstelle von *hubo fiestas* („es wurden Feste gefeiert")], *habían muchos soldados* [anstelle von *había muchos soldados* („dort waren viele Soldaten")] ... Diese Formulierungen sind vor allem in Lateinamerika häufig zu finden[31].
Nicht sehr häufig und ausschließlich in der Schriftsprache zu finden (dabei etwas feierlich oder ironisch gefärbt) ist die Nachstellung von *hay*:

e. *Versiones hay cuya veracidad no he podido confirmar* (G. Salvador, *Política lingüística y sentido común*, 21 und passim).
Es gibt Versionen, deren Richtigkeit ich nicht nachweisen konnte.

934. Als Variante des in Nr. 933 behandelten *hay* kommt auch (aber nur in Ausnahmefällen, und zwar in festen Wendungen) die Form *ha* vor.

No ha lugar.
Es gibt keinen Anlaß[32].

Die Form *ha* mit der Bedeutung von *hace* (in Sätzen wie *hace tres años* – „vor drei Jahren") wird in Nr. 970, Fußnote 104 behandelt.

935.

	Zeiten des Konjunktivs	
	Presente	Imperfecto
1. P.sg.	*haya*[33]	*hubiera – hubiese*
2. P.sg.	*hayas*	*hubieras – hubieses*
3. P.sg.	*haya*	*hubiera – hubiese*

---

[30] Cf. M. Seco, *Diccionario de dudas*, 215; F. Marcos Marín, *Lengua española*, 84; A. Llorente, *Consideraciones ...*, 30–31.
[31] Cf. *Esbozo*, 384–385, und C. Kany, *Sintaxis hispanoamericana*, 255–259 (mit zahlreichen Beispielen). Nach C. Hernández breitet sich der Gebrauch der Pluralform in solchen Konstruktionen im heutigen Spanisch immer mehr aus (und zwar unterschiedslos in Spanien und Lateinamerika – cf. *Gramática funcional del español*, 141). Ebenfalls in diesem Sinne: F. Marsá, *Diccionario normativo*, 213 – mit der Anmerkung, daß man es hier vermutlich schon mit einer unumkehrbaren Entwicklung zu tun habe (*proceso ya irreversible*). Vorstellbar ist, daß in einer Art Übergangsstadium die Plural- (d. h. nichtstandardsprachliche) Form im europäischen Spanisch eventuell mit einem emphatisierenden Wert gebraucht wird.
In einem Artikel aus dem Jahr 1982 meint J. J. Montes Giraldo, der Gebrauch der Pluralform sei stets zu Unrecht als inkorrekt betrachtet worden. Der Irrtum ist diesem Autor zufolge darauf zurückzuführen, daß man in dem auf *hay* (*había, habrá ...*) folgenden Substantiv ein Akkusativobjekt sehe, obwohl es sich dabei in Wirklichkeit um ein Subjekt handle. Er führt eine recht lange Reihe von – offensichtlich auch der gepflegten Sprache entnommenen – Beispielen an. J. J. Montes Giraldo verweist auch auf eine 1978 veröffentlichte Untersuchung von L. Luque, in der eine analoge These vertreten wird (*Sobre el sintagma 'haber + substantivo'* in *Thesaurus*, XXXVII, 1982, Nr. 2, 383–385).
[32] Cf. *Esbozo*, 291.
[33] Die Bildung des *presente de subjuntivo* von *haber* folgt nicht den in Nr. 897 angeführten Regeln.

Unregelmäßige Verben / Los verbos irregulares 389

1. P.pl.	*hayamos*	*hubiéramos – hubiésemos*	
2. P.pl.	*hayáis*	*hubierais – hubieseis*	
3. P.pl.	*hayan*	*hubieran – hubiesen*	

Die Formen des wenig gebräuchlichen *futuro de subjuntivo* werden im weiteren nicht mehr aufgeführt. Sie lassen sich jedoch problemlos von den Formen des *imperfecto* ableiten (siehe dazu Nr. 902).

Imperativ: Dem *Esbozo* zufolge verfügt *haber* über keine Imperativform im Singular. Dieser Hinweis läßt die Vermutung zu, daß es eine Pluralform gibt, doch wird sie nicht genannt[34]. M. Seco führt als 2. Person Singular und Plural *habe* und *habed* an, weist aber darauf hin, daß diese Formen ungebräuchlich seien; darüber hinaus betont er, daß viele Grammatiker die Form *he* fälschlicherweise als Imperativ betrachteten[35].

Gerundio: *habiendo*

Perfektpartizip: *habido*

936. TENER

Zeiten des Indikativs

	Presente	Imperfecto	Pretérito perfecto simple
1. P.sg.	*tengo*	*tenía*	*tuve*[36]
2. P.sg.	*tienes*	*tenías*	*tuviste*
3. P.sg.	*tiene*	*tenía*	*tuvo*
1. P.pl.	*tenemos*	*teníamos*	*tuvimos*
2. P.pl.	*tenéis*	*teníais*	*tuvisteis*
3. P.pl.	*tienen*	*tenían*	*tuvieron*

	Futuro	Condicional
1. P.sg.	*tendré*[37]	*tendría*
2. P.sg.	*tendrás*	*tendrías*
3. P.sg.	*tendrá*	*tendría*
1. P.pl.	*tendremos*	*tendríamos*
2. P.pl.	*tendréis*	*tendríais*
3. P.pl.	*tendrán*	*tendrían*

Zeiten des Konjunktivs

	Presente	Imperfecto
1. P.sg.	*tenga*[38]	*tuviera – tuviese*
2. P.sg.	*tengas*	*tuvieras – tuvieses*
3. P.sg.	*tenga*	*tuviera – tuviese*

---

[34] *Esbozo*, 291.
[35] *Diccionario de dudas*, 215–216.
[36] *Tener* bildet sein *pretérito perfecto simple* auf dieselbe Weise wie *haber*.
[37] Wie bei *haber* fällt auch bei der Bildung des *futuro de indicativo* von *tener* das *-e-* der Infinitivendung aus. Allerdings wird bei diesem Verb noch ein „Stützkonsonant" (*-d-*) eingefügt: → *tendré*.
[38] Es sei daran erinnert, daß das *presente de subjuntivo* meist von der ersten Person Singular des *presente de indicativo* abgeleitet wird. Daher findet man auch in allen Personen des *presente de subjuntivo* das *-g-* von *tengo*.

1. P.pl.	*tengamos*	*tuviéramos – tuviésemos*
2. P.pl.	*tengáis*	*tuvierais – tuvieseis*
3. P.pl.	*tengan*	*tuvieran – tuviesen*

Imperativ

2. P.sg.	*¡ten!*[39]
2. P.pl.	*¡tened!*

Gerundio: *teniendo*

Perfektpartizip: *tenido*

937. SER

Zeiten des Indikativs

	Presente	Imperfecto	Pretérito perfecto simple
1. P.sg.	*soy*	*era*[40]	*fui*
2. P.sg.	*eres*	*eras*	*fuiste*
3. P.sg.	*es*	*era*	*fue*
1. P.pl.	*somos*	*éramos*	*fuimos*
2. P.pl.	*sois*	*erais*	*fuisteis*
3. P.pl.	*son*	*eran*	*fueron*[41]

938. *Anmerkung*

In Anwendung der Regel aus Nr. 6 b werden die Formen *fui* und *fue* auf dem letzten Vokal betont (also auf dem *i* bzw. *e*). Es fällt auf, daß das *e*, das bei den anderen Verben im *pretérito perfecto simple* für die erste Person typisch ist, hier als Endung für die dritte Person dient.

	Futuro	Condicional
1. P.sg.	*seré*	*sería*
2. P.sg.	*serás*	*serías*
3. P.sg.	*será*	*sería*
1. P.pl.	*seremos*	*seríamos*
2. P.pl.	*seréis*	*seríais*
3. P.pl.	*serán*	*serían*

---

[39] Die zweite Person Singular des Imperativs ist unregelmäßig: *¡ten!* Bei den regelmäßigen Verben entspricht diese Form ja der dritten Person Singular des *presente de indicativo*.

[40] Das *imperfecto de indicativo* wird nicht nach der in Nr. 885 angeführten Regel gebildet.

[41] *Ser* und *ir* haben dasselbe *pretérito perfecto simple*. Die Form *fui* kann daher sowohl „ich war" als auch „ich ging" bedeuten (bzw. „ich bin gewesen", „ich bin gegangen"). Die jeweilige Bedeutung muß aus dem Kontext hervorgehen. Zum Beispiel: *¿Fue solo?* (M. Puig, *Maldición eterna a quien lea estas páginas*, 72 – „Ist er allein gegangen?"). → „Allein SEIN" muß mit *estar* ausdrückt werden: *estar solo*.

Unregelmäßige Verben / Los verbos irregulares

	Zeiten des Konjunktivs	
	Presente	Imperfecto
1. P.sg.	*sea*[42]	*fuera – fuese*[43]
2. P.sg.	*seas*	*fueras – fueses*
3. P.sg.	*sea*	*fuera – fuese*
1. P.pl.	*seamos*	*fuéramos – fuésemos*
2. P.pl.	*seáis*	*fuerais – fueseis*
3. P.pl.	*sean*	*fueran – fuesen*

	Imperativ
2. P.sg.	*¡sé!*[44]
2. P.pl.	*¡sed!*

Gerundio: *siendo*

Perfektpartizip: *sido*

939. ESTAR

	Zeiten des Indikativs		
	Presente	Imperfecto	Pretérito perfecto simple
1. P.sg.	*estoy*	*estaba*	*estuve*[45]
2. P.sg.	*estás*	*estabas*	*estuviste*
3. P.sg.	*está*	*estaba*	*estuvo*
1. P.pl.	*estamos*	*estábamos*	*estuvimos*
2. P.pl.	*estáis*	*estabais*	*estuvisteis*
3. P.pl.	*están*	*estaban*	*estuvieron*

	Futuro	Condicional
1. P.sg.	*estaré*	*estaría*
2. P.sg.	*estarás*	*estarías*
3. P.sg.	*estará*	*estaría*
1. P.pl.	*estaremos*	*estaríamos*
2. P.pl.	*estaréis*	*estaríais*
3. P.pl.	*estarán*	*estarían*

---

[42] Das *presente de subjuntivo* wird nicht vom *presente de indicativo* abgeleitet, wie dies bei den meisten Verben der Fall ist (cf. Nr. 897).

[43] Da die Verben *ser* und *ir* dasselbe *pretérito perfecto simple* haben, sind logischerweise auch alle Formen des *imperfecto de subjuntivo* gleichlautend.

[44] *¡Sé!* ist ein unregelmäßiger Imperativ, da er nicht der dritten Person Singular des *presente de indicativo* entspricht. Man beachte, daß *¡sé!* einen Akzent trägt. Er dient der Unterscheidung zwischen dieser Form und dem Reflexivpronomen *se* („sich"). Doch wird die Form dadurch noch nicht gänzlich eindeutig: *sé* kann ja auch die erste Person Singular des *presente de indicativo* von *saber* sein (*sé* → „ich weiß"). Es ist zu beachten, daß dieses Akzentzeichen in (mit einem enklitischen Pronomen) zusammengesetzten Formen erhalten bleibt.
Zum Beispiel: *Séme fiel y corresponderé a tu fidelidad* (F. Marsá, *Diccionario normativo*, 83).
Sei mir treu, und ich werde dir ebenso treu sein.
Strenggenommen wäre der Akzent nach den in Nr. 6 und Nr. 8 genannten Regeln nicht notwendig.

[45] *Estar* bildet sein *pretérito perfecto simple* auf dieselbe Weise wie *haber* und *tener*.

	Zeiten des Konjunktivs	
	Presente	Imperfecto
1. P.sg.	esté	estuviera – estuviese
2. P.sg.	estés	estuvieras – estuvieses
3. P.sg.	esté	estuviera – estuviese
1. P.pl.	estemos	estuviéramos – estuviésemos
2. P.pl.	estéis	estuvierais – estuvieseis
3. P.pl.	estén[46]	estuvieran – estuviesen

	Imperativ
2. P.sg.	¡está!
2. P.pl.	¡estad!

Gerundio: *estando*

Perfektpartizip: *estado*

§ 2. GRUPPEN UNREGELMÄSSIGER VERBEN

940. Diese Bezeichnung erhalten verschiedene Gruppen von Verben, die in ihrer Konjugation typische, gemeinsame Unregelmäßigkeiten aufweisen. Im weiteren wird sich zeigen, daß diese Abweichungen stets einem bestimmten System folgen.

A. Verben, deren Stammvokal -e- in bestimmten Fällen diphthongiert: e → ie

941. Bei einer Reihe von Verben wird der Stammvokal *e* → *ie*, wenn die Betonung auf ihn fällt. Das ist in den sogenannten „starken Formen"[47] der Fall, nämlich in der 1., 2. und 3. Person Singular und in der 3. Person Plural des *presente de indicativo* und des *presente de subjuntivo* sowie in der 2. Person Singular des Imperativs.

	PENSAR (denken)		
	Presente de ind.	presente de subj.	Imperativo
1. P.sg.	pienso	piense	
2. P.sg.	piensas	pienses	¡piensa!
3. P.sg.	piensa	piense	
1. P.pl.	(pensamos)	(pensemos)	
2. P.pl.	(pensáis)	(penséis)	(¡pensad!)
3. P.pl.	piensan	piensen	

---

[46] Man beachte den Akzent auf fünf der sechs Formen des *presente de subjuntivo*.
[47] „Starke" Formen werden auf dem Stamm betont. Zum Beispiel: *canto, cantas, canta, cantan*. *Cantamos* und *cantáis* sind dagegen „schwache" Formen: die Betonung liegt bei ihnen immer auf der Endung.

Alle anderen Formen der zu dieser Gruppe gehörenden Verben sind regelmäßig. Die Betonung liegt bei diesen Formen nicht auf dem Stammvokal, und folglich diphthongiert das -e- auch nicht.
Man beachte, daß es in der Standardsprache NIE zu einer Diphthongierung in der 1. oder 2. Person Plural kommt[48].

942. Eine Schwierigkeit besteht darin, daß nicht bei allen Verben mit einem -e- im Stamm dieses -e- zu -ie- diphthongiert. Aufschluß darüber kann ein gutes zweisprachiges Wörterbuch geben, das eine etwaige Unregelmäßigkeit für jedes Verb gesondert angibt. Im *Wörterbuch der spanischen und deutschen Sprache in zwei Bänden* von R. J. SLABY & R. GROSSMANN geschieht dies z. B. auf folgende Weise: **pensar** [-ie-] (Bd. 1, S. 822).
Auf ein Verb wie *comentar* folgt dagegen sogleich die Angabe vt/i [49] und die deutsche Entsprechung. Die Konjugation dieses Verbs weist also keine Diphthongierung auf.

943. Es folgt eine (unvollständige) Liste[50] von Verben, die in den o. g. Fällen (siehe Nr. 941) die Veränderung von -e- zu -ie- aufweisen. Man findet die Diphthongierung bei Verben aller drei Konjugationen, vor allem aber bei den Verben auf -AR.

a. Verben auf -AR:

acertar	erraten; gelingen; zufällig etwas tun[51]
alentar	ermutigen; atmen
apretar	drücken
arrendar	(ver)pachten, (ver)mieten
asentar	absetzen, (ab)stellen
atravesar	überqueren; durchbohren
calentar	(er)wärmen, heizen
cegar[52]	blenden
cerrar	schließen
comenzar[53]	beginnen
concertar	vereinbaren
confesar	bekennen; beichten
→ *confesarse (con)*	beichten (bei)
desherbar	ausjäten
desmembrar	(ab)trennen, zerstückeln
despertar	wecken
→ *despertarse*	aufwachen
desterrar	verbannen
empezar	beginnen
encomendar	anvertrauen, beauftragen

---

48 Eine Form wie *juegamos* (cf. Nr. 951) ist nicht korrekt. Hingegen weisen ALLE Formen eines Verbs wie *amueblar* den im Infinitiv auftretenden Diphthong -ue- auf (siehe Nr. 951).
49 vt/i = transitives oder intransitives Verb.
50 Der *Esbozo* führt alle Verben dieser Reihe an (S. 279–283).
51 Zum Beispiel: *Lo has acertado.* Du hast es erraten.
   No acierta a hacerlo. Es gelingt ihm nicht.
   Acertó a pasar por allí un guardia (DUE, I, 33).
   Zufällig kam dort ein Polizist vorbei.
52 Bei Verben, die auf -*gar* enden, sind die Hinweise in Nr. 996 zu beachten.
53 Bei Verben, die auf -*zar* enden, sind die Hinweise in Nr. 999 zu beachten.

enmendar	verbessern[54]
enterrar	begraben
errar	sich irren[55]
fregar	(ab)waschen
gobernar	regieren
helar	gefrieren (lassen), (ein)frieren
→ *helarse*	gefrieren, zufrieren
herbar	gerben[56]
invernar	überwintern
manifestar	kundgeben, zu erkennen geben
mentar	erwähnen
merendar	eine kleinere Zwischenmahlzeit am späteren Nachmittag einnehmen
negar	verneinen
→ *negarse a*	sich weigern[57]
nevar	schneien
pensar (en)	denken (an)
plegar	falten
quebrar	(zer)brechen; Bankrott gehen
recomendar	empfehlen
regar	bewässern, gießen
renegar	abschwören; abtrünnig werden
reventar	zerstören; platzen
segar	mähen
sembrar	säen
sentar	Platz nehmen lassen, setzen
→ *sentarse*	sich setzen
serrar	sägen
temblar	zittern
tentar	befühlen, betasten
tropezar (con)	stolpern (über)

b. Verben auf -ER:

ascender	hinaufsteigen
→ *ascender a*	betragen; befördern zu[58]
atender (a)	achten (auf), sich kümmern (um)
defender	verteidigen; verbieten
descender (de)	herabsteigen (von); abstammen (von)
encender	anzünden
entender	verstehen
extender	ausbreiten

---

[54] Im Sinne von „ausbessern", „vervollkommnen". In einem Satz wie „ich muß die Übung noch verbessern" ist „verbessern" mit *corregir* wiederzugeben.
[55] Zu *errar* siehe Nr. 1000.
[56] Und zwar mit Kräutern (*hierbas*).
[57] Zum Beispiel: *Me niego a hacerlo.* Ich weigere mich, es zu tun.
[58] Zum Beispiel: *Su deuda asciende a mil pesetas.* Seine Schulden belaufen sich auf tausend Peseten.
           Le han ascendido a coronel. Er ist zum Oberst befördert worden.

Unregelmäßige Verben / Los verbos irregulares

hender	spalten
perder	verlieren
querer	wollen; lieben
tender	ausbreiten, aufspannen; zum Trocknen aufhängen
tra(n)scender	reichen (*a* „bis"); hinausgehen (*de* „über"); bekannt werden

c. Verben auf -IR:

concernir	betreffen
discernir	unterscheiden, erkennen (können)

Anmerkungen

944. Bei den Verben *adquirir* („erwerben", „kaufen") und *inquirir* („untersuchen", „nachforschen") diphthongiert der Stammvokal *-i-* in den starken Formen zu *-ie-*.

adquiero, adquieres, adquiere, (adquirimos), (adquirís), adquieren

945. Man muß damit rechnen, hin und wieder Formen anzutreffen, bei denen im Widerspruch zu der o. g. Regel keine Diphthongierung erfolgt. Dabei können sowohl das Sprachniveau als auch geographische Faktoren eine Rolle spielen. So wird *apretar* in der Volkssprache häufig wie ein REGELMÄßIGES Verb gebraucht (→ *apreto* anstelle von *aprieto* ...)[59], bei *mentar* schwankt der Gebrauch (man kann sowohl *mento* als auch *miento* ... hören und lesen)[60], und *templar* („mäßigen", „mildern"), das nicht in der obigen Liste aufgeführt ist, diphthongiert nicht in Spanien, aber sehr wohl in einigen Ländern Lateinamerikas[61], wo *errar* wiederum häufig NICHT diphthongiert[62].

946. Nach den vorangegangenen Erläuterungen zum Zusammenhang zwischen Betonung und Diphthongierung wird auch verständlich, warum manche Wörter einen Diphthong aufweisen, der im Infinitiv der mit ihnen verwandten Verben nicht vorhanden ist.

a.	*cegar*	~	*ciego* (blind)
b.	*helar*	~	*hielo* (Eis)
c.	*gobernar*	~	*gobierno* (Regierung)
d.	*invernar*	~	*invierno* (Winter)

947. Bestimmte Veränderungen der Orthographie, die einige der oben angeführten Verben aufweisen, werden weiter unten behandelt (siehe die Nrn. 994–1000).

---

59 Cf. *Esbozo*, 279, Fußnote 20, und M. SECO, *Diccionario de dudas*, 46.
60 Cf. *Esbozo*, 280, Fußnote 30, und M. SECO, *Diccionario de dudas*, 259.
61 Cf. *Esbozo*, 281, Fußnote 34, und M. SECO, *Diccionario de dudas*, 357 (mit einem etwas restriktiveren Kommentar in bezug auf das amerikanische Spanisch).
62 Cf. *Esbozo*, 280, Fußnote 27, und M. SECO, *Diccionario de dudas*, 181 (mit einer teilweise anderslautenden Wiedergabe des Kommentars aus dem *Esbozo*).

B. Verben, deren Stammvokal -o- in bestimmten Fällen diphthongiert: o → ue

948. Bei einer Reihe von Verben wird der Stammvokal *o* → *ue*, wenn die Betonung auf ihn fällt. Das ist in den starken Formen des *presente de indicativo*, des *presente de subjuntivo* und des *imperativo* der Fall.

	Presente de ind.	CONTAR (zählen; erzählen) Presente de subj.	Imperativo
1. P.sg.	*cuento*	*cuente*	
2. P.sg.	*cuentas*	*cuentes*	¡*cuenta*!
3. P.sg.	*cuenta*	*cuente*	
1. P.pl.	*(contamos)*	*(contemos)*	
2. P.pl.	*(contáis)*	*(contéis)*	*(¡contad!)*
3. P.pl.	*cuentan*	*cuenten*	

949. Wie auch bei den Verben der vorangegangenen Gruppe kann im Zweifelsfall ein Wörterbuch Aufschluß darüber geben, ob der Stammvokal -o- eines bestimmten Verbs diphthongiert oder nicht.

950. Man findet die Diphthongierung -o- → -ue- bei den Verben aller drei Konjugationen, besonders aber bei denen auf -AR. Unter anderem diphthongiert der Stammvokal bei folgenden Verben[63]:

a. Verben auf -AR:

acordar	vereinbaren
→ *acordarse (de)*	sich erinnern (an)
acostar[64]	zu Bett bringen
→ *acostarse*	zu Bett gehen
almorzar	zu Mittag essen
apostar	wetten
aprobar	billigen, gutheißen
avergonzar	beschämen[65]
→ *avergonzarse (de)*	sich (einer Sache) schämen
colar	sieben; einsickern
colgar (de)	(auf)hängen (an)
→ *colgar (en)*	(auf)hängen (an)[66]
comprobar	überprüfen
concordar (con)	übereinstimmen (mit)
consolar	trösten
contar	zählen; erzählen
costar	kosten

---

[63] Weitere Verben, die dieser Gruppe angehören, finden sich im *Esbozo*, 283–285.
[64] Als Ausdruck der Seemannsprache ist dieses Verb jedoch regelmäßig → „anlegen" (von Schiffen).
[65] Siehe auch den Hinweis in Nr. 998 zu diesem Verb.
[66] Zum Beispiel: *Cuelgo mi sombrero de la percha.* Ich hänge meinen Hut an den Kleiderhaken.
La lámpara cuelga del techo. Die Lampe hängt an der Decke.
Zu den gelegentlich leichten Bedeutungsunterschieden zwischen beiden Präpositionen vgl. DUE, I, 668.

degollar	enthaupten, die Kehle durchschneiden
demostrar	zeigen, beweisen
denostar	beschimpfen, beleidigen
derrocar	niederreißen; stürzen
desosar	entkernen
encontrar	finden
→ encontrarse (con)	sich begegnen; vorfinden
forzar	zwingen
mostrar	zeigen
poblar	besiedeln, bevölkern
probar	(an)probieren; beweisen[67]
recordar	erinnern; sich erinnern[68]
renovar	erneuern
reprobar	mißbilligen, tadeln
rodar	rollen; (einen Film) drehen
rogar	bitten
soldar	löten; schweißen
soltar	loslassen
sonar	klingen; läuten
soñar (con)[69]	träumen (von)
tostar	rösten
trocar	(aus)tauschen[70]
tronar	donnern
volar	fliegen[71]
volcar	umkippen

Anmerkung

Bei dem Verb *jugar* („spielen") diphthongiert der Stammvokal *-u-* zu *-ue-*.

juego, juegas, juega, (jugamos), (jugáis), juegan

---

[67] Siehe auch Fußnote 95 in Nr. 958.
[68] **Achtung:** → Als Übersetzung von „sich (an etwas) erinnern" wird *recordar* im Standardspanischen ohne Reflexivpronomen gebraucht und ist transitiv (im Unterschied zum weiter oben angeführten *acordarse de*). Ein Satz wie „ich erinnere mich nicht an diese Person" könnte daher wie folgt übersetzt werden:
  a.   *No recuerdo este personaje.*
  b.   *No me acuerdo de este personaje.*
In Lateinamerika ist die Konstruktion *recordar* (bisweilen auch *recordarse*) *de* jedoch nicht unüblich (cf. C. KANY, *Sintaxis hispanoamericana*, 412, und M. SECO, *Diccionario de dudas*, 323 – mit der Bemerkung, daß der Gebrauch der reflexiven Form „anomal" sei; siehe jedoch das folgende Beispiel).
  Zum Beispiel: *Me recuerdo en esta hora de muchas cosas* (E. „Che" GUEVARA, *Ernesto „Che" Guevara* – in einem Brief an Fidel CASTRO–, 43).
              Ich erinnere mich in dieser Stunde an viele Dinge.
[69] Siehe auch Nr. 844 und die zugehörigen Fußnoten 71 und 74.
[70] Siehe Nr. 995 zu den Verben auf *-car*.
[71] Man beachte, daß das spanische Verb *volar* nicht wie im Französischen (→ *voler*) stehlen bedeuten kann (→ span. *robar*). Doch auch *volar* hat eine zweite, transitive Bedeutung: „(in die Luft) sprengen".
  Zum Beispiel: *volar un edificio*   ein Gebäude in die Luft sprengen.

b. Verben auf -ER:

absolver	freisprechen; die Absolution erteilen
cocer	kochen[72]
conmover	(jemanden) bewegen, erschüttern
demoler	abreißen, zerstören
devolver	zurückgeben
disolver	auflösen (in der Chemie; eine Ehe u. a.)
doler	wehtun
envolver	einwickeln, einpacken
llover	regnen
moler	mahlen
morder	beißen
mover	(eine Sache) bewegen
oler	riechen
→ *oler a*	riechen nach[73]
poder	können
promover	fördern; (jemanden im Amt) befördern
resolver	beschließen; lösen
revolver	umdrehen, durchwühlen
soler	(etwas zu tun) pflegen[74]
torcer	verdrehen
volver	(um)drehen; zurückkehren[75]

c. Verben auf -IR:

dormir	schlafen
morir	sterben[76]

951. Auch hier gilt ähnliches wie der Hinweis aus Nr. 945: die starken Formen der Verben *denostar* und *derrocar* können sowohl mit als auch ohne Diphthongierung vorkommen (→ *denuesto* ... oder *denosto* ...[77]; *derroco* ... oder *derrueco* ...[78]), als Übersetzung von „möblieren" kann man *amoblar* oder *amueblar* (dann natürlich mit *-ue* in allen Formen) finden[79], und man mag sich darüber wundern, daß *renovar* diphthongiert, das derselben Familie angehörende Verb *innovar* [„(Neuerungen) einführen"] dagegen nicht[80].

---

72 „Kochen" muß je nach Kontext verschieden wiedergegeben werden: *hervir* (in einem Satz wie „das Wasser kocht bei 100°"), *guisar, cocinar* (wenn es um die Zubereitung von Speisen geht), *bullir* (in figürlicher Bedeutung), *cocer* („Kartoffeln kochen" → *cocer patatas*) usw. Siehe auch Nr. 1006 zu den Verben auf *-cer*.
73 Siehe auch Nr. 1006 zur Orthographie bei diesem Verb.
74 Siehe zu diesem Verb auch Nr. 709.
75 Dieses Verb wird in Nr. 709 behandelt.
76 Die Verben *dormir* und *morir* weisen allerdings auch noch andere Unregelmäßigkeiten in ihrer Konjugation auf. Siehe dazu Fußnote 90 und Nr. 959.
77 Meist jedoch mit Diphthong. Cf. M. Seco, *Diccionario de dudas*, 140.
78 Cf. *Esbozo*, 284, Fußnote 50, und M. Seco, *Diccionario de dudas*, 141.
79 *Amoblar* (mit Diphthong in den starken Formen) ist eine jüngere Form und kommt vor allem in Lateinamerika vor. Gebräuchlicher ist das regelmäßige *amueblar* (cf. *Esbozo*, 282, Fußnote 45 – siehe auch: M. Seco, *Diccionario de dudas*, 35).
80 Cf. *Esbozo*, 273, und M. Seco, *Diccionario de dudas*, 233 [der allerdings eine abweichende Form anführt (→ *innueva*), die er bei dem bekannten Autor J. Goytisolo gefunden hat].

Andererseits kommt manchmal auch die entgegengesetzte Erscheinung vor, d. h. man findet (allerdings nur in der Volkssprache) einen Diphthong in Formen, die eigentlich nicht diphthongieren [z. B.: *juegar*, anstelle von *jugar* („spielen"), *juegamos*, anstelle von *jugamos* usw.]⁸¹.

952. Was in Nr. 946 zum Zusammenhang zwischen Betonung und Diphthongierung gesagt wurde, gilt auch hier: in einigen Wörtern findet man einen Diphthong, der im Infinitiv des jeweiligen verwandten Verbs nicht auftritt.

    a. *almorzar* ~ *almuerzo* („Mittagessen")
    b. *contar* ~ *cuenta* („Rechnung"), *cuento* („Erzählung")
    c. *probar* ~ *prueba* („Beweis", „Probe")
    d. *jugar* ~ *juego* („Spiel")

C. Verben, deren Stammvokal -e- in bestimmten Fällen zu -i- wird

953. Diese Erscheinung (-*e*- → -*i*-) wird in der spanischen Grammatik traditionell als *debilitación vocálica* (wörtlich: „Schwächung des Vokals") bezeichnet.

954. Bei Verben, die dieser Gruppe angehören, wird das -*e*- → -*i*-

    a. in den starken Formen des *presente de indicativo* und in der zweiten Person Singular des Imperativs (diese Form stimmt ja mit der dritten Person Singular des *presente de indicativo* überein).

	PEDIR (bitten, fordern)	
	Presente de indicativo	Imperativo
1. P.sg.	*pido*	
2. P.sg.	*pides*	*¡pide!*
3. P.sg.	*pide*	
1. P.pl.	(*pedimos*)	
2. P.pl.	(*pedís*)	(*¡pedid!*)
3. P.pl.	*piden*	

    b. in allen Personen des presente de subjuntivo:

1. P.sg.	*pida*
2. P.sg.	*pidas*
3. P.sg.	*pida*
1. P.pl.	*pidamos*
2. P.pl.	*pidáis*
3. P.pl.	*pidan*

    c. in allen Formen, deren Endung mit dem Halbvokal *i* beginnt⁸². Dies ist der Fall in der dritten Person Singular und Plural des *pretérito perfecto simple*, in allen Per-

---

81 Siehe dazu: R. Lapesa, *Historia de la lengua española*, 470.
82 Der Halbvokal *i* wird ungefähr wie das deutsche *j* in *jagen* ausgesprochen.

sonen der *imperfecto de subjuntivo* und im *gerundio*. Bei *pedir* lauten die Formen beispielsweise:

	Pretérito perf. simple	Imperfecto de subj.	Gerundio
1. P.sg.	*(pedí)*	*pidiera – pidiese*	*pidiendo*
2. P.sg.	*(pediste)*	*pidieras – pidieses*	
3. P.sg.	*pidió*	*pidiera – pidiese*	
1. P.pl.	*(pedimos)*	*pidiéramos – pidiésemos*	
2. P.pl.	*(pedisteis)*	*pidierais – pidieseis*	
3. P.pl.	*pidieron*	*pidieran – pidiesen*	

Achtung:

pediste ~ *pidió*
↓ ↓
Die Endung beginnt zwar mit einem *i* dich handelt es sich hier um einen Voll-, nicht um einen Halbvokal (Aussprache ungefähr wie in deutsch „K*i*ste") | Hier ist das *i* in der Buchstabengruppe *-ió* Halbvokal (Aussprache wie in deutsch „*J*ochen")

955. Auch hier muß wieder das Wörterbuch darüber Auskunft geben, ob ein bestimmtes Verb *debilitación vocálica* aufweist oder nicht. Ist das der Fall, so wird dies bei R. J. SLABY & R. GROSSMANN durch ein *-i-* nach dem Infinitiv angedeutet, z. B.: **pedir** [-i-].

956. Die Änderung des Stammvokals *-e-* zu *-i-* kommt nur bei den Verben der dritten Konjugation vor. Zu dieser Gruppe gehören beispielsweise[83]:

ceñir	umschnallen; einschränken
colegir	folgern, schließen
competir (con)	konkurrieren (mit)
concebir	empfangen (befruchtet werden); fig. ersinnen, konzipieren
conseguir	erlangen, erreichen
co(n)streñir	zwingen; zügeln
corregir	verbessern[84]
derretir	zum Schmelzen bringen
→ *derretirse*	(zer)schmelzen
despedir	verabschieden; entlassen
→ *despedirse (de)*	sich verabschieden (von)
desteñir	entfärben
desvestir	entkleiden
elegir	(aus)wählen
embestir	angreifen
expedir	erledigen; absenden

---

[83] Eine umfangreichere Liste führt der *Esbozo* auf den Seiten 276–277 an.
[84] Siehe auch den Hinweis in Nr. 1002 zu den Verben auf *-gir*.

freír	in Öl braten, backen, fritieren[85]
gemir	stöhnen, wimmern
henchir	voll-, ausstopfen, füllen
heñir	kneten (Teig)[86]
impedir	(be)hindern
investir (de)	bekleiden (mit)[87]
medir	messen
pedir	bitten[88], fordern
perseguir	verfolgen
proseguir	fortsetzen (z. B. die Reise)
regir	regieren, führen, leiten
reír	lachen[89]
rendir	bezwingen; zurückgeben
→ *rendirse*	sich ergeben
reñir	streiten, ausschimpfen
repetir	wiederholen
seguir	folgen
servir	dienen
sonreír	lächeln
teñir	färben
vestir	anziehen
→ *vestirse*	sich anziehen

D. Verben, die sowohl Diphthongierung (e → ie, o → ue) als auch „debilitación vocálica" aufweisen[90]

957. Diese Gruppe von Verben birgt die größten Schwierigkeiten: in manchen Formen bleibt das *e* (oder *o*) unverändert, in anderen erfolgt Diphthongierung (-*e*- → -*ie*-, bzw. -*o*- → -*u*-), wieder in anderen Formen wird das *e* → *i*, bzw. das *o* → *u*.

a. Diphthongierung tritt in den starken Formen des *presente de indicativo*, des *presente de subjuntivo* und des *imperativo* auf.

PREFERIR
(vorziehen)

	Presente de ind.	Presente de subj.	Imperativo
1. P.sg.	*prefiero*	*prefiera*	
2. P.sg.	*prefieres*	*prefieras*	¡*prefiere!*
3. P.sg.	*prefiere*	*prefiera*	

---

[85] Man spricht daher von *patatas fritas* („Pommes frites"), *pescado frito* („Bratfisch"), *huevos fritos* („Spiegeleier"). Achtung: „Brot backen" heißt: *cocer pan*.
[86] Siehe auch den Hinweis in Nr. 1008 zu den Verben auf *-ñir*.
[87] Nur figurativ: „mit einer Würde bekleiden".
[88] Man beachte, daß das Verb im Spanischen transitiv ist: JEMANDEN um etwas bitten → pedir *una cosa* A ALGUIEN.
[89] Siehe auch den Hinweis in Nr. 1008 zu den Verben auf *-eír*.
[90] Zu dieser Gruppe gehören nur zwei Verben mit *-o-* als Stammvokal, doch sind dies wichtige Verben: *dormir* („schlafen") und *morir* („sterben").

1. P.pl. *(preferimos)* *(prefiramos)*[91]
2. P.pl. *(preferís)* *(prefiráis)* *(¡preferid!)*
3. P.pl. prefieren prefieran

b. *Debilitación vocálica* findet man in der ersten und zweiten Person Plural des *presente de subjuntivo* und in allen Formen, deren Endung mit dem Halbvokal *i* beginnt (d. h. in der dritten Person Singular und Plural des *pretérito perfecto simple*, in allen Formen des *imperfecto de subjuntivo* und im *gerundio*):

	Pres. de subj.	Pret. perf. simple	Imperfecto de subj.
1. P.sg.	*(prefiera)*	*(preferí)*	prefiriera – prefiriese
2. P.sg.	*(prefieras)*	*(preferiste)*	prefirieras – prefirieses
3. P.sg.	*(prefiera)*	prefirió	prefiriera – prefiriese
1. P.pl.	prefiramos	*(preferimos)*	prefiriéramos – prefiriésemos
2. P.pl.	prefiráis	*(preferisteis)*	prefirierais – prefirieseis
3. P.pl.	*(prefieran)*	prefirieron	prefirieran – prefiriesen

Gerundio: *prefiriendo*

958. Ein Verb wie *preferir* wird im *Wörterbuch der spanischen und deutschen Sprache in zwei Bänden* von R. J. Slaby & R. Grossmann wie folgt aufgeführt: **preferir** [-ie/i-]. Die Zahl der Verben, die diese doppelte Unregelmäßigkeit aufweisen, ist nicht groß. Sie gehören alle der dritten Konjugation an[92].

a. Verben, die auf *-ferir* enden:

conferir	vergleichen; verleihen, erteilen
diferir	aufschieben; sich unterscheiden
inferir	folgern, schließen
preferir	vorziehen
referir	berichten
→ *referirse (a)*	sich beziehen (auf)

b. Verben, die auf *-vertir* enden:

advertir	bemerken; warnen
controvertir	streiten, bestreiten
convertir	umwandeln; bekehren
→ *convertirse (en)*	werden (zu)
divertir	unterhalten, belustigen
→ *divertirse*	sich unterhalten, sich amüsieren
invertir	umdrehen, umkehren; investieren
pervertir	(sittlich) verderben

---

[91] In der ersten und zweiten Person Plural dieses Tempus wird der Stammvokal *-e-* → *-i-*. Dazu weitere Erläuterungen unter b.
[92] Eine vollständige Liste führt der *Esbozo* an (S. 287).

c. Die Verben:

adherirse (a)	sich anschließen (+ Dativ)
arrepentirse (de)	bereuen (+ Akkusativ)
asentir	zustimmen
consentir	erlauben; einwilligen
digerir	verdauen
erguir	aufrichten, (er)heben[93]
herir	verletzen
hervir	kochen[94]
ingerir	zu sich nehmen, einnehmen
mentir	lügen
presentir	(voraus)ahnen
requerir	erfordern
sugerir	vorschlagen; einflüstern
sentir	fühlen; bedauern[95]

959. Wie oben bereits gesagt wurde, gibt es lediglich zwei Verben, bei denen das *-o-* zu *-ue-* diphthongiert bzw. zu *-u-* wird:

dormir	schlafen
morir	sterben

Anmerkung

960. „Etwas durch Fäulnis verderben" heißt im Spanischen *pudrir* oder *podrir* („verfaulen", „verrotten" = *pudrirse* oder *podrirse*). Die erste Form ist in Spanien gebräuchlicher, die zweite kommt in Lateinamerika häufig vor. Das *presente de indicativo* lautet in beiden Fällen: *pudro, pudres, pudre, podrimos, podrís, pudren*. Das *presente de subjuntivo* hat das *u* in allen sechs Formen, und das Perfektpartizip lautet immer *podrido*[96].

E. Verben auf -IAR und -UAR

961. Verben, die auf Diphthong (-IAR oder -UAR) enden, weisen zwei unterschiedliche Konjugationsmuster auf. Bei einigen Verben dieser Gruppe bleibt das *-i-* (bzw. das *-u-*) stets ein Halbvokal, bei anderen fällt in bestimmten Formen die Betonung auf diese Vokale, die dann auch ein Akzentzeichen erhalten. Das ist der Fall in der ersten, zweiten und dritten Person Singular und der dritten Person Plural

---

[93] Der *Esbozo* weist darauf hin, daß *erguir* gewöhnlich die zwei Unregelmäßigkeiten Diphthongierung und *debilitación vocálica* aufweise, fügt jedoch hinzu, daß man gegenwärtig häufig die starken Formen mit *i* statt mit einem Diphthong antreffe. Also: *irgo, irgues* ... (S. 287). Praktisch bedeutet dies, daß manche *erguir* der in Nr. 956 angeführten Verbgruppe zurechnen.

[94] Vgl. den Kommentar zur Übersetzung des deutschen „kochen" in Nr. 950, Fußnote 72.

[95] Hier sei noch einmal besonders darauf hingewiesen, daß auch Komposita von *sentir* in ihrer Konjugation dieselbe doppelte Unregelmäßigkeit aufweisen (siehe die angeführten Verben *asentir, consentir* und *presentir*). Dies gilt natürlich auch für andere zusammengesetzte Verben, z. B. *entender* → *sobre(e)ntender* („mit darunter verstehen", „stillschweigend voraussetzen"); *probar* → *aprobar* („billigen"), *comprobar* („feststellen"; „beweisen"), *reprobar* („mißbilligen"); *herir* → *malherir* („schwer verwunden") ...

[96] Cf. *Esbozo*, 288, Fußnote 68, und M. Seco, *Diccionario de dudas*, 292.

des *presente de indicativo* und des *presente de subjuntivo*, sowie in der zweiten Person Singular des *imperativo* (d. h. in den sogenannten „starken" Formen).

CONFIAR
(vertrauen)

	Presente de ind.	Presente de subj.	Imperativo
1. P.sg.	*confío*	*confíe*	
2. P.sg.	*confías*	*confíes*	*¡confía!*
3. P.sg.	*confía*	*confíe*	
1. P.pl.	*(confiamos)*	*(confiemos)*	
2. P.pl.	*(confiáis)*	*(confiéis)*	*(¡confiad!)*
3. P.pl.	*confían*	*confíen*	

Dagegen erhält das *-i-* in einem Verb wie *cambiar* („verändern") nie ein Akzentzeichen. Es bleibt vielmehr in allen Formen unbetont. Das *presente de indicativo* lautet: *cambio, cambias, cambia, cambiamos, cambiáis, cambian*. (Siehe auch die Nrn. 964 und 965).

CONTINUAR
(fortsetzen)

	Presente de ind.	Presente de subj.	Imperativo
1. P.sg.	*continúo*	*continúe*	
2. P.sg.	*continúas*	*continúes*	*¡continúa!*
3. P.sg.	*continúa*	*continúe*	
1. P.pl.	*(continuamos)*	*(continuemos)*	
2. P.pl.	*(continuáis)*	*(continuéis)*	*(¡continuad!)*
3. P.pl.	*continúan*	*continúen*	

In einem Verb wie *santiguar* („bekreuzigen") erhält das *-u-* nie einen Akzent, da es in allen Formen unbetont bleibt. Das *presente de indicativo* lautet: *santiguo, santiguas, santigua, santiguamos, santiguáis, santiguan*.

962. Verben wie *confiar* und *continuar* werden im *Wörterbuch der spanischen und deutschen Sprache in zwei Bänden* von R. J. SLABY & R. GROSSMANN wie folgt aufgeführt: **confiar** [pres -ío] – **continuar** [pres -úo].

963. Wie *confiar* werden u. a. die folgenden Verben konjugiert[97]:

aliarse	sich verbünden
amnistiar	amnestieren
ampliar	erweitern
averiarse	verderben (Güter); Havarie erleiden
cinematografiar	verfilmen
confiar	vertrauen
contrariar	entgegenwirken; widerstehen
criar	züchten
chirriar	knarren; zirpen

---

97 Eine vollständige Liste findet sich im *Esbozo* auf den Seiten 329–331.

desafiar	herausfordern, trotzen
desconfiar	mißtrauen
desviar	umleiten
enfriar	abkühlen
enviar	schicken
escalofriar	ein Frösteln (oder Schaudern) hervorrufen
espiar	(aus)spionieren
esquiar	Ski laufen
estenografiar	stenografieren
expiar	büßen
extasiar(se)	in Verzückung bringen (- geraten)
extraviar	irreführen
fiar	bürgen; vertrauen
fotografiar	fotografieren
guiar	führen, leiten
inventariar	Inventur machen
mecanografiar	tippen (einen Text -)
porfiar	beharren, hartnäckig sein
radiar	ausstrahlen
radiografiar	röntgen; funken
resfriar	abkühlen
→ resfriarse	sich erkälten
rociar	bespritzen, begießen
telegrafiar	telegrafieren
triar	aussuchen; sortieren
vaciar	leeren[98]
variar	verändern, variieren

964. Einige Verben können auf zweierlei Weise betont werden. Dies gilt z. B. für *conciliar* (und *reconciliar*, „versöhnen") → *(re)concilio* oder *(re)concilío* [wobei die erste Form häufiger ist (siehe dazu: *Esbozo*, 333–334)].

965. Häufig gebrauchte Verben wie *cambiar* („verändern"), *limpiar* („säubern") und auch *saciar* („sättigen") bekommen jedoch nie einen Akzent auf dem *i*[99].

966. Wie *continuar* werden u. a. folgende Verben konjugiert[100]:

acentuar	betonen
actuar	auftreten
atenuar	mildern
desvirtuar	entkräften
efectuar	ausführen; bewirken
evaluar	be-, auswerten
exceptuar	ausnehmen (im Sinne von „Ausnahme")

---

[98] Manchmal hört man – in der Volkssprache – die Form *vacio* (mit der Betonung auf dem *-a-*). Im Adjektiv *vacío* („leer") wird jedoch immer das *i* betont. Siehe dazu: *Esbozo*, 334.
[99] Siehe auch: *Esbozo*, 332–333.
[100] Siehe auch: *Esbozo*, 335.

fluctuar	schwanken
graduar	abstufen; einen akademischen Grad verleihen
habituar (a)	gewöhnen (an)
→ *habituarse (a)*	sich gewöhnen (an)
insinuar	andeuten
menstruar	menstruieren
perpetuar	verewigen
preceptuar	vorschreiben
situar	legen, stellen
tatuar	tätowieren

967. *Santiguar* („bekreuzigen") und andere seltenere Verben bekommen, wie bereits gesagt, nie ein Akzentzeichen. Bei einem Verb wie *evacuar* („ausleeren", „evakuieren") schwankt der Gebrauch. Man findet sowohl *evacuo* als auch *evacúo*[101].

968. Einen Akzent erhält das *u* auch bei den folgenden Verben. Im Unterschied zu den vorgenannten Fällen steht dieser Buchstabe hier jedoch nicht unmittelbar vor dem Vokal der Infinitivendung.

ahumar	räuchern (Fleisch, Fisch u. dgl.)
aullar	heulen, brüllen
rehusar	ablehnen, sich weigern
reunir	versammeln

§ 3. UNREGELMÄSSIGE FORMEN

969. Unter dieser Überschrift werden bestimmte Unregelmäßigkeiten aufgeführt, die sich im Gegensatz zu den bisher behandelten nicht systematisieren lassen.

A. Indikativ Präsens (Presente de indicativo)

970. Hierzu gehört eine Reihe von Verben, deren erste Person Singular unregelmäßig ist[102]. Wenn diese Formen ohne weiteren Kommentar angeführt werden, so bedeutet dies, daß die übrigen Formen des *presente de indicativo* keine Unregelmäßigkeiten aufweisen.

---

[101] Cf. DUE, I, 1243. M. SECO betrachtet nur *evacuo* als korrekt (*Diccionario de dudas*, 191 – mit der Einschränkung, daß *evacúo* in einigen lateinamerikanischen Ländern in der gebildeten Sprache akzeptiert werde), und das DRAE äußert sich zu dieser Frage nicht. Zehn von meinen Informanten erklärten, sie gebrauchten die Formen *evacuo, evacuas* ... (ALV, BUS, CAR, LAP, LOP, LLO, MON, SEN, VAR, ZOR), sechs andere gaben den Formen *evacúo, evacúas* ... den Vorzug (BAR, HER, MOR, RAB, ROD, VAQ). BOS, MON und HER halten das Verb im modernen Spanisch für sehr ungebräuchlich, nach LLO kommt es fast ausschließlich im Infinitiv vor, und LOP hält seinen Gebrauch nur in Kontexten wie *evacuar una ciudad* („eine Stadt evakuieren") und *evacuar el estómago* [oder: - *el vientre* („seine Notdurft verrichten")] für akzeptabel. Das DRAE führt bei *evacuar* sieben mögliche Bedeutungen an. SEN betrachtet die Formen mit betontem *u* als Beispiele für eine *tendencia pseudo-culta*. MAR gab auf diese Frage keine Antwort.
In der Literatur konnte ich nur ein Beispiel für das Verb finden:
Debo volver al retrete donde por fin evacuo normalmente (S. DALÍ, *Diario de un genio*, 63).
Ich muß auf die Toilette zurück, wo ich mich endlich ganz normal erleichtere.

[102] Auf die besondere Bedeutung dieser Person wurde bereits in Nr. 897 hingewiesen. Von dieser Form wird ja das gesamte *presente de subjuntivo* abgeleitet.

asir	ergreifen, packen [nicht sehr gebräuchlich]	→ *asgo*
caber	passen in	→ *quepo*[103]
caer	fallen	→ *caigo*
dar	geben	→ *doy*
decir	sagen	→ *digo (dices, dice, decimos, decís, dicen)*
estar	sein	→ *estoy* (zu den anderen Personen siehe weiter oben Nr. 939)
haber	haben	→ *he* (zu den anderen Personen siehe weiter oben Nr. 932)
hacer	machen, tun	→ *hago*[104]
ir	gehen	→ *voy (vas, va, vamos, vais, van)*
oír	hören	→ *oigo (oyes, oye, oímos, oís, oyen)*
poner	legen, stellen	→ *pongo*
saber	wissen	→ *sé*
salir	weggehen, herausgehen	→ *salgo*
satisfacer	zufriedenstellen	→ *satisfago*
ser	sein	→ *soy* (zu den anderen Formen siehe weiter oben Nr. 937)
tener	haben	→ *tengo* (zu den anderen Personen siehe weiter oben Nr. 936)
traer	bringen	→ *traigo*
valer	wert sein, kosten	→ *valgo*
venir	kommen	→ *vengo (vienes, viene, venimos, venís, vienen)*
ver	sehen	→ *veo*[105]

---

[103] Transitiv wird *caber* in häufig vorkommenden Ausdrücken wie *cabe decir que* ... („man kann sagen, daß ..."), *no cabe decir más* („dem ist nichts hinzuzufügen" oder „besser kann man es nicht ausdrücken"), *no cabe duda (de) que viene* („es besteht kein Zweifel daran, daß er kommt") ... gebraucht.

[104] Abgesehen von der weiter oben schon behandelten Funktion (Nr. 661) ist die (unpersönliche) Form *hace* [meist Singular (siehe jedoch weiter unten)] die gebräuchlichste Entsprechung für das deutsche „vor" + Zeitangabe.
Zum Beispiel: a. *Hace seis meses.*
   Vor sechs Monaten. (Oder: Es ist sechs Monate her.)
Steht „vor" in einem Satz, in dem der Referenzzeitpunkt in der Vergangenheit oder Zukunft liegt, so wird es mit *hacía* bzw. *hará* wiedergegeben.
Zum Beispiel: b. *Pero Aurorita había dejado de ser virgen hacía mucho tiempo*
   (F. GARCÍA PAVÓN, *Una semana de lluvia*, 110).
   Aber Aurorita war schon lange keine Jungfrau mehr.
Die Übersetzung von „seit" lautet *desde hace* (mit den Varianten *desde hacía* und *desde hará* in Analogie zur obigen Erläuterung bezüglich *hace*).
Zum Beispiel: c. *La madre declaró que no había tenido noticias suyas desde hacía un año*
   (*El País*, 27.5.1980, 15).
   Die Mutter erklärte, sie habe seit einem Jahr nichts mehr von ihm gehört.
Trotz der Kritik der Grammatiker findet man *hace* in der Bedeutung des deutschen „vor" oder „es ist ... her" manchmal im Plural (→ *hacen*), und zwar besonders in Lateinamerika:
Zum Beispiel: d. *Hacen diez años ya* (C. KANY, *Sintaxis hispanoamericana*, 262).
   Es ist schon zehn Jahre her.
M. SECO bezeichnete derartige Konstruktionen in der 5. Auflage des *Diccionario de dudas* (S. 186) als inkorrekt, doch findet sich diese kritische Anmerkung in der 9. Auflage, aus der in dieser Grammatik i. d. R. zitiert wird, nicht mehr. Siehe dazu auch schon oben Fußnote 31 in Nr. 933.
Eine weitere mögliche Übersetzung von „vor" lautet *ha* (< *haber*), aber diese Form kommt nur in der literarischen Sprache vor ist darüber hinaus archaisierend. Mehr dazu in Nr. 1315.

[105] Früher lautete der Infinitiv dieses Verbs nicht nur *ver*, sondern auch *veer*. Wenn man dies bedenkt, ist *veo* als regelmäßige Form zu betrachten.

971. Das Verb *roer* [„(be)nagen", fig. „untergraben"] hat im (übrigens wenig gebräuchlichen) *presente de indicativo* drei mögliche Formen: *roo, roigo* oder *royo* (mit Präferenz für die erste Form). Das zusammengesetzte Verb *corroer* („zerfressen", „korrodieren") ist regelmäßig[106].

972. Bei den Verben, die auf -ACER, -OCER, -UCIR enden, sowie bei vielen Verben auf -ECER wird in der ersten Person Singular vor dem -*c*- ein -*z*- eingefügt. Die übrigen Personen sind regelmäßig.

	NACER (geboren werden)	CONOCER (kennen)	TRADUCIR (verdienen)	MERECER (verdienen)
1. P.sg.	*nazco*	*conozco*	*traduzco*	*merezco*
2. P.sg.	*naces*	*conoces*	*traduces*	*mereces*
3. P.sg.	*nace*	*conoce*	*traduce*	*merece*
1. P.pl.	*nacemos*	*conocemos*	*traducimos*	*merecemos*
2. P.pl.	*nacéis*	*conocéis*	*traducís*	*merecéis*
3. P.pl.	*nacen*	*conocen*	*traducen*	*merecen*

Wichtige Ausnahmen sind *hacer* („machen") → *hago* und *cocer* („kochen") → *cuezo*.
Wie *merecer* werden u. a. auch die folgenden Verben auf -*ecer* konjugiert:

acontecer	geschehen
agradecer	danken
amanecer	tagen, Tag werden
anochecer[107]	Nacht werden, dunkel werden
aparecer	erscheinen
apetecer	Lust haben; zusagen; begehren
carecer	entbehren, nicht haben
compadecer	bemitleiden, bedauern
comparecer	erscheinen (vor Gericht oder dem Notar)
embellecer	schmücken, verschönern
enflaquecer	schwächen, entkräften
ennoblecer	adeln
enriquecer	bereichern
envejecer	alt werden; alt machen
establecer	festsetzen; einrichten
fallecer	sterben
favorecer	bevorzugen
florecer	blühen

---

[106] Cf. *Esbozo*, 301–302. Siehe auch: M. SECO, *Diccionario de dudas*, 120 und 330.
[107] Verben wie *amanecer* und *anochecer* können im Spanischen auch persönlich gebraucht werden. Der Kommentar von J. ALCINA FRANCH & J. M. BLECUA, demzufolge diese Verben dann *llegar* („ankommen") und *venir* („kommen") bedeuten (*Gramática española*, 890), ist zu eng, wie folgende Beispiele zeigen:
   a. *Al día siguiente el comisario amaneció muerto en su casa* (A. ROA BASTOS, *El trueno entre las hojas*, 231).
      Am folgenden Morgen wurde der Kommissar in seinem Haus tot aufgefunden.
   b. *(Era domingo.) Katarina amaneció muy animada* (I. ALLENDE, *Eva Luna*, 238).
      (Es war Sonntag.) Katarina begann den Tag sehr munter.
   c. *Amanece, amanezco* (etwa: „Es tagt, ich erwache") ist der Titel eines Gedichts aus der Sammlung *Cántico* von Jorge GUILLÉN.

fortalecer	stärken
humedecer	befeuchten
lucir	leuchten; tragen (Kleidung); (zu Gesicht) stehen
merecer	verdienen
obedecer	gehorchen
ofrecer	anbieten
oscurecer[108]	dunkel werden; verdunkeln
padecer	leiden (an)
parecer	(er)scheinen; ähnlich sein
permanecer	bleiben
pertenecer (a)	gehören (zu)
rejuvenecer	verjüngen; jünger werden
restablecer	wiederherstellen
→ *restablecerse*	gesund werden

973. Bei allen in Nr. 972 aufgeführten Verben findet sich das -z- im gesamten *presente de subjuntivo*. Z. B.: conocer → *conozca, conozcas, conozca, conozcamos, conozcáis, conozcan*. Traducir → *traduzca, traduzcas ... Lucir → luzca, ...*

Anmerkung

974. Das Verb *mecer* („wiegen", „schaukeln") ist regelmäßig: → *mezo, meces ...* (*presente de subjuntivo* → *meza, mezas ...*)[109].
Yacer („liegen"), das nur in der literarischen Sprache vorkommt, kann in der ersten Person Singular des *presente de indicativo* drei Formen annehmen: *yazgo (yaces, yace ...) // yazco (yaces, yace ...) // yago (yaces, yace ...)*. Im *presente de subjuntivo* spiegeln sich diese verschiedenen Formen in ALLEN Personen wider: *yazga (yazgas, yazga, yazgamos ...), yazca (yaczas, yazca ...), yaga (yagas, yaga ...)*[110].

B. Indikativ Imperfekt (imperfecto de indicativo)

975. Nur zwei Verben haben ein unregelmäßiges *imperfecto de indicativo*:

ir (iba, ibas, iba, íbamos, ibais, iban)
ser (era, eras, era, éramos, erais, eran)

Man beachte, daß im *imperfecto* des Verbs *ver* („sehen") das e erhalten bleibt: *veía, veías, veía, veíamos, veíais, veían* (also nicht *vía*)[111].

---

[108] Manchmal schreibt man *obscurecer*.
[109] Bisweilen findet man – vor allem in älteren Texten – die Form *mezco* und im *subjuntivo* – *mezca, mezcas, mezca* ... Siehe dazu: *Esbozo*, 292, und M. ALVAR & B. POTTIER, *Morfología histórica del español*, 185 (mit der Anmerkung, daß die Formen *mezco, mezca* ... auch heute noch in einigen Ländern Lateinamerikas vorkommen).
[110] Cf. *Esbozo*, 294, und M. SECO, *Diccionario de dudas*, 383.
[111] Eine teilweise Erklärung dafür gibt der Kommentar in Fußnote 105. Siehe auch den Kommentar von M. ALVAR & B. POTTIER, *Morfología histórica del español*, 164, Fußnote 27.

C. Pretérito perfecto simple

976. Besonders bei der Bildung dieses Tempus weisen viele Verben im Spanischen Unregelmäßigkeiten auf. Alle regelmäßigen Verben haben ein sogenanntes „schwaches" *pretérito perfecto simple*. Das heißt, daß in allen sechs Personen die Betonung auf die Endung fällt. Einige unregelmäßige Verben haben ein starkes *pretérito*: in der ersten und dritten Person Singular fällt die Betonung auf den Stamm. Als Beispiel können die bereits weiter oben angeführten Verben *haber* und *tener* dienen: *hube, hubiste, hubo ...*; *tuve, tuviste, tuvo ...* Ein starkes *pretérito perfecto simple* haben auch die folgenden Verben, wobei auffällt, daß sich häufig der Stammvokal ändert:

andar	gehen → *anduve, anduviste, anduvo, anduvimos, anduvisteis, anduvieron*
caber	passen in → *cupe, cupiste* usw.
conducir	führen; fahren → *conduje*
decir	sagen → *dije*
deducir	ableiten → *deduje*
estar	sein → *estuve*
haber	haben → *hube*
hacer	machen, tun → *hice*[112]
introducir	einführen → *introduje*
poder	können → *pude*
poner	legen, stellen → *puse*
producir	erzeugen, herstellen → *produje*
querer	wollen; lieben → *quise*
reducir	verringern → *reduje*
reproducir	fortpflanzen; reproduzieren → *reproduje*
saber	wissen → *supe*
satisfacer	zufriedenstellen → *satisfice*
seducir	verführen → *seduje*
tener	haben → *tuve*
traducir	übersetzen → *traduje*
traer	bringen → *traje*
venir	kommen → *vine*

Selbstverständlich spiegeln sich alle diese Unregelmäßigkeiten in den Formen des *imperfecto de subjuntivo* wider.

Anmerkungen

977. Vom Verb *responder* („antworten") werden, neben einem regelmäßigen *pretérito perfecto simple* (→ *respondí, respondiste ...*), auch die früher üblichen unregelmäßigen Formen *repuse, repusiste ...* gebraucht, die nun mit dem *pretérito* von *reponer* („wieder an seinen Platz legen" oder „- stellen") zusammenfallen.
Dies hat zur Folge, daß man – jedoch ausschließlich in literarischer Sprache – auch manchmal andere Formen von *reponer* in der Bedeutung von „antworten", „erwidern" antreffen kann[113].

---

[112] Damit die Aussprache erhalten bleibt, wird das *c* in der dritten Person Singular natürlich zu *z*: *hizo*.
[113] Siehe dazu: *Esbozo*, 308 (ohne Beispiele oder weitere Erläuterungen).

978. Ein Merkmal der Volkssprache ist die Neigung, unregelmäßige Formen zu eliminieren. Ansätze dazu finden sich auch beim *pretérito perfecto simple*. R. LAPESA führt als Beispiel **andé* anstelle von *anduve* (< *andar*[114]) an, und in *La Chanca* von J. GOYTISOLO liest man in einem von einer einfachen Frau geschriebenen Brief **decí* [für *dije* (< *decir*)][115].

979. Eine Reihe von Verben, die in Nr. 976 aufgeführt sind, erhalten am Ende des Stamms ein *j*. Bei diesen Verben fällt der Halbvokal *i*, der normalerweise in der dritten Person Singular und Plural dieses Tempus sowie in allen Personen des *imperfecto de subjuntivo* auftritt, aus.

DECIR

	Pretérito perfecto simple	Imperfecto de subjuntivo	
1. P.sg.	dije	dijera	– dijese
2. P.sg.	dijiste	dijeras	– dijeses
3. P.sg.	dijo	dijera	– dijese
1. P.pl.	dijimos	dijéramos	– dijésemos
2. P.pl.	dijisteis	dijerais	– dijeseis
3. P.pl.	dijeron	dijeran	– dijesen

980. In der gesprochenen Sprache hört man gegenwärtig besonders häufig Formen wie *cantastes, dijistes, vinistes*[116] usw. anstelle von *cantaste, dijiste* und *viniste*. Diese Formen sind natürlich inkorrekt, doch lassen sie sich dadurch erklären, daß das *-s* als typische Endung der zweiten Person Singular empfunden wird[117].

981. Auch die folgenden wichtigen Verben haben ein unregelmäßiges (aber vollständig „schwaches") *pretérito perfecto simple*:

	DAR (geben)	IR (gehen)	SER (sein)	VER (sehen)
1. P.sg.	di	fui	fui	vi
2. P.sg.	diste	fuiste	fuiste	viste
3. P.sg.	dio	fue	fue	vio
1. P.pl.	dimos	fuimos	fuimos	vimos
2. P.pl.	disteis	fuisteis	fuisteis	visteis
3. P.pl.	dieron	fueron	fueron	vieron

Weiter oben wurde bereits darauf hingewiesen, daß die Verben *ir* und *ser* im *pretérito perfecto simple* genau dieselben Formen haben und daß die dritte Person Singular auf *-e* endet (normalerweise charakteristisch für die erste Person in diesem Tempus).

Achtung: *prever* („vorhersehen") wird wie *ver* konjugiert: *preví, previste, previo* (und nicht **preveyó*, wie man gegenwärtig – in fälschlicher Analogie zu *proveer* – häufig lesen und hören kann). Die Formen des *pretérito perfecto simple* von *proveer* („versorgen"; „anordnen") lauten dagegen: *proveí, proveíste, proveyó* ...

---

[114] R. LAPESA, *Historia de la lengua española*, 470.
[115] *La chanca*, 52.
[116] Auch *cantates, dijites, vinites* ... in Lateinamerika.
[117] Weitere Erläuterungen finden sich bei R. LAPESA, *Historia de la lengua española*, 470. Siehe auch: *Esbozo*, 251–252.

982. Manchmal findet man die Formen *fuí, dió, fué* und *vió* mit Akzent. Dieser ist überflüssig, da in *fui* der letzte von zwei schwachen Vokalen und in den anderen Formen der starke Vokal (*o* und *e*) betont wird[118]. Auch die Formen *di* und *vi* werden manchmal fälschlich mit Akzent geschrieben[119].

D. Indikativ Futur I und Konditional (futuro de indicativo y condicional)

983. Eine Reihe von Verben weist die eine oder andere Unregelmäßigkeit bei der Bildung des *futuro de indicativo* (und damit auch des *condicional*) auf. Es reicht aus, die erste Person anzuführen. Von dieser lassen sich dann – mit den üblichen Endungen – alle Formen dieser Tempora ableiten:

caber	passen in →	*cabré (cabrás, cabrá, cabremos, cabréis, cabrán)*
	→	*cabría (cabrías, cabría ...)*
decir	sagen →	*diré*[120]
haber	haben →	*habré*
hacer	machen, tun →	*haré*[121]
poder	können →	*podré*
poner	legen, stellen →	*pondré*
querer	wollen; lieben →	*querré*
saber	wissen →	*sabré*
salir	weggehen, herausgehen →	*saldré*
satisfacer	befriedigen →	*satisfaré*[122]
tener	haben →	*tendré*
valer	wert sein, kosten →	*valdré*
venir	kommen →	*vendré*

E. Zeiten des subjuntivo

984. Die Unregelmäßigkeiten im *presente, imperfecto* und *futuro de subjuntivo* hängen unmittelbar mit den weiter oben behandelten Unregelmäßigkeiten in der ersten Person Singular des *presente de indicativo* und im *pretérito perfecto simple* zusammen.

---

[118] Siehe dazu die in Nr. 6 erläuterten Regeln.
[119] Der *Esbozo* führt *di* und *vi* ohne graphischen Akzent an (S. 308).
[120] *Bendecir* („segnen") und *maldecir* („verfluchen") haben dagegen ein regelmäßiges *futuro* und *condicional* (→ *bendeciré ..., maldeciría ...*). *Contradecir* („widersprechen") folgt im Prinzip *decir* (→ *contradiré ...*), doch findet man bei guten Schriftstellern auch Formen wie *contradeciría ...* (cf. *Esbozo*, 299).
[121] *Contrahacer* („nachahmen") und *rehacer* („noch einmal machen", „umarbeiten", „wiederherstellen") werden wie *hacer* konjugiert (→ *contraharé ..., reharía ...*).
[122] C. F. A. Van Dam führt allerdings eine bei R. Menéndez Pidal gefundene Form *satisfaceré* an (*Spaanse Spraakkunst*, 71). M. Seco bezeichnet solche Formen als einem niedrigen Sprachniveau zugehörig (*vulgares*), jedoch mit der Anmerkung, sie würden gegenwärtig häufig in den Medien gebraucht (*Diccionario de dudas*, 335).

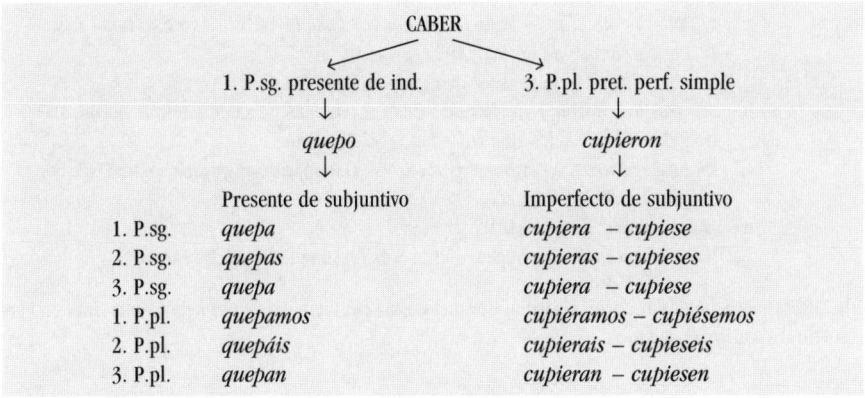

	Presente de subjuntivo	Imperfecto de subjuntivo
1. P.sg.	*quepa*	*cupiera – cupiese*
2. P.sg.	*quepas*	*cupieras – cupieses*
3. P.sg.	*quepa*	*cupiera – cupiese*
1. P.pl.	*quepamos*	*cupiéramos – cupiésemos*
2. P.pl.	*quepáis*	*cupierais – cupieseis*
3. P.pl.	*quepan*	*cupieran – cupiesen*

Unregelmäßig ist das *presente de subjuntivo* der folgenden Verben:

dar	geben	→	*dé, des, dé, demos, deis, den*[123]
estar	sein	→	*esté, estés, esté, estemos, estéis, estén*
haber	haben	→	*haya, hayas, haya, hayamos, hayáis, hayan*
ir	gehen	→	*vaya, vayas, vaya, vayamos, vayáis, vayan*[124]
saber	wissen	→	*sepa, sepas, sepa, sepamos, sepáis, sepan*
ser	sein	→	*sea, seas, sea, seamos, seáis, sean*

985. Aufgrund der in Nr. 971 angeführten Formen des *presente de indicativo* von *roer* („zerfressen", „korrodieren") versteht es sich von selbst, daß man bei der Bildung des *presente de subjuntivo* drei Möglichkeiten zur Auswahl hat:

roa, roas ...
roiga, roigas ...
roya, royas ...[125]

Anmerkung

986. Die Formen *¡vaya!* (< *ir*) und *¡venga!* (< *venir*)[126] werden häufig als Interjektion gebraucht, bei der der ursprüngliche verbale Wert praktisch völlig verloren gegangen ist. *¡Vaya!* und *¡venga!* betonen oder verstärken das im weiteren Gesagte. In dieser Funktion bleiben die beiden Formen stets unverändert.

---

[123] Die erste und dritte Person Singular erhält einen Akzent, um eine Verwechslung mit der Präposition *de* („von") zu verhindern.
[124] Der *Esbozo* führt auch *vamos* als 1. Person Plural des *presente de subjuntivo* an. Diese Form wird in Spanien jedoch vor allem mit dem Wert eines IMPERATIVS gebraucht (→ „gehen wir"), während *vayamos* in Nebensätzen steht [z. B.: *No consienten que nos vayamos* („Sie lassen es nicht zu, daß wir weggehen"). In Lateinamerika wird nicht so klar zwischen den beiden Formen unterschieden. Siehe in diesem Zusammenhang: *Esbozo*, 307. Dennoch findet man bei dem spanischen Autor T. SALVADOR die Form *vayamos* mit dem genannten imperativischen Wert von *vamos* (*Diálogos en la oscuridad*, 28).
[125] Cf. *Esbozo*, 301–302.
[126] Manchmal auch ohne Ausrufezeichen gebraucht.

a. *El Príncipe me dijo: – Vaya tarde que has pasado* (V. Pozuelo Escudero, *Los últimos 476 días de Franco*, 190).
   Der Prinz sagte zu mir: „Hast du einen Nachmittag erlebt."
b. *Ahí van los García; vaya par de locos* (M. Delibes, *377A, Madera de héroe*, 160).
   Da gehen Garcías; das sind vielleicht verrückte Leute.
c. *¡Venga, vosotros, ya es hora!* (C. F. A. Van Dam, *Spaanse spraakkunst*, 376).
   Los, ihr beiden, es ist Zeit!
d. *¡Venga gastar dinero!* (DUE, II, 1468).
   Laß mal etwas Geld springen! (oder: Was für eine Geldverschwendung!).

Die Unveränderlichkeit der Formen wird in Beispiel c ganz deutlich, wo *venga* neben einer zweiten Person Plural (*vosotros*) steht.

F. Imperativ (imperativo)

987. Bei den regelmäßigen Verben entspricht die zweite Person Singular des *imperativo* der dritten Person des *presente de indicativo*. Einige häufig gebrauchte Verben weichen von dieser Regel ab:

decir	sagen → *¡di!*[127]	
hacer	tun, machen → *¡haz!*	
ir	gehen → *¡ve!*[128]	
poner	legen, stellen → *¡pon!*	
salir	weggehen, hinausgehen → *¡sal!*	
satisfacer	befriedigen → *¡satisfaz!* (oder auch: *¡satisface!* Laut dem DUE ist *satisface* die üblichere Form – II, 1112).	
ser	sein → *¡sé!*	
tener	haben → *¡ten!*	
valer	gültig sein, in Ordnung sein; kosten → *¡val!* oder, vorzugsweise: *¡vale!*[129]	
venir	kommen → *¡ven!*	

Alle Formen der zweiten Person Plural des Imperativs sind regelmäßig. Also: *decir* → *¡decid!*, *hacer* → *¡haced!*, *ser* → *¡sed!* usw.

988. In den Ländern Lateinamerikas, in denen der *voseo*[130] üblich ist, werden als 2. Person Singular des Imperativs die folgenden Formen gebraucht: *decí* (anstelle von *di*), *salí* (anstelle von *sal*), *vení* (anstelle von *ven*), *cantá* (→ *canta*), *tené* (→ *ten*)[131].

---

[127] Die Komposita *bendecir* („segnen"), *contradecir* („widersprechen") und *maldecir* („verfluchen") haben einen regelmäßigen Imperativ → *¡bendice!* ... (cf. *Esbozo*, 299).

[128] In der gesprochenen Sprache ist die Form *¡ves!* sehr gebräuchlich (cf. *Esbozo*, 307).
Zum Beispiel: *¡Ves a buscarlo!* [M. Seco, *Diccionario de dudas*, 344 (5. Auflage) – in der hier gewöhnlich zitierten (9.) Auflage erscheint das Beispiel nicht mehr, doch wird darauf hingewiesen, daß die Form *ves* (anstelle von *ve*) zu vermeiden sei; M. Seco bezeichnet sie als *vulgarismo* („der niederen Volkssprache zugehörige Form" – S. 236)].

[129] Die erste Form ist als veraltet zu betrachten (cf. *Esbozo*, 297). M. Seco führt *¡val!* übrigens nicht mehr bei der Konjugation des Verbs *valer* an (*Diccionario de dudas*, 372).

[130] Siehe dazu weiter oben, Nr. 302.

[131] Cf. *Esbozo*, 460, Fußnote 2.

Vamos, golpeá (A. Posse, *La reina del Plata*, 127).
Los, schlag zu!

G. Gerundio

989. Bei der Bildung des *gerundio* sind die obigen Hinweise zur *debilitación vocálica* zu beachten (siehe die Nrn. 953–959). Bei den in diesen Nummern angeführten Verben wird der Stammvokal *e* im *gerundio* zu *i* (und manchmal das *o* zu *u*).

a. *pedir*   bitten, fordern → *pidiendo*
b. *preferir* vorziehen → *prefiriendo*
c. *dormir*   schlafen → *durmiendo*

Sonst haben nur drei spanische Verben eine unregelmäßige Form im *gerundio*. *decir* – sagen → *diciendo*; *poder* – können → *pudiendo*; *venir* – kommen → *viniendo*. Das *gerundio* von *ir* („gehen") ist *yendo*. Dabei handelt es sich lediglich um eine orthographische Veränderung, die in Nr. 1000 erklärt wird.

H. Perfektpartizip (participio pasado)

990. Die folgenden Verben bilden ein unregelmäßiges Perfektpartizip, das nicht auf *-ado* oder *-ido* gebildet wird, wie dies normalerweise der Fall ist:

abrir	öffnen → *abierto*	
absolver	freisprechen; vergeben → *absuelto*	
cubrir	bedecken → *cubierto*	
decir	sagen → *dicho*[132]	
escribir	schreiben → *escrito*[133]	
freír	in Öl braten → *frito*[134]	
hacer	machen, tun → *hecho*	
imprimir	drucken[135] → *impreso*	
morir	sterben → *muerto*[136]	

---

[132] Von *bendecir* („segnen") und *maldecir* („verfluchen") lautet das Perfektpartizip *bendecido* und *maldecido*, es sei denn, die Form wird adjektivisch oder in Passivsätzen [z. B. *bendito sea* („gesegnet sei")] gebraucht. Das *participio* von *contradecir* („widersprechen") ist *contradicho* (siehe dazu: *Esbozo*, 309 und 311).

[133] *Escribido* kommt nur in dem ironischen Ausdruck *ser muy leído y escribido* vor, mit dem zum Ausdruck gebracht wird, daß jemand etwas mehr Bildung besitzt als die Menschen in seiner Umgebung und dies schulmeisterlich und besserwisserisch zeigt.

[134] In Ausnahmefällen auch *freído* (cf. *Esbozo*, 310).

[135] In der Bedeutung „ein Buch drucken". Hin und wieder findet sich anstelle von *impreso* auch *imprimido* (cf. *Esbozo*, 310).

[136] Der *Esbozo* merkt an, daß die Form *muerto* in den einfachen Zeiten des Passivs fast immer anstelle von *matado* gebraucht werde, wenn die Rede von Personen ist (S. 311). Nach M. Seco kommt die Form *muerto* in diesem Fall im Passiv (und nur in der Schriftsprache) vor. In aktiven Konstruktionen finde man diesen Gebrauch ausschließlich in literarischer Sprache (*Diccionario de dudas*, 255–256). Vielleicht ist dieser Kommentar (wenigstens für das lateinamerikanische Spanisch) als zu strikt zu betrachten. Vgl. in diesem Zusammenhang das unten angeführte, bei I. Allende entnommene Beispiel. Die Übersetzung eines Satzes wie „er wurde von den Indianern

poner	legen, setzen → *puesto*
prender	ergreifen, festnehmen → *preso*[137]
resolver	beschließen; lösen → *resuelto*
romper	brechen → *roto*
satisfacer	befriedigen → *satisfecho*
ver	sehen → *visto*
volver	(um)drehen; zurückkehren → *vuelto*

Anmerkungen

991. Das Partizip Perfekt von *pudrir* [Variante: *podrir* („etwas durch Fäulnis verderben")] lautet, wie bereits in Nr. 960 gesagt, *podrido*.

992. Manche Verben haben neben einem regelmäßigen Perfektpartizip eine zweite, unregelmäßige, Form. Diese wird allerdings im modernen Spanisch nur noch als Adjektiv gebraucht und als solche in den Wörterbüchern aufgeführt.

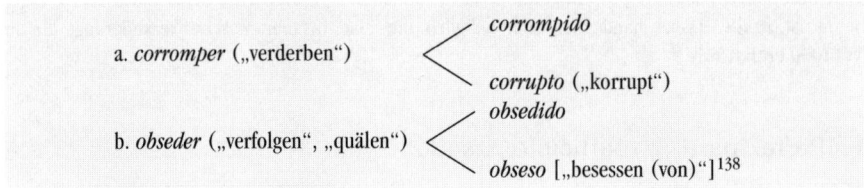

§ 4. DEFEKTIVE VERBEN

993. Der *Esbozo* weist darauf hin, daß eine Reihe von Verben (sowohl regelmäßige als auch unregelmäßige) nicht in allen Zeiten und/oder Personen gebraucht werden (S. 311–313). Solche Verben werden als defektiv bezeichnet. Diese Erscheinung ist nicht auf das Spanische beschränkt, und Verben wie „regnen" (*llover*), „betreffen" (*concernir*) u. dgl. kommen auch im Deutschen nur in der dritten Person vor. Andere vom *Esbozo* angeführte Verben sind für den aktiven Sprachgebrauch kaum von praktischer Bedeutung.

---

getötet" könnte daher lauten: *Fue muerto por los indios*. Siehe auch: *Trueba no se detuvo a ver si lo había muerto* (I. ALLENDE, *Eva Luna*, 315 – „Trueba hielt nicht an, um zu sehen, ob er ihn getötet hatte").

[137] In den anderen Bedeutungen von *prender* lautet das Partizip Perfekt *prendido* [z. B.: *las plantas han prendido* („die Pflanzen haben Wurzeln geschlagen"), *ha prendido un pitillo* („er hat eine Zigarette angezündet")].

[138] Siehe dazu weitere Hinweise in Nr. 1227.

ABSCHNITT III
ÄNDERUNGEN IN DER SCHREIBWEISE
MODIFICACIONES ORTOGRÁFICAS

§ 1. VERBEN DER ERSTEN KONJUGATION

994. Bei einer Reihe von Verben der ersten Konjugation kommt es zu bestimmten orthographischen Veränderungen, die dadurch bedingt sind, daß die ursprüngliche Aussprache in allen Formen erhalten bleiben muß. Dies geschieht immer dann, wenn in der Endung ein *e* auftritt.

995. In den Verben, die auf *-car* enden, wird das *c* vor *e* zu *qu*[139].

	SECAR (trocknen)	
	Presente de subjuntivo	Pretérito perfecto simple
1. P.sg.	*seque*	*sequé*
2. P.sg.	*seques*	*(secaste)*
3. P.sg.	*seque*	*(secó)*
1. P.pl.	*sequemos*	*(secamos)*
2. P.pl.	*sequéis*	*(secasteis)*
3. P.pl.	*sequen*	*(secaron)*

996. In den Verben, die auf *-gar* enden, wird das *g* vor *e* zu *gu*[140].

	NEGAR (verneinen)	
	Presente de subjuntivo	Pretérito perfecto simple
1. P.sg.	*niegue*	*negué*
2. P.sg.	*niegues*	*(negaste)*
3. P.sg.	*niegue*	*(negó)*
1. P.pl.	*neguemos*	*(negamos)*
2. P.pl.	*neguéis*	*(negasteis)*
3. P.pl.	*nieguen*	*(negaron)*

997. In den Verben, die auf *-guar* enden, wird das *gu* vor *e* zu *gü*[141].

---

[139] D. h.: in allen Formen des *presente de subjuntivo* und in der ersten Person Singular des *pretérito perfecto simple*.
[140] In allen Formen des *presente de subjuntivo* und in der 1. Person Singular des *pretérito perfecto simple*.
[141] In allen Formen des *presente de subjuntivo* und in der 1. Person Singular des *pretérito perfecto simple*.

AVERIGUAR
(feststellen, untersuchen)

	Presente de subjuntivo	Pretérito perfecto simple
1. P.sg.	*averigüe*	*averigüé*
2. P.sg.	*averigües*	*(averiguaste)*
3. P.sg.	*averigüe*	*(averiguó)*
1. P.pl.	*averigüemos*	*(averiguamos)*
2. P.pl.	*averigüéis*	*(averiguasteis)*
3. P.pl.	*averigüen*	*(averiguaron)*

998. Um die Aussprache zu bewahren, muß in den neun starken Formen des Verbs, in denen dem zu *ue* diphthongierten Stammvokal *o* ein *g* vorausgeht, ebenfalls *gü* anstelle von *gu* geschrieben werden.

AVERGONZAR
(beschämen)

	Presente de ind.	Presente de subj.	Imperativo
1. P.sg.	*avergüenzo*	*avergüence*[142]	
2. P.sg.	*avergüenzas*	*avergüences*	*¡avergüenza!*
3. P.sg.	*avergüenza*	*avergüence*	
1. P.pl.	*(avergonzamos)*	*(avergoncemos)*	
2. P.pl.	*(avergonzáis)*	*(avergoncéis)*	*(¡avergonzad!)*
3. P.pl.	*avergüenzan*	*avergüencen*	

Anmerkungen

999. Bei den Verben, die auf *-zar* enden, wird das *z* vor *e* zu *c*[143].

EMPEZAR
(beginnen)

	Presente de subjuntivo	Pretérito perfecto simple
1. P.sg.	*empiece*	*empecé*
2. P.sg.	*empieces*	*(empezaste)*
3. P.sg.	*empiece*	*(empezó)*
1. P.pl.	*empecemos*	*(empezamos)*
2. P.pl.	*empecéis*	*(empezasteis)*
3. P.pl.	*empiecen*	*(empezaron)*

1000. Es gibt im Spanischen keine Wörter, die sich am Anfang mit *ie* (oder *ue*) schreiben. In den neun starken Formen eines Verbs wie *errar* („irren"), schreibt man daher *ye* anstelle von *ie*. Das *presente de indicativo* sieht daher wie folgt aus: *yerro, yerras, yerra, (erramos), (erráis), yerran*. Die-

---

[142] Die Veränderung von *z* zu *c* wird in Nr. 999 behandelt.
[143] Strenggenommen ist diese Veränderung für die Bewahrung der Aussprache nicht notwendig. Doch findet man im Spanischen fast nie den Buchstaben *z* vor *e* und *i*. Mit einem „funktionellen" Wechsel *c/z* haben wir es hingegen bei den in Nr. 1006 angeführten Verben zu tun.

selbe Schreibweise findet sich auch in den starken Formen des *presente de subjuntivo* und in der zweiten Person Singular des *imperativo* dieses Verbs.
Siehe aber auch den Hinweis in Nr. 945 zu *errar*.

§ 2. VERBEN DER ZWEITEN UND DRITTEN KONJUGATION

1001. Auch hier hängen die Änderungen in der Schreibweise meist mit der Aussprache zusammen. Ziel ist dabei, die ursprüngliche Aussprache zu bewahren oder einen Hiatus zu vermeiden.

1002. Bei den Verben, die auf *-ger* oder *-gir* enden, wird das *g* vor *a* und *o* zu *j*[144].

COGER
(nehmen)

	Presente de indicativo	Presente de subjuntivo
1. P.sg.	*cojo*	*coja*
2. P.sg.	*(coges)*	*cojas*
3. P.sg.	*(coge)*	*coja*
1. P.pl.	*(cogemos)*	*cojamos*
2. P.pl.	*(cogéis)*	*cojáis*
3. P.pl.	*(cogen)*	*cojan*

CORREGIR
(verbessern)

	Presente de indicativo	Presente de subjuntivo
1. P.sg.	*corrijo*	*corrija*
2. P.sg.	*(corriges)*	*corrijas*
3. P.sg.	*(corrige)*	*corrija*
1. P.pl.	*(corregimos)*	*corrijamos*
2. P.pl.	*(corregís)*	*corrijáis*
3. P.pl.	*(corrigen)*	*corrijan*

1003. Bei den Verben, die auf *-guir* enden, wird das *gu* vor *a* und *o* zu *g*[145].

DISTINGUIR
(unterscheiden)

	Presente de indicativo	Presente de subjuntivo
1. P.sg.	*distingo*	*distinga*
2. P.sg.	*(distingues)*	*distingas*
3. P.sg.	*(distingue)*	*distinga*
1. P.pl.	*(distinguimos)*	*distingamos*
2. P.pl.	*(distinguís)*	*distingáis*
3. P.pl.	*(distinguen)*	*distingan*

---

[144] D. h.: in der ersten Person Singular des *presente de indicativo* und in allen Formen des *presente de subjuntivo*.
[145] D. h.: in der ersten Person Singular des *presente de indicativo* und in allen Formen des *presente de subjuntivo*.

1004. Bei dem Verb *delinquir* („ein Verbrechen begehen") wird das *qu* vor *a* und *o* zu *c*[146]:

	Presente de indicativo	Presente de subjuntivo
1. P.sg.	*delinco*	*delinca*
2. P.sg.	*(delinques)*	*delincas*
3. P.sg.	*(delinque)*	*delinca*
1. P.pl.	*(delinquimos)*	*delincamos*
2. P.pl.	*(delinquís)*	*delincáis*
3. P.pl.	*(delinquen)*	*delincan*

1005. Bei der Konjugation der Verben auf *-uir* wird vor *a, e* und *o* ein *y* eingefügt. Auf diese Weise wird ein Hiatus vermieden.

	HUIR (fliehen)		
	Presente de ind.	Presente de subj.	Pretérito perf. simple
1. P.sg.	*huyo*	*huya*	*(huí)*
2. P.sg.	*huyes*	*huyas*	*(huiste)*
3. P.sg.	*huye*	*huya*	*huyó*
1. P.pl.	*(huimos)*	*huyamos*	*(huimos)*
2. P.pl.	*(huís)*	*huyáis*	*(huisteis)*
3. P.pl.	*huyen*	*huyan*	*huyeron*
	Imperfecto de subj.	Imperativo	Gerundio
1. P.sg.	*huyera – huyese*		*huyendo*
2. P.sg.	*huyeras – huyeses*	*¡huye!*	
3. P.sg.	*huyera – huyese*		
1. P.pl.	*huyéramos – huyésemos*		
2. P.pl.	*huyerais – huyeseis*	*(¡huid!)*	
3. P.pl.	*huyeran – huyesen*		

1006. Bei den Verben, die auf *-cer* oder *-cir* enden, wird das *c* vor *a* und *o* zu *z*[147].

	VENCER (siegen)	
	Presente de indicativo	Presente de subjuntivo
1. P.sg.	*venzo*	*venza*
2. P.sg.	*(vences)*	*venzas*
3. P.sg.	*(vence)*	*venza*
1. P.pl.	*(vencemos)*	*venzamos*
2. P.pl.	*(vencéis)*	*venzáis*
3. P.pl.	*(vencen)*	*venzan*

---

[146] D. h.: in der ersten Person Singular des *presente de indicativo* und in allen Formen des *presente de subjuntivo*.
[147] Das betrifft die erste Person Singular des *presente de indicativo* und alle Formen des *presente de subjuntivo*.

Änderungen in der Schreibweise / Modificaciones ortográficas

Anmerkung

1007. In Nr. 1000 wurde bereits darauf hingewiesen, daß es im Spanischen keine Wörter gibt, die auf den Diphthong *ue* (oder *ie*) anlauten. In den neun starken Formen des Verbs *oler* („riechen") wird dem Diphthong ein *h* vorangestellt. Das *presente de indicativo* sieht daher wie folgt aus: *huelo, hueles, huele, (olemos), (oléis), huelen*. Dieselbe Schreibweise findet man auch in den starken Formen des *presente de subjuntivo* und in der zweiten Person Singular des *imperativo*[148].

1008. Bei den Verben, die auf *-eír, -llir, -ñer* und *-ñir* enden, fällt der Halbvokal *i* im *gerundio*, in der dritten Person Singular und Plural des *pretérito perfecto simple* sowie in allen Personen des *imperfecto de subjuntivo* aus[149].

REÍR
(lachen)

Gerundio: *riendo*

	Pretérito perf. simple	Imperfecto de subjuntivo
1. P.sg.	*(reí)*[150]	*riera – riese*
2. P.sg.	*(reíste)*	*rieras – rieses*
3. P.sg.	*rió*	*riera – riese*
1. P.pl.	*(reímos)*	*riéramos – riésemos*
2. P.pl.	*(reísteis)*	*rierais – rieseis*
3. P.pl.	*rieron*[151]	*rieran – riesen*

BULLIR
(kochen)

Gerundio: *bullendo*

	Pretérito perfecto simple	Imperfecto de subjuntivo
1. P.sg.	*(bullí)*	*bullera – bullese*
2. P.sg.	*(bulliste)*	*bulleras – bulleses*
3. P.sg.	*bulló*	*bullera – bullese*
1. P.pl.	*(bullimos)*	*bulléramos – bullésemos*
2. P.pl.	*(bullisteis)*	*bullerais – bulleseis*
3. P.pl.	*bulleron*	*bulleran – bullesen*

1009. Der Halbvokal *i* kann auch bei dem Verb *henchir* („füllen") ausfallen, und zwar in denselben Fällen wie die, die in Nr. 1008 behandelt wurden. Doch gibt es hier zwei Unterschiede: der Ausfall des *i* ist bei *henchir* fakultativ[152] und hat eine Änderung der Aussprache zur Folge. Man kann also sowohl die Formen *hinchó, hincheron* als auch (im modernen Spanisch vorzugsweise) *hinchió, hinchieron* antreffen.

---

[148] Da das *h* keinen phonetischen Wert besitzt, wird die Aussprache des Verbs durch das Hinzufügen dieses Buchstabens nicht verändert. Gleiches gilt für das Verb *desosar* („entkernen"): *deshueso, deshuesas, deshuesa, (desosamos), (desosáis), deshuesan* (Formen des *presente de indicativo*) ...
[149] Wobei sich in keinem Fall die Aussprache ändert.
[150] In *reí* und den übrigen eingeklammerten Formen ist das *i* ein Voll- und kein Halbvokal.
[151] Das *i* in dieser Form (ebenso wie in *rió*) gehört zum Verbstamm.
[152] Siehe dazu: *Esbozo*, 276. Der Kommentar ist recht vage: das *i* könne „bisweilen" (→ *algunas veces*) weggelassen werden – ohne weitere Präzisierung. Allerdings wird angemerkt, daß in den Texten des Goldenen Zeitalters meist kein *i* in der Endung vorkam. M. Seco scheint (implizit) nur die Formen *hinchió, hinchieron* zu akzeptieren (*Diccionario de dudas*, 220). In diesem Sinne auch: DUE, II, 29.

1010. Bei den Verben, die auf *-aer, -eer, -oer* und *-oír* enden, wird der Halbvokal *i* im *gerundio*, der dritten Person Singular und Plural des *pretérito perfecto simple* sowie in allen Personen des *imperfecto de subjuntivo* zu *y*.

CAER
(fallen)
Gerundio: *cayendo*

	Pretérito perfecto simple	Imperfecto de subjuntivo
1. P.sg.	*(caí)*	*cayera – cayese*
2. P.sg.	*(caíste)*	*cayeras – cayeses*
3. P.sg.	*cayó*	*cayera – cayese*
1. P.pl.	*(caímos)*	*cayéramos – cayésemos*
2. P.pl.	*(caísteis)*	*cayerais – cayeseis*
3. P.pl.	*cayeron*	*cayeran – cayesen*

OÍR
(hören)
Gerundio: *oyendo*

	Pretérito perfecto simple	Imperfecto de subjuntivo
1. P.sg.	*(oí)*	*oyera – oyese*
2. P.sg.	*(oíste)*	*oyeras – oyeses*
3. P.sg.	*oyó*	*oyera – oyese*
1. P.pl.	*(oímos)*	*oyéramos – oyésemos*
2. P.pl.	*(oísteis)*	*oyerais – oyeseis*
3. P.pl.	*oyeron*	*oyeran – oyesen*

ABSCHNITT IV
BILDUNG DES PASSIVS
LA VOZ PASIVA

1011. Das Passiv kann im Spanischen mit einer Konstruktion gebildet werden, die aus / einer Form von *ser* + dem *participio pasado* des betreffenden Verbs / besteht. *Ser* entspricht dann dem deutschen „werden"[153].

---

[153] Diese Form der Passivbildung ist mit dem Französischen vergleichbar, wo das Partizip Perfekt mit einer Form von *être* verbunden wird. Zum Beispiel:
Las casas son construidas por los albañiles
(*Les maisons sont construites par les maçons*)
Die Häuser werden von den Maurern gebaut.
Man beachte, daß das Spanische – im Gegensatz zur „Muttersprache" (dem Latein) – nicht über eigene spezifische Endungen für die Formen des Passivs verfügt.

Bildung des Passivs / La voz pasiva 423

	Presente de indicativo	Imperfecto de indicativo
1. P.sg.	*soy invitado*	*era invitado*
2. P.sg.	*eres invitado*	*eras invitado*
3. P.sg.	*es invitado*	*era invitado*
1. P.pl.	*somos invitados*	*éramos invitados*
2. P.pl.	*sois invitados*	*erais invitados*
3. P.pl.	*son invitados*	*eran invitados*

INVITAR
(einladen)

Alle anderen Tempora des Passivs werden nach demselben Verfahren gebildet. Man beachte, daß das Perfektpartizip, das mit *ser* verbunden wird, in Genus und Numerus mit dem Subjekt kongruiert. Also: *somos invitados* „wir werden eingeladen", *esta mujer no ha sido invitada* „diese Frau ist nicht eingeladen (worden)". Man beachte, daß das Perfektpartizip nicht unbedingt UNMITTELBAR nach der Form von *ser* stehen muß.

    a. *Los cómplices fueron también condenados a muerte* (F. MARSÁ, *Diccionario normativo*, 222).
    Die Komplizen wurden ebenfalls zum Tode verurteilt.

Im übrigen werden deutsche Passivsätze nicht immer durch / *ser* + Perfektpartizip / wiedergegeben[154]. Das Spanische kennt noch andere Möglichkeiten, das Passiv zu bilden. Oft greift man vor allem auf die sogenannten *pasiva refleja* zurück. Der Gebrauch des Passivs wird in den Nrn. 1050–1052 behandelt. Das Agens wird gewöhnlich durch die Präposition *por* (im Deutschen „von") eingeleitet. In älteren Texten und gegenwärtig auch noch in literarischer Sprache kann man *de* (anstelle von *por*) antreffen. *De* findet sich regelmäßig in Passivkonstruktionen mit dem Verb *estar*[155], in denen das *participio* adjektivisch gebraucht wird, z. B. in *ahogado de trabajo* („bis über beide Ohren in Arbeit"), *comido de ratones* („von Mäusen angefressen")[156], und ebenso trifft man die Präposition in mit *dejar* gebildeten Ausdrücken des folgenden Typs an:

    b. *Ya no tendría valor para dejarse ver desnuda ni de él ni de nadie* (G. GARCÍA MÁRQUEZ, *El amor en los tiempos del cólera*, 417).
    Sie hätte nicht mehr den Mut, um sich vor ihm oder sonst jemandem nackt zu zeigen.

---

[154] Über die Häufigkeit der mit *ser* konstruierten Passivformen im modernen Spanisch herrscht Uneinigkeit. Siehe dazu Nr. 1051.
[155] Zu *estar* in Passivsätzen siehe Nr. 1051.
[156] Cf. DUE, II, 1500. Siehe auch: M. SECO, *Diccionario de dudas*, 133 (auch hier mit der Anmerkung, daß der Gebrauch von *de* gegenwärtig nicht häufig sei).

KAPITEL XI

TEMPORA UND MODI DES VERBS
LOS TIEMPOS Y LOS MODOS DEL VERBO

ABSCHNITT I

GEBRAUCH DER TEMPORA
EL USO DE LOS TIEMPOS

§ 1. INDIKATIV PRÄSENS (PRESENTE DE INDICATIVO)

1012. Man kann feststellen, daß das *presente de indicativo* im allgemeinen dieselben Nuancen ausdrückt wie das Präsens im Deutschen. Gleichwohl gilt es, die folgenden Besonderheiten zu berücksichtigen.
Als Variante des historischen Gebrauchs dieses Tempus, den man auch im Deutschen kennt[1], findet man im Spanischen häufig ein *presente de indicativo* in Fällen, in denen man eigentlich ein Tempus der Vergangenheit erwarten würde. Dahinter steht die Absicht, gewissen Tatsachen oder Ereignissen Aktualität zu verleihen, eine Erzählung oder einen Dialog lebendiger zu gestalten oder wiederzugeben. Diese Konstruktionen scheinen besonders häufig in Konditionalsätzen vorzukommen, und man findet sie hauptsächlich in der gesprochenen Sprache[2]. Das *presente de indicativo* kann in derlei Fällen im Nebensatz, im Hauptsatz oder in beiden gebraucht werden. Manchmal geht der Vergangenheitsbezug eindeutig aus einem (eigentlich paradoxerweise) zusammen mit dem *presente* gebrauchten Adverb oder adverbialen Ausdruck hervor (siehe Beispiel d) oder daraus, daß in dem Satz eine Verbform der Vergangenheit auftritt (Beispiel e).

    a. *¿Qué hubiera pasado si Martín no llega a tiempo?* (A. Casona, *La dama del alba*, 95).
       Was wäre passiert, wenn Martin nicht rechtzeitig gekommen wäre?
    b. *De haberlo sabido*[3], *salgo esta mañana a dar un paseo* (J. A. De Zunzunegui, *Beatriz o la vida apasionada*, 217).
       Wenn ich es gewußt hätte, hätte ich heute morgen einen Spaziergang gemacht.
    c. *Si no llega a tener la úlcera, no muere* (P. Baroja, *Los enigmáticos*, in O. C., VIII, 391).
       Hätte er nicht das Magengeschwür bekommen, dann wäre er nicht gestorben.

---

[1] Zum Beispiel: *La guerra estalla en setiembre y la invasión de Bélgica tiene lugar en ...* (DUE, II, 1470).
    Der Krieg bricht im September aus, und der Einmarsch in Belgien erfolgt in ...
[2] Cf. *Esbozo*, 465. Ein besonders aufschlußreiches Beispiel – mit Kommentierung durch den Autor – findet man in *Libro de Manuel* von J. Cortázar (S. 44).
[3] Konstruktionen wie diese, in denen die Präposition *de*, gefolgt von einem Infinitiv, den Wert eines konditionalen Nebensatzes hat, werden in Nr. 1138 behandelt.

d. *Si lo sé antes, no me acuesto contigo* (M. AUB, *Las buenas intenciones*, 242).
   Wenn ich das früher gewußt hätte, wäre ich nicht mit dir ins Bett gegangen.
e. *Reconoció a su hijo y casi se desmaya* (M. ALVAR & B. POTTIER, *Morfología histórica del español*, 213).
   Sie erkannte ihren Sohn und wäre fast in Ohnmacht gefallen.

1013. In anderen Fällen wird das *presente de indicativo* anstelle eines Tempus der Zukunft gebraucht. Auf diese Weise will man vorläufig potentielle Handlungen oder Ereignisse lebendiger schildern[4].

a. *Mañana te mueres* (J. IBARGÜENGOITIA, *Los conspiradores*, 140).
   Morgen bist du tot.

Oft wird (ebenso wie übrigens auch das *futuro*) das *presente de indicativo* mit dem Wert eines Imperativs gebraucht. Diese Formen wirken energischer und weniger höflich und drücken darüber hinaus einen Befehl auf direktere Art aus als das bei einer Form des *imperativo* der Fall wäre (dies vor allem mit einem Verb in der zweiten Person, das in einem verneinten Satz steht – Beispiel c):

b. *Ahora me haces el favor de arreglarte y ya hablaremos luego* (R. SÁNCHEZ FERLOSIO)
   Tu mir jetzt den Gefallen, und mach dich fertig; wir sprechen dann gleich darüber.
c. *Octavia, tú no vuelves a casa* (R. DEL VALLE-INCLÁN).
   Octavia, du gehst nicht nach Haus zurück.

[Der Kommentar und die beiden Beispiele (das zweite leicht verändert → vereinfacht) sind S. FERNÁNDEZ (*Gramática española*, 4, 230 und 232) entnommen.]

1014. Im Spanischen wird meist ein *gerundio* gebraucht, um eine noch stattfindende Handlung oder einen Zustand, der andauert, zu bezeichnen. Dem *gerundio* geht dann eine Form von *estar* oder eines anderen *semi-auxiliar*[5] voraus.

Sara Montiel está teniendo un gran éxito en Barcelona (F. UMBRAL, *Noche de famosos*, in *Heraldo de Aragón*, 12.5.1974, 30).
Sara Montiel hat gegenwärtig großen Erfolg in Barcelona.

§ 2. IMPERFECTO DE INDICATIVO, PRETÉRITO PERFECTO SIMPLE

1015. Diese zwei Tempora werden in einem Paragraphen behandelt, da sie beide das deutsche Imperfekt wiedergeben können[6]. Doch ist darauf hinzuweisen, daß sie verschiedene Nuancen ausdrücken und daher nicht willkürlich gebraucht werden können. In einer Grammatik wie dieser kann ein solch

---

[4] Cf. M. SECO, *Diccionario de dudas*, 299. Siehe auch weiter unten, Nr. 1033.
[5] Als *semi-auxiliar* bezeichnet man ein Verb, das seine eigentliche Bedeutung ganz oder teilweise verloren hat. Mehr darüber in Nr. 1220.
[6] Achtung: „wiedergeben *können*". Das *pretérito perfecto simple* (das dem französischen *passé simple* entspricht und für das es im Deutschen kein morphologisches Äquivalent gibt) wird in bestimmten Fällen durch das Perfekt oder Plusquamperfekt übersetzt.

komplexes und vor allem für deutsche Muttersprachler manchmal schwieriges Thema nur im Überblick behandelt werden. Man kann daher auf Fälle stoßen, für die die im folgenden gegebenen Erläuterungen keine Erklärung bieten.

1016. Mit dem *imperfecto de indicativo* kann man zum Ausdruck bringen, daß zwei oder mehr Ereignisse in der Vergangenheit wiederholt oder gleichzeitig[7] stattgefunden haben (was im übrigen häufig durch kontextuelle Elemente verdeutlicht wird). Das *pretérito perfecto simple* wird dagegen für Ereignisse gebraucht, die sich nur einmal zugetragen haben oder die in der Vergangenheit aufeinanderfolgen. Daher wird das *imperfecto de indicativo* auch manchmal als Tempus der Beschreibung bezeichnet, während das *pretérito perfecto simple* eher als Tempus der Erzählung zu betrachten wäre[8].

a. *Además, se presentaba generalmente la familia entera: padre, madre, hijos* (*Cambio 16*, 21.5.1978, 102).
Außerdem erschien gewöhnlich die ganze Familie: Vater, Mutter und Kinder.
Das Adverb *generalmente* deutet auf WIEDERHOLUNG oder GEWOHNHEIT hin.

b. *Félix asistía todas las mañanas a un desayuno político* (C. FUENTES, *La cabeza de la hidra*, 11).
Felix nahm jeden Morgen an einem politischen Arbeitsfrühstück teil.
Todas las mañanas bringt die REGELMÄSSIGKEIT der Handlung zum Ausdruck.

c. *Bebíamos, cenábamos, jodíamos en algún hotelucho vetusto* (J. GOYTISOLO, *En los reinos de Taifa*, 225).
Wir tranken, wir aßen zu Abend, wir vögelten in irgendeiner alten Absteige.
Hier wird von einer GEWOHNHEIT berichtet.

d. *Transcribía, mientras en los oídos le iban resonando unos versos de sus tiempos de estudiante* (M. ALVAR, *Islas afortunadas*, 25).
Während er den Text abschrieb, klangen ihm einige Verse aus seiner Studentenzeit in den Ohren.
Mientras weist auf die Gleichzeitigkeit der beiden Handlungen hin.

e. *La „cápsula robot" soviética „Progress I" se desintegró ayer sobre el océano Pacífico* (*Informaciones*, 9.2.1978, 5).
Die sowjetische Raumkapsel „Progress I" ist gestern über dem Pazifik (in der Atmosphäre) verglüht.
Es handelt sich um einen (kurzzeitigen) Vorgang, der sich nur einmal ereignet hat.

f. *Me armé, apunté y disparé y la perdiz se desplomó como un trapo* (M. DELIBES, *Aventuras, venturas y desventuras de un cazador a rabo*, 45).
Ich nahm mein Gewehr, legte an und schoß, und das Rebhuhn fiel wie ein Lappen auf den Boden.
Die Handlungen folgen aufeinander.

Anmerkung

1017. Die in Nr. 1016 gegebenen Hinweise sind nur als allgemeine Richtschnur für den Gebrauch dieser Tempora zu betrachten. So findet man beispielsweise in den folgenden Sätzen ein *pretérito*

---

[7] Zumindest, wenn für die verschiedenen Ereignisse oder Zustände eine gewisse DAUER in der Vergangenheit angenommen wird. Gleichzeitigkeit bei einer kurzzeitigen Handlung wird in Nr. 1018 behandelt.
[8] Siehe dazu J. ALCINA FRANCH & J. M. BLECUA, *Gramática española*, 794–795.
Ein ausführlicherer Kommentar findet sich bei S. FERNÁNDEZ, *Gramática española*, 4, 239–284. Zum Gebrauch des *imperfecto* siehe auch: N. CARTAGENA, *Zu den semantischen und pragmatischen Grundlagen der deutschen Entsprechungen für das spanische Imperfekt*.

perfecto simple, obwohl es um eine wiederholte Handlung geht, bzw. ein *imperfecto* bei Handlungen, die in der Vergangenheit aufeinanderfolgen.

    a. *El presidente repitió varias veces que ... (Informaciones, 6.2.1978, 1).*
       Der Vorsitzende wiederholte mehrmals, daß ...
    b. ***Llegábamos, nos saludábamos, nos sentábamos, pedíamos de beber y se iniciaba una conversación errabunda*** (L. Buñuel, *Mi último suspiro*, 62).
       Wir trafen ein, begrüßten uns, setzten uns, bestellten etwas zum Trinken, und dann begann ein Gespräch über alle möglichen Themen.

In derlei Fällen bringt der etwas unerwartete Gebrauch eines bestimmten Tempus allerdings eine besondere Nuance zum Ausdruck. Zum Beispiel: der Sprecher wiederholte etwas mehrere Male IN DERSELBEN REDE (Beispiel a), oder es soll zum Ausdruck gebracht werden, daß verschiedene Handlungen, die strenggenommen aufeinanderfolgen, „GLOBALISIERT" werden (Beispiel b)[9].

1018. Der Gebrauch der beiden Tempora – unter Umständen in ein und demselben Satz oder Kontext – kann auch mit der DAUER der Handlung in der Vergangenheit zusammenhängen. Handlungen, die nur kurz (oft sogar nur einen Augenblick) andauern, werden meist durch das *pretérito perfecto simple*, Handlungen in ihrem Verlauf dagegen in der Regel durch das *imperfecto* ausgedrückt[10].

    a. *Cuando llegué, ya estaba el tío* (F. García Pavón, *Los nacionales*, 143).
       Als ich eintraf, war mein Onkel schon da.
       Die durch *llegué* und *estaba* ausgedrückten Tatsachen können graphisch folgendermaßen dargestellt werden:

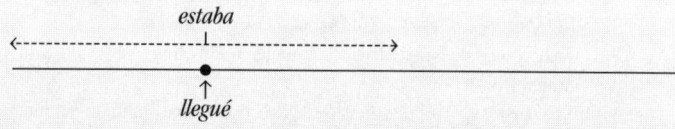

Llegué bezeichnet eine Handlung, die von sehr kurzer (momentaner) Dauer ist und auf der Linie, die die Zeit repräsentiert, als Punkt dargestellt wird. *Estaba* drückt einen längeren Zeitraum aus: mein Onkel war zum Zeitpunkt meiner Ankunft bereits anwesend, und er blieb möglicherweise auch noch da, nachdem ich eingetroffen war.
Zu Recht sagt der *Esbozo*, daß das *imperfecto* einen langen Zeitraum in der Vergangenheit bezeichnet, innerhalb dessen andere Geschehnisse, die sich ebenfalls in der Vergangenheit ereignet haben, situiert werden können[11].

---

[9] M. Moliner bemerkt dazu, daß das *imperfecto* manchmal an die Stelle des *pretérito perfecto simple* tritt, wenn die Handlungen sehr schnell aufeinanderfolgen (DUE, II, 1471). Siehe in diesem Zusammenhang auch das in Nr. 1016 c angeführte Beispiel, in dem die Handlungen strenggenommen aufeinanderfolgen, der Autor jedoch vor allem ihren GEWOHNHEITSMÄSSIGEN Charakter herausstellen will.

[10] Hier sei noch einmal an die Hinweise in den Nrn. 1015 (am Ende) und 1017 erinnert. Auch die Bemerkung zur DAUER der Handlung ist keine absolute Regel, und man kann Fälle antreffen, in denen bezüglich des Gebrauchs des *imperfecto* und des *pretérito perfecto simple* der im Zusammenhang mit der Dauer einer Handlung formulierte Grundsatz scheinbar außer acht gelassen wird. Zum Beispiel: *Durante semanas o meses anduvieron por París* (J. Cortázar, *Rayuela*, 39 – „Wochen- oder monatelang liefen sie in Paris herum"). Absicht des Autors ist es, das Geschehen als lang vergangen darzustellen [objektiv, da alles so lange her ist, oder in einer eher subjektiven Betrachtungsweise, wobei dann die Vorstellung der (langen) Dauer verblaßt und/oder als nebensächlich angesehen wird].

[11] *Esbozo*, 467.

b. *Mi hermana murió cuando yo tenía 12 años* (J. RULFO, *Pedro Páramo*, 63).
Meine Schwester starb, als ich zwölf Jahre alt war.
Auch hier gilt Ähnliches wie bei dem vorangegangenen Beispiel: *murió* bezieht sich auf ein vergangenes Ereignis von kurzer Dauer, während *tenía 12 años* einen Zeitraum bezeichnet, innerhalb dessen sich die erste Handlung vollzogen hat.

c. *Al monarca Felipe III le sorprendió la muerte de su mujer cuando cazaba en La Ventosilla* (M. DELIBES, *Aventuras, venturas y desventuras de un cazador a rabo*, 36).
Als König Philipp III. in La Ventosilla auf der Jagd war, überraschte ihn die Nachricht vom Tod seiner Frau.

d. *Más tarde miss Mary llamó a Clarita y le explicó la discusión. Rosi, tumbada encima de la cama, lloraba* (J. A. DE ZUNZUNEGUI, *Una ricahembra*, 289).
Später rief Miss Mary Clarita zu sich und erläuterte ihr, was man diskutiert hatte.
Rosi lag auf dem Bett und weinte.

1019. Mit dem sogenannten *imperfecto de conato* wird zum Ausdruck gebracht, daß eine Handlung nicht vollendet wurde.

a. *Salía cuando llegó una visita* (*Esbozo*, 467).
Ich wollte gerade gehen, da kam Besuch.
b. *Le dio un dolor tan fuerte, que se moría; hoy está mejor* (*Esbozo*, 467)[12].
Ihn befielen derart heftige Schmerzen, daß er fast starb; jetzt geht es ihm schon besser.

1020. Der *Esbozo* führt auch ein *imperfecto de cortesía* (wörtlich: „Imperfekt der Höflichkeit") an. Mit derselben semantischen Nuance kann man auch im Deutschen eine Zeit der Vergangenheit (Imperfekt oder Perfekt) benutzen.

a. *Quería pedirle un favor* (*Esbozo*, 467).
Ich wollte Sie um einen Gefallen bitten.
b. *Venía a decirte que no asistiré a la fiesta* (F. MARSÁ, *Diccionario normativo*, 185).
Ich bin gekommen, um dir zu sagen, daß ich nicht zum Fest kommen werde.

In beiden Sätzen wird das Anliegen bzw. die Absage auf bescheidenere (oder höflichere) Weise vorgetragen, als dies bei Verwendung des Präsens der Fall wäre.

1021. Beim Gebrauch des *imperfecto de indicativo* und des *pretérito perfecto simple* kann man starke Ähnlichkeit mit den entsprechenden Tempora im Französischen feststellen[13]. Ein wichtiger Unterschied besteht jedoch darin, daß die Formen des *pretérito perfecto simple*, im Unterschied zu denen des *passé simple*, im Spanischen auch in der gesprochenen Sprache sehr gebräuchlich sind.

---

12 Siehe zum Gebrauch des Pronomens *se* bei einem Verb wie *morir* den Hinweis in Nr. 326.
13 *Indicatif imparfait* bzw. *passé simple*. Es besteht jedoch keine völlige Übereinstimmung. Siehe in diesem Zusammenhang den Kommentar und die Beispiele von V. GARCÍA YEBRA (*Teoría y práctica de la traducción*, II, 593 ff.).

1022. Die Form *se acabó* (von *acabar* → „beenden"), mit der verstärkenden Variante *sanseacabó*, wird häufig wie eine feste Wendung gebraucht, die man mit „Schluß jetzt", „jetzt reicht's" wiedergeben könnte. Daß das *pretérito perfecto simple* dann seinen temporalen Charakter verliert, zeigt der zweite Satz, in dem sich die Form auf ein Ereignis in der Zukunft bezieht.

   a. *Hablando de Rusia, se dice: ¡Entrega de los hijos al Estado! Y se acabó*
   (J. M. Gironella, *Los cipreses creen en Dios*, 110).
   Wenn man von Rußland spricht, heißt es: „Da werden die Kinder dem Staat überlassen!" Und das ist alles.

   b. *Cuando esto se acabe, se acabó* (M. Delibes in einem Interview mit der Zeitung *El Norte de Castilla*, 13.8.1989, 51).
   Wenn das vorbei ist, ist Schluß.

   c. *Antes de autorizar un guión o comprar un filme europeo, se los cuento a Fidel y, si le gustan, sanseacabó* (J. Goytisolo, *En los reinos de Taifa*, 174).
   Bevor ich ein Drehbuch absegne oder einen europäischen Film kaufe, erzähle ich den Inhalt Fidel, und wenn er ihm gefällt, ist alles in Ordnung.

Man kann auch die substantivierte Form *el acabóse* (bisweilen auch ohne Akzent) antreffen. Sie ist synonym mit *el colmo* („der Gipfel"). W. Beinhauer weist darauf hin, daß der Kontext erweisen muß, ob die Bedeutung positiv oder pejorativ ist[14].

1023. Der Gebrauch des *imperfecto de indicativo* und des *pretérito perfecto simple* mit dem Wert eines *condicional* sowie der Gebrauch des *pretérito perfecto simple* mit der Funktion eines *pluscuamperfecto de indicativo* werden weiter unten in Nr. 1044 bzw. in Nr. 1031 behandelt.

§ 3. PRETÉRITO PERFECTO COMPUESTO ~ PRETÉRITO PERFECTO SIMPLE[15]

1024. Das *pretérito perfecto compuesto*, das mit dem *presente de indicativo* des Hilfsverbs *haber* + dem Perfektpartizip des Hauptverbs gebildet wird, entspricht formal dem Perfekt im Deutschen. Der *Esbozo* weist darauf hin, daß das *pretérito perfecto compuesto* gebraucht wird, wenn man eine bestimmte Handlung einem Zeitraum zurechnet, der als noch nicht abgeschlossen betrachtet wird.

   a. *Hoy me he levantado a las siete* (Esbozo, 465).
   Heute bin ich um sieben Uhr aufgestanden.

   b. *Este año ha habido buena cosecha* (Esbozo, 466).
   Dieses Jahr ist die Ernte gut gewesen.

   c. *Durante el siglo actual se han escrito innumerables novelas* (Esbozo, 466).
   Im Laufe dieses Jahrhunderts sind zahllose Romane geschrieben worden.

Als noch nicht abgeschlossene Zeiteinheit gelten in den angeführten Beispielen jeweils der Tag, das Jahr bzw. das Jahrhundert. Graphisch kann man das erste Beispiel folgendermaßen darstellen:

---

14 W. Beinhauer, *El español coloquial*, 348, Fußnote 1.
15 E. Alarcos merkt an, daß diese Tempora in modernen Spanisch genau definierte und voneinander verschiedene Funktionen haben und daß einige Sprachwissenschaftler zu Unrecht behaupten, daß das *pretérito perfecto simple* gegenwärtig gegenüber dem *pretérito perfecto compuesto* an Boden verliere (*Estudios de gramática funcional*, 46–49).

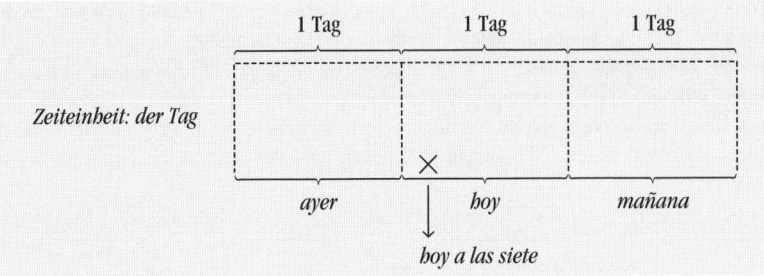

In Sätzen wie den folgenden ist deutlich, daß der Sprecher sich geistig in eine andere Zeit begibt oder (wie in Beispiel f) daß er sich auf eine ferne Vergangenheit bezieht und/oder einen Zeitraum, den er als abgeschlossen betrachtet.

- d. *Ayer cené muy tarde* (F. MARSÁ, *Diccionario normativo*, 187).
  Gestern (aber das war ein *anderer* Tag) habe ich sehr spät zu Abend gegessen.
- e. *Pórtate bien „ahora", sin acordarte de „ayer", que ya pasó, y sin preocuparte de „mañana"* (J. M. ESCRIVÁ DE BALAGUER, *Camino*, Nr. 253).
  Verhalte dich „jetzt" gut, ohne an „gestern" zu denken, das vorbei ist, und ohne dich um „morgen" zu sorgen.
- f. *Sólo Dios sabe cuánto te quise* (G. GARCÍA MÁRQUEZ, *El amor en los tiempos del cólera*, 72).
  Gott allein weiß, wie sehr ich dich geliebt habe.
  (Eine Witwe spricht zu ihrem verstorbenen Mann.)

Zu Recht macht E. ALARCOS in diesem Zusammenhang auf die Bedeutung möglicher kontextueller Elemente aufmerksam. Bestimmte Adverbien oder Formulierungen weisen ja darauf hin, daß eine Handlung in einem Zeitraum stattgefunden hat, der (für die sprechende oder schreibende Person) die Jetztzeit umfaßt [zum Beispiel: *ahora* („jetzt"), *hoy* („heute"), *esta mañana* („heute morgen"), *estos días* („in diesen Tagen"), *todavía no* („noch nicht") usw., im Gegensatz zu *ayer* („gestern"), *anoche* („gestern abend"), *un día* („eines Tages"), *hace años* („vor Jahren") usw.[16]]. Es ist auch möglich, daß im Satz keine zeitbestimmenden Kontextelemente auftreten, aber in solchen Fällen ist es nach E. ALARCOS immer eine PERSÖNLICHE BETRACHTUNGSWEISE der zeitlichen Perspektive, die den Gebrauch des einfachen oder des zusammengesetzten Tempus erklärt[17].
Es versteht sich von selbst, daß das *pretérito perfecto simple* besonders häufig in Geschichtsbüchern anzutreffen ist. Was weiter oben bereits über „Zeiteinheiten" gesagt wurde, wird noch einmal durch ein Beispiel wie das folgende bekräftigt, in dem das *pretérito perfecto simple* auf eine Zeit verweist, die definitiv abgeschlossen ist:

- g. *España – y su continuación, Iberoamérica – fueron, son y serán el resultado de una creencia divina* (A. CASTRO, *Aspectos del vivir hispánico*, 11).
  Spanien – und seine Fortsetzung, Lateinamerika – waren, sind und bleiben das Resultat eines Glaubens an Gott.

---

[16] *Estudios de gramática funcional de español*, 24–25. Der Autor weist jedoch auch darauf hin, daß all dies relativ sei: so könne man nach *esta mañana*, *antes* („vorhin") usw. doch ein *pretérito perfecto simple* finden, wenn diese Zeitbestimmungen in Kontrast zu *esta tarde* („heute nachmittag") oder *ahora* („jetzt") gestellt würden (*o. c.*, 24). Siehe dazu auch: S. FERNÁNDEZ, *Gramática española*, 4, 261–262.

[17] *O. c.*, 30. Auf diese Weise läßt sich der Gebrauch von zwei verschiedenen Tempora in Beispielen wie denen, die in Nr. 1025 (unter d und e) angeführt werden, erklären.

1025. Durch den Gebrauch des *pretérito perfecto compuesto* kann man auch zum Ausdruck bringen wollen, daß eine Handlung oder ein Ereignis in der Vergangenheit in einem gewissen Zusammenhang mit der Gegenwart steht[18]. Dieser Zusammenhang kann tatsächlich oder eher gefühlsmäßig gegeben sein und durch kontextuelle Elemente verdeutlicht werden (siehe z. B. den adverbialen Ausdruck *hasta ahora* in dem unter c angeführten Satz). Als Beispiel für die erste Möglichkeit können Fälle betrachtet werden, in denen die berichtete Handlung bzw. das Ereignis erst (sehr) kurze Zeit zurückliegen[19].

    a. *He dicho* (*Esbozo*, 465).
       Ich habe gesprochen.
       He dicho ist die Formel, mit der ein Sprecher seine Rede beendet. Siehe z. B.:
       F. Rico, *Lázaro de Tormes y el lugar de la novela*, 41.
    b. *Es un hombre a quien he conocido recientemente* (*El Imparcial*, 5.2.1978, 3).
       Es ist jemand, den ich vor kurzem kennengelernt habe.
    c. *Desde entonces y hasta ahora se han practicado más de 1.200.000 interrupciones voluntarias de embarazo* (*El País*, 12.2.1983, 16).
       Seitdem sind (in Großbritannien) bis heute über 1 200 000 Schwangerschaftsabbrüche vorgenommen worden.

Das Verhältnis zwischen *pretérito perfecto compuesto* (→ nahe Vergangenheit) und *pretérito perfecto simple* (→ fernere Vergangenheit) wird auch im folgenden Beispiel deutlich, in dem nacheinander beide Tempora auftreten:

    d. *Manuel Álvarez Ortega fue, ha sido y es muy amigo mío* (F. Umbral, *La noche que llegué al café Gijón*, 13).
       Manuel Álvarez Ortega ist immer ein sehr guter Freund von mir gewesen, und er ist es noch.
       Der Gebrauch der Formen *fue, ha sido* und *es* drückt einen ALLMÄHLICHEN Übergang von einer fernen Vergangenheit bis zur Gegenwart aus.
    e. – *He estado a la muerte.*
       – *No creí que fuera tanto* (E. Alarcos, *Estudios de gramática funcional del español*, 33).
       „Ich habe dem Tod ins Auge gesehen."
       „So schlimm hatte ich es mir nicht vorgestellt."
       Nach E. Alarcos kann man sich bei *he estado* eine Temporalbestimmung wie *estos días*[20] hinzudenken, während *no creí* einen endgültig abgeschlossenen Zeitraum in der Vergangenheit bezeichnet, der ein mit dem „Jetzt" kontrastierendes Element impliziert (→ ich hatte gehört, daß du krank warst, aber ich dachte zu jenem Zeitpunkt nicht, daß es so schlimm sei – impliziert wird: aber jetzt denke ich nicht mehr so, jetzt weiß ich es besser)[21].
       In diesem Sinne siehe auch: *Esbozo*, 469.

---

[18] Cf. *Esbozo*, 465. Deshalb nannte A. Bello dieses Tempus übrigens *antepresente*. Dieser Zusammenhang mit der Gegenwart erklärt vielleicht den häufigen Gebrauch dieses Tempus im Dialog. Nicht zu Unrecht spricht F. Marsá von einem *tiempo puente entre el pasado y el presente* [(„Tempus mit Brückenfunktion zwischen Vergangenheit und Gegenwart") – *Diccionario normativo*, 186].
[19] Siehe dazu: J. Alcina Franch & J. M. Blecua, *Gramática española*, 802.
[20] *Estos* impliziert eine Verbindung zur Gegenwart.
[21] E. Alarcos, *Estudios de gramática funcional del español*, 32–33.

f. Es besteht ein deutlicher Unterschied in der Perspektive zwischen
En ocho días no he dormido
und
En ocho días no dormí.
Beide Sätze bringen zum Ausdruck, daß jemand acht Tage lang nicht geschlafen hat. Im ersten Fall bezieht sich die Aussage auf eine nahe Vergangenheit (z. B.: „ich habe schon die ganze Woche nicht schlafen können"), während sich das zweite Beispiel auf ein längst vergangenes Vorkommnis bezieht (z. B.: vor zehn Jahren war ich krank → „damals konnte ich eine ganze Woche lang nicht schlafen")[22].

1026. Aber auch eine Handlung, die nicht erst kürzlich stattgefunden hat, kann mit der Gegenwart in Zusammenhang gebracht werden. Der Unterschied zwischen Sätzen wie

a. *La industria ha prosperado mucho* (*Esbozo*, 466).
und
b. *La industria prosperó mucho* (*Esbozo*, 466).
Die Industrie hat eine Zeit der Blüte erlebt.[23]

besteht darin, daß im ersten Fall impliziert wird, daß die Auswirkungen dieser Blüte noch heute spürbar sind, während im zweiten Satz einfach zum Ausdruck gebracht wird, daß sich etwas in der Vergangenheit zugetragen hat, ohne daß irgendeine Verbindung zur Gegenwart bestünde[24].

1027. Wie bereits gesagt, kann die Beziehung / Vergangenheit ↔ Gegenwart / rein emotionaler Natur sein. Einen unterschiedlichen Gemütszustand spiegeln Sätze wider wie

a. *Mi padre ha muerto hace tres años* (*Esbozo*, 466).
und
b. *Mi padre murió hace tres años* (*Esbozo*, 466).
Vater ist vor drei Jahren gestorben.

Der Gebrauch des *pretérito perfecto compuesto* impliziert, daß das vergangene Ereignis sich noch auf den gegenwärtigen Gemütszustand auswirkt. Der zweite Satz berichtet die Tatsache ohne jede Form von Betroffenheit[25]. Diese Interpretation wird durch das folgende Beispiel bestätigt, in dem der Kontext deutlich den Gemütszustand des Autors illustriert:

---

[22] Abschließend in diesem Zusammenhang die folgende Anekdote, die mir der Sprachwissenschaftler G. COLÓN, Professor an der Universität von Basel, einmal erzählte.
Ein bekannter spanischer Autor (der später den Nobelpreis für Literatur erhalten sollte) hatte in der Abteilung für Spanische Studien einen Vortrag gehalten und stellte anschließend G. COLÓN die Frage: *¿Le ha gustado la conferencia?* („Hat Ihnen der Vortrag gefallen?"). Zur Antwort erhielt er: *Me gustó* [G. COLÓN wollte damit seinem Gegenüber zu verstehen geben, daß dieser einen bereits zu einem früheren Zeitpunkt veröffentlichen (und von COLÓN gelesenen) Text abgelesen hatte …].
[23] Oder, für das zweite Beispiel: „Die Industrie erlebte eine Zeit der Blüte".
[24] *Esbozo*, 466.
[25] *Esbozo*, 466. Man beachte jedoch, daß in Todesanzeigen in der Regel eine Form des *pretérito perfecto simple* verwendet wird. Zum Beispiel:
†
PILAR PRIMO DE RIVERA
(…)
falleció en Madrid
el día 16 de marzo de 1991
Habiendo recibido los Santos Sacramentos
(*ABC*, 23.6.91, 130)

c. *Mi cuñado Luis se ha muerto, y aquí me tienes compartiendo el luto en familia, sin humor ni ganas de nada* (*La estafeta literaria*, Nr. 613, 1.6.1977, 16).
Mein Schwager Luis ist gestorben, und jetzt sitze ich hier und trauere gemeinsam mit der Familie, vollkommen niedergeschlagen und lustlos.
In diesem Beispiel läßt sich der Gebrauch des *pretérito perfecto compuesto* teilweise auch damit erklären, daß das Ereignis noch nicht lange zurückliegt.

Siehe auch:

d. *Tu padre ha muerto, Susana. Anteanoche murió* (J. RULFO, *Pedro Páramo*, 131).
Dein Vater ist tot, Susanne. Er ist vorgestern nacht gestorben.
Ha muerto drückt eine Tatsache aus, die der Tochter Kummer bereitet, *murió (anteanoche)* bezeichnet auf objektive Weise den Zeitpunkt des Todes.
e. *Este niño crecerá, le dirán 'tu padre murió'* (A. MATUTE, *Los soldados lloran de noche*, 74).
Dieses Kind wird älter werden, und man wird zu ihm sagen: „Dein Vater ist tot."[26]

1028. Der *Esbozo* weist noch auf folgende Besonderheit hin: sowohl in der gesprochenen als auch in der geschriebenen Sprache wird im Spanischen zwischen dem Gebrauch des *pretérito perfecto simple* und des *pretérito perfecto compuesto* in Übereinstimmung mit den vorgenannten Richtlinien unterschieden. In bestimmten Gegenden besteht jedoch die Tendenz, fast ausschließlich eines der beiden Tempora auf Kosten des anderen zu benutzen. So scheint es in Galicien und Asturien wie auch in den meisten Ländern Lateinamerikas eine klare Präferenz für das *pretérito perfecto simple* (→ *canté*) zu geben. Die Madrider Volkssprache bevorzugt dagegen das zusammengesetzte Tempus (→ *he cantado* anstelle von *canté*)[27].

a. *A las cuatro de la tarde vi surgir ante mis ojos una taza de chocolate. – Toma, te traje algo caliente* (I. ALLENDE, *Eva Luna*, 231).
Um vier Uhr nachmittags stellte man mir eine Tasse Schokolade auf den Tisch.
„Hier, ich habe dir etwas Warmes gebracht."
b. *Esta mañana encontré a Juan* (*Esbozo*, 466).
Heute morgen habe ich Hans getroffen.
Im europäischen Standardspanisch würde man *he traído* bzw. *he encontrado* sagen.

PILAR PRIMO DE RIVERA (...) ist am 16. März 1991 in Madrid gestorben, nachdem sie die heiligen Sakramente erhalten hatte.
Man beachte im übrigen, daß in *allen* (12) Todesanzeigen, die sich auf den Seiten 125 und 126 der genannten Zeitung finden, ebenfalls ein Verb im *pretérito perfecto simple* gebraucht wird [→ *falleció, que nos dejó* („der uns verlassen hat"), *subió al cielo* („er ist heimgegangen")].
In Ausnahmefällen kann man auch eine Form des *pretérito perfecto compuesto* finden, z. B. *Ha fallecido* („Er ist verstorben" – cf. *El Norte de Castilla*, 11.8.1991, 53).

[26] Aus dem Kontext geht u. a. hervor, daß das Kind seinen Vater nicht gekannt hat und nichts über die Umstände seines Todes weiß.
[27] *Esbozo*, 466. Siehe auch: C. KANY (*Sintaxis hispanoamericana*, 200–202, mit zahlreichen Beispielen), R. LAPESA (*Historia de la lengua española*, 587–588) und H. BERSCHIN [*A propósito de la teoría de los tiempos verbales (perfecto simple y perfecto compuesto en el español peninsular y colombiano*) mit vergleichenden statistischen Angaben].

1029. Man beachte, daß in manchen lateinamerikanischen Ländern eine Form des *pretérito perfecto simple* bisweilen gebraucht wird, um eine UNMITTELBAR BEVORSTEHENDE Handlung anzukündigen. *Me fui, nos fuimos* kann daher bedeuten: „ich gehe dann", „wir gehen jetzt" ...[28].

§ 4. PRETÉRITO PLUSCUAMPERFECTO

1030. Dieses zusammengesetzte Tempus wird gebildet, indem zum *imperfecto de indicativo* des Hilfsverbs *haber* das Partizip Perfekt des Hauptverbs tritt. Es entspricht daher formal dem Plusquamperfekt im Deutschen. Dieses Tempus dient zum Ausdruck von Ereignissen oder Handlungen, die in der Vergangenheit vor einem anderen Ereignis bzw. einer anderen Handlung stattgefunden haben[29].

> *Recordó la tarde que le había llevado al „Olivar" de don Daniel* (G. MIRÓ, *El obispo leproso*, 212, angeführt von J. ALCINA FRANCH & J. M. BLECUA, *Gramática española*, 803).
> Er dachte an den Abend zurück, als er ihn zu Don Daniels „Olivenhain" mitgenommen hatte.

1031. In den folgenden Beispielen wird das *pretérito perfecto simple* offensichtlich mit dem Wert eines Plusquamperfekts gebraucht:

> a. *Solita frisaba los treinta años y nunca la sedujo la idea de quedarse soltera* (J. M. GIRONELLA, *Ha estallado la paz*, 607).
> Solita ging schon auf die dreißig zu, und der Gedanke, ledig zu bleiben, hatte sie nie gereizt.
> b. *Tenía 24 años y lo conoció todo* (G. CABRERA INFANTE, *O*, 167).
> Sie war 24 Jahre alt und hatte alles kennengelernt.

In einigen lateinamerikanischen Ländern kann man – vor allem bei *todavía* oder *aún* („noch") – auch das *imperfecto de indicativo* mit diesem Wert antreffen:

> c. *El capitán todavía no se vestía* (C. KANY, *Sintaxis hispanoamericana*, 192).
> Der Kapitän hatte sich noch nicht angezogen.
> ... *no se vestía* ... bedeutet hier: *no se había vestido*.

---

[28] *Esbozo*, 469. Ein ausführlicher Kommentar zu den Unterschieden zwischen dem *pretérito perfecto simple* und dem *pretérito perfecto compuesto* findet sich in A. BARRERA VIDALS Standardwerk *Parfait simple et parfait composé en castillan moderne*.

[29] In etwa dieselbe Nuance bringt ein anderes zusammengesetztes Tempus zum Ausdruck, das im heutigen Spanisch (vor allem in der gesprochenen Sprache) immer seltener gebraucht wird. Es handelt sich dabei um das *pretérito anterior*, das mit dem *pretérito perfecto simple* von *haber* + dem Perfektpartizip gebildet wird (→ *hube cantado*). Mit diesem Tempus wird allerdings IMMER zum Ausdruck gebracht, daß ein Ereignis in der Vergangenheit UNMITTELBAR vor einem anderen stattgefunden hat (siehe dazu: *Esbozo*, 470 und 455, und DUE, II, 1473). Zum sehr seltenen Gebrauch dieses Tempus im modernen Spanisch siehe das von H. BERSCHIN u. a. angeführte Zahlenmaterial (*Die spanische Sprache*, 214 – in der gesprochenen Sprache ist das *pretérito anterior* gar überhaupt nicht zu finden). Zum Beispiel:
Alba llamó a casa para avisar que se quedaría junto a sus compañeros hasta la victoria final o la muerte, lo cual le sonó falso una vez que lo hubo dicho (I. ALLENDE, *La casa de los espíritus*, 286).
Alba rief zu Hause an, um mitzuteilen, sie werde bis zum endgültigen Sieg oder bis zum Tod bei ihren Kameraden bleiben, was, einmal ausgesprochen, in ihren Ohren irgendwie falsch klang.

1032. Auch die Form des *imperfecto de subjuntivo* auf *-ra* wird manchmal mit dem Wert eines *pluscuamperfecto de indicativo* gebraucht (siehe dazu Nr. 1047, A).

§ 5. FUTURO DE INDICATIVO

1033. Man unterscheidet hier ein einfaches und ein zusammengesetztes Tempus. Der *Esbozo* nennt das eine *futuro* (ohne weiteren Zusatz) und das andere *futuro perfecto*[30]. Ihr Gebrauch ist nur teilweise mit dem des Futur I und Futur II im Deutschen vergleichbar[31].
[C. KANY weist darauf hin, daß in zahlreichen Ländern Lateinamerikas das *futuro* – vor allem in der gesprochenen Sprache – immer seltener gebraucht werde. Es könne durch das *presente* oder durch verschiedene Umschreibungen (*circunlocuciones varias*) ersetzt werden[32].]

    a. *El domingo comeremos en el campo* (M. SECO, *Diccionario de dudas*, 202).
       Am Sonntag werden wir auf dem Land essen.
    b. *Mañana ya habrán olvidado lo ocurrido* (F. MARSÁ, *Diccionario normativo*, 192).
       Morgen werden sie den Vorfall schon vergessen haben.

1034. Das Futur kann im Spanischen auch dazu dienen, eine Möglichkeit, Vermutung oder Wahrscheinlichkeit auszudrücken[33]. Bisweilen wird diese Bedeutung im übrigen durch ein hinzutretendes kontextuelles Element verstärkt (siehe Beispiel c).

    a. *Serán las ocho* (*Esbozo*, 471).
       Es wird acht Uhr sein.
       Dem *Esbozo* zufolge bedeutet *serán*: *supongo que 'son'*.
    b. *Cosas que todos habréis experimentado, leyendo, alguna vez* (*Esbozo*, 471).
       Dinge, die ihr sicher alle schon einmal beim Lesen erlebt habt.
    c. *Serán las nueve y media, por ahí – contestó Pura* (C. MARTÍN GAITE, *Fragmentos de interior*, 13).
       „Es wird wohl etwa halb zehn sein", antwortete Pura.

In der gesprochenen Sprache kann das *futuro* auch eine gewisse Höflichkeit zum Ausdruck bringen. Dieser Gebrauch ist (obwohl seltener) mit dem des *imperfecto de cortesía* vergleichbar:

---

[30] *Esbozo*, 470–471. Andere Autoren nennen das einfache Tempus *futuro imperfecto* (siehe z. B. J. ALCINA FRANCH & J. M. BLECUA, *Gramática española*, 799, und F. LÁZARO CARRETER, *Diccionario de términos filológicos*, 203).
[31] Ein wichtiger Unterschied wird in Nr. 1082 angeführt, wo durch *cuando* eingeleitete Sätze behandelt werden. Darüber hinaus sollte vielleicht auch darauf hingewiesen werden, daß das Futur im Deutschen deutlich seltener gebraucht wird als im Spanischen (siehe dazu – mit statistischen Angaben –: H. BERSCHIN u. a., *Die spanische Sprache*, 220). Diese Autoren merken weiterhin an: „In der spanischen Rechtssprache kommt das Gebotsfutur häufig vor, im Deutschen ist die entsprechende Formulierung in der Regel präsentisch". Als Beispiele führen sie an:
    a. *Ningún español de origen podrá ser privado de su nacionalidad* (*Constitución española* 1978, Art. 11, Abs. 2).
       Keinem geborenen Spanier darf seine Staatsangehörigkeit entzogen werden.
    b. *Die deutsche Staatsangehörigkeit darf nicht entzogen werden* [*Grundgesetz* Art. 16 Abs. 1 (*o. c.*, 221)].
[32] *Sintaxis hispanoamericana*, 189. Als wichtige *circunlocuciones varias* werden *haber de* und *ir a + infinitivo* (siehe dazu: H. BERSCHIN, *Futuro sintético en el español peninsular y colombiano*) angeführt.
[33] Siehe dazu: *Esbozo*, 358 und 471, sowie N. CARTAGENA, *Sistema, norma y habla del futuro de probabilidad español*.

d. *¿Me dejará usted pasar, por favor?* (Kommentar und Beispiel von F. Marsá, *Diccionario normativo*, 191).
Würden Sie mich bitte durchlassen?

1035. Vor allem in Frage- und Ausrufesätzen kann das *futuro* ein Überraschtsein zum Ausdruck bringen.

a. *¿Te pasa algo, Azarías, no estarás enfermo?* (M. Delibes, *Los santos inocentes*, 63).
Ist etwas nicht in Ordnung mit dir, Azarías, du wirst doch wohl nicht krank sein?
b. *¡Qué desvergonzado será ese sujeto!* (*Esbozo*, 471).
Was für ein unverschämter Kerl das sein muß!

1036. Wie im Deutschen kann das *futuro* (nur das einfache Tempus) auch einen imperativischen Wert haben. Mit dieser Bedeutung werden vor allem Formen der zweiten Person gebraucht [seltener auch in Sätzen mit *usted* (und damit mit der dritten Person) als Subjekt zum Verb]. Mit dieser Funktion findet man das *futuro* recht häufig in Sprichwörtern sowie in der Sprache der Bibel.

a. *No matarás* (*Esbozo*, 362).
Du sollst nicht töten.
b. *Al bueno darás y del malo te apartarás* (Sprichwort, angeführt von F. Felixberger, *Untersuchungen zur Sprache des spanischen Sprichwortes*, 71).
Gib den Guten, und halte dich von den Bösen fern.

1037. Wie im Französischen ist der Gebrauch der Tempora des *futuro* in konditionalen Nebensätzen, die mit *si* („wenn", „falls") eingeleitet werden, nicht möglich.

Si vienes te esperaré (*Esbozo*, 471).
Wenn du kommst, werde ich auf dich warten.
Man würde auf keinen Fall sagen: **Si vendrás.*

§ 6. CONDICIONAL

1038. Auch hier unterscheidet man ein einfaches und ein zusammengesetztes Tempus. Der *Esbozo* nennt das eine *condicional* und das andere *condicional perfecto*[34]. Manchmal wird das *condicional* als Zukunft in der Vergangenheit bezeichnet. Was diese eigenartige Formulierung genau bedeutet, wird klar, wenn man das Hauptverb in einem Satz wie dem folgenden in die Vergangenheit setzt:

No sé si vendrá.	Ich weiß nicht, ob er kommen wird.
↓ ↓	↓ ↓
No sabía si vendría.	Ich wußte nicht, ob er kommen würde.

---

[34] *Esbozo*, 472–474. J. Alcina Franch & J. M. Blecua nennen das einfache Tempus *potencial simple* (*Gramática española*, 800).

1039. Ebenso wie das *futuro* kann das *condicional* eine Möglichkeit, Vermutung oder Wahrscheinlichkeit ausdrücken. Diese kann sich sowohl auf einen Zeitpunkt oder Zeitraum in der Vergangenheit als auch in der Zukunft beziehen. Manchmal wird dieses *condicional* (einfaches Tempus) dann im Deutschen durch das Futur II wiedergegeben.

    a. – *Asún no me ha invitado.*
       – *No sabría tus señas* (J. A. DE ZUNZUNEGUI, *Beatriz o la vida apasionada*, 149).
       „Asún hat mich nicht eingeladen." „Sie wird deine Adresse nicht gewußt haben."
    b. *Tendría entonces 50 años* (*Esbozo*, 474).
       Er wird damals fünfzig Jahre alt gewesen sein.
    c. *Tu proyecto sería aceptado en seguida* (*Esbozo*, 358).
       (Man könnte *sería* je nach Kontext durch *fue* oder *será* ersetzen: → „Dein Projekt wurde wohl sofort akzeptiert" oder „Dein Projekt würde sofort akzeptiert werden").

1040. Am häufigsten wird das *condicional* in Bedingungssätzen gebraucht, wo man auch im Deutschen ein Konditional antreffen würde. Es ist ausdrücklich darauf hinzuweisen, daß man in korrektem Spanisch kein *condicional* in durch *si* eingeleiteten Konditionalsätzen verwenden darf[35]. Das *condicional* steht nur im Hauptsatz.

    a. *Qué hermosa sería Suiza si no existiera el franco suizo* (*Heraldo de Aragón*, 1.7.1977, 28).
       Wie schön wäre die Schweiz, wenn da nicht der Schweizer Franken wäre.
       Man würde also im Standardspanischen nicht sagen: ... *si no existiría* ...
    b. *Si tuviese dinero, compraría esta casa* (*Esbozo*, 473).
       Wenn ich Geld hätte, würde ich dieses Haus kaufen.

Die Struktur derartiger Sätze wird weiter unten noch ausführlicher behandelt (siehe die Nrn. 1090–1094).

1041. Einen mit dem Deutschen vergleichbaren Gebrauch des *condicional* findet man in Sätzen, in denen man aus Gründen der Bescheidenheit oder Höflichkeit ein *presente de indicativo* vermeiden will[36].

    a. *Le ofrecieron una taza de café.*
       – *Gracias, pero preferiría algún licor dulce.*
       – *¿Anís? ¿Calisay?*
       – *Preferiría Calisay* (J. M. GIRONELLA, *Ha estallado la paz*, 419).
       Sie fragten ihn, ob er eine Tasse Kaffee wolle. „Danke, aber ich hätte lieber einen Likör."
       „Anis? Calisay?" „Lieber einen Calisay."

---

[35] Solcherlei Konstruktionen kann man jedoch durchaus (und scheinbar mit zunehmender Tendenz) in manchen Dialekten finden [vor allem im Baskenland und den umliegenden Regionen (ungefähr bis zur Stadt Palencia) sowie in der Umgangssprache in einigen lateinamerikanischen Ländern]. Siehe dazu: *Esbozo*, 473; R. LAPESA, *Historia de la lengua española*, 480; C. KANY, *Sintaxis hispanoamericana*, 197–198, und N. CARTAGENA & H. M. GAUGER, *Vergleichende Grammatik Spanisch-Deutsch*, I, 346, mit der Anmerkung, diese Konstruktion sei in Chile sehr gebräuchlich. Nach M. MOLINER trifft man / *si* + *condicional* / in der Volkssprache an (ohne die o. g. geographische Eingrenzung – DUE, II,1498).
Achtung: Das *condicional* nach *si* kann durchaus korrekt sein, z. B. in dem Satz *no sabía si vendrías* („ich wußte nicht, ob du kommen würdest"), doch leitet *si* hier nicht einen konditionalen Nebensatz ein. Seine deutsche Entsprechung lautet „ob", nicht „wenn".

[36] Siehe im gleichen Zusammenhang auch schon die Hinweise zum *imperfecto de cortesía* und zum *futuro* in den Nrn. 1020 bzw. 1034.

Als Gallizismus kritisiert wird der Gebrauch des Konditionals, der zum Ausdruck bringen soll, daß etwas unter Vorbehalt gesagt wird, daß es zweifelhaft ist oder sich um ein Gerücht handelt:

    b. **El ministro podría estar dispuesto ...* (*Libro de Estilo* von *El País*, 124 – siehe dort auch die Hinweise auf den Seiten 130–131).
    Der Minister soll bereit sein ...

1042. Die Formen des *imperfecto de subjuntivo* auf *-ra* können bisweilen anstelle des *condicional* gebraucht werden. Theoretisch sind diese Formen völlig gleichwertig. Zum gegenwärtigen Sprachgebrauch läßt sich zusammenfassend folgendes festhalten: Formen wie „ich würde sagen", „du würdest arbeiten" wird man im Spanischen mit *(yo) diría, (tú) trabajarías* wiedergeben [*(yo) dijera, (tú) trabajaras* sind in dieser Bedeutung äußerst ungebräuchlich. Sie werden hier als archaisch und/oder gespreizt betrachtet[37]].
Dieser Hinweis gilt nicht für die Verben *poder* („können", „dürfen"), *deber* („müssen"), *saber* („wissen"), *querer* („wollen", „lieben") und auch nicht für *haber* in den zusammengesetzten Tempora[38].

    a. – *¿Y tus negocios? ¿Qué tal van?*
    – *No tan bien como yo quisiera* (P. Baroja, *Aurora roja*, in O. C., I, 632).
    „Und wie gehen deine Geschäfte?" „Nicht so gut, wie ich es mir wünschen würde."
    b. *A aquellos tiempos debiéramos volver* (F. Umbral, *Diario de un español cansado*, 124).
    Zu jenen Zeiten sollten wir zurückkehren.
    c. *Si hubiese hecho buen tiempo hubiera salido* (*Esbozo*, 481).
    Wenn das Wetter schön gewesen wäre, wäre er (oder: ich) spazierengegangen.

Aber:

    d. *Yo fuera a Europa si tuviera dinero* [M. Seco, *Diccionario de dudas*, 271 – angeführt als Beispiel für eine in Venezuela noch „recht lebendige" (*bastante vivo*) Ausdrucksweise].
    Ich ginge nach Europa, wenn ich Geld hätte.
    In Spanien würde man sagen: *Yo iría ...*
    e. – *Antonio Roa está en la Chanca.*
    – *Pues por ahí, desde luego, no, o yo lo conociera* (J. Goytisolo, *La Chanca*, 32 – *lo conociera* sagt hier ein junger Mann aus *La Chanca*, einem armen Stadtteil in Almería).
    „Antonio Roa ist in La Chanca." „Also sicher nicht hier in der Nähe, sonst würde ich ihn kennen."
    Conociera hat hier eindeutig den Wert von *conocería*[39].

---

37 Man findet sie jedoch regelmäßig bei den Schriftstellern der klassischen Zeit, und sie sind auch in der Gegenwart in einigen spanischsprachigen Ländern Amerikas nicht ungebräuchlich (siehe Beispiel d). Siehe dazu: *Esbozo*, 359 und 473; M. Seco, *Diccionario de dudas*, 296–297; DUE, II, 1475; R. Lapesa, *Historia de la lengua española*, 588–589, und C. Kany, *Sintaxis hispanoamericana*, 223.
38 Siehe dazu: *Esbozo*, 358, 473 und 481. Bei M. Moliner findet man in diesem Zusammenhang einen etwas abweichenden Kommentar: die Verben *poder* und *saber* werden nicht angeführt, doch wird andererseits auf den Gebrauch der Form *dijérase (que)* – („sozusagen") und den Ausdruck *fuera de* [wie z. B. in *Fuera de desear que ...* („es wäre zu wünschen, daß ...")] hingewiesen – DUE, II, 1475.
39 Fast alle meine Informanten betrachten *conociera* im zitierten Text als gänzlich ungebräuchlich, mit Ausnahme von Her, Mar, Sen und Var, die darin einen möglichen lokalen (vielleicht archaisierenden) Gebrauch sehen. Die-

1043. Der *Esbozo* weist darauf hin, daß man im heutigen Spanisch sowohl in Europa als auch in Amerika schon einmal die Formen auf *-se* anstelle des *condicional* hören könne. Eine solche Konstruktion ist nach Angaben der *Real Academia Española* nur zulässig, wenn sie in einem zusammengesetzten Tempus vorkommt[40].

    a. *Nuestros 'marines' hubiesen liquidado ya el asunto* (A. CARPENTIER, *El recurso del método*, 81).
       Unsere Marineinfanteristen hätten die Sache schon aus der Welt geschafft.
    b. *Si hubieses querido te hubiesen pagado en el acto* (*Esbozo*, 475).
       Wenn du gewollt hättest, hätten sie dich sofort bezahlt.
       Ein Satz wie *Si quisieses, te pagasen en el acto*, in dem *pagasen* anstelle von *pagarían* gebraucht wird, ist als inkorrekt zu betrachten (*Esbozo*, 475)[41].

1044. Häufig findet man auch ein *imperfecto de indicativo* mit der Bedeutung eines Konditionals[42]. Mit demselben Wert wird manchmal auch das *pretérito perfecto simple* gebraucht.

    a. *Lo que podíamos hacer es comer aquí* (P. BAROJA, *Los últimos románticos*, 99).
       Was wir tun könnten, ist hier essen.
       Man könnte natürlich gleichfalls sagen: *Lo que podríamos hacer* ...
    b. *El cuadro es como es; pero lo mismo podía haber sido de otra manera* (J. ORTEGA Y GASSET, *Estudios sobre el amor*, 67).
       Das Bild ist so wie es ist; aber es hätte ebensogut anders sein können.
    c. *Los efectos del atentado pudieron ser mucho más graves si los terroristas hubieran colocado la bomba en la casa de al lado* (*La Vanguardia*, 14.2.1978, 20).
       Die Folgen des Attentats hätten viel schlimmer sein können, wenn die Terroristen die Bombe im Nachbarhaus gelegt hätten.

§ 7. PRESENTE DE SUBJUNTIVO; PRETÉRITO PERFECTO DE SUBJUNTIVO

1045. Unter dieser Überschrift soll der Gebrauch des *subjuntivo* als Konjunktiv behandelt werden[43]. Dem *Esbozo* zufolge läßt sich der Wert des *presente* und des *pretérito perfecto de subjunti-*

---

ser Auffassung widerspricht allerdings energisch der Dialektforscher M. ALVAR: „Eine solche Konstruktion hört man in Andalusien nie!"
LOPE merkt an, daß die Form des *subjuntivo* auf *-ra* in Mexiko gegenwärtig noch hin und wieder mit dem Wert eines *condicional* gebraucht werden könne, und VAR sagt das gleiche in bezug auf den spanischsprachigen karibischen Raum. BAR meint, man könne vielleicht an eine Analogie zu Fällen wie *quisiera* denken (wo die Form auf *-ra* durchaus gebräuchlich sei).

[40] *Esbozo*, 474–475 – ohne Begründung. Im selben Sinne: M. SECO, *Diccionario de dudas*, 296.
[41] Doch ist anzumerken, daß M. SECO zwei Beispiele für derartige Konstruktionen anführt (eines davon ist bei C. BOUSOÑO, einem Mitglied der *Real Academia Española*, entlehnt ...) – *Diccionario de dudas*, 296.
[42] Der *Esbozo* weist darauf hin, daß man diesen Gebrauch im heutigen Spanisch hauptsächlich in der gesprochenen Sprache, bisweilen jedoch auch in der geschriebenen Sprache antreffe (S. 468). Im weiteren Verlauf des Textes wird dieser Gebrauch noch einmal angesprochen, wobei stärker präzisiert wird: die angeführte Konstruktion komme vor allem bei „modalen" Verben wie *poder* („können"), *deber* („müssen"), *saber* („wissen", „können") und *querer* („wollen") vor (*o. c.*, 473).
[43] Siehe die Nrn. 1055–1107.

vo[44] als Tempus am besten veranschaulichen, indem man eine Gegenüberstellung mit den Tempora des *indicativo* vornimmt, die man in gleichartigen Sätzen antreffen kann. Wenn wir sagen *Juan viene* („Hans kommt"), *Juan vendrá* („Hans wird kommen"), so stellen wir in der Gegenwart oder Zukunft eine Tatsache als SICHER dar. Dasselbe gilt für Satzgefüge wie *creo que Juan viene* („ich glaube, daß Hans kommt"), *creo que Juan vendrá* („ich glaube, daß Hans kommen wird"), in denen die Tempusperspektive aus der im Nebensatz auftretenden Verbform (*viene, vendrá*) deutlich wird. Anders ist dies dagegen in Nebensätzen, die die ausgedrückte Gegebenheit nicht mehr als wirklich darstellen, was sich aus der Bedeutung des Hauptverbs ergibt. So kann eine Konstruktion wie *deseo que venga Juan* [„ich wünsche (mir), daß Hans kommt"] sowohl einen Wunsch in der Gegenwart als auch in der Zukunft ausdrücken. Im Spanischen steht hier nur ein Tempus zur Verfügung; das *presente de subjuntivo*. Analog gilt dies auch für das zusammengesetzte Tempus (*haya venido*), das sowohl einem *pretérito perfecto compuesto* als auch einem *futuro perfecto de indicativo* entsprechen kann[45].

§ 8. IMPERFECTO DE SUBJUNTIVO; PLUSCUAMPERFECTO DE SUBJUNTIVO

1046. Die Erläuterungen in Nr. 1045 treffen auch auf das *imperfecto* und das *pluscuamperfecto de subjuntivo* zu, und zwar in dem Sinne, daß diese Tempora dem jeweiligen unvollendeten und vollendeten Tempus des Indikativs und des *condicional* entsprechen[46].

Der *Esbozo* stellt die Entsprechungen der Tempora des *subjuntivo* und des *indicativo* in der folgenden Tabelle in übersichtlicher Form dar[47]:

	Indicativo	Subjuntivo	
Creo que...	viene Juan. / vendrá Juan.	No creo que venga Juan. [Ich glaube nicht, daß Hans kommt (oder: daß Hans kommen wird)].	
Creo que...	ha venido Juan. / habrá venido Juan.	No creo que haya venido Juan.	
Creí que ... / Creía que ... / Creo que ...	llegaba Juan. / llegaría Juan. / llegó Juan.	No creí que ... / No creía que ... / No creo que ...	llegara Juan. / llegase Juan.
Creía que ...	había llegado Juan. / habría llegado Juan.	No creía que...	hubiera llegado Juan. / hubiese llegado Juan

Die Entsprechung der Tempora wird auch noch in den Nrn. 1333–1334 behandelt.

---

[44] Das eine ein einfaches, das andere ein zusammengesetztes Tempus: → *venga ~ haya venido* (< *venir* – „kommen").
[45] Siehe dazu: *Esbozo*, 476–477.
[46] Zum *condicional* wurde bereits angemerkt, daß es als eine Art *futuro del pasado* betrachtet werden kann (siehe Nr. 1038).
[47] *Esbozo*, 477. Weitere Einzelheiten und Beispiele finden sich auf den Seiten 518–520.

1047. In den Nrn. 898–899 wurde bereits darauf hingewiesen, daß das *imperfecto de subjuntivo* auf zweierlei Weise gebildet werden kann: *cantara / cantase; comiera / comiese; viviera / viviese*[48]. Die Formen auf *-ra* und *-se* sind nicht völlig gleichwertig. Die wichtigsten Unterschiede im Gebrauch lassen sich wie folgt darstellen:

A. Im heutigen Spanisch findet man, hauptsächlich in der geschriebenen Sprache[49], immer häufiger die Formen auf *-ra* mit der Bedeutung eines *pluscuamperfecto de indicativo*[50]. Bei bestimmten Autoren hat man sogar den Eindruck, daß sie diese Formen beinahe systematisch anstelle der Formen des *pluscuamperfecto* verwenden[51].

a. *Como prometiera la tortuga, no pesaba nada* (FABIOLA, Los 12 cuentos maravillosos, 1).
Wie die Schildkröte versprochen hatte, wog es nichts.

b. *¡Cómo deploraba él lo que hiciera!* (J. A. DE ZUNZUNEGUI, Los caminos de El Señor, 177).
Wie sehr bedauerte er, was er getan hatte!

c. *Quedaba incumplida la promesa que en París le hiciera* (A. CARPENTIER, El recurso del método, 140 – le = a la Virgen).
Das Gelübde, das er ihr gegenüber in Paris abgelegt hatte, blieb unerfüllt.

d. *Esa criatura sería el vivo retrato de ese hombre ejemplar que fuera el notario don Mamerto* (J. DONOSO, La misteriosa desaparición de la marquesita de Loria, 70).
Dieses Kind wäre das Ebenbild dieses vorbildlichen Mannes, der der Notar Don Mamerto gewesen war.

Zuweilen wird die Form auf *-ra* auch mit dem Wert eines *pretérito perfecto simple* oder eines *imperfecto de indicativo* gebraucht[52]:

---

[48] **Achtung!** Eine Form wie *fuese* ist nicht in jedem Fall ein *imperfecto de subjuntivo*; es kann auch eine zusammengesetzte Form sein, die aus einem *pretérito perfecto simple + pronombre enclítico* besteht → *fue + se*, wie in dem folgenden Beispiel:
Fuese la correveidile y doña Camila rompió a llorar (M. AUB, Las buenas intenciones, 175).
Die Zuträgerin ging weg, und Doña Camila brach in Tränen aus.

[49] Dieser Gebrauch findet sich fast nie in der gesprochenen Sprache (siehe dazu: *Esbozo*, 480; J. ALCINA FRANCH & J. M. BLECUA, *Gramática española*, 807, und C. KANY, *Sintaxis hispanoamericana*, 211). Mit dieser Problematik beschäftigt sich auch: W. DIETRICH, *La función de la forma verbal en '-ra'*.

[50] In der letzten Ausgabe der *Gramática de la lengua española* wird dieser Gebrauch noch als „zu verurteilen" (*censurable*) bezeichnet (S. 274, Fußnote), und das *Manual de español urgente* (von 1985) bezeichnet ihn als gespreizt (*pedantería* – S. 53). Der *Esbozo* ist weniger streng, berücksichtigt aber in seinem Kommentar vielleicht nicht ausreichend die Häufigkeit, mit der diese Konstruktion in der heutigen Sprache auftritt (S. 480, b).
Es sei hier angemerkt, daß es sich bei diesem Gebrauch eigentlich um eine sehr alte (aus dem Latein übernommene) Konstruktion handelt, die in mittelalterlichen Texten vorkommt. Ausnahmsweise kann man auch Formen auf *-se* mit diesem Wert antreffen (cf. C. KANY, *Sintaxis hispanoamericana*, 213).
Vierzehn meiner Informanten betrachten die Form *oyese* in dem folgenden Satz als Äquivalent zu *había oído*:
(Fue) como si hubieran transcurrido años desde que en su somnolencia lo oyese (J. GARCÍA HORTELANO, Cuentos completos, 301 – *lo = el alarido*) „Es schien Jahre herzusein, daß er zwischen Wachen und Träumen den Schrei gehört hatte". Für LLO, RAB und (indirekt) ZOR bedeutet *oyese* dasselbe wie *oyó* (= *pretérito perfecto simple*). Die Antwort von MAR erschien in diesem Kontext nicht relevant.

[51] So z. B. J. A. DE ZUNZUNEGUI.

[52] Cf. *Esbozo*, 480 (mit einem mißbilligenden Kommentar), und C. KANY, *Sintaxis hispanoamericana*, 211 – mit Beispielen. Siehe auch am Ende von Fußnote 50.

e. *Se comenta el discurso que anoche pronunciara el Presidente* (*Esbozo*, 480).
Man spricht über die Rede, die der Präsident gestern abend gehalten hat.
... pronunciara ... wird hier mit dem Wert von *pronunció* verwendet.

Man beachte auch den folgenden Satz (den ich im spanischen Fernsehen gehört habe):

f. *Es curioso, el Barça jugando bastante peor que hiciera el pasado jueves*
[Reportage vom Finale der *Copa del Rey*, das am 23.6.91 zwischen dem
FC Barcelona (= „Barça") und dem Atlético de Madrid stattfand].
Es ist seltsam, der FC Barcelona spielt ein ganzes Stück schlechter als am
vergangenen Donnerstag.

B. Der Gebrauch der Form auf *-ra* mit dem Wert eines *condicional* wurde bereits weiter oben in Nr. 1042 behandelt[53].

1048. In den übrigen Fällen kann sowohl eine Form auf *-ra* als auch eine auf *-se* gebraucht werden[54]. Doch ist anzumerken, daß manche Autoren[55] dazu neigen, aufeinanderfolgende gleichartige Formen zu vermeiden.

a. *Era muy frecuente que, al acercarse al canal de la isla Formosa, cambiara el tiempo y comenzase a hacer frío* (P. BAROJA, La estrella del capitán Chimista, 183).
Es kam sehr häufig vor, daß bei der Annäherung an die Fahrrinne der Insel Formosa das Wetter umschlug und es kalt zu werden begann.

b. *– Podía ser que alguien lo hubiera empujado.*
– ¿Cómo?
– Que lo hubiese empujado alguien (R.J. SENDER, La llave, 162).
„Es könnte sein, daß ihm jemand einen Stoß gegeben hat." „Was sagen Sie da?"
„Daß ihn jemand gestoßen haben könnte."

---

53 Gegenwärtig ist hier die Tendenz zu beobachten, die Formen auf *-ra* und *-se* gleichwertig zu gebrauchen. Der *Esbozo* akzeptiert eine Äquivalenz dieser Formen nur in den zusammengesetzten Tempora: man hört heute sowohl *te hubiésemos invitado, si hubieras venido a tiempo* als auch *te hubiéramos invitado ...* („wir hätten dich eingeladen, wenn du rechtzeitig gekommen wärst"). In der Praxis kann man feststellen, daß auch das einfache Tempus des *imperfecto de subjuntivo* auf *-se* mit dem Wert eines *condicional* gebraucht wird. Siehe in diesem Zusammenhang den Hinweis in Fußnote 41.

54 Dem *Esbozo* zufolge wäre *-ra* der gepflegten und literarischen Sprache zuzurechnen, während *-se* eher für die Sprache weniger gebildeter Menschen typisch sei (S. 481). Diese Angabe läßt sich jedoch schwer überprüfen, und bei anderen Autoren (z. B. E. LORENZO, R.J. CUERVO, R. LENZ) findet man diesbezüglich eine andere Interpretation. Für J. ALCINA FRANCH & J.M. BLECUA gibt es keinen Unterschied (*Gramática española*, 808). In Lateinamerika, vor allem in der gesprochenen Sprache, soll die Form auf *-ra* viel häufiger sein als die auf *-se*, deren Gebrauch – in Gegensatz zur Aussage des *Esbozo* bezüglich der Situation in Spanien – von manchen Autoren als „elegant" eingestuft wird (C. KANY, *Sintaxis hispanoamericana*, 222). Siehe zu diesem Problem auch die in Fußnote 55 angeführte Studie von J. DE KOCK & C. GÓMEZ MOLINA und den (auf einem begrenzten Korpus basierenden) Artikel von M. TAVERNIER: *La frecuencia relativa de las formas verbales en -ra y -se* (in *Español actual*, Nrn. 35–36, 1979, 1–12).

55 Mit Betonung auf *manche*. Nach J. DE KOCK und C. GÓMEZ MOLINA sei bei *vielen* Autoren (*gran número de autores*) jedoch eine eindeutige Präferenz für eine der beiden Formen zu erkennen, und diese werde dann systematisch verwendet [heißt es in einer Studie aus dem Jahr 1982 mit statistischen – jedoch auf einem recht begrenzten Korpus basierenden – Daten: *Concordancias e índices automáticos ...*, (in *Lingüística española actual*, siehe vor allem die S. 65 und 66)].

c. *La señorita me ha dicho que cuando llegase usted la esperara* (M. Vázquez Montalbán, *Los mares del sur*, 106).
Die gnädige Frau hat gesagt, Sie sollten auf sie warten, wenn Sie einträfen.

§ 9. FUTURO DE SUBJUNTIVO

1049. Man unterscheidet ein einfaches und ein zusammengesetztes Tempus. Von großer praktischer Bedeutung ist dieser Unterschied nicht. Das zusammengesetzte Tempus kommt im modernen Spanisch praktisch nicht mehr vor, und Formen des einfachen Tempus findet man nur noch in amtlichen Schriftstücken und in Redensarten, deren Sprache sich nicht weiterentwickelt, z. B. in Gesetzestexten, festen Wendungen, gewollt archaisierender Sprache usw.[56].

a. *El que hiriere, golpeare o maltratare ...* (*Código penal de España, Artículo 420*).
Wer ... verletzt, schlägt oder mißhandelt ...
b. *Valga lo que valiere.*   Komme, was wolle.
c. *Sea lo que fuere.*   Wie auch immer.
d. *Pase lo que pasare* (oder: *pase*).   Was auch immer passieren mag.
e. *Si así no fuere.*   Andernfalls.
f. *A donde fueres haz como vieres* (J. M. Iribarren, *El porqué de los dichos*, 557).
Man sollte sich immer seiner Umgebung anpassen.
g. *Algunas palabras al que leyere* (C. J. Cela, *Mrs. Caldwell habla con su hijo*, 9).
Einige Worte an den Leser.
h. *Si el rey se inhabilitare para el ejercicio de su autoridad y la imposibilidad fuere reconocida por las Cortes generales, entrará a ejercer inmediatamente la Regencia el príncipe heredero de la Corona, si fuere mayor de edad* (*Constitución española*, Art. 59, Abs. 2 – der Text stammt aus dem Jahr 1978).
Ist der König nicht imstande, seinen Amtspflichten nachzukommen und ist dieses Unvermögen durch die beiden Kammern des Parlaments festgestellt worden, so wird die Ausübung der Regentschaft mit sofortiger Wirkung auf den Kronprinzen übertragen, vorausgesetzt, dieser ist volljährig.

In den Kommentaren des *Esbozo* (einem 1973 veröffentlichten Text) findet man noch *futuros de subjuntivo* auf den Seiten 145, 146 und 152, und ebenso liest man in der 1979 von Carmen Conde anläßlich ihrer Aufnahme in die *Real Academia Española* gehaltenen Ansprache noch eine solche Form[57].

---

[56] In Texten aus dem Goldenen Zeitalter findet man jedoch regelmäßig Formen dieses Tempus in konditionalen und temporalen Nebensätzen. In einigen Ländern Lateinamerikas kommt das *futuro de subjuntivo* hin und wieder noch vor, jedoch ausschließlich in geschriebener Sprache [cf. C. Kany, *Sintaxis hispanoamericana*, 225. Siehe auch M. Seco, der darauf hinweist, daß dieses Tempus in Amerika bisweilen anstelle einer Form auf *-ra* gebraucht werde (*Diccionario de dudas*, 203), und R. Lapesa, der – ohne weiteren Kommentar – darüber hinaus anmerkt, daß das *futuro de subjuntivo* auch auf den Kanarischen Inseln noch erhalten sei (*Historia de la lengua española*, 589)].

[57] *Discurso ...*, 11. Derlei Formen findet man auch in der Satzung der *Real Academia Española* (cf. Nr. 913, Fußnote 13) und in der (wie bereits an anderer Stelle gesagt) gewollt archaisierenden Sprache der *Bandos del alcalde* („Öffentliche Bekanntmachungen des Bürgermeisters") von E. Tierno Galván (siehe auch Nr. 319a).

§ 10. DAS PASSIV

1050. Das Passiv kann im Spanischen mit dem Verb *ser* + Perfektpartizip gebildet werden[58]. *Ser* entspricht dann dem deutschen „werden".

    a. *Soy invitado*   *No quiero que él sea invitado*
       ↘   ↘
       Ich werde eingeladen.   Ich will nicht, daß er eingeladen wird.
    b. *Mi madre fue fecundada en un carguero inglés* (F. AÍNSA, *Con acento extranjero*, 51).
       Meine Mutter wurde auf einem englischen Frachtschiff geschwängert.
    c. *Después de cenar, era rezado el rosario* (I. AGUSTÍ, *Mariona Rebull*, 10).
       Nach dem Abendessen wurde der Rosenkranz gebetet.
    d. *El Conde había sido visto por el Cholo Mendoza pocos días antes* (A. CARPENTIER, *El recurso del método*, 307).
       Der Graf war einige Tage zuvor von 'Cholo Mendoza' gesehen worden.
    e. *Javier (es) un hombre acostumbrado a ser servido por mujeres* (R. MONTERO, *Crónica del desamor*, 59).
       Javier ist ein Mann, der es gewohnt ist, von Frauen bedient zu werden.

1051. Abgesehen davon, daß es in bezug auf den Gebrauch des Passivs mit *ser* gewisse Einschränkungen gibt[59], ist es von praktischer Bedeutung zu wissen, daß einer recht verbreiteten Einschätzung zufolge diese Konstruktion im Spanischen nicht sehr häufig vorkommen soll und daß sie auf jeden Fall seltener sei als in anderen Sprachen[60]. Häufig zieht man ein sogenanntes *pasiva refleja* (bisweilen auch: *pasiva impersonal*) vor, das aus einer aktiven Verbform und einem Reflexivpronomen besteht.

    a. *La paz se aceptó* (*Esbozo*, 383).
       Der Friede wurde akzeptiert.
    b. *Se alquilan coches* (*Esbozo*, 383)[61].
       Autos zu vermieten.
    c. *El domingo se celebraron dos manifestaciones en Madrid* (*La Vanguardia*, 14.2.1978, 13).
       Am Sonntag fanden in Madrid zwei Demonstrationen statt.

---

[58] Manchmal kann man auch *estar* + Perfektpartizip in Sätzen antreffen, die passive Bedeutung haben. Der Unterschied zu den Sätzen mit *ser* wird in Nr. 1300 behandelt.

[59] Siehe dazu: *Esbozo*, 452; S. GILI Y GAYA, *Curso superior de sintaxis española*, 123–124; DUE, II, 655, und E. LORENZO, *El español y otras lenguas*, 62.

[60] Siehe dazu: *Esbozo*, 451; S. GILI Y GAYA, *Curso superior de sintaxis española*, 122–123; J. ALCINA FRANCH & J. M. BLECUA, *Gramática española*, 903 (stärker differenziert); DUE, II, 1500; M. CRIADO DE VAL, *Fisonomía del español y de las demás lenguas modernas*, 129. In diesem Sinne auch: V. GARCÍA YEBRA (*Teoría y práctica de la traducción*, I, 209 und II, 432), der feststellt, daß man in der spanischen Übersetzung eines deutschen Textes in 33 Fällen ein *pasiva refleja* und in 15 Fällen / *ser* + *participio pasado* / als Wiedergabe von Passivformen im Ausgangstext findet (o. c., I, 223). Vielleicht läßt sich die Situation wie folgt zusammenfassen: man trifft gegenwärtig vor allem in der Presse die Konstruktion / *ser* + *participio pasado* / recht häufig an; in der gesprochenen Sprache ist ihr Gebrauch weniger wahrnehmbar.

[61] Der Bedeutungsunterschied, der sich in derlei Sätzen aus dem Gebrauch der Singular- oder Pluralform des Verbs ergibt, wird in Nr. 603 behandelt.

1052. Zwar raten einige Autoren in Sätzen, in denen ein Agens auftritt, von der Verwendung des *pasiva refleja* ab[62], doch kann man diese Konstruktion regelmäßig antreffen.

    a. *En cambio, se han escrito por La Rochefoucauld cosas acertadísimas* (S. Ramón y Cajal, *Charlas de café*, 95).
       Dagegen hat La Rochefoucauld sehr zutreffende Dinge geschrieben.

    b. *Don Ramón del Valle-Inclán, „don Ramón", como se le llamaba por sus amigos y admiradores, ha muerto el 5 de enero de 1936* (P. Salinas, *Literatura española siglo XX*, 115).
       Don Ramón del Valle-Inclán, „Don Ramón", wie er von seinen Freunden und Bewunderern genannt wurde, ist am 5. Januar 1936 gestorben.

    c. *La primera fase de la 'operación piloto' se firmará en el próximo mes de septiembre por todos los organismos implicados* (*Casa grande, periódico del ayuntamiento de Salamanca*, número 117, 29.7.1983, 1).
       Die erste Phase des Pilotversuchs wird im kommenden September von allen betroffenen Instanzen unterschrieben werden.

    d. *Desde hace tiempo, al estar muy agotado el presente volumen, se me ha propuesto su reimpresión por algunas editoriales* [schrieb (1985) F. Lázaro Carreter, Mitglied der *Real Academia Española* (*Las ideas lingüísticas en España durante el siglo XVIII*, 35)].
       Angesichts der Tatsache, daß der vorliegende Band praktisch vergriffen ist, haben mir einige Verlage schon vor längerer Zeit eine Neuauflage vorgeschlagen.

Eigenartig mutet ein Satz wie der folgende an, in dem *operarse* ein „lassen" impliziert, eigentlich aber passivische Bedeutung hat:

    e. *A veces ocurre que un jugador se va a operar por otro médico* (*Heraldo de Aragón*, 22.9.1977, 17).
       Manchmal kommt es dazu, daß sich ein Spieler von einem anderen Arzt operieren läßt[63].

---

[62] Siehe dazu beispielsweise J. Coste & A. Redondo, *Syntaxe de l'espagnol moderne*, 484. Der Sprachwissenschaftler F. Monge erklärte in einem am 16. März 1985 im *Instituto de Estudios Hispánicos* (Antwerpen) gehaltenen Vortrag, er benutze in derartigen Fällen stets die Konstruktion /ser + Partizip Perfekt /. Siehe zu dieser Problematik auch: N. Cartagena & H. M. Gauger, *Vergleichende Grammatik Spanisch-Deutsch*, I, 418.

[63] Derartige Konstruktionen wurden bereits in Nr. 343 behandelt.

ABSCHNITT II
GEBRAUCH DER MODI
EL USO DE LOS MODOS (INDICATIVO Y SUBJUNTIVO)

§ 1. ALLGEMEINES

1053. Das Verhältnis *indicativo* ~ *subjuntivo* wird meist auf eine Gegenüberstellung *objektiv* ~ *subjektiv* bzw. *Wirklichkeit* ~ *Nichtwirklichkeit* reduziert.

> a. *La puerta está cerrada (Esbozo, 454).*
> Die Tür ist geschlossen.
> (Diese Aussage wird als Gewißheit dargestellt.)
> b. *Temo que la puerta esté cerrada (Esbozo, 454).*
> Ich fürchte, daß die Tür geschlossen ist.
> (Es besteht keine Gewißheit über die Aussage.)

1054. Diese scheinbar einfachen Kriterien versetzen den deutschen Muttersprachler jedoch nicht in die Lage, Probleme in bezug auf den Gebrauch des *subjuntivo* jederzeit auf einfache Weise zu lösen. Wichtig sind die folgenden allgemeinen Bemerkungen:

> a. Man muß sich darauf einstellen, daß die Formen des *subjuntivo* im Spanischen sehr häufig sind, auch in der gesprochenen Sprache.
> b. Wer Französischkenntnisse hat, wird feststellen, daß der Gebrauch des *subjonctif* in dieser Sprache in vielen Fällen (nicht immer!) mit dem des spanischen *subjuntivo* übereinstimmt.
> c. Für deutsche Muttersprachler ist sicherlich der Hinweis von Bedeutung, daß der *subjuntivo* in der indirekten Rede (wo im Deutschen oft eine Konjunktivform verwendet wird) im Spanischen praktisch nie vorkommt. Ein Satz wie „Maria sagt, das sei nicht wahr" lautet auf Spanisch: *Dice María que no es verdad* mit einem Verb im Indikativ (das Beispiel wurde übernommen von H. BERSCHIN u. a., *Die spanische Sprache*, 241 – mit dem Kommentar, daß „die indirekte Rede (...) im schriftsprachlichen Deutsch zwei Drittel des Konjunktivvorkommens ausmacht").

§ 2. GEBRAUCH DES SUBJUNTIVO[64]

A. Der subjuntivo in unabhängigen Sätzen oder Hauptsätzen

1055. Die Formen des *presente de subjuntivo* können mit einem auffordernd-imperativischen Wert gebraucht werden, wie z. B. in *huyamos* („laßt uns fliehen"), *vámonos a casa* („gehen wir nach

---

[64] In geeigneten Fällen wird die Gegenüberstellung *indicativo* ~ *subjuntivo* kommentiert werden.

Hause")⁶⁵ usw. Dies wurde bereits weiter oben in Nr. 919 behandelt. – Es sei auch daran erinnert, daß der Imperativ in verneinten Sätzen fast immer durch ein *presente de subjuntivo* ersetzt wird⁶⁶.

1056. Der *subjuntivo* kann in Sätzen, die häufig durch *que* oder das optative Adverb *ojalá* eingeleitet werden, einen Wunsch ausdrücken.

    a. *La verdad sea dicha* (*Estafeta literaria*, Nr. 620, 15.9.1977, 35).
       Die Wahrheit möge gesagt werden⁶⁷.
    b. *La paella, nadie lo olvide, es un plato de arroz* (C. J. CELA, *Los sueños vanos, los ángeles curiosos*, 329).
       Die Paella ist, das sollte niemand vergessen, ein Reisgericht.
    c. *Adiós, señorito, que siga usted bien* (C. MARTÍN GAITE, *Fragmentos de interior*, 31).
       Auf Wiedersehen, junger Herr, möge es Ihnen gutgehen.
    d. *El dinero no importa. Que se lo meta tu abuela por el culo* (J. L. ALONSO DE SANTOS, *La estanquera de Vallecas*, 25).
       Das Geld ist unwichtig. Das soll sich deine Großmutter sonstwohin stecken.
    e. *¡Ojalá llueva!* (*Esbozo*, 455)⁶⁸.
       Hoffentlich gibt es Regen!

In der Volkssprache folgt auf *ojalá* manchmal *que* oder *y*.
Durch den Gebrauch des *imperfecto de subjuntivo* (→ *¡Ojalá lloviera!*) würde man zum Ausdruck bringen, daß die Erfüllung des Wunsches als (höchst) unwahrscheinlich betrachtet wird. Strenggenommen könnte man sagen, daß es sich bei den Beispielen a, b, c und d nicht um unabhängige, sondern eigentlich um elliptische Sätze handelt, in denen das Verb im *subjuntivo* von einer nicht ausgedrückten Form wie *quiero* („ich will"), *deseo* („ich wünsche"), *es necesario* („es ist notwendig") u. dgl. abhängt. Das gilt auch für *viva* (mit der fakultativen Pluralform *vivan*⁶⁹):

    f. *¡Viva la muerte!* („Es lebe der Tod") lautet der Titel eines Films von F. ARRABAL.
    g. *Viva los fachas muertos* (F. GAN BUSTOS, *La libertad en el W. C.*, 128).
       Es leben die toten Faschisten.
    h. *Vivan las muchachas cariñosas* (M. MIHURA, *Tres sombreros de copa*, 118).
       Es leben die zärtlichen Mädchen.

1057. Nach *acaso, quizá* (oder: *quizás*⁷⁰), *tal vez* [manchmal (vor allem in Lateinamerika) in einem Wort: *talvez*] und *posiblemente*, vier möglichen Übersetzungen des deutschen „vielleicht"⁷¹, die

---

65 Beide Beispiele sind bei M. SECO (*Diccionario de dudas*, 299) entnommen. Zur Form *vamos* als *subjuntivo* siehe Nr. 984, Fußnote 124.
66 Cf. Nr. 919. Siehe jedoch auch die in Nr. 922 angeführten Gegenbeispiele sowie den Hinweis zum *futuro de indicativo* mit dem Wert eines *imperativo* in Nr. 1036.
67 Oder: „Die Wahrheit muß gesagt werden", wobei der Satz dann eher eine imperativische als eine optativische Nuance ausdrückt und mit dem in Nr. 924 angeführten Beispiel vergleichbar ist.
68 *Ojalá* kommt aus dem Arabischen und bedeutet wörtlich: „Gebe Gott, daß".
69 Was deutlich macht, daß der Grammatikalisierungsprozeß des Wortes (→ mit dem Wert einer Interjektion) noch nicht abgeschlossen ist.
70 M. SECO bezeichnet die beiden Formen als völlig gleichwertig, doch ist seiner Meinung nach *quizá* häufiger (*Diccionario de dudas*, 317). Das DRAE und das DUE machen diesen Unterschied nicht.
71 Dem *Esbozo* zufolge kommt *acaso* vor allem in der Schriftsprache vor (S. 456), was durch den im folgenden unter a angeführten Satz, der einen Dialog wiedergibt, nicht bestätigt wird (Das Buch *Mala hierba* erschien allerdings 1904). Auch M. SECO führt *acaso* [ohne die genannte stilistische Besonderheit, jedoch – in Fragesätzen –

das Gesagte relativieren, kann man sowohl einen *indicativo* als auch einen *subjuntivo* finden, je nachdem, wie das Gesagte eingeschätzt wird bzw. dargestellt werden soll (als wahrscheinlich → *indicativo*; als ungewiß, zweifelhaft → *subjuntivo*[72]). Dieselben Kriterien gelten für *quien sabe*[73] (wörtlich: „wer weiß"), das mit den genannten Adverbien synonym ist, aber nur in einigen Ländern Lateinamerikas vorkommt.

Nach *a lo mejor*[74] – einer der gesprochenen Sprache angehörenden Variante von *acaso ...* – wird dagegen immer der *indicativo* gebraucht[75].

    a. – *¿Acaso es usted de la Policía?* – *preguntó el hombre.*
        – *No; no señor.*
        – *Pues lo parece* (P. BAROJA, *Mala hierba*, in O. C., I, 504).
        „Sind Sie vielleicht von der Polizei?" fragte der Mann.
        „Nein. Nein, mein Herr." „Sie sehen aber so aus."
    b. *Quizá lo sabes ~ quizá lo sepas* (*Esbozo*, 456).
        Vielleicht weißt du es.
    c. *Tal vez que el pueblo español se parecía sustancialmente al italiano*
        (J. M. GIRONELLA, *Ha estallado la paz*, 205–205).
        Vielleicht glich das spanische Volk ja im wesentlichen dem italienischen.
        Man beachte, daß in diesem Beispiel auf *tal vez* die (auf jeden Fall fakultative) Konjunktion *que* folgt.
    d. *Tal vez nos quedemos encerrados hasta fin de año* (M. VARGAS LLOSA, *La ciudad y los perros*, 140).
        Vielleicht bleiben wir bis zum Ende des Jahres eingesperrt.
    e. – *¿Dónde está mi sombrero?*
        – *Quien sabe Juan lo haya cogido* (C. KANY, *Sintaxis hispanoamericana*, 377).
        „Wo ist mein Hut?" „Vielleicht hat Juan ihn genommen."
    f. *Posiblemente llegue antes que tú ~ posiblemente llegaré antes que tú* (DUE, II, 1467).
        Möglicherweise bin ich eher da als du.
    g. *A lo mejor se muere* (E. LORENZO, *El español de hoy, lengua en ebullición*, 160).
        Möglicherweise stirbt er.

In Sätzen, deren Verb in einem Tempus der Vergangenheit steht, kann man nach *acaso, quizá(s), tal vez* und *posiblemente* sowohl ein *imperfecto de subjuntivo* als auch eine Form des *condicional* antreffen[76]:

---

    mit einer möglichen sarkastischen Nuance (*Diccionario de dudas*, 11)] an. Nach E. LORENZO klingt das Wort affektiert (*El español de hoy, lengua en ebullición*, 137).

72 Wenn *acaso, quizá ...* NACH dem Verb folgt, steht dieses immer im *indicativo*. Die Einschränkung im Nachhinein kann den zu gebrauchenden Modus nicht mehr beeinflussen (cf. J. COSTE & A. REDONDO, *Syntaxe de l'espagnol moderne*, 438, mit Beispiel).

73 Bisweilen auch in einem Wort: *quiensabe* (cf. C. KANY, *Sintaxis hispanoamericana*, 376–377).

74 **Achtung:** Trotz der Bedeutung von *mejor* („besser" oder: „am besten") umfaßt *a lo mejor* KEINE Bedeutungsnuance wie „im günstigsten Fall". Es bedeutet einfach „vielleicht", und der unter g angeführte Satz ist daher nicht ironisch zu verstehen. Siehe auch den Hinweis in Fußnote 80 zu *seguro*.

75 Cf. M. SECO, *Diccionario de dudas*, 258 [mit der (nicht näher präzisierten) Anmerkung, daß man als regionale Variante *a la mejor* antreffen könne].

76 C. KANY führt diese Möglichkeit in bezug auf *quien sabe* nicht an (*Sintaxis hispanoamericana*, 376–377), und zu *a lo mejor* heißt es nur, daß darauf niemals ein *subjuntivo* folge (siehe in diesem Zusammenhang auch: DUE, II, 382).

h. *Quizá le conocerías* (oder: *conocieras*, oder *conocieses*) *en Valparaíso* (*Esbozo*, 359).
Vielleicht hast du ihn in Valparaiso kennengelernt.

1058. Einen *subjuntivo* (immer im *imperfecto*) findet man auch in Ausrufesätzen, die durch *¡Quién!* eingeleitet werden. Meist wird in diesen Konstruktionen eine Form auf *-ra* gebraucht, doch gibt es auch Ausnahmen (siehe Beispiel b)[77]. In solchen Sätzen drückt der Sprecher einen Wunsch aus, der sich auf seine eigene Situation bezieht, der aber gleichsam auf eine andere (imaginäre) Person projiziert wird[78]. Im dritten Beispiel zeigt die Pluralform *dicen*, daß die Bezugsperson scheinbar ein kollektives ICH ist.

a. *¡Quién pudiera ir de vacaciones! ¡Quién fuera la novia del marqués!* (E. JARDIEL PONCELA, *Pero ... ¿Hubo alguna vez once mil vírgenes?*, 1056).
Könnte ich nur Urlaub machen! Wäre ich doch mit dem Marquis verlobt!

b. *¡Quién ganase los duros que se embolsa ese al año!* (S. LORÉN, *Cuerpos, almas y todo eso*, 185).
Würde ich doch die Märker verdienen, die der Kerl im Jahr einsackt!

c. *¡Ah, Francia! – dicen –. ¡Quién estuviera allí!* (J. GOYTISOLO, *La Chanca*, 62).
„Ach, Frankreich!" sagen sie. „Wären wir nur in Frankreich!"
[wobei jeder an seine eigene Person (d. h. 1. Person Singular) denkt].

1059. Der Gebrauch des *imperfecto de subjuntivo* (hauptsächlich die Formen auf *-ra*) in Hauptsätzen mit dem Wert eines *condicional* wurde weiter oben in Nr. 1042 behandelt (siehe auch Fußnote 53 in Nr. 1047).

B. Der subjuntivo in Nebensätzen

1. Subjektsätze

1060. Man gebraucht eine Form des *subjuntivo* in Nebensätzen, die das Subjekt zu einem Verb oder zu einem unpersönlichen Ausdruck sind, welche eine Beurteilung oder Bewertung, eine Möglichkeit oder Unmöglichkeit, eine Notwendigkeit oder semantisch ähnliche Nuancen ausdrücken[79].

---

[77] Man kann in derlei Konstruktionen sogar ein *condicional* finden, doch ist dieser Gebrauch auf einige Dialekte beschränkt. Zum Beispiel: *¡Quien podría ir a Pamplona!* (R. LAPESA, *Historia de la lengua española*, 480 – „Könnte ich doch nur nach Pamplona gehen!").
[78] Siehe dazu: W. BEINHAUER, *El español coloquial*, 311–312, und J. COSTE & A. REDONDO, *Syntaxe de l'espagnol moderne*, 439–440 (zu Unrecht erwecken die französischen Autoren durch die Auswahl der Beispiele den Eindruck, diese Konstruktion käme nur in poetischer Sprache vor).
[79] Weitere Erläuterungen und Details finden sich bei S. FERNÁNDEZ, *Gramática española*, 4, 314. Wird die Aussage dagegen als absolut *sicher* dargestellt, so ist eine Form des *indicativo* zu gebrauchen. Dies ist der Fall nach Ausdrücken wie *es cierto que* („es ist sicher, daß"), *es indudable que* („es steht außer Zweifel, daß"), *es evidente que* („es ist klar, daß") u. dgl. Werden diese Ausdrücke verneint und damit die Aussage nicht mehr als sicher dargestellt, so wird meist ein *subjuntivo* gebraucht. Zum Beispiel:
a. *Es cierto que hay un „problema regional"* (J. MARÍAS, *La España real*, 36).
Es steht fest, daß es ein „regionales Problem" gibt.
b. *No es cierto que España no sea país de inventores* (F. UMBRAL, *Diario de un español cansado*, 77).
Es stimmt nicht, daß Spanien keine Erfinder hervorbringt.

a. *No se preocupe, a mí me es igual que el 'tailleur' me esté estrecho* (C. J. CELA, *Mrs. Caldwell habla con su hijo*, 193).
Machen Sie sich keine Sorgen, es macht mir nichts aus, daß mir das Jackenkleid zu eng ist.
b. *La primera noche que entré en el café Gijón puede que fuese una noche de sábado* (F. UMBRAL, *La noche que llegué al café Gijón*, 9).
Der erste Abend, an dem ich das Café Gijón betrat, war vielleicht ein Samstagabend.
Das Beispiel macht noch einmal deutlich, wie das Prinzip der Entsprechung der Tempora zur Anwendung kommt (siehe dazu Nr. 1046: *entré ~ fuese*).
c. *No es lícito que se mate tan impunemente* (*El Alcázar*, 16.2.1983, 40).
Man kann nicht zulassen, daß so straflos getötet wird.
d. *Silvio, es necesario que trabajes* (R. ARLT, *El juguete rabioso*, 127).
Silvio, du mußt arbeiten.

1061. Nach dem Ausdruck *es (muy) probable que* [„es ist (sehr) wahrscheinlich, daß"] und nach Varianten wie *lo (más) probable es que* wird fast immer der *subjuntivo* gebraucht[80].

a. *Es probable que tengas algo de fiebre* (DUE, II, 847).
Wahrscheinlich hast du etwas Fieber.
b. *Lo más probable es que vaya a la Coruña o a Pontevedra* (*Estafeta literaria*, Nr. 613, 1.6.1977, 16).
Höchstwahrscheinlich gehe ich nach La Coruña oder nach Pontevedra.

Im folgenden Satz steht das Adverb *probablemente* anstelle von *es probable que*:

c. *Probablemente hayamos pagado muy cara aquella ignorancia* (J. L. ALCOCER, *Radiografía de un fraude*, 91).
Wahrscheinlich haben wir diese Unwissenheit sehr teuer bezahlt.

Keine Spur einer Subordination weist dagegen der folgende Satz auf. Es gibt daher keinen Grund, den *subjuntivo* zu gebrauchen:

---

[80] Meine Informanten sind sich in diesem Punkt einig: nach *es probable que* und den angeführten Varianten würden sie ein Verb IMMER im *subjuntivo* gebrauchen. Nur einige wenige Antworten waren etwas differenziert. LOP meinte, in Mexiko, in der Volkssprache, schon mal einen *indicativo* gehört zu haben (im selben Sinne: BOS mit der Angabe „Mexiko und Mittelamerika"), nach VAR hört man im Spanisch der Vereinigten Staaten stets einen *indicativo*, und MON erklärte: „vielleicht ist es nicht ausgeschlossen, auf der Straße *es probable + indicativo* zu hören, doch ist eine solche Konstruktion als höchst ungebräuchlich zu betrachten". Auch BAR hat schon hin und wieder einen *indicativo* gehört (und dann zumeist im *futuro*).
Seguro hat in der superlativischen Konstruktion *lo más seguro es que* seine eigentliche Bedeutung von „sicher" (bzw. „absolut sicher") verloren. Alle meine Informanten stimmen darin überein, daß dieser Ausdruck als Äquivalent zu *lo más probable es que* zu betrachten ist und daß ihm dann auch ein Verb im *subjuntivo* folgt. Zum Beispiel: *Me dijo el médico que el hombre estaba muy mal, que lo más seguro era que se muriera* (F. QUIÑONES, *Las mil noches de Hortensia Romero*, 177 – „Der Doktor sagte mir, dem Mann ginge es sehr schlecht, er werde höchstwahrscheinlich sterben").
Auch nach *es casi seguro que* und nach *seguramente* kann man den *subjuntivo* finden. Zum Beispiel: *Si está usted vestido, es casi seguro que no vea sus pies* [G. CABRERA INFANTE, *Exorcismos de esti(l)o*, 230 – „Wenn Sie angezogen sind, ist es fast sicher, daß Sie ihre Füße nicht sehen"]. Nach Ausdrücken wie *es seguro que* („es ist sicher, daß") und *estoy seguro (de) que* („ich bin sicher, daß") steht das Verb natürlich immer im *indicativo*. Siehe in diesem Zusammenhang auch Fußnote 79.

d. *Le encontrarás probablemente en casa* (DUE, II, 848).
Du wirst ihn wahrscheinlich zu Hause antreffen.

Nach dem Ausdruck *parece que* („es scheint, daß") findet man zumeist einen *indicativo*. Nach Angaben des Akademiemitglieds M. SECO kommt der Gebrauch des *subjuntivo* hin und wieder im Dialekt vor (*Diccionario de dudas*, 283). Es stellt sich allerdings die Frage, ob diese Formulierung nicht zu restriktiv ist. In einer neueren Ausgabe der angesehenen Tageszeitung *El País* findet sich folgendes Beispiel:

e. *Parece que Dios quiera poner a los rumanos otra vez a prueba* (*El País*, 19.6.90, 3).
Es scheint, daß Gott die Rumänen erneut auf die Probe stellen will.

Auf *no parece que* und *¿te parece que?* (mit der Bedeutung „Findest du es gut, daß") folgt ein Verb im *subjuntivo*:

f. *No parece que tenga muchas ganas de trabajar* (DUE, II, 1497).
Es sieht nicht so aus, als ob er große Lust hätte zu arbeiten.

g. *¿Te parece que nos marchemos?* (S. FERNÁNDEZ, *Gramática española*, 4, 319).
Bist du einverstanden, wenn wir gehen?

In Analogie zu dem, was weiter unten (in Nr. 1073) zu *suponer* ausgeführt wird, kann man nach *es de suponer que* („man kann davon ausgehen, daß", „vermutlich") ein Verb sowohl im *indicativo* als auch im *subjuntivo* antreffen, wobei ersteres in der Praxis vielleicht häufiger vorkommt:

h. *Es de suponer que ya le habrán avisado* (DUE, II, 1237).
Vermutlich haben sie ihn schon benachrichtigt.

1062. Einen *subjuntivo* gebraucht man auch in Ausdrücken, die die Häufigkeit (oder die Seltenheit) eines Ereignisses zum Ausdruck bringen oder implizieren.

a. *Era muy frecuente que, al acercarse al canal de la isla Formosa, cambiara el tiempo* (P. BAROJA, *La estrella del capitán Chimista*, 183).
Es kam sehr häufig vor, daß bei der Annäherung an die Fahrrinne der Insel Formosa das Wetter umschlug.

b. *Era muy raro que salieran sin sus respectivas esposas* (J. M. GIRONELLA, *Ha estallado la paz*, 558).
Sie gingen höchst selten ohne ihre Frauen aus.

c. *Lo normal era que los esposos se ignoraran* (I. ALLENDE, *La casa de los espíritus*, 244).
Normalerweise ignorierten sich die Eheleute.
(In einem anderen Kontext könnte *los esposos* auch „die Ehemänner" bedeuten. Siehe dazu die Hinweise zum *plural elíptico* in Nr. 138.)

2. Objektsätze

1063. Nach Verben, die eine Emotion ausdrücken

Man verwendet fast immer den *subjuntivo*[81] in Objektsätzen, die von einem Verb[82] abhängen, das einen Wunsch oder eine Bitte, einen Befehl oder ein Verbot, ein Lob oder einen Tadel, einen Ratschlag oder ein Gefühl wie Angst, Freude, Zweifel, Dankbarkeit, Empörung, Erstaunen u. dgl. ausdrückt.

a. *El sindicato hizo ayer público un comunicado pidiendo que no se fuera a la huelga* (*Diario 16*, 11.2.1978, 24).
Die Gewerkschaft veröffentlichte gestern ein Kommuniqué mit der Bitte, nicht in den Streik zu treten.

b. *Mandaré que le cuelguen a usted de una verga* (P. Baroja, *Los pilotos de altura*, 147).
Ich werde Sie an einer Rahe aufknüpfen lassen![83]

c. *¿Sabías que la Iglesia se opuso durante años y años a que los médicos practicásemos autopsias?* (J. M. Gironella, *Ha estallado la paz*, 609).
Wußtest du, daß die Kirche sich jahrelang dagegen gestemmt hat, daß wir Ärzte Autopsien durchführen?

d. *Temo que me hayan visto* (*Esbozo*, 457).
Ich fürchte, sie haben mich gesehen.

e. – *¿Se acuerda que le dije que algún día yo sería rica?*
– *Me alegro de que lo hayas conseguido* (I. Allende, *La casa de los espíritus*, 365).
„Erinnern Sie sich daran, wie ich Ihnen sagte, eines Tages würde ich reich sein?"
„Ich freue mich, daß du es geschafft hast."

f. *Le agradezco que haya venido a avisarme* (J. C. Onetti, *Dejemos hablar al viento*, 165).
Ich bin Ihnen dankbar, daß Sie gekommen sind, um mich zu benachrichtigen.

[Ausnahmsweise kann man in Fällen wie den hier behandelten eine Form des *indicativo* antreffen, dann allerdings mit veränderter Bedeutung. H. Berschin u. a. merken dazu an: „Bei emphatischer Hervorhebung des Nebensatzes kann der Indikativ stehen: In *Me alegro de que conseguiste empleo* „Ich freue mich, daß du (endlich) eine Stelle gefunden hast" betont der Sprecher seine Anteilnahme, mit *Me alegro de que lo hayas conseguido* macht er eine höfliche Bemerkung" (*Die spanische Sprache*, 244).]

1064. Das Hauptverb, das ein Gefühl, einen Gemütszustand oder eine emotionale Reaktion ausdrückt, kann unausgesprochen bleiben[84]. Auch in diesem Fall steht das Verb des Nebensatzes im *subjuntivo*.

---

81 Siehe jedoch die Hinweise in Nr. 1067 zu Verben wie *confiar, temer* u. dgl. sowie den Kommentar am Ende von Nr. 1063.
82 Möglich sind auch nichtkonjugierte Formen wie in den Beispielen a (*gerundio*) und d (Infinitiv).
83 Vor allem nach Verben, die einen Befehl, ein Verbot, eine Erlaubnis oder eine Bitte ausdrücken wie *mandar* („befehlen"), *ordenar* („anordnen"), *prohibir* („verbieten"), *permitir* („erlauben"), *dejar* [„(zu)lassen"], *rogar* („bitten") ... findet man bisweilen auch einen Infinitiv. (Mehr dazu im *Esbozo*, 487, und bei J. Coste & A. Redondo, *Syntaxe de l'espagnol moderne*, 442 – mit einem ziemlich gesuchten Unterschied zwischen den beiden Konstruktionen.)
84 Cf. C. Hernández, *Sintaxis española*, 271. Das Hauptverb ist auch in einer Konstruktion ausgefallen, die weiter unten in Nr. 1104 behandelt wird.

a. *La pobre Concha enjugó sus lágrimas:*
   – ¡Que la tía Soledad me escriba así, cuando yo la quiero y la respeto tanto!
   ¡Que me odie, que me maldiga, cuando yo no tendría goce mayor que cuidarla y servirla como si fuera su hija! (R. Del Valle-Inclán, *Sonata de otoño*, 66).
   Die arme Concha trocknete ihre Tränen: „Daß mir Tante Soledad solch einen Brief schreibt, wo ich sie doch so sehr liebe und achte! Daß sie mich haßt und verflucht, wo ich mir nichts Schöneres vorstellen könnte als sie zu pflegen und ihr zu dienen, als wenn ich ihre eigene Tochter wäre!"
   Man kann die Formen *escriba, odie, maldiga* als von einem nicht ausgedrückten Hauptverb wie *no comprendo que* („ich verstehe nicht, daß"), *siento que* („ich bedauere es, daß") abhängig betrachten.

b. *– Oye, a ver si me localizan a Eladio Cabañero, el poeta.*
   – ¿Y que se lo traigan? (F. García Pavón, *Una semana de lluvia*, 77).
   „Na, mal sehen, ob sie mir Eladio Cabañero, den Dichter aufspüren."
   „Und soll er zu Ihnen gebracht werden?"

Man beachte, daß der Infinitiv gebraucht wird, wenn das Subjekt des Hauptverbs und das des Verbs im Nebensatz identisch sind:

c. *Quiero ir a París.*
   ↓   ↓
   1. Person (*iré yo*)
   Ich will nach Paris gehen.

   Quiero que vayas a París.
   ↓   ↓
   1. Person   2. Person
   Ich will, daß du nach Paris gehst.

Beide Konstruktionen (identisches Subjekt und verschiedene Subjekte) findet man im folgenden, wenig euphonischen Satz, der die familiäre Umgangssprache wiedergibt:

d. *Quieren asustarnos y que nos entreguemos, claro* (J. L. Alonso De Santos, *La estanquera de Vallecas*, 63).
   Sie wollen uns erschrecken und zur Aufgabe bewegen, klar.

Anmerkungen

1065. Der *subjuntivo* wird auch in Attributsätzen gebraucht, in denen einer der o. g. Gemütszustände oder eine subjektive Bewertung von Tatsachen zum Ausdruck gebracht wird.

a. *Tengo miedo de que me hayan visto* (*Esbozo*, 457).
   Ich habe Angst, daß sie mich gesehen haben.
b. *Nuestro deseo es que nuestra existencia no acabe* (M. De Unamuno, *Visiones y comentarios*, 23).
   Wir haben den Wunsch, daß unsere Existenz nicht enden möge.
c. *Él le había dado orden de que no se le interrumpiese para nada* (J. A. De Zunzunegui, *El camión justiciero*, 93).
   Er hatte ihn angewiesen, daß man ihn unter keinen Umständen stören solle.

d. *Estaba harta de que mi madre me tratara como una niña* (A. M. Matute, *Los soldados lloran de noche*, 81).
Ich war es leid, daß meine Mutter mich wie ein kleines Kind behandelte.
e. *Pinole, es hora de que vayas a confesar a la señora de Ochoa* (J. Ibargüengoitia, *Los conspiradores*, 50).
Pinole, es ist Zeit, Frau Ochoa die Beichte abzunehmen.

1066. In bestimmten Kontexten können Verben wie *decir* („sagen"), *gritar* („rufen"), *escribir* („schreiben") u. dgl., auf die normalerweise eine Indikativform folgt, eine Aufforderung, einen Ratschlag, einen Befehl oder ein Verbot implizieren. In solchen Fällen steht das Verb des Nebensatzes im *subjuntivo*.

a. *El confesor me dice*
que no te quiera
y yo le digo: ¡ay, padre!,
si usted la viera (F. Díaz-Plaja, *El español y los siete pecados capitales*, 38).
Mein Beichtvater sagt mir, ich dürfe dich nicht lieben, und ich sage zu ihm: „Ach, Herr Pfarrer, wenn Sie sie sehen würden!"
b. *Me dijiste anoche que te despertara* (J. Rulfo, *Pedro Páramo*, 71).
Du hast mir gestern abend gesagt, ich solle dich wecken.
c. *Mis padres me escribieron que me fuera pronto* (angeführt von H. Haverkate, *Modale vormen van het Spaanse werkwoord*, 114).
Meine Eltern haben mir geschrieben, ich solle bald kommen.

Ähnliches gilt für *decidir* in einem Satz wie dem folgenden, in dem dieses Verb die Unterbreitung eines Vorschlags ausdrückt, den der Gesprächspartner schwerlich ablehnen kann:

d. *Luego, decide que nos tuteemos* (F. Vizcaíno Casas, *Café y copa con los famosos*, 127).
Dann beschließt er, daß wir uns duzen sollten.

1067. Nach Verben wie *confiar* („vertrauen"), *esperar* („hoffen"), *temer* („fürchten"), *quejarse* („sich beklagen") usw., die strenggenommen der in Nr. 1063 angeführten Kategorie angehören, kann man sowohl einen *subjuntivo* als auch einen *indicativo* finden (wobei im Falle des Verbs *esperar* vielleicht die erste Konstruktion häufiger ist). Die Entscheidung wird bestimmt durch den Grad der Wahrscheinlichkeit oder Gewißheit, der den Tatsachen zugeschrieben wird[85], oder durch die eigentliche Bedeutung des Verbs (wie in den Beispielen c und d).

---

[85] Siehe dazu: *Esbozo*, 459, und M. Molho, *Sistemática del verbo español*, II, 438–441. Nach *esperar a que* (manchmal auch ohne *a*), wo *esperar* nicht „hoffen", sondern „warten auf" bedeutet, steht das Verb immer im *subjuntivo*. Zum Beispiel:
a. *Esperaremos a que vengas para comer* (DUE, I, 1205).
Wir werden warten, bis du zum Essen kommst.
b. *Él estaba esperando que le recibiera el ministro* (DUE, I, 1205).
Er wartete darauf, vom Minister empfangen zu werden.
Nach *esperar hasta que* (einer anderen Möglichkeit, „warten auf" zu übersetzen) gebraucht man den *subjuntivo*, wenn *esperar* in einem Tempus der Gegenwart oder Zukunft steht, den *indicativo* dagegen, wenn dieses Verb im *pretérito perfecto simple* steht (siehe dazu, mit Beispielen: V. García Yebra, *Teoría y práctica de la traducción*, 192).

a. *Espero que ustedes sabrán agradecer mi sacrificio* (E. JARDIEL PONCELA, *La mujer como elemento indispensable para la respiración*, 47).
Ich hoffe, daß Sie mein Opfer zu schätzen wissen.
b. *Me temo que este hombre no nos va a llevar a la victoria* (P. BAROJA, *Paradox Rey*, 46).
Ich fürchte, daß uns dieser Mann nicht zum Sieg führen wird.

In den angeführten Beispielen haben *esperar* und *temer* ihre subjektive Nuance verloren und bedeuten „(fast) davon überzeugt sein" bzw. (im Falle des Verbs *esperar*) „erwarten". Wenn *esperar* dagegen mit „hoffen" zu übersetzten ist, wird man im Nebensatz eine Form des *subjuntivo* gebrauchen:

c. *Espero que venga.*
Ich hoffe, (daß) er kommt (Beispiel und Übersetzung von H. BERSCHIN u. a., *Die spanische Sprache*, 240).

In anderen Fällen kann der Gebrauch des *indicativo* dadurch bedingt sein, daß das Verb seine eigentliche Bedeutung weitgehend verloren hat. Siehe z. B. den Unterschied zwischen:

d. *Se queja de que no hayas venido.*
Er beklagt sich darüber, daß du nicht gekommen bist.
und
e. *Juan se quejaba a su vecino (de) que el periódico había llegado tarde.*
Hans beklagte sich bei seinem Nachbarn darüber, daß die Zeitung zu spät gekommen war.

Im ersten Beispiel herrscht ein Gefühl des Bedauerns oder der Verärgerung vor, wohingegen die Bedeutung von *quejarse* im zweiten Beispiel stark abgeschwächt ist; das Verb bedeutet eigentlich nicht viel mehr als *comunicar* („mitteilen"), *decir* („sagen").
Auf ein Verb wie *sentir* kann der *indicativo* oder der *subjuntivo* folgen, je nachdem, welche Bedeutung es in einem Satz hat. *Sentir* kann ja das deutsche „fühlen", „(be)merken", „wahrnehmen" ... wiedergeben, es kann aber auch die Entsprechung für „bedauern" sein. Ist letzteres seine Bedeutung, so steht das Verb des davon abhängigen Satzes im *subjuntivo*. Andernfalls handelt es sich um ein Verb der sinnlichen Wahrnehmung, und in diesem Fall folgt auf *sentir*, wie in Nr. 1073 dargelegt, der *indicativo*:

e. *El dialectólogo siente que ya no encuentra cíclopes* (M. ALVAR, *El envés de la hoja*, 71).
Der Dialektforscher erkennt, daß es keine Zyklopen mehr gibt[86].

1068. Vor allem nach Verben, die eine Bitte, einen Wunsch oder eine Befürchtung ausdrücken, kann die Konjunktion *que* weggelassen werden. Dies ist hauptsächlich der Fall nach *rogar* („bitten"), aber auch nach *demandar* („bitten", „fordern"), *desear* („wünschen"), *esperar* („hoffen"), *pedir* („bitten", „fordern"), *querer* („wollen"), *suplicar* („anflehen", „inständig bitten") usw. Dieser Ausfall von *que* findet sich vor allem in der Schriftsprache[87].

---

[86] Alle meine Informanten stimmen darin überein, daß *sentir* hier mit der Bedeutung von *percibir* oder *advertir* („wahrnehmen") oder *darse cuenta de que* („bemerken") gebraucht wird. Die meisten merken darüber hinaus an, daß eine Version mit *subjuntivo* (→ *ya no encuentre*) nicht unmöglich wäre. Doch würde die Übersetzung dann lauten: „Der Dialektforscher bedauert, daß ...".

[87] Cf. *Esbozo*, 517. Nach C. HERNÁNDEZ kommt diese Konstruktion fast ausschließlich in der Verwaltungssprache vor (*Gramática funcional del español*, 79 und 236).

a. *El soberano le rogó humildemente se compadeciese de ellos.* (FABIOLA, *Los doce cuentos maravillosos*, 16).
   Der Herrscher bat ihn demütig, Mitleid mit ihnen zu haben.
b. *La conferencia internacional de los sindicatos libres ha demandado prosigan las negociaciones* (*La Vanguardia*, 20.6.1963).
   Die internationale Konferenz der freien Gewerkschaften hat um die Fortsetzung der Verhandlungen gebeten.
c. *Los usuarios de la piscina piden se amplíe el horario del bar* (*El Norte de Castilla*, 7.8.1989, 9).
   Die Besucher des Schwimmbads fordern verlängerte Öffnungszeiten für die Bar.

Siehe auch die in Nr. 873 angeführten Beispiele a, b und c.

1069. Sowohl Subjekt- als auch Objektsätze können mit *el que* oder der (literarischeren) Form *el hecho de que* substantiviert werden. In derlei Fällen kann der Nebensatz dem Hauptsatz vorangestellt sein, doch ist dies nicht obligatorisch. In solchen Konstruktionen schwankt der Gebrauch zwischen *indicativo* und *subjuntivo*, wobei letzterer vielleicht häufiger vorkommt (S. FERNÁNDEZ, *Gramática española*, 4, 339).

a. *La mujer es muy agradecida; el que le hagan un poco de caso la llena de alegría* (C. J. CELA, *La colmena*, 209).
   Die Frau ist ein dankbares Wesen; wenn man ihr ein wenig Aufmerksamkeit schenkt, ist sie schon glücklich.
b. *Lo que le atrae hacia Jaime es el hecho de que sea revolucionario y haya estado en la cárcel* (J. GOYTISOLO, angeführt von S. FERNÁNDEZ, *Gramática española*, 4, 338).
   Was Jaime für sie so attraktiv macht, ist die Tatsache, daß er ein Revolutionär ist und im Gefängnis war.

1070. Nach *dudar* [„(be)zweifeln"] kann *si* anstelle von *que*[88] gebraucht werden. Das darauffolgende Verb steht dann im Indikativ.

Sería prudente dudar si tienen algo de común (J. ORTEGA Y GASSET, *Estudios sobre el amor*, 86).
Es wäre angebracht daran zu zweifeln, ob sie etwas gemein haben.

1071. Wird *dudar* verneint, so steht das Verb des Nebensatzes gewöhnlich im Indikativ. Das ist einleuchtend, denn *no dudar* drückt ja Gewißheit aus.

No dudo que con estas reflexiones se quedará usted convencido (J. BALMES, *Cartas a un escéptico en materia de religión*, 166).
Ich zweifle nicht daran, daß sie diese Überlegungen überzeugen werden.

---

[88] Oder (bei gleicher Bedeutung): *de que* [→ *dudo que venga* oder *dudo de que venga* („ich bezweifle, daß er kommt")].

1072. Nach Verben mit der Bedeutung „erreichen, daß", „dafür sorgen, daß" usw.
Der *subjuntivo* steht immer in Objektsätzen, die von einem Verb abhängen, welches das semantische Feld „erreichen, daß", „dafür sorgen, daß", „es schaffen, daß", „dazu führen, daß" usw. abdecken.

    a. *Algo tendré yo ... – se decía la mujer – cuando he conseguido que un hombre como el doctor Chaos me bese* (J. M. GIRONELLA, *Ha estallado la paz*, 611).
„Etwas muß ich doch haben ...", dachte die Frau bei sich, „wenn ich einen Mann wie Doktor Chaos dazu gebracht habe, mich zu küssen."
    b. *El trato diario con la muerte hace que cada momento la tema más*
(J. A. DE ZUNZUNEGUI, *El barco de la muerte*, 270).
Der tägliche Umgang mit dem Tod führt dazu, daß er ihn immer mehr fürchtet.

1073. Nach Verben des Sagens, Denkens und der sinnlichen Wahrnehmung
Bezüglich des Gebrauchs der Modi in Objektsätzen, die von einem Verb abhängen, das Begriffe wie „meinen", „sagen", „wissen" oder eine sinnliche Wahrnehmung ausdrückt, kann man einen Vergleich mit dem Französischen anstellen. Ist der Hauptsatz affirmativ, so steht das Verb des Nebensatzes in der Regel im Indikativ.

    a. *Creo que está en casa.*
Ich glaube, daß er zu Hause ist.
    b. *Sabemos que se han marchado ayer.*
Wir wissen, daß sie gestern abgereist sind.
    c. *Se ve que está enfermo.*
Man sieht, daß er krank ist.

Nach *suponer* („vermuten") kann man sowohl den *indicativo* als auch den *subjuntivo* finden, was grundsätzlich davon abhängt, ob der Sprecher oder Schreiber eher den realen oder den hypothetischen Charakter einer Handlung oder eines Zustandes vor Augen hat. Doch scheint auf dieses Verb im heutigen Spanisch meist eine Indikativform zu folgen:

    d. *Supongamos que la concordancia no resulta suficiente para determinar el sujeto de un verbo* (I. BOSQUE, *Las categorías gramaticales*, 69) – auch auf den Seiten 43 und 98 finden sich analoge Konstruktionen mit dem *indicativo*).
Nehmen wir an, die Kongruenz reicht nicht aus, um das Subjekt zu einem Verb zu bestimmen.

Der schwankende Gebrauch wird aus einem Beispiel wie dem folgenden deutlich, in dem auf eine Form von *suponer* einmal ein *subjuntivo*, dann wieder ein *indicativo* folgt:

    e. *Vamos a suponer que dure diez o quince días. Supongamos que, después de diez días de angustia horrible, esta señora se muere* (R. CHACEL, *Barrio de maravillas*, 90).
Nehmen wir einmal an, es dauert zehn oder vierzehn Tage. Nehmen wir an, nach zehn Tagen furchtbaren Leidens stirbt diese Frau.

1074. Wenn das Verb des Hauptsatzes verneint ist, steht im Nebensatz meist der *subjuntivo*. Doch ist die Verwendung des *indicativo* nicht ausgeschlossen. Die jeweilige Entscheidung hängt, wie schon in verschiedenen zuvorgenannten Fällen, auch hier wieder von der subjektiven Bewertung der Aussage durch den Sprecher ab[89].

    a. *No creo que ningún tipo de régimen dé la felicidad; pero estoy seguro de que algunos la quitan* (J. MARIAS, *La España real*, 15).
    Ich glaube nicht, daß irgendein (politisches) System glücklich macht; aber ich bin sicher, daß einige unglücklich machen.
    Das Verhältnis Zweifel ~ Sicherheit zeigt sich deutlich in der Gegenüberstellung der beiden Satzteile:

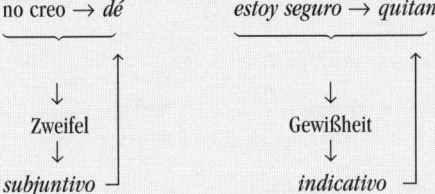

    b. *No digo que esté lloviendo* (DUE, II, 1496).
    Ich sage nicht, daß es regnet.

Wenn allerdings eines der angeführten Verben in der verneinten Form des *subjuntivo* mit dem Wert eines *imperativo* im Hauptsatz vorkommt, so steht das Verb des Nebensatzes stets im Indikativ:

    c. *No creas que será tan fácil* (DUE, 1496).
    Glaub nicht, daß es so einfach sein wird.

Ist der Hauptsatz ein Fragesatz, so wird das Verb des Nebensatzes meist im Indikativ stehen, doch ist die Verwendung des *subjuntivo* nicht ausgeschlossen[90]:

    d. *¿Cree usted que la empresa es peligrosa?*
        oder (seltener)
    ¿Cree usted que la empresa sea peligrosa?
    Glauben Sie, daß das Unternehmen gefährlich ist?
    Nach C. F. A. VAN DAM hat die Form *es* im ersten Fall die Bedeutung „ich weiß es nicht, ich frage Sie"; der *subjuntivo* (*sea*) bedeute dagegen: „ich bezweifle es, aber eigentlich weiß ich es nicht"[91].

---

[89] In diesem Sinne: DUE, II, 1496–1497. Siehe auch: *Esbozo*, 454.
[90] Alle meine Informanten, mit einer Ausnahme (VAR), äußern sich in diesem Sinne, oft mit dem Hinweis, der *subjuntivo* bringe einen größeren Zweifel (oder eine geringere Wahrscheinlichkeit) zum Ausdruck. Nach MON findet sich der Gebrauch des *subjuntivo* hier eher auf einem gehobenen Sprachniveau (→ *lengua culta*), wohingegen ROD den Gebrauch von *sea* als nicht korrekt betrachtet. Nach LOP und MOR würde man in diesen Fällen den *subjuntivo* vielleicht eher in Amerika als in Spanien gebrauchen. ALV merkt an, der *subjuntivo* finde sich häufig in verneinten Fragesätzen (die ja einen größeren Zweifel ausdrücken → *¿No crees tú que esté enferma?* – „Glaubst du nicht, daß sie krank ist?"). Aber dies ist eigentlich eine Variante der am Anfang von Nr. 1074 behandelten Fälle. VAR zufolge kann man hier sowohl *es* als auch *sea* gebrauchen, mit der Anmerkung, daß *sea* den Begriff der Gefahr verstärke (diese Differenzierung nimmt auch CAR vor).
[91] C. F. A. VAN DAM, *Spaanse spraakkunst*, 444.

1075. Manchmal folgt auf ein Verb des Sagens und Denkens nicht *que*, sondern *si*. Im davon abhängigen Satz wird dann der *indicativo* (oder eventuell das *condicional*) gebraucht. Siehe dazu den Kommentar und die Beispiele in Nr. 877.

1076. *Anmerkung*

Wenn man bedenkt, daß das Verb *ignorar* („nicht wissen") eine verneinte Bedeutung hat und eigentlich zu *no saber* synonym ist, so überrascht es nicht, daß auf dieses Verb nach der Regel aus Nr. 1074 ein *subjuntivo* folgen kann[92].

    a. *Ignoraba que Jane se hubiera casado* (M. DELIBES, *La sombra del ciprés es alargada*, 247).
    Er wußte nicht, daß Jane geheiratet hatte.

No ignorar hat eine affirmative Bedeutung („wissen"), und somit steht das Verb des Nebensatzes im *indicativo*. Das letzte Beispiel könnte daher wie folgt abgeändert werden:

    b. *No ignoraba que Jane se había casado*.
    Er wußte, daß Jane geheiratet hatte.

Ähnliches gilt für *negar* („leugnen", „verneinen") und *desmentir* („leugnen", „dementieren"), die wie *ignorar* eine Negation implizieren:

    c. *Niego rotundamente que en nuestras penitenciarias haya tortura* (*ABC*, 10.2.1980, 8).
    Ich weise die Behauptung, in unseren Strafanstalten würde gefoltert, entschieden zurück.
    d. *Solchaga desmiente que participe en la lucha por el poder* (Schlagzeile der Zeitung *El Independiente*, 2.3.1990, 1).
    Solchaga leugnet, am Machtkampf beteiligt zu sein.

Nach verneintem *negar* (→ *no negar*) hingegen steht der Indikativ:

    e. *Pero no me negará que se dice mucho* (C. J. CELA, *Mazurca para dos muertos*, 67).
    Aber Sie werden nicht bestreiten, daß es häufig gesagt wird.

3. Relativsätze

1077. In Relativsätzen steht der *indicativo* oder der *subjuntivo*, je nachdem, ob das Bezugswort bekannt ist oder nicht. Das erklärt, warum der *subjuntivo* sich häufig nach einem Hauptverb findet, das im Futur oder im Imperativ steht. In diesen Fällen wird der Inhalt des Relativsatzes ja oft als nicht genau definiert oder sogar als unbekannt betrachtet.

    a. *Haré lo que usted manda.*   Ich werde tun, was Sie befehlen.
    (Impliziert wird hier: ich *weiß*, was ich zu tun habe, ich kenne Ihre Befehle.)

---

[92] Doch ist das nicht unbedingt so. Dem *Esbozo* zufolge wird durch den Gebrauch des *subjuntivo* das Nichtwissen besonders hervorgehoben (S. 456).

b. *Haré lo que usted mande.*   Ich werde tun, was sie befehlen.

(Hier wird impliziert: aber ich weiß noch nicht, was ich tun soll, ich kenne Ihre Befehle noch nicht)[93].

c. *Dame todo lo que encuentres* (J. RULFO, *Pedro Páramo*, 132).
Gib mir alles, was du findest.
(Zu diesem Zeitpunkt ist noch nicht bekannt, was man finden wird.)

d. – *Pero ¿los conejos se cazan o se pescan?*
– *Eso depende de la borrachera que tenga uno, señorita* (M. MIHURA, *Tres sombreros de copa*, 109).
„Aber werden Kaninchen nun gejagt oder gefischt?" „Das hängt ganz davon ab, wie betrunken man ist, Fräulein."
(Je nach Grad der Trunkenheit wird das eine oder das andere der Fall sein.)

1078. Als nicht bekannt (oder *noch* nicht bekannt) kann man ein Bezugswort betrachten, das durch einen Relativsatz näher bestimmt wird, der eine Bedingung, einen Wunsch oder eine geforderte Menge ausdrückt. Der *subjuntivo* steht in Sätzen wie

a. *Los obreros en paro buscaron en el interior un sitio donde molestaran lo menos posible* (J. M. GIRONELLA, *Los cipreses creen en Dios*, 90).
Die stellungslosen Arbeiter suchten drinnen einen Platz, an dem sie so wenig wie möglich störten.
Dagegen würde man sagen: *Los obreros habían encontrado un sitio donde molestaban lo menos posible.*
Wieder einmal ist die Wahl zwischen *indicativo* und *subjuntivo* bestimmt durch die Gegenüberstellung von

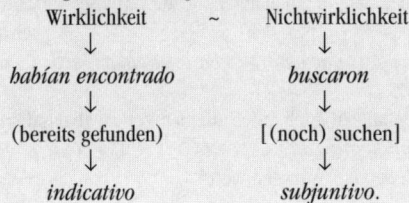

Wirklichkeit	~	Nichtwirklichkeit
↓		↓
habían encontrado		*buscaron*
↓		↓
(bereits gefunden)		[(noch) suchen]
↓		↓
indicativo		*subjuntivo.*

Einen Bedeutungsunterschied findet man auch in Sätzen wie

b. *Ella quiere casarse con un hombre que tiene mucho dinero*
und
Ella quiere casarse con un hombre que tenga mucho dinero[94].
Die Übersetzung lautet in beiden Fällen: „Sie will einen Mann heiraten, der viel Geld hat". Der Satz mit der Indikativform (→ *tiene*) macht deutlich, daß die Frau bereits weiß, wen sie heiraten will und daß der Betreffende über ein ansehnliches Bankkonto verfügt. Im anderen Fall (→ *tenga*) wird zum Ausdruck gebracht, daß die Dame noch auf der Suche nach einem Kandidaten ist, der die von ihr gestellte Bedingung erfüllt.

---

[93] Die beiden Beispiele sind aus dem *Esbozo*, S. 456, entnommen.
[94] Angeführt von J. SCHROTEN (*Concerning the deep structures of Spanish reflexive sentences*, 73).

c. *Convocamos a quienes no deseen que España desaparezca* (*ABC*, 16.5.1978, 13).
Wie rufen diejenigen auf, die nicht wollen, daß Spanien untergeht.
Doch würde man sagen: *Aquí están reunidos los que no desean ...*
In diesem Fall ist bereits bekannt, um welche Personen es sich handelt.

d. *Dígame algo que me alivie el dolor* (M. Puig, *Maldición eterna a quien lea estas páginas*, 71).
Sagen Sie mir doch etwas, das meinen Schmerz lindert.
(Das Gesagte muß derart beschaffen sein, daß es mich trösten kann.)

1079. In all diesen Beispielen ist für den Gebrauch des *indicativo* oder des *subjuntivo*, der mit der Alternative SICHER ~ NICHT SICHER zusammenhängt, auch die zeitliche Perspektive / Gegenwart ~ Zukunft / relevant. In den Sätzen, in denen der *subjuntivo* steht, ist die durch das Verb des Relativsatzes ausgedrückte Handlung oder angegebene Menge als Eventualität zu betrachten, die aus der Perspektive des Hauptsatzes in der Zukunft liegt.

1080. Der *subjuntivo* steht auch in Relativsätzen, die zu einem verneinten Hauptsatz gehören und somit eigentlich ein Fehlen, ein Nichtvorhandensein oder eine Unmöglichkeit (auch hier wieder ein Begriff der Nichtwirklichkeit!) ausdrücken. In derlei Fällen muß das Bezugswort allerdings als nichtdeterminiert oder nichtindividualisierbar betrachtet werden.

a. *No se cruzó con un alma ni vio nada especial que llamara su atención*
(C. J. Cela, *Viaje a la Alcarria*, 148).
Er traf mit keiner Seele zusammen und sah auch nichts besonderes, das seine Aufmerksamkeit erregt hätte.

b. *Y aquí no hay quien se permita el más ligero derroche* (*Estafeta literaria*, Nr. 620, 15.9.1977, 35).
Und hier gibt es niemanden, der sich auch nur die geringste Verschwendung erlaubt.

c. *No hay tranvías ni coches que entorpezcan la circulación* (J. Camba, *Aventuras de una peseta*, 78).
Es gibt weder Straßenbahnen noch Autos, die den Verkehr behindern.

d. *Sin vino no hay comida que valga la pena* (O. Paz, *Corriente alterna*, 108).
Ohne Wein ist kein Essen den Aufwand wert.

Dagegen steht im folgenden Satz der *indicativo*, da das Bezugswort DETERMINIERT ist:

e. *Cruzó con una persona que llamaba su atención.*
Er traf auf jemanden, der seine Aufmerksamkeit erregte.
(Es handelt sich hier um eine bestimmte, individualisierbare Person.)

1081. Ein „Fehlen" oder „Nichtvorhandensein" kann auch auf weniger absolute Weise ausgedrückt oder impliziert werden als durch die Negation *no*.

a. *Hay pocos españoles que no pidan confesor al sentirse cerca del fin*
(F. Díaz-Plaja, *El español y los siete pecados capitales*, 43).
Es gibt nur wenige Spanier, die nicht einen Beichtvater kommen lassen, wenn sie spüren, daß das Ende naht.
Hay pocos españoles = *no hay muchos españoles.*

b. *Falta un líder que ilusione al país* (*El Imparcial*, 10.5.1980, 12).
Es fehlt ein Führer, der dem Land Hoffnung gibt.
Falta = no hay.

4. Adverbiale Nebensätze

1082. Temporalsätze
Der *subjuntivo* steht in temporalen Nebensätzen, die eine Eventualität in der Zukunft ausdrücken. Diese Sätze werden durch Wörter oder Ausdrücke wie *apenas* („sobald", „kaum")[95], *así que* („sobald"), *cada vez que* („jedesmal wenn"), *cuando* („wenn"), *después (de) que* („nachdem")[96], *en cuanto* („sobald")[97], *hasta que* („bis"), *luego que* („sobald"), *mientras* („solange"), *no bien* („sobald"), *siempre que* („jedesmal wenn"), *tan pronto como* („sobald") usw. eingeleitet.
Es ist nicht notwendig, daß das Verb des Hauptsatzes im Futur steht. Es reicht aus, wenn die im Nebensatz ausgedrückte Handlung in einer Perspektive gesehen wird, die im Verhältnis zum Hauptverb zukünftig ist[98]. Letzteres kann in einem Tempus der Gegenwart und sogar der Vergangenheit stehen, wie dies im dritten Beispiel der Fall ist, wo die Handlung, die sich in der Zukunft vollziehen soll, dann durch eine Form des *imperfecto de subjuntivo* (*se estudiaron ~ se implantara*) ausgedrückt wird.

a. *Anda, prepárate para cuando venga tu novio* (J. A. De Zunzunegui, *Una ricahembra*, 459).
Los, sieh zu, daß du fertig bist, wenn dein Verlobter kommt.
b. *Cuando el agua hierva de nuevo se le incorporan los langostinos y gambas* (C. J. Cela, *Los sueños vagos, los ángeles curiosos*, 330).
Wenn das Wasser wieder kocht, werden die Krebse und Garnelen hineingegeben.
c. *En esa reunión se estudiaron medidas a tomar cuando se implantara la República* (E. Líster, *Memorias de un luchador*, I, 34)[99].
Auf dieser Sitzung wurde geprüft, welche Maßnahmen nach der Gründung der Republik ergriffen werden sollten.
(Bei dieser Gelegenheit sei noch einmal daran erinnert, daß man im modernen Standardspanisch in temporalen Nebensätzen nach *cuando* kein *futuro de indicativo* gebraucht[100].)
d. *En cuanto que dividamos el dinero me iré a Galicia* (C. Pérez Merinero, *Las reglas del juego*, 75)[101].
Sobald wir das Geld geteilt haben, fahre ich nach Galicien.

---

95 Siehe den Hinweis in Nr. 635 zur Konstruktion dieses Wortes.
96 Nach M. Seco sind beide Formen gleichwertig [*Diccionario de dudas*, 146 – In einer älteren (der fünften) Ausgabe dieses Buches konnte man lesen, daß *después que* im modernen Spanisch häufiger zu sein scheine als die Form mit *de* (S. 128)]. Siehe hierzu auch den ausführlichen Kommenrar im DUE I, 969.
97 Mit der volkssprachlichen Variante: *en cuanto que* (cf. M. Seco, *Diccionario de dudas*, 126).
98 *Esbozo*, 541. Siehe die unter a, b und c angeführten Sätze.
99 Im Zusammenhang mit der Konstruktion *medidas a tomar* cf. Nr. 1160.
100 In mittelalterlichen und klassischen Texten, ebenso wie in Dialekten, kann man in temporalen Nebensätzen jedoch durchaus ein *futuro de indicativo* antreffen (siehe dazu: *Esbozo*, 540–541, und R. Lapesa, *Historia de la lengua española*, 216 und 476).
101 In *Las reglas del juego* wird häufig die Volks- und Substandardsprache wiedergegeben. Siehe den Hinweis zu *en cuanto que* in Fußnote 97.

e. *Mientras dure su memoria, recordará un Viernes Santo que trabajaba en el Ayuntamiento* (M. ALVAR, *Islas afortunadas*, 41).
Bis ans Ende seiner Tage wird er sich an einen Karfreitag erinnern, an dem er im Rathaus arbeitete.

Ist im Nebensatz dagegen von einem gegenwärtigen oder vergangenen Ereignis als einer Wirklichkeit die Rede, so steht der *indicativo*. Somit könnte man das unter a angeführte Beispiel wie folgt abändern:

f. *Cuando vino su novio ella ya estaba preparada.*
Als ihr Verlobter kam, war sie bereits fertig.
(Der Verlobte *ist* gekommen: Wirklichkeit → Gebrauch des *indicativo*.)

[Ebensowenig steht der *subjuntivo* in Sätzen, in denen *cuándo* als Interrogativadverb gebraucht wird:

g. *Dime cuándo vas a venir* (M. SECO, *Diccionario de dudas*, 126).
Sag mir, wann du kommen wirst.

Siehe auch einen unabhängigen Fragesatz wie

h. *¿Cuándo cogeremos playa, patrón?* (I. ALDECOA, *Gran sol*, 60).
Wann erreichen wir die Küste, Kapitän?]

1083. Nach *antes que* oder *antes de que* („bevor")[102] folgt immer ein Verb im *subjuntivo*. Dies läßt sich mit den Erläuterungen in Nr. 1082 erklären, wenn man bedenkt, daß das auf *antes (de) que* folgende Verb eine Handlung ausdrückt, die in jedem Fall in bezug auf den Hauptsatz in der Zukunft liegt.

Antes de que nos metamos en tratos les advierto a ustedes que un burro viejo no es una ballena (J. A. DE ZUNZUNEGUI, *La úlcera*, 95).
Bevor wir mit den Verhandlungen beginnen, möchte ich Sie darauf aufmerksam machen, daß ein alter Esel kein Walfisch ist.

1084. Nach *después (de) que* wird prinzipiell eine Indikativform gebraucht, mit Ausnahme der in Nr. 1082 angeführten Fälle (in denen auf ein Ereignis oder eine Handlung verwiesen wird, die in bezug auf das Hauptverb zukünftig sind). Das unter b angeführte Beispiel ist nur scheinbar eine Ausnahme, denn hier hat das *imperfecto de subjuntivo* auf *-ra* den Wert eines *pluscuamperfecto de indicativo*[103]:

---

[102] Die beiden Formen können als gleichwertig gelten [M. SECO, *Diccionario de dudas*, 40 – In einer vorangegangenen (der fünften) Auflage dieses Buches erklärte der Autor, daß *antes que* vor allem in der Schriftsprache häufiger sei als die Variante mit *de* (S. 36)].
Man darf *antes (de) que* („bevor") und *después (de) que* („nachdem") nicht mit den präpositionalen Formen *antes de* („vor") und *después de* („nach") verwechseln, in denen *que* nicht auftritt. Zum Beispiel: *Tienes que venir antes* (oder: *después*) *de las cinco* [„Du mußt vor (oder: nach) fünf Uhr kommen"].
Doch kann man *antes que* und *después que* auch mit der Bedeutung „vor" bzw. „nach" antreffen, aber dann handelt es sich um Sätze, die eigentlich als elliptisch zu betrachten sind, wie z. B.: „*Dalí llegó a la Residencia tres años después que yo*" (L. BUÑUEL, *Mi último suspiro*, 66 – „Dalí kam drei Jahre nach mir in die Residenz"; ... *después que yo* bedeutet eigentlich: ... *después que había llegado yo*).
[103] Siehe dazu: Nr. 1047 A.

a. *Después que supo la noticia, no volvió a escribirnos* (M. Seco, *Diccionario de dudas*, 146).
Nachdem er die Nachricht erfahren hatte, schrieb er uns nicht mehr.
b. *Miguel Delibes me contrató en 'el Norte', su periódico, unos años después de que le dieran el Nadal* (F. Umbral, *Memorias de un hijo del siglo*, 156).
Miguel Delibes stellte mich einige Jahre, nachdem man ihm den Nadal-Preis verliehen hatte, bei seiner Zeitung „El Norte" an.
[*El Norte* = *El Norte de Castilla*, eine in dieser Grammatik häufig zitierte Zeitung (aus Valladolid); *El Nadal* = *el premio Nadal* (bedeutender Literaturpreis).]

1085. Finalsätze
Der *subjuntivo* steht ebenfalls in Nebensätzen, die eine Absicht ausdrücken. Auch das ist im Rahmen des „Systems" logisch zu erklären: es handelt sich ja um Ereignisse oder Handlungen, die als erwünscht betrachtet werden, ohne daß jedoch Gewißheit über ihre Verwirklichung bestünde. Solche Nebensätze werden meist durch *a que, a fin de que, para que* („damit") oder *no sea que* („damit nicht") eingeleitet.

a. *Será necesario cierto tiempo para que los distintos servicios se adapten a los nuevos métodos de trabajo* (*Diario 16*, 11.2.1978, 15).
Die verschiedenen Dienststellen werden wohl einige Zeit brauchen, um sich auf die neuen Arbeitsmethoden einzustellen.
b. *Quítate el frac, ¡no sea que lo manches!* (M. J. Larra, *Artículos de costumbres*, 25).
Zieh dir den Frack aus. Sonst machst du ihn womöglich noch schmutzig!

Anmerkungen

1086. Es kann vorkommen, daß ein Finalsatz durch *porque* eingeleitet wird, das wir eigentlich als kausale Konjunktion kennen („weil"). In bestimmten Fällen hat dieses Wort ganz offensichtlich die Bedeutung „damit" und wird anstelle von *para que* verwendet[104].

a. *A veces daría cualquier cosa porque me gustaran las tías, de verdad, cualquier cosa* (Almudena Grandes, *Las edades de Lulú*, 173).
Manchmal würde ich alles dafür geben, auf Frauen zu stehen, wirklich alles.
b. *– Bien. Brindemos.*
– Porque la guerra concluya pronto – dijo Adela (M. Delibes, *Mi idolatrado hijo Sisí*, 26).
„Gut. Laßt uns das Glas erheben." „Auf ein baldiges Ende des Krieges", sagte Adela.

1087. Es ist auch nicht ausgeschlossen, daß in dieser Art von Sätzen überhaupt keine Konjunktion vorkommt. Dennoch steht das Verb auf jeden Fall im *subjuntivo*. Diese elliptische Konstruktion findet sich fast ausschließlich in verneinten Sätzen.

a. *Vigila – dijo Martín –. No vayas a enfriarte* (J. Goytisolo, *Duelo en el paraíso*, 49).
„Paß auf, daß du dich nicht erkältest", sagte Martín.

---

[104] Dieses Phänomen läßt sich durch die verschiedenen Bedeutungen der Präposition *por* erklären (→ sie kann sowohl zur Bezeichnung eines Grundes als auch einer Absicht dienen). Siehe dazu: *Esbozo*, 548.

b. *Carmen Elgazu se cubrió las piernas con la servilleta, no fuera el viento a levantarle la falda* (J. M. GIRONELLA, *Un millón de muertos*, 492).
Carmen Elgazu bedeckte ihre Beine mit der Serviette, damit ihr der Wind den Rock nicht hochheben konnte.

1088. Wenn das Subjekt des Hauptsatzes mit dem des Nebensatzes übereinstimmt, so wird letzterer durch einen *infinitivo* ersetzt.

Levantaba, a pesar suyo, la cabeza a mirar a Juan (*Esbozo*, 548).
Er hob unwillkürlich den Kopf, um nach Hans zu schauen.

1089. Manche Nebensätze, die strenggenommen eine Folge ausdrücken, können einem Finalsatz gleichwertig sein (und somit steht ihr Verb im *subjuntivo*), wenn die beabsichtigte Folge in bezug auf das Hauptverb in der Zukunft liegt. Derlei Nebensätze werden durch *de (tal) manera que, de (tal) modo que, de suerte que* („so, daß"), *tan* („so") + Adverb, *tanto que* [„so (sehr), daß", „dermaßen, daß"] usw. eingeleitet[105].

a. *No te necesito para nada: de forma que no te molestes en venir* (DUE, I, 1327).
Ich kann auf deine Hilfe verzichten; du brauchst also nicht zu kommen.

Soll jedoch ein rein konsekutiver Sinn ausgedrückt werden, so steht der *indicativo*:

b. *Estudia mucho de modo que saca buenas notas* (H. HAVERKATE, *Modale vormen van het Spaanse werkwoord*, 142).
Er lernt viel, so daß er gute Noten bekommt.

1090. Konditionalsätze
In durch *si* („wenn", „falls") eingeleiteten Konditionalsätzen sind je nach dem Verhältnis, das zwischen der im Nebensatz ausgedrückten Bedingung und der durch das Hauptverb bezeichneten Handlung besteht, verschiedene Fälle zu unterscheiden.
Eine erste Möglichkeit besteht darin, daß der Sprecher keine Angaben über die Erfüllbarkeit der Bedingung macht. Es wird lediglich zum Ausdruck gebracht, daß das Ereignis, um das es im Hauptsatz geht, von der Erfüllung der durch das Verb im Nebensatz ausgedrückten Bedingung abhängt. In derartigen Konstruktionen steht das Verb des Nebensatzes im *indicativo*, das des Hauptsatzes im *indicativo* oder *imperativo*. Dabei ist jedoch zu berücksichtigen, daß in solchen Sätzen nach *si* niemals ein Futur gebraucht wird, selbst dann nicht, wenn sich die Bedingung auf eine zukünftige Eventualität bezieht[106]. Ebensowenig würde man im Standardspanischen nach *si* ein *presente de subjuntivo* oder ein *condicional* benutzen[107].

---

[105] Auf *de ahí que* („so daß") folgt stets ein Verb im *subjuntivo*. Zum Beispiel:
El clima es seco; de ahí que no haya prados naturales (DUE, I, 99).
Das Klima ist trocken; deshalb gibt es keine natürlichen Wiesen.
[106] Dagegen kann im Hauptsatz durchaus ein *futuro* stehen (siehe Beispiel b).
[107] Siehe jedoch in Nr. 1097 den Hinweis zu Sätzen wie *No sé si pueda*.

a. *Si alguien te pide dinero, niégaselo* (M. Seco, *Diccionario de dudas*, 342).
Wenn dich jemand um Geld bittet, gib ihm nichts.

/ *Si alguien te pide dinero* /	→	/ *niégaselo* /
		↑
↳ Wenn dich jemand um Geld bittet	→	verweigere es ihm

(wir wissen nicht, ob das tatsächlich passieren wird, doch schließen wir die Möglichkeit nicht aus).

b. *Si tienes miedo, te acompañaré hasta la esquina* (F. García Lorca, *Yerma*, III, esc. I, angeführt im *Esbozo*, 555).
Wenn du Angst hast, begleite ich dich noch bis an die Ecke.

In den angeführten Beispielen würde man nicht sagen:

*Si alguien te pedirá (pida, pediría) dinero ...
*Si tendrás (tengas, tendrías) miedo ...

1091. Dagegen wird in einem durch *si* eingeleiteten Nebensatz zumeist eine Form des *subjuntivo* (und dann immer das *imperfecto de subjuntivo*) gebraucht, wenn die in ihm zum Ausdruck gebrachte Handlung oder Gegebenheit als

a) in der Vergangenheit nicht realisiert (→ *pluscuamperfecto de subjuntivo* – vgl. Beispiel c),
b) in der Gegenwart nicht realisierbar (→ *imperfecto de subjuntivo* – vgl. Beispiel a) oder als
c) in der Zukunft unwahrscheinlich (→ *imperfecto de subjuntivo* – vgl. Beispiel b)[108]

betrachtet wird.

Das gebräuchlichste und ganz korrekte Schema für derartige Sätze sieht folgendermaßen aus:

Konditionalsatz ↓ si + *imperfecto* oder *pluscuamperfecto de subjuntivo* (Form auf *-ra* oder *-se*)	Hauptsatz ↓ *condicional* (einfaches oder zusammengesetztes Tempus)

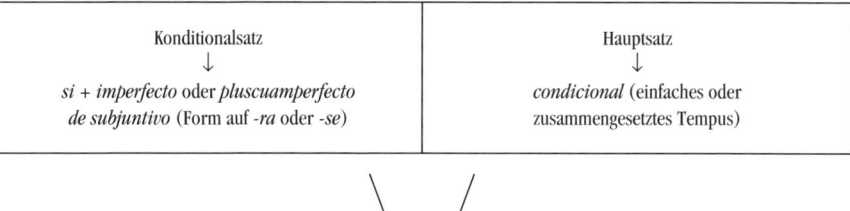

si lo supiera, te lo diría
oder
si lo supiese, te lo diría
(wenn ich es wüßte[109], würde ich es dir sagen)
si lo hubiera sabido, te lo habría dicho
oder
si lo hubiese sabido, te lo habría dicho
(wenn ich es gewußt hätte, hätte ich es dir gesagt).

---

[108] Siehe dazu: M. Seco, *Diccionario de dudas*, 342.

a. *Si tuviese dinero, me compraría esta casa* (*Esbozo*, 554).
   Wenn ich Geld hätte, würde ich mir dieses Haus kaufen.
b. *Pero si algún día tuviera suegra, se lo disculparía todo* (E. JARDIEL PONCELA, *La mujer como elemento indispensable para la respiración*, 50).
   Aber wenn ich jemals eine Schwiegermutter bekommen sollte, würde ich ihr alles vergeben.
c. *Si hubiese estudiado, sabría mucho más* (M. SECO, *Diccionario de dudas*, 342).
   Wenn ich studiert hätte, wüßte ich viel mehr.

1092. In Satzkonstruktionen des hier behandelten Typs können auch andere Strukturen vorkommen, dann jedoch zumeist auf einem anderen Sprachniveau. Zum Beispiel:

[A] Konditionalsatz   Hauptsatz
         ↓   ↓
si + imperfecto de indicativo   *imperfecto de indicativo*

Si se casaban Blanca y Luis se iban a reunir el hambre y la necesidad
(P. BAROJA, *Los últimos románticos*, 20).
Wenn Blanca und Luis heirateten, wäre das eine Verbindung von Hunger und Armut.
Der Gebrauch des *imperfecto de indicativo* sowohl nach *si* als auch im Hauptsatz ist im heutigen Spanisch recht häufig. Man findet ihn jedoch hauptsächlich in der Umgangssprache[110].

1093. Die verschiedenen in den Nrn. 1091 und 1092 genannten Möglichkeiten können darüber hinaus untereinander kombiniert werden, wie die folgenden Strukturen zeigen, die alle der Umgangssprache angehören:

[B] Konditionalsatz   Hauptsatz
         ↓   ↓
si + imperfecto de indicativo   *condicional*

Si le ocurría algo, el enlace quedaría roto (J. M. GIRONELLA, *Los cipreses creen en Dios*, 768).
Wenn ihm etwas passierte, wäre die Verbindung für immer abgebrochen.

[C] Konditionalsatz   Hauptsatz
         ↓   ↓
si + imperfecto de subjuntivo   *imperfecto de indicativo*

Si yo estuviese seguro de que los vecinos de Villaespesantes no me tiraban a un pozo, yo abría una barbería en Villaespesantes y me casaba aquí (C. J. CELA, *El gallego y su cuadrilla*, 155).
Wenn ich mir sicher wäre, daß die Leute von Villaespesantes mich nicht in einen Brunnen werfen, würde ich in Villaespesantes einen Friseursalon eröffnen und hier heiraten.

---

[109] Mit der implizierten Verneinung: „aber ich weiß es NICHT" (vgl. den sog. *irrealis* in der lateinischen Grammatik).
[110] Siehe dazu auch den Kommentar des *Esbozo* auf den Seiten 468 und 554, M. SECO, *Diccionario de dudas*, 300, und DUE, II, 1471–1472, 1490.

In den angeführten Kombinationen kann man auch zusammengesetzte Tempora finden (*pluscuamperfecto de indicativo, pluscuamperfecto de subjuntivo, condicional compuesto*).

[D] Der Gebrauch des *imperfecto de subjuntivo* anstelle eines *condicional* wurde bereits in Nr. 1042 behandelt.

[E] Siehe auch die Erläuterungen in Nr. 1012 zum Gebrauch des *presente de indicativo* mit dem Wert eines Tempus der Vergangenheit in Konditionalsätzen. Dahinter steht die Absicht, das Gesagte lebendiger zu gestalten.

1094. Es sei noch einmal daran erinnert, daß der Gebrauch des *condicional* in einem durch *si* eingeleiteten Konditionalsatz im Standardspanischen inkorrekt ist (siehe dazu bereits weiter oben die Nr. 1040 und die zugehörige Fußnote 35).

Anmerkungen

1095. Anstelle von *si* können in Konditionalsätzen auch *como, (en) (el) caso (de) que* und *siempre que* vorkommen. Ein wesentlicher Unterschied zu *si* besteht darin, daß auf diese Konjunktionen dann immer ein Verb im *subjuntivo* folgt, selbst in Sätzen, deren Hauptverb in einer Form des Präsens oder des Futurs steht.

    a. *Como esto siga así – dijo –, no me quedará más remedio que traerme aquí un contable* (J. M. Gironella, *Ha estallado la paz*, 310).
       „Wenn das so weiter geht", sagte sie, „wird mir nichts anderes übrigbleiben als einen Buchhalter hinzuzuziehen."
    b. *Siempre que tú también estés conforme, acepto la propuesta* (M. Seco, *Diccionario de dudas*, 344).
       Wenn du auch einverstanden bist, nehme ich den Vorschlag an.

1096. *Si* tritt auch in den Kombinationen *como si* und (dem weniger gebräuchlichen) *cual si* („als ob") auf, nach denen der Gebrauch des *imperfecto* oder *pluscuamperfecto de subjuntivo* obligatorisch ist. „Als ob" kann auch mit *como que* wiedergegeben werden, doch steht dann das darauffolgende Verb im *indicativo*[111].

    a. *Y Soledad sintió como si le atravesasen el corazón con una espada de hielo* (M. De Unamuno, *Espejo de la Muerte*, 78).
       Und Soledad war es, als ob ihr Herz mit einem Schwert aus Eis durchbohrt würde.
    b. *Los guardias civiles tenían que vigilar – cual si de malhechores se tratase – a cuantos españolitos no cumplían el rito de taparse con el albornoz* (E. Acevedo, *Cartas a los celtíberos esposados*, 177).
       Die Gendarmen hatten die Aufgabe, alle Spanier im Auge zu behalten, die sich nicht an den Ritus hielten, sich mit einem Bademantel zu bedecken – gerade so als handele es sich dabei um Verbrecher.

---

111 Es ist klar, daß die durch diese spanischen Entsprechungen von „als ob" eingeleiteten Nebensätze keine konditionale Bedeutung haben. Der *Esbozo* ordnet sie bei den *oraciones modales* („Modalsätze") ein und weist darauf hin, daß nach *como que* manchmal auch ein Verb im *subjuntivo* vorkomme [S. 542 – ohne Beispiel für das (seltene) / *como que* + *subjuntivo* /]. Nach C. Kany ist *como que* häufiger in einigen lateinamerikanischen Ländern und vielfach auch in nichtabhängigen Sätzen, dann mit der Bedeutung von *parece que* („es sieht so aus, als ob" – *Sintaxis hispanoamericana*, 445–446).

c. *Yo hago como que cumplo con mi deber* (J. IBARGÜENGOITIA, *Los conspiradores*, 144).
Ich tue so, als ob ich meine Pflicht erfülle.
d. *Sacó el periódico e hizo como que leía* (P. BAROJA, *Los últimos románticos*, 136).
Er nahm die Zeitung hervor und tat so, als ob er lese.

Anstelle von *como que* kann man nach dem Verb *hacer* mit derselben Bedeutung auch *que* allein finden. Auch in diesem Fall folgt dann ein Tempus des *indicativo*:

e. *Y se volvió de espaldas haciendo que miraba los libros* (J. A. DE ZUNZUNEGUI, *La vida como es*, 624).
Und er drehte sich um und tat so, als betrachte er die Bücher.

1097. Einen für SPANIER fremdartigen Gebrauch eines *subjuntivo* nach *si*[112] findet man bei manchen lateinamerikanische Autoren in Sätzen wie den folgenden, in denen offensichtlich durch den *subjuntivo* der HYPOTHETISCHE Charakter des Gesagten betont werden soll:

a. *No sé si pueda – le dije* (C. CABRERA INFANTE, *La Habana para un infante difunto*, 603).
„Ich weiß nicht, ob ich kann", sagte ich zu ihm.
b. *No sé si estas ideas sean aplicables al arte* (O. PAZ, *Corriente alterna*, 20).
Ich weiß nicht, ob sich diese Ideen auf die Kunst übertragen lassen[113].

1098. Konzessivsätze
Häufig werden Konzessivsätze durch *aunque* („obwohl", „obgleich") eingeleitet. Nach der traditionellen Grammatiktheorie hängt der Gebrauch des *indicativo* oder *subjuntivo* nach dieser Konjunktion davon ab, ob der im Nebensatz ausgedrückte Gegengrund als real oder als hypothetisch betrachtet wird[114]. Spezielle (meist neuere) Studien zeigen, daß diese Interpretation nunanciert werden kann[115]. Wichtig sind in diesem Zusammenhang die folgenden Hinweise:

---

[112] Allerdings nicht am Anfang eines Konditionalsatzes (→ „wenn", „falls"), sondern mit der Bedeutung des deutschen „ob".
[113] Nach Aussage meiner Informanten ist die Konstruktion nur in Lateinamerika möglich (→ in Spanien würde man sagen: *No sé si estas ideas SON ..., No sé si PUEDO ...*). HER erklärt, solche Formulierungen in Chile gehört zu haben (siehe auch den Hinweis am Ende dieser Fußnote), nach LOP sind sie in der „gebildeten Umgangssprache" von Mexiko absolut normal, und VAQ bezeichnet sie als typisch für bestimmte Dialekte in Puerto Rico. BUS und MON meinen, durch den Gebrauch des *subjuntivo* solle hier das Element des Zweifels betont werden. BOS, CAR, LAP, MAR und RAB suchen eine Erklärung darin, daß der Hauptsatz verneint ist.
Bemerkenswert ist die Tatsache, das die Sätze *No sé si viene a verte mañana* und *No sé si venga a verte mañana* („Ich weiß nicht, ob er dich morgen besuchen kommt") bei N. CARTAGENA & H. M. GAUGER (*Vergleichende Grammatik Spanisch-Deutsch*, I, 390) ohne jeglichen Kommentar diatopischer Art angeführt werden, doch muß man berücksichtigen, daß der erstgenannte Autor Chilene ist.
[114] Cf. *Esbozo*, 557. Siehe auch: M. SECO, *Diccionario de dudas*, 58, und DUE, II, 1497.
[115] Cf. J. DE KOCK, R. VERDONK & C. GÓMEZ MOLINA, *Apuntes sobre el uso del indicativo y del subjuntivo después de 'aunque'* (in *Gramática española*, I, 115–118), F. A. LÁZARO MORA, *Sobre 'aunque' adversativo* (in *Lingüística española actual*, V/I, 1982, 123–130), S. FERNÁNDEZ (*Gramática española*, 4, 356 ff.) und H. HAVERKATE (*Modale vormen van het Spaanse werkwoord*, 132–137).

1. Der Gebrauch des *indicativo* impliziert stets einen TATSÄCHLICHEN Gegengrund (eine Schwierigkeit oder ein Hindernis), was gleichwohl nicht ausschließt, daß auch die Konstruktion / *aunque + subjuntivo* / bisweilen auf einen realen Gegengrund verweist[116] (siehe Beispiel c).

2. Die Verwendung des einen oder anderen MODUS hängt mit der Bedeutung zusammen, die der Sprecher der Konjunktion *aunque* geben will.
Soll sie für ihn einen Gegensatz zum Ausdruck bringen[117], folgt ihr ein Verb im *indicativo*. Man hat es dann eigentlich mit zwei NEBENGEORDNETEN Sätzen zu tun, wobei der durch *aunque* eingeleitete Aussageinhalt als wichtigster oder als mindestens ebenso wichtig betrachtet wird wie der, der durch den in der Oberflächenstruktur als Hauptsatz fungierenden Satz ausgedrückt wird.
Hat *aunque* einen einräumenden Wert[118], so folgt der Konjunktion ein Verb im *subjuntivo* in einem UNTERGEORDNETEN Satz, der eine nebensächliche Erwägung oder Gegebenheit zum Inhalt hat oder sie als solche ausdrückt. Häufig besteht eine deutliche Ähnlichkeit zwischen diesen Konzessivsätzen und konditionalen Nebensätzen[119].

3. Von praktischer Bedeutung ist die Feststellung, daß auf *aunque* scheinbar häufiger der *subjuntivo* als der *indicativo* folgt[120].

    a. *Aunque me ha ofendido profundamente, sabré perdonarle* (*Esbozo*, 557).
       Obwohl er mich tief beleidigt hat, werde ich ihm vergeben können.
       Hier wird die Tatsache der BELEIDIGUNG betont (das macht im übrigen auch das Adverb *profundamente* deutlich).
       Die Bedeutung ist: Ich werde ihm vergeben, ABER (= *pero*) das ändert nichts daran, daß er mich tief beleidigt hat.
    b. *Aunque te quedes solo en el mundo, siempre tendrás a tu madre para hacerle confidencias* (C. FUENTES, *La región más transparente*, angeführt im *Esbozo*, 558).
       Selbst wenn du alleine in der Welt dastehst, wirst du immer noch deine Mutter haben, um dein Herz bei ihr auszuschütten.
       Der durch *aunque* eingeleitete Aussageinhalt ist von geringerer Bedeutung als die Aussage des Hauptsatzes. Der Konzessivsatz hat hier ungefähr dieselbe Bedeutung wie ein durch *si* eingeleiteter Konditionalsatz [→ *(Incluso) si te quedas solo ...*].
    c. *Aunque sea mi hijo, le castigaré* (C. HERNÁNDEZ, *Sintaxis española*, 271).
       Ich werde ihn bestrafen, auch wenn er mein Sohn ist.
       Die Hauptaussage ist hier die, daß jemand BESTRAFT werden soll. Daß diese Person mein Sohn ist, erscheint hier als irrelevante Tatsache.
       Derselbe Satz mit dem Verb im Indikativ (→ *aunque es mi hijo ...*) würde die Dinge emotional anders darstellen: Ich werde ihn bestrafen, aber aufgrund der besonderen Beziehung zwischen uns wird das auch mir wehtun.

Siehe auch das in Nr. 1299 d angeführte Beispiel.

1099. Der Hinweis zu *aunque* gilt ebenfalls für *así* („wenn auch", „selbst wenn"), *bien que, si bien* („obwohl", „obgleich"), *a pesar de que* („obwohl"), *siquiera* („wenn auch") und einige andere

---

[116] Cf. J. DE KOCK u. a., *o. c.*, 116.
[117] Es ist dann ungefähr synonym zu *pero* („aber").
[118] *Aunque* bedeutet dann *a pesar de* („obgleich").
[119] Vor allem in den Fällen, in denen das Hindernis als hypothetisch betrachtet wird (wie in Beispiel b).
[120] Siehe dazu J. DE KOCK u. a., *o. c.*, 115–116. In 44 der 51 Fälle, die diese Autoren untersuchen, folgt auf *aunque* ein Verb im *subjuntivo*.

seltenere Konjunktionen[121], ebenso wie für die konjunktionalen Ausdrücke *por (...) que, por más (...) que, por muy (...) que, por mucho (...) que, por poco (...) que*[122], die den deutschen Ausdrücken „so ... auch", „sosehr ... auch", „soviel ... auch", „sowenig ... auch" usw. entsprechen.

    a. *Nunca en la vida he presenciado un hecho semejante ni creo vuelva a presenciarlo así llegue a los cien* (M. DELIBES, *Aventuras, venturas y desventuras de un cazador a rabo*, 67).
So etwas habe ich mein Leben lang noch nicht erlebt, und ich glaube auch nicht, daß ich es noch einmal erleben werde, selbst wenn ich hundert Jahre alt werde.
    b. *Por mucho que corras, no me alcanzarás* (DUE, II, 468).
So schnell du auch läufst, du wirst mich nicht einholen.
    c. *Por más que busqué, no pude encontrar la figurita de marfil* (C. J. CELA, *Mrs. Caldwell habla con su hijo*, 177).
Soviel ich auch suchte, ich konnte die kleine Elfenbeinfigur nicht finden.

1100. Nach *cual(es)quiera que* („wer auch immer", „was auch immer"), *dondequiera que* („wo auch immer"), *quien(es)quiera que* („wer auch immer") wird stets der *subjuntivo* gebraucht.

    a. *Los tiempos pasados, para don Eustoquio, cualesquiera que hayan sido, fueron mejores* (C. J. CELA, *Viaje a La Alcarria*, 159).
Für Don Eustoquio waren die vergangenen Zeiten, wie (schlecht) sie auch gewesen sein mögen, besser.
    b. *Dondequiera que uno se encuentre, de Belleville a Auteuil, no debe temer que le falte una mesa a la que sentarse* (L. BUÑUEL, *Mi último suspiro*, 45).
Wo man auch ist, von Belleville bis Auteuil, man braucht nie Angst zu haben, keinen Tisch zu finden, an den man sich setzen kann.

1101. Es kommt häufig vor, daß Konzessivsätze durch gar keine Konjunktion eingeleitet werden. Das Verb solcher Sätze steht immer im *subjuntivo*. Die folgenden Beispiele zeigen, daß die Konstruktion in verschiedenen Varianten vorkommt. Hier werden nur die gebräuchlichsten Möglichkeiten angeführt.

    a. Nur ein Verb im *subjuntivo*:
Se tratara de Filosofía, de Ciencias o de Derecho, estaba siempre dispuesto a examinarse (P. BAROJA, *Los últimos románticos*, 90).
Ob es nun um Philosophie, Naturwissenschaften oder Recht ging, er war immer bereit, Prüfungen abzulegen.

---

[121] Siehe *Esbozo*, 558. Die angeführten Konjunktionen sind jedoch weniger häufig als *aunque* (siehe dazu die von J. DE KOCK u. a. vorgelegten statistischen Daten – *o. c.*, 115, Fußnote 2).
[122] Zwischen *por, por más, por muy, por mucho, por poco* und *que* kann ein Adjektiv, ein Perfektpartizip, ein Adverb oder ein Substantiv stehen.

b. Ein Verb, das wiederholt wird, wobei zwischen den beiden Formen ein Relativpronomen steht[123]:

ATKINS. MARIE CLAIRE.

«*Sí, es una puerta, pero, ocurra lo que ocurra, no la abra jamás.*»
(*Antología del humor*, 255)
„Ja, das ist eine Tür. Aber was auch immer passiert, machen Sie sie nie auf."

c. *(que)* + Verb + *o no*:
Queramos o no, Barcelona ya es capital de muchas cosas (F. UMBRAL, *Diario de un español cansado*, 36).
Ob wir wollen oder nicht (oder: Ob es uns nun gefällt oder nicht), Barcelona ist bereits in vielerlei Hinsicht Hauptstadt.
Man könnte auch sagen: *que queramos o no ...*

d. *(que)* + Verb + *que no*:
Los lunes se discutía de fútbol con todo el que entrara por la puerta, que quisiera que no (C. MARTÍN GAITE, *El balneario*, 110).
Montags wurde mit jedem, der durch die Tür kam, über Fußball diskutiert, ob er wollte oder nicht.
Man könnte das erste *que* auch weglassen und sagen: *quisiera que no.*

Erwähnt sei hier auch die – allerdings nichtabhängig gebrauchte – Form *sea* („mir recht"), die dem französischen *soit* vergleichbar ist.

e. *Pues bien. Sea. Le espero esta noche a las diez* (S. LORÉN, *V. I. P.*, 309).
Nun gut. Einverstanden. Ich erwarte Sie heute abend um zehn Uhr.

Zur Zeit ist festzustellen, daß die Phrase *o sea* zu einer richtiggehenden sprachlichen Marotte geworden ist, zu einem Füllwort ohne jede Bedeutung, wie das folgende karikaturartige Beispiel zeigt:

f. *O sea, yo creo, o sea que sí, que cuando, o sea, o sea que ...* (A. M. VIGARA TAUSTE, *Morfosintaxis del español coloquial*, 252).
Also ich glaube, also ja, daß wenn, also, daß also ...

O sea [als Synonym zu *esto es* oder *es decir* („das heißt")] kann auch eine nähere Erläuterung einleiten und wird dann zwischen Kommata gesetzt.

---

[123] Man kann, wie im angeführten Beispiel, zwei Formen desselben Verbs finden, aber die *subjuntivos* können auch Formen verschiedener Verben sein wie in: *dígase lo que se quiera* (*Esbozo*, 559) – („man kann sagen, was man will").

1102. Restriktive Adverbialsätze

Der *subjuntivo* steht in Adverbialsätzen, die durch *a menos que* („es sei denn"), *a no ser que* („es sei denn"), *con tal (de) que*[124] („sofern", „vorausgesetzt"), *siempre que* („vorausgesetzt")[125], *sin que* („ohne, daß") eingeleitet werden[126].

    a. *¡Pero si no lo sabe nadie! A menos que tú vayas por ahí pregonándolo*
       (J. M. Gironella, *Ha estallado la paz*, 619).
       Aber das weiß doch niemand! Es sei denn, du erzählst es überall herum.
    b. *Consiéntele se case con quien quiera, siempre que sea un hombre decoroso*
       (J. A. De Zunzunegui, *El hijo hecho a contrata*, 103).
       Laß sie doch heiraten, wen sie will, vorausgesetzt, es ist ein anständiger Mann.
    c. *Tú hallarás el modo de hacerlo sin que se entere nadie* (J. Goytisolo, angeführt von S. Fernández Ramírez, *Gramática española*, 4., S. 354).
       Du wirst einen Weg finden, es zu tun, ohne daß jemand etwas merkt.

1103. Der *subjuntivo* steht auch in durch *que* eingeleiteten Konstruktionen des Typs *que yo sepa* („soviel ich weiß"), *que yo recuerde* („soweit ich mich erinnern kann") usw.

    a. *La autora no ha vuelto, que sepamos, a producir otras obras* (angeführt von N. Cartagena & H. M. Gauger, *Vergleichende Grammatik Spanisch-Deutsch*, I, 386).
       Unseres Wissens (Soweit wir informiert sind) hat die Autorin keine weiteren Werke verfaßt (Übersetzung der genannten Autoren).

In diesem Zusammenhang führt W. Beinhauer den in der Umgangssprache gebräuchlichen Ausdruck *que digamos* an, der ungefähr dasselbe bedeutet wie das Adverb *precisamente*.

    b. *No es muy blanda, que digamos* (W. Beinhauer, *El español coloquial*, 60).
       Sie ist nicht gerade (oder: besonders) freundlich.

Eine mögliche Variante für *que digamos* ist *que se diga*.

1104. In Sätzen mit der stereotypen Fügung */ ni + imperfecto de subjuntivo* (Form auf *-ra*) / ist das Hauptverb verloren gegangen, doch werden sie trotz ihres elliptischen Charakters von jedem spanischen Muttersprachler unmittelbar verstanden[127]. Dieser Ausdruck illustriert deutlich die Affinität zwischen konzessiven und konditionalen Adverbialsätzen, von der weiter oben (in Nr. 1098, 2) die Rede war.

    a. *Los hombres españoles son insufribles. ¡Ni que fueran pachás!* (C. J. Cela, *Los sueños vanos, los ángeles curiosos*, 240).
       Spanische Männer sind unausstehlich. Schlimmer als Paschas (d. h.: selbst wenn sie Paschas wären, könnten sie kaum anspruchsvoller sein).

---

[124] Elliptisch für *con tal condición (de) que*.
[125] *Siempre que* kann auch bedeuten: „immer wenn". Siehe dazu Nr. 1082.
[126] Vor allem bei *con tal (de) que, con tal condición (de) que* und *siempre que* ist der Unterschied zu Konditionalsätzen nicht immer deutlich, doch hat diese Feststellung keine große praktische Bedeutung.
[127] Siehe dazu: W. Beinhauer, *El español coloquial*, 186–187. Die Konstruktion findet sich nur in der gesprochenen Sprache.

       b. *Ni que fuera uno mudo* (W. BEINHAUER, *El español coloquial*, 187).
         Solange ich noch einen Mund habe, um zu reden! (kann ich so etwas nicht zulassen).

1105. Kausalsätze
Das Verb eines durch *porque* („weil") eingeleiteten Kausalsatzes[128] steht im *subjuntivo*, wenn der Konjunktion ein *no* vorausgeht oder wenn der Hauptsatz verneint ist. Sonst steht der *indicativo*.

       a. *Él se sentó, no porque ella se lo ordenase, sino porque tenía hambre*
         (J. A. DE ZUNZUNEGUI, *Los caminos de El Señor*, 140).
         Er setzte sich hin, nicht weil sie es ihm befahl, sondern weil er Hunger hatte.
       b. *No era solamente porque Dizzy sintiese la muerte del ser más querido del mundo* (A. MAUROIS, *Disraeli*, 180).
         Es war nicht nur, weil Dizzy um das, was er auf dieser Welt am meisten geliebt hatte, trauerte.

Aber:

       c. *La mató porque la odiaba* (F. MARSÁ, *Diccionario normativo*, 89).
         Er tötete sie, weil er sie haßte.

1106. Ein kausaler Nebensatz kann auch durch *no (es) que no ...* eingeleitet werden. Das Verb, das auf diesen Ausdruck folgt, steht im *subjuntivo*.

       a. *No es que no me parezca divertida la cosa, pero preferiría que fuera la risa a costa de otros* (S. LORÉN, *La rebotica*, 334).
         Nicht, daß ich das nicht lustig fände, aber ich würde es doch vorziehen, wenn wir über jemand anderen lachten.
       b. *Quedóse absorto nuestro joven. No que no hubiese tenido sus aventuras* (M. AUB, *Las buenas intenciones*, 13).
         Unser junger Mann ganz war mit seinen Gedanken beschäftigt. Nicht, daß er nicht auch seine Abenteuer gehabt hätte.

In durch *como* oder *como que* („da") eingeleiteten Kausalsätzen steht das Verb im *indicativo* oder im *condicional*, nie im *subjuntivo*[129]:

       c. *Como se hacía tarde, hemos empezado a comer sin ti* (DUE, II, 1497 – dort findet sich auch ein weiteres Beispiel mit dem Verb im Konditional).
         Da es schon spät wurde, haben wir ohne dich mit dem Essen begonnen.

Auch nach *como quiera que*, das mit derselben Bedeutung wie *como* und *como que* gebraucht wird, findet man zumeist einen *indicativo* oder ein *condicional*, doch folgt auf diesen Ausdruck im heutigen Spanisch bisweilen auch eine Form des *subjuntivo*[130].

---

[128] Zu *porque* mit der Bedeutung „damit" siehe Nr. 1086.
[129] Wenigstens im modernen Spanisch. In älteren Texten kann man hier manchmal auch einen *subjuntivo* finden (cf. DUE, II, 1497 – mit Beispiel).
[130] Siehe dazu: M. MOLINER (DUE, 1497 – mit Beispiel).

1107. *Schlußbemerkung*

Dieser Überblick über die Fälle, in denen im Spanischen der *subjuntivo* gebraucht wird, ist fragmentarisch. Es ist sehr wohl möglich, – sogar in einfachen Texten – Formen anzutreffen, für die man in der hier angeführten Beispielliste trotz ihres recht großen Umfangs keine Erklärung findet[131], ebenso wie man andererseits einen *indicativo* finden kann, wo eigentlich ein *subjuntivo* zu erwarten wäre. Eine Behandlung aller Detailfragen in diesem Zusammenhang hätte das Regelwerk zum Gebrauch des *subjuntivo* wohl nur noch chaotischer erscheinen lassen als es für den nichtspanischen Muttersprachler schon jetzt den Anschein haben mag. Im übrigen werden die angeführten Grundsätze und Regeln meist ausreichen, um verwandte oder ähnlich geartete Probleme richtig zu lösen.

Vielleicht ist es nützlich, noch einmal auf die folgenden wesentlichen Aspekte hinzuweisen:

A. Der *subjuntivo* kommt sowohl in der gesprochenen als auch in der geschriebenen Sprache sehr häufig vor[132], und es ist keine Ausnahme, wenn man in ein und demselben Satz verschiedene Formen antrifft, deren Gebrauch unterschiedlich begründet ist. Neben Beispielen dieser Art, die bereits weiter oben aufgeführt wurden, kann dies auch noch ein (relativ) kurzer Satz wie der folgende illustrieren, in dem eine Form im *indicativo* und drei im *subjuntivo* vorkommen:

> *Cuando yo elija un hombre para marido, prefiero que sea de ciudad y educado en la Universidad ..., no un patán del campo, por guapo y rico que sea*
> (J. A. DE ZUNZUNEGUI, *Una ricahembra*, 69).
> Wenn ich mir einen Mann zum Heiraten aussuche, sollte es einer aus der Stadt sein, mit Hochschulbildung ..., nicht so ein Bauer, und wenn er noch so gut aussieht und noch so reich ist.

B. Wichtig ist die BETRACHTUNGSWEISE, wie der Sprecher oder Schreiber das Geschehen sieht. Zu Recht merkt C. HERNÁNDEZ an, daß jeder *subjuntivo* – in selbständigen Sätzen ebenso wie in abhängigen – in Verbindung mit einem subjektiven Motiv des Autors gesehen werden muß[133]. Ob er die genannte Ge-

---

[131] Dies gilt vor allem für Sätze, die keine untergeordneten Gliedsätze sind. Es wurde bereits auf den möglichen Gebrauch der Form auf *-ra* des *imperfecto de subjuntivo* mit dem Wert eines *pluscuamperfecto de indicativo* hingewiesen (Nr. 1047 A). Man muß auch damit rechnen, in der emphatischen Umgangssprache Formen des *subjuntivo* anzutreffen, für die es keine „logische" Begründung zu geben scheint. M. MOLINER führt Beispiele an wie:
a. *Entiendo de eso tanto como pueda entender él* (DUE, II, 1467).
   Ich verstehe davon ebensoviel wie er.
   Normalerweise würde man hier die Form PUEDE gebrauchen.
b. *¡Pueda ser!* (DUE, II, 1467).
   Das ist durchaus möglich!
Die erste Konstruktion (*subjuntivo* in VERGLEICHENDEN Sätzen) wird als akzeptabel bezeichnet. Das zweite Beispiel betrachtet M. MOLINER als völlig inkorrekt. Das System steckt voller Möglichkeiten, die die gültige Norm nicht vorsieht ...

[132] Obwohl bestimmte [(einstweilen) etwas übertrieben erscheinende] jüngere Kommentare den Eindruck erwecken, daß (unter dem Einfluß des Englischen?) der Gebrauch des *subjuntivo* im heutigen Spanisch stark rückläufig sei. In diesem Sinne schreibt der Soziologe A. DE MIGUEL: *Se recorta el modo subjuntivo, que apenas puede expresarse en inglés y que va quedando en castellano como una reliquia* (*La perversión del lenguaje*, 193 – „Der *subjuntivo*, der sich im Englischen kaum wiedergeben läßt und der im Spanischen allmählich zu einem Relikt wird, wird zurückgedrängt"). Siehe auch den kürzlich in der angesehenen Tageszeitung *El País* (10.7.1999, 64) erschienenen Artikel von V. VERDÚ mit dem Titel „El subjuntivo", in dem vom „zunehmenden Verschwinden des *subjuntivo*" die Rede ist ...
Durch meine persönlichen Kontakte habe ich den Eindruck gewonnen, daß der Rückgang des *subjuntivo* möglicherweise auf den Kanarischen Inseln und in Lateinamerika stärker spürbar ist als auf der iberischen Halbinsel.

[133] *Sintaxis española*, 271.

gebenheit oder Handlung als Gewißheit oder eher als Eventualität oder Ungewißheit betrachtet, kann häufig ein entscheidender Faktor bei der Wahl zwischen *indicativo* (→ Gewißheit) und *subjuntivo* (→ Ungewißheit) sein[134]. Ein wichtiger syntaktischer Hinweis kann diesbezüglich die verneinte oder (in geringerem Maße) fragende Form des Hauptsatzes sein[135].

C. Es fällt auf, daß bei einer Reihe von Beispielen, wie sie oben angeführt wurden, der Gebrauch des *subjuntivo* im Nebensatz mit der Tatsache im Zusammenhang steht, daß die durch das Verb dieses Nebensatzes ausgedrückte Handlung oder Gegebenheit in bezug auf den Hauptsatz ZUKÜNFTIG, zumindest aber NOCH NICHT VOLLZOGEN BZW. EINGETRETEN ist. Dies ist besonders deutlich in Relativsätzen, wie sie in Nr. 1077 ff. angeführt wurden. Hier entdeckt man eigentlich wieder eine spezifische Variante des bereits häufiger genannten Gegensatzpaares Gewißheit ~ Eventualität.

In temporalen Nebensätzen wird die zeitliche Perspektive allerdings manchmal umgekehrt, doch auch hier dominiert (wenigstens in der Perspektive des Sprechers[136]) die „Gewißheit" im Hauptsatz. In einer Konstruktion wie *Preguntaremos por ella cuando lleguemos a Madrid* („Wir werden nach ihr fragen, wenn wir in Madrid ankommen"), wo die Handlung des Nebensatzes der des Hauptsatzes unmittelbar vorausgeht, wird die im Hauptsatz ausgedrückte Handlung vom Sprecher als GEWISS, die des Nebensatzes dagegen eher als HYPOTHETISCH empfunden. Dabei fällt die implizite Modalität einer (konditionalen) Abhängigkeit auf: / *fragen* (wenn wir) *ankommen* / (→ wir wissen nicht, ob wir ankommen werden, doch wenn wir ankommen, werden wir ganz gewiß nach ihr fragen).

Dies hindert französische Muttersprachler allerdings nicht daran, nach einem Wort wie *quand* („wenn") ein *futur simple* oder ein *futur antérieur* zu benutzen. Es wurde bereits darauf hingewiesen, daß dies im heutigen Spanisch nicht korrekt ist (Nr. 1082).

§ 3. IMPERATIV UND INFINITIV[137]

1108. Was den Gebrauch des *imperativo* betrifft, so sei auf die Nrn. 915–920 verwiesen[138].

Die Bedeutung des *infinitivo* im modernen Spanisch wird im weiteren in den Nrn. 1109–1180 ausführlich behandelt.

---

134 Ohne hierbei ein ABSOLUTER Maßstab zu sein. Schließlich stellen die Nebensätze in den folgenden Beispielen den Aussageinhalt eindeutig als GEWISS dar: *Me alegro (de) que hayas venido* („Ich freue mich, daß du gekommen bist"; *Aunque sea mi hijo, le castigaré* (das Beispiel wurde oben in Nr. 1098 c bereits angeführt und erläutert). Im ersten Fall ist der Gebrauch des *subjuntivo* dadurch bedingt, daß im Hauptsatz ein Verb steht, welches einen Gemütszustand (= subjektives Element) ausdrückt (*me alegro* ...).

135 Vielleicht verdient auch die folgende Überlegung – nicht ohne eine gewisse Vorsicht formuliert – einige Beachtung: Ist – vor allem, wenn es um zukünftige Handlungen oder Ereignisse geht – der Gebrauch des *subjuntivo* nicht möglicherweise mit der so charakteristischen jahrhundertealten Religiosität der überwiegenden Mehrheit der Spanier in Verbindung zu bringen? [→ Gott allein weiß, was in der Zukunft geschehen wird, der Mensch hat darüber keine Gewißheit. Ein Beispiel für diese Geisteshaltung ist die so häufige Redensart *si Dios quiere*, in einem Kontext wie: – *Pues, hasta mañana*. – *Si Dios quiere* („Also gut, bis morgen." „So Gott will"). Daß dieser Ausdruck aus der arabischen Phraseologie übernommen wurde, ist dabei nicht wichtig. Wesentlich ist, daß er über Jahrhunderte hinweg in der Sprache lebendig geblieben ist.]

136 Siehe in diesem Zusammenhang den oben unter B angeführten Kommentar von C. HERNÁNDEZ.

137 Ob der *infinitivo* als *modo* („Modus") zu betrachten ist oder nicht, ist von geringer praktischer Bedeutung. Siehe in diesem Zusammenhang: *Esbozo*, 253 und 260.

138 Siehe auch die Anmerkungen zum Gebrauch des *infinitivo* mit dem Wert eines *imperativo* in den Nrn. 1166–1180.

KAPITEL XII

DIE UNPERSÖNLICHEN FORMEN DES VERBS
LAS FORMAS NO PERSONALES DEL VERBO

1109. Unter dieser recht vagen und darüber hinaus mit einer Negation formulierten Überschrift behandelt der *Esbozo* den Gebrauch des Infinitivs, des *gerundio* und des Partizips[1]. Die Formulierung ist nicht nur vage, sie ist auch unvollständig. Die genannten Formen sind zwar unpersönlich, aber es gibt noch ein anderes gemeinsames Merkmal: sie enthalten kein tempusandeutendes Element. Man hat versucht, ihre wesentliche Funktion zu definieren, indem man sie als *sustantivo verbal*, *adverbio verbal* und *adjetivo verbal* bezeichnet hat[2].

Auf den ersten Blick geht es also um ganz verschiedene Formen. Tatsächlich aber stellt man fest, daß sie einige Funktionen gemein haben und daß häufig zwei der drei Formen (meist der Infinitiv und das *gerundio*), manchmal auch alle drei, „permutabel" sind[3]. Aus diesem Grunde erscheint die gemeinsame Behandlung von Infinitiv, *gerundio* und Perfektpartizip durchaus gerechtfertigt.

Der Leser wird feststellen, daß das Thema recht ausführlich behandelt wird. Der Grund dafür sind die vielen und vielfältigen Möglichkeiten, die diese Formen ihrer Bedeutung und Konstruktion nach bieten, sowie ihre (immer größere?) praktische Bedeutung, sowohl in der geschriebenen als auch in der gesprochenen Sprache[4].

ABSCHNITT I

DER INFINITIV
EL INFINITIVO

§ 1. DEFINITION

1110. Wie bereits erwähnt, wird der Infinitiv als *sustantivo verbal* betrachtet. Aus dieser Definition geht hervor, daß die Form in Funktionen verwendet werden kann, die für das Substantiv und das Verb charakteristisch sind. Nach den Worten der *Real Academia Española* hat der Infinitiv denselben Wert

---

[1] *Esbozo*, 483–499. Daß es gar nicht so einfach ist, eine passende und für jedermann akzeptable Überschrift zu finden, zeigt die große terminologische Vielfalt. Mehr darüber bei J. De Bruyne, *Enkele toelichtingen en bedenkingen bij de definitie van de infinitief door de 'Real Academia Española'* (Linguistica Antverpiensia, X, 1976, S. 47–69).

[2] *Esbozo*, 483. Siehe R. Seco, *Manual de gramática española*, 230; S. Gili y Gaya, *Curso superior de sintaxis española*, 185.

[3] Dies gilt u. a. für zahlreiche Konstruktionen, die den Wert eines (temporalen, konditionalen, modalen, kausalen, konzessiven) Adverbialsatzes haben. Auch in ein und demselben Satz können bestimmte Formen austauschbar sein. Zum Beispiel: – *Ahí está la clave. Iñigo lo ha dicho sin querer o queriendo: son demasiadas* (F. Umbral, *Salir en la tele*, in *Heraldo de Aragón*, 6.2.1976, 26 – „Das ist die Erklärung. Iñigo hat es mit oder ohne Absicht gesagt: es gibt zu viele"). Man könnte *sin querer* durch ein verneintes *gerundio* in einer Konstruktion wie *queriéndolo o no* ersetzen.

[4] Es ist verwunderlich, wie knapp der *Esbozo* und J. Alcina Franch & J. M. Blecua (*Gramática española*) dieses wichtige Kapitel abhandeln. Das erste Werk widmet ihm 17 Seiten (483–499), das zweite kaum 15 (740–754).

wie „das abstrakte Substantiv, das die Handlung des Verbs ausdrückt"[5]. Hierzu läßt sich sagen, daß die Ausdruckskraft eines substantivierten Infinitivs meist viel größer ist als die des entsprechenden „abstrakten Substantivs". Durch die Substantivierung erreicht man häufig eine Wirkung, die sich im Deutschen oder Französischen nicht auf dieselbe Weise wiedergeben läßt[6]; durch sie wird stärker die durch das Verb ausgedrückte HANDLUNG IN IHREM VERLAUF oder eine besondere Modalität dieser Handlung betont, und weniger ein abstrakter Begriff. Der *infinitivo* wird dann meist zu einer Art *nombre de acción*.

a. *Era trabajo duro que exigía un vivir alerta, sujeto a frecuentes desplazamientos* (J. A. DE ZUNZUNEGUI, *El hijo hecho a contrata*, 115).
Es war harte Arbeit, die ein Leben in ständiger Wachsamkeit erforderte und häufige Ortswechsel mit sich brachte.
Un vivir gibt den AKTIVEN, DYNAMISCHEN Charakter der Lebensweise, von der die Rede ist, viel besser wieder als dies mit *una vida* („ein Leben") der Fall wäre. Dieser durch die bewußte Entscheidung für eine bestimmte Wortform erzielte Effekt wäre im Deutschen nicht möglich (vgl. Fußnote 6).
b. *Me acostumbré a tu querer* (singt J. IGLESIAS in *Después de ti*).
Ich habe mich an deine Art zu lieben gewöhnt.
(tu) querer impliziert, daß eine bestimmte Person auf besondere Art und Weise liebt.
Ähnliches gilt für einen anderen Text von J. IGLESIAS, *Que nadie sepa mi sufrir* („Niemand soll etwas von meinem Kummer merken"), wo der Gebrauch des Infinitivs *(mi) sufrir* das Ausmaß und die Fortdauer des Kummers der betroffenen Person besser und lebendiger zum Ausdruck bringt als das mit dem Substantiv *(mi) sufrimiento* der Fall wäre.

A. Der Infinitiv als Substantiv

Es gibt zahlreiche deutliche Hinweise (morphosyntaktischer und funktionaler Art) auf den substantivischen Charakter des Infinitivs und die Möglichkeiten seiner Substantivierung.

1. Das Vorhandensein eines Artikels (männlich, bestimmt oder unbestimmt)

1111. Im Spanischen kann bei allen Infinitiven ein Artikel stehen. In Sprachen wie dem Deutschen oder Französischen, die auch die Substantivierung des Infinitivs kennen, ist dies seltener der Fall.

a. *No valía la pena perder el tiempo para cosa de tan leve importancia como era el comer* (M. DELIBES, *La sombra del ciprés es alargada*, 21).
Es hatte keinen Wert, Zeit für etwas so Unwichtiges wie Essen zu verlieren.
b. *¿No oyes un crepitar, como de leña seca?* (D. MEDIO, *Nosotros, los Rivero*, 320).
Hörst du nicht ein Knistern, wie von trockenem Holz?

---

[5] *Gramática de la lengua española*, 402. Zum Beispiel: *amar* („lieben") ~ *amor* („Liebe"); *jugar* („spielen") ~ *juego* („Spiel"); *vivir* („leben") ~ *vida* („Leben") ... In manchen Fällen gibt es kein derartiges „abstraktes Substantiv" [z. B. *dormir* („schlafen" → ø ~ *sueño* („Schlaf"); *querer* („lieben") → ø ~ *amor* („Liebe") ...].
[6] U. a. auch aufgrund der Tatsache, daß im Deutschen der Infinitiv und das Substantiv gleichlauten können. Zum Beispiel: „(das) Leben, leben" → *(la) vida ~ (el) vivir*; „(das) Bestehen, bestehen" → *(la) existencia ~ (el) existir* ...

2. Infinitiv + Adjektiv

1112. Beim substantivierten Infinitiv (mit oder ohne Artikel) kann ein *adjetivo* stehen. Dieses kann sowohl ein Adjektiv als auch ein adjektivisch gebrauchtes Pronomen sein, und es ist stets männlich. Wie bei anderen, „gewöhnlichen" Substantiven ist auch beim Infinitiv das Voranstellen des Adjektivs – mit derselben stilistischen Wirkung – möglich[7].

> a. *Por la ventana abierta entraba la vida, el ruido de los insectos en la noche, el gotear persistente de la lluvia* (E. QUIROGA, *Viento del Norte*, 171).
> Durch das offene Fenster drang das Leben herein, das Summen der Insekten in der Nacht, das ununterbrochene Tropfen des Regens.
>
> b. *La habitación de tía Mag corría parejas con su vivir* (D. MEDIO, *Nosotros, los Rivero*, 87).
> Tante Mags Zimmer war ein Abbild ihres Lebens.
>
> c. *Todo en ella engañaba: sus ojos, su risa, su andar* (G. CABRERA INFANTE, *O*, 71).
> Alles an ihr war betörend: ihre Augen, ihr Lachen, ihr Gang.

3. „Esto", „eso", „aquello" + „de" + substantivierter Infinitiv

1113. Der substantivierte Infinitiv kann auch in einer (vor allem in der Umgangssprache gebräuchlichen) Konstruktion des Typs / sächliche Form eines Demonstrativums + die Präposition *de* + Infinitiv / auftreten. Diese Fügung entspricht deutschen Ausdrücken wie „was (...) betrifft", „die Tatsache, daß ..."[8].

> *En eso del morir interviene más o menos la voluntad del interesado* (R. J. SENDER, *La mirada inmóvil*, 56).
> Was das Sterben angeht, so spielt der Wille des Beteiligten mehr oder weniger eine Rolle.

4. Permanente Substantivierung

1114. Bestimmte Infinitive haben ein Stadium erreicht, das die Grammatiker zuweilen als „permanente Substantivierung" bezeichnen[9]. Es verwundert daher auch nicht, daß sie eine Pluralform bilden können[10]. Die (auch in der Umgangssprache) am häufigsten gebrauchten Formen dieser Art sind:

> *andar* („gehen") → *el andar* („der Gang") → *los andares*
> *deber* („müssen", „schulden") → *el deber* („die Pflicht") → *los deberes* („die Pflichten", aber auch: „die Hausaufgaben").
> *ir* („gehen"), *venir* („kommen") → *el ir y venir* („das Hinundherlaufen", „das Kommen und Gehen") → *los ires y venires*[11]

---

7 Zum vorangestellten Adjektiv siehe Nr. 172.
8 Siehe dazu auch Nr. 364.
9 Cf. S. GILI Y GAYA, *Curso superior de sintaxis española*, 187. Der spanische Sprachwissenschaftler nennt: *pesares, haberes, deberes, andares, quereres, dares y tomares.* (Siehe auch: *Esbozo*, 483.) Die hier in dieser Grammatik abgedruckte Liste zeigt, daß es sehr viel mehr Möglichkeiten gibt.
10 Unter Umständen mit leicht veränderter Bedeutung. Siehe z. B. weiter unten den Hinweis zu *deberes*.
11 Ein anderer aus zwei Infinitiven gebildeter Ausdruck ist *los decires y haceres* (→ jemandes „Worte und Taten"). Siehe auch Fußnote 12.

> *placer* („gefallen") → *el placer* („das Vergnügen", „die Freude") → *los placeres* („die Vergnügungen", „die Freuden")
> *ser* („sein") → *el ser* („das Wesen")→ *los seres*

Man kann jedoch auch die Pluralform zahlreicher anderer Infinitive finden, so u. a.:

> *acontecer* („geschehen", „sich ereignen") → *aconteceres*
> *acostar, acostarse* („zu Bett bringen", „zu Bett gehen") → *acostares*
> *amanecer* („tagen", „Tag werden") → *amaneceres*
> *anochecer* („dunkel werden", „Nacht werden") → *anocheceres*
> *atardecer* („Nachmittag -, Abend werden") → *atardeceres*
> *dar* („geben"), *tomar* („nehmen") → *dares y tomares*[12]
> *decir* („sagen") → *decires* („Redensarten", „Gerede")
> *despertar* („wecken") → *despertares*
> *haber* (früher: „haben"[13]) → *haberes* („Vermögen", „Hab und Gut")
> *levantarse* („aufstehen") → *levantares*
> *parecer* [„(er)scheinen", „ähnlich sein"] → *pareceres* („Meinungen", „Ansichten")
> *pesar* („wiegen") → *pesares* („Kummer", „Verdruß")[14]
> *poder* („können") → *poderes* („Vollmacht", „Befugnis")
> *querer* („lieben") → *quereres* („Liebe", „Zuneigung")
> *saber* („wissen") → *saberes* („Wissen", „Können")
> *sentir* („fühlen", „empfinden") → *sentires* („Ansichten", „Meinungen") usw.[15]

> a. *Cuando nos vio se levantó y vino con andares poco seguros* (R. J. SENDER, *Siete domingos rojos*, 152).
> Als er uns sah, stand er auf und kam mit etwas unsicheren Schritten auf uns zu.
> b. *Siempre hay envidias, malos quereres, ya sabe usted* (C. J. CELA, *La colmena*, 151).
> Es gibt immer Mißgunst und Neid, das wissen Sie ja.
> c. *Pidió los pareceres de todos* (R. J. SENDER, *La aventura equinoccial de Lope de Aguirre*, 134).
> Er fragte jeden nach seiner Meinung.

Der substantivische Charakter dieser Infinitive wird ganz besonders deutlich in Sätzen wie den folgenden, in denen sie durch die Konjunktion *y* mit einem „echten" Substantiv verbunden werden:

> d. *Uno, aparte los saberes y prendas que adornan al padre Martín Descalzo, dispone de otras razones para estimarle* (M. DELIBES, *Vivir al día*, 73).
> Abgesehen vom Wissen und den großartigen Eigenschaften, die Pater Martín Descalzo auszeichnen, habe ich noch andere Gründe, ihn zu schätzen[16].
> e. *Otras gentes me echan risas y decires* (F. GARCÍA PAVÓN, *El último sábado*, 193).
> Andere Leute lachen und reden über mich.

---

[12] R. J. SLABY & R. GROSSMANN übersetzen *dares y tomares* mit „Geben und Nehmen" (*Wörterbuch der spanischen und deutschen Sprache in zwei Bänden*, 1, 381). Und in figürlicher Bedeutung: *andar en dares y tomares* = „streiten", „Worte wechseln".
[13] Zur früheren Bedeutung von *haber* (= „haben", „besitzen") siehe die Nrn. 1313–1314.
[14] *A pesar de los pesares* bedeutet: „trotz alledem".
[15] Diese Liste zeigt, daß der substantivierte Infinitiv manchmal eine Bedeutung hat, die sich von der des Verbs leicht unterscheidet.
[16] Zu der möglichen Übersetzung von *uno* mit „ich" siehe Nr. 433 ff.

5. Funktionen des Infinitivs

1115. Der Infinitiv (als Substantiv oder als Verb) kann dieselben Funktionen erfüllen wie das Substantiv. Er kann als Subjekt, nominaler Bestandteil des Prädikats, Dativ- oder Akkusativobjekt sowie als adverbiale Bestimmung gebraucht werden. Dies ist keine typisch spanische Erscheinung, sie findet sich vielmehr auch in anderen Sprachen. Siehe Beispiele wie

> *amar es perdonar* → lieben heißt verzeihen
> *debes trabajar* → du mußt arbeiten
> *he venido a verte* → ich bin gekommen, um dich zu sehen

Doch kann man für das Spanische feststellen, daß diese Funktionen hier häufiger von Wortgruppen oder sogar Sätzen (*oraciones*) erfüllt werden, die durch einen substantivierten Infinitiv eingeleitet werden.

> a. *Pero el repetir siempre la misma cosa, le producía la impresión de aquella paletada de tierra que no servía para nada* (D. Medio, *Nosotros, los Rivero*, 187).
> Aber die ständige Wiederholung derselben Tätigkeit ließ sie an jene Schaufel Erde denken, die zu nichts nütze war.
> *el repetir siempre la misma cosa* = Subjektsatz
> b. *Lo único que no puede llevar el viajero en la maleta al venir a Madrid es el billete de regreso* (I. Agustí, *El viudo Rius*, 92).
> Das einzige, was ein Reisender nicht in seinem Koffer haben darf, wenn er nach Madrid kommt, ist die Rückfahrkarte.
> *al venir a Madrid* = temporaler Nebensatz

6. Besonderheiten

1116. Abschließend sei noch eine Reihe von Besonderheiten angeführt, die die zahlreichen Möglichkeiten und die große Flexibilität des Systems deutlich machen und seinen doppelfunktionalen Charakter noch einmal unterstreichen[17]. Substantiviert werden können:

1117. Die reflexive Form des Infinitivs

> *El beber, el emborracharse es cosa de viejos* (M. Aub, *Campo del moro*, 31).
> Das Trinken, das Sichbetrinken ist etwas für alte Leute.

1118. Infinitive mit enklitischen Pronomen

> *Pagarás mis palabras. Pagarás mi mirarte* (D. Fernández Flórez, *Nuevos lances y picardías de Lola, espejo oscuro*, 72).
> Du wirst für meine Worte bezahlen. Du wirst dafür bezahlen, daß ich dich anschaue.

---

[17] Die in den Nrn. 1117–1123 angeführten Besonderheiten stehen ja in Beziehung zu Fügungen und Konstruktionen, die für das Verb typisch sind.

1119. Verneinte Infinitive

> *Al principio el mismo no saber francés me servía para disimular mi ignorancia en mecánica* (P. BAROJA, *Todo acaba bien ... a veces*, in O. C., , 1237).
> Zu Beginn half mir gerade die Tatsache, daß ich kein Französisch konnte, meine mangelnden Kenntnisse in Mechanik zu verbergen.

1120. Verneinter Infinitiv + enklitische(s) Pronomen

> *Tenía escritas don Fidel sobre la docena de obras de teatro, y el no estrenarlas no le producía el más ligero malhumor* (C. J. CELA, *El gallego y su cuadrilla*, 84).
> Don Fidel hatte etwa ein Dutzend Theaterstücke geschrieben, und die Tatsache, daß sie nicht zur Aufführung kamen, stimmte ihn nicht im geringsten mißgelaunt.

1121. Infinitivos perfectos[18]

> *Pero la principal causa de aquel haber reaccionado de Lorenzo era Lucía* (R. GÓMEZ DE LA SERNA, *La mujer de ámbar*, 46).
> Der wichtigste Grund dafür, daß Lorenzo so reagiert hatte, war jedoch Lucía.

1122. Passivische Konstruktionen

Es handelt sich dabei um Konstruktionen, in denen das Hilfsverb *ser* im Infinitiv steht.

> *Fue despedido de su puesto en la Cancillería al ser sorprendido orinando detrás de las cortinas* (I. ALLENDE, *Eva Luna*, 103).
> Er wurde aus seinem Amt im Außenministerium entlassen, als man ihn dabei überraschte, wie er hinter die Vorhänge urinierte.

1123. Frases verbales[19]

> *¿Quién les podría impedir el estar jugando sobre los montones de hojas secas?* (I. ALDECOA, *El fulgor y la sangre*, 94).
> Wer könnte sie daran hindern, auf dem trockenen Laubhaufen zu spielen?

B. Der Infinitiv als Verb

1124. Zum Infinitiv können, ebenso wie bei anderen Formen des Verbs, ein Dativ- und/oder Akkusativobjekt sowie adverbiale Bestimmungen treten. Er kann auch durch ein Adverb näher bestimmt wer-

---

[18] Der *infinitivo perfecto* wird mit *haber* + *participio pasado* gebildet. Von *hablar* lautet er somit: → *haber hablado*.
[19] Als *frases verbales* werden Konstruktionen bezeichnet, in denen auf ein Hilfsverb – oder ein als solches fungierendes Verb – ein Infinitiv, ein *gerundio* oder ein Partizip Perfekt folgt. Zum Beispiel: *hay que estudiar* („man muß lernen"), *estaba comiendo* („er war gerade beim Essen") usw. (S. GILI Y GAYA, *Curso superior de sintaxis española*, 105). Siehe auch weiter unten die Nrn. 1220–1224.

Der Infinitiv / El infinitivo 485

den. Dies wirft keine besonderen Probleme auf, durch die sich das Spanische von anderen Sprachen unterscheiden würde.

Typisch sind dagegen die Konstruktionen mit einem *substantivierten* Infinitiv, der die gerade genannten und *für das Verb typischen* Merkmale aufweist. Eine wörtliche Übersetzung wird in Fällen wie den folgenden fast immer unmöglich sein. Man wird sich mit Konstruktionen wie / beim + Infinitiv + Genitiv / helfen müssen oder den Infinitiv durch eine persönliche Form ersetzen.

1. Substantivierter Infinitiv mit eigenem Subjekt

1125. Man kann feststellen, daß das Subjekt in diesen Fällen hinter den Infinitiv gesetzt wird[20].

    a. *Al entrar yo, algunas damas se pusieron de pie* (R. DEL VALLE-INCLÁN, *Sonata de invierno*, 170).
    Als ich eintrat, (oder: Bei meinem Eintreten) erhoben sich einige Damen.

Auch bei nicht substantivierten Infinitiven kann das Subjekt ausgedrückt werden. Ebenso wie im zuvor genannten Fall steht es meist nach dem *infinitivo*[21].

    b. *Saltar él, asustado, y disparar yo fueron dos movimientos simultáneos* (M. DELIBES, *Aventuras, venturas y desventuras de un cazador a rabo*, 57).
    Sein erschrockener Sprung[22] und mein Schuß erfolgten im selben Augenblick.

2. Substantivierter Infinitiv mit einem Dativ- und/oder Akkusativobjekt

1126.

    a. *¡Qué naturalidad! Y lo mismo al saludar a Manolo* (J. M. GIRONELLA, *Ha estallado la paz*, 585).
    Was für eine Ungezwungenheit! Und dasselbe bei der Begrüßung Manolos.
    b. *Llegó alguno con retraso en el quitarse la boina* (I. ALDECOA, *Gran sol*, 98).
    Mancher zog sich die Mütze zu spät vom Kopf.
    ... *en el quitarse la boina.*

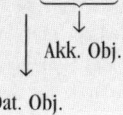

---

[20] Abgesehen von einigen Ausnahmefällen. Zum Beispiel: *El pelo le brillaba con unos brillos tan lozanos que daba por pensar que hubiera resucitado al él morir* (C. J. CELA, *La familia de Pascual Duarte*, 61 – „Sein Haar schimmerte so kräftig, daß man hätte denken können, er sei zu neuem Leben erwacht, als er starb").
[21] Cf. *Esbozo*, 486, Fußnote 2, und M. SECO [*Diccionario de dudas*, 231; der Kommentar dieses Autors – nach dessen Ansicht die Voranstellung des Subjekts selten (*raro*) ist – scheint angesichts der Situation im heutigen Spanisch vielleicht etwas zu strikt zu sein, wie die am Ende dieser Fußnote angeführten Fälle erkennen lassen]. In der Umgangssprache ist das Syntagma *sin yo saber* gleichwohl nicht unüblich (cf. *Esbozo*, 486, Fußnote 2). Zum Beispiel: *Se fijó en mí sin yo saber* (F. QUIÑONES, *Las mil noches de Hortensia Romero*, 241).
    Er starrte mich an, ohne daß ich es merkte.
Andere abweichende Beispiele finden sich bei G. CABRERA INFANTE, *O*, 119 (Präposition *para* + Subjekt + Infinitiv); F. FRANCO SALGADO-ARAUJO, *Mi vida junto a Franco*, 326 (Präposition *sin* + Subjekt + Infinitiv); S. GILI Y GAYA, *Curso superior de sintaxis española*, 189 (*por* + Subj. + Inf.); R. SÁNCHEZ FERLOSIO, *El Jarama*, 182 (*antes de* + Subj. + Inf.) ...
[22] Es geht um einen Fuchs in der Beschreibung einer Jagdszene.

3. Substantivierter Infinitiv mit einer adverbialen Bestimmung
1127.

> *Lo único que no puede llevar el viajero en la maleta al venir a Madrid es el billete de regreso* (I. AGUSTÍ, *El viudo Rius*, 92).
> Das einzige, was ein Reisender nicht in seinem Koffer haben darf, wenn er nach Madrid kommt, ist die Rückfahrkarte.
> (Das Beispiel wurde bereits in Nr. 1115 b angeführt.)

4. Infinitiv + Adverb

1128. Der substantivierte Infinitiv kann durch ein Adverb näher bestimmt werden. Eigentlich handelt es sich dabei um eine Variante des in Nr. 1127 behandelten Falls. Dennoch verdient diese Möglichkeit, separat behandelt zu werden, da man den Infinitiv (dann als Substantiv betrachtet) auch mit einem Adjektiv – anstelle eines Adverbs – verbinden kann. So hat man die Wahl zwischen

    a. *ese protestar constantemente*

           (Adverb bei einem Infinitiv, der als Verb betrachtet wird)
    und
    b. *ese protestar constante* (*Esbozo*, 485).

           (Adjektiv bei einem Infinitiv, der als Substantiv betrachtet wird)
    dieses ständige Protestieren

Es gibt allerdings einen Bedeutungsunterschied zwischen diesen beiden Konstruktionen. Das Adverb betont einen DYNAMISCHEN, das Adjektiv dagegen eher einen STATISCHEN Aspekt (→ Handlung, Vorgang, Entwicklung ~ Zustand, Wesensart, Unbeweglichkeit), und in manchen Fällen sind sie den Kategorien KONKRET ~ ABSTRAKT zuzuordnen (wie in Beispiel d)[23].

    c. *Contemplaba el desnudarse lentamente de los plátanos del jardín* (I. AGUSTÍ, *Mariona Rebull*, 135).
       Er beobachtete, wie die Platanen im Garten langsam ihr Blätterkleid ablegten.
       Auch *el lento desnudarse* (mit Adjektiv) wäre möglich. Der Unterschied zwischen den beiden Versionen läßt sich ungefähr durch den Gegensatz WAHRNEHMBAR ~ NICHT WAHRNEHMBAR darstellen[24].
    d. *No te entiendo una palabra – le dije.*
       Era ese juego suyo de siempre. Ese hablar cabalísticamente, como si las palabras corrieran, como pájaros, en medio de los árboles (J. ASENJO SEDANO, *Conversación sobre la guerra*, 111–112).
       „Ich verstehe kein Wort von dem, was du sagst", sagte ich.
       Es war sein übliches Spiel. Diese rätselhafte Ausdrucksweise, als ob die Wörter, gleich Vögeln, zwischen den Bäumen hindurchjagten.

---

[23] Dem *Esbozo* zufolge (der dabei auf den kolumbianischen Philologen R. J. CUERVO verweist) wird ein lebendiger Stil vorzugsweise die Konstruktion mit Adverb verwenden (S. 485–486).
[24] Im letzteren Fall handelt es sich um eine Entwicklung, die so langsam abläuft, daß man sie praktisch als ZUSTAND betrachten kann.

Das Adverb läßt die Ausdrucksweise viel LEBENDIGER erscheinen als dies mit dem Adjektiv *cabalístico* der Fall wäre, wobei die Ausdruckskraft der Konstruktion durch kontextuelle Elemente wie *juego, como pájaros* und *corrieran* (die einen spielerischen, lebhaften und dynamischen Aspekt zum Ausdruck bringen oder andeuten) noch verstärkt wird.

1129. Die vorangehenden Erläuterungen machen deutlich, daß der Infinitiv im Spanischen tatsächlich eine „hybride" Form ist[25]. Dieser Dualismus wird im übrigen durch Ausdrücke wie die folgenden bestätigt, die von der Konstruktion her zwei Möglichkeiten bieten, entweder mit einem stärker substantivischen oder mit einem stärker verbalen Wert:

a. *Al caer / de / la tarde*
   Das eigentliche Subjekt der Handlung – *la tarde* – steht als Genitivform bei dem Substantiv *(el) caer*.
b. *Al caer la tarde*
   La tarde steht als Subjekt direkt bei dem Verb *caer*.

In der Übersetzung könnte man den Unterschied durch die zwei Formulierungen „bei Anbruch der Dunkelheit" und „als die Dunkelheit anbrach" wiedergeben.

c. *Al caer de la tarde la andaluza viste su casa de limpio* (J. M. PEMÁN, Ensayos andaluces, 35).
   Bei Anbruch der Dunkelheit macht die andalusische Frau den Hausputz.
d. *Al caer la tarde se sentaban todos y hablaban de cosas hermosas y tranquilas* (A. CASONA, La dama del alba, 93).
   Als die Dunkelheit anbrach, setzten sich alle hin und sprachen von schönen und friedlichen Dingen.

Man kann jedoch nicht immer zwischen der einen und der anderen Konstruktion frei wählen. Wenn beim Infinitiv beispielsweise ein Adjektiv steht (= ein zusätzliches substantivierendes syntaktisches Element), ist die Konstruktion mit der Präposition *de* obligatorisch. So spricht P. NERUDA von *el prolongado correr de los años* (Confieso que he vivido, 84 – der lange Lauf der Jahre")[26].
Die Fügung *al + infinitivo* und Einzelheiten zum Tempus, das man in der deutschen Übersetzung findet, werden in Nr. 1132 behandelt.

1130. *Anmerkung*

Nichtsubstantivierte Infinitive werden (wie im Französischen) häufig durch die Präposition *de* mit einem vorausgehenden Substantiv oder Adjektiv verbunden[27].

a. *Tengo el honor de invitarle.*   Ich habe die Ehre, Sie einzuladen.
   (*J'ai l'honneur de vous inviter.*)

---

[25] Die Bedeutung ist im wesentlichen die eines Verbs, die syntaktischen Funktionen sind die eines Substantivs, die zugehörigen näheren Bestimmungen entsprechen denen, die man normalerweise bei einem Verb findet ... (cf. M. SECO, Diccionario de dudas, 231).
[26] Man könnte NICHT sagen: **El prolongado correr los años.*
[27] Einige wichtige Ausnahmen sind: *tener derecho a* [„das Recht haben zu" (oder: „,- auf") – im Unterschied zu dem unter c angeführten Beispiel wird *derecho* hier ohne bestimmten Artikel gebraucht], *una tendencia a* („eine Neigung zu"), *ser aficionado a* [„mit Begeisterung (etwas tun)"], *estar dispuesto a* („bereit sein zu"). Siehe auch: *Esbozo*, 484 d.

b. *No eres capaz de hacerlo.* Du bist nicht in der Lage, das zu tun.
   (*Tu n'es pas capable de le faire.*)
c. *Tendréis el derecho de despreciarlas* (M. Seco, *Diccionario de dudas*, 141).
   Ihr werdet das Recht haben, sie zu verachten.
   (*Vous aurez le droit de les mépriser.*)

§ 2. BESONDERE KONSTRUKTIONEN

1131. Die meisten der im folgenden angeführten Fügungen können als Hispanismen betrachtet werden. In der deutschen Übersetzung wird man häufig auf eine Paraphrase zurückgreifen müssen.

A. Konstruktionen mit dem Wert eines Nebensatzes

1. Gleichwertigkeit mit einem Adverbialsatz

1132. „Al" + Infinitiv
Diese Fügung hat den Wert eines Temporalsatzes, in dem der Infinitiv gewöhnlich[28] einen genau bestimmten Zeitpunkt bezeichnet. Darüber hinaus impliziert diese Konstruktion zumeist Gleichzeitigkeit (*simultaneidad*) der Handlungen, die durch den Infinitiv und das Hauptverb ausgedrückt werden. In manchen Fällen vollzieht sich die Handlung des Infinitivs *unmittelbar* vor derjenigen, die durch das Hauptverb bezeichnet wird (man spricht dann von *anterioridad inmediata*). Wie die meisten der im folgenden behandelten Konstruktionen bezeichnet *al + infinitivo* für sich allein kein bestimmtes Tempus: ob die durch sie ausgedrückte Handlung als vergangen, gegenwärtig oder zukünftig zu verstehen ist, muß aus der Form des Hauptverbs hervorgehen.

a. *Fidel Muñoz abre los ojos al oír algún disparo* (M. Aub, *Campo del moro*, 123–124).
   Fidel Muñoz öffnet die Augen, als er einen Schuß hört.
   ... *abre los ojos al oír algún disparo.*

   Gleichzeitigkeit

b. *El primero que tuvieron se murió al nacer* (S. Lorén, *Las cuatro vidas del doctor Cucalón*, 50).
   Ihr erstes (Kind) starb bei der Geburt.
   ... *se murió al nacer* → die Bedeutung ist: „unmittelbar nach der Geburt"

1133. Es scheint, daß bei der sehr großen Häufigkeit, mit der die hier behandelte Konstruktion im heutigen Spanisch vorkommt, eine Tendenz besteht, sie in Kontexten zu gebrauchen, in denen der *zeitliche* Aspekt verloren geht oder zumindest in den Hintergrund tritt. Dies zeigt sich besonders deutlich in Sätzen, in denen vor dem Infinitiv eine Negation steht: man kann ja schwerlich von *simultaneidad* oder *anterioridad inmediata* in bezug auf eine Handlung sprechen, die *nicht* stattgefunden hat. In den fol-

---

[28] *Gewöhnlich*, aber nicht immer. Siehe in diesem Zusammenhang den Hinweis in Nr. 1196, Fußnummer 83.

genden Beispielen vermischt sich der manchmal noch vorhandene *zeitliche* Aspekt mit semantischen Nuancen wie *Ursache*[29], *Bedingung*[30] oder *Art und Weise*.

    a. *La Sagrario, la Gitana y el Mamés se consideraron afortunados al poder cambiar su cueva por una de las casitas* (M. DELIBES, *Las ratas*, 61).
Sagrario, die Zigeunerin und Mamés schätzten sich glücklich, ihre Höhle gegen eines der Häuschen eintauschen zu können.

    b. *Al no conseguirlo se preguntan: ¿Para qué estamos en el mundo?*
(Conversaciones con Monseñor Escrivá de Balaguer, 158).
Wenn sie es nicht erreichen, fragen sie sich: „Wozu sind wir auf der Welt?"

    c. *¿No cree usted que al desnudarse pretenden....animarnos?* (S. LORÉN, *V. I. P.*, 221).
Glauben Sie nicht, daß sie uns dadurch, daß sie sich ausziehen, zu ... animieren versuchen?

Anmerkungen

1134. Man beachte die Fügung *estar + al + infinitivo*, die im Gegensatz zur zuvor genannten Konstruktion auch in nichtabhängigen Sätzen oder Hauptsätzen vorkommen kann. Sie drückt aus, daß die durch den Infinitiv bezeichnete Handlung unmittelbar bevorsteht.

    a. *Los exámenes estaban al caer* (J. M. GIRONELLA, *Los cipreses creen en Dios*, 176).
Die Prüfungen standen vor der Tür.

    b. *Ahora vámonos, que mi hermana está al regresar con su marido*
(G. CABRERA INFANTE, *La Habana para un infante difunto*, 609).
Laß uns jetzt gehen; meine Schwester kann jeden Augenblick mit ihrem Mann zurückkommen.

1135. Es ist klar, daß Ausdrücke wie *al parecer* und *al decir* nicht (oder nicht mehr) den Wert eines temporalen Nebensatzes haben. Es handelt sich dabei um feste Wendungen mit der Bedeutung „wie es scheint" (oder: „- schien"), „nach den Worten von".

    a. *El caso es que fueron al parecer dos individuos* (R. J. SENDER, *Siete domingos rojos*, 129).
Wie es scheint, waren es zwei Personen.

    b. *Al decir de su padre, iba a acabar muy mal* (C. J. CELA, *El gallego y su cuadrilla*, 93).
Seinem Vater zufolge würde es ein schlimmes Ende mit ihm nehmen.

1136. „Con" + Infinitiv
Meist hat die Fügung *con + infinitivo* den Wert eines konzessiven Nebensatzes und entspricht der Konstruktion / *aunque* + finite Verbform /.

---

[29] Mit diesem Wert findet sich / *al + infinitiv* / häufig in Lateinamerika (cf. C. KANY, *Sintaxis hispanoamericana*, 47–48 – mit Beispielen).

[30] Obwohl M. SECO den Gebrauch von / *al + infinitiv* / mit konditionaler Bedeutung als „nicht normal" bezeichnet (*Diccionario de dudas*, 4), kann man diese Ausdrucksweise im modernen Spanisch häufig antreffen. C. KANY weist darauf hin, daß sie in vielen Ländern Lateinamerikas gebräuchlich sei, vor allem in der gesprochenen Sprache (*Sintaxis hispanoamericana*, 45–47 – mit zahlreichen Beispielen).

a. *Quiero dar a entender con esto que el hecho de querer ser escritor, con ser importante, no lo es todo* (M. DELIBES, *Vivir al día*, 150).
Hiermit will ich sagen, daß der Wille, Schriftsteller zu werden, obgleich er wichtig ist, allein nicht ausreicht.
Man könnte *con ser importante* durch *aunque es importante* ersetzen.
b. *¡No me han arruinado las mujeres, con haberlas amado tanto!* (R. DEL VALLE-INCLÁN, *Luces de bohemia*, 134).
Die Frauen haben mich nicht ruiniert, obgleich ich sie so sehr geliebt habe.

In Nebensätzen mit derselben Bedeutung kann man auch die Ausdrücke *a pesar de, pese a, sin embargo de* (= weniger gebräuchlich) und *no obstante*[31] finden:

c. *Había grupos en el 'hall', a pesar de ser las dos de la mañana* (J. A. DE ZUNZUNEGUI, *El hijo hecho a contrata*, 314).
Es saßen Gruppen von Leuten in der Eingangshalle, obwohl es zwei Uhr morgens war.
d. *Pese a tener la edad de João Meninho, João Grande parecía llevarle varios años* (M. VARGAS LLOSA, *La guerra del fin del mundo*, 37).
Obwohl er genauso alt war wie João Meninho, schien João Grande einige Jahre älter zu sein.

1137. *Con + infinitivo* kann auch modale Bedeutung haben.

a. *Ángel me decía: „Come; con no comer no arreglas nada"* (M. DELIBES, *Cinco horas con Mario*, 18).
Angel sagte zu mir: „Du mußt essen; dadurch, daß du nichts ißt, löst du nichts."

Wenn zu dem modalen Wert noch ein *zeitliches* Element hinzutritt, bekommt die Fügung *con + infinitivo* eine einschränkende Bedeutung. Im einem Satz wie dem folgenden bringt sie in etwa zum Ausdruck: „es reicht aus, daß", „man muß lediglich":

b. *Con dar la vuelta a la esquina, verá usted la zapatería* (P. BAROJA, ohne Bezug angeführt von J. COSTE & A. REDONDO, *Syntaxe de l'espagnol moderne*, 476).
Wenn Sie um die Ecke biegen, sehen sie das Schuhgeschäft schon.

In diesen Konstruktionen kann *con sólo* (oder, seltener, *sólo con* oder nur *sólo*) als verstärkendes Element gebraucht werden:

c. *Desde el primer momento, con sólo ver el aspecto de la habitación, se había sentido un extraño* (J. M. GIRONELLA, *Los cipreses creen en Dios*, 217).
Vom ersten Augenblick an, schon beim Anblick des Zimmers, hatte er sich fremd gefühlt.

---

31 Ohne die Präposition *de*. M. SECO weist darauf hin, daß man bisweilen die (inkorrekte) Form *no obstante de* (und auch: *no obstante a*) antreffe (*Diccionario de dudas*, 275).

1138. „A" oder „de" + Infinitiv
Wenn auf die Präpositionen *a* oder *de* ein Infinitiv folgt, hat die Konstruktion den Wert eines konditionales Nebensatzes. Dies ist eine einfache Möglichkeit, den Gebrauch von *si* und die manchmal mit ihm einhergehenden Schwierigkeiten bei der Wahl des Tempus und Modus des Verbs zu vermeiden.
Dabei ist anzumerken, daß die Konstruktion mit *de* im heutigen Spanisch viel gebräuchlicher ist als die mit a^{32}.

    a. *A ser cierta la noticia, el gobierno tomará medidas urgentes* (*Esbozo*, 487).
       Wenn die Meldung zutrifft, wird die Regierung Notmaßnahmen ergreifen.
       Man könnte auch sagen: *si es cierta la noticia ...* (oder: *de ser cierta ...*).
    b. *Hubiera llegado a meterle en un puño a no haberse muerto* (P. Baroja, *Los últimos románticos*, 33).
       Sie hätte ihn schließlich an die Kandare gebracht, wenn sie nicht gestorben wäre.
       Anstelle von *a no haberse muerto* könnte man sagen: *si no se hubiera* (oder: *hubiese) muerto* (oder: *de no haberse muerto*).
    c. *De no ser así prefiero que no me conteste* (C. J. Cela, *Pabellón de reposo*, 99).
       Wenn dem nicht so ist, ziehe ich es vor, keine Antwort von Ihnen zu bekommen.
       De no ser así = si no es así [oder (seltener): *a no ser así*].
    d. *De no temer lo que pensaron los camaradas, se hubiera escondido detrás de una roca hasta que la batalla terminara* (J. M. Gironella, *Un millón de muertos*, 543).
       Wenn er nicht Angst davor gehabt hätte, was seine Kameraden sagen würden, hätte er sich bis zum Ende der Schlacht hinter einem Felsen versteckt.
       Die Form *temer* hat hier strenggenommen den Wert eines *infinitivo perfecto*: *haber temido*[33]. Man könnte die Konstruktion *de no temer* durch *si no hubiera* (oder: *hubiese) temido* ersetzen.

1139. Die Präposition *de*, gefolgt von einem Infinitiv, kann auch eine kausale Nuance ausdrücken.

    a. *Pues, eso, a la cama, a descansar de no hacer nada, como yo digo* (M. Delibes, *Cinco horas con Mario*, 249).
       Gut, also ins Bett, zur Erholung vom Nichtstun, sage ich dann immer.
    b. *Enfermó de cavilar* (DUE, II, 1468).
       Das Grübeln machte ihn krank.

---

[32] Nach C. Kany kommt in Konditionalsätzen */ de + infinitivo /* in Spanien dreimal und in Lateinamerika fünfmal häufiger vor als */ a + infinitivo /* (dem man im alten Spanisch den Vorzug gab – cf. *Sintaxis hispanoamericana*, 419–420). Nach M. Seco findet man */ a + infinitivo /* vor allem in einigen feststehenden Ausdrücken wie *a no ser por mí* („wenn ich nicht gewesen wäre"), *a decir verdad* („um die Wahrheit zu sagen"), *a juzgar por lo que dicen* („ihren Worten nach zu urteilen") – *Diccionario de dudas*, 4. Dem kann man vielleicht noch *a ser posible* („falls möglich") hinzufügen. Diesen Ausdruck konnte ich u. a. bei F. Umbral (*Los amores diurnos*, 133), S. Lorén (*V. I. P.*, 156) und M. Vázquez Montalbán (*La cocina catalana*, 25) finden. M. Moliner merkt an, daß man – in der Umgangssprache – *de* durch *a* ersetzen könne, wenn der Infinitiv eine Möglichkeit ausdrückt oder sich auf eine nichtzukünftige Zeit bezieht (DUE, II, 1468). Die von J. Coste & A. Redondo angeführte Erklärung, derzufolge *de* vor allem in bejahten und *a* in verneinten Sätzen vorkomme, erscheint wenig überzeugend. Die Autoren begründen ihre These nicht und führen selbst Gegenbeispiele an (*Syntaxe de l'espagnol moderne*, 476).

[33] Diese Erscheinung findet sich im Spanischen häufig. Man trifft regelmäßig Formulierungen wie *después de comer* u. dgl. mit der Bedeutung von *después de haber comido* [„nachdem ich (du, er ...) gegessen hatte (oder: habe)"]. Siehe auch die Nrn. 1149 und 1248.

De kann in derlei Sätzen manchmal durch *sólo* und *tanto* verstärkt werden:

   c. *Me reía de sólo pensarlo* (J. L. CASTILLO PUCHE, *Con la muerte al hombro*, 132).
   Ich mußte schon lachen, wenn ich nur daran dachte.
   d. *Ha enfermado de tanto estudiar* (DUE, II, 1468).
   Von dem vielen Lernen ist er krank geworden.

1140. *A* + infinitivo hat nicht notwendigerweise konditionale Bedeutung. Der Ausdruck *a no dudarlo* entspricht beispielsweise dem deutschen „zweifellos". Die Konstruktionen / *a* + *todo* + *infinitivo* / und / *a* + *más* (+ *no*) + *infinitivo* / haben einen modalen und superlativierenden Wert in Fügungen wie *a todo correr* („eiligst"), *a todo gritar* („laut schreiend"), *a todo meter* („mit ganzer Kraft"), *a más tardar* („spätestens") ...

   a. *Es que estamos a todo meter ... ¡Figúrate qué redada!* (A. M. DE LERA, *Las últimas banderas*, 313).
   Wir sind vollauf beschäftigt ... Das wird ein Fang werden!
   b. *La besa a más no poder* (M. AUB, *Campo del moro*, 71).
   Er küßt sie wie verrückt.

1141. „En" + Infinitiv
Diese, allerdings nicht sehr gebräuchliche[34] Konstruktion hat einen temporalen oder modalen Wert. Beide Bedeutungen können sich auch vermischen wie in Beispiel b.

   a. *... y en verlas llegar huía* (DUE, II, 1468).
   ... und als er sie kommen sah, floh er.
   Man könnte hier auch sagen: *... al verlas llegar ...*
   b. *Entre las gentes hay, quizás, algún niño pálido que goza en ver como el perro no acaba de morir* (C. J. CELA, *La colmena*, 284).
   Unter den Leuten ist vielleicht irgendein blasser Junge, der sich daran weidet, daß der Todeskampf des Hundes sich endlos hinzieht.
   ... en ver ... hat hier dieselbe Bedeutung wie *... al ver ...*

1142. „Nada más" (Varianten: „sólo", „no más") + Infinitiv
Im heutigen Spanisch sind – hauptsächlich in der gesprochenen Sprache – die Konstruktionen / *nada más* + *infinitivo* / und / *sólo* + *infinitivo* / sehr häufig. Mit derselben Bedeutung wird gegenwärtig auch – vor allem in Lateinamerika – / *no más* (oder: *nomás*) + *infinitivo* / oder / *al* + *no más* (oder: *nomás*) + *infinitivo* / gebraucht[35]. Diese Fügungen haben den Wert eines temporalen Nebensatzes, der durch Ausdrücke wie *en seguida, en cuanto, apenas* („gleich nach", „kaum") eingeleitet wird und in dem die durch den Infinitiv ausgedrückte Handlung unmittelbar vor der des Hauptverbs stattfindet (→ *anterioridad inmediata*).

   a. *Doña Matilde y doña Asunción se reúnen todas las tardes, nada más comer, en una lechería de la calle de Fuencarral* (C. J. CELA, *La colmena*, 121).
   Doña Matilde und Doña Asunción treffen sich jeden Nachmittag, gleich nach dem Essen, in einem Milchgeschäft in der Fuencarralstraße.

---

[34] Siehe dazu: DUE, II, 1468.
[35] Siehe dazu: M. SECO, *Diccionario de dudas*, 269–270, und C. KANY, *Sintaxis hispanoamericana*, 370–371.

b. *Chica, estás hecha un brazo de mar – le dijo Bea sólo entrar*
   (J. A. DE ZUNZUNEGUI, *Ramón o la vida baldía*, 151).
   „Mädchen, du siehst ja toll aus", sagte Bea, kaum daß sie eingetreten war.
c. *Al no más llegar a la tumba se inclinó* (C. KANY, *Sintaxis hispanoamericana*,
   Sobald er das Grab erreichte, verbeugte er sich.

1143. „Por" + Infinitiv
Die Fügung / *por* + *infinitivo* / kann für einen kausalen Nebensatz stehen.

> *Un día el reuma te roerá los huesos por vivir bajo tierra* (M. DELIBES, *Las ratas*, 109).
> Eines Tages wird dir das Rheuma in die Knochen fahren, weil du unter der Erde lebst.

Anmerkungen

1144. Manchmal drückt *por* + *infinitivo* zugleich eine kausale und eine finale Nuance aus.

> *(Metí el periódico en la chaqueta.) Para leerlo en el viaje, me dije mentalmente, por justificarme a mí mismo el gesto* (F. UMBRAL, *Las ninfas*, 246–247).
> (Ich steckte mir die Zeitung in die Jacke.) Damit ich sie während der Reise lesen kann, dachte ich bei mir, um mein Handeln vor mir selbst zu rechtfertigen.

1145. In Nr. 810 wurde bereits darauf hingewiesen, daß *ser* und *estar* („sein") nach einem kausalen *por* zuweilen weggelassen werden.

1146. Solch eine Ellipse findet man ebenfalls in der stereotypen Fügung / *no por* + Adjektiv (...) *menos* + Adjektiv /, die zum Ausdruck bringt, daß die durch die zwei Adjektive bezeichneten Eigenschaften sich nicht gegenseitig ausschließen.

> *La metáfora, no por repetida es menos cierta. Los árboles no dejan ver el bosque*
> (F. DÍAZ-PLAJA, *El español y los siete pecados capitales*, 11).
> Die Metapher ist nicht weniger wahr, nur weil sie so oft wiederholt wird. Man sieht den Wald vor lauter Bäumen nicht.
> Gemeint ist: *La metáfora, no por SER repetida* ...

1147. Die Konstruktion *por* + *infinitivo* wird weiter unten in Nr. 1159 behandelt. Von der Fügung / *estar por* + *infinitivo* /, die eine Handlung oder ein Ereignis als unmittelbar bevorstehend ausweist, war in Nr. 825 die Rede.

1148. Präpositionale und adverbiale temporale Ausdrücke + Infinitiv
Auf präpositionale und adverbiale temporale Ausdrücke wie *a poco de* [manchmal auch: *al poco de* („kurz nachdem")], *antes de* („bevor"), *después de* („nachdem"), *en seguida de* („unmittelbar nach"), *inmediatamente de* („unmittelbar nach"), *luego de* („nachdem") ... kann ein Infinitiv folgen. Auch auf Konstruktionen mit einem Substantiv, die für sich allein bereits den Wert einer adverbialen Bestimmung der Zeit haben [wie z. B. *al día siguiente* („am folgenden Tag"), *el primer día* („am ersten Tag")], kann die Präposition *de* + ein Infinitiv folgen. Besonders zu erwähnen ist in diesem Zusammenhang auch der Hispanismus / *a* + Temporalbestimmung + *de* + *infinitivo* / [36].

---

[36] Siehe dazu auch schon Nr. 721.

a. *Inmediatamente de leer esto se me ocurrió la idea* (P. Baroja, *Paradox Rey*, 18).
   Der Gedanke kam mir, gleich nachdem ich dies gelesen hatte.
b. *El dinero lo ingresé en tu cuenta corriente al día siguiente de recibir tu carta*
   (J. A. De Zunzunegui, *Beatriz o la vida apasionada*, 19).
   Das Geld habe ich, einen Tag nachdem ich deinen Brief erhalten hatte, auf dein Girokonto überwiesen.
c. *Roncaba a los cinco minutos de tumbarse en la cama* (M. Delibes, *La sombra del ciprés es alargada*, 61).
   Fünf Minuten nachdem er sich hingelegt hatte, schnarchte er.
d. *Se casó con Julio días antes de cumplir los diecisiete años, a poco de volver él de Barcelona* (A. M. De Lera, *Las últimas banderas*, 110).
   Sie heiratete Julio einige Tage vor ihrem siebzehnten Geburtstag, kurz nachdem er aus Barcelona zurückgekehrt war.

Man kann sogar mehrere temporale Ausdrücke vor einem Infinitiv antreffen, was etwas kompliziertere, für deutsche Muttersprachler ungewohnte Konstruktionen zur Folge hat:

e. *El marido había muerto en un sanatorio después de algún tiempo de no trabajar* (S. Lorén, *El baile de Pan*, 205).
   Der Ehemann war in einem Sanatorium gestorben, nachdem er (schon) einige Zeit nicht gearbeitet hatte.

Anmerkung

1149. Im Spanischen wird häufig die einfache Form des *infinitivo* mit dem Wert eines *infinitivo perfecto* gebraucht. Diese Konstruktion findet sich besonders häufig nach *después de*.

a. *Salí a la calle después de comer unas costillas asadas* (J. L. Castillo Puche, *El vengador*, 85).
   Ich ging aus dem Haus, nachdem ich ein paar gebratene Rippchen gegessen hatte.
   ... *después de comer* = *después de haber comido*.
b. Siehe auch das in Nr. 1138 d angeführte Beispiel.

1150. Präpositionale und adverbiale Ausdrücke mit „además de", „aparte" oder „sobre" + Infinitiv
Vor einem Infinitiv hat *sobre* dieselbe Bedeutung wie der präpositionale Ausdruck *además de* („außer", „neben"), auf den im übrigen auch ein *infinitivo* folgen kann. Mit der einschränkenden Bedeutung von „außer" kann man auch / *aparte* + *infinitivo* / finden[37].

a. *Organizaron funeral y misas, además de dirigir por turno el rezo de los rosarios, en casa de Benigno, los días subsiguientes* (S. Lorén, *El baile de Pan*, 122).
   Abgesehen davon, daß sie in den folgenden Tagen abwechselnd das Beten des Rosenkranzes in Benignos Haus leiteten, organisierten sie auch das Begräbnis und die Messen.

---

[37] Die Hälfte meiner Informanten (9) erklärte, daß man / *sobre de* + *infinito* / nur (und im übrigen nicht sehr häufig) in der Schriftsprache antreffen könne. Bar, Car, Lap, Mar, Rab, Rod, Var und Zor halten *sobre de* nicht für korrekt. Bos würde die Konstruktion persönlich nicht gebrauchen, findet sie aber grundsätzlich nicht störend [→ *no disuena demasiado* („sie klingt nicht allzu falsch")]. Nach Her kommt sie in Kastilien nicht vor.

b. *Aparte mover el estiércol, nadie tenía entonces nada que hacer en el campo* (M. DELIBES, *Las ratas*, 53).
   Abgesehen vom Mistfahren hatte damals niemand auf dem Land etwas zu tun.
c. *Se necesita, sobre ser torero, ser un gran actor* (C. J. CELA, *Toreo de salón*, 55–56).
   Neben einem Torero muß man auch ein großer Schauspieler sein.

2. Gleichwertigkeit mit einem Attributsatz, einem Adjektiv oder einem Perfektpartizip

1151. „A medio" + Infinitiv
Diese häufig gebrauchte Fügung drückt aus, daß eine Handlung nur halb (oder, in übertragener Bedeutung, unvollkommen) ausgeführt wurde. Sie hat den Wert eines durch das Relativum *que* eingeleiteten Nebensatzes oder eines *participio pasado*, gefolgt von *a medias* („halb"). *A medio* kann auch vor einem reflexiven Infinitiv stehen. In der deutschen Übersetzung wird man den *infinitivo* zumeist durch ein Partizip Perfekt wiedergeben. Manchmal hat der Infinitiv eine deutlich passivische Bedeutung.

a. *Al observar el vasito de vodka que Santiago tenía a medio consumir, le comentó: ...* (F. VIZCAÍNO CASAS, *... y al tercer año, resucitó*, 27).
   Als sein Blick auf das Glas Wodka fiel, das Santiago halb geleert hatte, sagte er zu ihm: ...
   a medio consumir = que había consumido a medias.
b. *Pidió permiso para acabar de servir a los clientes a medio enjabonar y luego salió a la calle* (S. LORÉN, *Las cuatro vidas del doctor Cucalón*, 32).
   Er bat um Erlaubnis, die halbeingeseiften Kunden fertigbedienen zu dürfen, und dann ging er auf die Straße hinaus.
c. *Jeannine estaba ante la puerta abierta, a medio arreglarse* (I. AGUSTÍ, *Desiderio*, 104).
   Jeannine stand halbangezogen vor der offenen Tür.

1152. „Sin" + Infinitiv
Vor allem in der Umgangssprache kommt auch die Fügung / *sin* + *infinitivo* / häufig vor. Sie hat die Funktion eines Adjektivs und drückt aus, daß eine Handlung (noch) nicht vollzogen ist. Diese Konstruktionen haben meist passivische Bedeutung[38]. Im Deutschen wird man sie gewöhnlich durch eine Formulierung mit einem Perfektpartizip wiedergeben[39].

a. *Déjame decirte que le encontré sin afeitar, cosa rarísima en él* (M. AUB, *Campo del moro*, 233).
   Laß mich dir sagen, daß ich ihn unrasiert angetroffen habe, was bei ihm äußerst selten vorkommt.

---

[38] Cf. W. BEINHAUER, *El español coloquial*, 274, Fußnote 174.
[39] Dabei ist jedoch darauf hinzuweisen, daß man in der Übersetzung nicht immer ein Partizip finden wird, das vom Stamm des jeweiligen Verbs abgeleitet ist. Zum Beispiel:
El sol primero llenó de luz unos cuerpos, algunos todavía sin morir (E. ROMERO, *La paz empieza nunca*, 9).
Die ersten Sonnenstrahlen beleuchteten einige Körper; manche waren noch nicht tot.

b. *La escalera sigue sucia y pobre, los cristales de las ventanas, sin lavar* (A. BUERO VALLEJO, *Historia de una escalera*, 29).
Die Treppe ist noch immer schmutzig und schäbig, die Fensterscheiben sind noch immer ungeputzt.

1153. *Sin* braucht nicht wiederholt zu werden, wenn mehrere Infinitive auf diese Präposition folgen.

Fue a ponérselo y estaba sin planchar y cepillar (J. A. DE ZUNZUNEGUI, *El hijo hecho a contrata*, 106).
Er ging los, um ihn (= den Anzug) anziehen, und fand ihn ungebügelt und ungebürstet.

Anmerkungen

1154. In den folgenden Fällen hat / *sin* + *infinitivo* / keinen adjektivischen, sondern einen verbalen Wert.

1155. / *Sin* + *infinitivo* / findet sich in der Umgangssprache mit der Bedeutung eines verneinten Imperativs (sowohl im Singular als auch im Plural und in der Höflichkeitsform).

a. – *¿A quién vas a agarrar tú, idiota?*
– *Sin insultar* (S. LORÉN, *El baile de Pan*, 131).
„Pack mich nicht an, Idiot!" „Keine Beleidigung."
Sin insultar = no (me) insultes.
b. *¡Pero, hombre, señor director, sin empujar!* (C. J. CELA, *Los sueños vanos, los ángeles curiosos*, 244).
Aber, aber, Herr Direktor, schieben Sie doch nicht so!
Sin empujar = no empuje usted.

1156. Oft findet man die Fügung / *sin* + *infinito* / in nichtabhängigen oder nebengeordneten elliptischen Sätzen mit mehr oder weniger deutlich affektiver Bedeutung, in denen der Infinitiv das finite Verb ersetzt.

a. *Y Carmina sin venir* (A. BUERO VALLEJO, *Historia de una escalera*, 25).
Und von Carmina ist nichts zu sehen.
In einem solchen Satz kann je nach Kontext eine gewisse Ungeduld, Unruhe, Empörung u. dgl. mitschwingen.
b. *Durante la guerra don Juan entró en España bajo el nombre de Juan López y yo sin enterarme* (J. M. GIRONELLA, *Ha estallado la paz*, 505).
Während des Krieges kam Don Juan unter dem Namen Juan López nach Spanien. Und das, ohne daß ich etwas davon gewußt hätte.

1157. / *Sin* + *infinitivo* / kann natürlich auch die wörtliche Wiedergabe des deutschen / „ohne zu" + Infinitiv / sein.

a. *Trabaja sin cesar* (*Esbozo*, 443).
Er arbeitet ohne aufzuhören.

/ Sin + infinitivo / hat allerdings mehr Anwendungsmöglichkeiten als das angeführte deutsche Äquivalent. Man kann die Konstruktion in Fällen antreffen, in denen sie im Deutschen durch einen adverbialen Nebensatz wiedergegeben werden muß:

> b. *Se tumbaban en cualquier parte, sin importarles mucho que* ... (A. Roa Bastos, *El trueno entre las hojas*, 230).
> Sie legten sich irgendwo hin, ohne daß es ihnen viel ausgemacht hätte, daß ...

1158. Der adverbiale Ausdruck *sin querer* bedeutet „unwillkürlich" oder „unabsichtlich".

> *El gobernador miró sin querer el retrato de su mujer* (J. M. Gironella, *Ha estallado la paz*, 625).
> Der Gouverneur blickte unwillkürlich auf das Portrait seiner Frau.

1159. „Por" + Infinitiv
Neben den bereits in den Nrn. 1143–1146 angeführten Bedeutungen kann */ por + infinitivo /* ebenfalls eine Handlung ausdrücken, die (noch) nicht vollzogen ist. Die Bedeutung ist somit vergleichbar mit der von */ sin + infinitivo /*, die in Nr. 1152 behandelt wurde[40].

> a. *Puede decirse que está todo por decir; mejor, que está todo por pensar* (J. Ortega y Gasset, *Estudios sobre el amor*, 33).
> Man kann sagen, daß alles noch gesagt werden muß; oder besser, daß alles noch gedacht werden muß.
> b. *Fechas conmemoradas o por conmemorar* lautet der Titel eines Artikels von J. Gallego (in *Ínsula*, Nrn. 428–429, 19).
> Gedenktage von einst und für die Zukunft.

Anmerkung

1160. Obgleich in vielen Grammatiken und Lehrbüchern die Konstruktion */ a + infinitivo /* (mit demselben Wert wie */ por + infinitivo /*) noch als Gallizismus abgelehnt wird[41], kommt diese Fügung im heutigen Spanisch sowohl in der gesprochenen als auch in der geschriebenen Sprache (auch bei den besten Autoren) so häufig vor, daß sie nicht länger als inkorrekt betrachtet werden kann[42].

> a. *Hay dos aspectos a considerar* (M. Delibes, *Vivir al día*, 139).
> Es gilt, zwei Aspekte zu berücksichtigen.
> b. *Macario explicaba la táctica a seguir* (I. Aldecoa, *Gran sol*, 112).
> Macario erläuterte die zu verfolgende Taktik.

---

[40] Die beiden Fügungen sind allerdings nicht vollständig gleichwertig, wie der Kommentar von S. Gili y Gaya den Anschein erweckt (*Curso superior de sintaxis española*, 191). Man kann nicht in jedem Fall willkürlich *por* oder *sin* gebrauchen. So könnte man in Formulierungen wie *todos los artistas habidos y por haber* („Künstler aller Zeiten"), *los años por venir* („die kommenden Jahre") *por* unmöglich durch *sin* ersetzen. Im Unterschied zu *sin* scheint *por* mehr auf die Zukunft ausgerichtet zu sein. Es drückt Nuancen aus wie „was geschehen muß" oder „was erwartet werden kann". *Sin* scheint in manchen Fällen eher eine gewisse Nachlässigkeit zu implizieren (→ „etwas hätte bereits getan werden müssen, aber das ist nicht geschehen"), die sich im übrigen leicht mit der ursprünglichen Bedeutung des Wortes (< „ohne") in Verbindung bringen läßt.
[41] Siehe dazu den Kommentar im *Manual de español urgente* [von 1985! (S. 53)], bei W. Beinhauer, *El español coloquial*, 274, Fußnote 174, DUE, I, 2, und R. Lapesa, *Historia de la lengua española*, 456.
[42] Cf. – differenziert – in diesem Sinne: M. Seco, demzufolge die Konstruktion vor allem in den heutigen Medien und in Lateinamerika gebräuchlich ist (*Diccionario de dudas*, 5–6), und *Esbozo*, 438–439.

c. *Estupendo, ¿no, Tomás? A elegir* (A. M. DE LERA, *Las últimas banderas*, 274).
Toll, findest du nicht, Tomás? Zur freien Auswahl.
d. *Total a pagar*, ein häufig anzutreffender Ausdruck, bedeutet: Zu zahlender Betrag[43].

In den angeführten Beispielen wäre es natürlich möglich, *a* durch *por* zu ersetzen: *aspectos por considerar, táctica por seguir* ...

B. Infinitive mit dem Wert eines nichtabhängigen oder nebengeordneten Satzes

1161. In all diesen Fällen hat der *infinitivo* einen deutlich verbalen Wert.

1. Ein besonderer Gebrauch des „infinitivo perfecto"

1162. Es handelt sich hier um (bejahende und verneinte) elliptische Konstruktionen, in denen zumeist, und oft mit ausrufendem Wert[44], ein gewisses „müssen" impliziert wird. Diese implizierte Verpflichtung bezieht sich dann stets auf die Vergangenheit, wobei zum Ausdruck gebraucht wird, daß etwas nicht geschehen ist. Man findet diese Konstruktionen vor allem in der gesprochenen Sprache.

a. *Habérmelo dicho, hombre; parecía buen muchacho* (C. J. CELA, *La colmena*, 46).
Hättest du mir das nur gesagt, Mann; ich hatte einen guten Eindruck von ihm.
Habérmelo dicho = *debías* (oder: *deberías*) *habérmelo dicho*.
b. *Haberlo pensado antes, que a esta situación no te he llevado yo*
(J. A. DE ZUNZUNEGUI, *Beatriz o la vida apasionada*, 22).
Daran hättest du früher denken sollen, schließlich habe ich dich nicht in diese Lage gebracht.
Haberlo pensado antes = *debías* (oder: *deberías*) *haberlo pensado antes*.
c. *¿Figuraría Mateo entre los heridos? ¡Ay, no haberle cosido en el pecho un detente!* (J. M. GIRONELLA, *Ha estallado la paz*, 730).
Würde Mateo unter den Verletzten sein? Ach, hätte ich ihm doch bloß ein Herz-Jesu-Bild[45] auf sein Hemd genäht!
... *no haberle cosido* = *debía* (oder: *debería*) *haberle cosido*

2. Infinitiv + konjugierte Form desselben Verbs

1163. Dies ist eine Konstruktion, in der der Infinitiv – auf den gewöhnlich ein Komma folgt[46] – alleinstehend und vor einer konjugierten Form desselben Verbs auftritt. Dahinter steht die Absicht, die durch das Verb ausgedrückte Handlung oder Eigenschaft besonders zu betonen. Die Bedeutung ist eigentlich: „was ... betrifft". Diese Fügungen werden hauptsächlich in der Umgangssprache gebraucht. In der deutschen Übersetzung wird das Verb nur einmal auftreten, häufig jedoch in der Form / Infinitiv

---

[43] Siehe auch den in Nr. 1082 c angeführten Satz. *A pagar ptas* (wörtlich: „Zu bezahlen: Peseten ...") konnte man auf dem Armaturenbrett der Madrider Taxis lesen.
[44] Doch werden meist keine Ausrufezeichen gesetzt.
[45] Bei dem *detente* handelt es sich um ein Stück Stoff mit einem Herz-Jesu-Bild und der Aufschrift *detente bala* („halt an, Kugel"), das sich die Kämpfer auf Seiten des Don Carlos in den Karlistenkriegen an die Brust hefteten.
[46] Siehe jedoch das bei J. IZCARAY entlehnte und unter b angeführte Beispiel.

Der Infinitiv / El infinitivo

+ finite Form des Verbs „tun" (Beispiele a, c und e) oder des Hilfsverbs „haben" bzw. „sein" in einem zusammengesetzten Tempus (Beispiel d) /. Das verstärkende Element, das im Spanischen durch die Wiederholung ausgedrückt wird, kann man aber stattdessen (oder zusätzlich) auch durch ein Adverb wie „tatsächlich", „durchaus (nicht)", „natürlich", „schon", „eigentlich" usw. wiedergeben. Die Expressivität dieser spanischen Konstruktionen kann noch verstärkt werden, indem man ihnen Wörter wie *claro (que)* oder *como* voranstellt, ein bekräftigendes *sí que* einfügt oder sogar den Infinitiv selbst wiederholt (siehe Beispiel e).

- a. *¿Yo? No, señorita. Rezar, rezo, pero no pido nada a Dios* (R. J. SENDER, *La tesis de Nancy*, 64).
  Ich? Nein, Fräulein. Beten tue ich schon, aber ich bitte Gott um nichts.
- b. *Claro que ayudar ayudaba, hasta el punto que algunos días igualaba el jornal del padre* (J. IZCARAY, *La hondonada*, 72).
  Natürlich half er, an manchen Tagen brachte er sogar genausoviel Geld heim wie sein Vater.
- c. *– Dime qué ocurre en tu casa.*
  – Como ocurrir, no ocurre nada por ahora (S. LORÉN, *La rebotica*, 305).
  „Erzähl mal, was bei dir zuhause passiert." „Passieren tut im Augenblick eigentlich nichts."
- d. *Cenar, sí que cenó Fortunato* (S. LORÉN, *Una casa con goteras*, 305).
  Zu Abend gegessen hat Fortunato natürlich schon.
- e. *Pero saber Joaquín, lo que es saber, ése sabe muchas cosas* (F. QUIÑONES, *Las mil noches de Hortensia Romero*, 206).
  Aber wissen tut Joaquín wirklich viel.

[Eine vergleichbare, auf einer Wiederholung beruhende, intensivierende Konstruktion (wenn auch ohne Infinitiv) findet sich in einem Satz wie dem folgenden:

- f. *Pero naranjas, lo que se dice naranjas, yo no tengo naranjas, Paco* (F. UMBRAL, *Mis queridos monstruos*, 14).
  Aber Apfelsinen habe ich wirklich keine, Paco.]

3. „Ni" + Infinitiv → „¡Ni hablar!"

1164. Diese in der gesprochenen Sprache häufig gebrauchten negativen elliptischen Konstruktionen dienen zur Verstärkung einer Verneinung. Solche Formulierungen beinhalten darüber hinaus ein affektives Element, durch das der utopische Charakter einer Situation hervorgehoben wird. Aber auch Emotionen wie Mißbilligung, Enttäuschung, Entrüstung u. dgl. können auf diese Weise zum Ausdruck gebracht werden. Obgleich es sich hierbei eigentlich um Ausrufesätze handelt, werden häufig keine Ausrufezeichen gesetzt. Die am häufigsten vorkommende Fügung dieser Art ist zweifellos *¡Ni hablar!* („Ausgeschlossen!", „Davon kann keine Rede sein!")[47].

4. „Infinitivo histórico"

1165. Man spricht vom *infinitivo histórico*, wenn der Infinitiv anstelle eines zu erwartenden *presente*, *imperfecto* oder *pretérito perfecto simple de indicativo* gebraucht wird. Dem Infinitiv kann

---

[47] Eine Reihe von Beispielen findet sich in Nr. 850.

dann die Präposition *a* vorausgehen, muß aber nicht. Zwar findet sich diese Formulierung vor allem bei den klassischen Autoren, doch kann man auch im heutigen Spanisch Beispiele dafür antreffen[48].

a. *Y por fin, romperme mis cueros y derramarme mi vino* (*Quijote*, angeführt von E. MARTÍNEZ AMADOR, *Diccionario gramatical*, 763).
Und schließlich zerschnitt er meine Weinschläuche und ließ meinen Wein zu Boden laufen.

b. *Esa conferencia fue la última y ya con eso, a tomar el avión y a regresar a Méjico* (E. LUNA TRAIL, *Sintaxis de los verboides en el habla culta de la ciudad de México*, 83).
Dies war der letzte Vortrag, und danach nichts wie rein ins Flugzeug und zurück nach Mexiko.

[Seit einigen Jahren (nach M. SECO mindestens seit 1980) wird auch – vor allem (aber nicht ausschließlich) von Ansagern und Nachrichtensprechern im Radio und im Fernsehen – zuweilen ein Infinitiv (+ *que*) mit ankündigender oder berichtender Funktion in Zusammenhängen gebraucht, in denen man normalerweise eine konjugierte Form erwarten würde:

c. *Ya en la información internacional destacar que el Parlamento iraní ha anulado hoy el mandato parlamentario del almirante X* (angeführt von M. SECO mit ausführlichem Kommentar und weiteren Beispielen in *Diccionario de dudas*, 232).
Damit kommen wir zu den internationalen Nachrichten und hier zunächst zu der Meldung, daß das iranische Parlament heute Admiral X das Abgeordnetenmandat entzogen hat.

destacar = queremos destacar

Der Soziologe A. DE MIGUEL bezeichnet diese Konstruktion ironisch als *infinitivo radiofónico* (*La perversión del lenguaje*, 192). Das Mitglied der *Real Academia Española* F. LÁZARO CARRETER spottet über das (von ihm als „monstruito" – „kleines Monster" bezeichnete) Phänomen, das man in den Medien allerorten, besonders bei Verben wie *señalar* („erklären", „sagen"), *anunciar* („ankündigen"), *recordar* („an etwas erinnern") u. ä. antrifft (*El dardo en la palabra*, 357 – dies in einem Text, der bereits 1985 veröffentlicht wurde).]

C. Gebrauch des Infinitivs als Imperativ

1166. Häufig werden im Spanischen, vor allem in der (sehr) familiären Umgangssprache[49], anstelle der Formen des Imperativs Infinitive verwendet. Der imperativische Charakter kann dann dadurch verstärkt werden, daß vor den Infinitiv die Präposition *a* gesetzt wird[50]. Nach Ansicht vieler Grammatiker entspricht der Infinitiv in diesen Fällen fast ausschließlich einer zweiten Person Plural[51]. Diese Auffas-

---

48 Siehe dazu: E. MARTÍNEZ AMADOR, *Diccionario gramatical*, 763.
49 Der *Esbozo* spricht hier von einem *vulgarismo* (S. 460). An anderer Stelle des Buches wird der Gebrauch allerdings auch als einem etwas höheren Sprachniveau zugehörig angeführt: man finde ihn manchmal in *el habla culta coloquial poco esmerada* (S. 143, Fußnote 48 – „der wenig gepflegten Umgangssprache gebildeter Leute"). Siehe auch, ohne weitere Präzisierung (hier steht die o. g. Einstufung ohne das Adjektiv *culta*) o. c., S. 362.
50 S. GILI Y GAYA, *Curso superior de sintaxis española*, 143. Aus dem Kommentar des *Esbozo* und dem dort angegebenen Kontext geht hervor, daß diese Fügung scheinbar als nicht so volkssprachlich gilt wie der Gebrauch des *infinitivo* ohne *a* (S. 460).
51 Siehe z. B.: S. GILI Y GAYA, *Curso superior de sintaxis española*, 55 und 142; DUE, II, 1476; E. MARTÍNEZ AMADOR, *Diccionario gramatical*, 765; C. F. A. VAN DAM, *Spaanse spraakkunst*, 43; J. COSTE & A. REDONDO, *Syntaxe*

Der Infinitiv / El infinitivo 501

sung scheint jedoch nicht mehr ganz mit der Wirklichkeit übereinzustimmen. Die nachfolgenden Beispiele geben einen Überblick über die zahlreichen Möglichkeiten, die der Gebrauch des Infinitivs mit dem Wert eines Imperativs bietet. Man beachte, daß in den meisten Fällen keine Ausrufezeichen gesetzt werden.

1. Infinitiv als Imperativ (zweite Person Singular)
1167.

> a. *Seguir* (hörte ich eine Dame zu ihrem Hund sagen).
> Komm weiter!
> b. *¡Tú a sujetarte los pantalones y a callar! – dijo Román* (C. LAFORET, *Nada*, 29).
> „Mach du deine Hose fest, und halt den Mund!" sagte Román.

2. Infinitiv als Imperativ (zweite Person Plural)
1168.

> a. *Oír, niñas, ¿este pueblo es Casasana?* (C. J. CELA, *Viaje a la Alcarria*, 127)[52].
> He, Kinder, ist dies das Dorf Casasana?
> b. *Ahora, vosotros a estudiar, y esta niña a la cama* (P. BAROJA, *La feria de los discretos*, in O. C., I, 656).
> Ihr geht jetzt lernen, und dieses Mädchen geht ins Bett.

3. Infinitiv als Imperativ (Höflichkeitsform)
1169.

> a. *Adiós, señorita Elvira, descansar* (C. J. CELA, *La colmena*, 86).
> Auf Wiedersehen, Fräulein Elvira, schlafen sie gut.
> b. *Que ustedes sigan bien, y divertirse – les gritó el hombre* (P. BAROJA, *Paradox rey*, in O. C., II, 143).
> „Alles Gute und viel Vergnügen", rief ihnen der Mann zu.

Daß der Infinitiv hier tatsächlich als Höflichkeitsform gebraucht wird, machen kontextuelle Elemente deutlich: *señorita* im ersten Satz, der Gebrauch von *ustedes* im zweiten Beispiel.

4. Infinitiv als Imperativ (erste Person?)
1170. Im folgenden Fall ist das Subjekt zu dem durch den Infinitiv wiedergegebenen Imperativ vielleicht sogar eine erste Person:

---

de l'espagnol moderne, 455–457 (nach Meinung dieser Autoren kann der Infinitiv hier allerdings für die zweite Person Singular und Plural gebraucht werden).

[52] Eine Erklärung für den Gebrauch des *infinitivo* (ohne *a*) mit dem Wert eines Imperativs soll in der Verwechslung des End-*r* und des End-*d* in den beiden Formen zu finden sein (cf. M. SECO, *Diccionario de dudas*, 228; DUE, II, 1476. Siehe auch: *Esbozo*, 143, Fußnote 48): → *hablar ~ hablad*; *comer ~ comed*; *vivir ~ vivid* ...

a. *Martín. – ¿No ha tenido ningún día feliz?*
Adela. – Uno solo, pero hace ya tanto tiempo.
Es bien triste que en toda una vida sólo se pueda recordar un día de vacaciones ... en una casa que no era nuestra. Y ahora a empezar otra vez
(A. Casona, *La dama del alba*, 93–94).
„Haben Sie keinen glücklichen Tag erlebt?"
„Einen ja, aber das ist schon lange her. Es ist schon traurig, daß man sich nur an einen Urlaubstag im ganzen Leben erinnern kann ... in einem Haus, das nicht das eigene war. Und jetzt noch einmal von vorn anfangen."
Und jetzt noch einmal von vorn anfangen bedeutet „jetzt muß ich" (oder: „müssen wir") noch einmal von vorn anfangen.

Die Konstruktion / *a* + *infinitivo* / kann zweifellos mit dem Wert einer ersten Person Plural gebraucht werden, wie das folgende Beispiel zeigt:

b. *¡A trabajar!*
An die Arbeit! (d. h.: „Machen wir uns an die Arbeit").

Mehr als eine Art „unpersönlicher" Imperativ denn mit dem Wert einer ersten Person Plural scheint die Fügung / *a* + infinitivo / im folgenden Fall gebraucht zu werden:

c. *¡A desalambrar!* lautet der Titel einer 'canción de denuncia' des Uruguayers Daniel Viglietti. Das Syntagma kommt ebenfalls (wiederholt) im Refrain des Liedes vor:
¡A desalambrar! ¡A desalambrar!
Que la tierra es nuestra, es tuya y de aquel,
de Pedro y María, de Juan y José.
Weg mit dem Stacheldraht! Weg mit dem Stacheldraht!
Denn die Erde gehört uns, sie gehört dir und ihm,
Pedro und María, Juan und José.

5. Infinitiv in verneinten Imperativsätzen

1171. In diesem Fall kann dem Infinitiv die Präposition *a* nicht vorangestellt werden.

a. *¡Por Dios! No hablar de Kierkegaard – dijo la señorita Nord* (P. Baroja, *El gran torbellino del mundo*, in O. C., I, 1123).
„Um Himmels willen! Sprich nicht von Kierkegaard", sagte Fräulein Nord.

Die Fügung / *no* + *infinitivo* / findet sich häufig in Warnhinweisen wie

b. *No apoyarse en las puertas* („nicht gegen die Tür lehnen")
No sujetar las puertas („Tür nicht festhalten") – gelesen in der Metro von Barcelona im Mai 1982.
No fumar („Nicht rauchen") – in den Stadtautobussen von Madrid (Februar 1983) u. dgl.

1172. Der Gebrauch von / *sin* + *infinitivo* / mit dem Wert eines verneinten Imperativs wurde in Nr. 1155 behandelt.

Der Infinitiv / El infinitivo 503

6. Infinitiv mit enklitischen Pronomen

1173. Im Prinzip kann in diesem Fall nur ein Pronomen der dritten Person (→ *se*) angefügt werden[53]. Doch wird diese Regel nicht immer beachtet.

    a. *Buenas noches ... Conservarse* (M. Seco, *Diccionario de dudas*, 231).
       Gute Nacht ... Paß auf dich auf (oder: mach's gut).
    b. *Guardároslas en el bolsillo – murmuró* (J. Goytisolo, *Duelo en el paraíso*, 235).
       „Behaltet sie in eurer Tasche", murmelte er[54].

7. Infinitiv in „frase verba"[55] mit „gerundio"

1174.

    a. *Hale, niños – les decía – ir saliendo* (R. Sánchez Ferlosio, *El Jarama*, 239).
       „Los, Kinder", sagte er zu ihnen, „jetzt kommt schon heraus."
    b. *Iros duchando* (M. Delibes, *El tesoro*, 62).
       Geht jetzt duschen.

Anmerkungen

1175. Häufig werden ein Imperativ und ein Infinitiv (mit dem Wert eines Imperativs) nebeneinander verwendet. Diese syntaktische Besonderheit zeigt deutlich die potentielle imperativische Funktion des *infinitivo*.

    a. *Hay que tener calma ... cuidaros, cuidaos, cuidaos* (I. Aldecoa, *El fulgor y la sangre*, 89).
       Ihr müßt die Ruhe bewahren ..., und paßt nur gut auf euch auf.
    b. *Venir, no os separéis* (C. Martín Gaite, *El cuarto de atrás*, 61–62).
       Kommt, und bleibt zusammen.
    c. *Ahora, acuéstate, y desde mañana a estudiar* (M. Vargas Llosa, *La ciudad y los perros*, 246).
       Geh jetzt erst einmal zu Bett, und ab morgen geht's dann ans Lernen.
    d. Am Swimmingpool des Hotels Montico (Tordesillas, 8.8.1991) hörte ich, wie eine Mutter zu ihren kleinen Töchtern sagte:
       – *Sacudirla.* (*la = la toalla*)
       – *¿Qué?*
       – *Que la sacudáis.*
       „Schüttelt es aus!" („es" = das Handtuch) „Was?" „Ihr sollt es ausschütteln!"

1176. Beim Infinitiv, der als Imperativ gebraucht wird, kann das Subjekt explizit genannt werden.

---

[53] M. Seco, *Diccionario de dudas*, 231, und – implizit – *Esbozo*, 143, Fußnote 48. Vergleiche in diesem Sinne die in Nr. 1178 angeführten Beispiele.
[54] Korrekt wäre nach der Theorie des *Esbozo*: *guardáoslas* (cf. S. 143, Fußnote 48).
[55] Zu den *frases verbales* siehe Nr. 1123 (Fußnote 19).

> Bien. Déjales la comida a ésos y veniros tú y Cubas hacia la puerta (A. M. DE LERA, Las últimas banderas, 186).
> Gut. Gib ihnen das Essen, und kommt dann, du und Cubas, zur Tür.

Das Subjekt kann auch in der Fügung *a* + *infinitivo* ausgedrückt werden. Es steht dann jedoch immer vor dem Verb (siehe die in den Nrn. 1167 b und 1168 b angeführten Beispiele)[56].

1177. Möglicherweise hat der Infinitiv stilistisch den Wert eines „abgemilderten" Imperativs auf dem Sprachniveau, auf dem er als solcher gebraucht wird. Eine teilweise Erklärung dafür liegt vielleicht im unpersönlichen Charakter der Form.

> a. *Ser formales, ¿eh? – aconsejó Bea* (J. A. DE ZUNZUNEGUI, *Ramón o la vida baldía*, 152).
> „Schön brav sein, ja?" riet ihnen Bea.
> Der Gebrauch eines fragenden *¿eh?* und eines Verbs wie *aconsejar* ist mit echten Imperativformen grundsätzlich kaum vereinbar (jedenfalls, wenn diese in einer affirmativen Konstruktion vorkommen).

Die o. g. Bedeutungsnuance ist möglicherweise eine Erklärung für die relative Häufigkeit, mit der ein *infinitivo* mit imperativischer Funktion in gnomischen Texten wie Sprichwörtern oder Redewendungen auftritt:

> b. *Antes de entrar en un lugar, mear y cagar* (angeführt von J. FELIXBERGER, *Untersuchungen zur Sprache des spanischen Sprichwortes*, 59).
> Bevor du eintrittst irgendwo, geh besser schnell noch mal zum Klo.

1178. Grammatikalisch eigenartig[57] sind Konstruktionen wie die folgende, in der zusammen mit einem Infinitiv, der sich eindeutig auf eine zweite Person bezieht, ein Reflexivpronomen der dritten Person gebraucht wird.

> a. *Andad, niños, a levantarse* (I. AGUSTÍ, *Mariona Rebull*, 35).
> Los, Kinder, aufstehen.
> Man würde eigentlich erwarten: ... *a levantaros*.
> b. *Zurdo les amenazaba: – Callarse, cerdos* (R. J. SENDER, *Epitalamio del prieto Trinidad*, 125).
> Zurdo sagte drohend: „Maul halten, ihr Schweine."

Daß sich der Infinitiv auf eine zweite Person bezieht, zeigt sich im einen Fall durch ein grammatikalisches, im anderen durch ein semantisches Element: *andad* (= zweite Person Plural eines „echten" Imperativs), *cerdos* (es ist wenig wahrscheinlich, daß man die Höflichkeitsform gegenüber jemandem benutzt, den man in dieser Weise tituliert).

---

[56] Siehe dazu E. LORENZO, der hier von einer Art „konjugiertem Infinitiv" spricht *(El español de hoy, lengua en ebullición,* 98–99).
[57] Doch in Übereinstimmung mit der allgemeinen Theorie (cf. oben, Nr. 1173).

1179. Besonders häufig ist (in der Umgangssprache) der Gebrauch der Ausdrücke *a ver, a ver si*, in denen das Verb *ver* („sehen") seine Bedeutung größtenteils oder vollständig verliert. Diese Fügungen können verschiedene Nuancen zum Ausdruck bringen[58].

    a. *Bueno, Carmen, a ver si mandas a la nena a las monjitas y tomas una criada* (J. A. DE ZUNZUNEGUI, *Beatriz o la vida apasionada*, 131).
   Hör mal, Carmen, schick die Kleine doch zu den Nonnen auf die Schule und nimm dir ein Dienstmädchen.
   A ver hat hier den Wert eines „abgemilderten" Imperativs.

    b. *Nunca has tenido la menor consideración por mí, a ver si no* (M. DELIBES, *Cinco horas con Mario*, 81).
   Du hast dich nie auch nur im geringsten um mich gekümmert, oder etwa doch?
   A ver unterstreicht auf affektive Weise das zuvor Gesagte.

    c. *¡A ver qué vida!* (I. ALDECOA, *Gran sol*, 142).
   Was (ist das nur) für ein Leben!
   Gemeint ist: „Wie hart und unangenehm dieses Leben doch ist!"

    d. *A ver si nos vemos* (C. J. CELA, *Viaje a la Alcarria*, 74).
   Vielleicht sehen wir uns ja.
   A ver impliziert hier so etwas wie „hoffentlich", „falls möglich".

1180. *Schlußfolgerung*

Obgleich statistische Daten fehlen, hat man den Eindruck, daß der Infinitiv im modernen Spanisch immer häufiger mit dem Wert eines Imperativs gebraucht wird. Darüber hinaus scheint dieser Gebrauch nach und nach auch auf einem höheren Sprachniveau Eingang zu finden[59].

ABSCHNITT II
DAS GERUNDIUM
EL GERUNDIO

§ 1. ALLGEMEINES

1181. Das *gerundio* ist eine unveränderliche Form des Verbs, deren korrekter Gebrauch auch spanischen Muttersprachlern Schwierigkeiten bereiten kann[60]. Selbst für Sprachspezialisten wie Schriftsteller und Übersetzer wirft diese Form schon seit Jahrhunderten Probleme auf[61]. Die Regeln zum Gebrauch des *gerundio* werden nicht von allen Autoren auf dieselbe Weise formuliert, und man kann wohl sagen, daß

---

[58] Siehe dazu weitere Besonderheiten bei W. BEINHAUER, *El español coloquial*, 127, DUE, II, 1500, und C. HERNÁNDEZ, *Gramática funcional del español*, 387.

[59] Cf. in diesem Sinne die (allerdings in differenzierter Weise formulierte) Anmerkung von E. LORENZO zu der Form *no temer* in einer Ministerrede (*El español de hoy, lengua en ebullición*, 104).

[60] Cf. J. ALCINA FRANCH & J. M. BLECUA, *Gramática española*, 747; F. MARSÁ, *Diccionario normativo*, 172 und 201; DUE, I, 1393. R. CARNICER bezeichnet das *gerundio* als die Form, bei deren Gebrauch sich die Spanier am wenigsten sicher fühlen (*Sobre el lenguaje de hoy*, 120) ...

[61] Siehe dazu: M. CRIADO DE VAL, *Fisonomía del español y de las lenguas modernas*, 116.

es kein anderes Kapitel der spanischen Grammatik gibt, in dem die Diskrepanz zwischen Theorie und Praxis so groß ist. Wie weiter oben bereits angemerkt wurde (siehe Nr. 1109), hat das *gerundio* nach Darstellung der meisten Grammatiken im Grunde den Wert eines Adverbs. Die folgenden Beispiele und Kommentare werden jedoch zeigen, daß das Anwendungsfeld in Wirklichkeit viel weiter ist[62].

1182. Ebenso wie der *infinitivo* kennt auch das *gerundio* eine einfache und eine zusammengesetzte Form. Letztere wird mit dem Hilfsverb *haber* gebildet:

> cantando ~ habiendo cantado
> ↓ ↓
> *gerundio simple* *gerundio compuesto*

Die einfache Form drückt meist eine durative Handlung aus, die sich gleichzeitig mit oder unmittelbar vor der Handlung des Verbs vollzieht, zu dem das *gerundio* gehört. Die zusammengesetzte Form bezeichnet eine Handlung, die vor der des Hauptverbs abgeschlossen war[63].

a. *Llegué temblando hasta el umbral de su alcoba* (R. DEL VALLE-INCLÁN, *Sonata de otoño*, 81).
Zitternd erreichte ich die Schwelle ihrer Schlafzimmertür.
b. *El notario me ha dicho que habiendo habido fuerza mayor, no le obligan a nada* (P. BAROJA, *La casa de Aizgorri*, 148).
Der Notar hat mir gesagt, daß er, da es sich um höhere Gewalt gehandelt habe, zu nichts verpflichtet sei.
c. Siehe auch das Beispiel in Nr. 1027, Fußnote 25.

§ 2. GEBRAUCH UND BEDEUTUNG DES GERUNDIUMS

A. Gerundium in adverbialer Funktion bei einem Verb

1183. Das *gerundio* kann als modales Adverb oder als modaler adverbialer Ausdruck bei einem Verb stehen und bezeichnet dann die Art und Weise, in der eine Handlung verläuft. Es beantwortet somit einen Fragesatz, wie man ihn erhält, wenn man vor das Verb ein „wie?" setzt. Meist steht das *gerundio* nach dem Verb, auf das es sich bezieht. Man kann aber auch die umgekehrte Stellung finden. In diesem Fall entspricht der stilistische Wert ungefähr dem eines vorangestellten Adjektivs[64]. In den hier beschriebenen Fällen könnte man das *gerundio* durch ein Adverb oder einen adverbialen Ausdruck ersetzen[65].

a. *¡Papá, papá! ¡Ven corriendo!* (S. LORÉN, *Las cuatro vidas del doctor Cucalón*, 263).
Vater, Vater! Komm schnell!
(Wörtlich: „Komm laufend".)
Corriendo bringt zum Ausdruck, WIE sich die durch das Hauptverb (= *ven*) ausgedrückte Handlung vollzieht. Man könnte *corriendo* hier durch ein „echtes" Adverb ersetzen (z. B.: → *rápidamente*).

---

62 Eine umfassendere Übersicht und Behandlung dieses Themas findet sich bei J. DE BRUYNE, *Het 'gerundio' in het moderne Spaans* (in *Linguistica Antverpiensia*, XV, 1981, 7–73).
63 *Esbozo*, 488–489.
64 Cf. 194. Siehe auch Nr. 167 ff. (zur Voranstellung des Adjektivs).
65 Cf. REAL ACADEMIA ESPAÑOLA, *Gramática de la lengua española*, 410. Siehe auch: *Esbozo*, 489.

b.

«Todo lo que soy lo debo a mi mismo. Tenga en cuenta que empecé siendo un caballo.»

(*Antología del humor*, 234)
„Alles, was ich bin, habe ich mir selbst zu verdanken. Bedenken Sie, daß ich als Pferd angefangen habe."
Siendo un caballo bedeutet soviel wie der modale adverbiale Ausdruck *como un caballo*.

c. *Y corriendo fue Ofelia a sus escaparates* (A. CARPENTIER, *El recurso del método*, 12). Schnell lief Ofelia zu ihrem Schrank[66].
Man beachte hier, daß der genannte stilistische Effekt (den man durch die Voranstellung erhält) noch dadurch verstärkt wird, daß der Satz, abweichend von den klassischen Regeln, mit der Konjunktion *y* eingeleitet wird.

Der adverbiale Charakter des *gerundio* wird „sprachtechnisch" im folgenden Satz besonders deutlich, in dem die apokopierte Form *tan* gebraucht wird, wohingegen zu einem Verb normalerweise die Form *tanto* gehört[67]:

d. *¿Y adónde ibas tan corriendo?* (A. M. DE LERA, *Las últimas banderas*, 18).
Und wo wolltest du so schnell hinlaufen?

B. Gerundium in der Funktion eines Adjektivs

1184. Der adverbiale Wert des *gerundio* erklärt, warum die Form, wie bereits erwähnt, unveränderlich ist. Diese Regel ist allgemeingültig: sie bezieht sich auch auf Fälle, in denen *gerundios* ein Substantiv näher bestimmen und somit den Wert eines Adjektivs haben. Nach Angaben des *Esbozo* ist dies nur bei den Formen *ardiendo* und *hirviendo* möglich, wobei die folgenden Beispiele angeführt werden:

a. *un horno ardiendo* ein brennender Backofen
b. *agua hirviendo*[68] kochendes Wasser
c. *Frente a la iglesia ardiendo rodeaba el talle de una mujer madura* (I. AGUSTÍ, *El viudo Rius*, 238).
Gegenüber der brennenden Kirche schlang er seinen Arm um die Taille einer reifen Frau.

---

[66] Mit dieser Bedeutung ist *escaparate* ein *americanismo*. In Spanien bedeutet das Wort normalerweise „Schaufenster". Zum Gebrauch des Plurals siehe den Hinweis in Nr. 141, Fußnote 75.
[67] Siehe dazu Nr. 640.

d. *Lo que más terror producía a los negros era el agua hirviendo* (P. BAROJA, *Los pilotos de altura*, 89).
Was den Schwarzen die meiste Angst einjagte, war kochendes Wasser.

Man beachte, daß die Voranstellung dieser *gerundios* NICHT möglich ist.

Anmerkungen

1185. In Nr. 1181 wurde auf den Unterschied zwischen Theorie und Praxis hingewiesen. Dies zeigt sich zum ersten Mal beim Gebrauch von *gerundios* als Adjektive. Der *Esbozo* führt ausschließlich *ardiendo* und *hirviendo* an. Manche Grammatiker fügen dem *colgando* (von *colgar*, „hängen") hinzu[69], ohne zu erläutern, warum diese Form mit dem genannten Wert akzeptiert werden kann, andere aber nicht.
In der Praxis stellt man fest, daß gegenwärtig auch von guten Autoren immer mehr *gerundios*[70] auf diese Weise verwendet werden, und es scheint, daß die Entwicklung hier nicht mehr aufzuhalten ist. Es hat daher wenig Sinn, über die Korrektheit dieses Gebrauchs zu streiten, obwohl man durchaus feststellen muß, daß diese Konstruktion manchmal zu Mehrdeutigkeiten führen kann (siehe Beispiel d).

a. *Conchi se entendió de maravilla con el patrón del Cocodrilo al que tenían sin cuidado los moños grasientos y las horquillas colgando* (J. M. GIRONELLA, *Ha estallado la paz*, 241).
Conchi verstand sich hervorragend mit dem Chef des Cafés „Zum Krokodil", dem ihre fettigen Haarknoten und lose hängenden Haarnadeln nichts ausmachten.
b. W. BEINHAUER führt den Ausdruck *me deja usted con las piernas colgando* als eine „humoristisch-volkstümliche Variante" von *me deja usted perplejo* an („ich bin bestürzt" – *El español coloquial*, 146).
c. *En una de las escaleras de la iglesia había una mujer gimiendo* (I. AGUSTÍ, *El viudo Rius*, 133).
Auf einer der Treppen der Kirche lag eine wimmernde Frau.
d. *El portero se marchaba con su nieta refunfuñando* (P. BAROJA, *Aventuras, inventos y mixtificaciones de Silvestre Paradox*, in O. C., II, 56).
Der Portier zog murrend mit seiner Enkelin ab.
Oder: Der Portier zog mit seiner murrenden Enkelin ab.
Aufgrund der fehlenden Interpunktion[71] ist die Bedeutung des Satzes nicht eindeutig: wer murrt? Der Portier oder die Enkelin? Im zweiten Fall müßte (der gängigen Theorie zufolge) die korrekte Form lauten: *... con su nieta que refunfuñaba*[72].
e. *Un niño con dolor puede herirnos más hondo que cien hombres matándose* (C. J. CELA, *Garito de hospicianos*, 74).
Ein Kind, das leidet, kann uns betroffener machen als hundert Menschen, die sich gegenseitig umbringen.

---

[68] *Esbozo*, 490. Siehe auch: M. SECO, *Diccionario de dudas*, 207–208.
[69] J. COSTE & A. REDONDO, *Syntaxe de l'espagnol moderne*, 460.
[70] Sogar (wenigstens in der Oberflächenstruktur) von reflexiven Verben (siehe Beispiel e).
[71] Im Spanischen werden in der Praxis viel weniger Satzzeichen – vor allem Kommata – verwendet als im Deutschen oder Französischen.
[72] Man könnte zwar auch sagen: ... *con su nieta, refunfuñando* (mit Komma), doch würde damit ausgedrückt, daß es der Portier ist, der murrt. Das *gerundio* hätte dann einen *carácter explicativo* und wäre bei den weiter unten in Nr. 1190 angeführten Beispielen einzuordnen.

Überraschend ist sicherlich der Gebrauch eines *gerundio* in der behandelten Funktion in einer Konstruktion wie der folgenden, die sich in einer bekannten (amerikanischen) Grammatik findet:

    f. *Todos (estos verbos) expresan la acción durando* (A. ALONSO & P. HENRÍQUEZ UREÑA, *Gramática castellana*, 116).
       Alle (diese Verben) drücken die Handlung in ihrer Dauer aus.

Häufig findet sich der Gebrauch von *gerundios* bei Substantiven auch in mehr oder weniger feststehenden Ausdrücken der Rechtssprache.

    g. *Decreto nombrando gobernador* (*Esbozo*, 491).
       Dekret zur Ernennung eines Gouverneurs.
    h. *Ley reformando las tarifas aduaneras* (*Esbozo*, 491).
       Gesetz über die Reform der Zolltarife.

Manche Autoren sprechen hier vom *gerundio del Boletín Oficial*, da solche Formen für die Sprache dieser mit dem deutschen Bundesgesetzblatt vergleichbaren Publikation typisch sind[73]. In allen angeführten Beispielen[74] wäre die THEORETISCH korrekte Konstruktion eine durch *que* eingeleitete konjugierte Form des Verbs: *las horquillas que colgaban, una mujer que gemía, con su nieta que refunfuñaba, cien hombres que se matan, decreto que nombra, ley que reforma*[75].

1186. Die Äquivalenz, die in den genannten Fällen zwischen dem *gerundio* und einem durch *que* eingeleiteten Relativsatz besteht, zeigt sich deutlich im folgenden Beispiel, in dem beide Konstruktionen im selben Kontext nebeneinander vorkommen:

    Médicos que vacilan. Niños naciendo (A. M. DE LERA, *Las últimas banderas*, 258).
    Ärzte, die zögern. Kinder, die geboren werden.

1187. Einen möglichen syntaktischen Hinweis auf den adjektivischen Wert des *gerundio* findet man in Fällen, in denen diese Form neben einem „echten" Adjektiv (oder einem Perfektpartizip, das als solches gebraucht wird) steht, oder neben einem attributiven Syntagma, mit dem sie durch die Konjunktion *y* verbunden ist.

    a. *Atravesaban la penumbra del hall riendo y apresuradas* (S. LORÉN, *V. I. P.*, 189).
       Lachend eilten sie durch die halbdunkle Eingangshalle.
    b. *La Venus de Milo, con brazos y sabiendo taquigrafía, puede hacer tanto por la prosperidad de una industria como la más acertada reglamentación laboral* (E. ACEVEDO, *El caso del analfabeto sexual*, 31).
       Eine Venus von Milo, mit Armen und Stenokenntnissen, kann für das Gedeihen eines Betriebs ebensoviel tun wie die beste Arbeitsordnung.

---

[73] M. SECO betrachtet diesen Gebrauch des *gerundio* als falsch (*impropio* – *Diccionario de dudas*, 208). Siehe auch: R. SECO, *Manual de gramática española*, 225, und R. CARNICER, *Sobre el lenguaje de hoy*, 122. M. MOLINER ist weniger streng: ihrzufolge empfindet der spanische Muttersprachler u. a. diesen Gebrauch des *gerundio* nicht als störend, zumindest wenn er auf einige Verben beschränkt bleibt, wie z. B. *regular* („regeln") und *figurar* („vorkommen", „aufgeführt sein") – DUE, I, 1394.
[74] Vielleicht mit Vorbehalt bei der Form *colgando* in Beispiel b, da es sich hierbei um eine feste Wendung handelt.
[75] Cf. in diesem Sinne M. SECO, *Diccionario de dudas*, 208.

1188. Obgleich der adjektivische Gebrauch des *gerundio* manchmal als Gallizismus verurteilt wird, ist die Konstruktion mittlerweile so verbreitet, daß man sogar Sätze findet, in denen die Form auf *-ndo* im Französischen gar nicht durch ein *adjectif verbal* wiedergegeben werden könnte.

    a. *Arribó a la mantequería con el mejor ánimo. No había gente comprando*
       (S. Lorén, *El baile de Pan*, 143).
       Er kam mit den besten Absichten beim Feinkostgeschäft an. Es waren keine Kunden da.
       Im Französischen könnte man nicht von **gens achetants* sprechen.
    b. *No había niños jugando* (J. Rulfo, *Pedro Páramo*, 14).
       Es waren keine spielenden Kinder da.
       Eine französischen Version wie **Il n'y avait pas d'enfants jouants* wäre inkorrekt.

1189. Weitere Beispiele für *gerundios*, die zu einem Substantiv gehören, finden sich weiter unten in den Nrn. 1191 und 1193–1194.

C. Gerundium beim Subjekt des Hauptsatzes

1190. In diesem Fall muß das *gerundio* laut traditioneller Grammatik explizierenden Charakter (*carácter explicativo*) haben. Es bezeichnet dann eine Nebenhandlung des Subjekts, durch die die Bedeutung des Hauptverbs „näher erklärt wird"[76]. In derlei Konstruktionen hat die Form auf *-ndo* den Wert eines explizierenden unter- oder nebengeordneten Satzes[77] und muß zwischen Kommata stehen (bzw. am Satzende muß ihr ein Komma vorausgehen).
Als korrekt können daher Sätze wie die folgenden gelten:

    a. *Benigno, suspirando, cerró la puerta* (S. Lorén, *El baile de Pan*, 124).

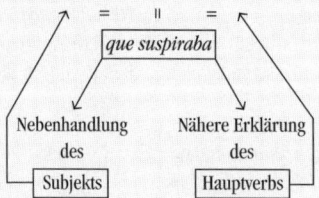

       Seufzend schloß Benigno die Tür.
    b. *¿Qué te trae por aquí, requetepreciosa? – le preguntó, disimulando*
       (J. A. De Zunzunegui, *La vida como es*, 150).
       „Was führt dich hierher, schönes Mädchen?" fragte er sie und tat, als ob er nichts wüßte.

1191. In der Praxis wird die in Nr. 1190 angeführte Regel immer weniger beachtet. Man findet häufig *gerundios*, die keinen explizierenden, sondern einen determinierenden Charakter (*carácter especificativo*) haben, die also wie ein Adjektiv (und ohne Komma) neben das als Subjekt des Satzes fungierende Pronomen oder Substantiv gestellt werden.

---

[76] Cf. *Esbozo*, 490. Der Unterschied zwischen *oraciones explicativas* und *especificativas* (und seine Bedeutung für die Interpunktion) wurde in Nr. 401 behandelt.
[77] Dabei können verschiedene Nuancen zum Ausdruck gebracht werden. Siehe dazu Nr. 1196.

a. *En los balcones se veían hombres fumando* (J. M. GIRONELLA, *Un millón de muertos*, 58).
   Auf den Balkonen sah man Männer, die rauchten[78].
b. *Al ver que llegaban tres soldados discutiendo les preguntó de qué trataban* (R. J. SENDER, *La aventura equinoccial de Lope de Aguirre*, 259).
   Als er drei diskutierende Soldaten daherkommen sah, fragte er sie, worüber sie sprächen.

D. Gerundium, das sich auf das Akkusativobjekt des Hauptsatzes bezieht

1192. Das Subjekt der durch das *gerundio* bezeichneten Handlung kann Akkusativobjekt des Hauptverbs sein. Letzteres drückt dann eine sinnliche oder intellektuelle Wahrnehmung aus [z. B. *mirar* („betrachten", „ansehen"), *oír* („hören"), *ver* („sehen"), *conocer* („kennen"), *distinguir* („unterscheiden"), *recordar* („sich erinnern") usw.] oder bezeichnet ein „beschreiben" oder „darstellen" [z. B. *describir* („beschreiben"), *dibujar* („zeichnen"), *pintar* („malen"), *representar* („darstellen") usw.][79].
Der Gebrauch des *gerundio* ist daher in den folgenden Sätzen gerechtfertigt:

a. *Te conocí cogiendo margaritas en las praderas de Carolina del Sur* (C. J. CELA, *Garito de hospicianos*, 355).
   Ich habe dich kennengelernt, als du dabei warst, auf den Wiesen von South Carolina Gänseblümchen zu pflücken.
b. *Docenas de fotógrafos retrataban a los cardenales entrando en el cónclave* (*Manual de español urgente*, 49).
   Dutzende von Fotografen machten Bilder von den Kardinälen, als sie das Konklave betraten.

Die durch das *gerundio* und das Hauptverb ausgedrückten Handlungen finden gleichzeitig statt. Daher muß das *gerundio* eine *Handlung* oder zumindest eine *wahrnehmbare Veränderung* bezeichnen; nicht möglich ist eine Eigenschaft, ein Zustand oder eine Veränderung, die so langsam abläuft, daß sie mit einer Eigenschaft gleichzusetzen ist[80]. Als Beispiele für nicht korrekte Sätze führt der *Esbozo* an:

c. *Conozco un vecino siendo muy rico* (*Esbozo*, 491).
   Ich kenne einen Nachbarn, der sehr reich ist.
   „Reich sein" ist keine Handlung, sondern eine Eigenschaft. Korrekt wäre: *un vecino que es muy rico*.
d. *Te envío una caja conteniendo libros* (*Esbozo*, 491).
   Ich schicke dir eine Kiste mit Büchern.
   Hier müßte nach Angaben des *Esbozo* die korrekte Version *una caja que contiene* ... lauten.

---

[78] Im Spanischen ist *hombres* Subjekt, wie die Form *veían* zeigt. Siehe in diesem Zusammenhang die Nrn. 1051–1052 zum *pasiva refleja*.
[79] Cf. *Esbozo*, 491.
[80] Cf. *Esbozo*, 491–492. Siehe zu dieser Problematik auch (mit weiteren Beispielen): *Manual de español urgente*, 49–50.

1193. Tatsächlich werden die genannten Bedingungen immer weniger beachtet. So findet man häufig *gerundios*, die sich sehr wohl auf das Objekt des Hauptverbs beziehen, obwohl sie eine Eigenschaft, einen Zustand oder eine langsame Entwicklung bezeichnen. In manchen Fällen steht das *gerundio* darüber hinaus bei Verben, die kein „Wahrnehmen" oder „Darstellen" ausdrücken.

    a. *En verano se la había visto en el jardín llevando pantalones* (J. M. GIRONELLA, *Los cipreses creen en Dios*, 246).
Im Sommer hatte man sie in einer Hose im Garten gesehen.
Um das *gerundio* zu vermeiden, könnte man sagen: *con pantalones*.

    b. *A veces se le veía en el café fumando y oliendo a éter* (P. BAROJA, *La sensualidad pervertida*, in O. C., II, 975).
Manchmal sah man ihn im Café, rauchend und nach Äther riechend.
Man könnte sagen: *... se le veía en el café; fumaba y olía a éter*.

    c. *(Clara) puso ante el hombre el plato conteniendo una fritura de pimientos y tomates* (A. M. DE LERA, *Las últimas banderas*, 109).
Clara servierte dem Mann die Schüssel mit gebackenen Paprika und Tomaten.
Man könnte das *gerundio* durch *que contenía ...* ersetzen.

    d. *Al chico mayor lo tienen educándose en Londres* (J. A. DE ZUNZUNEGUI, *Ramón o la vida baldía*, 71).
Ihr ältester Sohn erhält seine Schulausbildung in London.
Andere Möglichkeiten sind: *el chico mayor es educado en Londres* und, mit einem *pasiva refleja*, *el chico mayor se educa en Londres*.

E. Gerundium, das sich auf einen anderen Satzteil bezieht

1194. Trotz der Kritik, die die Grammatik der *Real Academia Española* an derlei Konstruktionen übt[81], kann man ein *gerundio* auch bei einem Dativobjekt, beim Agens einer Passivkonstruktion, beim nominalen Bestandteil des Prädikats und bei adverbialen Bestimmungen finden.

    a. *Aquel día yo no entendía el entusiasmo de Raquel por un cuarto oliendo a sudor humano* (R. J. SENDER, *La luna de los perros*, 19).
An jenem Tag verstand ich Raquels Begeisterung für ein Zimmer, das nach menschlichem Schweiß roch, nicht.
Ohne *gerundio*: *... un cuarto que olía a sudor humano*.

    b. *Y mi soberbia fue castigada por Dios, condenándome a tenerte presente, hijo mío* (C. J. CELA, *Mrs. Caldwell habla con su hijo*, 61).
Und mein Hochmut wurde von Gott bestraft, der mich dazu verurteilte, dich stets in Gedanken vor mir zu sehen, mein Sohn.
Ohne *gerundio*: *... Dios, que me condenó a tenerte ...*

    c. *Era una mujer diferente de la que solía tener en mis brazos, siendo la misma* (R. J. SENDER, *La luna de los perros*, 143).
Es war eine andere Frau als die, die ich gewöhnlich in meinen Armen hielt, obgleich es dieselbe war.
Man könnte *siendo la misma* durch *aunque era la misma* ersetzen.

---

[81] *Gramática de la lengua española*, 413 (Fußnote 2a) und 414. Siehe auch: M. SECO, *Diccionario de dudas*, 208, und *Manual de español urgente*, 50.

d. *Se acordaba ella de los indios, del incendio en el bosque, de sí misma huyendo* (R. J. SENDER, *Epitalamio del prieto Trinidad*, 30).
Sie erinnerte sich an die Indianer, an das Feuer im Wald, ihre eigene Flucht.
Anstelle von *de sí misma huyendo* kann man sagen: *y de su propia huida*.

1195. *Anmerkung*

Manchmal treten in ein und demselben Satz mehrere *gerundios* auf, die in verschiedenen Funktionen gebraucht werden.

a. *Estábamos en una antesala, mirando la Puerta del Sol, desierta, viendo alguno que otro corriendo pegado a las paredes* (M. AUB, *Campo del moro*, 225).
Wir befanden uns in einem Vorzimmer und blickten auf die menschenleere Puerta del Sol. Ab und zu sahen wir jemanden dicht an der Wand entlanglaufen.

(nosotros) estábamos (...), viendo alguno que otro corriendo

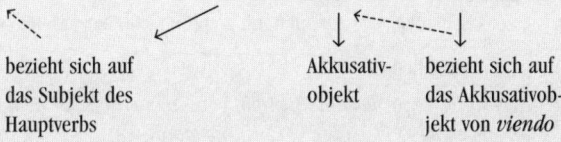

bezieht sich auf	Akkusativ-	bezieht sich auf
das Subjekt des	objekt	das Akkusativob-
Hauptverbs		jekt von *viendo*

Für die Verständlichkeit des Satzes sind wenig elegante Konstruktionen wie die folgende, in der ein finites Verb und das erforderliche Satzzeichen fehlen, nicht eben förderlich:

b. *Se estaba colocando en una posición ridícula ante sus camaradas. Primero, dejándose sorprender robando* (D. MEDIO, *Nosotros, los Rivero*, 310).
Er brachte sich seinen Kameraden gegenüber in eine lächerliche Situation. Erstens, weil er sich bei einem Diebstahl hatte ertappen lassen ...
dejándose gehört zum Subjekt von *se estaba colocando*; *robando* hat den Wert eines Modaladverbs zu *sorprender*.

F. Gerundium in „absoluten Konstruktionen"

1196. Das *gerundio*, das in einer absoluten Konstruktion (*construcción absoluta*) auftritt, bezieht sich, im Unterschied zu den oben angeführten Fällen, nicht auf einen Satzteil im Hauptsatz. Wesentliches Merkmal dieser Fügungen ist die Tatsache, daß sie über ihr eigenes Subjekt verfügen. Mit Ausnahme der Fälle, in denen dieses Subjekt nicht genannt wird oder unpersönlich ist, steht es immer nach dem *gerundio*. Diese absoluten Konstruktionen können den Wert eines kausalen, konditionalen, modalen, temporalen, konzessiven, finalen oder adversativen Nebensatzes haben. [Alle diese Bedeutungen können auch von einem *gerundio* mit *carácter explicativo* ausgedrückt werden, das sich auf das Subjekt oder Objekt des Hauptverbs bezieht[82].]

---

[82] *Esbozo*, 493. Siehe auch: M. SECO, *Diccionario de dudas*, 207.

a. Kausale Bedeutung

No habiendo firmado mi nombramiento el Presidente de la República, es anticonstitucional (M. Aub, *Campo del moro*, 11).
Da der Präsident der Republik meine Ernennung nicht unterzeichnet hat, ist sie verfassungswidrig.

b. Konditionale Bedeutung

¿Si escampa nos dejas ir, mamá? Concha respondió: Escampando, sí (R. Del Valle-Inclán, *Sonata de otoño*, 74).
„Wenn es aufhört zu regnen, läßt du uns dann gehen, Mama?"
Concha antwortete: „Wenn es aufhört zu regnen, ja."

c. Modale Bedeutung

Me siguió envuelta en la sábana y castañeteándole los dientes (C. Laforet, *Nada*, 130).
In das Bettlaken gewickelt und mit klappernden Zähnen folgte sie mir.

d. Temporale Bedeutung[83]

Necesitó esperar bastante tiempo, porque quería llegar de noche, o anocheciendo (T. Salvador, *Los atracadores*, 38).
Er mußte ziemlich lange warten, da er nachts oder bei Einbruch der Nacht ankommen wollte.

e. Konzessive Bedeutung

Pudiendo ser un buen amante las cosas habían sucedido de una manera mediocre (R. J. Sender, *La luna de los perros*, 20).
Obgleich er ein guter Liebhaber sein konnte, war es nur mittelprächtig gewesen.

f. Finale Bedeutung

Le escribí una larguísima carta pidiéndole explicaciones detalladas (J. M. Gironella, ohne Bezug angeführt von J. Coste & A. Redondo, *Syntaxe de l'espagnol moderne*, 463).
Ich schrieb ihm einen sehr langen Brief, um ihn zu bitten, ausführliche Erklärungen zu geben.

---

[83] Nach J. Coste & A. Redondo besteht ein Unterschied zwischen dem Gebrauch des *gerundio* mit temporalem Wert und der Konstruktion / *al* + *infinitivo* /, die ebenfalls temporale Bedeutung hat: „Le gérondif à valeur temporelle exprime essentiellement la concomitance: il indique donc que l'action secondaire se déroule *parallèlement* à l'action principale. De plus, l'emploi d'un gérondif de temps suppose une *durée*, qui peut d'ailleurs être très faible, et s'oppose en cela à l'emploi de la tournure *al* + *infinitif*" (*Syntaxe de l'espagnol moderne*, 461 – „Das Gerundium mit temporalem Wert drückt im wesentlichen die Gleichzeitigkeit aus: es zeigt also an, daß die sekundäre Handlung sich *parallel* zur Haupthandlung vollzieht. Darüber hinaus setzt der Gebrauch eines temporalen Gerundiums eine *Dauer* voraus, die auch durchaus sehr kurz sein kann, und unterscheidet sich darin vom Gebrauch der Fügung *al* + *Infinitiv*"). Man kann dem Kommentar der französischen Autoren nicht ganz beipflichten. Im heutigen Spanisch kann der substantivierte Infinitiv ja auch eine gewisse Dauer ausdrücken, wie z. B. in:
Temporale Bedeutung
De este modo al finalizar diciembre, el Nini divisaba desde la cueva el antiguo potro (M. Delibes, *Las ratas*, 57).
So erblickte Nini in den letzten Dezembertagen von der Höhle aus den alten Notstall.
... *al finalizar diciembre* ... → „Ende Dezember", „die letzten Tage des Dezember".

g. | Adversative Bedeutung |

Am Zugang zur Metrostation *Rubén Darío* (*Paseo de la Castellana*, Madrid) ist folgender Hinweis zu lesen:

> ESTE ACCESO
> SE CIERRA A LAS 22
> PERMANECIENDO ABIERTOS
> ALMAGRO Y
> MIGUEL ANGEL[84]

Dieser Zugang wird um 22 Uhr geschlossen.
Geöffnet bleiben Almagro und Miguel Angel.
Man könnte auch sagen: ... PERO *permanecen abiertos* ...

Anmerkungen

1197. Die angeführten Bedeutungen sind nicht immer sehr scharf gegeneinander abgegrenzt. In einem Satz wie dem folgenden könnte man *viviendo* als Antwort auf eine mit *¿cómo?* eingeleitete Frage betrachten, doch könnte das *gerundio* auch durch das Syntagma *a condición de que vivamos* ersetzt werden (es kann sich also um eine modale oder um eine konditionale Bedeutung handeln):

> *Todos sabemos por experiencia que podemos ser castos, viviendo vigilantes, frecuentando los sacramentos y apagando los primeros chispazos de la pasión sin dejar que tome cuerpo la hoguera* (J. M. Escrivá de Balaguer, *Camino*, Nr. 124).
> Wir alle wissen aus Erfahrung, daß wir keusch leben können, indem wir wachsam sind, häufig die Sakramente empfangen und die ersten Funken der Leidenschaft löschen, bevor sie uns lichterloh brennen lassen.

1198. Eine halb konzessive, halb adversative Bedeutung hat das im übrigen mit einem gewissen *valor interjeccional* gebrauchte *¡deseando!* in einem Satz wie dem folgenden:

> ... „*para la señorita, yo no quiero nada*", *no vas a querer, ¡deseando! como que te crees que él no lo notaba* (M. Delibes, *Cinco horas con Mario*, 225).
> ... „(das ist) für die junge Dame, ich will nichts." Von wegen nichts wollen, und ob du was willst! Meinst du, er hätte das nicht bemerkt?

1199. Die Handlung, die durch das *gerundio* bezeichnet wird, das in *cláusulas absolutas* auftritt oder das sich – mit *carácter explicativo* – auf das Subjekt des Hauptsatzes bezieht, muß sich GLEICHZEITIG mit der des Hauptverbs oder KURZ VORHER bzw. UNMITTELBAR DANACH vollziehen[85]. Man könnte daher durchaus sagen:

---

[84] So gesehen im Februar 1991.
[85] Cf. *Esbozo*, 488. M. Molho betrachtet Konstruktionen, in denen das *gerundio* eine Handlung bezeichnet, die NACH der durch das Hauptverb bezeichneten Handlung stattfindet, als „ungrammatisch" und darüber hinaus als „höchst unelegant" (*Sistemática del verbo español*, 702). Nach C. Hernández gewinnt dieser Gebrauch des *gerundio* im modernen Spanisch an Boden, vor allem in der Umgangssprache und in der Presse, doch könne man ihn auch bei einem höheren Sprachniveau antreffen (*Gramática funcional del español*, 314).
Nach Ansicht mancher Sprachwissenschaftler besteht allerdings kein triftiger Grund, warum hier überhaupt eine Einschränkung gemacht werden sollte (cf. E. Luna Trail, *Sintaxis de los verboides en el habla culta de la ciudad de México*, 101 – der Autor führt u. a. eine überzeugende Argumentation von J. Lope Blanch an). Siehe dazu

a. *Volvió a marcharse Augusto, encontrándose al poco rato en el paseo de la Alameda* (M. DE UNAMUNO, angeführt im *Esbozo*, 488).
Augusto ging wieder weg und erreichte kurz darauf die Alamedapromenade.

jedoch (zumindest im Standardspanischen) NICHT:

b. * *A los sesenta años (1607) emigró a América, muriendo en Méjico, en 1614* (M. SECO, *Diccionario de dudas*, 208).
Im Alter von sechzig Jahren (1607) wanderte er nach Amerika aus und starb 1614 in Mexiko.

1200. Als eine Variante der behandelten *gerundios absolutos* kann man eine Konstruktion betrachten, die manchmal *gerundio preposicional* genannt wird[86].

Vivo pasando la catedral (S. GILI Y GAYA, *Curso superior de sintaxis española*, 199).
Ich wohne hinter der Kathedrale.
Anstelle des *gerundio* könnte man hier auch die Präposition *tras* gebrauchen: *Vivo tras la catedral*.

G. Gerundium als Imperativ

1201. Ebenso wie der Infinitiv kann auch das *gerundio* in der Umgangssprache mit dem Wert eines Imperativs gebraucht werden[87]. Die angeführten Beispiele zeigen, daß diese Funktion vor allem bei Verben der Bewegung häufig vorkommt (eventuell figurativ gebraucht wie in Beispiel c). Ausrufezeichen werden gewöhnlich nicht gesetzt.

a. *Romualdo consultó el reloj: – Bueno, andando* (J. A. DE ZUNZUNEGUI, *Beatriz o la vida apasionada*, 52).
Romualdo blickte auf die Uhr: „Gut, gehen wir."
b. *Saliendo, saliendo, que es la una* (hörte ich in Spanien eine Mutter zu ihren Kindern sagen, die sich im Schwimmbecken vergnügten).
Raus jetzt, es ist schon ein Uhr.
c. *Volviendo al día anterior* (T. SALVADOR, *División 250*, 355).
Kommen wir nun zum Tag davor zurück.

Den imperativischen Wert des *gerundio* zeigt das folgende Beispiel recht deutlich, in dem eine Form auf *-ndo* neben echten Imperativen steht:

d. *Circulen, circulen, andando* ... (R. SÁNCHEZ FERLOSIO, *El Jarama*, 286).
Gehen Sie weiter, gehen Sie weiter, nicht stehen bleiben.

---

auch: DUE, I, 1394–1395. Es fällt auf, daß das sonst so zum Purismus neigende *Manual de español urgente* in dieser Frage, wenn auch für ein niedrigeres Sprachniveau, einen relativ differenzierten Kommentar gibt (S. 48).
[86] Cf. E. MARTÍNEZ AMADOR, *Diccionario gramatical*, 687. Diese Bezeichnung kann zu Mißverständnissen führen. Sie wird nämlich zuweilen auch zur Bezeichnung der Konstruktion / *en* + *gerundio* / verwendet. Siehe dazu mehr in den Nrn. 1205–1206.
[87] Als zweite Person (Singular, Plural, Höflichkeitsform) und als erste Person Plural.

Der Ausdruck ¡*Marchando!*, der besonders häufig in der Sprache der Kellner anzutreffen ist, entspricht ebenfalls einer Anweisung, wenn die Bestellung eines Kunden weitergegeben werden soll:

    e. ¡*Marchando, cinco Irish coffee!* (C. J. CELA, *Nuevo viaje a la Alcarria*, 85).
       Fünf Irish Coffee!

1202. Dem *gerundio* mit dem Wert eines Imperativs wird manchmal zur Bekräftigung die humoristische Formel *que es gerundio* hinzugefügt. Diese ausschließlich in der familiären Umgangssprache vorkommende Verbindung erscheint paradox, aber sie ist insofern interessant und bedeutsam, als sie auf eine mögliche Äquivalenz / *gerundio* ~ Imperativ / im Sprachbewußtsein des *hispanohablante* hinweist.

    a. *Compañeros, andando que es gerundio* (M. AUB, *Las buenas intenciones*, 212).
       Los, Kameraden, machen wir uns auf.
    b. *Arreando, Fabián, que es gerundio* (C. J. CELA, *El molino de viento*, 21).
       Los, Fabián, beeilen wir uns.
    c. *Bueno al trabajo, que es gerundio* (A. M. VIGARA TAUSTE, *Morfosintaxis del español coloquial*, 264).
       Los, an die Arbeit.

Die in Beispiel c enthaltene Gleichsetzung von *gerundio* und *imperativo* ist umso interessanter, als hier ja gar kein *gerundio* verwendet wird. Im übrigen hat der Nominalausdruck *al trabajo* praktisch dieselbe Funktion wie ein echter Imperativ.

1203. Imperativischen Wert hat das *gerundio* auch in einer Konstruktion mit *estar* vom Typ *¡Ya te estás callando!* („Halt jetzt den Mund!"). Diese Formulierung, die sich hauptsächlich in der Volkssprache findet, ist als eine emphatische Variante des Imperativs zu betrachten[88].

    – *¡Ábreme, Margot!*
    – *¡Vamos, hombre! Ya está usted largándose!*
    – *¡Abre un momento!*
    – *¡¡Que ya se está largando!!* (F. TRIGO, *En la carrera*, 57).
    „Mach auf, Margot!" „Mann, machen Sie, daß Sie fortkommen!" „Mach doch einen Augenblick auf!" „Sie sollen verschwinden, habe ich gesagt!!"

H. Gerundium als Substantiv

1204. Bei manchen *gerundios* findet man eine Art „ständige Substantivierung" (wie wir sie auch von bestimmten Infinitiven kennen[89]). Diese Wörter haben eine Plural- und – manchmal auch[90] – eine weibliche Form. Es handelt sich dabei um Ausdrücke wie *el bautizando* („der Täufling"), *el doctorando* („der Doktorand"), *el examinando* („der Prüfling"), *el considerando* [„der Erwägungsgrund", „die Rechtsausführung"; im Plural (→ *los considerandos*): „die Urteilsbegründung"[91]] usw.[92]

---

[88] Siehe dazu: E. LORENZO, *El español de hoy, lengua en ebullición*, 99, und *Esbozo*, 465.
[89] Cf. oben, Nr. 1114.
[90] Wenn sie Personen bezeichnen.
[91] In der Rechtssprache.
[92] All diese Formen sind mehr oder weniger als „bildungssprachlich" zu betrachten und gehören häufig einer Fachterminologie an. Meine Informanten machten zu den hier angeführten Ausdrücken die folgenden Anmer-

a. (...) *las educandas: niñas de hasta diez años* (C. J. CELA, *Gavilla de fábulas sin amor*, 122).
(...) die Schülerinnen: Mädchen bis zum Alter von zehn Jahren.
b. (...) *sus antiguos confesandos* (F. VIZCAÍNO CASAS, *La boda del señor cura*,
(...) seine ehemaligen Beichtkinder.

§ 3. BESONDERE KONSTRUKTIONEN

A. „En" + Gerundium[93]

1205. Wie oben dargelegt wurde, können dem *infinitivo* verschiedene Präpositionen vorausgehen. Beim *gerundio* kommt nur *en* in Frage. Nach Angaben des *Esbozo* bringt diese Konstruktion zum Ausdruck, daß sich eine Handlung unmittelbar vor der durch das Hauptverb bezeichneten Handlung vollzieht (→ *anterioridad inmediata*)[94]. Sie kann mit einem durch *en cuanto* [bzw. (die volkstümliche Variante): *en cuanto que* („sobald")] oder *(inmediatamente) después de* [„(unmittelbar) nach"] eingeleiteten temporalen Nebensatz bzw. Ausdruck gleichgesetzt werden. Diese Fügung kommt gegenwärtig hauptsächlich in der Umgangssprache vor[95].

a. *En llegando el verano, don Evaristo se ponía una chaqueta blanca* (J. M. PEMÁN, *Ensayos andaluces*, 179).
Sobald der Sommer anbrach, zog sich Don Evaristo eine weiße Jacke an.

Man hüte sich davor, / *en + gerundio* / als vollständiges Äquivalent für das französische *gérondif* zu betrachten. Im folgenden Satz wäre es beispielsweise völlig verkehrt, *en comiendo* mit *en mangeant* (d. h. „beim Essen") zu übersetzen.

b. *Plinio y don Lotario marcharon a casa, mayormente con la gana de echar una siesta en comiendo* (F. GARCÍA PAVÓN, *Vendimiario de Plinio*, 103).
Plinio und Don Lotario gingen nach Hause, hauptsächlich mit dem Wunsch, gleich nach dem Essen ein Nickerchen zu machen.

In bestimmten Fällen ist zwar eine implizite *idea de anterioridad* vorhanden, doch verschiebt sich diese gleichsam zu einer gewissen GLEICHZEITIGKEIT hin, die im angegebenen Kontext eine größere zeitliche Ausdehnung erhält:

---

kungen: ALV, BOS, CAR, LAP, MAR, ROD, SEN, VAQ und VAR sagten, sie hätten den Ausdruck *bautizando* noch nie gehört und/oder würden ihn nie benutzen. Die übrigen Informanten betrachten ihn als bildungssprachlich, wobei BUS und MON die weibliche Form als absolut ungebräuchlich bezeichneten. Interessant ist in diesem Zusammenhang die Aussage eines von mir befragten Priesters (Don Juan Francisco AZNÁREZ, Kanoniker der Kathedrale von Jaca): „sicher, ich gebrauche oft (den Begriff) *el bautizando* (weiblich: *la bautizando*)" – dies erklärte er mir August 1983. Meine Informanten (allesamt in der Lehre tätig!) verwenden ausnahmslos die Formen *doctorando, examinando* und *graduando* („jemand, der kurz vor einem Hochschulabschluß steht") sowie die weiblichen Entsprechungen *doctoranda, examinanda, graduanda* (mit Ausnahme von LOP und LLO, die *la doctorando* und *la examinando* ... den Vorzug geben). In einem Gespräch mit N. CARTAGENA (Professor in Heidelberg) hörte ich das Wort *diplomando*. Der genannte (aus Chile stammende) Sprachwissenschaftler bezog sich mit dieser Sprachschöpfung auf das „deutsche" Wort *Diplom*.

[93] Siehe den Hinweis in Fußnote 86. Nach S. DE LOS MOZOS bezieht sich der Terminus *gerundio preposicional* allerdings auf die Konstruktion / *en + gerundio* /, der dieser Autor eine Studie gewidmet hat: *El gerundio preposicional* (Salamanca, 1973).

[94] *Esbozo*, 489. In älteren Texten stand / *en + gerundio* / für Gleichzeitigkeit. Siehe hierzu auch Beispiel c.

[95] Cf. DUE, I, 1394.

c. *En llegando al pueblo hube mucha soledad* (J. A. VALLEJO-NÁGERA, *Concierto para instrumentos desafinados*, 18).
Als ich im Dorf ankam, fühlte ich mich sehr einsam und verlassen.
Hube ist hier eine archaisierende (oder ländliche) Form. Siehe dazu Nr. 1314, G.

1206. Der *Esbozo* nennt keine weitere mögliche Bedeutung der Fügung / *en* + *gerundio* /. Gleichwohl wird sie im heutigen Spanisch häufig mit der Bedeutung eines konditionalen, manchmal auch eines kausalen Nebensatzes gebraucht.

a. *En teniendo con qué alimentarnos y con qué cubrirnos, estemos contentos* (M. DELIBES, *Cinco horas con Mario*, 47).
Wir wollen zufrieden sein, wenn wir etwas zum Essen und zum Anziehen haben.

b. *Lo único que tengo es gaseosa para los jóvenes, en no queriendo vino* (R. SÁNCHEZ FERLOSIO, *El Jarama*, 22).
Ich habe nur Limonade für die jungen Leute, da sie keinen Wein wollen.

c. *(El matrimonio) Es cosa de quererse. Y, en habiendo esto, todo lo demás sale sobrando* (J. RULFO, *Pedro Páramo*, 58).
Wichtig (in der Ehe) ist, daß man einander liebt. Und wenn das der Fall ist, ergibt sich alles andere von selbst.

B. „Como" + Gerundium

1207. Auf das Adverb *como* kann ein *gerundio* folgen. Der *Esbozo* erwähnt diese Möglichkeit nicht. In der letzten Auflage der *Gramática de la lengua española* wird diese Fügung hingegen angeführt, wobei angemerkt wird, sie sei nur akzeptabel, wenn *como* ungefähr mit *como si* („als ob") synonym sei[96]. Als korrekt kann daher der Gebrauch des *gerundio* in dem folgenden Beispiel betrachtet werden:

a. *Trujillo hizo un gesto como queriendo dar a entender a Encarna que la respuesta era obvia* (A. M. DE LERA, *Las últimas banderas*, 172).
Trujillo machte eine Geste, als wollte er Encarna zu verstehen geben, daß die Antwort klar sei.

Im *Manual de español urgente* (von 1985) wird als nichtakzeptable Konstruktion der folgende Satz angeführt:

b. *El fiscal ha rechazado los argumentos de la defensa como siendo carentes de razón* (o. c., 50).
Der Staatsanwalt hat die Argumente der Verteidigung als unbegründet zurückgewiesen.

---

[96] REAL ACADEMIA ESPAÑOLA, *Gramática de la lengua española*, S. 416–417. Ein Satz wie der folgende, in dem *como* „als" bedeutet, ist hingegen nach Ansicht der *Real Academia* als nichtakzeptabler Gallizismus zu betrachten: *El rey ha declarado nulas las resoluciones adoptadas por los diputados como siendo ilegales* („Der König hat die Beschlüsse der Abgeordneten für nichtig erklärt, da sie illegal seien" – wörtlich: „als illegal seiend"). In diesem Sinne auch: M. SECO, *Diccionario de dudas*, 209, *Manual de español urgente*, 50, und DUE, I, 1394.

C. Gerundium + „como" + konjugierte Form desselben Verbs

1208. Das *gerundio* und eine konjugierte Form desselben Verbs können durch *como* verbunden werden und bringen dann in Form eines Nebensatzes meist eine Kausalität auf emphatische Weise zum Ausdruck.

> a. *Doña Carmen es incapaz de hacerme esa jugada sabiendo como sabe que estoy embrujada por ti* (J. A. DE ZUNZUNEGUI, *El camión justiciero*, 139).
> Doña Carmen ist nicht fähig, mir so etwas anzutun, wo sie doch weiß, daß ich ganz vernarrt in dich bin.
> b. *Una de las cosas que dijo Mungía, ignorando como ignoraba las últimas novedades trágicas, fue lo siguiente:* ... (R. J. SENDER, *La aventura equinoccial de Lope de Aguirre*, 322).
> Eine der Sachen, die Mungía sagte, – er wußte ja nichts von den letzten tragischen Nachrichten – war folgendes: ...

D. Wiederholung des Gerundiums

1209. Eine andere Möglichkeit, die durch das *gerundio* bezeichnete Handlung emphatischer auszudrücken, ist die Wiederholung der Form auf *-ndo*. Man erhält dann eine Art *aumentativos de acción*, die das Fortdauern, die lange Dauer, das Systematische der Handlung betonen. Die zwei *gerundios* können in derlei Konstruktionen durch die Konjunktion *y* verbunden werden (Beispiel c).

> a. *Y, corriendo, corriendo se trasladaron a Berlín* (J. CAMBA, *Aventuras de una peseta*, 41).
> Und sie begaben sich in aller Eile nach Berlin.
> b. *Subía por una escalerita al cementerio del Padre La Chaise, y andando, andando, se encontraba ante el Panteón* (AZORÍN, *Capricho*, 42).
> Über eine kleine Treppe erreichte er den Friedhof von Père-Lachaise, und nachdem er ein ganzes Stück gelaufen war, stand er vor dem Pantheon.
> c. *Creo que vino a parar aquí rodando y rodando sobre las palabras que querían evitar la pregunta* (G. CABRERA INFANTE, angeführt von J. GOYTISOLO, *Disidencias*, 209).
> Ich habe den Eindruck, daß er mit diesem Wortschwall der Frage ausweichen wollte.

Eine noch deutlichere und komplexere intensivierende Konstruktion findet man im folgenden Satz, mit einer Kombination von verstärkenden Elementen stilistischer und semantischer Art (→ zum einen die doppelte Wiederholung einer Form auf *-ndo*, zum anderen der Gebrauch des „superlativierenden" Adverbs *eternamente*):

> d. *Sólo rodeado por su guardia sería capaz de seguir viviendo, viviendo, viviendo eternamente* (M. MUJICA LAINEZ, *Bomarzo*, 173).
> Nur in Anwesenheit seines Leibwächters würde er fähig sein, für immer und ewig weiterzuleben.

(Zur Fügung / *seguir + gerundio* / siehe unten, Nr. 1220 [F].)

E. Verneintes Gerundium; Gerundium mit enklitischen Pronomen

1210. Ebenso wie dies beim Infinitiv der Fall ist, kann man auch das *gerundio* in verneinten Konstruktionen gebrauchen, und es können enklitische Pronomen angefügt werden.

    a. – *Pero, ¿ella, no tiene dinero?*
       – *Sí ..., pero con la vida que hace acabará no teniéndolo* (J. A. DE ZUNZUNEGUI, *El hijo hecho a contrata*, 255).
       „Aber hat sie denn kein Geld?" „Schon, aber bei ihrem Lebensstil wird sie bald keins mehr haben."
    b. *Mis literarias excusas a quienes no entendiéndolo así, puedan enojarse* (F. VIZCAÍNO CASAS, ... *y al tercer año, resucitó*, 9)[97].
       Ich bitte als Schriftsteller jeden um Entschuldigung, der das nicht so sieht und sich möglicherweise ärgert.

F. Gerundios de frase

1211. Obwohl von einer Häufung von *gerundios* in einem Satz abgeraten wird, da sie meist Ausdruck mangelnder Sprachbeherrschung sei[98], findet man gegenwärtig auch bei den besten Autoren bisweilen zahlreiche aufeinanderfolgende Formen auf *-ndo*. In bestimmten Fällen tritt überhaupt kein konjugiertes Verb auf, und die Sätze sind ganz um die *gerundios* „herum" konstruiert. Man könnte beinahe von *gerundios de frase* sprechen[99].

    a. *Y el „¡no pasarán!" repitiéndose, saltando, quebrándose, arremolinándose y desbordándose después, como una ola cimera convertida en espuma, por encima de las cabezas y llegando hasta un cielo de nubes bajas y sombrías* (A. M. DE LERA, *Las últimas banderas*, 263).
       „Sie werden nicht durchkommen!" erschallt es, und die Rufe wiederholen sich, quellen hervor, brechen ab, folgen immer schneller aufeinander und fegen dann wie eine schäumende Flutwelle über die Köpfe hinweg, um schließlich einen dunklen, wolkenverhangenen Himmel zu erreichen.[100]

In der letzten Auflage der *Gramática de la lengua española* der *Real Academia Española* (1931) wird auf einen möglichen Parallelismus zwischen dem *gerundio* und dem *imperfecto de indicativo* aufmerksam gemacht[101]. Dies erscheint als eine logische Folge des durativen Aspekts der beiden Formen, und es liegt nahe, daß das *gerundio* (wie das *imperfecto de indicativo*) sich häufig in Beschrei-

---

[97] Strenggenommen ist der Gebrauch des *gerundio* in diesem Satz inkorrekt, da es sich auf das Dativobjekt bezieht. Siehe dazu Nr. 1194.
[98] Cf. M. SECO, *Diccionario de dudas*, 209. Nach Ansicht dieses Autors sollte man anstelle der *gerundios* besser kürzere, eigenständige Sätze bilden.
[99] In Analogie zu dem, was anderswo als *diminutivos, aumentativos* und *superlativos de frase* bezeichnet wird (cf. J. DE BRUYNE, *Over samenstelling door suffixen in het Spaans*, 31–34).
[100] Siehe auch: A. CARPENTIER, *El recurso del método*, 57 (ein kurzer Satz mit drei *gerundios*); J. DONOSO, *La misteriosa desaparición de la marquesita de Loria*, 125 (vier *gerundios*); I. ALDECOA, *Gran sol*, 146 (fünf *gerundios*); A. M. MATUTE, *Los soldados lloran de noche*, 65 (fünf *gerundios*); R. J. SENDER, *Siete domingos rojos*, 108 (sieben *gerundios*); D. ROMERO, *La esposa del Dr. Thorne*, 62, 95 und 115 (7, 13 und 9 *gerundios*) ... Siehe auch in Nr. 1225 die Anmerkung zu den *gerundios* bei L. MARTÍN-SANTOS.
[101] S. 415, Fußnote (bei Nr. 458, a).

bungen findet. Ein aufschlußreiches Beispiel ist in diesem Zusammenhang der folgende bei C. Fuentes entlehnte Satz:

b. *El señor Presidente de la República entró al salón. Avanzó entre los invitados, saludando afablemente, seguramente haciendo bromas, apretando ciertos brazos, evitando otros, dando la mano efusivamente a unos, fríamente a otros, reconociendo a éste, ignorando a aquél, iluminado por la luz pareja y cortante de los reflectores, despojado intermitentemente de sombra por los flashes fotográficos. Reconociendo, ignorando* (La cabeza de la hidra, 59).
Der Herr Präsident betrat den Salon und ging zwischen den Reihen der Gäste hindurch nach vorn, wobei er leutselig grüßte und selbstsicher Witze zum besten gab, die Arme mancher Gäste freundschaftlich berührte und denen anderer auswich, dem einen herzlich und dem anderen kühl die Hand schüttelte, diesem durch seinen Blick zeigte, daß er ihn kannte und jenem, daß er ein Fremder für ihn war, dabei beleuchtet vom gleichmäßigen, gleißenden Licht der Scheinwerfer, während sein Schatten im Rhythmus der Blitzlichter bald sichtbar, bald unsichtbar war. Ein freundlicher Blick hier, ein kühler Blick da.
Wie das *imperfecto* fungiert das *gerundio* hier als eine Art *presente del pasado*. Die Häufung der Formen auf *-ndo* ist in dieser Passage sicher nicht auf Nachlässigkeit oder Bequemlichkeit des Autors zurückzuführen. Vielmehr hat er sich bewußt für dieses Verfahren entschieden, in dem sich die Aspekte Dauer und Wiederholung in einer bestimmten zeitlichen Perspektive gegenseitig ergänzen. Als geglückt ist auch die Wiederholung von *Reconociendo, ignorando* – in einem neuen Satz – zu betrachten. Diese Formen haben sozusagen den Wert von verbalen Kollektiva und stehen im Zusammenhang mit den im Text erwähnten *flashes fotográficos*. Man kann sie auch als eine Synthese betrachten: Sie unterstreichen das Wesentliche im Auftreten des Präsidenten.

G. An das Gerundium angefügte Suffixe

1212. An das *gerundio* – sogar wenn es den Wert eines Imperativs (und damit eine verbale Funktion) hat – können Diminutivsuffixe angefügt werden.

a. *Delante iba Santiago, con la cruz, silbandillo* (C. J. Cela, *La familia de Pascual Duarte*, 65).
An der Spitze ging Santiago mit dem Kreuz und pfiff leise vor sich hin.

b. *Hizo Pacheco un lío con estas prendas y dijo: Andandito; primero iré yo* (P. Baroja, *La feria de los discretos*, in O. C., I, 757).
Pacheco schnürte diese Kleidungsstücke zu einem Bündel zusammen und sagte: „Gehen wir vorsichtig weiter; ich gehe voraus."

c. *Me lo dijo muy callandito* (M. De Unamuno, *Intermedio lingüístico*, in O. C., VI, 662)[102].
Er sagte es ganz leise zu mir.

---

[102] Mit dem interessanten, aber nicht näher ausgeführten Kommentar: *¡Estos tan expresivos diminutivos de gerundios!* („Diese Diminutivformen des *gerundio* sind ja so ausdrucksstark!").

H. Satzbau: Stellung des Gerundiums in bezug auf sein Subjekt

1213. In der letzten Auflage der *Gramática de la lengua española* heißt es, die Satzkonstruktion müsse so beschaffen sein, daß das Subjekt des *gerundio* ohne jeden Zweifel deutlich werde. Das bedeutet, daß das *gerundio* so dicht wie möglich beim Subjekt oder Akkusativobjekt des Hauptverbs stehen muß[103]. Als Beispiel wird der folgende Satz angeführt:

> *Ayer vi a Juana paseando por el jardín.*
> Gestern sah ich Juana durch den Garten spazieren.
> *Juana*, Akkusativobjekt zu *vi*, ist das Subjekt des *gerundio*, welches unmittelbar auf den Namen folgt.

1214. In der Praxis wird diese Regel immer weniger beachtet[104]. Wenn dann noch die Interpunktion unvollständig ist oder ganz weggelassen wird, sind unelegante, bisweilen unklare Sätze wie die folgenden das Resultat:

a. *Prosista es aquel a quien se le ocurren las cosas escribiendo* (F. Umbral, *La noche que llegué al café Gijón*, 143).
Ein Prosaschreiber ist jemand, dem die Gedanken beim Schreiben kommen.
Prosista könnte nicht weiter vom *gerundio*, dessen Subjekt es ist, entfernt sein!
Man könnte das *gerundio* durch *mientras escribe* ersetzen.

b. *Manuel podía estar después de comer algún día charlando* (P. Baroja, *Aurora roja*, in O. C., I, 568).
An manchen Tagen konnte es sein, daß Manuel nach dem Essen noch auf ein Schwätzchen dablieb.
Besser wäre: *Después de comer, Manuel podía estar charlando algún día.*

c. *Era un plan madurado durante muchas noches calurosas, sentado en el cenador del jardín, a oscuras, para evitar los mosquitos y fumando* (S. Lorén, *Las cuatro vidas del doctor Cucalón*, 137).
Der Plan war in vielen warmen Nächten gereift, in denen ich in der Gartenlaube saß, im Dunkeln, um keine Mücken anzulocken, und rauchte.
Zu diesem schlecht konstruierten, als Ganzes asymmetrischen und uneleganten Satz läßt sich folgendes anmerken: *fumando* kann schwerlich dicht bei seinem Subjekt (*yo* = „ich") stehen, denn es tritt im Satz gar nicht auf; von den beiden Perfektpartizipien, *madurado* und *sentado*, gehört nur das erste zu einem Substantiv (*plan*), obwohl der Satzbau beim oberflächlichen Lesen den Eindruck erwecken könnte, daß sich auch das nach dem Komma stehende *sentado* darauf bezieht; *fumando*, dem die nebenordnende Konjunktion *y* vorausgeht, welches das *gerundio* eigentlich mit *sentado* verbinden müßte, hat *valor especificativo* und steht sehr unorganisch am (abrupten) Ende des Satzes.

Ganz deutlich um einen stilistischen Effekt geht es in dem folgenden Wortspiel, das darauf beruht, daß ein Infinitiv und ein *gerundio* (beide Formen von demselben Verb) nebeneinandergestellt werden. Die

---

[103] Real Academia Española, *Gramática de la lengua española*, 414. Dies ist darin begründet, daß das *gerundio* eine unveränderliche Form ist, die es nicht ohne weiteres ermöglicht, anhand morphologischer Merkmale festzustellen, zu welchem Substantiv oder Pronomen es gehört.
[104] Im *Esbozo* wird sie übrigens nicht mehr erwähnt.

Verbindung der zwei *formas no personales* bringt eine doppelwertige Situation (→ Passiv ~ Aktiv) zum Ausdruck, wobei beide Formen (wenigstens in der Oberflächenstruktur) dasselbe Subjekt haben:

d. *Fue la época más feliz de la vida de Agustín. Pilar le cuidaba como a un hijo, y él se dejaba querer queriendo* (M. AUB, *Las buenas intenciones*, 196).
Es war die glücklichste Zeit in Agustíns Leben. Pilar sorgte für ihn wie für einen Sohn, und er genoß und erwiderte ihre Liebe.

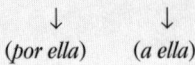

I. Das Gerundium in elliptischen Konstruktionen

1215. Das *gerundio* kommt häufig in Texten (ohne konjugiertes Verb) vor, die Bilder oder Fotos kommentieren, in Titeln von Erzählungen, Schilderungen usw. Dahinter steht die Absicht, eine Handlung in ihrem Verlauf oder eine Situation anschaulich wiederzugeben[105].

a. *Aníbal pasando los Alpes* (*Esbozo*, 490).
Hannibal beim Zug über die Alpen.
b. *La actriz X recibiendo los aplausos del público* (*Esbozo*, 490).
Die Schauspielerin X wird vom Publikum gefeiert.
c. *Máscaras bailando* (Zeichnung von Goya im Prado).
Tanzende Masken.

1216. In Fällen wie den folgenden ist es offensichtlich, daß eine Form des Verbs *estar* weggelassen wurde. Derlei Konstruktionen finden sich vor allem in umgangssprachlichen Dialogen häufig[106]:

a. TRINI. – *¿Y Carmina?*
GENEROSA. – *Aviando la casa* (A. BUERO VALLEJO, *Historia de una escalera*, 13).
TRINI: Und wo ist Carmina? GENEROSA: Sie ist dabei, das Haus aufzuräumen.
b. *¿Qué diría Clara si viese cómo está la casa?... Su casa. ¡Tantos años pagándola!* (M. AUB, *Campo del moro*, 15).
Was würde Clara sagen, wenn sie sähe, wie das Haus aussieht?... Ihr Haus. Da hat sie nun so viele Jahre für bezahlt!
Pagándola < *la había estado pagando* [oder < *había estado pagándola* (vgl. Nr. 1223)].

1217. Ein *gerundio*, bei dem man sich eine Form von *estar* hinzudenken kann, kommt auch in Konstruktionen mit affektiver Bedeutung vor, die durch die Konjunktion *y* oder *conque* eingeleitet werden. Derartige Fügungen haben oft eine emphatische oder ironische Bedeutung.

---

[105] Cf. M. SECO, *Diccionario de dudas*, 207, und *Esbozo*, 490.
[106] Cf. *Esbozo*, 490.

a. *El tenientajo ese tiene su cuarto abarrotado de víveres. Y mis chavales pasando hambre* (A. M. DE LERA, *Las últimas banderas*, 152).
Dieser mickerige Leutnant hat sein Zimmer mit Lebensmitteln vollgestopft. Und meine Jungs müssen hungern.
b. *Conque espiándonos, ¿eh?* (J. GOYTISOLO, *Duelo en el paraíso*,
Soso, man spioniert uns also nach?

1218. Vor allem das *gerundio* von *estar* wird nach Verben wie *continuar* („fortsetzen") und *seguir* („folgen") auch schon einmal weggelassen; das Resultat sind Sätze wie *mi tía sigue enferma* [für *mi tía sigue estando enferma* – „meine Tante ist noch (oder: immer noch) krank"].

1219. In einigen lateinamerikanischen Ländern findet sich ein eigenartiger Gebrauch des *gerundio* der Verben *hacer* („tun") und *decir* („sagen"). *¿Qué haciendo?* und *¿Qué diciendo?* bedeuten: *¿Por qué causa?* („warum?"), *¿Cómo?* („wie?") in Sätzen wie

a. *¿Qué haciendo viniste?* (= *¿Por qué viniste?*)
Warum bist du gekommen?
b. *¿Qué haciendo se cayó el niño?* (= *¿Cómo se cayó el niño?*)
Wie ist das Kind hingefallen?
c. *¿Qué diciendo?* (= *¿Qué razón hay para ello?*)
Warum?[107]

§ 4. DAS GERUNDIUM IN FRASES VERBALES

1220. Das *gerundio* tritt häufig in sogenannten *frases verbales* auf. Es steht dann neben einem Verb, das in diesem Fall als *auxiliar*[108] fungiert, wie z. B. *andar* („gehen"), *continuar* („fortsetzen"), *estar* („sein"), *ir* („gehen"), *llevar*[109], *seguir* („folgen") u. a. In solchen Konstruktionen wird im allgemeinen der durative Aspekt der Handlung betont. Jedes *verbo auxiliar* kann darüber hinaus eine eigene, besondere Bedeutungsnuance akzentuieren.

> [A.] / *Estar* + *gerundio* / bringt zum Ausdruck, daß sich eine Handlung gerade in dem Augenblick vollzieht, in dem man über sie spricht (oder, im Falle eines *gerundio compuesto*, daß sie sich während des Zeitraums, von dem die Rede ist, vollzogen hat). Der durative Aspekt ist hier vielfach besonders deutlich und kann eventuell (wie in Beispiel b) durch eine adverbiale Bestimmung der Zeit noch verstärkt werden.

---

[107] Der Kommentar und die Beispiele wurden bei C. KANY, *Sintaxis hispanoamericana*, 284–285, entlehnt.
[108] Manchmal auch als *semi-auxiliares* bezeichnet. Gewöhnlich betrachtet man als *verbos auxiliares* solche Verben, die ihre Bedeutung in einem bestimmten Kontext größtenteils oder vollständig verlieren (siehe dazu: *Esbozo*, 444–445). Kritik an dieser Betrachtungsweise und eine andersartige Darstellung des Problems findet sich jedoch bei M. LAUNAY, *Acerca de los auxiliares y frases verbales* (in *Lingüística española actual*, II/1-1980, 39–79). Ein eindeutiges Beispiel für ein *(semi)-auxiliar* gemäß der Definition des *Esbozo* findet man in dem unter l angeführten Satz, in dem *andarse lavando* eigentlich *lavarse* bedeutet. Von der ursprünglichen Bedeutung von *andar* bleibt nur wenig übrig.
[109] Die Übersetzung von *llevar* in *gerundio*-Konstruktionen wird aus dem unter l angeführten Beispiel deutlich.

a. *Jorge Fiestas, viejo amigo, me cuenta que Sara Montiel está teniendo un gran éxito en Barcelona* (F. UMBRAL, *Noche de famosos*, in Heraldo de Aragón, 12.5.1974, 28).
Von Jorge Fiestas, einem alten Freund, erfahre ich, daß Sara Montiel gegenwärtig in Barcelona großen Erfolg hat.

b. *Y un día y otro había estado temiendo, durante cuarenta años seguidos, que apareciera un día un enviado de Firouz* (I. AGUSTÍ, *Desiderio*, 369).
Vierzig Jahre lang hatte er Tag um Tag in der Furcht gelebt, eines Tages könnte ein Gesandter von Firouz auftauchen.

c. *Hasta pasado un tiempo no sabemos que estamos habitando nuestro propio cadáver* (Verse von F. AGUIRRE, *Ítaca*, 46).
Erst nach einiger Zeit werden wir gewahr, daß wir unseren eigenen Leichnam bewohnen.

Die Fügung / estar + siendo + Partizip Perfekt / wird in Nr. 1263 behandelt.

In einigen Ländern Lateinamerikas wird – fast ausschließlich in der Volkssprache – / estar + gerundio / mit dem Wert einer einfachen Form des zweiten Verbs gebraucht: *estás pudiendo* bedeutet *puedes, estar teniendo* ist synonym zu *tener* usw. Zuweilen ist die Form inchoativ, und in wieder anderen Fällen drückt sie dasselbe aus wie *aún, todavía*. Zum Beispiel: *estoy teniendo = todavía tengo*[110] („ich habe noch").

Man kann sich fragen, ob die erste Feststellung, mutatis mutandis, nicht auch für einen Satz wie *¿Qué hora vamos teniendo tú?* (R. SÁNCHEZ FERLOSIO, *El Jarama*, 124 – „He, wie spät haben wir's?") gilt, in dem die *frase verbal* mit *gerundio* nicht inhaltsreicher ist oder ausdrucksstärker erscheint als das einfache *¿Qué hora tenemos?*

In diesem Zusammenhang kann auch auf das unter a angeführte (ebenfalls bei einem europäischen Autor gefundene) Beispiel hingewiesen werden, in dem die Verbindung von *estar + gerundio* eigentlich eine zum Indikativ hinzugefügte Zeitbestimmung ausdrückt: ... *está teniendo = tiene actualmente*.

[B.] / Andar + gerundio / impliziert meist eine Bewegung, häufig ohne genau bestimmte Richtung, und betont bisweilen den Wiederholungscharakter der Handlung.

d. *A las chicas les es más cómodo escupir que andarse lavando* (C. J. CELA, *San Camilo, 1936*, 23).
Für die Mädchen ist es bequemer zu spucken als sich zu waschen.

e. *Luego no andes viniendo, que Luisa se va a acostar – intervino Pura* (C. MARTÍN GAITE, *Fragmentos de interior*, 27).
„Du brauchst also nicht zu kommen, denn Luisa geht gleich ins Bett", sagte Pura.

[C.] / Ir + gerundio / bringt hauptsächlich zum Ausdruck, daß etwas ALLMÄHLICH geschieht, mit einer möglichen Tendenz, die LANGSAMKEIT einer Handlung oder Entwicklung zu betonen[111]. Die semantische Nuance der Progressivität kann durch die Verwendung eines Adverbs oder durch die Wiederholung des *gerundio* oder sogar der ganzen *frase verbal* intensiviert werden[112].

---

[110] Cf. C. KANY, *Sintaxis hispanoamericana*, 284. Der Autor spricht von einem möglichen Einfluß des Englischen. In Ekuador und in einem Teil des südlichen Kolumbien findet man mit demselben semantischen ø-Wert *mandar* und *dar*. *Le damos vendiendo* und *te daré acompañando* bedeuten nichts anderes als *le vendemos* („wir verkaufen ihm") bzw. *te acompañaré* („ich werde dich begleiten").

[111] Cf. S. GILI Y GAYA, *Curso superior de sintaxis española*, 114–115.

[112] Manchmal hat die Fügung / ir + gerundio / keinen progressiven Charakter, sondern bezeichnet eher eine Handlung, die sich ihrem Ende nähert wie z. B. in *Voy terminando* [= *termino en seguida* oder *estoy a punto de terminar* → „ich bin gleich fertig" (cf. E. LUNA TRAIL, *Sintaxis de los verboides en el habla culta de la ciudad de México*, 209–210)]. Eine Konstruktion wie *voy terminando* kann man nicht nur in Lateinamerika, sondern auch in Spanien antreffen.

f. *En la lejanía, el mar iba siendo de un azul profundo* (R. J. Sender, *Epitalamio del prieto Trinidad*, 137).
      In der Ferne wurde das Meer allmählich tief blau.
   g. *Su número va aumentando progresivamente* (M. Delibes, *La sombra del ciprés es alargada*, 154).
      Ihre Zahl nimmt allmählich zu.
   h. *El indiano se iba apagando, apagando* (J. A. De Zunzunegui, *La úlcera*, 203).
      Langsam, ganz langsam erlosch der „Indianer"[113].
   i. *El hombre del hongo y del guardapolvo va subiendo, va subiendo* (E. Jardiel Poncela, *La tournée de Dios*, 633).
      Der Mann mit der Melone und dem Staubmantel klettert höher und höher.

E. Lorenzo verweist auf die Bedeutung von periphrastischen Konstruktionen mit *ir* in Fügungen, die imperativischen Wert haben, z. B. *vete cerrando las puertas* („mach mal die Türen zu"), *id comiendo* („eßt mal" oder: „geht ruhig essen") u. dgl.[114].

[D.] / *Venir* + *gerundio* / betont wie die vorgenannte Konstruktion den progressiven Charakter der Handlung. Der Unterschied besteht darin, daß der Gebrauch von *venir* zum Ausdruck bringt, daß der Ausgangspunkt der Handlung in der Vergangenheit liegt, während / *ir* + *gerundio* / den progressiven Aspekt ab dem Jetzt hervorhebt[115]:

```
                                              ir + gerundio
                        |----------------------------------->
----------------------------------> jetzt
venir + gerundio
```

Die temporale Beziehung (Vergangenheit → Gegenwart) wird häufig durch eine adverbiale Bestimmung verdeutlicht und hervorgehoben:

   j. *Eso lo vengo oyendo desde hace cuarenta años* (J. M. Carrascal, *Groovy*, 95).
      Das höre ich schon seit vierzig Jahren.
   k. *Los desniveles vienen siendo denunciados reiteradamente* (E. Lorenzo, *El español de hoy, lengua en ebullición*, 116).
      Auf die Unebenheiten wird immer wieder hingewiesen.

[E.] / *Llevar* + *gerundio* / impliziert wie die vorangehende Konstruktion einen Rückblick auf das Geschehen, aber im Unterschied zu / *venir* + *gerundio* / bringt die Fügung mit *llevar* IMMER explizit zum Ausdruck, wie lange sich die durch das *gerundio* ausgedrückte Handlung bereits vollzieht.

   l. *Llevo casi cuarenta años predicando* (*Conversaciones con Monseñor Escrivá de Balaguer*, 135).
      Ich predige jetzt schon seit fast vierzig Jahren.
   m. In dem „Café Novelty" auf der *Plaza Mayor* von Salamanca kann man auf einem am Eingang angebrachten Metallschild lesen:
      ESTE ESTABLECIMIENTO LLEVA ATENDIENDO
      AL PUBLICO DESDE 1905[116].
      Dieses Lokal steht seit 1905 im Dienste unserer Kunden.

---

[113] Zur Bedeutung von *indiano* siehe Nr. 317, Fußnote 66.
[114] *El español de hoy, lengua en ebullición*, 99–100.
[115] Siehe in diesem Zusammenhang auch J. Coste & A. Redondo, *Syntaxe de l'espagnol moderne*, 465.
[116] So gesehen im August 1984.

[F.] / *Seguir* (oder *continuar*) + *gerundio* / bezeichnet eine Handlung, die in dem Augenblick, da von ihr berichtet wird, noch andauert.

 n. *Siguen dando nombres a todas las entradas y salidas del lago* (P. BAROJA, *Paradox rey*, 153).
  Sie geben noch immer allen Zu- und Abflüssen des Sees Namen.
 o. *Muchas iglesias continuaban ardiendo* (F. FRANCO SALGADO-ARAUJO, *Mi vida junto a Franco*, 135).
  Viele Kirchen standen noch immer in Flammen.
  Der Ausfall von *estando* bei *seguir* und *continuar* wurde in Nr. 1218 behandelt.

(Siehe auch das in Nr. 1209 d angeführte Beispiel.)

Anmerkungen

1221. Vor allem in manchen lateinamerikanischen Ländern ist die Fügung / konjugierte Form + *gerundio* des Verbs *ir* („gehen") / nicht ungebräuchlich[117]. Man kann diese (von manchen kritisierte[118]) Fügung auch bei spanischen Autoren antreffen.

 Oiga, ¿nos vamos yendo?[119] *Es ya muy tarde* (C. J. CELA, *Garito de hospicianos*, 27).
 Sagen Sie mal, wollen wir langsam gehen? Es ist schon sehr spät.

1222. *Ir* kann auch in doppelt periphrastischen Konstruktionen vorkommen, die dem Schema / konjugierte Form von *ir* + *infinitivo* (= *ir*) + *gerundio* / folgen.

 No se lo voy a ir diciendo a todo el barco (I. ALDECOA, *Gran sol*, 131).

frase verbal mit *infinitivo*

frase verbal mit *gerundio*

Ich werde es nicht dem ganzen Schiff erzählen.

1223. In *frases verbales* können die zusammen mit dem *gerundio* gebrauchten enklitischen Pronomen auch vor das *verbo auxiliar* gestellt werden. Man hat also die Wahl zwischen

 Estaba mirándola und *La estaba mirando* (cf. DUE, I, 1393).
 Er sah sie an.
 Siehe dazu auch Nr. 320, Fußnote 70.

---

[117] Cf. C. KANY, *Sintaxis hispanoamericana*, 282–283 (mit zahlreichen Beispielen). Der Kommentar gilt für die Umgangssprache ebenso wie für die gepflegte Sprache (S. 282). Der Autor weist gleichzeitig auf die Bedeutung und das häufige Vorkommen von derlei Fügungen im alten Spanisch hin.
[118] M. CRIADO DE VAL rügt – allerdings ohne klare Begründung – den Gebrauch von *ir yendo* (*Fisonomía del español y de las lenguas modernas*, 116).
[119] Allerdings wird *(nos) vamos* hier nicht als *verbo auxiliar* gebraucht. Es behält ja hier seine eigentliche Bedeutung „weggehen" (*irse*).

1224. Aus stilistischen und euphonischen Gründen ist davon abzuraten, sowohl das *(semi-)auxiliar* als auch das darauffolgende Verb in das *gerundio* zu setzen. Die folgende Konstruktion kann daher kaum zur Nachahmung empfohlen werden:

> *En 1955, estando terminando la carrera de Derecho en Madrid, hube de presentarme a esos exámenes* (F. ARRABAL, *Carta al general Franco*, 145).
> 1955, kurz vor Beendigung meines Jurastudiums in Madrid, mußte ich diese Prüfungen ablegen.

§ 5. SCHLUSSBEMERKUNGEN

1225. Wie der *infinitivo* bietet auch die Form auf *-ndo* ihrer Konstruktion und Bedeutung nach viele Möglichkeiten: sie kann mit adverbialem, adjektivischem, präpositionalem und verbalem Wert gebraucht werden, und in manchen Fällen ist sogar eine Substantivierung möglich. Mit dieser zwar recht ausführlichen, aber dennoch unvollständigen Übersicht über den Gebrauch des *gerundio* sollte dem Leser in erster Linie ein Eindruck von den zahlreichen und verschiedenartigen Konstruktionen, in denen diese Form auftreten kann, vermittelt werden. Für deutsche Muttersprachler ist es vor allem wichtig, eine Form zu erkennen und richtig zu interpretieren. Will man sie selbst anwenden, gilt es jedoch, vorsichtig zu sein, da sie (wie bereits gesagt) leicht zu mehrdeutigen oder sogar nahezu unverständlichen Texten[120] führen kann, wobei die Unklarheit u. a. eine Folge der unzureichenden Interpunktion ist (Kommata werden fälschlicherweise immer häufiger nicht gesetzt). Wie bei manchen Beispielen gezeigt wurde, ist es fast immer möglich, ein *gerundio* durch einen kurzen Nebensatz zu ersetzen.
In der heutigen Schriftsprache treten *gerundios* immer häufiger auf. Dies ist ein Aspekt der allgemeinen Tendenz zur morphologischen und syntaktischen Vereinfachung, die für das heutige Spanisch charakteristisch ist[121]. Die *gerundios* verdrängen in zunehmendem Maße die traditionellen Konstruktionen mit einem konjugierten Verb[122]. Grammatiker weisen immer wieder und mit Nachdruck auf dieses Problem hin, das für spanische Muttersprachler vielleicht zu den heikelsten der Grammatik gehört, und viele Schriftsteller kommentieren das Phänomen, das jedoch ihre eigene Sprache unübersehbar beeinflußt. So entbehrt es nicht einer gewissen Pikanterie, wenn man feststellt, daß jemand wie F. UMBRAL sich abfällig über den inkorrekten Gebrauch des *gerundio* bei P. BAROJA[123] äußert, während sein eigener Umgang mit dieser Form nicht immer ganz einwandfrei ist[124]. L. MARTÍN-SANTOS gibt uns den Ratschlag,

---

[120] Zur Illustration soll der folgende Auszug aus dem Bericht eines Schiedsrichters dienen, der einen Fußballer vom Platz gestellt hatte: ... *la expulsión de Diarte fue por dar este jugador un codazo a Ribera en la nariz, produciéndose esta agresión a mis espaldas consultando con el juez de línea explicándome dicha incidencia* (Heraldo de Aragón, 30.9.1975, suplemento deportivo, S. 3) ... der Feldverweis für Diarte erfolgte, weil dieser Spieler Ribera mit dem Ellenbogen einen Stoß auf die Nase versetzte, wobei diese Tätlichkeit hinter meinem Rücken stattfand, während ich mich mit dem Linienrichter beriet, als dieser mir den genannten Vorfall beschrieb. – Ein Fußballfan kann wohl nachvollziehen, wie sich der Vorfall zugetragen hat. Es gibt jedoch keinerlei grammatischen Hinweis, der es uns ermögliche, mit Sicherheit festzustellen, was das Subjekt zu den Formen *consultando* und *explicándome* ist.
[121] Und dies sich, neben der deutlichen Präferenz für den Gebrauch „einfacher" (unveränderlicher) Formen wie *infinitivo* und *gerundio* mit den verschiedensten Bedeutungen, u. a. auch zeigt im Gebrauch
 – eines *tiempo simple* mit dem Wert eines zusammengesetzten Tempus (siehe z. B. Nr. 1138 d)
 – eines *presente de indicativo* anstelle anderer Tempora (siehe Nr. 1012)
 – von Adjektiven mit der Funktion eines Adverbs (siehe die Nrn. 237 ff.)
 – der Singularform mit der Bedeutung eines Plurals (siehe die Nrn. 143–144) sowie auch
 – in der einfachen Wiederholung eines Wortes, um einen Superlativ zu bilden (siehe die Nrn. 232 ff.) usw.
[122] Cf. oben, Nr. 1211.
[123] F. UMBRAL, *La noche que llegué al café Gijón*, 210.
[124] Siehe z. B. oben, Nr. 1214, a.

keinen Mißbrauch mit den Formen des *gerundio* zu treiben, und im darauffolgenden Kontext zählen wir derer 14[125]!

ABSCHNITT III
DAS PARTIZIP PERFEKT[126]
EL PARTICIPIO PASADO

§ 1. TERMINOLOGIE, FORMEN, DOPPELBEDEUTUNG MANCHER PERFEKTPARTIZIPIEN

1226. Das Partizip Perfekt wird im Spanischen als *participio pasado* (manchmal auch: *participio de pretérito*) oder *participio pasivo* bezeichnet[127]. Diese Form endet im Spanischen normalerweise auf *-ado* (Verben der ersten Konjugation) oder auf *-ido* (Verben der zweiten und dritten Konjugation). Andere Formen sind unregelmäßig [z. B.: *romper* („zerbrechen") → *roto*. Siehe dazu Nr. 990].

---

[125] L. Martín-Santos, *Tiempo de silencio*, 66. Hier ist allerdings anzumerken, daß der Autor im gesamten Werk (vielleicht absichtlich) endlose Abfolgen dieser Formen gebraucht (auf der Hälfte von Seite 92 kann man 20 solcher Formen zählen!), und das in der Absicht, die traditionell gängigen Sprachnormen bewußt zu verletzen und sogar ihre Vernichtung zu versuchen. Dieser Schriftsteller faßt sein diesbezügliches „Programm" übrigens mit einem dreifachen „Vernichten" zusammen (*¡Destruir, destruir, destruir!* – zitiert von J. Goytisolo in *El furgón de cola*, 94).

[126] Das Partizip Präsens (*participio de presente*) ist im heutigen Spanisch von geringer praktischer Bedeutung. Die meisten dieser auf *-nte* endenden Formen werden in den Wörterbüchern als gewöhnliche Adjektive aufgeführt [z. B.: *morir* → *muriente* („sterbend"), *reír* → *riente* („lachend"), *seguir* → *siguiente* („folgend"), *sobrar* → *sobrante* („übrig", „überzählig") usw.]. Meist werden die Funktionen des ehemaligen (aus dem Latein übernommenen) *participio de presente* heutzutage vom *gerundio* übernommen. Weiter oben wurde bereits gesagt, daß *gerundios* mit adjektivischem Charakter im heutigen Spanisch immer zahlreicher werden (siehe die Nrn. 1184–1189). Man kann bei Substantiven sowohl Formen auf *-nte* als auch auf *-ndo* antreffen. In beiden Fällen ist sowohl die Bedeutung als auch die Art und Weise der Übersetzung ins Deutsche dieselbe (→ Partizip Präsens). Zum Beispiel:
a. *Casas humeando aún por el incendio* (P. Baroja, *Zalacaín el aventurero*, in O. C., I, 251).
   Nach dem Brand noch immer rauchende Häuser.
b. *El encargado surge con una vela humeante* (J. A. De Zunzunegui, *Ramón o la vida baldía*, 203).
   Der Sachbearbeiter taucht mit einer brennenden Kerze auf.
   Humeando und *humeante* entsprechen beide dem deutschen „rauchend".
Relativ häufig findet sich die Form *andante*. Neben ihrer Verwendung in der Kollokation *caballero andante* („fahrender Ritter") findet sie sich z. B. im Titel eines jüngst erschienenen Buches des uruguayischen Autors E. Galeano [*Las palabras andantes* (etwa: „Wörter auf Wanderschaft")] und in der Bildunterschrift zu einem Foto in der Tageszeitung *El Mundo* [*Una mujer abraza a un preservativo „andante"* („Eine Frau umarmt ein 'wandelndes' Präservativ", 11.7.2000, 34].
Zuweilen werden auch bestimmte Perfektpartizipien mit dem Wert eines *participio de presente* gebraucht (siehe dazu Nr. 1228). *Gerundio* und *participio pasado* können im übrigen in einem Satz nebeneinander vorkommen, und zwar beide mit der Bedeutung eines Partizips Präsens. Zum Beispiel:
Estuvimos callados, llorando (C. J. Cela, *Pabellón de reposo*, 144).
Wir saßen schweigend und weinend daneben.
Eine Darstellung weiterer Besonderheiten findet sich bei J. De Bruyne, *Das Partizip I und fast gleichwertige Formen im Spanischen* (*Linguistica Antverpiensia*, V, 1971, 7–14).

[127] Man kann sich fragen, ob die beiden Bezeichnungen zu Recht synonym gebraucht werden können: nicht alle Partizipien „der Vergangenheit" haben auch eine passivische Bedeutung.

Das Partizip Perfekt / El participio pasado

1227. Manche Verben haben zwei Partizipien: ein regelmäßiges und ein unregelmäßiges. Der Unterschied besteht darin, daß die unregelmäßigen Formen dann nicht in den mit *haber* gebildeten zusammengesetzten Zeiten auftreten; sie werden nur als Adjektive gebraucht.

confundir verwechseln, verwirren	→	*confundido* ↓ *hemos confundido las dos formas* ↓ wir haben die beiden Formen miteinander verwechselt	~	*confuso* ↓ *es una historia muy confusa* ↓ es ist eine sehr verworrene Geschichte
corregir verbessern	→	*corregido* verbessert	~	*correcto* richtig, korrekt
despertar wecken	→	*despertado* geweckt	~	*despierto* wach; *fig.*: aufgeweckt, rege
hartar sättigen	→	*hartado* satt	~	*harto* satt[128]
juntar vereinigen, verbinden	→	*juntado* vereinigt, verbunden	~	*junto* zusammen[129]
nacer geboren werden	→	*nacido* geboren	~	*nato* geboren[130]
soltar loslassen	→	*soltado* losgelassen	~	*suelto* lose, einzeln[131]

Eine vollständige Liste der Verben mit zwei Perfektpartizipien kann man in der *Gramática de la lengua española* der REAL ACADEMIA ESPAÑOLA finden (S. 116–117), in der im weiteren (S. 118) allerdings darauf hingewiesen wird, daß die regelmäßigen Formen *freído* [< *freír* („in Öl braten")] und *rompido* [< *romper* („zerbrechen")] fast nie vorkommen. Man verwendet *frito* und *roto*: *He frito dos huevos* („Ich habe zwei Eier gebraten"); *Has roto el vaso* („Du hast die Vase zerbrochen").

1228. Einige Formen auf *-ado* und *-ido* haben neben ihrem Wert eines Partizips Perfekt noch eine andere, „aktive" Bedeutung. So kann ein Wort wie *aburrido* sowohl mit „langweilig" als auch mit „gelangweilt" wiedergegeben werden. Die richtige Deutung ergibt sich aus dem Kontext.

    a. *¡Que historia más aburrida!*
       Was für eine langweilige Geschichte!

---

[128] Zum Beispiel:
Se ha hartado en poco tiempo. – Er hat seinen Hunger nach kurzer Zeit gestillt.
Estoy harto. – Ich bin satt (oder fig.: ich bin es leid).
[129] Zum Beispiel:
Han juntado las manos. – Sie haben die Hände gefaltet.
Fuimos juntos a París. – Wir sind zusammen nach Paris gefahren.
[130] Zum Beispiel:
Tú has nacido en la ciudad. – Du bist in der Stadt geboren.
¿Conoces la teoría de Lombroso sobre el «criminal nato»? – Kennst du Lombrosos Theorie über den „geborenen Verbrecher"?
[131] Zum Beispiel:
Han soltado el ancla. – Sie haben den Anker geworfen.
Estos libros se venden sueltos. – Diese Bücher werden einzeln verkauft.

b. *Nos hemos aburrido mucho.*
   Wir haben uns sehr gelangweilt.

1229. Die gebräuchlichsten derartigen Partizipien mit zweierlei Bedeutung sind:

aburrido	langweilig
	gelangweilt
agradecido	dankbar
	ge-, bedankt
almorzado	zu Mittag gegessen habend
	zu Mittag gegessen
bebido	betrunken, angetrunken
	getrunken
callado	verschwiegen, schweigsam
	geschwiegen
cansado	ermüdend
	ermüdet
cenado	zu Abend gegessen habend
	zu Abend gegessen
comido	gerade gegessen habend
	gegessen
desayunado	gefrühstückt habend
	gefrühstückt
desconfiado	mißtrauisch
	mißtraut
desesperado	verzweifelt, hoffnungslos
	verzweifelt
divertido	unterhaltsam
	unterhalten
(bien) hablado	beredt
	gesprochen
leído	belesen
	gelesen
mirado	vorsichtig, umsichtig
	geschaut
necesitado	arm, bedürftig
	benötigt, gebraucht
osado	kühn, verwegen
	gewagt
(mal) pensado	argwöhnisch
	gedacht
pesado	schwer, schwerfällig, lästig
	gewogen
resuelto	entschlossen
	gelöst
sabido	(viel)wissend, gelehrt
	gewußt[132]

---

[132] Weitere Formen dieser Art finden sich bei M. Seco, *Diccionario de dudas*, 284, und A. Bello, *Gramática*, 316–317.

Deutsche Muttersprachler müssen sich an Sätze mit diesen Formen erst einmal gewöhnen, da sie bei oberflächlichem Lesen zu einer völlig verkehrten Interpretation führen können. So wäre es irrig, im ersten und im vierten der hier angeführten Beispiele Fälle von Kannibalismus zu vermuten!

    a. *Todos venían recién comidos, eufóricos, liberados de sus oficinas, ministerios, empleos* (F. UMBRAL, *Retrato de un joven malvado*, 24).
Sie hatten alle gerade gegessen und waren in allerbester Stimmung, befreit von ihren Büros, Ministerien und Ämtern.

    b. *Comer con gente importante es lo más cansado de este mundo* (C. MARTÍN GAITE, *El cuarto de atrás*, 169).
Mit interessanten Leuten zu essen ist das anstrengendste, was man sich vorstellen kann.

    c. *El boticario era muy bien hablado y un hombre, según lenguas, leído* (C. J. CELA, *El molino de viento*, 19).
Der Apotheker war ein sehr beredter und, wie es hieß, ein belesener Mann.

    d. *Eran las tres de la tarde y su hijo no volvería sino ya cenado* (M. AUB, *Las buenas intenciones*, 11).
Es war drei Uhr Nachmittags, und ihr Sohn würde erst nach dem Abendessen zurückkehren.

    e. *Tú que eres un sabido* (M. VARGAS LLOSA, *La ciudad y los perros*, 213).
Du als gelehrter Mann.

    f. *La Marujita era muy mirada y correcta de expresión* (C. J. CELA, *Los sueños vanos, los ángeles curiosos*, 178).
Marujita war sehr zuvorkommend in allem, was sie tat und was sie sagte.

Ebenso wie andere Partizipien, die ohne *haber* gebraucht werden, sind auch die hier behandelten veränderlich (siehe die Beispiele a und f) und können substantiviert werden (Beispiel e).

§ 2. PARTICIPIO ABSOLUTO

1230. Das *participio absoluto* hat ein eigenes, also von dem des Hauptverbs verschiedenes Subjekt. Dieses Subjekt steht meist nach dem Partizip, außer in den folgenden vier Fällen:

1. In kurzen feststehenden Ausdrücken und *refranes* (Sprichwörtern), in denen man die umgekehrte Wortfolge finden kann[133].

    a. *esto admitido ~ admitido esto* – nachdem dies zugegeben wurde
    b. *esto dicho ~ dicho esto* – nachdem dies gesagt wurde
    c. *esto hecho ~ hecho esto* – danach
    d. *esto sentado ~ sentado esto* – wenn wir davon ausgehen
    e. *comida hecha, compañía deshecha* – wörtlich: „nach dem Essen geht die Gesellschaft auseinander", d. h. wenn man bekommen hat, was man wollte

2. Wenn das Subjekt ein Personalpronomen ist.

    f. *Después de yo muerto* oder *después de muerto yo* (*Esbozo*, 498).
Nach meinem Tod.

---

[133] Jedoch mit einer Präferenz für die Nachstellung, wenn das Subjekt ein Pronomen ist (cf. DUE, II, 1470) → *admitido esto, dicho esto ...*

3. Wenn das Partizip Perfekt modalen Wert hat (siehe dazu Nr. 1234).

4. Selbstverständlich, wenn das Subjekt unpersönlich ist und deshalb nicht ausgedrückt wird.

> g. *A Burgos llegaron ya anochecido* (J. M. GIRONELLA, *Un millón de muertos*, 613).
> Als sie Burgos erreichten, war es schon dunkel.

1231. Die Fügungen, in denen ein *participio absoluto* auftritt, stehen vor dem Hauptsatz, es sei denn, sie haben eine modale Bedeutung. In diesem Fall können sie auch nachgestellt werden[134].

1232. Die Konstruktionen mit einem *participio absoluto*[135] muß man im Deutschen meist mit einem adverbialen Nebensatz wiedergeben. Auf diese Weise lassen sich verschiedene Bedeutungsnuancen zum Ausdruck bringen. In einer solchen Konstruktion kongruiert das Partizip nach Numerus und Genus mit seinem Bezugswort[136].

A. Temporale Bedeutung

1233. In derlei Fällen bezeichnet das Partizip meist eine Handlung oder Situation, die zeitlich vor der des Hauptverbs liegt. Dieses zeitliche Verhältnis kann durch ein Adverb, einen adverbialen Ausdruck oder eine Präposition [wie *después de* („nach"), *luego de* („nach"), *hasta* („bis"), *al año de* („ein Jahr nach"), *recién* („vor kurzem"), *ya* („schon") usw.] betont werden.

> a. *Pasada la luna de miel, Martín volvió a las andadas* (P. BAROJA, *Zalacaín el aventurero*, in O. C., I, 244).
> Nach den Flitterwochen fiel Martín wieder in seine früheren Gewohnheiten zurück.
> b. *Después de muerto su padre, ganada la beca del Ayuntamiento, empezó a asistir al Instituto* (J. A. DE ZUNZUNEGUI, *El camión justiciero*, 29).
> Nach dem Tod seines Vaters und nachdem er das Stipendium von der Stadt erhalten hatte, begann er die Oberschule zu besuchen.
> c. *Al año de comenzada la lucha, tuvo la desgracia de ser alcanzado por la metralla en la parte baja del cuerpo* (J. GOYTISOLO, *Duelo en el paraíso*, 237).
> Ein Jahr nach Ausbruch des Kampfes hatte er das Pech, eine Schrotladung in den Unterleib zu bekommen.
> d. *Cuando deja de llover antes de la noche, las tardes, recién puesto el sol, se quedan melancólicas y despejadas* (C. MARTÍN GAITE, *El balneario*, 74).
> Wenn es vor Einbruch der Nacht aufhört zu regnen, sind die letzten Stunden des Tages, unmittelbar nach Sonnenuntergang, melancholisch und wolkenlos.

B. Modale Bedeutung

1234. Wo das *participio absoluto* auf die Frage „wie?" in bezug auf das Hauptverb antwortet, verleiht es dem Satzteil, in dem es auftritt, einen *valor modal*. Wie bereits in Nr. 1230 gesagt wurde,

---
[134] Cf. *Esbozo*, 499. Siehe das in Nr. 1234 unter a angeführte Beispiel.
[135] Die dem „ablativus absolutus" im Lateinischen entsprechen.
[136] Man kann feststellen, daß dieser Gebrauch des Perfektpartizips in vielerlei Hinsicht mit dem des *gerundio* in den sogenannten *cláusulas absolutas* vergleichbar ist (siehe dazu die Nrn. 1196–1200).

kann das eigene Subjekt des Partizips in diesem Fall vorangestellt werden. Dies ist jedoch nicht obligatorisch.

> a. *En esta gruta se veían figuras de ninfas, hechas de piedra, los cabellos esparcidos sobre la espalda* (J. VALERA, angeführt im *Esbozo*, 498).
> In dieser Grotte sah man steinerne Figuren von Nymphen mit auf den Rücken fallenden Haaren.
> b. *Carmen Elgazu, enrojecidos los ojos y con un rosario colgándole de las manos, presenció incluso cómo los albañiles se apoderaban de aquel cuerpo*
> (J. M. GIRONELLA, *Ha estallado la paz*, 139).
> Mit roten Augen und einem Rosenkranz in den Händen mußte Carmen Elgazu sogar mit ansehen, wie die Maurer sich jenes Körpers bemächtigten.

C. Konzessive Bedeutung

1235. Im folgenden Beispiel hat das Partizip Perfekt konzessive Bedeutung:

> *La obra, si bien retocadas algunas escenas, podría representarse con éxito* (*Esbozo*, 498).
> Das Stück könnte, wenn auch nach Überarbeitung einiger Szenen, erfolgreich aufgeführt werden.

(Zum konzessiven Wert von *si bien* siehe Nr. 1099.)

1236. Sowohl die letzte Auflage der Grammatik der REAL ACADEMIA ESPAÑOLA (1931) als auch der neuere *Esbozo* führen für das *participio absoluto* nur die bisher unter A, B und C behandelten Bedeutungen auf[137]. Die folgenden Beispiele zeigen jedoch, daß diese Formen gegenwärtig auch anderen adverbialen Nebensätzen entsprechen können.

D. Konditionale Bedeutung

1237. Wie auch die (mit dem Wert eines *condicional*) gebrauchte Form *hubieras* im Hauptsatz zeigt, hat das Partizip den Wert eines durch *si* eingeleiteten Konditionalsatzes in

> *Además, casada conmigo, no hubieras sabido apreciar las pequeñas condiciones espirituales que tengo* (P. BAROJA, *Los amores tardíos*, in O. C., I, 1333).
> Außerdem hättest du, wenn du mit mir verheiratet gewesen wärst, die kleinen geistigen Eigenschaften, über die ich verfüge, nicht zu schätzen gewußt.

E. Kausale Bedeutung

1238. Das *participio* entspricht einem (eventuell durch „dadurch, daß") eingeleiteten Kausalsatz in

---

[137] REAL ACADEMIA ESPAÑOLA, *Gramática de la lengua española*, 426; *Esbozo*, 497–498.

> *El pánico es terrible. Despertados bruscamente, nadie se da cuenta de lo que pasa*
> (P. Baroja, *Paradox rey*, in O. C., II, 180).
> Die Panik ist furchtbar. Keiner der unsanft aus dem Schlaf gerissenen Passagiere begreift, was vor sich geht.

F. Lokale Bedeutung → Participio preposicional

1239. Diese Bedeutung hat das Perfektpartizip in dem folgenden Beispiel:

> *¿El local? ... Eso está pasados los cuarteles de Artillería, un barrio extremo*
> (J. M. Gironella, *Los cipreses creen en Dios*, 115).
> Das Lokal? ... Das befindet sich hinter der Artilleriekaserne, in einem Außenbezirk.

Die Konstruktion / *está pasados los cuarteles* / ist mit der in Nr. 1200 behandelten Fügung (mit *gerundio*) vergleichbar. Mutatis mutandis kann man hier von einem *participio preposicional* sprechen.

1240. Eine besondere Variante der absoluten Konstruktionen ist die Fügung / *participio* + *que* + konjugiertes Verb /. Siehe dazu Nr. 1264.

§ 3. ANDERE KONSTRUKTIONEN MIT PARTIZIP

A. Perfektpartizip in Verbindung mit „haber"

1. Kongruenz

1241. Das mit *haber* verbundene Perfektpartizip ist im modernen Spanisch unveränderlich[138]. Diese Regel gilt ausnahmslos, und die Probleme, die sich beispielsweise im Französischen bei dem mit *avoir* verbundenen *participe passé* stellen, sind im Spanischen unbekannt.

Wir haben Blumen gepflückt.	–	Die Blumen, die wir gepflückt haben.
(*Nous avons cueilli des fleurs.*)	–	(*Les fleurs que nous avons cueillies.*)
Hemos cogido flores.	–	Las flores que hemos cogido.

1242. Das bisher Gesagte schließt jedoch nicht aus, daß man in bestimmten Fällen doch ein veränderliches Perfektpartizip neben einer Form von *haber* antreffen kann.

> a. *No hay escrita una vida popular de este caudillo* (P. Baroja, *Artículos*, in O. C., V, 1133).
> Es ist noch keine populäre Biographie dieses Führers geschrieben worden.

---

[138] In alten Texten (bis etwa Mitte des 16. Jahrhunderts) kann man sehr wohl veränderliche mit *haber* verbundene Partizipien finden (die dann mit dem Akkusativobjekt kongruieren). Siehe dazu R. Lapesa, *Historia de la lengua española*, 213 und 400, und *Esbozo*, 449.

b. *En los balcones hay colgadas muchas jaulas rústicas con pájaros* (J. GUTIÉRREZ SOLANA, *La España negra*, 87).
Auf den Balkons hängen viele klobige Käfige mit Vögeln.

Hierbei sei aber noch einmal an die oben gebrauchte Formulierung erinnert: in den angeführten Beispielen steht das Partizip nur NEBEN der Form *hay*. In Wirklichkeit gehört es als Adjektiv zu einem Substantiv (→ *una vida escrita, jaulas rústicas colgadas*). Außerdem ist *hay* kein echtes Hilfsverb. Es hat eine eigene Bedeutung, die über die von *ha* hinausgeht. Es ist ja ein mögliches Äquivalent für das deutsche *es gibt* und das Französische *il y a*.

1243. Der morphologische Unterschied zwischen *hay* und *ha* geht in Formen wie *había, habrá, habría* usw. verloren. Man muß in jedem einzelnen Fall herausfinden, ob man es mit einer Form von *hay* oder *ha* zu tun hat, da die Übersetzung verschieden ist.

a. *Es en la vesícula – decía una guapa señora, hablando con otras dos que había sentadas en aquella salita* (S. LORÉN, *Cuerpos, almas y todo eso*, 273).
„Es ist in der Gallenblase", sagte eine gutaussehende Dame, die sich mit zwei anderen, die in dem kleinen Raum saßen, unterhielt.
había ist hier ein *imperfecto* von *hay*.
b. *La Miguela se había sentado en el extremo de un estupendo diván* (S. LORÉN, *Cuerpos, almas y todo eso*, 274).
Miguela hatte sich auf den äußersten Rand eines prächtigen Sofas gesetzt.
Hier ist *había* ein *imperfecto* von *ha*.

1244. In den zusammengesetzten Zeiten von *hay* bleibt das *participio* von *haber* unverändert.

Había habido ya la guerra larga (F. DÍAZ-PLAJA, *Otra historia de España*, 518).
Der lange Krieg war bereits vorbei.

2. Trennung des participio von „haber"

1245. Gewöhnlich folgt das *participio* unmittelbar auf die Form von *haber*. Sätze wie „er hat GUT gearbeitet" (frz. *il a* BIEN *travaillé*) werden daher im Prinzip mit *ha trabajado bien* (und nicht: *ha bien trabajado*) übersetzt. Das *Manual de español urgente* äußert sich hier besonders (und etwas übertrieben?) streng: man dürfe NIE ein Adverb zwischen die Form von *haber* und das Partizip Perfekt setzen (*o. c.*, 56).

1246. Bisweilen wird von dieser Regel abgewichen. Wie die folgenden Beispiele zeigen, geschieht dies jedoch fast ausschließlich, wenn nur ein Wort oder eine kurze syntaktische Gruppe (siehe das zweite Beispiel: *a usted*) das Perfektpartizip von *haber* trennt.

a. *Hubiera usted vivido mejor* (P. BAROJA, *Galería de tipos de la época*, in O. C., VII, 889).
Sie hätten ein besseres Leben gehabt.
b. *Le habrá a usted contado la historia de la hermosa maestra* (J. A. DE ZUNZUNEGUI, *El hijo hecho a contrata*, 235).
Er wird Ihnen die Geschichte von der schönen Lehrerin wohl erzählt haben.

> c. *Dudabas que yo hubiera realmente vuelto* (F. Aínsa, *Con acento extranjero*, 78).
> Du zweifeltest daran, daß ich wirklich zurückgekommen war.

[Einen interessanten Hinweis gibt in diesem Zusammenhang I. Bosque: einsilbige Formen von *haber* würden im Standardspanischen nicht vom *participio* getrennt. Man könnte somit das unter a angeführte Beispiel nicht wie folgt abändern: **Ha usted vivido mejor* (siehe dazu ausführlicher *Las categorías gramaticales*, 33).]

Auch die Konjunktion *que* kann zwischen *haber* und dem *participio* stehen, wenn auch nur in außergewöhnlichen Konstruktionen, die weiter unten in den Nrn. 1264 und 1265 behandelt werden.

Ein Satz wie der folgende, in dem zwischen dem *auxiliar* und dem *participio* zwei Wörter mit obendrein verschiedener grammatikalischer Funktion eingefügt sind, ist als nachlässig konstruiert zu betrachten:

> d. *Había Fischer también pedido algún dinero prestado a Carvajal* (P. Baroja, *El cantor vagabundo*, in O. C., VIII, 568).
> Fischer hatte auch Carvajal gebeten, ihm etwas Geld zu leihen.

In der geschriebenen Sprache werden das Hilfsverb und das *participio* manchmal durch einen in Gedankenstriche gesetzten Kommentar des Autors getrennt:

> e. *No he – retiré las manos – hablado nada* (J. García Hortelano, *Cuentos completos*, 20).
> Ich habe – und ich zog meine Hände zurück – kein Wort gesprochen.

3. Wiederholung von „haber"

1247. Es ist möglich, daß in einem Satz zwei oder mehr *participios* mit *haber* verbunden werden. Häufig wird in einem solchen Fall das Hilfsverb nicht wiederholt. Dieses Verfahren kann als korrekt gelten, wenn die Partizipen unmittelbar aufeinanderfolgen oder lediglich durch eine Konjunktion getrennt sind.

> a. *Nos hemos sonreído, abrazado, hablado* (T. Salvador, *Diálogos en la oscuridad*, 131).
> Wir haben uns angelächelt, uns umarmt und miteinander gesprochen.
> b. *No era alta la ventana, pero pudo haberse matado o quebrado una pierna* (R. J. Sender, *La aventura equinoccial de Lope de Aguirre*, 320).
> Das Fenster war nicht hoch, aber er hätte den Tod finden oder sich ein Bein brechen können.

Solche Konstruktionen sollte man allerdings besser vermeiden, wenn die *participios* zu weit voneinander entfernt stehen und es sich darüber hinaus um zwei verschiedene Arten von Verben handelt. Unelegant und im übrigen nicht allzu klar ist der folgende Satz, in dem das zweite Partizip (*vivido*) zu weit vom *auxiliar* und der nominale Bestandteil des Prädikats (*teniente de caballería*) zu weit von der Kopula entfernt steht:

> c. *Había sido en España, en el segundo período constitucional, teniente de Caballería, y vivido siempre del juego y de otras trampas* (P. Baroja, *La estrella del capitán Chimista*, in O. C., VI, 146).
> Er war in Spanien, in der Zeit der zweiten Verfassung, Leutnant bei der Kavallerie gewesen, und er hatte immer vom Spiel und anderen Gaunereien gelebt.

[Ein Text wie der folgende kann (wenigstens aus einer „Standard-Perspektive" heraus betrachtet) nur als Beispiel für sehr SCHLECHTE Prosa bezeichnet werden. In dieser nachlässigen, syntaktisch asymmetrischen Konstruktion gebraucht der Autor die Wortfolge *agua mineral* bei den beiden im Satz vorkommenden *participios* (von denen noch dazu das eine reflexiv ist, das andere aber nicht) mit verschiedenen Funktionen: der Begriff *agua mineral* fungiert als adverbiale Bestimmung des Mittels bei *duchado* (vgl. CON LA QUE) und als (nicht ausgedrücktes) Akkusativobjekt bei *bebido*:

>   d. *Luego buscó una copa y la llenó de la misma agua mineral con la que se había duchado más que bebido* (M. VÁZQUEZ MONTALBÁN, *Los mares del sur*, 137).
>   Anschließend suchte er ein Glas und füllte es mit demselben Mineralwasser, mit dem er sich mehr geduscht als davon getrunken hatte.]

4. Weglassen von „haber"

1248. In dem folgenden nachlässig konstruierten Satz ist die Form des Hilfsverbs weggelassen worden. Der Autor war sich ganz offensichtlich nicht der unterschiedlichen Struktur der zwei Satzteile bewußt: vor einem Infinitiv kann man im Spanischen ja durchaus das Hilfsverb ausfallen lassen, auch wenn die einfache Form mit der Bedeutung eines *infinitivo perfecto* gebraucht wird[139].

> *Salí a la calle después de comer unas costillas asadas y bebido un buen trago de vino* (J. L. CASTILLO PUCHE, *El vengador*, 85).
> Ich ging auf die Straße hinaus, nachdem ich einige gebratene Rippchen gegessen und einen kräftigen Schluck Wein getrunken hatte.
> Die Bedeutung ist eigentlich: ... *después de haber comido y de haber bebido* ...
> oder: ... *después de comer y (de) beber* ...

5. Participio + enklitisches Pronomen

1249. Im heutigen Spanisch ist der Gebrauch eines enklitischen Pronomens bei einem *participio pasado* ungewöhnlich[140]. Nur ganz selten kann man diese Konstruktion finden, vor allem bei einem ZWEITEN Perfektpartizip, wenn dieses *participio* eine zusammengesetzte Zeit mit einem nicht ausgedrückten Hilfsverb bildet, welches jedoch (und dann ohne *pronombre enclítico*) in einem vorangegangenen Nebensatz auftritt[141]. Alle diese Bedingungen sind erfüllt in einem Satz wie

> *En el tiempo que no le viera había crecido y héchose más hombre*
> (J. A. DE ZUNZUNEGUI, *El camión justiciero*, 68).
> Während der Zeit, in der sie ihn nicht gesehen hatte, war er gewachsen und männlicher geworden[142].
> *Hecho* ist das zweite Partizip Perfekt in dem Satz; dem *participio* geht keine Form von *haber* unmittelbar voraus (dagegen steht sie vor *crecido*).

---

[139] Siehe dazu Nr. 1138, Fußnote 33.
[140] Cf. DUE, II, 1469.
[141] Siehe dazu M. SECO, der gleichzeitig darauf hinweist, daß man gegenwärtig in einigen lateinamerikanischen Ländern (vor allem in Mexiko und Venezuela) doch einigermaßen häufig Perfektpartizipien mit *pronombre enclítico* antreffen könne (*Diccionario de dudas*, 284–285).
[142] Die Form *viera* wird in diesem Satz mit dem Wert eines *pluscuamperfecto de indicativo* gebraucht. Siehe dazu Nr. 1047 A.

B. „Ser" als Hilfsverb

1250. Abgesehen von der Rolle, die dieses Verb bei der Bildung des Passivs spielt (siehe Nr. 1050), kommt *ser* im modernen Spanisch hin und wieder auch noch als Hilfsverb vor. Dies geschieht dann ausschließlich in den Vergangenheitstempora intransitiver oder reflexiver Verben[143]. Meist beschränkt sich dieser Gebrauch heute auf die Partizipien *llegado* und *ido* (manchmal auch: *nacido* und *pasado*). Man könnte in derlei Konstruktionen die Form von *ser* natürlich durch eine von *haber* ersetzen. Das mit *ser* verbundene Partizip ist nach Genus und Numerus veränderlich.

a. *Llegados eran los tiempos de acabar con una Autoridad sin rumbo ni doctrina* (A. CARPENTIER, *El recurso del método*, 50).
Es war die Zeit gekommen, mit einer Autorität aufzuräumen, die keine Richtung und keine Doktrin hatte.

b. *Son nacidos en Méjico* (R. SÁNCHEZ FERLOSIO, *El Jarama*, 301).
Sie sind in Mexiko geboren.

c. *Era pasado ya lo mejor* (E. PARDO BAZÁN, angeführt von S. FERNÁNDEZ, *Gramática española*, 4, 242).
Das Beste war schon vorbei.

C. (Semi-)auxiliar + participio (→ frase verbal)

1251. *Llevar, tener, estar* und *ser* werden häufig, *traer, quedar* und *dejar* manchmal als *(semi-)auxiliares* gebraucht[144]. Konstruktionen, in denen auf diese *(semi-)auxiliares* ein Infinitiv, ein *gerundio* oder ein *participio* folgt, nennt man *frases verbales*. Im Gegensatz zum Partizip, das mit *haber* verbunden wird, ist das *participio* in den *frases verbales* veränderlich. Bei *estar, ser* und *quedar* kongruiert es nach Genus und Numerus mit dem Subjekt, bei *dejar, llevar, tener* und *traer* mit dem Akkusativobjekt.

1. „Tener"

1252. *Tener* wird von den genannten *(semi-)auxiliares* zweifellos am häufigsten gebraucht. Man beachte, daß *tener* im Prinzip nur mit dem *participio* von transitiven (und auch in transitiver Bedeutung gebrauchten) Verben verbunden werden darf. Inkorrekt sind daher im Standardspanischen Sätze wie

a. * *Tengo estado en Montevideo* (*Esbozo*, 449).
Ich bin in Montevideo gewesen.

b. **Juan tiene sido soldado* (*Esbozo*, 449).
Hans ist Soldat gewesen.

c. * *Tengo comido con gusto* (*Esbozo*, 449).
Ich habe mit Appetit gegessen.

---

[143] Im alten Spanisch kam diese Konstruktion häufiger vor. *Ser* wurde zu jener Zeit durchgängig bei der Bildung der zusammengesetzten Zeiten intransitiver Verben gebraucht (cf. *Esbozo*, 304 und 309. Siehe auch: R. LAPESA, *Historia de la lengua española*, 213, 400 und 496, und DUE, II, 1469).

[144] *Esbozo*, 449. Zur Erinnerung: Ein Verb ist als *(semi-)auxiliar* zu betrachten, wenn es seine eigene Bedeutung größtenteils oder vollständig verliert. Cf. weiter oben, Fußnote 108.

Estar und *ser* sind ja intransitiv und *comer* wird in dem genannten Kontext ebenfalls intransitiv gebraucht.

1253. Die Fügung *tener* + *participio* kommt im heutigen Spanisch sehr häufig vor. Als allgemeine Regel kann man wohl sagen, daß sie eine subjektivere Betrachtung eines Ereignisses oder einer Situation ausdrückt als die Konstruktion mit *haber*. Die Konstruktion kann u. a. die folgenden semantischen Nuancen zum Ausdruck bringen, jeweils mit einem mehr oder weniger deutlichen affektiven Element, das verloren ginge, wenn man *tener* durch *haber* ersetzen würde.

1254. Ergebnis einer Handlung
Wenn die Fügung *haber* + *participio* eher die HANDLUNG als solche akzentuiert, legen die mit *tener* verbundenen *participios* häufig den Nachdruck auf die vollendete Tatsache, das (materielle, konkrete) ERGEBNIS der durch das Verb bezeichneten Handlung, was in bestimmten Fällen auch noch durch ein hinzutretendes temporales Adverb (*ya*) betont wird.

a. *Tu madre te tiene preparada una cena de todo tu gusto. Hay calamares rellenos* (W. FERNÁNDEZ FLÓREZ, *Las gafas del diablo*, 114).
Deine Mutter hat dir zum Abendessen eine deiner Lieblingsspeisen zubereitet. Es gibt gefüllte Tintenfische.

b. *Era una Orden de clausura para ingresar en la cual hacía muchos años que estaba reuniendo una dote y ya la tenía ahorrada* (C. LAFORET, *Nada*, 101).
Es war ein geschlossener Orden; um ihm beitreten zu können, war sie schon seit vielen Jahren dabei, eine Mitgift zusammenzutragen, und die hatte sie nun beieinander.

In beiden Fällen werden die Tatsachen mit einer gewissen Genugtuung dargestellt (affektives Element).

1255. Zeit
In anderen Fällen impliziert die *frase verbal* mit *tener* ein „(schon) seit langem", manchmal auch einen FREQUENTATIVEN ASPEKT. Ist eine wörtliche Übersetzung nicht möglich, muß man die durch *tener* ausgedrückte Nuance mit einer adverbialen Bestimmung wiedergeben.

a. *Querido, ¿cuándo vas a comprarme la cajita de música que me tienes prometida?* (M. DELIBES, *Mi idolatrado hijo Sisí*, 155).
Liebster, wann kaufst du mir nun die Spieldose, die du mir (schon so lange) versprochen hast?

b. *El carbón era una cosa que teníamos olvidada* (F. UMBRAL, *La guapa gente de derechas*, 187).
Kohle war etwas, das wir nicht mehr kannten.

c. *Éramos ya una pareja veterana. Nos teníamos muy vistos* (M. VÁZQUEZ MONTALBÁN, *Los mares del sur*, 108).
Wir waren schon seit langem ein Paar. Wir hatten uns genug gesehen (mit dem Nebengedanken: „Wir hatten genug von einander"[145]).

Die Pluralform *(teníamos) vistos* drückt den Gedanken des Zusammenlebens vielleicht deutlicher aus, als dies mit *habíamos visto* der Fall wäre.

---

[145] In diesem Sinne auch alle meine Informanten [ebenso wie der Verfasser des Textes, der mir bei einem Gespräch am 23. Februar 1990 in Antwerpen erklärte, daß die Fügung Konnotationen wie *conocíamos todos los trucos* („wir kannten alle Tricks"), *exceso de rutina* („übermäßige Routine"), *cansancio vital* („Lebensüberdruß") impliziere, aber keine Aggressivität *(pero no sugiere beligerancia)*].

1256. Intensivierende Bedeutung
Eine deutlich intensivierende (und natürlich affektive) Bedeutung haben die mit *tener + participio* gebildeten *frases verbales* in Sätzen, in denen man diese Nuance im Deutschen mit Hilfe eines Adverbs oder adverbialen Ausdrucks wiedergeben kann.

a. *¿No te tengo dicho que no quiero que afeites?* (S. Lorén, *El baile de Pan*, 32).
   Habe ich dir nicht ausdrücklich gesagt, daß ich nicht will, daß du rasierst?
   ... te tengo dicho ... impliziert eine Nuance wie „Ich habe es dir schon mehrfach gesagt, und du hättest es wissen müssen". Ein (bereits in Nr. 1255 behandelter) temporaler Aspekt verstärkt die intensivierende Bedeutung.
b. *Se lo tienen merecido* (J. M. Gironella, *Ha estallado la paz*, 121).
   Das haben sie hundertprozentig verdient.
c. *¡Qué callado se lo tenían ustedes!* (C. J. Cela, *San Camilo 1936*, 335).
   Wie gut Sie das geheimgehalten haben!

In dem letzten Beispiel wird der intensivierende Wert noch durch die Voranstellung des Perfektpartizips und durch den Gebrauch eines *pronombre expletivo* (*se*) verstärkt.

1257. *Valor intensivo* findet man auch in für deutsche Muttersprachler vielleicht merkwürdig anmutenden Konstruktionen mit dem Partizip *prohibido* („verboten"), in denen das Subjekt des Satzes die durch das *participio* ausgedrückte Handlung nicht ausführt. In der wörtlichsten deutschen Übersetzung wird das – der Bedeutung nach uneigentliche – Subjekt des spanischen Satzes zum Dativobjekt in einer Passivkonstruktion mit unpersönlichem Subjekt.

a. *Su compañera tenía prohibido pintarse* (J. M. Gironella, *Los cipreses creen en Dios*, 335).
   Es war seiner Gefährtin verboten, sich zu schminken[146].
b. *Mi hija tiene terminantemente prohibido hacer amistades que no le corresponden* (S. Lorén, *El baile de Pan*, 259).
   Es ist meiner Tochter streng verboten, nichtstandesgemäße Freundschaften zu schließen.

Man kann aber auch eine Form von / *tener + participio* / in Sätzen mit aktivischer Bedeutung antreffen, in denen das grammatische Subjekt gleichzeitig Ausführender der durch das *participio* bezeichneten Handlung ist:

c. *Paulette tiene prohibido a Georges que lleve a Maurice a casa* (J. García Hortelano, *Gramática parda*, 37).
   Paulette hat Georges verboten, Maurice nach Hause zu bringen.

1258. Eine scheinbar paradoxe Konstruktion mit / *tener + participio* / findet man in dem folgenden Satz:

a. *La absolución de Hans Küng la tengo tan perdida como la de Wojtyla* (F. Umbral in *Heraldo de Aragón*, 30.12.1979, 32).
   Die Absolution durch Hans Küng habe ich ebenso verspielt wie die durch Wojtyla.

---

[146] In einer weniger wörtlichen Übersetzung, in der sich das Verb von dem im spanischen Text unterscheidet und der Satz verneint wird, kann *compañera* auch als Subjekt erhalten bleiben: „Seine Gefährtin durfte sich nicht schminken".

Das Partizip Perfekt / El participio pasado

Hier besteht eigentlich ein Widerspruch zwischen

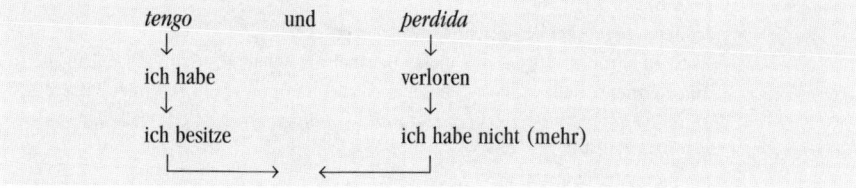

Man kann ja nicht gleichzeitig etwas haben und nicht haben[147].
Ein anderes Beispiel für unerwartete Wortverknüpfungen stellt die Verbindung von *tener* und *abandonar* („im Stich lassen") dar:

> b. *Al parecer ese prelado era pariente lejano de ella y la tenía abandonada*
> (R. J. SENDER, *Mr. Witt en el cantón*, 230).
> Offensichtlich war dieser Prälat ein entfernter Verwandter von ihr und kümmerte sich nicht um sie[148].

1259. „Tener" ≈ „haber" (?)
Der Gebrauch von *tener* als *(semi-)auxiliar* kommt, wie bereits gesagt, gegenwärtig sehr häufig vor[149], und die Frage liegt nahe, ob es sich dabei nicht vielleicht um eine Entwicklung handelt, die letztendlich dazu führen kann, daß *haber* einfach durch *tener* abgelöst wird[150]. In den folgenden Beispielen sind die o. g. semantischen Nuancen stark abgeschwächt oder fast gänzlich verschwunden. Man könnte hier ohne wesentlichen Bedeutungsunterschied anstelle von *tener* auch *haber* verwenden. Dies ist besonders offensichtlich im zweiten Satz, in dem das zu *tener* gehörende Partizip unverändert gelassen wird (wie dies bei den mit *haber* verbundenen *participios* üblich ist), und auch im vorletzten Beispiel, in dem auf *tener* das Perfektpartizip eines intransitiven Verbs folgt (*jugar*):

> a. *Su marido tengo entendido le dejó una tienda en San Francisco*
> (J. A. DE ZUNZUNEGUI, *Beatriz o la vida apasionada*, 25).
> Ich habe gehört, daß ihr Mann ihr einen Laden in der San-Francisco-Straße hinterlassen hat[151].

---

[147] Alle meine Informanten stimmen darin überein, daß durch den Gebrauch von *tener* (anstelle von *haber*) die Situation auf affektiv-verstärkende Weise dargestellt werden soll. Darüber hinaus wurden die folgenden interessanten Betrachtungen angestellt: mit Hilfe von *tener* will der Autor uns zugleich deutlich machen, daß er die Absolution eigentlich nie gehabt hat (MON. Im gleichen Sinne: VAQ, die hinzufügt, daß der Autor die Absolution auch nie erhalten werde). Nach Ansicht von CAR, LOP, MAR und ROD drückt *tener* zugleich das Definitive und Unveränderliche des Zustands aus, und ALV ist der Auffassung, der Gebrauch von *tener* lasse auch erkennen, daß der Autor dieses Resultat GEWOLLT habe (und daß es eine Folge seiner Handlungsweise sei). Alle diese Bemerkungen illustrieren den Hinweis, der in Nr. 1253 zur Bedeutung des affektiven Elements in der Konstruktion / *tener* + *participio* / gegeben wurde.

[148] Der in Fußnote 147 angeführte Kommentar von MON und ALV gilt, mutatis mutandis, auch hier. *La había abandonado* würde eher eine Handlung als einen Zustand zum Ausdruck bringen: → „Er hatte sie im Stich gelassen".

[149] Nach E. ALARCOS hauptsächlich in der Umgangssprache und vor allem bei Verben wie *decir* („sagen"), *ver* („sehen"), *entender* („verstehen") – cf. *Estudios de gramática funcional del español*, 34.

[150] Diese fast vollständige Assimilation gilt bereits heute als typisch für das in Gallizien und Asturien gesprochene Spanisch (siehe dazu: *Esbozo*, 449–450). Das zu *tener* gehörende *participio* bleibt dann unverändert. C. KANY erwähnt einen solchen Gebrauch von *tener* anstelle von *haber* auch für Yucatán (Mexiko) (*Sintaxis hispano-americana*, 273).

[151] ... *en San Francisco* bedeutet eigentlich: *en la calle de San Francisco*. Derartige elliptische Fügungen wurden in den Nrn. 762–763 behandelt.

b. *Tengo visto en esta guerra muchos heridos* (R. Del Valle-Inclán, *Sonata de invierno*, 138).
Ich habe in diesem Krieg viele Verwundete gesehen.
Es ist zu berücksichtigen, daß dieses Beispiel von einem aus Galizien gebürtigen Autor stammt. Siehe in diesem Zusammenhang den Hinweis in Fußnote 150.

c. *Yo tengo jugado muchas veces con una hermanica de ella* (R. J. Sender, *Crónica del alba*, II, 180).
Ich habe oft mit einem ihrer Schwesterchen gespielt.

d. *Manolo, ¿tienes esto cobrao?*[152] [= Frage, die ein Kellner in der *Cafetería „Las Torres"* (*Plaza Mayor*, Salamanca) an einen Kollegen richtete – so gehört im Februar 1981].
Manolo, hast du das schon abgerechnet?
Man könnte ebenso sagen *¿Has cobrado esto?*, ohne damit die Bedeutung des Satzes wesentlich zu verändern, aber es ist deutlich, daß *tener* in der ursprünglichen Version etwas von seinem eigentlichen, besitzanzeigenden Wert behalten hat.

1260. Trennung „tener ... participio"
Ebenso wie *haber* (und aufgrund der weniger starren syntaktischen Bindung mit größerer Flexibilität) kann auch *tener* von dem zugehörigen Partizip Perfekt getrennt werden.

a. *Enviaron el telegrama a Trebujena (donde yo había dicho que teníamos hospedaje reservado)* (R. J. Sender, *La tesis de Nancy*, 165).
Sie schickten das Telegramm nach Trebujena (wo wir, wie ich gesagt hatte, eine Unterkunft reserviert hatten).
Man könnte ebenso sagen: ... *donde ... teníamos reservado hospedaje*.

b. *El comercio de segundo orden de la calle tenía en su casi totalidad apagadas las luces* (L. Martín-Santos, *Tiempo de silencio*, 61).
In fast allen weniger bedeutenden Geschäften der Straße waren die Lichter ausgeschaltet.
Man könnte auch sagen: ... *tenía apagadas las luces en su casi totalidad*.

2. Andere „(semi-)auxiliares"

1261. Wie bereits gesagt, kann man auch die Verben *estar, dejar, llevar, quedar, ser* und *traer* als *(semi-)auxiliares* zusammen mit einem Partizip Perfekt gebrauchen. Die auf diese Weise gebildeten Fügungen sind zumeist ausdrucksstärker als Konstruktionen mit *haber*. Bei der Übersetzung muß man versuchen, diese nuancierten Bedeutungsunterschiede durch eine entsprechende Wortwahl zu berücksichtigen. In der Praxis kann diese Aufgabe, die sehr viel Sprachgefühl und Einfühlungsvermögen vom Übersetzer verlangt, große Schwierigkeiten mit sich bringen.

a. *Él piensa que nos lleva engañados y va a salirle cara la equivocación* (R. J. Sender, *La aventura equinoccial de Lope de Aguirre*, 118).
Er denkt, daß er uns eingewickelt hat, und der Irrtum wird ihn teuer zu stehen kommen.

---

[152] *Cobrao* anstelle von *cobrado*. Siehe dazu Nr. 2 D.

Das Partizip Perfekt / El participio pasado 545

/ *llevar* + *participio* / bringt meist zum Ausdruck, daß eine Handlung oder ein Zustand bereits seit einiger Zeit andauert und dabei noch nicht als definitiv beendet betrachtet werden kann (d. h., daß die genannte Handlung oder der betreffende Zustand auch in der Zukunft Wirkung zeitigen kann); die Konstruktion kann gleichzeitig eine emphatische Funktion haben[153].

b. *La madre la mira de arriba abajo.*
– *¿Dónde has estado metida?* (C. J. CELA, *La colmena*, 219).
Die Mutter mustert sie von oben bis unten. „Wo hast du gesteckt?"

c. *Quiero empezar por dejar dicho, antes de pasar adelante, que la idea no se me ha ocurrido ahora* (E. JARDIEL PONCELA, *La tournée de Dios*, 391).
Bevor ich fortfahre, möchte ich zunächst deutlich machen, daß mir dieser Gedanke nicht jetzt gekommen ist.

d. *Sacó del bolsillo de la famosa chaqueta unas fichas de cartulina blanca en que traía apuntadas las ideas maestras* (L. CARANDELL, *Celtiberia Show*, 140).
Aus der Tasche der berühmten Jacke zog er ein paar weiße Kärtchen, auf denen die wichtigsten Ideen notiert waren.

3. Stellung des Partizips Perfekt

1262. Das *participio* steht fast immer *nach* dem Hilfsverb oder *(semi-)auxiliar*. Abgesehen von den weiter unten behandelten eigentümlichen Konstruktionen mit *que* (siehe die Nrn. 1264–1265), findet man nur selten ein vorangestelltes Partizip.

a. *Pregonada fue a tambor y trompeta la guerra contra el rey de España* (R. J. SENDER, *La aventura equinoccial de Lope de Aguirre*, 357).
Mit Pauken und Trompeten wurde der Krieg gegen den spanischen König ausgerufen.

b. Siehe auch das in Nr. 1256 c angeführte Beispiel.

In diesen Beispielen ist der stilistische Wert des Partizips mit dem eines vorangestellten Adjektivs vergleichbar.

D. „Estar" + „siendo" + Partizip

1263. Diese recht komplexe Passivkonstruktion, in der das Partizip eigentlich mit einer „Hilfsverbgruppe" verbunden wird und die den durativen Aspekt einer Handlung oder Situation betont, findet sich trotz der an ihr geübten Kritik[154] im heutigen Spanisch häufig. In diesen Fügungen gebraucht man an-

---

[153] Cf. E. LORENZO, *El español de hoy, lengua en ebullición*, 111–113, und DUE, II, 276.
[154] Nach Ansicht von M. CRIADO DE VAL ist die Fügung *estar siendo* nicht akzeptabel (*Fisonomía del español y de las lenguas modernas*, 116). Nach R. CARNICER ist diese Konstruktion ein Anglizismus, der aufgrund der Verknüpfung von *estar* und *ser* in korrektem Spanisch nicht akzeptabel sei. Dieser Autor vergleicht Sätze wie *El automóvil está siendo reparado* und *The car is being repaired* (*Nuevas reflexiones sobre el lenguaje*, 43). Trotz seiner Kritik macht der Schriftsteller deutlich, daß die Verbreitung dieser Fügung wohl nicht länger aufzuhalten sei. Sie werde heute ja sogar von Mitgliedern der Spanischen Akademie benutzt (S. 45). R. CARNICER weist darauf hin, daß / *estar* + *siendo* + *participio* / vielfach durch eine Form des *pasiva refleja* ersetzt werden könne (S. 44–45). Etwa im gleichen Sinne äußert sich auch das *Manual de español urgente* [S. 50 – die Konstruktion

stelle von *estar* manchmal ein *verbo dinámico*[155] wie *ir* („gehen") oder *venir* („kommen"). In solch einem Fall soll vor allem der progressive Charakter der Handlung akzentuiert werden[156].

    a. *El hecho está siendo comentadísimo* (E. JARDIEL PONCELA, *La tournée de Dios*, 417)[157].
    Die Sache wird eifrig kommentiert.
    b. *Aquella cruda alma de la ciudad iba siendo comprendida por Lorenzo* (R. GÓMEZ DE LA SERNA, *La mujer de ámbar*, 54).
    Nach und nach wurde jene rauhe Seele der Stadt für Lorenzo begreiflich.
    c. *Todos sus movimientos estarán siendo vigilados* (E. PARRA, *Soy un extraño para ti*, 140).
    Jede Ihrer Bewegungen wird ständig überwacht werden.
    d. *El carácter arrebatado y fantástico del vasco depende, en parte, de pertenecer a un pueblo que va siendo absorbido* (P. BAROJA, *La estrella del capitán Chimista*, in O. C., VI, 133).
    Das ungestüme und phantasiereiche Wesen des Basken steht teilweise in Zusammenhang mit der Tatsache, daß er einem Volk angehört, welches nach und nach seine eigene Identität verliert.

Die ohnehin schon recht komplexe Fügung wird noch „unübersichtlicher", wenn das *(semi-)auxiliar* in einem zusammengesetzten Tempus steht.

    e. *Los modelos que les habían venido siendo propuestos, no les ofrecían más alternativa que la de aburrirse o pecar* (C. MARTÍN GAITE, *Usos amorosos del dieciocho en España*, 22).
    Die Vorbilder, die man ihnen von altersher präsentiert hatte, ließen ihnen keine andere Wahl, als sich zu langweilen oder zu sündigen.
    [In dem Satz, der im genannten Buch auf den hier angeführten Text folgt, findet sich noch ein Beispiel für diese Fügung, für die der Autor (zumindest in diesem Werk) eine deutliche Präferenz zeigt.]

Die Konstruktion / *estar* + *siendo* + Adjektiv / wird in Nr. 1302 behandelt.

E. Partizip + „que" + (semi-)auxiliar

1264. Als Variante der weiter oben bereits behandelten Sätze mit einem *participio absoluto* gibt es im Spanischen eine Konstruktion, die aus zwei festen und einem veränderlichen Element besteht:

---

    wird hier gelassen kommentiert, doch wird angemerkt, man solle sich – wo möglich – besser für eine andere Fügung entscheiden (mit Beispielen)].
    Ob diese Konstruktion wirklich als *anglicismo* zu gelten hat, ist umstritten (siehe dazu: E. LORENZO, *El español de hoy, lengua en ebullición*, 124, Fußnote 26. Der Autor verweist darauf, daß der bekannte argentinische Schriftsteller J. L. BORGES sowie R. LAPESA und J. MARÍAS, beides Mitglieder der *Real Academia Española*, sie benutzen). Siehe übrigens auch schon ein Beispiel in einem Text aus dem Jahre 1916 von M. DE UNAMUNO (O. C., VI, 582).
[155] Was eine allgemeine Tendenz bekräftigt, die in Nr. 1311 behandelt wird.
[156] C. KANY weist darauf hin, daß *estar siendo* in Lateinamerika sehr häufig vorkomme (*Sintaxis hispanoamericana*, 283–284).
[157] An Perfektpartizipien können *sufijos apreciativos* angefügt werden. Siehe dazu auch Nr. 1287.

Das Partizip Perfekt / El participio pasado

Participio + *que* + eine Form von	estar haber ser tener ver

Diese Fügung, in der das Partizip Perfekt vor das *(semi-)auxiliar* gesetzt wird, hat den Wert eines temporalen Nebensatzes, der durch *después que* („nachdem"), *en seguida que, en cuanto (que), luego que* („sobald") eingeleitet würde. Sie findet sich ausschließlich in der literarischen Sprache, wo sie im übrigen auch nur vereinzelt verwendet wird und dann meist, um eine besondere stilistische Wirkung zu erzielen. Die *Gramática de la lengua española* führt die folgenden Beispiele an:

a. *Leído que hubo la carta.*
   Sobald er den Brief gelesen hatte.
b. *Concluida que tuvo la obra.*
   Sobald er das Werk beendet hatte.
c. *Encarcelados que estén los presos.*
   Sobald die Gefangenen eingesperrt sind.
d. *Apartados que fueron los combatientes.*
   Sobald man die Kämpfenden getrennt hatte.
e. *Herido que se vio*[158].
   Als er sah, daß er verletzt war.

In derlei Konstruktionen ist das Partizip veränderlich, außer wenn es mit *haber* verbunden ist. Es kongruiert mit dem Substantiv oder Pronomen [eventuell nur implizit, wie im letzten Beispiel (→ *él*)], dem es vorausgeht (*obra, presos, combatientes*). (Man beachte auch den Gebrauch des *subjuntivo* in Beispiel c: *estén*. Die Handlung wird hier als zukünftig betrachtet.)

1265. Daß diese Konstruktionen als ungewöhnlich, ja sogar affektiert empfunden werden, zeigen die folgenden Beispiele, die in modernen Texten gefunden wurden. Im ersten Fall will der Autor auf diese Weise vielleicht der Sprache einer Person aus dem 16. Jahrhundert einen archaischen Charakter geben, der zweite Satz findet sich in einem ironischen Kontext, in dem das dünkelhafte Auftreten von Leuten auf wissenschaftlichen Kongressen karikiert wird, und im dritten Beispiel stellt der versierte Stilist C. J. CELA Phrase und natürliche Sprache einander gegenüber:

a. *Y allí reside cierto vecino rico que, llegados que seamos, yo procuraré hacerle de menos* (R. J. SENDER, *La aventura equinoccial de Lope de Aguirre*, 215).
   Und dort wohnt ein reicher Mann, den ich, sobald wir angekommen sind, versuchen werde von seinem Sockel zu stoßen.
b. *Contestado que hubo Pelegrín al oponente primero, se cerró el turno de discusión* (S. LORÉN, *Cuerpos, almas y todo eso*, 323).
   Sobald Pelegrín dem ersten Widersacher geantwortet hatte, wurde die Diskussionsrunde beendet.
c. *Llegado que hubo a una pradera ... Vamos, queremos decir: en cuanto llegó a una pradera ...* (C. J. CELA, *El gallego y su cuadrilla*, 162)[159].
   An einer Wiese angelangt ..., also, ich will sagen: als er eine Wiese erreichte ...

---

[158] REAL ACADEMIA ESPAÑOLA, *Gramática de la lengua española*, 427. Der *Esbozo* führt nur zwei Beispiele an (S. 497).
[159] Weitere Beispiele dieser Art finden sich bei C. ROJAS (*El sueño de Sarajevo*, 42 und 284), C. J. CELA [*La Mancha*

F. Wiederholung des Verbs → „lo lavó bien lavado"

1266. In Spanien ausschließlich in der Volkssprache, in Lateinamerika aber auch auf einem höheren Sprachniveau, findet man die Fügung / eine konjugierte Verbform + ein *participio* desselben Verbs /[160]. Diese Konstruktion (in der jedesmal auch das Adverb *bien* auftritt) wird vor allem bei Verben gebraucht, die eine an Gegenständen (manchmal auch an Personen) vorgenommene (manuelle oder maschinelle) Behandlung bezeichnen, z. B. *lavar* („waschen"), *fregar* („abwaschen", „spülen"), *teñir* („färben"), *torcer* [„(ver)drehen", „auswringen"], *picar* („hacken", „behauen") usw.[161]; sie betont die Gründlichkeit und Wirksamkeit der genannten Handlungsweise[162].

a. *Tienes que torcer la ropa bien torcida* (W. BEINHAUER, *El español coloquial*, 295).
   Du mußt die Wäsche gut auswringen.
b. *Metió en el hoyo el cántaro, lo tapó bien tapado* (C. KANY, *Sintaxis hispanoamericana*, 307).
   Er steckte den Krug in das Loch und deckte es gut zu.
c. *Me lavé todo bien lavado* (C. J. CELA, *Mazurca para dos muertos*, 20).
   Ich wusch mich von Kopf bis Fuß.
   (Man findet die Konstruktion im genannten Buch auch auf den Seiten 35, 47 und 49).

G. Ohne Hilfsverb gebrauchte Perfektpartizipien

1. Allgemeine Regel

1267. Das Partizip Perfekt, das ohne Hilfsverb gebraucht wird, kongruiert – ebenso wie ein Adjektiv – nach Genus und Numerus mit dem Substantiv oder Pronomen, auf das es sich bezieht.

a. *Casi todos lo hacían con la boina puesta* (J. A. DE ZUNZUNEGUI, *Beatriz o la vida apasionada*, 37).
   Fast alle taten es mit aufgesetzter Mütze.
b. *Los cambios de ministros, las destituciones habidas, quedaban lejos*
   (J. M. GIRONELLA, *Ha estallado la paz*, 625).
   Das Kommen und Gehen der Minister, die Entlassungen, die es gegeben hatte, all das lag schon lange zurück.
c. *Para aquellos seres, dadas su edad o sus condiciones personales, no queda sitio en la ciudad* (M. DELIBES, *Castilla, lo castellano y los castellanos*, 277).
   Für jene Wesen ist, angesichts ihres Alters oder ihrer persönlichen Umstände, in der Stadt kein Platz mehr.
   Dadas kongruiert mit / *su edad o sus condiciones personales* /.

---

en el corazón y en los ojos, 50 – mit einem ironischen Kommentar → *como dicen los eruditos, los filólogos y los aficionados* („wie die Gelehrten, die Philologen und die Liebhaber der Sprache sagen")] und auch bei L. MARTÍN-SANTOS (*Tiempo de silencio*, 208 – bei diesem Autor kann man den Gebrauch der Form vielleicht mit der Haltung, die er der Sprache seiner Zeit gegenüber einnimmt, in Zusammenhang bringen; siehe dazu den Hinweis in Nr. 1225, Fußnote 125).

160 Cf. W. BEINHAUER, *El español coloquial*, 295–296, und C. KANY, *Sintaxis hispanoamericana*, 306–307.
161 Cf. C. KANY, *Sintaxis hispanoamericana*, 306.
162 Cf. C. KANY, *Sintaxis hispanoamericana*, 306.

Eine eigenartige, asymmetrische Konstruktion findet sich im folgenden Satz, in dem auf ein Partizip Perfekt ein Infinitiv folgt, wodurch sich eine Fügung ergibt, die sich syntaktisch von der der drei vorangehenden Partizipien unterscheidet: *dejada caer* bedeutet eigentlich *que se había dejado caer.*

> d. *El hombre levantaba una piel y en seguida pasaba a otra, que a su vez era rasguñada, raspada, olfateada y dejada caer* (P. NERUDA, *Confieso que he vivido*, 71).
> Der Mann hob eine Haut auf und ging gleich zu einer anderen weiter, die ihrerseits angeritzt, geschabt, beschnuppert und fallengelassen wurde.

2. Besondere Fälle

1268. „Excepto", „incluso", „salvo"
Die ehemals unregelmäßigen Partizipien *excepto* [(„ausgenommen") – < *exceptuar*], *incluso* [(„sogar") – < *incluir*] und *salvo* [(„ausgenommen") – < *salvar*] sind im heutigen Spanisch mit der angegebenen Bedeutung unveränderlich[163]. Grammatikalisch und semantisch haben sie jetzt den Wert von Adverbien. Vor allem *excepto* und *incluso* kommen häufig vor. *Excepto* und *salvo* stehen vor dem Wort, auf das sie sich beziehen; *incluso* kann man sowohl vor als auch nach dem Bezugswort antreffen, wobei ersteres allerdings sehr viel häufiger vorkommt.

> a. *Todos se habían acostado ya. Todos, excepto la rígida figura del timonel encerrado en su jaula de cristales* (M. DELIBES, *La sombra del ciprés es alargada*, 195).
> Alle waren schon zu Bett gegangen. Alle, bis auf die regungslose Gestalt des Steuermanns, der in seinem Glaskäfig eingeschlossen war.
> b. *Julio tocaba incluso las castañuelas* (J. M. GIRONELLA, *Los cipreses creen en Dios*, 66).
> Julio konnte sogar mit Kastagnetten rasseln.
> c. *Será comerciante, o empleado del Ministerio de Agricultura, o quien sabe si dentista incluso* (C. J. CELA, *La colmena*, 239).
> Er wird Kaufmann, oder Angestellter im Landwirtschaftsministerium oder, wer weiß, vielleicht sogar Zahnarzt.
> d. *En Londres conozco a poca gente, salvo a mis clientes* (I. AGUSTÍ, *El viudo Rius*, 99).
> Außer meinen Kunden kenne ich in London wenig Leute.

Anmerkungen

1269. Ungefähr mit demselben Wert wie *incluso* gebraucht man auch *incluido, incluyendo, inclusive* sowie, seltener, *inclusivamente* und *incluyente*. Diese Wörter haben vielleicht etwas mehr von ihrem ursprünglichen semantischen Inhalt bewahrt. Die Bedeutung „sogar" verbindet sich mit der von Wörtern wie „einschließlich", „inklusive". *Incluido* ist darüber hinaus eine veränderliche Form[164].

---

[163] In Ausnahmefällen findet man ein veränderliches *incluso* (siehe dazu: *Esbozo*, 498). In alten Texten kann man auch *excepto* und *salvo* als veränderliche Formen antreffen (cf. E. MARTÍNEZ AMADOR, *Diccionario gramatical*, 1093–1094 – mit Beispielen).
[164] Doch findet sich bei J. GOYTISOLO ein unveränderliches *incluido*: *(...) países del Caribe (incluido Cuba)* – in *Disidencias*, 232 [„Länder in der Karibik (einschließlich Kuba)"].

a. *Todos los viajeros y los tripulantes, muertos, incluidas las lindas azafatas* (R. J. SENDER, *La llave*, 170).
Alle Reisenden und Besatzungsmitglieder tot, einschließlich der hübschen Stewardessen.
b. *A duras penas pudieron dominar a los polemizantes y ponerlos en la calle, incluyendo a Zacarías Smuts* (S. LORÉN, *V. I. P.*, 77).
Mit Mühe gelang es, die Krakeeler zu bändigen und sie auf die Straße zu setzen, darunter auch Zacarías Smuts.
c. *Había, inclusive, un antiguo funcionario conservador refugiado en la revuelta* (G. GARCÍA MÁRQUEZ, *Cien años de soledad*, 155).
Unter denen, die in dem Durcheinander Zuflucht gesucht hatten, befand sich sogar ein ehemaliger Funktionär der Konservativen.

Incluyendo und *incluyente* stehen gewöhnlich vor dem Wort oder Syntagma, auf das sie sich beziehen.

1270. *Salvo*, das unregelmäßige Partizip von *salvar*, behält in bestimmten Fällen den Wert eines Adjektivs. Es ist dann natürlich veränderlich.

a. Mit der Bedeutung von / *salvar* = „retten" / → *Volvieron sanos y salvos* – Sie kamen gesund und wohlbehalten zurück.
b. Mit der Bedeutung von / *salvar* = „absehen von", „ausnehmen" / in einem Ausdruck wie *salva sea la parte* [Euphemismus für *el trasero* („das Hinterteil")].

1271. „Debido a"
Man muß unterscheiden zwischen

a. *Los desaciertos debidos a su mala gestión eran tales que ...* (S. GILI Y GAYA, *Curso superior de sintaxis española*, 203).
Die Fehler, die seiner schlechten Amtsführung zuzuschreiben waren, waren so beschaffen, daß ...
b. *Los desaciertos, debido a su mala gestión, eran tales que ...* (S. GILI Y GAYA, *Curso superior de sintaxis española*, 203).
Infolge seiner schlechten Amtsführung waren die Fehler so beschaffen, daß ...

Im ersten Fall steht *debidos* als Adjektiv bei dem Substantiv *desaciertos*. In Sätzen nach Art des zweiten Beispiels hat *debido* den Wert eines adverbialen oder präpositionalen Ausdrucks mit der Bedeutung *a causa de* („wegen"), *en virtud de* („aufgrund", „infolge") und bleibt unverändert. Der durch *debido* eingeleitete Satzteil muß dann in Kommata eingeschlossen werden. Obwohl umstritten ist, ob diese Konstruktion grammatikalisch zu rechtfertigen sei[165], findet man sie häufig in der Presse wie auch bei den besten Autoren der Gegenwart. Das Weglassen der Kommata ist auf jeden Fall schwer zu akzeptieren, obgleich dies in der Praxis in zunehmendem Maße geschieht.

c. *En algunos barrios vieron colas larguísimas debido a la progresiva escasez de muchos artículos* (J. M. GIRONELLA, *Un millón de muertos*, 464).
In einigen Vierteln sahen sie endlose Schlangen aufgrund der zunehmenden Verknappung vieler Güter.

---

[165] Cf. S. GILI Y GAYA, *Curso superior de sintaxis española*, 203. Siehe auch: M. SECO, *Diccionario de dudas*, 136 – nach Ansicht dieses Autors ist die Konstruktion *perfectamente normal* („völlig normal").

Das Partizip Perfekt / El participio pasado 551

d. *Antonio Laínez hacía frecuentes viajes a París, Londres y Madrid debido a sus negocios* (M. Aub, *Campo del moro*, 89).
Antonio Laínez unternahm aufgrund seiner Geschäfte viele Reisen nach Paris, London und Madrid.

1272. „Juntos" („juntas")
Der adverbiale oder präpositionale Ausdruck *junto a* darf nicht mit dem Partizip *juntos (juntas)* verwechselt werden, einem unregelmäßigen *participio* von *juntar* („verbinden", „vereinigen"). Die erste Form wird mit „nahe bei", „neben" übersetzt und ist unveränderlich. Die zweite, welche mit „zusammen", „dicht beieinander" übersetzt wird und eine weibliche Form hat, ist synonym mit dem selteneren *juntamente* (Variante: *conjuntamente*).

a. *Dirijo algunas miradas a una señorita muy gorda que está junto a una señora muy flaca* (W. Fernández Flórez, *Las gafas del diablo*, 17).
Ich werfe einige Blicke auf ein sehr dickes Fräulein, das neben einer sehr dünnen Dame sitzt.
b. *Los gitanos del arroyo Abroñigal se acuestan junto a sus perros* (F. Umbral, *Travesía de Madrid*, 100).
Die Zigeuner vom (Bach) Abroñigal legen sich zum Schlafen neben ihre Hunde.
c. *Todos los hombres juntos no valen una lágrima nuestra* (J. A. De Zunzunegui, *Ramón o la vida baldía*, 49).
Alle Männer zusammengenommen sind nicht eine Träne von uns wert.
d. *Pónganse más juntos. No tan juntos, por favor* (R. J. Sender, *La llave*, 154).
Setzen Sie sich etwas enger zusammen. Nicht so eng, bitte.
e. *Convenció al notario Noguer y a su esposa para hacer el viaje conjuntamente* (J. M. Gironella, *Los cipreses creen en Dios*, 168).
Er überzeugte Notar Noguer und seine Frau davon, gemeinsam zu verreisen.

1273. „Hecho"
Dieses *participio* wird im Spanischen häufig anstelle des Adverbs *como* („wie") gebraucht. Ein Unterschied besteht jedoch darin, daß *hecho* nach Genus und Numerus veränderlich ist. Es kongruiert mit dem ERSTEN Begriff des Vergleichs.

a. *Estás hecho un idiota* (I. Aldecoa, *Gran sol*, 176).
Du benimmst dich wie ein Idiot
b. *El niño, el perro y el zorro jugaban a la luz del carburo hechos un ovillo* (M. Delibes, *Las ratas*, 55).
Der kleine Junge, der Hund und der Fuchs spielten eng verknäult im Licht der Karbidlampe.
In diesem Satz steht *hechos* im Plural: es kongruiert mit *el niño, el perro y el zorro* (= Plural), nicht mit *ovillo*.
c. *Vivamos hechos unos bárbaros* (P. Baroja, *Paradox rey*, 181).
Laßt uns wie Barbaren leben.

1274. In diesem Zusammenhang ist besonders der Ausdruck *hecho un basilisco* zu nennen, den man mit „wütend (oder: „fuchsteufelswild")" wiedergeben kann[166].

> *La Paulina se va a poner hecha un basilisco en cuanto se entere* (C. J. Cela, *La colmena*, 286).
> Die Pauline wird kochen, wenn sie das erfährt.
> *Hecha* kongruiert mit *Paulina*.

1275. Zu *(estar) hecho* als mögliche Wiedergabe von „werden" siehe Nr. 1324.

1276. *Hecho* wird auch in der Bedeutung „einverstanden", „abgemacht" gebraucht.

> – *¿Nos encontramos aquí, pasado mañana a la misma hora?*
> – *Hecho* (M. Aub, *Campo del moro*, 88).
> „Treffen wir uns übermorgen hier um die gleiche Zeit?" „Einverstanden."

1277. „Dado a"
Der Ausdruck *dado a* ist in semantischer Hinsicht interessant. Im Unterschied zu vielen anderen Fällen kommt es hier nicht zu einem Bedeutungsverlust durch „semantische Erosion". Im Gegenteil: die Fügung *dado a* ist ausdrucksstärker als das Grundwort, mit dem sie gebildet ist. Die Bedeutung „geben" wird intensiviert und kann hier Nuancen wie „zugeneigt", „versessen auf", „verfallen" ausdrücken.

> a. *Ya sabe usted que la gente es muy dada a habladurías* (C. J. Cela, *El gallego y su cuadrilla*, 237).
> Sie wissen ja, daß die Leute gerne reden.
> b. *Su difunto (marido) era 'dao'*[167] *al 'trinquis', como son muchos marinos* (J. A. De Zunzunegui, *El camión justiciero*, 64).
> Ihr verstorbener Mann war, wie so viele Seeleute, dem Trunk ergeben.

1278. „Acabado de" + Infinitiv
Die Fügung *acabar de* + Infinitiv drückt eine *anterioridad inmediata* in bezug auf ein Ereignis oder eine Situation in der Gegenwart oder Vergangenheit aus. Diese Konstruktion ist mit dem französischen *venir de* (/ *il vient d'arriver* / „er ist gerade angekommen") zu vergleichen[168]. Die Form des Verbs *acabar* hat eigentlich die Bedeutung eines Adverbs, und die durch den Infinitiv ausgedrückte Handlung wird als VOLLENDET betrachtet.

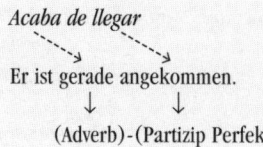

Er ist gerade angekommen.
↓   ↓
(Adverb)-(Partizip Perfekt)

---

[166] Ein Kommentar zu diesem Ausdruck findet sich bei: W. Beinhauer, *El español coloquial*, 265, Fußnote 156, und J. M. Iribarren, *El porqué de los dichos*, 626–627.
[167] *Dao* für *dado*. Siehe dazu Nr. 2 unter dem Buchstaben D.
[168] Manchmal findet man auch im Spanischen (vor allem in Lateinamerika) die Fügung *venir de* mit der Bedeutung, die sie im Französischen hat. Diese Konstruktion wird als (zu vermeidender) Gallizismus betrachtet (cf. M. Seco, *Diccionario de dudas*, 373. Siehe auch, differenzierter: C. Kany, *Sintaxis hispanoamericana*, 289–290).

Das Partizip Perfekt / El participio pasado 553

Daß der *infinitivo* in dieser Konstruktion den Wert eines Perfektpartizips bekommt, heißt nicht, daß man nicht auch das Partizip *acabado* finden kann. Dabei ist zu beachten, daß die Form veränderlich ist, obgleich das Verb *acabar* hier in einer unveränderlichen Funktion gebraucht wird. Dieses Partizip, dessen Bedeutung die eines Adverbs ist, wird – wenigstens formal – adjektiviert. Die Übersetzung bleibt dieselbe (→ „soeben", „gerade"). Der spanische Infinitiv wird im Deutschen durch ein Partizip Perfekt wiedergegeben, und die ganze Konstruktion hat den Wert eines adverbialen Nebensatzes.

> *Terminada la misa, un fraile subió al púlpito, y predicó ante los tercios vizcaínos que acabados de llegar, daban por primera vez escolta al Rey* (R. DEL VALLE-INCLÁN, *Sonata de invierno*, 91).
> Nach Beendigung der Messe stieg ein Mönch auf die Kanzel und predigte vor den Soldaten aus Vizcaya, die gerade angekommen waren und zum ersten Mal den König eskortierten.

1279. Substantivierung mit Hilfe von „lo"
Ein ohne *(semi-)auxiliar* gebrauchtes Partizip Perfekt kann mit Hilfe des sächlichen Artikels *lo* substantiviert werden (siehe hierzu auch schon Nr. 53). Auf diese Weise kann man in zwei Wörtern eine Aussage zusammenfassen, die sich im Deutschen mitunter nur schwer ohne finites Verb wiedergeben läßt.

> a. *Lo pasado* – Das Geschehene.
>   Hier ist eine „direkte" Übersetzung möglich.
> b. *Lo pasado, pasado, Paulino* (I. ALDECOA, *Gran sol*, 107).
>   Was vorbei ist, ist vorbei, Paulino.
> c. *Despechado por su fallo de memoria puesto a cuentas de lo bebido, agarró una gruesa piedra* (A. CARPENTIER, *El recurso del método*, 62).
>   Voller Wut darüber, daß ihn sein Gedächtnis im Stich ließ, weil er soviel getrunken hatte, griff er nach einem großen, schweren Stein.
> d. *A lo hecho, pecho* (A. M. DE LERA, *Las últimas banderas*, 164).
>   Was geschehen ist, ist geschehen.
> e. *Siento lo ocurrido ayer* (S. LORÉN, *V. I. P.*, 235).
>   Ich bedaure, was gestern geschehen ist.

1280. In den folgenden Beispielen bedeutet das sehr gebräuchliche *lo dicho*[169] soviel wie „wie gesagt" oder „habe ich es nicht gesagt?":

> a. *Bueno, pues lo dicho: hasta mañana* (W. BEINHAUER, *El español coloquial*, 111).
>   Also, wie gesagt: bis morgen.
> b. *Lo dicho: Antonio se ha vuelto loco* (W. BEINHAUER, *El español coloquial*, 111).
>   Ich hab's ja gesagt: Antonio ist verrückt geworden.
>   In diesem Satz bedeutet *lo dicho* nach W. BEINHAUER ungefähr soviel wie *¿No lo había dicho?* („hab ich's nicht gesagt?").

1281. *Lo dicho* kann natürlich auch die wörtlichere Bedeutung einer substantivierten Passivform behalten.

---

[169] In dem Buch *Cinco horas con Mario* von M. DELIBES scheint das häufige Vorkommen dieses Ausdrucks wohl eine Marotte zu sein.

a. *Briones dio cuenta al general de lo dicho por Martín* (P. Baroja, *Zalacaín el aventurero*, in O. C., I, 249).
Briones berichtete dem General darüber, was Martín gesagt hatte.
b. – *¿Me perdonas lo hecho?*
– *Sí, te lo perdono. Pero vuelvo a lo dicho. Nunca más.* (I. Agustí, *Desiderio*, 63).
„Verzeihst du mir, was ich getan habe?" „Ja, ich verzeihe es dir. Aber ich wiederhole noch einmal, was ich gesagt habe: Nie wieder!"
In diesem Satz bedeutet *a lo dicho* → *a lo dicho por mí*.

H. („Limpiado"), („llenado"), („hartado") → „limpio", „lleno", „harto"

1282. Die mit / *ser* + *participio* / gebildete Passivkonstruktion wird oben in Nr. 1050 behandelt. Es ist zu beachten, daß diese Fügung im Prinzip NICHT mit den Verben *hartar* („sättigen"), *limpiar* („säubern", „reinigen") und *llenar* („füllen") vorkommt. Sie muß vielmehr durch ein *pasiva refleja* ersetzt werden. Anstelle von

– **fueron hartados de carne*
– **fue limpiada la calle*
– **fue llenado el local*

würde man daher sagen:

a. *Se los hartó de carne.* Sie wurden mit Fleisch vollgestopft.
b. *Se limpió la calle.* Die Straße wurde gereinigt.
c. *Se llenó el local*[170]. Das Lokal füllte sich.

1283. Auch mit dem Wert eines Adjektivs werden die Partizipien *llenado* und *limpiado* nur selten gebraucht. Man beachte vor allem das erste Beispiel, in dem *lleno* in einer mit der vorangehenden Fügung identischen, „absoluten" Konstruktion neben einem echten *participio* (→ *concluida*) steht.

a. *Aquella tarde, concluida la tarea y lleno el carro de secos sarmientos, la cansada mula emprendió con lentitud la vuelta hacia el lugar* (P. Baroja, *Vidas sombrías*, in O. C., I, 1006).
An jenem Nachmittag, als das Tagewerk vollbracht und der Karren mit dürrem Rebholz beladen war, machte sich das erschöpfte Maultier langsam auf den Heimweg zum Gehöft.
b. *Sobre la mesa estaba el cenicero de metal, que ahora aparecía recién limpio* (C. J. Cela, *Viaje a la Alcarria*, 139).
Auf dem Tisch stand der Aschenbecher aus Metall, der jetzt frisch geputzt war.
c. Siehe auch den Satz in Nr. 620 h.

---

[170] Die Beispiele und der Kommentar stammen aus der *Gramática de la lengua española* (der *Real Academia Española*), 419. Man beachte, daß sich A. Bello weniger kategorisch äußert. Nach den Worten des lateinamerikanischen Grammatikers ist es „viel besser" (*mucho mejor*), die Formulierung *se llenó la plaza* („der Platz füllte sich") zu gebrauchen als *la plaza fue llenada* (*Gramática*, 318).

Siehe jedoch:

> d. *Eran unos metales verdosos que, limpiados, fulgían como si hubieran sido espolvoreados* (M. MUJICA LAINEZ, *Bomarzo*, 45).
> Es waren grünliche Metalle, die im gereinigten Zustand funkelten, als wären sie mit Glitzerstaub bedeckt.

In einem Gespräch am 6. Januar 1992 konnte ich dazu meinen Informanten ALV befragen. Die Meinung des Mitglieds der *Real Academia*: „A mi me gustaría más *limpios*, pero no es imposible *limpiados* que quizá exprese más claramente la idea de 'quitar el óxido'" („Ich würde *limpios* vorziehen, aber *limpiados* ist nicht unmöglich, zumal es vielleicht die Bedeutung von 'den Rost entfernen' deutlicher zum Ausdruck bringt").

1284. Die von *hartar* gebildete regelmäßige Form *hartado* wird nur in den zusammengesetzten Zeiten des Aktivs gebraucht.

> *Se han hartado.*
> Sie haben sich gesättigt.

Die Form *harto* tritt als Adjektiv in Formen auf, die ein „(mehr als) genug" implizieren.

> a. *Estamos hartos.*
> Wir haben (mehr als) genug davon (oder: wir sind es leid).
> b. *Estar harto de alguna cosa.*
> Etwas satt haben.
> c. *Estar harto de dormir.*
> Ausgeschlafen sein.
> d. *Estar harto de vivir.*
> Des Lebens überdrüssig sein.

1285. Die in den vorangegangenen Beispielen auftretende Form *harto* darf nicht mit dem als Adverb gebrauchten *harto* („ziemlich", „sehr") verwechselt werden, das natürlich unveränderlich ist.

> *El general tuvo plena conciencia de que su propia formación era harto deficiente* (J. M. GIRONELLA, *Ha estallado la paz*, 206).
> Der General wußte nur zu gut, daß seine eigene Ausbildung mehr als unzureichend war.

I. „Pedir prestado" → „tomar prestado"

1286. Im Spanischen gibt es keine wörtliche Übersetzung für das deutsche „ausleihen", „(sich etwas von jemandem) leihen"[171] (im Französischen → *emprunter*). Eine mögliche Wiedergabe dieser Verben ist der Ausdruck *pedir prestado* (Variante: *tomar prestado*)[172]. In diesen Konstruktionen kön-

---

[171] Die Übersetzung von „verleihen" (also „etwas AN jemanden ausleihen") lautet *prestar*.
[172] Cf. M. SECO. Dieser Autor weist darauf hin, daß der Gebrauch von *prestar* hier nicht akzeptabel sei, aber er fügt hinzu, daß dieses Verb mit der Bedeutung „sich leihen" doch in einigen Ländern Lateinamerikas vorkomme (*Diccionario de dudas*, 299).

nen *pedir* (oder *tomar*) und das *participio* voneinander getrennt werden, und das Partizip Perfekt kongruiert mit dem Akkusativobjekt[173].

    a. *Pedí a Leticia su corazón prestado* (F. UMBRAL, *Los amores diurnos*, 104).
       Ich habe Letitia um ihr Herz gebeten.
    b. *Los toreros pidieron prestada la espada* (C. J. CELA, *Toreo de salón*, 59).
       Die Stierkämpfer hatten ihren Degen geliehen.

§ 4. AN PARTIZIPIEN ANGEFÜGTE SUFFIXE

1287. Ebenso wie an andere Wortarten und Formen können im Spanischen auch an Perfektpartizipien *sufijos apreciativos* angefügt werden[174]. Dies überrascht nicht, wird doch das *participio* sehr häufig mit dem Wert eines Adjektivs gebraucht[175]. Meist handelt es sich dabei um Diminutivsuffixe, die an das Partizip angefügt werden, doch scheint sich gegenwärtig der Gebrauch des superlativischen *-ísimo* auszubreiten, vor allem bei *participios* mit passivischer Bedeutung.

    a. *Los niños están dormiditos* (C. J. CELA, *La colmena*, 213).
       Die Kinder schlafen selig.
    b. *¡Quién estuviera como ella sentadita en el Cielo!* (R. DEL VALLE-INCLÁN, *Sonata de invierno*, 104).
       Säße ich doch nur wie sie behaglich im Himmel!
    c. *Tenía el ilustre periodista una sobrina ya entradita en años y sin carnes* (M. AUB, *La calle de Valverde*, 14).
       Der berühmte Journalist hatte eine Nichte, die nicht mehr zu den Jüngsten gehörte und spindeldürr war.
    d. *La costumbre de pasear en coche descubierto estaba generalizadísima en la segunda mitad del siglo* (XVIII) (C. MARTÍN GAITE, *Usos amorosos del dieciocho en España*, 31).
       Die Gewohnheit, eine Spazierfahrt im offenen Wagen zu unternehmen, war in der zweiten Hälfte des (18.) Jahrhunderts sehr verbreitet.
    e. *... por seguir la terminología de Mosén Escrivá en su leidísimo 'Camino'* (J. A. GÓMEZ MARÍN, *Bandolerismo, santidad y otros temas españoles*, 43).
       ... um der Terminologie Mosén Escrivás in seinem vielgelesenen (Buch) 'Camino' zu folgen.

---

[173] C. F. A. VAN DAM führt allerdings ein (aus einem Text von 1901 entnommenes) Beispiel mit unveränderlichem Partizip an (*Spaanse spraakkunst*, 408).
[174] Dem Gebrauch der *sufijos apreciativos* ist ein eigenes Kapitel gewidmet. Siehe die Nrn. 1348 und ff.
[175] Wenn das Partizip mit *haber* verbunden ist und somit seinen verbalen Wert beibehält, kommt das Anfügen von Suffixen nur in Ausnahmefällen vor. Als Kuriosum kann das folgende Beispiel betrachtet werden, das einem Gedichtband von M. MACHADO entnommen wurde:
    ... te he tomaíto el cariño cuando menos lo pensé (M. MACHADO, *Soleares*, in O. C., S. 119).
    Ich habe dich liebgewonnen, als ich es am wenigsten erwartete.

KAPITEL XIII

BESONDERE PROBLEME IM ZUSAMMENHANG MIT DEM SPANISCHEN VERB
PROBLEMAS PARTICULARES EN RELACIÓN CON EL VERBO ESPAÑOL

ABSCHNITT I

SER UND ESTAR

1288. Spanische Muttersprachler irren sich nie im Gebrauch von *ser* und *estar*, die zwei verschiedene Nuancen des Begriffs „sein" bezeichnen. Die richtige Wahl zwischen diesen beiden Verben gehört jedoch zu den größten Schwierigkeiten, mit denen derjenige konfrontiert wird, für den Spanisch eine Fremdsprache ist[1]. Diesem Problem sind zahlreiche Untersuchungen gewidmet[2], die häufig unzulängliche, bisweilen konträre Erklärungen anbieten[3].
Es ist unmöglich, auch nur eine Vorstellung von den verschiedenen Standpunkten und Theorien in dieser Frage zu vermitteln. Im weiteren sollen lediglich die elementaren Grundsätze angeführt und gelegentlich bestimmte Besonderheiten angemerkt werden.

1289. Als grundlegendes Prinzip kann gelten, daß *ser* wesentliche (und bleibende) Qualitäten, *estar* dagegen zufällige (und vorübergehende) Eigenschaften bezeichnet. Dieser allgemeine Grundsatz läßt sich häufig in die Gegensatzpaare *absolut* > < *relativ*, *objektiv* > < *subjektiv* oder, nach Ansicht bestimmter Autoren, *inhärent* > < *nicht inhärent* fassen[4]. Die beiden Verben haben somit einen unterschiedlichen semantischen Wert.

§ 1. GEBRAUCH VON „SER"

A. „Ser" → wesentliche Eigenschaften

1290. *Ser* bezeichnet, wie gesagt, wesentliche (bleibende) Eigenschaften oder Zustände, die als solche betrachtet werden. Als „inhärent" und definitiv können z. B. das Leben bzw. die Unsterblichkeit an-

---

[1] Über die typischen Fehler von Fremden auf diesem Gebiet machen sich die Spanier bisweilen lustig (siehe z. B. C. J. CELA, *El gallego y su cuadrilla*, 213). „Spanische Muttersprachler irren sich nie ...", doch können auch für sie Grenzfälle auftreten, in denen die Motivation für den Gebrauch von *ser* oder *estar* durch die jeweilige kontextuelle Betrachtungsweise oder das spezifische Erleben bedingt ist, die bzw. das der Sprecher durch eine stilistische Option zum Ausdruck bringen will.
[2] Eine einschlägige Basisbibliographie findet man bei J. ALCINA FRANCH & J. M. BLECUA, *Gramática española*, S. 898–900.
[3] Eine interessante, kritische Studie über die umstrittensten Aspekte des Problems hat F. MONGE verfaßt: *'Ser' y 'estar' con participios y adjetivos* (in *Actes du IXe congrès international de linguistique romane – Centro de Estudios Filológicos*, Lisboa, 1961, S. 213–227).
[4] Siehe z. B. B. POTTIER, *Lingüística moderna y filología hispánica*, 196.

gesehen werden. Das Verb *ser* kann man (substantiviert) übrigens mit der Bedeutung „(das) Dasein" antreffen.

    a. *Margarita si no se ríe, sonríe, feliz de ser* (M. AUB, *Las buenas intenciones*, 126).
       Wenn Margarita nicht lacht, so lächelt sie, glücklich darüber, daß sie existiert.
    b. *Ser inmortal es esperar la inmortalidad* (M. DE UNAMUNO, *Visiones y comentarios*, 23).
       Unsterblich sein bedeutet, die Unsterblichkeit zu erwarten.
    c. – *¿Por qué he de estarle agradecido a mi padre?*
       – *Por haberte dado el ser* (R. J. SENDER, *Crónica del alba*, II, 81).
       „Warum soll ich meinem Vater dankbar sein?" „Weil er dir das Leben geschenkt hat.

1291. Dem deutschen „werden aus" entspricht im Spanischen *ser de*.

    No sé lo que había sido de él (E. LÍSTER, *Memorias de un luchador*, 154).
    Ich weiß nicht, was aus ihm geworden war.

In der Umgangssprache findet sich häufig die kurze Frage *¿Qué es de tu vida?* („Wie geht's?", „Was gibt's Neues?").

1292. *Ser* wird auch gebraucht, um ein Besitzverhältnis, das Material, aus dem etwas gefertigt ist, einen Beruf, die Herkunft, die Zeit und eine Anzahl zu bezeichnen.

    a. *La casa es de mi tío* (J. ALCINA FRANCH & J. M. BLECUA, *Gramática española*, 901).
       Das Haus gehört meinem Onkel.
    b. *La Constitución es de papel y la República de cartón* (M. DE UNAMUNO, *Visiones y comentarios*, 28).
       Die Verfassung ist aus Papier und die Republik aus Pappe.
    c. *Pedro es alcalde* (J. ALCINA FRANCH & J. M. BLECUA, *Gramática española*, 900).
       Pedro ist Bürgermeister.
    d. *El muchacho es de Madrid* (J. ALCINA FRANCH & J. M. BLECUA, *o. c.*, 901).
       Der Junge kommt aus Madrid.
    e. *Hoy es jueves* (J. ALCINA FRANCH & J. M. BLECUA, *o. c.*, 900).
       Heute ist Donnerstag.
    f. *Es de noche* (P. BAROJA, *Paradox rey*, 9).
       Es ist Nacht.
    g. *Éramos doce o catorce* (E. ROMERO, *La paz empieza nunca*, 133).
       Wir waren zwölf oder vierzehn Leute.

Ser de [häufig mit einem eingefügten *muy* („sehr")] kann zum Ausdruck bringen, daß etwas für eine bestimmte Person als typisch betrachtet wird:

    h. *Es muy de él esa manera de marcharse* (DUE, II, 1147).
       Diese Art zu gehen ist typisch für ihn.

1293. Am Anfang von Märchen findet man anstelle des gebräuchlichen *había* häufig die Form *era* mit den Varianten *érase* oder *érase que (se) era*, die dem deutschen „Es war einmal …" entsprechen.

a. *Era una vez, hace muchos, muchísimos años ...* (FABIOLA, *Los 12 cuentos maravillosos*, 1).
   Es war einmal vor vielen, vielen Jahren ...
b. *Érase una vez, allá el año 2000 ...* (FABIOLA, *o. c.*, 39).
   Es war einmal, so um das Jahr 2000 ...

B. „Ser" als Hilfsverb

1294. Der Gebrauch von *ser* als Hilfsverb (anstelle von *haber*) wurde in Nr. 1250 behandelt.

C. „Ser" bei der Bildung des Passivs

1295. *Ser* entspricht dem deutschen „werden" bei der Bildung des Passivs. Siehe dazu die Nrn. 1011 und 1050 sowie im weiteren die Hinweise in Nr. 1300 zu Passivsätzen, die mit *estar* bzw. *ser* gebildet werden.

§ 2. GEBRAUCH VON „ESTAR"

A. „Estar" → nichtwesentliche Eigenschaften

1296. *Estar* bezeichnet im Gegensatz zu *ser* nichtinhärente, vorübergehende Eigenschaften oder verweist auf sich ändernde oder ändern könnende Situationen. *Estar* wird daher logischerweise u. a. vor Adjektiven und Partizipien gebraucht, die ein Verhalten, einen Gemütszustand oder eine Körperhaltung usw. ausdrücken.

a. *Estate sonriente y amable* (J. A. DE ZUNZUNEGUI, *Los caminos de El Señor*, 132).
   Lächle, und sei freundlich.
b. *Oye, Pat, creí que estabas enfadada conmigo* (J. M. CARRASCAL, *Groovy*, 64).
   Hör mal, Pat, ich dachte, du wärst böse auf mich.
c. *Estaba fuera de sí* (J. A. DE ZUNZUNEGUI, *La úlcera*, 80).
   Er war außer sich.
d. *Estaba arrodillado* (S. GILI Y GAYA, *Curso superior de sintaxis española*, 64–65).
   Er war niedergekniet.

Bei der Fernsehübertragung des Fußballspiels Sevilla – Real Madrid (3. März 1990) konnte ich den folgenden Satz hören:

e. *Buyo estuvo más rápido.*
   Buyo war schneller.
   (Buyo ist der Torwart von Real Madrid.)

Es ist von praktischem Nutzen, zu wissen, daß auf *estar* nur äußerst selten unmittelbar ein Substantiv folgt[5].
Der *Esbozo* führt einige der Umgangssprache angehörende Ausdrücke wie u. a. *estar pez* („keine Ahnung haben"), *estar fenómeno* („hervorragend sein"), *estar cañón* („sehr gut sein", „sehr attraktiv sein") an:

    f. *Él estuvo fenómeno* (E. LORENZO, *El español de hoy, lengua en ebullición*, 47).
       Er war großartig.

B. Scheinbar unlogischer Gebrauch von „estar"

1297. „Sein" wird immer mit *estar* wiedergegeben, wenn es mit „sich befinden" synonym ist. Das kann bisweilen zu einem scheinbar unlogischen Gebrauch dieses Verbs führen, und zwar in solchen Fällen, in denen eindeutig von einem DEFINITIVEN Zustand die Rede ist (wie in Beispiel b)[6].

    a. *No está en casa* (*Esbozo*, 368).
       Er ist nicht zu Hause.
    b. *Madrid está en el centro de España* (S. GILI Y GAYA, *Curso superior de sintaxis española*, 64).
       Madrid liegt in der Mitte Spaniens.

1298. Wenig logisch erscheint auch die Tatsache, daß man bei Adjektiven wie *vivo* („lebendig") und *muerto* („tot") nicht *ser*, sondern *estar* gebraucht. *Vivo* ist doch als INHÄRENTE Eigenschaft, *muerto* als ein (ganz besonders) DEFINITIVER Zustand zu betrachten! Solche Fälle werden damit erklärt, daß man sie sich als Folge einer VERÄNDERUNG vorstellt, die in einem Zustand eintreten könnte oder eingetreten ist[7]. So wird auch verständlich, daß man *estar* vor Wörtern wie *intacto* („intakt"), *lleno* („voll"), *maduro* („reif"), *roto* („kaputt"), *vacío* („leer") u. dgl. findet. Als praktische Hilfe kann in derlei Fällen der Grundsatz dienen, daß man *estar* gebraucht, wenn man eine bestimmte Eigenschaft als mögliches oder tatsächliches Ergebnis eines „Werdens" betrachtet[8].

    a. *Hay momentos en que comprendo que él está vivo y yo estoy muerto*
       (F. UMBRAL, *Los amores diurnos*, 49).
       Es gibt Augenblicke, da begreife ich, daß er (noch) lebt und ich (schon) tot bin.
    b. *En efecto, el puente estaba intacto* (J. IBARGÜENGOITIA, *Los conspiradores*, 41).
       Tatsächlich war die Brücke intakt.
       Der Nebengedanke dabei ist: „aber es hätte anders sein können" (oder: „man hat es anders erwartet"), d. h. → eine Veränderung, die hätte eintreten können.

---

[5] *Esbozo*, 365. Gebräuchlich ist dagegen die Fügung / *estar* + *de* + Substantiv /.
Zum Beispiel: – *Mi amigo Roberto está de embajador en Londres* („Mein Freund Robert ist Botschafter in London"). Es handelt sich hierbei um einen zeitlich begrenzten Zustand. Man würde jedoch sagen *Mi amigo Roberto es embajador* („Mein Freund Robert ist Botschafter"), wenn die Rede von jemandes Beruf ist, der als wesentliches Merkmal seiner Person betrachtet wird.
[6] Dieser Gebrauch läßt sich mit der Etymologie von *estar* erklären (< lateinisch *stare*, das u. a. „sich befinden" bedeuten konnte).
[7] S. GILI Y GAYA, *Curso superior de sintaxis española*, 62. Der Autor spricht von einer „tatsächlichen oder mutmaßlichen Veränderung" (*cambio real o supuesto*).
[8] S. GILI Y GAYA, *o. c.*, 62.

c. *El árbol estaba ya muy carcomido* (M. AUB, *Las buenas intenciones*, 176).
Der Baum war bereits völlig morsch.
Es handelt sich hier um einen definitiven, nicht mehr rückgängig zu machenden Zustand, der Folge einer Veränderung ist (von gesund zu vermodert).

Man gebraucht *estar* meist auch vor *limpio* („sauber") und *sucio* („schmutzig"). Auch hier spielt die Vorstellung von einer möglichen oder tatsächlichen Veränderung eine Rolle [9].

1299. Man findet *estar* auch in Sätzen, die eine Bewertung der Zubereitung von Speisen ausdrükken. Auch hier geht es wieder um das (letztendlich definitive) RESULTAT EINER VERÄNDERUNG, und darüber hinaus sei daran erinnert, was weiter oben über das Verhältnis *objektiv ~ subjektiv* und *absolut ~ relativ* gesagt wurde. *Estar* hat in solchen Fällen die Bedeutung „schmecken".

a. *Ponme también salsa. Está muy buena* (S. LORÉN, *Siete alcobas*, 53).
Gib mir auch Soße. Sie ist sehr gut (d. h. „sie schmeckt mir sehr gut").
b. *Esta ostra está malísima* (A. DE LAIGLESIA, *Te quiero, bestia*, 178).
Diese Auster schmeckt ekelhaft.
Dagegen würde man sagen: *Las ostras no SON buenas para el hígado* („Austern sind nicht gut für die Leber" → objektives Faktum).
c. *Las tortas fritas están sublimes* (J. CORTÁZAR, *Rayuela*, 409).
Die gebackenen Fladen sind vorzüglich.

Die obigen Erläuterungen erklären auch den Gebrauch von *estar* in Verbindung mit Adjektiven wie *bueno* („gut") und *rico* („reich") in Fällen, in denen diese Wörter eine mehr oder weniger erotische Bedeutung implizieren:

d. *Tu hermana, aunque no tenga tetas, está rica* (M. DELIBES, *377 A, Madera de héroe*, 174).
Deine Schwester ist zum Anbeißen, auch wenn sie keinen Busen hat.
e. *¡Estás más buena que el arroz con leche! (...) ¡Madre mía, que me la como!*
(J. L. ALONSO DE SANTOS, *La estanquera de Vallecas*, 51).
Du bist verlockender als Milchreis! (...) Mann o Mann, ich hätte Lust, sie zu vernaschen!

C. „Estar" in passivischen Sätzen

1300. Man kann *estar* – ebenso wie *ser* – auch in passivischen Sätzen antreffen. Die beiden Konstruktionen haben jedoch unterschiedliche Bedeutung. Zusammenfassend kann man sagen, daß sich bei dem mit *ser* gebildeten Passiv die durch das *participio* ausgedrückte Handlung zu der Zeit, die das

---

[9] Der Gebrauch von *ser* im folgenden Satz läßt sich hingegen ohne weiteres erklären, da *limpio* hier nicht mehr auf die Vorstellung (und das Resultat) des „Saubermachens" verweist, sondern eine „charakteristische", fundamentale Eigenschaft bezeichnet:
Hoy, lo que distingue a las nuevas generaciones es el parecer sucios, siendo limpios (M. AUB, in J. F. BOTREL, *Creación y público en la literatura española*, 250).
Heute zeichnet die neuen Generationen aus, daß sie schmutzig erscheinen, obgleich sie in Wirklichkeit sauber sind.

Hilfsverb bezeichnet, vollzieht, wohingegen die Konstruktion mit *estar* die Handlung als vollendet und somit in ihrem Ergebnis darstellt[10].

    a. *Las casas eran edificadas con mucho cuidado* (*Esbozo*, 452).
       Die Häuser wurden sehr sorgfältig gebaut.
    b. *Las casas estaban edificadas con mucho cuidado* (*Esbozo*, 452).
       Die Häuser waren sehr sorgfältig gebaut.

Im ersten Satz wird die Handlung in ihrem Verlauf dargestellt, im zweiten Beispiel geht es um das Resultat.
Mit derselben Funktion kann man auch andere Verben, wie z. B. *resultar, quedar* usw. antreffen:

    c.

    (*El jueves*, Núm. 736, 3.–9.VII.1991, 3)
    „Du bist festgenommen, weil du diesem Herrn die Brieftasche mit dem Ausweis gestohlen hast …!"
    „Und Sie sind festgenommen, weil ich Sie ohne Ausweis angetroffen habe."

D. „Estar" + Gerundium

1301. Die mit Hilfe von *estar* + *gerundio* gebildeten *frases verbales* betonen vor allem den durativen Aspekt einer Handlung. Siehe dazu mehr in Nr. 1220 A.

1302. Weiter oben wurde bereits die Fügung / *estar* + *siendo* + *participio* / behandelt[11]. Offensichtlich in Analogie zu derlei Sätzen werden (sowohl in der geschriebenen als auch in der gesprochenen Sprache) Konstruktionen gebildet, in denen man ein Adjektiv anstelle eines Perfektpartizips findet.

    a. *Pero no estoy siendo justo con la música* (G. Cabrera Infante, *La Habana para un infante difunto*, 47).
       Aber ich werde der Musik eigentlich nicht gerecht.
    b. *Estoy siendo sincero* (T. Salvador, *Diálogos en la oscuridad*, 126–127).
       Ich meine das ehrlich.
    c. *El partido está siendo vibrante* (dieses und ähnliche Beispiele konnte ich am 23.6.91 im spanischen Fernsehen während einer Reportage vom Finale der *Copa del Rey* zwischen dem FC Barcelona und Atlético de Madrid hören).
       Das Spiel ist spannend.

---

10 *Esbozo*, 369 und 453.
11 Siehe Nr. 1263.

E. „Estar" + „que" + Verb

1303. Die Fügung / *estar* + *que* + Verb /, die vor allem in der gesprochenen Sprache vorkommt, hat einen superlativierenden Wert und wird gebraucht, um auf sehr affektive Weise einen Gemütszustand auszudrücken.

    a. *Están que rabian, hombre* (A. M. DE LERA, *Las últimas banderas*, 92).
       Sie sind fuchsteufelswild, Mann.
    b. *Se ha enamorado de una de ellas y está que no vive* (W. BEINHAUER, *El español coloquial*, 276).
       Er hat sich in eine von ihnen verliebt und ist ganz weg von ihr.

§ 3. GEBRAUCH VON „SER" ODER „ESTAR"

1304. Manchmal kann ein und dasselbe Adjektiv mit *estar* oder *ser* verbunden werden. Dabei ist in der Regel ein Bedeutungsunterschied zu beobachten, und die Entscheidung für das eine oder das andere Verb ist durch die Art und Weise motiviert, wie der Sprecher oder Schreiber die Umstände betrachtet, wobei diese Betrachtungsweise im Zusammenhang mit den schon genannten Gegensatzpaaren *absolut ~ relativ, objektiv ~ subjektiv* gesehen werden kann.
Zusammenfassend kann man feststellen, daß nach dem Verb *estar* eine bestimmte Eigenschaft in Verbindung mit einem besonderen Umstand oder Kontext gesehen wird, während der Gebrauch von *ser* die Eigenschaft als von derlei Faktoren UNABHÄNGIG darstellt[12].

1305. Bei Adjektiven wie *feliz* („glücklich"), *infeliz, desdichado* und *desgraciado* („unglücklich"), *pobre* („arm") und *rico* („reich") gebraucht man gewöhnlich das Verb *ser*[13]. Will man den momentanen (und somit vergänglichen), zufälligen oder unvollkommenen Charakter des genannten (Gemüts)Zustands betonen, so kann man *estar* gebrauchen. Die genannten Aspekte ergeben sich aus dem Zusammenhang, und die einschränkende Nuance wird im übrigen häufig auch durch kontextuelle Elemente im Satz angedeutet.

    a. *Ser feliz o desgraciado es una cuestión secundaria* (M. DE UNAMUNO, *Visiones y comentarios*, 23).
       Ob man glücklich ist oder unglücklich, ist eine nebensächliche Frage.
    b. *Reconoció al León de Natuba por la mínima estatura. Lo besó tiernamente, susurrándole: „Hijo mío, te creía perdido, tu madre está feliz, feliz"*
       (M. VARGAS LLOSA, *La guerra del fin del mundo*, 288).
       Sie erkannte den Löwen von Natuba an seiner winzigen Gestalt. Sie küßte ihn zärtlich und flüsterte: „Mein lieber Junge, ich hielt dich für verloren; deine Mutter ist ja so glücklich, so überaus glücklich".

---

[12] In diesem Sinne: *Esbozo*, 366.
[13] Obwohl dies nicht ganz im Einklang mit dem Prinzip steht, daß *ser* einen definitiven Zustand bezeichnet. Es sei noch einmal darauf hingewiesen, daß man bei *rico* nicht *ser*, sondern *estar* gebraucht, wenn dieses Adjektiv „schmackhaft", „lecker" bedeutet (siehe Nr. 1299 – man könnte somit z. B. den unter a angeführten Satz wie folgt abändern: *Ponme también salsa. Está muy rica*).

In Beispiel a wird der Begriff „Glück" in der umfassendsten und allgemeinsten Bedeutung interpretiert, ohne jede Art von Begrenzung in Zeit und Raum, wohingegen in dem unter b angeführten Satz dieser Zustand in einen engeren, klar eingegrenzten und darüber hinaus präzisen kausalen Zusammenhang gestellt wird.

Wie schwierig es jedoch ist, in dieser Frage allgemeingültige Regeln zu formulieren, wird aus dem folgenden Beispiel deutlich, in dem man nach dem restriktiven *aquel día* vielleicht eher eine Form von *estar* erwarten würde:

  c. *Aquel día era yo feliz* (S. Lorén, *Las cuatro vidas del doctor Cucalón*, 192).
    An jenem Tag war ich glücklich[14].

In einem anderen – der Struktur nach vergleichbaren – Text (mit einer auf die Vergangenheit verweisenden, vorangestellten Zeitbestimmung) findet man den kontextuell zu erwartenden, „normalen" Gebrauch von *estar*:

  d. *En esos días (Blas de Otero) comía hasta mejor. Estaba feliz* [*El Norte de Castilla*, 30.7.1989, 59 – Blas de Otero ist ein bekannter spanischer Dichter (1916–1979)].
    In jenen Tagen aß Blas de Otero sogar noch besser. Er war glücklich.
    Abgesehen von der Funktion der (restriktiven) Zeitbestimmung (→ *en esos días*) läßt sich der Gebrauch von *estar* auch mit der Absicht des Autors erklären, eine Art *Kontrapunkt* zu setzen: Der Dichter hatte ein besonders hartes und trauriges Leben, aber wenigstens in jenen Tagen war er glücklich.

Dagegen ist klar, daß in dem folgenden Kontext (→ die Ex-Frau eines Mannes, der wieder heiratet, gratuliert dem Brautpaar) der Gebrauch einer Form von *estar* im Zusammenhang mit den Glückwünschen für die Brautleute merkwürdig, um nicht zu sagen zynisch, hätte klingen können:

  e. *Les deseo que sean felicísimos* (¡*Hola!*, 5.4.1990, 73).
    Ich wünsche ihnen alles Glück dieser Welt.

Siehe zu dieser Problematik auch mit weiteren Beispielen und Anmerkungen: J. De Bruyne, *¿Puede un catedrático o académico ser feliz estando calvo?* (in *Linguistica Antverpiensia*, XXVIII, 1994, 35–46).

1306. Auch die folgenden Beispiele illustrieren den Unterschied zwischen *ser* und *estar* vor dem Hintergrund der o. g. Grundprinzipien.

---

14 Ich habe dieses bei S. Lorén gefundene Beispiel meinen Informanten vorgelegt. Von allen Fragen, die ich ihnen gestellt habe, habe ich auf diese wohl die uneinheitlichsten (und z. T. sogar gegensätzliche) Antworten und Erläuterungen erhalten. Das Ergebnis läßt sich wie folgt zusammenfassen:
 – Auch Mar, Mon, Mor und Lop hätten in diesem Satz *ser* verwendet. Nach Ansicht von Alv, Bar, Bus, Her, Llo, Sen und Var würde man hier (nach der „begrenzenden" Zeitbestimmung *aquel día*) normalerweise *estar* gebrauchen und auf diese Weise dann den vorübergehenden Charakter des Zustands betonen [siehe übrigens den unter b angeführten (bei M. Vargas Llosa gefundenen) Satz].
 – Verschiedene Informanten machten zusätzliche Bemerkungen, vor allem im Zusammenhang mit den stilistischen Unterschieden zwischen *estar* und *ser*. Bus, Lap, Lop und Rab betrachten den Gebrauch von *ser* hier als emphatisch (→ es soll zum Ausdruck bringen, daß das Glück als tiefempfunden und absolut erlebt wird). Nach Ansicht von Mon und Car wäre eine Konstruktion mit *estar* „expressiver", da sie eine Abweichung von der Norm darstelle, und sie würde darüber hinaus vielleicht (für den, der sie gebraucht) so etwas wie „an jenem Tag war ich besonders glücklich" implizieren. Rod ist der Auffassung, daß es in diesem Fall keinen Bedeutungsunterschied zwischen *ser* und *estar* gebe.

[A.] Definitiv ~ vorübergehend: *ser* { Charakter / wesentliches Kennzeichen

estar { Verhalten / zufälliger Umstand oder / zufälliges Aussehen

a. *Soy muy orgulloso y siempre mantengo la palabra empeñada* (I. ALLENDE, *Eva Luna*, 278).
Ich habe meinen Stolz und halte mein Wort immer.
b. *Mary, Elisabeth y Kate estaban orgullosas de que su padre tuviera importantes negocios en el Transvaal* (C. J. CELA, *Mrs. Caldwell habla con su hijo*, 101).
Mary, Elisabeth und Kate waren stolz darauf, daß ihr Vater wichtige Geschäfte in Transvaal tätigte.
Orgullosas bezieht sich hier nicht auf einen Wesenszug, sondern auf eine Einstellung gegenüber einem bestimmten Umstand.
c. *Bonifacio era muy alegre* (M. DE UNAMUNO, *El espejo de la muerte*, 49).
Bonifacio war ein sehr fröhlicher Junge.
Hier ist von einem Wesenszug die Rede.
d. *Algunos días estaba alegre* (M. DE UNAMUNO, *El espejo de la muerte*, 50).
An manchen Tagen war er heiter gestimmt.
Die Temporalbestimmung *algunos días* verleiht dem Adjektiv *alegre* eine restriktive Bedeutung: die Fröhlichkeit ist zufällig und beschränkt sich auf eine kurze Zeitspanne.
e. *Estuve francamente simpática el resto de la tarde* (D. FERNÁNDEZ FLÓREZ, *Lola, espejo oscuro*, 27).
Den Rest des Nachmittags war ich wirklich nett.
Soll heißen: „im Gegensatz zu meinem üblichen Verhalten" (oder: „im Gegensatz zu der Zeit davor").

Hierher gehören auch Verbindungen mit Adjektiven wie *ciego* („blind"), *borracho* („betrunken"), *conciente* („bewußt"), *guapo* („hübsch"), *maduro* („reif"), *pálido* („blaß") u. dgl.:

Definitiv ~ Charakter	Vorübergehend ~ Verhalten
SER	ESTAR
ser borracho	*estar borracho*
ein Trunkenbold sein	betrunken sein
ser ciego	*estar ciego*
blind sein	verblendet sein (fig. Bedeutung – siehe jedoch auch Fußnote 15).
ser consciente (de algo)	*estar consciente*
sich (einer Sache) bewußt sein	bei Bewußtsein sein

[Das *Manual de español urgente* merkt an, daß in diesem Fall sogar manche spanische Muttersprachler die beiden Möglichkeiten durcheinanderbringen (S. 110).]

ser guapo	*estar guapo*
hübsch sein	hübsch aussehen
	(d. h.: sich hübsch gemacht haben)

ser maduro	estar maduro
reif sein (in fig. Bedeutung, von Personen)	reif sein (Obst)
ser pálido	estar pálido
eine blasse Hautfarbe haben	blaß aussehen (infolge einer Gemütszustands, eines Unwohlseins oder einer Krankheit u. dgl.)

- f. *Soy ciego* (R. DEL VALLE-INCLÁN, *Luces de bohemia*, 44).
  Ich bin blind (sagt Max Estrella, die tatsächlich blinde Hauptfigur des Werks)[15].
- g. *Debe de estar ciego de furor* (M. MIHURA, *Tres sombreros de copa*, 91).
  Er ist sicher blind vor Wut.
- h. *Mis manos no son suficientemente limpias para darte la absolución* (J. RULFO, *Pedro Páramo*, 104–105).
  Meine Hände sind nicht sauber genug, um dir die Absolution erteilen zu können.
  Limpio wird hier in figürlicher Bedeutung gebraucht. Von jemandem, der sich gerade die Hände gewaschen hat, würde man sagen: *(las manos) están limpias*.

[B.] Objektiv ~ subjektiv: *ser* → objektiv ~ *estar* → subjektiv
- i. *Viejo no se es, se está* (J. A. DE ZUNZUNEGUI, *El hijo hecho a contrata*, 397).
  Alt *ist* man nicht, alt *fühlt* man sich[16].
- j. *Tú eres más joven, ¿verdad?* (J. GARCÍA HORTELANO, *Nuevas amistades*, 23).
  Du bist jünger, nicht wahr?
  Hier wird das Alter zweier Menschen verglichen.
- k. *Y estás tan joven como cuando nació Susana* (J. M. GIRONELLA, *Condenados a vivir*, II, 42).
  Du siehst noch immer so jung aus, wie bei Susanas Geburt.
  Ein Mann will seiner Ehefrau ein Kompliment machen. Der Gebrauch von *ser* wäre hier absurd: die betreffende Frau *ist* schließlich älter geworden.

Man kann sowohl *ser casado* als auch *estar casado* („verheiratet sein"), *ser soltero* und *estar soltero* („ledig sein"), *ser viudo* und *estar viudo* („verwitwet sein") sagen. Die Wahl des Verbs kann davon

---

[15] Man kann jedoch auch *estar ciego* in Fällen antreffen, in denen *ciego* seine wörtliche Bedeutung behält. Diese Konstruktion findet man übrigens auch in dem genannten Werk von VALLE-INCLÁN, dies aber jedesmal in Sätzen, in denen Kontextelemente den Gebrauch von *estar* erklären. Auf S. 75 fragt jemand Estrella, *¿estás ciego?*, und aus dem Zusammenhang wird deutlich, daß er diesen Zustand für die Folge eines Unfalls hält. Auf S. 77 sagt Estrella selbst: *Hace un año que estoy ciego*, was zeigt, daß er nicht immer blind gewesen ist. Siehe in diesem Zusammenhang die obigen Hinweise (in Nr. 1298) zu Eigenschaften, die als RESULTAT oder als Folge einer VERÄNDERUNG zu betrachten sind, welche zu einem bestimmten Zustand geführt hat.

[16] Mit *estar viejo* kann man auch zum Ausdruck bringen, daß jemand sich wie ein alter Mensch verhält, ohne tatsächlich alt zu sein. Oder daß bei einer bestimmten Person, die wirklich alt ist, die Merkmale der Senilität besonders ausgeprägt sind (cf. *Esbozo*, 366). Dies gilt natürlich auch umgekehrt. Man kann feststellen, daß jemand ein hohes Alter erreicht hat, daß sich dies aber nicht in seinem Verhalten oder Äußeren zeigt. Ein Beispiel dafür ist der folgende Satz, in dem ein objektives Faktum durch *ser* und eine subjektive Betrachtungsweise durch *estar* wiedergegeben werden:
Él era ya mayor pero no estaba viejecito todavía (F. QUIÑONES, *Las mil noches de Hortensia Romero*, 241).
Er war schon älter, aber er war noch keineswegs alt.
Der genannte subjektive Aspekt wird durch das Hinzufügen eines *sufijo apreciativo* (*viejo* → *viejecito*) noch verstärkt.
Im folgenden Beispiel schließlich unterstreicht *ser* den definitiven Charakter eines unheilbaren Zustandes:
Puedo establecer fácilmente mi diagnóstico. Soy viejo, ésa es mi principal enfermedad (L. BUÑUEL, *Mi último suspiro*, 247).
Ich kann mir leicht die Diagnose stellen. Ich bin alt, das ist mein hauptsächliches Leiden.

abhängen, wie die Tatsache in einem bestimmten Kontext dargestellt wird oder auch von der Haltung, die jemand der Ehe gegenüber einnimmt:

    l. *El que mienta usted, ¿es casao?*[17] (J. GOYTISOLO, *La chanca*, 29).
       Ist der Mann, von dem sie sprechen, verheiratet?
    m. *Hacía sólo un mes que estaban casaos* (J. GOYTISOLO, *La chanca*, 50).
       Sie waren erst seit einem Monat verheiratet.

Im ersten Satz wird völlig emotionslos eine Information über eine unbekannte Person erfragt, wohingegen im zweiten Beispiel eine Frau berichtet, daß ihr Sohn NUR wenige Wochen nach seiner Hochzeit ums Leben gekommen ist.
In diesem Beispiel zeigt sich, daß die Problematik von *ser* und *estar* bisweilen mehr mit Psychologie als mit Grammatik zu tun hat.

    n. *Chufreteiro está viudo* (C. J. CELA, *Mazurca para dos muertos*, 19).
       Chufreteiro ist Witwer.

Auch bei Wörtern wie *virgen* [(oder in familiärer Umgangssprache: *virgo*) „Jungfrau"] und *calvo* („kahlköpfig") kann man sowohl *ser* als auch *estar* finden:

    o. *Azucena Peaches me dijo de pronto: – Yo soy virgen, ¿sabes?* (F. UMBRAL, *A la sombra de las muchachas rojas*, 65).
       Azucena Peaches sagte plötzlich zu mir: „Ich bin Jungfrau, weißt du?"
    p. *¿Sabéis que Sofía está virgen?* (F. UMBRAL, *Travesía de Madrid*, 83).
       Wißt ihr, daß Sofía noch Jungfrau ist?
       Aus dem Kontext geht hervor, daß das Mädchen kurz davor ist, seine Jungfräulichkeit zu verlieren.

Man beachte auch den „logischen" Gebrauch von *ser* im folgenden Beispiel:

    q. *MONJA bonita cansada de ser virgen* [*La Vanguardia*, 26.6.91, 50 – im Anzeigenteil in der Sparte *relax* („Kontakte")].
       Hübsche NONNE, die das Jungfrauendasein leid ist.
       Der angebliche Status der Person, die ihre Dienste anbietet, der durch ein typographisches Mittel noch hervorgehoben wird (→ Großbuchstaben), läßt in der Tat den Gebrauch des Verbs *ser* erwarten.

Wenn jemand von einem anderen sagt, er sei *calvo*, so ist das lediglich eine Beschreibung oder Feststellung von seiten einer Person, die den Kahlköpfigen nie anders gekannt hat. Mit *está calvo* wird zwar derselbe – sichtbare – Zustand bezeichnet, dies aber z. B. durch eine Person, die den Betroffenen auch schon kannte, als er noch Haare auf dem Kopf hatte. Möglich ist auch die Interpretation, daß sich *es calvo* in einem vergleichenden Zusammenhang auf eine Person bezieht, die völlig kahl ist, wohingegen derjenige, von dem gesagt wird *está calvo*, doch noch ein paar Haare auf dem Kopf hat. Aber mit dieser Deutung kommen wir dann schon zur nächsten Kategorie (absolut → relativ)[18].

---

[17] *Casao* anstelle von *casado* (cf. Nr. 2, unter dem Buchstaben D).
[18] Und dies zeigt auch, daß sich die Aspekte / definitiv ~ vorübergehend /, / objektiv ~ subjektiv /, / absolut ~ relativ / ... vielfach überschneiden.

[C.] Absolut ~ relativ: *ser* → absolut ~ *estar* → relativ
r. – *Estás muy alto, ¿eh?*
   – *Sí, señor, más que el año pasado* (C. J. CELA, *Nuevas andanzas y desventuras de Lazarillo de Tormes*, 170).
   „Du bist schon richtig groß, was?" „Ja, größer als letztes Jahr."
   Es geht um einen Jungen, der gewachsen ist. In Fällen wie diesem impliziert der Gebrauch von *estar* häufig einen Vergleich[19]. Von einem Erwachsenen könnte man sagen: *Es muy alto*.

1307. Häufig kann man *ser* und *estar* im selben Kontext antreffen. Zuweilen lassen sich damit Wortspiele und stilistische Effekte erzielen, die im Deutschen kaum wörtlich wiedergegeben werden können.

a. *Allí en frente, en el reflejo, estaba él y no era él* (I. AGUSTÍ, *Desiderio*, 437).
   Da stand er, ihm gegenüber im Spiegelbild, und doch war es nicht er selbst.

b. *Mi hermana Rosita era guapa ya de por sí, pero vestida de luto, aún yo mismo siendo niño, tenía que reconocer que estaba muy bonita* (J. L. CASTILLO PUCHE, *Con la muerte al hombro*, 55).
   Meine Schwester Rosita war an sich schon hübsch, aber als ich sie nun in Trauerkleidern sah, mußte ich, obgleich noch ein Kind, anerkennen, daß sie bezaubernd aussah.

c. *Recuerdo entre los jóvenes compañeros de poesía y alegría a tantos que ya no están o que ya no son* (P. NERUDA, *Confieso que he vivido*, 166).
   Wenn ich an die jungen Gefährten denke, die einst Poesie und Freude mit mir teilten, dann fallen mir so viele ein, die nicht mehr hier sind oder nicht mehr unter uns weilen.

d. *Mi hermano continuaba estando, siendo tuberculoso y se pondría peor* (G. CABRERA INFANTE, *La Habana para un infante difunto*, 396).
   Mein Bruder litt auch weiterhin an Tuberkulose, war unheilbar krank, und sein Zustand würde sich noch verschlimmern.
   Mit dem Gebrauch von *ser* und *estar* wird als stilistischer Effekt eine Steigerung bewirkt, die deutlich machen soll, daß der Bruder unheilbar erkrankt ist.

e. *¿Te gusta? Estoy muy fea ... pero soy yo. Porque, ¿verdad que soy muy fea?* (J. M. GIRONELLA, *Ha estallado la paz*, 539).
   Gefällt es (= das Foto) dir? Ich sehe darauf richtig häßlich aus ..., aber das bin ich. Denn ich bin doch sehr häßlich?

Beiden Verben kann *se* (als Entsprechung zu „man") vorangestellt werden[20]:

f. *Cuando se está alegre y se es feliz, con poco se vive* (J. A. DE ZUNZUNEGUI, *Ramón o la vida baldía*, 221).
   Wenn man froh und glücklich ist, kann man mit wenig leben.

---

[19] In diesem Sinne auch: *Esbozo*, 366, und F. MARSÁ, *Diccionario normativo*, 231.
[20] Siehe in diesem Zusammenhang auch: *Esbozo*, 368 (auch mit Beispielen für *pronombres expletivos* der ersten und zweiten Person).

Ser und estar

1308. Eine Reihe von Adjektiven hat grundverschiedene Bedeutungen, je nachdem, ob man sie zusammen mit *ser* oder *estar* gebraucht[21]. Der *Esbozo* (S. 367) nennt hier:

ser bueno	einen guten Charakter haben
estar bueno	bei guter Gesundheit sein
ser malo	einen schlechten Charakter haben
estar malo	krank sein
ser vivo	aufgeweckt sein, gescheit sein, lebhaft sein
estar vivo	leben
ser listo	intelligent sein
estar listo	fertig sein
ser fresco	unverschämt sein
estar fresco	(ironisch:) sich in einer schwierigen Lage befinden

1309. Die Bedeutung der Verbindungen von *estar* und *ser* mit den Präpositionen *para* und *por* wurde in den Nrn. 801–802 und 825 behandelt.

§ 4. ÜBERSICHTSTABELLE

1310. Die folgende von F. MONGE übernommene Übersichtstabelle[22] kann vielleicht von praktischem Nutzen sein. Der Autor führt hier die Fälle auf, in denen auch für nichtspanische Muttersprachler nie ein Zweifel bestehen kann:

a. Den Kategorien Raum und Zeit entsprechen die Verben *estar* bzw. *ser*.
   – *Estoy aquí.*   – Ich bin hier.
   – *Carlos estaba en Segovia.* – Karl war in Sagovia.
   aber:
   – *Son las seis.*   – Es ist sechs Uhr.
   – *Eso fue hace un año.* – Das war vor einem Jahr.

b. Man gebraucht immer *ser*, wenn der nominale Bestandteil des Prädikats ein Substantiv, ein Pronomen oder ein Infinitiv ist[23].
   – *Soy abogado.*   – Ich bin Rechtsanwalt.
   – *Esta pluma es mía.*   – Dieser Federhalter gehört mir.
   – *Vivir es sufrir.*   – Leben heißt leiden.

c. *Ser* ist auch obligatorisch in Konstruktionen, die ein Besitzverhältnis oder das Material, aus dem etwas gefertigt ist, bezeichnen.
   – *El libro es de Pedro.* – Das Buch gehört Peter.
   – *La caja es de madera.* – Die Kiste ist aus Holz.

---

[21] J. DE KOCK & C. GÓMEZ MOLINA machen auf die sehr geringe Zahl derartiger Adjektive aufmerksam. Außerdem vertreten die Autoren in ihrer statistischen (aber auf einem begrenzten Korpus basierenden) Studie die Ansicht, daß Adjektive viel seltener mit *estar* als mit *ser* verbunden würden (*Concordancia e índices automáticos ...*, 71–76).
[22] F. MONGE, *'Ser' y 'estar' con participios y adjetivos*, 213–214.
[23] Siehe jedoch die (Ausnahme-)Fälle, die am Ende von Nr. 1296 angeführt wurden.

d. Bei einem *gerundio* können nur Formen von *estar* stehen.
 – *Pedro está trabajando.*   – Peter arbeitet gerade.
e. Ser bezeichnet Ursprung und Herkunft.
 – *Es de Madrid.*   – Er stammt aus Madrid.

§ 5. VERBOS DINÁMICOS ANSTELLE VON „SER" UND „ESTAR"

1311. Als eine der ihmzufolge (elf) charakteristischen Eigenschaften der spanischen Sprache nennt M. CRIADO DE VAL die große Bedeutung, die dem Aspekt der „Aktion" zukomme (*el predominio de la acción*)[24]. Dies zeigt sich in einer Eigenart, der weder dieser Autor noch die traditionellen Grammatiken große Aufmerksamkeit widmen: an die Stelle der „statischen" Verben *ser* und *estar* treten gegenwärtig häufig *verbos dinámicos*, d. h. Verben, die Bewegung und/oder Aktion implizieren. Diese Tendenz ist so verbreitet, daß man sie sogar in logisch kaum zu rechtfertigenden Fällen antrifft. Andererseits kann man feststellen, daß die verwendeten *verbos dinámicos* manchmal einen Teil ihrer ursprünglichen Bedeutung verloren haben und daß sie sich offensichtlich in einem mehr oder weniger fortgeschrittenen Stadium der Grammatikalisierung befinden (dies gilt vor allem für das Verb *andar*)[25].

a. *Cayóse de su caballo.*
 ¡Parece que viene muerto! (R. DEL VALLE-INCLÁN, *Sonata de otoño*, 57).
 „Er ist von seinem Pferd gefallen." „Er scheint tot zu sein!"
 Anstelle des zu erwartenden *parece que está muerto* findet man hier eine ungewöhnliche Wortverbindung: strenggenommen schließt die Bedeutung des einen Verbs (*viene*) die des anderen (*muerto*) aus. Der Gebrauch eines Verbs wie *venir* läßt sich in diesem Fall dadurch erklären, daß die Vorstellung von der Bewegung sozusagen „verlagert" wird: ein Pferd transportiert die Leiche.
b. *A su lado iba sentada una muchacha* (C. J. CELA, *Pabellón de reposo*, 119).
 An seiner Seite saß ein Mädchen.
 Hierzu läßt sich in etwa das gleiche sagen wie im vorangehenden Beispiel. Das „bewegende" Element ist in diesem Kontext ein Auto.
c. *Yo iba ya en el vientre de Sa Malene cuando él la despidió* (A. M. MATUTE, *Los soldados lloran de noche*, 36).
 Ich war schon in Sa Malenes Bauch, als er ihr kündigte.
 Das ungeborene Kind spaziert nicht im Bauch der Schwangeren umher. Doch begleitet es natürlich Sa Malene überall hin, und vielleicht bringt die Form von *ir* auch zum Ausdruck, daß sich das Kind schon bewegt.
d. *Voy muerta – suspira* (J. GOYTISOLO, *La chanca*, 76).
 „Ich bin total kaputt", seufzt sie.
 Voy wird hier zwar wie eine Form von *estar* übersetzt, der Gebrauch dieser Form ist jedoch im Zusammenhang mit einer zurückliegenden Anstrengung zu sehen (die Rede ist von einer Frau, die den ganzen Nachmittag schwer gearbeitet hat).

---

[24] M. CRIADO DE VAL, *Fisonomía del español y de las lenguas modernas*, 265–266.
[25] Siehe dazu auch: *Esbozo*, 369, und vor allem die Untersuchung von A. ALONSO, *Sobre métodos: construcciones con verbos de movimiento en español* (in *Estudios lingüísticos, temas españoles*, 190–236).

e. *Luis andaba feliz porque había dejado el cigarrillo hacía un mes* (G. GARCÍA MÁRQUEZ, *Memorias de un fumador retirado*, in *El País*, 16.2.1983, 11).
Luis war glücklich, denn er hatte schon seit einem Monat keine Zigarette mehr angerührt.

f. *La idea de que la Maya y Ossip andaban juntos se adelgazaba y perdía consistencia* (J. CORTÁZAR, *Rayuela*, 98).
Der Gedanke, daß „la Maya" und Ossip zusammenlebten, verlor sich und wurde unwirklich.

g. *Ketty andaba cambiándose de ropa* (F. UMBRAL, *Travesía de Madrid*, 31).
Ketty war dabei, sich umzuziehen.

Sehr merkwürdig mutet das folgende Beispiel an, in dem zwei Verben mit absolut gegensätzlicher Bedeutung (*ir* = „gehen" – *parar* = „stillstehen") nebeneinanderstehen:

h. *– ¡Hay que ir más despacio!*
– ¡Pero si voy parado! (C. J. CELA, *El gallego y su cuadrilla*, 152).
„Du mußt langsamer gehen." „Aber ich stehe doch still."

Die Erklärung für dieses seltsame Beispiel findet man vielleicht in den interessanten Ausführungen von W. BEINHAUER zum Zusammenhang zwischen dem, was jemand sagt, und der darauffolgenden Erwiderung: der spanische Muttersprachler messe der Form der Botschaft größere Bedeutung bei als ihrem Inhalt[26]. Das hat zur Folge, daß ein oder mehrere Wörter in der Entgegnung wiederholt werden, ohne daß sich der Sprecher darum kümmert, ob der Gebrauch dieser Wörter in einer solchermaßen gebildeten Antwort sinnvoll ist.

Estar kann auch dann durch ein *verbo dinámico* ersetzt werden, wenn ein *siendo* folgt:

i. *Creo que ya va siendo hora de dejar el tema del aborto* (aus einem Leserbrief, der am 12.2.1983 in *El País* auf S. 10 abgedruckt wurde).
Ich glaube, es ist langsam an der Zeit, das Thema Abtreibung ad acta zu legen.
Siehe auch die Beispiele, die in Nr. 1263 unter b, d und e angeführt wurden.

§ 6. SCHLUSSBEMERKUNG

1312. Die hier angeführten Beispiele geben lediglich einen Überblick über den Gebrauch von *ser* und *estar*. Es wurden nicht alle Fälle behandelt, und es lassen sich sicher nicht alle Zweifelsfälle anhand der gegebenen Erläuterungen lösen. Zu Recht hat man gesagt, daß wir es hier mit einem „kleinen Mysterium" zu tun haben[27], und der nichtspanische Muttersprachler wird sich mehr als einmal fragen, warum man bei demselben Autor und vor demselben Adjektiv einmal *ser* und dann wieder – ein paar Seiten weiter – *estar* findet.

a. *El día era nublado, gris ...* (P. BAROJA, *Los últimos románticos*, 9).
Es war ein bewölkter, grauer Tag ...

b. *El día estaba nublado, el cielo era de color gris* (P. BAROJA, o. c., 145).
Es war ein bewölkter Tag, der Himmel war grau.

---

[26] W. BEINHAUER, *El español coloquial*, 156 ff.
[27] Der Ausdruck stammt von dem französischen Hispanisten G. CIROT (zitiert bei F. MONGE, *'Ser' y 'estar' con participios y adjetivos*, 213).

Auf jeden Fall bleibt festzuhalten, daß das morphologisch-semantische Duo *ser* und *estar* ein gewaltiges Potential an Ausdrucksmöglichkeiten birgt.

ABSCHNITT II
HABER UND TENER

1313. Früher waren *haber* und *tener*, abgesehen von leichten Bedeutungsunterschieden, beinahe synonym[28]. Heute ist *haber* in der Hauptsache Hilfsverb, während *tener* seine „vollständige" Bedeutung behalten hat und ein Besitzverhältnis bezeichnet.

1314. Doch gilt diese Unterscheidung nicht uneingeschränkt, und die beiden Verben haben zuweilen gemeinsame Funktionen: Weiter oben wurde bereits auf die wichtige Rolle hingewiesen, die *tener* im modernen Spanisch als *(semi-)auxiliar* spielt (siehe die Nrn. 1252–1260). *Haber* seinerseits wird auch nicht ausschließlich als Hilfsverb verwendet. In bestimmten Fällen hat es viel von seiner ehemaligen Bedeutung[29] bewahrt.

[A.] In festen Wendungen, die der Sprache der Religion angehören.
  a. *Y eso no se lo perdono yo ni a mi padre, que gloria haya* (M. DELIBES, *Siestas con viento sur*, 24).
  Und das verzeihe ich nicht einmal meinem Vater, Gott hab ihn selig.
  Als Varianten von *que gloria haya* (zuweilen abgekürzt zu *q. g. h.*) kann man die Formeln *que santa gloria haya* (manchmal abgekürzt zu *q. s. g. h.*) und *que Dios haya* antreffen.

[B.] In – hauptsächlich in der Schriftsprache – noch recht gebräuchlichen Ausdrücken, in denen vor allem das *participio* auftritt, wie *un hijo habido en su primera mujer* („ein Sohn, den er mit seiner ersten Frau hatte"), *habida cuenta de* („unter Berücksichtigung von") u. dgl.[30].
  b. *Dichas determinaciones tendían a dotar al Ejército del Pueblo de bases sólidas, habida cuenta de la prolongación de la guerra* (J. M. GIRONELLA, *Un millón de muertos*, 412).
  Diese Beschlüsse zielten darauf ab, die Volksarmee auf eine solide Grundlage zu stellen, um der Fortdauer des Krieges Rechnung zu tragen.

[C.] In der Form *hay* [immer Singular!][31] („es gibt")], die bekanntlich auch in anderen Tempusformen gebraucht werden kann (*había, habrá, ha habido ...*)[32]. Mit dieser Bedeutung findet man auch das *participio* und den *infinitivo* von *haber*.

---

[28] Siehe dazu: R. LAPESA, *Historia de la lengua española*, 398–399.
[29] Vom lateinischen *habere* (= „halten", „behalten", „halten für", „haben", „besitzen").
[30] Auch in der Fügung *haber menester* („nötig haben") behält *haber* seine einstige Bedeutung. Dieser Ausdruck gilt als „literarisch" [cf. M. SECO, *Diccionario de dudas*, 258 – mit der Anmerkung, daß man bisweilen (fälschlicherweise) *haber DE menester* antreffen könne].
[31] Der Gebrauch des Plurals zur Übersetzung von „es gibt" wird im heutigen Spanisch zumeist als inkorrekt betrachtet (siehe dazu: *Esbozo*, 384–385, und in dieser Grammatik die Nr. 933).
[32] Lediglich *hubo habido* (*pretérito anterior*) kommt praktisch nie vor, cf. Nr. 933, Fußnote 29.

c. *Lo ha habido, lo hay y lo habrá* (C. Sánchez-Albornoz, *Mi testamento histórico-político*, 194).
(Ein Band zwischen Spanien und Portugal) hat es immer gegeben, gibt es noch, und wird es immer geben.

d. *¿Qué hay?* ist eine in der Umgangssprache sehr verbreitete Formel, mit der man jemanden grüßt oder ihn fragt, was er will oder was mit ihm los ist (Kommentar von DUE, II, 8).
Wie geht's? (oder: Ja bitte? oder: Was ist los?).

e. *El muchacho creía en todos los Misterios habidos y por haber*[33] (J. M. Gironella, *Los cipreses creen en Dios*, 183).
Der Junge glaubte an das ewige Mysterium (wörtlich: alle Mysterien, die es gegeben hat und die es noch geben wird).

f. *En mi vida no había habido nunca una Ketty* (F. Umbral, *Travesía de Madrid*, 26).
In meinem Leben hatte es nie eine Ketty gegeben.

g. – *¿No hay nadie fuera?*
– *Nadie, ¿quién va a haber?* (C. Martín Gaite, *El cuarto de atrás*, 199).
„Ist da draußen niemand?" „Nein, wer soll da sein?"

In vielen Ländern Lateinamerikas wird die Form *habemos*[34] zuweilen mit der Bedeutung von *hay* gebraucht[35].

[D.] In dem Ausdruck *habérselas con*, der „zu tun haben mit", „zu tun bekommen mit" bedeutet. In dieser Konstruktion kann man noch die alte Form *habemos* finden (Beispiel j).

h. *Comprendí que me las había con un indiferente* (R. Arlt, *El juguete rabioso*, 166).
Ich sah ein, daß ich es mit einem gleichgültigen Menschen zu tun hatte.

i. *Antes de un año tendremos que habérnoslas con tu futuro suegro*
(J. M. Gironella, *Ha estallado la paz*, 677).
In weniger als einem Jahr werden wir es mit deinem zukünftigen Schwiegervater zu tun bekommen.

j. *Ya sabéis con quienes nos las habemos* (M. Seco, *Diccionario de dudas*, 214)[36].
Ihr wißt ja, mit wem wir es zu tun haben.

[E.] Die Form *haber* kann substantiviert werden [(auch der Plural ist möglich) – siehe dazu bereits Nr. 1114]. Sie bedeutet dann „Guthaben", „Haben", „Lohn", „Sold" und im Plural „Hab und Gut", „Vermögen", „Einkünfte".

k. *Supone un sensible aumento de los haberes mensuales* (M. Delibes, *Vivir al día*, 190).
Das bedeutet eine merkliche Zunahme der monatlichen Einkünfte.

---

[33] *Habidos y por haber* kann als feststehende Fügung betrachtet werden, die gewöhnlich so etwas wie „aller Zeiten" impliziert.
[34] Siehe auch den Hinweis zu dieser Form unter [D.].
[35] Cf. C. Kany, *Sintaxis hispanoamericana*, 259–260 (mit Beispielen).
[36] Im *Esbozo* (S. 291) wird auch ein bei J. Ortega y Gasset gefundenes Beispiel angeführt, in dem *habemos* in einer anderen als der hier behandelten Konstruktion vorkommt [→ *habemos de comenzar*, anstelle von *hemos de comenzar* („wir müssen anfangen")].

[F.] In der Rechts- und Verwaltungssprache findet man noch Formen von *haber* in Verbindung mit dem Substantiv *lugar*.

l. *Se prohibe arrojar objetos a la vía bajo las responsabilidades a que hubiera lugar* (gelesen im TAF-Zug Córdoba-Málaga am 24.2.1976).
Es ist verboten, Gegenstände auf die Gleise zu werfen. Wer dagegen verstößt, wird für die eventuellen Folgen haftbar gemacht.

[G.] Als archaisierend ist der Gebrauch von *haber* im folgenden Satz zu betrachten:

m. *¿Has galán?* (E. Quiroga, *Viento del Norte*, 101).
Hast du einen Liebhaber?
Siehe auch das in Nr. 1205 c angeführte Beispiel.

[H.] Man beachte auch den Gebrauch von *he* – von manchen als eine Art unpersönliche Imperativform von *haber* betrachtet[37] – in Verbindung mit einem enklitischen Pronomen oder einem Ortsadverb[38] (auf das eventuell die Präposition *a* folgt wie in Beispiel q). Auch wenn mehrere Personen angesprochen werden, gebraucht man die Singularform *he*. Die mit *he* gebildeten Konstruktionen finden sich in erster Linie in der Schriftsprache.

n. *Heme aquí* (M. Seco, *Diccionario de dudas*, 219).
Hier bin ich.

o. *Y henos aquí, ya en Puerto Araguato* (A. Carpentier, *El recurso del método*, 44).
Und hier sind wir nun schon in Puerto Araguato.

p. *He aquí algunos casos ya resueltos por la Academia* (*Manual de español urgente*, 34).
Im folgenden einige Fälle, die die Akademie bereits geklärt hat.

q. *He aquí a tu madre* (M. Seco, *Diccionario de dudas*, 219).
Hier haben wir deine Mutter.
(Man beachte hier den Gebrauch von *a* vor dem Akkusativobjekt – siehe dazu Nr. 711).

Anmerkungen

1315. Die Form *ha* (eventuell auch im *imperfecto* oder *futuro* gebraucht → *había, habrá*) ist mit *hace* in der temporalen Bedeutung „vor" synonym. Man kann sie sowohl vor als auch nach dem Satzteil antreffen, auf den sie sich bezieht[39]. Diese Form kommt nur in der Schriftsprache vor und ist darüber hinaus archaisierend.

a. *Saludamos a Paco Loredo, el hombre que, siglos ha, me descubrió el valium* (F. Umbral, *Mis queridos monstruos*, 33).
Wir grüßen Paco Loredo, den Mann, der vor Ewigkeiten das Valium für mich entdeckte.

b. *Ha pocos días ha muerto el cardenal Ottaviani* (*El Imparcial*, 15.7.1979, 3).
Vor wenigen Tagen ist Kardinal Ottaviani verstorben.

---

[37] Viele Sprachwissenschaftler sehen in *he* jedoch ein Wort arabischen Ursprungs (mit demonstrativer Bedeutung). Siehe dazu z. B. R. Lapesa, *Historia de la lengua española*, 140; VOX, 571; DUE, II, 23.
A. Bello führt die Form *he* als Imperativ von *haber* an (*Gramática*, 171). In diesem Sinne auch: F. Marsá, *Diccionario normativo*, 252, und H. Berschin u. a., *Die spanische Sprache*, 210.

[38] Meist *aquí*, bisweilen auch *ahí* oder *allí*.

[39] In verneinten Sätzen wird *ha* fast immer vorangestellt.

c. *Habrá ocho días que ...* (Esbozo, 292).
   Es wird acht Tage her sein, daß ...
d. *No ha mucho tiempo que ...* (Esbozo, 291).
   Es ist nicht lange her, daß ...

1316. Das unpersönliche *hay que* drückt ein „müssen" aus. Es wird manchmal auch im Infinitiv gebraucht.

a.

(SUMMERS, *Politikk*, 57)
Nicht schneller als neunzig, Fermin, wir müssen ein Beispiel geben.

b. *Ya va a haber que darte la usía* (I. ALDECOA, *El fulgor y la sangre*, 240)[40].
   Bald wird man dich mit „Sie" ansprechen müssen.

ABSCHNITT III

DIE ÜBERSETZUNG DES DEUTSCHEN „MÜSSEN"

1317. Für das deutsche „müssen" gibt es im Spanischen zahlreiche Übersetzungsmöglichkeiten. Neben unpersönlichen Ausdrücken wie *hay que* + Infinitiv (siehe dazu Nr. 1316) und den Entsprechungen zu „es ist nötig, daß" wie *es menester que*[41], *es necesario que, es preciso que* u. dgl. (auf die ein Verb im *subjuntivo* folgt – siehe dazu Nr. 1060)[42] stehen zur Wiedergabe von „müssen" auch die Konstruktionen / *haber de* + *infinitivo* /, / *tener que* + *infinitivo* /, / *tener de* + *infinitivo* / und das Verb *deber* zur Verfügung. Der *Esbozo* gibt zu diesen Ausdrücken den folgenden Kommentar: *Haber de* ist die älteste der Konstruktionen mit Infinitiv, aber es wird heute als literarischer empfunden als *tener que*, das im übrigen den Begriff des „Müssens" nachdrücklicher zum Ausdruck bringt (siehe jedoch weiter unten den Kommentar zu Beispiel b). *Haber de* wird gebraucht, um Nuancen wie WAHRSCHEINLICHKEIT

---

[40] Die Form *usía* wurde in Nr. 298 behandelt.
[41] Dieser Ausdruck ist nicht sehr häufig und kommt ausschließlich in der Schriftsprache vor (cf. M. SECO, *Diccionario de dudas*, 259 – mit der Bemerkung, daß *menester* stets unverändert bleibe und daß keine Präposition auf die Form folgen dürfe).
[42] Auf dieselben Ausdrücke folgt ein Infinitiv, wenn sie ohne *que* gebraucht werden.

und die ABSICHT, ETWAS ZU TUN zu verbalisieren, wie auch zum Ausdruck einer selbstauferlegten Verpflichtung. *Tener que* gibt dagegen eher ein von außen aufgezwungenes „Müssen" wieder. Der *Esbozo* macht deutlich, daß *tener que* in allen spanischsprachigen Ländern bei weitem die gebräuchlichste Konstruktion sei. *Tener de*, eine Kreuzung zwischen den beiden vorgenannten Fügungen, gelte als veraltet und finde sich im heutigen Spanisch selten, mit Ausnahme der ersten Person Singular des *presente de indicativo*. Ob die Form dann eine besondere Nuance zum Ausdruck bringt, wird nicht gesagt[43].

Es gibt – wenigstens theoretisch – einen wichtigen Bedeutungsunterschied zwischen *deber* und *deber de*. *Deber* ist eine mögliche Entsprechung von „müssen" (ohne bestimmte Konnotation)[44]. *Deber de* darf im Prinzip nicht mit dieser Bedeutung gebraucht werden: es drückt eine VERMUTUNG aus und ist ungefähr mit *suponer* („vermuten") synonym (im Deutschen kann man hier ebenfalls das Verb „müssen" benutzen). Der *Esbozo* bemerkt jedoch dazu, daß die beiden Formen im heutigen Spanisch häufig verwechselt würden[45].

a. *Decía entonces, y sigo diciendo ahora, que hemos de amar el mundo* (*Conversaciones con Monseñor Escrivá de Balaguer*, 107).
Ich sagte damals und sage noch immer, daß wir die Welt lieben müssen.
In diesem Beispiel geht es in der Tat um eine selbstauferlegte Verpflichtung.

b. *Una vez u otra había de ser* (S. LORÉN, *La rebotica*, 264).
Einmal mußte es ja passieren.
Es handelt sich hier um eine Sterbende, die über den nahenden Tod spricht. Dieses Beispiel, das die gesprochene Sprache wiedergibt, bestätigt nicht den Kommentar des *Esbozo*. Der Hinweis des *Esbozo*, demzufolge *haber de* literarischer sei, ist vielleicht zu absolut formuliert. In der Umgangssprache wird die Konstruktion noch immer im Sinne von „was zu erwarten ist", „was nun einmal so vorgesehen ist", „wovon man normalerweise ausgehen muß" gebraucht [→ *Han de ser las tres* („Es muß jetzt drei Uhr sein", d. h. es sollte mich wundern, wenn es anders wäre)] ...

c. *Tenemos que llegar pronto* (*Esbozo*, 447).
Wir müssen früh ankommen.

d. *¿Por qué tengo 'de' salir?* (P. BAROJA, *La busca*, in *O. C.*, I, 259).
Warum muß ich weggehen?
Man beachte, daß *de* in dem Text kursiv gedruckt wurde, was offensichtlich den obigen Kommentar in Fußnote 43 bestätigt.

---

[43] *Esbozo*, 447. M. MOLINER macht keine Angaben über die (geringe) Häufigkeit von *tener de*. Sie führt diese Konstruktion lediglich mit der Bemerkung an, daß sie in der Volkssprache vorkomme (DUE, II, 1501). Nach C. HERNÁNDEZ werden sowohl *tener de* als auch *haber de* gegenwärtig nur selten gebraucht (*Gramática funcional del español*, 386).

[44] Nach Ansicht einiger Sprachwissenschaftler soll man zum Ausdruck einer moralischen Verpflichtung vorzugsweise das Verb *deber* verwenden (siehe z. B. J. COSTE & A. REDONDO, *Syntaxe de l'espagnol moderne*, 516).

[45] *Esbozo*, 448. Siehe auch: F. MARSÁ, *Diccionario normativo*, 216–217. Am 17. Juli 1997 meinte das Mitglied der *Real Academia Española* M. ALVAR, die Verwendung von *deber de* (in Kontexten, in denen normalerweise ein einfaches *deber* zu erwarten wäre) könne vielleicht mit dem Streben nach Emphase erklärt werden.

e.

(SUMMERS, *Politikk*, 146)
Er muß von einem Amerikaner stammen. Da ist noch immer das Kaugummi!
Deber de wird hier korrekt gebraucht: es drückt eine Vermutung aus.

f. *Marcos, como todo su pelotón, sabía lo que debía de hacer* (T. SALVADOR, *División 250*, 309).
Marcos wußte, ebenso wie sein ganzer Zug, war er zu tun hatte.
Hier gibt es keinen Grund, *de* zu gebrauchen.

Man muß davon ausgehen, daß in der alltäglichen Sprachpraxis *deber* und *deber de* zum Ausdruck einer Verpflichtung unterschiedslos gebraucht werden. Ein satirisches Gedicht mit dem Titel „*de*" *pensar*, in dem sich der Autor über diese Verwechslung lustig macht, endet mit den folgenden Versen:

g. „*Debe de estarlo*" *pensando*.
Vamos ese „de" a quitar
porque nos está estorbando.
Que quede: debe pensar (*El Norte de Castilla*, 5.8.1989, 4).
„*Debe de estarlo*" *pensando* („Er muß darüber nachdenken").
Wir werden dieses „de" beseitigen
denn es stört uns.
Übrigbleiben soll: *debe pensar*.

Anmerkung

1318. Heutzutage geht – vor allem in Lateinamerika – die Bedeutung „müssen" in dem Ausdruck *haber de* häufig verloren. Die Konstruktion findet sich oft mit dem Wert eines Futurs.

a. *He de ir yo a sorprenderlas* (C. KANY, *Sintaxis hispanoamericana*, 190).
Ich werde sie überraschen.
He de ir = iré.

Mit solch einer semantischen Nuance hat man es möglicherweise auch in dem folgenden, bei einem spanischen Autor gefundenen Satz zu tun:

b. *Me llaman Arcadio y matando he de morir* (C. J. CELA, *Cristo versus Arizona*, 222).
Man nennt mich Arcadio, und tötend werde ich sterben.

ABSCHNITT IV
DIE ÜBERSETZUNG DES DEUTSCHEN „WERDEN"

1319. In der gesprochenen Sprache[46] gibt es im Spanischen keine wörtliche Übersetzung für das im deutschsprachigen Denken so wichtige Verb „werden" (französisch: *devenir*, englisch: *to become*)[47]. Doch gibt es zahlreiche Wörter und Fügungen, die es ermöglichen, diesen Begriff auszudrücken. Die gebräuchlichsten Verfahren lassen sich im wesentlichen in vier Gruppen einteilen.

1320. I.

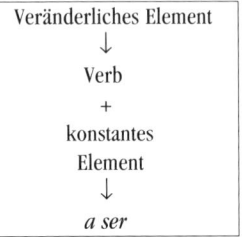

Veränderliches Element
↓
Verb
+
konstantes
Element
↓
a ser

Als ersten Teil dieser Konstruktion findet man vor allem *ir, llegar* und *pasar*, obgleich der Gebrauch von anderen Verben nicht ausgeschlossen ist[48].

[A.] / *Ir a ser* / betont vor allem eine Absicht. Das Verb *ir* kann man im übrigen im folgenden Satz durchaus mit einer Form von „wollen" wiedergeben:
a. – *¿Tú vas a ser un poeta?*
– *Ingeniero* (M. Vargas Llosa, *La ciudad y los perros*, 21).
„Willst du Dichter werden?" „Ingenieur."

[B.] / *Llegar a (ser)*[49] / dient vor allem zum Ausdruck von:
1. etwas, das man als Endpunkt oder definitives Stadium betrachten kann,
2. etwas Begehrenswertem, das Anstrengungen und/oder Zeit erfordert.
b. *Nadie está muy seguro de llegar a viejo* (W. Fernández Flórez, *Las gafas del diablo*, 101).
Niemand ist ganz sicher, daß er alt werden wird.
c. *Quiero llegar a ser el mejor abogado de la ciudad* (J. M. Gironella, *Ha estallado la paz*, 61).
Ich möchte der beste Anwalt in der Stadt werden.
In einem Fall wie diesem gibt *llegar (a ser)* nicht so sehr ein neutrales „werden" wieder, sondern eher ein „es bringen zu".

---

[46] Siehe jedoch den Hinweis zu einem Verb wie *devenir* in den Nrn. 1325–1326.
[47] Einige spanische Sprachwissenschaftler bedauern diesen Mangel (siehe in diesem Zusammenhang: M. Criado De Val, *Fisonomía del español y de las lenguas modernas*, 108). N. Cartagena & H. M. Gauger sprechen hier von einer „lexikalischen Lücke" (*Vergleichende Grammatik Spanisch-Deutsch*, I, 582, Fußnote 1).
[48] Zum Beispiel: *venir (a ser)*.
[49] In diesem Ausdruck kann *ser* vor einem nicht näher bestimmten Adjektiv oder Substantiv auch weggelassen werden (siehe Beispiel b).

[C.] /*Pasar a ser* / legt den Nachdruck vor allem auf die Tatsache, daß eine Veränderung oder ein Übergang stattfindet (ohne die im vorangehenden Beispiel vorhandene Nuance „erreichen", „verwirklichen"):

d. *Celeste está allí porque hace unos días ha pasado a ser sirvienta de los Ortueta* (S. Lorén, *El pantano*, 33).
Celeste ist dort, weil sie vor einigen Tagen bei Ortuetas Dienstmädchen geworden ist.

1321. II. *Ir + a dar (en)*

Im Unterschied zu dem oben behandelten *ir a ser* impliziert die Entscheidung für *ir a dar* kein GEWOLLTES Ergebnis.

a. *– Calla y no hables más de esto, que vas a dar en loca. – En loca darás tú si sigues por ese camino* (J. A. De Zunzunegui, *El hijo hecho a contrata*, 69).
„Sei still, und rede nicht mehr darüber, sonst wirst du noch den Verstand verlieren." „Du wirst den Verstand verlieren, wenn du so weitermachst."

Auch *ir para* [oder einfach: *ir(se)*] kann man mit der Bedeutung „werden" finden:

b. *Los que vamos para viejos* (F. Umbral, *Los amores diurnos*, 156).
Wir, die wir langsam alt werden.

c. *¿Y no pensaste nunca irte cura?* (C. J. Cela, *Mazurca para dos muertos*, 102).
Und hast du nie daran gedacht, Pfarrer zu werden?

1322. III. Ein einzelnes Verb

[A.] *Hacerse* bezeichnet eine LANGSAME Entwicklung, wenn das Subjekt keinen Einfluß auf die Geschehnisse nehmen kann. Es kann jedoch auch gebraucht werden, um die aktive Rolle zu betonen, die das Subjekt bei der Ausführung der Handlung spielt:

a. *¡No quiero hacerme viejo en este hoyo!* (J. Izcaray, *La hondonada*, 47).
In diesem Loch will ich nicht alt werden.

b. *Uno de Gárgoles, que quería hacerse rico en dos años, se vino en bicicleta* (C. J. Cela, *Viaje a la Alcarria*, 88).
Einer aus Gárgoles, der in zwei Jahren reich werden wollte, war mit dem Fahrrad gekommen.

[B.] *Meter(se)* wird vor allem vor einem Substantiv gebraucht, das einen Beruf oder einen gesellschaftlichen Stand bezeichnet. Somit handelt es sich natürlich häufig um ein „gewolltes" Werden. Der Gebrauch der Präposition *a* (oder – seltener – *de*) ist nach *meter(se)* fakultativ. Manchmal findet sich diese Fügung in einem ironischen Kontext:

c. *Mi tía Cecilia, a la muerte de la Joshepa, la criada vieja, decidió meterse monja* (P. Baroja, *La sensualidad pervertida*, in *O. C.*, II, 986).
Nach dem Tod der alten Dienerin Joshepa beschloß meine Tante Cecilia, Nonne zu werden.

d. *Al salir del cuartel, Gregorio Mayoral se metió a peón de albañil* (C. J. Cela, *El gallego y su cuadrilla*, 263).
Als Gregorio Mayoral die Armee verließ, wurde er Maurergehilfe.

e. *Parecía que te ibas a meter de cura – dijo Pluto* (M. VARGAS LLOSA, *La ciudad y los perros*, 180).
   „Es schien, als wolltest du Pfarrer werden", sagte Pluto.

[C.] *Ponerse* bezeichnet einen vorübergehenden Zustand. J. COSTE & A. REDONDO weisen darauf hin, daß man dieses Verb daher nie vor einem Substantiv antreffe. Man finde es nur vor Adjektiven, Adverbien oder Modalbestimmungen[50].

f. *Y volvió a ponerse roja* (R. DEL VALLE-INCLÁN, *Sonata de invierno*, 112).
   Und sie errötete aufs neue.

g. *Callaos y no os pongáis pesados* (J. A. DE ZUNZUNEGUI, *Beatriz o la vida apasionada*, 63).
   Seid still, und fallt mir nicht auf die Nerven.

[D.] *Quedarse* impliziert einen resultativen Aspekt und verweist häufig auf den definitiven Charakter eines Zustands.

h. *Quedarse viudo a los noventa años cae dentro de los usos del Occidente* (C. J. CELA, *Garito de hospicianos*, 269).
   Mit neunzig Jahren Witwer zu werden ist im Westen üblich.
   Werden bedeutet hier soviel wie „zurückbleiben".

i. *Me quedaré ciego* (M. VARGAS LLOSA, *La ciudad y los perros*, 93).
   Ich werde erblinden.

Man kann *quedarse* auch in passivischen Sätzen finden, wo es eigentlich an die Stelle von *ser* (oder *estar*) tritt.

j. *Lo habrá usted previsto todo para que los señores queden bien atendidos* (I. AGUSTÍ, *El viudo Rius*, 96–97).
   Sie werden an alles gedacht haben, damit die Herren gut versorgt werden.

k. *Por fin quedó aceptado el Proyecto que ofrecía la solución más sencilla* (A. CARPENTIER, *El recurso del método*, 154).
   Schließlich wurde der Plan angenommen, der die einfachste Lösung bot.

[E.] *Tornarse* drückt nach J. COSTE & A. REDONDO auf neutralste Weise eine wesentliche Veränderung aus. Die Autoren fügen hinzu, daß auf dieses Verb selten ein Substantiv folge[51]. Es scheint, daß *tornarse* + Adjektiv
   1. hauptsächlich in Verbindung mit Personen gebraucht wird,
   2. besonders, wenn von einem physischen oder psychischen Merkmal die Rede ist, das
   3. als nichtpermanent betrachtet werden kann.

l. *Su respiración se había tornado ansiosa* (J. GOYTISOLO, *Duelo en el paraíso*, 124).
   Sein Atmen war mühsam geworden.

---

[50] J. COSTE & A. REDONDO, *Syntaxe de l'espagnol moderne*, 506. Diese Autoren machen weiterhin, und zu Recht, auf die Beziehung zwischen *ser* x *hacerse* und *estar* x *ponerse* aufmerksam (S. 507). Im selben Sinne auch die neuere Studie von C. POUNTAIN: *La noción de 'devenir' en español* (S. 113).

[51] J. COSTE & A. REDONDO, *o. c.*, 502. Nach den Worten von R. FENTE kommt *tornarse* hauptsächlich in der Sprache der Poesie und der Literatur vor (*Sobre los verbos de cambio o 'devenir'*, 164). Die von mir gefundenen Beispiele scheinen diese Aussage nicht unbedingt zu bestätigen.

m. *A tanto llegó el cansancio de Laureano, que perdió varios quilos en pocas semanas y su carácter se tornó insoportable* (J. M. GIRONELLA, *Condenados a vivir*, II, 329).
Laureanos Erschöpfung war so groß geworden, daß er in wenigen Wochen mehrere Kilo verlor und seine Laune unerträglich wurde[52].

[F.] *Volverse* wird, ebenso wie *tornarse*, meist gebraucht, wenn von Personen oder von personifizierten Sachen die Rede ist. Vergleicht man Beispiele, in denen entweder *tornarse* oder *volverse* vorkommt, fällt jedoch auf, daß *volverse*
1. häufiger in Verbindung mit psychischen als mit physischen Merkmalen gebraucht wird,
2. daß diese Merkmale meist negativer Art sind oder als solche dargestellt werden und
3. einen mehr oder weniger permanenten Charakter haben,
4. daß die mit *volverse* ausgedrückte Veränderung oft einen unerwarteten oder unvermittelten Aspekt aufweist:

n. *(Mamá) Se había vuelto tacañísima con la luz* (C. RIERA, *Contra el amor en compañía*, 13).
Mama war überaus geizig mit dem Strom geworden.
o. *¿Qué dices? ¿Te has vuelto loca?* (A. CASONA, *La dama del alba*, 91).
Was sagst du da? Bist du verrückt geworden?
p. *Te has vuelto anarquista* (M. AUB, *Campo del moro*, 15).
Du bist ein Anarchist geworden.
q. *Arnaldo se volvió impotente por una mordedura de alacrán* (G. GARCÍA MÁRQUEZ, *Cien años de soledad*, 368).
Arnaldo wurde durch den Biß eines Skorpions impotent.

Wie die Beispiele zeigen, kann auf *volverse* sowohl ein Adjektiv als auch ein Substantiv folgen.

[G.] *Convertirse* (auf das nur ein Substantiv folgen kann) wird in solchen Fällen gebraucht, in denen die mit „werden" ausgedrückte Entwicklung besonders durch die eigentliche Bedeutung von *convertir* („verändern", „verwandeln in") gekennzeichnet ist:
r. *Como se trata de gentes que pueden convertirse en enemigos, lo más cómodo les parece eliminarles* (J. GOYTISOLO, *Duelo en el paraíso*, 94).
Da es um Menschen geht, die zu Feinden werden können, erscheint es ihnen am einfachsten, sie zu beseitigen.
s. *La ropa interior femenina ha dejado de ser algo funcional y escondido para convertirse en un arma de seducción, sutil y sugerente* (*El Mundo*, 8. 3. 1990, 64).
Damenunterwäsche ist nicht länger ein im Verborgenen getragener Gebrauchsgegenstand, sondern sie hat sich zu einem subtilen und attraktiven Mittel der Verführung entwickelt.

1323. IV.   Reflexives Verb

Diese Konstruktionen unterscheiden sich insofern wesentlich von den in Rubrik III (Nr. 1322 – wo man auch *tornarse, volverse* u. dgl. findet) genannten, als zu ihnen kein zusätzliches Element (Adjektiv, Sub-

---

[52] Zur Schreibung *quilos* siehe Nr. 2, K.

stantiv, attributive oder adverbiale Bestimmung) hinzutritt. So lassen sich Begriffe wie „böse werden", „verrückt werden", „heiser werden", „müde werden", „alt werden", „reich werden", „(vor Scham) rot werden", „wach werden", „traurig werden", „wütend werden" usw. einfach mit *enfadarse, enloquecerse, enronquecerse, cansarse, envejecerse, enriquecerse, ruborizarse, despertarse, entristecerse, enfurecerse* übersetzen[53].

    a. – *Mamá.*
       – *¿Qué?*
       – *Me canso* (C. J. CELA, *El gallego y su cuadrilla*, 39).
       „Mama." „Was ist?" „Ich werde müde."
    b. *Y me pongo a pensar y me entristezco* (C. J. CELA, *Pabellón de reposo*, 75).
       Und ich beginne nachzudenken und werde traurig.

V. Anmerkungen

1324. („Estar") + „hecho"
In den Nrn. 1273–1274 wurde bereits erwähnt, daß *(estar) hecho* anstelle von *como* gebraucht werden kann. Häufig kann man diese Fügung (oder auch nur *hecho*) besser mit einer Form von „werden" als mit „als" übersetzen.

    a. *Estás hecho un hombre y muy guapo – le manifiesta* (J. A. DE ZUNZUNEGUI, *El camión justiciero*, 68).
       „Du bist ein Mann geworden, und ein stattlicher dazu", sagt sie zu ihm.
    b. *De recién casada estaba hermosa, gorda, reluciente, pero ahora, a pesar de no ser vieja aún, está ya hecha una ruina* (C. J. CELA, *La colmena*, 142–143).
       Kurz nach ihrer Hochzeit war sie hübsch, vollschlank, strahlte sie, aber jetzt ist sie, obgleich noch nicht alt, bereits zu einem Wrack geworden.
    c. – *¿Y los nenes?*
       – *Hechos unos hombrecetes* (C. J. CELA, *La colmena*, 127).
       „Und die Kinder?" „Sind richtige Männer geworden."

1325. „Devenir"
In Nr. 1319 wurde darauf hingewiesen, daß es im Spanischen in der GESPROCHENEN SPRACHE keine wörtliche Übersetzung für „werden" gibt. In der Schriftsprache findet man, auch bei guten Autoren (sogar in der Dichtung) immer häufiger das (aus dem Französischen übernommene) *devenir*[54], das auch substantiviert werden kann.

    a. *Ocurrir es devenir. Una piedra no 'deviene', sólo 'es'* (S. LORÉN, *V. I. P.*, 148).
       Geschehen ist Werden. Ein Stein „wird" nicht, er „ist" nur.
    b. *Su responsabilidad devendrá histórica* (C. ROJAS, *Por qué perdimos la guerra*, 26).
       Seine Verantwortung wird historisch werden.
       Formen von *devenir* findet man in diesem (1970 veröffentlichten) Werk auch auf den Seiten 24, 41, 47, 282.

---

53 Man kann *enloquecer, enronquecer* und *envejecer* als Wiedergabe von „verrückt werden", „heiser werden" und „alt werden" auch ohne Reflexivpronomen finden.
54 Und auch in anderen Tempusformen als denen, die M. CRIADO DE VAL anführt. Nach Angaben dieses Autors kann man nur den Infinitiv (*devenir*) und die Formen *devino* und *deviene* finden (*Fisonomía del español y de las*

c. *Las dos Españas ofrecen multitud de variante, a las que el devenir histórico matiza cada día* (C. ALONSO DE LOS RÍOS, *Conversaciones con Miguel Delibes*, 53).
Die zwei Spanien weisen eine Vielzahl von Varianten auf, denen die historische Entwicklung Tag für Tag eine neue Schattierung gibt.
Der Satz stammt von M. DELIBES. Mit den „zwei Spanien" sind der konservative und der progressive Teil der spanischen Bevölkerung gemeint.

d. *El devenir* lautet der Titel einer Gedichtreihe von E. DE NORA (*Poesía*, 331 und ff.).
El devenir → „Das Werden".

e. *Y desde allí, desde lo otro,*
(esa música) deviene como una evidencia
(Verse von F. AGUIRRE, *La otra música*, 16).
Und von dort, vom Anderen her, wird diese Musik ganz verständlich.
(Das Beispiel wurde schon in Nr. 534 angeführt.)

f. *No todos los niños neuróticos devienen escritores* (J. GOYTISOLO, *Coto vedado*, 233).
Nicht alle neurotischen Kinder werden Schriftsteller.

g. *Se deviene enamorado de una niña en pañales* (F. UMBRAL, *Mis queridos monstruos*, 154).
Man verliebt sich in ein Mädchen in Windeln.

1326. Vielleicht ist die Häufigkeit, mit der *devenir* gegenwärtig gebraucht wird (zumindest in der Schriftsprache), Anzeichen einer Entwicklung, die letztlich zu einer vollständigen Äquivalenz *devenir* ~ „werden" (*to become, devenir*) führen kann. Manche Autoren zeigen sogar eine besondere PRÄFERENZ für dieses Verb und verwenden es auch in anderen als den in Fußnote 54 angeführten Fällen[55]. Man kann jedoch feststellen, daß von den konjugierten Formen nur die 3. Person (Singular und Plural) vorkommt.

1327. *Schlußbemerkung*

Mit den o. g. Möglichkeiten für die Übersetzung von „werden" und der besonderen Bedeutung, die dabei jeweils erläutert wurde, sollte man vorsichtig und flexibel umgehen: es ist nämlich durchaus möglich, in der Praxis Abweichungen von den genannten Grundsätzen anzutreffen oder eine bestimmte Konstruktion oder ein Verb in einem Kontext zu finden, in dem man eigentlich etwas anderes erwartet hätte. Andererseits herrscht aber auch keine uneingeschränkte Freiheit, und man kann nicht willkürlich irgendeines der angeführten Verfahren auswählen. So würde man beispielsweise nicht sagen:

---

lenguas modernas, 108). M. MOLINER führt *devenir* als Synonym für *suceder* („sich ereignen") sowie als Begriff aus der Sprache der Philosophie an. Es verwundert, daß nur der substantivische Gebrauch als literarisch eingestuft wird (DUE, I, 982). Siehe zu dieser Problematik: J. DE BRUYNE, *Complementos de 'Esbozo de una nueva gramática de la lengua española' - II (Notas sobre 'devenir')* in *Romanistisches Jahrbuch*, XLI, 1990, 249–261.

[55] So beispielsweise J. GOYTISOLO (in *Disidencias*, 121, 127, 143 und passim), C. ROJAS (in *El sueño de Sarajevo*, 41, 105, 198 und passim), G. CABRERA INFANTE, (in *La Habana para un infante difunto*, 72, 285, 543 und passim). Bei diesen Autoren findet man von *devenir* Formen des *presente, imperfecto, pretérito perfecto simple, pluscuamperfecto* und *futuro de indicativo*, ebenso des *condicional* sowie das *participio pasado* dieses Verbs.

* [*tornarse general*]	(anstelle von *llegar a general*)
* [*llegar a ser loco*]	(anstelle von *volverse loco*)
* [*ir a dar en viudo*[56]]	(anstelle von *quedarse viudo*)

ABSCHNITT V
DIE ÜBERSETZUNG DES DEUTSCHEN „LASSEN"

1328. Man kann die folgende allgemeine Regel aufstellen: Das deutsche „lassen" wird im Spanischen mit *dejar* übersetzt, wenn das Wort so etwas wie „Erlaubnis", „Nachlässigkeit" oder „nicht verhindern" ... impliziert; hat es die Bedeutung „anweisen", „auftragen" oder „befehlen", so wird „lassen" mit *hacer* (manchmal auch: *mandar*) wiedergegeben[57].

a. *Te dejo hablar con él media hora.*
   Ich lasse dich eine halbe Stunde mit ihm sprechen.
b. *El muchacho deja rodar sus libros por todas partes* (C. F. A. VAN DAM, *Spaanse spraakkunst*, 495).
   Der Junge läßt seine Bücher überall herumliegen.
c. *Haré construir una casa en el campo.*
   Ich werde ein Haus auf dem Lande bauen lassen.
   Man könnte ebenfalls sagen: *Mandaré construir ...* (oder auch: *me construiré ...*
   – siehe dazu im Anschluß Nr. 1329).
d. *Encima, mandé modelar una fortaleza* (M. MUJICA LAINEZ, *Bomarzo*, 583).
   Oben ließ ich eine Festung modellieren.

Anmerkungen

1329. Weiter oben wurde bereits auf für deutsche Muttersprachler merkwürdig anmutende Konstruktionen mit einem Reflexivpronomen vom Typ *me he cortado el pelo esta mañana* („ich habe mir heute vormittag die Haare schneiden lassen"), *mi tía se operó en Munich* („meine Tante hat sich in München operieren lassen") usw. aufmerksam gemacht[58].

1330. In Sätzen, die einen Wunsch oder Befehl ausdrücken, wird „lassen" durch eine Form des *subjuntivo* wiedergegeben.

¡*No hablemos ahora de los exámenes!*
Laßt uns jetzt nicht von den Prüfungen sprechen!

---

[56] Zu weiteren Kommentaren und Beispielen für die Übersetzung dieses Verbs siehe die in den Fußnoten 50 und 51 genannten Untersuchungen von R. FENTE und C. POUNTAIN, außerdem vom letztgenannten Autor: *How 'become' became in Castilian.*
[57] Die Grundprinzipien sind mit denen vergleichbar, die für die Übersetzung von „lassen" ins Französische gelten (→ *laisser ~ faire*). Die Übersetzung von „wissen lassen" lautet *hacer saber* oder *avisar*. *Dejar saber* wird als Anglizismus betrachtet (M. SECO, *Diccionario de dudas*, 139).
[58] Siehe dazu Nr. 343.

1331. In manchen Fällen empfiehlt es sich, „lassen" im Spanischen nicht explizit zu übersetzen. Ein Satz wie „er hat seine Uhr auf den Boden fallen lassen" läßt sich am besten mit *se le ha caído el reloj* wiedergeben[59].

1332. Abschließend sei noch angemerkt, daß der deutsche Muttersprachler in Zweifelsfällen das *Wörterbuch der spanischen und deutschen Sprache in zwei Bänden* von R. J. SLABY & R. GROSSMANN zu Rate ziehen kann (Band 2, S. 604–605, Eintrag zu „lassen").

ABSCHNITT VI
DIE ZEITENFOLGE
LA CORRESPONDENCIA DE LOS TIEMPOS

1333. Zur Tabelle in Nr. 1046 können noch die folgenden praktischen Hinweise hinzugefügt werden. Das Grundprinzip besteht darin, daß das Tempus von Verben in Nebensätzen durch die Form des Hauptverbs bestimmt wird. Im Deutschen gelten nur z. T. ähnlich feste Regeln der Zeitenfolge (vor allem in Temporalsätzen), vielmehr spielt hier der Konjunktiv eine wichtige Rolle (allerdings eine ganz andere als der spanische *subjuntivo*).

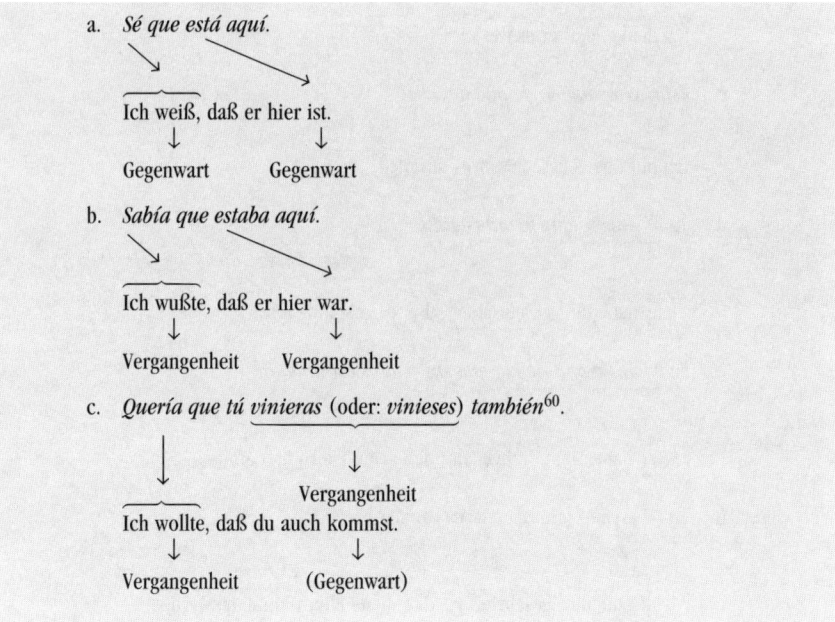

---

[59] Das Beispiel stammt von C. F. A. VAN DAM, *Spaanse spraakkunst*, 495.
[60] Nach einem Hauptverb im *condicional* gebraucht man im Standardspanischen in einem Satz wie diesem (und vor allem in der Schriftsprache) im Prinzip ein Tempus der Vergangenheit [→ *Quería que vinieras* (oder: *vinieses*) *también*]. Cf. in diesem Zusammenhang: J. COSTE & A. REDONDO, *Syntaxe de l'espagnol moderne*, 451. Siehe jedoch den Hinweis in Nr. 1334 C.

d. *Me prohibió que viniera.*

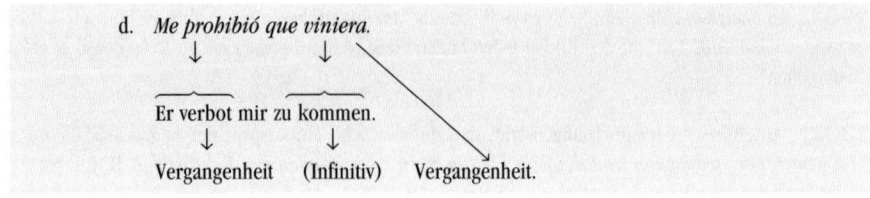

Er verbot mir zu kommen.
Vergangenheit (Infinitiv) Vergangenheit.

1334. Der Parallelismus der vorangehenden Beispiele ist jedoch nicht immer gegeben.

A. Wenn das Verb des Hauptsatzes im *presente de indicativo* oder *pretérito perfecto compuesto* steht, kann man im Nebensatz sowohl ein Tempus der Vergangenheit als auch eines der Gegenwart oder Zukunft finden.

a. *¿Sabes que lo había dicho?*

Weißt du, daß ich es gesagt hatte?
Gegenwart   Vergangenheit

b. *Pienso que lo sabe.*

Ich denke, daß er es weiß.

c. *Estoy convencido de que lo hará.*

Ich bin überzeugt, daß er es tun wird.

d. *Te he escrito que había venido.*

Ich habe dir geschrieben, daß er gekommen war.

e. *Le hemos comunicado que sus padres están aquí.*

Wir haben ihm mitgeteilt, daß seine Eltern hier sind.

f. *Te he escrito que tus padres vendrán.*

Ich habe dir geschrieben, daß deine Eltern kommen werden.

B. Weiter oben wurde bereits auf den Gebrauch des *presente de subjuntivo* in Nebensätzen hingewiesen, die eine ZUKÜNFTIGE Situation oder Handlung ausdrücken (siehe Nr. 1082).

g. *Te recordaré mientras viva.*
   Ich werde dich mein Leben lang nicht vergessen.

C. Besonders wenn das Verb des untergeordneten Satzes im *subjuntivo* steht, gelten die folgenden Regeln.

1. Nach Verben, die einen Willen, einen Befehl, ein Verbot oder einen Wunsch ausdrücken, kann man im Nebensatz ein beliebiges Tempus des *subjuntivo* finden, vorausgesetzt, daß das gewählte Tempus die Handlung immer als auf das Hauptverb FOLGEND ausdrückt. So könnte man *mandaron que estudie* oder *mandaron que estudiara* (oder: *estudiase*) sagen („sie haben angeordnet, daß ich studiere"), aber nicht **mandaron que hubiese estudiado*[61].
2. Nach anderen Verben, die mit dem *subjuntivo* konstruiert werden, trifft man folgende Unterscheidung: Wenn das Hauptverb in einem Tempus der Gegenwart oder der Zukunft steht, kann im Nebensatz ein beliebiges Tempus verwendet werden, bei einem Hauptverb in einem Tempus der Vergangenheit muß dagegen ein *imperfecto*, ein *pretérito perfecto* oder ein *pretérito pluscuamperfecto* gebraucht werden.

Man könnte daher sagen:

h. *No creen* (oder: *no creerán*) *que haya habido* (oder: *que haya / que hubiera / que hubiera habido*) *tales caballeros en el mundo.*
   Sie glauben nicht (oder: sie werden nicht glauben), daß es solche Reiter auf der Welt gegeben hat (oder: gibt /gab / gegeben hatte).
i. *No creyeron que hubiera* (oder: *hubiese / haya habido / hubiera habido / hubiese habido*) ...
   aber nicht: *No creyeron que haya* ...[62]
   Sie glaubten nicht, daß es solche Reiter ... gab (oder: gegeben hat / gegeben hatte).

Vor allem in Lateinamerika wird diese letzte Norm häufig durchbrochen. Man findet (meist in der gesprochenen, aber auch in der geschriebenen Sprache) immer wieder Konstruktionen wie *el enfermo seguía hablando sin que ninguno le escuche* (C. KANY, *Sintaxis hispanoamericana*, 221 – „Der Kranke redete weiter, ohne daß ihm jemand zuhörte"[63]). In Übereinstimmung mit dem von der REAL ACADEMIA ESPAÑOLA formulierten Prinzip müßte man sagen: ... *sin que ninguno le escuchara* (oder: *escuchase*).

D. Das Prinizip der Zeitenfolge gilt auch für die Formen *hace* und *desde hace* (als Entsprechungen für das im Deutschen unveränderliche „vor" bzw. „seit"[64]):

k. *Ya hacía una temporada que no le veía* (J. A. DE ZUNZUNEGUI, *El barco de la muerte*, 306).
   Ich hatte ihn schon seit einiger Zeit nicht mehr gesehen.
l. *La madre declaró que no había tenido noticias suyas desde hacía un año* (*El País*, 27.5.1980, 15).
   Die Mutter erklärte, sie habe seit einem Jahr nichts mehr von ihm gehört.

---

61 Da hier die durch *hubiese estudiado* ausgedrückte Handlung so aufgefaßt würde, als ob sie vor der des Hauptverbs stattfände.
62 Der unter C angeführte Kommentar und die Beispiele stammen aus dem *Esbozo* (S. 519–520).
63 Siehe dazu, mit zahlreichen Beispielen: C. KANY, *Sintaxis hispanoamericana*, 220–221.
64 Siehe dazu auch Nr. 970, Fußnote 104.

ABSCHNITT VII

KONGRUENZ VON VERB UND SUBJEKT
LA CONCORDANCIA PRONOMINAL

§ 1. ALLGEMEINE REGEL

1335. Als Regel gilt, daß das Verb, ebenso wie im Deutschen, mit seinem Subjekt kongruiert. Gibt es mehr als ein Subjekt, so steht das Verb im Plural.

    a. *El niño jugó toda la tarde en el jardín* (*Esbozo*, 386).
       Das Kind spielte den ganzen Nachmittag im Garten.
    b. *Las niñas jugaron toda la tarde en el jardín* (*Esbozo*, 386).
       Die (kleinen) Mädchen spielten den ganzen Nachmittag im Garten.
    c. *Salieron en el examen problemas y preguntas muy dificultosos* (*Esbozo*, 387).
       In der Prüfung kamen sehr schwierige Aufgaben und Fragen vor.

1336. Wenn es mehrere Subjekte gibt und diese sich auf verschiedene grammatikalische Personen beziehen, erhält die erste Person Vorrang vor den beiden anderen und die zweite vor der dritten.
Im Spanischen können dabei die Personalpronomen wegfallen. Dies bedeutet für die Verständlichkeit des Satzes kein Problem: die Endung des Verbs schließt Zweifel aus (siehe Beispiel b)[65]:

    a. *Usted y yo sabemos que hay sólo una solución* (J. C. Onetti, *Dejemos hablar al viento*, 30).
       Sie und ich wissen, daß es nur eine Lösung gibt.
    b. *Entramos los cuatro en el comedor* (J. Ibargüengoitia, *Los conspiradores*, 7).
       Wir vier betraten das Eßzimmer.
    c. *Tú y él erais buenos amigos* (M. Seco, *Diccionario de dudas*, 110).
       Du und er, ihr wart gute Freunde.

Siehe auch die in 786 c und 1344 e angeführten Beispiele.

§ 2. SONDERFÄLLE

A. Zusammengesetztes Subjekt (→ Substantive oder Pronomen im Singular, die durch „con", „y" oder „o" verbunden sind)

1337. Wenn die zwei (im Singular stehenden) Elemente des Subjekts mit Hilfe von *con* verbunden werden, kann das Verb im Singular oder im Plural stehen.

---

[65] Siehe in diesem Zusammenhang auch Konstruktionen wie die, die in Nr. 1344 unter c und d angeführt werden.

> a. *Pedro con su hijo fue a visitarnos* (*Esbozo*, 501).
> Peter hat uns mit seinem Sohn besucht.
> Man könnte ebenfalls – und ohne Bedeutungsunterschied – sagen: ... *fueron a visitarnos*.

Wenn die Konjunktion *y* die Bestandteile des Subjekts verbindet, kann das Verb im Singular stehen, wenn der Sprecher das Subjekt als eine EINHEIT betrachtet oder *y* synonym mit *con* gebraucht wird:

> b. *La compra y venta de estos objetos está prohibida* (M. SECO, *Diccionario de dudas*, 112).
> Der An- und Verkauf dieser Gegenstände ist verboten.
> c. *En el mesón que en Toledo tenía el Sevillano y su mujer, había una linda moza* (AZORÍN, angeführt im *Esbozo*, 502)[66].
> In dem Gasthaus, das der Sevillaner und seine Frau in Toledo besaßen, gab es eine hübsche Kellnerin.
> Man könnte auch sagen: ... *tenía el Sevillano CON su mujer* ...

Im Falle des Gebrauchs von *o* als Konjunktion steht das Verb im Singular, wenn die Handlung nur von einem der Subjekte ausgeführt werden kann:

> d. *O el FC Köln o el B. Dortmund ganará la copa de Alemania este año.*
> In diesem Jahr wird entweder der 1. FC Köln oder Borussia Dortmund deutscher Pokalsieger.
> Es ist ausgeschlossen, daß BEIDE Vereine den Pokal erringen.

In anderen Fällen kann das Verb im Singular oder im Plural stehen. Dabei können (persönliche) bewertende und auch syntaktische Faktoren eine Rolle spielen: wenn man deutlich machen will, daß man eigentlich nur einen der Teile des Subjekts als wirklich wichtig betrachtet[67], setzt man das Verb in den Singular:

> e. *Le atraía la hermosura de la moza o la amenidad del lugar* (M. SECO, *Diccionario de dudas*, 113).
> Was ihn anzog, war die Schönheit des Mädchens oder der reizvolle Ort.
> Durch die Singularform (und den Satzbau) wird deutlich, daß der Betreffende sich besonders für die weibliche Schönheit interessiert.
> Man könnte auch sagen: *Le atraían* ... In diesem Fall verschwindet die genannte Nuance einer PRÄFERENZ.

Anmerkungen

1338. Steht das Verb vor einem zusammengesetzten Subjekt, so kongruiert es – ohne Berücksichtigung der o. g. Bedeutungsunterschiede – häufig nur mit dem ersten Bestandteil. Diese Konstruktion findet man allerdings hauptsächlich in der gesprochenen Sprache[68].

---

[66] Der Gebrauch der Pluralform (→ *tenían*) wäre auch korrekt. Er hätte jedoch einen leichten Bedeutungsunterschied zur Folge: *y* wäre dann nicht mehr das Äquivalent zu *con* (→ „mit"), sondern würde seinen Wert als Konjunktion (→ „und") behalten.
[67] Namentlich den Teil, der am dichtesten beim Verb steht.
[68] M. SECO, *Diccionario de dudas*, 112.

A esto se opone mi honestidad y los consejos que mis padres me daban (M. Seco, *Diccionario de dudas*, 112).
Dem stehen mein Ehrgefühl und die Ratschläge, die mir meine Eltern gaben, entgegen.
In gepflegter Sprache würde man sagen: ... *se oponen* ...

1339. Wenn die Elemente des zusammengesetzten Subjekts mit *como* („sowie", „wie auch") oder *junto con* („zusammen mit") verbunden werden, kann das Verb im Singular oder im Plural stehen, wobei die zweite Möglichkeit vielleicht bevorzugt gewählt wird[69].

La novela como el teatro, usan de estas malicias (C. J. Cela, *Nuevas andanzas y desventuras de Lazarillo de Tormes*, 11).
Der Roman wie auch das Theater machen von diesen Tricks Gebrauch.

B. Kollektiva und verwandte Fälle

1340. Wenn das Subjekt des Satzes ein Kollektivum ist, das im Singular gebraucht wird, so steht auch das Verb im Singular, es sei denn, es soll zum Ausdruck gebracht werden, daß man nicht so sehr die Totalität als vielmehr die Pluralität verschiedener Personen, Tiere oder Gegenstände sieht (d. h., daß man vor Augen hat, daß jede/s/r von ihnen die durch das Verb ausgedrückte Handlung ausführt oder erleidet).

   a. *La escuadra atravesó el estrecho* (M. Seco, *Diccionario de dudas*, 112).
      Das Geschwader überquerte die Meerenge.
      Das Geschwader wird als (anonymes) Ganzes gesehen.
   b. *La mayoría daban pena* (F. Vizcaíno Casas, *La boda del señor cura*, 59).
      Die meisten erregten Mitleid.
      Der Autor strebt eine individualisiertere Beschreibung der Situation an.
   c. *Vuestra generación, Camilo, fuisteis muy putañeros* (F. Umbral, *Mis queridos monstruos*, 75 – Camilo = C. J. Cela, spanischer Schriftsteller und Literaturnobelpreisträger 1989).
      In eurer Generation, Camilo, wart ihr richtige Hurenböcke.
      In diesem Fall wird der Begriff der Pluralität noch stärker spezifiziert als im vorangehenden Beispiel: der Sprecher bezieht sich auf die Generation, der sein Gesprächspartner angehört, und diese „globale Personifizierung" erklärt auch den Gebrauch der zweiten Person [in Übereinstimmung mit dem oben (in Nr. 1336) kommentierten Verfahren].

Der allgemeinen Theorie zufolge steht das Verb meist im Plural, wenn auf das Kollektivum eine nähere Bestimmung folgt, die selbst im Plural steht[70]. Von diesem Prinzip wird jedoch häufig abgewichen[71]:

---

[69] M. Seco, *Diccionario de dudas*, 112.
[70] Cf. *Esbozo*, 388, und M. Seco, *Diccionario de dudas*, 113, sowie – differenzierter – *Manual de español urgente*, 46.
[71] Auch in den unter d und e angeführten Beispielen erkennt man letztlich eine Umsetzung dessen, was weiter oben zu den Aspekten Totalität (→ Anonymität) ~ Pluralität (→ ± Individualisierung) gesagt wurde. S. Fernández weist darauf hin, daß nach im Singular gebrauchten Ausdrücken wie *la mayoría* und *la mayor parte* („die meisten", „die Mehrheit") – auch ohne nähere Bestimmung – das Verb zumeist im Plural steht (*Gramática española*, 456).

d. *La mitad de los habitantes han emigrado* (M. Seco, *Diccionario de dudas*, 91).
Die Hälfte der Bewohner ist ausgewandert.

Aber:

e. *Media docena de compatriotas me encarga que le escriba sobre algo muy concreto* (C. J. Cela, *Los sueños vanos, los ángeles curiosos*, 13).
Ein halbes Dutzend Landsleute beauftragt mich, für Sie über etwas ganz Konkretes zu schreiben.

f. *Un centenar de soldados israelíes murió en esta ofensiva* (*El País*, 5.8.1982, 1).
Etwa einhundert israelische Soldaten starben bei dieser Offensive.

In diesem Zusammenhang ist auch die sogenannte (häufig anzutreffende) „concordancia *ad sensum*" zu nennen (d. h. „Kongruenz nach dem Sinn"), z. B. in

g. *Se pretende así librar al* MÉDICO *de la jornada continua que* REALIZAN *actualmente* [*Manual de español urgente*, 46 – mit dem doch wohl sehr strengen Kommentar, daß derlei Konstruktionen auf jeden Fall (*a toda costa*) zu vermeiden seien].
Damit soll der Arzt davon befreit werden, wie bisher den ganzen Tag durchgehend zu arbeiten.
Trotz der Singularform (*médico*) wird hier an alle Vertreter der Ärzteschaft gedacht.

h. *También la ultraderecha tienen frases que ...* (angeführt von A. De Miguel, *La perversión del lenguaje*, 26 – mit einem differenzierteren Kommentar als im vorangehenden Beispiel: der Satz gebe die gesprochene Sprache wieder).
Auch die extreme Rechte kennt Phrasen, die ...
La ultraderecha → *los partidarios de la ultraderecha* („die Anhänger der extremen Rechten").

Obgleich dies (aus einer rein „logischen" Perspektive) paradox erscheinen mag, steht das Verb im Singular, wenn der Ausdruck *más que uno* (wörtlich: „mehr als einer") das Subjekt bildet:

i. *Más que uno lo va a sentir* (DUE, II, 1421 – wobei der Ausdruck im Sinne von „manche" oder „viele" definiert wird).
So mancher wird es bedauern.

1341. Wenn das Subjekt ein lexikalisierter Ausdruck oder ein Akronym (selbst mit Pluralbedeutung) ist, steht das Verb gewöhnlich im Singular.

a. ¿TIENES PROBLEMAS CON EL ALCOHOL?
ALCOHÓLICOS ANÓNIMOS
PUEDE AYUDARTE
(Text eines Plakates, das ich am 17.2.1991 in Granada gelesen habe).
Hast du Alkoholprobleme? Die Anonymen Alkoholiker können Dir helfen.

b. *CCOO intentará desdramatizar la negociación colectiva* (= Überschrift eines Artikels in *El País*, 5.1.1980, 1).
Comisiones Obreras will Spannungen bei Tarifverhandlungen abbauen.

In dem Artikel selbst wird CCOO dann[72] ausgeschrieben. Auch auf diesen lexikalisierten Begriff folgt ein Verb im Singular:

c. *Comisiones Obreras intentará desdramatizar la negociación* (*El País*, 5.1.1980, 1).
d. *EEUU insinúa que ha perdido el control de los acontecimientos de Líbano* (*El País*, 5.8.1982, 2).
Die USA deuten an, daß sie die Kontrolle über die Ereignisse im Libanon verloren haben.

1342. Nach einem Subjekt, das eine PROZENTZAHL ausdrückt, kann das Verb sowohl im Singular als auch im Plural stehen.

a. *58,7% de los informantes estudió en centros que enseñaban español* (M. ALVAR, *Español e inglés ...*, 17).
58,7% der Informanten hat Bildungseinrichtungen besucht, in denen Spanisch unterrichtet wurde.
Im genannten Artikel von M. ALVAR (einem Mitglied der *Real Academia Española*) lesen wir weiterhin: *un 22,6% de los puertorriqueños* [mit einem Verb im Plural – S. 19 („22,6 Prozent der Puertoricaner")], *otro 15,3%* (ohne nähere Bestimmung, mit einem Verb im Singular, S. 23), *un 28,6%* (ohne nähere Bestimmung, doch folgt diesmal ein Verb im Plural, S. 26) ...
b. *Cerca del 16% de los teléfonos españoles está fuera de la ley* (*El Periódico*, 17.2.1989, 19).
Etwa 16% der Telefone in Spanien entsprechen nicht den gesetzlichen Vorschriften.
c. *Un 7 por 100 de los hombres llevan barba* (O. CABALLERO, *Titulares de España*, 21).
7% der Männer tragen einen Bart[73].

C. Kongruenz mit dem nominalen Bestandteil des Prädikats

1343. Das Verb *ser* kongruiert manchmal mit dem nominalen Bestandteil des Prädikats. Man findet diese Konstruktion vor allem in Sätzen, in denen das Subjekt ein sächliches Pronomen oder ein Kollektivum ist[74].

---

[72] Der Name der kommunistischen Gewerkschaft in Spanien.
[73] Es gibt übrigens im Spanischen keine feste Regel zum Gebrauch eines bestimmten oder unbestimmten Artikels bei Prozentzahlen. In der unter a. angeführten Studie von M. ALVAR findet man fast durchgängig *un*. Hin und wieder wird der Artikel auch ganz weggelassen. In einem Artikel, der in dem Wirtschaftsblatt *Cinco días* erschien, geht dem Begriff *por cien* (bzw. dem Zeichen %) dagegen stets ein bestimmter Artikel voraus (*Racionalidad económica*, in *Cinco días*, 7.5.1983, 3). An anderer Stelle findet man in dieser Zeitung mal den bestimmten, mal den unbestimmten und bisweilen auch gar keinen Artikel [zum Beispiel: *Los beneficios en la banca bajaron un 14,5 por cien en 1982*, in *Cinco días*, 17 („Die Gewinne im Bankgeschäft sind 1982 um 14,5% gesunken")]. C. GÓMEZ MOLINA, Dozentin an der Universität von Antwerpen (eine geborene Spanierin), erklärte mir in diesem Zusammenhang: „Als ich die Oberschule besuchte, galt als Regel, daß man vor *por cien* auf jeden Fall einen Artikel (vorzugsweise den bestimmten Artikel) gebrauchte. Heute kann meiner Ansicht nach von einer Präferenz für den *artículo definido* keine Rede mehr sein, und man kann *por cien* auch ohne Artikel antreffen, obgleich ich persönlich diese letztgenannte Konstruktion vermeiden würde" (mündlicher Kommentar vom 17. Januar 1984).
[74] M. SECO, *Diccionario de dudas*, 112.

a. *Eso son cosas que veías tú* (F. UMBRAL, *Mis queridos monstruos*, 220).
   Das sind Dinge, die du sahst.
b. *Esta gente son profesores de idiomas* (M. SECO, *Diccionario de dudas*, 112).
   Diese Leute sind Sprachlehrer.

D. Kongruenz mit „nadie", „ninguno" u. dgl.

1344. Im Deutschen folgt auf Wörter wie „niemand", „einige" ... (die eventuell noch näher bestimmt werden) stets ein Verb in der dritten Person. Im Spanischen ist das nicht unbedingt der Fall. In Sätzen wie den folgenden macht die Endung der Verbform die Bedeutung des Satzes deutlich:

a. *Ninguno estamos solos* (M. SECO, *Diccionario de dudas*, 269).
   Niemand von uns ist allein.
   Trotz der benutzten Singularform *ninguno* denkt der Sprecher an ein kollektives Subjekt.
   Ninguno está solo würde bedeuten: „Niemand ist allein"[75].
b. *Acabamos de escuchar cosas que ya sabíamos y muchas que algunos ignorábamos* (M. DE RIQUER, *Contestación al discurso de recepción de G. Díaz-Plaja*, 157).
   Wir haben soeben Dinge gehört, die wir schon wußten, aber auch vieles, was einigen von uns noch nicht bekannt war.
   Durch den Gebrauch der ersten Person Plural bringt der Sprecher eine feine stilistische Nuance zum Ausdruck: er schließt sich selbst nicht aus dem Kreis derer, die etwas gelernt haben, aus [eine Konstruktion wie ... *que algunos ignoraban* – mit der dritten Person – hätte in diesem Kontext eher überheblich geklungen und zu verstehen gegeben, daß nur einige der anwesenden Akademiker (aber NICHT der Sprecher selbst) Dinge gehört haben, die sie noch nicht wußten[76]].

Nicht nur auf ein Indefinitpronomen, sondern auch auf ein Substantiv oder ein Zahlwort kann ein Verb in der ersten oder zweiten Person Plural folgen:

c. *Aludía con tanta frecuencia a su viaje que sus amigos llegamos a conocer de memoria los episodios más notables* (J. IBARGÜENGOITIA, *Los conspiradores*, 7).
   Er erwähnte seine Reise so häufig, daß wir, seine Freunde, ihre Höhepunkte bald auswendig kannten.
   Der Sprecher ist einer der genannten Freunde, und wir haben es hier somit eigentlich mit einer Variante des in Nr. 1336 genannten Prinzips zu tun.
   Diese Anmerkung gilt – mutatis mutandis – auch für das unter d angeführte Beispiel.
d. *Ahora os casáis muchos curas* (C. J. CELA, *Los sueños vanos, los ángeles curiosos*, 281).
   Jetzt heiraten viele von euch Pfarrern.

---

[75] Will man „von uns" im Spanischen explizit ausdrücken, so hat man die Wahl zwischen *Ninguno de nosotros está solo* und *Ninguno de nosotros estamos solos* (in diesem Sinne: M. SECO, *Diccionario de dudas*, 269). Ebenso: *No cenaron ninguno de los dos* (C. MARTÍN GAITE, *Fragmentos de interior*, 196 – „Keiner der beiden aß zu Abend"). Man könnte gleichfalls sagen: *No cenó ninguno de los dos*.
[76] Zu weiteren Beispielen dieser Art siehe auch die Nrn. 449 und 473.

> e. *A las siete de la mañana, se abría la puerta y doscientas mujeres entrábamos en tropel* (I. ALLENDE, *Eva Luna*, 223).
> Um sieben Uhr früh öffnete sich die Tür, und wir zweihundert Frauen drängten hinein.

Siehe auch das in Nr. 1336 b angeführte Beispiel.

E. „Soy yo el que ..." (oder: „soy yo quien ...")

1345. Diese Konstruktionen wurden bereits in Nr. 403 behandelt.

F. Unpersönliche Verben

1346. Wenn „unpersönliche" Verben wie *llover* („regnen"), *relampaguear* („blitzen"), *tronar* („donnern") u. dgl. in figürlicher Bedeutung gebraucht werden, können sie vollständig konjugiert werden und daher auch in anderen als der dritten Person Singular auftreten.

> *En 1900 se apagarían las luces y lloverían estrellas* (M. VARGAS LLOSA, *La guerra del fin del mundo*, 17).
> Im Jahr 1900 würden die Lichter ausgehen, und es würde Sterne regnen.

G. „Voseo"

1347. In Kapitel VI wurde bereits auf die verschiedenen Möglichkeiten der Kongruenz zwischen der in manchen lateinamerikanischen Ländern noch sehr gebräuchlichen Form *vos* und dem Verb hingewiesen[77].

---

[77] Siehe Nr. 302.

KAPITEL XIV

WORTBILDUNG MIT HILFE VON SUFFIXEN
LA FORMACIÓN DE PALABRAS MEDIANTE SUFIJOS

ABSCHNITT I
ALLGEMEINES

1348. In diesem Kapitel werden nicht ALLE Bedeutungen und Nuancen behandelt, die die im Spanischen gebrauchten Suffixe wiedergeben können[1]. Vielmehr wird das Thema hier auf die *sufijos diminutivos, aumentativos* und *despectivos*[2] (→ Suffixe mit verkleinernder, vergrößernder und abwertender Bedeutung) beschränkt.
Wenn man in diesem Zusammenhang einen Vergleich mit dem Deutschen oder auch mit dem Französischen anstellt, so fällt vor allem folgendes auf:

> 1. die außerordentliche Häufigkeit, mit der Wörter mit *sufijos apreciativos* gebildet werden,
> 2. die Vielzahl dieser Suffixe und die Vielfalt ihrer Formen,
> 3. die zahlreichen und vielfältigen Ausdrucksmöglichkeiten, die diese Suffixe in stilistischer und semantischer Hinsicht in sich bergen,
> 4. die Probleme, die sich stellen, wenn man den besonderen semantischen und/oder affektiven Wert, den die Suffixe dem Grundwort verleihen, in der Übersetzung zum Ausdruck bringen will.

---

[1] Es gibt etwa zweihundert! (Siehe dazu A. GOOCH, *Diminutive, augmentative and pejorative suffixes in modern Spanish*, X.) Zu einer etwas niedrigeren Schätzung (→ ± 170 Suffixe) cf. H. BERSCHIN u. a., *Die spanische Sprache*, 302. In jedem Fall bleibt festzuhalten, daß die Suffigierung in allen ihren Formen (also nicht beschränkt auf verkleinernde, vergrößernde und abwertende Suffixe) im Spanischen die produktivste Art der Wortbildung darstellt (und dies sogar in noch größerem Maße als in den anderen romanischen Sprachen).

[2] Oder in einem Begriff: *sufijación apreciativa* [oder: *expresiva* (d. h., daß der Gebrauch dieser Suffixe eine Meinung, eine Bewertung oder ein stilistisches Element zum Ausdruck bringt)]. Wörter, die mit anderen Suffixen gebildet werden, finden sich zumeist in den Wörterbüchern und stellen hinsichtlich ihrer Interpretation kein Problem dar. So kann beispielsweise das Suffix *-eda* eine Menge (oder Ansammlung) zum Ausdruck bringen, während *-ero* eine Person bezeichnen kann, die einen Beruf ausübt (jeweils ausgehend von dem Grundwort). Bildungen wie *la arboleda* („die Baumallee", „das Waldstück") < *el árbol* („der Baum"), *el armero* („der Waffenschmied") < *el arma* („die Waffe") u. dgl. sind leichtverständlich und werden – wie gesagt – in den Wörterbüchern angeführt, wohingegen dies bei Wörtern, die auf ein *sufijo apreciativo* enden, nicht immer, in manchen Fällen nur sporadisch oder auch gar nicht der Fall ist (so z. B. in dem 1982 unter der Leitung von F. MARSÁ in Barcelona erschienenen *Diccionario Planeta de la lengua española usual*).

ABSCHNITT II
FORMEN

1349. Im Spanischen kann man *sufijos apreciativos* bei allen Wortarten antreffen, außer bei Artikeln, Präpositionen und Konjunktionen (am häufigsten finden sie sich freilich bei Substantiven und Adjektiven). Mit Hilfe der genannten Suffixe werden Formen gebildet, die auf den nichtspanischen Muttersprachler häufig überraschend wirken, und zwar aufgrund

1. der Originalität, der Phantasie, dem scheinbar „unmotivierten" Gebrauch, der vermeintlichen (oder in manchen Fällen tatsächlichen?) Willkür, mit der man sich ihrer bedient,
2. eines Gefühls der Widersprüchlichkeit oder sogar Anarchie, wenn man der immensen Zahl von Nuancen gegenübersteht, die viele dieser Formen ausdrücken können und die zuweilen den Eindruck erwecken, daß man es mit einem völlig chaotischen System zu tun hat, in dem sozusagen alles möglich ist.

Ein Beispiel soll dies verdeutlichen: Wie soll man im Deutschen, das über keinerlei augmentative und lediglich über zwei diminutive Suffixe (→ *-chen, -lein*) verfügt, einen Text wie den folgenden wiedergeben:

> ¡Platero! ¡Platerón! ¡Platerillo! ¡Platerete! ¡Platerucho! ... [mit diesen vier stark affektiv geprägten Formen ruft ein kleines Mädchen ihr Eselchen *Platero* (in dem Werk von J. R. JIMÉNEZ, *Platero y yo*) – angeführt von H. BERSCHIN u. a. (*Die spanische Sprache*, 311 – mit dem Kommentar: „Mit dem deutschen Suffixregister läßt sich folgende Augmentativ-Diminutiv-Kette (...) nicht übersetzen")].

1350. Viele der mit Suffixen gebildeten Begriffe finden sich, wie in Fußnote 2 bereits gesagt wurde, nicht in den Wörterbüchern. Die zahlreichen Möglichkeiten, solche Formen zu bilden, verleihen der spanischen Lexik einen „offenen" Charakter: ausgehend von den „traditionellen" Wörtern können mit Hilfe der Suffixe neue semantische Einheiten geschaffen werden, die bestimmte Personen, Gegenstände oder Situationen auf originelle Weise benennen, beschreiben oder interpretieren.

1351. Durch das Anfügen eines Suffixes ändert sich das Genus des Substantivs im Prinzip nicht.

    a. ein Buch   – *un libro* → *un librito* – ein Büchlein
    b. ein Tisch – *una mesa* → *una mesita* – ein Tischchen

[Siehe jedoch Fälle wie

    c. eine Flasche – *una botella* → *un botellón* – eine große Flasche
                                                                                                                                          (manchmal auch: Weinflasche mit 1½ Liter Inhalt)

Dagegen ist zu beachten, daß sich durch das Hinzufügen eines Suffixes manchmal die Schreibweise ändert, um die ursprüngliche Aussprache zu bewahren:

d. die Kuh – *la vaca* → *la vaquita* – die kleine Kuh,
e. ein Bier – *una cerveza* → *una cervecita* – ein Bierchen

1352. Die wichtigsten *sufijos apreciativos* im Spanischen sind[3]:

Augmentativsuffixe	Diminutivsuffixe	Suffixe mit pejorativer Bedeutung
-AZO (f. -AZA)	-ITO (f. -ITA)	-ACO (f. -ACA)
-ÍSIMO (f. -ÍSIMA)[4]	-ILLO (f. -ILLA)	-ACHO (f. -ACHA)
-ÓN (f. -ONA)	-ICO (f. -ICA)	-OIDE (f. -OIDE)[5]
-OTE (f. -OTA)	-ÍN (f. -INA)	-UCO (f. -UCA)
	-INO (f. INA)	-UCHO (f. -UCHA)
	-IÑO (f. -IÑA)	-UELO (f. -UELA)
	-EJO (f. -EJA)	-UZO (f. -UZA)
	-ETE (f. -ETA)	

a. ein Tier – *un animal* → *un animalazo* – ein riesiges Tier
b. das Haus – *la casa* → *la casita* – das Häuschen
c. die Leute – *la gente* → *la gentuza* – der Pöbel

Die angegebene Einteilung darf jedoch nicht zu eng interpretiert werden: So kann beispielsweise ein im Prinzip augmentatives Suffix wie *-azo* auch einen pejorativen Wert bekommen, und das abwertende *-uelo* kann auch in gewisser Weise die Bedeutung eines Diminutivums haben. Ein Beispiel für die Polyvalenz der spanischen Suffixe findet sich in Nr. 1358, wo der Gebrauch von *-azo* behandelt wird.

1353. Die Suffixe können nicht immer ohne weiteres an ein Grundwort angefügt werden. Es gibt in dieser Frage eine Reihe von (z. T. recht komplizierten) Vorschriften, denen zufolge Vokale ausfallen oder sogenannte „Stützvokale" oder „-konsonanten" eingefügt werden müssen. Die folgende Übersichtstabelle gibt einen Eindruck von den möglichen Veränderungen, die das Anfügen eines bestimmten Suffixes mit sich bringen kann[6]:

---

[3] Eine ausführlichere Liste findet man in der *Gramática de la lengua española* der REAL ACADEMIA ESPAÑOLA auf den Seiten 22–24.
[4] Zu *-ísimo* siehe J. DE BRUYNE, *Over het gebruik van het Spaanse suffix '-ísimo'* (Linguistica Antverpiensia, VIII, 1974, 7–14).
[5] Zu *-oide* siehe J. DE BRUYNE, *Les néologismes espagnols formés au moyen du suffixe '-oide'* (Linguistica Antverpiensia, VII, 1973, 27–35) und *Antolojoide* (im BRAE, LXIX, Januar-April 1989, 91–130).
[6] Eine vollständige Auflistung derartiger Veränderungen findet man in der *Gramática de la lengua española* der REAL ACADEMIA ESPAÑOLA auf den Seiten 24–26. Trotz dieser Veränderungen wird man das mit einem Suffix gebildete Wort praktisch immer ohne Schwierigkeiten herleiten und interpretieren können, was für nichtspanische Muttersprachler das Wichtigste ist. In Zweifelsfällen sollte man den *aktiven* Gebrauch dieser Formen am besten vermeiden (siehe dazu auch Nr. 1364).

Endung des Grundwortes	+ Suffix -ITO	Suffixe mit pejorativer Bedeutung
-*a* oder -*o*	+ Suffix *a* bzw. *o* fällt aus	(das Haus) *la casa* → *cas-* + *ita* → *casita* (das Buch) *el libro* → *libr-* + *ito* → *librito*
Konsonant (ausgenommen -*n* oder -*r*)	+ Suffix	(der Baum) *el árbol* → *árbol* + *ito* → *arbolito*
-*e*, -*n*, -*r*	+ *c* + Suffix[7]	(der Mann) *el hombre* → *hombre* + *c* + *ito* → *hombrecito* (jung) *joven* → *joven* + *c* + *ito* → *jovencito* (die Frau) *la mujer* → *mujer* + *c* + *ita* → *mujercita*
einsilbige Wörter die auf einen Konsonanten oder Diphthong enden	+ *ecito* oder + *c* + *ecito*	(die Blume) *la flor* → *flor* + *ecita* → *florecita* (der Fluß) *el pie* → *pie* + *cecito* → *piececito*[8]

1354. Unter Berücksichtigung der genannten „technischen" Aspekte und Restriktionen beim Anfügen von Suffixen kann man *sufijos apreciativos* bei fast allen Wortarten antreffen.

[A.] Suffixe bei Substantiven. Neben einfachen Fällen wie *casa* („Haus") → *casita*, *mujer* („Frau") → *mujercita*, *hombre* („Mann") → *hombrón* usw. können u. a. auch *gentilicios* und manche Eigennamen *sufijos apreciativos* erhalten.
  a. *Cuatro madrileñitos iban hacia la costa caliente* (F. UMBRAL, *Amar en Madrid*, 100).
  Vier Leutchen aus Madrid fuhren an die warme Küste.
  b. Ein Wort wie *españolaza* kann je nach Kontext „eine ganz dunkle Spanierin von wuchtiger Statur" oder „ein Prachtexemplar von einer spanischen Frau"[9] bedeuten.

---

[7] Eine wichtige Ausnahme ist *señor* → *señorito*.
[8] Diese Regeln werden in der Praxis nicht immer strikt angewandt. Man muß durchaus damit rechnen, neben den gebräuchlichen Diminutiva *jardincillo* (< *jardín* – „Garten") oder *mujercita* (< *mujer* – „Frau") auch die Formen *jardinillo* und *mujerita* anzutreffen, bei denen das Suffix direkt an das Grundwort angefügt ist. Solche Bildungen können in manchen Dialekten wie auch im lateinamerikanischen Spanisch vorkommen.
[9] Die Interpretationen wurden von A. GOOCH übernommen, der sie als mögliche Bedeutungen für *españolaza* anführt: *heavy, very dark Spanish woman* und *magnificent example of a Spanish woman* (*Diminutive, augmentative and pejorative suffixes in modern Spanish*, 215).

c. *Usted comprende que lo importante de su viaje era ver a Chilito desde arriba* (P. Neruda, *Confieso que he vivido*, 349).
Sie verstehen, daß es bei seiner Reise eigentlich darum ging, das geliebte Chile von oben zu sehen.

d. *No es nada difícil, ¿verdad, Miguelón?* (S. Lorén, *El pantano*, 189).
Es ist überhaupt nicht schwer, nicht wahr, Miguel?
Eine Bildung wie *Miguelón* läßt sich ebensowenig wie *españolaza* „direkt" übersetzen, da man im Deutschen, wenn überhaupt, nur Diminutivsuffixe an Eigennamen anfügen kann (in diesem Satz konnte der augmentative Wert des Suffixes *-ón* nicht wiedergegeben werden).

e. Häufig lauten die von Eigennamen abgeleiteten Diminutivformen ganz anders als das Grundwort: *José → Pepe*; *María Teresa → Maite*.
Wird dann noch ein *echtes* Diminutivsuffix angefügt, so erhält man doppelte Diminutiva wie in *José → Pepe → Pepito*, *Francisco → Paco → Paquito* u. dgl.
Darüber hinaus finden sich bisweilen noch zahllose weitere Varianten, auch mit anderen als *verkleinernden* Suffixen (→ *Pepillo, Peporro, Pepazo, Pepón, Pepucho, Pepote, Pepín* …), und in dem Buch *La sinrazón* von R. Chacel wird im Zusammenhang mit einer Person namens *Francisca* gesagt, daß es mehr als dreißig Varianten dieses Namens gebe (S. 89).

[B.] Suffixe bei Adjektiven. Es fällt auf, daß im Spanischen Suffixe häufig an Adjektive angefügt werden. In einem Beispiel wie dem folgenden würde man das Suffix „logisch" eher bei dem Substantiv erwarten, das durch das betreffende Adjektiv näher bestimmt wird. Man könnte hier von einem „versetzten" Suffix sprechen:

f. *A este (niño) no lo quiso porque nació cieguecito* (C. J. Cela, *Nuevas andanzas y desventuras de Lazarillo de Tormes*, 136).
Dieses Kind liebte er nicht, da das Ärmste blind geboren wurde.

```
    … niño ………………………… cieguecito
         ↕                         ↕
(kleines Geschöpf)        (verkleinerndes Suffix)
```

Wir könnten im Deutschen wohl sagen: „das Kindchen wurde blind geboren", aber eine Bildung wie „das Kind wurde blindchen geboren" ist nicht möglich. Allerdings läßt sich der Gebrauch des *sufijo diminutivo* in diesem Beispiel teilweise auch durch ein Gefühl des Mitleids zu erklären, das der genannte Zustand erregt[10].

Einen unproblematischen Fall stellt das folgende Beispiel dar, in dem das (vergrößernde) Suffix dem Adjektiv den Wert eines Superlativs gibt:

g. *Lo que va a pasar puede ser facilón* (E. Romero, *La paz empieza nunca*, 365).
Was geschehen wird, kann sehr einfach sein.
In *facilón* hat *-ón* eine „interne" Funktion: es nuanciert die Bedeutung von *fácil*
fácil + -ón   [-ón ≈ muy]
↑ ………………┘

---

[10] Siehe in diesem Zusammenhang auch den Hinweis in Nr. 1359.

[C.] Suffix bei Zahlwörtern. Sowohl bei Kardinal- als auch bei Ordinalzahlen kann im Spanischen ein *sufijo apreciativo* auftreten.

h. *Querido Manu, cálmate ... ¡si a ti cien mil beatas, ni te van ni te vienen! Es como si yo le doy cinquito al primer pobre que me encuentre en la calle* (J. A. DE ZUNZUNEGUI, *El hijo hecho a contrata*, 158–159).
Beruhige dich, lieber Manu ... Was sind für dich schon hunderttausend Peseten! Das ist gerade so, als ob ich dem ersten Armen, den ich auf der Straße sehe, fünf läppische Peseten geben würde.
Cinquito (< *cinco*) steht der Zahl 100 000 gegenüber. Das Diminutivsuffix betont, wie unbedeutend der Betrag ist.

i. *Y yo soy la primerita que se alegra* (W. BEINHAUER, *El español coloquial*, 239).
Und ich bin die allererste, die sich darüber freut.
Trotz des verwendeten *verkleinernden* Suffixes hat *primerita* hier eine superlativierende Bedeutung. Weitere derartige, scheinbar widersprüchliche Verwendungen werden unter dem Buchstaben D. und in Nr. 1357 behandelt.

[D.] Suffixe bei Adverbien und adverbialen Ausdrücken. Relativ häufig sind Wörter und Formen wie *ahorita* (< *ahora* – „nun"), *a la mañanita* (< *a la mañana* – „am Morgen"), *cerquita* (< *cerca* – „in der Nähe"), *derechito* (< *derecho* – „gerade" oder „geradewegs"), *en seguidita* (< *en seguida* – „gleich"), *hasta lueguito* (< *hasta luego* – „bis später"), *lejitos* (< *lejos* – „weit entfernt"), *poquito a poco* (< *poco a poco* – „nach und nach"), *tempranito* (< *temprano* – „früh") usw. Man kann feststellen, daß bei dieser Art von Wörtern in der Hauptsache Diminutivsuffixe gebraucht werden, doch ist das keine feste Regel (siehe Beispiel k). Obwohl das paradox klingen mag, verleihen diese *sufijos diminutivos* dem Grundwort den Wert eines Superlativs oder sie verstärken seine Bedeutung. So könnte man *cerquita* mit „ganz in der Nähe" und *a la mañanita* mit „am frühen Morgen" übersetzen.

j. *Sí, señorito, ahora. – Afá hizo milíflua la voz. – Ahorita si te parece mejor – recuperó en tono duro* (I. ALDECOA, *Gran sol*, 67).
„Ja, gnädiger Herr, jetzt." Afás Stimme klang honigsüß. „Jetzt sofort, wenn dir das besser gefällt," fügte er, nun wieder in barschem Ton, hinzu.

k. *Estos son nacidos en Méjico, que está de Venezuela, pues ya sabe usted, lejísimos* (R. SÁNCHEZ FERLOSIO, *El Jarama*, 301).
Die hier wurden in Mexiko geboren, und das ist, wie Sie wissen, ein ganzes Stück von Venezuela entfernt.

[E.] Suffixe bei Verben. Weiter oben wurde bereits auf die Möglichkeit hingewiesen, *sufijos apreciativos* an *gerundios* und *participios* anzufügen (siehe die Nrn. 1212 und 1287). Daneben gibt es eine Reihe von Wörtern, die mit Hilfe des Augmentativsuffixes -*ón* von Verben abgeleitet werden[11]. Sie werden meist als Adjektive (manchmal substantiviert) gebraucht und betonen den frequentativen oder intensiven Aspekt des Vorgangs oder der Handlung, der bzw. die durch das Grundwort ausgedrückt wird.

---

11 Es handelt sich dabei in den meisten Fällen um Verben auf -AR.

l. | comer | → | comilón | = | „gefräßig", „gierig", „Vielfraß"
    | criticar | → | criticón | = | „krittelig", „Krittler", „Kritikaster"
    | dormir | → | dormilón | = | „zu langem Schlafen neigend",
    | | | | | „Langschläfer", „Schlafmütze"
    | faltar | → | faltón | = | „wortbrüchig", „treulos", „unzuverlässig"
    | jugar | → | juguetón | = | „verspielt"
    | mirar | → | mirón | = | „neugierig", „gaffend"
    | | | | | (als Substantiv auch: „Voyeur")
    | preguntar | → | preguntón | = | „lästiger Frager"
    | replicar | → | replicón | = | „ständig widersprechend", „recht-
    | | | | | haberisch", „Rechthaber", „jemand,
    | | | | | der ständig widerspricht"
    | responder | → | respondón | = | „jemand, der stets freche Antworten gibt"
    | tragar | → | tragón | = | „gefräßig", „gierig", „Vielfraß"

Manchmal kann man im Spanischen die Bedeutung eines Verbs durch den Gebrauch eines Infixes verändern. Auf diese Weise wird eine Art „Unvollkommenheit" der durch das Verb bezeichneten Handlung oder des bezeichneten Vorgangs zum Ausdruck gebracht. In bestimmten Fällen ist auch eine frequentative Nuance vorhanden. Außerdem kann man feststellen, daß das Infix nach Form und Bedeutung jeweils einem der im Spanischen häufig gebrauchten Suffixe *-ot(e), -ic(o), -it(o), -uc(o)* entspricht und daß (mit Ausnahme von *dormitar*[12]) alle Verben dieser Gruppe auf *-ear* enden.

m. | bailar („tanzen") | → | bailotear | herumhopsen (= schlecht tanzen)
    | dormir („schlafen") | → | dormitar | im Halbschlaf liegen, dösen
    | besar („küssen") | → | besuquear | abküssen, abknutschen
    | lavar („waschen") | → | lavotear | flüchtig waschen
    | llorar („weinen") | → | lloriquear | wimmern, heulen, flennen

Auch hier sollte der nichtspanische Muttersprachler beim aktiven Gebrauch besser vorsichtig sein: *lloriquear* kann nicht bei tiefer Trauer verwendet werden, ebensowenig wie *corretear* [< *correr* („laufen")] bei einem Olympioniken oder *juguetear* [< *jugar* („spielen")] bei einer Partie Poker mit einem Einsatz von einer Million Peseten der richtige Ausdruck wäre. [In gewisser Weise lassen sich diese *verbos diminutivos* im Deutschen mit Formen wie *köcheln* (< *kochen*), *schneieln* (< *schneien*), *tänzeln* (< *tanzen*) ... vergleichen.]

[F.] Suffixe bei Pronomen. Man kann sowohl bei selbständigen als auch bei attributiv gebrauchten Pronomen *sufijos apreciativos* finden.

n. *¡Qué guapetona está usted, Fulanita!* (C. J. Cela, *La colmena*, 26).
    Wie entzückend sie aussehen, Fräulein Dingsda!

o. *Gracias, Josechu, no sabes cuantísimo te lo agradezco* (M. Delibes, *Cinco horas con Mario*, 293).
    Danke, Josechu, du weißt ja gar nicht, wie wahnsinnig dankbar ich dir dafür bin.

p. *No sentía lástima de los ciegos, sí cariño, sí ávida curiosidad; deseo de llegar a su mundo, suyísimo* (F. García Pavón, *Las hermanas coloradas*, 108).
    Er hatte empfand kein Mitleid gegenüber den Blinden, vielmehr Zuneigung und eine große Neugier; den Wunsch, in ihre ureigenste Welt einzudringen.

---

[12] Im übrigen ist *dormitar* keine spanische Wortbildung. Es stammt direkt vom lateinischen *dormitare* ab (das nicht den hier behandelten verkleinernden Wert hatte; an diesem Beispiel wird implizit deutlich, wie sehr das Sprachgefühl des *hispanohablante* die Buchstabengruppe *-it-* mit einer diminutiven Bedeutung identifiziert).

q. *Me lo ha dicho todito.*
Se pasó todita la tarde durmiendo (DUE, II, 1331 – mit dem Kommentar, daß *todito* ein „emphatisches Diminutivum" von *todo* sei).
Er hat mir alles lückenlos erzählt.
Er schlief ununterbrochen den ganzen Nachmittag lang.

[G.] Suffixe bei Interjektionen. Man findet (verkleinernde) Suffixe in Formen wie *¡Clarito!* (< *¡claro!*[13] – „Natürlich!"), *¡cuidadito!* (< *¡cuidado!* – „Vorsicht!", „Achtung!"), *¡carambita!* (< *¡caramba!* – „Donnerwetter!", „Verflixt!") u. dgl.

r. *Y cuidadito con mentar para nada la funeraria* (J. A. DE ZUNZUNEGUI, *El barco de la muerte*, 299).
Und paß ja auf, daß du auf keinen Fall das Beerdigungsunternehmen erwähnst!

s. *¡Carambita con el hombre!* (W. BEINHAUER, *El español coloquial*, 77).
Schrecklich mit diesem Menschen!

1355. *Anmerkung*

Im Gegensatz zum Deutschen ist es im Spanischen möglich, an ein und dasselbe Wort zwei (oder mehr) Suffixe anzufügen.

$$\quad\quad\quad\quad\quad 1 \quad\quad\quad\quad 2$$
a. („Schelm") *pícaro* + *ón* → *picarón* + *azo* → *picaronazo*

$$\quad\quad\quad\quad 1 \quad\quad\quad\quad 2 \quad\quad\quad\quad 3$$
b. („Platz") *plaza* + *uela* → *plazuela* + *eta* → *plazoleta*[14] + *illa* → *plazoletilla*.

Manchmal wird ein bestimmtes Suffix in ein und demselben Wort wiederholt, wodurch der expressive Wert der Form noch verstärkt wird. Solche Bildungen sind vor allem in Lateinamerika gebräuchlich[15]:

c. *Ahoritita nos bajamos, le dijo a Félix* (C. FUENTES, *La cabeza de la hidra*, 18).
„Wir gehen jetzt sofort hinunter", sagte er zu Félix.

$$\quad\quad\quad 1 \quad 2$$
→ *ahor* / *it* / *ita*

d. F. MONGE führt Formen wie *amigazazo* (< *amigazo* < *amigo* – „Freund"), *bocazaza* (< *bocaza* < *boca* – „Mund") u. dgl. an[16].

---

13 Eigentlich ein Adverb, das häufig mit dem Wert einer Interjektion gebraucht wird.
14 Der Diphthong *ue* verschwindet, da die Betonung auf eine andere Silbe fällt. Siehe in diesem Zusammenhang auch den Hinweis in Nr. 941 zum Zusammenhang zwischen Betonung und Diphthong.
15 Siehe dazu: R. LAPESA, *Historia de la lengua española*, 583–684.
16 *Sufijos españoles para la designación de 'golpe'*, 241, Fußnote 19. *Amigazazo* und *bocazaza* bedeuten „sehr guter Freund" bzw. „sehr großer Mund".

ABSCHNITT III
BEDEUTUNG

1356. Es liegt auf der Hand, daß *sufijos diminutivos, aumentativos* und *despectivos* im Prinzip verkleinernde, vergrößernde bzw. abwertende Bedeutung haben.

> a. *¡Que me mate usted! – le suplicó el hombrín* (J. A. DE ZUNZUNEGUI, *Los caminos de El Señor*, 34).
> „Töten Sie mich!" bat ihn das Männlein.
> *Hombrín* bezeichnet einen Mann, der tatsächlich sehr klein ist.
>
> b. *Don Zósimo, el párroco, levantaba dos metros y medio y pesaba 125 kilos* (M. DELIBES, *Las ratas*, 99).
> Don Zósimo, der Pfarrer, war zweieinhalb Meter groß und wog 125 Kilo.
> Es überrascht nicht, daß dieser Geistliche in dem Werk als *curón* (< *cura* – „Pfarrer") bezeichnet wird. Hier ist jedoch anzumerken, daß das verwendete (augmentative) Suffix ZUGLEICH so etwas wie Bewunderung ausdrückt, was deutlich macht, wie komplex der affektiv-semantische Wert derartiger Bildungen sein kann.
>
> c. *Es gentuza y no veo por qué hemos de preocuparnos tanto por ellos* (J. M. GIRONELLA, *Ha estallado la paz*, 41).
> Das ist Gesindel, und ich sehe nicht ein, warum wir uns so sehr um sie kümmern sollen.

1357. In der Praxis führt der Gebrauch der spanischen Suffixe bisweilen auch zu Schwierigkeiten und scheinbar unlogischen Bildungen und Verbindungen. So kann man feststellen, daß Wörter wie *pelón* (< *pelo* – „Haar") und *rabón* (< *rabo* – „Schwanz"), die mit einem Augmentativsuffix gebildet werden, eine Bedeutung aufweisen, die der des verwendeten Suffixes scheinbar entgegengesetzt ist. Obgleich *-ón* von vielen als das *aumentativo* par excellence betrachtet wird, bedeutet *pelón* „kahl", „mit wenig oder gar keinem Haar" und *rabón* „kurzschwänzig", „schwanzlos". Ähnliches gilt für *ratón* („Maus"), das ein kleineres Tier bezeichnet als *rata* („Ratte"), und für *tristón* (< *triste* – „traurig", „betrübt"), das trotz des *sufijo aumentativo* vom DRAE als *un poco triste* („etwas traurig") definiert wird (II, 1344). Tritt dann das Adverb *muy* vor *tristón*, so handelt es sich strenggenommen um eine unlogische Wortverbindung:

Und dennoch kann man derlei Fälle antreffen.

> a. *Me siento muy tristona y alicaída* (D. FERNÁNDEZ FLÓREZ, *Lola, espejo oscuro*, 371).
> Ich bin sehr traurig und niedergeschlagen.

Seltsam mutet auch der Gebrauch von *muy* vor Wörtern an, die auf ein *sufijo diminutivo* enden, wie im folgenden Beispiel:

b. *Estaba muy malita, tú lo sabes. ¡Estaba tan malita!* (E. QUIROGA, *Viento del Norte*, 85).
Es ging ihr sehr schlecht, wie du weißt. Es ging ihr ja so schlecht!
„Sehr ein wenig schlecht" ergibt natürlich keinen Sinn. *-ito* steht nicht in unmittelbarem Zusammenhang mit der Schwere der Erkrankung. Das Suffix hat hier einen eindeutig affektiven Wert (siehe dazu Nr. 1359).

Scheinbare Gegensätze können auch in ein und demselben Wort zutage treten, wenn sowohl ein verkleinerndes als auch ein vergrößerndes Suffix gebraucht wird.

c. *Nadie sabe si era una criatura magra y espigadita o gordezuela y culoncilla* (C. J. CELA, *Garito de hospicianos*, 73).
Niemand weiß, ob es eine dünne Bohnenstange oder ein molliger Knirps mit runden Pobäckchen war.

```
    criatura        culON    –    cILLA
       ↑              ↻................↑↑
       └──────────────────────────────┘
```

In dieser formal widersprüchlichen Bildung umschreibt das erste Suffix (*-ón*) die Bedeutung des Substantivs, an das es angefügt ist (*culo*) näher; das zweite hat einen komplexeren Wert: es wird im Zusammenhang mit einem anderen Wort im Satz gebraucht (*-illa ~ criatura* = „Knirps"), und es relativiert zugleich das augmentative *-ón*, in diesem Satz ist nämlich von einem Baby die Rede.

Nur wenn die mit Suffixen gebildeten Wörter als *Strukturen* mit eigener, neuer Bedeutung begriffen werden und nicht als die Summe der einzelnen Elemente, kann derjenige, der nicht über das Sprachgefühl des *hispanohablante* verfügt, Formen verstehen und akzeptieren, die auf den ersten Blick unerwartet, merkwürdig und paradox klingen.

1358. Ein weiteres Merkmal des spanischen Suffixsystems ist, daß ein und dasselbe Suffix häufig (manchmal sehr) unterschiedliche Bedeutungen haben kann. Ein typisches Beispiel dafür ist das Suffix *-azo*, das u. a. die folgenden Nuancen zum Ausdruck bringen kann:

[A.] Vergrößernder Wert:
a. *Se sentía tan lejos de aquellos tomazos que guardaba encima del armario* (J. M. GIRONELLA, *Ha estallado la paz*, 274).
Er fühlte sich so weit entfernt von den dicken Bänden, die er auf seinem Schrank stehen hatte.

Mit dieser Bedeutung ist *-azo* im lateinamerikanischen Spanisch noch häufiger, wo es u. a. auch bei ADJEKTIVEN als eine Art Variante der mit Hilfe von *-ísimo* gebildeten Superlative gebraucht wird[17]:

b. *– ¿Están feos? – ¡Feazos!* (C. KANY, *Sintaxis hispanoamericana*, 73).
„Sind sie häßlich?" „Furchtbar häßlich!"
c. *El patrón es influyentazo* (C. FUENTES, *La cabeza de la hidra*, 257).
Der Boß hat großen Einfluß.

In Spanien würde man anstelle von Formen wie *feazo* (< *feo* – „häßlich"), *cansadazo* (< *cansado* – „müde"), *pocazo* (< *poco* – „wenig") u. dgl. *feísimo, cansadísimo, poquísimo* ... gebrauchen.

---

[17] Siehe dazu auch Nr. 213 und R. LAPESA, *Historia de la lengua española*, 584.

[B]   Anerkennende Bedeutung:
   d.   *Y ese don Carlos no me negaréis que es un tipazo* (J. A. DE ZUNZUNEGUI, *El barco de la muerte*, 100).
       Ihr werdet doch sicher nicht in Abrede stellen, daß dieser Don Carlos ein toller Kerl ist.

[C]   Begriff, der einen Schlag oder Stoß bezeichnet. Die auf *-azo* endenden Wörter haben hier eine aktive Bedeutung. Sie drücken einen Schlag oder Stoß aus, der mit dem durch das Grundwort bezeichneten Gegenstand ausgeführt wird:
   e.   *Volví a asestarle un nuevo derechazo en el estómago* (M. DELIBES, *La sombra del ciprés es alargada*, 142).
       Ich versetzte ihm erneut eine Rechte in die Magengrube.
       Derechazo findet man auch in Fußballreportagen mit der Bedeutung „Schuß mit dem rechten Fuß"[18].
   f.   *¡Qué hachazo le dio!* (C. J. CELA, *El molino de viento*, 75).
       Was für einen Beilhieb er ihm versetzte!

[D]   Schuß aus einer Feuerwaffe. Bildungen wie *fusilazo, pistoletazo, cañonazo* usw. bedeuten „Gewehrschuß", „Pistolenschuß", „Kanonenschuß". Die Wörter auf *-azo* können auch die Verletzungen bezeichnen, die durch die Schüsse verursacht wurden: *balazo* ist eine mögliche Übersetzung von „Schußwunde", „Schußverletzung".

[E]   / *a* + *-azo* + *limpio* /
   Diese (recht gebräuchliche) Konstruktion bringt zum Ausdruck, daß eine Handlung mehrmals oder sogar häufig wiederholt wird. Trotz dieser Pluralbedeutung stehen die einzelnen Elemente immer im Singular (NICHT → **a -azos limpios*). *Limpio* („sauber", „rein") verleiht dem Ausdruck eine Nuance von AUSSCHLIESSLICHKEIT und bedeutet so etwas wie „nur mit" oder „nur mit Hilfe von":
   g.   *Fue en la cárcel de Burgos donde uno de los condenados fue rematado a cristazo limpio sobre la cabeza* (F. ARRABAL, *Carta al general Franco*, 159).
       Es war im Gefängnis von Burgos, wo einer der Verurteilten umgebracht wurde, indem man ihm ein Kruzifix über den Kopf haute.
   h.   *Recorrieron el pueblo despertándolo a trompetazo limpio* (S. LORÉN, *Una casa con goteras*, 290).
       Sie liefen durch das Dorf und weckten die Leute mit Trompetenstößen.

[F]   *-azo* bei Eigennamen. Ein neueres Phänomen scheint das Anfügen von *-azo* an Eigennamen in Formen zu sein, die auf politische Ereignisse anspielen. Man beachte, daß die auf diese Weise gebildeten Wörter kleingeschrieben werden.
   So lautet beispielsweise der Untertitel zu einem Zeitungsartikel *El gironazo* (*Heraldo de Aragón*, 2.1.1975, 30). Aus dem Kontext geht hervor, daß es sich dabei um einen recht spektakulären politischen Auftritt des ehemaligen Arbeitsministers, José Antonio GIRÓN DE VELASCO, handelt. Ähnliche Ausdrücke sind: *pinochetazo* (< General PINOCHET, der 1973 in Chile die demokratische Regierung unter S. ALLENDE durch einen Putsch stürzte), *espinolazo* (< General SPINOLA, verantwortlich für einen Staatsstreich im Jahre 1974 in Portugal), *tejerazo* (< Oberstleutnant TEJERO, Protagonist des mißglückten Putsches am 21. Februar 1981 in Spanien) usw.[19]

---

18   *Cabezazo* bedeutet „Kopfstoß".
19   Ein ausführlicherer und systematischerer Kommentar sowie weitere Beispiele zum Suffix *-azo* finden sich bei J. DE BRUYNE, *Acerca del sufijo '-azo' en el español contemporáneo* (in *Iberoromania*, VIII, 1978, 54–81).

1359. Der – vor allem für nichtspanische Muttersprachler – häufig seltsame oder sogar unlogische Charakter mancher der hier oben angeführten Beispiele läßt sich durch den AFFEKTIVEN WERT erklären, den die Grundwörter im Spanischen durch die Suffixe meist erhalten. Dies bedeutet, daß die sogenannten *diminutivos* und *aumentativos* nicht nur die kleinen oder großen Abmessungen von etwas oder jemandem betonen, sondern häufig in erster Linie eine emotionale Betrachtungsweise zum Ausdruck bringen sollen, die die rein optische Perspektive an Bedeutung bei weitem übertrifft. Die Nuancen, die sich auf diese Weise ausdrücken lassen, sind besonders zahlreich. Zum Beispiel: Zuneigung, Freundlichkeit, Zärtlichkeit, Liebe, Bewunderung, Höflichkeit, Mitleid, Vertrautheit, Freude, Bescheidenheit (oder falsche Bescheidenheit), die Sorgfalt, mit der etwas getan wird, Sicherheit und Geborgenheit, Ironie und Spott, Ungezogenheit, euphemistische und pejorative Bedeutung usw.

Andererseits ist zu beachten, daß in Lateinamerika – wo zweifellos noch mehr derartige Suffixe vorkommen als in Spanien – der *valor apreciativo* oft ganz oder teilweise verlorengegangen ist. Wer Lateinamerika bereist oder häufig lateinamerikanische Prosa liest, wird feststellen, daß oftmals das Stadium der LEXIKALISIERUNG erreicht ist und daß Wörter oder Ausdrücke wie *ahorita, patroncito, con permisito* ... eigentlich nicht mehr bedeuten als *ahora* („jetzt"), *patrón* („Chef"), *con permiso* („Sie gestatten?", „mit Ihrer Erlaubnis") ...

ABSCHNITT IV
GEBRAUCH

§ 1. IM ZUSAMMENHANG MIT ODER GEGENÜBER KINDERN

1360. Es wurde bereits auf die affektive Bedeutung – insbesondere die der Zuneigung – hingewiesen, die das Suffix (vor allem das Diminutivum) im Spanischen häufig hat. Es ist nur logisch, daß derlei Suffixe im Zusammenhang mit einem kleinen und/oder schwachen Wesen, das des Schutzes und der Zuneigung bedarf, häufig auftreten. In der Sprache, die man gegenüber Kindern gebraucht, und in Sätzen, in denen von ihnen die Rede ist, finden sich daher auch zahlreiche *sufijos diminutivos*.

§ 2. KINDERSPRACHE

1361. Auch die Kinder selbst verwenden in ihrer Sprache viele Suffixe (vor allem Diminutiva). Ebenso finden sich natürlich zahlreiche Suffixe in Texten, die die Kindersprache nachahmen (wobei es keine Rolle spielt, welche Absicht damit verfolgt wird – z. B. um das Kindische an einer Person oder Situation hervorzuheben, um ein spielerisches Element zum Ausdruck zu bringen usw.).

Zur polyvalenten Funktion des Suffixes *-ón* siehe von demselben Autor: *Le suffixe '-ón' en espagnol moderne* (in *Linguistica Antverpiensia*, XIII, 1979, 7–53).

Gebrauch

§ 3. SPRACHE DER FRAUEN

1362. Möglicherweise gebrauchen Frauen mehr (vor allem verkleinernde?) Suffixe als Männer. Obgleich nur eine statistische Untersuchung darüber Aufschluß geben könnte, sind Beispiele wie die folgenden in diesem Zusammenhang doch bedeutsam.

a. *Volvía con su mujer. 'Mi mujerciña', pensaba, ruborizándose del diminutivo* (E. QUIROGA, *Viento del Norte*, 169).
Er kam mit seiner Frau zurück. *Mein Schätzchen*, dachte er und errötete wegen der Verkleinerungsform.
Die Person, von der hier die Rede ist, *don Álvaro*, wird als Inbegriff des harten Typs beschrieben. Wird er rot, weil er durch die Verkleinerungsform seine Gefühle zum Ausdruck bringt und weil er den Gebrauch von derlei Suffixen für etwas weibisch hält?

b. *– ¿Tú qué dices, Lilito?*
– ¡Oh, no me llames así, Paulina! Te lo suplico. Siempre te he dicho que no me gusta que emplees conmigo esos nombres horribles (M. DELIBES, *Mi idolatrado hijo Sisí*, 39).
„Was meinst du, Lilito?" „Nenn mich doch nicht so, Paulina! Ich bitte dich. Ich habe dir schon so oft gesagt, daß es mir nicht gefällt, wenn du diese furchtbaren Namen mir gegenüber gebrauchst."
Lilito für *Cecilio*. Die Aversion gegen diese Diminutivform wird u. a. aus dem Gebrauch von *horribles* deutlich.

c. *– Esto es un disparate, Aurelito. – No me vuelva a llamar Aurelito, que ya soy el coronel Aureliano Buendía* (G. GARCÍA MÁRQUEZ, *Cien años de soledad*, 97).
„Das ist doch Unsinn, Aurelito." „Nennen Sie mich nicht mehr Aurelito, denn von jetzt an bin ich Oberst Aureliano Buendía.
[Aureliano Buendía hat seinem Schwiegervater gerade mitgeteilt, daß er auf seiten der Gegenpartei am Bürgerkrieg teilnehmen wird. Den Gebrauch einer Diminutivform assoziiert er scheinbar zu sehr mit seinem früheren Status eines braven Schwiegersohns, mit seiner neuen Situation als einem rebellierenden Offizier scheint er dagegen nicht vereinbar.]

§ 4. REGIONALER CHARAKTER EINIGER SUFFIXE

1363. In den meisten Grammatiken wird auf den regionalen Charakter mancher Suffixe hingewiesen. So gilt allgemein *-iño* als typisch für Galizien (siehe Nr. 1362 a – der Roman *Viento del Norte* spielt in Galizien), *-ín* für Asturien, *-uco* für Santander, *-ino* für Estremadura, *-illo* (oder *-iyo*) für Andalusien, *-ico* für Murcia, La Mancha und vor allem Aragón und Mittelamerika.

ABSCHNITT V
SCHLUSSBEMERKUNG

1364. Die in diesem Kapitel angeführten, recht zahlreichen Beispiele geben nur einen grundsätzlichen Überblick über die Möglichkeiten, die das spanische Suffixsystem hinsichtlich der Wortbildung und Expressivität bereithält[20]. An dieser Stelle sei noch einmal darauf hingewiesen, daß es für den Ausländer vor allem darauf ankommt, diese häufig sehr nuancenreichen Formen zu verstehen, wohingegen der aktive Umgang mit ihnen nicht ohne Risiko ist. Es ist durchaus möglich, daß ein spanischer Muttersprachler in solchen Fällen etwas ganz anderes versteht als das, was man eigentlich ausdrücken wollte. In diesem Zusammenhang sei auf das verwiesen, was auch schon im Zusammenhang mit *ser* und *estar* (in Nr. 1306) gesagt wurde: die große Vielfalt der Suffixe und ihre komplexen Ausdrucksmöglichkeiten haben häufig mehr mit Psychologie als mit Grammatik zu tun[21].

---

[20] Eine vollständigere und systematischere Darstellung dieses Themas findet sich bei J. DE BRUYNE, *Over samenstelling door suffixen in het Spaans* (*Linguistica Antverpiensia*, 1975, IX, 7–169).
[21] Darüber hinaus mögen die Anhänger des (sicherlich etwas gewagten) Begriffs des „Reichtums" der Sprache(n) in dem System der sogenannten *sufijos apreciativos* ein Argument dafür finden, der spanischen Sprache einen solchen zu attestieren.

KAPITEL XV

DIE WORTSTELLUNG IM SATZ
EL ORDEN DE LAS PALABRAS

1365. Grundsätzlich kann man feststellen, daß die Wortstellung[1] im Spanischen freier ist als im Deutschen.

ABSCHNITT I

AUSSAGESÄTZE
FRASES ASERTIVAS

1366. In gewöhnlichen Aussagesätzen[2] entspricht die Wortfolge ungefähr der des Deutschen. In expressiven Aussagesätzen[3] sind die Möglichkeiten im Spanischen vielfältiger. Hierbei sind jedoch die folgenden Einschränkungen wichtig:

1. Das Abweichen von der „üblichen" Wortfolge[4] darf nicht zu Mehrdeutigkeiten führen.
2. Mit Ausnahme von Sätzen, die nur aus einem Subjekt und einem Verb bestehen, steht das Prädikat nicht am Ende des Satzes. In Sätzen, die vier oder mehr Satzteile umfassen, fungiert das Verb als erstes oder zweites Element[5].

---

[1] In diesem Kapitel werden in der Hauptsache Probleme des Satzbaus behandelt. In der sehr knappen und fragmentarischen Darstellung sollen vor allem die besonders markanten Unterschiede zwischen dem Spanischen und dem Deutschen angesprochen werden. Zu einer gründlicheren Untersuchung dieses Themas kann u. a. auf die angeführten Werke von H. CONTRERAS, M. L. GUTIÉRREZ und J. SCHROTEN verwiesen werden. Zu Aspekten der Wortstellung auf der Ebene unterhalb des Satzes (z. B. in Wortverbindungen oder Satzteilen) siehe auch: B. STIEHM, *Spanish word order in non-sentence constructions*.

[2] D. h. in Sätzen, in denen kein Satzteil ein Übergewicht hat.

[3] In denen ein bestimmter Satzteil hervorgehoben werden soll.

[4] D. h.: Subjekt / / Verb / / Akkusativobjekt / / Dativobjekt / / Präpositionalgefüge / / adverbiale Bestimmungen. [Wobei jedoch zahlreiche Varianten möglich sind, vor allem, was die Position der adverbialen Bestimmungen betrifft. Diese können vor dem Subjekt oder unmittelbar hinter dem Verb, manchmal auch zwischen Subjekt und Verb stehen. Letzteres betrifft praktisch ausschließlich einige Temporalbestimmungen (wie *muchas veces* – „häufig", *siempre* – „immer", *ya* – „schon" ...).]

[5] Andere Konstruktionen können zwar in der Poesie und in der literarischen Prosa vorkommen, doch abgesehen von diesen Fällen werden sie heute als „ungewöhnlich" oder „affektiert" empfunden [*insólitas o afectadas*, sagt der *Esbozo* (S. 398 und 399)]. Siehe auch das im Text unter h angeführte Beispiel. C. KANY weist darauf hin, daß in manchen Gegenden von Lateinamerika (auf einem niedrigen Sprachniveau) zuweilen eine (wiederholte) Verbform an das Ende eines Satzes gestellt wird. Damit wird der Aussage ein besonderer Nachdruck verliehen.
  a. – ¿Son muchas las yeguas?
     – No, señora. Son ocho no más son (C. KANY, *Sintaxis hispanoamericana*, 316).
    „Sind es viele Stuten?" „Nein, es sind nur acht, nicht mehr."
  b. Tengo sentimientos, tengo (C. KANY, *Sintaxis hispanoamericana*, 316).
    Ich habe Gefühle, natürlich.
  B. VARELA betrachtet diese Konstruktion als typisch für das in Argentinien (auf verschiedenen Sprachniveaus) ge-

a. *Juan vendrá a las siete* (*Esbozo*, 395).
   Hans wird um sieben kommen.

Man könnte diesen Satz auch anders konstruieren:

b. *A las siete vendrá Juan* (*Esbozo*, 395).
   (Auch im Deutschen kann man die Zeitbestimmung an den Satzanfang stellen
   → „Um sieben Uhr ...".)
c. *Vendrá Juan a las siete* (*Esbozo*, 395).
   (Im Deutschen kann das Verb nicht am Satzanfang stehen.)

In den Beispielen b und c werden die Sätze mit dem Satzteil eingeleitet, der besonders betont werden soll (→ die Uhrzeit der Ankunft oder die Tatsache, daß Hans ganz sicher kommt)[6]. Häufig wird die Betonung einer bestimmten Wortgruppe, unabhängig von der Wortstellung, durch die Art und Weise, wie ein Satz ausgesprochen wird (Hebung und Senkung der Stimme, Pausen usw.), erreicht:

d. *A las siete vendrá JUAN.*
e. *Vendrá Juan A LAS SIETE.*
f. *Juan VENDRÁ, (–) a las siete.*

Als höchst ungewöhnlich kann der folgende Satz gelten:

g. *Juan a las siete vendrá*[7].

Ein Satz wie der folgende läßt sich im Lichte der Phraseologie einer franquistischen Jugendbewegung erklären:

h. *La consigna de hoy se enuncia así: „Disciplina, nuestro orgullo es"*
   (J. L. ALCOCER, *Radiografía de un fraude*, 14).
   Heute lautet die Devise: „Disziplin, das ist unser Stolz"[8].

Ein weiteres Beispiel (jüngeren Datums) ist der folgende Satz, den ich von dem Sprachwissenschaftler H. URRUTIA (Universität von Deusto/Bilbao) auf einem Didaktikkongreß in Palencia hörte (30.6.1998):

i. *Tres sobresalientes tiene.*
   Er hat drei Einser.
   Die „normale" Formulierung wäre: *Tiene tres sobresalientes.*

---

sprochene Spanisch (*Argentinismos y cubanismos*, 8). In Ekuador, Peru und Bolivien kann auch eine nicht wiederholte Verbform an das Satzende treten:
c. *– ¿Y tú lo recomiendas a Luis?*
   – Sí, señor, hombre bueno es.
   „Und du empfiehlst Luis?" „Ja, er ist ein prima Kerl."
Derlei Konstruktionen lassen sich durch den Einfluß des *quechua* erklären (das Beispiel und der Kommentar wurden von R. LAPESA, *Historia de la lengua española*, S. 554 übernommen).

6 So jedenfalls der *Esbozo* (S. 395). Zu Kritik an dieser Betrachtungsweise siehe das Werk von H. CONTRERAS, *El orden de palabras en español* (S. 41–43). Nach Ansicht dieses Autors steht die Wortfolge eher mit der Art der übermittelten Information im Zusammenhang: in gewöhnlicher (also nichtemphatischer) Sprache würden NEUE, d. h. dem Leser oder Zuhörer nicht bekannte Tatsachen, häufig nachgestellt (*o. c.*, S. 46 und passim). Siehe dazu auch: B. STIEHM, *Spanish word order in non-sentence constructions* (S. 57–58, 60).

7 Siehe jedoch den Hinweis in Fußnote 5. Weniger merkwürdig würde eine solche Konstruktion vielleicht mit einem implizit im Verb enthaltenen Subjekt (Personalpronomen) klingen → *A las siete vendrá*.

8 Der Autor bemerkt dazu, daß diese Losung in dem Text eines bekannten Liedes der franquistischen Bewegung vorkomme (*o. c.*, 15).

Aussagesätze / Frases asertivas

1367. Von praktischer Bedeutung ist vor allem die Feststellung, daß die INVERSION im Spanischen – sowohl in der gesprochenen als auch in der geschriebenen Sprache – häufig vorkommt[9]. Vielfach kann man in Aussagesätzen das Verb vor dem Subjekt finden[10].

- a. *Gritaba el coronel cada vez que se desprendía de la cabeza de la columna*
  (C. FUENTES, angeführt im *Esbozo*, 396).
  Der Oberst schrie jedesmal, wenn er sich von der Spitze der Kolonne löste.
  Man könnte auch sagen: *El coronel gritaba ...*

In Sätzen mit einer unpersönlichen Form des Verbs (d. h. mit einem Infinitiv oder einem *gerundio* oder *participio pasado*, die in „absoluten Konstruktionen" gebraucht werden) kommt es (fast) immer zur Inversion:

- b. *Habiendo llegado Juan, comenzó la fiesta.*
  Als Hans eingetroffen war, begann das Fest.
- c. *Al llegar Juan, comenzó la fiesta.*
  Als Hans eintraf, begann das Fest.
- d. *Llegado Juan, comenzó la fiesta.*
  Als Hans eingetroffen war, begann das Fest[11].

---

[9] Cf. *Esbozo*, 396. Eine von M. L. GUTIÉRREZ vorgelegte Frequenzanalyse zeigt gleichwohl eine deutliche Präferenz für die Konstruktion, in der das Subjekt vor dem Verb steht. Dabei ist zu berücksichtigen, daß die Ergebnisse dieses Autors sich auf ein begrenztes (und ausschließlich schriftsprachliches) Korpus gründen (*Estructuras sintácticas del español actual*, 31–32). Siehe in diesem Sinne auch: J. SCHROTEN, *Marking rules and underlying order of constituents in Spanish* (S. 3 und 23). Das Subjekt steht jedoch meist NACH *verbos de experiencia* (d. h. Verben, die eine Empfindung oder Erfahrung ausdrücken) in Konstruktionen nach dem folgenden Muster: / Personalpronomen im Dativ + Verb + Subjekt /. Zum Beispiel:
  a. *Me duelen los dientes.*
     Mir tun die Zähne weh. (Oder: Ich habe Zahnschmerzen.)
  b. *Me aprietan los zapatos.*
     Die Schuhe drücken mich.
  c. *Me duele la cabeza.*
     Mir tut der Kopf weh. (Oder: Ich habe Kopfschmerzen.)
  d. *Me gusta este libro.*
     Dieses Buch gefällt mir.
Es ist zwar nicht ausgeschlossen, in den genannten Fügungen ein VORANGESTELLTES SUBJEKT zu finden (→ *Los dientes me duelen ...*), aber solche Sätze sind als ungebräuchlich zu betrachten (Beispiele und Kommentar von J. SCHROTEN, aus seinem Vortrag, den er am 17.12.1983 am *Instituto de Estudios Hispánicos* in Antwerpen zum Thema *El orden de los constituyentes en español* hielt).

[10] Vielleicht kann dieses Phänomen historisch mit einem gewissen Einfluß von Sprachen wie dem Arabischen und dem Hebräischen in Verbindung gebracht werden, in denen diese Wortfolge gebräuchlich ist. Ersatzweise kann – mit der gebotenen Vorsicht – die Frage gestellt werden, ob die Voranstellung des Verbs sich nicht vielleicht auch teilweise vor dem Hintergrund dessen erklären läßt, was in Nr. 1311 zu einem typischen Merkmal der spanischen Sprache, dem *predominio de la acción*, gesagt wurde. C. KANY weist darauf hin, daß man in Lateinamerika – in der gesprochenen und in der geschriebenen Sprache – wie auch in manchen Gegenden Spaniens zuweilen die Konstruktion / *ya* (Adverb) + Subjekt + Verb / antreffen könne, wohingegen in der Standardsprache nach *ya* die Verbform gewöhnlich vor dem Subjekt stehe. Zum Beispiel:
Ya usted verá (C. KANY, *Sintaxis hispanoamericana*, 315).
Das werden Sie schon sehen.
(Im Standardspanischen: *Ya verá usted.*)

[11] Die Beispiele b, c und d sind von J. SCHROTEN übernommen (*Marking rules and underlying order of constituents in Spanish*, 17). Siehe auch den Kommentar dieses Autors in *o. c.*, 19 und 20. Zu (nicht sehr häufigen) abweichenden Konstruktionen mit vorangestelltem Subjekt cf. die Nrn. 1125, Fußnoten 20 und 21, 1230 und 1234.

1368. Der *Esbozo* weist darauf hin, daß in einem Satz wie dem folgenden eine Veränderung der Wortfolge eine Bedeutungsänderung nach sich zöge, da *entusiasmo* und *dificultad* dann eine andere syntaktische Funktion erhalten würden:

    a. *El entusiasmo vence la dificultad* (*Esbozo*, 397).
       Begeisterung überwindet die Schwierigkeit.

Der Kommentar des *Esbozo* gilt natürlich auch für andere Sprachen, aber für das Spanische ist typisch, daß man – im Gegensatz zum Deutschen – den Satz doch mit dem Akkusativobjekt einleiten kann, vorausgesetzt, diesem ist die Präposition *a* vorangestellt[12]. Auf diese Weise wird eine Hervorhebung des Akkusativobjekts erreicht[13]:

    b. *A la dificultad vence el entusiasmo.*
       Die Schwierigkeit wird durch Begeisterung überwunden.

Wenn das Akkusativobjekt zu dem Verb *hacer* ein Satz ist, in dem ein Infinitiv vorkommt, so ist eine Voranstellung des *complemento directo* nicht möglich. Der Infinitiv steht – im Unterschied zu gleichartigen deutschen Konstruktionen – UNMITTELBAR hinter dem Verb:

    c. *Hice comer a Juan.*
       Ich brachte Hans zum Essen.
    d. *Hice comer las patatas a Juan.*
       Ich brachte Hans dazu, die Kartoffeln zu essen.
    e. *Hice entregar los diplomas a las alumnas por Juan.*
       Ich ließ die Zeugnisse durch Hans an die Schülerinnen aushändigen[14].

1369. Der *Esbozo* weist darauf hin, daß in der normalen Sprache nähere Bestimmungen nicht von dem Wort oder Syntagma, zu dem sie gehören, getrennt werden. Abweichungen von diesem Prinzip findet man in der Poesie und in Sätzen, die absichtlich „zweideutig" oder „scherzhaft" formuliert wurden (*frases anfibológicas o jocosas*).

    a. **Vendo bicicleta para señora en buen estado.*
       (Anstelle von *Vendo bicicleta en buen estado* ...)
       Ich verkaufe ein Fahrrad für eine Dame in gutem Zustand (anstelle von „Ich verkaufe ein Damenfahrrad in gutem Zustand").
    b. **Sombreros para niños de paja.*
       (Anstelle von *Sombreros de paja para niños*[15]).
       Hüte für Strohkinder (anstelle von „Strohhüte für Kinder").
    c. *Medias para señoras de seda* (*El Norte de Castilla*, 5.8.1989 – als lustiges Beispiel für ehemals übliche Werbesprache angeführt).
       Strümpfe für Damen aus Seide (anstelle von „Seidenstrümpfe für Damen").

---

12 Man kann diesen „präpositionalen Akkusativ" ja auch in Fällen antreffen, in denen nicht die Rede von PERSONEN ist (siehe dazu Nr. 711, Fußnote 5).
13 Cf. *Esbozo*, 397.
14 Die Beispiele c, d und e sind von J. SCHROTEN übernommen (*Marking rules and underlying order of constituents in Spanish*, 9).
15 *Esbozo*, 406. Ein weitergehender Kommentar und andere – nicht gewollt humoristische – Beispiele finden sich im *Manual de español urgente*, 43–44.

Auch für deutsche Muttersprachler ist die humoristische Absicht offensichtlich: Selbstverständlich geht es nicht um eine Dame, sondern um ein Fahrrad in gutem Zustand, ebenso wie nicht die Kinder, sondern die Hüte aus Stroh sind und nicht die Damen, sondern die Strümpfe aus Seide.
In diesem Zusammenhang soll auch auf die Untrennbarkeit von lexikalisierten Einheiten vom Typ / Substantiv + *de* + Substantiv / hingewiesen werden: *un libro de bolsillo extraordinario* bedeutet „ein außergewöhnliches Taschenbuch", nicht „ein Buch außergewöhnlicher Tasche". In die lexikalisierte Konstruktion kann kein neues Wort eingefügt werden: **un libro extraordinario de bolsillo*.
In einem freien Syntagma wie z. B. *libro de Pablo* („Peters Buch") können die Konstituenten dagegen voneinander getrennt und einzeln modifiziert werden: *el libro de mi amigo Pablo, el libro extraordinario de mi amigo Pablo* (Kommentar und Beispiele stammen von H. BERSCHIN u. a., *Die spanische Sprache*, 297).

Anmerkungen

1370. Im Deutschen ist zumeist ein klarer Unterschied zwischen der Wortfolge im Hauptsatz und der im Nebensatz festzustellen. So steht das Verb im Hauptsatz meist an zweiter Position, wohingegen es im Nebensatz gewöhnlich an das Ende rückt. In Nebensätzen ist die Wortstellung im übrigen weniger frei.

    a.   Hans gab seinem Bruder das Buch.
         oder
       Das Buch gab Hans seinem Bruder.
         oder
       Seinem Bruder gab Hans das Buch.
    b.   Peter sagte, daß Hans das Buch seinem Bruder gegeben habe.
       NICHT: * Peter sagte, daß das Buch Hans ...
                  * Peter sagte, daß seinem Bruder ...[16]

Im Spanischen wird in Nebensätzen – im Unterschied zum Deutschen – die Verbform nicht an das Satzende gestellt, doch kann man das Subjekt durchaus auch HINTER dem Verb finden:

    c.   *Pedro dijo que Juan dio el libro a su hermano.*
         oder
       Pedro dijo que dio Juan el libro a su hermano.

1371. „Unbetonte" Personalpronomen, die als Dativ- oder Akkusativobjekt fungieren, stehen vor dem Verb.

    a.   *Y lo recibe como si no tuviera nada que hacer* (J. MARÍAS, angeführt von M. L. GUTIÉRREZ, *Estructuras sintácticas del español*, 100).
       Und er empfängt ihn, als ob er nichts zu tun hätte.
       ... lo recibe ...
         1 2
       ... er empfängt ihn ...
         1 2
    b.   *El amor propio le da alas* (E. D'ORS, angeführt von M. L. GUTIÉRREZ, *Estructuras sintácticas del español*, 160).
       Die Eigenliebe verleiht ihm Flügel.

---

[16] Die Beispiele a und b wurden sinngemäß aus dem am Ende von Fußnote 9 erwähnten Vortrag von J. SCHROTEN übernommen.

Es sei hier auch daran erinnert, daß wenn in einem Satz mehrere *pronombres átonos* auftreten, diese stets in einer FESTEN Reihenfolge stehen müssen, die nicht durch ihre syntaktische Funktion beeinflußt wird[17]. Das kann in bestimmten Fällen zu Mehrdeutigkeiten führen. So kann ein Satz wie

    c. *Pedro te me presenta*

sowohl bedeuten „Peter stellt dich mir vor" als auch „Peter stellt mich dir vor"[18].

1372. Es wurde bereits auf den Gebrauch eines im Deutschen häufig nicht zu übersetzenden „expletiven" Pronomens in Sätzen hingewiesen, in denen das Dativ- oder Akkusativobjekt vor dem Verb steht[19].

1373. Auch die Trennung der Form des Hilfsverbs *haber* vom Partizip Perfekt wurde bereits behandelt[20]. Die Übersetzung eines Satzes wie „er hat gut gearbeitet" wird gewöhnlich lauten: *ha trabajado bien* (nicht: *ha bien trabajado*).

1374. C. KANY weist auf eine in zahlreichen Gegenden von Spanien und Lateinamerika vor allem in der Volkssprache gebräuchliche Konstruktion mit *él* („er") und *ella* („sie") hin. Diese Personalpronomen werden hinter ein Adjektiv oder Substantiv gestellt, um auf emphatische Weise deutlich zu machen, welche Person genau gemeint ist.

    a. – *Parece listo este Escopeta.* – *Sí, señora; pero ... muy movido él* (C. KANY, *Sintaxis hispanoamericana*, 158).
        „Dieser Escopeta scheint ein schlauer Kerl zu sein." „Da haben Sie recht, aber ... ganz schön unstet."
    b. *Por culpa de doña Melania Querejazu, escritora ella y feminista* (C. KANY, *Sintaxis hispanoamericana*, 158).
        Durch Verschulden von Doña Melania Querejazu, einer Schriftstellerin und Feministin.

ABSCHNITT II
FRAGESÄTZE
FRASES INTERROGATIVAS

1375. In selbständigen Fragesätzen, auf die man als Antwort *sí* oder *no* erwartet, wird das Verb häufig vorangestellt, aber diese Konstruktion ist nicht obligatorisch.

    a. *¿Está mejor tu hermano?* (*Esbozo*, 396).
        Geht es deinem Bruder besser?
        Man beachte, daß im Spanischen Satz das Wort *mejor* (der nominale Bestandteil des Prädikats) vor dem Subjekt steht.

---

[17] Siehe dazu Nr. 277, Fußnote 2, und Nr. 315.
[18] Das Beispiel wurde aus dem am Ende von Fußnote 9 erwähnten Vortrag von J. SCHROTEN übernommen.
[19] Siehe Nr. 331, mit Beispielen.
[20] Siehe die Nrn. 1245–1246.

Im Spanischen kann – vielleicht einfacher als in anderen Sprachen – ein beliebiger Aussagesatz ohne Veränderung seiner syntaktischen Struktur als Frage gebraucht werden. Das wird dadurch möglich, daß ein Fragesatz in dieser Sprache bereits am Anfang des Satzes durch den Tonfall kenntlich ist[21]:

    b. *¿Tu hermano está mejor?*
    c. *¿El señor Souza está?* (R. ARLT, *El juguete rabioso*, 145).
       Ist Herr Souza da?

1376. Vor allem wenn das Subjekt aus mehreren Wörtern besteht, kann es – in Übereinstimmung mit dem, was in Nr. 1375 gesagt wurde – an das Satzende rücken oder sogar außerhalb des eigentlichen Fragesatzes stehen (wie in Beispiel b). Die beiden Konstruktionen weichen von der im Deutschen gebräuchlichen Wortfolge ab.

    a. *¿No se opondrán a esas medidas los socios más prestigiosos de la asociación?*
       (C. F. A. VAN DAM, *Spaanse spraakkunst*, 382).
       Werden sich die einflußreichsten Mitglieder des Verbandes diesen Maßnahmen nicht widersetzen?
    b. *Los socios más prestigiosos de la asociación, ¿no se opondrán a esas medidas?*
       (C. F. A. VAN DAM, *Spaanse spraakkunst*, 382).

1377. Fragesätze, auf die eine andere Antwort als *sí* oder *no* erwartet wird, werden durch ein Fragewort (Adverb oder Pronomen) eingeleitet. Auch hier kann das Subjekt außerhalb des eigentlichen Fragesatzes stehen (Beispiel c).

    a. *¿Cuándo quieres venir?*
       Wann willst du kommen?
    b. *¿Quién te lo ha dicho?*
       Wer hat dir das erzählt?
    c. *Este gobierno estúpido, ¿qué es lo que pretende?* (H. CONTRERAS, *El orden de palabras en español*, 103).
       Was hat diese dumme Regierung eigentlich vor?

Im Unterschied zu dem, was in Nr. 1372 gesagt wurde, gebraucht man in Fragesätzen, in denen das Akkusativobjekt vorangestellt ist, kein *pronombre expletivo*:

    d. *¿Qué libros vende tu librero?* (C. F. A. VAN DAM, *Spaanse spraakkunst*, 382).
       Was für Bücher verkauft dein Buchhändler?
       nicht: **¿Qué libros los vende tu librero?*

Anmerkungen

1378. Was in Nr. 1370 zu der unterschiedlichen Wortfolge im Deutschen und im Spanischen gesagt wurde, gilt auch für indirekte Fragesätze: das Subjekt des Nebensatzes steht im Spanischen meist HINTER dem Verb.

---

[21] Siehe dazu den *Esbozo*, 396. Zugleich wird an die Bedeutung der doppelten Fragezeichen im Spanischen erinnert: unabhängig von der Wortstellung weiß der Leser schon am Beginn eines Satzes, daß es sich dabei um eine Frage handelt.

    a. *Pedro pregunta qué quiere Juan* (NICHT: *... qué Juan quiere*).
    Peter fragt, was Hans wolle (NICHT: *... was wolle Hans*).

Nach manchen Interrogativadverbien wie *¿cómo?* („wie?") und *¿dónde?* („wo?") kann das Subjekt vorangestellt werden:

    b. *Mi padre sabe dónde vive Juan* (oder: *Mi padre sabe dónde Juan vive*)[22].
    Mein Vater weiß, wo Hans wohnt.

1379. In einigen Ländern Lateinamerikas wird das pronominale Subjekt[23] bisweilen zwischen das Fragewort und das Verb gestellt.

    a. *¿Qué tú quieres?* (C. KANY, *Sintaxis hispanoamericana*, 158).
    Was willst du?
    b. *¿Por qué Ud. dice que yo soy el culpable?*[24] (C. KANY, *Sintaxis hispanoamericana*, 158).
    Warum sagen Sie, daß ich der Schuldige bin?
    c. *¿Dónde yo estoy?* (R. LAPESA, *Historia de la lengua española*, 585).
    Wo bin ich?

1380. Wie im Französischen können Fragesätze auch im Spanischen durch *¿es que ...?* (cf. französisch *est-ce que?*) eingeleitet werden, doch hat die Konstruktion in den beiden Sprachen nicht denselben Wert. Ein Satz wie *Est-ce qu'il est déjà arrivé?* („Ist er schon angekommen?") ist mit *¿Ha llegado ya?* zu übersetzen. Denn *¿Es que ha llegado ya?* fügt der Frage ein affektives Element hinzu und kann eine gewisse Verwunderung beim Fragesteller implizieren oder möglicherweise auch den Wunsch, eine in eine bestimmte Richtung gehende Antwort zu erhalten.

    a. *¿Es que han dado ya las doce?* (DUE, II, 1146).
    Hat es etwa schon zwölf Uhr geschlagen?
    b. *¿Es que no me has oído?* (N. CARTAGENA & H. M. GAUGER, *Vergleichende Grammatik Spanisch-Deutsch*, II, 551 – mit dem Kommentar, daß die Fügung „leicht auch eine exhortative Funktion übernehmen kann" → *Warum tust du nicht was ich sage?*).
    Hast du (mich) nicht gehört?
    c. Siehe auch das unter Nr. 646 a angeführte Beispiel[25].

---

[22] Nach Aussage von Carmen GÓMEZ MOLINA, Dozentin an der Universität von Antwerpen (einer geborenen Spanierin) würden *hispanohablantes* hier jedoch meist das Verb vor das Subjekt stellen: *Mi padre sabe dónde vive Juan*. Etwas häufiger als in diesem Beispiel ist die Konstruktion / Subjekt + Verb / ihrer Ansicht nach vielleicht in Nebensätzen mit reflexiven Verben, z. B.: *Querría saber cómo este chico se llama* (oder: *Querría saber cómo se llama este chico* → „Ich würde gern wissen, wie dieser Junge heißt"). Doch auch hier gibt C. GÓMEZ MOLINA der zweiten Fügung den VORZUG (mündlicher Kommentar vom 17. Januar 1984).

[23] Mit Ausnahme von *él, ella, ellos, ellas* (cf. C. KANY, *Sintaxis hispanoamericana*, 158).

[24] Nach C. KANY sind derlei Konstruktionen als Verschmelzung von *¿tú quieres?* und *¿qué quieres?* zu betrachten (*op. et loc. cit.*). Unklar ist allerdings, wie sich diese Erklärung auf das unter c angeführte Beispiel anwenden läßt.

[25] *Es que ...* kann auch – mit einer erklärenden Nuance (→ Erläuterung, Begründung, Entschuldigung) – in Aussagesätzen auftreten. Zum Beispiel: *Es que no me encuentro muy bien* (DUE, II, 1146 – „Es geht mir nämlich nicht sehr gut"). Nach Carmen GÓMEZ MOLINA ist die Fügung *(¿)Es que ...(?)* vor allem in der gesprochenen Sprache zu finden und bringt in Fragesätzen einen stärkeren Zweifel zum Ausdruck. In diesem Sinne auch C. HERNÁNDEZ (*Gramática funcional del español*, 209).

ABSCHNITT III
VERNEINTE SÄTZE
FRASES NEGATIVAS

1381. Das Negationsadverb *no* („nicht" oder „kein") steht immer vor dem Verb (in zusammengesetzten Zeiten vor dem *auxiliar*).

    a. *El sol no salió.*
        oder
        No salió el sol (H. CONTRERAS, *El orden de palabras en español*, 75).
        Die Sonne ging nicht auf.
    b. *No ha salido el sol.*
        Die Sonne ist nicht aufgegangen.

ABSCHNITT IV
BEFEHLSSÄTZE
FRASES IMPERATIVAS

1382. In Befehlssätzen wird das Verb vorangestellt, es sei denn, daß auch eine Negation auftritt, oder in Fällen, in denen das Subjekt hervorgehoben werden soll.

    a. *Idos y dejadme en paz, ¡so cretinos!*[26] (A. ROA BASTOS, *El trueno entre las hojas*, 213).
        Geht weg, und laßt mich in Frieden, ihr Idioten!
        (Das Beispiel wurde bereits in den Nrn. 9 und 917 angeführt.)
    b. *¡Fíjese el lector en un curioso fenómeno!* (C. F. A. VAN DAM, *Spaanse spraakkunst*, 381).
        Der Leser beachte eine merkwürdige Erscheinung!
    c. *No te cases con Leticia* (E. JARDIEL PONCELA, *Un marido de ida y vuelta*, 170).
        Heirate nicht Leticia.
        (Das Beispiel wurde bereits in Nr. 919 f angeführt.)
    d. *Haberlo pensado antes, que a esta situación no te he llevado yo* (J. A. DE ZUNZUNEGUI, *Beatriz o la vida apasionada*, 22).
        Daran hättest du früher denken sollen, schließlich habe ich dich nicht in diese Lage gebracht.
        (Das Beispiel wurde bereits in Nr. 1162 b angeführt.)

---

[26] Man beachte die Position des ersten Ausrufezeichens: vor dem Satzteil, den der Sprecher hervorheben will. Der Gebrauch der doppelten Satzzeichen ermöglicht es im Spanischen, die Intonation von Frage- und Ausrufesätzen in der geschriebenen Sprache genauer wiederzugeben als im Deutschen. Siehe in diesem Zusammenhang auch schon die Nr. 1376.

e. *Ahora, vosotros a estudiar, y esta niña a la cama* (P. BAROJA, *La feria de los discretos*, in O. C., I, 656).
Ihr geht jetzt lernen, und dieses Kind geht ins Bett.
(Das Beispiel wurde bereits in Nr. 1168 b angeführt.)

ABSCHNITT V
FESTSTEHENDE WENDUNGEN
EXPRESIONES FIJAS

1383. Es fällt auf, daß in einer Reihe feststehender spanischer Wendungen die Wörter im Vergleich zum Deutschen in umgekehrter Reihenfolge auftreten.

a. *Tanto en la adversidad como en la suerte.*
   Im Glück wie im Unglück.
b. *El altar y el trono.*
   Thron und Altar.
c. *Armado de arco y flecha.*
   Mit Pfeil und Bogen bewaffnet.
d. *Bajar y subir.*
   Herauf- und heruntergehen.
e. *La hoz y el martillo.*
   Hammer und Sichel.
f. *Con alma y vida.*
   Mit Leib und Seele.
g. *No es carne ni pescado.*
   Das ist weder Fisch noch Fleisch.

Siehe auch:

h. *La bandera de las barras y las estrellas*
   Die Stars and Stripes (wörtlich: „Sterne und Streifen", d. h. das Sternenbanner, die Nationalflagge der USA).

ZUM ABSCHLUSS

1384. Zwei allgemeine Tendenzen scheinen für das Spanisch der Gegenwart kennzeichnend zu sein:
1. Neigung zur morphologischen und syntaktischen Vereinfachung
2. Einfluß mancher Fremdsprachen, in der Hauptsache des Englischen[1], in geringerem Maße des Französischen [und des Italienischen, vor allem in Argentinien und Uruguay (in der Variante des sogenannten *español platense*)].

Für den ersten Aspekt findet sich in Nr. 1225, Fußnote 121 eine Reihe von Beispielen[2].
Das zweite Phänomen ist noch komplexer und zeigt sich u. a. im phonologischen, orthographischen, semantischen und syntaktischen Bereich. Maßgebende Sprachwissenschaftler und Essayisten weisen immer wieder darauf hin und warnen vor den Übertreibungen, zu denen diese Entwicklung führen kann[3].

1385. Es scheint, daß die rein grammatischen Unterschiede zwischen den in Spanien und Lateinamerika[4] gebräuchlichen sprachlichen Varianten weniger groß sind als man denken oder befürchten könnte[5]. Häufig werden in diesem Buch – nebeneinander – Beispiele aus spanischen und lateinamerikanischen Texten zur Belegung oder Veranschaulichung einer gemeinsamen Norm oder Tendenz angeführt. In den wenigen Fällen, in denen der Unterschied WESENTLICH erschien, wurde darauf mit besonderem Nachdruck hingewiesen.
Daneben kann man feststellen, daß im allgemeinen in Lateinamerika der Einfluß der Schriftsprache auf die gesprochene Sprache vielleicht weniger groß ist als in Spanien, und man kann auch nicht die Vielzahl von – bisweilen auffälligen und eigentümlichen – Verschiedenheiten und Nuancen übersehen, die vor allem für das lateinamerikanische Spanisch typisch sind. Aber es handelt sich dabei fast immer um Detailfragen, die darüber hinaus häufig einen ausgesprochen regionalen Charakter haben. Dies ist eine unmittelbare Folge der eindrucksvollen *plurinacionalidad* des Spanischen[6]. Die meisten dieser Proble-

---

1 Auch in anderen Sprachen als dem Spanischen ist ein starker Einfluß des Englischen zu beobachten [dessen Prestige manchmal sogar mit dem des Latein im Mittelalter verglichen worden ist (siehe dazu z. B. einen Text in: H.-M. GAUGER, *Brauchen wir Sprachkritik?*, S. 11 und 20, Fußnote 2)].
2 Dem kann (mit der gebotenen Vorsicht) hinzugefügt werden, daß das Spanische, vielleicht in stärkerem Maße als dies bei anderen modernen Sprachen der Fall ist, durch eine Tendenz zur Nivellierung oder Vermischung der verschiedenen Sprachniveaus gekennzeichnet ist.
3 Siehe z. B.: R. LAPESA, *Tendencias y problemas actuales de la lengua española* (in *Comunicación y lenguaje*, 207–229); E. LORENZO, *El anglicismo en la España de hoy* und *Léxico* (beide in *El español de hoy, lengua en ebullición*, 70–93 und 188–202); F. MARCOS MARÍN, *Aproximación a la gramática española*, 102–103; S. DE MADARIAGA, *¿Vamos a Kablahtahyood?* (in *Revista de Occidente*, März, 1966, 365–373); A. DE MIGUEL, *La perversión del lenguaje*, 115; E. G. COTTON & J. SHARP, *Spanish in the Americas*, 145–151; J. LOPE BLANCH, *El español de América*, 65, 73, 86, 87, 116; und, allerdings unter einem besonderen und geographisch begrenzten Aspekt, die Studie von M. ALVAR, *Español e inglés. Actitudes lingüísticas en Puerto Rico*.
4 Aus verständlichen Gründen nimmt das in den Vereinigten Staaten gesprochene Spanisch bis zu einem gewissen Grad eine Sonderrolle ein. Siehe zu dieser Variante u. a. die folgenden neueren Studien: B. VARELA, *El español en los Estados Unidos*; E. G. COTTON & J. SHARP, *Spanish in the Americas* (Kapitel 18).
5 Siehe dazu z. B.: R. LAPESA, *Historia de la lengua española*, 599, und E. G. COTTON & J. SHARP, *Spanish in the Americas* (Kapitel 12). Zu einer teilweise abweichenden Meinung in dieser Frage siehe jedoch: K.-H. KÖRNER in seinem Essay *Hat das lateinamerikanische Spanisch eine eigene Grammatik?*
6 Der quantitativ bedeutendsten romanischen Sprache, die in rund zwanzig Ländern – den Quellen zufolge – von 300 bis 400 Millionen Menschen gesprochen wird (cf. D. ALONSO, *El español, lengua de centenares de millones de hablantes* ..., 175; J. M. DE AREILZA, *Una reflexión sobre el porvenir de nuestra lengua*, 22; E. G. COTTON & J. SHARP, *Spanish in the Americas*, 298, und W. DIETRICH & H. GECKELER, *Einführung in die spanische Sprachwissenschaft*, 19 und 22). Jedoch soll (nach Ansicht maßgebender Fachleute) das Spanische in Lateinamerika einen relativ homogenen Charakter aufweisen (siehe dazu: R. LAPESA, *Historia de la lengua española*, 534, und J. LOPE BLANCH, *El español de América*, 19). Aus Anlaß des „II Congreso Internacional de la Lengua Española (El Español en la sociedad de la información)", der vom 16. bis 19. Oktober 2001 in Valladolid stattfand, wurde in

me, die von geringerem Belang und begrenzter geographischer Bedeutung sind, werden in dem bedeutenden Werk *Sintaxis hispanoamericana* von C. KANY (mit ausführlicher Bibliographie) erläutert[7].
Ein anderer [augenblicklich akuter (aber nach einem gewissen Reifungsprozeß vielleicht vorübergehender?)] Faktor, der die Möglichkeit einer sprachlichen Differenzierung in sich birgt, in diesem Fall aber im europäischen *castellano*, ist Folge einer politischen Entwicklung in der jüngsten spanischen Geschichte: die de facto Schaffung eines föderalen Staates mit der Anerkennung der sogenannten *autonomías*[8] kann, wenigstens in einem ersten („virulenten") Stadium regional-nationalistischen Bewußtseins, mit dem (bisweilen offensichtlich etwas gekünstelten) Suchen nach eigenen typischen regionalen Sprachvarianten einher gehen. Dies kann Ausdruck und Zeichen der sowie Argument für die genannte Form der neuerlangten ethnisch spezifischen Identität sein, wobei im Ergebnis eine *norma andaluza, norma aragonesa, norma canaria, norma extremeña* usw. entstehen[9].

Andererseits treten infolge des schnellen technischen Wandels und Fortschritts auch Faktoren in Erscheinung, die den Diversifizierungsprozeß bremsen oder potentiell vereinheitlichend wirken können. Dabei kann man u. a. an die Quasiuniversalität der Medien[10] denken wie auch beispielsweise an die Tatsache, daß Kulturaustausch und wechselseitige Beeinflussungen in der heutigen Welt schneller und intensiver erfolgen können als dies bis vor kurzem der Fall war: Theatergruppen reisen in wenigen Stunden von einem Kontinent zum anderen, Presse und Literatur sind, wenigstens in den großen Bevölkerungszentren, kurze Zeit nach ihrem Erscheinen für jeden verfügbar, und auch die gewaltige pädagogische und didaktische Rolle, die ein für uns heute so alltägliches Gerät wie das Radio bei der Verbreitung von Kultur und im besonderen als (Hilfs)Mittel für die sprachliche Bildung spielt[11], sollte nicht vergessen werden.

1386. Es gibt vielleicht keine andere abendländische Sprache, bei der der Unterschied zwischen Theorie und Praxis hinsichtlich der Anwendung der Regeln der Grammatik so groß ist wie im Spanischen[12]. Manche Autoren bringen diese Erscheinung mit dem *Individualismus* in Zusammenhang, der

---

der Zeitung *La Razón* (16.10.2001, S. 28) sogar die Zahl von („fast") 430 Millionen Sprechern genannt (in einem von J. CHÁVEZ, dem Direktor des angesehenen *Instituto Caro y Cuervo* von Bogotá, unterzeichneten Artikel), und dies obwohl der spanische König Juan Carlos I. in seiner Eröffnungsrede gesagt hatte, daß „die spanische Sprache gemeinsamer Besitz von 400 Millionen Sprechern" sei. Allerdings wurden in beiden Fällen keine Quellen angegeben ...

7 Siehe auch vom selben Autor: *Semántica española*.
8 Andalusien, Baskenland, Katalonien, Galizien ... als Regionen mit eigenem Parlament und eigener Regierung.
9 Siehe dazu u.a das kritische, wenn auch (zuweilen sehr) ironische Essay des Mitglieds der *Real Academia Española* G. SALVADOR: *De la lengua española, los otros esperantos y los nuevos sayagueses* (in *Lengua española y lenguas de España*, 13–33).
10 Diesbezüglich und im Zusammenhang mit dem Einheitscharakter der spanischen Sprache als einem zu verteidigenden Gut merkt das *Manual de español urgente* an: „La unidad de la lengua es un bien que importa defender en el seno de la comunidad hispanohablante. Hoy la prensa, la radio y la televisión ejercen una influencia idiomática superior a la del sistema docente. Sin exageración puede afirmarse que el destino que aguarda al español – o a cualquier otro idioma – está en sus manos" (S. 16–17 – „Die Einheit der Sprache ist ein Gut, das es innerhalb der spanischen Sprachgemeinschaft zu verteidigen gilt. Heute üben Presse, Radio und Fernsehen einen größeren sprachlichen Einfluß aus als das Bildungssystem. Man kann ohne Übertreibung sagen, daß das Schicksal des Spanischen – wie auch jeder anderen Sprache – in ihren Händen liegt").
11 War es beispielsweise Mitte unseres Jahrhunderts möglich, daß ein Schäfer aus Estremadura oder aus der Pampa starb, ohne jemals Standardspanisch gehört zu haben, so kann er nun dank dieses Geräts täglich mit einer Form normierten Sprachgebrauchs in Kontakt kommen. [Diese Überlegungen sind im wesentlichen aus einem Vortrag übernommen, der von dem Mitglied der *Real Academia Española* F. LÁZARO CARRETER am 31. Januar 1987 im *Instituto de Estudios Hispánicos* in Antwerpen zum Thema *El español de hoy: problemas y tendencias. Neologismos* gehalten wurde.]
12 F. MARCOS MARÍN merkt an, daß viele spanische Muttersprachler (in Spanien noch mehr als in Lateinamerika) meinen, „alles sei zulässig" (*todo está permitido* – *Lengua española*, 267), und ich vermute, daß eine ganze Reihe spanischer Leser beispielsweise von *El País* (vor allem wenn sie im mittleren oder höheren Alter sind) manchmal nicht ohne eine gewisse Verwunderung und vielleicht auch mit einem Stirnrunzeln die Artikel in dieser

Zum Abschluß

häufig als typischer Wesenszug des *hispánico* angeführt wird[13]. Hier ist nicht der Ort, um eine Erklärung für diese undisziplinierte Haltung im Gebrauch der Sprache zu suchen, aber der Reisende, der Spanien oder Lateinamerika besucht, und der Leser spanischer Texte muß sich stets vor Augen halten, daß die spanische Grammatik eine Sammlung von Normen darstellt, die häufig eingeschränkt und relativiert werden können. Zusammenfassend könnte man in etwa sagen: Dies ist die Regel, aber ...

---

maßgebenden Zeitung lesen. Bedeutsam und aufschlußreich ist in diesem Zusammenhang die Tatsache, daß in letzter Zeit verschiedene Tageszeitungen, Rundfunk- und Fernsehstationen wie auch Presseagenturen *libros de estilo* („Stilbücher") verfaßt haben [so beispielsweise *El País, Diario Libre, Radio Nacional de España, Televisión Española, Agencia Efe* (auf deren Werk in dieser Grammatik vielfach verwiesen wird) usw.]. Siehe dazu: J. L. MARTÍNEZ ALBERTOS, *El uso de la lengua en la comunicación periodística: aspectos culturales, políticos y sociales*, 181–182.

13 Der genannte psychoethnische Umstand kann darüber hinaus auf einem höherentwickelten Sprachniveau und vor allem Sprachbewußtsein mit anderen nicht ausschließlich für das Spanische typischen, sondern eher universellen Faktoren oder Sprachgewohnheiten mit hauptsächlich stilistischen (und daher häufig *persönlich* gefärbten) Implikationen zusammengehen. Interessant ist in diesem Zusammenhang die folgende (und nach eigenem Bekunden) „subversive" Meinungsäußerung des spanischen Philosophen und Essayisten J. ORTEGA Y GASSET (1883–1955): „Escribir bien consiste en hacer continuamente pequeñas erosiones a la gramática, al uso establecido, a la norma vigente de la lengua. Es un acto de rebeldía permanente (contra el contorno social, una subversión) ..." [*Miseria y esplendor de la traducción*, in O. C., V, 434 – „Gut schreiben bedeutet, fortwährend ein wenig an den Regeln der Grammatik, am allgemein akzeptierten Sprachgebrauch, an der gültigen Sprachnorm zu kratzen. Es ist ein Akt ständiger Auflehnung (gegen die Gesellschaft, eine Subversion) ..."].

BIBLIOGRAPHIE

I. Texte

a. Literatur[1]

ACEVEDO, E. : *Cartas a los celtíberos esposados*, Madrid, *Ed. Magisterio español*, 1969, *Colección Novelas y cuentos*.
El caso del analfabeto sexual, Barcelona, *Argos*, 1944.
AGUIRRE, F. : *Ítaca*, Madrid, *Ediciones de cultura hispánica*, 1972.
La otra música, Madrid, *Ediciones cultura hispánica del Centro iberoamericano de cooperación*, 1978.
AGUSTÍ, I. : *Mariona Rebull*, Barcelona, *Argos*, 1944.
El viudo Ríus, Barcelona, *Argos*, 1945
Desiderio, Barcelona, *Ed. Planeta*, 1957.
AÍNSA, F. : *Con acento extranjero*, Buenos Aires, *Ed. Nordan*, 1984.
ALCOCER, J. L. : *Radiografía de un fraude*, Barcelona, *Ed. Planeta*, 1978.
ALDECOA, I. : *El fulgor y la sangre*, Barcelona, *Ed. Planeta, 3ª ed.*, 1970.
Gran sol, Barcelona, *Noguer, 3ª ed.*, 1969.
ALLENDE, I. : *La casa de los espíritus*, Barcelona, *Plaza y Janés*, 1984, *13ª ed.*
Eva Luna, Barcelona, *Plaza y Janés*, 1987.
De amor y de sombra, Barcelona, *Plaza y Janés*, 1989, *13ª ed.*
ALONSO, D. : (*Prólogo*) in *Poema de mio Cid*, Barcelona, *Ed. Juventud, 2ª ed.*, 1974, *Colección Libros de bolsillo*.
ALONSO DE LOS RÍOS, C. : *Conversaciones con Miguel Delibes*, Madrid, *Ed. Magisterio español*, 1971, *Colección Novelas y cuentos*.
ALONSO DE SANTOS, J. L. : *La estanquera de Vallecas*, Madrid, *Ed. Antonio Machado*, 1987.
ALVAR, M. : *Islas afortunadas*, Madrid, *Ed. La Muralla*, 1975 (in der Reihe *Ediciones del Excmo. Cabildo insular de Gran Canaria*).
El envés de la hoja, Zaragoza, *Diputación Provincial, Institución „Fernando el Católico"*, 1982.
Español e inglés. Actitudes lingüísticas en Puerto Rico (in *Revista de Filología Española*, LXII, 1982, 1–38).
Antología del humor, Madrid, *Aguilar*, 1962.
AREILZA, J. M. de : *Una reflexión sobre el porvenir de nuestra lengua* (Rede, die am 10. Dezember 1987 in der Real Academia Española gehalten wurde), Madrid, *Espasa Calpe*, 1987.
ARLT, R. : *El juguete rabioso* (edición de R. Gnutzmann), Madrid, *Ed. Cátedra*, 1985.
ARRABAL, F. : *El triciclo*, Madrid, *Ed. Escelicer*, 1966, *Colección Teatro*.
Lettre au général Franco, Paris, *Union générale d'éditions*, 1972[2].
ARREOLA, J. J. : *Confabulario definitivo*, Madrid, *Ed. Cátedra*, 1986.
ASENJO SEDANO, J. : *Conversación sobre la guerra*, Barcelona, *Ed. Destino, Colección Ancora y Delfín*, 1978.
AUB, M. : *Campo del moro*, México, *Ed. Joaquín Mortiz*, 1963.
La calle de Valverde, Barcelona, *Ed. Seix Barral*, 1970, *Colección Biblioteca breve de bolsillo*.

---

[1] Es ist zu beachten, daß grundsätzlich auf die Auflage verwiesen wird, die für diese Grammatik zugrunde gelegt wurde. So erschien beispielsweise das Buch *Huasipungo* (von J. ICAZA) 1934, doch wird hier eine Auflage aus dem Jahr 1980 angeführt.

[2] Der Titel dieses in Frankreich erschienenen Buches ist französisch; der Text ist zweisprachig (französisch und spanisch).

Las buenas intenciones, Madrid, Alianza Editorial, 1971, Colección El libro de bolsillo.
AZORÍN : *Capricho*, Madrid, Colección Austral, 4ª ed.
BALMES, J. : *Cartas a un escéptico en materia de religión*, Madrid, Colección Austral, 4ª ed.
BAROJA, P. : *La casa de Aizgorri*, Madrid, Colección Austral, 5ª ed.
El mayorazgo de Labraz, Madrid, Colección Austral, 3ª ed.
Las noches del Buen Retiro, Madrid, Colección Austral, 2ª ed.
El laberinto de las sirenas, Madrid, Colección Austral, 2ª ed.
La estrella del capitán Chimista, Madrid, Colección Austral, 2ª ed.
Los pilotos de altura, Madrid, Colección Austral, 3ª ed.
Paradox Rey, Madrid, Colección Austral, 3ª ed.
Los últimos románticos, Madrid, Colección Austral, 3ª ed.
Las veleidades de la Fortuna, Madrid, Colección Austral, 3ª ed.
Las inquietudes de Shanti Andía, Madrid, Colección Austral, 5ª ed.
Des weiteren erschienen in den *Obras completas* (Madrid, Biblioteca Nueva, 1946–1951, 8 Bde.):
La busca (O. C., I)
Aurora roja (O. C., I)
Mala hierba (O. C., I)
La feria de los discretos (O. C., I)
El gran torbellino del mundo (O. C., I)
Zalacaín el aventurero (O. C., I)
Los amores tardíos (O. C., I)
Paradox Rey (O. C., II)
Aventuras, inventos y mixtificaciones de Paradox Rey (O. C., II)
La sensualidad pervertida, (O. C., II)
La dama errante (O. C., II)
El mundo es ansí (O. C., II)
La ciudad de la niebla (O. C., II)
La Isabelina (O. C., III)
Pequeños ensayos (O. C., V)
Artículos (O. C., V)
Todo acaba bien ... a veces (O. C., VI)
Vidas sombrías (O. C., VI)
Camino de perfección (O. C., VI)
Locuras de carnaval (O. C., VI)
Final del siglo XIX y principios del XX (O. C., VII)
Galería de tipos de la época (O. C., VII)
Familia, infancia y juventud (O. C., VII)
El hotel del cisne (O. C., VIII)
Los enigmáticos (O. C., VIII)
El cantor vagabundo (O. C., VIII)[3].

---

[3] Es mag erstaunen, daß derart viele Werke eines 1956 verstorbenen Schriftstellers in dieser Grammatik berücksichtigt wurden. Eine (allerdings angreifbare) Erklärung dafür ist die Tatsache, daß der Autor dieser Grammatik seine Doktorarbeit über BAROJA geschrieben und daher die *Obras completas* (mehrmals) gründlich gelesen hat. Einen (teilweisen) Rechtfertigungsgrund findet man in einem Essay des bekannten Sprachwissenschaftlers (und Mitglieds der *Real Academia Española*) Emilio ALARCOS, der 1973 den aktuellen Charakter der Sprache des baskischen Romanautors hervorhob (*Anatomía de 'La lucha por la vida'*, S. 21). Siehe in diesem Zusammenhang auch F. BELLO VÁZQUEZ, *Lenguaje y estilo en la obra de Pío Baroja* (vor allem S. 16–22 und 113–114).

BENAVENTE, J. : *Cartas de mujeres*, Madrid, *Colección Austral*, *8ª ed.*
BERLANGA, A. : *La gaznápira*, Barcelona, *Ed. Noguer*, 1984.
BLANCO AGUINAGA, C., RODRÍGUEZ PUÉRTOLAS, J. & ZAVALA, I. : *Historia social de la literatura española*, Madrid, *Ed. Castalia*, 1979–1981, 3 Bde.
BLASCO IBÁÑEZ, V. : *Cuentos valencianos*, Madrid, *Colección Austral*, *4ª ed.*
BOTREL, J. F. & SALAÜN, S. : *Creación y público en la literatura española*, Madrid, *Ed. Castalia*, 1974.
BRYCE ECHENIQUE, A. : *Tantas veces Pedro*, Barcelona, *Ed. Cátedra*, 1981.
BUERO VALLEJO, A. : *Historia de una escalera*, Madrid, *Ed. Escelicer*, 1966, *Colección Teatro*.
BUÑUEL, L. : *Mi último suspiro*, Barcelona, *Plaza y Janés*, 1982.
CABALLERO, O. : *Titulares de España*, Barcelona, *Ed. Planeta*, 1980.
CABRERA INFANTE, G. : *Tres tristes tigres*, Barcelona, *Ed. Seix Barral*, *2ª ed.*, 1968.
   La Habana para un infante difunto, Barcelona-Caracas-México, *Ed. Seix Barral*, 1979.
   O, Barcelona-Caracas-México, *Ed. Seix Barral*, 1978.
   Exorcismos de esti(l)o, Barcelona, *Ed. Seix Barral*, 1982, *2ª ed.*
CAMBA, J. : *Aventuras de una peseta*, Madrid, *Colección Austral*, *7ª ed.*
Canciones populares españolas, Universidad de Zaragoza, Cursos de verano en Jaca, ohne Datum.
CARANDELL, L. : *Celtiberia Show*, Madrid, *Guadiana de publicaciones, S. A.*, 1970.
CARO, J. : *Ensayo sobre la literatura de cordel*, Madrid, *Ed. de la Revista de Occidente*, 1969.
   Género biográfico y conocimiento antropológico (Rede, die am 15. Juni 1986 in der *Real Academia Española* gehalten wurde), Madrid, *Espasa Calpe*, 1986.
CARPENTIER, A. : *El recurso del método*, México-España-Argentina, *Siglo veintiuno editores*, *14ª ed.*, 1976.
CARRASCAL, J. M. : *Groovy*, Barcelona, *Ed. Destino*, 1973, *Colección Áncora y Delfín*.
CARRERA, M. A. : *Costumbres de Guatemala*, Guatemala, *Librerías Artemis y Edinter*, 1986.
CASARES, J. : *Cosas del lenguaje*, Madrid, *Colección Austral*.
CASONA, A. : *La dama del alba*, Madrid, *Ed. Alcalá*, 1968, *Colección Aula magna* (Ausgabe und Studie von J. RODRÍGUEZ RICHART).
CASTILLO PUCHE, J.-L. : *Con la muerte al hombro*, Madrid, *Biblioteca Nueva*, 1951.
   El vengador, Barcelona, *Ed. Destino*, 1956, *Colección Áncora y Delfín*.
CASTRO, A. : *Aspectos del vivir hispánico*, Madrid, *Alianza Ed.*, 1970.
   La realidad histórica de España, México, *edición renovada*, *Ed. Porrúa*, 1973.
   Cervantes y los casticismos españoles, Madrid, *Alianza Ed.*, 1974.
CELA, C. J. : *La familia de Pascual Duarte*, Barcelona, *Ed. Destino*, *Colección Áncora y Delfín*, *16ª ed.*, 1967.
   Nuevas andanzas y desventuras de Lazarillo de Tormes, Barcelona, *Ed. Noguer*, *8ª ed.*, 1963.
   Pabellón de reposo, Barcelona, *Ed. Destino*, *4ª ed.*, 1967, *Colección Áncora y Delfín*.
   La colmena, Barcelona-Madrid, *Ed. Noguer*, *5ª ed.*, 1963.
   La obra literaria del pintor Solana (Rede, die am 26 Mai 1957 in der Real Academia Española gehalten wurde), Madrid, 1957.
   Mrs. Caldwell habla con su hijo, Barcelona, *Ed. Destino*, *2ª ed.*, 1967.
   El gallego y su cuadrilla, Barcelona, *Ed. Destino*, 3ª ed., 1967.
   El molino de viento (y otras novelas cortas), Barcelona, *Ed. Noguer*, *2ª ed.*, 1971, *Colección Nueva Galería Literaria*.
   Toreo de salón, Barcelona, *Ed. Lumen*, 1972.
   Garito de hospicianos, Barcelona, *Ed. Noguer*, 1963, *Colección El espejo y la pluma*.
   San Camilo 1936, Madrid-Barcelona, *Ed. Alfaguara*, 1969.
   El tacatá oxidado, Barcelona, *Ed. Noguer*, 1973, *Colección Nueva Galería Literaria*.
   Viaje a la Alcarria, Madrid, *Colección Austral*, *4ª ed.*
   Gavilla de fábulas sin amor, Madrid, *Ed. Bruguera*, 1979.

Los sueños vanos, los ángeles curiosos, Barcelona, *Ed. Argos Vergara*, 1979.
Mazurca para dos muertos, Barcelona, *Ed. Seix Barral*, 1983.
Nuevo viaje a la Alcarria, Barcelona, *Plaza y Janés*, 1986.
Cristo versus Arizona, Barcelona, *Ed. Seix Barral*, 1988.
Cachondeos, escarceos y otros meneos, Madrid, *Ediciones Temas de hoy*, 1991.
Desde el palomar de Hita, Barcelona, *Plaza y Janés, S. A.*, 1991.
El asesinato del perdedor, Barcelona, *Ed. Seix Barral*, 1994.

CERVANTES, M. : *El ingenioso hidalgo Don Quijote de la Mancha*, Madrid, *Colección Austral, 21ª ed.*

CHACEL, R. : *Barrio de maravillas*, Barcelona-Caracas-México, *Ed. Seix Barral, 4ª ed.*, 1981.
La sinrazón, Barcelona, *Ed. Bruguera*, 1981.

CIERVA, R. de la : *Historia del franquismo, Orígenes y transfiguración*, Barcelona, *Ed. Planeta*, 1975.

COMELLAS, J. L. : *Historia de España moderna y contemporánea*, Madrid, *Ed. Rialp, 2ª ed.*, 1967.

CONDE, C. : *Poesía ante el tiempo y la inmortalidad* (Rede, die am 28. Januar 1979 in der *Real Academia Española* gehalten wurde), Madrid, 1979.

Conversaciones con Mons. Escrivá de Balaguer, Madrid, *Ed. Rialp*, 1968.

Cuadernos, Revista mensual, Madrid, *Taurus Ediciones*.

CORTÁZAR, J. : *Rayuela*, Buenos Aires, *Ed. Sudamericana, 17ª ed.*, 1974.
Libro de Manuel, Buenos Aires, *Ed. Sudamericana, 2ª ed.*, 1973.
Los premios, Barcelona, *Ed. Bruguera, 2ª ed.*, 1981.
Nicaragua tan violentamente dulce, Barcelona, *Muchnik Editores*, 1984.

CUNQUEIRO, Á. : *La cocina cristiana de occidente*, Barcelona, *Tusquets Editores*, 1981.

DALÍ, S. : *Diario de un genio*, Barcelona, *Tusquets Ed.*, 1983.

DAUDET, A. : *Fulanito*, Madrid, *Colección Austral* (Übersetzung des französischen Werks *Le Petit Chose*), spanische Version von J. GALLEGO DE DANTÍN.

DELIBES, M. : *La sombra del ciprés es alargada*, Barcelona, *Ed. Destino, Colección Áncora y Delfín*.
Mi idolatrado hijo Sisí, Barcelona, *Ed. Destino, 3ª ed.*, 1969, *Colección Áncora y Delfín*.
Las ratas, Barcelona, *Ed. Destino, 5ª ed.*, 1968, *Colección Áncora y Delfín*.
Cinco horas con Mario, Barcelona, *Ed. Destino, 4ª ed.*, 1969, *Colección Áncora y Delfín*.
Un año de mi vida, Barcelona, *Ed. Destino*, 1972, *Colección Áncora y Delfín*.
Vivir al día, Barcelona, *Ed. Destino*, 1968, *Colección Áncora y Delfín*.
Siestas con viento Sur, Barcelona, *Ed. Destino, 2ª ed.*, 1967, *Colección Áncora y Delfín*.
El príncipe destronado, Barcelona, *Ed. Destino, 2ª ed.*, 1974, *Colección Áncora y Delfín*.
S. O. S., Barcelona, *Ed. Destino*, 1976, *Colección Áncora y Delfín*.
Aventuras, venturas y desventuras de un cazador a rabo, Barcelona, *Ed. Destino*, 1977, *Colección Áncora y Delfín*.
Castilla, lo castellano y los castellanos, Barcelona, *Ed. Planeta*, 1979.
Un mundo que agoniza, Barcelona, *Plaza y Janés*, 1979.
Viejas historias de Castilla la Vieja, Madrid, *Alianza Editorial*, 1980.
Los santos inocentes, Barcelona, *Ed. Planeta*, 1981.
El tesoro, Barcelona, *Ed. Destino*, 1985, *Colección Áncora y Delfín*.
377 A, madera de héroe, Barcelona, *Ed. Destino*, 1987, *Colección Áncora y Delfín*.
Pegar la hebra, Barcelona, *Ed. Destino, Colección Áncora y Delfín*, 1990.
Señora de rojo sobre fondo gris, Barcelona, *Ed. Destino, Colección Áncora y Delfín*, 1991.

DÍAZ-PLAJA, F. : *El español y los siete pecados capitales*, Madrid, *Alianza Editorial*, 1966.
Otra historia de España, Barcelona, *Plaza y Janés*, 1973.

DÍAZ-PLAJA, G. : *Retrato de un escritor*, Barcelona, *Ed. Pomaire*, 1978.
Figuras (con un paisaje al fondo), Madrid, *Espasa Calpe, S. A.*, 1981.
La dimensión culturalista en la poesía castellana del siglo XX (Rede, die am 5. November 1967 in der *Real Academia Española* gehalten wurde), Madrid, 1967.

Donoso, J. : *La misteriosa desaparición de la marquesita de Loria*, Barcelona–Caracas–México, *Ed. Seix Barral*, 1980.
Edwards, J. : *El peso de la noche*, Barcelona, *Ed. Seix Barral*, 1971.
La mujer imaginaria, Barcelona, *Plaza y Janés*, 1985.
El año literario 1974-1979, Madrid, *Ed. Castalia*, 1980.
Escrivá de Balaguer, J. M. : *Camino*, Madrid, *Ed. Rialp* (23^a ed. castellana), 1965.
La estafeta Literaria, revista quincenal de libros, artes y espectáculos, Madrid.
Fabiola : *Los 12 cuentos maravillosos*, Madrid, *Ed. Sinople*, 1960.
Fernández-Flórez, D. : *Lola, espejo oscuro*, Madrid, *Ed. Plenitud*, 7^a ed., 1967.
Nuevos lances y picardías de Lola, espejo oscuro, Barcelona, *Plaza y Janés*, 7^a ed., 1973.
Fernández-Flórez, W. : *Las gafas del diablo*, Madrid, *Colección Austral*, 8^a ed.
Fernández Santos, J. : *Los bravos*, Barcelona, *Ed. Destino*, 1^a ed., 1977.
Jaque a la dama, Barcelona, *Ed. Planeta*, 1982.
Franco Salgado-Araujo, F. : *Mi vida junto a Franco*, Barcelona, *Ed. Planeta*, 1977.
Fuentes, C. : *La cabeza de la hidra*, Barcelona, *Ed. Argos Vergara S. A.*, 1979.
Galeano, E. : *Las palabras andantes*, Madrid, México, *Siglo veintiuno editores*, 1993.
Gan Bustos, F. : *La libertad en el W. C. (Para una sociología del graffiti)*, Barcelona, *Dopesa*, 1978.
García-Badell, G. : *De Las Armas a Montemolín*, Barcelona, *Ed. Destino*, 1971, *Colección Áncora y Delfín*.
García Hortelano, J. : *Nuevas amistades*, Barcelona, *Ed. Seix Barral*, 5^a ed., 1967.
Cuentos completos, Madrid, *Alianza Editorial*, 1979.
Gramática parda, Barcelona, *Ed. Argos Vergara*, 1982.
García Lorca, F. : *La zapatera prodigiosa* (in *Obras completas*, Madrid, *Aguilar*, 2^a ed. aumentada, 1955).
García Márquez, G. : *Cien años de soledad*, Barcelona, *Plaza y Janés*, 6^a ed., 1977.
El amor en los tiempos del cólera, Barcelona, *Ed. Bruguera*, 1985.
García Pavón, F. : *Las hermanas coloradas*, Barcelona, *Ed. Destino*, 1971, *Colección Áncora y Delfín*.
Vendimiario de Plinio, Barcelona, *Ed. Destino*, 1972, *Colección Áncora y Delfín*.
Los nacionales, Barcelona, *Ed. Destino*, 1977, *Colección Áncora y Delfín*.
El último sábado, Barcelona, *Ed. Destino*, 1^a ed., 1980.
Una semana de lluvia, Barcelona, *Plaza y Janés*, 1980.
Garriga, R. : *La Señora de El Pardo*, Barcelona, *Ed. Planeta*, 1979.
Nicolás Franco, el hermano brujo, Barcelona, *Ed. Planeta*, 1980.
Gironella, J. M. : *Los cipreses creen en Dios*, Barcelona, *Ed. Planeta, Colección Ómnibus*.
Un millón de muertos, Barcelona, *Ed. Planeta*, 1966, *Colección Ómnibus*.
Ha estallado la paz, Barcelona, *Ed. Planeta*, 1966, *Colección Ómnibus*.
Condenados a vivir, Barcelona, *Ed. Planeta*, 1971, 2 Bde.
Los hombres lloran solos, Barcelona, *Ed. Planeta*, 1986.
Gómez De La Serna, R. : *La mujer de ámbar*, Madrid, *Colección Austral*, 6^a ed., 1959.
Greguerías, Madrid, *Ed. Cátedra*, 1979.
Gómez Marín, J. A. : *Bandolerismo, santidad y otros temas españoles*, Madrid, *Miguel Castellote, editor*, 1972, *Colección de bolsillo básico*.
Goytisolo, J. : *Duelo en el paraíso*, Barcelona, *Ed. Destino, Colección Áncora y Delfín*, 2^a ed., 1960.
El furgón de cola, Barcelona, *Ed. Seix Barral*, 1967, *Colección Biblioteca breve*.
La chanca, Barcelona-Caracas-México, *Ed. Seix Barral*, 1^a ed., 1981.
Libertad, libertad, libertad, Barcelona, *Ed. Anagrama*, 1978.
Disidencias, Barcelona-Caracas-México, *Ed. Seix Barral*, 1977.
Coto vedado, Barcelona, *Ed. Seix Barral*, 1985.
En los reinos de Taifa, Barcelona, *Ed. Seix Barral*, 1986.

GRANDE, F. : *Agenda flamenca*, Sevilla, *Editoriales andaluzas unidas*, S. A., 1985.
GRANDES, A. : *Las edades de Lulú*, Barcelona, *Tusquets Ediciones, 16ª ed.*, 1990.
GROSSO, A. : *Los invitados*, Barcelona, *Ed. Planeta*, 1978.
GUEVARA, E. „Che" : *Ernesto „Che" Guevara*, Edición de Juan Maestre, *Ediciones de cultura hispánica*, Madrid, 1988.
GUTIÉRREZ-SOLANA, J. : *La España negra*, Barcelona, *Barral editores*, 1972.
IBARGÜENGOITIA, J. : *Los conspiradores*, Barcelona, *Ed. Argos Vergara*, 1981.
ICAZA, J. : *Huasipungo*, Barcelona, *Plaza y Janés, 2ª ed.*, 1980.
IZCARAY, J. : *La hondonada*, México, *Ed. Palomar*, 1961.
JARDIEL PONCELA, E. : *La mujer como elemento indispensable para la respiración*, Barcelona, *Ed. Ahr*, 1977.
   Un marido de ida y vuelta, Madrid, *Colección Austral*.
   sowie in den *Obras completas* (Barcelona, *Ed. Ahr, 5ª ed.*, 1969, Bd. IV) :
   La tournée de Dios
   Pero ... ¿Hubo alguna vez once mil vírgenes?
   Amor se escribe sin hache
   ¡Espérame en Siberia, vida mía!
JIMÉNEZ, J. R. : *Españoles de tres mundos*, Madrid, *Aguilar*, 1969.
JIMÉNEZ LOZANO, J. : *La boda de Ángela*, Barcelona, *Ed. Seix Barral*, 1993.
La Codorniz (Antología 1941–1944), Madrid, *Arnao ed.*, 1987.
LAFORET, C. : *Nada*, Barcelona, *Ed. Destino, 17ª ed.*, 1966, *Colección Áncora y Delfín*.
LAIGLESIA, Á. de : *Te quiero, bestia*, Barcelona, *Ed. Planeta, 7ª ed.*, 1972.
LAÍN ENTRALGO, P. : *A qué llamamos España*, Madrid, *Colección Austral, 2ª ed.*
LARRA, M. J. de: *Artículos de costumbres*, Madrid, *Colección Austral, 9ª ed.*
LÁZARO CARRETER, F. : *Crónica del diccionario de autoridades* (Rede, die am 11. Juni 1972 in der Real Academia Española gehalten wurde), Madrid, 1972.
LERA, A. M. de : *Las últimas banderas*, Barcelona, *Ed. Planeta, 18ª ed.*, 1970.
LÍSTER, E. : *Memorias de un luchador* I, *Ed. G. Del Toro*, 1977.
LORÉN, S. : *Cuerpos, almas y todo eso*, Barcelona, *Ed. Corinto, 2ª ed.*, 1955.
   Una casa con goteras, Barcelona, *Ed. Planeta, 7ª ed.*, 1967.
   Las cuatro vidas del doctor Cucalón, Barcelona, *Ed. Planeta, 2ª ed.*, 1962.
   El baile de Pan, Barcelona, *Ed. Planeta*, 1960.
   Siete alcobas, Barcelona, *Ed. Planeta, 2ª ed.*, 1965.
   El pantano, Barcelona, *Plaza y Janés*, 1967.
   La rebotica, Zaragoza, *Ediciones del Pórtico*, ohne Datum.
   Clase única, Barcelona, *Ed. Planeta*, 1975.
   V. I. P., Barcelona, *Ed. Destino*, 1971, *Colección Áncora y Delfín*.
MACHADO, M. : *Soleares* (in *Obras completas*, Madrid, *Ed. Plenitud*, 1947).
MALINOW, I. : *La fascinación*, Buenos Aires, *Emecé Editores*, 1983.
MARAÑÓN, G. : *Raíz y decoro de España*, Madrid, *Colección Austral*.
MARÍAS, J. : *La España real*, Madrid, *Espasa Calpe, 4ª ed.*, 1976, *Colección boreal*.
   La realidad histórica y social del uso lingüístico (Rede, die am 20. Juni 1965 in der *Real Academia Española* gehalten wurde), Madrid, 1965.
MARSÉ, J. : *Últimas tardes con Teresa*, Barcelona, *Ed. Seix Barral*, 1982.
MARTÍN GAITE, C. : *El balneario*, Madrid, *Alianza editorial*, 1968.
   Usos amorosos del dieciocho en España, Madrid, *Siglo XXI de España Editores, S. A.*, 1972.
   Fragmentos de interior, Barcelona, *Ed. Destino, 2ª ed.*, 1980.
   El cuarto de atrás, Barcelona, *Ed. Destino, 1ª ed.*, 1981.
MARTÍN-SANTOS, L. : *Tiempo de silencio*, Barcelona, *Ed. Seix Barral, 9ª ed.*, 1972.

MATUTE, A. M. : *Los soldados lloran de noche*, Barcelona, Ed. Destino, *1ª* ed., 1977.
MAUROIS, A. : *Disraeli*, Madrid, *Colección Austral, 18ª* ed., (spanische Version von R. DE HERNÁNDEZ).
MEDIO, D. : *Nosotros, los Rivero*, Barcelona, Ed. Destino, *7ª* ed., 1958, *Colección Áncora y Delfín*.
MENDOZA, E. : *La verdad sobre el caso Savolta*, Barcelona, Ed. *Seix Barral*, 1985.
MENÉNDEZ-PIDAL, R. : *Los españoles en la literatura*, Madrid, *Colección Austral, 2ª* ed.
MIGUEL, A. de : *La perversión del lenguaje*, Madrid, *Espasa Calpe*, 1985.
MIHURA, M. : *Tres sombreros de copa*, Madrid, Ed. *Cátedra, 5ª* ed., 1981.
MINGOTE, A. : *Dos momentos del humor español* (Rede, die am 28. November 1988 in der *Real Academia Española* gehalten wurde), Madrid, 1988.
MONTERO, R. : *Crónica del desamor*, Madrid, Ed. *Debate, 6ª* ed., 1979.
MORENO-DURÁN, R.-H. : *El toque de Diana*, Barcelona, *Montesinos* ed., 1981.
MUJICA LAINEZ, M. : *Bomarzo*, Barcelona, Ed. *Seix Barral*, 1983, *2ª* ed.
NERUDA, P. : *Confieso que he vivido – Memorias*, Barcelona, Ed. *Seix Barral*, 1976.
NORA, E. de : *Poesía (1939–1964)*, León, *Diputación provincial*, 1975.
ONETTI, J. C. : *Dejemos hablar al viento*, Barcelona, *Bruguera Alfaguara, 2ª* ed., 1979.
ORTEGA Y GASSET, J. : *Estudios sobre el amor*, Madrid, Ed. de la Revista de Occidente, *12ª* ed., 1979.
Miseria y esplendor de la traducción, in *Obras Completas*, Madrid, Ed. de la Revista de Occidente, 1955, Tomo V, *2ª* ed.
PARRA, E. : *Soy un extraño para ti*, Barcelona, Ed. *Cátedra*, 1981.
PAZ, O. : *Corriente alterna*, México-Buenos Aires, *Siglo veintiuno editores, 5ª* ed., 1971.
PEMÁN, J. M. : *Ensayos andaluces*, Barcelona, Ed. *Planeta*, 1972.
PEÑUELAS, M. : *Conversaciones con R.J. Sender*, Madrid, Ed. *Magisterio español, S.A.*, 1969, *Colección Novelas y Cuentos*.
PÉREZ MERINERO, C. : *Las reglas del juego*, Madrid, Ed. *Cátedra*, 1982.
POSSE, A. : *La reina del Plata*, Barcelona, *Plaza y Janés*, 1990.
POZUELO ESCUDERO, V. : *Los últimos 476 días de Franco*, Barcelona, Ed. *Planeta*, 1980.
PUIG, M. : *Maldición eterna a quien lea estas páginas*, Barcelona-Caracas-México, Ed. *Seix Barral*, 1980.
QUIÑONES, F. : *Las mil noches de Hortensia Romero*, Barcelona, Ed. *Planeta*, 1979.
QUIROGA, E. : *Viento del Norte*, Barcelona, Ed. *Destino*, 1950, *Colección Áncora y Delfín*.
RAMÓN Y CAJAL, R. : *Charlas de café*, Madrid, *Colección Austral, 9ª* ed.
REAL ACADEMIA ESPAÑOLA, *Estatutos y Reglamento de la Real Academia Española*, Madrid, 1978.
RICARDO ALONSO, L. : *El Supremísimo*, Barcelona, Ed. *Destino*, 1981.
RICO, F. : *Lázaro de Tormes y el lugar de la novela* (Rede, die am 4. Juni 1987 in der *Real Academia Española* gehalten wurde), Madrid, 1987.
RIDRUEJO, D. : *Casi unas memorias*, Barcelona, Ed. *Planeta*, 1976.
RIERA, C. : *Contra el amor en compañía*, Barcelona, Ed. *Destino, Áncora y Delfín*, 1991.
Cuestión de amor propio, Barcelona, *Tusquets Editores*, 1987.
RIQUER, M. de : *Contestación ...*, → siehe DÍAZ-PLAJA, G. (*La dimensión culturalista ...*).
ROA BASTOS, A. : *El trueno entre las hojas*, Barcelona, Ed. *Bruguera*, 1977.
RODRÍGUEZ PUÉRTOLAS, J. → siehe BLANCO AGUINAGA.
ROJAS, C. : *Por qué perdimos la guerra*, Barcelona, Ed. *Nauta*, 1970.
El sueño de Sarajevo, Barcelona, Ed. *Destino*, 1982.
ROMERO, D. : *La esposa del Dr. Thorne*, Barcelona, *Tusquets Editores*, 1988.
ROMERO, E. : *La paz empieza nunca*, Barcelona, Ed. *Planeta, 13ª* ed., 1968.
RULFO, J. : *Pedro Páramo*, Barcelona, Ed. *Bruguera*, 1981.
SÁBATO, E. : *El escritor y sus fantasmas*, Barcelona-Caracas-México, Ed. *Seix Barral, 8ª* ed., 1981.
SALAÜN, S. → siehe BOTREL.
SALINAS, P. : *La literatura española siglo XX*, Madrid, *Alianza editorial, 2ª* ed., 1972.
Ensayos de literatura hispánica, Madrid, *Aguilar, 3ª* ed., 1967.

SALVADOR, G. : *Un mundo con libros*, Madrid, *Espasa Calpe*, 1996.
SALVADOR, T. : *División 250*, Barcelona, *Ed. G. P.*, 4ª ed., 1968.
  Diálogos en la escuridad, Barcelona, *Ed. Bruguera*, 1968.
  Los atracadores, Barcelona, *Ed. G. P.*, 1966.
SÁNCHEZ-ALBORNOZ, C. : *Mi testamento histórico-político*, Barcelona, *Ed. Planeta*, 1975.
  Siete ensayos, Barcelona, *Ed. Planeta*, 1977, *Colección Textos*.
SÁNCHEZ FERLOSIO, R. : *El Jarama*, Barcelona, *Ed. Destino, 11ª ed.*, 1971, *Colección Áncora y Delfín*.
SECO, M. : *Las palabras en el tiempo: los diccionarios históricos* (Rede, die am 23. November 1980 in der *Real Academia Española* gehalten wurde), Madrid, 1980.
Semana de autor (Mario Vargas Llosa), Madrid, *Ediciones de cultura hispánica, Instituto de cooperación iberoamericana*, 1989, 2ª ed.
SENDER, R. J. : *Siete domingos rojos*, Buenos Aires, *Ed. Proyección*, 1970.
  Mr. Witt en el cantón, Madrid, *Alianza editorial*, 1969, *Colección El libro de bolsillo*.
  La luna de los perros, Barcelona, *Ed. Destino*, 1969, *Colección Áncora y Delfín*.
  Epitalamio del prieto Trinidad, Barcelona, *Ed. Destino, 3ª ed.*, 1969, *Colección Áncora y Delfín*.
  La tesis de Nancy, Madrid, *Ed. Magisterio español, 3ª ed.*, 1969, *Colección Novelas y Cuentos*.
  La llave (y otras narraciones), Madrid, *Ed. Magisterio español*, 1967, *Colección Novelas y Cuentos*.
  Crónica del alba, Madrid, *Alianza editorial*, 1965–1966, *Colección El libro de bolsillo*, 3 Bde.
  La aventura equinoccial de Lope de Aguirre, Madrid, *Ed. Magisterio español*, 1964, *Colección Novelas y Cuentos*.
  Relatos fronterizos, Barcelona, *Ed. Destino, 2ª ed.*, 1972, *Colección Áncora y Delfín*.
  La mirada inmóvil, Barcelona, *Ed. Argos Vergara*, 1979.
SKÁRMETA, A. : *Ardiente paciencia*, Barcelona, *Plaza y Janés*, 1986.
SUMMERS: *Politikk*, Madrid, *Sedmay Ediciones*, 1975.
TELLADO, C. : *Necesito aprovechar la vida*, Barcelona, *Ed. Bruguera*, 1984.
TIERNO GALVÁN, E. : *Bandos del alcalde*, Madrid, 1984.
TORRENTE BALLESTER, G. : *El Quijote como juego*, Madrid, *Ed. Guadarrama*, 1975.
TRIGO, F. : *En la carrera*, Badajoz, *Universitas Editorial*, 1981.
TUDELA, M. : *Cela*, Madrid, *Epesa*, 1970.
UMBRAL, F. : *Si hubiéramos sabido que el amor era eso*, Barcelona, *Ed. Destino, 2ª ed.*, 1969, *Colección Áncora y Delfín*.
  Memorias de un niño de derechas, Barcelona, *Ed. Destino*, 1972, *Colección Áncora y Delfín*.
  Amar en Madrid, Barcelona, *Ed. Planeta*, 1972.
  Carta abierta a una chica progre, Madrid, *Ediciones 99*, 1973.
  Retrato de un joven malvado, Barcelona, *Ed. Destino*, 1973, *Colección Áncora y Delfín*.
  La guapa gente de derechas, Barcelona, *Luis de Caralt Editor, 2ª ed.*, 1976.
  Diario de un español cansado, Barcelona, *Ed. Destino*, 1975, *Colección Áncora y Delfín*.
  Las ninfas, Barcelona, *Ed. Destino*, 1976, *Colección Áncora y Delfín*.
  La noche que llegué al café Gijón, Barcelona, *Ed. Destino*, 1977, *Colección Áncora y Delfín*.
  Travesía de Madrid, Barcelona, *Ed. Destino*, 1966.
  Los amores diurnos, Barcelona, *Ed. Kairos*, 1979.
  Los helechos arborescentes, Barcelona, *Ed. Argos Vergara*, 1980.
  A la sombra de las muchachas rojas, Madrid, *Ed. Cátedra*, 1981.
  Mis queridos monstruos, Madrid, *Ed. El País*, 1985.
  Memorias de un hijo del siglo, Madrid, *Ed. El País*, 1987.
  El fulgor de África, Barcelona, *Ed. Seix Barral*, 1989.
UNAMUNO, M. de : *El espejo de la muerte*, Madrid, *Colección Austral, 6ª ed.*
  Visiones y comentarios, Madrid, *Colección Austral, 3ª ed.*

Obras completas, ed. de M. García Blanco, Madrid, *Ed. A. Aguado, S. A.*, Bd. VI, 1958.
URRUTIA, J. : *Imago litterae*, Sevilla, *Ed. Alfar*, 1984.
USLAR PIETRI, A. : *La isla de Róbinson*, Barcelona, *Ed. Seix Barral*, 1983.
VALDÉS, J. de : *Diálogo de la lengua*, Barcelona, *Ed. Orbis, S. A.*, 1983.
VALERO, J. → siehe VÁZQUEZ, M.
VALLE-INCLÁN, R. del : *Sonata de otoño y sonata de invierno*, Madrid, *Colección Austral, 4ª ed.*
    Luces de bohemia, Madrid, *Colección Austral, 13ª ed.*
VALLEJO-NÁGERA, J. A. : *Concierto para instrumentos desafinados*, Barcelona, *Ed. Argos Vergara*, 1980.
VARGAS LLOSA, M. : *La ciudad y los perros*, in *Obras escogidas*, Madrid, *Aguilar*, 1973.
    La guerra del fin del mundo, Barcelona, *Plaza y Janés*, 1981.
    Contra viento y marea (1962–1982), Barcelona, *Ed. Seix Barral*, 1983.
    La Chunga, Barcelona, *Ed. Seix Barral*, 1986.
VÁZQUES FIGUEROA, A. : *Viaje al fin del mundo: Galápagos*, Barcelona, *Plaza y Janés*, 1992.
VÁZQUEZ, M. & VALERO, J. : *La guerra civil en Madrid*, Madrid, *Tebas*, 1978.
VÁZQUEZ MONTALBÁN, M. : *Los mares del sur*, Barcelona, *Ed. Planeta*, 1979.
    La cocina catalana, Barcelona, *Ed. Península*, 1979.
    Galíndez, Barcelona, *Ed. Seix Barral*, 1990.
VILALLONGA, J. L. de : *La nostalgia es un error*, Barcelona, *Ed. Planeta*, 1980.
VIZCAÍNO CASAS, F. : *La España de la Posguerra 1939–1953*, Barcelona, *Ed. Planeta, 4ª ed.*, 1976.
    Café y copa con los famosos, Madrid, *Sedmay ed.*, 1976.
    Niñas ... ¡al salón!, Barcelona, *Ed. Planeta, 16ª ed.*, 1978.
    ... y al tercer año, resucitó, Barcelona, *Ed. Planeta, 7ª ed.*, 1978.
    Hijos de Papá, Barcelona, *Ed. Planeta*, 1979.
ZAVALA, I. → siehe BLANCO AGUINAGA.
ZUNZUNEGUI, J. A. de : *El barco de la muerte*, Madrid, *Colección Austral, 2ª ed.*
    Ramón o la vida baldía, Madrid, *Colección Austral*.
    Beatriz o la vida apasionada, Madrid, *Colección Austral*.
    La úlcera, Madrid, *Colección Austral, 2ª ed.*
    La vida como es, Barcelona, *Ed. Noguer*, 1954.
    El camión justiciero, Barcelona, *Ed. Noguer*, 1956.
    El hijo hecho a contrata, Barcelona, *Ed. Noguer*, 1956.
    Los caminos de El Señor, Barcelona, *Ed. Noguer*, 1959.
    Una ricahembra, Madrid, *Ed. Prensa española, 4ª ed.*, 1971.

b. Presse

A B C, Madrid.
Aragón Expres, Zaragoza.
Blanco y Negro (Wochenzeitung von *A B C*).
Cambió 16, Madrid, Barcelona.
Casa grande (periódico del ayuntamiento de Salamanca).
Cinco días, Madrid.
Diario 16, Madrid.
Diez Minutos, Madrid, Barcelona.
El Alcázar, Madrid.
El cocodrilo (Wochenzeitung), Madrid.
El diario vasco, San Sebastián.
El Imparcial, Madrid.

El Independiente, Madrid.
El Jueves (La revista que sale los miércoles).
El Ligón (Wochenzeitung), Madrid.
El Mundo, Madrid.
El Norte de Castilla, Valladolid.
El País, Madrid.
El Periódico, Barcelona.
Heraldo de Aragón, Zaragoza.
¡Hola! (Wochenzeitschrift) Madrid, Barcelona.
Informaciones, Madrid.
Interviú, Madrid, Barcelona.
La Vanguardia Española, Barcelona (wird im Text mit *La Vanguardia* abgekürzt).
La Voz de Almeriá
Ya, Madrid, Barcelona.

II. Allgemeine Werke und Abhandlungen

AGENCIA EFE : *Manual de español urgente*, Madrid, Ed. Cátedra, 1985, 2^a ed.
ALCINA FRANCH, J. & BLECUA, J. M. : *Gramática española*, Barcelona, Ed. Ariel, 1975, *Colección Letras e ideas*.
ALARCOS LLORACH, E. : *Estudios de gramática funcional del español*, Madrid, Ed. Gredos, 3^a ed., 1982.
 Anatomía de 'La lucha por la vida' (Rede, die am 25. November 1973 in der *Real Academia Española* gehalten wurde), Madrid, 1973.
 Gramática de la lengua española, Madrid, Espasa Calpe, 1994.
ALONSO, A. : *Estudios lingüísticos (temas españoles)*, Madrid, Ed. Gredos, 1974.
ALONSO, A. & HENRÍQUEZ UREÑA, P. : *Gramática castellana, segundo curso (13^a ed.)*, Buenos Aires, Ed. Losada, 1955.
ALONSO, D. : *El español, lengua de centenares de millones de habitantes, sus problemas a fines del siglo XX* [in den Kongreßberichten des *I Simposio internacional de lengua española* (1978), S. 419–426]. Ed. del Excelentísimo Cabildo insular de Gran Canaria, 1981.
ALVAR EZQUERRA, M. : *Diccionario y gramática* (in *Lingüística española actual*, IV/2, 151–207).
ALVAR, M. & POTTIER, B. : *Morfología histórica del español*, Madrid, Ed. Gredos, 1983.
BARRERA-VIDAL, A. : *Parfait simple et parfait composé en castillan moderne*, München, Max Hueber Verlag, 1972.
BATCHELOR, R. E. & POUNTAIN, C. J. : *Using Spanish. A guide to contemporary usage*, Cambridge, Cambridge University Press, 1992.
BEINHAUER, W. : *El español coloquial*, Madrid, Ed. Gredos, 2^a ed., 1968.
 El humorismo en el español hablado, Madrid, Ed. Gredos, 1973.
BELLO, A. : *Gramática*, Caracas, Ediciones del Ministerio de Educación, 1972.
BELLO VÁZQUEZ, F. : *Lenguaje y estilo en la obra de Pío Baroja*, Salamanca, Ediciones de la Universidad, 1988.
BERSCHIN, H. : *A propósito de la teoría de los tiempos verbales: perfecto simple y pretérito compuesto en el español peninsular y colombiano* (in *Lingüística española actual*, IX/1, 1987, 101–110).
BERSCHIN, H., FERNÁNDEZ-SEVILLA, J., FELIXBERGER, J. : *Die spanische Sprache, Verbreitung – Geschichte – Struktur*, München, Max Hueber Verlag, 1987.
BORREGO NIETO, J. u. a. : *Sobre el tú y el usted* (in *Studia Philologica Salmanticensia*, Nr. 2, 1978, 53–69).

Bosque, I. : *Más allá de la lexicalización* (in *Boletín de la Real Academia Española*, Tomo LXII, Cuaderno CCXXV, 103–158).
Las categorías gramaticales, Madrid, *Ed. Síntesis*, 1989.
Bosque, I. & Demonte, V.: *Gramática Descriptiva de la Lengua Española*, Madrid, *Espasa*, 1999, 3 Bde.
Siehe auch: Fernández Ramírez.
Brems, W. → siehe De Kock.
Bustos Gisbert, E. : *La composición nominal en español*, Salamanca, *Ediciones de la Universidad*, 1986.
Carabias, J. : *Esdrújulo* (in *Heraldo de Aragón*, 1.9.1978, 22).
Carnicer, R. : *Sobre el lenguaje de hoy*, Madrid, *Ed. Prensa española*, 1969.
Nuevas reflexiones sobre el lenguaje, Madrid, *Ed. Prensa española*, 1972.
Cartagena, N. : *Sentido y estructura de las construcciones pronominales en español*, Concepción-Chile, 1972.
Sistema, norma y habla del futuro de probabilidad español (in *Logos Semanticos – Studia linguistica in honorem Eugenio Coseriu 1921–1981*, IV, Madrid, *Ed. Gredos*, Berlin-New York, De Gruyter, 383–394).
Zu den semantischen und pragmatischen Grundlagen der deutschen Entsprechungen für das spanische Imperfekt (in *Navicula Tubingensis – Studia in honorem Antonii Tovar*, Tübingen, Gunter Narr Verlag, 1984, 73–84).
La fonética del español americano. Un problema de lingüística descriptiva y aplicada (in *Romanistisches Jahrbuch*, 1980, 261–276).
Cartagena, N. & Gauger, H. M. : *Vergleichende Grammatik Spanisch-Deutsch*, 2 Bde., Mannheim/Wien/Zürich, *Bibliographisches Institut*, 1989.
Chang-Rodríguez, E. → siehe Juilland.
Coll, J. L. : *El eroticoll, Diccionario erótico*, Madrid, *Ediciones Temas de hoy*, 1991.
Contreras, H. : *El orden de palabras en español*, Madrid, *Ed. Cátedra*, 1978.
Coste, J. & Redondo, A. : *Syntaxe de l'espagnol moderne (enseignement supérieur)*, Paris, *Ed. Sedes*, 1965.
Cotton, E. G. & Sharp, J. : *Spanish in the Americas*, Washington D. C., *Georgetown University Press*, 1988.
Criado De Val, M. : *Fisonomía del español y de las lenguas modernas*, Madrid, *Ed. S. A. E. T. A.*, 1972.
De Bruyne, J. : *Das Partizip I und fast gleichwertige Formen im Spanischen* (in *Linguistica Antverpiensia*, V, 1971, 7–14).
Les néologismes espagnols formés au moyen du suffixe '-oide' (in *Linguistica Antverpiensia*, VIII, 1974, 7–16).
Over samenstelling door suffixen in het Spaans (in *Linguistica Antverpiensia*, IX, 1975, 7–169).
Enkele toelichtingen en bedenkingen bij de definitie van de infinitief door de 'Real Academia Española' (in *Linguistica Antverpiensia*, X, 1976, 47–69).
Acerca del sufijo '-azo' en el español contemporáneo (in *Iberoromania*, VIII, 1978, 54–81).
Le suffixe '-ón' en espagnol moderne (in *Linguistica Antverpiensia*, XIX, 1979, 7–53).
Algunos aspectos de la polivalencia de la conjugación 'que' (in *Linguistica Antverpiensia*, XVI–XVII, 1982-1983, 61–77).
Acerca de la traducción de 'ísimo' (in *Lingüística española actual*, 1980, II/1, 27–37).
Complementos de 'i' (in *Philologica – Homenaje a D. Antonio Llorente*, Salamanca, 1989, II, 113–121).
Nota sobre 'sendos', Complemento I a 'Esbozo de una nueva gramática de la lengua española' (in *Romanische Forschungen*, 101, 1989, 273–280).
Antolojoide (BRAE, LXIX, 1989, 91–130).

Complementos de 'Esbozo de una nueva gramática de la lengua española' – II (Nota sobre 'devenir') (in *Romanistisches Jahrbuch*, XLI, 1990, 249–261.)

¿'Bonísimo' o 'buenísimo'? Complemento IV a 'Esbozo de una nueva gramática de la lengua española' (in *Linguistica Antverpiensia*, XXVI, 1992, 19–32).

A cerca de sombreros novésimos nuevísimos y nuevísimos, Complemento III a 'Esbozo de una nueva gramática de la lengua española' (en *Iberoromania*, 37, 1993, 91–105).

¿Puede un catedrático o un académico ser feliz stando calvo? (in *Linguistica Antverpiensia*, XXVIII, 1994, 35–46).

Eutrapelias del alfabeto español, Madrid, *Visor*, 1995.

DE KOCK, J., GÓMEZ MOLINA, C., VERDONK, R. : *Gramática española*, Leuven, *Acco*, 1979, 3 Bde. (unter Mitwirkung von W. BREMS bei Bd. 3).

DE KOCK, J. & GÓMEZ MOLINA, C. : *Concordancias e índices automáticos a disposición de la enseñanza del español, lengua extranjera* (in *Lingüística española actual*, 1982, IV/1, 47–82).

DEMONTE, V. : *El falso problema de la posición del adjetivo: dos análisis semánticos* (BRAE, LXII, 1982, 453–485).
→ Siehe BOSQUE.

DIETRICH, W. : *La función de la forma verbal española en '-ra'* (Actas del segundo Congreso Nacional de Lingüística, 16.–19. 9. 1981, San Juan – República Argentina, 319–332).

DIETRICH, W. & GECKELER, H. : *Einführung in die spanische Sprachwissenschaft (Ein Lehr- und Arbeitsbuch)*, Berlin, *Erich Schmidt Verlag*, 1990.

DUVIOLS, M. & VILLEGIER, J. : *Grammaire espagnole*, Paris, *Librairie Hatier*, 1960.

EL PAÍS, *Libro de Estilo*, Madrid, *Ediciones El País*, 9ª ed., 1993.

ETTINGER, S. → siehe HAENSCH.

FELIXBERGER, J. : *Untersuchungen zur Sprache des spanischen Sprichwortes*, München, *W. Fink Verlag*, 1974.
→ Siehe BERSCHIN.

FENTE, R. : *Sobre los verbos de cambio o devenir* (in *Filología moderna*, 38, 1970, 157–172).

FERNÁNDEZ RAMÍREZ, S. : *Gramática española, Manuales de la Revista de Occidente*.
Gramática española 4. El verbo y la oración (volumen ordenado por I. BOSQUE), Madrid, *Arco Iris, S.A.*, 1986.

FERNÁNDEZ SEVILLA, J. → siehe BERSCHIN.

GARCÍA BERRIO, A. : *La lingüística moderna*, Barcelona, *Ed. Planeta*, 1976.

GARCÍA YEBRA, V. : *Teoría y práctica de la traducción*, Madrid, *Ed. Gredos*, 1982, 2 Bde.

GAUGER, H.-M. : *Sprach-Störungen. Beiträge zur Sprachkritik* (Herausgegeben von H.-M. GAUGER), München-Wien, *Carl Hanser Verlag*, 1986.
Brauchen wir Sprachkritik? (Henning-Kaufmann-Stiftung zur Pflege der Reinheit der deutschen Sprache – Jahrbuch 1984), Marburg, *Jonas Verlag*, 1985.
→ Siehe CARTAGENA.

GILI Y GAYA, S. : *Curso superior de sintaxis española*, Barcelona, *Vox*, 9ª ed., 1964.

GÓMEZ ASENSIO, J. J. → siehe BORREGO NIETO.

GÓMEZ MOLINA, C. → siehe DE KOCK.

GOOCH, A. : *Diminutive, augmentative and pejorative suffixes in modern Spanish*, London, *Pergamon Press*, 1967.

GUTIÉRREZ ARAUS, M. L. : *Las estructuras sintácticas del español actual*, Madrid, *Sociedad general española de librería*, 1978.

HAENSCH, G. : *Neues Wörterbuch des Amerikanischen Spanisch und neues Wörterbuch des Kolumbianischen Spanisch* [in *Hispanorama* (Mitteilungen des Deutschen Spanischlehrerverbands), Nr. 36, 1984, 167–176].

HAENSCH, G., WOLF, L., ETTINGER, S., WERNER, R. : *La lexicografía*, Madrid, *Ed. Gredos*, 1982.

HAMPARES, K. J. : *Sexism in Spanish lexicography?* (in *Hispania*, 59, 1976, 100–109).
HAVERKATE, H. : *Modale vormen van het Spaanse werkwoord (Het gebruik van imperativo, indicativo, subjuntivo)*, Dordrecht, Providence, *Foris Publications*, 1989.
HENRÍQUEZ UREÑA, P. → siehe ALONSO, A.
HERNÁNDEZ, C. : *Sintaxis española*, Valladolid, *4ª ed.*, 1979.
Gramática funcional del español, Madrid, *Ed. Gredos*, 1984.
Lo, ¿artículo o pronombre? (in *Anuario de lingüística hispánica*, I, 1985, 115–127).
IGLESIAS, A. : *Eponimia: motivación y personificación en el español marginal y hablado* (BRAE, LXI, 297–348).
ÍNSULA, *Revista de Letras y Ciencias Humanas*, Madrid, *Ínsula, Librería, Ediciones y Publicaciones, S. A.*
IRIBARREN, J. M. : *El porqué de los dichos*, Madrid, *Aguilar, 4ª ed.*, 1974.
JUILLAND, A. & CHANG-RODRÍGUEZ, E. : *Frequence Dictionary of Spanish words*, London-The Hague-Paris, *Mouton*, 1964.
KANY, C. : *Sintaxis hispanoamericana*, Madrid, *Ed. Gredos*, 1969.
Semántica española, Madrid, *Aguilar*, 1962.
KENISTON, H. : *Spanish syntax list*, New York, *Henry Holt*, 1937.
KÖRNER, K. H. : *Der Agensausdruck beim Reflexivpassiv im Spanischen aus syntaxtypologischer Perspektive* (in *Variatio Linguarum – Festschrift zum 60. Geburtstag von Gustav Ineichen*, Wiesbaden, *F. Steiner Verlag*, 1989).
Hat das lateinamerikanische Spanisch eine eigene Grammatik? (in *Korrelative Sprachtypologie*, Wiesbaden, *F. Steiner Verlag*, 1987, 110–119).
KUHLMANN Y PEISKER , H. : *'Llamara' und 'llamase' – una aportación al tema* (in *Anuario de lingüística hispánica*, VI, 1990, 279–293).
LANG, M. F. : *Spanish Word Formation*, London and New York, *Routledge*, 1990.
LAPESA, R. : *Comunicación y lenguaje*, Madrid, *Ed. Karpos*, 1977 (R. LAPESA, *Coord.*).
Tendendias y problemas actuales de la lengua española (in *o. c.*, 203–339).
Historia de la lengua española, Madrid, *Ed. Gredos, 8ª ed.*, 1980.
Contestación (zu *Utrum lingua ...*) → siehe LORENZO.
Personas gramaticales y tratamientos en español (in *Homenaje a Menéndez Pidal*, IV, *Rev. de la Universidad de Madrid*, vol. XIX, n° 74, 1970).
Sobre los orígenes y evolución del leísmo, laísmo y loísmo (in *Festschrift Walther von Wartburg*, Tübingen, *M. Niemeyer Verlag*, 1968).
LAUNAY, M. : *Acerca de los auxiliares y frases verbales* (in *Lingüística española actual*, II/1, 1980, 39–79).
LÁZARO CARRETER, F. : *Estudios de lingüística*, Barcelona, *Ed. Crítica*, 1980.
Las ideas lingüísticas en España durante el siglo XVIII, Barcelona, *Ed. Crítica*, 1985.
El dardo en la palabra, Barcelona, *Galaxia Gutenberg*, 1997.
LÁZARO MORA, F. A. : *Sobre „aunque" adversativo* (in *Lingüística española actual*, IV/1, 1982, 123–130).
Algunas notas sobre la preposición (in *Philologica Hispaniensia in honorem Manuel Alvar*, Madrid, *Ed. Gredos*, 1985, II, 375–389).
LOPE BLANCH, J. M. : *El español de América*, Madrid, *Ed. Alcalá*, 1968.
LORENZO, E. : *El español de hoy, lengua en ebullición*, Madrid, *Ed. Gredos, 2ª ed.*, 1971.
Utrum lingua an loquentes? (Rede, die am 22. November 1981 in der *Real Academia Española* gehalten wurde), Madrid, 1981.
El español y otras lenguas, Madrid, *Sociedad general española de librería*, 1980.
LUNA TRAIL, E. : *Sintaxis de los verboides en el habla culta de la ciudad de México*, *Univ. Nacional Autónoma de México*, México, 1980.

LLORENTE MALDONADO DE GUEVARA, A. : *Consideraciones sobre el español actual* (Sonderdruck aus *Anuario de Letras*, vol. XVIII, México, 1980).

MADARIAGA, S. de : *¿Vamos a Kahlahtahyood?* (in *Revista de Occidente*, März 1966, 365–373).

MARCOS MARÍN, F. : *Aproximación a la gramática española*, Madrid, *Ed. Cincel*, 1972.

Lengua española, Curso de orientación universitaria, Madrid, *Ed. Noguer*, 1978.

MARTÍN ZORRAQUINO, M. A. : *Las construcciones pronominales en español*, Madrid, *Ed. Gredos*, 1979.

MARTÍNEZ ALBERTOS, J. L. : *El uso de la lengua en la comunicación periodística: aspectos culturales, políticos y sociales* (in *Lingüística española actual*, XII/2, 1990, 175–196).

MARTÍNEZ DE SOUSA, J. : *Reforma de la ortografía española*, Madrid, *Visor*, 1991.

MARTÍNEZ MARÍN, J. : *'Este agua' y construcciones afines en español actual* (in *Lingüística española actual*, IV/1, 1982, 39–46).

MIRANDA PODADERA, L. : *Cuestiones gramaticales*, Madrid, *Librería y Casa Editorial Hernando, S. A.*, 4ª ed., 1965.

MOLHO, M. : *Sistemática del verbo español*, Madrid, *Ed. Gredos*, 2 Bde., 1975.

MONGE, F. : *'Ser' y 'estar' con participios y adjetivos* (*Actes du IXe Congrès international de linguistique romane, Centro de estudios filológicos*, Lisboa, 1961).

Notas a una hipótesis sobre el leísmo (in *Serta Philologica F. Lázaro Carreter*, Madrid, *Ed. Cátedra*, 1983, 441–453).

Sufijos españoles para la designación de „golpe" (in *Homenaje a Francisco Yndurain*, Zaragoza, *Ed. Librería general*, 1972, 229–247).

MONTES, J. : *'le' por 'les' ¿un caso de economía morfológica?* (in *Thesaurus*, XX, 1965, 622–625).

MONTES GIRALDO, J. J. : *Sobre el sintagma 'haber + substantivo'* (in *Thesaurus*, XXXVII, 1982, n° 2, 383–385).

MOZOS MOCHA, S. de los : *El gerundio preposicional*, Univ. de Salamanca, 1973.

La norma castellana del español, Valladolid, *Ámbito ediciones*, 1984.

NÁÑEZ, E. : *El diminutivo*, Madrid, *Ed. Gredos*, 1973.

La lengua que hablamos, Creación y sistema, Santander, *Ed. Gonzalo Bedia*, 1973.

PENNY, R. J. : *Patterns of Language-Change in Spain* (*An Inaugural Lecture delivered at Westfield College Wednesday, 26th November 1986*), Printed at Westfield College (University of London), 1987.

PÉREZ BOWIE, J. A. → siehe BORREGO NIETO.

POTTIER, B. : *Lingüística moderna y filología hispánica*, Madrid, *Ed. Gredos*, 1970.
→ Siehe ALVAR, M.

POUNTAIN, C. J. : *La noción de 'devenir' en español* (in *Boletín de la Asociación Europea de Profesores de Español*, Año XVI, n° 31, 1984, 111–116).

How 'become' became in Castilian (in *Essays in honour of Robert Brian Tate from the colleagues and pupils*, University of Nottingham, *Monographs in the Humanities*, II, 1984, 101–111).
→ Siehe BATCHELOR.

RABANAL, M. : *El lenguaje y su duende*, Madrid, *Ed. Prensa Española*, 1969.

RABANALES, A. : *¿Qué es hablar correctamente?* (in *Revista de Educación*, Santiago de Chile, agosto 1984, 49–58).

REAL ACADEMIA ESPAÑOLA : *Gramática de la lengua española*, Madrid, *Nueva edición, reformada, de 1931, Espasa Calpe.*

Esbozo de una nueva gramática de la lengua española, Madrid, *Espasa Calpe*, 1973.

Boletín de la Real Academia Española (= BRAE).

Ortografía de la lengua española, Madrid, *Espasa Calpe*, 1999.

Al pie de la letra. Geografía fantástica del alfabeto español, Salmanca, *Graficas Varona*, 2001.

ROEGIEST, E. : *Les prépositions 'a' et 'de' en espagnol contemporain*, Gent, 1980, *Werken uitgeveven door de Faculteit van de Letteren en Wijsbegeerte, 116e Aflevering*.

ROSENBLAT, A. : *El castellano de España y el castellano de América*, Caracas, *Cuadernos del Instituto de Filología „Andrés Bello"*, 2ª ed., 1965.

Notas de morfología dialectal (in *Biblioteca de Dialectología Hispanoamericana*, II, 105–316, Buenos Aires, 1946).

SALVADOR, G. : *Sobre la letra 'q'* (Rede, die am 15. Februar 1987 in der *Real Academia Española* gehalten wurde), Madrid, 1987.

Lengua española y lenguas de España, Barcelona, Ed. Ariel, 1987.

Política lingüística y sentido común, Madrid, *Istmo*, 1992

SANTIAGO, R. : *Hacia la reconstrucción histórica de un problema de adaptación gráfica y fonética: La normativa sobre la W* (BRAE, LXIX, 1989, 41–63).

SCHMIDELY, J. : *La personne grammaticale et son expression en langue espagnole*, Paris, *Librairie H. Champion*, 1979.

SCHROTEN, J. : *Concerning the deep structures of Spanish reflexive sentences*, The Hague-Paris, Mouton, 1972.

Marking rules and the underlying order of constituents in Spanish (in *Utrecht working papers in linguistics*, 1978, nº 6, 1–28).

SECO, M. : *El léxico de hoy* (in R. LAPESA, *Comunicación y lenguaje*, 181–201).

SECO, R. : *Manual de gramática española*, Madrid, *Aguilar, Nueva edición revisada*, 1960.

SERRALTA, F. : *Sobre la legitimidad de la construcción 'un cierto'* (BRAE, LXIX, 1989, 203–210).

SHARP, J. → siehe COTTON.

STIEHM, B. G. : *Spanish word order in non-sentence constructions* (in *Language*, vol. 51, nº 1, 1975, 49–88).

TAVERNIER, M. : *La frecuencia relativa de las formas verbales en -ra y -se* (in *Español actual*, nrs. 35–36, 1979, 1–12).

VAN DAM, C. F. A. : *Spaanse spraakkunst*, Zutphen, *derde uitgave*, 1967.

VARELA, B. : *Argentinismos y cubanismos* (in *Romance Notes*, XXIV, number 2, 1984).

Cuerpo de tentación, pero cara de arrepentimiento, (in *Diálogos, El Colegio de México*, nº 109, 1983, 23–28).

El español de los Estados Unidos [in *Actas del I Congreso Internacional de Historia de la Lengua Española* (1987), Madrid, *Arco/Libros, S. A.*, 1575–1580].

VERDONK, R. : *Relatieve frequentie en grammaticaonderwijs: de Spaanse 'pronombres relativos'* [in *Handelingen van het 2ᵉ Fakulteitscolloquium* (über *Linguïstische en socio-culturele aspecten van het taalonderwijs*), Gent 24–26 November, 1982, 256–263].

→ Siehe DE KOCK.

VIGARA TAUSTE, A. M. : *Morfosintaxis del español coloquial*, Madrid, *Ed. Gredos*, 1992.

WEINRICH, H. : *Wege der Sprachkultur*, Stuttgart, *Deutsche Verlags-Anstalt*, 1985.

WERNER, R. → siehe HAENSCH.

WOLF, L. → siehe HAENSCH.

ZAMORA VICENTE, A. : *Dialectología española*, Madrid, *Ed. Gredos*, 2ª ed., 1967.

III. Wörterbücher

ANDRÉS, O. → siehe SECO

LÁZARO CARRETER, F. : *Diccionario de términos filológicos*, Madrid, *Ed. Gredos*, 2ª ed., 1962.

LEÓN, V. : *Diccionario de 'argot' español y lengua popular*, Madrid, *Alianza Editorial*, 1981.

MARSÁ, F. : *Diccionario Planeta de la lengua española usual*, Barcelona, 1982.

Diccionario normativo y guía práctica de la lengua española, Barcelona, Ed. Ariel, 1986.

MARTÍNEZ AMADOR, E. : *Diccionario gramatical*, Barcelona, *Ed. R. Sopena*, 1961.
MOLINER, M. : *Diccionario de uso del español*, Madrid, *Gredos*, 1966–1967, 2 Bde. (*reimpresión 1982*).
OLIVER, J. M. : *Diccionario de argot*, Madrid, *Sena ed.*, 1985.
RAMOS, G. → siehe SECO
REAL ACADEMIA ESPAÑOLA, : *Diccionario de la lengua española*, Madrid, *Espasa Calpe*, XX^a ed., 1984, 2 Bde.
[Vgl. auch die Ausführungen zu späteren Ausgaben im „Vorwort zur 2. Auflage", S. XIX.]
REYES, A. : *Diccionario (francés-español y español-francés)*, Madrid, *Ed. Reyes*, 1947.
SECO, M. : *Diccionario de dudas y dificultades de la lengua española*, Madrid, *Aguilar*, 9^a ed., 1986.
[In manchen Fällen wird (ausdrücklich) auf die 5. Aufl. dieses Werkes verwiesen. Diese stammt aus dem Jahr 1970.]
SECO, M., ANDRÉS, O., RAMOS, G. : *Diccionario del español actual*, Madrid, *Aguilar Lexicografía*, 1999, 2 Bde.
SLABY, R. J. & GROSSMANN, R. : *Wörterbuch der spanischen und deutschen Sprache in zwei Bänden*, Bd. 1, Wiesbaden, *Brandstetter, 3. Aufl.*, 1975.
UMBRAL, F. : *Diccionario cheli*, Barcelona, *Ed. Grijalbo*, 1983.
VAN DAM, C. F. A.: *Spaans Handwoordenboek*, I, *Spaans-Nederlands*, 4^e *druk*, Den Haag, *Van Goor*, 1969.

REGISTER*

A

a, 1, 2, 4, 89, 687, 772, 774, 794, 819 Fn. 54
  Präposition, 25, 42, 63, 194, 710–731
a + -*azo* + *limpio*, 1358
a cual más, a cuál más, 204
a im präpositionalen Akkusativ, 396 Fn. 130, 397 Fn. 135, 401, 424, 710–716
a + bestimmter Artikel + Substantiv (oder Adverb), 721
(a) cada nada, 490
a ~ con, 744
a + *lo* (oder *la*) + Adjektiv (oder Substantiv), 61, 723
a in adverbialen Ausdrücken, 731
a anstelle von *en*, 772, 774, 775, 777
a fin de que, 1085
a + *lo* (*a la*), 61, 623
a la mejor, 1057 Fn. 75
a lo mejor, 1057
a mediados de, 48
a medio + Infinitiv, 1151
a menos que, 1102
a no dudarlo, 1140
a no ser por mí, 1138 Fn. 32
a no ser que, 1102
a pesar (de) que, 1099
a principios de, 48
a que, 1085
al año de, 1233
al decir, al parecer, 1135
a eso de, 361
a + (Infinitiv) = wenn, falls, 728, 748, 1138
a + Infinitiv = *por* + Infinitiv, *total a pagar* = *total por pagar*, 1160
a + Infinitiv = Imperativ, 1166, 1170, 1171, 1176
al + Infinitiv, 1132–1135, 1196 Fn. 83
a + *más* (+ *no*) + Infinitiv, 1140
a poco (de), 721, 1148
al poco (de), 721, 1148
a por, 719, 828–830
a + *todo* + Infinitiv, 513, 1140

a = deutsch „von" (oder deutscher Genitiv), 730
a ver (si), 1179
oler a, saber a, sonar a, 727
abajo, 679, 680–681
  río -, 681
abogado, abogada, 116
abrir, 990
absolutamente, 784
absolute Konstruktion,
  gerundio in -, 1196–1200
  participio in -, 1230–1240, 1264
absolver, 950, 990
aburrido, 1228–1229
acá, 679, 683
acá anstelle von *este*, 376
acabar,
acabado de + Infinitiv, 1278
acabar de, 709, 1278
acabar por, 709
se acabó, 1022
el acabóse, 1022
academia, 116 Fn. 37
acaso, 698, 1057
acentuar, 966
acérrimo, 225
acertar, 943
acontecer, 972
acordar(se), 950
  acordarse algo, 844 Fn. 74
  acordarse de, 844, 950
acostar, 950
actor (actriz, actora), 115
actuar, 966
además, 842
además de + Infinitiv, 1150
adentro, 681
  ir tierra -, 681
adherir, 958
Adjektiv, 149–243
  adverbialer Gebrauch des -s, 237–243, 1225 Fn. 121
  Bildung des Femininums, 150–159
  Bildung des Plurals, 160–165

---

* Die Zahlen beziehen sich auf die Paragraphen; Fn. = Fußnote.

Kongruenz mit dem Substantiv, 149, 162–165
Steigerungsstufen, 192–236
Stellung des Adjektivs und ihre Auswirkungen, 166–191
   apócope, 186–191
   Voranstellung des Adjektivs, 167–177
adonde, 687
adquirir, 943
Adverb, 237, 241, 242, 352, 612–709
   Adverbien auf *-mente*, 239, 613–624
   ursprüngliche Adverbien, 625–709
   Steigerungsstufen, 702–707
   Gebrauch von Adverbien anstelle von Relativpronomen, 415
   Gebrauch von Adverbien anstelle von *que*, 708
   Adverb im Deutschen, verbale Konstruktion im Spanischen, 709
advertir, 958
agradabilísimo, 216 Fn. 63
agradecer, 972
   agradecido, 1229
ahí, 352, 679, 682, 683 Fn. 44, 1314 Fn. 38
ahora, 664, 668, 1024
   ahorita, 1354, 1359
ahumar, 968
ajeno = de otros, 534
Akronyme, 10, 1341
Akzentzeichen, 6 Fn. 52, 7, 8, 316, 889, 916 Fn. 17, 919, 938, 939 Fn. 46, 961
alante (als Abkürzung von *adelante*), 803 Fn. 44
álbum, 137
alcaldesa, 115, 120
alegrarse de que, 1107 Fn. 133
alentar, 943
algo, 429 Fn. 175, 461–466, 557
   algo als Adverb, 465, 634
   algo als Substantiv, 466
      Pluralform von *algo*, 466
   algo + de + Adjektiv, 463
   algo + de + Substantiv, 464
alguien, 429 Fn. 175, 459–460
alguna cosa, 462
alguno, 186, 429 Fn. 175, 438–446, 460
   alguno + otro, 531
   alguno que otro, 443–444, 583
   alguno mit verneinender Bedeutung, 445–446
   alguno mit partitiver Bedeutung, 441
   apócope von -, 440, 443
aliarse, 963

alle, die (Übersetzung von -), 400
almorzar, 950, 952
   almorzado, 1229
Alphabet, 1, 2
alto, 179, 184, 624
   hablar -, 624
allá, 352, 679, 683
   allá tú, - él ..., 683
allí, 679, 682–683, 1314 Fn. 38
amanecer, 972
amante (*la -*), 113 Fn. 32
ambigú
   Plural von -, 124 Fn. 47
ambos, 526
   ambos a dos, 526
a menos que, 1102
amnistiar, 963
amoblar, 951
ampliar, 963
amueblar, 941 Fn. 48, 951
análisis, 101
andar, 976, 1311
   - + gerundio, 1220
   **andé*, 977
andova, 309
anoche, 664, 1024
anochecer, 972
a no ser que, 1102
ansí, 627
ante, 732–736
anteanoche, 735
anteayer, 664, 735
anteposición, 167–177
antepresente, 905, 1025 Fn. 18
anterior, 153, 194
antes, 656, 664, 1024 Fn. 16
   antes de, 1148
   antes de ~ antes que, 1083 Fn. 102
   antes (de) que, 1083
antiguo, 178
año,
   Weglassen von -, 38
Año Nuevo,
   bestimmter Artikel bei -, 45 Fn. 35
aparecer, 972
aparte + Infinitiv, 1150
apenas, 634, 635, 1082, 1142
a pesar de, 1098 Fn. 118, 1136
a pesar de que, 1099

Register 641

apetecer, 972
apócope, 186–191, 248, 267
apostar, 950
apretar, 943, 945
aprobar, 950, 958 Fn. 95
aquel, 148, 354, 357, 358, 359, 360, 361, 375, 682
   aquello + *de* + nähere Bestimmung, 364
   aquello + *de* + substantivierter Infinitiv, 1113
   aquello mit euphemistischer Bedeutung gebraucht, 370
   aquel als Substantiv, 374
   por el aquel de, 374
aquí, 625, 679, 682–683, 1314 Fn. 38
   aquí anstelle von *este*, 376, 684
ardiendo, 1184–1185
Argentina,
   bestimmter Artikel bei -, 30
arreglárselas, 332
arrendar, 943
arriba, 679, 680–681
   río -, 681
arrepentir(se), 958
arte, 102
artículo, 265
   artículo partitivo
      s. Artikel (Teilungs-)
Artikel,
   Artikel + Possessivpronomen, 385
   bestimmter Artikel, 12–65
      bestimmter Artikel bei Eigennamen, 14, 30–34
      bestimmter Artikel bei Infinitiv, 1112
      bestimmter Artikel bei *casa, misa* usw., 42–46
      bestimmter Artikel im Deutschen, kein Artikel im Spanischen, 41–46, 707
      bestimmter Artikel im Spanischen, kein Artikel im Deutschen, 18–40
      bestimmter Artikel anstelle eines Possessivpronomens, 387
      bestimmter Artikel ohne Substantiv, 36
      Gebrauch von *el* anstelle von *la*, 15–17
      kein bestimmter Artikel bei *más* und *menos*, 49, 707
      kein bestimmter Artikel bei *mejor* und *peor*, 50
      kein bestimmter Artikel vor Namen von Heiligen und Monarchen, 47
      verbundene Formen des bestimmten Artikels, 14
      fakultativer Gebrauch des bestimmten Artikels, 51
   sächlicher Artikel: *lo*, 52–63, 80, 365
      lo + Adjektiv, 54–55, 57
      lo + Possessivpronomen, 60
      lo + Adverb + *que*, 58
      lo + *de* + Substantiv, 60, 689
      lo + *que* + Substantiv, 56
      a + *lo* + Adjektiv (oder Substantiv), 61
      lo in festen Wendungen, 63
      emphatischer Gebrauch von *lo*, 57–59
      Substantivierung durch *lo*, 54–56, 1279
   Teilungsartikel, 78 Fn. 51, 765 Fn. 29
   unbestimmter Artikel, 64–79, 200 201
      Auslassung des unbestimmten Artikels, 67–77
      Gebrauch von *un* anstelle von *una*, 66
      kein unbestimmter Artikel nach bestimmten Verben, 76
      kein unbestimmter Artikel vor bestimmten Adjektiven, 69–74
      kein unbestimmter Artikel vor bestimmten Substantiven, 75
   bestimmter -, unbestimmter - oder kein Artikel vor *por cien* oder %, 1342 Fn. 73
ascender, 943
   ascender a, 943
asentar, 943
asentir, 958 Fn. 95
así, 626, 627–628, 1099
   así que, 1082
asín, 627
asir, 970
asistente (-a), 120
atender, 943
atenuar, 966
atravesar, 943
atreverse a, 345, 752
atreverse de, 752
aullar, 968
aun (aún), 664, 665, 1031
aunque, 740, 1098–1099, 1136
ausleihen,
   Übersetzung von -, 1286
avenida, 761
avergonzar, 950, 998
   avergonzarse de, 950

averiarse, 963
averiguar, 997
ayer, 664, 1024
-avo, 272, 273
-azo, 213, 1352, 1355, 1358
azúcar, 101

B

b, 1, 2, 89
bachiller, 293 Fn. 27
bajo, 737–738, 835
   bajo de, 737, 837
bailotear, 1354
baladí, 161
banca (-o), 110, 761, 764
bantú,
   Plural von -, 124 Fn. 47
barca (-o), 110
basilisco,
   hecho un -, 1274
bastante, 429 Fn. 175, 544
   - als Adverb, 634, 636–637
   - als Indefinitpronomen, 544
bastantemente, 637
bautizando (el -), 1204
bebido, 1229
bei,
   Übersetzung von -, 47
belga, 157
bendecir, 983 Fn. 120, 987, 127, 990 Fn. 132
bestia, 97
bestial (hacerlo -), 241
besuquear, 1354
Betonung, 6
Betonungszeichen
   s. Akzentzeichen
bien, 622, 626, 629, 703, 1266
   bien que, 1099
bigudí,
   Plural von -, 124 Fn. 47
billón, 245, 256
Boletín Oficial,
   gerundio del -, 1185
bolsa (-o), 110
bonísimo, 223 Fn. 70
bonito, 178
Borgoña, 98

borracho,
   estar ~ ser -, 1306
Brasil,
   bestimmter Artikel bei -, 30
británicamente, 623
Brüche, 270–274
buenamente, 622
buenísimo, 223 Fn. 70
bueno, 178, 228, 622
   apócope von -, 169, 186
   estar ~ ser -, 1307
   unregelmäßiger Komparativ von -, 139
   unregelmäßiger Superlativ von -, 211, 223
bullir, 950 Fn. 72, 1008

C

c, 1, 2, 3
cabello, 478
caber, 897 Fn. 10, 970, 976, 983, 984
cada, 539–543
   ca, 543
   cada cual, 541
   cada día más (- menos), 203
   cada hijo de vecino, 541
   cada mucho, cada poco, 540
   cada nada (oder: *a -*), 490
   cada quisque, 541
   cada uno (cada cual), 541, 599
   cada vez más (- menos), 203
   cada vez mejor (- peor), 203
   cada vez que, 1082
caer, 970, 1010
café
   Plural von -, 124, 163
calentar, 943
calor, 101, 661
calvo,
   estar ~ ser-, 1306
callado, 1229
calle, 681, 761
cama,
   bestimmter Artikel bei -, 39, 40
cámara, 97
cambiar, 965
camisa vieja, 97
Canadá,
   bestimmter Artikel bei -, 30

canalla, 97
cansado, 1229
cantar, 883–928, 988
   [*canta(s)tes*], 979
cantidad, 36, 75, 77
Capitanía General,
   bestimmter Artikel bei -, 46
capital, 108
capítulo, 265
carácter,
   Plural von -, 123
carecer, 972
casa, 141 Fn. 75
   bestimmter Artikel bei -, 46–47
casado,
   estar ~ ser -, 1308
casi, 632, 638
   casi casi, 638
casimente, 638
caso (de) que, 1095
catedrático, catedrática, 116
CCOO, 10, 147, 1341
ceceo, 2, 3
cegar, 943, 946
cegetista, 147
celebérrimo, 225
cenado, 1229
centenar, 257 Fn. 13
centinela, 101
ceñir, 956
cerca, 679
   cerquita, 1354
cereza (-o), 109
cerrar, 943
certísimo, 223 Fn. 70
cesta (-o), 110
ch, 1, 2, 3
champán, champaña, 98
China,
   bestimmter Artikel bei -, 30
chirriar, 963
ciego,
   estar ~ ser -, 1306
ciento, cien, 244, 246, 251–253, 257
cien por cien, 251
ciertísimo, 223 Fn. 70
cierto, 70, 178
   por cierto, 699
cinematografiar, 963

ciruela (-o), 109
cliente (-a), 113
club, 136
cocer, 950, 972
colar, 950
colegir, 950
colgando, 1185
colgar, 950
color, 101
coma, 108
comentar, 942
comenzar, 718, 943
   comenzar a, 752
   comenzar de, 752
   comenzar por, 752 Fn. 21
comer, 883–928
comido, 1229
como, 205, 206, 415, 592, 594, 626, 630–631,
   702 Fn. 53, 1273, 1339
   como = ungefähr, 630
   como = da, weil, 116
   como = *si*, 1095
   como + gerundio, 1207
   como muy, 630
   como no, 631
   como para, 793
   como que + indicativo, 1096
   como quiera que, 1106
   como si nada, 593
   como si + subjuntivo, 1096
   como si tal cosa, 593
   como un poco, 630
   tal (y) como, 592
compadecer, 972
comparecer, 972
competir, 956
comprobar, 950, 958 Fn. 95
común, 184
con, 20, 280, 396, 739–744, 843, 1237
   con ~ a, 744
   con = *aunque* (obwohl), 740
   con = *en casa de* (oder: *a casa de*), 744
   con = durch, wegen, 742
   con ≈ gegen, 743
   con tal (de) que, 493, 1102
   con + Infinitiv, 1136–1137
   conmigo, contigo, consigo, 280, 335
concedir, 956
concernir, 943, 993

concertar, 943
conciliar, 963 Fn. 98
concordancia 'ad sensum', 1340
concordar, 950
condicional,
    Bildung, 893–894, 983
    Gebrauch, 1038–1044, 1057, 1090, 1094
condicional compuesto (oder - *perfecto*), 910, 1038
conducir, 976
conferir, 958
confesar, 943
    confesarse con, 345, 943
confiar, 961–963
    - + *subjuntivo* oder *indicativo*, 1067
confundir, 1227
conjuntamente, 1272
conmigo, 280, 335
conmover, 950
conocer, 972, 973
con permisito, 1359
conque, 1217
consciente,
    estar ~ ser -, 1306
conseguir, 956
consentir, 958 Fn. 95
considerando (*el* -), 1204
consigo, 280, 335
consolar, 950
co(n)streñir, 956
construcción absoluta,
    s. absolute Konstruktion
Consuelo, 93
contar, 948, 950, 952
contigo, 280, 335
continuar, 961, 962, 1218, 1220
contra, 843 Fn. 69
contradecir, 983 Fn. 120, 987 Fn. 127, 990 Fn. 132
contrahacer, 983 Fn. 121
contrariar, 963
controvertir, 958
convertir, 958
    convertirse = werden, 1322 G
corregir, 943 Fn. 54, 956, 1002, 1227
correrse, 326
corretear, 1354
corroer, 971
corromper, 991

corte, 108
cosa, 411 Fn. 157
cosa de, 700
cosa que, 411 Fn. 157
costar, 950
criar, 963
criminala, 117
Cristo,
    bestimmter Artikel bei -, 47 Fn. 42
crítico (*-a*), 116
cuentisto, 117
cual, cuales, 395, 415
    a cual más, 204
    cada cual, 541
    cual ... cual, 408 Fn. 152
    cual si, 1096
    tal (...) cual, 582–584
    cual = como, 630
    cuala, 410 Fn. 154, 426 Fn. 171
    lo cual, 398, 411
    Frage- oder Ausrufepronomen, 416, 426
    Relativpronomen, 410–411, 426
cualquiera, 494–500
    apócope von -, 186 Fn. 32, 494, 496
    cualquiera = alle, jeder, 495
    cualquiera als Substantiv, 498
    cualquiera = niemand, keiner, 497
    cualquiera + *otro*, 531
    cualquiera ≈ *prostituta*, 498
    cualquiera que + *subjuntivo*, 499, 1100
    kein bestimmter Artikel vor -, 69
    Plural von -, 494, 498
    ironischer Gebrauch von -, 497
cuán, 418
cuando, 415, 664, 666–667, 686, 702 Fn. 53, 708, 1082
cuanto, 206, 395, 415, 639–640
    apócope von -, 418, 640
    - als Adverb, 634
    cuantísimo, 1354
    ¿cuánto? ¡cuánto!, 416, 417
    cuantos = todos los que, 400
    cuanto más (menos) ... (tanto) más (menos), 202
    en cuanto (que), 1082, 1142
    Frage- oder Ausrufepronomen, 428
cuba (*-o*), 110
cubrir, 990
cura, 97, 108, 149

Register 645

cuyo,
  Fragepronomen, 416, 427
  Relativpronomen, 412–414

D

d, 1, 2, 3
dado a, 1277
dar, 765
  Konjugation von -, 970, 981–982, 984
  dar de, 765
  dar la bienvenida, 39
  - la enhorabuena, 39
    las gracias, 39
  - los buenos días, 39
  - el pésame, 39
  dárselas, 332
  darse por, 821
  dares y tomares, 1114
Datum,
  Angabe des -s im Spanischen, 259, 759
  23-F, 10
  6-J, 10
de, 25, 42, 63, 194 Fn. 39, 196, 200, 245, 256, 257, 412 Fn. 158, 478, 516, 522, 533, 660, 718 Fn. 12, 745–769, 779 Fn. 40, 804 Fn. 45, 984 Fn. 123, 1129, 1130, 1138, 1139
  de = wie, als, 749
    hacerse de = fungieren als, auftreten als, arbeiten als, 749 Fn. 20
  emphatischer Wert von *de*, 754–756
  de (+ Infinitiv) = wenn, falls, 748
  de in Datumsangaben, 259, 759
  de + Familienname, 766–768
  de más, 538, 651
  de = mit, 750
  de in Ortsangaben, 760–764
  de vor einem Infinitiv, 1012 Fn. 3, 1138
  de ≈ Teilungsartikel, 765 Fn. 29
  überflüssiges *de*, 769
  de que, 769
  de sólo + Infinitiv, 1139
  de zur Einleitung des Agens, 1011
  ¡ay de ellos!, 754
  ¡tontos de nosotros!, 754
debajo (de), 737, 738
deber, 752, 1042, 1317
  deber de, 752, 1317

debido a, 1271
debilitación vocálica, 953, 955, 957
decidir (+ *subjuntivo*), 1066
decir, 970, 976, 979, 983, 987, 988, 989, 990, 1259 Fn. 149
  al decir, 1135
  *decí, 988
  decir + subjuntivo, 1066
  decires, 1114
  lo dicho, 1280–1281
  digas, digáis als Imperativformen, 922
  dijérase (que), 1042 Fn. 38
  [diji(s)tes], 979
  ¿qué diciendo?, 1219
deducir, 979
defektive Verben, 993
defender, 943
degollar, 950
dejar, 1328
  - + participio, 1251, 1261
delante (de), 679
  delante mío, delante tuyo, delante suyo ..., 394
  en su delante, 394
  por su delante, 394
delinquir, 1004
demás, 535–538, 651 Fn. 31
  lo demás, 537
  y demás, 536
demasiadamente, 650
demasiado, 429 Fn. 175, 545–550
  - als Adverb, 634, 642–649
  - als Indefinitpronomen, 545–550
demasié, 550 Fn. 242
demoler, 950
demostrar, 950
denostar, 950, 951
dentro, 679
  adentro, 681
dequeísmo, 769
derecho, 241
  derechito, 1354
derretir, 956
derrocar, 950, 951
desafiar, 963
desayunado, 1229
desconfiado, 1229
desconfiar, 963
desde, 843 Fn. 69

desde hace, 843 Fn. 69, 970 Fn. 104, 1334 D
desesperado, 1229
desherbar, 943
desmembrar, 943
desmentir,
 - + *subjuntivo* oder *indicativo*, 943
desosar, 950, 1007
despacio, 615, 626, 632
despaciosamente, 615
despedir, 956
despertar, 943, 1227
después, 656, 664, 1205
 después de, 1148, 1149, 1233
 después de ~ *después que*, 1083 Fn. 102
 después (de) que, 1082
 después que, 1264
de suerte que, 1089
desterrar, 943
desteñir, 950
desvestir, 950
desviar, 963
desvirtuar, 966
detrás, 679, 841
 detrás mío ..., 394
devenir, 1319 Fn. 46, 1325–1326
devolver, 950
diadema, 96
diario, 214, 241
dieciséis, 244, 245
diferentes, 559–560
diferir, 958
*dígamen, 318
digerir, 958
diñarla, 332
Dios,
 ni Dios = nadie, 474
Diphthonge, 5
diplomando, 1204 Fn. 92
diputada, 116
discernir, 943
disolver, 950
distinguir, 1003
diversos, 559–560
divertido, 1229
divertir, 958
doble, 196, 275
doctorando (el -), 1204
doctorzhivaguear, 882 Fn. 1
doler, 950

don, doña, 22, 33, 288, 291–295, 301
 don Mierda, 295
 don Nadie, 295, 475
donde, 415, 625, 679, 685–689, 702 Fn. 53
 adonde, 415 Fn. 165, 687
 donde = bei, 46 Fn. 40, 688
 en donde, 415 Fn. 165, 686
 por donde, 415 Fn. 165
dondequiera,
 - + *subjuntivo*, 1100
(*dormío*, 2 Fn. 8)
dormir, 950, 959, 989
dormitar, 1354
d'orsianamente, 623
dostoievskianamente, 623
dote, 101
dudar,
 dudar que, dudar si, 1070
 no dudar + *indicativo*, 1071
duro, 245

E

e, 1, 2, 4
 - als Konjunktion, 880
eccema, 96
echárselas, 332
E/E, 358
editorial, 108
EEUU, 10, 147, 1341
efectuar, 966
Eigennamen,
 Artikel bei -, 30–35
él, 277, 278, 335
elegir, 956
élite, 8
ella, 277, 335
ello, 277, 303
embajadora, 120
embestir, 956
empezar, 718, 943, 999
 empezar a, 752
 empezar de, 752
 empezar por, 752 Fn. 21
embellecer, 972
en, 42, 686 Fn. 46, 725, 752 Fn. 23, 770–784
 elliptischer Gebrauch von -, 780
 a anstelle von *en*, 772, 774, 775, 777

en absoluto, 784
en = por, 781
en als Übersetzung von „bei", 773
(en) caso (de) que, 1095
en + gerundio, 1205–1206
en + infinitivo, 1141
en lo que, 63
en mi vida ..., 782
en torno mío, - tuyo ..., 394
encender, 943
encima, 979
- *mío, tuyo, suyo ...*, 394
enklitische Pronomen, 8 Fn. 57, 316–323, 508, 916 Fn. 16, 919, 921, 1210, 1224, 1249, 1314 H
encomendar, 943
encontrar, 950
   encontrarse con, 950
en cuanto (que), 1082, 1142, 1205, 1264
énfasis, 101
enflaquecer, 972
enfriar, 963
enmendar, 943
ennoblecer, 972
enriquecer, 972
en seguida (de), 1142, 1148
   en seguida que, 1264
   en seguidita, 1354
entender, 943, 958 Fn. 95, 1259 Fn. 149
enterrar, 943
entonces, 126, 625, 664
entrambos, 526
   entrambos a dos, 526
entre, 25, 339, 785–788
   entre semana, 787
   entre + Substantiv + *y* + Substantiv, 788
entregarla, 332
envejecer, 972
enviar, 963
envolver, 950
erguir, 958
errar, 943, 945, 1000
„es" als formales Subjekt, 350–351
escalofriar, 963
escribido, 990 Fn. 133
escribir, 990
   - + *subjuntivo*, 1066
escuela,
   ir a (la) -, 46
esdrújulos, 221

ese, 354, 356, 357, 358, 359, 361, 382
   a eso de, 361
   ésas tenemos, 371
   ni por ésas, 371
eso ≈ ja, 373
   eso (mit euphemistischer Bedeutung gebraucht), 370
   eso + de + nähere Bestimmung, 364
   eso + de + substantivierter Infinitiv, 1113
   eso sí, eso no, 372
   eso sí que no, 372
   pejorative Bedeutung von -, 359, 362, 363
españolísimo, 215
espécimen,
   Plural von -, 123
esperar,
   - + *subjuntivo* oder *indicativo*, 1067
espiar, 963
esquí,
   Plural von -, 124
esquiar, 963
establecer, 972
Estado Mayor,
   bestimmter Artikel bei -, 45
Estados Unidos,
   bestimmter Artikel bei -, 30, 31
   (*Estaos Uníos*, 2 Fn. 13)
estar, 346, 1264
   Konjugation von -, 939, 970, 976, 984
   está que no vive, 1303
   estar bien, - mal, 633
   estar ~ ser, 1288–1289, 1296–1310
   estar + al + Infinitiv, 1134
   estar + hecho, 1324
   estar + gerundio, 1220, 1301
   estar + participio, 1251, 1261
   estar + siendo + Adjektiv, 1263, 1302
   estar + siendo + participio, 1220, 1263, 1302
   estar para, 801, 852, 1309
   estar por, 825, 1147, 1309
   estar que, 872, 1303
   - in Passivsätzen, 1011, 1050 Fn. 58, 1300
   Weglassen von -, 810, 1145, 1216–1218
   verbo dinámico anstelle von -, 1263, 1311
   estar en (la) cama, 38
   ¡*ya te estás callando!*, 1202
este, 354, 356, 357, 358, 359, 360, 361, 376, 682

este país, 358
esto (mit euphemistischer Bedeutung gebraucht), 370
   esto + de + nähere Bestimmung, 364
   esto + de + substantivierter Infinitiv, 1113
   esto + Possessivpronomen, 370
   en éstas andamos, 371
   mögliche pejorative Bedeutung von -, 359, 362 Fn. 102
estenografiar, 963
estotro, 368
estudiante (-a), 113 Fn. 32
ETA,
   bestimmter Artikel bei -, 31 Fn. 22
eterno, 241
ethischer Dativ, 327
evacuar, 967
evaluar, 966
examinando (el -), 1204
Excelentísimo, 218
excepto, 342, 1268
exceptuar, 966
exegesis (exégesis), 8
expedir, 956
expiar, 963
expletivos,
   pronombres -, 325–331
extasiar(se), 963
extender, 943
exterior, 153
extraviar, 963

F

f, 1, 2
fallecer, 972
Familiennamen *(apellidos),* 146
fantasma, 96
favorecer, 972
feliz,
   estar ~ ser -, 1305
fenómeno, 240, 1296 Fn. 5
FFCC, 10, 147
FF.JJ.FF., 147
fiar, 963
film(e), 136
florecer, 972
fluctuar, 966

fortalecer, 972
fortísimo, 223 Fn. 70
forzar, 950
fotografiar, 963
francamente, 212 Fn. 52
frase verbal, 1123, 1174, 1220, 1223, 1251
fregar, 943, 1266
freír, 956, 990, 1227
frente, 108
fresco,
   estar ~ ser -, 1308
frío, 661
fuera, 679
fuertísimo, 223 Fn. 70
Fulano, 595–598
   Fulanito, 598, 1354
   Fulano de tal, 596
Futur I,
   s. *futuro de indicativo*
Futur II,
   s. *futuro perfecto*
futuro de indicativo,
   Bildung des -, 891–892, 902, 983
   Gebrauch des -, 1033–1037, 1055 Fn. 66
futuro de subjuntivo,
   Bildung des -, 902–903, 935
   Gebrauch des -, 1049
futuro perfecto, 909
futuro perfecto de subjuntivo, 913

G

g, 1, 2
gandul, 155
gastar,
   así las gasta él, 332
gemir, 956
generala, 120
generalísimo, 219
género ambiguo, 101
género común, 116
género epiceno, 82, 118
Génesis, génesis, 108
gente, 139 Fn. 71, 145
gentilicios, 10, 156–157, 214–215
Genus der Substantive, 80–120
gerundio, 317, 320
   Bildung des -s, 926–930, 989

Gebrauch des -s, 1014, 1181–1225, 1226 Fn. 126
gerundio de frase, 1211
gerundio del Boletín Oficial, 1185
que es gerundio, 1202
gerundio preposicional, 1200, 1205–1206
girl, 136
gironazo, 1358
gobernadora, 120
gobernar, 943, 946
graduando (*el -*), 1204, 92
graduar, 966
grande, 178
 apócope von -, 187–189
 unregelmäßiger Komparativ von -, 193
 unregelmäßiger Superlativ von -, 211, 223
grandote, 152 Fn. 6
granuja, 97
grogui, 2 G
Großbuchstaben, 10
guapo,
 estar ~ ser -, 1306
guardia civil,
 Plural von -, 129
guiar, 963
gustar, 709
 - (de), 709 Fn. 58

H

h, 1, 2
haber, 904, 905, 906, 909–914, 1042, 1264, 1287 Fn. 173
 Konjugation von -, 931–935, 970, 976, 983, 984
 ha = hay, 934
 ha = (temporales) vor, 418, 970 Fn. 104, 1315
 habemos, 932 Fn. 26, 1314 C und D
 haber + participio, 1024, 1241–1248
 haber ~ tener, 1313–1316
 haber de + Infinitiv, 1317, 1318
 haberes, 1114, 1314 E
 haber lugar, 1314 F
 haber menester, 1314 Fn. 30
 habérselas, 1314 D
 habidos y por haber, 1314 Fn. 33
 he, he(me) aquí ..., 935 Fn. 35, 1314 H
 hay, 76, 350, 353, 933–934, 1244, 1314 C

 hay + participio, 1242–1243
 hay que, 1316, 1317
 hay quien, 405
 no hay quien, 406
 Nachstellung von *hay*, 933
 Trennung von *haber* und *participio*, 1245, 1246, 1373
habituar, 966
hablado, 1229
 bien -, 1229
hacer, 1328
 Konjugation von -, 970, 972, 976, 983, 987, 990
 hacer = (temporales) vor, seit, 418, 932 Fn. 28, 970 Fn. 104, 1334 D
 *hacerse – * Übersetzung von „werden", 1322 A
 hacer de = fungieren als, auftreten als, arbeiten als, 749 Fn. 20
 Gebrauch von *hacer* bei der Bezeichnung von Witterungsbedingungen, 661
 ¿qué haciendo?, 1219
hacia, 789–790
hartado, 1282, 1284
hartar, 1227, 1282, 1284
harto, 1227, 1282, 1284–1285
hasta, 342, 665, 701, 843 Fn. 69, 1233
 - + mismo, 570
 hasta que, 1082
 no ... hasta, 699
hay,
 siehe *haber*
(La) Haya, 15
hecho,
 (estar) + hecho, 1275, 1324
 hecho = einverstanden, abgemacht, 1276
 hecho = como (wie), 1273
 hecho un basilisco, 1274
 hecho + semi-auxiliar, 1224
Hegel, *hegeliano*, 2 H
helar, 943, 946
henchir, 956, 1009
hender, 943
heñir, 956
herbar, 943
herir, 958
hervir, 950 Fn. 72, 958
hijo,
 el - de su madre, 398
hirviendo, 1184–1185

Hispanismen, 77
holgorio, 2 H
hora, 25, 140
hoy, 664, 668, 1024
huerta, 110
hueva, (*-o*), 110
huir, 1005
humedecer, 972

I

i, 1, 2, 4, 880
ignorar,
 - + *subjuntivo*, 1076
 no - + *indicativo*, 1076
igual,
 igual que, 572
 kein bestimmter Artikel vor -, 69
Ilustrísimo, 219
impedir, 956
Imperativ, 317, 321–323, 915–925, 987–988,
 1108, 1166–1180, 1201–1203
imperfecto de indicativo,
 Bildung des -, 885–886, 975
 Gebrauch des -, 1015–1023, 1031, 1044,
 1092
 - ~ *gerundio*, 1211
 imperfecto de conato, 1019
 imperfecto de cortesía, 1020, 1041 Fn. 36
imperfecto de subjuntivo,
 Bildung des -, 898–901, 1047
 Gebrauch des -, 1032, 1042–1043, 1046–
 1048, 1057, 1058, 1084, 1091, 1093, 1096,
 1107 Fn. 131
imprimir, 943 Fn. 51, 990
incluido, 1269
inclusivamente, 1269
inclusive, 1269
incluso, 342, 665, 1268–1269
incluyendo, 1269
incluyente, 1269
indiano, 317 Fn. 66, 1220 Fn. 113
India,
 bestimmter Artikel bei -, 30
individua, 117
inferior, 153, 194, 658
inferir, 958
Infinitiv, 317, 320, 914

 Gebrauch des -s, 1108, 1109–1179
 infinitivo histórico, 1165
 infinitivo perfecto, 914, 1121 Fn. 18, 1138,
 1149, 1162, 1248
 infinitivo radiofónico, 1165
infinito, 214
ingeniero, ingeniera, 116
ingerir, 958
inmediatamente de, 1148
inmortal, 214
innovar, 951
inquirir, 943
insinuar, 966
intacto,
 estar -, 1298
intelectuala, 117
interior, 153
introducir, 976
inventariar, 963
invernar, 943, 946
invertir, 958
investir, 956
ir, 917
 Konjugation von -, 886, 970, 975, 981–982,
 984, 987, 989, 1055 Fn. 65
ir a dar (en), 1321, 1327
ir a ser, 1320
ir + gerundio, 1220, 1221–1222
ir para, 1321
ir por (*ir a por*), 805, 828, 829
ir + siendo + gerundio, 1263
ires y venires, 1114
¡vaya!, 986
¡ves!, 987 Fn. 128
iraquí, 157
-ísimo, 174, 212–225, 229, 231, 521, 556, 566,
 612 Fn. 1, 619, 1287, 1352, 1358
israelí, 157
italianísimo, 215

J

j, 1, 2
jamás, 477, 481, 664, 669–674
 (en) jamás de los jamases, 672
 nunca jamás, 671–672
 por siempre jamás, para siempre jamás, 674
 affirmative Übersetzung von -, 673

Japón,
  bestimmter Artikel bei -, 30
jonsista, 147
joseantonianamente, 624
jovencísimo, 216 Fn. 63
jueza, 120 Fn. 43
jugar, 29, 950, 951, 952
  **jugamos*, 941 Fn. 48, 951
juguetear, 1354
juntamente, 1272
juntar, 1227, 1272
junto, 1227
  junto a, 1272
  juntos (*juntas*), 1272
  junto con, 1339

K

k, 1, 2
kilo = eine Million Peseten, 245
Konditional I,
  s. *condicional*
Konditional II,
  s. *condicional compuesto*
Kongruenz von Verb und Subjekt,
  s. Verb

L

l, 1, 2
laísmo, 311–314
lassen,
  Übersetzung von -, 1328–1332
lavar, 1266
lavotear, 1354
le, 277, 333
  le anstelle von *les*, 328
leído, 1229
leído y escribido, 990 Fn. 133
leihen,
  Übersetzung von -, 1286
leísmo, 311–314
les, 277, 333
limpiado, 1282–1283
limpiar, 965, 1282
limpio, 620, 1282, 1358
  estar -, 1298

listo,
  estar ~ *ser* -, 1308
ll, 1, 2, 3
llegar,
  llegar a ser, 1320, 1327
llenado, 1282–1283
llenar, 1282
lleno, 1282–1283
  estar -, 1298
llevar,
  - + *gerundio*, 1220
  - + *participio*, 1251, 1261
lloriquear, 1354
llover, 950, 1346
lo,
  Personalpronomen, 277
  s. auch sächlicher Artikel
  lo que in Ausrufesätzen, 423
loísmo, 311–314
lucir, 973
luego, 664
  luego de, 1148
  luego que, 1082, 1264
lueguito, 1354

M

m, 1, 2
madre (~*mamá*), 111
madrileñamente, 623
madrileñísimo, 215
maduro,
  estar -, 1298
  estar ~ *ser* -, 1306
mal, 622, 626, 633, 703
malamente, 622
malcriar, 633
maldecir, 633, 983 Fn. 120, 987 Fn. 127, 990 Fn. 132
malherir, 633, 958 Fn. 95
malo, 622
  apócope von -, 169, 186
  unregelmäßiger Komparativ von -, 193
  unregelmäßiger Superlativ von -, 211, 223
  estar ~ *ser* -, 633, 1308
malquerer, 633
malva, 163
malvender, 633

man,
    Übersetzung von -, 347, 431, 601–611
mandar, 1328
manifestar, 943
manzana (-o), 109
manzanero, 109
mañana, 664
    mañanita, 1354
maquinisto, 117
mar, 92 Fn. 8, 102
    Genus von -, 103–107
    la mar de, 106
marica (el, la), 97
marimacho, 88
marrón, 163
marroquí, 157
mas (Konjunktion), 857
más, 49, 192, 193, 194, 195, 196, 200–201,
    202, 203, 232, 236, 420–421, 515–516,
    651–653, 703, 704
    - als Adverb, 634, 703
    más de dos, 245
    más de cuatro, 245
    más de la cuenta, 196
    de más, 538, 651
    el que más y el que menos, 208–209, 409
    los más (de), 516
    más de dos y más de cuatro, 245
    más de lo que, 200
    más de uno,
        Kongruenz nach -, 1340
    más y más, 203
    nomás (no más), 653
    no más (Übersetzung von „nicht mehr"), 677
    no más que, 197, 860
    quien más quien menos, 208
    y más, 555
máximo, 223–224
mayor, 153, 180–182, 193, 211, 657
mayormente, 618
me, 277, 333
mecanografiar, 963
mecer, 974
médico, médica (~doctora), 116
medio, 71, 72, 270, 624
    a medio + Infinitiv, 1151
    kein bestimmter Artikel vor -, 69, 71
medir, 956
médium, 137

mehr ... als,
    Übersetzung von -, 195–196, 198
Méjico ~ México, 2 X Fn. 39
mejor, 50, 180, 182, 193, 211, 641, 703, 704
memorándum, 137
menda, 307
    menda lerenda, 307
menester,
    es menester que, 1317
    haber -, 1314 Fn. 30
Mengano, 595
Mengano de Cual, 596
menor, 153, 180–182, 193, 211, 657 Fn. 34
menos, 49, 192, 193, 195, 200, 202, 342, 515–
    516, 703, 704
    - als Adverb, 634, 703
    el que más y el que menos, 208–209, 409
    menos de, 196
    menos de lo que, 200
    menos y menos, 203
    quien más quien menos, 208
menstruar, 966
mentar, 943, 945
mentir, 958
merecer, 972
merendar, 943
mero, 171, 178 Fn. 30
meter(se) = werden, 1322 B
México ~ Méjico, 2 X Fn. 39
mi, 278, 339, 377, 379, 382, 383
mí, 277, 278, 280
miamigo, 383 Fn. 115
mientras, 63, 1082
mierda, 97, 295
    don Mierda, 295
mija, 383
mijita, 383
mijo, 383
mil, 244, 247, 253, 254, 257
millar, 245, 257 Fn. 14
millón, 244, 245, 254, 256
mínimo, 223–224
ministro, ministra, 116
mío, 377, 378, 391
    delante mío, delante tuyo, delante suyo ...,
        394
    de mío, 392
    detrás mío, detrás tuyo ..., 394
    en torno mío, en torno tuyo ..., 394

muy mío, 388
mirado, 1229
misa,
  bestimmter Artikel bei -, 42–43
mismamente, 571
mismo, 561–577, 609
  adjektivischer Gebrauch von -, 562–567
    el mismo (...) que, 567
    - *de* (oder: - *como*), 567
    mismo = propio, 563–565
    mismísimo, 566
    mismito, 569
  adverbialer Gebrauch von -, 568–575
    lo mismo [= *a lo mejor* („vielleicht")], 574
    lo mismo (...) que, 572, 706
    mismamente, 571
    mismo = precisamente, es cierto, 575
    ya mismo, 678
  substantivischer Gebrauch von -, 576–577
mitad, 196, 270
modelo, 88, 93
modisto, 117 Fn. 39
moler, 950
momento (*al* -), 721
morder, 950
morir, 950, 959, 990
mostrar, 950
mover, 950
mucho, 171, 193, 199, 429 Fn. 175, 517–519, 540, 546, 554, 703
  - als Adverb, 634, 654–663, 703
  cada mucho, 540
  muchísimo, 521
  mucho + otro, 531
  un mucho + Adjektiv, 518
  unregelmäßiger Komparativ von -, 193, 703
muerto, 990 Fn. 136
  estar -, 1298
  muerto que muerto, 232
müssen,
  Übersetzung von -, 1317–1318
muy, 212, 214–215, 223, 225, 230, 634, 654–660, 703, 1357
  muy + de + Substantiv, 660
  muy mucho, 655

N

n, 1, 2, 3, 6
ñ, 1, 2
nacer, 972
nada, 477–493, 652
  affirmative Übersetzung von -, 479–483
  (a) cada nada, dentro de nada, 490
  de nada, 489
  Wiederholung von -, 486
  na, 478, 488 Fn. 211
  na de na, 488
  nada als Adverb, 484, 634
    pues nada; y nada, 487
  nada als Substantiv, 87, 492
    Plural von -, 477 Fn. 205, 492
  nada + de + Adjektiv, 478
  nada de nada, 488
  nada más + Infinitiv, 491, 1142
nadería, 493
nadie, 429 Fn. 175, 467–476, 477, 479, 480, 481, 652, 1344
  affirmative Übersetzung von -, 469–472
  don Nadie, 295, 475
  Plural von -, 476
  nadie + 1. oder 2. Person Plural, 473, 1344
naranja (*-o*), 109, 162
naranjero, 109
Navidad,
  bestimmter Artikel bei -, 44
necesitado, 1229
negar, 943, 996
  - + *indicativo* oder *subjuntivo*, 1076
negarse a, 345, 943
Negation,
  s. Verneinung
negro, 178
nevar, 943, 993
ni, 845, 847–851
  ni aun, 849
  ni Dios = nadie, 474
  ¡ni hablar!, 850, 1164
  ni + imperfecto de subjuntivo (auf *-ra*), 1104
  ni siquiera, 849
ningunear, 458
ninguneo, 458 Fn. 195
ningunísimo, 452
ninguno, 429 Fn. 175, 438, 445, 447–458, 468, 469, 473, 477, 479, 480, 481, 1344

affirmative Übersetzung von -, 454–457
apócope von -, 186, 450
Plural von -, 453
ninguno + 1. oder 2. Person Plural, 449, 1344
ninguno + *otro*, 531
ninguno nach einem bestimmten Artikel oder einem Possessivpronomen, 452
no, 126, 690–693, 701, 782, 1381
  no (es) que no, 1106
  nomás (oder: *no más*), 653
  no ... más, 677
  no más + Infinitiv, 1142
  no más que, 197, 860
  no obstante, 1136
  no (...) porque, 1106
  no sea que, 1085
no bien, 1082
Nobel (el Premio -), 6
Nochebuena,
  bestimmter Artikel bei -, 44
Nochevieja,
  bestimmter Artikel bei -, 44 Fn. 35
nomás, 653
nono, 262
no obstante + Infinitiv, 1136
nos, 277, 300, 333
nosotros, 26, 277, 287, 300, 607
nosotros somos quien(es) ... (oder: *nosotros somos los que ...*), 403, 1345
novecientos, 244, 245
novísimo, 223 Fn. 70
nuestro, 377, 378, 391
(nuevecientos), 245
nuevísimo, 223 Fn. 70
nuevo, 178
número, 75
nunca, 477, 480, 481, 652, 664, 669–673
  affirmative Übersetzung von -, 673
  nunca jamás, 671–672

O

o, 1, 2, 4
  Konjunktion, 249, 845, 852–855, 1337
  u anstelle von -, 853, 855
obedecer, 972
obseder, 992

ofrecer, 972
oír, 970, 1010
ojalá, 1056
oler, 950, 1007
  oler a, 727, 950
olvidar, 752
  olvidar de, 752
  olvidarse de, 752 Fn. 21
óptimamente, 703
óptimo, 223–224
oración especificativa, 401, 1190, 1191
oración explicativa, 401 Fn. 145, 410, 1190
orden, 108
os, 277, 323, 333, 917
osado, 1229
oscurecer, 972
otro, 523–534, 535, 536
  kein unbestimmter Artikel vor -, 69, 523
  otro + *cualquiera*, 531
  otro + Demonstrativpronomen, 532
  otro mucho, 531
  otro poco, 531
  otro ≈ *segundo*, 529
  otro(s) tanto(s), 524–525
  otro + Zahlwort, 530, 532
  una y otra vez, 527
  una vez y otra, 527
  uno(s) ... otro(s), 526

P

p, 1, 2
p' (als Abkürzung von *para*), 803
padecer, 972
pagarla(s), 332
Palacio,
  bestimmter Artikel bei -, 45
pálido,
  estar ~ ser -, 1306
para, 791–803, 805, 807, 831
  como para, 793
  estar para, 801–802
  para con = im Vergleich zu, 800, 843
  para con = gegenüber, 799
  para → pa, 803
  para que, 795, 1085
  para siempre jamás, 674
  ser para, 802

parecer, 873, 972, 1096 Fn. 111
  al parecer, 1135
  parecer que + *indicativo* oder *subjuntivo*, 1061
  pareceres, 1114
parte, 75, 108, 274
  en parte alguna, 446, 783
  en todas partes, 505 Fn. 220
participio de presente, 1226 Fn. 126
participio pasado,
  Bildung des -, 928–930, 990, 1226
  Gebrauch des -, 1226–1287
  Kongruenz des -, 1229, 1241–1244, 1250, 1251, 1286
  - + enklitisches Pronomen, 1249
  participio absoluto, 1230–1240, 1264
  participio pasivo, 1226
  participio preposicional, 1229
  participio + *que* + *(semi-)auxiliar*, 1264
  lo lavó bien lavado, 1266
participio de pretérito, s. *participio pasado*
Partizip,
  Partizip Perfekt, s. *participio pasado*
  Partizip Präsens, s. *participio de presente*
  Perfektpartizip, s. *participio pasado*
pasar,
  pasar a ser, 1320
  pasarlas, pasarlo, 240, 332
pasiva impersonal, 1051
pasiva refleja, 1011, 1051–1052
Passiv, 343
  Bildung des -s, 1011, 1050–1052, 1300, 1322 D
  Gebrauch des -s, 1050–1052, 1300
  passive Infinitivkonstruktionen, 1122
Patrocinio, 93
patroncito, 1359
paupérrimo, 225
pedir, 954, 956
  - *prestado*, 1286
pegar, 765 Fn. 30
pelo, 478
pelón, 1357
penene, 147
pensado, 1229
  mal -, 1229
pensar, 941, 942, 943
  pensar en, 844, 943
  te pienso mucho, 844 Fn. 72

peor, 50, 153, 180, 182, 193, 211, 641, 703, 704
pepino, 478
pequeño, 179
  unregelmäßiger Komparativ von -, 193
  unregelmäßiger Superlativ von -, 211, 223
perder, 943
Perengano, 595
permanecer, 972
pero, 86, 845, 856, 858, 861–862, 864–866, 1098 Fn. 117
  - als Substantiv, 866
  pero que, 865, 872
  pero si, 864
  pero y, 864
perpetuar, 966
perseguir, 956
personal,
  el - als Übersetzung von „man", 611
pertenecer, 972
Perú,
  bestimmter Artikel bei -, 30
pervertir, 958
pes, 870 Fn. 8
pesado, 1229
pese a, 1136
pésimamente, 703
pésimo, 223–224
Pfifferling, 478 Fn. 207
pianisto, 117
picar, 1266
pico, 245
pie
  Plural von -, 124
piel roja, 97
pijama, piyama, 101
pinochetazo, 1358
pintarla, 332
pis, 870 Fn. 8
plaza, 761
plegar, 943
Pluraliatantum, 139 Fn. 69
plural elíptico, 138
pluralis modestiae, 435
Plusquamperfekt,
  s. *pretérito pluscuamperfecto*
poblar, 950
pobre, 178
  estar ~ ser -, 1305
poco, 171, 193, 199, 517–522, 540, 703

- als Adverb, 634, 703
a poco (de), 721
al poco (de), 721
cada poco, 540
unregelmäßiger Komparativ von -, 193, 703
poco + otro, 531
poquísimo, 521
poquito, 1354
por poco, 699
una poca (de), 522
un poco, 522, 557
un poco + Adjektiv, 518
un poco + Substantiv, 522
poder, 950, 976, 983, 1042
podrir, 960, 991
policía, 108
poner, 970, 983, 987, 990
  ponerse = werden, 1322 C
por, 63, 702, 791, 797, 804–832, 843, 1011, 1086 Fn. 104
  ¿por?, 810
  a por, 719, 805 Fn. 47, 828–830
  de por sí, 813
  no por + Adjektiv (...) *menos* + Adjektiv, 1146
  por in Beteuerungsformeln, 827
  por in Konzessivsätzen, 826, 1098
  por cierto, 699
  por el aquel de, 374
  por + Infinitiv, 812, 1143–1149, 1159–1160
  por (más) ... que; *por muy* (oder: *mucho*) ... *que*; *por poco ... que*, 1099
  por siempre jamás, 674
  por ≈ sin, 824–825
por cien,
  Gebrauch des Artikels bei -, 1342 Fn. 73
porción, 75
porfiar, 963
porque, 809, 845, 868
  no ... porque + *subjuntivo*, 1105
  porque ~ para que, 1086
portuguesísimo, 215
pos, 870 Fn. 8
posiblemente, 1057
póster, 136
posterior, 153, 194
postrero, 186
  apócope von -, 186
postrimero, 186

apócope von -, 186
potencial,
  siehe *condicional*
Präfixe, 227–231
Präpositionen, 710–844
  a, 710–732
  ante, 733–736
  bajo, 737–738
  con, 739–744
  de, 745–769
  en, 770–784
  entre, 785–788
  hacia, 789–790
  para, 791–803
  por, 804–832
  sin, 833–834
  so, 835–836
  sobre, 837–840
  tras, 841–842
  aufeinanderfolgende Präpositionen, 843
Präsens,
  s. *presente de indicativo*
preceptuar, 966
precisamente, 1103
preferir, 956 Fn. 85, 957, 958, 989
preguntar, 809, 956 Fn. 88
prender, 990
presente de indicativo,
  Bildung des -, 883–884, 970–974
  Gebrauch des -, 1012–1014, 1093, 1225 Fn. 121
presente de subjuntivo,
  Bildung des -, 895–897
  Gebrauch des -, 919, 1045
presentir, 958
Presidencia,
  bestimmter Artikel bei -, 45
Presidio,
  bestimmter Artikel bei -, 45
prestado,
  pedir -, *tomar* -, 1286
pretérito, 887
pretérito anterior,
  Bildung des -, 906, 908
  Gebrauch des -, 933 Fn. 29, 1030 Fn. 29
pretérito definido, 887
pretérito indefinido, 887
pretérito perfecto absoluto, 887
pretérito perfecto compuesto,

Bildung des -, 905, 1024
Gebrauch des -, 1024–1029
pretérito perfecto de subjuntivo, 911
pretérito perfecto simple, 887, 908
  Bildung des -, 887, 976–982
  Gebrauch des -, 1015–1029, 1031, 1044
pretérito pluscuamperfecto de indicativo,
  Bildung des -, 906–907
  Gebrauch des -, 1030–1032, 1084, 1093,
    1107 Fn. 131, 1249 Fn. 142
pretérito pluscuamperfecto de subjuntivo, 912,
  1091, 1093, 1096
prever, 981
primerísimo, 215
primerito, 1354
primero, 184, 214, 262, 263, 267, 269
  apócope von -, 186
primo, 262 Fn. 17
principal, 214
principalísimo, 215
pro, 843 Fn. 96
probable,
  es - *que* + *subjuntivo*, 1061
probar, 950, 952
producir, 976
prometérselas, 332
promover, 950
Pronomen, 277–611
  Personalpronomen, 277–353
    enklitische Pronomen, 8 Fn. 57, 316–323,
      508
    pronombres expletivos, 325–331
    pseudoreflexive Pronomen, 326 Fn. 73, 345,
      346
    Reflexivpronomen, 325, 343–347, 381
  Demonstrativpronomen, 351, 354–376
    Demonstrativ- + Possessivpronomen, 367–
      368
  Possessivpronomen, 351, 377–394
    Artikel + Possessivpronomen, 385
  Relativpronomen, 395–415
  Frage- und Ausrufepronomen, 416–428
  Indefinitpronomen, 429–611
pronto, 664
  tan - como, 1082
propio, 563–565, 568
proseguir, 956, 1220
prostituto, 117
proveer, 981

pu, 870 Fn. 8
pudrir, 960, 991
puente, 101
pues, 810 Fn. 51, 845, 867–870
  pues nada, 867
puro, 178, 756
pus, 870 Fn. 8
puto, 117

Q

q, 1, 2
q. g. h. (*q. s. g. h.*), 1314 A
que, 200, 232, 233, 235, 533, 702, 708, 845,
  868, 1056
  Relativpronomen, 395, 396–400, 410, 415
    el que (*la que, los que, las que*), 396
    lo que, 398
  Fragepronomen, Ausrufepronomen, 416–422,
    1218
  Konjunktion, 871–875, 877
  que = als ob, 1096
  que digamos, 1103
  Wiederholung von *que*, 874
  que yo sepa, 871, 1103
  que qué, 875
  que si, 873
  Weglassen von *que*, 873, 1068, 1088
  de que, 769
quebrar, 943
quedar, 1300
  - + *participio*, 1251
  quedarse = werden, 1322 D
quejarse,
  - + *indicativo* oder *subjuntivo*, 1067
querer, 943, 976, 983, 1042
  Weglassen von *que* nach *querer*, 1068
quereres, 1114
quien, quienes,
  Relativpronomen, 395, 401–409
  no soy quien para ..., 407, 802
  Fragepronomen, Ausrufepronomen, 416, 424–
    425, 427
  quien más quien menos, 208, 408
  ¡*quién pudiera ir de vacaciones!*, 1058
  quien ... *quien*, 208, 408
  quien sabe, 1057
quienquiera, 500

apócope von -, 500
    Plural von -, 500 Fn. 218
    - + *subjuntivo*, 500, 1100
quien sabe, 1057
quinceañero (-a), 245
quinientos, 244, 245, 246
quisque (cada -), 541
quizá, 698, 1057
quizás, 698, 1057

R

r, 1, 2, 3
Ramón, 1357
radiar, 963
radio, 93, 101
radiografiar, 963
rata, 1357
*ratear, 882 Fn. 1
ratón, 1357
re-, rete-, requete-, 227–231
real, 183
recién, 620–621
recientito, 620
recomendar, 943
reconciliar, 963 Fn. 98
recordar, 950
recordar(se) de, 950 Fn. 68
recordman, 136
reducir, 976
referir, 958
reflexives Verb als Übersetzung von „werden",
    1323
regar, 943
régimen,
    Plural von -, 123
regir, 956
rehacer, 983 Fn. 121
rehusar, 968
reír, 1008
rejuvenecer, 972
relampaguear, 1346
rendir, 956
renegar, 943
renovar, 950, 951
reñir, 956
repetir, 956
reponer, 977

reprobar, 950, 958 Fn. 95
reproducir, 976
requerir, 958
resfriar, 963
responder, 977
resolver, 950, 990
restablecer, 972
resuelto, 1229
resultar, 1300
reuma, reúma, 96
reunir, 968
reventar, 943
Reverendísimo, 219
revolver, 950
rico,
    estar ~ ser -, 1305
río,
    - abajo, - arriba, 681
Rioja, 98
rociar, 963
rodar, 950
roer, 971, 985
rogar, 950
    Weglassen von *que* nach -, 873, 1068
romper, 718, 990, 1226, 1227
    estar roto, 1298
rosa, 98, 108, 162
Rosario, 93
Rumanía (Rumania), 8

S

s, 1, 2, 3, 6
saber, 1042
    Konjugation von -, 970, 976, 983, 984
    sepas, sepáis als Imperativformen, 922
    saber a, 727
    saberes, 1114
    sabido, 1229
    sin yo saber, 1125 Fn. 21
saciar, 965
salir, 970, 983, 987, 988
salvo, 342, 1268, 1270
sanseacabó, 1022
Santiago, 190
santiguar, 961, 976
santo,
    apócope von -, 190–191

sartén, 101
satisfacer, 970, 976, 983, 987, 990
Satzzeichen, 9
se,
   - anstelle von *le* (Dativ), 277, 324, 328
   Reflexivpronomen, 277, 315, 344
sea, 1101
secar, 995
secretaria de Estado, 116
seit,
   Übersetzung von -, 970 Fn. 104
seducir, 976
segar, 943
seguir, 956, 1218
   - + *gerundio*, 1220
según, 338, 625, 626, 664, 675, 843 Fn. 69
Semana Santa,
   bestimmter Artikel bei -, 43
sembrar, 943
semejante,
   kein bestimmter Artikel vor -, 69
(semi-)auxiliar, 320, 1014, 1220 Fn. 108, 1224, 1251, 1261
sendos, 599–600
sentar, 943
sentarse, 345, 943
sentir, 958
   - + *indicativo* oder *subjuntivo*, 1067
ser, 346, 386, 1264, 1320, 1343
   Konjugation von -, 886, 937, 970, 975, 981–982, 984, 987
   - bei der Bildung des Passivs, 1011, 1050–1051
   verbo dinámico anstelle von -, 1311
   Weglassen von -, 810, 1145
   - als Hilfsverb, 1250
   ser ~ estar, 1288–1289, 1290–1310
   érase (que) se era, 1293
   fuera de desear que ..., 1042 Fn. 38
   no + ser (+ quien) + para, 202, 407
   sea, o sea, 1101
   seres, 1114
   ser para, 802
   soy yo el que (oder: - *quien*) ..., 403, 1345
serrar, 943
servidor, 905
servir, 956
seseo, 2, 3
sesqui-, 245

setecientos, 244, 245 Fn. 4
(*sietecientos*), 245 Fn. 4
si, 728
   Konjunktion, 635, 845, 876–878, 1037, 1040, 1070, 1090–1097
   si nach Verben des Sagens und Denkens, 1075
   si bien, 1099
sí,
   Personalpronomen, 277, 280, 336–337, 339
   Adverb, 631, 690, 694
   Substantiv, 126
   de por sí, 833
siempre, 664, 676, 1366 Fn. 4
   siempre que = jedesmal wenn, 1082, 1102 Fn. 125
   siempre que = wenn, falls, 1095, 1102
*siéntesen, 318
sierra,
   Gebrauch des bestimmten Artikels bei -, 32
siglo, 265
Silbentrennung, 3
simple, 178, 275
sin, 480, 824–825, 833–834
   sin + Infinitiv, 534, 1152–1158, 1159, 1172
   sinmigo, 280
   sin que, 1102
   sin yo saber, 1125 Fn. 21
sinalefa, 3
sin embargo de, 1136
Singular anstelle von Plural, 143–144, 400, 1225 Fn. 121
sino, 845, 856, 858–863
   no ... sino, 860
   sino que, 859
sinvergüenza, 97
siquiera, 1099
   ni (tan) -, 849
situar, 966
so,
   so < señor, 301
   so als Präposition, 835–836
sobre, 837–840
   sobre + Infinitiv, 1150
sobr(e)entender, 958 Fn. 95
Soho,
   Gebrauch des bestimmten Artikels bei -, 30
solamente, 197
soldar, 950
soler, 950

solo, 178
sólo, 197, 634, 653
   con *sólo* + Infinitiv, 1137
   de *sólo* + Infinitiv, 1139
   sólo + Infinitiv, 1142
soltar, 950, 1227
soltero,
   estar ~ ser -, 1306
sonar, 950
sonar a, 727
sonreír, 956
soñar, 950
   me soñaste, 844 Fn. 74
   soñar con, 844
   soñar en, 844 Fn. 71
spielen,
   Übersetzung von -, 29
spinolazo, 1358
SS.MM. y AA.RR., 149
S. S. Q. E. S. M., 306
S. S. S., 306
Steigerungsstufen,
   - der Adjektive, 192–236
      Komparativ, 192–209, 211
      Superlativ, 210–236, 1225 Fn. 121
   - der Adverbien, 702–707
su, 377, 379, 380
subjuntivo, 321
   Bildung des -, 895–903, 984–986
   Gebrauch des -, 1042, 1055–1107
   der *subjuntivo* in unabhängigen Sätzen oder
      Hauptsätzen, 1055–1059
   der *subjuntivo* in Nebensätzen, 1060–1107
      Subjektsätze, 1060–1062
      Objektsätze, 1063–1076
      adverbiale Nebensätze, 1082–1106
Substantiv, 80–148
   Akronyme, 10, 147
   Familiennamen, 146
   das Genus der Substantive, 80–120
   der Numerus der Substantive, 121–145
   der Plural von zusammengesetzten Substantiven, 127–132
   der Plural von Eigennamen, 133–135
   der Plural von Fremdwörtern, 136–137
   Substantiv in der Funktion eines Adverbs, 240
Substantivierung, 54, 86 Fn. 4, 126, 148, 1114, 1204, 1225
sucio,
   estar -, 1298
sudaca (el -), 97
Suffixe,
   s. *sufijación apreciativa*
sufijación apreciativa, 1348–1364
   Diminutivsuffixe, 1212, 1287, 1348, 1351, 1352, 1353, 1354, 1356, 1357, 1359, 1360, 1361, 1362
   Augmentativsuffixe, 645, 1348, 1352, 1354, 1356, 1357 1358, 1359
   Suffixe mit abwertender Bedeutung, 1348, 1352, 1356
sugerir, 958
superior, 153, 194, 658
superiora, 153
superiormente, 618
suponer,
   - + indicativo oder *subjuntivo*, 1073
   es de - que + indicativo oder *subjuntivo*, 1061
suyo, 377, 378
   delante suyo, 394
   de suyo, 392
   detrás suyo, 394
   en torno suyo, 394
   hacer de la suya, 392
   ir a lo suyo, 392
   más suyo, 388
   salir(se) con la suya, 392
suyísimo, 1354

T

t, 1, 2
tabú,
   Plural von -, 124 Fn. 47
tal, 578–594
   adjektivischer Gebrauch von -, 579–584
      unbestimmter Artikel vor *tal*, 69, 579, 580
      bestimmter Artikel vor *tal*, 581
      tal cosa, 579
      tal (…) cual, 582–584
   substantivischer Gebrauch von -, 585–589
      bestimmter Artikel vor *tal*, 586
      tal … tal, 587
      y tal, 589
   adverbialer Gebrauch von -, 590–594
      con tal (de) que, 593, 1102

de (tal) manera, de (tal) modo que, 1089
¿qué tal?, 590
tal (y) como, 592
tal (...) cual, 582–584
tal + de + Adjektiv, 591
talmente, 594
talvez, 1057
tal vez, 593, 698, 1057
tamaño,
   kein bestimmter Artikel vor -, 69
también, 634, 690, 696
   *también no, 696
tampoco, 690, 695
tanto, (tan), 202, 205, 206, 214, 429 Fn. 175, 524, 551–557, 628, 1089
   - als Adverb, 634, 639–641
   apócope von *tanto*, 640–641, 1183
   otro(s) tanto(s), 524–525, 552
   tan + Adjektiv + Substantiv, 74
   tan pronto como, 1082
   tantísimo(s), 556
   tanto (...) como, 205, 567 Fn. 254, 572 Fn. 257, 706
   tanto (...) que, 706 Fn. 55, 1089
   tanto ≈ mucho, 554
   un tanto, 557
   Zahlwort + *y* + *tantos*, 555
tardar,
   tardar en, 709
tarde, 664
tatuar, 966
te, 277, 333
teatro, 761
tejerazo, 1358
telegrafiar, 963
Teilungsartikel,
   s. Artikel
temblar, 943
temer,
   - + *indicativo* oder *subjuntivo*, 1067
   Weglassen von *que* nach -, 873
templar, 945
temprano, 664
   tempranito, 1354
tender, 943
tener, 20, 1264
   Konjugation von -, 936, 970, 976, 983, 987, 988
   tener ~ haber, 1313–1316

tener ≈ haber (?), 1259
tener de + Infinitiv, 1317
tener que + Infinitiv, 1317
tener + *participio*, 1251, 1252–1260
   no tenerlas todas consigo, 332
   Trennung von *tener* und *participio*, 1260
tentar, 943
teñir, 956, 1266
tercero, 269
   apócope von -, 186, 267
ti, 277, 278, 280, 339
ticket (tiquete), 136
tiempos compuestos, 904–914, 931
tilde, 101
tipa, 117
tisú,
   Plural von -, 124 Fn. 47
to, 501
(toavía), 2 Fn. 13
tocar, 29
todavía, 664, 676, 784, 1024, 1031
todo, 501–514
   Nachstellung von -, 503
   a + todo + Infinitiv, 513
   el todo París, 504
   lo ... todo, 330, 508
   no ... del todo, 512
   to, 501
   todo als Adverb, 510–513
   todo als Substantiv, 514
   todo ello, 303
   todo (el) mundo, 502
   todo + lo + Adverb + *que*, 513
   todo lo más, 513
   todos los que, 400
   todo + un(a) + Substantiv, 506
Todos (los) Santos, 44
tomar prestado, 1286
torcer, 950, 1266
torero (-a), 116 Fn. 37
tornarse,
   Übersetzung von „werden", 1322 E, F, 1323, 1327
tostar, 950
traducir, 972, 973, 976
traer, 970, 976
   - + *participio*, 1251, 1261
tra(n)scender, 943
tras, 841–842

travestí (→ *travestido*), 124 Fn. 47
treinta y tres, 245
triar, 963
tristón, 1357
trocar, 950
tronar, 950, 1346
tropezar, 943
    tropezar con, 943
tu, 278, 377, 378
tú, 277, 278, 286, 288, 290, 299, 302, 340, 342, 606
    tú eres quien, 403
tuyo, 377, 378, 391
    delante tuyo, 394
    detrás tuyo, 394
    en torno tuyo, 394

U

u, 1, 2, 4
    Konjunktion, 853, 855
Unión Soviética,
    bestimmter Artikel bei -, 31
uno, 64, 72, 186, 430–437, 440, 608–610
    Indefinitpronomen, 430–437
    uno als Übersetzung von „man", 431, 608–610
    uno (oder: *una*) ≈ *yo*, 308, 433–436, 1114 Fn. 16
    Zahlwort, 186, 244, 248–250, 254
    a la una, 258
    apócope von *uno*, 186, 440
    cada uno, 541, 599
    (el) uno y (el) otro, 526
    una y otra vez, 527
    una vez y otra, 527
    uno que otro, 431, 443–444
    uno(s) ... otro(s), 526
    unos, 65, 78, 79
USA,
    bestimmter Artikel bei -, 31
usía, 298, 1316 Fn. 40
usté, 288 Fn. 40
usted (*ustedes*), 26, 277, 288, 289, 291, 295–299, 305, 919
    - anstelle von *vosotros*, 291
Utrech, Utrecht, 2 T

V

v, 1, 2
vaciar, 963
vacío,
    estar -, 1298
valer, 970, 983, 987
valium, 137
variar, 963
varios, 558–559
    Singularform: *vario*, 558 Fn. 247
vaya,
    siehe *ir*
veintitantos, 555
veintiuno, 245, 250
vencer, 1006
venir, 970, 976, 983, 987, 988
    ¡*venga!*, 986
    venir a ser, 1320 Fn. 48
    venir + gerundio, 1220
    venir + siendo + participio, 1263
    [*vini(s)tes*], 979
    venirse, 326
ver, 886 Fn. 4, 970, 975, 981–982, 990, 1259 Fn. 149, 1264
    a ver si, 1179
Verb,
    Konjugation,
        regelmäßige Verben, 882–930
        unregelmäßige Verben, 931–993
        e → *ie*, 941–947
        o → *ue*, 948–952
        e → *i*, 953–956
        e → *ie*, *e* → *i*, 957–959
        Verben auf -*iar* und -*uar*, 961–968
        Verben auf -*acer*, -*ecer*, -*ocer*, -*ucir*, 972–974
        Änderungen in der Schreibweise, 947, 994–1010
    Gebrauch der Tempora und der Modi, 1012–1108
    Kongruenz mit dem Subjekt, 1335–1347
    Zeitenfolge, 1333–1334
    die unpersönlichen Formen des Verbs (Infinitiv, *gerundio*, Partizip), 1109–1287
verbos dinámicos, 1263
    - anstelle von *estar* und *ser*, 1311
verlenianamente, 623
Verneinung, 447, 467, 477, 669, 847, 1381
    doppelte -, 481

drei -en im selben Satz, 481
¡ves!,
   s. *ir*
(*vestío*), 2 Fn. 13
vestir, 956
viceversamente, 613
vida (*en mi vida*), 782
vídeo (*video*), 8
viel mehr,
   Übersetzung von -, 199
violeta, 162
virgen, virgo,
   estar ~ ser -, 1306
visa, visado, 101
viudo,
   estar ~ ser, 1306
vivalavirgen, 148
vivir, 883–928
vivo,
   estar -, 1298
   estar ~ ser -, 1308
   vivo que vivo, 232
Vokale,
   starke -, 4
   schwache -, 4
volar, 950
volcar, 950
volver, 950, 990
   volver a, 709
   volverse = werden, 1322 F, 1323
vor (mit temporaler Bedeutung),
   Übersetzung von -, 418, 932 Fn. 28, 970 Fn. 104, 1315
vos, 299, 300, 302, 884, 1347
voseo, 302, 988, 1347
vosotros, 26, 277, 287, 290
vuelto, 101
Vuestra Merced, 288 Fn. 15
vuestro, 377, 378
vusté, 288 Fn. 14

W

w, 1, 2
*wartear, 882 Fn. 1
wenig mehr,
   Übersetzung von -, 199
weniger ... als,
   Übersetzung von -, 195–196, 198
werden,
   Übersetzung von -, 1050, 1319–1327
whisky, 136
Wortstellung, 1365–1383

X

x, 1, 2

Y

y, 1, 2, 4
   Konjunktion, 245, 246–247, 249, 845, 864, 879–881, 1114, 1209, 1217, 1337
ya, 625, 664, 677, 690, 697, 1233, 1366 Fn. 4
   ya mismo, 678
   ya no (*no ... ya*), 677
   ya = sí, 690, 697
yacer, 974
yo, 148, 277, 283, 284, 305, 307, 335, 342, 433 Fn. 177, 435–436
   yo, el abajo firmante, 28
   yo, el infrascrito, 28
   yo soy quien, 403
   Gebrauch von *uno* anstelle von *yo*, 308, 433–436, 1114 Fn. 16
yoísmo, 284

Z

z, 1, 2, 3
Zahlwörter, 196, 244–276
   Kardinalzahlen, 196, 197, 244–261
   Ordnungszahlen, 262–274
   Vervielfältigungszahlwörter, 275–276
Zeitenfolge, 1333–1334
zusammengesetzte Zeiten,
   s. *tiempos compuestos*
Zutano, 595
   Zutanita, 598
   Zutano de cual, 596